lonely planet

Frankreich

Lille, Flande
die Somm
S. 186

PARIS, S. 56

Normandie
S. 208

Lothringen
S. 322

Bretagne
S. 246

Champagne
S. 284

Elsass
S. 302

Die Loire
S. 338

Burgund
S. 378

Von Bordeaux nach Biarritz
S. 504

Dordogne & Lot
S. 552

Lyon, das Rhône-Tal & die Auvergne
S. 412

Französische Alpen & Jura
S. 456

Languedoc-Roussillon
S. 588

Provence
S. 662

Toulouse & Pyrenäen
S. 628

Côte d'Azur & Monaco
S. 708

Korsika
S. 754

Nicola Williams, Jean-Bernard Carillet, Cyrena Lee, Daphné Leprince-Ringuet, Sixtine Lerouge, Christina Mackenzie, Helen Ranger, Anna Richards, Madeleine Rothery, Nicola Leigh Stewart, Paul Stafford, Samantha Wood McGarry, Alexis Averbuck, Chrissie McClatchie, Rooksana Hossenally, Fabienne Fong Yan, Michael Frankel, Ashley Parsons

INHALT

Reiseplanung

Reiseziele

SLOWMOTIONGLI/SHUTTERSTOCK ©

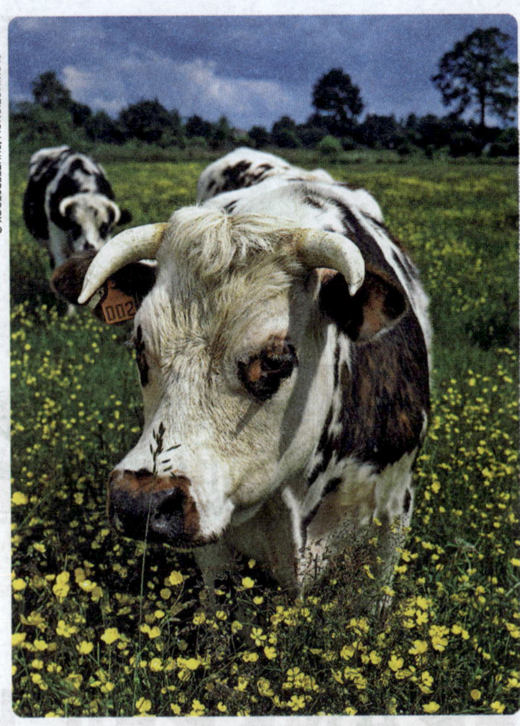

Normanne-Rind, Normandie (S. 208)

Praktisches

Storybook

Île aux Oiseaux (S. 523)

WILLKOMMEN IN FRANKREICH

Dort, wo ich lebe, am bergigen Ufer des Genfer Sees, im Haute-Savoie, ergänzen unendliche Freizeitmöglichkeiten den sanften Rhythmus des Dorflebens: schickes Boutiquen-Shopping in Annecy und Lyon, Skisport, Trailrunning und Schwimmen in eisigen Seen, Roadtrips in Regionen, die so unterschiedlich sind, dass jede von ihnen ein anderes Land sein könnte. Dass ich mich auch noch nach 20 Jahren „wie im Urlaub" fühle, ist ein Beweis für die Vielfalt der außergewöhnlichen Naturlandschaften und der *art de vivre* Frankreichs, die tief verwurzelt ist. Das wurde mir erst kürzlich wieder bewusst, als ich im Südwesten Frankreichs Cognac probierte. Wenn man fesselnden Geschichten lauscht und etwas über heilige, seit Jahrhunderten unveränderte Rituale erfährt – über Eichenfässer, Kalligraphie, Floristik –, dann wird der doppelt destillierte Brandy zum Liebesgedicht an das Savoir-faire. Wo auch immer man in Frankreich hingeht, was auch immer man tut, die Erlebnisse, die betörenden Geschichten, die *coups de cœur* sind endlos.

Nicola Williams

@tripalong

Die britische Autorin Nicola Williams hat mehr als ihr halbes Leben in Frankreich verbracht. Wenn sie nicht gerade für Lonely Planet auf einen Berg steigt oder in Bergseen eintaucht, schreibt sie über Frankreich, Italien und die Schweiz.

Mein Lieblingserlebnis: eine Kajaktour zur **Île aux Oiseaux** (S. 523). Die chamäleonartige „Vogelinsel" mit Pfahlbauhütten der Austernzüchter und Treibsand verschwindet bei Flut fast.

LIEBLINGSPLÄTZE

Hier schlägt für unsere Autor:innen und Expert:innen das Herz Frankreichs.

Metz (S. 326) ist eine der meist unterschätzten Städte Frankreichs. Sie verfügt über hervorragende Museen, eine legendäre Kathedrale und wird von der malerischen Mosel durchquert. Sie bietet eine kaum zu übertreffende Lebensqualität mit viel Kultur, Natur und Gastronomie. Und sie ist ein optimaler Ausgangspunkt für die Erkundung von echten Perlen in Lothringen.

Jean-Bernard Carillet

@jb.carillet_photography

Jean-Bernard ist Autor, Fotograf und Videofilmer mit den Schwerpunkten Reisen, Natur und Kultur.

Demütig an der **Pointe du Raz** (S. 273) zu stehen, ist ein elektrisierendes Erlebnis. Vor deinen Augen erstreckt sich der Atlantik in unendlicher Weite und wechselnden Farben. Bei Sonnenuntergang färbt sich das Wasser golden. An einem sonnigen Tag erwarten dich schillernde Blau- und Grüntöne. Oder stürmt es? Das liebe ich am meisten. Der Ozean, plötzlich dunkelgrau, kracht mit viel Spektakel gegen die Küste.

Daphné Leprince-Ringuet

@daphneleprince

Daphné lebt als Journalistin und Autorin in Paris, erkundet aber oft den Rest des Landes.

Die **Normandie** (S. 208) ist wie ein endloser Traum – atme die frische Seeluft ein, koste den Käse, beobachte den Wechsel der Gezeiten, verliere dich in der *bocage* (Heckenlandschaft), spaziere durch die Belle Époque und erlebe Abenteuer an der Küste oder geh wandern – du verlässt die Normandie mit der Überzeugung, dass dies die beste Region Frankreichs ist.

Cyrena Lee

Cyrena schreibt über Reisen, Klettern und Essen. Sie ist Autorin von A Little Bit of Lucid Dreaming und einer bald erscheinenden Graphic Novel von FDG.

Es gibt nichts Schöneres, als an **den Ufern der Loire** (S. 339) zu verweilen. Sobald man ihr Rauschen hört, fühlt man sich ruhiger. Kein Wunder, dass diese Landschaft mit ihren glitzernden hellen Sandbänken, butterfarbenen Dörfern und den ständig wechselnden Farben der Loire so viele Maler inspiriert hat.

Sixtine Lerouge

@SixtineLerouge

Sixtine plant von ihrer Arbeit als Journalistin und Reiseschriftstellerin zu leben und dabei ihr eigenes Land, Frankreich, und auch ganz Europa erkunden.

LINKS: CHORCHE DE PRIGO/SHUTTERSTOCK © RECHTS: MAKASANA PHOTO/SHUTTERSTOCK ©

Von allen spektakulären Straßen **Korsikas** (S. 755) ist die D84 meine Lieblingsstraße, die nördlich von Corte nach Westen führt und über den Vergio-Pass (1477 m) ansteigt, bevor sie durch die Gorges de Spelunca bis auf Meereshöhe nach Porto abfällt. Man überquert Wildbäche, passiert Felsen und Abgründe, durchquert Pinienwälder, sieht Berge und Seen. Eine 79 km lange Synthese von Korsika.

Christina Mackenzie

@christinanmackenzie

Christina ist Journalistin und Fotografin, die nach einer langen Pause zu ihrer ersten Liebe zurückgekehrt ist: dem Reisen.

Ich war zum ersten Mal im Alter von 13 Jahren in **Bergerac** (S. 571), als ich meine Brieffreundin besuchte (erinnert ihr euch auch an so etwas?). Ich liebe die Schönheit der Dordogne mit ihren spektakulären Landschaften, mittelalterlichen Dörfern, Schlössern, prähistorischen Stätten, Aktivitäten am Fluss und all dem Essen und Wein. Ausflüge in weniger besuchte Nationalparks und in die faszinierenden Städte des nahe gelegenen Limousin und Lot verstärken den Reiz noch.

Helen Ranger

@helenranger

Helen hat an zahlreichen Lonely Planet-Reiseführern zu afrikanischen Zielen mitgewirkt und es genossen, zum ersten Mal ein europäisches Reiseziel zu erkunden.

LINKS: AURALAURA/SHUTTERSTOCK © RECHTS: MYIMAGES - MICHA/SHUTTERSTOCK ©

Die Gastronomieszene in **Lyon** (S. 418) ist legendär – aber für mich nicht aus den richtigen Gründen. Man erinnert sich an Paul Bocuse, vergisst aber Eugénie Brazier, die erste Person, die jemals sechs Michelin-Sterne erhielt. Die *bouchons* (kleine Bistros) der Stadt sind ein Muss für Tourist:innen, aber alle übersehen die aufstrebende vegetarische und vegane Restaurantszene. Lass dich in dieser Stadt einfach von deiner Nase leiten.

Anna Richards

@annahrichards

Anna hat Französisch studiert, lebt in Lyon und schreibt über Reisen und die Natur.

Beaune (S. 394) versetzt mich immer wieder in Erstaunen – mit seiner mythischen Geschichte und seinen vielfältigen Weinbaugebieten entdecke ich bei jedem Besuch Neues. Besonders beeindruckt bin ich davon, wie die Winzer:innen auf den Klimawandel reagieren. Sie gehen mit Neugier an die Sache heran, als wäre es eine neue Chance, mehr über das *terroir* der Region zu erfahren.

Madeleine Rothery

@mad.e.leiner

Madeleine ist eine australische Autorin, die in Frankreich lebt. Sie setzt ihre Liebe zum Geschichtenerzählen ein, um die Persönlichkeiten und Erfahrungen aufzudecken, die Frankreichs Gastronomie und Weinlandschaft ausmachen.

Natürlich schätze ich ein Glas Champagner. Kein anderes Getränk fühlt sich so glamourös, luxuriös und heiter an. Aber ich denke, dass eine Reise in die **Champagne** (S. 284), ein Treffen mit den Erzeugern und ein Spaziergang durch die Weinberge und Weinkeller dem berühmtesten Schaumwein der Welt eine neue Wertschätzung verleihen.

Nicola Leigh Stewart

@nicolaleighstewart

Nicola ist eine in Paris lebende Reise- und Food-Autorin.

Den zerklüfteten Tälern des **Roussillon** (S. 589) haftet ein Hauch der alten Welt an. Festungen klammern sich hartnäckig an ihre Existenz und weisen auf die Widerstandskraft und Entschlossenheit hin, die nötig waren, um sie zu bauen, geschweige denn in ihnen zu leben. Der Mix aus Konflikten, Kompromissen und Koexistenz im Roussillon wird nie alt.

Paul Stafford

@paulrstafford

Paul ist Reisejournalist in Birmingham, Vereinigtes Königreich, aber normalerweise überall dort anzutreffen, wo es so gar nicht wie in Birmingham ist.

Der **Cirque du Gavarnie** (S. 649) ist einer jener Orte, zu denen ich immer wieder zurückkehren möchte. Nach einem kurzen Spaziergang ist man weit weg von allem. Das Rauschen des Wassers, das man beim Näherkommen vernimmt, kann einen aber nicht vollständig auf den spektakulären, wilden Anblick der Natur vorbereiten, der einen erwartet.

Samantha Wood McGarry

@samanthawoodmcg

Samantha Wood McGarry ist Autorin, Journalistin und Forscherin und lebt im Aude. Sie ist am glücklichsten, wenn sie auf Entdeckungsreise geht.

MITWIRKENDE AUTOR:INNEN

Alexis Averbuck

@alexisaverbuck

Alexis hat zum Kapitel über Paris beigetragen. Sie lebt in Sonoma County und auf der griechischen Insel Hydra, wo sie malt und schreibt.

Chrissie McClatchie

@chrissie_mcclatchie

Chrissie hat an den Kapiteln über die Provence und die Côte d'Azur & Monaco mitgearbeitet. Sie ist mit einer französischen Mutter in Australien aufgewachsen und hat als Kind viele Ferien in Südfrankreich verbracht. Seit 15 Jahren lebt sie in Nizza.

Rooksana Hossenally

@whatsup.paris

Rooksana hat zum Paris-Kapitel beigetragen. Sie ist Reise- und Kulturjournalistin und lebt in Paris.

Fabienne Fong Yan

@a.fab.journey, a-fab-journey.com

Fabienne hat am Kapitel Paris mitgewirkt. Die gebürtige Französisch-Chinesin ist auf La Réunion aufgewachsen und lebt seit 17 Jahren in Paris.

Michael Frankel

Michael hat zum Kapitel über die Provence beigetragen. Er ist freiberuflicher Autor in Marseille und liebt das leise Klicken der Hotelzimmertüren hinter sich, wenn er loszieht.

Ashley Parsons

@enselle.voyage

Ashley war beim Kapitel über die Provence dabei. Sie ist Reise- und Abenteuerautorin, die ihre Zeit zwischen der Provence und den französischen Alpen aufteilt.

Paris
Kaffee genießen wie einst romantisch-literarische Größen auf einer Pariser Caféterrasse. (S. 56)
Die Loire
Auf Frankreichs letztem Wildfluss in einem Flachbodenboot schippern. (S. 339)
Cognac
Eine moderne Rezeptur mit einer Spirituose aus dem 16. Jh. entdecken. (S. 529)
St-Émilion
Mittagessen zwischen den Weinstöcken eines prächtigen Châteaus. (S. 520)
Rocamadour
Mittelalterliche Ecken und Winkel im fesselnden Lot erkunden. (S. 584)
Bayonne
Einkaufen, essen und trinken am Markttag in der baskischen Stadt. (S. 534)
Collioure
Auf den Spuren moderner Kunst entlang des Chemin du Fauvisme. (S. 627)
NORDSEE
ENGLAND
Calais
Boulogne-sur-Mer
Lille
Somme
Ärmelkanal (La Manche)
Cherbourg
Dieppe
SOMME
Le Havre
Rouen
Seine
Bayeux
St-Lô
Caen
Vernon
PARIS
Roscoff
Paimpol
Morlaix
St-Malo
Mont St-Michel
NORMANDIE
Dreux
Versailles
Brest
Carhaix-Plouguer
Alençon
Chartres
Quimper
BRETAGNE
Rennes
Le Mans
Concarneau
Josselin
Vilaine
Orléans
Carnac
Vannes
LOIRE-TAL
Blois
Chambord
Tours
Amboise
Nantes
Parc Naturel Régional Loire Anjou Touraine
LA SOLOGNE
Montaigu
Parc Naturel Interrégional du Marais Poitevin
Poitiers
La Rochelle
ATLANTIK
Vienne
LIMOUSIN
Clermont-Ferrand
Cognac
Limoges
Parc Naturel Régional de Millevaches en Limousin
Puy Mary
Bay of Biscay
Sarlat-la-Canéda
Turenne
Bordeaux
St-Émilion
Rocamadour
DORDOGNE
Cahors
Lot
Parc Naturel Régional des Landes de Gascogne
Moissac
Tarn
Toulouse
Biarritz
Bayonne
Pau
Pau
St-Étienne de Baïgorry
Lourdes
Carcassonne
PYRENÄEN
ROUSSILLON
Pamplona
Mt Perdido
Ariège
Perpignan
Collioure
ANDORRA LA VELLA
SPANIEN
Barcelona
0
200 km

Dijon
Die Geschichte und Kultur zweier französischer Größen erleben: Essen und Wein. (S. 384)
Lothringen
Das große industrielle Erbe im Nordosten Frankreichs aufstöbern. (S. 322)
Lac d'Annecy
Radfahren um oder Gleitschirmfliegen über Europas saubersten See. (S. 475)
Lyon
Marktaustern zum Schlürfen an der Saône kaufen. (S. 418)
Parc National des Écrins
Schwindelerregende Gipfel in einem abgelegenen Tal erklimmen. (S. 499)
Nizza
Den Winter mit der Kulisse der Belle Époque genießen. (S. 714)
Bonifacio
Das Paradies an Korsikas Stränden finden. (S. 779)
BRÜSSEL
BELGIEN
LUXEMBURG
LUXEMBURG
Aisne
eims
Épernay
Metz
CHAMPAGNE
Nancy
Straßburg
Moselle
LOTHRINGEN
Sélestat
DEUTSCHLAND
Troyes
Épinal
Katzenthal
Parc Naturel Régional des Ballons des Vosges
BURGUND
Auxerre
Basel
Doubs
Dijon
Parc Naturel Régional du Morvan
Besançon
SCHWEIZ
COTE D'OR
BERN
Beaune
Arbois
e Creusot
Genfersee (Lac Léman)
JURA
Annecy
Mont Blanc
Lyon
Parc Naturel Régional du Livradois-Forez
Rhône
Lac d'Annecy
Chambéry
St-Étienne
Grenoble
FRANZÖSISCHE ALPEN
ITALIEN
Sestriere
Valence
Parc National des Écrins
Mont Lozère
Mont Ventoux
LANGUEDOC
Avignon
PROVENCE
Montpellier
Nîmes
Nizza
MONACO
LIGURISCHES MEER
Arles
Aix-en-Provence
Cannes
Marseille
Saint-Tropez
Bastia
KORSIKA
Corte
Ajaccio
Bonifacio
MITTELMEER

PRACHTVOLLE SCHLÖSSER

Nirgendwo auf der Welt gibt es so großartige Schlösser wie in Frankreich. Im ganzen Land sind viele davon öffentlich zugänglich – für Besichtigungen, Weinproben, romantische Abendessen oder eine Nacht in einem Himmelbett. Wer architektonischen Prunk liebt, sollte die Renaissance-Prachtbauten im Loire-Tal oder die malerischen Winzerschlösser in der Gegend um Bordeaux und im Burgund besichtigen. Wer verwilderte Schlösser fernab der Menschenmassen sucht, kann die verfallenen, sonnendurchfluteten Katharer-Burgen im Languedoc-Roussillon erkunden, die an die Verfolgung der Katharer im 13. Jh. erinnern.

Showtime

Es ist ratsam, Tickets für die Sommershows in den Schlössern des Loire-Tals, für die „tanzenden Brunnen" in Versailles und die zauberhaften Candlelight-Gartenabende im Château de Marqueyssac in der Dordogne vorab online zu kaufen.

Mit dem Rad

An der von Schlössern gesäumten Loire und im Médoc rund um Bordeaux kann man abseits der Touristenströme auf gut ausgebauten Radwegen fahren – mit dem Leihfahrrad von Schloss zu Schloss.

Schlafen & Essen wie die Könige

Wie die Könige tafeln oder in einem Himmelbett in einem Schlosshotel oder einem B&B nächtigen. Das unschlagbare Highlight: Château de la Caze (S. 611).

Château de Chambord (S. 349)

DIE BESTEN SCHLÖSSER

Faszinierende Wasserspiele, Reitershows und über 700 Zimmer machen das zum UNESCO-Weltkulturerbe gehörende Schloss zu einem Highlight der französischen Schlösser. Das spektakuläre ❶ **Château de Versailles** darf man nicht verpassen. (S. 180)

Während der Brunftzeit im Herbst die Hirsche in der Stille der Morgendämmerung auf dem bewaldeten Anwesen des ❷ **Château de Chambord** beobachten. (S. 349)

Auf den Spuren der berühmten Modedesignerin Coco Chanel im ❸ **Château de Crémât** in Nizza wandeln. (S. 721)

Ein typisch französisches, feuchtfröhliches Mittagessen in den Weinbergen eines Schlosses aus dem 18. Jh. im ❹ **Les Belles Perdrix** in St-Émilion genießen. (S. 520)

Von den Zinnen des prächtigen ❺ **Château de Foix** im Vallée de l'Ariège den Blick über die Gipfel der Pyrenäen schweifen lassen. (S. 658)

KUNST IN HÜLLE UND FÜLLE

Von weltberühmten prähistorischen Höhlenmalereien bis zur Mona Lisa umfasst Frankreichs facettenreiche Kunst alle Epochen und Genres. Das besondereLicht der Normandie brachte den Impressionismus hervor, die Fauves („Wilden") brachen im Languedoc-Roussillon mit dem Realismus des 19. Jhs., und die Provence und die Côte d'Azur inspirierten zahlreiche Kunststile des 20. Jhs. Jeder Ort hat ein *musée des beaux-arts* (Museum der schönen Künste), aber es sind die Kunstwanderwege und -festivals, die Häuser und Gärten, in denen Künstler:innen lebten und arbeiteten, die eine Kunstreise durch Frankreich so besonders machen.

Digitale Kunst

Perspektivwechsel: statt „normale" Kunstmuseen digitale Kunstgalerien besuchen, in denen die Wände eines Hochofens aus dem 19. Jh. in Paris und eines U-Boot-Bunkers aus dem Zweiten Weltkrieg in Bordeaux zu Leinwänden für moderne Kunst werden.

Auf der Straße

Blek Le Rat holte in den 1980er-Jahren die Ratten mit Sprühfarbe nach Paris. Seitdem hat Straßenkunst einen hohen Stellenwert in Frankreich. Auf Street-Art-Festivals kann man Künstler:innen bei der Arbeit über die Schulter schauen.

Gratis

Kirchen sind nicht so überfüllt wie Museen. Viele sind frei zugänglich und reich an spektakulären Fresken, Skulpturen und ornamentaler Kunst.

Collioure (S. 627)

DIE BESTE KUNST

Der perfekte Gegensatz zum überfüllten ❶ **Louvre** in Paris: ein Spaziergang zu den Seerosen von Monet, einem japanischen Teegarten und der Jugendstilarchitektur im nicht überfüllten 16e. (S. 84)

Kunstgeschichte in ❷ **Dijon** erleben, von der enzyklopädischen Sammlung im Museum der Schönen Künste bis zu den aufstrebenden französischen Künstler:innen im innovativen Le Consortium. (S. 384)

Die Wandmalereien von Le Corbusier in der Villa E-1027 und das „Schloss" des Architekten an der Côte d'Azur bei einem Spaziergang mit grandiosem Meerblick entlang des spektakulären ❸ **Sentier du Cap Martin** genießen. (S. 726)

Die ❹ **Champagne Pommery** in Reims verbindet Champagnergenuss mit zeitgenössischer Kunst in ihren exquisiten Kreidekellern. (S. 291)

Die Sardinenfischerdörfer Céret und Collioure mit ihren malerischen Gassen erkunden, wo Matisse, Picasso und Co. ihre Staffeleien aufstellten, um entlang des ❺ **Chemin du Fauvisme** zu malen. (S. 627)

Rocamadour (S. 584)

HOCH OBEN IN DEN WOLKEN

An den Bergdörfern – *villages perchés* (Hügelortschaften) genannt – in der Provinz und den *bastides* (befestigten Städten) in der Dordogne führt kein Weg vorbei. Sie liegen hoch oben in den Wolken und wurden ab dem 10. Jh. auf Hügeln oder Felsvorsprüngen errichtet, damit sich die Bewohner:innen aus der Ebene besser gegen die Angriffe der Sarazenen verteidigen konnten.

Mittagessen

Den Streifzug durch ein altes Dorf aus goldenem Stein und rosafarbenem Granit bei einem Mittagessen in der *auberge* (Landgasthof) des Dorfes mit Blick auf einen schönen Platz, umrahmt von Glyzinien, gemütlich ausklingen lassen.

Feste & Feiern

Jedes Dorf feiert seinen Schutzpatron oder gedenkt eines historischen Ereignisses mit einer fröhlichen *fête* mit Tanz, viel Essen und Trinken im Freien.

DIE SCHÖNSTEN BERGDÖRFER

In der sonnenverwöhnten Provence die vielen Bergdörfer im ❶ **Luberon** erkunden. (S. 697)

Die Bergdörfer der ❷ **Midi-Pyrénées** auf einer Radtour ab Bruniquel bewundern. (S. 642)

Den Menschenmassen entkommen auf einer Fahrt durch die *villages perchés*, vorbei an Wasserfällen und durch die Wälder in den ❸ **Gorges du Loup.** (S. 737)

Unbekannte Bergdörfer mit Canyoning- und Kletterabenteuern im abgelegenen ❹ **Parc Naturel Régional du Haut-Languedoc** verbinden. (S. 616)

Die steilen Hänge von ❺ **Rocamadour** erkunden. (S. 584)

Utah Beach (S. 229), Normandie

EINE REICHE GESCHICHTE

Der historische Reichtum Frankreichs ist in seinem Umfang und seiner Vielfalt schier unerschöpflich. Von den Relikten der ältesten Bewohner:innen des Landes bis hin zu emotionalen Zeugnissen der modernen französischen Geschichte – Sightseeing im Land der Gallier ist überwältigend und bereichernd zugleich. Museen und Denkmäler gibt es im ganzen Land, und einige der faszinierendsten historischen Sehenswürdigkeiten befinden sich in der freien Natur.

DIE INTERESSANTESTEN HISTORISCHEN ERLEBNISSE

❶ **Carnac** & die megalithischen Menhire und Steinformationen in Morbihan mit einem Strandspaziergang verbinden. (S. 283)

Römische Ingenieurskunst am ❷ **Pont du Gard** nahe Nîmes bewundern und mit dem Kanu unter dem Aquädukt mit seinen 52 Bögen hindurchfahren. (S. 599)

Die weiten ❸ **Landungsstrände** der Normandie besuchen und dort der vielen Toten des Zweiten Weltkriegs gedenken. (S. 227)

Auf den Spuren der ersten Pilgerfahrt von ❹ **Le Puy-en-Velay** nach Santiago de Compostela anno 951 n. Chr. wandeln. (S. 439)

Das große industrielle Erbe des Nordostens Frankreichs im ❺ **Parc du Haut-Fourneau U4** erkunden. (S. 331)

Geführte Touren

Unbedingt eine geführte Tour buchen. *Visites insolites* („ungewöhnliche Touren") ermöglichen einen Einblick in versteckte Orte und Geheimnisse.

Menschenmengen

Beliebte Sehenswürdigkeiten besucht man idealerweise am frühen Morgen oder späten Nachmittag. Wer mit dem Rad oder E-Bike kommt, vermeidet lange Schlangen beim Parken.

DIE STRÄNDE

Von weißen Kreideklippen bis zu rosaroten Felsen, von Kieselsteinbuchten bis zu weichen, goldenen Sandstränden – Frankreichs 3427 km lange Küste ist überaus vielfältig und bietet sehr viel mehr als nur Sonnenbaden und Cocktails schlürfen: auf einem windigen, nach Meersalz und Kräutern duftenden *sentier du littoral* (Küstenweg) wandern, die malerische Umgebung vom Wasser aus bewundern oder die bewährte Formel „Sonne, Sand und Meer" mit einer der schönsten Sehenswürdigkeiten Frankreichs kombinieren.

Ein Strand in der Stadt

Paris Plages (S. 104) ist der berühmteste Stadtstrand des Landes mit Sand und Liegestühlen an der Seine, aber auch in anderen französischen Städten werden im Sommer Strände aufgebaut.

Sicheres Schwimmen

Bei gelber oder rote Flagge sollte man nicht ins Wasser gehen. An der Atlantikküste unbedingt auf die *marée* (Gezeiten) sowie auf gefährliche Strömungen achten.

Les Calanques

Für die beliebten *calanques* bei Marseille (smaragdgrüne Buchten, die über sonnige Wege oder mit dem Kajak erreichbar sind) ist eine Vorabreservierung erforderlich. Von Juni bis September bleiben die Wege manchmal geschlossen (Brandgefahr).

Der Fluss Ardèche (S. 430)

DIE BESTEN STRÄNDE

In der Normandie barfuß im Mondschein über den Sand zum architektonisch beeindruckenden ❶ **Mont-St-Michel** spazieren. (S. 233)

Sich an Frankreichs erstem klimaneutralen Strand, dem Privatstrand Baia Bella in ❷ **Beaulieu-sur-Mer**, an der mondänen Riviera sonnen. (S. 723)

Ein zweitägiges Kajakabenteuer auf der ❸ **Ardèche** mit Picknick an Kieselstränden und Biwak-Übernachtung erleben. (S. 430)

Strandvergnügen in ❹ **Bonifacio**. FKK, Schnorcheln, Kitesurfen, spektakuläre Sonnenuntergänge oder mit dem Boot zu einer paradiesischen Insel fahren. Hier gibt es für jede Vorliebe den passenden Strand. (S. 779)

Sich mit Stars an Saint-Tropez' ❺ **Pampelonne** sonnen. Am nächsten Tag begibt man sich auf eine Fahrt durch weite Feuchtgebiete und galoppiert auf einem weißen Camargue-Pferd über den Sand. (S. 746)

DIE CAFÉ-KULTUR

Un café oder einen Apéritif am frühen Abend auf der Terrasse eines Cafés ist eine der großen Sinnesfreuden Frankreichs. Die französischen Cafés sind Eckpfeiler des lokalen Lebens und bestens geeignet, um Leute zu beobachten. Das Anegbot reicht vom klassischen *café tabac* (mit Zeitungen, Zigaretten und Getränken) bis zum angesagten Szenetreff mit hauseigenem Kaffee, Cocktails und Livemusik nach Einbruch der Dunkelheit.

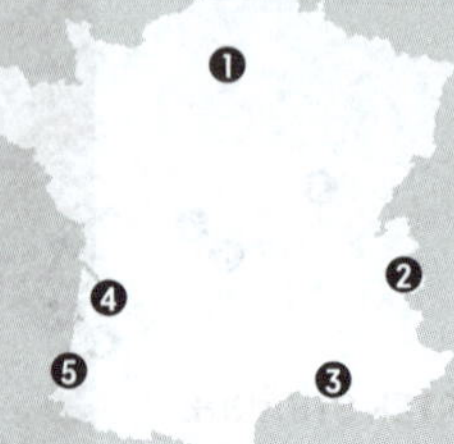

DIE BESTEN CAFÉ-TERRASSEN

In Gedenken an Simone de Beauvoir, Jean-Paul Sartre und Ernest Hemingway auf der ❶ **Place de la Contrescarpe** im Pariser Quartier Latin einen Drink nehmen. (S. 149)

Die energiegeladene Atmosphäre von Chamonix und den direkten Blick auf den Mont Blanc im ❷ **Rose du Pont** genießen, einer spektakulären Café-Bar ganz im Stil „Belle Époque von Paris trifft Cham". (S. 467)

Einheimische Bücherwürmer treffen sich bei einem *noisette* (Haselnuss) oder Chai Latte in dem grandiosen Café und Buchladen ❸ **Book in Bar** in Aix-en-Provence. (S. 677)

In Bordeaux hat man die Qual der Wahl, was stimmungsvolle Plätze mit Cafés angeht. Am besten beginnt man auf der ❹ **Marché des Capucins** oder auf dem Platz Camille Jullian (S. 516).

Auf Marktplätzen gibt es immer eine Café-Terrasse mit Blick auf das Geschehen. Bayonnes ❺ **Les Halles** am Flussufer ist ein beliebter baskischer Klassiker. (S. 537)

Le Zinc

Die für Paris typischen Zinc-Bars sind nie aus der Mode gekommen. Im 19. Jh. waren sie der letzte Schrei, und in vielen Cafés gibt es noch heute originale oder neue Tresen aus Zink.

Öffnungszeiten

Cafés haben in der Regel von 7 Uhr morgens bis 23 Uhr abends geöffnet, und viele verwandeln sich bei Einbruch der Dunkelheit in Bars; einige schließen um 19 Uhr, andere haben bis 2 Uhr nachts geöffnet.

Getränke

Kaffee wird mit einem kleinen Glas Leitungswasser serviert. Empfehlenswert sind *un citron pressé* (Eiswasser mit frischem Zitronensaft), *kir* (Weißwein und Likör aus schwarzen Johannisbeeren) oder im Süden ein mit Anis aromatisierter Pastis.

VON LINKS: MONYSASU/SHUTTERSTOCK ©, THOMAS DUTOUR/SHUTTERSTOCK ©, NIKONKAI/SHUTTERSTOCK ©

Mit dem Rad vorbei an Weinbergen, Burgund (S. 378)

AB AUF DIE STRASSE

Mit seinen Bergen, Tälern, Schluchten und Flüssen, den prächtigen Schlössern, den malerischen Dörfern und den endlosen Weinbergen, eignet sich Frankreich perfekt für einen Roadtrip. Wer mit dem Auto, dem Wohnmobil, dem Motorrad oder dem E-Bike unterwegs ist, sollte immer mal wieder anhalten und eine Pause einlegen, um die herrlichen Ausblicke zu genießen.

DIE LANDSCHAFTLICH SCHÖNSTEN ROADTRIPS

Es gibt keine schönere Fahrt als die entlang der drei Corniches, die sich von ❶ **Nizza nach Monaco** erstrecken. (S. 724)

Ein Rausch für die Sinne ist eine Radtour auf dem ❷ **Voie des Vignes** durch eines der berühmtesten Weinanbaugebiete der Welt. (S. 402)

In den ❸ **Gorges de l'Ardèche** Geier am Himmel beobachten und ein erfrischendes Bad im Fluss nehmen. (S. 432)

Auf ❹ **Korsika** werden (Rund-)reisen über die Insel in Stunden und nicht in Kilometern gemessen. (S. 755)

Die Vielfalt des Elsasses auf der ❺ **Route des Vins d'Alsace** (S. 318) oder die Gipfel der Vogesen auf der ❺ **Route des Crêtes** (S. 321) bewundern.

Pässe & Aussichtspunkte

Die Straßen hinauf zu *cols* (Bergpässen) können gefährlich eng, steil und kurvenreich sein. An den ausgeschilderten *belvédères* (Aussichtspunkten) sollte man unbedingt anhalten.

Themenrouten

Blühende Mimosen (Côte d'Azur), Katharer-Burgen (Languedoc), D-Day-Strände (Normandie), Grand-Crus-Weine (Burgund), Schlösser (Loire) oder Vulkane (Auvergne). Die Liste ist endlos.

WILDE NATUR

Frankreichs facettenreiche Vielfalt an Naturlandschaften, von denen einige außergewöhnlich *sauvage* (wild) und ursprünglicher sind als andere, bietet eine Fülle an unterschiedlichen Eindrücken und Outdoor-Abenteuern. Es gibt sanfte und ruhige Landschaften, in denen eine artenreiche Tierwelt zu Hause ist und die Zeit langsamer zu vergehen scheint. Zerklüftete Berggipfel und eisblaue Gletscher laden zu Erkundungen ein. Was auch immer man unternimmt, man sollte stets achtsam sein und sich am besten zu Fuß oder mit dem Fahrrad fortbewegen, um die Natur hautnah zu erleben.

UNESCO-Weltkulturerbe

Die Pyrenäen, der Mont-St-Michel und seine Bucht, Teile des Loire-Tals, die Cévennen, einige korsische Kaps sowie die Weinberge des Burgunds und der Champagne gehören zum UNESCO-Weltkulturerbe.

GR-Wanderwege

In Frankreich gibt es rund 120 000 km an *sentiers*. Die langen *sentiers de grande randonnée* (GR-Wanderwege) sind mit rot-weiß gestreifte Markierungen gekennzeichnet und als Halb- oder Ganztagswanderungen gut zu bewältigen.

Tierbeobachtungen

Flamingos in der Camargue, Geier im Languedoc und in den Pyrenäen, Störche im Elsass, Große Tümmler und Wale an der Côte d'Azur und Steinböcke in den Alpen beobachten.

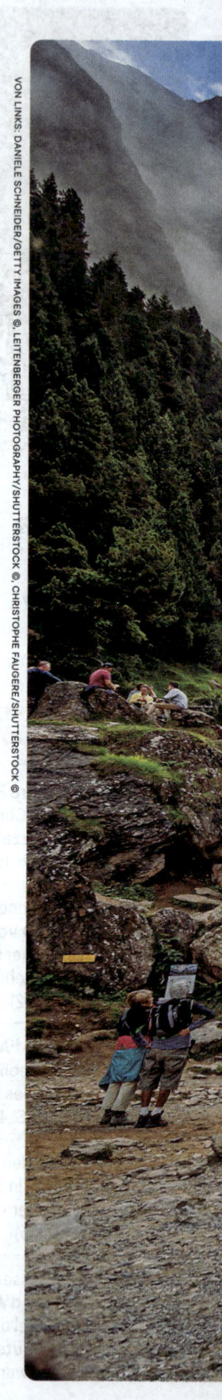

VON LINKS: DANIELE SCHNEIDER/GETTY IMAGES ©, LEITENBERGER PHOTOGRAPHY/SHUTTERSTOCK ©, CHRISTOPHE FAUGERE/SHUTTERSTOCK ©

Cirque de Gavarnie (S. 648)

DIE BESTEN ERLEBNISSE IN DER WILDNIS

Hoch oben in den Pyrenäen den ❶ **Cirque de Gavarnie** erkunden – am besten im Oktober, wenn die Buchenwälder golden leuchten, der erste Schnee auf den Gipfeln glitzert und die Menschenmassen des Sommers weg sind. (S. 648)

Den ❷ **Tête de la Maye** im Parc National des Écrins bezwingen, in einem Sackgassental, das im Winter tief verschneit ist. In den Fels eingelassene Seile und Sprossen helfen bei anspruchsvollen Abschnitten. (S. 499)

Die zerklüfteten Kalksteinplateaus mit Höhlen in den unberührten und kaum erforschten ❸ **Causses du Quercy** erkunden. (S. 584)

An einem Tisch gemeinsam mit anderen *aligot* (Kartoffeln mit Käse) in einem *buron*, in das früher nur Hirten kamen, im ❹ **Parc Naturel Régional de l'Aubrac** genießen. (S. 616)

Paragliding über dem kristallklaren Wasser des saubersten Sees Europas, dem ❺ **Lac d'Annecy**. (S. 475)

Heißluftballon, Champagne (S. 284)

ROMANTIK PUR

Es ist kein Zufall, dass die Renaissance-Gärten des Château de Villandry im Loire-Tal mit rosafarbenen, weißen und roten Frühlingstulpen, Sommerbegonien und modellierten Buchsbäumen bepflanzt sind, um die unterschiedlichen Formen der Liebe darzustellen – zart, leidenschaftlich, flüchtig oder tragisch. Die Franzosen sind Meister der Romantik. In fast jeder Stadt und auf jedem Wochenmarkt gibt es einen Blumenladen oder -stand.

Lavendelfelder

Französische Sonnenblumen-, Mohnblumen-, Senf- und Weizenfelder bieten allesamt äußerst romantische Anblicke. Die Provence lockt im Juni mit süßlich duftenden Lavendelfeldern.

Küsschen geben

Sofern es sich nicht um den Liebsten handelt, ist *la bise* (zwei bis vier Küsse auf die Wangen unter allen Geschlechtern) die Standardbegrüßung für lockere Bekannte und Freunde.

DIE ROMANTISCHSTEN ORTE

Prächtige Boulevards, elegante Parks, die Quais der Seine: Ein Spaziergang in ❶ **Paris** ist der Inbegriff von Romantik. (S. 56)

Sind Austern ein Aphrodisiakum? Das muss man selbst herausfinden auf Lyons ❷ **Markt am Quai St Antoine.** (S. 421)

In der Dämmerung auf der ❸ **Loire** in einem traditionellen Flachbodenboot entlangschippern. (S. 339)

Bei Sonnenaufgang oder -untergang in einem Heißluftballon über den ❹ **Weinbergen der Champagne** schweben. Fast genauso schön ist ein Picknick in den Weinbergen. (S. 284)

In einem Baumhaus der ❺ **Domaine de Casanghjulina** mit Blick ins Grüne aufwachen. (S. 783)

BARMALINI/SHUTTERSTOCK ©

Cognac (S. 529)

WENN MAN ALLES GESEHEN HAT

Wie es sich für Frankreich gehört, stehen die Macher und Kreativen des Landes nie still und sorgen fortlaufend für neue Anregungen und Ideen. In Paris richten sich alle Augen auf Notre Dame, die prächtige Kathedrale und das spirituelle Herz der Stadt, die sich wie aus der Asche erhebt, aber auch anderswo gibt es unzählige Möglichkeiten, sich inspirieren zu lassen.

DIE BESTEN NEUEN ERLEBNISSE

Einen Winterausflug nach ❶ **Nizza** machen, das von der UNESCO zur „Winterurlaubsstadt an der Riviera" ernannt wurde. (S. 714)

In der ❷ **Cité Internationale de Gastronomie et du Vin** in Dijon werden die Geschichte und die Kultur des Essens und des Weins gefeiert. (S. 387)

Schon mal die ❸ **Vallée Blanche** auf Skiern hinuntergefahren? Und dann wieder zurück nach Chamonix mit der schicken neuen Seilbahn. (S. 466)

Einen neuen Zugang zur römischen Geschichte im ❹ **Musée Narbo Via** in Narbonne finden. (S. 623)

Moderne Mixgetränke mit ❺ **Cognac** mischen. (S. 129)

Alternative Sehenswürdigkeiten

Wenn man schon „alles gesehen hat", sollte man französische Kleinode wie Marais Poitevin und Figeac in Lot besuchen oder die Bergküche in La Brigue genießen ...

Vorfreude

Während das Pariser Centre Pompidou 2025 für Renovierungsarbeiten geschlossen wird, wird in Chamonix das Glaciorium eröffnet, ein hochmodernes Klima- und Gletscherinformationszentrum mit Blick auf den größten Gletscher Europas.

STÄDTE & REGIONEN

Orte entdecken, die einen begeistern.

Paris

PRÄCHTIG, HINREISSEND UND IMMER VOLLER LEBEN

Als Gastgeber der Olympischen Sommerspiele und der Paralympics im Jahr 2024 sind wieder einmal alle Augen auf die französische Hauptstadt gerichtet. Abseits des Scheinwerferlichts genießt man wunderbare Kunst und Architektur, erstklassige Museen, grüne Parks und gute Möglichkeiten, regionale Kunsthandwerkserzeugnisse zu shoppen.

S. 56

Normandie

HISTORISCHE SCHLACHTFELDER UND REICHES BAUERNLAND

Jenseits der berauschenden, oft überlaufenen Highlights – dem Mont-Saint-Michel, den Landungsstränden des D-Day, dem Teppich von Bayeux, der Kathedrale von Rouen und den Felsklippen von Étretat – kann man das Yin zum Yang der Normandie entdecken: eine traumhaft impressionistische Landschaft mit Kieselstränden, verwunschenen Bauerndörfern, grünen Wiesen mit grasenden Kühen und rosa blühenden Obstplantagen.

S. 208

PARIS
S. 56
Normandie
S. 208
Bretagne
S. 246
Die Loire
S. 338

Bretagne

DAS LAND DER LEGENDEN

Wild, windig und voller mystischer Abenteuer verbindet die Bretagne den Ruf der Natur mit spannender Geschichte. In dem einst unabhängigen Königreich pulsiert der keltische Herzschlag in den schönen mittelalterlichen Städten, in den Meereslandschaften und auf den malerischen Inseln. Menhire, die noch in die Zeit vor Stonehenge zurückreichen, *festoù-noz* (Nachtfeste) im Mondenschein und jede Menge Piratenstrände – die Bretagne ist in jeder Hinsicht faszinierend.

S. 246

Die Loire

MÄRCHENSCHLÖSSER, WEINBERGE UND NATUR

Das mit eindrucksvollen Bauten und Relikten aus dem Mittelalter, der Renaissance und späteren Zeiten geschmückte Loire-Tal zieht die meisten Besucher:innen vor allem mit seinen berühmten *châteaux* in seinen Bann. Doch hinter dem dekorativen Glanz gibt es ein ganzes Märchenbuch voller wunderbarer Geschichten zu entdecken sowie Frankreichs längsten Fluss, der Obsthaine, Weinberge und die gesamte Natur speist.

S. 338

Lille, Flandern & die Somme

BRAUEREIEN, FAHRRÄDER UND JEDE MENGE GESCHICHTE

Mit dramatischen Ausblicken aufs Meer, der flämischen Küstenküche und ausgezeichneten Kleinbrauereien verdient Hauts-de-France („das obere Frankreich“) größere Aufmerksamkeit. Die Heimat der Ch'tis und der Picards ist ein faszinierendes Ziel voller Geschichte, mit herausragenden Museen in der Universitätsstadt Lille, gotischen Schätzen in Amiens und Soldatenfriedhöfen aus dem Ersten Weltkrieg von großer, anrührender Schönheit.

S. 186

Lille, Flandern & die Somme S. 186
Lothringen S. 322
Champagne S. 284
Elsass S. 302
Burgund S. 378

Burgund

EPIKURÄISCHE FREUDEN UND HIMMLISCHE NATUR

Eine tief empfundene joie de vivre und eine unbändige Begeisterung für ausgezeichnete Weine und gutes Essen pulsiert durch diese hügelige, grüne Region Frankreichs. Hier findet man ein Netz von Kanälen, weite Senffelder und einige der berühmtesten Weinberge der Welt, dazu die hinreißende Hauptstadt Dijon und viele kleine Städte mit schöner Architektur.

S. 378

Lothringen

UNTERSCHÄTZTE KULTURSCHÄTZE UND GRÜNE REFUGIEN

Nur wenige Traveller verweilen in Lothringen. Aber dieser oft als Industriegebiet abgewertete Außenseiter hat durchaus auch hellere, freundlichere Seiten. Die historischen Städte Metz und Nancy sind reizvoll für Architektur- und Kunstliebhaber (das Centre Pompidou-Metz ist beeindruckend), während es Geschichtsinteressierte nach Verdun auf die Schlachtfelder des Ersten Weltkriegs zieht. Wer frische Luft genießen will, fährt in die Vogesen.

S. 322

Elsass

EINE FRANZÖSISCHE REGION MIT DEUTSCHEM EINSCHLAG

Stolz auf ihre Einzigartigkeit und die elsässische Kultur begeistert diese nordöstliche Ecke Frankreichs Städtefans mit ihrer lebendigen Hauptstadt Straßburg – einem ansprechenden Mix aus Fachwerkarchitektur, Museen und einer hervorragenden regionalen Küche – und dem idyllischen Colmar. Langsames Reisen und Genießen ist auf der Elsässer Weinstraße angesagt – ebenso wie in den Vogesen, einem Gebirge, das für viele Besucher:innen ein unbekanntes Terrain ist.

S. 302

Champagne

DIE BERÜHMTESTEN BLÄSCHEN DER WELT

Bei Weinverkostungen, Führungen und Besuchen von Weingütern zu erfahren, wie Weintrauben in die berühmtesten Bläschen der Welt verwandelt werden, gehört zu den vielen sinnlichen Freuden, die einen in dieser zum UNESCO-Welterbe zählenden Region erwarten. In der Kathedrale von Reims taucht man tief in die französische Herrschergeschichte ein, und ihre Art-déco-Architektur zählt zur bedeutendsten Architektur des Landes.

S. 284

Dordogne & Lot

WEINBERGE, SCHLÖSSER UND PRÄHISTORISCHE HÖHLEN

In dieser vorwiegend ländlichen Region, die vom Lauf der mächtigen Dordogne geprägt ist, türmen sich Trüffeln, Entenspezialitäten und tiefrote Malbec-Weine auf den Ständen der Wochenmärkte. An Klippen und in Höhlen kann man prähistorische Felskunst entdecken, die zur spektakulärsten ihrer Art in Europa gehört.

S. 552

Von Bordeaux bis Biarritz

EINE LANGE GESCHICHTE VON WEIN, MEER UND BRANDUNG

In diesem Landstrich im Südwesten sind die prächtige Natur und die ans Land brandenden Wellen des Atlantiks omnipräsent. Bordeaux mit seinen historischen Schlössern und Weinbergen ist das Zentrum des Weinbaus, während sich an der Côte d'Argent hippe Surfer:innen neben mondänen Strandurlauber:innen tummeln. Wem der Glamour zu viel wird, unternimmt einen Abstecher zu alten Pilgerstädten und baskischen Dörfern in der Nähe der spanischen Grenze.

S. 504

Lyon, Rhône-Tal & Auvergne S. 412

Dordogne & Lot S. 552

Von Bordeaux bis Biarritz S. 504

Languedoc-Roussillon S. 588

Toulouse & die Pyrenäen S. 628

Toulouse & die Pyrenäen

BEEINDRUCKENDE BERGE, UNGLAUBLICHE ABENTEUER UND WUNDER DER KUNST

Die Pyrenäen zu erkunden, bedeutet, die Tür zu Frankreichs letzter Wildnis aufzustoßen. Hier bestaunt man schneebedeckte Gipfel am Horizont, tosende Wasserfälle, Geier am Himmel und malerische, kristallklare Bergseen – und all das weckt die Lust auf noch mehr. Höhlen bergen prähistorische Kunst, Pilger strömen ins heilige Lourdes, und mittelalterliche Dörfer umgeben die „rosa Stadt" Toulouse.

S. 628

Languedoc-Roussillon

REICHE GESCHICHTE, BERGABENTEUER UND KATALANISCHE KULTUR

Diese Küstenregion im Süden, die sich in einem Bogen von der Provence bis zu den Pyrenäen um das Mittelmeer schlängelt, besticht mit Sand, Meer und einem lockeren, modernen Lebensstil. Im Binnenland gibt es in der Berglandschaft der Cevennen verfallene Burgruinen, Schluchten, Höhlen und mondlandschaftsähnliche Ebenen zu entdecken, die jede Menge Outdoor-Abenteuer versprechen.

S. 588

Lyon, Rhône-Tal & Auvergne

VULKANE, WEINBERGE UND ANTIKE GESCHICHTE

Das römisch geprägte Lyon sprudelt nur so vor Geschichte. Diese Stadt bietet ein unvergleichliches gastronomisches Erbe, eine vibrierende Kulturszene und ein quirliges Partyleben am Fluss. Stromabwärts dreht sich alles um die berühmten Côtes-du-Rhône-Rotweine und Ausflüge in die Schluchten, die die Ardèche in den Fels gegraben hat. In der ländlichen, stillen Auvergne herrscht ein wunderbar entschleunigtes Tempo.

S. 412

Französische Alpen & Jura

EINE DER WAHREN BERGLEGENDEN EUROPAS

Auf Frankreichs gefeierter alpiner Spielwiese erwarten einen spektakuläre Skigebiete, malerische Bergwanderwege, ein einzigartiger ländlicher Charme und köstliche regionale Produkte wie Käse, der in uralten Berghütten hergestellt wird. Das geschäftige Chamonix liegt am Fuße des schneebedeckten Mont Blanc. Im krassen Gegensatz steht die stille Juraregion mit ihren sanft geschwungenen Hügeln, Weinbergen und kulturellen Besonderheiten.

S. 456

Französische Alpen & Jura S. 456
Provence S. 662
Côte d'Azur & Monaco S. 708
Korsika S. 754

Côte d'Azur & Monaco

WO DIE BERGE AUF DAS MITTELMEER TREFFEN

Die Côte d'Azur – oder Französische Riviera – ist seit dem 19. Jh. ein Synonym für Hedonismus und Glamour und kommt nie aus der Mode. Urbane Coolness, die Pracht der alten Welt und geschichtsträchtige Kunst geben sich im mondänen Nizza ein Stelldichein, während sich der Jetset im filmverliebten Cannes, im legendären Saint-Tropez und im megalomanen Monaco tummelt.

S. 708

Provence

DER INBEGRIFF TRAUMHAFTER FRANZÖSISCHER LÄNDLICHKEIT

Die Provence hat weit mehr zu bieten als Pastis, *pétanque* (eine Boule-Variante) und Hügeldörfer, die in der heißen Nachmittagssonne golden und bernsteinfarben leuchten. Antike römische Amphitheater, moderne Kunst, Hirten, die die Bullen zusammentreiben, weiße Camargue-Pferde, Weinberge, Lavendelfelder und aphrodisierende schwarze Trüffeln – das Fest der Farben, Gerüche und Sehenswürdigkeiten ist einfach elektrisierend. Und dann ist da noch Marseille mit seinem ganz eigenen Charme.

S. 662

Korsika

INSEL VOLLER SCHÖNHEIT

Korsika gehört zwar schon seit mehr als 200 Jahren zu Frankreich, dennoch pflegt die Insel als Mikrokosmos voller Naturwunder nach wie vor stolz ihre Einzigartigkeit. Hier erwarten einen vielfältige unberührte Landschaften, idyllische Hügeldörfer, haarsträubende Fahrten auf kurvenreichen Küstenstraßen und jede Menge Outoddor-Action. Bücherwürmer können an Korsikas Stränden herrlich entspannen.

S. 754

REISEROUTEN

Frankreichs Highlights

Dauer: 10–14 Tage **Strecke:** 1200 km

Diese Reise voller Top-Attraktionen bietet das Beste von *la belle France*. Neben erstklassigen Museen und Schlössern *(châteaux)* locken römische Relikte und ein buntes Programm urbaner Action am Meer. Wer mehr Zeit hat, kann jeden Stopp leicht auf ein paar Tage ausdehnen.

PARIS 2 TAGE

Der Panoramablick vom **Eiffelturm** (S. 66) ist – besonders bei Nacht – eine atemberaubende Einführung in die pulsierende Hauptstadt. Alternativ kann man das Pariser Stadtbild vom **Arc de Triomphe** (S. 77) aus bestaunen. Highlights sind ein Konzert in der atmosphärischen **Sainte-Chapelle** (S. 135) und **Versailles** (S. 180); zudem sollte man genug Zeit für Cafés, Mittagessen in Bistros und Spaziergänge an der Seine einplanen.

BLOIS 1 TAG

Vier Jahrhunderte französische Geschichte sind in der kleinen Stadt **Blois** (S. 344) lebendig, dem einstigen feudalen Sitz der mächtigen Grafen von Blois. Die verwinkelte Altstadt mit Tuffsteinvillen und Fachwerkhäusern lädt zum Flanieren ein, während das Château de Blois (S. 345) die blutige Vergangenheit beleuchtet. Mit einem geliehenen Rad oder E-Bike geht's am Nachmittag zum Renaissance-Juwel **Château de Chambord** (S. 349), 16 km weiter östlich.

VÉZÈRE-TAL 1 TAG

Das ländliche Tal in der **Dordogne** (S. 564) birgt faszinierende Höhlen mit prähistorischer Kunst. Den historischen Kontext erklärt das Musée National de Préhistoire in dem hübschen Dorf **Les Eyzies** (S. 565) am Fluss. Dann geht's in der nahen Grotte de Font de Gaume und später in Lascaux in **Montignac** (S. 564) unter die Erde. Jeweils vorab Online-Tickets kaufen.

Abstecher: *In Toulouse (S. 634) lohnt sich ein Besuch des Canal du Midi (S. 619). 1 Tag*

CARCASSONNE 1 TAG

Die Fahrt gen Süden durch **Sarlat-la-Canéda** (S. 581) und **Rocamadour** (S. 584) ist herrlich. Unterwegs kann man den gleichnamigen Ziegenkäse verkosten. Nach der Ruhe im UNESCO-Welterbe **Causses de Quercy** (S. 584) kann das überfüllte **Carcassonne** (S. 617) überfordern – am besten mittags ein *cassoulet* (Eintopf aus dem Languedoc) genießen und die Zitadelle bei Sonnenuntergang besuchen.

Abstecher: *Das zweistufige römische Amphitheater und das Musée de la Romanité (S. 594) in Nîmes lohnen einen Besuch. 5 Stunden*

PONT DU GARD 1 TAG

Wer sich für römische Geschichte interessiert, ist hier richtig. Nach einem Stopp in den erstklassigen Museen in **Narbonne** (S. 623) geht's über die A9 zum eindrucksvollen römischen Aquädukt, einem UNESCO-Welterbe. Wer Badekleidung und Abenteuerlust mitbringt, kann nach einem Besuch des **Pont du Gard** (S. 599) von den nahegelegenen Felsen springen und tauchen.

ARLES 1 TAG

Arles (S. 681), die Hauptstadt der Camargue, ist der sinnliche Star des Südens. Goldene Straßen und das grüne Flussufer inspirierten einst Van Gogh und laden heute zu einem Spaziergang ein. Desweieteren locken das wunderschön restaurierte altrömische Amphitheater und provenzalische Produkte auf dem Markt am Samstagmorgen. Arles' zeitgenössisches Kontrastprogramm ist das von Frank Gehry entworfene **Luma Arles** (S. 683).

7

MARSEILLE ⏱ 2 TAGE

Die provenzalische Metropole **Marseille** (S. 668) versprüht mit ihren vielseitigen Museen und 111 völlig unterschiedlichen „Dörfern" jede Menge Energie. Eine Erkundungstour gibt Einblicke hinter die verwitterte Fassade der Stadt. Am besten startet man bei den Fischern am Vieux Port. Lohnenswert sind zudem die Strände sowie **Les Goudes** (S. 675), der Ausgangspunkt für Wanderungen und Seekajaktouren in **Les Calanques** (S. 680).

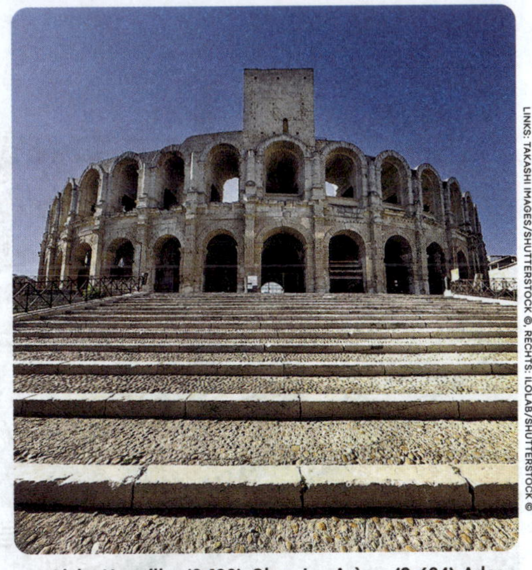

Links: Versailles (S. 180); Oben: Les Arènes (S. 684), Arles

REISEROUTEN

Abstecher zur Atlantikküste

Dauer: 1 Woche **Strecke:** 565 km

Grün leuchtende Weinberge, Austernfarmen im offenen Meer und die in der Sonne golden schimmernden Konturen von Europas größter Sanddüne: Frankreichs windgepeitschte Atlantikküste besticht mit Postkartenkulissen und verführerischer Küche. Mit dem Auto legt man die Route zwischen Dörfern und Weingütern selbst fest, doch diese reizvolle Zug-Fahrrad-Kombination ist die grünere Variante.

Tour de la Chaîne und Tour de la Lanterne (S. 527), La Rochelle

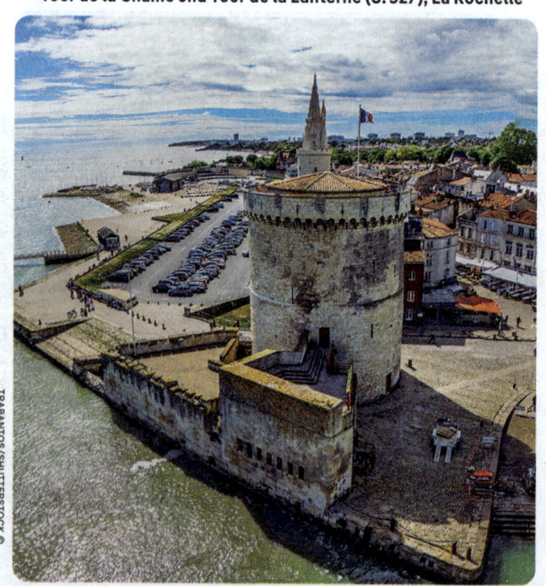

1 NANTES 1 TAG

Der Atlantik und die Loire prägen die alte bretonische Hauptstadt **Nantes** (S. 371). Nachdem man die mechanischen Wesen von Les Machines de l'Île auf der Stadtinsel Îles de Nantes besucht hat (S. 374), warten das *château* und das städtische Leben entlang des Fußweges Le Voyage à Nantes. Mittags gibt's Austern in der Markthalle, abends einen Sundowner am Meer im **Hangar à Bananes** (S. 376).

2 LA ROCHELLE 2 TAGE

Der vom 14. bis zum 17. Jh. prominente französische Hafen ist eine der reizvollsten Seefahrerstädte Frankreichs. Von den massiven Steintürmen in **La Rochelle** (S. 526) bieten sich Panoramablicke über Stadt und Küste. Zudem locken köstliche Meeresfrüchte, ein Nachmittagsspaziergang zum kuriosen 16-seitigen Leuchtturm am Cap Horn und eine eintägige Radtour auf der **Île de Ré** (S. 530).

3 BORDEAUX 1 TAG

Architektur, Kunst und Essen auf höchstem Niveau sowie einige der besten Weine des Landes gehören zu einem perfekten Tag in **Bordeaux** (S. 510). Der historische Teil der Stadt ist die größte urbane UNESCO-Welterbestätte der Welt, wobei die vielen zeitgenössischen Museen und progressiven Kunstflächen ebenso reizvoll sind.

0 50 km
START
Nantes 1
Cholet
Loire
Challans
Bressuire
La Roche-sur-Yon
1¼ Std.
Niort
Parc Naturel Interrégional du Marais Poitevin
La Rochelle 2
ATLANTIK
Saintes
Gironde Estuary
Jonzac
3 Std.
Castelnau-de-Médoc
Dordogne
1½ Std.
3 Bordeaux
Arcachon 4
Golf von Biskaya
Cap Ferret
Garonne
Langon
Parc Naturel Régional des Landes de Gascogne
Morcenx
3 Std.
Mont-de-Marsan
Aire-sur-l'Adour
Adour
Biarritz
5 Bayonne
ZIEL
Irún
Pau
Pau
SPANIEN

4

ARCACHON 2 TAGE

Altmodischer maritimer Charme prägt das nach Palmen und Pinien duftende **Arcachon** (S. 520). Für einen herrlichen Tag sorgen der makellose goldene Sandstrand, ein Mittagessen mit Meeresfrüchten und Meerblick sowie Bootsfahrten über die Bucht zum austernreichen **Cap Ferret** (S. 524) und zur **Île aux Oiseaux** (S. 523). Die Radtour zur **Dune du Pilat** (S. 525) ist ebenso spektakulär wie die kolossale Sanddüne selbst.

5

BAYONNE 1 TAG

Hervorragende Schokolade, Schinken und baskische Lebensart machen die kleine, aber stolze Hauptstadt des französischen Baskenlandes **Bayonne** (S. 534) zu einem lohnenswerten Stopp. Neben Fachwerkhäusern und baskischer Kultur im Musée Basque et de l'Histoire de Bayonne (S. 536) locken Frankreichs beste heiße Schokolade und ein Marktbesuch.

Abstecher: *Biarritz (S. 539), glamouröser Badeort und Surf-Hotspot, liegt eine Busfahrt entfernt.* *5 Stunden*

BEARFOTOS/SHUTTERSTOCK ©

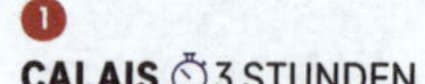

REISEROUTEN

Von Calais zu den Alpen

Dauer: 3 Tage **Strecke:** 985 km

Die Route vom Eurotunnel-Hafen in Calais in die französischen Alpen lässt sich in rund acht Stunden mit Übernachtungsstopp in Reims oder Troyes bewältigen. Wer mehr Zeit hat, kann es gemütlicher angehen lassen und die interessante Region mit von Hütten gesäumten Stränden, Champagnerkellern und erstklassigen Weingütern ausgiebig genießen.

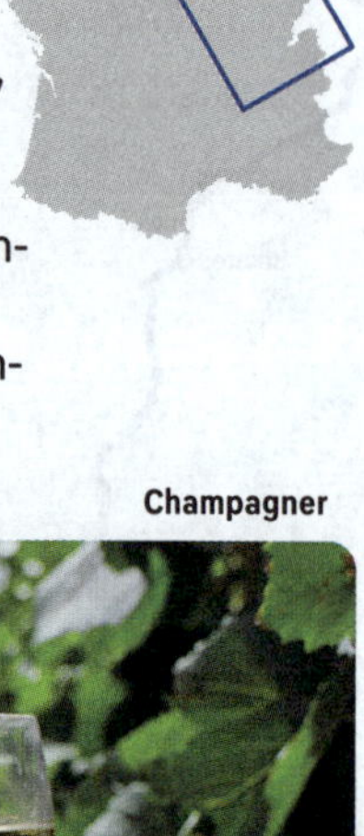

Champagner

1

CALAIS ⏱ 3 STUNDEN

Von der Autofähre oder dem Zug geht's in die Stadt. Rodins berühmte Bürger von **Calais** posieren vor dem Rathaus im flämischen Renaissance-Stil, während am Sandstrand Calais' spektakulärer mechanischer Drache (compagniedudragon.com) zu einer Erkundungstour einlädt. Das zugehörige Restaurant L'Antre du Dragon bietet DJ-Musik, Grillküche und Themenabende.

2

CÔTE D'OPALE
⏱ 2 STUNDEN

Die Côte d'Opale (S. 206) verdankt ihren Namen den Grau- und Blautönen des Meeres und des Himmels und ist ein ästhetisches Meisterwerk der Natur. Vom windgepeitschten Cap Blanc Nez bieten sich Traumblicke auf die Baie de Wissant, den Hafen, die flämische Landschaft und die weißen Kreidefelsen von Dover in der Ferne. In Wissant kann man bei Ebbe, wenn der weite Strand freigelegt ist, die Zehen ins Meer halten.

 **Abstecher:** *Der 6,5 km lange, beschilderte, windige Rundweg Sentier du Cap Blanc Nez startet am Parkplatz des Cap Blanc Nez (D 940).* ⏱ *1½ Std.*

3

AY ⏱ 1 TAG

Den klassischen Übernachtungsstopp in **Reims** (S. 288) mit Frankreichs schönster Art-déco-Architektur, einer gotischen Kathedrale und weltberühmtem Champagner tauscht man gegen das weniger bekannte **Aÿ** (S. 300; Aÿ-Champagne auf Karten) ein. Neben drei erstklassigen Champagnerhäusern locken das hochmoderne Champagnermuseum Pressoria und köstlichen Snacks aus der *boulangerie* (Bäckerei) als günstiges Mittagessen.

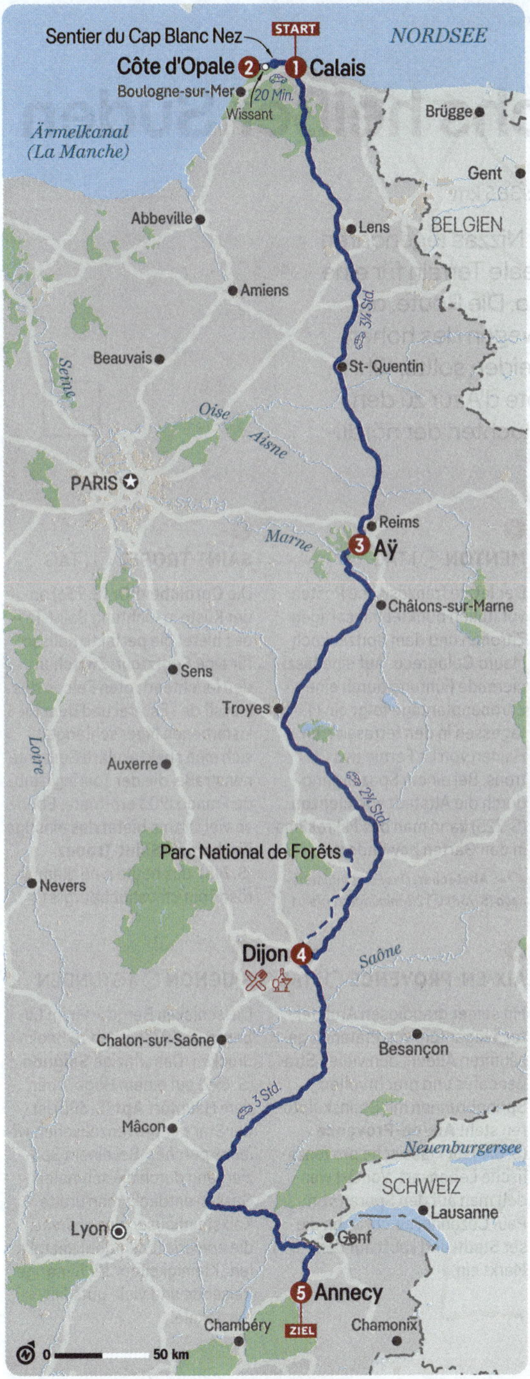

START
Sentier du Cap Blanc Nez
NORDSEE
Côte d'Opale 2
1 Calais
Boulogne-sur-Mer
20 Min.
Wissant
Brügge
Ärmelkanal (La Manche)
Gent
Abbeville
Lens
BELGIEN
Amiens
3¼ Std.
Beauvais
Seine
St- Quentin
Oise
Aisne
PARIS
Reims
Marne
3 Aÿ
Châlons-sur-Marne
Sens
Troyes
Loire
Auxerre
2¼ Std.
Parc National de Forêts
Nevers
Dijon 4
Saône
Chalon-sur-Saône
Besançon
3 Std.
Mâcon
Neuenburgersee
SCHWEIZ
Lausanne
Lyon
Genf
5 Annecy
Chambéry
ZIEL
Chamonix
0 50 km

4

DIJON ⏱ 1 TAG

Seit 2022 kann sich **Dijon** (S. 384), reizvoller Sitz des Herzogtums Burgund und Gastronomie-Hotspot der Region, mit dem Titel *Cité International de la Gastronomie et du Vin* schmücken, was allein schon Grund genug für einen Besuch ist. Kulinarische Ausstellungen, ein Food-Court sowie eine Koch- und Weinschule in La Cité sorgen für ein breitgefächertes Unterhaltungs- und Essensangebot. Burgunder zu probieren, ist natürlich Pflicht (wer fährt, kann die Weine ausspucken).

Abstecher: *Der jüngste Nationalpark Frankreichs, der wenig bekannte Parc National de Forêts (S. 390) am nördlichen Rand von Dijon, lädt zu einem malerischen Waldausflug ein.*

JORGE CHANG/SHUTTERSTOCK ©

5

ANNECY ⏱ 2 STUNDEN

Nun sind die Berge nicht mehr weit, und bis **Chamonix** (S. 462) ist es nur noch eine Stunde. In **Annecy** (S. 475) bringt man sich mit dem Kastanien-, *génépi*- (traditioneller Kräuterlikör) oder Pinieneis der traditionellen Eisdiele Glacier des Alpes in der romantischen, venezianisch anmutenden Altstadt von Annecy in alpine Stimmung. Von der weiten Rasenfläche bieten sich tolle Blicke übers Wasser.

REISEROUTEN

Frankreichs heißer Süden

Dauer: 7–10 Tage **Strecke:** 385 km

Die berühmte Riviera mit Nizzas legendären Küstenstraßen ist das ideale Terrain für eine Spritztour mit dem Cabrio. Die Route, die man im Juli und August wegen des hohen Verkehrsaufkommens meiden sollte, führt von der glamourösen Côte d'Azur zu den wilden, unberührten Schluchten der nördlichen Provence.

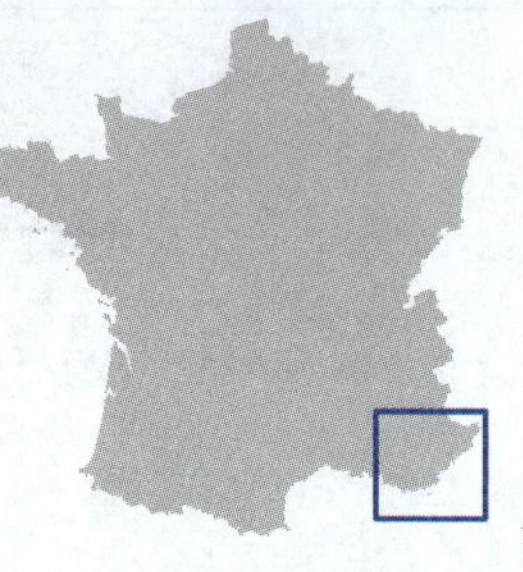

NIZZA ⏱ 2 TAGE

Herausragende Museen für moderne Kunst, Straßenmärkte, mediterrane Kiesstrände und eine verwinkelte Altstadt: **Nizza** (S. 714), die Königin der Riviera, ist in jeder Hinsicht bezaubernd. Die traditionelle Küche erlebt gerade eine Wiedergeburt als Gourmetkost – pro Tag sind drei Mahlzeiten fällig!

Abstecher: *Im Train des Merveilles (S. 727) erlebt man unter Einheimischen eine malerische Fahrt ins Vallée de Roya im Hinterland der Côte d'Azur.*

MENTON ⏱ 1 TAG

Der letzte französische Posten vor Italien punktet mit saftigen Zitronen und dem Spitzenkoch Mauro Colagreco. Auf eine faszinierende Führung durch eine Zitronenplantage folgt ein Mittagessen in den terrassierten Hainen von La Ferme des Citrons. Bei einem Spaziergang durch die Altstadt von **Menton** (S. 725) kann man das Mikroklima in den Gärten bewundern.

Abstecher: *Das Fürstentum Monaco (S. 738). ⏱ 20-minütige Zugfahrt*

SAINT-TROPEZ ⏱ 1 TAG

Die **Corniche d'Or** (S. 736) an der Küste in Richtung Saint-Tropez bietet die perfekte Kulisse für eine Spritztour: Zwischen den leuchtend roten Felsen des Massif de l'Estérel und dem türkisfarbenen Meer schlängelt sich eine spektakuläre Serpentinenstraße, die der Touring Club de France 1903 eröffnete. Ebenso viel Drama bietet das einstige Fischerdorf **Saint-Tropez** (S. 745), das heute eine glamouröse Tourismushochburg ist.

BORMES-LES-MIMOSAS ⏱ 4 STUNDEN

Die Straßen, die sich nach **Bormes-les-Mimosas** (S. 749) winden, sind spektakulär. Die D98 im Landesinneren fällt steil ins Massif des Maures ab, während die D559 an der Küste Meeresgärten in **Domaine du Rayol** (S. 749) passiert und die **Route des Crêtes** (S. 321) eine malerische Kulisse bietet. Das mittelalterliche Dorf ist perfekt für eine Mittagspause.

Abstecher: *Die Route du Mimosa (S. 733) ist zur Blüte im Winter am schönsten. ⏱ 1 TAG*

AIX-EN-PROVENCE ⏱ 1 TAG

Mit seiner grandiosen Architektur, eleganten, von Platanen gesäumten Alleen, den vielen Straßencafés und prachtvollen Springbrunnen mit Steinskulpturen steht **Aix-en-Provence** (S. 677) für klassische provenzalische Lebensart. Vor Ort wandelt man auf den Spuren von Paul Cézanne, einem Sohn dieser Stadt, und kauft auf dem Markt ein.

SAIGNON ⏱ 4 STUNDEN

Die schicken Bergdörfer im **Luberon** (S. 697) wissen zu beeindrucken. Das winzige **Saignon** (S. 699) auf einem Hügel über dem Hauptort **Apt** (S. 698) ist der Star der provenzalischen *villages perchés.* Bei einem Spaziergang durch die schmalen Gassen entdeckt man uralte Kalksteinhäuser, das *château*, die *épicerie* (Eckladen) mit lokalen „Kleinigkeiten" für hungrige Reisende und viele gute Mittagslokale.

ITALIEN
Vernante
Reserve Geologique de Haute Provence
Parc National du Mercantour
Sisteron
La Javie
Tende
Volonne
Digne-les-Bains
Train des Merveilles
Touët-sur-Var
Parc Naturel Régional du Luberon
Parc Naturel Régional du Verdon
Entrevaux
Sospel
Durance
Oraison
Apt
Manosque
Castellane
St-Martin du Var
6 Saignon
1½ Std.
Riez
2 Menton
MONACO
Quinson
7 ZIEL Gorges du Verdon
Cagnes-sur-Mer
1 START Nizza
35 Min.
1 Std.
Pertuis
St-Paul-lès-Durance
Grasse
1 Std.
2 Std.
Cannes
Barjols
Draguignan
5 Aix-en-Provence
St-Maximin-la-Ste-Baume
Le Muy
Fréjus
Brignoles
Le Luc
Grimaud
Aubagne
Marseille
1 Std.
3 Saint-Tropez
Route du Mimosa
1¾ Std.
4 Bormes-les-Mimosas
Toulon
Hyères
MITTELMEER
0 50 km

7

GORGES DU VERDON

1 TAG

Die **Gorges du Verdon** (S. 706) in der Provence, Heimat von Adlern, Geiern und Wildschweinen, fasziniert als Frankreichs spektakulärste Schlucht. Von **Moustiers Sainte-Marie** (S. 707) aus bestaunt man im Schneckentempo das Panorama auf der schwindelerregenden Klippenstraße D 952. Die Wände der tiefen Schlucht sind stellenweise ganze 700 m hoch – der Eiffelturm misst nur die Hälfte.

Links: Route des Crêtes (S. 321); Oben: Corniche d'Or (S. 736)

VVOE/SHUTTERSTOCK ©

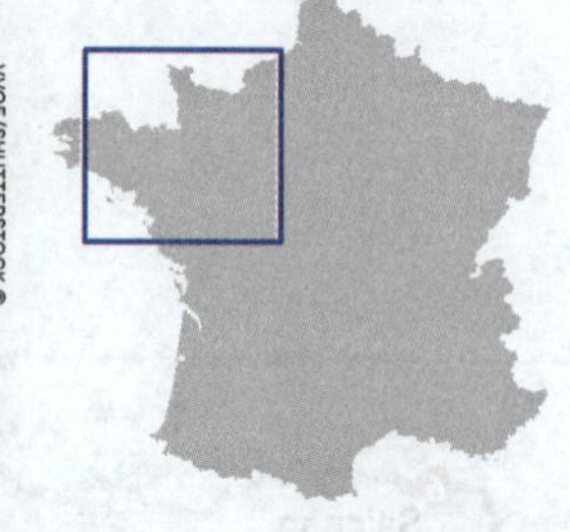

Austern auf dem Straßenmarkt, Bretagne

REISEROUTEN

Bretonische Austern & Käse aus der Normandie

Dauer: 1 Woche **Strecke:** 500 km

Auf dieser kulinarischen Spritztour durch die Bretagne und die Normandie heißt es anschnallen und den Gürtel locker machen: Unterwegs locken jede Menge Austern und Käse. Ruhige Strände und mythische Inseln bieten mit ihrer Meeresbrise die perfekte belebende Ergänzung. Wer mehr Zeit hat, findet in der Gegend noch unzählige weitere Attraktionen.

1

CARNAC ⏱3 STUNDEN

Los geht's dort, wo alles begann: Für die Dolmen von **Carnac** (S. 283) sollte man sich Zeit nehmen. Sie gehen auf das 5. Jh. v. Chr. zurück und gelten als der größte megalithische Komplex der Welt. Bei Führungen werden Mythen und Legenden rund um die rätselhaften Menhire erläutert, und bei einem Spaziergang in den umliegenden Wäldern spürt man Carnacs urtümliche Energie.

2

BELLE-ÎLE ⏱2 TAGE

Eine Bootsfahrt führt von Quiberon an der Südspitze der 4 km langen Presqu'île de Quiberon zur **Belle-Île** (S. 281). Die hinreißende bretonische „Schöne Insel" trägt ihren Namen zu Recht, dafür sorgen die wilde Küste, Sandstrände, traditionelle Fischerdörfer in hübschen Pastelltönen und eine unterhaltsame Gastronomie- und Ausgehszene im Hauptort Le Palais. Zum Erkunden eignet sich ein Leihmoped.

3

SAINT-MALO ⏱1 TAG

Die Hafenstadt **S-Malo** (S. 259) bietet einen dramatischen Anblick. Da hier einer der größten Gezeitenunterschiede der Welt herrscht, schlagen bei Sturm die Wellen gegen die Befestigungsmauern der Stadt. Im 17. Jh. hatten Freibeuter hier das Sagen, ihr Erbe lebt in den Kopfsteinpflastergassen und Villen der Altstadt weiter.

Abstecher: *Mit einem Leihrad geht's die Rance entlang zum idyllischen Dorf St-Suliac (S. 263).* ⏱ *3 Std.*

4

MONT-ST-MICHEL ⏱ 1 TAG

Die berühmte Abtei-Insel bietet einen dramatischen Anblick. Laut keltischer Mythologie ist **Mont-St-Michel** (S. 233) ein Meeresgrab, in das die Seelen der Toten geschickt wurden. Eine besondere Aura umgibt den Komplex, den man bei Ebbe zu Fuß erreichen kann – besonders schön bei Sonnenuntergang.

Abstecher: *Austern-Fans sind auf dem berühmten Austernmarkt in Cancale (S. 265) richtig.*

5

CABOURG ⏱ 1 TAG

In diesem charmanten Küstenort an der Côte Fleurie („Blumenküste") in der Normandie urlaubte einst Marcel Proust. Die gut betuchten Nachbarn **Deauville** (S. 221) und **Trouville-sur-Mer** (S. 224) stehen im Rampenlicht, während **Cabourg** (S. 222) mit seinem umfangreichen Museum Kunstinteressierte in die Belle Époque einführt.

Abstecher: *In Ouistreham startet die Route zu den D-Day-Landungsstränden der Normandie (S. 227). ⏱ 1 Tag*

6

PAYS D'AUGE ⏱ 2 TAGE

Eine Fahrt ins Landesinnere zeigt ein anderes Gesicht der Normandie: mit fruchtbaren Apfelgärten, hübschen Fachwerkdörfern und Weiden mit Kühen, deren Milch zu cremigem Camembert verarbeitet wird. Bei einem zweitägigen Aufenthalt erkundet man die ruhigen Landstraßen von **Pays d'Auge** (S. 225), lernt in einer Destillerie, wie Calvados gebrannt wird, besucht Camembert und genießt hervorragendes Essen.

BESTE REISEZEIT

Das ganze Jahr hindurch! Am Strand entspannen im heißen Süden bis weit über den Sommer hinaus, im Winter die alpinen Skipisten hinuntersausen oder eine entspannte Zeit ohne Trubel außerhalb der Saison genießen.

Seit französische Adlige Bauern dafür bezahlten, in ihrem Namen den mittelalterlichen Pilgerweg nach Santiago de Compostela in Spanien zu gehen, und seit englische Alpinisten Berggipfel bezwangen und so den Tourismus in den Alpen einläuteten, ist Frankreich ein äußerst begehrtes Reiseziel. Die Touristenströme sind so überwältigend (und zugleich so schädlich für fragilere Stätten) geworden, dass der französische Tourismusminister im Sommer 2023 einen Plan vorstellte, den Übertourismus einzudämmen, indem er die Besucher:innen in weniger besuchte Landesteile lenkt.

Diese Aspekte sollte man beherzigen und eventuell darüber nachdenken, eine weniger bekannte Region zu erkunden, länger an einem Ort zu bleiben oder – was am wichtigsten ist – eine Frankreichreise auf eine ruhigere Zeit des Jahres zu verlegen. Wenn möglich, sollte man die Monate Juli und August meiden.

Reservierung von Unterkünften

In den Städten im Landesinneren gibt es keine streng vorgeschriebenen saisonalen Tarife; vielmehr sind die Hotels von Montag bis Donnerstag oft teurer. An der Küste gelten höhere Sommertarife. Zunehmend spiegeln die flexiblen Tarife die Auslastung wider. Genau wie bei Fluggesellschaften gilt: Je weniger Zimmer übrig sind, desto höher der Preis.

Chamonix (S. 462)

ICH LEBE HIER

TRAILRUNNING IN DEN ALPEN

Doug Mayer, der in Chamonix ansässige Gründer von Run the Alps (runthealps.com), teilt seine alpine Leidenschaft auf Trailrunning-Touren.

Der September ist ein Geheimtipp unter den Einheimischen der Alpenregion. Eine ideale Zeit, um in den Bergen zu laufen. Es sind weniger Menschen unterwegs, das Wetter ist kühler und im Allgemeinen stabiler. Außerdem liebe ich den Juni. Einer der schönsten Momente beim Trailrunning in den Alpen ist es, hoch hinaus zu kommen und über ein spätes Schneefeld zu laufen. Abenteuerlustige können *glissadieren* (hinunterrutschen) – auch wenn man am Ende mit Shorts voller Schnee dasteht!

WETTERWARNUNGEN

Mit der App Méteo France kann man zweimal täglich Wettervorhersagen und Wetterwarnungen abrufen (meteofrance.com). Die Warnmeldungen sind grün, gelb, orange oder rot (die höchste Stufe) und zeigen den Schweregrad einer Hitzewelle, eines Sturms, starker Winde oder Regenfälle an.

Reisewetter (Paris)

JANUAR	FEBRUAR	MÄRZ	APRIL	MAI	JUNI
Max. ø-Temp.: 6,9 °C	Max. ø-Temp.: 8,1 °C	Max. ø-Temp.: 11,6 °C	Max. ø-Temp.: 15,2 °C	Max. ø-Temp.: 18,6 °C	Max. ø-Temp.: 22,1 °C
Regentage: 9	Regentage: 8	Regentage: 8	Regentage: 9	Regentage: 9	Regentage: 8

DER MISTRAL

Der legendäre Mistral ist ein kalter, trockener Nordwestwind, der mehrere Tage am Stück über die Provence fegt. Im Volksmund heißt es, er könne die Menschen verrückt machen. Seine launischen Böen, die über 100 km/h erreichen, können Ernten zerstören, Dächer oder hölzerne Fensterläden abreißen und die Gemüter in Wallung bringen.

Kunstfestivals

In Dörfern, Städten und Gemeinden, überall feiert die Nation die **Fête de la Musique** (fetedelamusique.culture.gouv.fr), ein nationales Musikfestival zur Sommersonnenwende. Alle Klänge, alle Veranstaltungsorte – inszeniert oder spontan. **21. Juni**

Allein die Kulisse des größten Jazzfestivals Frankreichs, **Jazz à Vienne** (S. 428), ist schon atemberaubend: unter freiem Himmel im römischen Amphitheater von Vienne. **Juli**

Das weltberühmte **Festival d'Avignon** (S. 691), das drei Wochen lang Aufführungen französischer und internationaler Theatertruppen zeigt, weckt die Lust am Theaterspielen. Am Rande des Festivals präsentieren sich auch Straßenkünstler. **Juli**

Traditionelle keltische Musik erfüllt die bretonische Stadt Quimper während ihres wichtigsten Sommerfestivals, dem **Festival de Cornouaille** (S. 267) – dem größten Fest der Bretagne für bretonischen Tanz, Musik und Trachten. **Juli**

Riesige Spektakel

Auf welche kreative Art kann man 140 t Zitronen verwenden? Das kann man bei der **Fête du Citron** in Menton (S. 725) erleben, bei der Festwagen mit Zitronenskulpturen durch die Stadt fahren. **Februar**

Während der **Fête de la Transhumance** in St-Rémy-de-Provence treiben die Hirten ihre Schafe auf die Sommerweiden. In den französischen Alpen sind es Ziegen und Kühe. **Mai oder Juni**

Espadrille-Weitwurf, Tauziehen und Gewichtheben mit Steinen sind skurrile baskische Traditionen, die während der fünf Tage dauernden **Fêtes de Bayonne** (S. 536) gepflegt werden. **Juli oder August**

Géants (Riesen) – bis zu 8,5 m große Körpermasken aus Weidengeflecht, animiert durch eine Person, die in ihrem Innern läuft – kommen zum Karneval in der Vorfastenzeit, bei Straßenumzügen und Sommerfesten in Lille, Arras und anderen nordfranzösischen Städten aus ihren Löchern gekrochen. **Mai bis September**

I LIVE HERE

WEINLAND BORDEAUX

Tristane de La Presle, die ihre Woche zwischen ihrem Haus in Pauillac und ihrem Büro in Cognac aufteilt, kennt die Vorzüge der einzelnen Jahreszeiten gut. Sie erzählt, wann sie am liebsten in die Weinberge geht.

Der September bietet gute Wetterbedingungen, viele bunte Farben und die Vorfreude auf die Ernte – vor allem die Handlese. In Cognac beginnt die Destillation im Oktober und sorgt für eine einzigartige Atmosphäre in den Destillerien. Die zweitschönste Periode ist die Zeit nach dem Winter, wenn der Rebschnitt stattfindet. Ich liebe es, die Arbeiter:innen in der Abenddämmerung bei der Pflege der Reben unter dem Winterhimmel zu beobachten. Dieser handwerkliche Prozess und der Respekt vor der Landschaft und dem Boden haben etwas Magisches.

KLIMAWANDEL

Frankreich erlebte in den Jahren 2022 und 2023 mit die heißesten und trockensten Sommer seit Beginn der Aufzeichnungen. Es kam zu Waldbränden von noch nie dagewesenem Ausmaß. Im Winter gab es Sturzfluten und heftige, nicht saisonale Extreme. In den französischen Alpen mussten die Skigebiete in den tieferen Lagen wegen des großen Schneemangels später öffnen oder mitten in der Saison vorübergehend schließen.

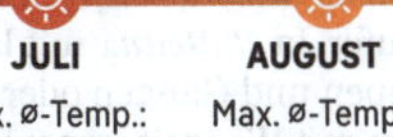

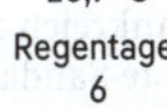

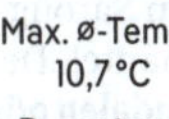

JULI	AUGUST	SEPTEMBER	OKTOBER	NOVEMBER	DEZEMBER
Max. ø-Temp.: 24,2 °C	Max. ø-Temp.: 24 °C	Max. ø-Temp.: 20,9 °C	Max. ø-Temp.: 16,4 ° C	Max. ø-Temp.: 10,7 °C	Max. ø-Temp.: 7,5 °C
Regentage: 8	Regentage: 7	Regentage: 6	Regentage: 8	Regentage: 9	Regentage: 10

LINKS: CREATIVE LAB/SHUTTERSTOCK ©, RECHTS: AJ PICS/ALAMY ©

BESTENS VORBEREITET AUF FRANKREICH

Nützliches zum Vorbereiten und Einstimmen.

Kleidung

Sportlich-elegante Gerade in der Stadt ist Stil gefragt; mit sportlich-eleganter Kleidung fährt man gut. Für Restaurantbesuche und Ausgehabende ein schickeres Outfit – Kleid oder formelle Hose, nicht nur Jeans und Turnschuhe – einpacken.

Regenfeste Jacke Wegen des unberechenbaren Wetters sollte man stets eine leicht zu verstauende wasser- und im besten Fall auch winddichte Jacke dabeihaben.

Leichter Schal oder Sarong Damit kann man bei einem Kirchenbesuch nackte Schultern verdecken oder den Kopf vor der Sonne schützen. Ein Sarong dient auch als Strandtuch, Bademantel, Decke, Laken …

Robuste Wandersandalen oder -schuhe Ob in einem Bergdorf mit Kopfsteinpflasterstraßen, beim Spaziergang durch Weinberge oder am Flussufer, in *châteaux* mit labyrinthartigen Treppen und Gängen oder in einem Leuchtturm mit Wendeltreppe: In Frankreich leisten flache, gemütliche, robuste Sandalen oder Schuhe gute Dienste.

Etikette

Mit Bonjour grüßen (bzw. *Bonsoir* ab 17 Uhr), wenn man Geschäfte oder Hotels betritt oder beim Wandern jemandem begegnet.

Bises (Wangenküsse) austauschen – mindestens zwei, mancherorts in Frankreich bis zu vier – im Bekannten- und Freundeskreis.

***Vous* verwenden**, wenn man mit fremden oder älteren Personen spricht; das informelle *tu* gilt für Freunde, Familie und Kinder.

LESEN

Joie: A Parisian's Guide to Celebrating the Good Life (Ajiri Aki; 2023) Tipps, wie man die französische *joie de vivre* ins eigene Leben integriert.

Wie später ihre Kinder (Nicolas Mathieu; 2018) Der mit dem Goncourt-Preis ausgezeichnete „Coming of Age"-Roman spielt in einer postindustriellen Stadt in Lorraine.

Ein Wort, um dich zu retten (Guillaume Musso; 2021) Der spektakuläre Thriller von einem der erfolgreichsten Romanautoren Frankreichs spielt auf einer Insel vor der Côte d'Azur.

Granite Island: A Portrait of Corsica (Dorothy Carrington; 2008) Das ultimative Porträt Korsikas ist ein Klassiker der Reiseliteratur.

Wörter

Bonjour (bong-schuhr) „Guten Morgen" oder „Hallo". Am späten Nachmittag grüßt man in Geschäften, Bars, Bussen oder auch unterwegs beim Wandern mit **bonsoir** (bong-swar) – „Guten Abend".

Salut (sa-lü) Das informellere „Hallo" für den Freundes- und Familienkreis kann unabhängig von der Uhrzeit verwendet werden. Es heißt auch „Tschüss" und „Prost".

Comment allez-vous? (ko·mong ta·le wu) Frage nach dem Wohlbefinden. Ist man mit dem Gegenüber gut befreundet oder ist es ein Kind, tauscht man die formelle Sie-Form (vous) gegen das informellere *Comment vas-tu?* (ko·mong wa·tü).

S'il vous plaît (ßil wu plä) Dasselbe gilt auch für „bitte" bei unbekannten Personen; *sil te plaît* (ßil te plä) verwendet man im Freundeskreis, bei Kindern und wenn einem mit *Tu peux me tutoyer* die informellere „tu"-Form angeboten wird.

Merci (mer-ßi) Danke

De rien (dö ria) Bitteschön/Gern geschehen.

Garçon! – Niemals mit diesem Ausdruck Bedienungen in Restaurants rufen, sondern *Monsieur!* (mesjö) für Männer und *Madame!* (ma-dam) für Frauen verwenden. Die französische Tradition, junge oder alleinstehenden Frauen mit *Mademoiselle* anzusprechen, ist veraltet.

Un café (ön ka-fe) Wer in Cafés, Bars und Restaurants einen einfachen Kaffee bestellt, bekommt einen kleinen starken Espresso. Wer einen größeren schwarzen oder Kaffee mit Milch möchte, muss genauer werden.

FILM

Der Soldat James Ryan (Steven Spielberg; 1998) Packende Schilderung der D-Day-Landung; für viele der beste Kriegsfilm aller Zeiten.

November (Cédric Jimenez; 2022) Eindrückliches Portrait des terroristischen Angriffs am 13. November 2015 in Paris.

Simone Veil – Ein Leben für Europa (Olivier Dahan; 2022) Biografie der in Nizza geborenen Holocaust-Überlebenden, Frauenaktivistin und Politikerin.

Die Sch'tis in Paris – Eine Familie auf Abwegen (Dany Boon; 2018) Der zweite von Dany Boons Filmen über Frankreichs berüchtigte Nord-Süd-Teilung.

Anatomie eines Falls (Justine Triet; 2023) Spannendes Justizdrama von einer der wenigen bekannten französischen Regisseurinnen; spielt in den Alpen. 2023 in Cannes ausgezeichnet.

REINHÖREN

Héra (Georgio; 2016) Brillanter Pariser Rapper, der seine lyrische Inspiration aus seinem multikulturell gerägten Heranwachsen im 18. Arrondissement zieht.

Wine Challenge (https://wine-challenge.com) Podcast mit faszinierenden Gesprächen mit Anbauer:innen in der Champagne – ideal, um die Französischkenntnisse aufzupolieren.

Disconova (Margaux de Fouchier; 2022) In ihrem zweiten Album mischt Margaux de Fouchier ihre ansprechende, melancholische Stimme mit Disco-Covern.

Talking France (www.thelocal.fr) Podcast zu aktuellen Ereignissen, Kultur und dem Tagesgeschehen vom frechen neuen Team von The Local.

NOK LEK TRAVEL LIFESTYLE/SHUTTERSTOCK ©

Bordeauxwein (S. 510)

TIPPS ZUR REISEPLANUNG

VERKOSTUNG FRANZÖSISCHER WEINE

Die französische Weinkultur geht auf die Römer zurück, die fruchtbare Regionen in Gallien ausfindig machten, um dort *vignobles* (Weinberge) anzulegen – und so den Boden für die berühmtesten Weinregionen Frankreichs bereiteten: Burgund, Bordeaux, Champagne, Elsass, die Täler der Loire und der Rhône, die Provence und das Languedoc. Kein Wunder also, dass die *dégustation* (Verkostung) tief in der französischen Kultur verwurzelt ist.

Terroir & AOCs

Über die Jahrhunderte haben Winzer:innen Rebkrankheiten besiegt und Fröste überstanden, haben Anbautechniken verfeinert, aber ihre Traditionen bewahrt und ihr einzigartiges Weinwissen stetig erweitert.

Frankreich ist nach Italien der größte Weinproduzent der Welt. Sein äußerst vielfältiges *terroir* (Boden) sorgt für facettenreiche Weine, die zunehmend biologisch, bzw. biodynamisch angebaut werden.

Qualitätsweine sind in Frankreich mit einer Appellation d'Origine Contrôlée (AOC) oder Appellation d'Origine Protégée (AOP) gekennzeichnet: Dieser Wein unterliegt strengen Vorschriften, die Anbau und Abfüllung regeln. Einige Regionen haben eine einzige AOC (wie das Elsass), andere Dutzende. In Bordeaux gibt es 65, darunter Médoc, St-Émilion und Graves.

Rotwein

Frankreichs berühmteste Rotweine kommen aus Burgund, Bordeaux und dem Rhônetal (darunter der Châteauneuf-du-Papes).

Rotweine aus Bandol werden aus Mourvèdre-Trauben gekeltert. Da sie Seereisen gut überstanden, wurden sie im 16. und 17. Jh. auch gern fern der Heimat konsumiert. Die Mönche im Burgund begannen im 8. Jh. mit der Weinherstellung. Sie glaubten, dass die göttlichen Geister im Boden durch den Wein zu ihnen sprechen. Die Weinberge im Burgund sind nach wie vor klein und in

TIPPS FÜR KAUF & VERKOSTUNG

Bordeaux Einige Weingüter bieten geführte Besichtigungen mit Verkostung an; oft ist eine Reservierung erforderlich.

Burgundy In dieser Region ist es nur selten möglich, Weingüter zu besichtigen. Aber man kann Weinkeller besuchen und bei *négociants* (Weinhändlern) einkaufen (S. 510).

Provence Viele *vignerons* (Winzer:innen) und *producteurs* (Weinerzeuger) bieten Verkostungen an – meist kann man vor einem Kauf zwei oder drei Jahrgänge probieren. In der Provence findet man bei örtlichen Winzergenossenschaften günstige Tafelweine.

Weitere Möglichkeiten In den Fremdenverkehrsbüros und *maisons des vins* gibt es Listen von *domaines* (Weingütern), *châteaux* (Schlössern), *caves* (Weinkellern) und Genossenschaften, die Verkostungen und Verkauf anbieten.

Verkehrssicherheit Wer nach einer Verkostung noch fahren muss, sollte bei der Weinprobe nach einem Spucknapf fragen (sofern keiner vorhanden ist).

Klimazonen unterteilt – ein Weinbaupatrimonium, das seit 2015 auf der UNESCO-Liste steht. Die Winzer:innen in den Anbaugebieten Côte d'Or, Chablis, Châtillon und Mâcon stellen aus Pinot-Noir-Trauben wunderbare Rotweine her. Die besten davon erreichen erst nach zehn bis 20 Jahren ihren geschmacklichen Höhepunkt.

Weißwein

Schon 600 v. Chr. bauten die Griechen in Massilia (Marseille) Reben an. Die herben Weißweine aus Cassis passen perfekt zu Fisch und Meeresfrüchten. Im Loire-Tal wird die größte Vielfalt an französischen Weinen produziert, einige davon in Troglodytenhöhlen (S. 360). Die leichten, blumigen Weißweine aus Pouilly-Fumé, Vouvray, Sancerre, Bourgueil und Chinon schmecken köstlich. Die wichtigsten Rebsorten hier sind Muscadet, Cabernet Franc und Chenin Blanc. Weißweine aus dem Burgund basieren dagegen auf der Chardonnay-Traube. Im Elsass wird fast nur Weißwein produziert, aus Rebsorten, die im übrigen Frankreich kaum vorkommen. Der Elsässer Wein ist berühmt für seinen klaren Geschmack. Die vier bekanntesten Sorten sind Riesling, Gewürztraminer, Pinot Gris und Muscat d'Alsace, der nicht so süß ist wie die Muscats aus Südfrankreich.

Rosé

Ein Gläschen eiskalter Rosé steht für Genuss im heißen Süden. Die berühmteste Appelation hier (und die sechstgrößte Frankreichs) ist Côtes-de-Provence mit 20 ha Weinreben zwischen Nizza und Aix-en-Provence. Weitere gute Rosés kommen aus Bandol, Coteaux d'Aix-en-Provence, Palette und Coteaux Varois.

WEINVERKOSTUNG 2.0

- Eine Weinprobe in Frankreich ist viel mehr als einfaches Riechen, Schlürfen und Schlucken oder Spucken. Bei der *dégustation* (Weinverkostung) spielen auch das Ambiente und die Weitergabe des überlieferten Wissens der Winzer:innen eine große Rolle.
- **Château Lynch-Bages** Hier kann man nach einer Führung Médoc-Weine (S. 521) in den modernen Weinkellern probieren, die vom chinesischen Architekten Chien Chung Pei entworfen wurden (sein Vater entwarf die Glaspyramide des Louvre in Paris).
- **Côte de Nuits im Burgund** Bei einer Fahrt entlang der Route des Grands Crus kann man bei den Genossenschaften günstig Wein einkaufen und die Weinberge von La Romanée Conti bewundern, von denen der teuerste Wein der Welt stammt (S. 401).
- **Fête des Vendanges de Montmartre** Der städtische Weinberg von Paris, der 1933 in Montmartre angelegt wurde, begeht im Oktober seine Weinlese mit fünf Tagen Weintrinken, Tanz, kulinarischen Köstlichkeiten, Konzerten und einer Parade (S. 98).
- **Route des Vins d'Alsace** Hier kann man Bio-Wein in einem Weingut aus dem 16. Jh. verkosten, für einen Tag Winzer:in spielen oder süße Spätleseweine probieren, die an der ältesten Weinstraße Frankreichs hergestellt werden (S. 317).
- **Verkostung unter Hypnose** Domaine La Ferme St-Martin in der Provence bietet AOP-Beaumes-de-Venise-Weine zur Verkostung unter Hypnose – was, so heißt es, die Sinne schärfen soll (S. 694).
- **Boutique-Champagner** Experimentelle Sektkellereien wie Champagne Leclerc Briant in Épernay (S. 298) lassen Cuvées auf dem Meer reifen oder in einem mit Gold ausgekleideten Eichenfass fermentieren.

TOBIAS JOON-HO PERSSON/SHUTTERSTOCK ©

Lac d'Annecy (Annecy-See; S. 475)

TIPPS ZUR REISEPLANUNG

FRANKREICH MIT DEM RAD ERKUNDEN

Radfahren ist so beliebt wie nie zuvor. Zwar schwingt man sich in Frankreich schon seit den 1960er-Jahren für eine Sonntagstour aufs Rad, doch dank dem Boom von E-Bikes, neuen Radwegen und tollen Radwanderrouten gehört Radfahren inzwischen zu den beliebtesten Aktivitäten.

Leihfahrräder

In Städten gibt's mindestens einen Fahrradverleih für Stadt- und Tourenräder, Mountainbikes (VTT), Kinderräder und Anhänger. Auch Räder mit E-Unterstützung *(vélo à assistance électrique)* mit einer Höchstgeschwindigkeit von 25 km/h sind überall zu finden (Akku prüfen, bevor es losgeht!).

Bei der Ausleihe muss man den Personalausweis oder Reisepass vorzeigen und eine Kaution hinterlegen (meist ein Kreditkarten-Blocking über 250 €), die bei Beschädigung oder Diebstahl des Rads einbehalten wird. In der Hochsaison sollte man Räder im Voraus buchen. Einige Verleihstationen, wie die am Annecy-See (S. 475) in den französischen Alpen, nehmen keine Reservierungen an; im Juli, August und an den Wochenenden sollte man pünktlich um 9 Uhr vor Ort sein, um sich ein Fahrrad zu sichern.

Accueil Vélo

Einige Hotels bieten gesicherte Fahrradabstellplätze. Hotels, Pensionen, Campingplätze oder Unterkünfte für Selbstversorger mit dem Label *„Accueil Vélo"* (Fahrräder willkommen) sind besonders auf Fahrradfans ausgerichtet. Landesweit gibt es rund 7000 fahrradfreundliche Einrichtungen (auch Museen und Denkmäler) – auf francevelotourisme.com/accueil-velo steht welche.

Fahrrad- & Gepäcktransport

Man kann bequem mit dem Zug zum Startpunkt einer Radtour fahren, es lassen sich auch Tagesausflüge mit Zugfahrten in verschiedenen Regionen verbinden. Fahrräder können in fast allen TER-Regionalzügen und den meisten Fernzügen mitgenommen werden, ohne Reservierung. Oft gibt's spezielle Abteile/Wagons für Fahrräder.

PRAKTISCHES: APPS, KARTEN & GEFÜHRTE TOUREN

Apps Mit dem GPS-Routenplaner Komoot kann man Routen planen, mit Park4Night findet man Zeltplätze, mit MaRando und Visorando kann man längere Touren planen. Mit CirkWi findet man für jeden Radtyp die passende Tour.

France Vélo Tourisme Umfassender Führer für Radtouren in und um Frankreich; Download von GPX-Dateien für GPS-Routen. de.francevelotourisme.com

Freewheeling France Radreiseführer der Fahrradverleiher auflistet, die Räder liefern, für Routen mit unterschiedlichem Start und Ziel. freewheelingfrance.com

Geführte Touren Geführte Ganztagestouren mit dem E-Bike kosten zwischen 80–160 €. Mit Rustic Vines (rusticvinestours.com) geht's mit dem E-Bike durch die Weinberge von St-Émilion; À la Française (S. 301) verbindet eine E-Bike-Tour durch die Weinberge nach Épernay (Minibus-Shuttle von Reims zum Start der Route) mit Champagnerverkostungen und Mittagessen.

Die Beförderung von Fahrrädern in TER-Regionalzügen ist kostenlos. In den Zügen von Ouigo, in Intercités und in TGV wird je nach Strecke eine Gebühr von 5 oder 10 € erhoben. Beim Ticketkauf auf sncf-connect.com oder in der App SNCF Connect den Reiter „+ *un vélo*" bzw. „Fahrrad hinzufügen" auswählen. An der Atlantikküste ist für Fahrräder eine eigene Fahrkarte an Bord der Schiffe von/nach Cap Ferret erforderlich.

Im Loiretal gibt es Dutzende privater Unternehmen, die Gepäcktransporte anbieten; Infos dazu gibt's auf loireavelo.fr.

Verkehrsregeln

Helme sind nur für Kinder unter 12 Jahren gesetzlich vorgeschrieben, trotzdem halten sich auch die meisten Erwachsenen daran. Bietet ein Fahrradverleih nicht automatisch einen Helm an, sollte man nachfragen. Helme sind im Mietpreis inbegriffen.

Immer Radwege oder abgegrenzte Fahrradspuren nutzen; das Fahren auf Gehwegen ist verboten. Die gesetzlich festgelegte Höchstgeschwindigkeit beträgt 25 km/h, auch für E-Bikes (45 km/h für S-Pedelecs mit Nummernschild). Es ist verboten, beim Fahren auf der Straße Kopfhörer oder EarPods zu tragen.

SANDER VAN DER WERF/SHUTTERSTOCK ©

Vélo'v-Fahrräder, Lyon (S. 418)

ROUTENVORSCHLÄGE

- Die folgenden Langstreckenrouten lassen sich in Halb- oder Ganztagestouren aufteilen – ideal für Bikepacker und Radfahrer:innen, die einfach nur einen landschaftlich reizvollen Tag verbringen möchten.
- **Loire à Vélo** Dieses 500 km lange Radwegenetz verbindet diverse Schlösser im Loire-Tal. Die 82 km lange Wochenendtour von Blois (S. 349), die zu fünf Schlössern führt und mit einer Zugfahrt von Onzain zurück endet, ist ein Highlight. loireavelo.fr
- **Route des Grands Crus** Im Burgund gibt es eine 800 km lange „Grand Tour", aber für Weinfans auf zwei Rädern ist die 60 km lange Fahrt von Dijon zu den Weinbergen, Schlössern und Weinkellern der Côte de Nuits (S. 401) kaum zu überbieten. bourgogne-tourisme.com
- **ViaRhôna** Diese recht ebene, 815 km lange Route schlängelt sich durch Ostfrankreich zum Mittelmeer. Eine 70 km lange Etappe (S. 436) von Vienne nach Tournon-sur-Rhône, die von Weinbergen und Flüssen gesäumt ist, verbindet ab Lyon Fahrrad- und Zugabschnitte. viarhona.com
- **La Vélodyssée** Diese herrliche Fahrt (S. 520) entlang der französischen Atlantikküste ist ein maritimes Highlight. Auf der 1250 km langen Strecke von Roscoff (Bretagne) nach Hendaye (Baskenland) warten atemberaubende Meerblicke und eine frische Meeresbrise. lavelodyssee.com
- **La Vélomaritime** Eine gemütliche Route führt von Roscoff über einige Küstenstädte und die Côte de Granit Rose zur 430 km westlich gelegenen Abtei-Insel Mont-St-Michel (S. 233). Die jüngste der neun bretonischen Radrouten, Route 9 (300 km; seit September 2023), führt von Nantes nach Mont St-Michel. lavelomaritime.fr

KRIS LAND/SHUTTERSTOCK ©

Pains au chocolat

ESSEN WIE DIE LOCALS

Die französische Küche widmet sich in erster Linie den kulinarischen Highlights der Saison und vermittelt somit facettenreiche Eindrücke von den verschiedenen regionalen Spezialitäten des Landes.

Auf einer schattigen Terrasse inmitten eines Zitronenhains an der Riviera zu Mittag essen, von einem Koch aus dem Loire-Tal lernen, wie man Flussaal zubereitet, den morgendlichen Fang von Monacos letzten Fischern ergattern, die streng riechenden Keller eines *romager-affineur* (Käse-Affineur) in den Alpen besuchen oder edle Tropfen, gereift auf Gletschern, unter Wasser oder in Kreidehöhlen gallisch-römischen Ursprungs verkosten – die Intensität und Vielfalt der französischen Küche sind berauschend!

Keine westliche Küche ist so einflussreich wie die französische – oder so verlockend und einladend, einfach zuzugreifen und an einem schön gedeckten Tisch in einem klassischen Bistro oder auf einer Picknickdecke die köstlichsten Leckereien zu genießen. Die Renaissance-Küche im Loire-Tal prägte das französische Essen, wie wir es heute kennen; ab dem 17. Jh. wurden die landestypischen Rezepte von berühmten Köch:innen in verschiedenen Kochbüchern festgehalten. Bis heute wetteifern kreative Küchenmeister:innen um kulinarische Exzellenz, experimentieren und bleiben dabei der traditionellen „heiligen Dreifaltigkeit" der französischen Küche treu: klassische Kochmethoden, frische Zutaten und regionale Vielfalt in perfekter Balance.

Frankreichs Speisekammer

Den Trend hin zu natürlichem Geschmack ohne Zusatzstoffe gibt es in Frankreich nicht, weil dies ohnehin eine Selbstverständlichkeit ist. In den heimischen Vorratskammern findet man verschiedene Nuss- und Olivenöle

Unbedingt probieren!

COQ AU VIN
In Weißwein gegartes Hühnchen.

MOULES FRITES
Schüssel mit Muscheln in Schale und dünne Pommes Frites.

STEAK FRITES
Rindersteak und dünne Pommes Frites.

QUICHE LORRAINE
Tarte aus Eiern, Milch oder Sahne und Speck; die traditionelle Variante ist ohne Käse.

sowie diverse Essigsorten für den typischen grünen Salat, der in Frankreich nach dem Hauptgang serviert wird. Daneben türmen sich getrocknete Kräuter und Backzutaten für Kuchen und Sauerteigbrote. Croissants und *pains au chocolat*, knusprige *baguettes*, bunte Macarons und kunstvolle *pâtisseries* (Feingebäck) am Sonntag gehören zu den wenigen fertigen Produkten, die in Frankreich regelmäßig gekauft werden – natürlich stets bei der örtlichen *boulangerie* (Bäckerei).

Junk-Food sucht man vergeblich. Stattdessen gibt's an Automaten in Frankreich Gourmetkäse, Fondue-Sets und sogar verzehrbereite Austern samt Messer und Zitrone.

Regionalküchen

Von der äußersten Nordspitze von Hauts-de-France bis zu den schneebedeckten Pyrenäen an der sonnenverwöhnten französisch-spanischen Grenze: In Sachen Essen macht das Land keine Kompromisse. Klimatische und geografische Faktoren tragen zu einer großen Vielfalt bei. Im heißen Süden liegt der Fokus auf Olivenöl, Knoblauch und Tomaten, in den kühleren ländlichen Regionen im Norden auf Sahne und Butter. An der Küste stehen Muscheln, Austern und Meeresfisch auf dem Speiseplan, während in der Nähe von Seen und Flüssen eine große Auswahl an Süßwasserfisch auf den Tisch kommt. Die natürliche geografische Vielfalt trifft auf den großen Stolz, den jede Region für ihre besonderen Traditionen und Kultur (Feste, Ernteessen, Festrituale, alte Gerichte aus selbst angebauten Zutaten, Käse von der Dorfkäserei oder der Ziegenfarm um die Ecke und Wein vom lokalen *château*) hat. Die regionalen Unterschiede sind enorm. In Burgund und Bordeaux wird viel mit Wein

Quiche

ELENA POMINOVA/SHUTTERSTOCK ©

SPEZIALITÄTEN- & WEINFESTE

Bordeaux Fête le Vin (S. 508) An vier Tagen werden Bordeaux-Weine mit Verkostungen, Märkten, Musik und Feuerwerk gefeiert.

Lyon Street Food Festival (S. 421) Neben Straßenküche gibt's Kochvorführungen und Workshops von über 100 Köch:innen sowie Konzerte und DJs in einer früheren Fabrik.

Fête de la Truffe (S. 582) Preisgekrönte schwarze Trüffeln sind die Stars auf dem Trüffelfest in Sorges im Januar.

Fête des Fraises Die provenzalische Marktstadt Carpentras (S. 694) lädt im April zum Erdbeerfest ein.

Fête de la Cerise Im Mai feiert Céret (S. 626) seine prallen Schwarzkirschen.

Les Trois Glorieuses (S. 396) Am dritten Novemberwochenende in Winzerdörfern in Burgund.

Braderie de Lille (S. 193) Europas größter Flohmarkt bietet Schnäppchen und Muscheln.

Wein, St-Estèphe (S. 521)

BARMALINI/SHUTTERSTOCK ©

BOEUF BOURGUIGNON
Den Eintopf mit Rindfleisch und Rotwein probiert man am besten in Burgund.

SOUPE À L'OIGNON
Französische Zwiebelsuppe, ein Bistro-Klassiker, wird traditionell mit Käsetoast serviert.

MOULES À LA CRÈME
In Sahnesoße mit Wein oder Apfelwein gekochte Muscheln.

CHOUCROUTE GARNIE
Elsässer Sauerkraut mit Würsten, Speck und Schweinshaxe; landesweit ein Brasserie-Klassiker.

gekocht, in der Normandie mit Sahne, Äpfeln und Cidre. Meeresfrüchte dominieren die Bretagne und die Atlantikküste, Lyon liebt Innereien, Korsika die erdige Küche mit dem Aroma der Macchia, das Languedoc-Roussillon katalanische Küche und das Baskenland spanische Gewürze.

Der Reiz der regionalen Küche entfaltet sich vor Ort. Ob man Austern zu Hause schlürft oder frisch von einer Austernfarm im Étang im Languedoc mit einem Glas Picpoul de Pinet in der Hand, ist ein enormer Unterschied. Ähnlich verhält es sich mit einem Stück von Blauschimmel durchzogenen Roquefort in Plastikverpackung aus dem Supermarkt oder von Schafzüchtern in der gleichnamigen Stadt. Authentische französische Küche erlebt man bei *stufatu* (Fleischragout auf Nudeln) auf Korsika, Bouillabaisse in Marseille, *kouign amann* (süßer bretonischer Blätterteigtuchen) in der Bretagne, *choucroute* (Sauerkraut) in einer *winstub* (Weinstube) im Elsass oder bei traditionellem *repas mercaire* mit Einheimischen hoch oben in den Vogesen.

Vegetarisch & Vegan

Vegetarisch oder vegan isst in Frankreich nur eine kleine, wenn auch aufstrebende Minderheit, schließlich bedeutete *viande* (Fleisch) einst „Essen", und viele Bedienungen glauben heute noch immer, dass eine Quiche Lorraine oder Jakobsmuscheln in cremiger Chorizo-Sauce vegetarische Gerichte sind. In Städten bieten spezielle Restaurants eine große Auswahl an *végétarien* (vegetarischen) und *végétalien* (pflanzenbasierten) Gerichten, von Fast-Food bis Gourmetküche. Auf dem Land bleibt fleischlose Kost jedoch weiterhin eine Herausforderung.

In Nordfrankreich werden *frites* (Pommes Frites) traditionell doppelt in tierischem Fett (Nierenfett oder Rinderschmalz) frittiert. Die meisten französischen Käsesorten enthalten Lab, ein Enzym aus dem Magen von Kälbern oder jungen Ziegen. Und manche Rotweine werden mit Albumin aus Eiklar geklärt.

Marktgastronomie

Ein französischer *marché* (Markt) ist so viel mehr als ein schnöder Lebensmittelanbieter. Hier gibt's traditionelle Gerichte, die man sonst fast nur in Omas Küche findet wie cremigen *teurgeuole* (Reispudding) auf dem Wochenmarkt in Pont l'Évèque, *galette-saucisse* (Wurst in herzhaftem Crêpe) auf dem Marché des Lices in Rennes (S. 254) und Zucchiniblüten im Teigmantel, die auf dem Marché de Forville in Cannes vor den Augen der Kundschaft frittiert werden (S. 732).

Den Kontrast dazu bilden Markthallen, oft mit Ständen mit integrierter Küche, Imbissen und voll ausgestatteten Mittagslokalen, die für Trends der modernen Gastroszene stehen. Die innovativen Pourcel-Brüder testen die Grenzen traditioneller Küche auf dem Marché du Lez in Montpellier (S. 605), während Küchenchef Alexandre Serre auf dem Marché Forvillle in Cannes legendäre *soupe de poisson* (Fischsuppe) serviert.

SAISONALE KÜCHE

FRÜHLING

Auf den Märkten stapeln sich grüner Spargel, winzige zarte *violets de Provence* (violette Baby-Artischocken), würzige Brunnenkresse und frischer Ziegenkäse. An Ostern gibt's traditionell Lamm zu Mittag. Die ersten Erdbeeren werden gepflückt.

SOMMER

Melonen, Kirschen, Pfirsiche, Aprikosen, Feigen, Knoblauch und Tomaten leuchten auf den Märkten um die Wette. Bretonische Schalotten werden nach der Ernte in der Sonne getrocknet. An der Küste genießen Gourmets Meeresfrüchte und Schalentiere.

HERBST

Die *vendange* (Traubenernte) beginnt, und in der Camargue wird nussiger roter Reis geerntet. Äpfel aus der Normandie werden zum besten Cidre Frankreichs verarbeitet, in der Ardèche, in den Cevennen und auf Korsika sind die Kastanien reif. Die Pilz- und Wildsaison startet.

WINTER

In der Provence und auf Korsika werden Oliven mit Netzen geerntet, auf Märkten in der Dordogne und der Provence stehen schwarze Trüffeln zum Verkauf. In den Alpen gibt's Käsefondue nach dem Skifahren, an Weihnachten wird's mit Champagner, Austern und Foie gras dekadent.

Lokale Spezialitäten

Für mutige Gaumen

Canard à la presse Rouens berühmt-berüchtigte Blutente.

Andouille & andouillette Für die Normandie und Lyon typische fette Innereienwurst.

Pied de cochon à la Ste-Ménéhould Gekochte, panierte Schweinefüße; die Knochen sollen im Mund zerschmelzen.

Tête de veau Rolle vom Kalbskopf.

Merda de can Grüne Gnocchi aus Nizza (keinesfalls „*merde*").

Tripes à la mode de Caen Langsam in im Tontopf gegarte Innereien aus Caen; gelten als die besten Frankreichs.

Gésiers Kaumagen von Hühnchen, Ente oder Gans, meist mit Salat serviert.

Wädele Elsässer Schweinshaxe.

Lewerknepfle *Quenelles* (Klößchen) aus gehackter Leber, Schalotten und Petersilie aus dem Elsass.

Cargolade Schneckenspezialität aus Roussillon; die *escargots* werden mit Knoblauch-Petersilien-Chili-Butter gefüllt und über heißen Kohlen oder Rebenholz zubereitet.

Gras doubles à la basquaises Kräftiger Innereieneintopf mit Magen und Kopf vom Kalb, Bayonne-Schinken, Tomaten, Weißwein und Espelette-Pfeffer.

Für wenig Geld

Crêpes Die großen, runden, dünnen, süßen Pfannkuchen verkaufen Crêperies (Crêpe-Lokale mit Sitzbereich) und Straßenstände in Paris.

Galettes Herzhafte Crêpes aus Buchweizenmehl, oft mit *fromage* (Käse) und *jambon* (Schinken).

Croque monsieur Getoastetes Schinken-Käse-Sandwich; die *croques madames* ziert ein Ei.

Pissaladière Nizzas traditionelle „Pizza" mit Sardellen und süßen karamellisierten Zwiebeln.

Teurgoule Der Reispudding ist ein Klassiker aus der Normandie und schmeckt auf Märkten am besten.

Flammekueche (*tarte flambée* auf Französisch) Knusprig dünner Elsässer Flammkuchen mit Sauerrahm, Zwiebeln und *lardons* (Speckstreifen).

Gougères Die unwiderstehlichen Käsewindbeutel sind typisch für Burgund und werden meist zum Apéritif serviert.

Straßenküche

Frites Die besten gibt's an den Imbisswagen in Nord-Pas-de-Calais.

Socca Pfannkuchen aus Kichererbsenmehl aus Nizza an der Côte d'Azur.

Pan bagnat Belegtes Brötchen mit Thunfisch, Salat und viel Olivenöl; die leckersten verkaufen Imbisswagen an der Französischen Riviera.

Austern Frische *huîtres* auf einem Markt oder in einem Hafen in der Bretagne, der Normandie und am Cap Ferret sind ein echtes Highlight.

Panisse Die Kichererbsen-Pommes sind nicht nur in Marseille, sondern auch in Nizza beliebt.

Agneau rôti Sonntags verkaufen Imbisswagen auf der Presqu'ile Cotentin in der Bretagne diesen Lammbraten.

Barbajuan Die Mini-Pasteten, gefüllt mit Mangold, Spinat, Zwiebeln, Reis oder Kartoffeln und Parmesan gibt's nur in Monaco.

Bretzel Auch im Elsass ist das salzige Laugengebäck beliebt.

Spezialitäten mit Käse

Aligot Das käsige, klebrig-zähe Kartoffelpüree kommt in Teilen der Auvergne, der Cevennen und der Pyrenäen auf den Tisch.

Truffade Beste Hausmannskost aus der Auvergne: Ofengericht mit Kartoffelscheiben, Sahne, lokaltypischem Tomme-Fraîche-Käse und Speckstückchen.

Plaisir au Chablis Cremiger Käse aus Burgund, der einmal wöchentlich mit dem Weißwein Chablis geschmiert wird und so seinen charakteristischen Geschmack erhält.

GESCHMACKS-ERLEBNISSE

Le Train Bleu (S. 131) In dem ikonischen Pariser Bahnhofrestaurant speist man wie anno 1901. Le Train Bleu (S. 743) nennt sich außerdem die Belle-Époque-Schönheit in Monaco.

Ceto (S. 724) Mauro Colagrecos Sternerestaurant in Roquebrune-Cap Martin steht für Riviera-Gastronomie vom Feinsten.

La Table de Franck Putelat (S. 619) Das Zwei-Sterne-Lokal in Carcassonne bereitet alte Klassiker modern und mit lokalen Zutaten zu.

Le Pétit Léon (S. 568) Idyllische Gartenkulisse im Gourmet-Hotspot Dordogne.

Le Parc (S. 291) Klassische *haute gastronomie française* in der Champagnerstadt Reims.

La Corniche (S. 760) Gehobene korsische Küche unter Platanen mit Meerblick.

Reblochon Der Star unter der Käsesorten Savoyens verleiht *tartiflette* das besondere Aroma und schmeckt direkt von einer Alpkäserei am besten.

Matouille Savoyarde Das Ofengericht mit Kartoffeln, Knoblauch, Weißwein und geschmolzenem Tome-des-Bauges-Käse ist auf einer Terrasse mit Blick auf Europas größten Gletscher besonders lecker (S. 468).

Neufchâtel Der älteste herkunftsgeschützte Käse der Normandie (S. 225) mit seiner charakteristischen Herzform hat drei ebenfalls herkunftsgeschützte Geschwister: Livarot, Pont l'Évêque und Camembert.

ADAM CLARK/AURORA PHOTOS/GETTY IMAGES ©

Skifahren (S. 466), Chamonix

OUTDOOR-ERLEBNISSE

Von alpinen Gletschern, Wildwasserflüssen und steilen Schluchten bis hin zu den grünen vulkanischen Gebirgszügen des Zentralmassivs – Frankreichs inspirierende Landschaften laden zu Ausflügen in die Natur ein.

Auch für hartgesottene Gemüter ist die Outdoor- Vielfalt Frankreichs schwindelerregend. Eine 3427 km lange Küstenlinie, die sich von Italien bis Spanien und vom Baskenland bis zur Straße von Dover erstreckt, inspiriert Seefahrer:innen zu allen möglichen nautischen Höhenflügen. Die smaragdgrünen Seen und eiskalten Flüsse im Landesinneren bieten Erholung und rasante Abwechslung in Hülle und Fülle, während die Skifahrer:innen in den verschneiten Alpen die Pisten unsicher machen. Im ganzen Land peilen Wander:innen den nächsten legendären GR (*grande randonnée,* Fernwanderweg) oder *puy* an.

Wandern

Die Französinnen und Franzosen sind seit Jahrhunderten begeistert vom Wandern, was zweifellos an der beeindruckenden französischen Landschaft liegt – alpine Berge, flamingorosa Feuchtgebiete, von Klippen gesäumte Küstenwege, höhlenartige Schluchten und mythische Wälder.

Die Möglichkeiten reichen von Touren mit Schneebrettern und Steigeisen (z. B. die 10-tägige Tour de Mont Blanc in den französischen Alpen) bis hin zu Pilgerwegen (Chemins de St-Jacques de Compostelle nach Santiago de Compostela in Spanien). Die Wege in den Voralpen folgen alten Hirtenpfaden, die bretonischen *sentiers du littoral* (Küstenpfade) orientieren sich an Schmugglerpfaden, und die modernen Routen verbinden das klassische Wandern mit Seilbahnen und Canyoning.

Eine Wandergenehmigung ist nicht erforderlich. In Südfrankreich und Korsika sind Wege in bewaldeten Gebieten – auch im Massif des Calanques in Marseille – zwischen dem 1. Juli

Outdoor Sport

TAUCHEN
An der tauchfreundlichen Côte d'Azur kann man tolle Felsformationen, kristallklares Wasser und Meerestiere bewundern. (S. 734)

VIA FERRATA
Auf der Teufelsbrücke kannst du deine Schwindelfreiheit unter Beweis stellen, die großartige Aussichten und den Adrenalinkick genießen. (S. 435)

PARAGLIDING
Für einen Gleitschirmflug im Tandem über dem Lac d'Annecy braucht es keine Erfahrung, nur Mut und den Traum, mit den Vögeln zu fliegen. (S. 477)

FAMILIEN-ABENTEUER

Bilde ein Familienteam und fahre ein Rennen gegen die Uhr in **Les Trois Vallées**, dem weltgrößten Skigebiet. (S. 491)
Teenie-Alarm! Im **Écomusée Sous-Marin**, einer Kunstgalerie auf dem Meeresgrund in der Nähe der Île Sainte-Marguerite, schnorchelt man um 2 m hohe Büsten herum. (S. 731)
Lerne einen neuen Trick mit den Kindern (ab acht Jahren) – segle mit einer **Char à voile** (Strandsegler) über den Strand in der Normandie. (S. 205)
Beobachte Delfine, die im Mittelmeer mit den Wellen tanzen, vom Deck eines **Schoners aus dem 16. Jh.** (S. 723) oder mit dem Mont St-Michel als Kulisse in der **Bretagne**. (S. 264)
Auf zum Mont Blanc und zum größten Gletscher Europas, dem **Grand Balcon Nord**, auf einer Wanderung. (S. 468)
Fische auf dem Sand nach Mollusken und Krebstieren in **St-Malo** (S. 261) oder nach glitschigen Aalen in der **Gironde-Mündung** (S. 514).

und dem 15. September wegen Waldbrandgefahr gesperrt.

Rad- & Mountainbikefahren

Ob man sich den Französinnen und Franzosen bei ihrer heiligen Sonntagsradstour anschließt oder sich eine steile Bergwand hinaufquält – mit dem Zweirad geht alles – siehe S. 44 für mehr aufregende Radtouren.

Die Radsaison dauert von Juni bis September. Im Juli und August ist Mountainbiking – VTT oder *vélo tout terrain* – in den französischen Alpen, den Pyrenäen und anderen Bergregionen angesagt. Überall werden Räder vermietet, E-Mountainbikes liegen besonders im Trend. Les Gets und Morzine (S. 483) verfügen über erstklassige Bikeparks mit Abfahrten, Sprüngen und Seilbahnen, die Bikes und Fahrer:innen auf den Berg bringen.

Ski- & Snowboardfahren

Flüstert man Skifahrer:innen die Worte „Französische Alpen" ins Ohr, leuchten ihre Augen auf. Mit mehr als 200 Skigebieten und dem Mont Blanc (4805 m) an der Spitze macht dieser kolossale Gebirgskeil seinem Ruf als Heimat einiger der besten Ski- und Snowboardabfahrten Europas alle Ehre. In den Pyrenäen und im Zentralmassiv ist das Skifahren im Winter nur eingeschränkt möglich. Die Skisaison in Frankreich dauert von Ende Dezember bis Anfang April.

Die alpinen Skigebiete reichen von Powerpisten für hartgesottene Skifahrer:innen (Chamonix, S. 462) bis hin zu ruhigen alpinen Dörfern (St-Nicolas de Véroce, S. 473) mit anfänger- und familienfreundlichen Pisten. Angesichts des unregelmäßigeren Schneefalls sind die schneesicheren Skigebiete in höheren Lagen – Val Thorens, Avoriaz, Tignes und Val d'Isère – beliebter denn je. Gleiches gilt für die Retro-Disziplin Skitouring, die während der Covid-19-Pandemie, als die Lifte geschlossen waren, ein Comeback erlebte. Fährt man hinauf zum Lac Blanc in Chamonix (S. 467), versteht man warum. Der neue Trend: Speedriding mit Minisegel (S. 472).

BEST OF

Die besten Outdoor-Spots und Routen findest du auf der Karte auf S. 52.

Sommerskifahren kann man vergessen; Les Deux Alpes, das letzte verbliebene Skigebiet, hat nur noch wenige Wochen im Juni und Juli geöffnet. Im Wesentlichen ist es für Rennclubs und Profis reserviert.

Skipässe *(forfaits de ski)* kauft und lädt man online auf. Je nach Größe und Prestige des Skigebiets kostet dies zwischen 30 und 65 € pro Tag. Kinder unter vier Jahren und Erwachsene über 75 fahren in der Regel gratis, brauchen aber einen Skipass (Reisepass oder Personalausweis als Nachweis mitbringen.)

FATBIKING
Auf Schneefahrrädern mit ultrafetten Reifen in La Plagne über frische Pisten rasen. (S. 488)

SEEKAJAKFAHREN
Paddle über den Atlantik von La Rochelle (S. 528) zu einer Inselfestung oder von Arcachon (S. 523) zu einer chamäleonartigen Vogelinsel.

CANYONING
In den Gorges de Colombières (S. 616) oder in den Gorges du Verdon (S. 706) kann man auf Felsen klettern und runterrutschen.

SEGELN
Segle wie ein Jetsetter, Wasserspielzeug inklusive, an Bord eines Katamarans ab Saint-Tropez oder Grimaud. (S. 750)

Wandern
1 La Chaîne des Puys (S. 449)
2 GR20 (S. 769)
3 GR34 (S. 272)
4 GR5 (S. 491)
5 GR70 (S. 612)
Seekajakfahren, Surfen & Segeln
1 Golfe du Morbihan (S. 278)
2 Côte d'Albâtre (S. 220)
3 La Rochelle (S. 528)
4 Arcachon (S. 523)
5 Parc National des Calanques (S. 672)
6 Biarritz (S. 545)
7 Cap Ferret (S. 545)
Rad- & Mountainbikefahren
1 Mont Ventoux (S. 695)
2 Luberon-Massiv (S. 700)
3 Die Loire (S. 349)
4 Bigoudenland & Golfe du Morbihan, Bretagne (S. 282)
5 Parc Naturel Régional des Vosges du Nord (S. 310)
6 Col de Tourmalet, Pyrenäen (S. 647)
7 Les Gets & Morzine (S. 483)
ENGLAND
NORDSEE
Calais
Dun
Boulogne-sur-Mer
Ärmelkanal (La Manche)
Somme
Dieppe
SOMME
Cherbourg
Le Havre
Rouen
Seine
Bayeux
St-Lô
Caen
Vernon
PARIS
Roscoff
Paimpol
Dreux
Morlaix
St-Malo
Mont-St-Michel
NORMANDIE
Versailles
Brest
Carhaix-Plouguer
Alençon
Chartres
BRETAGNE
Quimper
Rennes
Le Mans
Concarneau
Josselin
Vilaine
Orléans
Carnac
Vannes
LOIRE-TAL
Blois
Chambord
Tours
Amboise
Nantes
Parc Naturel Régional Loire Anjou Touraine
LA SOLOGN
Montaigu
Parc Naturel Interrégional du Marais Poitevin
Poitiers
La Rochelle
Vienne
LIMOUSIN
Clermon Ferrar
Limoges
Cognac
Parc Naturel Régional de Millevaches en Limousin
Golf von Biskaya
Puy Mary
Bordeaux
Sarlat-la-Canéda
Turenne
St-Émilion
Rocamadour
ATLANTIK
DORDOGNE
Cahors
Lot
Parc Naturel Régional des Landes de Gascogne
Moissac
Tarn
Toulouse
Biarritz
Bayonne
Pau
Pau
St-Étienne de Baïgorry
Lourdes
Carcassonne
PYRENÄEN
ROUSSILLON
Pamplona
Mont Perdido
Ariège
Perpignan
Collioure
ANDORRA LA VELLA
SPANIEN
Barcelona

ACTION AREAS

Die besten Outdoor-Erlebnisse in Frankreich.

Nationalparks

1. Parc National de la Vanoise (S. 491)
2. Parc National des Pyrénées (S. 644)
3. Parc National des Écrins (S. 499)
4. Parc National de Forêts (S. 390)
5. Parc National des Calanques (S. 672)

Skifahren & Wintersport

1. Chamonix (S. 466)
2. La Plagne (S. 488)
3. Les Trois Vallées (S. 491)
4. Les Portes du Soleil (S. 482)
5. Alpe d'Huez (S. 497)
6. Les Deux Alpes (S. 497)

FRANKREICH

REISEZIELE

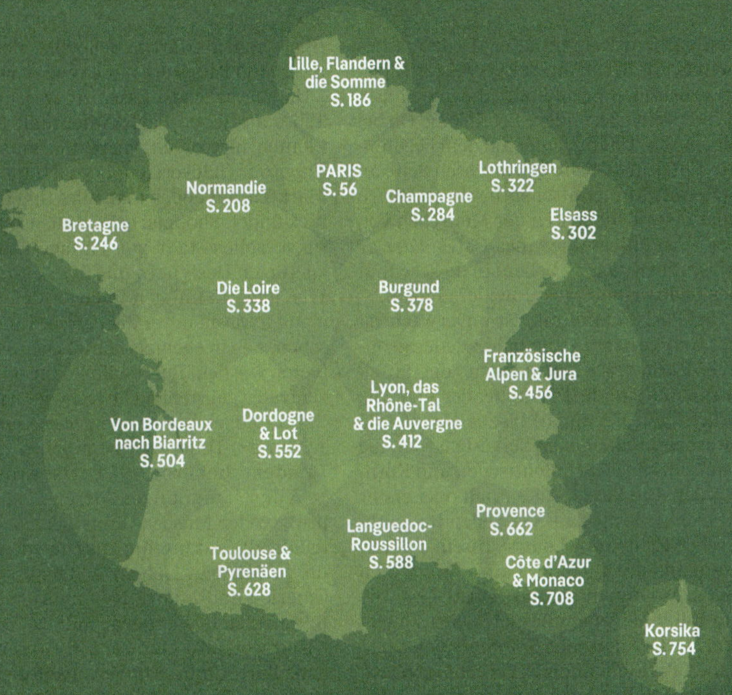

In jeder Region starten wir mit dem perfekten Standort, um die Umgebung zu erkunden. Entdecke einzigartige Erlebnisse, Tipps unserer Autor:innen und Expert:innen, Hintergründe und Empfehlungen.

Montagne de Reims (S. 292), Champagne

Paris

PRÄCHTIG, GROSSARTIG UND ENERGIEGELADEN

Paris, die Stadt mit den Palästen am Fluss, den Kunstmuseen, klassischen Restaurants, dynamischen Stadtvierteln und lebenslustigen Menschen, gehört zu den großartigsten Städten der Welt.

Verliebtheit, Romantik, egal wie man es nennt: Ein Besuch in der verführerischen französischen Hauptstadt, die nie schläft, ist stets eine besondere Erfahrung. Ob bei einem Glas Champagner auf dem berühmten Eiffelturm, beim Mittagessen Seite an Seite mit Einheimischen in einem Bistro oder beim Beobachten der Menschen von der Straßenterrasse eines Cafés, *l'art de vivre* (die Kunst zu Leben) in dieser Stadt des Lichts ist einfach unwiderstehlich.

Das Pariser Stadtbild ist unverwechselbar und vertraut – die bald wieder geöffnete Kathedrale Notre-Dame, der Eiffelturm, der Arc de Triomphe, der über die prächtigen Champs-Élysées wacht, die laternenbeschienenen Seine-Brücken, die Cafés mit ihren Straßentischen und Korbstühlen. Ein kurzer Aufenthalt oder erster Besuch verlockt zum Verweilen im historischen Zentrum – Louvre, Inseln, St-Germain und das Quartier Latin – mit seinen vielen Monumenten und „Must-sees". Die Stadt hat bei jedem Besuch Neues zu bieten. Die Olympischen Sommerspiele 2024 haben Paris ein anderes Gesicht verpasst. Wer die Stadt näher erkundet, wird in kleinen Stadtvierteln mit einem Touch von Heimat und Gemeinschaft belohnt – Bastille, Canal St-Martin, Belleville, Montparnasse und Passy, um nur einige zu nennen.

Und natürlich ist Essen ein wesentlicher Teil eines jeden Paris-Aufenthalts, ob in kleinen Bistros, Sternerestaurants, *boulangeries* (Bäckereien) oder auf quirligen Märkten, auf denen man alles für ein Picknick findet. Shoppen gehört ebenso zu dieser stilvollen Stadt: von Vintage-Läden bis zu jungen Designern und *Haute-Couture*. Wer mag, kann sich auch in den vielen grünen Oasen unter die Pariser:innen mischen, z. B. in ehemals königlichen Jagdgebieten wie dem Bois de Boulogne oder den zentraler gelegenen Gärten wie dem Jardin du Luxembourg oder, *mais oui*, dem Jardin des Tuileries an der Seine.

Zudem beherbergt Paris großartige Kunstsammlungen, deren Schätze in prunkvollen Museen (Kunstliebhaber sollten den Paris Museum Pass und den Passlib' in Betracht ziehen), zeitgenössischen Galerien und innovativen multimedialen Räumen zu bewundern sind.

Und wo kann man sich in Paris ausgehen? Bars, Clubs und Veranstaltungsorte sind über die ganze Stadt verstreut. Es ist also kein Problem, sich in einer der wunderbarsten Städte der Welt zu amüsieren.

DIE WICHTIGSTEN ZIELE

EIFFELTURM & WESTLICHES PARIS
Eleganz, Kult und mit Juwelen geschmückte Schätze. **S. 62**

CHAMPS-ÉLYSÉES & GRANDS BOULEVARDS
Grandiose Denkmäler und tolles Shopping. **S. 75**

LOUVRE & LES HALLES
Monumentales Museum mit Kultstatus, Garten und Stadtzentrum. **S. 82**

MONTMARTRE & NÖRDLICHES PARIS
Historisches Dorf auf dem Berg und faszinierende Stadtviertel. **S. 94**

LE MARAIS
Schicke Bars, Restaurants und Boutiquen. **S. 105**

BELLEVILLE & MÉNILMONTANT
Kunst, Aussichtspunkte und multikulturelle Spaziergänge. **S. 117**

RUDY SULGAN/GETTY IMAGES ©

Montmartre (S. 94)

BASTILLE & ÖSTLICHES PARIS Tolle Märkte, Ausgehen und Feiern. **S. 124**	**DIE SEINE-INSELN** Schickes historisches Herz der Stadt mit Notre-Dame. **S. 133**	**QUARTIER LATIN** Lebhaftes Viertel mit historischen Wunderwerken und akademischem Leben. **S. 142**	**ST-GERMAIN & LES INVALIDES** Mode, Design und Café-Kultur. **S. 152**	**MONTPARNASSE & SÜDLICHES PARIS** Brasserien, buntes Leben und Streetart. **S. 167**	**TAGESAUSFLÜGE** Chartres, Versailles und Fontainebleau. **S. 176**

Erste Orientierung

Mit den öffentlichen Verkehrsmitteln lässt sich die große, abwechslungsreiche Stadt bequem erkunden. Die praktische Métro fährt in ganz Paris. Wer mit Bussen unterwegs ist, bekommt auch gleichzeitig etwas von der Stadt zu sehen. Für viele ist aber ein Spaziergang durch die schönen Straßen das einzig Wahre. Zudem sollte man mit dem Batobus fahren, einem Hop-on-Hop-off-Boot auf der Seine.

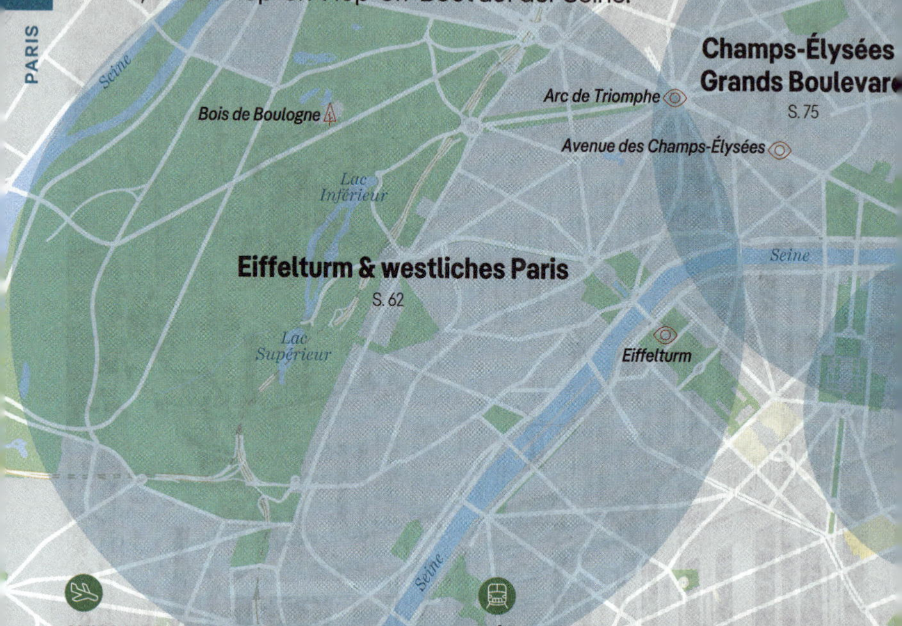

Champs-Élysées
Grands Boulevar
S. 75

Seine
Bois de Boulogne
Arc de Triomphe
Avenue des Champs-Élysées
Lac Inférieur
Seine

Eiffelturm & westliches Paris
S. 62

Lac Supérieur
Eiffelturm
Seine

ANKUNFT IN PARIS

Die meisten internationalen Fluggesellschaften fliegen zum Aéroport Charles de Gaulle, 28 km nordöstlich vom Zentrum, oder zum Aéroport d'Orly, 19 km südlich vom Zentrum. In Paris gibt es zudem fünf große Bahnhöfe mit internationalen Verbindungen. Mit dem Zug kommt man am einfachsten in die Stadt.

MÉTRO & RER

Mit der zuverlässig fahrenden Métro ist man am schnellsten in der Stadt unterwegs. Mit den RER-Expresszügen kommt man flott durch die Stadt in die Vororte und zu den Flughäfen. Zu Fuß ist man meistens schneller, als ein oder zwei Stationen mit der Métro zu fahren.

ZU FUSS

Am besten erkundet man Paris zu Fuß. Das Stadtzentrum mit der historischen Architektur und den glitzernden Wasserwegen ist einzigartig. Etwas außerhalb des Zentrums lernt man das Leben in den einzelnen Stadtvierteln kennen. Man sollte bequeme Schuhe tragen und auf glitschigem/unebenem Kopfsteinpflaster vorsichtig sein.

BUS

Busse haben keine Stufen, sind also leicht zugänglich, vor allem für Eltern mit Kinderwagen/Buggies sowie Menschen mit eingeschränkter Mobilität. Buslinien vervollständigen das Métronetz. Einige Orte erreicht man mit dem Bus direkter als mit der Métro, außerdem sieht man mehr. Bus- und RATP- oder IDF Mobilités Apps informieren über Abfahrtzeiten, Strecken und Wartezeiten.

Canal St-Denis
Canal de l'Ourcq
Bassin de la Villette
Canal St-Martin
Montmartre & nördliches Paris
S. 94
Belleville & Ménilmontant
S. 117
Louvre & Les Halles
S. 82
Le Marais
S. 105
t-Germain & es Invalides
S. 152
Die Seine-Inseln
S. 133
Quartier Latin
S. 142
Bastille & östliches Paris
S. 124
Seine
Montparnasse & südliches Paris
S. 167
0
2 km

Perfekte Tage

An einem Tag kann man viel unternehmen – Boulevards mit symbolträchtigen Denkmälern, Museen, Bistros, Boutiquen, Galerien und elegante Gärten. Man sollte sich aber immer Zeit zum Spazierengehen und Beobachten nehmen – Paris ist eine Stadt der *flâneurs*.

PIGPROX/SHUTTERSTOCK ©

Arc de Triomphe (S. 77)

Tag 1

Morgens

● Los geht's mit einem Bummel durch den eleganten **Jardin des Tuileries** (S. 86), unterbrochen vom Besuch des **Musée de l'Orangerie** (S. 89) mit Monets *Seerosen* und der Fotogalerie **Jeu de Paume** (S. 89).

Mittags

● Jetzt steht das monumentale **Musée du Louvre** (S. 84) – in dem man leicht mehrere Tage verbringen könnte – auf dem Programm, gefolgt vom exquisiten **Jardin du Palais Royal** (S. 87) und der schönen **Église St-Eustache** (S. 92).

Abends

● Im **Marais** gibt's tagsüber Unmengen zu sehen (Musée Picasso, Musée Carnavalet, Maison de Victor Hugo, Musée des Arts et Métiers ...). Abends brummt hier in den vielen Bars und Clubs das Leben (S. 105).

KAVALENKAVAVOLHA/ISTOCK/GETTY IMAGES ©, NOPPASIN WONGCHUM/SHUTTERSTOCK ©, KIEVVICTOR/SHUTTERSTOCK ©

...nicht verpassen

Nach den großen Sehenswürdigkeiten erkundet man die verschiedenen Stadtviertel und taucht in den dynamischen Alltag der Hauptstadt ein.

DURCH MONTMARTRE BESUCHEN

Die verwinkelten Straßen, steilen Treppen und mit Efeu bewachsenen Häuser laden zu einem märchenhaften Spaziergang ein.

MÄRKTE BESUCHEN

Hinein in die Seele des städtischen Lebens: von der **Rue Montorgueil** (S. 89) bis zum **Marché d'Aligre** (S. 128) und den **Märkten im Pariser Süden** (S. 173).

TREIDELPFADE ERKUNDEN

Über die Treidelpfade am von Cafés gesäumten **Canal St-Martin** (S. 97) bummeln oder eine **Kanalfahrt** (S. 104) bis zur Bastille machen.

Tag 2

Morgens

● Den zweiten Tag beginnt man mit der Île de la Cité und der **Kathedrale Notre-Dame** (S. 136), die nach dem Brand 2019 auf beeindruckende Art und Weise wieder aufgebaut wird. Tolle Buntglasfenster bietet die **Sainte-Chapelle** (S. 135). Nun geht's über die **Pont St-Louis** in den Eisladen Berthillon und weiter in die **Boutiquen und Galerien auf der Île St-Louis** (S. 141).

Mittags

● Nach dem Besuch der weltgrößten Monet-Sammlung im **Musée Marmottan Monet** (S. 72) ist zeitgenössische Kunst im **Palais de Tokyo** (S. 73) und im **Musée d'Art Moderne de la Ville de Paris** (S. 74) an der Reihe.

Abends

● Sonnenuntergang ist die beste Zeit für den Besuch des **Eiffelturms** (S. 66) oder des **Arc de Triomphe** (S. 77), denn dann ist der Blick auf Paris einzigartig. Anschließend geht's in die **Bars im Bastille-Viertel** (S. 129).

Tag 3

Morgens

● Zuerst die impressionistischen Meisterwerke im wunderbaren **Musée d'Orsay** (S. 156) bewundern, anschließend die Boutiquen in den Nebenstraßen und die mehrstöckigen Geschäfte in St-Germain besuchen.

Mittags

● Einen Kaffee oder Likör auf der Straßenterrasse eines Literatencafés wie **Les Deux Magots** (S. 163) genießen und im beliebtesten Park der Stadt, dem hübschen **Jardin du Luxembourg** (S. 153), die Seele baumeln lassen. Kulturfreaks besuchen das **Musée de Cluny** (S. 151), ein Mittelaltermuseum über römischen Bädern.

Abends

● Französische Klassiker in einem Jugendstil-*bouillon* wie das **Bouillon Chartier** (S. 80) oder das neuere **Bouillon Pigalle** (S. 103) probieren und danach **Cafés, Bars und Musikhallen** in **Pigalle** (S. 97) **und Montmartre** besuchen.

GENÜSSE BEFRIEDIGEN

Die Restaurants und Bars rund um die **Place Jules Joffrin** (S. 101), in der **Rue Lamarck** und der **Rue Marcadet** (S. 101) besuchen.

SICH IM FREIEN AUSTOBEN

Sich unter die Jogger, Familien und Kunstbefliessenen im **Bois de Boulogne** (S. 70), dem ehemaligen königlichen Jagdgebiet, mischen.

LIVEMUSIK

Von klassischer Musik (**Sainte-Chapelle**, S. 135, oder **Parc de Bagatelle**, S. 71), **Straßenmusiker:innen** (S. 141) und **DJs** (S. 101) bis zu Karaoke im **Kino** (S. 92).

FEIERN WIE DIE EINHEIMISCHEN

Das Bastille-Viertel ist perfekt für eine **Bartour** (S. 131) oder eine **Party auf einer *péniche*** (S. 166) auf der Seine.

Eiffelturm & westliches Paris

ELEGANT, KULTIG UND MIT EDELSTEINEN BESETZTE SCHÄTZE

TOP TIPP

Das 16. Arrondissement ist übersät mit hervorragenden Luxusrestaurants, erheblich preiswerter ist es aber in einer der vielen Grünanlagen zu picknicken. Einfach Leckeres in einer *boulangerie* (Bäckerei), *fromagerie* (Käsegeschäft wie La Fromagerie de Grenelle), auf Märkten, in Fachgeschäften (z.B. Wurstwaren in der Boucherie Maison Le Bourdonnec) oder in Feinkostgeschäften kaufen.

Allabendlich funkelt der Eiffelturm zu jeder vollen Stunde und beleuchtet die Skyline der Stadt. Von seinen Aussichtsplattformen hat man einen Rundumblick über ganz Paris. Der prestigeträchtige Bezirk Passy (16. Arrondissement) erstreckt sich entlang des Ufers der Seine im Westen. Im 18. und 19. Jh. lebten in Passy Koryphäen wie Benjamin Franklin und Honoré de Balzac. Der Bezirk mit seinen harmonischen, eleganten Gebäuden aus der Haussmann-Ära wurde der Stadt erst im Jahr 1860 angegliedert. Heute wetteifern schicke Restaurants und coole Cafés ebenso wie ausgezeichnete Einkaufsmöglichkeiten von Bauernmärkten bis hin zu Edelboutiquen um die Gunst der Gäste.

Das 16. Arrondissement, diese *grande dame* der Stadtviertel, in dem sehr wohlhabende Pariser:innen wohnen, beherbergt nicht nur den symbolträchtigen Turm, sondern auch Art-deco- und Jugendstil-Architektur. Zeitgenössischere Türme befinden sich in dem Geschäftsviertel La Défense direkt außerhalb des *Boulevard Périphérique* (Ringstraße). Weiter westlich erstreckt sich der wunderbare Bois de Boulogne.

Passy

Parc du Champs de Mars und Eiffelturm (S. 66)

Parc du Champ de Mars

Ein großer, grüner Paradeplatz

Der Champ de Mars, dieses grüne Juwel, das sich vom Eiffelturm Richtung Südosten erstreckt, ist im Sommer ideal für ein Picknick. Ursprünglich wurde er als Paradeplatz für die Kadetten der **École Militaire** (Militärakademie) aus dem 18. Jh. genutzt. Diese Schule in dem riesigen Gebäudekomplex am Südostrand des Parks wurde von Ludwig XV. im Stil des französischen Klassizismus in Auftrag gegeben. Einer der Absolventen war Napoleon Bonaparte. Bis mindestens Ende 2024 befindet sich im Park ein temporärer Grand Palais, denn das Original wird derzeit renoviert. Das Puppentheater **Les Marionnettes du Champ de Mars** (Programm s. Website) ist bei Kindern besonders beliebt.

Trocadéro & Palais de Chaillot

Wunderschöner Garten, Traumblick und Museen von Weltklasse

Gegenüber vom Eiffelturm auf der anderen Seite der Seine befinden sich die schönen Jardins du Trocadéro mit Springbrunnen und dem **Palais de Chaillot**. Die beiden geschwungenen, mit Kolonnaden versehenen Flügel des Gebäudes (das für die Weltausstellung 1937 an der Stelle des damaligen Palastes namens Trocadéro errichtet wurde) und die Terrasse dazwischen bieten einen einzigartigen Rundumblick über die **Jardins du Trocadéro**, die Seine und den Eiffelturm – genau das Richtige für ein traumhaftes Selfie. Im Ostflügel des Palais befinden sich die herausragende **Cité de l'Architecture et du Patrimoine** (S. 73), die der Architektur Frankreichs gewidmet ist, und das **Théâtre National de Chaillot** mit Tanz-, DJ- und Theateraufführungen. Im Westflügel sind das **Musée de la Marine** und das **Musée de l'Homme** (das die Evolution der Menschheit anhand von Funden aus aller Welt aufzeigt) untergebracht. In dem Komplex befindet sich auch das bei Kids äußerst beliebte **Aquarium de Paris Cinéaqua**.

Die Place du Trocadéro et du 11 Novembre an der Nordwestseite des Palastes mit seinen großen Cafés eignet sich perfekt für eine Mahlzeit oder einen Cocktail.

Palais de Chaillot und Trocadéro

EIFFELTURM & WESTLICHES PARIS
Parc de la Folie St-James
Alter Friedhof von Neuilly-sur-Seine
Av Charles de Gaulle
Les Sablons
NEUILLY-SUR-SEINE
PUTEAUX
Q de Dion Bouton
Seine
R Jean Jaurès
Jardin d'Acclimatation
Bd Maurice Barrès
Mare St-James
Av du Mahatma Gandhi
Île de Puteaux
SURESNES
Lac Pour le Patinage
Parc de Bagatelle
Allée du Bord de l'Eau
Allée de Longchamp
Seine
R de Sèvres à Neuilly
Racing Club de France
Bd Périphérique
Avenue Henri Martin
Lac Inférieur
Pl de Colombie
Bois de Boulogne
16E
Bd Suchet
Garde Républicaine
Jardin du Ranelagh
Musée Marmottan Monet
La Muette
Hippodrome de Longchamp
Bois de Boulogne
Lac Supérieur
Bd de Beauséjour
Étang de Boulogne
Ranelagh
Av Mozart
Champs de Courses d'Auteuil
Jasmin
Bd Périphérique
Bd Suchet
Parc de Boulogne (Edmond de Rothschild)
R Jean de la Fontaine
Porte d'Auteuil
Église d'Auteuil
R d'Auteuil
Mirabea
R Boileau
Michel Ange Molitor
R Molitor
Chardon Lagache
J Bouin
Bd Exelmans
BOULOGNE-BILLANCOURT
Exelmans
Q Louis Blériot
Seine
Square Léon Blum
Pont du Garigliano
Ancien Cimetière
Porte de St-Cloud
Boulevard Victor
0
2 km

HIGHLIGHTS
1 Bois de Boulogne
2 Eiffelturm
3 Jardins du Trocadéro
4 Marché couvert de Passy
5 Marché Président Wilson
6 Musée du Quai Branly
7 Musée Marmottan Monet
8 Palais de Chaillot
9 Parc du Champ de Mars
10 Trocadéro

SEHENSWERTES
11 Cité de l'Architecture et du Patrimoine
12 Fondation Louis Vuitton
13 Jardin d'Acclimatation
14 Jardin des Serres d'Auteuil
15 Lac Inférieur
16 Musée d'Art Moderne de la Ville de Paris
17 Palais de Tokyo
18 Parc de Bagatelle
19 Parc des Princes
20 Pré Catelan
21 Stade Roland Garros

AKTIVITÄTEN, KURSE & TOUREN
22 Hippodrome d'Auteuil
23 Hippodrome de Longchamp
24 Maison de la Radio

ESSEN
25 HSP La Table

UNTERHALTUNG
siehe 11 Théâtre National de Chaillot

SHOPPEN
26 La Grande Épicerie Rive Droite

GURGEN BAKHSHETYAN/SHUTTERSTOCK ©

PRAKTISCHES

Für die (notwendige) Ticketreservierung den QR-Code scannen.

TOP-SEHENSWÜRDIGKEIT

Eiffelturm

Das Pariser Symbol und der Blick über die Stadt sind betörend. Der Eiffelturm lässt sich auf unterschiedliche Weise erleben: vom Tagesausflug über einen abendlichen Aufstieg bis hin zum Spaziergang durch die umliegenden Gärten. Selbst bei jährlich ca. 7 Mio. Besucher:innen wird kaum jemand bestreiten, dass jeder Besuch einzigartig ist.

NICHT VERPASSEN

- Rundumblick von der 2. Etage
- Die Champagner-Bar in der obersten Etage, um der Höhenangst zu trotzen
- Das Pavillon Ferrié in der 1. Etage
- Ertastbarer Abstieg über die Treppen in der Nähe des Fusses.

Das Symbol

Der nach seinem Architekten Gustave Eiffel benannte Turm wurde für die Exposition Universelle (Weltausstellung) von 1889 gebaut. 300 Arbeiter, 2,5 Mio. Nieten und zwei Jahre Arbeit waren für den Bau erforderlich. Nach der Fertigstellung war der Turm das höchste von Menschenhand errichtete Gebäude der Welt (324 m) – der Rekord galt bis zum Bau des Chrysler Building in New York (1930). Als Symbol der modernen Zeit wurde er von der Pariser Künstler- und Literatenelite abgelehnt, und der „Eisenspargel", wie einige ihn abfällig nannten, sollte ursprünglich 1909 abgerissen werden. Dem entging er nur, weil er sich als ideal für die Sendeantennen erwies, die für die neumodische Technik der Funktelegrafie nötig waren. Heute ist der Turm auch unter dem Spitznamen *La dame de fer* (Eiserne Lady) bekannt.

1. Etage

Von den drei Etagen des Turms bietet die erste (57 m) mit dem breiten Holzdeck zum Relaxen den meisten Platz, aber die am wenigsten berauschende Aussicht. Im verglasten **Pavillon Fer-**

PIOJ/SHUTTERSTOCK ©

Links: Eiffelturm; oben: Champagnerbar

rié befinden sich ein Filmsaal sowie ein kleines Café, eine Pizzabar und ein Souvenirladen. Der äußere Umlauf ist als Entdeckungstour gestaltet, die Besuchern die ausgeklügelte Konstruktion und die Geschichte des Turms erläutert. Glasböden ermöglichen einen schwindelerregenden Blick auf die winzigen Menschen weit unten. Auf dieser Ebene befindet sich auch das Restaurant **Madame Brasserie**. Die gewerblichen Bereiche in der 1. Etage werden von zwei schnittigen Windturbinen innerhalb des Turms mit Strom versorgt.

2. Etage

Der Blick von der 2. Etage (115 m) ist grandios – beeindruckend hoch, aber doch nah genug, um die Details in der darunter liegenden Stadt erkennen zu können. Mit Teleskopen und Panoramatafeln lassen sich Sehenswürdigkeiten in Paris und der Umgebung ausmachen. Schaukästen geben einen Überblick über die Aufzugsmechanik und der Sichtschacht ermöglicht einen Blick durch Glasscheiben bis zum Boden. Hier oben gibt es Toiletten, einen Souvenirladen, eine Macaron-Bar und das **Sternerestaurant Le Jules Verne** (das man über einen gesonderten Fahrstuhl im Südpfeiler erreicht).

Oberste Etage – der Höhepunkt!

Der Blick von der windigen obersten Etage (276 m) reicht an klaren Tagen bis zu 60 km weit. Von hier oben ist der Rundumblick eher atemberaubend als detailgenau. Nach Verlassen des Aufzugs steht man auf einer verglasten Ebene mit Hinweistafeln, die in die Richtung vieler Städte weltweit zeigen. Weiter geht's über zwei kleine Metalltreppen auf die höchste Ebene und schon steht man im Freien. Zur Belohnung für den Aufstieg gibt's ein Glas Schampus an der **Champagner-Bar** – oder Mineralwasser, Limonade und Macarons. Danach folgt ein Blick

NÄCHTLICHES FUNKELN

Zu jeder vollen Stunde funkelt der ganze Turm fünf Minuten mit 20 000 6-Watt-Birnen. Sie wurden erstmals zur Pariser Jahrtausendwendefeier 2000 angebracht – 25 Bergsteiger:innen brauchten fünf Monate, um die Birnen und 40 km Elektrokabel zu installieren. Den schönsten Blick auf den Lichterglanz hat man von den Jardins du Trocadéro am anderen Seine-Ufer.

TOP TIPPS

- Tickets lange im Voraus buchen.
- Mit dem Aufzug in die 2. Etage fahren (oder zu Fuß hinaufsteigen), von wo ein Lift im Zwischengeschoss ganz nach oben fährt (bei starkem Wind geschlossen).
- Die oberste Etage und die Treppen sind für Menschen mit eingeschränkter Mobilität nicht zugänglich.
- Zum Zeitpunkt der Recherche war die Treppe bis ganz nach oben für die Öffentlichkeit gesperrt. Man muss vorab ein Ticket für den Aufzug buchen (oder am Fuß des Turms kaufen).
- Um die Schlangen an den Aufzügen zu umgehen, sollte man die Treppen von der 1. oder 2. Etage nach unten nehmen.
- Jacke nicht vergessen, es kann oben recht windig sein.

TOP-SEHENSWÜRDIGKEIT

Eiffelturm

DAMPFKRAFT

Als der Eiffelturm gebaut wurde, erfolgte die Konstruktion mithilfe von Dampfmaschinen und auch die Aufzüge waren zunächst dampfbetrieben: Kohle-Dampfmaschinen im Südpfeiler betrieben die hydraulischen Pumpen für die Personenaufzüge. Der Rauch entwich über einen Abzug durch den roten Ziegelsteinschornstein, der noch heute unweit von Sortie 1 (Ausgang 1) zu sehen ist.

in das restaurierte Büro von Gustave Eiffel, wo Wachsmodelle von Eiffel und seiner Tochter Claire im Plausch mit Thomas Edison zu sehen sind. Und – fast unvorstellbar – aber hier oben gibt's auch Toiletten.

Besucherguide

Der Online-Besucherguide (guide.toureiffel.paris) ist vollgepackt mit Infos, abrufen kann man ihn über das WLAN-Netz des Eiffelturms. Unten gibt's in der Nähe des Westpfeilers einen Info-Kiosk, wo Broschüren und Infomationen über Führungen und Aktivitäten für Kids erhältlich sind.

Ticketkauf & Strategien zum Schlangestehen

Selbst an einem guten Tag kann es am Fuß des Eiffelturms zu einem chaotischen Gedränge von verwirrten Reisenden kommen. Mit etwas Planung lässt sich dieses Durcheinander und das endlose Schlangestehen vor allem in der Hauptsaison (Mai–Sept.) und an Feiertagen wie Ostern vermeiden.

Sicherheit im Außenbereich

Rund um den Fuß des Turms gibt es schusssichere Glasbarrieren. Besucher:innen müssen durch die Sicherheitskontrolle an einem der beiden Eingänge zur Glasumzäunung in der Av. Gustave Eiffel gehen. Die beiden Ausgänge befinden sich am Quai Branly. Die Sicherheitseingänge sind in drei Bereiche unterteilt: Besucher:innen ohne Eintrittskarte, mit vorab bestellter Ein-

Treppe im Eiffelturm

ENGINEERVOSHKIN/SHUTTERSTOCK ©

trittskarte und mit Reservierung in einem der Restaurants. Wer nur im Garten direkt unter dem Turm herumlaufen will, braucht kein Ticket.

Tickets

Die Ticketschalter (mit langen Schlangen) liegen hinter der Sicherheitskontrolle am Südpfeiler. Es lohnt sich, die Karten vorab online zu kaufen, damit die Wartezeit nicht allzu lang ist. Zu manchen Zeiten sind nur Personen mit gebuchten Tickets für den Lift bis ganz nach oben zugelassen (d.h. dass dann keine Tickets erhältlich sind). In den meisten Fällen sind aber Tickets nur für den Treppenaufstieg oder für den Treppenaufstieg plus Ticket bis zur obersten Etage erhältlich. Wer sein Ticket nicht im Voraus buchen kann, muss mit langen Wartezeiten an den Ticketschaltern und an den Aufzügen rechnen.

Eintrittskarten, die online gekauft wurden, weisen ein bestimmtes Zeitfenster auf. D.h., dass man direkt zur zweiten Sicherheitskontrolle vor den Aufzügen oder Treppen gehen kann. Das Ticket kann als Ausdruck oder auf dem Handy vorgezeigt werden.

Die Treppe hinaufsteigen

Der Aufstieg besteht aus 360 Stufen bis zur 1. Etage und weiteren 360 bis zur 2. Etage. Zum Zeitpunkt der Recherchen war die Treppe bis zur obersten Etage nicht mehr geöffnet. Man muss sich unten am Turm oder online ein Ticket für den Aufzug kaufen (in der 2. Etage gibt es keine Karten für die oberste Etage). Je nach körperlicher Fitness muss man ca. zehn Minuten für die Treppen zwischen den Stockwerken einplanen.

Der Aufzug bis zur obersten Etage

Nachdem man die zweite Etage (zu Fuß oder per Aufzug) erreicht hat, steigt man in einen Extra-Aufzug bis zur obersten Etage (bei starkem Wind geschlossen). Diesen erreicht man zu Fuß über eine schmale Treppe zum Zwischengeschoss des 2. Stocks. Vorsicht: Die oberste Etage und die Treppen sind für Menschen mit eingeschränkter Mobilität nicht zugänglich. Kinderwagen müssen in den Aufzügen zusammengeklappt werden. Taschen oder Rucksäcke, die größer als Handgepäck für Flugzeuge sind, sind nicht erlaubt. Nachdem man in der Schlange gewartet hat, muss man das Ticket am Aufzug erneut vorzeigen.

Beide Schlangen checken

Ein toller Trick zum Zeit sparen besteht darin, genau zu überprüfen, welche Schlange die kürzere ist. Dank des allgemeinen Wirrwarrs bemerken viele gar nicht, dass normalerweise zwei Schlangen für die Aufzüge gibt, die beide hoch- und runterfahren, wenn man erst mal im Turm ist (d.h. zwei Schlangen pro Ebene: 1. Etage, 2. Etage, Zwischengeschoss 2. Etage und oberste Etage). Die meisten Menschen reihen sich in die erstbeste Schlange ein. Wer sich auf eine kurze Erkundungstour begibt, stellt vielleicht fest, dass die andere Schlange auf der jeweiligen Etage viel kürzer ist. Wenn man in der 2. Etage ist, ist wahrscheinlich die Schlange auf der Zwischenetage kürzer, etc. Man sollte also nicht immer der Herde folgen.

ESSEN AUF DEM EIFFELTURM

Die vielen Restaurants im Turm reichen von Snackbars am Fuß bis zur **Madame Brasserie** in der 1. Etage oder dem **Restaurant Le Jules Verne** in der 2. Etage. Mit einer Restaurantreservierung hat man hinter der Sicherheitskontrolle Zugang zu den Aufzügen, das Le Jules Verne hat einen eigenen Aufzug im Südpfeiler. In der 1. Etage gibt es auch noch ein Café (mit dem verwirrenden Namen Bistro) und eine Pizza-Bar (Stück 5–6 €) mit Sitzen im Freien, in der 2. Etage eine Snackbar (Sandwich 8–9 €). Alternativ kann man sich ein kleines, einfaches Picknick mitbringen (Achtung: Messer sind verboten). Restaurants in der Nähe sind oft Tourismusfallen. In der Rue de l'Exposition gibt's eine gute Auswahl an Restaurants, von **Pertinence** und **Le P'tit Troquet** bis hin zu **Ryukishin Eiffel**.

ANSTRICH

Der Turm, der seit es ihn gibt sechs verschiedene Farben hatte, ist seit 1968 in Rot und Bronze gestrichen. Derzeit wird daran gearbeitet, die vorherigen 19 Farbschichten zu entfernen und die gelbbraune Farbe, die ursprünglich von Gustave Eiffel geplant war, aufzutragen, was dem Turm einen neuen goldenen Farbton für die Olympiade 2024 verleihen wird.

BERK OZDEMIR/SHUTTERSTOCK ©

PRAKTISCHES
Um auf der Website der Stadt mehr über den Park zu erfahren, den QR-Code scannen.

TOP-SEHENSWÜRDIGKEIT

Bois de Boulogne

Der riesige Bois de Boulogne am Westrand der Stadt – Rest eines königlichen Jagdreviers – ist ein Ort für alle. Hier kann man spazierengehen, picknicken, rudern sowie Gärten, Gewächshäuser und die Fondation Louis Vuitton besuchen. Zudem gibt es einen Vergnügungspark für Kinder und das Stadion Roland-Garros mit seinen Sandplätzen.

NICHT VERPASSEN
- Parc de Bagatelle
- Fondation Louis Vuitton
- Jardin des Serres d'Auteuil
- Jardin d'Acclimatation
- French Open

Spielplatz für alle

Der 845 ha große Bois de Boulogne (Wald von Boulogne) war ursprünglich Teil des Waldes von Vouvray und gehörte Königen, Mönchen und später dann wieder Königen. Seinen Namen verdankt er Notre-Dame de Boulogne la Petite, einer Kirche im 13. Jh. Manchmal beherbergte der Wald Schlösser und ein Kloster, gelegentlich war er auch Treffpunkt von Banditen und ein Ort, an dem Raubüberfälle und Auseinandersetzungen stattfanden. Britische und russische Militärangehörige schlugen hier nach der Niederlage Napoleons ihr Lager auf.

Der heutige Park verdankt seine lockere Gestaltung Baron Haussmann, der nach dem Vorbild des Londoner Hyde Park hier im 19. Jh. 400 000 Bäume pflanzen ließ. Neben verschiedenen Gärten und anderen Attraktionen bietet der 125 ha große Wald 15 km Rad- und 28 km Reitwege.

Fondation Louis Vuitton

Das eindrucksvolle, von Frank Gehry entworfene Zentrum für zeitgenössische Kunst in der nordwestlichen Ecke des Parks, öffnete Ende 2014 seine Pforten. Das verglaste, in den Himmel ragende Gebäude beherbergt jeweils eine oder zwei Ausstellungen, von Olafur Eliasson bis hin zu Basquiat × Warhol. Das Haus befindet sich unweit des Jardin d'Acclimatation. Während der Öffnungszeiten fährt ein Shuttlebus zwischen dem Arc de Triomphe und dem Museum.

Jardin d'Acclimatation

Familien lieben diesen grünen und blumenreichen Vergnügungspark am Nordrand des Bois de Boulogne. Hier gibt es Schaukeln, Karussells, Spielplätze, ein Planschbecken, einen Streichelzoo und mehrmals pro Woche eine Puppentheatervorstellung.

Parc de Bagatelle

Nur wenige Pariser Parks sind so romantisch wie dieser, der aufgrund einer Wette zwischen Marie Antoinette und ihrem Schwager, dem Grafen von Artois, entstanden ist. Das Schloss ist umgeben von blühenden Gärten, die Teil des Pariser Botanischen Gartens sind. Im Mai blühen Schwertlilien, zwischen Juni und Oktober die berühmten 10 000 Rosen und im August und September dann die Seerosen. Auch die kleine chinesische Pagode aus dem 19. Jh., die Wasserfälle und die Sommerkonzerte mit klassischer Musik sind äußerst beliebt.

Pré Catelan

In diesem Teil des Bois de Boulogne befindet sich der wunderbare **Jardin Shakespeare**, wo Pflanzen, Blumen und Bäume kultiviert werden, die in Shakespeares Stücken vorkommen. Im Sommer finden im dazugehörigen **Freilufttheater** Aufführungen statt. Das ebenfalls **Pré Catelan** (restaurant.leprecatelan.com) genannte Drei-Sterne-Restaurant ist ein Gourmettempel unter der Regie von Frédéric Anton.

Lac Inférieur

Am Ostrand des Parks kann man altmodische Paddelboote mieten und den Lac Inférieur, den größten See im Bois de Boulogne, erkunden – Romantik pur.

Jardin des Serres d'Auteuil

Der Weg zum südöstlichen Rand des Bois de Boulogne mit dem gepflegten Garten und den beeindruckenden Gewächshäusern, die 1898 eröffnet wurden, lohnt sich. Sechs moderne Treibhäuser beherbergen eine Vielzahl tropischer Pflanzen. Außerdem gibt's dort einen kleinen Kinderspielplatz.

Pferderennen

Auf Hemingways Spuren wandeln und zur Rennbahn fahren: Das im Süden gelegene **Hippodrome de Longchamp** liegt an einer Stelle, an der einst ein Kloster war. Heute finden hier Pferderennen statt. Der Höhepunkt ist alljährlich am ersten Sonntag im Oktober der Prix de l'Arc de Triomphe. Im **Hippodrome d'Auteuil** finden Steeplechase-Rennen statt.

TENNIS & ANDERE SPORTARTEN

Das im Park gelegene **Stade Roland Garros** ist die Heimat des French Open (Ende Mai bis Anfang Juni) Im zugehörigen Tennismuseum erfährt man anhand von Erinnerungsstücken, Gemälden und Postern alles über die 500-jährige Geschichte diese Sports (zum Zeitpunkt der Recherche wegen Umbauarbeiten geschl.). Im benachbarten **Parc des Princes** spielt Paris St-Germain (PSG) Fußball, in der **Paris La Défense Arena** steht Rugby auf dem Programm.

TOP TIPPS

- Leckereien für ein Picknick außerhalb des Parks kaufen.
- Vélib'-Stationen gibt es nahe der meisten Parkeingänge, im Park selbst aber nicht.
- Zum Park fahren die Métro-Linien 1 (Porte Maillot, Les Sablons), 2 (Porte Dauphine), 9 (Michel-Ange-Auteuil) und 10 (Michel-Ange-Auteuil, Porte d'Auteuil) sowie der RER C (Avenue Foch, Avenue Henri Martin).
- Der Park ist vor allem entlang der Allée de Longchamp und der Allée de la Reine Marguerite eine Spielwiese für Erwachsene. Hier gehen Prostituierte aller Art auf Kundenfang.
- Für Hunde herrscht Leinenzwang.

Musée du Quai Branly

Exquisite Handwerkskunst aus aller Welt

Kein anderes Pariser Museum inspiriert Reisende, Sesselanthropologen und alle, die einfach nur die Schönheit traditionellen Kunsthandwerks zu schätzen wissen, mehr als dieses. Das Musée du Quai Branly – Jacques Chirac zeigt Kunst aus aller Welt, es ist eine Hommage an die unglaubliche Vielfältigkeit der menschlichen Kultur. Das Museum ist in vier Hauptabteilungen (Ozeanien, Asien, Afrika und Amerika) unterteilt. Gezeigt wird eine beeindruckende Sammlung von Artefakten, die in einem erfrischend unkonventionellen Umfeld ohne Raumtrennungen oder hohe Wände präsentiert wird.

Musée Marmottan Monet

Musée Marmottan Monet

Die weltweit größte Monet-Sammlung

Das bezaubernde Musée Marmottan Monet ist in dem ehemaligen Jagdschloss (nun ja, Herrenhaus) des Duc de Valmy untergebracht. Es zeigt die weltweit größte Sammlung von Gemälden und Skizzen des Malers Claude Monet sowie Werke von Renoir, Pissarro, Gauguin und Morisot. Zu sehen ist ein Querschnitt von Monets Werken, angefangen bei bahnbrechenden Gemälden wie *Impression, Sonnenaufgang* (1873) und *Spaziergang bei Argenteuil* (1875) bis hin zu Seerosen-Studien und den abstrakteren Werken aus den frühen 1900er-Jahren. Zu den hier ausgestellten Meisterwerken gehören *Das Boot* (1887), *Kathedrale von Rouen* (1892), *Das Parlament von London* (1901) und zahlreiche *Seerosen* – viele davon kleinere Studien für Arbeiten, die im Musée de l'Orangerie (S. 89) ausgestellt sind.

Markt Président Wilson

OBEN: OLIVEROUGE 3/SHUTTERSTOCK ©, UNTEN: JOHN ARGENT PRODUCTIONS/SHUTTERSTOCK ©

Lebensmittelmärkte

Frische Leckereien

Wie wär's mit einem Bummel über den **Marché Président Wilson** gegenüber vom Palais de Tokyo? Dort werden Unmengen von frischen Schnittblumen, Bio-Weine, alte Gemüsesorten, Fisch und Meeresfrüchte sowie Wurstwaren angeboten. Auch *fromage* (Käse), *boulangeries* (Bäckereien) und frisch zubereitetes Essen zum Mitnehmen fehlen nicht. Den zahlreichen Versuchungen auf diesem Bauernmarkt kann man mittwoch- und samstagvormittags erliegen. Zudem ist der Markt im 16. Arrondissement leicht zu erreichen.

An anderen Tagen kann man den 1,7 km weiter südwestlich gelegenen **Marché Couvert de Passy** (tgl. 8–13 Uhr und Mo–Sa auch 14–19 Uhr) oder **La Grande Épicerie Rive Droite** besuchen. Und wenn man schon mal hier ist, können Muschelliebhaber in die Austernbar im **HSP La Table** gehen.

Cité de l'Architecture et du Patrimoine

Ein Tribut an die französische Architektur

Der Ostflügel des Palais de Chaillot (S. 63) ist der Architektur und dem Kulturerbe Frankreichs gewidmet und bietet einen tollen Blick auf den Eiffelturm. In den Sälen mit Glasdach sind 350 einmalige Gipsabgüsse der bedeutendsten Denkmäler Frankreichs zu sehen. Mit der Sammlung begann man nach der Schändung vieler Gebäude während der Französischen Revolution, und in der Tat wurden einige der Originalkunstwerke, wie Skulpturen aus der Kathedrale von Reims in späteren Kriegen zerstört.

Zum Zeitpunkt der Recherchen gab es zudem eine Ausstellung über den Wiederaufbau von Notre-Dame sowie Interviews mit den dort arbeitenden Künstlern und Handwerkern.

Balzacs Haus

In das Leben eines literarischen Idols eintauchen

In diesem schönen, dreistöckigen Badehaus, dem heutigen **Maison de Balzac**, fühlt man sich in die Vergangenheit versetzt. Hier lebte und arbeitete der zu den Realisten gehörende Schriftsteller Honoré de Balzac (1799–1850) von 1840 bis 1847. In einer winzigen, für Passy typischen Straße (man sollte über die Mauer auf die alte Rue Berton schauen) befindet sich sein gut erhaltenes Büro mitsamt Schreibtisch, an dem er *Die menschliche Komödie* schrieb. Zu besichtigen sind Räume voller Erinnerungsstücke, Korrespondenz, Drucke und Portraits – genau das Richtige für Literatur-Fans. Die Maison-de-Balzac-App (vor Ort gibt's WLAN zum Downloaden) ist vollgestopft mit Audio-Kommentaren und faszinierenden Details darüber, wie es Balzac z. B. gelang, derart intensiv zu arbeiten. An den Tischen des zugehörigen Cafés im Garten kann man frisch gebackene Leckereien und Quiches genießen. Den Blick auf den Eiffelturm in der Ferne gibt's gratis dazu.

Großartige moderne Kunst

Palais de Tokyo & Pariser Museum für Moderne Kunst

Das **Palais de Tokyo** entstand 1937 zur Exposition Internationale des Arts et Techniques dans la Vie Moderne (Internationale Ausstellung von Kunst und Technik im modernen Leben). Der ebenfalls Palais de Tokyo genannte Westflügel beherbergt keine ständige Sammlung. Der Innenraum aus Beton und Stahl bildet vielmehr eine

DIE BESTEN RESTAURANTS

Eine kulinarische Tour durch das 16. Arrondissement mit all den köstlichen Angeboten, von Kuchen und Torten im **Les Gros Gateaux** bis zu Gourmet-Tempeln.

Sables
In dem in warmen Tönen gehaltenen Restaurant werden hervorragende, mit Raffinesse zubereitete Meeresfrüchte serviert, dazu gibt's coolen Groove. €€

Aux Cocottes
Im Voraus reservieren, so entgeht man dem Touristennepp in diesem netten Bistro in einer Seitenstraße unweit des Trocadéro. €€

Le Casse Noix
Netter Service und schönes Ambiente nahe des Eiffelturms. Kreative Menüs aus saisonalen Zutaten. €€

SELFIE MIT EIFFELTURM

Von der Seinebrücke, die über das Inselchen namens Île aux Cygnes führt, kann man mit die besten Aufnahmen des **Eiffelturms** (S. 66) machen. Man bummelt über die Brücke oder fährt mit der Métro-Linie 6 hinüber. Auch vom **Trocadéro** (S. 63) aus kann man tolle Fotos machen.

AUSGEHEN IM 16. ARRONDISSEMENT

St James Paris
Im Winter genießt man die Drinks in der holzgetäfelten Bibliothek, im Sommer auf der romantischen Gartenterrasse.

Bô Zinc Café
Straßenterrasse und langer Tresen – perfekt um Einheimische zu treffen und Kaffee oder Cocktails zu trinken.

Musée du Vin
Den Museumsbesuch und die Verkostung in den Gewölbekellern aus dem 15. Jh. auf einem Hof in Passy im Voraus buchen.

FLAMME DE LA LIBERTÉ

Die Bronzeskulptur am Nordende der **Pont de l'Alma**, jetzt **Place Diana**, genannt, ist eine Replik der Flamme der Freiheitsstatue. Sie wurde 1987 als Symbol der Freundschaft zwischen Frankreich und den USA aufgestellt. Weitaus berühmter ist aber der Tunnel unter der Place d'Alma, in dem am 31. August 1997 Diana, Princess of Wales, Dodi Fayed und ihr Chauffeur, Henri Paul, bei einem Autounfall ums Leben kamen. An der Statue liegen in der Regel Blumen.

Palais de Tokyo

nüchterne Kulisse für interaktive Ausstellungen und Installationen zeitgenössischer Kunst. Der **Buchladen** mit Schwerpunkt auf Kunst und Design ist großartig. Auch das Gastronomie- und Unterhaltungsangebot ist hervorragend, darunter das **Bambini** und **Forêst** mit Tischen im Mittelhof über einem Becken, in dem sich der in der Ferne stehende Eiffelturm spiegelt. Im Untergeschoss befindet sich der Nachtclub **Yoyo**.

Besuchen sollte man auch den Westflügel mit dem **Musée d'Art Moderne de la Ville de Paris**, dem Pariser Museum für moderne Kunst. Hier ist fast jede Kunstrichtung des 20. und 21. Jhs. vertreten. Das Juwel aber sind zwei riesige Installationen mit Gemälden von Dufy und Wandmalereien von Matisse. Diese ständigen Ausstellungen sind – unglaublich – kostenlos!

Top Livemusik & Tanz

Kreatives Schauspiel und klassische Aufführungen

Wie wär's mit einem Konzert im **Maison de la Radio**, dem Zuschauerraum von Radio France in Passy direkt an der Seine? Auf jährlich ca. 200 Veranstaltungen – von Orgel- und Kammermusik bis zu Auftritten des Orchestre National de France – wird fast jedes Genre geboten. Wer fließend Französisch spricht, kann eine der *émissions en publique* besuchen, eine einmalige Chance, eine Radiosendung live zu erleben. Im **Théâtre National de Chaillot** (S. 63) am Trocadéro gibt's erstklassige Tanzaufführungen, DJ-Vorstellungen und Performances. Wer Hunger hat, geht vor der Vorstellung in die **Boulangerie Basil** und kauft ein leckeres Sandwich oder Gebäckstück.

CHRISTIAN DIOR FEIERN

Das 16. Arrondissement von Paris strotzt nur so vor Boutiquen und Modemuseen wie das Palais Galliera und das Musée Yves Saint Laurent. Man sollte aber unbedingt auch die grandiose **La Galerie Dior** (S. 78) im benachbarten 8. Arrondissement besuchen.

ÜBERNACHTEN IN DER NÄHE DES EIFFELTURMS & IM WESTLICHEN PARIS

Hotel Villa Glamour
Wunderschön designte, klassische Zimmer in einer grünen Luxuswohngegend im 16. Arrondissement. **€€**

Rayz Eiffel
Schickes Hotel nahe des Eiffelturms. Von den Zimmern im obersten Stock und der Dachterrasse hat man einen tollen Blick auf den Turm. **€€€**

Hotel Villa Nicolo
Ordentliches Hotel mit freundlichen Angestellten in einem ruhigen Innenhof in einer Einkaufsstraße von Passy. **€€€**

Champs-Élysées & Grands Boulevards

BERÜHMTE WAHRZEICHEN UND TOLLES SHOPPEN

Auf den ersten Blick mögen die Champs-Élysées und die Grands Boulevards nicht viel gemeinsam haben – abgesehen davon, dass sie von Haussmanns breiten Boulevards miteinander verbunden sind. Die weltweit berühmteste Avenue, ein Tourismusmagnet, befindet sich im renommierten 8. Arrondissement. Direkt daneben im 9. Arrondissement bieten die Grands Boulevards dank der Design-Hotels und kreativen Restaurants ein bodenständigeres, junges, hippes Bild des Pariser Lebens.

Als Heimat der stattlichsten Wahrzeichen – Arc de Triomphe, Petit Palais, La Madeleine und Place de la Concorde um nur einige zu nennen – können die beiden Stadtviertel auf eine faszinierende Geschichte zurückblicken: Königsgeschichten, zwei Napoleons und eine sehr große, blutige Revolution. In neuerer Zeit sind die *haute-couture*-Boutiquen im prestigeträchtigen Triangle d'Or (Goldenes Dreieck) und erschwinglichere Durchschnitts-, Vintage- und Designershops in der Gegend um die historischen Kaufhäuser perfekt, um auf Schatzsuche zu gehen.

TOP TIPP

Da sich ein Métro-Ausgang direkt am Arc de Triomphe befindet, machen dort die meisten Reisenden ihre Fotos und Instagram-Aufnahmen – gegenüber auf der anderen Seite der Straße kann man in aller Ruhe knipsen. Und für den Fall der Fälle gibt es dort auch Toiletten.

ESTEA/SHUTTERSTOCK ©

Avenue des Champs-Élysées (S. 77)

HIGHLIGHTS
1 Arc de Triomphe
2 Avenue Montaigne
3 Avenue des Champs-Élysées
4 Grand Palais
5 La Galerie Dior
6 Musée Gustave Moreau
7 Passage des Panoramas
8 Passage Jouffroy
9 Passage Verdeau
10 Place de la Concorde
11 Pont Alexandre III

SEHENSWERTES
12 Palais Garnier
13 Petit Palais
14 Triangle d'Or

AUSGEHEN & FEIERN
15 Créatures
16 Hôtel Barrière Le Fouquet's
17 Shed

SHOPPEN
18 Galeries Lafayette Haussmann
19 Printemps Haussmann

Galeries Lafayette (S. 81)
MAGIORESTOCK/SHUTTERSTOCK ©

Arc de Triomphe

Napoleons weltberühmtes Pariser Wahrzeichen

Der Arc de Triomphe wurde von Napoleon nach seinem Sieg in der Schlacht bei Austerlitz (1805) in Auftrag gegeben. Bei seiner Fertigstellung im Jahre 1836 hatte der Kaiser bereits abgedankt, war verstorben und die Monarchie war zurückgekehrt. Der Bogen wurde ursprünglich als Symbol für militärische Macht errichtet und ist heute mit der seit 1923 ununterbrochen brennenden Flamme am Grab des Unbekannten Soldaten ein Symbol für Frieden. Über die noch im Original erhaltenen 200 Stufen erreicht man das Museum, nach weiteren 40 Stufen die ebenfalls im Original erhaltene Aussichtsplattform. Zum Zeitpunkt des Baus war wahrscheinlich nicht geplant, dass Besucher:innen hier heraufsteigen, um Fotos zu machen. Belohnt wird man mit einem grandiosen Blick über die Stadt, u. a. auch auf den Eiffelturm. Am schönsten ist es hier bei Sonnenuntergang – der Aufstieg zu diesem Zeitpunkt lohnt unbedingt, obwohl man sich dann wahrscheinlich auf noch größere Menschenmassen einstellen muss. Zudem darf man nicht vergessen, dass der Ticketschalter im Untergeschoss (an dem man beim Verlassen der Métro vorbeikommt) klein und schnell rappelvoll ist. Wenn möglich, sollte man sein Ticket also im Voraus buchen.

AVENUE DES CHAMPS-ÉLYSÉES

Die Av. des Champs-Élysées wird oft als schönste Straße der Welt bezeichnet. Heute wird sie von der Pariser Bevölkerung gemieden, es sein denn, dass man dort in der Gegend arbeitet. Aber sie ist dennoch sehenswert und kann mit einer Geschichte aufwarten, die mehr als nur Luxusgeschäfte zu bieten hatte. Es ist aber nur schwer vorstellbar, dass dort, wo sich heute die Straße befindet, früher Felder gleich außerhalb der Stadtgrenze lagen – wenn auch nahe des Louvre-Palasts, der Residenz der französischen Könige, bevor der Hof nach Versailles umzog.

Arc de Triomphe

OBEN LINKS: MISTERVLAD/SHUTTERSTOCK ©, UNTEN RECHTS: MATHIEU TUFFET/SHUTTERSTOCK ©

Grand Palais

Grand Palais

Eine grandiose Kulisse für die größten Ausstellungen in Paris

Das zur gleichen Zeit wie das Petit Palais gebaute Grand Palais wurde einer Generalüberholung unterzogen und diente – teilweise wiedereröffnet – als ein Austragungsort der Olympischen Spiele 2024. Vor der temporären Schließung gab es hier viele Ausstellungen, angefangen bei Mode von Louis Vuitton bis zu Kunst von Alphonse Mucha. Zudem fanden hier Modenschauen von Größen wie Chanel statt. Nach der vollständigen Wiedereröffnung 2025 sollte man sich beim Besuch in Paris über das aktuelle Programm informieren.

Musée Gustave Moreau

Das schöne „Hausmuseum" ist dem Künstler gewidmet

Gustave Moreau verbrachte die letzten Jahre seines Lebens damit, sein Haus und Studio (14 Rue de La Rochefoucauld) in ein Museum umzuwandeln, bevor er sein Hab und Gut nach seinem Tod 1898 dem Staat vererbte. Frankreich erfüllte seinen letzten Wunsch. Heute ist das Museum eine einzigartige Zeitkapsel im Stil des 19. Jhs. (mit einem exakten Nachbau der Wohnräume des Malers im ersten Stock). Das Museum ist vollgestopft mit Moreaus Werken – griechische Mythologie, biblische Geschichten und religiöse Allegorien. Die Wendeltreppe hier ist ein Instagram-Hotspot.

Musée Gustave Moreau

Avenue Montaigne & La Galerie Dior

Haute Couture zelebrieren

Die ultimative Einkaufsstraße von Paris ist nicht – wie man denken könnte – die av des Champs-Élysées sondern die av Montaigne, eine der drei exklusiven Straßen, die das renommierte **Triangle d'Or** (Goldenes Dreieck) begrenzen. Die vor allem für ihre ultra-luxuriösen Designerboutiquen (Chanel, Louis Vuitton) bekannte Straße hat sich über die Jahre Jahr immer wieder neu erfunden.

La Galerie Dior, das Museum in der Rue François Ier, ist in dem Gebäude neben dem Dior Flagship-Store (30 av Montaigne) untergebracht. Dort zog Monsieur Dior 1946 ein, bevor er sein Unternehmen in den benachbarten Gebäuden vergrößerte. Jedes Zimmer erzählt über die Geschichte der Person Dior und der Firma Dior. Los geht's mit seiner Kindheit in der Normandie und den Gärten seiner Mutter, die ihn später zu seinen typischen Blumenmustern inspirieren sollten.

Pont Alexandre III.

Luxuriöse Brücke mit Blick auf den Eiffelturm

Die für die Weltausstellung von 1900 zusammen mit dem Petit Palais und dem Grand Palais errichtete Pont Alexandre III. ist ein golden leuchtendes Schmuckstück. Ihren Namen verdankt sie dem Zaren Alexander III., der die Französisch-Russische Allianz besiegelte. Es war Alexanders Sohn Nikolaus II., der 1896 den Grundstein für die Brücke legte. Das komplizierte Jugenstildesign weist vier imposante Säulen auf, deren oberen Enden von bronzefarbenen geflügelten Pferden gekrönt sind, die Kunst, Wissenschaft, Handel und Industrie darstellen. Hinzu kommen wunderlichen Kreaturen wie Nymphen, Engelchen, Wassergeister und Meeresungeheuer.

Pont Alexandre III

Fontaine des Fleuves und Obelisk von Luxor

OBEN RECHTS: SERGII FIGURNYI/SHUTTERSTOCK ©, UNTEN LINKS: BADESIGN/SHUTTERSTOCK ©

Place de la Concorde

Symbolträchtige, geschichtsbeladene Plaza

Auf der 1772 geschaffenen Place de la Concorde kamen nur wenig später (1793) Ludwig XVI. und Marie Antoinette während der Französischen Revolution unter die Guillotine (und sie waren nicht die einzigen). Der Platz wurde zwischen 1836 und 1846 von dem Architekten Jacques-Ignace Hittorf umgestaltet, der zwei Springbrunnen, die **Fontaine des Mers** und die **Fontaine des Fleuves** sowie die Statuen hinzufügte, die die französischen Städte Bordeaux, Brest, Lille, Lyon, Marseille, Nantes, Rouen und Straßburg symbolisieren. Das berühmteste Monument ist aber der 3300 Jahre alte **Obelisk von Luxor**, der 1836 hier aufgestellt wurde. Frankreich hatte ihn als Zeichen der Freundschaft zwischen den beiden Ländern vom ägyptischen König geschenkt bekommen.

Überdachte Passagen

Historische überdachte Passagen

Die *passages couverts* aus dem Paris des 19. Jhs. gehören zu den bezauberndsten architektonischen Besonderheiten der Stadt. Die drei im Gebiet der Grands Boulevards sind die schönsten und beliebtesten. Die 1800 erbaute **Passage des Panoramas** ist die älteste und belebteste. Sie ist voller guter Restaurants und Secondhandläden. Direkt gegenüber am Bd Montmartre befindet sich die **Passage Jouffroy** mit dem **Musée Grévin**, einer Art Pariser Madame Tussaud's, die auch eine gute Auswahl an Secondhandläden bietet. Die drei Gehminuten entfernte **Passage Verdeau** ist definitiv die ruhigste der drei Passagen. Hier kann man ohne störende Menschenmassen in Antiquitätenläden stöbern. **Führungen** sind bei der Association Passages & Galeries buchbar.

DIE BESTEN ORTE FÜR EINEN NACHMITTAGSTEE

Hôtel Plaza Athénée
Angelo Musa, der weltbeste Patissier und *Meilleur Ouvrier de France* (Bester Handwerker Frankreichs), stellt klassische französische Backwaren mit modernem Touch her.

Hôtel de Crillon
Der traumhafte Jardin d'Hiver in einem von König Ludwig XV. 1758 in Auftrag gegebenen und unter Denkmalschutz stehenden Gebäude gehört zu den opulentesten Räumen in Paris, in denen man Tee, Gebäck und frisch gebackene Scones genießen kann.

Le Bristol
Köstlicher Nachmittagstee – wie man ihn in einem für seine Gastronomie bekannten Palasthotel (mit fünf Michelinsternen) erwarten kann – wird im Café Antonia im Stil des 18. Jhs. oder im Sommer im üppig grünen Garten serviert.

Four Seasons Hotel George V
La Galerie ist eine elegante Kulisse für einen Nachmittagstee inmitten von Kunstwerken aus dem 19. Jh. Die hausgemachte heiße Schokolade ist ein Traum.

ISOGOOD_PATRICK/SHUTTERSTOCK ©

Palais Garnier

MEHR AUF DEN CHAMPS-ÉLYSÉES & DEN GRANDS BOULEVARDS

Petit Palais

Das Kunstmuseum von Paris

Das von der Stadt Paris anlässlich der Weltausstellung von 1900 in Auftrag gegebene Petit Palais für Schöne Künste ist heute ein grandioses Kunstmuseum. Das Gebäude, das der Architekt Charles Girault entworfen hatte, war eines der ersten, das mit dem Ziel errichtet wurde, es nach dem Ende der Weltausstellung zu erhalten. Giraults Intention war, ein ansprechendes, klassisches Monument zu schaffen. Sein bisheriges Leben als Eisenwarenhändler beeinflusste das Design – man sollte nach dem schmiedeeisernen goldfarbigen Eingang und der geschwungene Haupttreppe in der Dauerausstellung Ausschau halten.

Zu den bedeutenden Werken hier gehören *Die Schläferinnen* von Gustave Courbet, die Auftragsarbeit eines türkischen Diplomaten, der das Gemälde dann wegen seiner gewagten The-

DIE BESTEN RESTAURANTS FÜR FRANZÖSISCHE KLASSIKER

Bouillon Chartier
Hier heißt es mindestens eine Stunde Schlange stehen, aber das *bouillon menu* bietet ein tolles Preis-Leistungsverhältnis. Eine Pariser Institution. €

Le Bon Georges
Eines der teureren Bistros in Paris mit köstlichen Speisen und großen Portionen. €€€

Brasserie Baroche
Ein perfekter Ort zum Leute beobachten, dazu gibt's eine Scheibe hausgemachte *paté en croute* und ein Glas Wein. €€

matik hinter einem Vorhang versteckte, und das restaurierte *Selbstbildnis in orientalischem Kostüm* von Rembrandt.

Palais Garnier

Napoleons Oper

Nach dem gescheiterten Attentat auf ihn in der damaligen Oper in der Rue Le Peletier beauftragte Napoleon III. den Bau eines neuen Pariser Opernhaus. Alle waren überrascht, dass Charles Garnier den Auftrag bekam, denn er war erst 35 Jahre alt und völlig unbekannt. Napoleon III. starb vor der Fertigstellung der Oper und heute benutzen Besucher:innen den Privateingang des Königs, der ihn vor möglichen Angreifern schützen sollte. Das Highlight des Raums ist ein Deckenfresko von Marc Chagall und der beeindruckende Kronleuchter, der als er 1896 von der Decke fiel, Gaston Leroux zum *Phantom der Oper* inspirierte. Abgesehen vom Zuschauerraum ist das Grand Foyer einer der prächtigsten Räume. Er ist dem Spiegelsaal von Versailles nachempfunden, wurde vor Kurzem restauriert und strahlt jetzt wieder in all seiner Pracht.

Die Grands Magasins

Jugendstil trifft auf Luxus-Shoppen

Ganz im Stil von Paris sind die *grands magasins* (Kaufhäuser) der Stadt viel mehr als nur einfache Shopping-Adressen. Sie sind auch historische Monumente und architektonische Kunstwerke ihrer Zeit. Auf dem Bd Haussmann im 9. Arrondissement befinden sich fast Seite an Seite zwei der prachtvollsten Stammhäuser: die **Galeries Lafayette** und das **Printemps**. Sie sind beide auf Luxusartikel spezialisiert, egal ob man Damenbekleidung oder Küchenartikel sucht, unter den Buntglas- bzw. vergoldeten Kuppeldächern findet man fast alles. Der Besuch lohnt sich wegen der Architektur auch für all diejenigen, die nichts kaufen wollen. Die Buntglaskuppel im Jugendstil in den Galeries Lafayette Haussmann ist die berühmteste Sehenswürdigkeit aus dem 19. Jh. In der Weihnachtszeit strömt ganz Paris wegen der festlichen Installationen in das Kaufhaus. Die Kuppeln des Printemps sind der in den Galeries Lafayette ebenbürtig – sie glitzern draußen goldfarben und beherbergen drinnen Cafés sowie eine fantastische Vintage-Abteilung. Für Geschichtsinteressierte bietet das Kaufhaus sogar nach den Öffnungszeiten Führungen an, die über die Cultival-Website gebucht werden können. In den Galeries Lafayette gibt es nicht nur Führungen sondern auch Modenschauen sowie Koch- und Backkurse.

DIE BESTEN ROOFTOP-BARS

Hôtel Barrière Le Fouquet's
Rooftop-Bars im 8. Arrondissement neigen dazu, von einem bestimmten, gut betuchten Publikum besucht zu werden, aber diese Bar ist *der* Ort für einen Drink auf den Champs-Élysées.

Printemps
Für das Restaurant Perruche im Printemps Homme benötigt man eine Reservierung. Die Bar mit viel Grün bietet sich für einen Apéritif mit Rundumblick an.

Créatures
Die Terrasse der Galeries Lafayette Haussmann können alle besuchen, wer aber einen Drink nehmen möchte, geht ins Créatures (Restaurant mit Bar).

Shed
Die Rooftop-Bar im Hôtel des Grands Boulevards liegt abseits vom Trubel. Hier werden die Drinks von den Cocktail-Experten der Experimental Group serviert.

PREISWERT ESSEN GEHEN

Miznon
Nahost-Restaurant mit einigen der besten Falafeln der Stadt. Die Mezze-Platten kann man sich gut mit anderen teilen. **€**

Juste
Gute, erschwingliche Austern. Zum Menü *moules frites*, das mittags zum Festpreis serviert wird, gibt's ein Glas Wein. **€**

Raviolis Nord Est
Das bodenständige Restaurant ist für seine schmackhaften Klöße (*ravioli* auf Französisch) und Nudeln bekannt. **€**

Louvre & Les Halles

LEGENDÄRES MUSEUM, GARTEN UND STADTZENTRUM

TOP TIPP

Diese Gegend bietet viel Kultur, Aktivitäten und Restaurants. Wer wenig Zeit hat, sollte seine Tage planen. Tickets für die wichtigsten Museen sollte man sich im Voraus besorgen, da diese viele Besucher:innen anziehen. Den Zeitplan also möglichst entsprechend einrichten.

Hinein ins pulsierende Herz von Paris mit dem Musée du Louvre und dem Einkaufszentrum Les Halles! Dieses Viertel beherbergt historische Wahrzeichen, architektonische Wunderwerke, dynamische, kulturelle Veranstaltungen und eine florierende Gastroszene. Außerdem befinden sich hier der Jardin du Palais-Royal und das Centre Pompidou.

Dieses Viertel, das einst die Residenz der Könige war, unterlag einem ständigen Wandel. Haussmanns Stadtplanung blieb zwar im Großen und Ganzen bis heute erhalten, die Essenz des Viertels liegt aber in den kleinen Geschäften rund um Les Halles, die Rue Montorgueil und des Sentier. Schmale Kopfsteinpflasterstraßen und Ladenfronten aus dem 19. Jh. sowie Galerien mit Glasdächern bieten einen Blick in die Vergangenheit.

Les Halles und deren Umgebung, die von dem französischen Schriftsteller Émile Zola als „Bauch von Paris" beschrieben wurden, sind bis heute lebendige Orte zum Bummeln, Shoppen und für Begegnungen. Auf der Erkundungstour sollte man eine Pause in einem der zahlreichen Cafés einlegen und die Leute beobachten, egal ob unter den Bögen der Rue de Rivoli oder in der Rue Quincampoix, wo es unkonventioneller zugeht.

Au Rocher de Cancale (S. 89)

HIGHLIGHTS
1 Comédie Française
2 Jardin des Tuileries
3 Jardin du Palais Royal
4 Musée du Louvre
5 Place Vendôme

SEHENSWERTES
6 Bourse de Commerce
7 Centre Pompidou
8 Église St-Eustache
9 Jeu de Paume
10 MAD
11 Musée de l'Orangerie
12 Musée en Herbe
13 Musée National d'Art Moderne

ESSEN
14 Au Rocher de Cancale
15 Boulangerie Eric Kayser
16 Chez Miki
17 Kodawari Ramen Tsukiji
18 La Chambre aux Confitures
19 L'Escargot Montorgueil
20 Michi
21 Rue Montorgueil
22 Stohrer

UNTERHALTUNG
23 Le Grand Rex

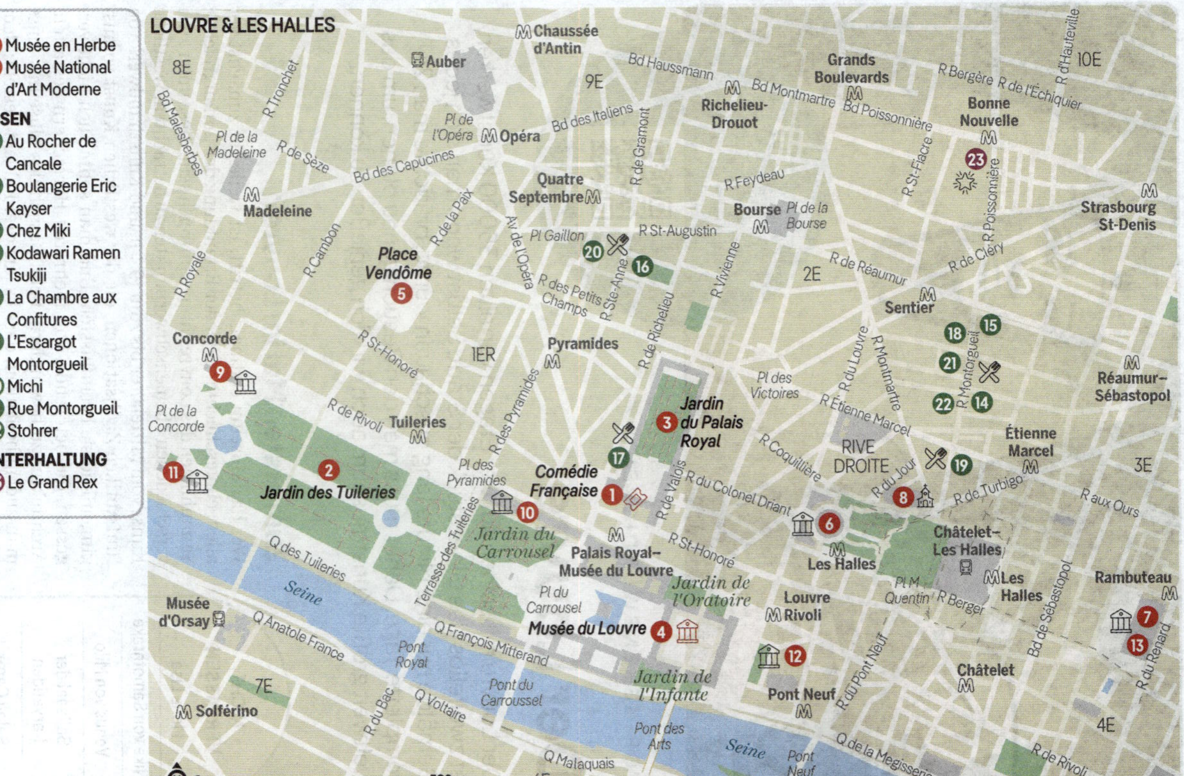

ALEXANDRA LANDE/SHUTTERSTOCK ©

PRAKTISCHES

Für Öffnungszeiten und Tickets diesen QR-Code scannen.

TOP-SEHENSWÜRDIGKEIT

Der Louvre

Der Louvre mit seinen auf vier Etagen verteilten 35000 Kunstwerken, ist zweifellos das Glanzstück der Stadt. Selbst wenn man sich jedes Gemälde nur eine Minute lang anschauen würde, bräuchte man 24 komplette Tage. Daher muss man den Besuch genau planen, um das weltweit größte Kunstmuseum auch wirklich genießen zu können.

NICHT VERPASSEN

- Mona Lisa
- Nike von Samothrake
- Venus von Milo
- Ballsaal der Karyatiden
- Salon Carré
- Krypta der Sphinx
- Cour Khorsabad
- Cour Marly und Cour Puget

Zum ersten Mal im Louvre?

Wer das Museum erstmals betritt, ist vielleicht zunächst vor allem eingeschüchtert. Bei der Erkundung der umfangreichen Sammlungen des Louvre kann es hilfreich sein, diese unter zwei verschiedenen Themenschwerpunkten zu betrachten: Westliche Kunst vom Mittelalter bis zum 19. Jh. und Kunsthandwerk von fünf antiken Zivilisationen, die der westlichen Kunst vorausgingen und sie beeinflussten. Und man sollte auch nicht vergessen, die betörende, von mehreren Herrschern gestaltete Architektur zu bewundern. Beim Besuch des Museums muss man zudem bedenken, dass es aus drei Flügeln besteht: dem Richelieu-Flügel (Norden), dem Denon-Flügel (Süden) und dem Sully-Flügel (Osten).

Der Louvre kann sowohl Ehrfurcht gebietend als auch überwältigend sein. Am besten lässt man sich angenehm überraschen, indem man selbst auswählt, was man sehen und erkunden möchte. Man muss nicht jedes Meisterwerk gesehen haben – man sollte einfach nur den Tag im Museum genießen!

Antike Zivilisationen

Die Altertumabteilung beherbergt Ausstellungsstücke von der Jungsteinzeit bis zum Untergang des Römischen Reichs. In chronologischer Reihenfolge sind im Erdgeschoß Schätze antiker Zivilisationen und in einem zusätzlichen Bereich auf Niveau 1 ägyptische Altertümer zu sehen (Abb. links). Los geht's im Richelieu-Flügel mit der Erkundung mesopotamischer Kunst (die als die älteste menschliche Zivilisationen angesehen wird). Weiter geht's im Sully-Flügel mit der Krypta der Sphinx und ägyptischer Kunst. Der Denon-Flügel beherbergt griechische, etruskische und römische Kunst.

Skulpturengärten

Fans von Skulpturen sollten unbedingt die stimmungsvolle Cour Marly und die Cour Puget (Level 1 im Richelieu-Flügel) besuchen. Diese überdachten Innenhöfe mit Tageslicht beherbergen französische Meisterwerke, die unter Ludwig XIV. geschaffen wurden. Die Cour Marly erinnert stimmungsvoll an das Original in einer der Residenzen des Königs. In einer interessanten Anordnung, die etwas seltsam erscheinen mag, wird man beim Hinaufgehen in das Obergeschoss in die Zeit der mittelalterlichen französischen Skulpturen zurückversetzt. Wenn man das Erdgeschoss des Richelieu-Flügels besucht, kann man weitere Skulpturen aus dem 17. bis 19. Jh. bewundern.

Europäische Meisterwerke

In den obersten Stockwerken sind europäische Malerei und ornamentale Kunst aus dem Mittelalter bis zur Mitte des 19. Jhs. zu sehen. Viele besuchen diese Stockwerke erst gegen Ende des Aufenthalts, da sie der der vorgegebenen Reihenfolge der einzelnen Räume folgen. Gemäldefans sollten aber diesen Abteilungen den Vorzug geben. Sie sind ein Muss, denn hier sind legendäre Werke wie die Mona Lisa und die monumentalen Gemälde *Die Hochzeit zu Kana* und *Das Floß der Medusa* zu bewundern. Auch sollte man die beeindruckende Große Galerie, den historischen Salon Carré (den Wegbereiter von Ausstellungshallen) und die Galerie d'Apollon mit ihren atemberaubend schönen Wandgemälden und goldenen Verzierungen besuchen.

Rund um den Louvre, rund um die Welt

Wie kein anderes Museum nimmt einen der Louvre mit auf eine Reise in die verschiedenen Epochen und Kontinente. Unbedingt sehenswert sind die seit fast 150 Jahren unveränderten Appartements von Napoleon III. am Ende des Richelieu-Flügels im ersten Stockwerk. Ein ergänzendes kulturelles Erlebnis wird einem in der kleinen Abteilung geboten, die der amerikanischen, afrikanischen, asiatischen und ozeanischen Kunst gewidmet ist. Sie befindet sich in einem abgelegenen Teil des Denon-Flügels (Zugang über Ebene 1).

ANTIKES MYSTERIUM

Das älteste Ausstellungsstück im Louvre ist die Statue aus Aïn Ghazal (Saal 303, Sully-Flügel), die in den 1980er-Jahren in Jordanien ausgegraben wurde. Sie ist noch immer ein Mysterium: stellt sie einen Mann, ein Kind oder einen Gott dar? Zwischen der Nike von Samothrake und der Venus von Milo, die aus dem 3. bzw. 1. Jh. v. Chr. stammen und der rätselhaften Statue liegen über 8000 Jahre!

TOP TIPPS

- Wer am Museumsschalter nicht Schlange stehen will, sollte sein Ticket vorab online kaufen. Zudem kommt man so vielleicht in den Genuss von Sonderangeboten.
- Die Website ist ein gutes Hilfsmittel bei der Planung des Museumsbesuchs und macht auch nach Themen geordnete Vorschläge.
- Wer früh kommt, kann die Galerien ohne Besuchermassen genießen.
- Bequeme Schuhe sind ratsam, denn man läuft durch 403 Säle und fast 15 km lange Flure!
- Wer mit Kindern das Museum besucht, sollte eine Pause im Studio (Richelieu-Flügel, Ebene -1) einlegen, denn dort gibt es Kreatives, das denn Kleinen Spaß macht.

Place Vendôme

Ein Symbol für Pariser Luxus

In der Mitte des Platzes steht die 44 m hohe **Colonne Vendôme**, die einem Edelstein in einem Schmuckkästchen mit reich verzierten Seiten ähnelt. Die Place Vendôme war lang Synonym für Luxusmarken und *haute couture* und ist für ihre opulente Architektur, ihre exquisiten Juweliere und das noble Hotel Ritz bekannt. In den Schaufenstern berühmter Juweliere wie Cartier, Van Cleef & Arpels, Boucheron und Chaumet werden die Kreationen wie Kunstwerke in einer Open-Air-Galerie ausgestellt. Der Verschluss des Parfumflakons Chanel N°5 ist übrigens der charakteristischen achteckigen Form des Platzes nachempfunden. Er würdigt Coco Chanel, die hier jahrzehntelang lebte und den Platz liebte.

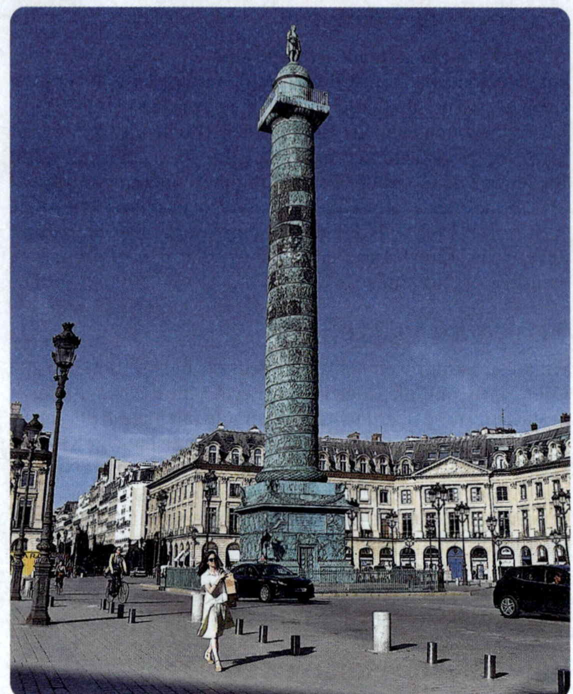

Colonne Vendôme und Place Vendôme

OBEN RECHTS: OLIVEROUGE 3/SHUTTERSTOCK © UNTEN LINKS: SAIKO3P/SHUTTERSTOCK ©

Jardin des Tuileries

Der Traum eines französischen Gartens

In diesem Teil von Paris befindet sich seit 1564 ein Garten. Der Name „Jardin des Tuileries" ist auf die in der Nähe ansässigen „Tuiles"-Hersteller (Fliesenhersteller) zurückzuführen. Sein heutiges Aussehen hat der Garten aber dem königlichen Gärtner André Le Nôtre zu verdanken, der unter König Ludwig XIV. auch die grandiosen Gärten in Versailles entworfen hat.

Der Garten lag im Bereich von Baron Haussmanns West-Ost-Achse, als er Paris im frühen 19. Jh. umgestaltete. Der zentrale Weg ist genau auf die wichtigsten Monumente der Stadt ausgerichtet, was für eine Art Symmetrie und unendliche Perspektive vom Louvre über die Place de la Concorde bis zu den Champs-Élysées sorgt.

Als eine der wenigen großen innerstädtischen Grünanlagen mit Skulpturen, gepflegten Rasenflächen und Blumenbeeten wird der Jardin des Tuileries von den Einheimischen, die dort frühmorgens gern joggen, sehr geschätzt. Der Park ist auch ein beliebter Ort, um sich von den kulturellen Aktivitäten und Besuchen der in der Nähe gelegenen Museen zu erholen. Zwei Museen, das Musée de l'Orangerie (S. 89) und das Jeu de Paume, befinden sich direkt im Park.

Jardin des Tuileries

Jardin du Palais Royal

Die historische Wiege der Kunst

Der zwischen dem Louvre und der betriebsamen ave de l'Opéra gelegene Jardin du Palais Royal ist eine ruhige bei den Einheimischen beliebte Oase. Er ist von beeindruckenden, arkadenartigen Galerien aus dem 18. Jh. – der Galerie de Valois, der Galerie de Montpensier und der Galerie Beaujolais – umgeben. Bevor Philippe d'Orléans (der später als Philippe Egalité bekannt wurde) den ehemaligen Palast in einen beliebten Platz umwandelte, waren in ihnen Geschäfte, Kabaretts und Wohnstätten untergebracht.

Der städtische Raum hat lange Zeit prominente Persönlichkeiten und Künstler:innen angezogen. Zu den noch im Original erhaltene Einrichtungen gehört **Le Grand Véfour**, wo Napoleon Bonaparte Joséphine traf und Victor Hugo oft mittags aß. Im alltäglichen Leben genießen die Einheimischen in den schattigen Wegen des Gartens ihre Mittagspause. Man sollte sich die Metallstühle um den Springbrunnen in der Mitte genauer ansehen und die poetischen Botschaften lesen. Bekannt unter dem Namen „Les Confidents" sorgen sie für kurze Tagträume in den öffentlichen Parks der Stadt.

Der südliche Teil ist ein Spielplatz für moderne Kunst. Dort kann man die schwarz-weiß gestreiften Säulen von Daniel Buren bewundern oder sich in der **Fontaine des Spheres** (Kugelbrunnen) von Pol Bury spiegeln. Etwas weiter an der **Place Colette**, benannt nach der Schriftstellerin, die hier einst wohnte, befindet sich über dem Métro-Eingang der von Jean-Michel Othoniel entworfene **Kiosque des Noctambules** (Kiosk der Nachteulen), der aus Hunderten von bunten Glaskugeln besteht. Auf dem gleichen Platz wird oft getanzt und klassische Musik gespielt. Man sollte sich auf der Terrasse des Le Nemours ein Plätzchen suchen und die Szenerie betrachten, die einer nostalgischen Pariser Postkarte entsprungen sein könnte.

IVO ZALOUDEK/SHUTTERSTOCK ©

Palais Royal

EINE VORSTELLUNG À LA FRANÇAISE

In der im Westflügel des Palais Royal untergebrachten **Comédie Française** werden Stücke von klassischen französischen Dramatikern wie Molière und Racine aufgeführt. Theaterfreunde, die des Französischen mächtig sind, sollten sich eine Vorstellung im Salle Richelieu ansehen. Das Haupttheater im italienischen Stil hat ein hufeisenförmiges Auditorium, Ränge und eine reich verzierte Decke. In einem der roten Samtsitze auf den Beginn der Vorstellung zu warten, ist wie eine Reise in die Vergangenheit. Es werden auch Führungen angeboten. Bevor man bucht, sollte man nachfragen, in welcher Sprache die jeweilige Führung ist.

AUF SCHATZSUCHE GEHEN

Les Halles und Umgebung bieten zahlreiche unkonventionelle Geschäfte, von Antiquitätenläden bis zu Kurzwarenhandlungen. Hier eine Auswahl ausgefallener Fundgruben.

Les Drapeaux de France
Die einzigartige Werkstatt an der Place Colette ist seit 1949 auf Miniatursoldaten und -figürchen spezialisiert.

Rickshaw
Der nette Laden in der Passage du Grand Cerf verkauft die unterschiedlichsten Gegenstände (von Lampen bis zu Türknäufen) und Antiquitäten aus Indien.

Mokuba
Das unaufdringliche japanische Kurzwarengeschäft beliefert einige der größten Modedesigner mit eleganten, raffinierten Bändern.

À l'Oriental
Was wäre, wenn man in Versuchung gerät, eine Pfeife zu kaufen, obwohl man nicht raucht? Das erfährt man, wenn man in diesem ausgefallenen Laden im Palais Royal vor einer riesigen Pfeifensammlung steht.

OWEN FRANKEN/GETTY IMAGES ©

***Baba au rhum*, Stohrer**

MEHR RUND UM LOUVRE & LES HALLES

Centre Pompidou

Ein revolutionäres Museum für moderne Kunst

Es ist unmöglich, das Zentrum von Paris zu besuchen, ohne vor der radikalen Architektur des **Musée National d'Art Moderne** in Ehrfurcht zu erstarren. Das Museum beherbergt eine der weltweit größten Sammlungen moderner Kunst. Die freiliegende Metallstruktur und senkrechten Rohrleitungen in knalligem Grün, Blau, Rot und Gelb vermitteln den Eindruck, als sei das Innenleben des Gebäudes nach außen gestülpt worden.

Die Architekten Renzo Piano, Richard Rogers und Gianfranco Franchini wollten das „Bild eines einschüchternden Kulturgebäudes zerstören" und einen Raum schaffen, in dem Kunst und Menschen unbehindert nebeneinander existieren. Von der Dachterrasse bietet sich ein spektakulärer Blick auf Paris.

Innen bietet das Centre Pompidou ein komplettes kulturelles Ökosystem mit Fotografien, Filmen, Gemälden und Zeichnungen von 1905 bis heute. Zwei Stockwerke beherbergen moderne und zeitgenössische Meisterwerke u. a. von so berühmten Künstlern wie Andy Warhol, Niki de Saint Phalle, Marcel Duchamp und Jasper Jones. Für 2025 sind Renovierungsarbeiten geplant, weshalb das Museum dann vorübergehend geschlossen sein wird.

ESSEN IN DER NÄHE DES PALAIS ROYAL

Astara Opéra
Das Restaurant hat sich auf qualitativ hochwertige Meeresfrüchte spezialisiert. Zudem gibt es ein erschwingliches Mittagsmenü und einen Feinkostladen. €€

Daroco
In diesem italienischen Restaurant in einer romantischen überdachten Passage gibt es köstliche Pizzas und eine große Weinauswahl. €€

Nodaiwa
Das schicke japanische Restaurant ist auf traditionellen, gegrillten Aal spezialisiert, der auf verschiedene Arten serviert wird. €€

Köstliches in der Rue Montorgueil

Shoppen und Essen in der Marktstraße

Die **Rue Montorgueil** ist ein Überbleibsel des historischen Großmarkts von Paris und lockt auch heute noch mit vielen Lebensmittelgeschäften, Cafés und Restaurants. **Stohrer**, die älteste Bäckerei der Stadt, ist für *baba au rhum* berühmt, die **Boulangerie Eric Kayser** für *financiers* und **La Chambre aux Confitures** für Fruchtmarmeladen – ein tolles Mitbringsel! Oder wie wär's mit typisch Französischem wie Austern im Restaurant **Au Rocher de Cancale** oder Schnecken im **L'Escargot Montorgueil**.

Jeden Donnerstag- und Sonntagvormittag werden in den kleinen Straßen rund um die Église St-Eustache und in der Rue Montmartre Marktstände aufgebaut. Ideal, wenn man frisches Obst, Fleisch, Meeresfrüchte, Käse, Brot und Backwaren kaufen möchte. Man sollte den Markt vor den Menschenmassen besuchen, um die stimmungsvolle Atmosphäre voll und ganz genießen zu können.

Ein Besuch in den Museen für bildende Kunst

Kunstmuseen jenseits des Louvre

Wer moderne und zeitgenössische Kunst liebt, sollte unbedingt das Musée de l'Orangerie und das Jeu de Paume im Jardin des Tuileries sowie das MAD (Musée des Arts Décoratifs) besuchen. Sie sind nicht ganz so überwältigend wie der Louvre, aber dennoch bedeutende kulturelle Stätten.

Wer sich für Impressionismus interessiert, für den ist das **Musée de l'Orangerie** mit Monets *Seerosen* (*Nymphéas*), der Krönung seines künstlerischen Werks, eine einzigartige Erfahrung. Wer die Bilder in aller Ruhe bewundern möchte, sollte früh erscheinen. Das **Jeu de Paume** – ebenfalls im Jardin des Tuileries – ist zeitgenössischer Kunst gewidmet mit Schwerpunkt auf moderne Fotografie und Neue Medien.

Das **MAD** hat sich dem französischen *art de vivre* und der Geschichte des Kunstgewerbes verschrieben. Es bietet wertvolle Einblicke in die Geschichte verschiedenster Bereiche, u. a. Möbel, Glaswaren, Keramik, Schmuck, Mode, Grafikdesign und sogar Werbung.

DIE BESTEN HOTELBARS IN DER NÄHE DES LOUVRE

Bar Hemingway
Der amerikanische Schriftsteller Ernest Hemingway soll sich während seines Parisaufenthalts oft hier aufgehalten haben. Die Bar im Hôtel Ritz ist berühmt für ihr Vintage-Dekor im Stil der 1920er- und 1930er-Jahre. Hier muss man möglicherweise Schlange stehen.

Bar 228
Die von Philippe Starck entworfene Bar in dem renommierten Hotel Le Meurice ist vor allem für die große Auswahl an erstklassigen Spirituosen, Weinen und Cocktails bekannt, die von erfahrenen Barkeepern gemixt werden.

Bar 8
Die Bar im Mandarin Oriental bietet eine mondäne, zeitgenössische Atmosphäre, leuchtende Glasregentropfen von Lalique sorgen für gedämpftes Licht. Die Gäste genießen ihre Cocktails an der ovalen Marmorbar in der Mitte.

SÜSSE LECKEREIEN IN MONTORGUEIL

Tartelettes
Eine gemütliche Teestube mit köstlichen Obstkuchen und anderen Torten. Und dazu einen *chai latte*. €

Bo&Mie
Die selbsternannte „kreative Bäckerei" hat eine große Auswahl an Backwaren und köstliche *viennoiseries*. Unbedingt den *flan praliné* probieren. €

Baltis
Ein libanesisches Eiscafé, in dem man traditionelles „Halwa" mit zerstoßenen Pistazien probieren kann. €

SPAZIERGANG DURCH DAS SENTIER

Dieses facettenreiche Viertel wird von Reisenden oft vernachlässigt, obwohl es einen ganz eigenen authentischen Charme hat. Los geht's am 1 **Tour Jean-sans-Peur**, ein seltenes mittelalterliches Überbleibsel aus dem 13. Jh. und dann weiter über den Bd de Sébastopol. Schließlich erreicht man die schmale 2 **Passage de Bourg l'Abbé**. Nachdem man diese verlassen hat, steht man vor einer völlig anderen lichtdurchfluteten Passage, der 3 **Passage du Grand Cerf**. Wer diesen Spaziergang um die Mittagszeit macht, sollte im 4 **Kabul Kitchen** ein leckeres afghanisches Gericht probieren. Durch Kopfsteinpflasterstraßen erreicht man die 5 **Passage du Caire**. Wenn man das Quartier Montorgueil verlässt, kommt man ins Sentier. Früher war hier der Knotenpunkt für Händler und Handwerker. Heute ist die Gegend im Wandel, sie ist geprägt von Start-ups und Technologieunternehmen, was ihr den Spitznamen Silicon Sentier einbrachte. Wenn die Passage geschlossen ist, läuft man durch die Rue du Caire Richtung 6 **Oasis d'Aboukir**, einem vertikalen Garten an einem dorfähnlichen Platz mit Restaurants und Café-Terrassen. Bücherfans sollten die 7 **Librairie Petite Égypte** besuchen. Obwohl sich an der Nr. 2 Place du Caire Köpfe der ägyptischen Göttin Hathor befinden, besteht die Verbindung zu Ägypten nur im Namen, der Napoleons Siegen gedenkt. Hier war einst der „Hof der Wunder", wo Bedürftige Behinderungen vortäuschten und über Nacht auf wundersame Weise wieder gesund wurden. Weiter geht's durch die Rue d'Alexandrie mit zahlreichen Weinbars. Der Spaziergang endet beim 8 **Maison Constantine**, einem algerisch angehauchten Multikulti-Laden. Er ist Schönheitssalon, Kaffee-, Delikatessen- und Designerladen in einem.

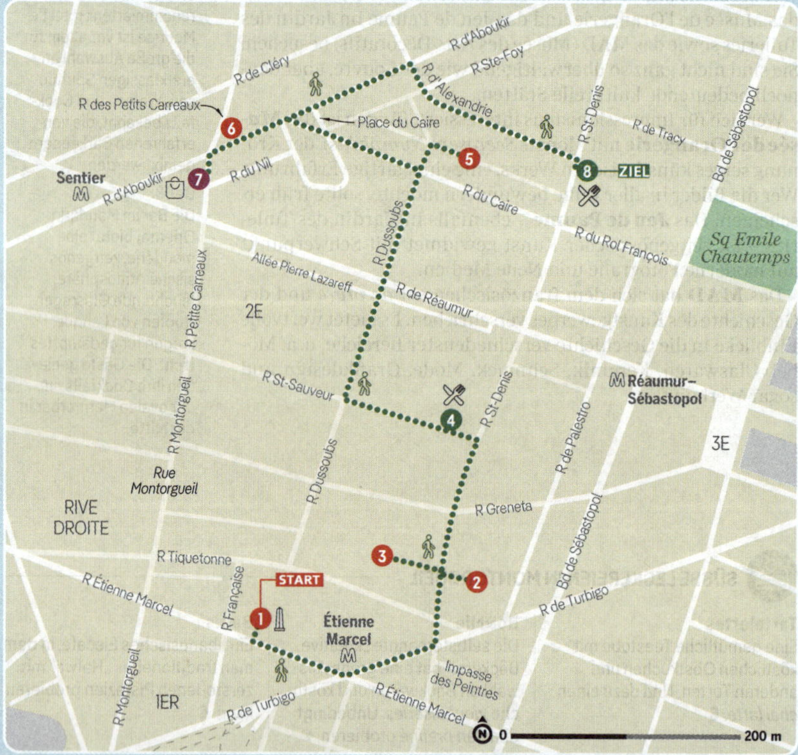

Little Tokyo

Ein Ausflug nach Japan

Das japanische Viertel von Paris ist nur ein paar Schritte vom Palais Royal entfernt. Es hat sich seit den 1980er-Jahren in der Rue Ste-Anne und den umliegenden Straßen ausgebreitet. Nachdem die schwule Gemeinschaft, die sich bis in die 1960er-Jahre hier niedergelassen hatte, diese Gegend verlassen hat, haben sich japanische Unternehmer in dieser Straße niedergelassen.

Heute ist das Viertel vor allem bei Pariser:innen beliebt, die die japanische Kultur zu schätzen wissen. Bücher und japanische Schreibwaren bekommt man bei **Junkudo**, wo es eine große Auswahl an japanischen und französischen Artikeln gibt. **Book-off** ist für gebrauchte Mangas bekannt.

Die Rue Ste-Anne steht aber vor allem bei Fans von japanischer Küche hoch im Kurs. Das **Kodawari Ramen Tsukiji** im Stil eines alten Fischmarkts gehört zu den beliebtesten, obwohl man dort Schlangestehen muss, da man nicht reservieren kann. Im gemütlicheren **Michi** gibt's köstliches Sushi an einem sehr kleinen Tresen im Stil winziger Tokyoter Lokale. **Chez Miki** verkauft mittags Bentōboxen und verwandelt sich abends in eine Izakaya. Im **Udon Jubei** gibt's Udon-Nudeln in Sahnesauce.

Zum Nachtisch sollte man sich ein Stück köstlichen Yuzu-Käsekuchen von **Takumi** gönnen oder das **Tomo** besuchen. Die nette Teestube serviert köstliche *dorayakis* (japanische Pfannkuchen) und ebenso köstlichen Matcha-Grüntee. In der **Aki Boulangerie** gibt's ein großes Angebot an Speisen zum Mitnehmen – von Curry-Schweinefleisch bis zu Matcha-Kuchen.

Ein Rundbau mit zeitgenössischer Kunst

Der Glanz der Bourse de Commerce

Die **Bourse de Commerce** mit ihrer hochgeschätzten **Pinault Collection** zu betreten, ist ein Erlebnis. Das historische Gebäude mit einer seltenen aus dem Palast Caterina de' Medici stammenden Säule aus dem 15. Jh. wurde umfassend restauriert und 2021 neu eröffnet. Die runden Wände und das Glasdach schaffen einen Lichtschacht, der jeden vor Ehrfurcht erschauern lässt. Es ist kaum vorstellbar, dass das Gebäude früher ein Zentrum für kommerziellen Handel oder die Lagerung von Weizen war.

Die Galerie heißt jetzt etablierte Künstler:innen ebenso willkommen wie den Nachwuchs. Das beeindruckende Rundumgemälde im unteren Bereich, das den internationalen Handel in einer Zeit enormer kolonialer Expansion darstellt, sollte mit kritischen Augen betrachtet werden. Es gibt täglich englischsprachige Führungen mit aufschlussreichen Kommentaren über das reiche Erbe dieses Gebäudes.

DIE BESTEN COFFEE-SHOPS

Matamata
In dem kleinen Coffee-Shop in einer ruhigen Straße wird vor Ort gerösteter Kaffee serviert. Den Herstellungsprozess kann man an der Bar verfolgen.

Café Nuances
Nahe der Place Vendôme wird in dem von einem Architekten entworfenen Coffee-Shop im „Art-déco"-Stil Kaffee aus fairem Handel serviert.

Café Joyeux Opéra
Die Coffee-Shop-Kette beschäftigt Menschen mit Behinderungen, bietet ihnen eine sinnvolle Beschäftigung und die Möglichkeit, sich mit Anderen zusammenzuschließen. Ein Besuch in der Passage Choiseul lohnt sich ebenfalls.

Substance
In dem minimalistisch eingerichteten Coffee-Shop wird der Kaffee ausschließlich am Tresen serviert. Wer an einer der fantastischen Kaffeeverkostungen teilnehmen möchte, muss vorab reservieren.

ESSEN IN DER NÄHE VON LES HALLES

Chez Denise – La Tour Montlhéry
In dem französischen Restaurant werden klassische Gerichte und regionale Spezialitäten serviert. Bei Einheimischen sehr beliebt. €€

Maslow
In dem Lokal mit „slow food"-Konzept kommen herzhafte Gerichte ohne Fleisch und ohne Fisch aus der Küche. €€

Jtepadi
Das französische Bistro-Restaurant versteckt sich in der Rue Montorgueil und bietet Gerichte aus Zutaten der Saison. €€

Église St-Eustache

Orgelkonzerte in der Église St-Eustache

Musik im Schein von Buntglaslicht

Die für ihre gotische Architektur bekannte **Église St-Eustache** zieht das Publikum auch wegen der atemberaubenden Buntglasfenster an. Das eigentliche Meisterwerk der Kirche ist aber die Orgel, die zu den schönsten Frankreichs gehört. Die einzigartige Technik der Orgel mit 8000 Pfeifen ermöglicht es dem Organisten, im Kirchenschiff nahe beim Publikum zu spielen.

In der Kirche mit ihrer jahrhundertealten Musiktradition stehen zahlreiche Konzerte und Veranstaltungen auf dem Programm. Sonntags kommt man während der Messe in den Genuss des wunderbaren Klangs der Orgel. Zusätzlich kann man sonntagnachmittags den Organisten lauschen und regelmäßig werden in der Kirche auch noch größere Konzerte und Veranstaltungen geboten. Weitere Infos über diese wahrhaft beeindruckende Musikerfahrung gibt's auf der Website der Kirche.

SINGEN IM KINO

Das **Le Grand Rex** im Art-déco-Stil bietet Kinofans eine umwerfende Erfahrung, denn es besitzt eines der bestausgestatteten Auditorien Europas. Das Rex ist aber weit mehr als nur ein Kino. Aufgrund der sich ändernden Interessen und um die Begeisterung fürs Kino zu erhalten, werden vor allem jüngere Pariser:innen mit diversen kulturellen Aktivitäten angesprochen. Vom Escape Game mit Filmthema bis zu Karaoke-Nächten mit legendären Musicals wie *Mamma Mia*, *We Will Rock You* oder *Dirty Dancing* bietet Le Grand Rex die Möglichkeit dem eigenen inneren Bühnenstar freien Lauf zu lassen. Tickets unbedingt online bei L'Ecran Pop reservieren, denn diese Events sind schnell ausverkauft.

Die Jagd nach den besten Backwaren

Naschkatzen in Paris

Fraisier (Erdbeerkuchen), *entremêts* (Schokoladensüßspeisen), *éclair au chocolat*, *flan marbré* – all diese süßen Leckereien

ESSEN IN DER NÄHE VON LES HALLES

Boutique Yam'Tcha
Ableger des Gourmet-Restaurants Yam'Tcha. In dieser Teestube werden köstliche Weine und kreativ angerichtete Brötchen serviert. **€€**

Les Dessous de la Robe
Tagsüber bekommt man hier ein erschwingliches Drei-Gänge-Menü, abends ein Tapas-Menü und dazu passende Weine. **€**

Postiche
Das bei Einheimischen beliebte Bistro bietet mitunter wagemutige französische Klassiker und eine gute Auswahl an Weinen. **€**

klingen in den Ohren von Schleckermäulern wie Musik. **Fou de Pâtisserie** bietet – jeweils zeitlich begrenzt – eine Auswahl an Backwaren berühmter Küchenchefs an. Updates gibt's auf Instagram, die Köstlichkeiten bekommt man dann in der Rue Montorgueil.

Berühmte Küchenchefs aus First-Class-Hotels wie dem Ritz Hotel, Cheval Blanc und Le Meurice bieten ihre eigenen Marken an. Man sollte unbedingt Pierre Hermés Macaron-Laden und Cédric Grolets Flagship-Store in der av de l'Opéra aufsuchen. Beide Geschäfte sind immer gut besucht. Wer Luxus und Design liebt, kann Maxime Frédérics Kreationen im Cheval Blanc im La Samaritaine genießen.

Die Welt mit den Augen von Kindern betrachten

Ein Kunstmuseum für Kinder

Das **Musée en Herbe** direkt hinter dem Louvre ist das einzige Museum, das Kinder ab drei Jahren besuchen können, ohne sich zu langweilen. Es ist also ein absolutes Muss, wenn man mit Kindern unterwegs ist. Hier soll den Kleinen Kunst und Kultur durch interaktive und informative Ausstellungen näher gebracht werden.

Das bunte Museum bietet regelmäßig Workshops an, in denen die Kids ermutigt werden, ihre Kreativität frei zum Ausdruck zu bringen. Erwachsene Geschichtenerzähler:innen begleiten den Besuch und schaffen so eine dynamische, bezaubernde Atmosphäre. Die Kinder werden ermutigt, die Kunstwerke zu berühren und sich mit ihnen zu befassen, denn sie sind speziell auf ihre Größe zugeschnitten und sollen ihre Neugier wecken.

Ein Abend voller Jazz

Eine Straße, viele Jazzclubs

Egal, ob man Jazzfan ist oder einfach nur herzergreifende Melodien hören möchte, die Jazzclubs in der Rue des Lombards sorgen für einen unvergesslichen Abend. **Le Baiser Salé** bietet Modern Jazz oder Jazzrock mit afro-karibischen Einflüssen. Ein Kontrastprogramm gibt's im großen, anspruchsvollen **Duc des Lombards**, wo klassischer Jazz, Swing und sogar Latin Jazz geboten wird. Das **Sunset/Sunside** bietet zwei Clubs in einem. Highlights im Sunset sind akustischer und traditioneller Jazz, im Sunside gibt's zeitgenössischeren Jazz und Jazz-Improvisationen. In der Rue des Lombards kommt mit Sicherheit jeder Jazzfan auf seine Kosten.

DIE BESTEN ORTE IM SENTIER

Kenza Otmani, Gründerin des Maison Constantine, ein Mix aus Schönheitssalon und Café, teilt gern ihre Lieblingsorte im Sentier mit anderen. @maison.constantine

Los geht's in der **Boulangerie du Sentier**, wo es köstliches Brot gibt. Unbedingt anschauen sollte man sich auch die ägyptische Fassade an der Place du Caire. Zum Mittagessen oder Brunch lohnt sich das **Café Madame** oder **Baretto di Edgar**, wo es die beste Pizza der Stadt gibt. Dann bummelt man durch die bezaubernde **Passage du Grand Cerf** und besucht das Geschäft **Rickshaw**, in dem man Schätze aus Indien und Ostasien bewundern kann.

Auch der Besuch bei **2Plumes** lohnt sich. In dem schönen Juweliergeschäft sind außergewöhnliche Schmuckstücke erhältlich. Den Tag beschließt man dann mit einem köstlichen Couscous-Gericht im **Le Petit Zerda**. Dieses Lokal in 17 Rue René Boulanger nahe der Porte St-Martin ist ein echter Geheimtipp und lohnt den Besuch unbedingt.

AUSGEHEN IN DER NÄHE VON LES HALLES

ROOF
Wie wär's mit einem Cocktail auf der Dachterrasse mit Rundumblick über die Pariser Innenstadt?

Café Compagnon
Modernes Café mit großer offener Straßenterrasse und einem hervorragenden Käse- und Weinangebot.

Experimental Cocktail Club
Bar mit Flüsterkneipen-Atmosphäre und erfahrenen Barkeepern – eine wirklich tolle Erfahrung.

Montmartre & nördliches Paris

AUF EINEM HÜGEL GELEGENES HISTORISCHES DORF MIT FASZINIERENDEN STADTVIERTELN RUNDHERUM

TOP TIPP

Wer vor allem das Dorf genießen möchte, sollte sich in Montmartre ein Hotelzimmer suchen. Wer aber auf Erkundungstour gehen möchte, sollte lieber eine Unterkunft in der Nähe der Métro-Stationen zwischen Pigalle und Place de Clichy wählen, sodass auch alle anderen Orte der Stadt leicht erreichbar sind.

Das auf einem Hügel gelegene Montmartre mit seinen berühmten Sehenswürdigkeiten ist mit jeder Menge Klischees verbunden, die durch den Kinohit *Die fabelhafte Welt der Amélie* (2001) noch verstärkt wurden – nichtsdestotrotz ist es tatsächlich eines der bezauberndsten Viertel der Stadt. Efeuberankte Häuser, Restaurants, Bars, *ateliers* von Künstlern und sogar ein Weingarten – egal wie oft man hier war, man wird an jeder Ecke etwas Neues entdecken. Und obwohl Montmartre eines der touristischsten Gebiete von Paris ist, lohnt es sich dennoch den steilen Hügel hinaufzugehen und sich durch die Massen an der Place du Tertre zu drängen, um einen Blick auf die Basilique du Sacré-Coeur und die Stadt werfen zu können.

Jenseits von Montmartre liegen im nördlichen Paris kleinere, multikulturelle, kreative Stadtviertel. In den warmen Sommermonaten treffen sich die Einheimischen beispielsweise am Canal St-Martin oder in La Villette auf ein Gläschen Rosé oder im ehemaligen Rotlichtbezirk Pigalle auf einen Cocktail. Auch außerhalb der *Périphérique* (Ringstraße um Paris) liegende Viertel wie St-Ouen, Pantin und Aubervilliers sind jetzt dank des ausgedehnten Métro-Netzes gut zu erreichen.

JEANLUCICHARD/SHUTTERSTOCK ©

Basilique du Sacré-Coeur (S. 97)

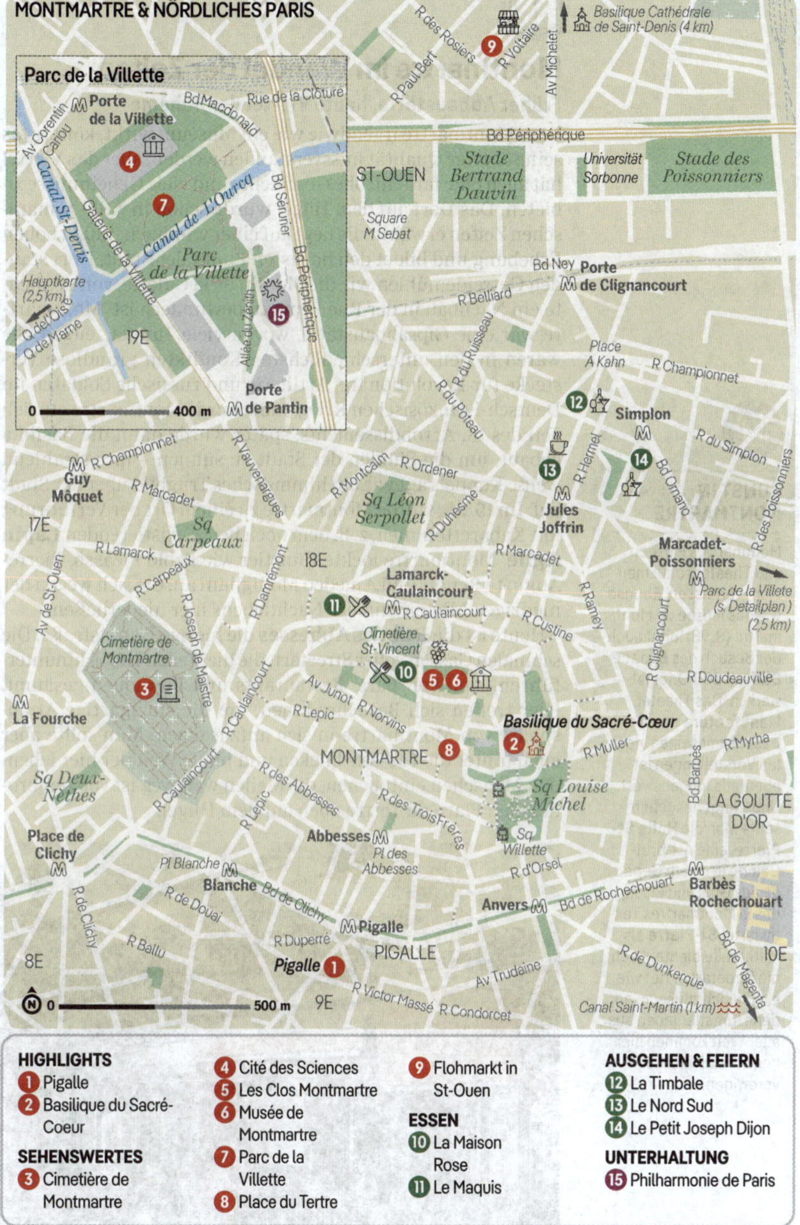
MONTMARTRE & NÖRDLICHES PARIS
Parc de la Villette
Porte de la Villette
Bd Macdonald
Rue de la Clôture
Av Corentin Cariou
Canal St-Denis
Galerie de la Villette
Canal de L'Ourcq
Parc de la Villette
Bd Sérurier
Bd Périphérique
Hauptkarte (2,5 km)
Q de l'Oise
Q de Marne
19E
Allée du Zénith
Porte de Pantin
0 400 m
R des Rosiers
R Voltaire
R Paul Bert
Av Michelet
Basilique Cathédrale de Saint-Denis (4 km)
Bd Périphérique
ST-OUEN
Stade Bertrand Dauvin
Universität Sorbonne
Stade des Poissonniers
Square M Sebat
Bd Ney
Porte de Clignancourt
R Belliard
R du Ruisseau
R du Poteau
Place A Kahn
R Championnet
Simplon
R du Simplon
R Championnet
Guy Môquet
R Vauvenargues
R Montcalm
R Ordener
R Marcadet
Sq Léon Serpollet
R Duhesme
R Hermel
Jules Joffrin
Bd Ornano
R des Poissonniers
17E
Sq Carpeaux
R Lamarck
R Carpeaux
R Damrémont
18E
R Marcadet
Marcadet-Poissonniers
Parc de la Villete (s. Detailplan) (2,5 km)
Av de St-Ouen
Lamarck-Caulaincourt
R Caulaincourt
R Custine
R Ramey
R Clignancourt
Cimetière de Montmartre
R Joseph de Maistre
Cimetière St-Vincent
R Doudeauville
La Fourche
R Caulaincourt
Av Junot
R Norvins
R Lepic
Basilique du Sacré-Cœur
R Muller
R Myrha
MONTMARTRE
Sq Deux-Nèthes
R Caulaincourt
R des Abbesses
R Lepic
R des Trois Frères
Sq Louise Michel
Bd Barbès
LA GOUTTE D'OR
Place de Clichy
Abbesses
Pl des Abbesses
Sq Willette
R d'Orsel
Pl Blanche
Blanche
Bd de Clichy
R de Douai
Anvers
Bd de Rochechouart
Barbès Rochechouart
R de Clichy
Pigalle
R Ballu
R Duperré
PIGALLE
R de Dunkerque
Bd de Magenta
8E
Pigalle
10E
Av Trudaine
R Victor Massé
R Condorcet
9E
Canal Saint-Martin (1 km)
0 500 m
HIGHLIGHTS
1 Pigalle
2 Basilique du Sacré-Coeur
SEHENSWERTES
3 Cimetière de Montmartre
4 Cité des Sciences
5 Les Clos Montmartre
6 Musée de Montmartre
7 Parc de la Villette
8 Place du Tertre
9 Flohmarkt in St-Ouen
ESSEN
10 La Maison Rose
11 Le Maquis
AUSGEHEN & FEIERN
12 La Timbale
13 Le Nord Sud
14 Le Petit Joseph Dijon
UNTERHALTUNG
15 Philharmonie de Paris

Montmartre im Wandel der Zeiten

Früher Abbaustätte, heute Viertel der Bohème

Dass Montmartre irgendwie wie ein Museum wirkt, könnte als seine *einzige* Qualität missverstanden werden, aber das Viertel hat auch eine farbenfrohe Geschichte und viele Geheimnisse zu bieten. Das Dorf auf dem Hügel wurde schon in gallo-romanischen Zeiten erwähnt. Es liegt auf einer windigen, 130 m hohen Erhebung und bildet den höchsten Punkt der Stadt. Dort standen Getreidemühlen wie die Moulin de la Galette, von der heute ein Nachbau in der Rue Lepic zu bewundern ist. Montmartre war eine Gipsabbaustätte, wovon viele Tunnel zeugen. Sie waren in den unterschiedlichsten Konflikten grandiose Verstecke für Revolutionäre, Artillerie und russische Soldaten im Deutsch-Französischen Krieg. 1860 wurde Montmartre offiziell Teil des 18. Arrondissements, später wurde dann die Basilika gebaut, um die Sünden der Stadt zu sühnen – ihre strahlend weiße Kuppel ragt wie ein himmlisches Trugbild über der Stadt auf. Im 19. Jh. wurde Montmartre zu einem Ort der Verführung mit Kabarettbühnen, z. B. dem noch heute existierenden **Lapin Agile**. Montmartre lockte Künstler wie Pablo Picasso, Pierre-Auguste Renoir und Amedeo Modigliani an, die sich wegen der niedrigen Mieten und des Nachtlebens hier niederließen.

Heute ist die **Rue des Abbesses** die hiesige Hauptstraße. Die schmalen Gassen voller Streetart, die die steilen Hügel hinunterführen, sind von Bars, Restaurants und Boutiquen gesäumt. Hier treffen sich Besucher:innen, um die einzigartige Atmosphäre von Montmartre in sich aufzusaugen. Man sollte aber auch hinter die Fassade blicken und in die Welt der hier lebenden Menschen eintauchen, die Meilen weit weg ist von der brodelnden Place du Tertre oben auf dem Hügel.

KUNST IN MONTMARTRE

Montmartres Museen und Theater sollte man nicht verpassen. Ebenso wie das Musée de Montmartre (S. 98) lohnt auch der Besuch des **Espace Dalí** mit 300 Originalwerken. Das Theater **Manufacture des Abbesses** mit seinen vielen Vorstellungen ist ebenfalls lohnenswert. Unbedingt besuchen sollte man die **Halle St-Pierre**, eine Art-brut-Galerie in einem Gebäude aus Glas und Eisen, das in Montmartres Textilviertel **St-Pierre** als Markthalle diente. Auch die Streetart mutet wie ein Freilichtmuseum an, denn Künstler:innen aus aller Welt kommen hierher, um sich hier zu verewigen.

Pariser Café

OBEN RECHTS: PAGE LIGHT STUDIOS/SHUTTERSTOCK ©, UNTEN LINKS: RIVER THOMPSON/LONELY PLANET ©

Canal St-Martin

Foodies am Kanal – bei Regen und bei Sonnenschein

Das Shabby-Chic-Viertel hinter der Gare de l'Est (einer der Hauptbahnhöfe der Stadt) erstreckt sich um den malerischen, von Bäumen gesäumten Canal St-Martin, an dem in der wärmeren Jahreszeit das Leben tobt. Dann treffen sich hier die Einheimischen, um am Ufer zu picknicken und den Klängen der Musiker zu lauschen. Die vielen trendigen Restaurants und Bars wie **Ake**, **Early June**, **Les Enfants Perdus** und das **Comptoir Général** sowie die umliegenden Boutiquen am Westufer sind ganzjährig gut besucht.

Canal St-Martin

Pigalle

Vom Rotlichtbezirk zur Cocktail-Meile

In Pigalle südlich von Montmartre zeugen eine Handvoll Sex-Shops, Striplokale und Erwachsenenkinos von der Vergangenheit als Rotlichtbezirk, wohingegen kleine Cocktailbars wie **Dirty Dick** und **Lulu White** sowie die prachtvolle **Villa Frochot** mit ihrem Buntglasfenster im Art-déco-Stil auf die alten Absinth- und Opiumzeiten hinweisen. Eine Stätte wilden Treibens, vor allem in der Belle Époque (1871–1914), in der zahlreiche Kabaretts, u.a. das weltberühmte Moulin Rouge entstanden. Später kamen dann die *années folles* (1920er-Jahre) und heute wird Pigalle von Einheimischen zu neuem Leben erweckt, die vor allem abends und an den Wochenenden die trendigen Bars und Restaurants besuchen.

Moulin Rouge

Basilique du Sacré-Coeur

Ein unglaublicher Anblick

Sechs Architekten waren an der Fertigstellung der Basilique du Sacré-Coeur (Basilika des Heiligen Herzens; 1875–1919) beteiligt. Sie wurde aus einem speziellen Travertin erbaut, der Kalzit ausscheidet, wodurch sie stets strahlend weiß bleibt. Innen befindet sich das Apsis-Mosaik des Heiligsten Herzens. Es ist weltweit eines der größten seiner Art. Über dem Hochaltar ist das Heilige Sakrament ausgestellt. Die „Gebetsrunde", die 1885 noch vor der Vollendung der Basilika begann, findet noch immer mit ständiger Anbetung des Sakraments durch die Gläubigen rund um die Uhr statt – auch nachts. Sonntags wird zur Messe und zur Vesper die Orgel gespielt. Einen anderen, unbekannten Blick auf die Basilika bekommt man, wenn man hinter das Gebäude auf den Square de la Turlure und in die malerische Rue du Chevalier de la Barre geht.

DIE BESTE FRANZÖSISCHE KÜCHE IN MONTMARTRE

La Part des Anges
Bistro, das die echten *Montmartrois* (Bewohner:innen von Montmartre) besuchen, um köstliches *magret de canard* zu genießen. **€€**

Le Progrès
Beliebtes Café mit Holzeinrichtung. Aus der Küche kommen französische Speisen von Schnecken bis zu *steak tartare*. **€**

La Vache et le Cuisinier
Das exklusive Restaurant bietet abends herzhaftes *côte de boeuf* an. **€€**

Ma Biche
Lockeres Lokal, in dem die Zutaten für die Speisen von Bauernhöfen in der Nähe kommen. Sonntags gibt's einen herzhaften Brunch. **€€**

Les Tantes Jeanne
In der wenig bekannten gastro-*auberge* (Landgasthof) wird köstliches französische Essen serviert, genau das Richtige für besondere Gelegenheiten. **€€€**

CATARINA BELOVA/SHUTTERSTOCK ©

Montmartre

MEHR IN MONTMARTRE & IM NÖRDLICHEN PARIS

Montmartre entdecken

Den Charme der alten Welt in sich aufsaugen

Montmartre ist ein großes, geschichtsträchtiges Dorf. Los geht's in Pigalle (S. 97) mit zahllosen Souvenirläden, von denen es aber immer weniger gibt, je weiter man bergauf geht und die **Rue des Abbesses**, die Hauptstraße des Viertels, erreicht. Bars, Restaurants und Boutiquen säumen die Straße, in der es oft vor Menschen wimmelt. Kleinere Straßen wie die Rue Lepic, Rue Tholozé, Rue Ravignan und Rue des Trois Frères führen zur **Place du Tertre** mit vielen Restaurants und den dazugehörigen, in der wärmeren Jahreszeit gut besuchten Straßenterrassen, mit Künstlern vor ihren Staffeleien und Sacré-Cœur (S. 97) im Hintergrund.

Montmartre war jahrhundertelang für seine Weingärten bekannt, heute gibt es nur noch **Le Clos Montmartre** (auch Vignes de Montmartre genannt) in der Rue des Saules am Ort einer alten *guinguette* (Tanzdiele im Freien). Pierre-Auguste Renoir lebte nebenan in dem Haus, das heute das kleine **Musée de Montmartre** beherbergt. Im Oktober findet hier das **Fête des Vendanges** (Weinlesefest) mit Feiern und Paraden statt.

ÜBERNACHTEN IM HERZEN VON MONTMARTRE

Monsieur Aristide
Kleines, gemütliches Hotel in nettem Vintage-Stil mit Café im grünen Innenhof, ideal für sonnige Tage. **€€**

Hôtel Littéraire Marcel Aymé
Saubere, nette Bleibe mitten in Montmartre. **€**

L'Hôtel Particulier
Das schwarze Tor aufstoßen und dem ruhigen Weg zu diesem elegant renovierten Herrenhaus folgen. **€€€**

STADTSPAZIERGANG DURCHS LEGENDÄRES MONTMARTRE

Start ist die **1 Place Pigalle** und dann geht's durch die Rue Houdon vorbei an der Vintage-Parfumboutique **2 Abstraction**. Dann erreicht man die **3 Rue des Abbesses** mit ihren Geschäften und Cafés. Statt die steile Treppe sollte man lieber die asphaltierte Rue de la Vieuville nehmen, die hinter der Métrostation in die Rue des Trois Frères führt. Unterwegs kommt man an der **4 Mur des Je t'aime** (Liebesmauer), an der Boutique **5 Spree** sowie dem **6 Fotoautomat** vorbei, vor dem meist lange Schlangen stehen und der gute Schnappschüsse macht. Weiter geht's durch die Rue Androuet, vorbei am **7 Au Marché de la Butte**, der in *Amélie* zu sehen war, in die Rue Berthe, die zur Place Émile Goudeau führt. Hier gibt's geschichtsträchtige Künstlerstudios wie **8 Le Bateau-Lavoir**, wo einst berühmte Künstler wie Picasso lebten. Die Rue d'Orchampt führt vorbei am **9 Maison de Dalida**, dem Haus der Sängerin Dalida. Folgt man der Rue Girardon, erreicht man die **10 Rue de l'Abreuvoir**, eine der malerischsten Straßen der Stadt. Vom **11 La Maison Rose** geht's vorbei an efeuberankten Häusern und dem Weingarten in die Rue des Saules, die Rue St-Vincent und den **12 Square de la Turlure**, von dem aus man einen Blick auf die Rückseite der Basilika Sacré-Cœur hat. Um vor die Basilika zu kommen, nimmt man die **13 Rue du Cardinal Guibert**. Ein kleiner Abstecher gen Westen führt zur belebten **14 Place du Tertre**. Wieder an der Kirche geht man nach links die Treppen hinunter durch den **15 Square Louise Michel** zur **16 Halle St-Pierre** im Stoffviertel. Von dort sieht man die Basilika von unten und erkundet dann die Gegend östlich von Montmartre.

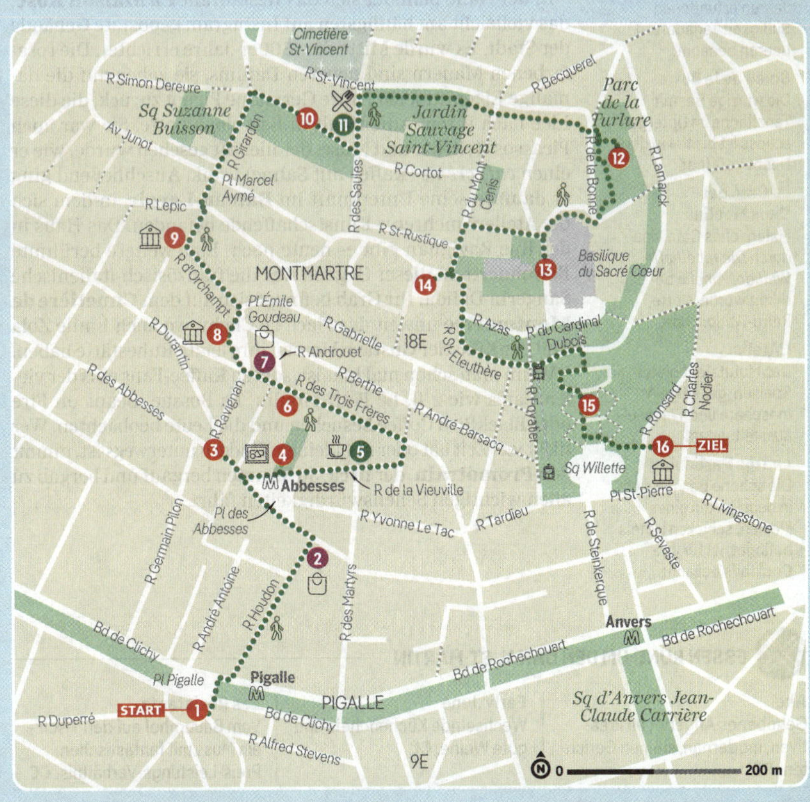

DIE BESTEN BARS IN MONTMARTRE

Chez Camille
Rock 'n' roll-Bar mit Portraits von Elvis und Little Richard in goldenen Rahmen und toller Musik; viele Stammgäste aus der Gegend.

Le Tagada
Die gut besuchte Bar in Familienhand wurde nach der in den 1970er-Jahren erfundenen Süßigkeit Tagada-Erdbeeren benannt.

Soleil de la Butte
Die winzige Bar mit Tanzfläche im Untergeschoss ist bis tief in die Nacht geöffnet.

Le Café des Deux Moulins
Malerisches Café, das durch *Die fabelhafte Welt der Amélie* berühmt wurde. Nette Retro-Atmosphäre.

L'Atelier
Das Multitalent bietet Speisen, gesellige Atmosphäre und Wechselausstellungen.

Le Très Particulier
Die schöne Bar, die sich in dem Garten eines kleinen, schicken Hotels befindet, ist für ihre Cocktails bekannt.

FOKKE BAARSSEN/SHUTTERSTOCK ©

La Maison Rose

In der Nähe befindet sich das Restaurant **La Maison Rose**, das vielleicht am häufigsten auf Instagram gepostete Gebäude der Stadt. Es wurde Mitte der 1800er-Jahre errichtet. Die rosafarbenen Mauern sind neueren Datums, sie gehen auf die damalige Eigentümerin Laure Germaine Pichot zurück, die diese Idee nach ihrem Aufenthalt in Barcelona hatte. Sie war auch Picassos Geliebte und Muse, der hier oft gesehen wurde, wie er einen *café crème* (Kaffee mit Sahne) trank. Anschließend ging er dann in seine Unterkunft im **Bateau-Lavoir**, in dem sich die Ateliers mehrerer Kunstschaffende befanden. Das Haus in der Rue Ravignan gibt es heute noch. Eine weitere berühmte Bewohnerin in dieser Gegend war die französisch-italienische Sängerin Dalida. Ihr Grab befindet sich auf dem **Cimetière de Montmartre** unweit der Place de Clichy, wo auch Émile Zola und der Künstler Gustave Moreau ihre letzte Ruhestätte haben.

Wenn man schon mal hier ist, sollten Kaffee-Fans eins der vielen Cafés wie z. B. Le Petit Moulin, La Bossue, Beans on Fire oder BlackBird Coffee besuchen und die Leute beobachten. Wer nicht viel Zeit hat oder mit kleinen Kindern unterwegs ist, nimmt den **Promotrain**, der in ca. 30 Minuten bergauf und bergab zu allen wichtigen Sehenswürdigkeiten fährt.

ESSEN RUND UM DEN CANAL ST-MARTIN

Ake
Gehobenes Angebot an kreativen, modernen, kleinen Gerichten. **€€**

Early June
Wechselnde Küchenchefs und gute Weine. **€€**

Les Résistants
Vom Bauernhof auf den Tisch – ein Muss mit fantastischem Preis-Leistungs-Verhältnis. **€€**

Charme rund um die Place Jules Joffrin

Märkte und unkonventionelle Bars

Jules Joffrin ist eine Gegend nördlich von Montmartre mit belebten Obst- und Gemüsemärkten; besonders an den Wochenenden ist vormittags viel los. Dann bummeln die Einheimischen über die Kopfsteinpflasterstraßen, trinken einen Kaffee oder mittags einen Apéritif. In den Lokalen mit gutem Preis-Leistungs-Verhältnis treffen sich künstlerisch angehauchte Menschen. Die Gegend ist abwechslungsreich, mit winzigen Bars wie **Le Petit Joseph Dijon** und **La Timbale**, angesagten Bars wie **Sunset**, traditionellen Cafés wie **Le Nord Sud** und dem kulinarischen Juwel **Le Maquis**. Jules Joffrin ist eine der letzten Bastionen, die noch nicht von der Gentrifizierung überrollt wurden.

Lockerer Streifzug von der Rue Lamarck zur Rue Marcadet

Ein ungezwungenes Feinschmeckerparadies

Viele Orte in Paris eignen sich perfekt für eine Pause auf der Café-Terrasse. Man trinkt einen Kaffee oder ein Glas Wein und debattiert über Politik oder Philosophie. Es ist ein Klischee, aber dennoch nicht weit von der Wahrheit entfernt. Rund um das Straßengewirr nördlich von Montmartre und direkt südlich von Jules Joffrin, wie z. B. die **Rue Lamarck**, **Rue Marcadet** (zwei der längsten Straßen im 18. Arrondissement) und die **Rue Francoeur**, die im Wesentlichen von der Métrostation Guy Moquet zum unteren Ende von Montmartre oder Barbès verlaufen, befinden sich viele coole Bistros, Cafés und Bars, in denen man nach einem Sightseeing-Tag relaxen kann. Besonders beliebt sind malerische Cafés mit postkartenreifen Markisen am oberen Ende der Treppe der Métrostation Lamarck in der **Rue Caulaincourt**, z. B. das **Café de la Butte** und das **Café Francoeur**. Craft-Kaffee gibt's in dem Oldie **Lomi** (in der Rue Marcadet) und dem trendigen **Two Doors** mit treuen Expats. Lockere Bars mit relaxter Atmosphäre sind u. a. **L'Etoile de Montmartre** und **La Cavé**. Im **Aux Vins Vivants** gibt's gute Bioweine. Zum Mittagessen sollte man einen Tisch im ausgezeichneten **Aléa**, **L'Esquisse**, **Le 975** und **Lopin** oder **Superflu** reservieren, wo freitags- und samstagsabends nach dem Essen DJs am Plattenteller stehen.

Am Uferweg von Jaurès nach La Villette

Clubs und Kultur am Kanal

Diese letzte Ecke von Paris, bevor man die Vororte auf der anderen Seite der *Périphérique* erreicht, ist ein El Dorado für Musikfans und Nachteulen. Mit all den Clubs, Kunstzentren

WISSENSWERTES ÜBER DIE PARISER BOUILLONS

Bouillons, die ursprünglich für die Arbeiterklasse bestimmt waren, sind wegen ihrer klassischen Hausmannskost, dem wunderbaren Intérieur und den unschlagbaren Preisen sehr beliebt. Zu den neueren gehört das Bouillon Pigalle (S. 103), aber auch die Jugendstil-Klassiker lohnen den Besuch.

Bouillon Chartier Montparnasse
Spektakuläre Einrichtung mit Messingdekor und von hinten beleuchteten gemalten Blumendecken, auch das 1896 Bouillon Chartier lohnt sich (S. 80). €

Bouillon Julien
Verschnörkelte Jugendstil-Kulisse mit viel Mintgrün. Aus der Küche kommt leckeres *steak-frites* (Steak mit Pommes). €

Petit Bouillon Pharamond
Das Original-Interieur von 1832 steht unter Denkmalschutz, die Atmosphäre ist relaxt und die Speisen toppen wahrscheinlich die der anderen *bouillons*. €

LECKERE MITBRINGSEL AUS DEM VIERTEL JULES JOFFRIN

Monsieur Caramel
Die Konditorei ist auf französische Leckereien spezialisiert, die „Monsieur" in seiner Vintage-Patisserie serviert. €€

Le Roi du Saucisson
Wie wär's mit einer *saucisson* (Wurst) aus diesem Lieblingsladen der Einheimischen. €€

La Laiterie de Paris
Ein Käseladen, in dem der Käse direkt reift (*affinage*). Sehr gute Bio-Weine sind ebenfalls im Angebot. €€

STADTSPAZIERGANG RUND UM PIGALLE: VON KABARETTS BIS ZU ARCHITEKTONISCHEN SCHÄTZEN

Nachdem man einen Blick auf das **1 Moulin Rouge** geworfen hat, geht's in das Straßengewirr von SoPi (South Pigalle) wie die Gegend in ihrer Glanzzeit vor Covid-19 genannt wurde. Man bummelt entlang des Bd Rochechouart und besucht das **2 Phono Museum**, mit seiner Sammlung von über 100 funktionsfähigen Fonografen und Tausenden von Schallplatten. Weiter geht's zum Südende des **3 Square d'Anvers Jean-Claude Carrière**, von dem man einen unglaublichen Blicks auf Sacré-Cœur hat. Auf dem Weg gen Süden sollte man in 9 Rue de Douai einen Stopp einlegen, dem letzte Wohnsitz von **4 Henri de Toulouse-Lautrec**. Jetzt steht der Besuch der schönen **5 Buvette Paris** auf dem Programm, wo man ein Getränk und eine leckere Kleinigkeit bestellen kann. Weiter geht's zum **6 Hôtel Amour** mit der pinkfarbenen Leuchtreklame. Service und Essen sind hier sehr durchschnittlich, aber die kreativen Typen, Filmstars und Künstler:innen geben dieser Location einen Insider-Vibe. Als nächstes steht das stimmungsvolle **7 Musée Gustave Moreau**, das Wohnhaus des Künstlers, auf dem Programm. Durch die mit Restaurants und Bars gesäumten Straßen erreicht man das Gebiet **8 St-Georges** und das **9 Musée de la Vie Romantique** in einem schön begrünten Umfeld. Geht man ein paar Minuten gen Westen, erreicht man die Rue Ballu und die **10 Villa Ballu**, in der der Impressionist Edgar Degas neben anderen Orten in Pigalle gewohnt haben soll. Auf der anderen Straßenseite sollte man das nette **11 Hotel Le Ballu** mit dem versteckten Innenhof besuchen.

DABOOST/SHUTTERSTOCK ©

Parc de la Villette und Canal de l'Ourcq

und Konzerthallen ist bestimmt für jeden etwas dabei. Los geht's am Kanal zwischen Stalingrad und Jaurès. **La Rotonde** befindet sich in einem Rundbau aus den 1700er-Jahren und ist immer rappelvoll, ebenso wie die alternative Musik- und Kunstlocation **Point Ephémère** (oder FMR). Geht man am Kanal weiter in Richtung Riquet, erreicht man **Le 104**, eine Mischung aus Veranstaltungsort und Kunstzentrum mit Ausstellungen und einem Restaurant. Es ist ein Treffpunkt für einheimische Teens, die hier ihre Tanzaufführungen einstudieren.

Der **Parc de la Villette** ist eine Grünfläche und beherbergt die **Cité des Sciences** mit interessanten Exponaten für Kinder. Dort befindet sich auch das **3D-Kino La Géode**, eine monumentale Silberkugel, deren Spiegelfläche den Himmel reflektiert. In der Nähe gibt's einige der besten Clubs der Stadt, u. a. **Zénith**, **Trabendo** und **Cabaret Sauvage**. Hier hat auch das **Péniche Cinéma** festgemacht, ein Lastkahn mit Club an Bord. In der **Grande Halle de la Villette**, einem ehemaligen Fleischmarkt, finden Konzerte und Events statt. Gleich daneben steht die **Philharmonie de Paris**, ein absolutes Muss. Das silberglänzende, kantige Gebäude wurde von dem Architekten Jean Nouvel entworfen. In der beeindruckenden Haupthalle werden-

DIE BESTEN RESTAURANTS IN PIGALLE

Bouillon Pigalle
Tolles Preis-Leistungs-Verhältnis. Dieses *bouillon* gehört zu denen, die man unbedingt besuchen sollte, wenn man Appetit auf preiswerte *escargot* oder *steak-frites* hat.

Le Rochechouart
In dem Restaurant im Vintage-Stil mit Überbleibseln aus dem Tanzsalon der 1920er-Jahre kommen traditionelle französische Gerichte aus der Küche. Das Restaurant befindet sich im gleichnamigen Hotel. €€

Le Bon Georges
Lieblingsrestaurant der Einheimischen – gehobene Küche und handverlesene Weine in klassischem Bistro-Ambiente. €€€

MESA (HOY Hotel)
Fantastische Option für weniger bekannte lateinamerikanische Aromen und erstklassige vegetarische Speisen. €€

ESSEN & AUSGEHEN VON JAURÈS BIS LA VILLETTE

Pavillon des Canaux
Café und Bar. Das Ganze mutet an wie das Innere eines Hauses. In Wassernähe. €€

Paname Brewery Company (PBC)
Eine Sommerlocation mit vor Ort gebrautem Craft-Bier, das man auf einer Terrasse über dem Wasser genießen kann. €€

Les Bancs Publiques
Lockeres Bistro. In den wärmeren Monaten stehen Tische und Stühle direkt am Kanal. €

musikkulturelle Ausstellungen sowie Konzerte mit klassischer und zeitgenössischer Musik gezeigt. Man sollte sich Zeit für einen Bummel am Kanalufer nehmen und einen Stopp in einem der vielen Cafés, Bars und Restaurants einlegen. Im Sommer, wenn die Gegend zu **Paris Plages** (Stadtstrände) mutiert, kann man dort auch in einem der Liegestühle wunderbar relaxen.

Grand Paris

Von St-Ouen bis Pantin: Flohmärkte und Kunst-Brutkasten

Aufgrund der für die Olympischen Spiele 2024 vorgezogenen Verlängerung der Métrolinien wächst Paris über die Grenzen der *Périphérique* hinaus. Zu **Grand Paris** gehören **St-Ouen**, **St-Denis** (mit dem Olympischen Dorf), **Aubervilliers** und **Pantin**. Diese Viertel im Département 93 haben aufgrund von Gangs und Ghettos einen schlechten Ruf. Ursprünglich waren es kleine Industriestädte an der Bahnlinie. In den letzten Jahren sind aber junge Pariser Familien, die mehr Platz für ihr Geld haben möchten, in diese Gegenden gezogen, wodurch die Preise stiegen und sich dort trendige Restaurants, Bars und Boutiquen angesiedelt haben.

Die Hauptattraktion ist aber seit jeher die **Basilique Cathédrale de St-Denis**. Sie stammt aus den 1100er-Jahren und ist Frankreichs größte Königsnekropole (hier ruhen 42 Könige und 32 Königinnen). Die Gräber in der Krypta, die mit lebensechten, nach Totenmasken geschnitzten *gisants* (ruhende Figuren) verziert sind, bilden Europas größte Sammlung an Grabkunst und sind allein schon Grund genug für einen Ausflug hierher.

Ein weiteres Highlight ist der **Flohmarkt in St-Ouen**, ein Labyrinth aus elf an den Wochenenden geöffneten Märkten – eine Fundgrube für Antiquitäten und Vintage-Gegenstände. In mehreren kleinen Bars auf dem Markt kann man einen tollen Zwischenstopp einlegen, das Mob Hotel bietet Zimmer mit gutem Preis-Leistungs-Verhältnis. Die Kunst- und Kulturinstitution **Mains d'Oeuvres** bekommt gerade neuen Auftrieb und bietet ein Veranstaltungsprogramm für die ganze Familie.

Im **POUSH**, dem größten Kunst-Brutkasten in einer umgebauten Fabrikhalle in **Aubervilliers**, sollte man checken, was gerade an Events geboten wird. Dort befindet sich auch **La Station**, eine Plattform für junge Musical-Künstler:innen.

In **Pantin** geht's zwar etwas ruhiger zu, aber auch dort wird in der Gegend um den Kanal einiges geboten. Los geht's mit dem Ableger der renommierten Galerie **Thaddeus Ropac** und der legendären französischen Modemarke **Hermès**, die mit ihren *ateliers* hierher umgezogen ist. Anschließend öffnete hier dann auch das Kulturzentrum **La Cité Fertile** seine Pforten.

KANALFAHRT IM NÖRDLICHEN PARIS

Nicht nur die Seine, auch das nördliche Paris kann man auf einer Kanalfahrt erkunden. Auf einer Fahrt durch den Canal St-Martin und den Parc de la Villette lassen sich Leute beobachten, die am Kanal einen Drink genießen, während das Boot langsam vorbei an Drehbrücken und Streetart fährt. Mehrere Gesellschaften bieten Kanalfahrten an: **Canauxrama** in Jaurès, **Paris Canal Croisières** ab der Porte de Pantin. Bei **Marin d'Eau Douce** kann man Boote für eine Gruppe von Freunden oder die ganze Familie mieten und den Canal de l'Ourcq zwischen Jaurès und La Villette entlang tuckern.

DIE NACHT DURCHFEIERN

Kilomètre 25
Open-Air-Location mit Technoclub unter einer Hochstraße mit Veranstaltungen bis in die frühen Morgenstunden.

Glazart
Unterschiedliche Club- und DJ-Abende, von Techno über Electro und Rap bis zu Metal. Im Sommer gibt's hier auch einen Strand.

La Station
Musik-Location im Freien auf den Resten eines verlassenen Kohlenwerks. Eine Bühne für Nachwuchskünstler:innen.

Le Marais

SCHICKE BARS, RESTAURANTS UND BOUTIQUEN

Die Atmosphäre im geschichtsträchtigen Marais ist aufgrund der vielen architektonischen Stile zeitlos und kosmopolitisch zugleich. Es ist der einzige Bezirk in Paris, der seine schmalen Straßen und hier und da schiefen Häuser aus vorrevolutionärer Zeit bewahren konnte und der 1853 nicht Haussmanns Umgestaltung zum Opfer gefallen ist. Davor spielte er seit dem Mittelalter eine große Rolle als jüdischer Bezirk. Spuren des jüdischen Erbes sind noch immer sichtbar. Heute erinnern luxuriöse *hôtels particuliers* (große Stadthäuser) an die Zeit, in der hier der französische Adel lebte.

Mit den Jahren wurde das Marais zum Synonym für trendige Boutiquen, Designerläden, Kunstgalerien und Luxusgeschäfte. Obwohl der Bezirk sich seinen historischen Charme bewahren konnte, gilt er heute als modebewusste Oase. Er ist auch für seine Inklusions- und Akzeptanztradition bekannt. Die offene LGBTQIA+-freundliche Politik hat die Gegend zu einem sicheren Ort für die Gemeinde gemacht.

TOP TIPP

Um das Marais wirklich genießen zu können, sollte man die Zeit, die man für einen Spaziergang hier benötigt, nicht unterschätzen. Die Fläche ist nicht groß, aber es gibt viele enge, kurvenreiche Straßen. Zudem ist die Gegend nicht gut an das Métro-Netz angeschlossen. An den Wochenenden ist hier besonders viel los.

Rue des Archives (S. 109)

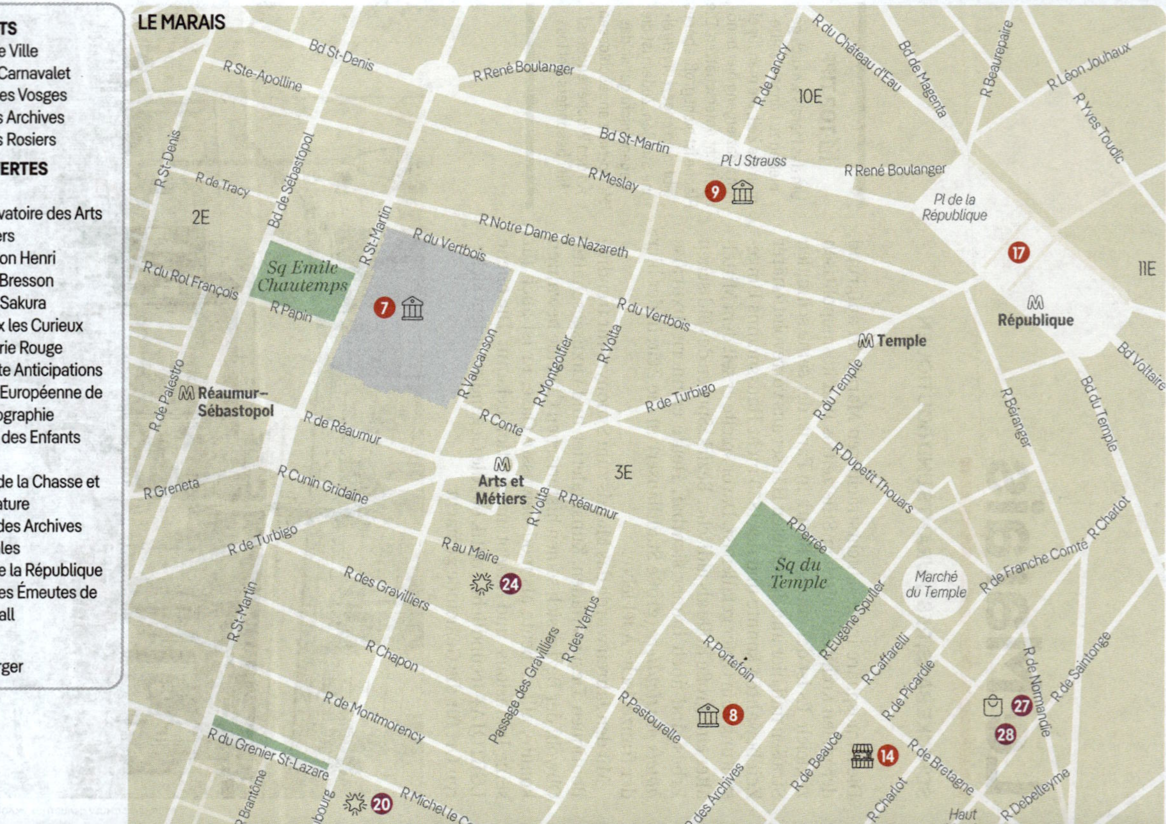
LE MARAIS
Bd St-Denis
R Ste-Apolline
R René Boulanger
Bd St-Martin
R de Lancry
10E
R du Château d'Eau
Bd de Magenta
R Beaurepaire
R Léon Jouhaux
R Yves Toudic
Pl J Strauss
R Meslay
R René Boulanger
Pl de la République
R St-Denis
R de Tracy
Bd de Sébastopol
2E
R St-Martin
R du Vertbois
R Notre Dame de Nazareth
11E
République
R du Roi François
Sq Emile Chautemps
R Papin
R du Vertbois
Temple
Bd Voltaire
R Vaucanson
R Montgolfier
R Volta
R de Turbigo
R de Palestro
Réaumur–Sébastopol
R de Réaumur
R Conte
R du Temple
R Béranger
Bd du Temple
Arts et Métiers
3E
R Dupetit Thouars
R Greneta
R Cunin Gridaine
R Volta
R Réaumur
R de Turbigo
R au Maire
R Perrée
Sq du Temple
Marché du Temple
R de Franche Comté
R Charlot
R St-Martin
R des Gravilliers
R des Vertus
R Eugène Spuller
R Chapon
Passage des Gravilliers
R Portefoin
R Caffarelli
R de Picardie
R de Normandie
R de Saintonge
R de Montmorency
R Pastourelle
R du Grenier St-Lazare
R de Beauce
R de Bretagne
R Brantôme
R Michel le C
R des Archives
R Charlot
Haut
R Debelleyme
HIGHLIGHTS
1 Hôtel de Ville
2 Musée Carnavalet
3 Place des Vosges
4 Rue des Archives
5 Rue des Rosiers
SEHENSWERTES
6 3537
7 Conservatoire des Arts et Métiers
8 Fondation Henri Cartier-Bresson
9 Galerie Sakura
10 Heureux les Curieux
11 La Galerie Rouge
12 Lafayette Anticipations
13 Maison Européenne de la Photographie
14 Marché des Enfants Rouges
15 Musée de la Chasse et de la Nature
16 Musée des Archives Nationales
17 Place de la République
18 Place des Émeutes de Stonewall
ESSEN
19 Tata Burger

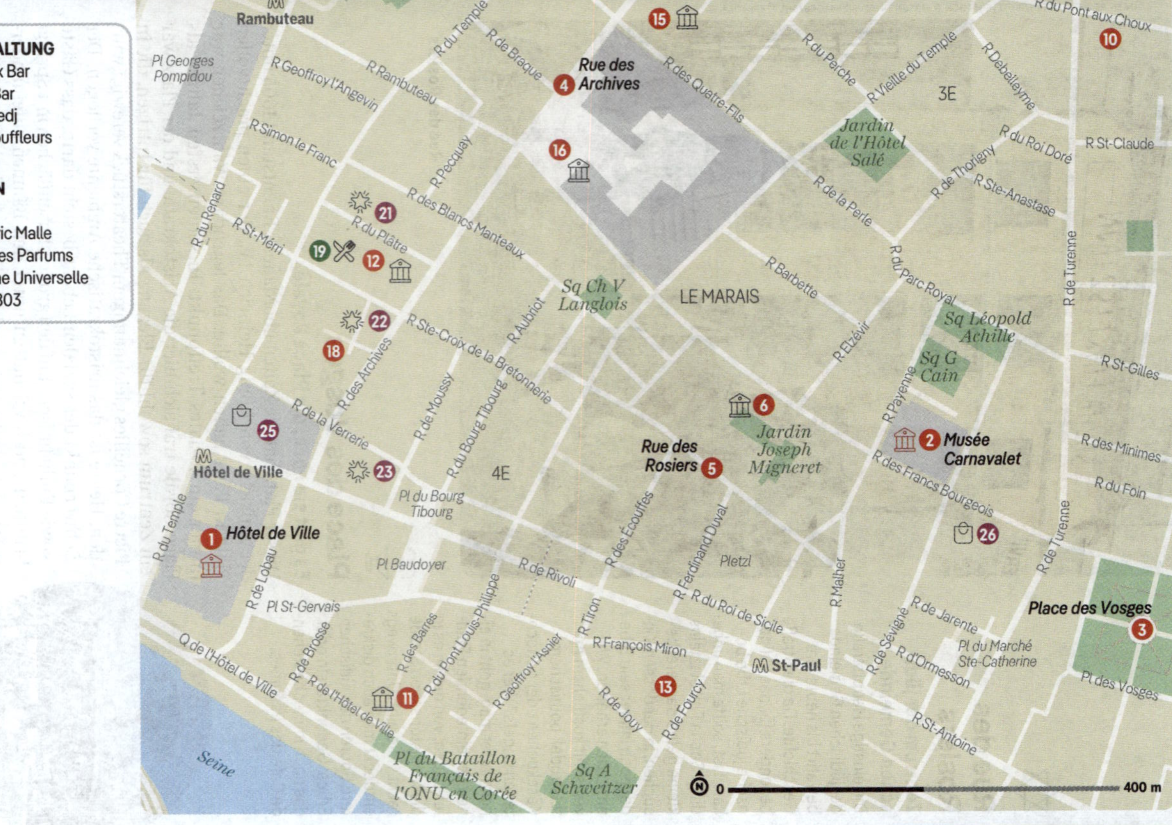

UNTERHALTUNG
20 Duplex Bar
21 Elles Bar
22 Le Freedj
23 Les Souffleurs
24 Tango

SHOPPEN
25 BHV
26 Frédéric Malle
27 Liquides Parfums
28 Officine Universelle Buly 1803

Rue des Rosiers

Zentrum der jüdischen Gemeinde

Die einstige Hauptstraße der jüdischen Gemeinde bewahrt bis heute ihre Geschichte. Da die Straße besonders für das kulinarische jüdische Erbe bekannt ist, sollte man unbedingt Sacha Finkelsztajns kleine gelbe Bäckerei besuchen, in der dessen Kinder noch immer sein Erbe am Leben erhalten. Wie wär's mit köstlichem Apfelstrudel, polnischem Käsekuchen oder geflochtenen Bagels? Wer es herzhafter mag, geht in einen der einladenden Falafel-Läden, von denen es in dieser historischen Straße recht viele gibt. Unterwegs entdeckt man auch diskretere Spuren des jüdischen Erbes: Gedenktafeln oder das noch immer bestehende Café des Psaumes.

Springbrunnen auf der Place des Vosges

Rue des Rosiers

Place des Vosges

Es gibt sie noch, die Place Royale

Dieser Platz hat die Zeiten überdauert. Er entstand 1605 unter der Aufsicht von König Heinrich IV., der einen prachtvollen Platz in Paris haben wollte. Das legendäre Wahrzeichen war immer ein soziales Treffpunkt. In seinen ersten Jahren als Place Royale traf sich hier die Aristokratie und der Platz war ein Zentrum sowohl für Eleganz als auch für Intrigen, die in Pierre Corneilles gleichnamigem Theaterstück verewigt wurden. Heute ist das aristokratische Ambiente verflogen. Der Schwerpunkt des sozialen Lebens besteht darin, dass Gäste sowie Einheimische auf den großen Rasenflächen mit Springbrunnen und im Schatten unter den Bäumen aufeinandertreffen – ein idealer Ort zum Picknicken. Auch ein Spaziergang vorbei an den *hôtels particuliers* und Kunstgalerien oder eine Mahlzeit in einem der traditionellen Restaurants unter den Arkaden ist empfehlenswert. Der symbolträchtige Platz fasziniert mit seiner perfekten Symmetrie und ist bekannt für seine berühmten Bewohner:innen, vor allem den Schriftsteller Victor Hugo, dessen ehemaliger Wohnsitz in der Nr. 6 in ein Museum umgestaltet wurde.

Musée Carnavalet

Reise durch die Pariser Geschichte

Man betritt das Museum durch eine grandiose Halle mit alten Ladenschildern, die an das pulsierende Wirtschaftsleben der Stadt im Lauf der Jahrhunderte erinnern. Die großen Räume des Museums beherbergen Kunstwerke, Artefakte und historische Funde, die die vielschichtige Geschichte von Paris erzählen. Die Stadt wird in all ihren Formen und Epochen durch zahlreiche maßstabsgetreue Modelle, Gemälde, architektonische Reste und moderne Meisterwerke präsentiert. Der beeindruckende Garten bietet sich für eine Pause an. Der Eintritt ist frei. Frühes Erscheinen lohnt sich also, wenn man das Museum ohne Massen genießen möchte.

Musée Carnavalet

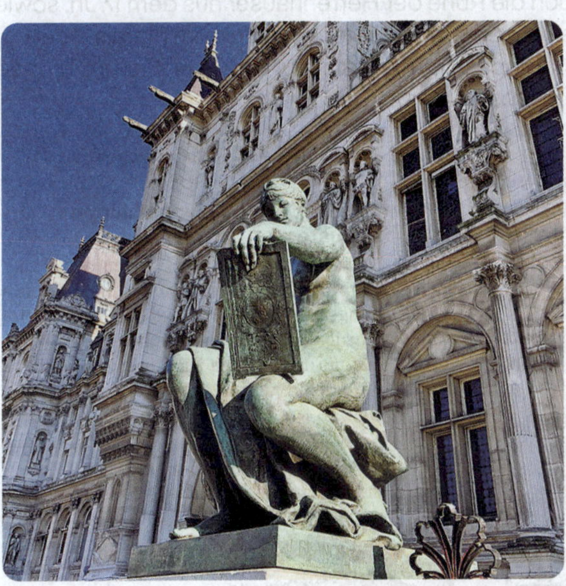

Hôtel de Ville

OBEN RECHTS: PACK-SHOT/SHUTTERSTOCK ©, UNTEN LINKS: RUBI_VALLEFRIO/SHUTTERSTOCK ©

Hôtel de Ville

Das alte institutionelle Herz von Paris

Die reich verzierte neoklassische Fassade des Rathauses lässt einen vor Ehrfurcht erstarren. Statuen von einst angesehenen Personen – Politiker, Wissenschaftler, Künstler, Wegbereiter der Industrie – sowie Allegorien der Künste schmücken das Gebäude. Die Fassade wird oft angestrahlt oder stellt symbolische Mitteilungen durch besondere Dekorationen zur Schau.

Die jetzt als Place de l'Hôtel de Ville – Esplanade de la Libération bekannte Platz vor dem Rathaus wurde Place de Grève genannt bis Präsident Charles de Gaulle 1944 im Hôtel de Ville seine Rede zur Befreiung von Paris hielt. Heute finden dort auch Kulturevents oder Vorführungen von Straßenkünstlern statt, wodurch eine einladende, gesellige Atmosphäre entsteht.

Rue des Archives

Bummel durch eine geschichtsträchtige Straße

Vom Carreau du Temple, wo die Tempelritter im 12. Jh. ihren ersten Bezirk durch Trockenlegung der Sümpfe gründeten, bis zu den prächtigen *hôtels particuliers* fasst diese Straße die gesamte architektonische Geschichte des Marais zusammen. Einige der vielen Herrenhäuser verstecken sich hinter verschlossenen Toren. Andere wiederum wurden in Museen umgewandelt – z.B. beherbergen das Hôtel de Guénégaud und das Hôtel de Montgelas das wunderbare **Musée de la Chasse et de la Nature** oder das Hôtel de Soubise das **Musée des Archives Nationales**. Am Ende des Spaziergangs bietet sich ein Besuch des großen BHV (Bazar de l'Hôtel de Ville; S. 114) an, eines der ersten, noch heute bestehenden Pariser *grands magasins* (Kaufhäuser).

STADTSPAZIERGANG

Geheime Passagen & unerzählte Geschichten im Marais

Ein Spaziergang durch die vorrevolutionäre Zeit und die historischen Gegebenheiten in dieser Gegend. Wer auf Erkundungstour durch die betriebsamen schmalen Straßen ist, wird sowohl die pulsierende Energie der Gegenwart als auch die Ruhe der Herrenhäuser aus dem 17. Jh. sowie versteckte Innenhöfe kennenlernen. Hinter jeder Ecke im Marais lauert Geschichte. Dieser Stadtspaziergang kratzt nur die Oberfläche der unerzählten Geschichten dieses Bezirks an.

1 Hôtel de Sens

Der Spaziergang startet an diesem Herrenhaus aus dem 15. Jh., der ehemaligen Residenz der Erzbischöfe von Sens. Königin Margot soll angeblich an einem Fenster des Hauses der Hinrichtung eines ihrer Verehrer zugesehen haben.

Die Route In der Rue de l'Ave Maria befindet sich der Eingang zu den Höfen des Village St-Paul.

2 Village St-Paul

Malerisches Viertel mit alter Pariser Atmosphäre. Ursprünglich war das Dorf für seine Antiquitätenläden bekannt, ist jetzt aber ein Netz charmanter Höfe mit Kunsthandwerksläden und versteckten Restaurants.

Die Route Hinaus geht man durch die Rue des Jardins St-Paul.

3 Reste der Mauer von Philippe Auguste

Nun steht man vor den Resten der Mauer von König Philippe Auguste, eine Verteidigungsanlage, die Ende des 12. Jhs. errichtet wurde, um Paris vor möglichen Angriffen aus nordwestlicher Richtung zu schützen. Sie wurde gebaut, bevor der König zum Dritten Kreuzzug aufbrach.

Die Route Weiter geht's rechts in die Rue Charlemagne und dann links in die Rue St-Paul. Ausschau halten nach der leicht zu verpassenden Passage St-Paul (links).

Mauer von Philippe Auguste

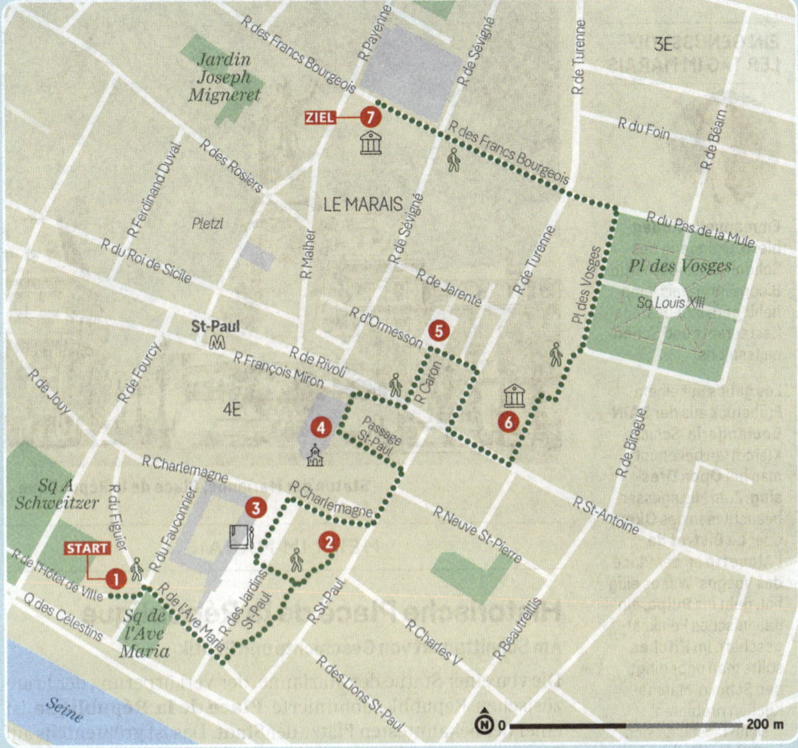

4 Église St-Paul-St-Louis

Wenn die Passage offen ist, betritt man die Kirche durch den Nebeneingang. Der beeindruckende gotische Bau weist italienische Architekturelemente aus dieser Zeit auf. Wenn man die Kirche durch die Haupttür wieder verlässt, sollte man einen Blick auf die Weihwasserbecken werfen, die von Victor Hugo für die Hochzeit seiner Tochter Léopoldine gespendet wurden.

Die Route Jetzt biegt man nach rechts in die Rue St-Antoine und dann sofort nach links in die Rue Caron ein.

5 Place du Marché Sainte-Catherine

Auf diesem netten von Restaurants und Bars gesäumten Platz sollte man eine Pause einlegen. Der friedliche Ort strahlt eine an Südfrankreich erinnernde Atmosphäre aus und hat nichts mit der Pracht der in der Nähe gelegenen Place des Vosges zu tun.

Die Route Es geht zurück in die Rue St-Antoine von wo aus man den Innenhof des Hôtel de Béthune-Sully betritt.

6 Hôtel de Béthune-Sully

Das prächtige, 1624 errichtete *hôtel particulier* ist ein für das damalige Marais charakteristisches Herrenhaus. Die Fassade ist mit goldfarbenen Ornamenten versehen, die man vom Garten aus bewundern kann. Die Sully-Familie lebte hier bis zum 18. Jh. Ein Geheimgang führt zur Place des Vosges

Die Route Wer den Geheimgang nicht gefunden hat, geht weiter zur Rue de Turenne und biegt dann nach links in die Rue des Francs Bourgeois ein.

7 Hôtel de Lamoignon

1759 vermachte der letzte Bewohner dieses Herrenhauses der Stadt Paris bei seinem Tod 14 000 Bücher. Vier Jahre später wurde dieses *hôtel particulier* die erste öffentliche, allen zugängliche Bibliothek der Stadt. Heute befindet sich darin die Historische Bibliothek der Stadt Paris. Sie ist von dienstags bis samstags geöffnet.

EIN GENUSSVOLLER TAG IM MARAIS

Emmanuelle Rodeghiero, Gründerin des Schönheitssalons Little Biceps im Marais, empfiehlt gern ihre besten Restaurants und Schönheitssalons.

Los geht's mit einem Frühstück aus der **SAIN Boulangerie**. Schicke Klamotten bekommt man bei **Open Dressing**. Zum Mittagessen besucht man das **Oken** oder **Le Bistrot de l'Alouette** an der Place des Vosges. Wer es eilig hat, geht ins **Pulpa**, ein italienisches Feinkostgeschäft. Im **Kitchen** sollte man unbedingt den Schoko-Matcha-Kuchen probieren!

Dann lässt man sich im **Golden Nails** seine Fingernägel runderneuern und genießt den ausgezeichneten Service. Eine Verjüngungskur für Körper und Sinne mit Yoga-Übungen und Unterricht an der Barre bietet **Poses** an. Seinen Durst löscht man mit einem Saft von **Mandarine**. Zuguterletzt genießt man eine Ingwer-Margarita im **La Perla** und ein Pasta-Abendessen im **Assaggio Bistro**.

ALEXANDER DEMYANENKO/SHUTTERSTOCK ©

Statue der Marianne, Place de la République

MEHR IM MARAIS

Historische Place de la République

Am Schnittpunkt von Geschichte und Politik

Die von einer Statue der Marianne, der Verkörperung der Französischen Republik, dominierte **Place de la République** ist einer der bekanntesten Plätze der Stadt. Das ist größtenteils auf die sozialen Unruhen zurückführen, die die letzten Jahrzehnte in Frankreich geprägt haben. Der Platz, der die Demokratie und das Wir-Gefühl der Menschen symbolisiert, ist neben der Place de la Bastille und der Place de la Nation ein wichtiger Ort für Kundgebungen. Der an mehrere Viertel grenzende Platz bietet einen Freiraum für Skateboarder, Straßenkünstler:innen und Einheimische, die sich hier treffen und an Gemeinschaftsaktivitäten teilnehmen.

Von den Ideen der Menschen inspiriert

Nationales Konservatorium für Wissenschaft und Technologie

Die Reise beginnt an der Métrostation Arts et Métiers, wo man von einem Steampunk-Ambiente aus Kupferplatten begrüßt wird. Die Platten, die den gesamten Bahnhof bedecken, wurden zum 200-jährigen Bestehens des Konservatoriums angebracht. Nachdem man diese unterirdische Maschine verlassen hat, soll-

ESSEN IM MARAIS

Benedict
Auf Eier Benedict (wen wundert's) spezialisiertes Lokal. Eier-Toast und Cocktails, die perfekte Mischung für einen Brunch. €

Le Reflet
Geselliges bistro-ähnliches Restaurant, in dem Menschen mit Trisomy 21 (Down-Syndrom) angestellt sind. €€

Le Colimaçon
In dem bistro-ähnlichen Restaurant werden traditionelle französische Gerichte serviert, oft mit edlem, kreativem Touch. €€

te man das **Musée des Arts et Métiers** besuchen, das sich am Rand vom Marais in einem ehemaligen königlichen Priorat befindet. Vergangenheit und Zukunft konvergieren hier in zahllosen Darstellungen von Erfindungen, die als Zeugnis für menschliches Streben nach Wissen dienen. Anhand alter Instrumente und bahnbrechender Erfindungen zeigt das Museum die Auswirkungen der Wissenschaft und Technologie auf die Gesellschaft.

Die Sammlung besteht u.a. aus wissenschaftlichen Instrumenten, mechanischen Vorrichtungen, Fahrzeugen, Kommunikationsgeräten usw. Zu sehen sind auch Erfindungen wie Blaise Pascals Pascaline, eine mechanische Rechenmaschine, und das Originalmodell von Bartholdis Freiheitsstatue.

Stolzes Marais

Hier feiert man alle Communities und Orientierungen

Le Marais konnte sich seinen Ruf als inklusive Gegend und Hochburg der schwulen Gemeinschaft bewahren und begrüßt Menschen aller sexuellen Orientierungen. Leider haben die steigenden Mieten in den letzten zehn Jahren zur Schließung oder Verlegung vieler Einrichtungen geführt. Nichtsdestotrotz konnte sich dies Gegend ihre inklusive Identität bewahren und ist auch heute noch ein Bezirk, in dem nicht nur im Sommer sondern im ganzen Jahr gefeiert wird. LGBTQIA+-Locations sind oft an der Regenbogenflagge zu erkennen, die für die Verbindung mit der Community oder der Sympathie für sie stehen. Rainbow Street Art ist in dem ganzen Viertel zu finden und trägt zur gastfreundlichen Atmosphäre bei.

Die schwulenfreundliche Atmosphäre, die nahtlos in das modebewusste Ambiente im Marais übergeht, konzentriert sich vor allem rund um die **Rue Sainte-Croix de la Bretonnerie**, dem südlichen Teil der Rue du Temple, und auf die **Place des Émeutes de Stonewall**, einem Geheimtipp hinter dem beeindruckenden BHV Marais/Herrenabteilung.

Jeder ist rund um die Uhr in den umliegenden Restaurants willkommen, z.B. im **Tata Burger**, der Nummer 1 für zweideutige Burger. Das echte Leben beginnt aber erst spätabends in Bars wie **Le Freedj**, **Duplex Bar** und **Les Souffleurs** mit ganz gemischtem Publikum. Gleich um die Ecke befindet sich **Elles Bar**, ein Treffpunkt für Lesben. Auch den legendären, erst kürzlich wiedereröffneten Nachtclub **Tango** darf man nicht vergessen.

Fotogenes Paris

Zeitgenössische Fotografie erkunden

Gibt es eine fotogenere Stadt als Paris mit ihrer vielschichtigen Architektur und ihren historischen Geheimtipps? Fotofans haben

TOP-MUSEEN IM MARAIS

Der Besuch der hiesigen Museen bietet gleich zwei Vorteile: Man lernt alles über die Exponate und erkundet dabei auch noch prächtige *hôtels particuliers*, die zwischen dem 16. und dem 18. Jh. für Könige und Adlige gebaut wurden.

Musée Cognacq-Jay
Im Hôtel Donon sind die Sammlungen von Ernest Cognacq und Marie-Louise Jay, den Gründern von La Samaritaine, zu sehen, u.a. Gemälde und für das 18. Jh. charakteristisches Mobiliar.

Musée Picasso
Die Architektur des Hôtel Salé aus dem 17. Jh. steht in krassem Gegensatz zu Picassos unkonventionellen Werken. In diesem prächtigen Gebäude sind 5000 Kunstwerke ausgestellt.

Maison de Victor Hugo
Die Ikone der französischen Literatur wohnte von 1832 bis 1848 an der Place des Vosges. Zu bewundern sind persönliches Hab und Gut, seine Manuskripte und viele Erinnerungsstücke.

Kitchen
Das gemütliche, vegetarische Restaurant bietet Frühstücks- und Mittagsgerichte an, u.a. gesunde Bowls und Toasts. €

GrandCoeur
Das elegante Restaurant mit Mittelmeerküche versteckt sich in einem historischen Hof mit Kopfsteinpflaster. €€€

Kaali Temple
Indisches Streetfood. Das Lokal hat sich auf köstliche Gerichte mit und ohne Fleisch zum Mitnehmen spezialisiert. €

DIE BESTEN CONCEPT-STORES IM MARAIS

Empreintes Paris
Der einzige Concept-Store, der sich französischer Handwerkskunst widmet, präsentiert eine große Auswahl an Keramikwaren, Lederartikeln, Schmuck, Bürobedarf und Schönheitsprodukten. Alle Artikel stammen von französischen Kunsthandwerkern.

Fleux
Mehrere Geschäfte in der Rue des Francs-Bourgeois haben ein großes und vielfältiges Angebot an Deko-Material und modernen Gegenständen.

L'Eclaireur Sévigné
Ein unaufdringlicher, aber geräumiger Laden mit modernem High-Tech-Dekor, in dem berühmte *haute-couture*-Häuser ihre Kreationen vorstellen.

BHV
Eine Institution im Marais, die ihrem Erbe als Pariser *grand magasin* treu bleibt und eine große Produktauswahl bietet, von Mode bis zu Werkzeug.

PHILIPPE LOPEZ/AFP VIA GETTY IMAGES ©

Fondation Henri Cartier-Bresson

im Marais viele Möglichkeiten, sich über die Kunst der Fotografie zu informieren. Das **Maison Européenne de la Photographie** (MEP) ist zeitgenössischer Fotografie gewidmet und zeigt Arbeiten aus aller Welt. Die **Fondation Henri Cartier-Bresson** hingegen zeigt und fördert das Werk des berühmten französischen Fotografen, der als Pionier des modernen Fotojournalismus gilt. **La Galerie Rouge** zeigt und verkauft Kunstfotos von etablierten zeitgenössischen Künstlern aber auch von Nachwuchsfotografen. Das Musée Carnavalet (S. 109) hat ebenfalls einen reichen Fundus an Fotografien und präsentiert die Entwicklung der Stadt und des täglichen Lebens in ihr über die Jahre.

Avantgardistische Galerien

Ein buntes Zentrum für modernes Design

Die Erkundung des Marais wäre ohne die vielen Kunstgalerien und alternativen Locations nicht komplett, denn sie bilden einen spielerischen Kontrast zum historischen Erbe der Gebäude. In der Gegend wird experimentelle Kunst aktiv unterstützt, z. B. bietet das **3537** im historischen Hôtel de Coulanges Coworking-Spaces, Concept-Stores und Ausstellungshallen. **Lafayette Anticipations** hat ein Hybrid-Angebot mit kulturellen Events, Wechselausstellungen zeitgenössischer Künstler, einen trendigen Buchladen und ein Café.

SÜSSES IM MARAIS

La Glacerie
Köstlich-aromatische Eiscreme von David Wesmaël, „Frankreichs bestem Handwerker".

Yann Couvreur
Im Laden des bekannten französischen Patissiers sind seine besten Kreationen wie Vanilla Millefeuilles erhältlich.

Pastelli Mary Gelateria
Winziger Laden mit besonderen Geschmacksrichtungen für eine echte italienische *gelato*-Erfahrung.

STADTSPAZIERGANG: DIE JÜDISCHE KULTUR IM MARAIS ERKUNDEN

Seit dem Mittelalter ist das Marais die Heimat jüdischer Gemeinden. Dieser Stadtspaziergang führt zu Orten, an denen ihr Erbe noch sichtbar ist, und zu Holocaust-Gedenkstätten. Los geht's in der **1 Rue des Rosiers**, die für ihre kulinarischen Köstlichkeiten und ihre kulturelle Bedeutung bekannt ist. Man sollte sich für die **2 Librairie du Temple** Zeit nehmen, einen Buchladen mit jüdischen Büchern. Neugierige werfen einen Blick in den **3 Jardin Joseph Migneret**. Der Garten ist nach einem Professor benannt, der eine entscheidende Rolle bei der Rettung jüdischer Kinder im Zweiten Weltkrieg spielte. Weiter geht's zur Rue Pavée und in die **4 Rue Pavée Synagogue**, die von Hector Guimard entworfen wurde, der auch für die Jugendstil-Métro-Eingänge verantwortlich ist. Guimard schuf diese Synagoge als Tribut an seine jüdische Frau. Nun befindet man sich am ehemaligen Ort des Pletzel („kleiner Platz" auf Jiddisch). Nach dieser Kombination aus Kunst und Glauben geht's zum **5 Musée d'Art et d'Histoire du Judaïsme** im historischen Hôtel de St-Aignan, einem *hôtel particuliers*. Diese Institution, die 1948 von Holocaust-Überlebenden gegründet wurde, bietet eine Sammlung von Kunstwerken zur jüdischen Geschichte und Kultur mit Schwerpunkt auf europäische und nordafrikanische Gemeinden. Der Spaziergang endet beim **6 Memorial de la Shoah**, das man über die Allée des Justes de France erreicht. In dieser Straße finden oft Open-Air-Ausstellungen zur jüdischen Geschichte statt. Die Gedenkstätte selbst umfasst ein der Shoah gewidmetes Museum und Dokumentationszentrum. In der Krypta befindet sich das „Grab des unbekannten jüdischen Märtyrers".

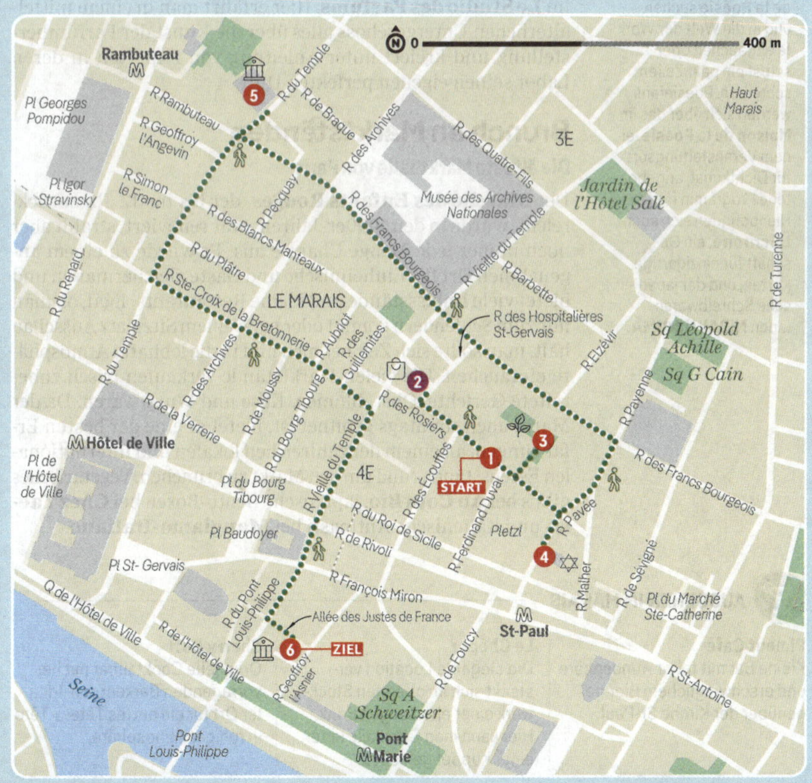

Für Fans von modernem Design bietet sich **Heureux Les Curieux** an. Der innovative Pop-Up-Store präsentiert neue Marken hauptsächlich von Modeschöpfer:innen. Jede Woche gibt es eine neue Ausstellung. Zudem übertreten zahlreiche, in der Gegend ansässige Galerien bewusst die Grenzen traditioneller Kunstformen. Beispielsweise ermöglicht die **Galerie Sakura**, die sich der Popkultur verschrieben hat, Kunstbegeisterten, Nachwuchskünstler:innen und -designer:innen zu entdecken.

LITERARISCHES IN DER PASSAGE

Am Rand des Marais befindet sich unter dem Centre Pompidou die **Passage Molière**, eine Oase voller Poesie und Kultur. Diese historische Passage wurde von den dortigen Ladeninhabern zu neuem Leben erweckt. Sie ist der Literatur und allen Dingen, die mit Lesen und Schreiben zu tun haben, gewidmet. Man kann sich mit einem Buch aus dem **ECX Buchladen** unterm Arm einen Platz im **Café de la Poésie** suchen und in die Welt der Worte eintauchen oder selbst ein paar Zeilen schreiben. Poesiefans werden sich über das im **Maison de la Poésie**, einem Veranstaltungsort für Dichtkunst, angebotene Programm freuen. Hier befinden sich auch **L'Ecritoire**, ein Geschäft für einzigartige Karten, und der japanische Schreibwarenladen **MiSAKi iiNUMA.**

Auf der Suche nach dem besten Duft

Auf der Suche nach dem perfekten Parfüm

Nicht jeder weiß, dass Jean-Baptiste Grenouille, die berühmt-berüchtigte Figur aus *Das Parfum – Die Geschichte eines Mörders*, die größte Nase in der Literatur, im Roman am Rand des Marais lebte. In der realen Welt ist in diesem Stadtviertel die Kunst der Parfumherstellung mit all ihren Düften beheimatet. Neben berühmten Marken wie **Fragonard** und **Nicolaï** finden sich hier auch kleine und unabhängige Häuser wie **Frédéric Malle**, Officine Universelle Buly (S. 161) und der Parfüm-Concept-Store **Liquides Parfums**. Wer auf der Suche nach einem duftenden Mitbringsel wie Duftkerzen ist, findet bei **Trudon** und **Diptyque** bestimmt das Richtige. Wer eine alle Sinne umfassende Erfahrung machen möchte, besucht einen Workshop im **Le Studio des Parfums**. Hier erfährt man in einem mittelalterlichen Untergeschoss alles über die Kunst der Parfumherstellung und kreiert unter Anleitung von Experten in deren Labor seinen eigenen perfekten Duft.

Brunch an Marktständen

Die älteste Markthalle von Paris

Der **Marché des Enfants Rouges**, der bis ins 17. Jh. zurückreicht, wurde in den 1990er-Jahren zwar renoviert, strahlt aber noch immer jede Menge Charme aus. Er wurde zu einem angenehmen Ort für Einheimische und Gäste gleichermaßen und bietet viele Imbissstände und kleine Restaurants. Egal, ob man nur zum Schlendern kommt oder nach einem Sitzplatz Ausschau hält, man sollte sich Zeit nehmen und in die lebhafte Atmosphäre eintauchen. Die vielen Marktstände verkaufen frisch zubereitete Gerichte, Obst, Blumen, Käse und Wurstwaren. Da der Markt auch sonntags geöffnet ist, bietet er eine der besten Erfahrungen, an einem der zahlreichen lokalen und internationalen Essensstände rund um den Markt zu brunchen. Vegetarisches gibt's bei **Au Coin Bio**, japanische Bento-Boxen bei **Chez Taeko** und italienische Antipasti bei **Mangiamo-Italiano**.

AUSGEHEN IM MARAIS

Piment Café
Kleine Bar mit toller Atmosphäre und erschwinglichem Bier gegenüber der Kirche St-Paul.

Le Chéper
Die elegante Location versteckt sich im obersten Stockwerk einer ehemaligen Bank. Hier kann man Cocktails unter einer Kuppel genießen.

Sherry Butt
Originelle Cocktailbar mit hervorragenden Barkeepern. Idealer Ort für ein nettes Tête-à-Tête in ruhiger Atmosphäre.

Belleville & Ménilmontant

KUNST, AUSBLICKE UND MULTIKULTURELLE SPAZIERGÄNGE

Die nordöstlichen Stadtbezirke Belleville und Ménilmontant haben ein ganz besonderes Flair. Die ursprünglich außerhalb von Paris liegenden Dörfer mit dem berühmten Friedhof Père-Lachaise wurden 1860 in die Stadt eingemeindet, konnten sich aber viel ihrer Identität bewahren: Eine lebendige Kunstszene, multikulturelle Viertel und die teilweise rebellische Art, die auf die in diesen Straßen geborene historische Volksbewegung zurückführen ist. Heute ist die chinesische Seite von Belleville eine der berühmtesten. Aufgrund ihrer Einwanderungsgeschichte war die Gegend mit den engen, hügeligen Straßen schon immer ein Ort der Diversität und ein Schmelztiegel vieler Gemeinschaften.

In beiden Vierteln herrscht ein energiegeladenes Nachtleben. Man kann in kleinen Veranstaltungsorten Livemusik hören und auf den Spuren von Edith Piaf sowie anderen Künstler:innen wandeln, die in dieser hügeligen Gegend Inspiration fanden. Egal, ob man auf der Suche nach kultureller Diversität, spannender Streetart, schönen Aussichtspunkten oder tollem Nachtleben ist, Belleville und Ménilmontant haben alles zu bieten, man muss sich nur auf ein rebellisches Abenteuer einlassen!

TOP TIPP

Bequeme Schuhe sind für die hügeligen Straßen mit manchmal steilen Abschnitten von Vorteil. Einige Ecken ähneln einer Bergwanderung. Man sollte sich Zeit nehmen und sich von dieser unbekannteren Gegend angenehm überraschen lassen. Auch sollte man nicht zögern, sich mit Einheimischen zu unterhalten, um den Geist dieser Viertel besser zu verstehen.

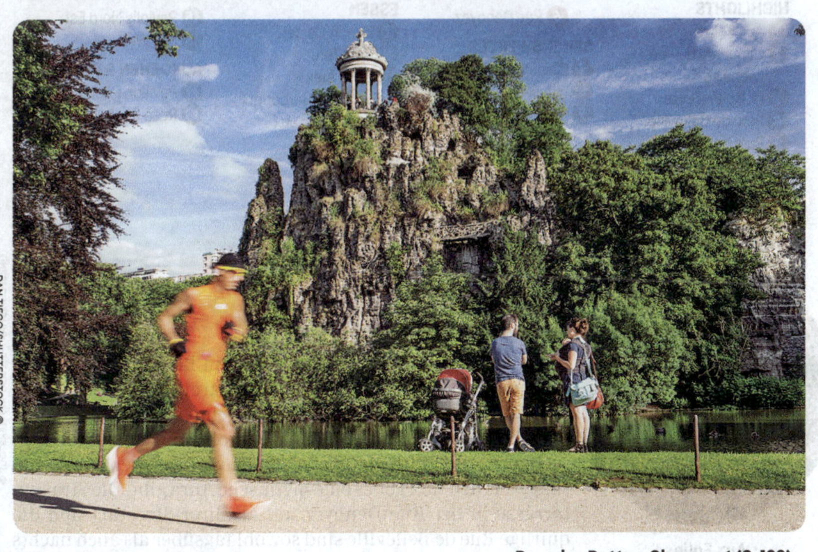

DAN TIEGO/SHUTTERSTOCK ©

Parc des Buttes-Chaumont (S. 122)

BELLEVILLE & MÉNILMONTANT

HIGHLIGHTS
1 Aux Folies
2 Cimetière du Père Lachaise
3 La Bellevilloise
4 Parc de Belleville
5 Parc des Buttes-Chaumont
6 Rue Dénoyez

SEHENSWERTES
7 Chinatown Belleville
8 Musée Edith Piaf
9 Place Edith Piaf

ESSEN
10 Benoît Castel
11 Best Tofu
12 Chez Alex
siehe 6 Le Barbouquin
13 Le Pavillon aux Pivoines
14 Paloma
15 Raviolis Nord Est
16 You Wei

AUSGEHEN & FEIERN
17 Pavillon Puebla
18 Rosa Bonheur

Aux Folies

Aux Folies

Bellevilles legendäre Bar

Wer kennt diese legendäre Location in Belleville nicht? Das ehemalige, seit 1872 bestehende Kabarett Aux Folies beherbergte später ein Kino und ist jetzt eine Bar. Es war und ist ein beliebter Ort, an dem man sich toll amüsieren kann. Angeblich stand Edith Piaf hier als Teenagerin auf der Bühne und sang, was den Aux Folies eine mythische Aura gibt. Die Straßenterrasse in der Rue Dénoyez mit all ihrer Streetart und die quirlige Rue de Belleville sind sowohl tagsüber als auch nachts eine für alle bezahlbare, vielfältige und einladende Gegend.

Ari Lennox im La Bellevilloise

La Bellevilloise

Fröhliches Kulturerlebnis

La Bellevilloise ist ein weiterer legendärer Ort in Belleville mit Schwerpunkt auf darstellende Künste, Tanz und Livemusik. Die ehemalige Halle einer Genossenschaft ist jetzt einer der beliebtesten Orte für Livemusik in der Stadt. Hier kann man fast die ganze Nacht durchtanzen. Als allererste Arbeitergenossenschaft Frankreichs war La Bellevilloise stets ein Ort für die Förderung politischer Bildung und Kultur einer größeren Gemeinschaft und ist den ursprünglichen Prinzipen bis jetzt treu geblieben. La Bellevilloise ist heute eine große, moderne interdisziplinäre Bühne und ein großartiger Treffpunkt. Ganz besonders beliebt ist der Jazz-Brunch an den Wochenenden.

Rue Dénoyez

Kultstätte für Streetart

In keinem anderen Stadtviertel von Paris findet man eine derart hohe Konzentration an Streetart wie in Belleville und Ménilmontant. Graffiti und Wandmalereien schaffen einen sichtbaren Dialog unter den Kunstschaffenden. Obwohl diese Kunstwerke von Natur aus einem ständigen Wandel unterliegen, haben sich doch gewisse „Territorien" etabliert. Die Rue Dénoyez ist ein Ort, an dem Straßenkünstler:innen ihre Kunst frei zur Schau stellen dürfen. Wenn man sich die Mauern in dieser Straße genauer ansieht, wird man mehrere Gemälde übereinander erkennen, weshalb man der Straße aufgrund des jahrelangen Übermalens den Spitznamen „schrumpfende Straße" verlieh. Heute bewundert man vielleicht ein ganz besonderes Kunstwerk, nur um am nächsten Tag an derselben Stelle ein völlig neues Wandgemälde zu entdecken.

Rue Dénoyez

ANDREA IZZOTTI/SHUTTERSTOCK ©

PRAKTISCHES
Für Preise und Öffnungszeiten diesen QR-Code scannen.

TOP-SEHENSWÜRDIGKEIT

Père-Lachaise: Monumentaler Garten der Ewigkeit

Der Cimetière du Père-Lachaise, die Totenstadt von Paris,steht in einer Linie mit dem Panthéon, wo die Menschen, die die französische Nation geformt haben, ruhen. Der Friedhof ist aber nicht nur eine Ruhestätte für Berühmtheiten. Es ist heute ein jenseitiger Ort mit sowohl außergewöhnlichen Grabdenkmäler als auch Gräbern von berühmten und weniger berühmten Personen. Hier wird jedes Grab in Ehren gehalten.

NICHT VERPASSEN

Das Monument aux Morts

Die Liebenden: Heloisa und Abaelard

Irischer Schriftsteller: Oscar Wilde

Amerikanischer Rockstar: Jim Morrison

Französische Sängerin: Edith Piaf

Ein englischer Garten der Ewigkeit

Als der Architekt Alexandre-Théodore Brongniart im frühen 19. Jh. beauftragt wurde, den neuen Pariser Friedhof zu entwerfen, schwebte ihm ein Ort vor, der Adel ohne Prunk und Einfachheit ohne Verwahrlosung verkörpert sowie religiöse Empfindungen ohne Angst weckt. Sein Ziel war es, einen Ort stillen Gedenkens mit „einem melancholischen Charme aus einer Kombination von Natur und der Anordnung der Monumente" zu schaffen. Von englischen Gärten angeregt, plante er den Friedhof bis ins kleinste Detail mit kurvenreichen Wegen und viel Natur. Wenn man heute diesen Garten betritt, verhallt der Großstadtlärm und die Gräber gehen nahtlos in das sanft hügelige Gelände über – es entsteht ein Gefühl wunderschöner Fremdartigkeit, als schwebe man zwischen zwei Welten.

Die Entwicklung eines legendären Orts

Der in der Zeit seiner Eröffnung kaum beachtete Friedhof musste um Popularität kämpfen, denn er lag weit von der Stadt entfernt. Man unternahm aber einiges, um seine Attraktivität zu steigern. So wurden beispielsweise Berühmtheiten wie Molière und La Fontaine hierher verlegt. Außerdem wurde eine beeindruckende Grabstätte für das legendäre mittelalterliche Liebespaar Heloisa und Abaelard geschaffen (s. Abb. links). Später wurden dann Politiker:innen, Wissenschaftler:innen, Künstler:innen und andere Schriftsteller:innen hier beigesetzt, was den Ruf des Friedhofs Père-Lachaise als ewige Ruhestätte von Berühmtheiten festigte.

Friedhofskunst für die Nachwelt

Der ganze Friedhof Père-Lachaise ist als historisches Erbe anerkannt, wobei alle Grabstelen aus der Zeit vor 1900 als Historische Monumente gelistet sind, 14 davon stehen unter Denkmalschutz. Diese Klassifizierung ist Werken vorbehalten, die in historischer oder künstlerischer Hinsicht von besonderem öffentlichem Interesse sind. Unter Denkmalschutz stehende Werke gelten nicht automatisch als Historische Monumente, sind aber historisch und künstlerisch interessant genug, um geschützt zu werden. Unter Denkmalschutz stehen z. B. die Mur des Fédérés, Goddes Kapelle, an der Stelle des ehemaligen Jesuiten-Hauses, das monumentale Tor am Bd de Ménilmontant, das Totendenkmal und zehn Grabstätten. Diese Grabstätten sind die Gräber von Heloisa und Abaelard (Div. 7), Molière und Jean de la Fontaine (Div. 25), Oscar Wilde (Div. 85), Frédéric Chopin (Div. 11), Antoine de Guillaume-Lagrange (Div. 29), Montanier-Delille (Div. 11), Cartellier-Heim (Div. 53), Georges Guët (Div. 19) und Yacovleff (Div. 82).

Rituale & Aberglauben im Père-Lachaise

Auf allen Friedhöfen verwischen die Grenzen zwischen den Welten und jeder hat seine eigenen Legenden und esoterische Rituale. Der Père-Lachaise bildet da keine Ausnahme: So wiederholen Pärchen auf der Suche nach der ewigen Liebe ihr Ehegelübde vor dem Grab von Heloisa und Abaelard. Das Grab von Oscar Wilde war lange Zeit Gegenstand leidenschaftlicher Küsse, da dies Glück in der Liebe bringen sollte. Die Statue von Victor Noir (Div. 92) ist ein Zentrum für Fruchtbarkeitsrituale. Wünsche sollen in Erfüllung gehen, wenn man seine Hände auf den Dolmen von Allan Kardec (Div. 44) legt. Und die rituellen Alkoholgaben auf Jim Morrisons Grab (Div. 6) sind Kult.

LÄNDLICHE GÄRTEN IN DER STADT

In Jardin Naturel Pierre-Emmanuels am Rand des Père-Lachaise wachsen einheimische Pflanzenarten aus der Gegend um Paris und ermöglichen einen Einblick in die Pariser Natur, als das Gebiet noch ländlich war. Seltenes Mähen fördert die natürlichen Zyklen und die Wiesen sorgen dafür, dass die Vegetation gedeiht.

TOP TIPPS

- Man sollte sich einen Plan downloaden, denn so findet man schneller bestimmte Gräber und Sehenswürdigkeiten.
- Père-Lachaise hat fünf Eingänge. Am besten sucht man sich den aus, der dem Teil des Friedhofs am nächsten liegt, den man besuchen möchte.
- Bequeme Schuhe tragen und eine Wasserflasche mitbringen.
- Respekt zeigen – dies ist ein Friedhof, den Menschen besuchen, um ihren Lieben zu gedenken. Bitte nicht auf die Gräber steigen und Lärm vermeiden.
- Wer nur wenig Zeit hat oder nur bestimmte Gräber sehen möchte, sollte die Strecke im Voraus planen.

Parc des Buttes-Chaumont

Picknick auf den Hügeln

Diesen Park zu entdecken, ist ein kleines Abenteuer. Um das hügelige Gelände vollständig zu erkunden und sich an seiner Schönheit zu erfreuen, benötigt man eine gewisse Kondition. Die steilen Hänge des Parks bieten sich perfekt für ein Picknick an, was die Einheimischen vor allem im Sommer sehr zu schätzen wissen. In der Parkmitte befindet sich ein beeindruckender künstlich angelegter Hügel mit den typischen Merkmalen englischer Gärten, z.B. Brücken, Grotten und einer Rotunde, der sogenannte-Sibyllentempel. Dieser Hügel macht den Charme des Parks aus. Für eine Verschnaufpause bieten sich die beiden Cafés **Pavillon Puebla** oder **Rosa Bonheur** an.

Parc des Buttes-Chaumont

Parc de Belleville

Paris von oben

Los geht's am Fuß des Parks und dem langen Wandgemälde mit Szenen der historischen Pariser Kommune, ein Schlüsselmoment in der Geschichte der Stadt, der sich in den Straßen von Belleville entfaltete. Das Wandgemälde dient als Symbol für den revolutionären Geist des Viertels und die anhaltenden Kämpfe um soziale Veränderung, etwas, das auch heute noch wichtig ist. Wenn man über die terrassenförmig angelegten Hänge nach oben spaziert, passiert man einen Wasserfall, der zwischen den geschwungenen Wegen hinunter tröpfelt. Die Weinreben auf einigen Gartenterrassen sollen an die Zeit nach dem Mittelalter erinnern, in der Belleville ein Weindorf war.

Wenn man dann oben auf dem *belvédère* (Aussichtspunkt) angekommen ist, wird man mit einem atemberaubenden Blick belohnt. Die Plattform bietet nicht nur einen herrlichen Blick auf Paris von Montparnasse bis zum Eiffelturm, sondern ist auch Treffpunkt für Straßenkünstler:innen. Man sollte sich einen Moment Zeit nehmen und die vielen Wandgemälde bewundern, die einen farbenfrohen Rahmen bilden. Herzlich willkommen auf dem zweihöchsten Hügel der Stadt!

Parc de Belleville

Einen Happen essen im chinesischen Belleville

Die Aromen Chinas

Das als neueste „Chinatown“ von Paris geltende Belleville hat ein reiches kulinarisches Angebot. Einheimische treffen sich hier in Scharen, um authentische chinesische Speisen zu genießen. Die Angehörigen dieser dynamischen und eng verbundenen Gemeinschaft kommen vorwiegend aus der Region Wenzhou in Südostchina. Das Viertel beherbergt unzählige kleine Geschäfte und Restaurants, von gemütlichen Familienbetrieben bis zu großen Speiselokalen. Eine ungewöhnliche Erfahrung macht man im **Pavillon aux Pivoines**. Hier ist ein traditionelles Wohnzimmer mit Kalligrafie-Tisch nachgebaut. Gutes Streetfood bietet **Raviolis Nord Est** und das trubelige **Chez Alex**. Wer in Backwaren schwelgen möchte, besucht die Konditorei **You Wei** oder reiht sich in die Schlange vor **Best Tofu** ein, wo das Personal hauptsächlich Mandarin spricht. Man sollte sich weder von der Schlange noch der Sprache abschrecken lassen!

Edith Piaf wiederentdecken

La Môme und ihre Stimme

Die französische Sängerin ist in Ménilmontant geboren. Sie führte ein bemerkenswert ereignis- und erfolgreiches Leben und wurde schließlich eine Ikone der französischen Musik Anfang des 20. Jhs. In Belleville wird ihr noch heute von den Einheimischen Anerkennung gezollt – von den Stufen vor dem Gebäude **72 Rue de Belleville** bis hin zu ihrem Grab auf dem Cimetière du Père-Lachaise (S. 120). Der Legende nach soll sie auf diesen Stufen das Licht der Welt erblickt haben. In Wirklichkeit ist sie aber ein paar Blocks weiter im Hôpital Tenon geboren. Die Statue auf der **Place Edith Piaf** zeigt sie mit zum Himmel erhobenen Armen und fängt den Kern ihrer Lieder über Liebe und Leid perfekt ein. Im **Musée Edith Piaf** wurde ihre frühere Zweizimmerwohnung in ein Museum umgebaut, das ihr Leben anhand von sorgfältig kuratierten persönlichen Gegenständen wiedergibt.

ESSEN & FEIERN IN BELLEVILLE

Chloé Vasselin, Autorin des **Guide du Paris Boui-Boui** (ein Streetfood-Führer) und sachkundige Belleville-Führerin, teilt ihre besten Spots. @boui boui.leblog

Man startet bei **Babel** mit einem Kaffee aus Bohnen der Rösterei Brûlerie Jourdain. Weiter geht's auf den Markt auf dem Bd de Belleville (Di & Fr vormittags), wo man nordafrikanisches Brot oder algerische Teigtaschen probieren kann. Alternativ besucht man **Guo Xin** und bestellt sich chinesische gebratene Klöße oder Reiskuchennudeln im **WENZHOU La Cantine Chinoise**. Auf dem Weg in den Parc de Belleville kommt man vorbei an der Place Fréhel, die während des Baus der Métro entstanden ist. Das **La Belle Vie** und **La Commune** bieten sich für einen Apéritif an. Es ist zwar nicht in Belleville sondern in La Campagne à Paris, wo man keinesfalls den Buchladen **La toute petite librairie** verpassen sollte. Es ist einer meiner persönlichen Lieblingsorte.

ESSEN IN BELLEVILLE

Paloma
Französische Kantine mit nur einem Mittagsmenu, das aus einer Vorspeise, einem Hauptgericht und einem Dessert besteht. €

Le Barbouquin
Gemütlicher Buchladen mit Café in der Rue Dénoyez mit all ihren Graffiti. €

Benoît Castel
Die Bäckerei-Konditorei ist für ihren köstlichen All-you-can-eat-Brunch bekannt und bei Einheimischen sehr beliebt. Vorab online reservieren. €€

Bastille & östliches Paris

TOLLE MÄRKTE, LOKALE UND UNTERHALTUNG

TOP TIPP
Die öffentlichen Verkehrsmittel sollte man mit Überlegung benutzen. Zu Fuß kann man die unmittelbare Umgebung wunderbar erkunden, Bastille und Vincennes liegen aber ziemlich weit auseinander. Die öffentlichen Verkehrsmittel in der Gegend sind recht effizient, und wer Zeit und Energie sparen will, sollte sie auch benutzen.

Das östliche Paris erstreckt sich von der historischen Place de la Bastille bis zum schönen Bois de Vincennes am rechten Seine-Ufer. Die von Reisenden oft vernachlässigte Gegend bietet eine interessante Mischung aus Geschichte, Natur und Überbleibseln ihrer industriellen Vergangenheit.

Während die Place de la Bastille historisch bedeutsam ist, ist es doch das industrielle Erbe des Bezirks, das bis heute vor allem in der Gegend um Faubourg St-Antoine und Popincourt am sichtbarsten ist. Im 19. und Anfang des 20. Jhs. befanden sich in dem einst betriebsamen Handwerkszentrum zahlreiche Werkstätten, die meist auf Möbelherstellung spezialisiert waren. Heute sind in den Werkstätten trendige Cafés, kleine Geschäfte, Konzertlocations und kreative Restaurants untergebracht, die der Gegend ein lebendiges, zeitgenössisches Ambiente geben.

In Richtung Osten ändert sich das Bild allmählich. Das Viertel Nation ist durch breite Wohnstraßen gekennzeichnet. Direkt hinter dem Bd Périphérique, der die Stadtgrenze bildet, befindet sich der ruhige Ort Vincennes mit dem ausgedehnten Bois de Vincennes.

OLIVEROUGE 3/SHUTTERSTOCK ©

Place de la Bastille (S. 126)

BASTILLE & ÖSTLICHES PARIS

HIGHLIGHTS
1 Coulée Verte René-Dumont
2 Opéra Bastille
3 Palais de la Porte Dorée
4 Place de la Bastille

SEHENSWERTES
5 Bois de Vincennes
6 Marché d'Aligre
7 Parc de Bercy
8 Port de l'Arsenal
9 Square Charles Péguy

ESSEN
10 Le Train Bleu

AUSGEHEN & FEIERN
11 Barapapa
12 L'Atelier Saisonnier
13 Le Street Art
14 Les Cuves de Fauves
15 Les Mauvais Joueurs
16 Moonshiner
17 Troll Café

Palais de la Porte Dorée
EQROY/SHUTTERSTOCK ©

Palais de la Porte Dorée

Erst Kolonial-, dann Bildungsstätte

Ursprünglich wurde der Palais des Colonies für die Kolonialausstellung 1931 gebaut. Dieses Art-déco-Juwel von grandiosem Design beherbergt heute das Aquarium Tropical und das Musée de l'Histoire de l'Immigration, das der Geschichte der Immigration gewidmet ist und das Verständnis der Kulturen fördern soll. Die Dauerausstellung, die sich mit den Erfahrungen von Immigrant:innen und der französischen Geschichte befasst, behandelt oft kontroverse Themen. Führungen beleuchten die architektonischen Aspekte des Gebäudes.

OPÉRA BASTILLE

Die am 13. Juli 1989, dem 200. Jahrestag des Sturms auf die Bastille, eingeweihte Oper aus Glas und Stahl ist Teil einer umfassenden Initiative, zeitgenössische Kultur zu fördern und einen Kontrast zu dem älteren Gegenstück, dem Palais Garnier, zu bilden. Als eines der weltweit größten Opernhäuser und Hauptbühne der Pariser Oper finden hier viele atemberaubende Musik- und Tanzaufführungen statt – von zeitgenössischen bis hin zu klassischen Kreationen. Spezielle Vorführungen für junge Erwachsene (bis 28 Jahre) sollen die Kunst auch weiterhin demokratisieren.

Place de la Bastille

Ein Symbol der Freiheit über die Jahrhunderte

Am 14. Juli 1789 stürmte die Bevölkerung des Faubourg St-Antoine auf der Suche nach mehr Waffen die Bastille. Als die Wachen nicht nachgaben, eskalierte die Lage schnell. Nach langen Hungerphasen und Entbehrungen rebellierten die Menschen mehrere Monate lang gegen die Machthaber, dieses Ereignis wird als Beginn der Französischen Revolution angesehen.

Die Place de la Bastille ist nicht nur ein starkes Symbol für die Ereignisse im Jahr 1789, sondern auch für die Freiheit der Menschen überhaupt. Die Colonne de Juillet (Julisäule) in der Mitte des Platzes erinnert an die Trois Glorieuses, die drei glorreichen Tagen der Julirevolution von 1830. Sie ist mit dem Génie de la Liberté (Geist der Freiheit) gekrönt. Interessanterweise besteht die Basis der Säule aus zwei Grabsteinen. Ein Stein gedenkt den Gefallenen der Revolution 1830 mit den Überresten von 500 Personen, die unter der Säule ruhen. Der zweite Stein erinnert an die Kämpfer, die ihr Leben in der Revolution 1848 verloren haben, die der Monarchie ein Ende setzte.

Heute ist die Place de la Bastille symbolisch mit ihrem Gegenstück, der Place de la République, verbunden und ist noch immer ein Ort zahlreicher Demonstrationen und politischer Versammlungen. Unter dem wachsamen Blick der Statue ist der Platz Treffpunkt von Travellern, Kunstschaffenden, Büroangestellten, Partygästen, Servicepersonal, Teens und Skatefreaks, die sich hier rund um die Uhr treffen.

WAS GESCHAH WÄHREND DER FRANZÖSISCHEN REVOLUTION?

Eine detaillierte, didaktische Ausstellung mit historischen Exponaten zur französische Revolution ist in der **Conciergerie** (S. 135), wo Königin Marie Antoinette inhaftiert war, zu finden.

4KCLIPS/SHUTTERSTOCK ©

Place de la Bastille

Château de Vincennes

Château de Vincennes

Eine unterschätzte mittelalterliche Festung

Was als kleine Jagdhütte begann, wurde über die Jahrhunderte zur Verteidigungsfestung, zur königlichen Residenz und zum Gefängnis. Das am Stadtrand von Paris gelegene Schloss zieht weniger Besucher:innen an als die anderen Sehenswürdigkeiten. Der massive Donjon, einer der größten Europas, ist inmitten der Stadt Vincennes besonders bemerkenswert. Man sollte in die reiche Geschichte des Gebäudes eintauchen, die Gegebenheiten erkunden, den Turm besteigen und den Rundumblick genießen. Unbedingt sehenswert sind auch die Sainte-Chapelle, eine kleinere Version des Pariser Pendants im 1. Arrondissement, und die erlesenen Buntglasfenster.

Coulée Verte René Dumont

Spaziergang auf dem besten Parkwanderweg der Stadt

Einer der markantesten Parkwanderwege ist die Promenade Plantée, ein überraschend ruhiger Ort im Vergleich zu den Straßen der Stadt. Er ist 4,5 km lang und folgt der ehemaligen Hochbahntrasse, die früher Vincennes mit der Gare de la Bastille verband (am Ort des ehemaligen Bahnhofs steht nun die Oper). Den Weg säumen von drei eifrigen Stadtgärtnern sorgfältig gepflegte Blumenbeete und Büsche.

Von der Bastille bis zur Gare de Lyon führt der Weg über einen historischen Viadukt aus dem 19. Jh. Im Frühjahr lieben die Einheimischen die blühenden Rosenbüsche über alles. Der Spaziergang in Höhe der Fenster der roten Backsteinbauten, vorbei an bunten Blumen und saftig grünen Bäumen im Vordergrund ist eine einzigartige Erfahrung.

Coulée Verte René Dumont

DIE BESTEN SHOPS AUF DEM MARCHÉ D'ALIGRE

Die Geschäfte rund um den Marché d'Aligre tragen zur quirligen Atmosphäre des Platzes bei und bieten eine ganz besondere Erfahrung.

La Graineterie du Marché
Der einzigartige Laden ist auf Samen und Aufgussblätter spezialisiert und wahrscheinlich einer der letzten seiner Art in Paris.

Sweet Romance
Die Konditorei in der Halle Beauvau verkauft leckere Kuchen und Torten und dazu köstlichen Kaffee.

Aux Merveilleux de Fred
Fred mag ja für seine Baisers berühmt sein, aber auch seine oft unterschätzten weichen Brioches sind köstlich.

Marché d'Aligre

MEHR IN BASTILLE & IM ÖSTLICHEN PARIS

Shoppen im Marché d'Aligre

Die Seele des Bezirks

Einheimische und Fremde lieben den Marché d'Aligre mit seiner großen Auswahl an Produkten. Von frischem Obst und Gemüse bis zu Käse, Fisch, Fleisch, Gewürzen, Süßigkeiten und Fertiggerichten gibt's so ziemlich alles. Was den Marché d'Aligre zu etwas Besonderem macht, liegt an den drei unterschiedlichen Bereichen. Die Markthalle, **Halle Beauvau**, steht seit 1982 unter Denkmalschutz. Hier kann man leicht einen ganzen Vormittag verbringen. Die Verkäufer bieten an ihren Ständen Käse, Wein, italienische Oliven, madagassische Spezialitäten und mehr an. Bevor man auf den Straßenmarkt mit Frischwaren geht, kann man noch einen der besonderen Kaffees probieren.

ESSEN IN DER NÄHE DER PLACE D'ALIGRE

Mokonuts
Das weltoffene Café bietet herzhafte, mit Liebe zubereitete Frühstücks- und Mittagsgerichte. Reservierung empfohlen. €€

Table
Sternerestaurant von Chefkoch Bruno Verjus, der hier mit unvergleichlichen Gerichten brilliert. €€€

Privé de Dessert
Kreatives Trompe-l'Oeil-Konzept. Hier ähneln Vorspeisen Desserts (schmecken aber wie Vorspeisen) und umgekehrt. €

Der **Outdoor-Bereich** ist wegen der erschwinglichen Preise besonders beliebt und zieht frühmorgens Lebensmitteleinkäufer auf der Suche nach frischen Produkten an. Der nur montags geschlossene Markt bietet eine perfekte Gelegenheit zu erleben, wie man in Frankreich frische Lebensmittel kauft.

Der **Flohmarkt-Bereich** im nördlichen Teil der Place d'Aligre hat seine Wurzeln in einem königlichen Erlass, der besagt, dass man auf der Place d'Aligre alles verkaufen darf, was man möchte. Egal ob man Antiquitäten, afrikanische Masken, Bücher und andere Schätze sucht, in diesen Bereich wird man sich im Handumdrehen verlieben.

Einen Cocktail am Port de l'Arsenal trinken

Ein überraschender Stadthafen

Am **Bassin de l'Arsenal** ist es so ruhig, dass man sich fragen könnte, ob die hier festgemachten Boote jemals ablegen und auf der Seine oder anderswo herumschippern. Der **Port de l'Arsenal** (am ehemaligen Waffenlager der Bastille-Festung) ist ein kleiner Hafen, der sich zwischen zwei belebten Straßen versteckt. Man hat den Eindruck, einen Kurzurlaub abseits der Stadt zu machen, wenn man in einer Bar mit Terrasse und Blick über den Hafen oder in einem der kleinen Gärten einen erfrischenden Drink genießt. Obwohl hier nachts ab und zu gesellige (für manche zu gesellige) Zusammenkünfte stattfinden, bietet der Hafen doch eine ruhige Kulisse für einen Spaziergang entlang der Boote, vor allem an sonnigen Tagen. Fotobegeisterte werden den Blick auf die Colonne de Juillet zu schätzen wissen.

DIE BESTEN MUSIKLOCATIONS IM BASTILLEVIERTEL

Wer einen tollen Abend verbringen möchte, könnte ins **Les Disquaires** gehen, eine Café-Konzert-Location mit abwechslungsreichem Programm. Hier kann man sich mit einem Drink in der Hand eine Live-Show anschauen. Danach gibt's Musik vom Plattenteller – an den Wochenenden bis fünf Uhr! Oder man besucht das in der Nähe gelegene für Funkpartys berühmte **Badaboum** oder den **Supersonic** Club. Eine weitere Option ist das **Café de la Danse**, eine tolle Konzert-Location mit Sitzplätzen. Tagsüber ist diese Gegend für Musikfreaks, vor allem für Vinylfans, interessant, denn es gibt hier zahlreiche Plattenläden, die es zu erkunden gilt.

Lust auf Feiern?

Eine Bar für jeden Geschmack

Die Place de la Bastille und Umgebung lebt abends so richtig auf. Die Rue de Lappe hat einen besonderen Platz im Herzen vieler Einheimischer, die ihre Jugend in dieser Gegend verbracht haben. Die Straße ist über die Jahre zwar weniger rau geworden, hat aber mit unzähligen Bars und Restaurants noch immer ihren symbolträchtigen Ruf. Die fröhliche Atmosphäre erstreckt sich auch in die umliegenden Straßen. Wer gern Bier trinkt, geht auf ein oder zwei Gläschen ins **Troll Café** oder **Les Cuves de Fauves**, eine große Brauereikneipe, in der auch Bistro-Gerichte serviert werden. Auch **Le Street Art**, eine Bar mit bunt bemalten Wänden und Underground-Atmosphäre, lohnt den Besuch. Wer lieber Wein

BELIEBTER ZUGTREND

Neben der Gare de la Bastille wurden noch weitere Bahnhofstandorte umfunktioniert und bieten der Pariser Bevölkerung nun alternative kulturelle Möglichkeiten, z.B. La Recyclerie, ein Café und Fahrradreparaturladen, und **La Cité Fertile** (S. 104), ein beliebtes städtisches Projekt in einem ehemaligen Güterbahnhof.

ESSEN IM BASTILLE-VIERTEL

Café de l'Industrie
In dem zeitlosen Restaurant werden solide französische Klassiker und zufriedenstellende Desserts in geselligem Ambiente serviert. €

Mokoloco
Das Lokal heißt talentierte Nachwuchsköch:innen willkommen, die vom Mokonuts-Team betreut werden. Gute Auswahl an Weinen. €

Do & Coco
Das kleine Restaurant hat sich auf köstlich zubereitete vietnamesische Speisen spezialisiert. €

STADTSPAZIERGANG: HANDWERKERHÖFE ERKUNDEN

Seit dem 15. Jh. sind die im Faubourg St-Antoine lebenden Menschen mit der Handwerkstradition verbunden. Sie arbeiteten in Höfen, die sich heute an den Wochenenden meist hinter verschlossenen Türen verstecken. Einige Werkstätten sind noch erhalten, sie werden nach und nach von modernen Betrieben übernommen. Dieser Spaziergang führt durch Passagen, in denen das Ambiente von Handwerkern noch zu spüren ist.

Los geht's in der **1 Cour Damoye**, die früher das Domizil von Lumpensammlern und Schrotthändlern war. Die Werkstätten befanden sich im Erdgeschoss. Man nimmt den Ausgang zur Rue Daval und geht Richtung Rue de Lappe, die für ihre vielen Bars und das wilde Nachtleben bekannt ist. Weiter geht's zur **2 Passage Lhomme**. Unbedingt einen Blick ins Schaufenster des Spieleladens am Eingang werfen. Läuft man in Richtung Ende, erkennt man Reste von Lagerhäusern und Werkstätten zwischen neuen Büros. Biegt man nach rechts ab, erreicht man die **3 Passage Josset** und in Les Fleurs, einem Schmuck- und Beauty-Shop, kann man eine Pause machen. Nun geht's zurück in die Rue du Faubourg St-Antoine und weiter in die **4 Passage de La Main d'Or**. Ausschau halten nach den in der Passage versteckten Gravuren und Skulpturen! Schließlich erreicht man die Rue de la Main d'Or, wo man sich im Passager einen Kaffee gönnt, und bummelt dann weiter durch die Straßen südlich der Métrostation Ledru-Rollin. Ein letzter Abstecher führt in die **5 Passage du Chantier**, in der man sich im Erbe der Möbelmacher wiederfindet. In der Passage sind noch die alten Ladenschilder erhalten. Wenn sie geöffnet ist, sollte man einen Blick in die **6 Cour du Bel-Air** werfen, die fast völlig mit üppigen Weinreben geschmückt ist.

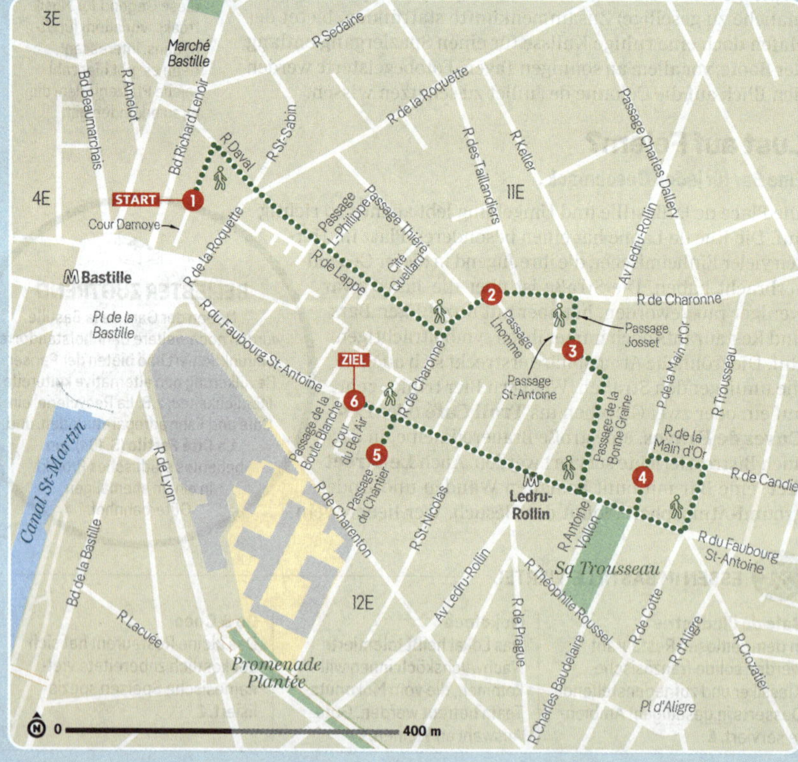

trinkt, bestellt sich ein oder zwei Gläschen oder einen *aperitif* im **L'Atelier Saisonnier**. Brettspielfans werden eine tolle Zeit im **Les Mauvais Joueurs** verbringen. Und wenn man auf der Suche nach etwas diskreterem, originellerem ist, geht man in die berühmte Flüsterkneipe **Moonshiner** – wenn man denn den versteckten Eingang findet!

Ein Ausflug zurück in frühere Zeiten

Spaziergang über die Petite Ceinture

Dampf- und Kohlezüge sind in den 1970er-Jahren endgültig aus dem Pariser Verkehrsnetz verschwunden. Sie wurden ab Anfang des 20. Jhs. allmählich durch das bequemere und umweltfreundlichere U-Bahn-System ersetzt. Spuren ihrer Existenz gibt es aber noch und das Erbe aus dieser Zeit, ein Symbol für die Industrialisierung der Stadt, ist in der Vorstellung vieler im östlichen Paris noch präsent. Der geschichtsträchtige Spaziergang beginnt am **Square Charles Péguy** an einem Abschnitt der Petite Ceinture (S. 173), der ehemaligen Bahnstrecke rund um Paris.

Man folgt der ehemaligen Vincennes-Linie in Richtung Zentrum. Diese Strecke war einst sehr beliebt, da sie für die Beförderung der arbeitenden Bevölkerung zwischen dem Faubourg St-Antoine und dem entzückenden Ort Vincennes benutzt wurde. Auch erreichte man so die an der Seine liegenden *guinguettes* (Tanzlokale unter freiem Himmel), wo an Sonntagen gefeiert wurde. Weiter geht's in Richtung der ehemaligen **Gare de Reuilly** (heute ein Kulturzentrum), vorbei an einer früheren Wassernachfüllstation und durch einen Tunnel, in dem sich heute Urban-Art-Installationen befinden.

Wer noch Lust hat, geht weiter bis zu den Kunstateliers am **Viaduc des Arts** und sinniert im **Le Train Bleu** über das Gesehene. Dieser einzigartige Ort ist über 100 Jahre alt und befindet sich in der **Gare de Lyon**. Ein Abendessen in diesem Restaurant mit der außergewöhnlichen neobarocken Dekoration, die an die Belle-Epoque-Ära erinnert, ist wie ein Ausflug in eine Zeit, als Zugfahren noch etwas Besonderes war.

Sommer an der Seine

Open-Air-Bars am Fluss

Im Sommer gibt's keinen besseren Ort für einen Drink als das Ufer der Seine, wo mehrere Flussschiffe ihren Liegeplatz in pulsierende Bars verwandeln. Terrassen am Wasser waren selten und für Konzertboote oder VIP-Restaurants reserviert. In den letzten Jahren florierten diese Locations aber, führten die Tradition der *guinguettes* wieder ein und weckten das einst

DER BOIS DE VINCENNES MIT KIDS

Parc Zoologique de Paris
Der Pariser Zoo steht unter der Aufsicht des Museums für Naturkunde und bietet zahlreiche Aktivitäten an, z.B. ein aufregendes Frühstück mit Giraffen!

Aquarium Tropical
Das Aquarium im Palais de la Porte Dorée beherbergt kleine Krokodile und andere besonders bei Kindern beliebte Wassertiere.

Parc Floral de Vincennes
Der riesige Park bietet einen Abenteuerbereich mit baumbezogenen Aktivitäten und Seilrutsche. Ausschau halten nach dem im Garten herumlaufenden Pfau.

La Cartoucherie
Kulturkomplex im Wald mit Theater, Tanz und Zirkuskunst.

Jardin d'Agronomie Tropicale
Dieser weiter im Osten gelegene Garten beherbergt die Überbleibsel der Kolonialausstellung von 1931 mit chinesischem Tor, einer kambodschanischen Stupa und üppiger Vegetation.

SÜSSIGKEITEN KAUFEN IM ÖSTLICHEN PARIS

La Briée
Auf Brioches in verschiedenen Formen und mit unterschiedlichen Füllungen spezialisierte Bäckerei.

Tapissier
Winzige Konditorei, die köstliche Brownies und Pekannusskuchen sowie besonderen Kaffee verkauft.

Scoop Me a Cookie
Leckere, weiche Kekse, von Bananen- und Erdnussbutterkeksen bis hin zu Keksen mit drei verschiedenen Sorten von Schokosplittern und Buttertoffee.

DIE BESTEN KULTUREVENTS & DIE BESTE UNTERHALTUNG IM PARC DE BERCY

La Cinémathèque Française
Das perfekte Museum für Kinofans befindet sich im Parc de Bercy und ist eine Ode an die „siebte Kunst". Große Sammlung an Filmen und ebensolches Archiv.

Musée des Arts Forains
Ein uriges, ungewöhnliches Museum mit einer bemerkenswerten Sammlung an Rummel- und Karnevalartefakten. Das leicht unheimliche Museum bietet einen Einblick in die amüsante Welt von Fahrgeschäften, Karussells und ähnlichen Vintage-Attraktionen. Online-Reservierung ist zwingend notwendig.

Bercy Village
Das ehemalige Weinlager am Parc de Bercy wurde in ein Fußgängerdorf umgewandelt. Es ist eine nette Option, wenn man mit Kindern unterwegs ist, denn hier gibt's Lokale, Unterhaltung und Geschäfte.

BENSLIMAN HASSAN/SHUTTERSTOCK ©

Parc de Bercy

vernachlässigte Flussufer zu neuem Leben. Gegenüber der architektonisch atemberaubenden **Cité de la Mode et du Design**, eine der beliebtesten Locations an dieser Seite der Seine, befindet sich das **Barapapa**, das jeden Sommer mit diversen Musikveranstaltungen und coolem Ambiente am Kai des Port de la Rapée seine Tore öffnet.

Der Reichtum des Parc de Bercy

Weinfelder und Gärten

Im Frühjahr und Sommer verwandelt sich der Parc de Bercy in einen farbenfrohen Blumenteppich. Der von Tourist:innen kaum beachtete Park kann auf ein interessantes Erbe der Weinherstellung in Paris zurückblicken. Auf dem Gelände ehemaliger Weinlagerhallen erinnert dieser Garten an die glanzvolle Vergangenheit der Stadt als das im 19. Jh. weltweit größte Handelszentrum für Weine und Alkoholika. Diese Tradition, die bis ins Mittelalter zurückreicht, bestand bis in die 1950er-Jahre. Heute lebt die Weinwirtschaft mit 400 Weinstöcken und jährlicher Weinlese weiter. Der Chai de Bercy, ein umgebautes Weinlager, ist heute Ausstellungsfläche.

ÜBERNACHTEN (UND AUSGEHEN) IM ÖSTLICHEN PARIS

Les Piaules Nation
Ein Hostel mit Dachterrasse und Blick auf die Place de la Nation. €

Mk2 Hotel Paradisio
Einzigartiges Hotel mit Kinothema und großer Leinwand in jedem Zimmer und einem Freiluftkino auf der Dachterrasse. €€

People Paris Marais
Praktisch gelegenes Hostel (unweit der Bastille) mit dem beliebten Restaurant Titi Palacio, dessen Wände aus Glas bestehen. €

Die Seine-Inseln

SCHICKES HISTORISCHES HERZ MIT NOTRE-DAME

Hier, mitten in der Seine, befindet sich das geografische, historische und spirituelle Herz von Paris. Hier haben die Römer Lutetia errichtet und allmählich wuchs die Stadt rundherum. Die größere der innerstädtischen Inseln, die Île de la Cité, ist Standort der majestätischen Kathedrale Notre-Dame, die nach dem verheerenden Brand im Jahr 2019 und einer erstaunlich detaillierten und schnellen Restaurierung bereits Ende 2024 wieder eröffnet werden soll.

Die weniger bekannte, aber ebenso grandiose Sainte-Chapelle, die Kapelle der Könige und Königinnen, ist eine Symphonie kaleidoskopischer Buntglasfenster in schlankem Mauerwerk aus dem 13. Jh. – einfach traumhaft, vor allem als Rahmen der Abendkonzerte im Sommer. Sie ist nur ein paar Schritte von dem heutigen Palais de Justice und der Conciergerie, dem Kerker während der Französischen Revolution, entfernt. Auch die Pont Neuf mit ihren spektakulären Büsten von Ungeheuern und Königen ist sehenswert.

Über die Pont St-Louis erreicht man die kleine, aber reizende Île St-Louis, die nette Nachbarin der Île de la Cité. Dort befinden sich schöne Geschäfte, sonnenbeschienene Quais und viele ausgezeichnete Brunch- und Mittagslokale.

☑ TOP TIPP

Wer die spektakulären Buntglasfenster in der Sainte-Chapelle bewundern möchte, muss mit einer sehr langen Warteschlange rechnen. Man sollte sich sein Ticket online besorgen oder zuerst die Conciergerie besichtigen und sich ein *billet jumelé* (Kombiticket) kaufen, mit dem man in das alte Gefängnis und in die Kapelle kommt. Den „Schnelleingang" können auch Inhaber:innen der Pässe Paris Museum und Passion Monument (man muss vorab online ein Zeitfenster buchen) und Personen unter 26 Jahren benutzen.

Sainte-Chapelle (S. 135)

DIE SEINE-INSELN

HIGHLIGHTS

1 Conciergerie
2 Cathédrale Notre-Dame de Parisl
3 Sainte-Chapelle

SEHENSWERTES

4 Place Dauphine
5 Pont au Double
6 Pont Neuf
7 Pont St-Louis

ESSEN

8 Atelier du Geste à l'Émotion
9 Aux Petits Cakes
10 Berthillon
11 Fleuryan
12 La Brasserie de l'Isle Saint-Louis
13 La Ferme St-Aubin

AUSGEHEN & FEIERN

14 Café St Régis
15 L'Etiquette

SHOPPEN

16 Hadrien Chocolatier

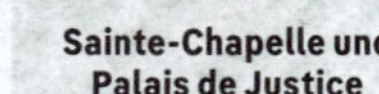

Sainte-Chapelle und Palais de Justice

Picknick am Ufer der Seine

Das süße Inselleben

Die Kais und Parks auf den Inseln sind voller glücklicher Einheimischer, die hier relaxen, lesen, flirten und – wie könnte es anders sein – picknicken. Man sollte sich in den netten Läden auf den Inseln Proviant besorgen, z.B. Luxus-Sandwiches und Torten im **Atelier du Geste à l'Émotion** auf der Île de la Cité oder ausgezeichnetes Brot im **Aux Petits Cakes** auf der Île St-Louis. **La Ferme St-Aubin** verkauft *fromage* (Käse), in dem kleinen Lebensmittelladen in der Rue St-Louis en l'Île und im herrlichen **Fleuryan** bekommt man so ziemlich alles für ein Picknick. Eine Flasche Wein darf natürlich auch nicht fehlen, die gibt's im **L'Etiquette**. Und das Dessert? Schokolade von **Hadrien** oder Eis von **Berthillon**, *was sonst!*

Salle des Gens d'Armes

Die Conciergerie

Jahrhundertealte Gefängnisse

Die **Conciergerie** war im 14. Jh. ein königliches Schloss, später ein Gefängnis. Während der Schreckensherrschaft (1793–1794) wurden hier mutmaßliche Feinde der Revolution eingekerkert, bevor sie vor das Revolutionstribunal im **Palais de Justice** aus dem 13. Jh. nebenan geführt wurden (darin befindet sich auch heute noch ein Gericht, das man kostenlos besichtigen kann).

Auch Königin Marie Antoinette gehörte zu den damals fast 2800 Gefangenen in den Kerkern (mit unterschiedlichen „Zellenklassen") der Conciergerie, die dort auf ihre Enthauptung warteten. In der schönen **Salle des Gens d'Armes** im Stil der Rayonnant-Gotik, Europas größtem erhaltenen Saal aus dem Mittelalter, finden Wechselausstellungen statt.

Sainte-Chapelle

Magisches Funkeln von Buntglas

In Paris gibt es wohl keinen Ort, der überwältigender ist als diese leuchtende Heilige Kapelle, die sich wie ein Kleinod hinter den Mauern des ursprünglichen Palais de Justice (Justizpalast) aus dem 13. Jh. und dem Palais de la Cité, der einstigen königlichen Residenz, versteckt. Die ältesten und schönsten Buntglasfenster schmücken das gotische Intérieur der Sainte-Chapelle, die man an einem sonnigen Tag besuchen sollte, denn dann erstrahlen die Fenster in einem überirdisch bunten Licht.

Die Sainte-Chapelle wurde in nur sechs Jahren errichtet und 1248 geweiht. Sie wurde von König Ludwig IX. in Auftrag gegeben, um darin seine Sammlung heiliger Reliquien aufzubewahren – darunter auch die berühmte Ste-Couronne (die Dornenkrone Christi, die sich jetzt in Notre-Dame befindet), die er 1239 von dem Kaiser von Konstantinopel für einen Betrag erworben hat, der etwas höher war als die Baukosten der Kapelle.

Ein Abendkonzert mit klassischer Musik ist wirklich etwas ganz Besonderes für die Seele (Tickets bekommt man über fnac.com).

VIACHESLAV LOPATIN/SHUTTERSTOCK ©

PRAKTISCHES
Für Öffnungszeiten und Führungen in Notre-Dame diesen QR-Code scannen.

TOP-SEHENSWÜRDIGKEIT

Notre-Dame

Die so majestätische wie monumentale Pariser Kathedrale im Stil der französischen Gotik auf der Île de la Cité wird nach dem Brand 2019 bald wieder eröffnet. Sie erstrahlt in ihrer prächtigen Kunst und Architektur, von den Glockentürmen bis zu den Buntglasfenstern. Das meistbesuchte Gebäude (Eintritt frei) der Hauptstadt – über 12 Mio. Personen jährlich – ist wie eh und je ein Highlight und Wahrzeichen.

NICHT VERPASSEN
- Fensterrosetten
- Glockentürme
- Strebewerk
- Schatzkammer
- Unterirdische Gemäuer

Ein unangefochtenes Meisterwerk

Schon vor dem Feuer am 15. April 2019 konnte die Kathedrale Notre-Dame auf eine lange Geschichte des Baus und Wiederaufbaus zurückblicken. Sie wurde am Standort früherer Kirchen und eines gallo-römischen Tempels errichtet. Mit dem Bau des Meisterwerks, das wir heute sehen, wurde 1163 begonnen, im frühen 14. Jh. wurde die Kathedrale dann weitgehend vollendet. Während der Revolution wurde sie stark beschädigt, was den Architekten Emmanuel Viollet-le-Duc veranlasste, zwischen 1845 und 1864 umfangreiche Renovierungsarbeiten zu beaufsichtigen. In dieser Zeit wurden große Teile der Strebewerke (*la forêt*), die den Chorraum der Kathedrale umgeben und die Mauern sowie das Dach tragen, hinzugefügt.

Seit dem verheerenden Brand 2019 wurde das Denkmal im Stil der französischen Gotik, das lange Zeit als geografisches und spirituelles Herz der Stadt galt, umfassend restauriert und wird, so der Stand zum Zeitpunkt der Recherche, erstaunlicherweise bereits Anfang Dezember 2024 wieder eröffnet werden.

AGSAZ/SHUTTERSTOCK ©

Links: Notre-Dame; Oben: Emmanuel (S. 139)

Das Feuer im April 2019

Am Abend des 15. April 2019 brach ein Feuer unter dem Dach der Kathedrale aus. Löschtrupps konnten es unter Kontrolle bringen und die Kirche einschließlich der Glockentürme, der Fensterrosetten und der Westfassade zu retten. Aber der Schaden war enorm: sowohl das Dach als auch der Spitzturm, der im 19. Jh. hinzugefügt wurde, wurden völlig zerstört und der Innenraum erheblich beschädigt. Mehrere Statuen und Artefakte wurden im Rahmen des Restaurierungsvorhabens bereits vor dem Ausbruch des Feuers entfernt. Während die Kathedrale in Flammen gehüllt war, bildeten die Pariser Feuerwehrleute und der Kaplan der Feuerwehr eine Menschenkette, um viele der noch in der Kathedrale vorhandenen Schätze zu retten.

Der Wiederaufbau

Nach dem Feuer äußerte der französische Präsident Emmanuel Macron seinen Wunsch, dass die Kathedrale bis bis zu den Olympischen Spielen 2024, wieder aufgebaut wird, was nun nicht ganz gelang. Es dauerte allein über zwei Jahre, die Struktur zu reinigen und wieder zu stabilisieren.

Die Restaurierung, mit der mehr als 1000 Künstler:innen und Arbeitskräfte beschäftigt sind und die schließlich ca. 850 Mio. € (Spendengelder) kosten wird, betrifft nicht nur die vom Feuer beschädigten Elemente des Bauwerks an sich, sondern auch die Reinigung und Wiederherstellung der Orgelpfeifen, der 3000 m^2 Buntglasscheiben, der Gemälde sowie der Kupferskulpturen innen und außen – um den makellosen Zustand aus der Zeit von Viollet-le-Duc wiederherzustellen, eine Vorgabe, die die Regierung erfüllen muss. Selbst die Eichenbalken (aus über 2000 Eichen) wurden mit traditionellen Äxten von Hand bearbeitet. Der Zusammenbau und das Stimmen der Pfeifenorgel werden sechs Monate in Anspruch nehmen und können nur nachts erfolgen, da absolute Stille erforderlich ist.

DAS ZENTRUM FRANKREICHS

Notre-Dame stellte immer das Herz von Paris dar – so stark, dass Entfernungen von Paris zu jedem Ort in Frankreich von einem bronzenen Stern aus gemessen werden, der im Kopfsteinpflaster auf dem Vorplatz der Kathedrale (namens Parvis Notre-Dame oder Place Jean-Paul II) eingelassen ist. Es ist auch das Zentrum der Stadt. Eine Statue von Karl dem Großen (741–814), König des Fränkischen Reichs, steht in der Nähe.

TOP TIPPS

- Lange Schlangen werden mit der Zeit immer länger, also so früh wie möglich kommen.
- Zu lange Schlangen am Glockenturm kann man umgehen, indem man den Besuch am gleichen Tag über die kostlose JeFile-App bucht.
- Den wohl besten Blick auf die Strebewerke der Kathedrale hat man vom Square Jean XXIII oder der Pont St-Louis und der Pont de l'Archevêché.
- Audioguides gibt's am Info-Schalter.
- Die nächsten Métro-Haltestellen sind Cité (Linie 4) und St-Michel (Linie 4 sowie RER B und C), die zu Fuß fünf Minuten entfernt sind.
- Bitte nicht vergessen, dass in Notre-Dame katholische Gottesdienste stattfinden.

TOP SEHENSWÜRDIGKEIT

Notre-Dame

Ein großer Plan

Notre-Dame ist für ihre außergewöhnliche Ausgewogenheit bekannt, aber wenn man genau hinsieht, entdeckt man überall kleine asymmetrische Elemente, wodurch in Übereinstimmung mit gängiger gotischer Praxis Monotonie vermieden werden soll. Hierzu gehören leicht unterschiedliche Formen der drei Hauptportale, deren Statuen früher leuchtend bunt waren, um sie effektiver als *Biblia pauperum* – „Bibel der Armen" – hervorzuheben, damit auch des Lesens nicht mächtige Personen die Geschichte des Alten Testaments, die Leiden Christi und das Leben von Heiligen verstanden.

Bahnbrechende Gelegenheiten

Es gab jede Menge historische Ereignisse in Notre-Dame. 1431 wurde Heinrich VI. von England als König von Frankreich hier gekrönt. 1558 heiratet Maria Stuart hier den Dauphin Franz (den späteren Franz II. von Frankreich). Bei der ungewöhnlichen Eheschließung im Jahre 1600 von Maria von Medici mit Heinrich IV. musste der Bräutigam als Protestant, der die Kirche nicht betreten durfte, vor der Kathedrale stehen. 1804 wurde Napoleon I. von Papst Pius VII. hier gekrönt, 1909 Jeanne d'Arc hier selig- und 1920 heiliggesprochen.

Türme

Vor dem Eingang zu den **Tours de Notre-Dame** (tours-notre-dame-de-paris.fr), den Glockentürmen, steht immer eine lange Schlange. Über eine aus 400 Stufen bestehende Wendeltreppe erreicht man die Spitze der Westseite des **Nordturms** mit der **Galerie des Chimères** (Galerie der Wasserspeier) mit Grimassen ziehenden und grinsenden Wasserspeiern. Diese grotesken Statuen leiten das Regenwasser vom Dach um und verhindern so, dass das Mauerwerk beschädigt wird. Das Wasser tritt durch

KIRCHENMUSIK

Musik war immer Teil der Seele Notre-Dames. Man sollte versuchen, sonntags eine gregorianische oder mehrstimmige Messe oder ein kostenloses Orgelkonzert zu besuchen. Von Oktober bis Juni stehen Abendkonzerte auf dem Programm (musique-sacree-notredamedeparis.fr).

Wasserspeier am Nordturm

ihre langgestreckten, offenen Münder aus. Angeblich sollen sie auch böse Geister abwehren. Sie sehen zwar mittelalterlich aus, wurden aber erst im 19. Jh. von Viollet-le-Duc installiert. Von oben hat man einen spektakulären Blick über Paris.

Im **Südturm** hängt **Emmanuel**, die 13 t schwere, auch Bourdon Emmanuel genannte Originalglocke (alle Glocken der Kathedrale haben traditionell Namen). In der Nacht des 24. August 1944, in der die Île de la Cité wieder von den französischen und alliierten Streitkräften sowie den Truppen der Resistance übernommen wurde, läutete Emmanuel die bevorstehende Befreiung von Paris ein. Emmanuels reiner Klang soll an den wertvollen Metallen liegen, die Pariser Frauen in den Topf warfen, als die Glocke 1631 aus Kupfer und Bronze neu gegossen wurde.

Zur 850-Jahrfeier des Baubeginns wurden 2013 neun neue Glocken angebracht, die die originalen mittelalterlichen Glockentöne kopieren.

Fensterrosetten & Orgel

Die drei Fensterrosetten, die den 127 m langen und 48 m breiten Innenraum in farbiges Licht tauchen, sind spektakulär. Das 13 m breite Südfenster ist das größte. Es behandelt das Thema des Jüngsten Gerichts. Das Fenster an der Nordseite des Querschiffs ist seit dem 13. Jh. fast unverändert geblieben.

Das 10 m breite Fenster über der Westfassade zeigt in der Mitte über der Orgel die Jungfrau Maria. Die Orgel ist eine der größten weltweit. Sie hat 8000 Pfeifen (von denen 900 als historisch eingestuft werden), 115 Register, 5 Manuale mit 56 Tasten und ein Pedal mit 32 Tasten.

Altarraum & Mays

Unbedingt sehenswert ist der Altarraum mit seinem geschnitzten Gestühl und den Statuen, die die Leiden Christi darstellen.

Auch die „Mays" genannte Gemäldesammlung in den Seitenkapellen ist beeindruckend. Ab 1449 übergaben die städtischen Goldschmiede alljährlich im Mai der Kirche ein Geschenk. Zuerst ein mit Andachtsbändern umwickelter Baum zu Ehren der Jungfrau Maria, der Notre-Dame (unserer Frau) gewidmet ist. Von 1630 bis 1707 schenkten sie jeweils ein 3 m hohes Gemälde zum Gedenken an eine der Handlungen der Apostel. Von den 76 monumentalen Gemälden werden derzeit 13 ausgestellt.

Schatzkammer

Den geringe Eintritt in den *trésor* (Schatzkammer) sollte man nicht scheuen. Im südöstlichen Querschiff der Kathedrale befinden sich die überwältigenden heiligen Juwelen und Relikte. Die **Ste-Couronne** (Heilige Krone), die Dornenkrone, die Jesus vor seiner Kreuzigung aufgesetzt bekam, wurde der Kathedrale 1239 vom hl. Ludwig übergeben. Sie kann nur am ersten Freitag eines jeden Monats sowie an den Freitagen in der Fastenzeit von 15 bis 16 Uhr und am Karfreitag zwischen 10 und 17 Uhr besichtigt werden.

Einfacher zu sehen sind die wundervolle Sammlung **Les Camées des Papes** (päpstliche Kameen). Sie sind mit unglaublicher Finesse aus Muscheln geformt, die Rahmen bestehen aus Silber. Die 268 Kameen zeigen jeden Papst in Miniaturausgabe – von Petrus bis zu Benedikt XVI.

ANTIKE UNTERIRDISCHE RUINEN

Unter dem Vorplatz von Notre-Dame befindet sich die faszinierende archäologische Krypta (crypte.paris.fr), ein 117 m langer und 28 m breiter Hohlraum, in dem gallo-romanische Ruinen aus dem 4. Jh. und aus der Geschichte der Île de la Cité zu sehen sind. Coole Computersimulationen stellen das Gebiet dar, wie es in römischen Zeiten aussah – mit römischen Bädern und Artefakten. Auch erfährt man Interessantes über den Erfolg von Victor Hugos *Der Glöckner von Notre-Dame* und die Vergangenheit der Kathedrale.

RETTUNG DURCH DEN GLÖCKNER VON NOTRE-DAME

Der Schaden, der Notre-Dame in der französischen Revolution zugefügt wurde, war enorm. Deshalb sollte sie abgerissen werden. Rettung brachte die Popularität von Victor Hugos 1831 erschienenem Roman *Der Glöckner von Notre-Dame*, der einen Antrag auf Erhalt auslöste. Viele Ereignisse im Buch, z.B. die Szene, in der Quasimodo sich an einem Glockenseil herunterlässt, um die Tänzerin Esmeralda vor dem Galgen zu retten, finden an der Kathedrale statt.

WARUM ICH DIE SEINE-INSELN LIEBE

Alexis Averbuck, Schriftstellerin, @alexisaverbuck

Immer wenn ich nach Paris komme, besuche ich die Inseln. Hier ist es bei Tag und Nacht unglaublich romantisch und von den funkelnden Lichtern träumen wohl alle, wenn sie an die „Stadt der Lichter" denken. Es ist auch toll, die Leute zu beobachten, denn sowohl Einheimische als auch Fremde auf Durchreise oder auf der Suche nach einem Picknickplatz tummeln sich am Kai. Ich denke auch oft darüber nach, wie die Inseln früher waren, über die Geschichte angefangen in vorrömischen Zeiten bis zum Bau von Notre-Dame und der Sainte-Chapelle (mit ihren traumhaften Buntglasfenstern), und wie sie heute sind mit ihren trubeligen Brasserien. Ich glaube, dass man Paris nicht kennt, solange man nicht auf den Inseln war.

Café St-Régis

SOMA/ALAMY ©

MEHR AUF DEN SEINE-INSELN

Café-Leben

Einen Tag stilvoll verbringen

Wenn die Einheimischen relaxen, dann relaxen sie wirklich. Morgens ein Kaffee, der Drink am Mittag oder vor dem Abendessen, alles kann sich lange hinziehen und die Seine-Inseln bieten tolle Möglichkeiten, den Tag zu verbringen. Wer Leute beobachten will, geht an die Stelle, an der man über die Pont St-Louis die gleichnamige Insel erreicht. Dort gibt es eines der besten Lokale der Insel: das **Café St-Régis**. Servicepersonal mit weißen Schürzen und Retro-Dekor macht aus diesem stets gut besuchten Café einen netten Treff zum Frühstücken mit Backwaren und Bio-Omelettes. Mittags gibt's dann *croque monsieur* (Toast mit Käste und Schinken), abends Pariser Klassiker und spätabends Cocktails.

Gegenüber befindet sich **La Brasserie de l'Isle StLouis** mit einer großen Terrasse und Traumblick. Hier ist von Kaffee und Chablis bis zu herzhafter *choucroute* (Sauerkraut mit Wurst und Schinken) so ziemlich alles im Angebot.

Pont Neuf & andere Inselbrücken

Großartige Geschichte und moderne Musizierende

Die älteste Brücke von Paris, verwirrenderweise **Pont Neuf** oder Neue Brücke genannt, verbindet seit 1607 das Westende der Île de la Cité mit beiden Seine-Ufern. Im selben Jahr weihte

ESSEN AUF DEN SEINE-INSELN

Les Deux Colombes
Nettes Lokal in einer ruhigen Ecke der Île de la Cité mit freundlichem Personal und herzhaften Klassikern. **€€**

Poget & De Witte
Austern! Und dazu ein Glas spritzigen Chablis oder schäumenden Champagner. **€€**

Le Caveau du Palais
Der Fachwerk-Gastraum und die Terrasse sind stets voller Gäste, die sich die frischen Gerichte schmecken lassen. **€€**

Heinrich IV. die Brücke ein, indem er auf einem weißen Hengst darüber ritt. Die Bögen der Brücke (sieben am nördlichen Abschnitt und fünf am südlichen) sind mit 381 *mascarons* (grotesken Figuren) geschmückt: Barbiere, Zahnbrecher, Taschendiebe, Stadtstreicher usw. Der ersten Überquerung gedenkt ein **Reiterstandbild Heinrichs IV.**, der bei seinen Untertanen als Vert Galant („lustiger Spitzbube" oder „schmutziger alter Mann", je nach Sichtweise) bekannt war.

Die Pont Neuf und die nahe, von Bäumen gesäumte **Place Dauphine** wurden im 18. Jh. für öffentliche Ausstellungen benutzt. 1985 verhüllte der in Bulgarien geborene „Verhüllungskünstler" Christo die Brücke mit sandfarbenem Gewebe, und 1994 bedeckte der japanische Designer Kenzo sie mit Blumen.

Die Inselbrücken sind bei Straßenkünstler:innen sehr beliebt. Unterhaltung pur gibt's vor allem im Sommer an der **Pont au Double** (die Notre-Dame mit dem linken Seine-Ufer verbindet) und an der **Pont St-Louis** (die die beiden Inseln verbindet).

Shoppen vom Feinsten

Ein Bummel durch Galerien und Boutiquen auf der Île St-Louis

Die Île St-Louis ist ein Einkaufsparadies mit Boutiquen voller Kunsthandwerk und kleinen, verführerischen Fachgeschäften und Galerien. Auf einem Bummel über die Hauptstraße, die Rue St-Louis en l'Île, kann man sich in Lebensmittelgeschäften alles für ein Picknick kaufen (S. 163). Auch befinden sich dort unzählige Geschäfte in Familienhand.

Antiquitäten bekommt man bei **Bhaktar**, handgefertigte Teppiche im **L'Empire du Tapis** und asiatisch angehauchte Mode im **Bamyan**. Auch der Concept-Store **Upper**, der sowohl Boutique, Kunstgalerie und Café ist, lohnt den Besuch (hier bekommt man Kaffee, Tee, Bier, Wein und Cocktails).

Die **Galerie Collection Privée** und die **Galerie d'art Le 33 mai** mit gemeinsamer Ladenfront haben sich auf beeindruckende zeitgenössische Kunst spezialisiert, die **Galerie Clémentine de la Féronnière** auf Fotografie und hervorragende Maler:innen.

Im **Clair de Rêve** fühlt man sich wie in einer anderen Zeit. In diesem Spielzeugladen baumeln Marionetten aus Pappmaché, Leder und Porzellan an der Decke. Am östlichen Ende der Straße befindet sich **L'Embrasser** mit seiner Glas- und Stahlfassade. Das minimalistische Intérieur dieser schicken Galerie ist japanischer Kunst (Drucke, Gemälde und Töpferwaren) gewidmet.

Die in der Nähe gelegene **Librairie Ulysse** ist bis unters Dach vollgestopft mit antiquarischen und neuen Reiseführern und Landkarten.

DIE BESTEN BOOTSFAHRTEN AUF DER SEINE, DIE AN DEN INSELN STARTEN

Vedettes du Pont Neuf
Die ganzjährig stattfindenden einstündigen Bootsfahrten mit Kommentaren auf Französisch und Englisch beginnen am zentral gelegenen Anleger von Vedettes an der westlichen Spitze der Île de la Cité. Die Eintrittskarten sind im Online-Kauf billiger. Es werden auch Rundfahrten mit Mittagessen (90 Min.), abendliche Champagner-Fahrten und zweistündige Fahrten mit Abendessen angeboten.

Batobus
Die verglasten Trimarane von Batobus halten alle 20 bis 25 Minuten an neun kleinen Anlegestellen entlang der Seine, u. a. bei Notre-Dame.

UNBEKANNTE INSEL

Eine unbekanntere Seine-Insel ist die künstliche Île aux Cygnes mit ihrem baumgesäumten Weg, der Allée des Cygnes. Der Spaziergang von West nach Ost bietet einen umwerfenden Blick auf den Eiffelturm (S. 66).

Les Fous de l'Île
Das renovierte Lieblingslokal der Einheimischen serviert das französische Nationalsymbol (Hahn), zubereitet von Chefkoch Jonathan Lafon. €€

Le Sergent Recruteur
In dem Sternerestaurant sehen die Gerichte wie Kunstwerke aus, auch der Service ist einwandfrei. €€€

Berthillon
Der angesehene *glacier* (Eissalon), der hier 1954 eröffnete, wird noch immer von der gleichen Familie betrieben. €

Quartier Latin

LEBHAFTER KNOTENPUNKT MIT ALTEN WUNDERWERKEN UND LITERARISCHEM LEBEN

TOP TIPP

Wenn möglich, sollte man das Quartier Latin nicht im Hochsommer (Juli & Aug.) besuchen, denn Übertourismus ist hier kein Fremdwort. Die Schlangen vor den Sehenswürdigkeiten sind lang, zudem findet man in den hiesigen Restaurants und Bars nur schwer einen Platz. Also unbedingt rechtzeitig reservieren.

Im Quartier Latin, einem der ältesten Bezirke der Stadt, befindet sich das Amphitheater Arènes de Lutèce aus dem 2. Jh. Die mittelalterliche Architektur und die einzigartige Atmosphäre laden zu einer Erkundungstour ein. Das Viertel ist bis heute ein Zentrum des literarischen Lebens und zog Schriftsteller wie Hemingway und Joyce an. Die Hauptattraktion ist das neoklassische Panthéon, das dem römischen Gebäude gleichen Namens nachempfunden ist. Einige der brillantesten Personen Frankreichs wie Simone Veil und Victor Hugo haben hier ihre letzte Ruhestätte gefunden.

Das Viertel gehört in Teilen zum 5. und 6. Arrondissement und liegt zwischen dem Jardin du Luxembourg und dem Jardin des Plantes. Sein höchster Punkt ist der „Mont" Ste-Geneviève (eher ein Hügel), wo sich sowohl das Panthéon als auch die Université Panthéon Sorbonne befinden. Die Gegend verdankt ihren Namen der Tatsache, dass Latein die Sprache vieler Hochschulen war, die hier seit dem Mittelalter ansässig sind, und in denen man bis zur Französischen Revolution Latein sprach.

Odette (S. 150)

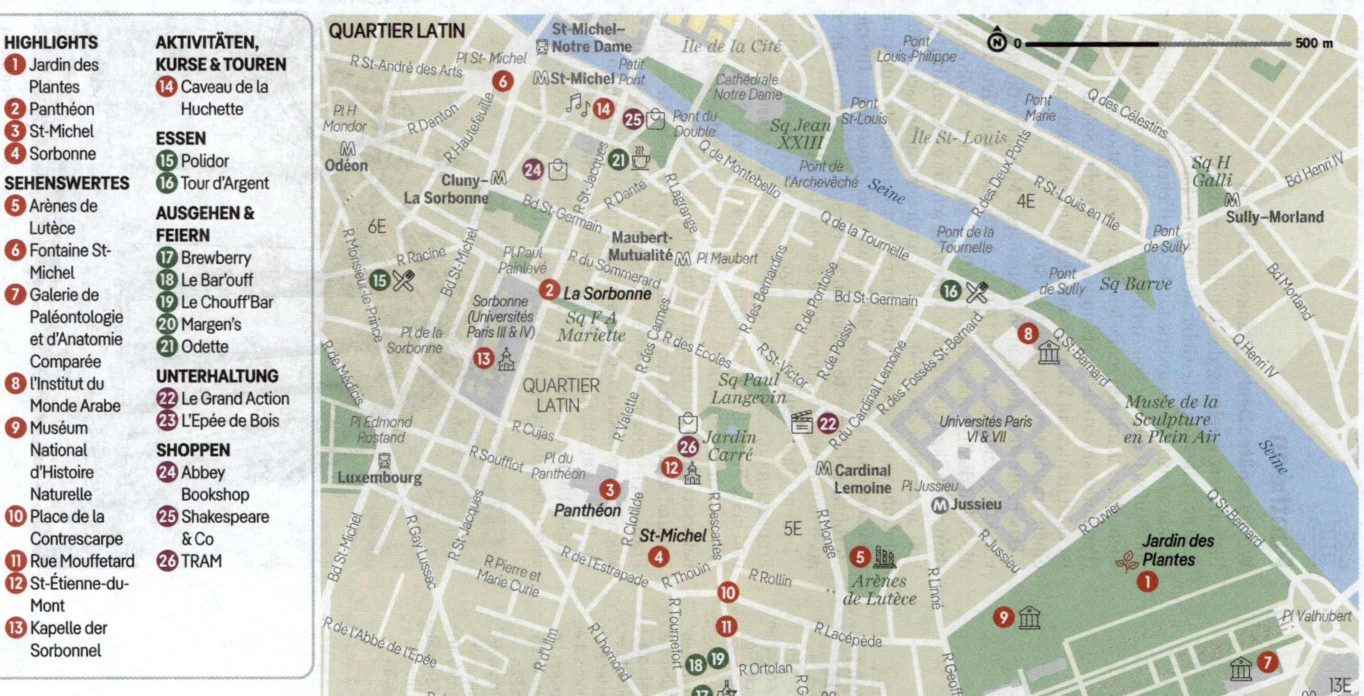

HIGHLIGHTS
1 Jardin des Plantes
2 Panthéon
3 St-Michel
4 Sorbonne

SEHENSWERTES
5 Arènes de Lutèce
6 Fontaine St-Michel
7 Galerie de Paléontologie et d'Anatomie Comparée
8 l'Institut du Monde Arabe
9 Muséum National d'Histoire Naturelle
10 Place de la Contrescarpe
11 Rue Mouffetard
12 St-Étienne-du-Mont
13 Kapelle der Sorbonnel

AKTIVITÄTEN, KURSE & TOUREN
14 Caveau de la Huchette

ESSEN
15 Polidor
16 Tour d'Argent

AUSGEHEN & FEIERN
17 Brewberry
18 Le Bar'ouff
19 Le Chouff'Bar
20 Margen's
21 Odette

UNTERHALTUNG
22 Le Grand Action
23 L'Epée de Bois

SHOPPEN
24 Abbey Bookshop
25 Shakespeare & Co
26 TRAM

Panthéon

Wo die größten Denker Frankreichs ruhen

Bis zur Fertigstellung des Eiffelturms im Jahr 1900 war das Panthéon das höchste Gebäude in Paris. Das beeindruckende neoklassizistische Bauwerk mit der stattlichen Kuppel, die über 206 Stufen (geöffnet von April–Okt.) zu erreichen ist, und dem Giebeldreieck mit den zentralen Figuren der Nation und Freiheit (Persönlichkeiten des Staats und Gelehrte rechts, Soldaten links), ist noch immer ein Wahrzeichen der Pariser Skyline und bietet einen grandiosen Blick über die Stadt.

Das Panthéon, dieses architektonische Meisterwerk, wurde von König Ludwig XV. um 1750 als Abtei für Sainte Geneviève, die Schutzheilige von Paris, in Auftrag gegeben. Er wollte sich dafür bedanken, dass er sich von einer schweren Krankheit erholt hatte. Aber erst 1790, ein Jahr nach der französischen Revolution, wurde das Panthéon eröffnet und spielte nun eine säkulare Rolle als Tempel der Nation und Mausoleum für die sterblichen Überreste bedeutender Personen. Es wurde aber auch immer wieder für religiöse Zwecke benutzt.

In dem Mausoleum ruhen einige der größten Intellektuellen Frankreichs, u.a. Marie Curie, die zweifache Nobelpreisträgerin und erste Frau, die hier aufgrund ihrer Errungenschaften beigesetzt wurde (sie wurde exhumiert und im Panthéon erneut beigesetzt). Der Innenraum ist mit Mosaiken, komplexen Fresken und grandiosen Gemälden, die Szenen aus der Geschichte Frankreichs zeigen, versehen. 2018 wurde die Auschwitz-Überlebende, Feministin und Menschenrechtsaktivistin Simone Veil im Panthéon als fünfte Frau beigesetzt. Achtung: Seit 2023 benötigt man eine gültige Eintrittskarte. Die Nachfrage ist groß, also unbedingt so früh wie möglich online reservieren.

DAS FOUCAULTSCHE PENDEL

Ein Ehrenplatz im Herzen des Panthéon nimmt das Foucaultsche Pendel ein. Es verdankt seinen Namen dem französischen Physiker Léon Foucault. 1851 demonstrierte er erstmals die Erdrotation mithilfe eines Experimentes statt mittels astronomischer Beobachtungen: er befestigte ein Pendel an der Decke des Panthéons. Das Originalpendel befindet sich jetzt im Musée des Arts et Métiers (S. 113) im Marais. Seit 1995 hängt aber eine Kopie im Panthéon.

MAITRECORTEX/SHUTTERSTOCK ©

Panthéon

St-Michel

Im Schatten von Notre-Dame

Auf der anderen Seite des Flusses gegenüber von Notre-Dame liegt St-Michel, ein Viertel das z.B. in der Rue de la Huchette mittelalterlichen Charme hat. Der geschichtsträchtige Jazzclub **Caveau de la Huchette** ist in der Rue la Bûcherie, wo auch der beliebte englische Buchladen Shakespeare & Company (S. 146) liegt. In der Rue Galande lädt das Café Odette (S. 150) zum Besuch. Bedeutende Wahrzeichen sind u.a. die große **Fontaine St-Michel** von 1860 mit ihren Säulen aus rotem Languedoc-Marmor. Hier beginnt der belebte Bd St-Michel, der am Jardin du Luxembourg endet.

Fontaine St-Michel

Die Sorbonne

Berühmte Universitäten und Studentenkultur

Das Quartier Latin ist seit dem Mittelalter das Herz des französischen akademischen Systems und unzählige Studierende besuchten über die Jahrhunderte die angesehene Sorbonne. Heute besteht sie aus 13 eigenständigen Universitäten mit ca. 45 000 Studierenden. Die honigfarbenen Universitätsgebäude leuchten in der Sommersonne wie Gold. Winzige Bars in der Rue Mouffetard (S. 147) und ihren Nebenstraßen erinnern an die wilden Nächte, die Hemingway und seinesgleichen hier verbrachten. Die Universitätsgebäude sind für die Öffentlichkeit nur an den **Journées Européennes du Patrimoine** (Europäische Tage des Kulturerbes) im September zugänglich, die **Kapelle der Sorbonne** kann ganzjährig besichtigt werden.

Kapelle der Sorbonne

Jardin des Plantes

Botanische Gärten und herumstreunende Dinosaurier

Der 24 ha große botanische Garten, der Jardin des Plantes, mit zwei von Platanen gesäumten Alleen wurde 1626 ursprünglich als Heilkräutergarten angelegt. Da in dem Garten nichts von der Betriebsamkeit des Quartier Latin zu spüren ist, eignet er sich gut für ein Picknick oder einen Spaziergang. In vier Gewächshäusern – den **Grandes Serres** – kann man unzählige exotische Pflanzen bewundern. Auch das außergewöhnliche **Muséum National d'Histoire Naturelle** und die **Galerie de Paléontologie et d'Anatomie Comparée** mit fast 1000 Tierskeletten lohnen den Besuch. 2023 wurde das 10 t schwere und 6 m große Mammut von Durfort, das 1869 entdeckt wurde, in die Galerie zurückgebracht. Auch die **Grande Galerie de l'Evolution** mit über 7000 Tierpräparaten und die **Galerie des Géologie et de Minéralogie** sind sehenswert.

DIE BOUQUINISTES HEUTE & DAMALS

An den Straßen an der Seine (Quai de la Tournelle, Pont Marie und Quai du Louvre) stehen verblasste grüne Buden. Sie gehören den *bouquinistes* (antiquarische Buchhändler), die vergriffene Bücher, seltene Zeitschriften, Postkarten und alte Werbeplakate zum Kauf anbieten.

Die *bouquinistes* gibt es bereits seit dem 16. Jh., als sie als Wanderhändler ihre Waren auf den Pariser Brücken anboten. Damals bekamen sie wegen ihrer manchmal subversiven (z.B. protestantischen) Schriften Ärger mit den Behörden. 1859 hatte die Stadt endlich ein Einsehen: Offizielle Genehmigungen wurden erteilt und die Buden permanent aufgestellt.

SALVADOR MANIQUIZ/SHUTTERSTOCK ©

Shakespeare & Company

MEHR IM QUARTIER LATIN

Unzählige Buchläden & Wohnorte von Schriftstellern

Literarisches Leben damals und heute

Die Schönheit von Paris hat über die Jahrhunderte unzählige französische und ausländische Autoren angelockt. Das literarische Erbe ist noch immer spürbar in Läden wie dem urigen **Shakespeare & Company**, dem **Abbey Bookshop**, dem neueren **TRAM** mit Café und den berühmten *bouquinistes*, den malerischen Secondhand-Buden an der Seine, an denen Schätze wie alte Bücher, Zeitschriften und Plakate verkauft werden.

In der ersten Juni-Woche finden auf dem **Festival Quartier du Livre** Gesprächsrunden und Bücherverkäufe an verschiedenen Orten im Quartier Latin statt, z. B. in den Arènes de Lutèce und im Collège des Bernardins.

Viele Schriftsteller ließen sich hier über die Jahrhunderte inspirieren. In der **Rue du Cardinal Lemoine No 71** erreicht man durch einen geheimen Weg einen begrünten Hof, wo James Joyce *Ulysses* fertigstellte. Ernest Hemingway wohnte mit sei-

ESSEN IM QUARTIER LATIN

A.T.
Moderne französische Gerichte vom Sternekoch Atsushi Tanaka. **€€€**

Café de la Nouvelle Mairie
Gute traditionelle Bistro-Gerichte. Das Lokal versteckt sich um die Ecke vom Panthéon an einem kleinen Platz mit Brunnen. **€€**

Les Papilles
Eine Mischung aus einfachem, kleinem Bistro, Weinbar und *épicerie* mit ausgezeichneten Produkten direkt vom Markt und Bioweinen. **€€**

ner ersten Frau Hadley ganz in der Nähe, in der **No 74**. Seine Wohnung lag über einem der angesagtesten Tanzlokale der Stadt, dem Bal au Printemps, was für den feierfreudigen Schriftsteller sehr praktisch war. Dort war er Stammgast auf den Soirées des englischen Schriftstellers und Redakteurs Ford Madox Ford. In der **Rue du Pot-de-Fer No 6** wohnte George Orwell in einer Pension, die er in *Erledigt in Paris und London* (1933) als „Hotel X" bezeichnete, bevor er nach London umzog.

Dinieren in historischen Restaurants

Jeder Bissen ist wie eine Zeitreise

Zu den historischen Schätzen der Stadt gehören ein paar altbekannte Restaurants, die sich über die Jahre im Quartier Latin halten konnten. Sie sind mehr als nur Orte, an denen man essen kann, sie sind ein lebendiger Beweis Pariser Geschichte. Man sollte sich Zeit für ein Mittagessen im **Polidor** nehmen. Das Restaurant öffnete 1845 seine Pforten und konnte sich bis heute die Originalfassade einer *crèmerie* (Milchgeschäft) bewahren. Das unauffällige Bistro mit seinem authentischen Charakter, den rustikalen Holztischen und dem Vintage-Dekor zieht seit über einem Jahrhundert Schriftsteller:innen und Künstler:innen an. Das Lokal ist bekannt für seine herzhafte Hausmannskost wie *bœuf bourguignon* und *blanquette de veau* (Kalbsragout).

Das Restaurant **Tour d'Argent** an der Seine mit Blick auf die Notre-Dame hat seit 1582 schon so manch anspruchsvollen Gaumen begeistert – eine der Spezialitäten hier ist die Blutente. Im Weinkeller (den man auf Wunsch besichtigen kann) gibt es über 450 000 Flaschen, die dank des Großvaters des Besitzers über die Jahrzehnte erhalten geblieben sind. Er hatte die Flaschen im Zweiten Weltkrieg vergraben, um sie vor den Nationalsozialisten zu verstecken. Der Blick vom Speisesaal über die Stadt verleiht dem Ganzen noch einen ganz besonderen Zauber.

Besonderes & Bars in der Rue Mouffetard

Eine mittelalterliche Straße im Quartier Latin

Die kopfsteingepflasterte Rue Mouffetard bekam ihren Namen im 18. Jh. als die heute unterirdisch fließende Bièvre, der zweite Pariser Fluss, zur städtischen Mülldeponie für die hiesigen Gerber und Pulpenhersteller wurde. Aufgrund der Gerüche bekam sie den Namen *Mouffette* (übelriechende Ausdünstung), aus dem Mouffetard wurde. Heute ist die Straße gesäumt von Marktständen (außer Mo), Billiglokalen und Bars.

Die Rue Mouffetard beginnt im Süden des Quartier Latin, die malerischsten Abschnitte sind nur 7 m breit. In der Nähe der Métrostation Censier-Daubenton befindet sich ein kleiner **Le-**

KNEIPENKULTUR IM QUARTIER LATIN

Als *das* Zentrum des studentischen Lebens ist das Quartier Latin seit eh und je der Ort für nächtliche Eskapaden und Kneipenkultur.

Cave la Bourgogne
Die am schönen Square St-Médard gelegene Location ist perfekt für einen Kaffee oder ein Gläschen Rotwein. €€

Violon Dingue
Die „verrückte Violine" ist eine Studentenbar. Oben gibt's Sportübertragungen auf großem Bildschirm, unten Quizabende. €

Piano Vache
Rockatmosphäre aus den 1970er-Jahren, an den Wochenenden gibt's Livemusik. Bei Studenten sehr beliebte Kneipe. €

Bombardier
Alt-englischer Pub mit großartigem Blick aufs Panthéon. €€

Bar à Iode
In dem gemütlichen kleinen Lokal gibt's Austern zu erschwinglichen Preisen. Garnelen und Räucherlachs sind ebenfalls im Angebot. €€

Coupe Chou
Jahrhundertealte Institution mit offenem Kamin. Aus der Küche kommen Enten-*magret* und andere französische Klassiker. €€

Baieta
Hier bereitet Sterneköchin Julia Sedefdjian für Nizza typische Kreationen wie *bouillabaisse*. €€

STADTSPAZIERGANG: ARCHITEKTUR IM QUARTIER LATIN

Dieser halbtägige Spaziergang bietet einen Einblick in die unglaubliche Geschichte des Quartier Latin. Startpunkt ist die **1 Place St-Michel**, die einen schönen Blick auf Notre-Dame (S. 136) am anderen Seine-Ufer bietet. Nun geht's um die Ecke in die mittelalterlich anmutende **2 Rue Galande** und weiter zum **3 Musée de Cluny** (S. 151) mit den Resten eines römischen Thermalbads. Man kommt am **4 Le Champo**, einem Programmkino im Art-déco-Stil, vorbei und erreicht die grandiose **5 Faculté de Médecine**. In der jahrhundertealten **6 Pâtisserie Viennoise** legt man eine Pause ein und kauft ein Gebäckstück.

Weiter geht's zum **7 Collège des Bernardins**, einer ehemaligen Zisterzienserabtei aus dem 13. Jh., und an die Seine zum von Jean Nouvel entworfenen **8 Institut du Monde Arabe** (S. 151). Nun bummelt man zu den **9 Arènes de Lutèce**, dem römischen Amphitheater aus dem 2. Jh., und in der Rue Clovis weiter gen Westen zur ältesten **10 Stadtmauer** von Paris. Nach einem kleinen Anstieg erreicht man die **11 Pfarrkirche St-Etienne-du-Mont**. In der Nähe befindet sich das **12 Panthéon** (S. 144), das Highlight im Quartier Latin. Auf der anderen Seite des Platzes ist die **13 Université Panthéon-Sorbonne**, eines der berühmtesten Gebäude der Sorbonne. Richtung Süden liegt die **14 Place de la Contrescarpe**, wo sich einst Literaten wie Hemingway und Joyce trafen. Von dort erreicht man die **15 Rue Mouffetard** (S. 147) mit ein paar mittelalterlichen Resten. In der Nähe des Jardin des Plantes (S. 145) endet der Spaziergang dann an der **16 Grande Mosquée de Paris** (S. 150), wo man etwas essen und ein Dampfbad nehmen kann.

ULYSSEPIXEL/SHUTTERSTOCK ©

Place de la Contrescarpe

bensmittelmarkt. Die **Église St-Médard** mit ihren aufwendig gestalteten Buntglasfenstern stammt aus dem 16. Jh. Es ist die einzige Kirche in der Gegend, die die Französische Revolution und das Zweite Kaisereich überstanden hat.

Das in den 1970er-Jahren errichtete kleine Programmkino **L'Épée de Bois** (Holzschwert) mit zwei Vorführsälen zeigt neue (nicht synchronisierte) französische und europäische Filme. Es befindet sich an der gleichen Stelle wie das jahrhundertealte Theater gleichen Namens. Das zehn Minuten entfernte Kino **Le Grand Action** zeigt internationale Kultfilme.

Die ganze Straße, die bis zur geschichtsträchtigen **Place de la Contrescarpe** führt, wo sich Schriftsteller wie Hemingway, Joyce und Beauvoir bis in die frühen Morgenstunden aufhielten, ist von Bars wie **Margen's** gesäumt. Gleiches gilt für die Rue du Pot-de-Fer ganz in der Nähe, in der sich **Le Chouff'Bar**, **Barr'ouff** und **Brewberry** befinden. Dort gibt's auch eine Bowlingbahn mit bunten Lichtern und Themenabenden.

Auf der Suche nach dem alten Paris

Überreste aus dem Mittelalter entdecken

Die beeindruckenden römischen und mittelalterlichen Wurzeln des Quartier Latin sind im ganzen Viertel zu sehen. Bei einem Bummel durch die Gegend bekommt man einen Einblick in das unglaubliche architektonische Erbe.

Zu den Highlights gehören die **Arènes de Lutèce**, ein römisches Amphitheater aus dem 2. Jh., in dem 10 000 Menschen Platz fanden, um Gladiatorenkämpfe zu sehen. Das Theater wurde

HIGHLIGHTS IM QUARTIER LATIN

Foodguide **Neil Kreeger** nimmt Interessierte mit auf eine leckere Tour durch das Quartier Latin. neil.kreeger@gmail.com

Jinji
Ich liebe dieses Geschäft mit weniger bekannten internationalen Marken. Hier interessieren keine Trends und Jahreszeiten, sondern Qualität und Stil.

Square René Viviani
In der schönen Grünanlage mit tollem Blick auf die Kathedrale Notre-Dame steht der älteste Baum von Paris, der hier Ende des 17. Jhs. gepflanzt wurde. Der Platz ist einer meiner Lieblingsorte, denn hier kann man in aller Ruhe nachdenken.

Fromagerie Androuët
Das 1909 eröffnete Käsegeschäft Androuët ist der Star in der Pariser Käse-Szene. Für mich ist die *fromagerie* ein Muss, wenn es um französischen Käse geht.

Maison d'Isabelle
Isabelle, die Gewinnerin des Butter-Croissant-Wettbewerbs 2018, stellt noch immer die besten *viennoiseries* (Feingebäck) her. Ich verfalle dem Geschmack immer wieder!

EINE KLEINIGKEIT ESSEN IM QUARTIER LATIN

Petits Plats de Marc
Leichte Quiches und Salate aus Zutaten der Saison. Vegetarische und vegane Optionen gibt es ebenfalls. €

Pot O'Lait
Schmackhafte *galettes* (Crêpes aus Buchweizen) gefüllt mit leckerem Ziegenkäse oder Räucherlachs. €

Croq'Fac
Sandwicherie mit auf Kundenwunsch zubereiteten Sandwiches. Zahlreiche Brotoptionen. €

Grande Mosquée de Paris

AN DER SEINE DAS TANZBEIN SCHWINGEN

An der Seine lässt sich nach Einbruch der Dunkelheit wunderbar unterm Sternenhimmel und mit Blick auf den Fluss tanzen – z. B. Tango, Foxtrott oder hüftschwingenden Rock'n'Roll: An den meisten Abenden treffen sich in dem kleinen Amphitheater am Seine-Ufer in der Nähe vom Tino-Rossi- und dem Skulpturengarten Einheimische, die von 19 Uhr bis Mitternacht bei jedem Wetter tanzen – allerdings ist in den wärmeren Monaten mehr los.

1869 zufällig entdeckt, als die Rue Monge gebaut wurde. Heute spielen die Einheimischen hier Fußball und Boule. Sehenswert ist die prachtvolle **St-Étienne-du-Mont**, die zwischen 1492 und 1655 entstand. Ihre kunstvolle Fassade wird wohl jeden verblüffen. Die letzte Ruhestätte der **Sainte-Geneviève** (hl. Genoveva) befindet sich in der Südostecke des Kirchenschiffs. Die Schutzpatronin von Paris ist 422 in Nanterre geboren und soll Attila 451 abgehalten haben, Paris anzugreifen. In ihrem Reliquienschrein unweit ihres Grabs befindet sich ihr einziger irdischer Überrest: ein Fingerknochen. Fans des Films *Midnight in Paris* von Woody Allen werden die Steintreppe an der Nordwestecke des Platzes wiedererkennen, wo Owen Wilson von einem Oldtimer abgeholt und in die 1920er-Jahre zurückversetzt wird.

Hier befinden sich auch die Reste der **Mauer von Philipp II. August**, der ältesten Stadtmauer in Paris. Sichtbare Teile führen durch Gebäude und über Parkplätze, z. B. in der Rue Clovis, wo Geröll und Ziegelsteine freigelegt wurden.

Grande Mosquée de Paris

Die Pariser Hauptmoschee

Die **Grande Mosquée de Paris**, eine der größten Moscheen Frankreichs, hat ein beeindruckendes Minarett im maurischen Stil, das hinter den weißen Mauern hervorguckt. Im Innenraum befinden sich aufwendige Keramikarbeiten und Kalligrafien. Es gibt auch einen nordafrikanischen Hammam (Dampfbad),

ZWISCHENSTOPPS FÜR EINEN KAFFEE

TRAM
Kaffeefans kommen zum Mittagessen hierher und stöbern mit einem Kaffee in der Hand in der erlesenen Bücherauswahl. €€

Nuage
In diesen gemütlichen Räumlichkeiten in einer alten Kirche (wo Cyrano de Bergerac studiert haben soll) trifft sich eine digital-kreative Gemeinde. €€

Odette
Der Teesalon serviert mit Sahne gefüllte *choux* (Windbeutel) im Obergeschoss eines schönen Gebäudes aus dem 17. Jh. €€

ein nettes Restaurant im Innenhof, in dem köstliches Couscous, Taginen und Fleischspieße serviert werden, sowie eine Teestube, wo es süßen Pfefferminztee und traditionelle Kekse gibt. Im Vorgarten besteht auch die Möglichkeit Shisha zu rauchen.

Legendäre Museen

Geschichte und das leuchtende Institut du Monde Arabe

Im Quartier Latin befinden sich einige Top-Museen. Zuerst geht's zurück in die Zeit des mittelalterlichen Frankreichs (814–1450): Das **Musée de Cluny – Musée national du Moyen Âge** beherbergt die weltweit größte Sammlung an Gegenständen und Kunst aus dem Mittelalter. Zur Museumssammlung gehören beeindruckende Wandteppiche wie beispielsweise die berühmte *Dame mit dem Einhorn.*

Die im 15. Jh. errichteten und kürzlich renovierten alten Gebäude gehen nahtlos über in die neuen Gebäude des Musée de Cluny und führen die Besucher:innen durch die verschiedenen Abteilungen. Unbedingt sehenswert sind die unterirdischen galloromanischen **Thermes de Cluny** (Bäder) aus dem 1. und 2. Jh., auf denen das Museum errichtet wurde. In römischen Zeiten erstreckten sie sich auf ca. 6000 m². Sie zählen zu den fantastischsten antiken Überresten in Nordeuropa, wozu auch der erhaltene große Gewölberaum, das *frigidarium*, gehört. Das Gebäude war das Domizil der Äbte von Cluny, die einen mächtigen Mönchsorden gründeten und versteckt im hinteren Bereich ihre eigene **Kapelle** hatten. Die Kapelle im Stil der Flamboyantgotik ist das älteste Beispiel derartiger französischer Architektur – ein privates, zwischen Hof und Garten errichtetes Herrenhaus. Es gibt auch ein kleines Café und einen begrünten Hof, in dem man über das Gesehene sinnieren kann.

Weitere sehenswerte Museen sind das **Institut du Monde Arabe** (IMA; Institut der arabischen Welt). Es ist an der Seine in einem seidig glänzenden Gebäude des Stararchitekten Jean Nouvel untergebracht. Die Metallfassade ist mit beweglichen geometrischen Motiv-Platten ausgestattet, die an eine *mashrabiya*, einem in der islamischen Architektur oft anzutreffenden Fenstergitter, erinnern sollen. Tatsächlich handelt es sich bei diesen Platten um 240 lichtintensive Fensterläden, die sich automatisch öffnen und schließen, um Licht und Wärme im Gebäude zu regulieren. Das Institut wurde von Frankreich und 18 arabischen Ländern gegründet, um ein Ausstellungs-, Forschungs- und Kulturzentrum der arabischen Welt zu schaffen. Das Restaurant **Dar Mima** auf dem Dach bietet nordafrikanische Speisen und einen Blick über die Dächer von Paris.

DIE BESTEN UNTERKÜNFTE IM QUARTIER LATIN

Hotel des Grandes Ecoles
Das nette Drei-Sterne-Hotel mit bestuhltem Garten versteckt sich in einer abgesperrten Gasse neben der ehemaligen Bleibe von James Joyce. €€

Le 66
Eine Handvoll Zimmer in einem Haus mit Holzbalken, original Kaminen und Wintergarten. Hier hat man das Gefühl, auf dem Land zu sein. €€

Hôtel Dame des Arts
Schicker Newcomer mit städtischem Charme. Von der Dachterrasse bietet sich ein unglaublicher Blick auf den Eiffelturm. €€

JAZZ-CLUBS IM QUARTIER LATIN

Le Petit Journal St-Michel
In dem klassischen Restaurant, das 1971 seine Tore öffnete, wird draußen und im Untergeschoß Live-Jazz geboten.

Caveau de la Huchette
In dem mittelalterlichen Keller, der während der Revolution als Gerichtssaal und Folterkammer benutzt wurde, traten schon viele Jazzgrößen auf.

Papa's Jazz Club
In dieser schummrigen Institution in St-Germain-des-Prés untermalen erstklassige Jazz-Musiker:innen das Abendessen.

St-Germain & Les Invalides

MODE, DESIGN UND CAFÉ-KULTUR

TOP TIPP

Man sollte sich auf lange Fußmärsche einstellen, denn zwischen dem 6. und dem 7. Arrondissement verkehren nicht viele öffentliche Verkehrsmittel. Bequeme Schuhe sind ein Muss in den alten Kopfsteinpflasterstraßen. Aber keine Sorge – selbst die schicksten Pariser:innen tragen heutzutage Sneakers!

Die vornehmen Viertel St-Germain und Les Invalides im 6. und 7. Arrondissement am linken Seine-Ufer waren lange Zeit Treffpunkt großer Denker. Im Mittelalter wurde das linke Seine-Ufer als ländliche Gegend mit offenen Feldern (auf Französisch *prés*, daher der Name St-Germain-des-Prés) betrachtet. Aber durch den Bau der Abtei St-Germain-des-Prés im 6. Jh. (dort, wo sich heute die Église St-Germain-des-Prés befindet) entwickelte sich diese Gegend schnell zu einem spirituellen und intellektuellen Hotspot.

Das Gebiet kam aber erst Ende des 20. Jhs. wirklich zur Geltung, als die Cafés mit dem Versprechen intellektuellen Geplänkels (und unzähligen Karaffen billigen Tischweins) Kreative als aller Welt anlockten. Obwohl in diesen Stadtvierteln eine enorme Gentrifizierung stattgefunden hat – hier befinden sich die teuersten und begehrtesten Immobilien der Stadt –, sind die Auswirkungen ihrer bunten kreativen Vergangenheit noch immer zu spüren, vor allem in den makellos erhaltenen Kopfsteinpflasterstraßen und schicken Boutiquen.

Café de Flore (S. 163)

Jardin du Luxembourg

Familienspaß in königlichen Gärten

Der Jardin du Luxembourg, die grüne Lunge von St-Germain, umgibt das majestätische Palais du Luxembourg, den früheren Wohnsitz von Caterina de'Medici. Mit dem Bau des Gartens wurde 1612 begonnen. Über die Jahrhunderte wurde er immer wieder vergrößert, bis er 1865 schließlich seine jetzige Ausdehnung erreichte. Heute befindet sich in dem Palais der Sitz des französischen Senats, dem die Gärten offiziell gehören.

Der Mittelpunkt des Gartens ist das *grand bassin* (großes Becken), rund um das die typischen Fermob-Gartenstühle stehen. Es ist der perfekte Ort, an dem man ein leckeres Picknick genießen, ein Buch lesen oder einfach nur die Seele baumeln lassen kann. Im Sommer segeln Spielzeugsegelboote um die Wette, ein Spaß für Groß und Klein. Einige Leute bringen ihre eigenen Boote mit, man kann sich bei *Les Voilieurs,* dem offiziellen Spielzeugbootclub, aber auch eins leihen (5 €/30 Min., Öffnungszeiten Mi 13–18 Uhr, Sa, So und an Feiertagen 11–18 Uhr).

Der Garten ist vor allem für kleine Kinder ein grünes Wunderland. Es gibt einen Spielplatz, Sandkasten und Ponys für Reitausflüge (Ausritt 9,50 €, Mi, Sa und So 15–18 Uhr). Hier steht auch das älteste Karussell der Stadt, es wurde von Charles Garnier, dem Architekt der Opéra Garnier, entworfen und hat ein altes Ringstechspiel: Die Kinder müssen versuchen, mit einem Holzstab Ringe aufzuspießen, während sich das Karussell dreht. Das Spiel ist für viele Pariser Kinder Kult.

MUSÉE DU LUXEMBOURG

Das im Jardin du Luxembourg eingebettete Musée du Luxembourg wurde 1818 als erstes französisches Museum eröffnet und ist lebenden Künstlern gewidmet. Nachdem die zu Zeiten Napoléons 1815 geplünderten Werke den rechtmäßigen Eigentümern zurückgegeben wurden, wurde das Museum als Raum für einheimische Kunstschaffende konzipiert. Obwohl in dem Museum jährlich nur zwei Ausstellungen stattfinden, lohnen deren hohe Qualität und die grandiose Lage in der ehemaligen Orangerie unbedingt den Besuch.

Jardin du Luxembourg

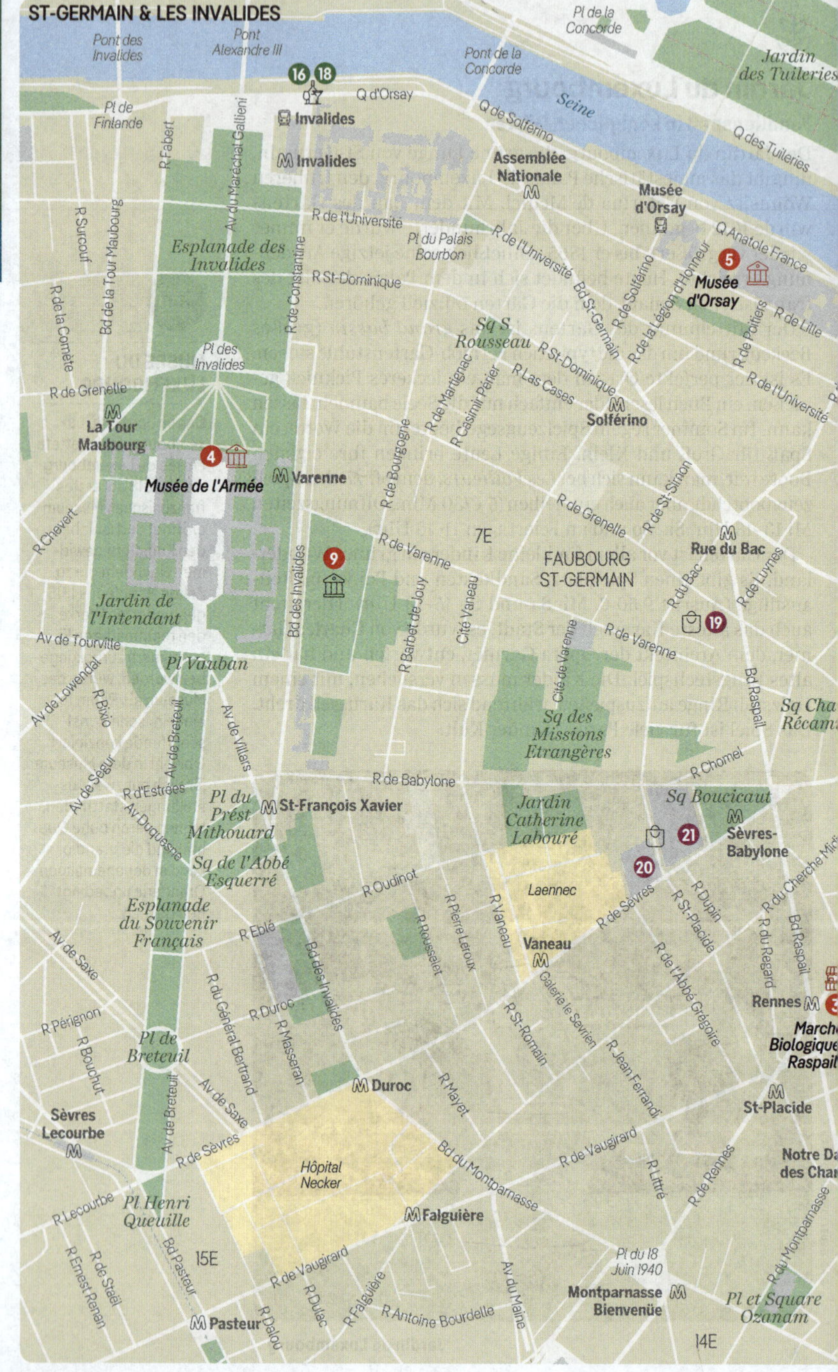
ST-GERMAIN & LES INVALIDES
Pont des Invalides
Pont Alexandre III
Pl de la Concorde
Pont de la Concorde
Jardin des Tuileries
Seine
Q d'Orsay
Invalides
Invalides
Q de Solférino
Q des Tuileries
Pl de Finlande
Assemblée Nationale
Musée d'Orsay
Q Anatole France
Musée d'Orsay
R de l'Université
Pl du Palais Bourbon
Esplanade des Invalides
R St-Dominique
R de Lille
Sq S Rousseau
R St-Dominique
R Las Cases
Pl des Invalides
R de Grenelle
La Tour Maubourg
Solférino
Musée de l'Armée
Varenne
R de Grenelle
7E
R de Varenne
Rue du Bac
FAUBOURG ST-GERMAIN
Jardin de l'Intendant
Av de Tourville
Pl Vauban
R de Varenne
Sq des Missions Etrangères
R de Babylone
Sq Cha Récam
R Chomel
Sq Boucicaut
St-François Xavier
Jardin Catherine Labouré
Sèvres-Babylone
Pl du Prést Mithouard
Sq de l'Abbé Esquerré
Laennec
R Oudinot
Esplanade du Souvenir Français
Vaneau
Rennes
Marché Biologique Raspail
Pl de Breteuil
Duroc
St-Placide
Sèvres Lecourbe
Hôpital Necker
Notre Da des Char
Pl Henri Queuille
Falguière
15E
Pl du 18 Juin 1940
Montparnasse Bienvenüe
Pl et Square Ozanam
Pasteur
14E

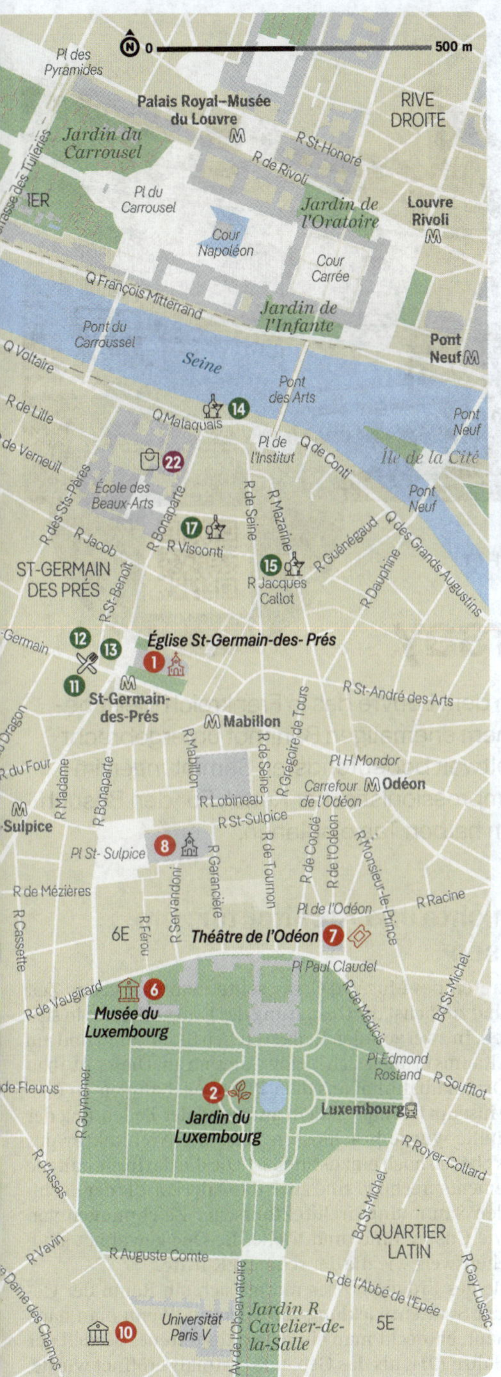

HIGHLIGHTS
1 Église St-Germain-des-Prés
2 Jardin du Luxembourg
3 Marché Biologique Raspail
4 Musée de l'Armée
5 Musée d'Orsay
6 Musée du Luxembourg
7 Théâtre de l'Odéon

SEHENSWERTES
8 Église St-Sulpice
9 Musée Rodin
10 Musée Zadkine

ESSEN
11 Brasserie Lipp
12 Café de Flore
13 Les Deux Magots

AUSGEHEN & FEIERN
14 La Balle au Bond
15 La Palette
16 Le Flow
17 L'Hôtel
18 Rosa Bonheur sur Seine

SHOPPEN
19 Beaupassage
20 La Grande Épicerie
21 Le Bon Marché
22 Officine Universelle Buly 1803

PRAKTISCHES

Für Tickets diesen QR-Code scannen.

TOP-SEHENSWÜRDIGKEIT

Musée d'Orsay

Das Musée d'Orsay ist nach dem Louvre das in Frankreich meist besuchte Museum. Es ist in einem ehemaligen Bahnhof untergebracht und beherbergt eine der weltweit bedeutendsten Sammlungen impressionistischer und postimpressionistischer Kunst. Für den Besuch sollte man mindestens einen halben Tag einplanen.

NICHT VERPASSEN

Sternennacht über der Rhône von Vincent Van Gogh

Kleine vierzehnjährige Tänzerin von Edgar Degas

Das Parlament von London von Claude Monet

Tanz im Moulin de la Galette von Auguste Renoir

Stillleben mit Äpfeln und Orangen von Paul Cézanne

Geschichte und Architektur zum Anfassen

Nach Betreten des Musée d'Orsay sollte man sich etwas Zeit nehmen und zunächst die Gestaltung des Erdgeschosses in sich aufnehmen. In zwei geraden Reihen stehen Skulpturen und am Rand des Raums ordnen sich kleine Galerien an. Dieser Aufbau soll den Originalbahnhof aus dem 19. Jh. nachahmen, in dem sich das Museum befindet. Allein aufgrund der Bedeutung der Gebäudehülle wurde beschlossen, dass die Architektur des Gebäudes ebenso hoch einzustufen ist wie die darin enthaltene Kunst. Dementsprechend sind auch die Galerien, die der beeindruckenden Sammlung architektonischer Zeichnungen von Größen wie Gustav Eiffel und Viollet-Le-Duc gewidmet sind, ebenso sehenswert wie die der schönen Künste.

Am Ende des Erdgeschosses nimmt sich ein Raum der Geschichte der Stadtentwicklung von Paris an. Wenn man nach unten schaut, entdeckt man ein maßstabsgetreues Modell der Stadt im Jahre 1914, als das Gebäude erstmals eröffnet wurde.

GONCHAROVAIA/SHUTTERSTOCK ©

Links: Musée d'Orsay; Oben: *Äpfel und Orangen* von Paul Cézanne

Die Impressionisten

Die meisten Gäste zieht es direkt zur Sammlung impressionistischer Werke und das zu Recht. Der fünfte Stock ist größtenteils dieser Bewegung gewidmet. Wenn man die Galerien im Uhrzeigersinn besichtigt, bekommt man einen umfassenden Überblick über die Entwicklung der Bewegung vom Impressionismus bis zum Postimpressionismus und Neoimpressionismus. Dort sind die Meisterwerke von Größen wie Monet und Renoir und anderen Künstlern wie Picasso und Cézanne zu sehen.

Kino als Kunst

Nur wenige wissen, dass das Musée d'Orsay schon immer eine Abteilung hat, die sich mit Kinogeschichte und Kinematografie befasst – Film wird hier als Kunst und nicht nur als Technik oder Unterhaltung betrachtet. Im fünften Stock versteckt sich hinter der Sammlung impressionistischer Werke eine Galerie, die die Geschichte und technische Entwicklung dieses Mediums aufzeigt. Und um das Ganze zu vervollständigen, werden im Auditorium des Musée d'Orsay oft bedeutende Filme aus dem frühen 20. Jh. gezeigt. Das Programm steht auf der Website.

Historische und zeitgenössische Kunst

Obwohl der Fokus des Musée d'Orsay auf moderner Kunst von 1848 bis 1914 liegt, lädt das Museum mehrmals im Jahr die bekanntesten Namen der zeitgenössischen Kunstszene ein – z. B. Jean-Philippe Delhomme, Marlene Dumas und Peter Doig. Sie kuratieren Ausstellungen mit ihren eigenen Werken gemischt mit einer Auswahl von Werken aus der ständigen Sammlung. Wenn zeitgenössische Kunst in Dialog mit historischen Meisterwerken tritt, ist man gezwungen, die Arbeiten in einem anderen Licht zu betrachten, was ihre andauernde Bedeutung verstärkt.

THEMATISCHE FÜHRUNGEN

Es ist unmöglich, die ganze Sammlung des Musée d'Orsay an einem Tag zu sehen, deshalb ist es ratsam, dass man sich gleich zu Beginn ein oder zwei Themenbereiche aussucht. Alternativ kann man an einer der thematischen Führungen teilnehmen. Die 90-minütigen Führungen finden täglich auf Englisch, Französisch und Italienisch statt. Themen sind Meisterwerke, Tiere und Feiern. Auf der Website des Museums sind die Zeiten angegeben.

TOP TIPPS

- Wer sein Ticket vorab online bucht, umgeht die Warteschlangen.
- Die beste Zeit für den Besuch ist gleich morgens um 9.30 Uhr oder donnerstagabends, wenn das Museum erst um 21.45 Uhr schließt.
- Am ersten Sonntag eines jeden Monats ist der Eintritt frei. Man muss aber vorab ein Zeitfenster über die Website des Museums buchen.
- Man sollte in der vergoldeten Teestube des Museums, dem früheren Speisesaal des Bahnhofs, eine Pause einlegen.

Musée de l'Armée

Ein Schrank voller militärischer Kuriositäten

Am Ende der Esplanade des Invalides befindet sich das **Hôtel des Invalides**, das von Ludwig XIV. für verwundete Soldaten in Auftrag gegebene Krankenhaus (das heute noch teilweise in Betrieb ist), aus dem 32 000 Waffen von Revolutionären vor ihrem Sturm auf die Bastille am 14. Juli 1789 entwendet wurden.

Heute ist hier das **Musée de l'Armée**, Frankreichs Militärmuseum, untergebracht. Mit über 500 000 Artefakten beherbergt es die drittgrößte Waffen- und Rüstungssammlung der Welt. Auch wer kein großes Interesse an Militärutensilien hat, sollte sich nicht abschrecken lassen, denn auf 8000 m² gibt es hier eine riesige Kuriositätensammlung zu sehen, die jedem etwas bietet.

Das Museum hat acht Abteilungen: Klassische französische Kanonen, Alte Rüstungen und Waffen (13.–17. Jh.), Von Ludwig XIV. bis Napoleon III. (1643–1870), Die beiden Weltkriege (1871–1990), das Historische Zentrum Charles-de-Gaulle, Grabmal von Napoleon I. und die Kathedrale St-Louis-des-Invalides. In besonderen Räumen werden mehrmals im Jahr Wechselausstellungen gezeigt, die oft zeitgenössische Kunst zum Thema haben. Es ist unmöglich, alle Exponate an einem Tag zu sehen.

Einige hiesige Kuriositäten sind: Vizir, das ausgestopfte letzte Pferd Napoleons (mit dem napoleonischen Brandzeichen an der Hinterhand), das Gemälde *Napoleon I. auf seinem Thron* von Jean-Auguste-Dominique Ingres, ein Modell des Mont St-Michel aus Spielkarten, hergestellt von einem Mönch im 17. Jh. und alte Schlüssel aus Mailand vom Ende der 1700er-Jahre.

NAPOLEONS GRAB

Unter der grandiosen Kuppel des **Invalidendoms** ruhen die sterblichen Überreste des französischen Kaisers Napoleon I. Napoleon I. starb 1821 im Exil auf der Insel St. Helena, 1840 ordnete König Louis-Philippe I. die Überführung an. In seinem Letzten Willen schrieb Napoleon: „Es ist mein Wunsch, dass meine Asche an den Ufern der Seine, inmitten des französischen Volkes, das ich so sehr geliebt habe, ruhen möge." Für die Fertigstellung des mit kostbaren Materialien fein verzierten Sargs wurden 20 Jahre benötigt.

STEVE ESTVANIK/SHUTTERSTOCK ©

Rüstung, Musée de L'Armée

Marché Biologique Raspail

Der größte Bio-Markt der Stadt

Jeden Sonntag zwischen 7.30 und 14.30 Uhr findet auf dem Bd. Raspail (zwischen der Rue de Sèvres und der Rue de Rennes) der wichtigste Pariser Bio-Markt statt. Die etwa 50 Stände müssen die staatlichen Richtlinien für Bio-Produkte erfüllen, was bedeutet, dass die Preise hier höher sind, als auf den anderen Märkten. Es ist aber ein toller Ort, wenn man auf der Suche von ansonsten nur schwer erhältlichen Produkten wie frisch gebackenes glutenfreies Brot, vegane Curries oder Superfood wie Spirulina- und Maca-Pulver ist.

Marché Biologique Raspail

Théâtre de l'Odéon

Frankreichs ältestes monumentales Theater

Nur einen Steinwurf vom Jardin du Luxembourg entfernt ist das Théâtre de l'Odéon, das älteste monumentale Theater in Paris. Es öffnete seine Pforten 1872 und war das erste Theater Frankreichs mit Sitzplätzen im Parkett. Viele berühmte französische Bühnenautoren debütierten hier mit ihren Werken und bis heute ist das Programm recht klassisch geblieben. Man muss sich aber keine zweistündige Vorführung auf Französisch ansehen, um einen Eindruck von der Geschichte dieses Theaters zu bekommen. Zunächst bewundert man die beeindruckende neoklassische Fassade des Gebäudes im Stil eines antiken griechischen Theaters, anschließend wirft man einen Blick ins vergoldete Foyer.

Église St-Germain-des-Prés

Église St-Germain-des-Prés

Die ersten Strebepfeiler in Paris

Vor der Fertigstellung der Kathedrale Notre-Dame war die Église St-Germain-des-Prés an der Place St-Germain-des-Prés die Hauptandachtsstätte der Pariser Bevölkerung. Die Kirche in ihrer heutigen Form wurde im 11. Jh. erbaut, zuvor befand sich hier seit 558 eine Benediktiner-Abtei. Im 8. Jh. wurde sie zu Ehren des hl. Germanus (Saint Germain), einem ehemaligen Bischof der Stadt, umbenannt. Seit damals wurde die Kirche mehrfach umgebaut, u.a. erhielt sie auch die ersten Strebepfeiler in Paris. Der Glockenturm an der Westfassade ist aber seit 990 quasi unverändert. Unbedingt sehenswert ist auch die angrenzende **Chapelle de St-Symphorien**, ein Überbleibsel der Originalabtei. Sie gilt als letzte Ruhestätten des hl. Germanus.

CHRISTINA VARTANOVA/SHUTTERSTOCK ©

Le Bon Marché

DIE GEHEIMEN GÄRTEN VON ST-GERMAIN & LES INVALIDES

Jardin Catherine Labouré
Der kaum bekannte Garten auf dem Gelände eines ehemaligen Klosters aus dem 17. Jh. ist nur einen Steinwurf vom Le Bon Marché entfernt.

Square Roger-Stéphane
Eine winzige grüne Oase am Ende der Fußgängerstraße Rue Juliette Récamier unweit der Rue de Sèvres.

Maison de l'Amerique Latine
Im latein-amerikanischen Kulturzentrum am Bd St-Germain versteckt sich ein üppig grüner Hof, in dem man wunderbar mit einem Getränk in der Hand relaxen kann.

MEHR IN ST-GERMAIN & LES INVALIDES

Ein Tag im Musée Rodin

Skulpturengarten für Denker

Im Herzen des 7. Arrondissement liegt eines der ruhigsten Museen der Stadt, das Musée Rodin. Es ist dem Werk des französischen Bildhauers Auguste Rodin (1840–1917) gewidmet. Das Museum befindet sich im Hôtel Biron, einem ehemaligen Stadtpalais, und beherbergt etwa 6000 Skulpturen und 8000 Zeichnungen von Rodin (die aber nicht alle ausgestellt sind).

Rodin wird von vielen Kunsthistorikern als Begründer der modernen Plastik angesehen und ist für sein beispielloses Talent bekannt, die Komplexität menschlicher Emotionen peinlich genau in seinen Ton-, Bronze- und Gipswerken umzusetzen. Zu seinen berühmtesten Skulpturen gehören *Der Denker*, *Der*

SHOPPEN WIE DIE EINHEIMISCHEN

CityPharma
Beauty-Freaks versorgen sich in dem zweistöckigen Geschäft mit französischen Schönheitsprodukten.

Hervé Chapelier
In diesem Laden gibt's die bei Einheimischen beliebten Einkaufs- und Reisetaschen.

Superstitch
Hier kann man seine alte Jeans auf Vordermann bringen lassen oder sich bei den Denim-Kennern eine zeitlose Jeans kaufen.

Kuss und *Das Höllentor*, die alle im Museum zu sehen sind. Dem Museum gelingt es, die Aufmerksamkeit der Betrachtenden auf die menschlichen Details der Werke zu lenken, z. B. sind einige Räume vollständig verschiedenen Körperteilen wie Hände, Füße oder Köpfe gewidmet.

Was dieses Museum aber so besonders macht, ist der friedliche Skulpturengarten. Verteilt zwischen perfekt gepflegten Hecken und Blumen stehen mehrere Werke des Bildhauers, u. a. *Der Denker*. Man darf die Skulpturen berühren, um die geschickte Hand des arbeitenden Künstlers selbst zu spüren.

Officine Universelle Buly 1803

Eine moderne Apotheke

Die Officine Universelle Buly ist das moderne Revival des von dem französischen Parfümeur Jean-Vincent Buly 1803 gegründeten Parfüm- und Schönheitsimperiums. Die Ladenfront in 6 Rue Bonaparte entspricht den Wurzeln dieser Marke aus dem 19. Jh. perfekt – alles ist elegant verpackt, das Personal ist zurückhaltend gekleidet und die Holzvertäfelung zaubert das Bild magischer Apotheken aus einer längst vergangenen Zeit herbei. Heute ist Buly für seine zart duftenden Bodylotions und Seifen bekannt, ebenso wie für das spektakuläre Angebot an handwerklich hergestellten Kämmen und Bürsten. Die Pflegestifte für Lippen in Lederschachteln, die man mit einem Monogramm versehen lassen kann, sind ein wunderbares Mitbringsel.

DIE BESTEN ORTE FÜR SÜSSES

Fruittini
Mit Eis gefülltes Obst der Saison, ein Genuss für Augen und Gaumen. €€

Mori Yoshida
Erlesenes Gebäck mit japanischem Touch. Unbedingt einen Kaffee-Éclair und einen Flan probieren. €

Debauve & Gallais
Das Schokoladengeschäft aus dem 18. Jh. war früher einmal der offizielle Lieferant von Napoleon I. €

Alles unter einem Dach

Das erste Kaufhaus der Welt

An der Ecke Rue du Bac und Rue de Sèvres befindet sich **Le Bon Marché**, ein Shopping-Tempel, dessen elegante Architektur zweifelsohne zum luxuriösen Mix aus französischen und internationalen Modemarken passt. Das von den Brüdern Paul und Justin Videau 1838 gegründete Kaufhaus war das erste weltweit, in dem Shoppen zur *art de vivre* wurde. 1852 wurde Le Bon Marché von dem engagierten Aristide Boucicaut und seiner Frau Marguerite übernommen, die die Kundenerfahrung und die Arbeitsbedingungen der Angestellten drastisch verbesserten.

Von den Rolltreppen kann man die prächtige Glas-Schmiedeeisen-Konstruktion der Decke bewundern. Wer dabei an den Eiffelturm denkt, liegt richtig, denn das Gebäude wurde von Gustave Eiffel zusammen mit dem Architekten Louis-Charles Boileau entworfen.

Wer Hunger verspürt, flitzt ins Nachbarhaus (oder geht über eine der Verbindungsbrücken) in **La Grande Épicerie**, die Delikatessen- und Lebensmittelabteilung des Bon Marché. Im Un-

BISTROT-ESSEN

Le Petit St-Benoit
In dem althergebrachten Bistro werden die Bestellungen auf die rot karierten Tischdecken gekritzelt. €

Wadja
Aus der Küche des gemütlichen Restaurants kommen moderne Klassiker. €€

Bistrot de Paris
Das klassische Bistro mit Art-déco-Kulisse gegenüber vom Musée d'Orsay serviert traditionelle Gerichte. €€

SICH DURCH DIE RUE CLER FUTTERN

Die Fußgängerstraße Rue Cler ist vielleicht die berühmteste Marktstraße in Paris. Sie ist dienstags bis samstags ganztägig geöffnet, sonntags nur vormittags. Man sollte einen halben Tag für die Erkundung der gastronomischen Leckereien einplanen. Da es keine gute Idee ist, mit leerem Magen einkaufen zu gehen, sollte man im 1 **Petitbon** starten, wo es Sandwiches und den besten Kaffee des Viertels gibt. Dann macht man von der Rue Cler einen kleinen Abstecher in die Rue du Champ de Mars, um sich bei der hiesigen Legende 2 **Fromager Marie Cantin** mit Käse einzudecken. Nun geht's zurück auf die Rue Cler. Da vor eine französische Mahlzeit unbedingt ein Apéritif gehört, legt man bei 3 **Davoli** einen Zwischenstopp ein und versorgt sich mit Leckereien. O. K., es ist eine italienische *épicerie*, sie verkauft aber die besten Wurstwaren. Der beste Fischhändler in der Rue Cler ist 4 **La Sablaise** zwei Häuser weiter links. Wenn Austernzeit ist, stellen sie gern eine Platte zum Mitnehmen zusammen. Gegenüber ist 5 **Le Repaire de Bacchus**, wo man sich eine Flasche Petit Chablis zu den Austern kaufen kann. Wer etwas Sättigenderes möchte, kehrt um und geht vorbei am Petitbon zurück zur 6 **Boucherie du Perche**. Das Personal erklärt gern, wie man ein bestimmtes Stück Fleisch perfekt zubereitet. Direkt nebenan ist der Obst- und Gemüseladen 7 **L'Artisan Au Bon Jardinier** – spezielle Angebote des Tages gibt's vor dem Geschäft. Und das Beste reserviert man sich natürlich für das Ende des Spaziergangs: 8 **Le Chocolat Alain Ducasse**, das *atelier* des Giganten französischer Gastronomie, Alain Ducasse, bietet traumhafte Schoko-Köstlichkeiten an.

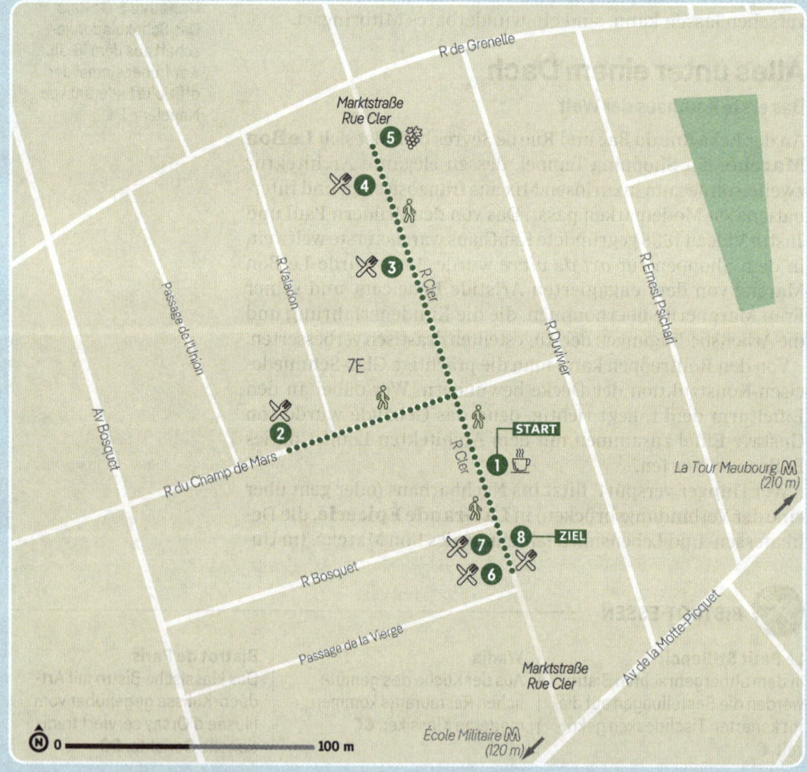

tergeschoß befindet sich eine der größten (und teuersten) Weinabteilungen der Stadt. In den oberen Stockwerken gibt's eine gute Auswahl an Haushaltswaren und ein Restaurant.

Gastronomie & zeitgenössische Kunst

Urbaner Geheimgang

In direktem Kontrast zum historischen Le Bon Marché befindet sich weiter unten in der Rue du Bac die **Beaupassage**, eine begrünte, moderne Passage, die mit dem Gedränge im umliegenden Viertel wenig zu tun und für Feinschmecker einiges zu bieten hat. In dem friedlichen Stadtraum sind die Superstars der französischen Gourmet-Szene versammelt. Es gab jedoch eine kleine Bedingung: Alle Chefköch:innen mussten ein für sie völlig neues Projekt anbieten. Das Ergebnis ist ein 10 000 m^2 großer Bereich mit einem Café des erstklassigen *pâtissier* (Konditor) Pierre Hermès, einem *cave à vin* (Weinkeller) von Yannick Alleno und einer *épicerie* mit Fertiggerichten von der mit drei Michelin-Sternen ausgezeichneten Anne-Sophie Pic.

Hier kann man wunderbar unter freiem Himmel herumschlendern. Zudem ist hier zeitgenössische Kunst von Künstlern wie Fabrice Hyber und Mark Vellay zu sehen.

Literarische Schlückchen & Cafés

Auf Hemingway und de Beauvoir anstoßen

Ein Pariser Sprichwort lautet: „*La rive gauche, on va pour penser; la rive droite, on va pour depenser*" – ans linke Seine-Ufer geht man, um zu denken, ans rechte, um Geld auszugeben. Denken (und trinken) taten sie am linken Seine-Ufer tatsächlich: In St-Germain befinden sich einige der berühmtesten Restaurants, die bei den größten Schriftstellern, Künstlern und Philosophen des 20. Jhs. sehr beliebt waren.

Les Deux Magots auf der Place St-Germain-des-Prés gilt als Geburtsstätte des Surrealismus. Hier trafen sich in den 1930er-Jahren u a. André Breton, Man Ray und Max Ernst und arbeiteten das Manifest der Bewegung aus. James Joyce und Ernest Hemingway, die Schriftsteller der Verlorenen Generation, waren hier Stammgäste. Es heißt, dass Hemingway an einem der hinteren Tische seinen ersten größeren Roman *Fiesta* geschrieben hat.

Der literarische Rivale, das **Café de Flore**, hatte einen großen Vorteil: einen warmen Raum mit Kamin im Obergeschoss, in dem Schriftsteller:innen in den kalten Wintermonaten arbeiten konnten. Und genau hier haben große Philosoph:innen wie Simone de Beauvoir, Jean-Paul Sartre und Albert Camus ihre bedeutenden Werke geschrieben.

DAS ÄLTESTE CAFÉ IN PARIS

Das 1686 gegründete **Le Procope** beansprucht für sich den Titel, das älteste Café der Stadt zu sein (obwohl es nicht durchgehend betrieben wurde). Im 18. Jh. war es ein Treffpunkt der intellektuellen Elite: Voltaire, Benjamin Franklin und Thomas Jefferson dinierten hier. Es heißt, dass Denis Diderot und Jean Le Rond d'Alembert im Le Procope mit der Arbeit an der französischen Enzyklopädie begonnen und dabei unendlich viele Tassen schwarzen Kaffee getrunken haben.

Heute ist das Restaurant im Stil des 18. Jh. neu gestaltet und mit Artefakten aus früheren Zeiten (z.B. Napoleons Hut) geschmückt. Auf der Speisekarte stehen traditionelle französische Gerichte wie *escargot* and *tête de veau* (Kalbskopf).

KÖSTLICHKEITEN FÜR EIN PICKNICK KAUFEN

Boulangerie Poilâne
Vielleicht Frankreichs berühmteste *boulangerie*. Sie ist bekannt für Sauerteigbrot, Butterkekse und Apfelkuchen. €

Fromagèrie Barthèlemy
Berühmtes Käsegeschäft links der Seine mit einer riesigen Auswahl an beliebten und seltenen Käsesorten. €

Marché St-Germain
Dienstags bis samstags geöffnete Markthalle mit Gemüseständen, einem Fischhändler und Charcuterie. €

PETR KOVALENKOV/SHUTTERSTOCK ©

Brasserie Lipp

Die beiden Lokale haben eine ähnliche Speisekarte und sind perfekt geeignet, um Leute zu beobachten.

Die **Brasserie Lipp** liegt praktischerweise gegenüber vom Café de Flore. Es war das Lieblingslokal der französischen Lyriker Paul Verlaine und Guillaume Apollinaire und noch heute erwecken die Räumlichkeiten und der Service den gleichen Eindruck wie in den 1920er-Jahren. Unbedingt vorab reservieren, denn das Restaurant ist immer gut besucht.

Das **La Palette** in der Rue de Seine ist nicht ganz so bekannt, aber ebenso geschichtsträchtig. Diese Bar wurde von Künstlern wie Picasso und Cézanne besucht. Auch heute noch herrscht hier ein kreativer Vibe, denn es ist ein beliebter Treffpunkt der Kunststudenten der Ecole des Beaux-Arts ganz in der Nähe.

Die Tour durch das literarische Paris endet nach dem Abendessen mit einem Drink im **L'Hôtel** in der Rue des Beaux-Arts, wo Oscar Wilde 1900 an Hirnhautentzündung gestorben ist. Wilde hatte aus dem damaligen L'Hotel d'Alsace sein Zuhause gemacht und in seinen letzten Tagen erklärt „meine Tapete und ich, wir duellieren uns mit dem Tod. Einer von uns sollte endlich gehen."

DIE BESTEN COCKTAILBARS

Prescription Cosmic Theatre
Die edle Bar, die sich hinter plüschigen Samtvorhängen versteckt, ist ein Paradies für Cocktailfans.

Le Castor Club
Cocktailclub im Stil einer Flüsterkneipe mit Countrymusik aus Spielfilmen.

Le Bar des Prés
Schicke Cocktail- und Sushibar des gefeierten Chefkochs Cyril Lignac.

VINTAGE-KLAMOTTEN KAUFEN

Renaissance – Vintage Fashion
Geheimtipp unter Modebewussten, hier sind wahre Vintage-Schätze zu finden.

Tilt Vintage Store
Gut sortierte Auswahl an erschwinglicher Vintage-Kleidung und Zubehör.

Hippy Market
Man muss zwar suchen, kann aber das eine oder andere (lohnende) Schnäppchen machen.

STADTSPAZIERGANG: AUF DEM DESIGN-TRAIL

Dutzende von Galerien haben sich auf zeitgenössische und auch Vintage-Kreationen spezialisiert. Die linke Seite der Seine eignet sich sowohl für Design-Amateure als auch Design-Profis perfekt für einen Schaufensterbummel. Los geht's in der Rue Las Cases im **1 India Mahdavi Showroom** mit der unverkennbaren Möbelkollektion des französisch-iranischen Designers und Architekten. Etwas weiter ist die **2 Petits Objets Boutique** mit Madhavis kleineren Werken, die altem Know-how Tribut zollen. Auf dem Weg über den Bd St-Germain zurück ins 6. Arrondissement sollte man einen kleinen Umweg nach links in die Rue du Bac machen und einen Blick ins **3 Deyrolle** (S. 166) werfen, ein Kabinett mit lebensgroßen Kuriositäten. An der Rue Bonaparte biegt man links ab, dann nach rechts in die Rue Jacob und erreicht die Boutique von **4 Michelle Aragon**. Aragon ist bekannt für ihre große Sammlung an französischen Vintage-Textilien – der Traum aller Polster:innen – und handgefertigtem Geschirr. Auf der Rue Jacob geht's weiter zur Rue de Seine. Dort befindet sich linkerhand **5 Isabella Subra Woolworth**, die mit altem Schmuck handelt und Einzigartiges für jeden Geldbeutel im Angebot hat. In der Rue de Seine befindet sich auch der Möbelhändler François Laffanour mit seiner **6 Galerie Downtown**, eine Galerie, die sich auf Modelle u. a. von Le Corbusier und Charlotte Perriand spezialisiert hat. Der Spaziergang endet bei **Kamel Mennour**, der zwei Galerien hat, eine in der **7 Rue St-André des Arts** und eine in der **8 Rue du Pont de Lodi**. Mennour gehört zu den Legenden der zeitgenössischen Kunstszene in Paris und kuratiert Ausstellungen von erstklassigen Kunstschaffenden wie Camille Henriot und Daniel Buren.

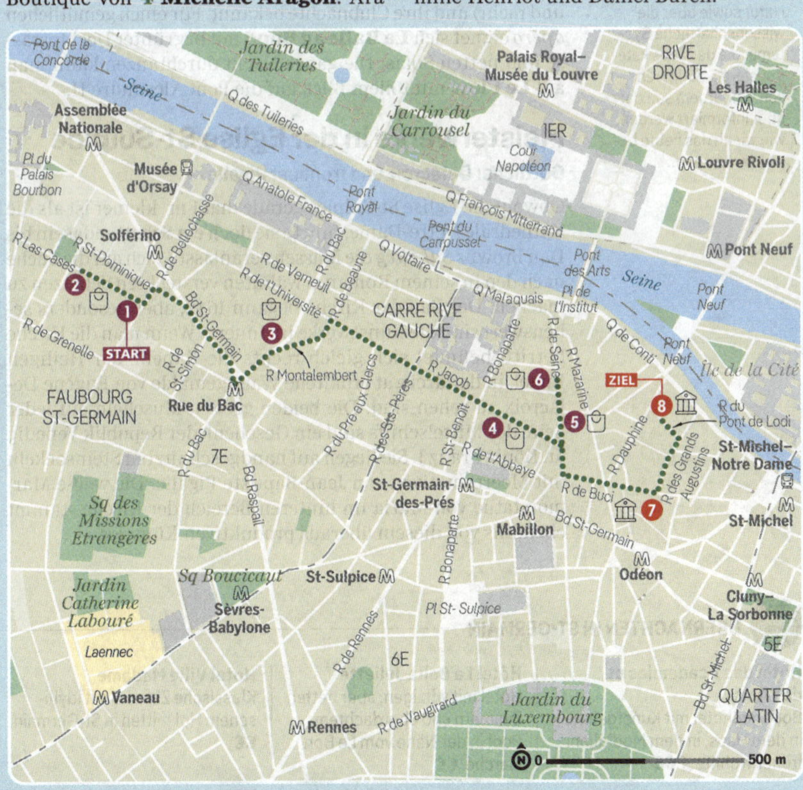

EIN TEMPEL VOLLER TIERPRÄPARATE

Der von der Familie **Deyrolle** 1888 gegründete Laden in der Rue du Bac hat mehr zu bieten als nur ausgestopfte Tiere. Sobald man ihn betritt, unternimmt man eine Reise zurück in die Blütezeit von Forschern, Abenteurern und Kuriositätensammlern der alten Schule. Wem es bei dem Gedanken an Jagd und Tierpräparate mulmig wird, sollte nicht vergessen, dass es sich hier auch um Unterrichtsmaterial handelt, das über die Wunder der Natur sowie über die wissenschaftliche Systeme, die das alles kategorisieren, aufklären soll. Außerdem soll darüber informiert werden, wie wir all das heute bewahren können.

Haus & Atelier des Bildhauers Zadkine

Eine Kunstoase

In der Rue d'Assas versteckt sich das kaum bekannte **Musée Zadkine** in dem ehemaligen Haus und *atelier* des in Russland geborenen Bildhauers Ossip Zadkine. Sowohl die Schönheit des kleinen, freundlichen Gebäudes als auch die darin befindlichen Werke bieten einen friedlichen Rahmen, um der Geschäftigkeit dieses Viertel zu entkommen. Das Museum beherbergt ca. 300 Werke des Künstlers, von monolithischen Stein-, Holz- und Bronzeskulpturen bis zu feinen Lithografien und Fotografien. Besonders bedeutend ist die Abteilung, die der Schaffung seiner monumentalen Hommage an den Maler Vincent Van Gogh gewidmet ist; die Fotos bezeugen Zadkines vielseitiges Talent.

Feiern auf Péniches

Ein gemütlicher Apéritif an Deck

Wo das 6. und 7. Arrondissement an die Seine grenzen, sind am Ufer *péniches*, Hausboote, festgemacht. Dabei handelt es sich sowohl um Privatschiffe als auch um umgebaute Restaurants, Bars und Clubs. Eine witzige Art, den berühmtesten Wasserweg der Stadt kennenzulernen. **Rosa Bonheur sur Seine** ist die beliebteste *péniche*. Sie ist für ihre Livemusik (von Salsa bis Jazz und mehr) und ihre Clubnächte bekannt. Für einen gemütlichen *apéro* eignet sich **La Balle au Bond** mit begrünter Deckterrasse und netten Sofas. Die ganze Nacht durchtanzen kann man auf **Le Flow** mit tollem Blick auf die Pont Alexandre II.

Meisterwerke in der Église St-Sulpice

Göttlicher Delacroix und frommer Pigalle

Obwohl die Église St-Sulpice gerade mal 1 m² kleiner ist als die Kathedrale Notre-Dame, führte sie doch ein Schattendasein bis Dan Browns *Sakrileg* die Massen veranlasste, sich auf die Suche nach den in seinem Roman erwähnten versteckten Schätzen zu machen. Der Bau der Kirche begann 1642, aber besonders sehenswert sind die Kunstwerke im Innern. Wenn man die Kirche betritt, befindet sich gleich rechts die Kapelle der Heiligen Engel, in der drei gut erhaltene Wandgemälde von Eugène Delacroix zu sehen sind. Die beiden großen Muscheln auf jeder Seite des Mittelschiffs sind ein Geschenk der Republik Venedig an König Franz I. Sie liegen auf handgeschnitzten Steinsockeln mit Meeresmotiven von Jean-Baptiste Pigalle. Die weiße Marmorstatue von Maria im hinteren Bereich der Kirche stammt ebenfalls von diesem überaus produktiven Künstler.

ÜBERNACHTEN IN ST-GERMAIN

Hôtel des Academies et des Arts
Boutiquehotel mit Kunstgalerie in dem Haus, in dem Modigliani früher wohnte. **€€€**

Hôtel La Belle Juliette
Hotel mit witzigen, aber netten Zimmern und überdachtem Pool in der Nähe vom Le Bon Marché. **€€**

Hotel Villa Madame
Klassische Zimmer mit idyllischem Hof mitten in St-Germain. **€€**

Montparnasse & südliches Paris

BRASSERIEN, BUNTES LEBEN UND STREETART

Wer auf der Suche nach einem Paris ist, das nur von wenigen besucht wird, dem wird es im Süden der Stadt gefallen – einfach aber verlockend, düster aber stimmungsvoll. Es ist ein toller Mix aus typisch Dörflichem, innovativer Streetart, großen Parks und eindrucksvoller Architektur. Gäbe es nicht ein paar legendäre Orte wie den Tour Montparnasse und Les Catacombes, würden das 13., 14. und 15. Arrondissement wohl auf kaum einer To-do-Liste stehen. Da ihnen der prestigeträchtige Ruf der zentraler und nördlicher gelegenen Arrondissements fehlt, werden sie oft übersehen. Diesen Fehler sollte man nicht machen! Los geht's im sagenumwobenen Montparnasse, wo es noch Brasserien aus der Glanzzeit Mitte des 20. Jhs. und wiederbelebte Seitenstraßen voller geschäftigen Treibens gibt. Das 15. Arrondissement ist eine der faszinierendsten Gebiete der Stadt mit vielen unbekannten Ecken, die es zu entdecken gilt. Es ist ein sehr ruhiger, aber bestimmt kein langweiliger Bezirk mit wunderschönen Parks und stimmungsvollen Plätzen.

☑ TOP TIPP

Die drei Arrondissements – 13., 14. und 15. – sind riesig und die Entfernung zwischen der Bibliothèque Nationale de France und dem Parc André Citroën ist erheblich (ca. 9 km). Auch mit öffentlichen Verkehrsmitteln benötigt man viel Zeit, wenn man den größten Teil der Gegend sehen möchte. Mit der Métro (Linie 6) kommt man von einem Arrondissement ins nächste.

PETR KOVALENKOV/SHUTTERSTOCK ©

Restaurant in Montparnasse

HIGHLIGHTS
1 Les Catacombes
2 Rue Daguerre

SEHENSWERTES
3 Autel du Culte de Bouddha
4 Chinatown
5 Cité Florale
6 La Butte aux Cailles
7 La Dalle des Olympiades
8 La Danse de la Fontaine Émergente
9 Parc Brassaï
10 Petite Alsace

AKTIVITÄTEN, KURSE & TOUREN
11 Petite Ceinture
12 Piscine de la Butte aux Cailles
13 Piscine Joséphine Baker

SHOPPEN
14 Tang Frères

Tang Frères (S. 171)
HJBC/SHUTTERSTOCK ©

***Fromagerie* in der Rue Daguerre**

Rue Daguerre

Eine authentische Ecke Pariser Lebens

Eine traditionelle Pariser Dorfatmosphäre bietet die Rue Daguerre im 14. Arrondissement. Die schmale Straße südwestlich der Métro- und RER-Station Denfert-Rochereau ist zwischen der Av du Général-Leclerc und der Rue Boulard verkehrsberuhigt und gesäumt von Blumenläden, *fromageries* (Käseläden), *boulangeries* (Bäckereien), *patisseries* (Konditoreien), Gemüsehändlern, (griechischen, asiatischen und italienischen) Feinkostgeschäften und klassischen Cafés, von denen man wunderbar das Treiben auf der Straße beobachten kann. Auf dem Bürgersteig stellen die Geschäfte ihre Marktstände auf, sonntagvormittags geht es hier besonders lebhaft zu. Die Straße ist ideal für ein Mittagessen vor oder nach dem Besuch der Katakomben oder um sich für ein Picknick in einem der Parks oder Plätze einzudecken.

Les Catacombes

Das gruselige Beinhaus von Paris

Es ist ein gruseliger, makaberer und auch gespenstischer Ort, nichtsdestotrotz gehören Les Catacombes zu den meistbesuchten Orten der Stadt. 1785 wurde beschlossen, die unterirdischen Gänge eines aufgegebenen Steinbruchs als Aufbewahrungsraum für ausgegrabene Gebeine zu benutzen, da die Pariser Friedhöfe überfüllt waren. 1810 wurden die von Schädeln und Knochen gesäumten Katakomben – die Ruhestätte von Millionen anonymer Pariser:innen – dann offiziell angelegt.

Die Besichtigung der Katakomben beginnt in dem weitläufigen Eingang in der Av du Colonel Henri Rol-Tanguy. Von dort steigt man 131 Stufen hinunter und erreicht schließlich das Beinhaus mit zahllosen an den Wänden aufgereihten Knochen und Schädeln von Millionen Menschen. Besichtigen kann man ca. 1,5 km unterirdische Gänge, in denen kühle 14 °C herrschen. Über 112 Stufen und durch einen minimalistischen, ganz in Weiß gehaltenen „Übergangsraum" geht es hinaus auf die Av René Coty, 14e. Die Besichtigung findet in sehr beengten Räumlichkeiten statt und ist vielleicht nicht für jeden geeignet. Zudem sind die Katakomben nicht rollstuhlgerecht.

Les Catacombes

DIE BESTEN ASIATISCHEN RESTAURANTS IM 13. ARRONDISSEMENT

Pho Banh Cuon 14
Bei Insidern wegen der superfrischen *pho* (Suppe) beliebtes Lokal. €

Lao Viet
In dem kleinen, gemütlichen Restaurant werden einige der besten vietnamesischen und laotischen Gerichte im 13. Arrondissement serviert. €

Impérial Choisy
Berühmt für die kantonesische Küche und hervorragende Peking-Ente. €

Sukhotai
Gemütliches Thai-Restaurant unweit der Place d'Italie. €

Le Bambou
Hier bekommt man die besten vietnamesischen Spezialitäten im südlichen Paris. €

KORRANAN KOMKAI/SHUTTERSTOCK ©

Pho

MEHR IN MONTPARNASSE & IM SÜDLICHEN PARIS

Die größte Chinatown in Paris

Nichts wie hinein in die Chinatown!

Südöstlich der Place d'Italie und in der Nähe der Rue de Tolbiac liegt die größte Chinatown der Stadt. Man sollte sich von den mächtigen Hochhäusern aus den 1960er-Jahren nicht abschrecken lassen und diese Gegend dennoch erkunden, denn sie ist anders. Es ist ein faszinierendes Fleckchen Südostasien mit vielen Überraschungen wie kulinarische Köstlichkeiten, Kunst und farbenfrohe Feste (z. B. das Chinesische Neujahr).

Wer sich für Underground-Kultur interessiert, sollte **La Dalle des Olympiades** nahe der Rue de Tolbiac besuchen. Die große Betonesplanade mit Fußgängerplattformen inmitten von Wohntürmen wurde zum Zentrum für K-Pop-Tänzer:innen und Skateboarder. **La Danse de la Fontaine Émergente** („Tanz des Auftauchenden Brunnens") in der Rue Paul Klee ist ein großer stark stilisierter Drachenbrunnen aus Edelstahl, Kunststoff und Glas, der von dem franko-chinesischen Bildhauer Chen

BISTROS IM SÜDLICHEN PARIS

Comme Promis
In diesem Juwel eines Bistros kommen sowohl klassische als auch moderne Gerichte aus saisonalen Zutaten aus der Küche. €€

Aux Enfants Gâtés
In dem Bistro mit marineblauen Wänden und bordeauxroten Bänken gibt es nur 20 Sitzplätze. €€

L'Accolade
Marktfrische Erzeugnisse der Saison spielen die Hauptrolle in diesem Bistro, das für seine modern französische *bistronomie* bekannt ist. €€

Zhen entworfen wurde. Die wohl ungewöhnlichste heilige Stätte in Paris ist der **Autel du Culte de Bouddha** (37 Rue du Disque). Der kleine farbenfrohe buddhistische Tempel versteckt sich in der Tiefgarage eines Hochhauses.

Asiatische Lebensmittel, Haushaltsartikel und Deko gibt's zuhauf bei **Tang Frères**, dem größten asiatischen Geschäft der Stadt. Unter den Türmen in der Av d'Ivry und der Av de Choisy gibt's tolle vietnamesische Bars, die *pho*-Nudeln anbieten, Restaurants in Familienhand, in denen hausgemachte Klöße und würzige Suppen aus der Küche kommen, sowie traditionelle chinesische Bäckereien.

Versteckte Dörfer entdecken

Ländliche Ecken in Paris

Wer auf der Suche nach dörflichem Leben und versteckten Stadtteilen ist, der wird sich im 13., 14. und 15. Arrondissement mit den vielen pittoresken, wenig besuchten Ecken wohlfühlen. Kleine Häuser, Blumengärten, sehr wenige Autos und kein Lärm. Eine wirklich ländliche Atmosphäre.

La Butte aux Cailles ist weniger touristisch und verkehrsärmer als andere Pariser Dörfer wie Montmartre oder Mouffetard. Das Viertel erstreckt sich auf einem sanft abfallenden Hügel direkt westlich der Place d'Italie. Wenn man durch die Kopfsteinpflasterstraßen mit den niedrigen Häusern bummelt, fühlt man sich wie im ländlichen Frankreich. Die Hauptstraße ist die Rue de la Butte aux Cailles, an der viele Bars, Geschäften und Restaurants liegen. Aber auch die Nebenstraßen lohnen den Besuch, genauso der sehr erholsame **Parc Brassaï**. In der bezaubernden Rue Daviel befindet sich die Enklave **Petite Alsace** (Klein-Elsass) mit Backstein- und Fachwerkhäusern sowie die **Villa Daviel** mit wunderschönen Häusern und Gärten.

Fünf Gehminuten südlich von La Butte aux Cailles liegt die **Cité Florale**. Ein Spaziergang durch das Mikro-Viertel lohnt sich wirklich. Die in den 1920er-Jahren errichtete Blumenstadt besteht aus fünf Straßen, die alle nach Blumen benannt sind (Iris, Blauregen, Winden, Orchideen, Volubilis). Die Straßen sind gepflastert und von kleinen Häusern gesäumt, deren Fassaden mit Efeu, Kletterpflanzen und Blumen bedeckt sind, was zusätzlich zur netten Atmosphäre beiträgt. Geht man in östliche Richtung, kommt man an den **Square de l'Abbé Georges Hénocque** und die angrenzenden Straßen, u. a. die Rue des Peupliers und die Rue Dieulafoy, an denen hübsche traditionelle Häuser stehen. Einige von ihnen wurden aus *pierres meulières* (grobkörniger Sandstein) gebaut.

DIE BESTEN HISTORISCHEN BRASSERIEN IN MONTPARNASSE

La Closerie des Lilas
Auf Messingplatten steht, wo Hemingway und andere Berühmtheiten in dem „Flieder-Gehege" standen oder umfielen (eröffnet 1847). €€

Le Dôme
Das monumentale Le Dôme ist mit seiner prächtigen Art-déco-Ausstattung aus den 1930er-Jahren eines der nobelsten Meeresfrüchterestaurants. €€

La Rotonde
La Rotonde gibt es seit etwa 1911. Das elegante Restaurant ist für seine hervorragenden Speisen bekannt. €€

La Coupole
La Coupole wurde 1927 eröffnet und ist bekannt für die bemalten Säulen, die dunklen Holzpaneele und die sanfte Beleuchtung. €€

AUSGEHEN IM SÜDLICHEN PARIS

Café Cayo
Perfekte Location für einen Kaffee, Tee oder Feierabend-Cocktail im Kreis von Einheimischen.

Poinçon
Trendige Bar und schickes Bistro in einem restaurierten Bahnhof von 1867 an der Petite Ceinture.

Hexagone Café
In der coolen Location nutzt man Caffè-Cataldi-Bohnen für die süchtig machenden Espressos, Filterkaffees und Cappuccinos.

MARK O'FLAHERTY/ALAMY ©

Piscine Joséphine Baker

Nasse Wunder

Einzigartige Schwimmbäder

Die 1924 errichtete **Piscine de la Butte aux Cailles** ist ein Art-déco-Schwimmbad – ein Baudenkmal – und nutzt das wunderbar warme artesische Quellwasser in der Nähe. Es bietet ein spektakuläres Gewölbe-Hallenbad und seit 2017 den einzigen Nordic-Pool in Paris. Im tiefsten Winter schwimmen hier die Einheimischen ihre 25-m-Runden in einem Freiluftbecken mit fünf Bahnen, das auf wohlige 27 °C aufgeheizt ist.

Die wunderbare, auf der Seine treibende **Piscine Joséphine Baker** ist nach der amerikanischen Sängerin der 1920er-Jahre benannt. Das 25 auf 10 m große Becken mit vier Bahnen und das große Sonnendeck sind besonders im Sommer beliebt, wenn das Dach geöffnet ist. Im Juli und August sowie an den Wochenenden von Ende Mai bis September ist die Aufenthaltszeit auf zwei Stunden begrenzt.

Wer Kindern eine Freude machen will, geht mit ihnen ins **Aquaboulevard** direkt außerhalb der *Périphérique* (Ringstraße) im 15. Arrondissement. Es ist ein riesiger tropischer „Strand" und Wasserpark mit Wasserrutschen, Wasserfällen und Wellenpools.

PARISER MÄRKTE

Märkte gehören zur Identität der Stadt, wobei jeder seinen ganz eigenen Charme und Charakter hat. Weitere Märkte, die man besuchen sollte, sind der Marché Président Wilson (S. 72) und der Marché des Enfants Rouges (S. 116) sowie die *bouquinistes* (antiquarische Buchhändler) an der Seine.

ERSCHWINGLICH ÜBERNACHTEN IM SÜDLICHEN PARIS

3 Ducks Hostel
Zehn Gehminuten vom Eiffelturm entferntes Hostel mit guter Atmosphäre und ausgezeichneten Einrichtungen. €

Oops
Farbenfroh designtes Hostel mit Schlafsälen für vier bis sechs Personen und Doppelzimmern mit Bad. €

Urban Bivouac Hotel
Grandiose Unterkunft, wenn man das Rive Gauche und die Butte aux Cailles erkunden möchte. €

Petite Ceinture

Petite Ceinture du 15e

Der ungewöhnlichste Weg in Paris

Dieses kleine Wunder eines Spazierwegs ist ein Muss, wenn man Paris aus einer anderen Perspektive kennenlernen möchte. Man fühlt sich tatsächlich in eine andere Welt versetzt. Lange vor der Straßenbahn oder auch der Métro fuhr die Dampfbahn über die 35 km lange **Petite Ceinture** (Kleiner Gürtel; petite ceinture.org) rund um Paris. Von den ursprünglich 29 gibt es noch 17 (mehr oder weniger baufällige) Haltestellen. Mehrere Abschnitte mit Spazierwegen entlang der Gleise wurden inzwischen eröffnet. Der 1,3 km lange Weg im 15. Arrondissement führt durch artenreiche Lebensräume einschließlich Wald, Weideland und Prärien mit 220 Flora- und Faunaspezies.

Nachtleben im südlichen Paris

Bodenständig ausgehen

Das Kommen und Gehen an der Gare Montparnasse und die historischen Brasserien sorgen für Leben. Die Rue de la Butte aux Cailles und der Hügel La Butte aux Cailles südwestlich der Place d'Italie ist bei Student:innen und Einheimischen gleichermaßen beliebt. Die dortigen Lokale werden von Stammgästen besucht und sind weit weniger trendy als die in anderen Stadtvierteln. Auch die Rue du Chevaleret und die Av de France im boomenden Distrikt Paris Rive Gauche bieten ein paar tolle Optionen. Besonders im Sommer sind die schwimmenden Bars und Clubs auf der Seine direkt bei der Bibliothèque Nationale de France unschlagbar.

STIMMUNGSVOLLE MÄRKTE

Marché aux Puces de la Porte de Vanves
Einer der nettesten Flohmärkte in Paris mit über 380 Ständen. In der Av Georges Lafenestre gibt's viel Kurioses.

Marché Biologique Brancusi
Der Freiluftmarkt im 14. Arrondissement findet samstagvormittags statt und bietet eine riesige Auswahl an Bio-Produkten und Erzeugnissen aus dem Umland.

Marché de la Création
Der Markt, der sonntags auf dem Bd Edgar Quinet (14. Arrondissement) stattfindet, lockt ein gemischtes Publikum an, das sich über die Gare Montparnasse gerade auf Durchreise befindet. Die Stände bieten sehr viel Kunsthandwerk an.

Marché Edgar Quinet
Mittwochs und samstags stattfindender Freiluftmarkt gegenüber der Tour Montparnasse. Unwiderstehliches Käseangebot.

Marché Georges Brassens
Der Markt mit gebrauchten und antiquarischen Büchern findet samstags und sonntags unweit des wunderschönen Parc Georges Brassens im 15. Arrondissement statt.

STADTSPAZIERGANG: EINE GIGANTISCHE KUNSTSZENE ERKUNDEN

Über 30 Wandgemälde beleben Straßen in der Gegend zwischen der Av de France, der Rue de Tolbiac und dem Bd Vincent Auriol, und jedes Jahr kommen mehr hinzu. Los geht's an der Métrostation Chevaleret. Hier sieht man das **1 Etreinte et Lutte** (85 Bd Vincent Auriol) von Conor Harrington, *La Madone* (81 Bd Vincent Auriol), ein Meisterwerk des berühmten Künstlers Inti und *Les Oiseaux* (*Die Vögel*; 91 Bd Vincent Auriol) von Pantonio. Geht man auf dem Bd Vincent Auriol weiter, entdeckt man **2 Le Visage** (*Das Gesicht*; 6 Rue Jenner), ebenfalls von Pantonio. Es folgt **3 Rise Above Rebel** (Bd Vincent Auriol, Ecke Rue Jeanne d'Arc), ein riesiges Wandgemälde von Shepard Fairey. Auf der gegenüberliegenden Seite befindet sich das großartige **4 Dancer** (98 Bd Vincent Auriol) vom Kollektiv Faile. Weitere wunderbare Werke sind zu sehen, wenn man nach Westen geht, u.a. **5 Le Chat** (Bd Vincent Auriol Ecke Rue Nationale), das überdimensionale Gemälde *La Marianne* (186 Rue Nationale) von Shepard Fairey, das die französische Republik symbolisiert, und das ausdrucksstarke *Turncoat* (190 Rue Nationale) von D*Face (aus London). Tief beeindruckt ist man auch von **6 Sun Daze** (167 Bd Vincent Auriol) von den talentierten Zwillingen How & Nosm und von der einer Geisha ähnelnden Frau am Nachbargebäude (169 Bd Vincent Auriol) von dem britischen Künstler Hush. Nun folgt man der Rue du Château des Rentiers, biegt nach links ab in die Rue de Clisson mit dem Gemälde **7 Bach** (57 Rue Clisson). Weiter geht's durch die Rue Jeanne d'Arc und die Rue Lahire, wo sich noch ein **8 farbenfrohes Fresko** (13 Rue Lahire) von Inti befindet.

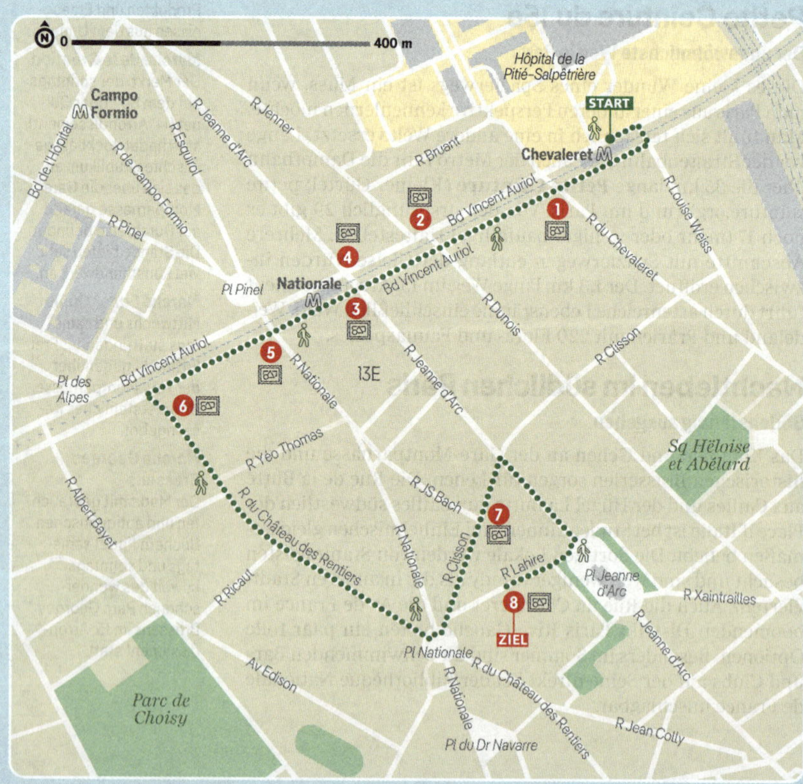

JULIEN JEAN ZAYATZ/SHUTTERSTOCK ©

MK2

Paris Rive Gauche

Die innovativste Gegend der Stadt

Die umfassendste Stadterneuerung seit Haussmanns Planung im 19. Jh. findet zügig im 13. Arrondissement statt. Inmitten der einst unauffälligen Gegend südlich des Quartier Latin und rund um den Verkehrsknotenpunkt der Place d'Italie ist eine neue Gegend namens Paris Rive Gauche entstanden, die in den 1990er-Jahren mit dem Bau der umstrittenen **Bibliothèque Nationale de France** (mit hervorragenden wechselnden Ausstellungen) und der Métrolinie 14 (einer Hochgeschwindigkeitslinie) eingeläutet wurde.

Ebenfalls neu sind die Freizeitkomplexe **MK2** und **EP7**, die Piscine Joséphine Baker (S. 172) und das Hotel **Off Paris Seine** auf der Seine sowie die **Passerelle Simone de Beauvoir**, ein Rad- und Fußgängerweg hinüber zum rechten Seine-Ufer. Updates über diese Gegend siehe parisrivegauche.com.

DIE BESTEN VEGETARISCHEN RESTAURANTS

Season Square
Hier stehen hausgemachte Suppen, Burger und Bowls mit Veggies der Saison auf der Tageskarte. €

Sweet Rawmance
Hinter der netten lavendel- und fuchsia-rosa Fassade versteckt sich ein einladendes Café mit Kuchenladen. Hier ist alles 100 % vegan, glutenfrei und unbearbeitet. €

Maison Binder
Kreative, lockere Location von zwei Brüdern, die hervorragende Bio-Gerichte aus Zutaten der Saison servieren. €

Polichinelle
Schmackhafte *cuisine légumière* (vegetarische Küche). Unbedingt lohnenswert ist das umfangreiche Mittagsbuffet. €€

UNTERWEGS VOR ORT

Das Pariser Bahnnetz besteht aus zwei hervorragend miteinander verbundenen Systemen: der **Métro** und der **RER** (mit fünf unterirdischen Hauptlinien). Man kann problemlos zwischen Métro und RER umsteigen (Flughafentickets sind aber keine Stadttickets). Rolltreppen erleichtern langes Treppensteigen, es gibt sie aber nicht auf jedem Bahnhof. Wer mit den überall verkehrenden **Bussen** fährt, vermeidet Treppensteigen.

Am billigsten und einfachsten benutzt man die öffentlichen Verkehrsmittel mit dem **Pass Navigo Easy**, der überall genutzt werden kann. Er ist für 2 € an allen Métro- und RER-Verkaufsstellen sowie in angeschlossenen RATP-Läden (z.B. Tabakläden und Märkte) erhältlich. Durch Aufladen kann man damit Fahrten im Voraus bezahlen. Mit den Apps IDF Mobilités, RATP und SNCF lassen sich die Fahrten planen sowie Karten und Fahrpläne der Züge oder Busse herunterladen.

Taxis findet man an den offiziellen Taxihaltestellen oder über **Ride-Share Apps**. **Batobus** verkehrt auf der Seine und **Vélib'** hat über 20 000 **Leihräder.**

Tagesausflüge ab Paris

Es mag schwer fallen, Paris den Rücken zu kehren, aber einige Tagesausflüge können mit der Stadt des Lichts problemlos mithalten.

UNTERWEGS VOR ORT

SNCF-Züge fahren oft von der Pariser Gare Montparnasse nach Chartres. Man sollte den Fahrplan genau studieren, denn Express-Züge sind bedeutend schneller.

Der wohl großartigste Tagesauflug führt nach Versailles. An Opulenz ist das riesige Château de Versailles selbst in Frankreich kaum zu übertreffen.

Im schönen, mittelalterlichen Stadtzentrum von Chartres steht die für ihre wunderbaren Buntglasfenster berühmte Cathédrale Notre-Dame.

Das prächtige Château de Fontainebleau schmückt die elegante Stadt gleichen Namens in grüner Umgebung. Der Palast ist mit Originalmöbeln und Details aus der Zeit Napoleons ausgestattet, die ihn zum Leben erwecken.

TOP TIPP

Die Tagesausflüge sollte man gleich nach dem Frühstück in Angriff nehmen. Dann sind weniger Leute unterwegs und man kann einen stressfreien Tag genießen.

GODONGPHOTO/SHUTTERSTOCK ©

Centre International du Vitrail

Kunstvolle Museen

Buntglasfenster und mittelalterliche Meisterwerke

Nachdem man die Buntglasfenster in der Kathedrale von Chartres bewundert hat, kann man sich im **Centre International du Vitrail** (Internationales Zentrum für Buntglasfenster), einem Fachwerkhaus und früheren Getreidespeicher, einige schöne Stücke aus nächster Nähe anschauen.

Chartres **Musée des Beaux-Arts** (Museum der schönen Künste), das man durch das Tor beim Nordportal der Kathedrale betritt, befindet sich im früheren Palais Épiscopal (Bischofspalast), der im 17. und 18. Jh. erbaut wurde. Das Museum beherbergt emaillierte Apostelbilder, die im 16. Jh. für Franz I. angefertigt wurden, Gemälde von Chaïm Soutine und bunte mittelalterliche Holszskulpturen.

Weniger bekannte Kirchen in Chartres

Faszinierende heilige Stätten

Die **Église St-Aignan** ist dank ihres hölzernen Tonnengewölbes (1625), ihrer Mittelschiffarkaden und ihres blassblauen, mit goldenen Blumenmotiven bemalten Innenraums (um 1870) sehr interessant. Das Buntglas und die Chapelle St-Michel im Renaissancestil stammen aus dem 16. und 17. Jh. Es war die in Chartres von Einheimischen benutzte Gemeindekirche, im Gegensatz zur Kathedrale, die von Pilger:innen besucht wurde.

Strebebögen stützen die im 12. und 13. Jh. erbaute **Église St-Pierre**. Sie gehörte einst zu einem Benediktinerkloster, das im 7. Jh. gegründet worden war und ungeschützt außerhalb der Stadtmauern lag. Ihr trutziger vorromanischer Glockenturm, der um das Jahr 1000 entstand, diente den Mönchen als Zuflucht. Die schönen bunten Obergadenfenster im Kirchenschiff, im Chor und in der Apsis stammen aus dem frühen 14. Jh.

Die leere Hülle der **Collégiale St-André**, eine romanische Kirche aus dem 12. Jh., wurde 1791 außer Dienst gestellt. Die Anfang des 19. Jhs. und erneut 1944 stark beschädigte Kirche dient heute als Ausstellungszenrum.

DIE BESTEN HOTELS IN CHARTRES

Die Tourimassen verlassen Chartres gegen 17 Uhr. Wer gern durch leere Straßen bummelt und die jahrhundertealte Geschichte relativ allein genießen möchte, sollte sich überlegen, ob es nicht besser wäre, hier zu übernachten, statt nach Paris zurückzufahren.

Hôtel Le Bœuf Couronné
Der Eingang mit dem roten Vorhang verleiht dieser Zwei-Sterne-Unterkunft im Zentrum etwas Theatralisches. Von einigen der modernen Zimmer genießt man den Blick auf die Kathedrale.

Hôtel Le Grand Monarque
Das historische Hotel hat eine Fassade von 1779, eine Buntglasdecke und Stilmöbel. Im Spa werden Hydrotherapie-Behandlungen angeboten.

Campanile Chartres Centre Gare Cathédrale
Geräumige Zimmer in Toplage. Das Hotel ist nur ein paar Schritte von der Kathedrale und dem Bahnhof entfernt.

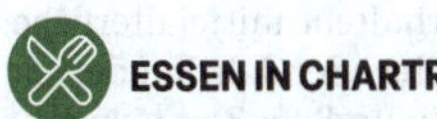

ESSEN IN CHARTRES

Boulangerie Duban
Vor Ort gemahlene Körner aus der Gegend, traditionelle Backwaren, Sauerteigbrot und belegte Sandwiches. €

La Chocolaterie
Café-Teestube mit köstlichen Kuchen und tollem Blick auf den Blumenmarkt – perfekt, um Leute zu beobachten. €

Le Geôrges
In Chartres ambitioniertestem Restaurant werden mehrgängige Sternemenüs mit kreativen Hauptgerichten und Desserts serviert. €€€

MEHDI33300/SHUTTERSTOCK ©

PRAKTISCHES
Für Preise und Öffnungszeiten diesen QR-Code scannen.

TOP-SEHENSWÜRDIGKEIT

Kathedrale von Chartres

Wer in Chartres aus dem Zug steigt, sieht zwei Kirchtürme – einer gotisch, einer romanisch. Beide gehören zur Cathédrale Notre-Dame aus dem 13. Jh. mit ihren berühmten Buntglasfenstern. Nach der Besichtigung der Kathedrale sollte man unbedingt einen Stadtbummel machen.

NICHT VERPASSEN
- Cathédrale Notre-Dame
- Eingänge der Kathedrale
- Buntglasfenster
- Skulpturen im Lettner
- Heiliger Schleier
- Église St-Aignan

Cathédrale Notre-Dame

Eine der krönenden Meisterleistungen der westlichen Architektur ist die 130 m lange Cathédrale Notre-Dame de Chartres, die für das leuchtende Blau ihrer Kirchenfenster und als Hüterin des Heiligen Schleiers berühmt ist. Die gotische Kathedrale wurde im ersten Viertel des 13. Jhs. errichtet (als Ersatz für eine romanische Kathedrale, die 1194 zusammen mit einem großen Teil der Stadt abgebrannt war). Dank fleißiger Spendenwerbung und viel Freiwilligenarbeit stand der Neubau nach nur 30 Jahren, sodass die Architektur ziemlich einheitlich ist. Heute ist Notre-Dame de Chartres die besterhaltene mittelalterliche Kathedrale Frankreichs, da sie in nachfolgenden Jahrhunderten von größeren Umbauten, Kriegsschäden und der Zerstörungswut der Terrorherrschaft verschont blieb.

Bezaubernde Eingänge

Die West-, Nord- und Südeingänge der Kathedrale verfügen über grandios verzierte Dreifachportale, wobei nur der Westeingang, der als **Portail Royal** bekannt ist, aus der Zeit vor dem Brand stammt. Die wundervollen, im romanischen Stil langgestreckten Figuren entstanden zwischen 1145 und 1155 und stellen in der Mitte die Herrlichkeit Gottes, rechts Christi Geburt und links seine Himmelfahrt dar. Abgesehen vom Portal ist nur noch der 105 m hohe **Clocher Vieux**, auch **Tour Sud** (Südturm) genannt, romanisch. Sein Bau begann in den 1140er-Jahren; er ist der höchste noch erhaltene romanische Kirchturm der Welt.

Den Nordturm besteigen

Ein Besuch des 112 m hohen **Clocher Neuf**, auch **Tour Nord** (Nordturm) genannt, lohnt den Eintrittspreis und den Aufstieg über die lange Wendeltreppe (350 Stufen). Die Aussichtsplattform auf 70 m Höhe des Turms, den Jehan de Beauce zwischen 1507 und 1513 im filigranen gotischen Flamboyantstil als Ersatz für einen abgebrannten Holzturm erbaute, bietet einen einmaligen Blick auf die dreifachen Strebebögen und das Kupferdach aus dem 19. Jh.

Buntglasfenster

Fantastisch sind auch die 176 Buntglasfenster der Kathedrale, die fast alle aus dem 13. Jh. stammen und eines der bedeutendsten Ensembles mittelalterlicher Glasmalerei der Welt bilden. Die drei schönsten Fenster unterhalb der Rosette in der Wand über dem Westeingang stammen aus der Mitte des 12. Jhs. Sie haben das Feuer von 1194 überlebt und sind vor allem für die Tiefe und Intensität ihrer Blautöne, die auch als „Chartres-Blau" bekannt sind, sehenswert.

Lettner-Drama

Jetzt sollte man den Fenstern den Rücken kehren (!) und die aus Stein gemeißelten Skulpturen im Lettner betrachten, die das Leben von Maria in 41 Szenen darstellen. Besonders bewegend ist die Nummer 28, die sie mit dem leblosen Körper ihres Sohnes Jesus im Arm zeigt.

Marias Heiliger Schleier

Seit 876 befindet sich in Chartres der hochverehrte **Sainte Voile** (Heiliger Schleier). Das vergilbte Seidentuch, das die Jungfrau Maria bei der Geburt Jesu getragen haben soll, ist über einem Rahmen am Ende des nördlichen Schiffs der Kathedrale hinter dem Chor ausgestellt.

Der Schleier gehörte ursprünglich zum Kaiserschatz von Konstantinopel, aber Kaiserin Irene schenkte ihn Karl dem Großen, als dieser 802 um ihre Hand anhielt. Karl der Kahle übereignete ihn 876 der Stadt. Weil die Reliquie die Feuerkatastrophe von 1194 überstanden hatte, errichtete man die Kathedrale.

Die Krypta

Die 110 m lange romanische Krypta der Kathedrale enthält keine Grabmäler. Sie wurde 1024 um ihre Vorgängerin aus dem 9. Jh. herumgebaut und ist die größte in Frankreich. **Führungen** starten an dem von der Kathedrale betriebenen Souvenirshop in der Nähe des Westeingangs.

AUF PILGERREISE

Wahrscheinlich wird man vor der Kathedrale beherzte Menschen mit Rucksäcken sehen. Chartres liegt an der legendären Pilgerstrecke nach Santiago de Compostela im Nordwesten Spaniens. Eine Markierung auf dem Bürgersteig zeigt in Richtung des etwa 1600 km entfernten Ziels. Die Strecke existiert seit mehr als 1000 Jahren, in der Vergangenheit war die Kathedrale auch ein Übernachtungsplatz für Pilger.

TOP TIPPS

- Sehr empfehlenswerte Besichtigungen der Kathedrale in englischer Sprache mit der sachkundigen Anne-Marie Woods. Los geht's von Ostern bis Mitte Oktober, dienstags bis samstags um 12 Uhr am Souvenirshop.
- Im Souvenirshop werden einige seltene Reiseführer und Bücher verkauft.
- Um die außordentlichen Details der Buntglasfenster und Schnitzereien wirklich genießen zu können, sollte man ein Fernglas mitbringen (in einigen Geschäften kann man sie sich auch ausleihen).
- In einem der Touri-Cafés rund um die Kathedrale seinen Lieblingsdrink bestellen und einfach nur die Eingänge betrachten.

VIVVI SMAK/SHUTTERSTOCK ©

PRAKTISCHES

Für Preise und Öffnungszeiten diesen QR-Code scannen.

TOP-SEHENSWÜRDIGKEIT

Versailles

Das sich über 900 ha erstreckende, monumentale, 400 Jahre alte Château de Versailles ist Frankreichs berühmtester und prachtvollster Palast. Es liegt im grünen, gutbürgerlichen Vorort Versailles, 22 km südwestlich des Zentrums von Paris. Die Anlage ist in drei Hauptbereiche unterteilt: der 580 m lange Palast, die Gärten, Kanäle und Pools westlich des Palasts und das Trianon im Nordwesten.

NICHT VERPASSEN

- Der Palast
- Der Spiegelsaal
- Die Prunkgemächer des Königs und der Königin
- Die Gärten und Springbrunnen
- Mittagessen in der Nähe des Grand Canal
- Grand Trianon
- Hameau de la Reine

Geschichte

1623 war das Anwesen das Jagdschloss von Ludwig XIII., das Ludwig XIV. dann in ein großes Barockschloss umbauen ließ. Etwa 30 000 Arbeiter und Soldaten schufteten an dem Bau, der den Staat fast ruinierte. Ab 1682 war das Château de Versailles das politische Machtzentrum und Sitz des Hofstaats – bis zu den schicksalhaften Ereignissen im Jahr 1789, als Revolutionäre die Palastwachen massakrierten. Ludwig XVI. und Marie Antoinette gingen schließlich zurück nach Paris, wo sie unrühmlich auf der Place de la Concorde (S. 79) unter der Guillotine starben. Im 19. Jh. lebten Napoleon und Josephine und in den 1940er-Jahren auch Charles de Gaulle hier.

Der Palast

Die Arbeiten an dem Palast begannen 1661 unter der Aufsicht des Architekten Louis Le Vau (Jules Hardouin-Mansart übernahm die Arbeit von Le Vau Mitte der 1670er-Jahre), des Malers und Innenarchitekten Charles Le Brun und des Landschaftskünstlers André Le Nôtre, der Hügel einebnen, Sümpfe trockenlegen und Wälder umpflanzen ließ, um eine schier endlose Folge von Gärten, Teichen und Springbrunnen zu gestalten. Le Brun und Hunderte von Handwerkern schmückten jede Leiste, jedes Gesims, jede Decke und jede Tür im Inneren des Schlosses auf das Üppigste und Prunkvollste mit Fresken, Marmor, Blattgold und Holzschnitzereien, darunter viele Motive und Symbole aus der griechischen und römischen Mythologie.

Seit dem Bau wurden nur wenige Änderungen am Schloss vorgenommen, abgesehen von dem größten Teil der Inneneinrichtung, die während der Revolution verschwand. Viele der Räume wurden von Louis-Philippe (reg. 1830–1848) renoviert, der 1837 Teile des Schlosses der Öffentlichkeit zugänglich machte. Das Château in seinem jetzigen Zustand wurde zuletzt ab 2003 für ca. 400 Mio. € restauriert.

Spiegelsaal

Die Pracht des Schlosses gipfelt in der schillernden Galerie des Glaces (Spiegelsaal), einem 75 m langen Ballsaal mit 17 riesigen aus 357 Einzelspiegeln bestehenden Spiegeln und ihnen gegenüber ebenso vielen Fenstern mit Blick auf den Garten bzw. abends auf den Sonnenuntergang.

Die Prunkgemächer des Königs und der Königin

Luxuriöse, prunkvolle Verzierungen schmücken jede Leiste, jedes Gesims, jede Decke und Tür in den Grands Appartements du Roi et de la Reine (Prunkgemächer des Königs und der Königin). Weitere Säle sind Herkules, Venus, Diana, Mars und Merkur gewidmet.

Noch mehr bemerkenswerte Räume

Der opulente Überfluss zeigt sich auch in verschiedenen anderen Räumen, die man besichtigen sollte. Die **Galerie des Batailles** (Schlachtengalerie) ist länger als der Spiegelsaal und mit 33 riesigen Gemälden geschmückt, die an meist vergessene französische militärische Siege erinnern. Sehenswert ist auch das thematische Dekor im **Salon de la Guerre** (Kriegssalon) und im **Salon de la Paix** (Friedenssalon), die an beide Seiten des Spiegelsaals grenzen.

Gärten, Anwesen & Reiterakademie

Ein Spaziergang durch die weitläufigen, kunstvoll angelegten Gärten, die Naturräume, der riesige Grand Canal und die Trianon-Paläste sind für viele ein Highlight. Auch eine Reitshow in der **Académie du spectacle équestre** ist sehenswert.

An- & Weiterreise

Versailles erreicht man am besten mit der RER-Linie C, die in Versailles Château Rive Gauche endet (einige Züge fahren woanders hin). Andere Haltestellen mit Versailles im Namen sind vom Schloss und dem Zentrum weiter entfernt. In Versailles selbst, im Palast und im Anwesen kann man überall herumlaufen, aber nicht alle Bereiche sind rollstuhlgerecht. Infos über Barrierefreiheit gibt's auf der Website.

DAS HISTORISCHE ZENTRUM VON VERSAILLES

Man sollte sich auch etwas Zeit für das historische Zentrum der Stadt Versailles nehmen. An den Marktständen in **Les Halles de Versailles** an der Place du Marché bekommt man alles für ein köstliches Picknick und die umliegenden Cafés bieten sich für einen Kaffee an. Auch die restaurierte **Église Notre-Dame** aus dem 17. Jh. mit dem ruhigen Innenraum ist sehenswert.

TOP TIPPS

- Die Karten sollte man vorab über die Website kaufen und direkt zu Eingang A gehen. Die Schlangen vor dem Kartenschalter sind endlos.
- Dienstags, samstags und sonntags ist am meisten los, montags ist geschlossen.
- Es lohnt sich, die offizielle Château-de-Versailles-App mit Audio-Touren und Infos über die ganze Anlage herunterzuladen.
- Die viersitzigen Elektroautos dürfen nur auf einer vorgeschriebenen Route in einem Teil der Anlage fahren. Mit Mieträdern oder E-Bikes kann man in aller Ruhe herumfahren. Den Grand Canal kann man im Ruderboot erkunden. Die Shuttle-Züge sind sehr langsam.

Versailles

Ein Tag am Hof

Versailles ist auf den ersten Blick überwältigend. Aber man muss es sich einmal als ein „ganz normales" Gebäude vorstellen, in dem Menschen aßen, tranken, arbeiteten, schliefen und Komplotte schmiedeten.

Etwa zwanzig Jahre nach Beginn seiner Regentschaft ließ Ludwig XIV. das Jagdschloss seines Vaters in einen Palast umbauen, der groß genug sein sollte, um seinen gesamten Hofstaat, bestehend aus 6000 Untergebenen, zu fassen. Dabei scheute der Sonnenkönig keine Kosten: Er warb die besten Künstler und Handwerker der damaligen Zeit an. 1682 war die extravaganteste Residenz der Geschichte fertig.

Der königliche Tag verlief stets exakt und gleichförmig wie ein Uhrwerk. Im Rahmen einer Besichtigung lässt er sich natürlich nicht chronologisch genau reproduzieren. Ein heutiger Rundgang beginnt in der **1 Königlichen Kapelle**, wo der morgendliche Gottesdienst stattfand. Dann geht es zum **2 Herkules-Salon** und zum **3 Diana-Salon**; an beiden Orten fanden abendliche Feste statt. Die **4 Bibliothek des Königs** wurde damals nachmittags aufgesucht. Die königliche Prozession zog durch den **5 Spiegelsaal**. Am späten Vormittag fanden Besprechungen mit Ministern im **6 Ratssaal** statt. Begonnen hatte der Tag im **7 Schlafgemach des Königs** und im **8 Schlafgemach der Königin**. Das königliche Paar wurde dort etwa um die gleiche Zeit geweckt.

VERSAILLES IN ZAHLEN

Zimmer 700 (11 ha Dachfläche)
Fenster 2153
Treppen 67
Gärten und Parks 800 ha
Bäume 200 000
Springbrunnen 50 (mit 620 Spritzdüsen)
Gemälde 6300 (nebeneinandergelegt 11 km lang)
Statuen und Skulpturen 2100
Kunstobjekte und Möbel 5000
Besucher:innen 8,1 Mio. pro Jahr

VICHIE81 / SHUTTERSTOCK ©

8 Schlafgemach der Königin
Chambre de la Reine
Die Öffentlichkeit verfolgte jeden Aspekt des Lebens der Königin. Selbst bei der Geburt ihrer Kinder waren Zuschauer in ihrem Schlafgemach zugegen. **Abstecher»** Im Wachraum standen Dutzende bewaffneter Männer bereit.

MITTAGSPAUSE

Zeitgenössische französische Küche im Restaurant Ore von Alain Ducasse oder ein Picknick im Park.

2 Herkules-Salon
Salon d'Hercule
Hinter dem Salon mit dem Herkules-Fresko an der Decke liegen die Prunkgemächer, die den Höflingen an drei Abenden pro Woche zugänglich waren. **Abstecher»** Der Apollo-Salon wurde für offizielle Audienzen und als Thronsaal genutzt.

T.W.VAN URK / SHUTTERSTOCK ©

5 Spiegelsaal
Galerie des Glaces
Der Saal ist den militärischen Erfolgen Ludwigs XIV. gewidmet. Die Kronleuchter und Einrichtungsgegenstände aus Silber wurden 1689 eingeschmolzen, um einen anderen Krieg zu finanzieren. **Abstecher»** Das thematische Gegenstück ist der angrenzende Friedenssalon.

WALTER_G / SHUTTERSTOCK ©

7 Schlafgemach des Königs
Chambre du Roi
Der König hatte so gut wie keine Privatsphäre. Schon beim *lever* (Aufstehen) um 8 Uhr und auch beim *coucher* (zu Bett gehen) um 23.30 Uhr waren bis zu 150 Höflinge zugegen.

6 Ratssaal
Cabinet du Conseil
In diesem Saal, mit Medaillons geschmückt, die an die Arbeit des Königs erinnern, traf der König seine Räte (den Staatsrat, den Finanzrat, den Religionsrat) an verschiedenen Tagen der Woche.

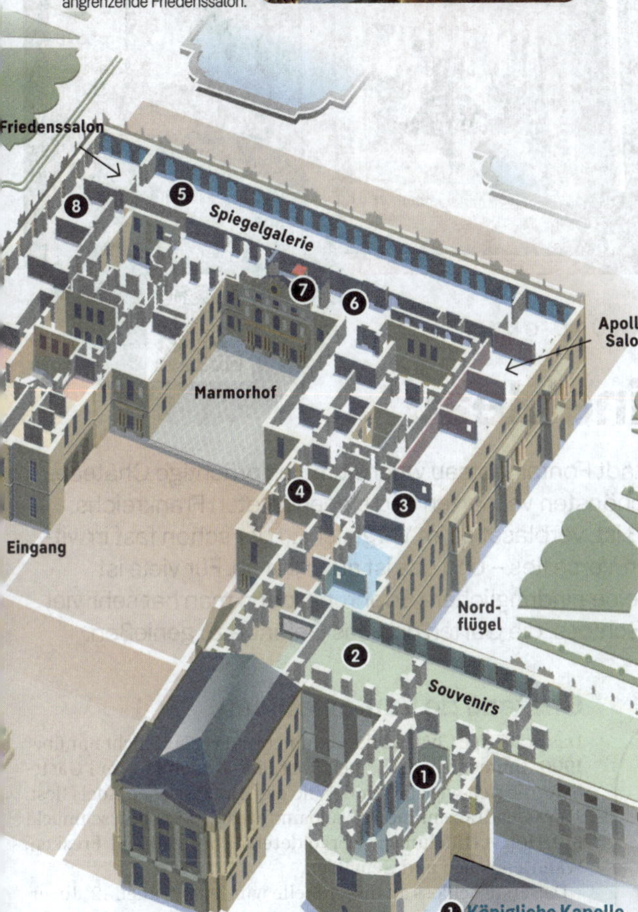

Friedenssalon
8
5
Spiegelgalerie
7
6
Apollo-Salon
Marmorhof
4
3
Eingang
Nordflügel
2
Souvenirs
1

4 Bibliothek des Königs
Bibliothèque du Roi
Der letzte Schlossbewohner, Büchernarr Ludwig XVI., liebte Geografie. Die Bibliothek bekommt man nur im Rahmen einer Führung zu sehen.

3 Diana-Salon
Salon de Diane
Fresken der mythischenJägerin bedecken die Wände und die Decke. Früher stand hier ein großer Billardtisch; Ludwig XIV. war ein leidenschaftlicher Spieler.

1 Königliche Kapelle
Chapelle Royale
Die Kapelle ist dem hl. Ludwig, dem Schutzheiligen der französischen Könige, geweiht. Sie ist zweistöckig: Die Galerie war den Monarchen und wichtigen Angestellten vorbehalten, unten drängte sich das übrige Personal.. **Abstecher»** Die königliche Oper.

COJATO / BUDGET TRAVEL ©

CLEVERES TIMING

Im Schloss ist montags Ruhetag. Dienstags strömen Interessierte aus Paris herbei, weil die Museen an diesem Tag zu sind. Sonntags ist am meisten los. Eintrittskarten am besten vorab online buchen.

PACK-SHOT/SHUTTERSTOCK ©

PRAKTISCHES
Für Preise und Öffnungszeiten diesen QR-Code scannen.

TOP-SEHENSWÜRDIGKEIT

Fontainebleau

Die elegante Stadt Fontainebleau wuchs um das prächtige Château, eines der am schönsten verzierten und eingerichteten Frankreichs. Obwohl es groß ist, verblasst es im Vergleich zu der schon fast irrwitzigen Größe von Versailles – und das ist auch gut so. Für viele ist Fontainebleau eine eindringlichere Erfahrung, denn man hat sehr viel mehr Zeit, das Schloss, die Gärten und das Gelände zu genießen.

NICHT VERPASSEN
- Château de Fontainebleau
- Chapelle de la Trinité
- Galerie François Ier
- Salle de Bal
- Boudoir de la Reine
- Chambre de Napoléon
- Cour Ovale

Château de Fontainebleau

Das prächtige Château de Fontainebleau verfügt nicht nur über 1900 Zimmer, sondern auch über eine Bewohner- und Gästeliste, die sich wie ein Who's Who des französischen Adels liest. Jeder Quadratzentimeter Wand und Decke ist üppig geschmückt mit Holzvertäfelungen, vergoldeten Schnitzereien, Fresken, Wandteppichen und Gemälden.

Das erste Schloss an dieser Stelle wurde im frühen 12. Jh. erbaut und ein Jahrhundert später von Ludwig IX. erweitert. Nur ein einziger mittelalterlicher Turm überlebte den umfassenden Renaissanceumbau durch Franz I. (reg. 1515–1547). Aus der königlichen Sammlung feiner Kunst lächelte einst sogar die *Mona Lisa*.

In der zweiten Hälfte des 16. Jhs. bauten Heinrich II. (reg. 1547–1559), Katharina von Medici und Heinrich IV. (reg. 1589–1610) das Schloss weiter aus. Auch Ludwig XIV. mischte mit, indem er die Gärten durch André Le Nôtre, den berühmten Landschaftsarchitekten der Gärten von Versailles, umgestalten ließ.

Auch Napoléon Bonaparte liebte Fontainebleau. Napoléon III. war ebenfalls häufig dort zu Gast. Im Zweiten Weltkrieg wurde das Schloss deutsches Hauptquartier. Später diente es dann von 1945 bis 1965 als alliiertes und dann als NATO-Hauptquartier.

Prachtvolle Appartements

In der spektakulären **Chapelle de la Trinité** (Dreifaltigkeitskapelle) mit Verzierungen aus der ersten Hälfte des 17. Jhs. wurde 1810 der spätere Napoleon III. getauft. Man sollte darauf achten, wie die Wandgemälde hier mit der Perspektive spielen.

Die **Galerie François 1er** hat Il Rosso, ein florentinischer Michelangelo-Anhänger, zwischen 1533 und 1540 in ein Juwel der Renaissance-Architektur verzaubert. In der Wandvertäfelung wiederholt sich das Monogramm von Franz I. mit seinem Emblem, einem drachenähnlichen Salamander.

Die **Salle de Bal**, ein 30 m langer Ballsaal aus der Mitte des 16. Jhs., ist berühmt für die mythologischen Fresken, Parkettintarsien und Kassettendecke im italienischen Stil. Die großen Fenster blicken auf die **Cour Ovale** (Ovaler Hof) und die Gärten. Das vergoldete Bett in der **Chambre de l'Impératrice** (Schlafgemach der Kaiserin) aus dem 17. und 18. Jh. wurde 1787 für Marie Antoinette gefertigt, die aber nicht ein einziges Mal darin schlief. Sie bevorzugte das **Boudoir de la Reine** (Schlafgemach der Königin), was für ihre unterschätzte Sensibilität für Design spricht. An der Decke ist ein schöner Sonnenaufgang zu sehen.

Mit Gold, Grün- und Gelbtönen eher warm schattiert ist die Vergoldung der **Salle du Trône** (Thronsaal); vor Napoleons Zeiten war dies das Schlafzimmer des Königs.

Das **Musée Chinois de l'Impératrice Eugénie** (Chinesisches Museum der Kaiserin Eugénie) bietet etwas ganz Anderes als geschnitztes Holz. Es wurde 1863 für asiatische Kunst und Kuriositäten eingerichtet, die die Gattin von Napoleon III. gesammelt hatte.

Echos von Napoleon

Napoléon Bonaparte bevorzugte Fontainebleau, denn er fand, dass es „intimer" sei als Versailles. Das **Musée Napoléon I.** befasst sich mit der Familiengeschichte des Kaisers bis hin zu seinen Lieblingskleidungsstücken. Eine Zimmerflucht erinnert an seine Zeit im Château. Die **Chambre de Napoléon** zeigt die ausgesprochen nicht-minimalistische Ausstattung seines Schlafgemachs. (Sehenswert ist auch sein Badezimmer mit einer sehr kurzen Wanne.) Im **Salon de l'Abdication** unterschrieb er 1814 seine Abdankung.

Forêt de Fontainebleau

Fontainebleau ist ein idealer Ausgangspunkt für Outdoor-Aktivitäten in der Gegend um Paris. Der **Forêt de Fontainebleau**, mit seinem herrlichen Kiefern- und Eichenwald, seinen sandbedeckten Lichtungen und eigenartig geformten Felsen, gilt als Paradies für Wander-, Fahrrad- und Kletterfans. Diese schöne Landschaft ist nur 500 m vom Château entfernt. Karten und Infos gibt's in der Tourismusinformation in Fontainebleau.

AN- & WEITERREISE

Dutzende Züge fahren täglich zwischen der Pariser Gare de Lyon und dem Bahnhof Fontainebleau Avon. Vom Bahnhof kann man gut mit dem Bus ins Stadtzentrum und weiter zum Eingang des Schlosses fahren und dann im Rahmen der Besichtigung der Gärten und der Anlage zurücklaufen.

TOP TIPPS

- Die Möglichkeiten, im Komplex des Château de Fontainebleau etwas zu essen oder zu trinken zu bekommen, sind sehr begrenzt. In der Stadt findet man aber in der Gegend um die Rue des Sablons alles für ein Picknick und auch Restaurants.
- Wer flexibel bleiben möchte, kauft sich keine Eintrittskarte für das Schloss im Voraus, denn hier sind bei Weitem nicht so viele Besucher:innen wie in Versailles.

SOULARUE/HEMIS.FR/ALAMY ©

Oben: Lille (S. 190); Rechts: Kreidefelsen von Ault (S. 204)

Baie de Somme
PARIS

Lille, Flandern & die Somme

BRAUEREIEN, FAHRRÄDER UND GESCHICHTE

Eine exzellente Bierauswahl, monatelange Karnevalsfeierlichkeiten und eine verlockende Gastronomie sind nur ein paar Gründe für einen Besuch von Hauts-de-France.

Das oft zitierte „Damit wir nicht vergessen." ist im gebeutelten Hauts-de-France von besonderer Bedeutung. Als Schauplatz erbitterter Kämpfe im Ersten Weltkrieg, einer jahrelangen Pattsituation an der Frontlinie zwischen den alliierten und deutschen Truppen, heftiger Bombenangriffe im Zweiten Weltkrieg und der berühmten Evakuierungsaktion von Dünkirchen inspirierte die Region zu unzähligen Gedichten, Geschichten und Filmen, fast alle zu den Themen Tod und Zerstörung.

Wenn man über die Plätze von Arras oder Lille spaziert, Robben im Watt der Baie de Somme beobachtet oder über die Strände, an denen einst tausende Soldaten evakuiert wurden, segelt, vergisst man die jungen Kriegswunden schnell. Die hastig aus Beton wiederaufgebauten Städte wie Dünkirchen als hässlich abzutun, ist einfach, auf den zweiten Blick entdeckt man jedoch eine Region mit reicher Kultur, Kunst und Küche. Die Gegend erinnert an einen Flickenteppich, was sie auch ist. In den letzten 100 Jahren wurde Hauts-de-France immer wieder neu zusammengesetzt, doch man ließ sich nicht unterkriegen. Dünkirchens Karneval, Lilles *braderie* (jährliches Volksfest) oder die lebendige Bierszene von Vieux-Lille beweisen, dass sich die Einheimischen aufs Feiern verstehen!

EKATERINA POKROVSKY/SHUTTERSTOCK ©

DIE WICHTIGSTEN ZIELE

LILLE
Bier, herausragende Architektur und die braderie.
S. 190

AMIENS
Restaurants am Fluss und grandiose Kreuzgänge.
S. 196

BAIE DE SOMME
Wildtiere und weite windgepeitschte Strände.
S. 202

Erste Orientierung

Das größtenteils flache Terrain ist wie gemacht für Bahnschienen und das umfangreiche Zugnetz umfasst auch einige historische Dampflokrouten. Viele ländliche Bahntrassen sind heute begrünte Radwege.

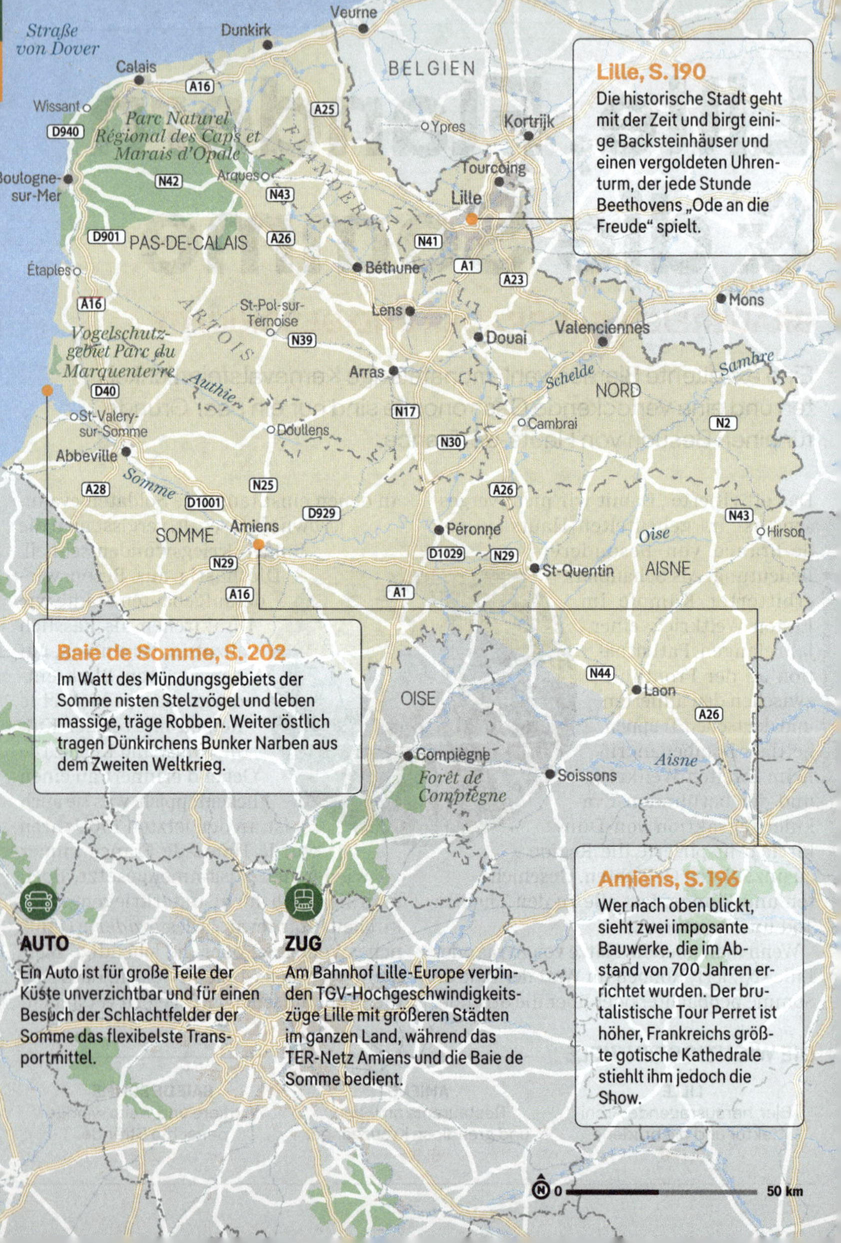

Lille, S. 190

Die historische Stadt geht mit der Zeit und birgt einige Backsteinhäuser und einen vergoldeten Uhrenturm, der jede Stunde Beethovens „Ode an die Freude" spielt.

Baie de Somme, S. 202

Im Watt des Mündungsgebiets der Somme nisten Stelzvögel und leben massige, träge Robben. Weiter östlich tragen Dünkirchens Bunker Narben aus dem Zweiten Weltkrieg.

Amiens, S. 196

Wer nach oben blickt, sieht zwei imposante Bauwerke, die im Abstand von 700 Jahren errichtet wurden. Der brutalistische Tour Perret ist höher, Frankreichs größte gotische Kathedrale stiehlt ihm jedoch die Show.

AUTO

Ein Auto ist für große Teile der Küste unverzichtbar und für einen Besuch der Schlachtfelder der Somme das flexibelste Transportmittel.

ZUG

Am Bahnhof Lille-Europe verbinden TGV-Hochgeschwindigkeitszüge Lille mit größeren Städten im ganzen Land, während das TER-Netz Amiens und die Baie de Somme bedient.

Citadelle de Lille (S. 194)

GLENMORE/SHUTTERSTOCK ©

Perfekte Tage

Hauts-de-France ist nicht auf Berge oder Schluchten angewiesen, es überzeugt mit seiner Lebensart, die jeden Gast umgehend involviert.

Kurztrip

Lille (S. 190), die Hauptstadt des Nordens weiß, wie man feiert. Die Studentenszene sorgt für eine lebhafte Bar- und Restaurantszene, doch auch während der Ferien ist hier viel los. Einen Besuch lohnen das **Musée La Piscine de Roubaix** (S. 192), ein Kunstmuseum in einem alten Schwimmbad, und der **Parc de la Citadelle** (S. 194), der eine NATO-Anlage, Nutztiere und weiße Nashörner beherbergt.

Länger Zeit

Nach einer Zugfahrt von Lille nach **Amiens** (S. 196) bewundert man **Notre-Dame d'Amiens** (S. 199). Danach chartert man ein Boot, schippert durch die **hortillonnages** (S. 196) und stoppt am Ufer, um flämisches Bier zu probieren. Bei einem Ausflug zu den **Schlachtfeldern des Ersten Weltkrieges** (S. 201) bei **Arras** (S. 200) lernt man etwas über die Strategien gegen die deutsche Frontlinie.

BESTE REISEZEIT

FRÜHLING
Feuchtfröhliche Umzüge prägen Dünkirchens Karnevalssaison (S. 207) und in den ***hortillonnages*** blühen die Blumen.

SOMMER
Die Lillois fahren zu den Stränden und Dünen der Côte d'Opale und der Somme. An der Küste finden einige maritime Feste statt.

HERBST
Lille lässt es mit der berühmten ***braderie***, Europas größtem Flohmarkt, krachen.

WINTER
Die Weihnachtsmärkte in Lille und Arras verleihen den dekorativen flämischen Fassaden zusätzlichen Glanz.

Lille

UNTERWEGS VOR ORT

Lilles benutzerfreundliche Metro hat nur zwei Linien. Es gibt ein umfangreiches Straßenbahn- und Busnetz sowie Fahrradleihstationen an fast jeder Ecke – einfach die V'Lille-App herunterladen. Die CityMapper-App erleichtert die Orientierung.

TOP TIPP

In Lilles Metrosystem mit seinen zwei Linien fällt die Orientierung nicht schwer. Der Lille-City-Pass beinhaltet die unbegrenzte Nutzung der Metro in einem gewählten Zeitfenster und Eintritt zu den meisten Attraktionen, nicht nur in der Stadt selbst, sondern z.B. auch in Dünkirchen.

Lille liegt nur wenige Kilometer von der belgischen Grenze entfernt und ist von stetigem Wandel und den verschiedensten Nationalitäten geprägt. Bis 1667 stand die Stadt unter flämischer, burgundischer oder spanischer Herrschaft, dann wurde sie unter Ludwig XIV. Teil des Königreichs Frankreich. Die boomende Textilindustrie sorgte für große Einwanderungswellen, vor allem aus Europa, jedoch auch aus Fernost, Nordafrika und Subsahara-Afrika. Bis heute ist Lille sehr multikulturell, zudem leben hier rund 80 000 Studierende. In dem *quartier* Wazemmes findet dreimal wöchentlich ein riesiger Markt mit exzellentem internationalem Essen statt. Kleine Brauereien findet man überall in der Stadt.

Noch immer fahren Frachtschiffe aus Belgien die Deûle hinab, der Wasserweg ist jedoch auch bei Reisenden aus Belgien und den Niederlanden beliebt und rund um Lilles Zitadelle tuckern schwer mit Fahrrädern beladene *péniches* (Frachtkähne), oft mit flämischer, niederländischer und französischer Flagge zugleich, über den Fluss.

Wazemmes erleben

Fest für die Sinne in Lilles buntestem Viertel

Wer dachte, französische Märkte zu kennen, wird in Wazemmes eine echte Überraschung erleben. Bei der internationalen Fiesta wird senegalesisches Essen direkt neben perfekt geformtem Maroilles, dem cremigen Käse mit orangefarbener Rinde aus der Region, verkauft. **Les Halles**, die Essensmarkthalle, ist außer Montag täglich geöffnet, und hat eine riesige Auswahl, von thailändischer und argentinischer Küche bis hin zu traditioneller französischer Patisserie.

Der **Marché de Wazemmes** findet dreimal pro Woche statt, dienstags, donnerstags und sonntags. Am Sonntag ist mit Abstand am meisten los; offiziell dauert der Markt dann von 8 bis 14 Uhr, zu früher Stunde gibt es jedoch nur ein paar wenige Stände für Obst und italienische Schuhe. Erst am späten Morgen erwacht er zum Leben und das Gedränge reicht bis auf den

HIGHLIGHTS
1 Marché de Wazemmes

SEHENSWERTES
2 Citadelle de Lille
3 Palais des Beaux Arts
4 Parc de la Citadelle
5 Wazemmes

ESSEN
6 Café Bello
7 L'Arrière Pays
siehe 1 Les Halles
8 Pâtisserie Méert
9 Sweet Flamingo

AUSGEHEN & FEIERN
10 Aperosdebout
11 La Pirogue
12 Le Présentoir

Platz und die Straßen rund um Les Halles. Danach geht das Marktgeschehen meist in eine Party über, oftmals mit spontanen Livemusikkonzerten.

Die kulturelle Vielfalt des Viertels bringt nicht nur fantastische Straßenküche hervor, sondern auch innovative, farbenfrohe Straßenkunst mit mehreren großen Wandbildern. In Wazemmes und in der ganzen Stadt zieren farbenfrohe Fische die

GÜNSTIG ÜBERNACHTEN IN LILLE

EKLO Hostel
Recht verwohnte Zimmer, eine kurze Metrofahrt vom Zentrum entfernt, dafür günstig und mit schönem Garten- und Gemeinschaftsbereich. €

Mama Shelter
Regelmäßige DJ-Musik und Konzerte in der Restaurant-Bar sorgen für Stimmung, während die Zimmer viel Charakter versprühen. €

People Hostel
Eine tolle Bar, Außenbereiche und angenehm private Schlafsaal-Doppelbetten mit Vorhängen und kleinen Schränken. €

ESSEN & SHOPPEN IN LILLE

Thomas Dekeirel und **Paul Dassonneville** betreiben im Viertel Saint-Michel den Lebensmittel- und Feinkostladen Persil, dessen Sortiment lokale Produkte und Gourmetwaren aus anderen europäischen Ländern umfasst. @persil.lille

Los geht's mit einem Brunch im familiengeführten, herzlichen **Sweet Flamingo** mit farbenfrohem Flair. Danach gönnt man sich ein paar kreativ gebundene Blumen von **Dubouquet** an der Rue Solférino. Mittags lockt das **Café Bellot** mit exzellenter vegetarischer Küche und einer kleinen Speiseauswahl – perfekt für unentschlossene Esser wie wir! Alles ist wunderschön angerichtet und das junge Team sehr freundlich. Für abendliche Drinks bietet sich das **Aperosdebout** in derselben Straße an. Neben einer fantastischen Terrasse, die die letzten Sonnenstrahlen einfängt, gibt's dort tolle Biere und hausgemachte Tapas.

MISTERSTOCK/SHUTTERSTOCK ©

Marché de Wazemmes (S. 190)

Wände und Garagen. Das mag angesichts der landumschlossenen Stadt verwundern, doch früher war Lille eine komplett von den unteren und oberen Nebenflüssen der Deûle umgebene Insel.

Lilles Kunstwelt

Künstlerische Highlights

Manchmal ist das Gebäude selbst das Herzstück einer Ausstellung und beim **Musée La Piscine de Roubaix** trifft das zweifellos zu. Das Museum in Lilles Vorort Roubaix (gut mit Metrolinie 2 zu erreichen) ist auf schöne Künste und Industriekunst, vorwiegend aus dem 19. und 20. Jh., spezialisiert. Sowohl Sonder- als auch Dauerausstellungen überzeugen, dennoch ist die Architektur das eigentliche Highlight. Wie der Name schon verrät, handelt es sich um ein altes Schwimmbad. Das Becken mitten in der Hauptgalerie wurde teils wieder befüllt, jedoch nur in Planschbeckenhöhe, sodass sich die Skulpturen und imposanten Fenster im Wasser spiegeln. Noch atmosphärischer sind die dezenten Soundeffekte, Aufnahmen der Spritzgeräusche Badender, die sich beim Bestaunen der Meisterwerke angenehm im Hintergrund halten.

SCHICK ÜBERNACHTEN IN LILLE

Clarance Hotel
Die schönsten Zimmer der Stadt befinden sich in einer Villa aus dem 18. Jh. mit einem Sternerestaurant. €€€

Grand Hôtel Bellevue
Kunstvoll dekorierte, geräumige Zimmer in einem historischen Hotel mit Blick auf Lilles Grand Place. Herzlicher, freundlicher Service. €€

OKKO
Sehr zentrale Lage sowie kostenfreie Snacks und Imbisse rund um die Uhr. €€

Das majestätische **Palais des Beaux Arts** am Place Sébastopol beherbergt eine Kunstgalerie, wobei sich die meisten Ausstellungen in unterirdischen Ziegelstein-Krypten befinden. Die mit Abstand interessanteste Dauerausstellung birgt Modelle von Hauts-de-France und Belgiens Festungen aus dem 17. Jh. von Vauban, und zeigt, dass Lille nicht der einzige Ort mit einer fünfeckigen *citadelle* ist.

Die exzellenten Ausstellungen in der modernen Galerie **LaM** zeigen Kunst aus dem 20. Jh. und zeitgenössische Werke. Im Sommer gehört Freiluftkino zum Programm. LaM befindet sich in der Villeneuve d'Ascq, eine 20-minütige Fahrt von Lille entfernt.

Schlemmen wie auf einem Volksfest

Ganzjähriges Gourmetparadies

Jedes Jahr Anfang September findet in Lille Europas größter Flohmarkt, die **Braderie von Lille**, statt. Bei dem eindrucksvollen Spektakel, das an einem langen Wochenende rund zwei Mio. Menschen anzieht, verteilen sich Stände auf über 100 km im Stadtzentrum und insbesondere aufs Quartier Saint-Michel. Antiquitätenliebhaber kommen früh und sichern sich an Tag eins die wahren Schätze, viele genießen jedoch einfach nur das Essen und die gesellige Stimmung. *Moules frites* (Muscheln und Pommes frites) sind die Wahl der Stunde und der Verkaufserfolg misst sich an der Höhe der Muschelschalen neben den Ständen.

Ist in Lille ausnahmsweise keine große Party im Gange, findet man bei **L'Arrière Pays** stadttypische Spezialitäten wie *le Welsh* (geschmolzener Maroilles-Käse, Schinken, Bot und Bier) und *carbonnade flamande* (in Bier gekochter Rindereintopf). Die Portionen sind beträchtlich und die *frites* für sich genommen eine Mahlzeit. Naschkatzen sind in der **Pâtisserie Méert**, dekoriert im Stil vergangener Zeiten, richtig. Lecker sind die dünnen, knusprigen Waffeln, die wenig mit den Nutella-Bomben an Straßenständen zu tun haben.

Abwechslung vom allgegenwärtigen Bier bieten die Cocktailbar **La Pirogue** mit ihren leckeren, starken, minzigen Mojitos und die biologische Weinbar **Le Présentoir** mit großer Weinauswahl und *apéro planches*, serviert mit dicken Roggenbrotscheiben.

DIE BESTEN BRAUEREIEN IN LILLE

Au Boudin Bar
Beliebte Studentenkneipe, die vorwiegend belgische Biere zu günstigen Preisen serviert und wichtige (und unwichtigere) Sportübertragungen zeigt.

Le Brique House
Die coolste Brauerei der Stadt mit knallrosa Einrichtung und 20 verschiedenen Fassbieren.

Bierbuik
Regelmäßige Livemusik, leckere Biere und Gerichte, die fast immer mit einer großzügigen Portion Pommes frites serviert werden.

La Capsule
Lilles beste Craftbier-Bar verteilt sich auf drei Etagen – den steinernen Gewölbekeller, das Erdgeschoss mit Balkendecke und das Obergeschoss, zu dem eine Wendeltreppe führt – und serviert im Laufe des Jahres rund 300 verschiedene Biersorten.

ESSEN IN LILLE

La Bellezza
Hohe Decken, farbenfroh gemusterte Vorhänge und imposante Bücherregale. €€

Lucky Panda
Lilles bestes vietnamesisches Lokal serviert oft Fusiongerichte mit Anleihen traditioneller französischer Küche. €

Paddo Café
Hier gibt's ab Punkt 8 Uhr die verschiedensten Eispeisen, belegte Brioche-Brötchen und Ricotta-Pfannkuchen. €

RADTOUR

Eine Biertour mit dem Rad

Die Deûle beginnt ihre Reise in Douai, direkt südlich von Lille, und fließt an der belgischen Grenze mit der Lys zusammen. Ein flacher Radweg führt am schattigen Flussufer entlang und folgt dabei größtenteils einer alten Bahnlinie. Unterwegs gibt es mehrere *guinguettes*, die ihren Ursprung als Uferbars im südlichen Paris mit Tanzbereich und günstigem Wein namens *guingo* haben. In Lilles *guinguettes* ist Bier das Getränk der Stunde.

1 Parc de la Citadelle

Mit einem der Holland-Leihräder von Le Grand Huit startet man mit einer kurzen Rundfahrt durch den Parc de la Citadelle. Ein Blick auf die exotische Fauna im Zoo ist kostenpflichtig, die grasenden Schafe rund um die Mauern der **Citadelle de Lille** aus dem 17. Jh., heute eine NATO-Basis, kann man hingegen umsonst bewundern.

Die Strecke Man bleibt am unteren Ufer der Deûle, lässt den Parc de la Citadelle hinter sich und folgt dem gut beschilderten grünen Weg ostwärts Richtung Belgien.

2 Guinguette de la Madeleine

Der erste und urbanste Abschnitt der Radtour passiert alte Fabriken, Schrottplätze und Lilles Vororte. Gegen den Durst hilft die erste *guinguette*, die Guinguette de la Madeleine, allerdings hat man erst 2 km hinter sich.

Die Strecke Man radelt weiter nach Osten und lässt die Stadt hinter sich.

3 Wambrechies

Die erste Stadt, die einen Stopp lohnt, ist Wambrechies am Westufer des Flusses. Nach dem Überqueren des Pont de Wambrechies gelangt man zu Le Cap; die einstige *guinguette* ist heute ein Restaurant.

Die Strecke Man behält die Richtung bei. Quesnoy-sur-Deûle liegt etwa 6 km hinter Wambrechies und nach weiteren 6 km folgt Deûlémont.

Die Deûle in Lille

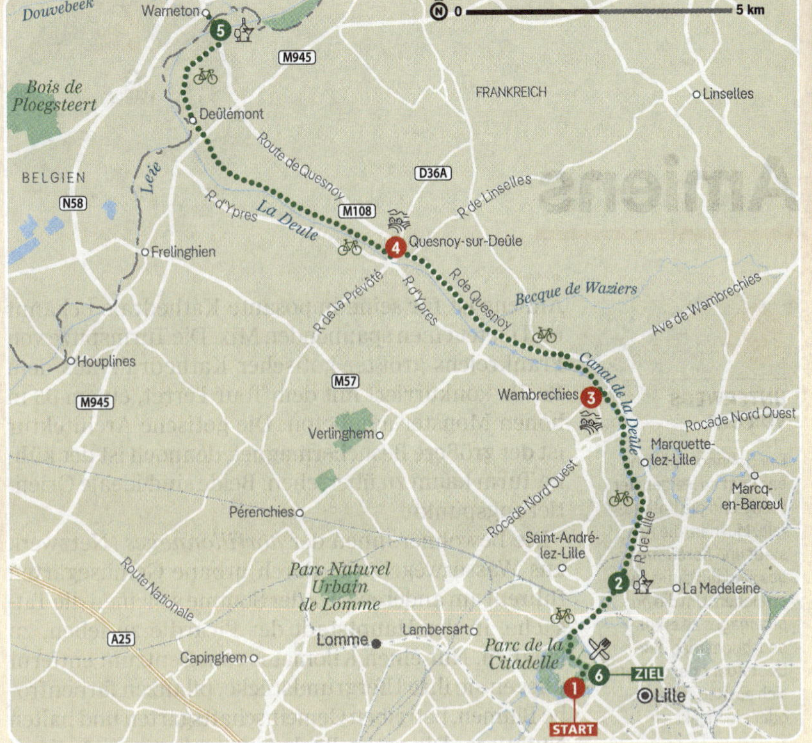

4 Quesnoy-sur-Deûle & Deulémont

Quesnoy-sur-Deûle, die nächste erwähnenswerte Stadt, liegt am Ostufer und weist eine wunderschöne Backsteinkirche auf. Die Bahnlinie hat man nun hinter sich gelassen und die Landschaft wird grüner und ländlicher. Wer sich für ein *estaminet* interessiert (Kneipe in Hauts-de-France mit Bier und regionaler Küche), steuert das Estaminet le Sainte Cécile direkt abseits der Hauptstraße an. Die letzte Stadt vor der Grenze ist Deulémont. Mehrere private *péniches* sind an diesem Flussabschnitt vertäut.

Die Strecke Von Deûlémont nach Warneton, der ersten Stadt in Belgien, sind es 2,5 km.

5 Guinguette de la Marine & Warneton

Belgien grüßt am Horizont, dennoch sollte man kräftig in die Pedale treten, denn auf diesem Abschnitt passiert man eine große Fabrik für Tiefkühlkost, die unangenehm riecht. Ist die Luft wieder rein, biegt man in die Route de Quesnoy ein, die über eine Brücke und die Lys führt. Die Insel in der Mitte beherbergt die letzte *guinguette* in Frankreich, die Guinguette de la Marine. Nach einer Erfrischung führt die Schlussetappe über den letzten Brückenabschnitt nach Belgien. In Warneton gibt es nicht viel zu sehen, doch die Uferbar La Bascule bietet eine herzliche Atmosphäre und günstige belgische Biere.

Die Strecke Nun dreht man um, radelt zurück und wechselt nach Bedarf die Uferseite, um so viele *guinguettes* zu besuchen, wie man möchte. Dieselbe Strecke zurück misst 20 km.

6 Péniche Archimède

Zurück im Parc de la Citadelle geht's zu dem Radweg an der anderen Parkseite beim Quartier Libre. Gegen den Hunger helfen verschiedene *péniches*. Das Archimède serviert exzellente Cocktails und Crêpes, während Le Bus Magique, Coworking-Space, Konzertstätte und Café in einem, ein seltenes Vegetarierparadies ist.

Amiens

UNTERWEGS VOR ORT

Der Bahnhof von Amiens liegt im Herzen der Stadt, und die Kathedrale, Museen, die Altstadt und *hortillonnages* sind fußläufig zu erreichen. Um die *hortillonnages* zu erkunden, bucht man eine Bootstour oder mietet sich ein Ruderboot oder ein Kajak.

Amiens ist für seine imposante Kathedrale bekannt und bietet einen spannenden Mix. Die Turmspitze von Frankreichs größter gotischer Kathedrale aus dem 13. Jh. konkurriert mit dem Tour Perret, einem 95 m hohen Monster aus Beton. Die gotische Architektur ist der größere Besuchermagnet, dennoch ist der kühne Turm kaum zu übersehen. Beide sind ideale Orientierungspunkte.

Die Bewohner:innen der *hortillonnages* (Netzwerk aus Wasserwegen, die durch urbane Gemüsegärten führen) am anderen Ufer der Somme scheinen die Tatsache, in der Hauptstadt der Picardie zu leben, zu leugnen. Nur einen Kilometer vom Zentrum entfernt pflegen sie ihre Ufergrundstücke, pflanzen farbenfrohe Blumen, betreiben Gemeinschaftsgärten und halten Nutztiere. Die roten Backsteinstraßen von Amiens' Altstadt, *le quartier* Saint-Leu, wirken idyllisch und traditionell, bergen jedoch Buchläden am Ufer, lebendige Bars und Restaurants, die internationale Küche, von japanisch bis senegalesisch, serviert.

☑ TOP TIPP

Am besten übernachtet man in den *hortillonnages* und steuert das Zentrum zum Sightseeing an. Wo sonst gibt es ein ländliches Refugium mit der Kunst, Kultur und Gastronomie einer Stadt dieser Größe direkt vor der Haustür?

Idyllische Paddeltour

Mit dem Boot zu Gemüsegärten

In Amiens stehen Schrebergärten für Lebensart. Die *hortillonnages* erstrecken sich über rund 300 ha in einem labyrinthartigen Netz aus Wasserwegen, weswegen sie als Frankreichs „Kleines Venedig" bekannt sind. Auch hier sind die Einheimischen mit dem Boot unterwegs, doch ansonsten gibt es wenige Gemeinsamkeiten. Die farbenfrohen Gärten, die sich bis zu den verschlungenen Flüssen und kleinen Kanälen erstrecken, erinnern eher an eine Gartenschau mit Sonnenblumen, Bougainvilleen, Vogelscheuchen und Windmühlen. Mancherorts sieht man sogar Schafherden.

Es gibt eine Handvoll guter *maisons d'hôtes* (B&Bs) in den *hortillonnages* sowie ein Museum, am schönsten sind Amiens' Gemüsegärten jedoch vom Wasser aus. Geführte Touren in langen, schmalen Kanus kosten 15 €, selbst zu paddeln, dauert länger, macht aber auch mehr Spaß. Das Uferrestaurant **Ô'Jardin**

AMIENS

HIGHLIGHTS
1 Basilique Cathédrale Notre-Dame d'Amiens

SEHENSWERTES
2 Musee des Hortillonnages
3 Quartier St-Leu
4 Tour Perret

KURSE & TOUREN
5 Club Nautique de Rivery

SCHLAFEN
6 Une Maison en Ville

ESSEN
7 Kintaro
8 Le Dos d'Âne
9 Ô'Jardin

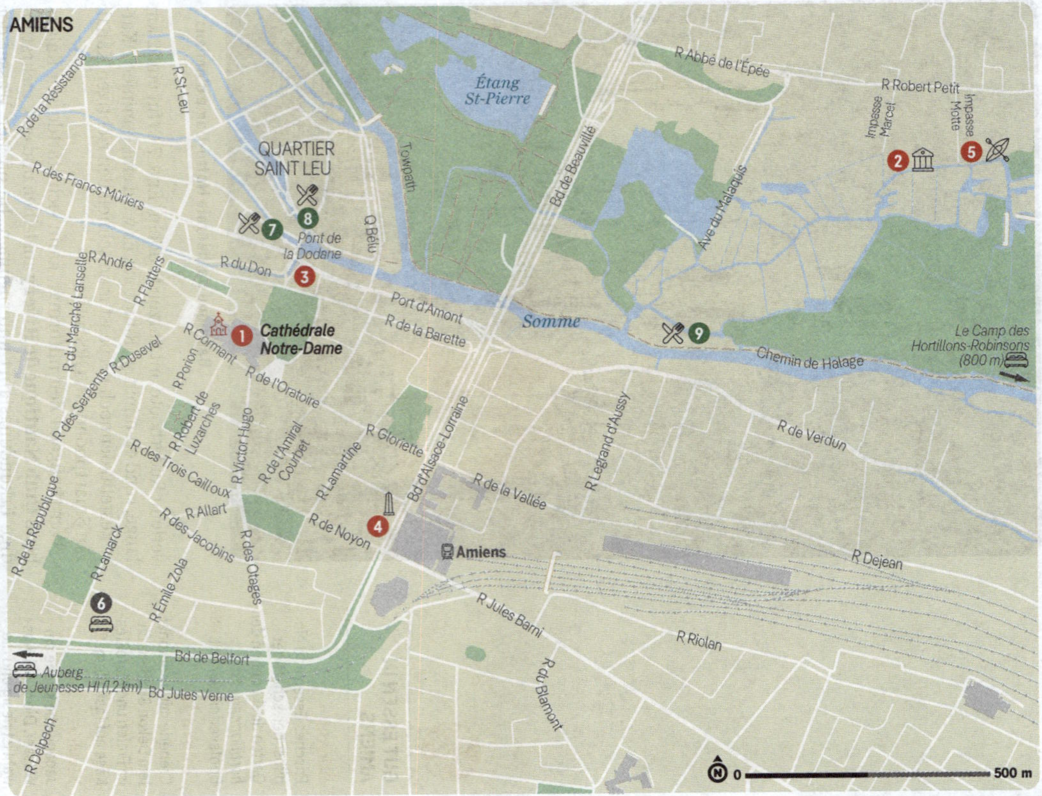

Étang St-Pierre
R Abbé de l'Épée
R Robert Petit
Impasse Marcel
Impasse Motte
R de la Résistance
R St-Leu
QUARTIER SAINT LEU
Towpath
Bd de Beauvillé
Ave du Malaquis
R des Francs Mûriers
Pont de la Dodane
Q Bélu
R André
R du Don
R Flatters
Port d'Amont
R de la Barette
Somme
Le Camp des Hortillons-Robinsons (800 m)
Chemin de Halage
R du Marché Lanselle
R Dusevel
R Cormant
Cathédrale Notre-Dame
R des Sergents
R Porion
R de l'Oratoire
R Robert de Luzarches
R Victor Hugo
R de l'Amiral Courbet
R Gloriette
Bd d'Alsace-Lorraine
R Legrand d'Aussy
R de Verdun
R des Trois Cailloux
R Lamartine
R de la Vallée
R de la République
R Allart
R des Jacobins
R de Noyon
Amiens
R Dejean
R Lamarck
R Émile Zola
R des Otages
R Jules Barni
R Riolan
Bd de Belfort
Auberg de Jeunesse HI (1,2 km)
Bd Jules Verne
R du Blamont
R Delpech
0 — 500 m

Die *hortillonnages*
KIEV.VICTOR/SHUTTERSTOCK ©

KARAMYSH/SHUTTERSTOCK ©

Basilique Cathédrale Notre-Dame d'Amiens

verleiht Ruderboote mit kurzen Paddeln (Erw. 7 €) für eine 2 km lange, rund 45-minütige Rundtour. Es wird eine laminierte Karte gestellt, dennoch verpasst man schnell den richtigen Kanal. Ein Smartphone mit GPS hilft.

Wer genügend Zeit mitbringt, kann sich stattdessen Kajaks beim **Club Nautique de Rivery** ausleihen und eine mehrstündige Erkundungsfahrt unternehmen. Im offenen Wasser der Somme, jenseits des Restaurants Ô'Jardin, hält man sich an breitere Kanäle und nutzt den Betonturm **Tour Perret** oder die

GUT ESSEN IN AMIENS

Ô'Jardin
Frisches Essen und ein hübscher, schattiger Garten direkt neben den *hortillonnages* mit Bootsverleih vor Ort. €€

Le Dos d'Âne
Crêperie mit traditionellem Dekor, Sitzbereich im Freien und Maroilles-Käse auf fast allem. €

Kintaro
Japanische Küche am Wasser. Die Sushi-Auswahl ist riesig und die Gerichte sind wunderschön angerichtet. €€

ÜBERNACHTEN IN AMIENS

Auberge de Jeunesse HI
Die günstigste Unterkunft bietet große Schlafsäle und viele Parkplätze. Das Frühstücksbüffet ist im Preis inbegriffen. €

Le Camp des Hortillons-Robinsons
Ökocamp im Herzen der *hortillonnages* mit Rundzelten, die sich zwischen den Bäumen verstecken. €

Une Maison en Ville
Vier wunderschön gestaltete Zimmer und ein Spa mit Pool, Massageraum und Hamam (Badehaus) im Gewölbe. €€

Turmspitze des Notre-Dame d'Amiens als Orientierungspunkte. Das **Musee des Hortillonnages** liegt an den *hortillonnages*, die am weitesten von der Stadt entfernt sind, und ist recht gut ausgeschildert. Weiße Pfeile auf Holzenten sollen den Weg zurück zum Ô'Jardin weisen, die Angaben sind jedoch oft widersprüchlich.

Die verträumten Turmspitzen von Notre-Dame d'Amiens

Die gotische Kathedrale aus anderer Perspektive

Der Besuchermagnet von Amiens, der Reisende aus nah und fern anlockt, ist die imposante gotische Kathedrale **Basilique Cathédrale Notre-Dame d'Amiens**. Die Turmspitze liegt auf 112 m, während die Kathedrale mit 145 m Länge und 70 m Breite Platz für zwei Pariser Notre-Dames böte.

Der Grundstein für Notre-Dame d'Amiens wurde 1220 gelegt. Im Laufe der Jahrhunderte wurden etappenweise immer mehr Blöcke und Etagen hinzugefügt. Der Eintritt zur Hauptkathedrale ist kostenlos. Bemerkenswert sind die Buntglasfenster am anderen Ende der Halle, die den Boden an sonnigen Tagen in bunten Farben sprenkeln.

Ein Besuch der Schatzkammer und das Besteigen des Turms machen den Kathedralenbesuch zu etwas ganz Besonderem. Beides kann beim Ticketschalter links des Eingangs reserviert werden (Schatzkammer 4 €, Turm 6 €/Pers.). Zur Spitze des **Nordturms** führen insgesamt 300 Stufen. Zunächst erklimmt man die 150 Treppen des **Südturms**, wo der Balkon auf halbem Weg zu einer Verschnaufpause und einem genaueren Blick auf die Wasserspeier einlädt. Danach führen weitere 150 Stufen zur Spitze des Nordturms, die nach oben hin immer schmaler und abgetretener werden. Der Ausblick erstreckt sich über die *hortillonnages*, Saint-Leu, den Tour Perret und über die gesamte ländliche Umgebung. Die Wasserspeier unter einem haben kleine Öffnungen im Mund, durch die Regenwasser abgeleitet wird. An einem nassen Tag ist der Blick auf die Stadt getrübt, dafür kann man jedoch den Wasserspeiern beim Wasserspucken zusehen.

Im Juli und August sowie zur Weihnachtsmarktsaison im Dezember ist die Fassade der Kathedrale dank kostenloser Lichtershows (22 Uhr im Sommer) noch eindrucksvoller.

DIE SCHLACHT AN DER SOMME

Die Schlacht an der Somme fand zwischen dem 1. Juli und 18. November 1916 an beiden Ufern der Somme statt und war eine der blutigsten im Ersten Weltkrieg mit fast 60 000 Toten allein am ersten Tag. In den viereinhalb Monaten, die die Schlacht dauerte, starben über 1 Mio. Soldaten. Die Landgewinne waren bei den Alliierten etwas größer, insgesamt jedoch sehr gering. Die gemeinsame Initiative britischer und französischer Truppen sollte die deutschen Linien durchbrechen und die französischen Einheiten, die in Verdun kämpften, entlasten.

Der 25 km lange Remembrance Circuit von Péronne nach Albert führt zu den früheren Schlachtfeldern, zu Friedhöfen und Kriegsdenkmälern und kann mit dem Auto oder Fahrrad zurückgelegt werden. Albert ist 30 km von Amiens entfernt.

Rund um Amiens

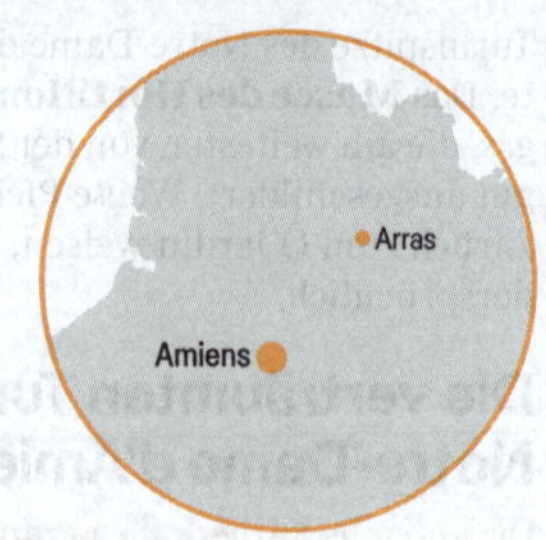

Hohe hübsche flämische Gebäude, weite Plätze und ein vergoldeter Glockenturm mit Panoramablicken: Arras überzeugt mit äußeren und inneren Werten.

UNTERWEGS VOR ORT

TER-Züge verkehren in unter einer Stunde zwischen Amiens und Arras. Mit dem TGV dauert die Fahrt zwischen Lille und Arras lediglich 20 Minuten.; beide Bahnhöfe liegen sehr zentral. Langsamere TER-Züge verkehren häufiger und brauchen rund 50 Minuten. Mit dem Auto benötigt man eine Stunde. Die meisten Sehenswürdigkeiten von Arras liegen zehn bis 15 Gehminuten vom Bahnhof entfernt.

TOP TIPP

Am besten startet man mit dem Besteigen des Glockenturms (Tickets verkauft die Touristeninfo), das erleichtert die Orientierung.

Viele Städte in Hauts-de-France, hart getroffen durch Grabenkämpfe im Ersten Weltkrieg und Bombenangriffe im Zweiten Weltkrieg, wurden überhastet aus Beton wiedererrichtet, in Arras hingegen herrschten Anspruch und Geschick eines Kunstkurators vor. Besonders eindrucksvoll ist der Vergleich mit den Fotos der rauchenden Hülle des Hôtel de Ville nach beiden Weltkriegen. Kriegsgeschichte wird unter der Erde oder außerhalb des Stadtzentrums erzählt. Unter den Füßen verläuft ein ausgeklügeltes Netz an Steinbruchtunneln namens Carrière Wellington, das von neuseeländischen Tunnelbauern erbaut wurde, um die deutsche Frontlinie 1917 zu brechen, was nicht gelang. Arras liegt 60 km nordöstlich von Amiens.

Erinnerungskultur in Arras

Zeitreise

Unter dem Kopfsteinpflaster der hübschen Stadt in den Steinbrüchen und Tunneln, die den Untergrund und die umliegenden Wälder und Felder durchziehen, liegen die offenen Wunden einer der dunkelsten geschichtlichen Epochen. Im Ersten Weltkrieg befand sich Arras fast an der Spitze der Westfront und Schützengräben säumten die Stadt im Osten und Norden. Beide Seiten erlitten während der vierjährigen Pattsituation enorme Verluste, die 1918 mit dem Waffenstillstand und dem Sieg der Alliierten endete.

Damals beherbergte Arras Soldaten unterschiedlicher Herkunft, u. a. aus Großbritannien, Kanada, Australien und Neuseeland. Heute hat fast jedes englischsprachige Land hier ein Denkmal zum Gedenken an die Gefallenen. **Vimy Ridge** erinnert an das kanadische Regiment. Im Sockel des hoch auf einem Hügel gelegenen Denkmals sind die Namen von 11 285 Soldaten eingraviert und es überblickt ehemalige Minenstädte, die vor etwas mehr als 100 Jahren aus Schlamm, Stacheldraht und Leichen bestanden. Die Schützengräben entlang der einstigen Frontlinie können besichtigt werden; alle halbe Stunde starten kostenlose **Führungen** auf Französisch und Englisch im Wechsel. Das exzellente **Museum** (auch gratis) erklärt Kanadas Rolle im Ersten Weltkrieg.

NIGEL JARVIS/SHUTTERSTOCK ©

Vimy Ridge

Das **Tourismuszentrum** in Arras verleiht E-Bikes für 10 € am Tag. Die Deutsche Kriegsgräberstätte Neuville-Saint-Vast liegt 8 km von Arras entfernt, während es bis zum Bullecourt Australian Memorial und zum Schlachtfeld 20 km sind. Alle drei Stätten können mit dem E-Bike an einem Tag besucht werden.

Kriegsführung unter der Erde

Die Frontlinie von unten brechen

1916 kam es zu einem Patt zwischen den Alliierten und Deutschen. Es wurde ein Plan entwickelt, die deutsche Frontlinie von unten zu brechen. Tunnelbauer schufen in sechs Monaten das Netzwerk aus Steinbruchtunneln namens **Carrière Wellington**. Um die deutschen Truppen in Sicherheit zu wiegen, blieben die Soldaten unter der Erde, rauchten, spielten Karten und warteten auf den Moment, die Deutschen von unten inmitten des Heckenschützenfeuers zu überraschen. Tatsächlich endete der Krieg erst ein gutes Jahr nach Beendigung des Carrière Wellington. Der Erfolg, den man sich versprochen hatte, war also ausgeblieben.

Ein Besuch mit einem Guide vom Carrière-Wellington-Zentrum, Audioguides und einem Kurzfilm über Arras' Rolle vor und nach dem Krieg dauert etwa eine Stunde und 15 Minuten. Die Tunnel liegen 20 m unter der Erde, sind feucht und kühl, deswegen ist entsprechende Kleidung wichtig. Samstags wird in dem Steinbruch ein „Tommy's Breakfast" serviert (vorab reservieren), das an die damalige Lage der Soldaten erinnern soll. Die Portionen sind allerdings deutlich größer und Ratten gibt es glücklicherweise auch nicht.

FLÄMISCH ESSEN IN ARRAS

La Dame Jeanne
Intime Weinbar mit Weinproben im atmosphärischen Gewölbekeller. Die Auswahl richtet sich nach der Saison und es gibt auch Weinkurse. €€

La Cave des Saveurs
Das unterirdische Restaurant bietet riesige Portionen flämischer Klassiker. Le Welsh, *potjevleesch* (wörtlich „Fleischtopf", jedoch eher eine Terrine) und die lokale Spezialität *andouillette d'Arras* (feine Wurst aus Schweineinnereien) werden in einem Gewölbekeller aus Stein und Backstein serviert, der vor dem Zweiten Weltkrieg eine Brauerei beherbergte. €

Chunkies Bakery
Der Eckladen ist sicherlich keine traditionelle Pâtisserie und bricht mit Käsekuchen-Brownies und Keksen jeder Geschmacksrichtung, die mit Milch serviert werden, sehr geschmackvoll mit Konventionen. €

ÜBERNACHTEN IN ARRAS

La Cour des Grands
Schicke Gemeinschaftsbereiche mit Ledersesseln, viel Lesematerial und eine lebendige Bar im unteren Stock. €€

Les Clés des Places
Gemütliche, saubere Zimmer und ein kleiner Hof in einem Gebäude aus dem 17. Jh., das einer alten Ladenfront ähnelt. €€

Entre Cour et Jardin
Das majestätische Herrenhaus mit opulenter Inneneinrichtung liegt nur wenige Minuten vom Stadtzentrum entfernt. €€

Baie de Somme

UNTERWEGS VOR ORT

Der öffentliche Nahverkehr ist in diesem Teil Frankreichs eher spärlich, deswegen ist ein (Miet-)Auto eine gute Wahl. Busse verbinden deutlich mehr Küstenstädte miteinander als Züge. Die meisten verkehren über Abbeville, sodass man bei einer Küstentour meist dort umsteigen muss.

Am Zusammenfluss mehrerer Flüsse, vor allem der Somme, die der Bucht ihren Namen gab, erstreckt sich ein weites Gebiet aus Watt und Sandbänken. Viele kommen wegen der Robben, die sich bei Ebbe im Matsch wälzen und sich bei Flut verspielt um passierende Boote herumtummeln. Bei einem Wattspaziergang können Vogelinteressierte Wasserläufer, Säbelschnäbler, Reiher und Austernfischer entdecken. Auf (relativ) trockenem Boden zwischen Schilfröhricht verstecken sich Singvögel und Ammern.

Die meisten Reisenden übernachten in der mittelalterlichen Hafenstadt Saint-Valéry-sur-Somme. Hier stehen die verschiedensten Fortbewegungsmittel zur Auswahl. Der Wasserweg gehört zu den offensichtlichsten und die Wanderwege (im Watt oder entlang sandiger bewaldeter Routen zu den Stränden) werden nur wenig genutzt. Die beste Variante ist jedoch ein Leihrad, mit dem man in die Dampflok von Saint-Valéry-sur-Somme nach Le Crotoy fährt und dann durchs Schilf und die hohen Gräser zurückradelt.

TOP TIPP

In Saint-Valéry-sur-Somme startet ein Großteil der Touren, zudem gibt's hier die meisten Übernachtungsmöglichkeiten, doch ländliche Ökolodge- und Château-Unterkünfte sind nur eine kurze Fahrt entfernt und preislich und qualitativ deutlich attraktiver. Parken in der Stadt ist teuer.

Seal, Bucht von Somme

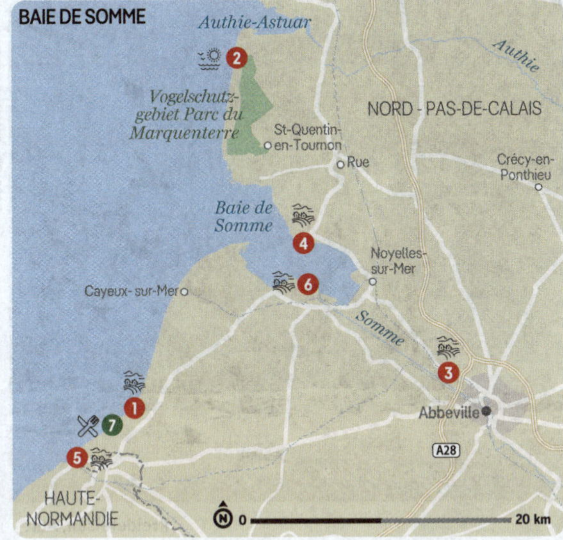

Robben-Safaris

Kanufahrt auf der Somme

Die Somme wird oft mit den Schlachtfeldern des Ersten Weltkrieges assoziiert, entspringt in den Hügeln von Fonsommes und trifft 152 km später in der Baie de Somme auf den Ärmelkanal. Bei Ebbe wird die Bucht zur Spielwiese von Seehunden, Kegelrobben und vielen verschiedenen einheimischen Vögeln und Zugvögeln. Der Tierwelt am nächsten kommt man bei einer Kanufahrt mit einer *pirogue* (Einbaum). **La Canoterie** richtet seine Touren nach den Gezeiten (los geht's kurz vor Ebbe, sodass man bei ansteigender Flut zurückkehrt) und bietet im Sommer je nach Wetter ein bis zwei Trips am Tag. In einer Katamaran-ähnlichen *pirogue* finden rund ein Dutzend Personen Platz. Je näher man der See kommt, desto größer und eindrucksvoller werden die Häuser: Die reichsten Händler bewohnten diesen Teil der Stadt.

Ein langer Deich schützt unterwegs vor den stärksten Winden und kurz hinter Saint-Valéry-sur-Somme kommen bereits die ersten Robben in Sicht. Man darf sich ihnen nicht nähern und La Canoterie hält einen Abstand von 300 m. Fachkundige Guides teilen gerne ihr Wissen über die Population und identifizieren die verschiedenen Vögel.

ESSEN IN SAINT-VALÉRY-SUR-SOMME

La Pêcherie
Die Gerichte sind wunderschön präsentiert und ändern sich wöchentlich, wobei Meeresfrüchte der Klassiker sind. Der Service ist herausragend. **€€**

Le Jardin
Aromatische Gerichte und eine interessante Weinkarte; bei „What the Phoque" gibt's lokales Fleisch mit passendem Wein. **€€**

La Canoterie
Ausgesuchte Snacks und Burger am Fluss sowie eine lange Cocktailkarte. Die Terrasse ist bei gutem Wetter großartig. **€**

BAIE DE SOMME: WO & WAS ESSEN

Reinette Michon ist Präsidentin der Samphire Foraging Association. Sie beliefert lokale Restaurants mit selbstgepflückten Pflanzen.

Hier wachsen Strand-Aster und Sode. Beide sind sehr einfach zuzubereiten und müssen nur kurz gekocht werden, bevor sie ihre Farbe ändern und verzehrt werden können. Meerfenchel benötigt drei bis vier Minuten; einfach in Butter braten, vom Herd nehmen und mit zerdrücktem Knoblauch und Crème fraîche mischen.

Es gibt hier so viele gute Restaurants. Besonders zu empfehlen sind dabei die **Auberge de la Marine** und **Le Carré Gourmand**, beide in Le Crotoy, und **Au Coin de la Baie** in Grand-Laviers. Eine Spezialität, die man unbedingt probieren sollte, ist *ficelle picarde*, ein mit Pilzen und Schinken gefüllter, gerollter Crêpe.

STEFAN ROTTER/SHUTTERSTOCK ©

Kreidefelsen, Ault

Da die Gezeiten nur bedingt berechenbar sind und Form und Größe der Wasserkanäle ändern, gibt es meist eine etwa halbstündige Pause auf einer Sandbank, während das Wasser wieder langsam zurückfließt (eigenes Vesper einpacken). Zurück an Land bietet sich La Canoterie für einen *apéro* an. Das Personal ist ungemein freundlich und die Wandkunst abwechslungsreich (vor allem alte Sportausrüstung wie kanadische Skier aus Holz).

Kreidefelsen von Ault

Wenig bekannte Alternative zu Étretat

Die weißen Kreidefelsen in Étretat und über dem Ärmelkanal in Dover sind weithin bekannt, doch für Blicke über den Kanal von einem Kreideplateau ohne andere Schaulustige wandert man den Küstenweg zwischen Ault und Bois de Cise.

Eine Strecke misst jeweils 5 km, deswegen ist die Tour in einem halben Tag zu schaffen, unterschätzen sollte man sie jedoch nicht. Die Kreidefelsen von Ault erwecken den Eindruck, als wären sie nach dem ersten Anstieg eben, tatsächlich sind Teile des größtenteils kurvigen Weges jedoch weiterhin sehr steil. Den besten Ausblick haben die grasenden Kühe auf der Felskuppe unmittelbar vor Bois de Cise. Wer noch Energie hat,

ZIMMER MIT AUSBLICK

Château le Bas Bleu
Ein eindrucksvolles Gebäude in Quesnoy-le-Montant mit vielen historischen Elementen und zusätzlichen Zimmern in den alten Stallungen. **€€**

Le Piloti
Ultramoderne Öko-Lodge mit Leihrädern und stilvollen Hütten, die sich im Schilfgras verstecken. **€€**

Mon Toit à Toi
Nur zwei Zimmer hinter einem Torbogen in Saint-Valéry-sur-Somme mit einem herrlichen Hofgarten. **€€**

kann noch weitere 5 km bis zur hübschen Küstenstadt **Mers-les-Bains** wandern.

Die Strände zwischen Ault und Mers-les-Bains sind wenig ansprechend, und Bois de Cise ist besonders enttäuschend und mit Graffitis verschmiert. Die Restaurants bieten jedoch tolle Blicke und exzellente frische Meeresfrüchte; zu empfehlen ist das **Originals**. Der lange Sandstrand von Ault ist deutlich schöner und von postkartengleichen gestreiften Strandhütten gesäumt. Regelmäßige Jahrmärkte und aufblasbare Hindernisparcours für Kinder stören allerdings die Idylle. Weniger touristisch ist der Markt von Ault, der jeden Samstag stattfindet und lokale Lebensmittel wie ungeheuer lange Knoblauchketten verkauft. Bierfans finden im **La Flibustière** hiesige Sorten mit Ausblick.

Angetrieben durch Windkraft

Die Kraft der Elemente

Char à voile ist urtypisch für den Norden Frankreichs und die dreirädrigen Wagen mit Segeln düsen entlang der weiten Strände rund um die Baie de Somme und Côte d'Opale.

Anfängerkurse dauern meist zwei bis drei Stunden und starten mit einer kurzen Einweisung ins Steuern. Mittels Fußpedalen kann man die Richtung ändern, am wichtigsten ist jedoch das Segel (ein kurzes Segel, nahe beim Steuernden eingezogen, erhöht die Geschwindigkeit). Die Technik ist leicht zu verstehen, auch wenn am Anfang die meisten mal abseits der Strecke landen oder mit einem flatternden Segel bei vollem Wind stehen bleiben. Dennoch erreichen auch Laien rund 60 km/h.

Geübt wird meist auf einer improvisierten abgesteckten Strecke unterhalb der Dünen, auf der man sich mit anderen messen kann. Nach absolviertem Training und bei entsprechenden Bedingungen dreht man dann unter Anleitung eine Runde am Strand. Wegen der extremen Gezeiten durchquert man viele Flüsse und Pfützen und ist schnell nass und mit matschigen Sandklumpen übersät. Wichtig ist eine Sonnenbrille, eine gute Idee sind außerdem eine Windjacke und Handschuhe. Bei diesen Geschwindigkeiten hat man auch an sonnigen Tagen nach ein paar Stunden eiskalte Finger.

Fort Mahon ist ein fantastischer Ort für *char à voile* (über Eolia Picardie buchen) mit Preisen, die zu den günstigsten zählen, die Stadt selbst ist jedoch wenig überzeugend. Einfach mal vorbeischauen oder sein Können am Quend-Plage testen.

Fête de la Mer

Maritime Feste

Im Juli und August findet an den meisten Wochenenden in der Baie de Somme eine Fête de la Mer statt. **Le Crotoy's**, meist am ersten Augustwochenende, ist am bekanntesten. Mit Umzügen, Meeresfrüchte-Verköstigungen, Segelwettbewerben und Seemannsliedern wird das stolze maritime Erbe der Region zelebriert. Die Feste werden meist von aktiven oder ehemaligen Seeleuten organisiert. Abschluss der Festwochenenden sind Feuerwerke von Booten vor der Küste.

ANDERE WINDSPORTARTEN AUF DER SOMME

Wingsurfen
Beim Wingsurfen hält man ein aufblasbares Segel in der Hand und wird vom Wind über das Wasser getragen, wobei das Ruder oft kaum die Oberfläche berührt. In der École de Voile in Cayeux-sur-Mer gibt's zwei Stunden ab 100 €.

Windsurfen
Eine der beliebtesten Windsportarten; Glisse Sensations Mers veranstaltet 1½-stündige Windsurfkurse für kleine Gruppen (35 €).

Kitesurfen
Am Ridery, Le Crotoy, kann man sich von Wellen und Wind vorantreiben lassen. Seewinde und Flut sorgen für beste Bedingungen; 3½ Stunden kosten 150 €.

Rund um die Baie de Somme

Die Dünen der Côte d'Opale erstrecken sich gen Dünkirchen, Schauplatz eines der dramatischsten Ereignisse im Zweiten Weltkrieg.

UNTERWEGS VOR ORT

Zwischen Dünkirchen und Dover verkehren direkte Fähren. Vor Ort ist der Bus das praktischste öffentliche Verkehrsmittel, ansonsten kann man auch laufen. Um von der Baie de Somme nach Dünkirchen zu gelangen, benötigt man ein (Miet-)Auto; Zugreisen sind lang und kompliziert und führen über Amiens.

TOP TIPP

Bei einem Besuch zum Karneval im Februar erlebt man Dünkirchen in Feierlaune.

Dünkirchen, von der Baie de Somme 150 km östlich entlang der Küste, wurde im Zweiten Weltkrieg quasi dem Erdboden gleichgemacht und musste nach dem Krieg schnell wieder aufgebaut werden. Hinter der hässlichen Fassade des Betondschungels verbergen sich heute eine aufstrebende Straßenkunstszene und innovative urbane Brauereien.

Dünkirchen wird für immer als Ort der bekanntesten Evakuierungsaktion im Zweiten Weltkrieg im Gedächtnis bleiben. Zwischen dem 26. Mai und 4. Juni 1940 retteten Flotten von zivilen Booten aus ganz Großbritannien rund 338 000 alliierte Soldaten. Heute feiert die Stadt diese Geschichte. Festtagsstimmung herrscht außerdem beim Karneval von Dünkirchen im Februar mit Umzügen traditioneller Riesenfiguren. Die Kostüme sind so farbenfroh, sodass sie die Betonkulisse fast überstrahlen.

RIGHTCLICKSTUDIOS/SHUTTERSTOCK ©

Gedenkstätte zur Operation Dynamo

PETR KOSTAL/SHUTTERSTOCK ©

Musée Dunkerque 1940

Dünkirchens Evakuierung

Ein entscheidender historischer Moment

An Dünkirchens Stränden weist wenig darauf hin, dass eines der bedeutendsten Ereignisse im Zweiten Weltkrieg hier stattfand. Kurz vor der deutschen Besetzung 1940 mussten sich französische und britische Truppen zurückziehen. Viele strandeten in Dünkirchen, bedroht durch die rasch vorrückenden Streitkräfte. Bei der Operation Dynamo, wie die Aktion zur Evakuierung der Soldaten genannt wurde, fuhren hunderte zivile und militärische Schiffe über den Ärmelkanal, um die an den Stränden wartenden Soldaten zu retten. Tausende Franzosen und Briten konnten evakuiert werden, bevor Frankreich an Nazi-Deutschland fiel.

Das **Musée Dunkerque 1940** zeichnet die gesamte Operation nach, gibt historischen Kontext, erläutert den Ablauf und erzählt die Geschichten vieler Beteiligter. Neben einem Film mit Aufnahmen vom Mai und Juni 1940 während und nach der Evakuierung zeigt das Museum Militäruniformen von Alliierten und Nazis, Originale von Jeeps und Fahrzeugen sowie viele interaktive Exponate. Die Ausstellung ist nicht groß, ein ein- bis zweistündiger Besuch ist jedoch sehr lohnenswert.

Das **Musée Portuaire** in einem alten Tabaklager am Hafen von Dünkirchen widmet sich einem weniger bekannten Aspekt von Dünkirchens Geschichte, dem maritimen Erbe. Auch hier gibt es einiges zur Evakuierungsoperation, der Fokus liegt jedoch auf dem Fischhandel und den Schiffen, die den Hafen im Laufe der Geschichte anliefen. Das Museum überblickt den Hafen mit direkten Fährverbindungen nach Großbritannien.

KARNEVAL VON DÜNKIRCHEN

Der Karneval von Dünkirchen hat seine Ursprünge im 17. Jh. und findet zwischen Januar und März statt, wobei jedes Wochenende verschiedene Stadtviertel feiern. Die Feiernden tragen farbenfrohe, raffinierte Kostüme, oftmals von historischen Figuren und Charakteren der Popkultur. Dünkirchen war einst ein Fischerhafen, deswegen gehört das Heringswerfen zu den Highlights; um die maritime Geschichte der Stadt zu feiern, werden die Fische von Umzugswagen in die Menge geworfen. Am meisten los ist am letzten Festwochenende vor Aschermittwoch.

Normandie

DÜSTERE SCHLACHTFELDER UND SAFTIGE WEIDEN

Unendlich lange Sandstrände, steil aufragende Klippen, weite Heckenlandschaften, Calvados, Cidre und Kühe – all das zeichnet die Region im Nordwesten Frankreichs aus.

Die atemberaubende Landschaft der Normandie inspirierte auch die impressionistischen Maler. Vielfach malte Claude Monet die Kathedrale von Rouen, den Sonnenaufgang in Le Havre und seinen berühmten Garten in Giverny. Von der weltberühmten, leicht surrealistisch anmutenden Abtei Mont-St-Michel über die Klippen von Étretat und die Belle-Époque-Architektur der Côte Fleurie bis zu den Landungsstränden der Alliierten und ihren Museen ist die Küste der Normandie von Zeugnissen ihrer langen Geschichte geprägt.

Im Landesinneren präsentiert sich ihre ganze Vielfalt und Fülle, die ein Normanne einst wie folgt beschrieb: „Alles Gute an und in Frankreich findet sich auch in der Normandie.“ Äpfel werden zu Cidre und Calvados verarbeitet, die Milch der Kühe zu Käse mit AOC-Siegel und zu Sahne und Butter, mit denen üppige Tartes und Reispudding verfeinert werden.

Die lange Geschichte der Normandie wird an vielen Orten lebendig. An den Stränden der *Operation Overlord* landeten 1944 im Zweiten Weltkrieg die Truppen der Alliierten. Von hier startete auch Herzog Wilhelm die Eroberung Englands, von der der berühmte Teppich von Bayeux erzählt. In Rouen wurde Jeanne d'Arc verbrannt. Aber auch Literaten wie Marcel Proust hinterließen ihre Spuren, etwa in Cabourg, ebenso wie viele Künstler:innen unserer Zeit. Wer sich auf die weniger ausgetretenen Pfade (auf denen aber durchaus Autos verkehren) begibt, wird mit friedlicher Ruhe und einzigartigen Genüssen belohnt.

CHRISTIAN MUSAT/SHUTTERSTOCK ©

DIE WICHTIGSTEN ZIELE

ROUEN & DIE CÔTE D'ALBÂTRE Die Perle der Alabasterküste. **S. 214**

CÔTE FLEURIE Wunderbare Kunst genießen. **S. 221**

DIE LANDUNGSSTRÄNDE & BAYEUX In die Vergangenheit reisen. **S. 227**

MONT-ST-MICHEL Die Vielfalt der Bucht entdecken. **S. 233**

ST-VAAST-LA-HOUGUE UND COTENTIN Abseits der Zivilisation im Norden. **S. 240**

Rouen (S. 214), links: St-Vaast-la-Hougue (S. 240)

Erste Orientierung

Die Normandie besteht aus fünf Départements: Seine-Maritime im Norden, Eure im Süden, Calvados im Westen mit den Landungsstränden, darunter das dicht bewaldete Orne, und La Manche am Ärmelkanal.

Die Landungsstrände & Bayeux, S. 227

An den Landungsstränden – von Utah Beach bis Sword Beach – werden die Geschehnisse des D-Day wieder lebendig. Der Teppich von Bayeux erzählt die Geschichte von Wilhelm dem Eroberer.

ZUG

Städte wie Caen, Rouen, Cherbourg, Granville und Le Havre sind mit Direktzügen von Paris zu erreichen. Eine Hochgeschwindigkeitsverbindung in die Normandie ist geplant. Abgelegenere Orte wie die Landungsstrände oder der Mont-St-Michel sind mit Bussen zu erreichen, die aber nur selten verkehren.

AUTO

Am besten lässt sich die Normandie mit dem Auto erkunden. Vor allem im Norden führen die kurvigen Straßen oft zu unerwarteten Entdeckungen wie Lederwerkstätten oder Schneckenfarmen.

FAHRRAD

Die Normandie ist von gut 480 km Radwegen durchzogen. So ist es z. B. möglich, von Notre Dame in Paris durch die südliche Normandie direkt zum Mont-St-Michel zu radeln – durch dichte Eichen- und Pinienwälder, zwei Naturparks und historische Städte wie Alençon. Die Radwege im Westen führen direkt zu den Landungsstränden.

Mont-St-Michel, S. 233

Die ikonische gotische Abtei erhebt sich über einer Bucht, die reich an Tieren und Vögeln ist. Rund um die Bucht warten Adrenalinkicks und kulinarische Genüsse.

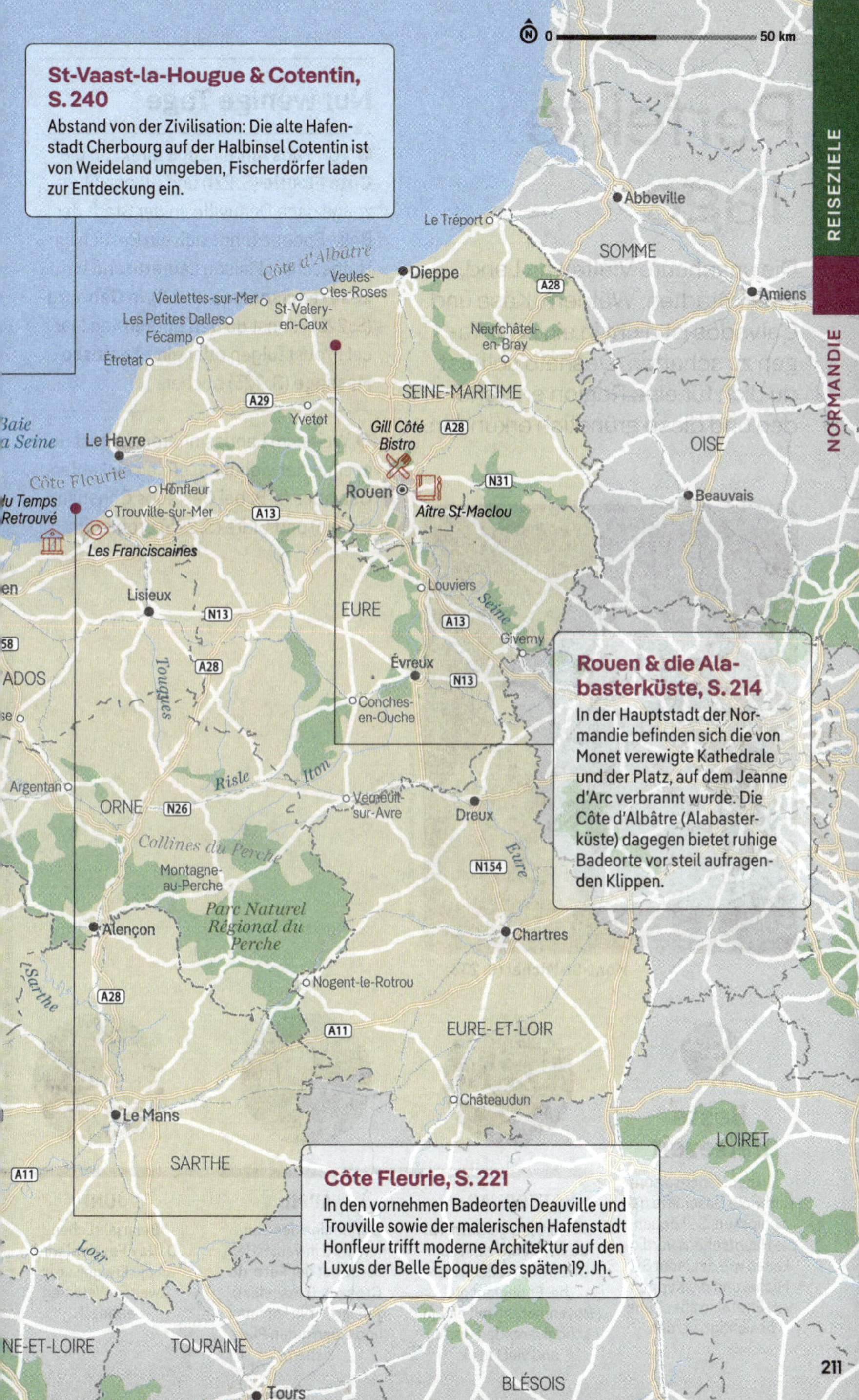

St-Vaast-la-Hougue & Cotentin, S. 240

Abstand von der Zivilisation: Die alte Hafenstadt Cherbourg auf der Halbinsel Cotentin ist von Weideland umgeben, Fischerdörfer laden zur Entdeckung ein.

Rouen & die Alabasterküste, S. 214

In der Hauptstadt der Normandie befinden sich die von Monet verewigte Kathedrale und der Platz, auf dem Jeanne d'Arc verbrannt wurde. Die Côte d'Albâtre (Alabasterküste) dagegen bietet ruhige Badeorte vor steil aufragenden Klippen.

Côte Fleurie, S. 221

In den vornehmen Badeorten Deauville und Trouville sowie der malerischen Hafenstadt Honfleur trifft moderne Architektur auf den Luxus der Belle Époque des späten 19. Jh.

Perfekte Tage

Die ungeheure Vielfalt an Land, Meer, Städten, Wäldern, Käse und Calvados ist nicht in ein paar Tagen zu schaffen. Deshalb solltest du dich für eine Region entscheiden und diese gründlich erkunden.

IRINA WILHAUK/SHUTTERSTOCK ©

Mont-St-Michel (S. 233)

Nur wenige Tage

- Von Paris fahren Züge direkt an die **Côte Fleurie** (S. 221) und fliegen Flugzeuge nach Deauville. In der Stadt der Belle Époque lohnt sich ein Besuch im Hutgeschäft Maison Laurette und bei **Les Franciscaines** (S. 221). In **Cabourg** (S. 222) kannst du den Spuren von Marcel Proust folgen oder eine **Thalasso-Massage** (S. 223) buchen.

- Weiter im Landesinneren solltest du in einer der vielen Käsereien einkaufen, Calvados (z. B. bei Calvados Christian Drouin) und Cidre (S. 225) probieren.

Beste Reisezeit

In der Nebensaison sind viele Geschäfte geschlossen. So können die Hauptsehenswürdigkeiten wie der Mont St-Michel und die Klippen von Étretat in aller Ruhe besichtigt werden.

FEBRUAR

Der fünftägige **Carnival de Granville** zählt zum UNESCO-Weltkulturerbe. Er beginnt am Rosenmontag mit einem schockierenden Umzug und viel Musik.

APRIL

Der Beginn des Sommers wird in Veules-les-Roses mit der **Fête du Cresson** (Kressefest) gefeiert. Früh kommen und einen guten Platz sichern!

JUNI

Beim jährlichen **D-Day Festival** wird an die Ereignisse im Zweiten Weltkrieg erinnert.

ANNDCS/SHUTTERSTOCK ©, DELPIXEL/SHUTTERSTOCK ©, IMAGES FROM JEFFREY/SHUTTERSTOCK ©

Eine Woche Zeit

● Die erste Station ist der **Mont-St-Michel** (S. 233). Die auf dem Wasser zu schweben scheinende Abtei ist bei Sonnenuntergang am schönsten. Die **Auberge Sauvage** (S. 235) serviert Gerichte, die alle etwas mit dem Salz dieser Gegend zu tun haben. In **Avranches** (S. 238) gibt's guten Kaffee, Bücher über und einen etwas anderen Blick auf den Mont-St-Michel.

● An der Küste entlang geht es durch Carolles zum Wandern ins Lude-Tal. Danach ist in **Granville** (S. 239) das Geburtshaus von Christian Dior zu besichtigen. Es biete sich auch ein Tagesausflug auf die Chausey-Inseln an.

● In **Villedieu-les-Poêles** (S. 239) kannst du eine Führung durch eine Kupfer- und Glockengießerei machen und auch einen Töpferkurs in der Poterie de Villedieu. Am Ende deiner Reise siehst du den Ärmelkanal in Coutances.

Tiefer eintauchen

● Auf der Fahrt nach Rouen lohnt sich ein Abstecher nach **Lyons-la-Foret** (S. 220) zum prachtvollen **Chateau Vascoeuil** (S. 219) und nach **Bois Guilbert. Der dortige Skulpturengarten** (S. 219) zeigt sehr schön, wie sich die Normandie im Lauf der Zeit entwickelt hat. In Rouen führt der halbtägige **historische Jeanne d'Arc-Rundgang** (S. 216) zu den Stationen ihres Lebens in der Stadt.

● Zurück an der Küste geht es ins hübsche **Veules-les-Roses** (S. 218). Danach weiter durch Fécamp zu den Klippen von **Étretat** (S. 219), die mit dem Kajak oder zu Fuß erkundet werden können. Nach soviel Natur folgt die Betonarchitektur von **Le Havre** (S. 218), bevor es weiter zu den **Landungsstränden** (S. 227) und nach **Cotentin** (S. 240) im Norden geht. Die Halbinsel ist bekannt für Austern, Leuchttürme und die Stadt **Cherbourg** (S. 242). Nach einer Fahrt durch die Wildnis ist schließlich **La Hague** (S. 245) erreicht.

JULI
Der heißeste Monat in der Normandie ist die ideale Reisezeit für **Cotentin** im Norden.

AUGUST
Am ersten Wochenende im August lohnt der berühmte **Käsemarkt in Livarot** einen Besuch.

SEPTEMBER
In Trouville findet das **Off Court Festival** statt, in Deauville das **Amerikanische Filmfestival**.

OKTOBER
Bei der **Fête de la Crevette** in Honfleur wird der Shrimps-Fang mit Seemannsliedern gefeiert.

Rouen & die Côte d'Albâtre

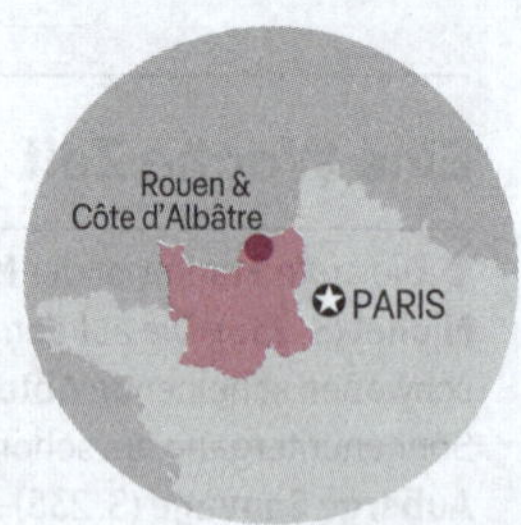

UNTERWEGS VOR ORT

Rouen ist am besten zu Fuß und auf eigene Faust zu erkunden. Samstags sind die öffentlichen Verkehrsmittel (Bus, Metro, TEOR) kostenlos. Wer mit dem Auto kommt, findet viele kostenlose Parkplätze rund um die Stadt.

Die Hauptstadt der Normandie ist ein Freilichtmuseum mit unendlich viel Geschichte. Hier lebten Simone de Beauvoir und Albert Camus, das Aître St-Maclou ist ein etwas makabres Beinhaus aus dem 15. Jh., auf dem Marktplatz wurde die Schutzheilige Frankreichs Jeanne d'Arc wegen Ketzerei verbrannt.

Die Gros Horloge, eine kunstvolle Uhr aus der Renaissance, verbindet die Vergangenheit mit der Gegenwart. Auch viele der historischen Gebäude in den kopfsteingepflasterten Straßen der Altstadt sind mit der Moderne verknüpft. Die Einschusslöcher des gotischen Palais de Justice aus dem 15. Jh. füllten die Einheimischen nach dem Zweiten Weltkrieg mit Legosteinen.

Außerhalb der Stadt ertreckt sich die Côte d'Albâtre (Alabasterküste), die vor allem für die spektakuläre Kalksteinformation von Étretat bekannt ist. Das Hinterland des Küste ist gespickt mit bezaubernden Dörfern.

☑ TOP TIPP

Ende Mai bis Anfang Oktober ist die beste Reisezeit für Rouen, denn es ist kühl und regnet immer wieder. Deshalb unbedingt einen Regenschirm mitnehmen und bequeme Schuhe tragen. Am Hügel Ste-Catherine, eine halbe Stunde von der Kathedrale entfernt, führen 500 Stufen zu einem tollen Aussichtspunkt hinauf.

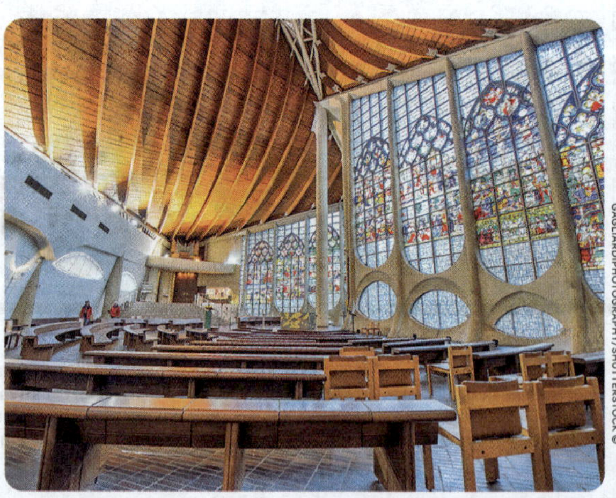

Église Ste-Jeanne-d'Arc (S. 216)

ROUEN

HIGHLIGHTS
1 Aître St-Maclou
2 Gill Côté Bistro

SEHENSWERTES
3 Église Ste-Jeanne-d'Arc
4 Historial Jeanne d'Arc
5 Cathédrale Notre-Dame de Rouen

SCHLAFEN
6 Hôtel Le Vieux Carré
7 La Boulangerie B&B
8 L'Echiquier de Normandie

ESSEN
9 Bistro Nova
siehe 1 Café Hamlet
10 Do Wich
11 Le Drink'Eat
12 Tandem

Cathédrale Notre-Dame de Rouen (S. 216)

MARCOBRIVIO.PHOTOGRAPHY/SHUTTERSTOCK ©

THAT FRENCH BLOKE/SHUTTERSTOCK ©

Aître Saint-Maclou

MEIN TAG IN ROUEN

von Ludovic Breal, Gründer von Guided Tour Rouen

Der Tag beginnt mit einem Kaffee im **Café Le Metropole** , wo eine Büste von Simone de Beauvoir steht. Dann jogge ich am rechten Ufer der Seine. Zum Mittagessen gehe ich ins **Bistro Nova**. Das gemütliche Restaurant bietet nur einige wenige Gerichte, die jedoch absolut perfekt sind. Am Nachmittag besuche ich den **Cimetière Monumental** und bewundere die einzigartige Atmosphäre wilder vergehender Schönheit. Zum Abschluss des Tages esse ich im **La Rose de Vents**, wo das recht preiswerte Essen mit viel Liebe und Sorgfalt zubereitet wird.

Gedenken an eine Heilige

Der Ort, an dem Jeanne d'Arc ihren letzten Atemzug tat

Es ist ein seltsam monumentales Gefühl, auf diesem Platz ganz ohne Monument zu stehen. Hier auf der **Place du Vieux-Marché** wurde eine 19-jährige junge Frau verbrannt, obwohl sie Frankreich vor den englischen Invasoren gerettet hatte. Um die tragische Geschichte der Jungfrau von Orléans besser zu verstehen, bietet das Museum **Historical Jeanne d'Arc** eine Multimedia-Ausstellung zu ihrem Leben und Sterben. Auch in der **Cathédrale Notre-Dame de Rouen** wird ihre Geschichte auf den Buntglasfenstern erzählt; dort ist auch eine Skulptur zu sehen, die sie auf dem Scheiterhaufen zeigt. Die **Église St-Jeanne-d'Arc** hat die Form eines umgedrehten Wikingerbootes und bildet mit ihrer Architektur der 1970er-Jahre einen schönen Kontrast zu den traditionellen Buntglasfenstern der

ÜBERNACHTEN IN ROUEN

L'Echiquier de Normandie
Das moderne Stadthotel hat sehr gemütliche Zimmer. €€

La Boulangerie B&B
In der originellen Pension mit Terrasse zieht der Duft von frisch gebackenem Brot bis in die Gästezimmer. €€

Hôtel Le Vieux Carré
Zu dem gemütlichen Familienbetrieb gehört auch ein Teesalon. Die Zimmer sind im Stil eines normannischen Landhauses eingerichtet. €

Renaissance. Damit ist die Kirche ein beeindruckendes Symbol für die Kraft des menschlichen Geistes einerseits und dessen Wahnsinn andererseits.

Totentanz im Aître Saint-Maclou

Und wer findet die mumifizierte Katze?

Schon lange vor der Coronapandemie wurde die Bevölkerung immer wieder von Seuchen heimgesucht. So fiel dem Schwarzen Tod im 14. Jh. ein Großteil der Bevölkerung Rouens zum Opfer, wie der **Aître Saint-Maclou** beweist. Das Beinhaus oder Atrium, wie die Friedhöfe im Mittelalter genannt wurden, kann heute besichtigt werden. Es besteht aus drei Gebäuden rund um einen Innenhof. An den Wänden sind Darstellungen des Totentanzes mit Schädeln, Knochen und Tötungsinstrumenten zu sehen. Sie sollen die Menschen daran erinnern, dass sie alle am Ende ihres Lebens der Tanz mit dem Tod erwartet. Hinter einem Glasfenster liegt eine winzige Katzenmumie. Nach der Überlieferung musste in jedes Gebäude eine schwarze Katze als Symbol des Teufels eingemauert werden, um die Lebenden zu schützen. In diesem Fall soll es sich aber um einen Streich der Studenten der hiesigen Kunstuniversität gehandelt haben. Zum Mittagessen bietet sich das **Café Hamlet** an. Das Gebäck zum Nachtisch ist teuflisch lecker.

Ente vom Zeremonienmeister

Ente „á la rouennaise"

Kein anderes Gericht verkörpert den französischen Hang zu Snobismus, Raffinesse und Großartigkeit so sehr wie „gepresste Ente", die Spezialität von Rouen. Das opulente Gericht muss im Voraus reserviert werden, denn nur ein lizenzierter Entenmeister darf es zubereiten. Die *canard du sang* („blutige Ente") wurde erfunden, um beim Transprt zu Tode gekommene Enten verwerten zu können. Die Tiere werden dafür in einem speziellen Gerät langsam zerquetscht und ihr Blut in einem silbernen Gefäß aufgefangen. Das Blut und die Überreste werden dann mit Wein und Schalotten zu einer dicken Sauce verkocht. Der ganze Prozess wird vom Entenmeister vor den Gästen wie eine Zeremonie durchgeführt. Der entsprechende Orden der Enten wurde 1986 gegründet.

Achtung: Das mit viel Pomp und Protz zubereitete Gericht ist sicherlich nicht jedermanns Geschmack, doch wer es wagen will und das nötige Kleingeld hat, muss sich beeilen, denn die sehr französische Tradition stirbt langsam aus. Es gibt auch nur noch drei Restaurants, die sie anbieten: **Hotel de Dieppe**, **Le Couronne** und **Les Capucines**.

DIE BESTEN RESTAURANTS IN ROUEN

Bistro Nova
Das gemütliche kleine Bistro bietet hochwertige Hausmannskost aus frischen Produkten der Region und eine ausgezeichnete Weinkarte. **€€**

Le Drink'Eat
Die bei Studenten beliebte Brasserie (Restaurant) serviert tagsüber Burger und Croque Monsieurs und wird abends zur Elektrobar im Industriedesign. **€**

Tandem
Auf der Speisekarte des einfachen freundlichen Restaurants stehen Gerichte der Saison. **€€**

Gill Côté Bistro
Das moderne Bistro von Starkoch Gilles Tournadre beim Alten Markt serviert einfache, perfekt zubereitete Gerichte. **€€€**

Do Wich
Vom Brot bis zur Sauce sind die Zutaten für die nach Wunsch zusammengestellten Sandwiches von bester Qualität. Sehr empfehlenswert ist der normannische Senf. **€**

Rund um Rouen

Veules-les-Roses
Étretat
Jardin des Sculptures
Château de Bois Guilbert
Rouen
Château Vascoeuil
Giverny

Von Giverny bis zur Côte d'Albâtre erstrecken sich üppig grüne Felder und Weiden. Die berühmte Küste ist geprägt von spektakulären Klippen bezaubernden, wenig bekannten Städten sowie faszinierenden Schlössern und Skulpturengärten.

UNTERWEGS VOR ORT

Veules-les-Roses ist ein bezauberndes Basislager und gut zu Fuß zu erkunden. Für die Côte d'Albâtre empfiehlt sich ein Auto, denn der öffentliche Nahverkehr ist nicht gut ausgebaut.

Monets Giverny ist nur ein Tor zum Département Seine-Maritime, dessen üppig grüne Landschaft rund um Rouen noch abseits des Tourismus liegt. Der Weg zu den berühmten Klippen führt durch die herrlichen Buchenwälder von Lyons-la-Forêt. Hier leben die Menschen noch das traditionelle Leben der Normandie und produzieren Cidre, Calvadosmarmelade und Textilien aus Leinen. Es gibt aber auch Skulpturen, Kunst und die wunderbare Natur zu entdecken.

Neben jeder Menge Wassersport, z. B. Segeln und Surfen, sowie Wandern und Angeln bietet die Alabasterküste aber auch Städte wie **Le Havre** – ein Paradebeispiel moderner französischer Architektur, da sie nach dem Zweiten Weltkrieg komplett neu aufgebaut werden musste – und solche, die kaum zerstört wurden wie Veules-les-Roses und Dieppe im Norden.

Jenseits der Absperrungen in Giverny

Wasserlilien und Impressionismus

Das Haus, in dem Monet 40 Jahre lang lebte, ist das prachtvolle Vermächtnis des visionären Künstlers. Im Garten blühen die weltberühmten Wasserlilien, das exzentrische, farbenfrohe Haus ist voller persönlicher Gegenstände wie Monets Sammlung japanischer Holzschnitte.

Seine Grabstätte steht in starkem Kontrast zu diesem wundervollen Vermächtnis. Inmitten der Besuchermassen, die sich durch das Haus schieben, fällt es schwer, kurz innezuhalten und sich das Leben des Künstlers in diesem Haus und Garten vorzustellen.

☑ TOP TIPP

Wenn du abends in Giverny ankommst, kannst du am nächsten Morgen wie einst Monet den Sonnenaufgang in Étretat in aller Ruhe genießen und dann noch einen Kaffee in einem der früh öffnenden Cafés trinken, bevor die Touristenmassen wieder einfallen.

Das kürzeste Flussufer in Frankreich

Zauberhafte Strohdachhäuser

Das zauberhafte **Veules-les-Roses** ist ein winziges Dorf am kürzesten Fluss Frankreichs, der la Veules. Er ist gesäumt von strohgedeckten Häuschen, die Post befindet sich in einem Gebäude aus dem 16. Jh., Victor Hugo hatte hier eine geheime Höhle, und viele russische Maler ließen sich von dem originellen Dorf inspirieren. Es ist auch für leckere Austern bekannt.

RALF GOSCH/SHUTTERSTOCK ©

Veules-les-Roses

Salvador Dalí & ein Schloss aus dem 17. Jh.

Internationale Kunst auf naturbelassenem Gelände

Das sorgfältig restaurierte **Château Vascoeuil** aus dem 17. Jh. ist voller Gegensätze. Der einzigartige achteckige Turm stammt noch aus dem 12. Jh., es gibt einen perfekt gepflegten Französischen und einen wilden Englischen Garten. Das Schloss beherbergt das einzige Museum zu Jules Michelet in Frankreich (im Schlossturm hat er seine Geschichte Frankreichs geschrieben) und zeigt mehr als 60 Skulpturen von internationalen Künstlern wie Erró und Salvador Dalí, darunter auch die surrealistische *Victory of Liberty*, die die New Yorker Freiheitsstatue mit zwei Fackeln statt nur einer darstellt.

Die Klippen von Étretat zu Fuß und mit dem Kajak erkunden

Von oben und unten atemberaubende Anblicke

Die Klippen von Étretat sind die berühmtesten und am meisten besuchten der vielen schneeweißen Klippen der Côte d'Albâtre. Den von Wind und Wasser geformten Felsenbogen hat Monet

DER POETISCHE GARTEN EINES KÜNSTLERS, ...

... des Bildhauers und Künstlers **Jean-Marc de Pas**. @jardin_sculptures_boisguilbert

Jean-Marc de Pas hat das Schloss seiner Familie von 1620 in Bois Guilbert in einen zauberhaften Skulpturengarten verwandelt. Und er entwickelt ihn immer weiter, fügt neue Arbeiten hinzu und stellt die Werke anderer Künstler:innen aus. Außerdem organisiert er mit seiner Frau Stéphanie regelmäßig Konzerte und Workshops sowie alle zwei Jahre ein Skulpturenfestival. Was er an der Normandie besonders liebt, ist die Zurückhaltung und die unaufdringliche Schönheit der Natur.

Wenn er sich vom Land seiner Vorfahren losreißen kann, isst er gerne in der Auberge Bucheoise oder im Aux Anciennes Halles im benachbarten Buchy.

ESSEN IN VEULES-LES-ROSES

Le Pinnochio
Die Pizzeria ist mit der berühmten Holzpuppe geschmückt, die dem Fisch gegenüber gefallen würde. Es gibt auch gute Burger. **€**

L'abrevuoir
Auf der ständig wechselnden Speisekarte steht der jeweilige Fang des Tages, z.B. Schwertmuscheln mit Pasta, Austern und vieles mehr. **€€**

Comme a la Maison
Das Bio-Restaurant bietet hausgemachte Quiches, Salate, Kuchen und dazu Kaffee. **€€**

TARTE NORMANDE IN LYONS-LA-FORÊT

Versteckt im größten Buchenwald des Landes liegt Lyons-la-Forêt. Es ist eines der schönsten Dörfer Frankreichs und erlaubt Einblicke in die Normandie zur Zeit des Mittelalters. Die Holzhäuser haben einen Steinsockel, und in der offenen Markthalle drehte Claude Chabrol seine *Madame Bovary*. Schöne Souvenirs sind die eiförmigen Kerzen von L'Empreinte und Antiquitäten von Jan Brocante.

Die Bäckerei gegenüber der Markthalle verkauft *La Normande*, eine dekadent üppige Tarte mit Pudding, Äpfeln und Mandeln unter einem Butterteig. Auf die Frage, ob dies eine normannische Spezialität ist, zuckt der Bäcker nur mit den Schultern: „Meine Frau hat sie gebacken."

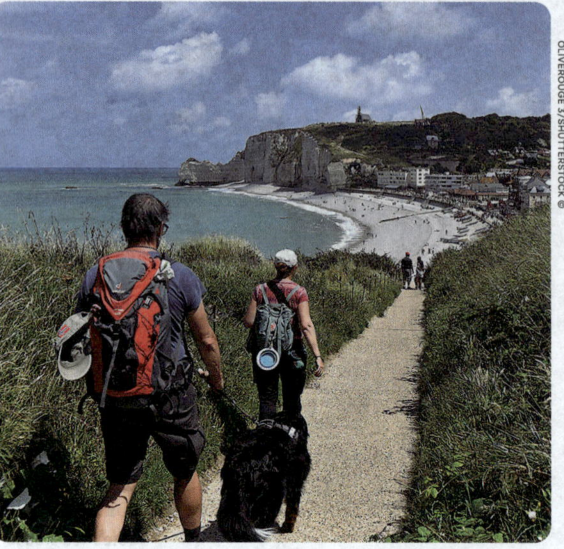

OLIVEROUGE 3/SHUTTERSTOCK ©

Étretat

mehr als 80-mal gemalt. In den letzten Jahren kam es hier immer wieder zu Todesfällen, wenn Tourist:innen für das ultimative Selfie in den Abgrund stürzten. Nicht umsonst gibt es ausgewiesene Wege auf den Klippen.

Am schönsten ist die **Falaise d'Aval** mit der **Aigueille**, die neben dem Bogen wie eine Nadel aus dem Wasser ragt. Die **Falaise d'Amont** bietet einen tollen Blick auf Étretat. Eine steile Wanderung führt zur windumtosten gotischen **Chapelle Notre-Dame-de-la-Garde** hinauf. Noch anstrengender ist die Wanderung zum Roc Vaudieu (5 Std. hin & zurück). Ein kurzer Rundweg führt vom Chemin de Criquetot zum Porte d'Amont.

Wer die Klippen vom Wasser aus bewundern will, kann bei **Voiles et Galets** ein Kajak oder Stehpaddelbrett mieten (keine Reservierung möglich, da der Verleih vom Wetter abhängig ist). Das ist zwar recht teuer, bietet aber ein einmaliges Erlebnis. Es lohnt sich auch ein Abstecher zum einsamen Strand **Plage du Fourquet**.

Côte Fleurie
PARIS

Côte Fleurie

Die „Blumenküste" ist einer der berühmtesten Küstenabschnitte der Normandie: In der Belle Époque strömten Literatur- und Kunstschaffende wie Marcel Proust und Eugène Boudin, aber auch das Großbürgertum aus ganz Frankreich in die traumhaft schöne Region, um sich inspirieren oder heilen zu lassen. So wurden auf dem Höhepunkt des Seebäder-Booms Mitte des 19. Jhs. atemberaubende Villen zwischen den späteren Landungsstränden und der Seine-Mündung in Le Havre errichtet.

Heute sind nur noch die Seebäder Deauville und Trouville-sur-Mer erhalten und gefragt. Honfleur ist eher bekannt für seine Geschichte und Kunst, Cabourg wegen Marcel Proust. Dabei liegt der Schwerpunkt immer noch auf Thalassotherapien, also Heilbehandlungen mit Meerwasser, doch die Côte Fleurie ist auch wegen der Kunst angesagt. Jedenfalls kann man hier künstlerisch aufblühen, sich in der Kultur der Ästhetik sonnen – und Sehen und Gesehen werden ist ebenfalls angesagt.

UNTERWEGS VOR ORT

Wer ohne Auto unterwegs ist, fährt einfach mit dem Zug von Paris nach Deauville oder Trouville. An der Côte Fleurie verkehren viele Züge, Busse und Taxis. Die Badeorte sind zudem gut zu Fuß und mit dem Rad zu erkunden.

Mit einem guten Buch entspannen

Ein Kulturzentrum mit Stil

Les Franciscaines in Deauville ist ein Multimediazentrum mit Museum, Theater, Vortragssaal und Bibliothek und mehr modernen Einrichtungen, aber in schöner alter Umgebung. Diese widersprüchlich scheinende Verbindung ist sehr harmonisch und bietet den richtigen Rahmen für stilvolle Kultur. Die Auswahl an Büchern ist immens, wer lesen möchte kann es sich auf einem Stuhl mit Fußbank in Form eines Kaktus gemütlich machen.

Das 1875 erbaute Haus war ursprünglich ein Krankenhaus für Matrosen und Waisenhaus für Kinder, deren Väter auf See gestorben waren. Während der Weltkriege waren hier Soldaten untergebracht, danach diente es als Mädchenschule und Nonnenkloster, bevor die Stadt Deauville das Gebäude 2012 erwarb. Nach dem Umbau durch das Architekturbüro Moatti und Rivière wurde 2021 das Mediazentrum eröffnet. Es bezeugt eine fast

TOP TIPP

Ein schöner Spazierweg führt von Deauville durch den Hafen nach Trouville. Bei Flut verkehrt auch ein preiswertes Schnellboot, bei Ebbe kann der Hafen zu Fuß durchquert werden.

CÔTE FLEURIE

HIGHLIGHTS
1 Les Franciscaines
2 Villa du Temps Retrouvé

SEHENSWERTES
3 Chapelle Notre-Dame de Grâce
4 Deauville-La Touques Racecourse
5 Entre Tissu et Papier
6 Galerie Danielle Bourdette-Gorzkowski
7 Galerie Katia Granoff
8 Galeries Bartoux Normandy
9 Trouville-sur-Mer Casino

KURSE & TOUREN
10 Thalassotherapy Thalazur Cabourg

SCHLAFEN
11 Grand Hotel

ESSEN
12 Balbec

schon spirituelle Hingabe an Künste und Kultur, die hilft, das Maß und die Tiefe menschlicher Vorstellungskraft zu erfassen.

Das Beste aber ist, dass dieser Kunstschatz größtenteils kostenlos zugänglich ist. Die Besucher:innen haben die Wahl zwischen dem gemütlichen Dachboden, dem großen Innenhof und dem sonnigen Garten hinter dem Haus. Nur die Ausstellungen und abendlichen Veranstaltungen in der angrenzenden Kapelle kosten Eintritt.

Cabourg Mon Amour Festival

Musikfestival

Das dreitägige Musikfestival Cabourg Mon Amour findet direkt am Strand statt. Es herrscht eine intime Stimmung und das Musikprogramm bietet für jeden etwas – von Electro bis Rap.

ÜBERNACHTEN AN DER CÔTE FLEURIE

Les Sources du Val
Die urige Pension etwas außerhalb von Honfleur hat einen schönen Garten und liegt direkt neben einer Quelle am Fluss. **€€€**

Logis Ferme de la Grande Cour
Das zu einem B&B umgebaute Bauernhaus bietet auch erstklassiges Essen. **€**

Les Maisons d'Augustine
Die mitten in Honfleur liegenden Wohnungen sind komplett ausgestattet und ideal für Familien und Paare. **€€**

Zwischen den Auftritten wird Boule gespielt, man kann aber auch Schallplatten kaufen, um den Soundtrack dieses sorgenfreien Sommers mit nach Hause zu nehmen.

Wie Proust Ferien in Cabourg machen

Auf der Suche nach der verlorenen Zeit

Wie wir Zeit erleben, kommt auf die jeweiligen Umstände an. Die Ausstellung in der **Villa du Temps Retrouvé** ist eine Zeitreise in die Belle Époque. Die Zeit zwischen dem Ersten und Zweiten Weltkrieg wird anhand von Möbeln, Gemälden, Kleidern, Fotografien und Filmen lebendig. In der teilweise interaktiven Ausstellung ist es auch möglich, im Salon per Telefon eine Anekdote aus der damaligen Zeit zu hören oder das Klavier ein Stück von Claude Debussy spielen zu lassen.

Nach dem Besuch lohnt sich ein Spaziergang durch die fächerförmig angeordneten Straßen der Innenstadt zum **Grand Hotel**, das mit noch mehr Pracht der Belle Époque aufwartet. In Zimmer 414 schrieb Proust Teile seines Meisterwerks *Auf der Suche nach der verlorenen Zeit*. Das Restaurant **Balbec** bietet vollendeten Service im poetisch eleganten Ambiente. Die auf weißen Tischtüchern servierten Speisen sind zwar recht teuer, doch die hohe Qualität und ausgezeichnete Präsentation mit Blick aufs Meer sind den Preis wert. Anschließend führt der Verdauungsspaziergang auf der langen Promenade Marcel Proust vom Cap Cabourg zum Strand Plage le Hôme an herrlichen Villen vorbei.

Heilsames Meerwasser

Moderne Thalassotherapie

Mit seiner Doktorabeit über die heilende Wirkung von Meerwasser begründete der französische Arzt Jacques de la Bonnardière 1865 die Thalassotherapie. In ganz Frankreich entstanden Zentren für Thalassotherapie, die seitdem fester Bestandteil der Bäderkultur des Landes ist. Im modernen **Thalassotherapiezentrum Thalazur Cabourg** an der Proust-Promenade können müde Reisende die Füße hochlegen und sich im warmen Wasser treiben lassen.

Das große Schwimmbecken bietet auch Massage-Wasserfälle und Liegen mit Wasserstrahldüsen, zudem gibt es ein Hammam. Die klassische Behandlung ist eine Massage bei gleichzeitiger Meerwasserdusche – ein einzigartiges Erlebnis! Danach gibt's Kräutertee aus Mädesüß, Süßholz und rotem Blasentang mit Blick aufs Meer.

DIE BESTEN RESTAURANTS IN DEAUVILLE & TROUVILLE

Le Refectoire
Der All-you-can-eat-Brunch auf der Terrasse des ehemaligen Franziskanerklosters ist ein absolutes Muss. €€

L'Etoile des Mers
In stylischer Umgebung werden Meeresfrüchte wie Wiener Languste, die Spezialität des Hauses, serviert. €€

Le Square
Das hausgemachte Essen ist toll, die in der Form von Früchten kubistisch anmutenden Desserts der absolute Hit. €

Le Tie Break
Die Brauereigaststätte beim Tennisplatz bietet Salate, Steaks und ausgezeichnete Pommes. €

Margaux à La Mangeoire
Auf der familienfreundlichen Terrasse werden gute Burger serviert. €

Les Etiquettes
Die gemütliche Weinbar ist abseits der Touristenstraße in Trouville. €€

Bar à vin Les Affiches
Tapas mit Meeresfrüchten in luftiger Umgebung. €€

SHOPPEN IN DEAUVILLE

Printemps
In dem kürzlich renovierten Concept-Kaufhaus führt eine grandiose Treppe in den ersten Stock mit Blick auf die Bucht.

P'tit Shop
Die noble Kinderkleidung ist mit praktischem UV-Schutz ausgestattet.

Maison Laurette
Die hier angebotenen Kopfbedeckungen – Mützen, Kopftücher und Filzhüte – sind alle maßgefertigt.

Glück im Spiel?

Ein Kasino in der Oper und Pferderennen

Der Zauber des **Kasinos Trouville-sur-Mer** beruht vor allem auf dem Gebäude. Das nach dem Vorbild des Opernhauses von Versailles 1912 erbaute Kasino war einmal die größte und prachtvollste Spielhalle in Frankreich. Neben den üblichen Blackjack-Tischen und Reihen von blinkenden Geldautomaten gibt's auch ein Theater für Dinner Shows. Auf angemessene Kleidung wird geachtet, am Eingang muss der Pass vorgelegt werden.

Auf der **Pferderennbahn Deauville-La Touques** haben auch Kinder Zutritt. Auf dem riesigen Gelände gibt's unzählige Picknickplätze, und die herrlichen Pferde mit ihren Jockeys in traditionellen Uniformen können ganz aus der Nähe beobachtet werden. Angesichts der extrem hohen Preise hier bleibt es für die meisten wohl beim Beobachten.

EINE ENDLOSE DINNERPARTY

Mitten im Sommer genießen Einheimische und Feriengäste gemeinsam das tolle **Diner Sur La Digue** am 4 km langen Tisch auf dem Plankenweg am Strand. Wer sich einen Platz sichern kann, muss Essen und Getränke selbst mitbringen oder bei einem der vielen Stände kaufen. Die Gäste müssen auch alle im Stil der Belle Époque gekleidet sein.

Die Galerien von Honfleur

Hier gibt's mehr als 100 Galerien!

Honfleur liegt an der Seine-Mündung in den Ärmelkanal und ist vor allem für den malerischen Hafen bekannt. Doch in den Fachwerkhäusern der kopfsteingepflasterten Straßen verbergen sich auch über 100 Galerien. Wo einst Biberpelze aus der Neuen Welt verkauft wurden, wird heute Kunst aller Art und in jeder Preisklasse angeboten.

Artisans d'Art am alten Hafenbecken hat schöne hochwertige Objekte, die **Galerie Danielle Bourdette-Gorzkowski** ist eine der größten und bietet alles von Keramiken über Gemälde bis hin zu gusseisernen Skulpturen.Die **Galerie Katia Granoff** hat eine erlesene Auswahl an zeitgenössischer Kunst, wie auch die modernen **Galeries Bartoux**.

Die gemeinnützige Galerie **Entre Tissu et Papier** hat sich auf feine Papiere und Kunstwerke aus Alltagsobjekten wie Taschentücherboxen spezialisiert.

Wandern mit Ausblick

Von der Stadt hinauf zur Chapelle Notre-Dame de Grâce

Die kurze, aber anstrengende Wanderung beginnt am alten Hafenbecken im Herzen der Stadt. An dem schönen alten Karussell vorbei führt der Weg zur Rue du Puits, wo in der Ferne schon das Panorama des Mont Joli zu sehen ist. Nach rechts zweigt ein steiler Fußweg ab, der direkt zum Gipfel hinauf führt. Von dort bietet sich ein tolle Blick auf Honfleur, die Pont de Normandie und die Seine-Mündung.

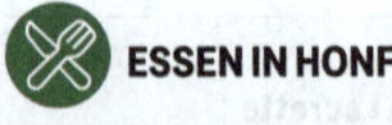

ESSEN IN HONFLEUR

Huître Brûlée
Austern aus nachhaltiger Zucht und starker Cidre. **€**

Bistro des Artistes
In dem unscheinbaren Bistro kehrt auch Präsident Emmanuel Macron gern ein. **€€**

SaQuaNa
Hier ist alles hausgemacht. Unbedingt Platz für die Dessert-Platte lassen! **€€**

AUTOTOUR ZU KÄSE & CALVADOS MIT AOC-SIEGEL

Wer nicht mindestens eine der vielen Käsereien besucht und Camembert, Livarot, Pont l'Évêque oder Neufchâtel probiert hat, war nicht wirklich in der Normandie. Dazu gibt's Cidre, den man in den Familienbetrieben und Destillen der Cidre-Route verkosten kann. Den Anfang macht der Neufchâtel, ein herzförmiger Weichkäse. Den besten gibt's im alteingesessenen Familienbetrieb **1 Sarl Villiers**, aber auch die Fromagerie Earl Monnier im gleichen Ort bietet einen ausgezeichneten Neufchâtel. Knapp zwei Stunden westlich auf der A29 befindet sich die wunderbare **2 Familiendestillerie Christian Drouin** in einem Bauernhaus des Augeron aus dem 17. Jh. Bei der zweistündigen Führung durch die Keller wird seltener, teils mehr als 60 Jahre alter Calvados verkostet. Etwas weiter südlich erklärt die **3 Fromagerie E. Graindorge Fromagerie**, wie Livraot und Pont l'Évêque hergestellt werden. Nur 10 Autominuten weiter im Herzen des Pays d'Auge befindet sich das kleine Musée du Camembert, das ganz dem Käse aus dem 18. Jh. gewidmet ist. Frischen Käse gibt's bei der Fromagerie Durand und der Fromagerie Clos de Beaumoncel in der Nähe. Es geht weiter in Richtung Norden zur eleganten **4 Domaine Familial Louis Dupont**. Hier werden sehr innovativer Cidre und Calvados produziert, z. B. ein Cidre aus Äpfeln und Quitten und ein Triple Cidre, der wie ein dunkles Bier gebraut wird. Nach einer Stunde in Richtung Osten ist die Endstation erreicht. Die **5 Cooperative Sainte-Mère in Isigny** bietet die üppig dicke und sahnige Crème d'Isigny an. Die damit hergestellte Butter, Sahne und Eiscreme gehören zu den besten der Welt.

DIE LANDSCHAFT IN DEN AUGEN EINER KÜNSTLERIN

Carole Leprevost verrät uns ihre Lieblingsorte. @leprevostcarole

Ihre Gemälde zeigen das einfache Leben in der Normandie. Kühe mit den typischen Flecken rund um die Augen, das Meer, Seesterne und ihre Haustiere. Carole Leprevost, die in Dives-sur-Mer lebt, ist ständig in ihrer geliebten Heimatregion unterwegs. „Ich habe unendlich viele Lieblingsorte: die herrlich entspannte **Ferme de la Grande Cour** in Honfleur und die romantische Stadt Cabourg mit der **Villa du Temps Retrouvé**. Aber ich liebe auch die weiter entfernten Orte an der Küste wie Lion-sur-Mer, Luc-sur-Mer und Courseulles-sur-Mer."

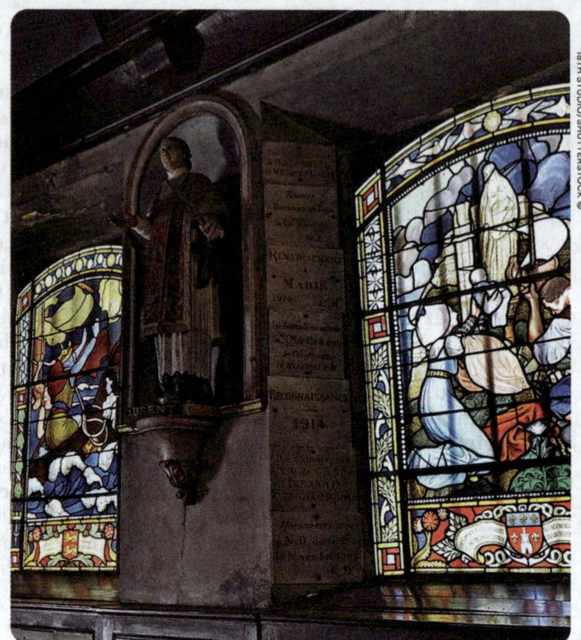

18TH STUDIO/SHUTTERSTOCK ©

Chapelle Notre-Dame de Grâce

Im Louis-Philippe Pavilion versteckte sich der letzte konstitutionelle Monarch Frankreichs, bevor er 1848 nach England floh. In der **Chapelle Notre-Dame de Grâce** aus dem 17. Jh. können sich Beine und Geist erholen. Sie ist mit wunderbaren Buntglasfenstern geschmückt. Die an der Decke hängenden Segelboote und die Tafeln an den Wänden erinnern an Seeleute, die nicht mehr heimkehrten. Alle 30 Minuten läuten die Glocken.

Die Landungsstrände & Bayeux

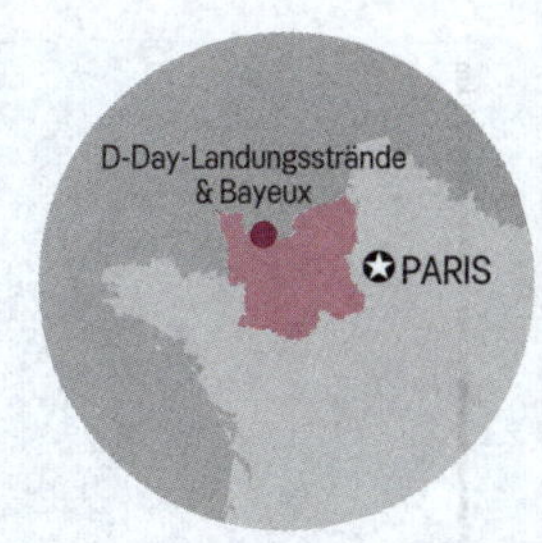

Als am Morgen des 6. Juni 1944 US-Truppen den Omaha Beach in der Normandie erreichten, hatte der Zweite Weltkrieg schon viele Schneisen der Zerstörung in die französische Landschaft geschlagen. Insgesamt beträgt die Länge des Küstenstreifens mit den verschiedenen Landungsstränden (Utah-, Omaha- und Sword-Beach, wo die Amerikaner landeten, der Gold Beach der Briten und der Juno Beach der Kanadier) 80 km. Heute wird mit zahllosen Gedenk- und Militärstätten, Friedhöfen, Museen und den Überresten des einst größten Hafens der Welt an die damaligen Ereignisse erinnert.

Wer sich für den Zweiten Weltkrieg interessiert, kann hier tief in seine Geschichte eintauchen. Aber auch überzeugte Pazifisten werden von diesen Stätten berührt sein.

Südlich dieser geschichtsträchtigen Felder liegen die historische Stadt Bayeux und die lebendige Hauptstadt des Département Calvados, Caen.

UNTERWEGS VOR ORT

Die Landungsstrände lassen sich gut mit einem Auto auf eigene Faust erkunden. Mietwagenfirmen finden sich vor allem in Caen, weniger in Bayeux. Es gibt aber auch geführte Touren in Jeeps oder Vans. Wer mit den nicht unbedingt zuverlässigen öffentlichen Verkehrsmitteln – z. B. Bussen – unterwegs ist, muss sich gut vorbereiten.

Eine Nacht im Museum

Geschichtsfanatiker und private Sammlungen

Anne Florence und Paul Hontang betreiben nicht nur die Pension **D-Day Aviators Le Manoir**, sondern sind auch begeisterte Piloten. Paul ist zudem Historiker und ständig auf der Suche nach weiteren Stücken für ihre bemerkenswerte Sammlung von Überresten des Zweiten Weltkriegs. So ziert ein Cockpit das Wohnzimmer, und das Frühstück wird auf einem Tisch serviert, der einmal ein deutscher Flugzeugmotor war. Anne hat auch noch eine Sammlung von mehr als 500 Spitzen der traditionellen Krägen und Hüte, die Mädchen und Frauen in verschiedenen Stadien ihres Lebens getragen haben. Die Sammlung ist in einer Garage nebenan untergebracht.

Die Pension in Arromanches-les-Bains, wo die Alliierten den größten künstlichen Hafen der Welt gebaut haben, ist ein gutes Basislager für die Erkundung der Landungsstrände. Ganz in der Nähe befindet sich auch das vor Kurzem renovierte **Musee**

TOP TIPP

Auf viele Museumstickets gibt's Rabatte. So gewährt das Ticket des Musee du Debarquement Rabatt im Airborne Museum und Pegasus Memorial. Im Tagespass für die Landungsstrände sind die Eintrittsgebühren zum Caen Memorial, eine geführte Tour im Minivan zu den Stränden, zur Pointe du Hoc und zum Omaha Beach sowie zum amerikanischen Friedhof in Colleville-sur-Mer enthalten.

HIGHLIGHTS
1 Teppich von Bayeux
2 D-Day Aviators Le Manoir

SEHENSWERTES
3 Airborne Museum
4 Batterie d'Azeville
5 Batterie de Crisbecq
6 Caen Memorial
7 D-Day Experience
siehe 7 Dead Man's Corner Museum
8 Dentelle de Bayeux Conservatoire
9 La Batterie du Holdy
10 Memorial Museum of Omaha Beach
11 Musée des Beaux-Arts de Caen
12 Musee du Debarquement
13 Musee Radar
14 Musée du Mur de l'Atlantique – Le Grand Bunker
15 Museum of the Battle of Normandy
16 Overlord Museum
17 Utah Beach Landing Museum

KURSE & TOUREN
18 Morgane Thomassin Céramiste

ESSEN
19 Ferme de Vailly

du Debarquement, das mit vielen Details die Ereignisse und Hintergründe des 6. Juni 1944 erzählt.

Eine noch eindrücklichere Erfahrung bietet die familienfreundliche **Pension La Batterie du Holdy** südlich des Utah Beach. Inhaber Jean Férollier ist auch Historiker und hat die Ereignisse des 6. Juni 1944 in Filmen und virtuellen Szenerien verarbeitet. Sie beziehen sich auf verschiedene Themen, manche müssen lange im Voraus gebucht werden. Es lohnt sich auch, nur eine Nacht hier zu verbringen. Im gar nicht so hohen Zimmerpreis ist eine geführte Tour mit dem Jeep enthalten. Das wirklich Tolle aber sind die vielen Anekdoten, die Jean bereitwillig erzählt, und das Frühstück in einem Lebensmittelladen der 1940er-Jahre.

Geschichte für alle Sinne

Ergreifende Nachspiele und Gespenster

Ein ganz besonderes Erlebnis bietet die **D-Day Experience**: an Bord einer echten C-47 von 1943 erleben die Gäste, wie die 101. Fliegerdivision über den Ärmelkanal in die Normandie flog. Nach der 4D-Simulation geht es nach nebenan ins **Dead Man's Corner Museum**. Das kleine Haus beherbergte einst das Hauptquartier der deutschen Fallschirmjäger und eine Station für die Versorgung verwundeter Soldaten. Heute ist hier eine Vielzahl originaler Artefakte zu sehen. In dem Haus soll auch der Geist des Kommandanten eines zerbombten Panzers umgehen, der tagelang tot vor dem Haus lag.

Auf deutscher Seite

Deutsche Geschütze und unterirdisches Radar

In der Nähe des Utah Beach stehen noch einige Artilleriegeschütze der Deutschen. Die **Batterie de Crisbecq**, auch als Batterie de Saint Marcouf bekannt und 1941 von der Ingenieurgruppe Todt gebaut, ist das größte und spektakulärste Geschütz der Deutschen hier. In dem zugehörigen Bunker sind die Spuren der deutschen Soldaten noch gut zu erkennen. Die ehemaligen Gräben wurden aufgefüllt und verbinden nun die 22 Blockhütten miteinander. Sie führen vorbei an Artillerieeeinschlägen, Granattrichtern und weiteren Zerstörungen. Die **Batterie d'Azeville** ist kleiner, aber besser erhalten – ihre Existenz verdankt sie unglaublichem Glück: Am 6. Juni flog ein Geschoss der Amerikaner durch die Öffnungen der Blockhäuser und landete auf einem Feld dahinter, ohne zu explodieren.

Viele Überbleibsel des Zweiten Weltkrieges sind buchstäblich „unter dem Radar". Das interessante **Musée Radar** ist die im Originalzustand erhaltene Abhör- und Radarstation der Deut-

KRIEGSMUSEEN & MAHNMALE

Memorial Museum of Omaha Beach
Der berühmte Omaha Beach wird von einem atemberaubenden Mahnmal aus Stahl dominiert. Das Museum nebenan ist den dort gefallenen Soldaten gewidmet.

Musée du Mur de l'Atlantique – Le Grand Bunker
Das Museum in einem restaurierten Nazi-Bunker in Ouistreham erzählt die Geschichte des Atlantikwalls.

Utah Beach Landing Museum
Am westlichsten Strand in Sainte-Marie-du-Mont befindet sich eines der größten Museen hier. Es wurde auf den deutschen Befestigungsanlagen errichtet. U. a. ist ein seltener B26-Jagdbomber zu sehen.

Overlord Museum
Das Museum in Colleville-sur-Mer verfügt über eine riesige Sammlung alter Lastwagen und Fahrzeuge, die mit viel Liebe zum Detail restauriert wurden.

Airborne Museum
Mit Histopad-Tablets wird der Besuch des Museums in Sainte-Mère-Église zu einem ganz besonderen Erlebnis. Zur umfangreichen Sammlung gehören auch ein Original-Segelflugzeug und eine C-47.

ESSEN IN BAYEUX

Le Florentin
Die gute Pizzeria bietet eine üppige Calzone und ausgezeichnete Crème brûlée. €€

Le Moulin de la Galette
Die recht teuren Crêpes werden bei einer Windmühle mit schöner Aussicht serviert. €€

Au Louis D'Or
Das Restaurant bietet gute preiswerte Crêpes. Rechtzeitig reservieren! €

DAS BESTE ESSEN AM STRAND

L'Embusqué
Das Restaurant an der Route de Grandcamp in 14710 Vierville-sur-Mer bietet hochwertige Burger und Pommes in einem kitschigen Kriegsambiente. **€**

La Calvadosienne Huitres
Der Austernautomat bietet rund um die Uhr leckere Austern inklusive Messer und Zwiebelessig. Er wird von einer Firma betrieben, die Arbeitsplätze für Menschen mit Behinderung schafft. **€**

A10 Canteen
Das Restaurant im Nachkriegsstil neben dem Victory Museum serviert gutes Essen wie Pizza und Burger. Dazu gibt's auch Cocktails. **€€**

Restaurant L'Ephémère
Leckere hausgemachte Tapas auf der sonnigen Terrasse einer Burg. **€€**

Les Sablés d'Asnelles
Hier gibt's das beste Shortbread der Welt und viele andere Süßigkeiten. **€€**

L'Armoire Gourmande
Die Regale des schicken Lebensmittelladens biegen sich unter all den Köstlichkeiten aus der Normandie. **€**

JEF WODNIACK/SHUTTERSTOCK ©

Batterie de Crisbecq (S. 229)

schen. Die von freundlichen Freiwilligen geleiteten Führungen müssen im Voraus gebucht werden.

Schneckenverkostung auf dem Bauernhof

Besuch einer Schneckenfarm

Die meisten der hier so beliebten Schnecken werden importiert, nur 5 % stammen aus einheimischer Produktion. Die von Victor und Stéphanie betriebene **Ferme de Vailly** ist eine der rund 350 Schneckenfarmen im Land. Ihr für das Bessin typische Bauernhaus aus dem 19. Jh. wurde liebevoll restauriert und in eine idyllische Schneckenfarm verwandelt. Die Begeisterung für die einheimischen Schnecken vermittelt das Paar in Kursen und bei kreativen Verkostungen.

Mehr als 200 000 Schnecken züchten sie hier jährlich in ihrem natürlichen Lebensraum und versorgen sie im Frühjahr und Sommer mit gesunder Nahrung. Im Herbst werden die Schnecken von Hand getötet und auf vielfältige Art und Weise verarbeitet – mit dem Haus eingefroren, mit knusprigem Teig umhüllt oder mit Camembert, Butter und Schnittlauch zu einer köstlichen Paste verarbeitet. Führung und Verkostung sind eine schöne Ablenkung von den düsteren Landungsstränden. Sehr empfehlenswert ist auch der Brunch am Wochenende.

KAFFEE ODER TEE TRINKEN IN BAYEUX

Selma Alabama
Der gemütliche Teeladen bietet auch kleine Leckerbissen und üppige Kuchen. **€**

Les Volets Roses
Eine Teestube wie im Märchen, mit schönem Porzellan und hübschem Schnickschnack. **€**

Le Café Cuillère
Den besten Kaffee der Stadt gibt's auch als guten Milchkaffee. **€**

Spitzenhandarbeit

Feine Spitzen herstellen

Die Spitzenklöppelei ist ein altes Handwerk, dessen Geschichte bis in die Renaissance zurückreicht. In Bayeux gab es einmal 35000 Fabriken, wo viele Hunderte junge Frauen kunstvolle Spitzenschals, Hauben und vieles mehr herstellten. Die Bayeux-Spitze besteht aus einem dünnen Faden, der mit dickeren Fäden verziert und zumeist in Schwarz gearbeitet wurde, was damals sehr in Mode war. Für die Herstellung eines solchen Spitzenschals wurden mindestens 10000 Arbeitsstunden benötigt. Aufgrund der Einführung von Maschinen ist das Klöppeln von Hand mittlerweile eine aussterbende Kunst.

Doch das **Conservatoire Dentelle de Bayeux** im Maison d'Adam et Eve aus dem 15. Jh. erhält diese Kunst. Hier bieten Cécile Roquier und Véronique Thomazo Workshops zu den verschiedenen Techniken an. Cécile hat sich auf das Klöppeln mit Spulen spezialisiert, Véronique arbeitet mit Nadeln. Die TeilnehmerInnen fertigen jeweils einen kleinen Schlüsselanhänger aus Spitze. Auch ohne Workshop lohnt sich ein Besuch in dieser Werkstatt mit entspannter Atmosphäre.

Mittelalterliche Turniere & mythische Bestien

Der Teppich und die Keramiken von Bayeux

Trotz der Nähe zu den Landungsstränden wurde Bayeux im Zweiten Weltkrieg kaum zerstört. So blieb die mittelalterliche Architektur praktisch vollständig erhalten. Die Stadt ist aber vor allem bekannt für den von Hand gestickten **Teppich von Bayeux** aus dem 11. Jh. Selbst Hitler war so fasziniert davon, dass er den 70 m langen Teppich mit nach Deutschland nehmen wollte. Der Teppich, der die Eroberung Englands durch Wilhelm den Eroberer 1066 darstellt, ist zu einer wahren Pilgerstätte geworden. Entsprechend würdevoll ist die Umgebung: Der Raum ist abgedunkelt und der Teppich in seiner ganzen Länge ausgerollt. Es sind auch viele mythische Wesen wie Drachen und Greife dargestellt.

In Bayeux kann Geschichte aber auch anhand von anderen Objekten erlebt werden. Die **Keramikerin Morgane Thomassin** bemalt ihre Arbeiten mit archäologischen, mythologischen und historischen Motiven. Samstagvormittags bietet sie einen Workshop zum Selbermachen an. Ansonsten können die herrlichen Teile einfach gekauft werden. Ihre schönen und funktionalen Teile verbinden Mythen und Moderne aufs Beste miteinander.

ABFEIERN IN CAEN

Julien Gaumont, DJ und Gründer von Les Vagues Electro. @lesvagueselectro

Les Vagues Electro organisiert ökologische Electro-Events mit viel Respekt vor der Natur der normannischen Küste. Ein perfekter Freitag in Caen beginnt für mich mit einem Morgenspaziergang zum Markt. Mit Käse und Obst fahre ich dann zum Picknick auf die Île Enchantée. Am späten Nachmittag trinke ich ein Bier in der trendigen und lebhaften Ecto Bar, bevor ich eine Pizza im Canaglia esse. Danach gehe ich in den kleinen Portobello Rock Club und genieße einheimische und internationale Livemusik. Den Abend beschließe ich im berühmten No Limit Night Club, wo die größten Electro-Partys der Stadt gefeiert werden.

DIE BESTEN LEBENSMITTELGESCHÄFTE IN CAEN

Boucherie Sabot
Die beliebte Metzgerei verkauft auch eingemachte Kutteln im Stil von Caen.

La Crémerie des Baratineurs
Der Laden hat eine gigantische Auswahl an Käse aller Art.

Biscuiterie Jeannette
Die weiblichen Angestellten der Madeleine-Fabrik verhinderten einst deren Schließung und lassen sich heute beim Backen des köstlichen Gebäcks zusehen.

Pilgerfahrt zu einem pazifistischen Kriegsmuseum

Ein düsteres Mahnmal für den Frieden

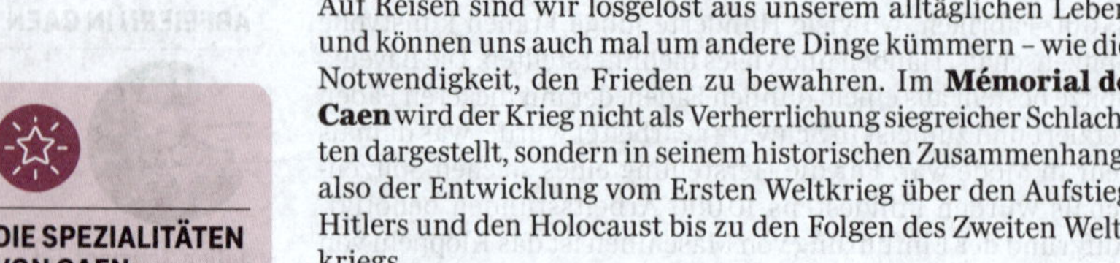

Auf Reisen sind wir losgelöst aus unserem alltäglichen Leben und können uns auch mal um andere Dinge kümmern – wie die Notwendigkeit, den Frieden zu bewahren. Im **Mémorial de Caen** wird der Krieg nicht als Verherrlichung siegreicher Schlachten dargestellt, sondern in seinem historischen Zusammenhang, also der Entwicklung vom Ersten Weltkrieg über den Aufstieg Hitlers und den Holocaust bis zu den Folgen des Zweiten Weltkriegs.

Das dazu gehörende Museum ist eine symbolische Aufarbeitung des Krieges. Die schmale Eingangstür steht für den Durchbruch im Atlantikwall. Dahinter schwebt ein britisches Typhoon-Kampfflugzeug über einem riesigen Raum. Von dort führt eine höllisch steile Wendeltreppe nach unten. Für den Besuch der detaillierten und kompakten Ausstellung sind einige Stunden zu veranschlagen. Ein schönes Friedens-Symbol ist die Skulptur des schwedischen Künstlers Carl Fredrik Reuterswärd mit dem Titel *Non-Violence*, die ein Gewehr mit verknotetem Lauf zeigt.

Museen in Burgruinen

Normannische Geschichte und die Kunst

Wilhelm der Eroberer, Normanne mit Wikingervorfahren, erbaute die Burg 1066. Im Zweiten Weltkrieg diente sie als Kaserne, wurde bei Bombenangriffen schwer zerstört und beherbergt heute das **Musée des Beaux-Arts de Caen** und das **Normandiemuseum** (Musée de Normandie). Die auf 20 Jahre Dauer veranschlagten Renovierungsarbeiten an und in der Burg sollen bis 2037 beendet sein. Die Burgmauer bietet einen tollen Blick auf die Stadt, wo die Entwicklung vom Mittelalter zur Moderne gut zu erkennen ist.

Das Museée des Beaux-Arts zeigt herrliche Gemälde aus den letzten Jahrhunderten, darunter auch das gruselige *Judith enthauptet Holofernes* von Caravaggio. Das benachbarte Normandiemuseum erzählt die Geschichte der Zivilisation mit Schwerpunkt auf der Geschichte der Normandie von prähistorischen Zeiten bis heute. Zu sehen sind viele Objekte der normannischen Kultur wie Frauenhüte, Schränke und Bücher über Tänze und Lieder der Normandie.

DIE SPEZIALITÄTEN VON CAEN

Embuscade-Cocktail
Der berühmte „hinterhältige" Cocktail von Caen besteht aus hellem Bier, Weißwein, Calvados, schwarzem Johannisbeersirup und Zitronensaft. Er hat es ganz schön in sich, und wird vor allem von Studenten während ihrer nächtlichen Tour durch die „durstige" Rue Écuyèren getrunken.

Tripe à La Caen
Für das Lieblingsgericht von Wilhelm dem Eroberer werden die Kutteln mit Gewürzen, Zwiebeln, Knoblauch, Kräutern, Karotten und Sellerie gekocht, bis sie butterweich sind und herrlich würzig schmecken. Wilhelm trank dazu Apfelsaft, es passt aber auch Calvados.

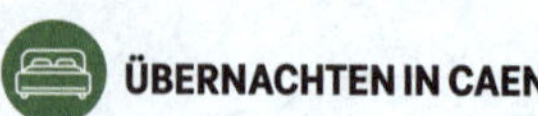

ÜBERNACHTEN IN CAEN

Hôtel La Fontaine Caen
Der Familienbetrieb mit zwei Sternen hätte drei verdient. €€

L'Annexe de la Reine
Steinmauern, Holzbalken und der Charme des 18. Jhs. zeichnen das zentral gelegene Airbnb aus. €

Hôtel Des Quatrans
Das gemütliche moderne Hotel liegt mitten im Stadtzentrum. Der Rapper Orelsan war hier Nachtportier, während er an seinem ersten Album arbeitete. €€

Mont-St-Michel

Schon seit einem Jahrtausend bezaubert der Mont-St-Michel die Menschen mit seinem Anblick, der sich mit den Gezeiten ständig ändert. Bei Flut ist nur noch die gotische Abtei auf einer Felseninsel mitten im Meer zu sehen. Ihre Entstehung verdankt sie dem Traum eines Bischofs, in dem ihn ein Erzengel aufforderte, ein Haus der Anbetung an einem unmöglichen Ort zu errichten. So ist der Berg nicht immer eine Insel, sondern manchmal auch mit dem Festland verbunden – er fesselt die Phantasie eines jeden, der seine sandigen Pfade kreuzt. Es gibt nur eine Handvoll Einheimische, die hier immer leben und alljährlich von Millionen Tourist:innen heimgesucht werden, die sich durch die engen Gassen zur Kirche hinauf schieben.

Am besten kurz das obligatorische Foto machen und dann die unglaubliche Vielfalt der Bucht genießen. Abseits der üblichen Wege lassen sich hier eine üppige Flora und Fauna sowie jede Menge klulinarischer Köstlichkeiten entdecken.

UNTERWEGS VOR ORT

Der Zugang zum Mont-St-Michel ist relativ einfach. Man kann zu Fuß gehen oder auf einen der kostenlosen Shuttle-Busse warten, die den ganzen Tag hin- und herfahren. Die Fahrt zur Bucht und ihrer Umgebung ist mit öffentlichen Verkehrsmitteln dagegen schwierig. Deshalb ist es am besten, mit dem Taxi oder Mietwagen zu kommen.

Mont-St-Michel

TOP TIPP

In den Sommermonaten Juli und August ist es hier immer sehr voll. Um den Massen zumindest etwas zu entgehen, bietet sich der frühe Abend an. Die Shuttle-Busse fahren ja den ganzen Tag über, es ist aber auch möglich, zu Fuß zu gehen.

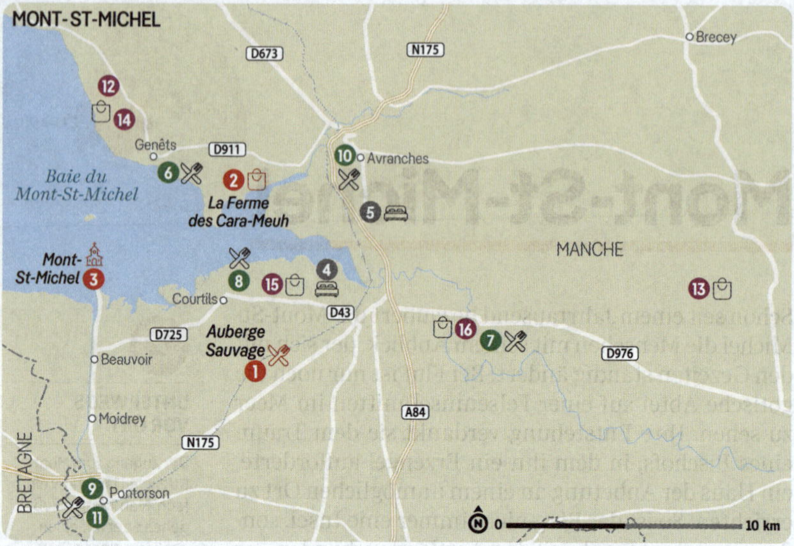

MONT-ST-MICHEL

HIGHLIGHTS
1 Auberge Sauvage
2 La Ferme des Cara-Meuh
3 Mont-St-Michel

SCHLAFEN
4 Chambres d'hôtes Les Bruyères du Mont
5 Le Petit Lustucru

ESSEN
6 Chez Francois
7 La Bonne Porte
8 La Parenthèse de la Baie
9 Le Grillon
10 Maison Montagu
11 Univers Sarrasin

SHOPPEN
12 Chez Mimile
13 Jardin du Trèfle
14 L'Atelier Sea Frais
15 Le Grange de Courtils
16 Ô Fil des Saisons

Nächtliche Besuche & Aufregung bei Flut

Die Bucht bei Nacht

Der übliche Zugang zum Mont-St-Michel erfolgt über einen erhöhten Plankenweg mit Geländer, der neben der Straße verläuft, auf der die Shuttle-Busse den ganzen Tag über hin- und herfahren. Doch im Sinne von Robert Frost: Eine weniger frequentierte Route ermöglicht einen ganz anderen Zugang. Wer nicht viel Zeit hat, sollte so früh wie möglich kommen, um den Massen zu entgehen, und keinesfalls auf der Insel essen oder übernachten, denn beides ist nur in völlig überteuerten Touristenfallen möglich.

Eine schöne Alternative ist die Tour über den Sand mit Romain Pilon, der in der Bucht aufgewachsen ist und seit 20 Jah-

ESSEN BEIM MONT-ST-MICHEL

La Bonne Porte
Die hervorragende Brasserie in Ducey-les-Chéris bietet gebratene Kammmuscheln und Schinkenspieße. **€**

Le Grillon
Die Spezialität des einfachen Restaurants sind Koteletts vom Salzlamm. **€€**

La Parenthèse de la Baie
Die Crêperie an der Straße serviert neben Crêpes auch üppige Burger und Muscheln in riesigen Portionen. **€**

ren als Fremdenführer arbeitet. Am schönsten sind die „Sorties Nocturnes“. Sie beginnen um 19.30 Uhr und führen im Sonnenuntergang rund um die Bucht in eine verwunschene Welt voller Wildgänse und Zugvögel.

Für Frühaufsteher:innen bieten sich die Touren an, die mit der Flut enden. Diese sorgen für reichlich Adrenalin, denn die Flut kommt mit der Geschwindigkeit eines galoppierenden Pferdes und muss deshalb genau abgepasst werden.

Zu bestimmten Zeiten – zumeist von Mitte September bis Oktober und im April – bietet Romain Pilon auch Touren zum Shrimpsfischen an.

Vögel beobachten oder selbst zum Vogel werden

Vogelbeobachtung und Gleitschirmfliegen

Wer in einer Gruppe unterwegs ist, kann eine Tour mit dem **Birding Bus** (im Voraus online) buchen. Die vom Ornithologen und Biologen Sébastian Provost geführten Touren sind alles andere als die übliche langweilige Vogelbeobachtung. Sie sind ein faszinierendes Kunstwerk, das alle Sinne anspricht. Schon die Fahrt nach Granville, zu den Dragey-Ronthon-Sümpfen von Claire-Douve und zum Kap Mont Manet bei Genêts ist ein Erlebnis. Unterwegs wird immer wieder angehalten, um Vögel, Robben und sogar Delfine zu beobachten. Dabei passt Sébastian Provost die Tour genau an die Jahreszeit und Gezeiten an, um unvergessliche Erlebnisse zu ermöglichen.

Wer Mont-St-Michel und die Umgebung von oben sehen will, kann dies mit einem Gleitschirm des erfahrenen Leo Hamard tun, der auch schon viele Wettbewerbe gewonnen hat. Adrenalinjunkys und erstmalig Fliegende können sich auch für die (wetterabhängige) „akrobatische“ Version entscheiden. Alle Flüge müssen online im Voraus gebucht werden. Abflugort sind die zauberhaften Klippen von Champeaux mit ihren löchrigen Riffen, ihrem goldgelben Ginster und lila Heidekraut.

Die Früchte der Bucht genießen

Eine Nacht in der Auberge Sauvage

Die **Auberge Sauvage** ist ein Feinschmeckerparadies für Gerichte der Region in einer Zen-ähnlichen Umgebung. Küchenchef Thomas Benady und seine Frau Jessica kamen nur wegen der hochwertigen Erzeugnisse vom lebhaften Paris an den Ärmelkanal. Das gemütliche, sparsam dekorierte und elegant möblierte Restaurant befindet sich in einem Pfarrhaus aus dem

DIE BESTEN GESCHÄFTE DES MONT-ST-MICHEL

L'Atelier Sea Frais
Der mit Eichen-, Apfel- und Kirschbaumholz geräucherte Lachs ist von höchster Qualität.

Chez Mimile
Eine Goldgrube für Kleidung, Möbel und Haushaltswaren im Retrostil.

La Ferme des Cara-Meuh
Der idyllische Bauernhof bietet das beste Karamell der Welt, außerdem süße Schweinchen, Rehe und Kühe.

Le Grange de Courtils
In der umgebauten Garage werden Cidre, *pommeau* (alkoholisches Getränk aus Apfelsaft und Brandy), Kekse und andere Spezialitäten der Region verkauft.

Jardin du Trèfle
Der kleine, freundliche Familienbetrieb bietet superleckeren Käse.

Ô Fil des Saisons
Hier gibt's Käse und vieles mehr aus der Region.

Univers Sarrasin
Die Buchweizencrêpes sind erstklassig. €

Chez Francois
Das Fleisch wird direkt im offenen Kamin des Gastraums gegrillt. Besonders empfehlenswert ist die miot Blutwurst gefüllte Schweineschnauze. €

Maison Montagu
Das überwiegend mit Bio-Lebensmitteln arbeitende Restaurant serviert vor allem knackig frische Salate. €

DIE MOULIN DE MOIDREY

Die wunderbar restaurierte Windmühle ist eine der letzten in Europa, die noch in Betrieb sind, und wurde 2007 in die Liste des UNESCO-Weltkulturerbes aufgenommen. Hier wird Buchweizen und Roggen traditionell gemahlen. Über die Felder der Umgebung, die je nach Saison golden oder blau leuchten, reicht der Blick bis zum Mont-St-Michel.In der Mühle werden auch Produkte aus der Region verkauft.

MARCOBRIVIO.PHOTOGRAPHY/SHUTTERSTOCK ©

Moulin de Moidrey

16. Jh. Doch der Glanz der weiß gestrichenen Wände, alten Holzbalken und Blumenarrangements verblasst angesichts der sensationellen Menüs mit sechs und acht Gängen.

Die saisonalen Gerichte werden mit Respekt vor der Natur zubereitet und wundervoll präsentiert. So werden Wildpilze mit Beeren, Rosmarin, Gemüse und Kräutern aus dem eigenen Garten auf Steinen angerichtet. Die Meeresfrüchte kommen aus der Bucht, das Lammfleisch von den auf den Salzweiden grasenden Schafen, und das Geflügel sind Hühner der einheimischen schwarz-weißen Rasse Gournay.

Hier werden auch gemütliche Zimmer im schicken Landhausstil angeboten. Das Frühstück wird im Garten serviert, sogar Tennisplätze stehen zur Verfügung.

ÜBERNACHTEN BEIM MONT-ST-MICHEL

Auberge Sauvage
Das schicke Bauernhaus hat einen Garten und Tennisplätze – sowie ein sagenhaftes Restaurant. €€

Chambres d'hôtes Les Bruyères du Mont
Die reizende Pension mit Garten liegt ganz in der Nähe vom Mont-St-Michel. €

Le Petit Lustucru
Die einfache Pension im Landhausstil punktet mit ihrer zentralen Lage. €€

Rund um den Mont-St-Michel

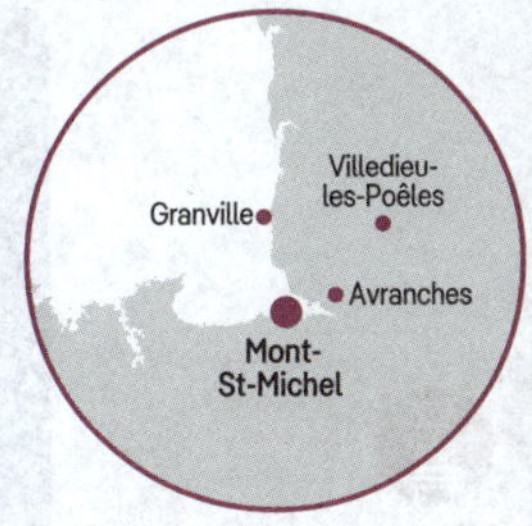

Oft genießt man von Inseln, Klippen und Städten ganz besondere Ausblicke auf den Mont-St-Michel – und vor Ort natürlich die lokalen Sehenswürdigkeiten.

Im Umkreis vom Mont-St-Michel gibt es eine Reihe lohnenswerter Besuchs-Ziele, z. B. eine alte Windmühle, die noch immer in Betrieb ist, das Atelier Saint James und vieles mehr. Avranches im Norden bietet neben einem tollen Blick auf Mont-St-Michel auch historische Schätze wie mittelalterliche Manuskripte. In Granville genießt man im Garten des Geburtshauses von Christian Dior eine Tasse Tee. An der Küste reihen sich viele historische Badeorte aneinander – ein Beispiel ist Genêts. Im Landesinneren sind im malerischen Villedieu-les-Poêles Glocken und Kupferwaren die lokale Attraktion. Und hier, weit weg vom Mont-St-Michel, lässt sich noch das typische Leben der Normandie entdecken.

UNTERWEGS VOR ORT

Sowohl Granville als auch Villedieu-les-Poêles sind weniger als eine Autostunde vom Mont-St-Michel entfernt. Sie haben ausreichend Parkplätze und sind am besten zu Fuß zu erkunden.

Glocken in Villedieu-les-Poêles (S. 239)

STEPHEN BRANLEY/SHUTTERSTOCK ©

TOP TIPP

Es wäre schade, die Küste immer nur strikt in einer Richtung entlang zu fahren, denn sie ist voller quirliger lebendiger Badeorte, die alle einen Abstecher lohnen.

GROSSE & KLEINE ATELIERS

Atelier Saint James
Hier werden vor allem die für Frankreich so typischen gestreiften Pullis und Hemden produziert. Die Firma in Saint James kann besichtigt werden und zeigt in einer Ausstellung auch die Geschichte der gestreiften Pullis.

Atelier Galerie Gravure Mathilde Loisel
Am äußersten Rand von Saint-Jean-le-Thomas liegt ein Gelände direkt am Meer, auf dem sich mehrere Werkstätten befinden, die sich „Les Ateliers du Bout de la Mer" (die Werkstätten am Ende des Meeres) nennen: die Keramikwerkstatt von Célline Faille, das Atelier der Grafikerin Marie Blanche Pron und die Gravuranstalt von Mathilde Loisel.

KRZYSZTOF PAZDALSKI/SHUTTERSTOCK ©

Musee Christian Dior

Die Magie alter Bücher

Mittelalterliche Handschriften und Büchercafés

Hinter den imposanten Mauern des Mont-St-Michel herrschte eine ebenso großartige Gelehrsamkeit. Die Zeugnisse dieses Eifers werden im **Le Scriptorial** aufbewahrt. Das Museum in der mittelalterlichen Festung von Avranches ist eine gute Ergänzung zum Besuch der Abtei. Zu den mehr als 200 Manuskripten wird auch der historische Hintergrund erklärt. „Wissen ist Macht" – diese alte Weisheit ist in den jahrhundertealten in Kalligrafie geschriebenen und von Hand gebundenen Meisterwerken deutlich erkennbar. Es gibt auch Wechselausstellungen.

Nach dem Museum lohnt sich ein Rundgang durch das **Château d'Avranches**, das auch einen herrlichen Blick auf die Abtei in der Ferne bietet. Das **Prose Café** der bücherbegeisterten Catherine Muller ist ein sehr gemütlicher Secondhand-Buchladen mit Café. Ihren Latte Macchiato verfeinert Catherine mit einem großen Löffel salziger Karamellbutter. Er lässt sich am besten in einer gemütliche Ecke mit einem Buch der riesigen Auswahl genießen. Für den kleinen Hunger bietet ihr japanischer Koch Leckereien wie Yuzu-Tarte oder originales Mochi.

ESSEN IN GRANVILLE

La Fabbrica
Das beim Hafen versteckte italienische Restaurant serviert üppige Portionen. €

La Table De Louis
Klassische Brasserie mit guter Qualität. €€

Loca Café
Hervorragende Meeresfrüchte zu vernünftigen Preisen. €€

Stylisches Granville

Christian Dior, Museen und Bootsfahrten

Der Tag beginnt mit einem Frühstück in der **Boulangerie Champs libres**, die auch glutenfreie Backwaren anbietet. Dann geht es zum Shoppen in die **Flâneurs Granville** oder ins **Museum für moderne Kunst Richard Anacreon**. Der in Granville geborene Richard Anacreon war Buchhändler und Salonlöwe und in den 1940er-Jahren eng mit Künstlern in Paris, der Schriftstellerin Colette und dem Dichter Paul Valéry befreundet. Zum Mittagessen lockt das **Loca Café** mit einem erschwinglichen Drei-Gänge-Menü aus Meeresfrüchten der Region. Der Verdauungsspaziergang führt an der Plage Plat Gousset entlang zum **Musee Christian Dior**. Der Garten des Geburtshauses des berühmten Designers bietet einen herrlichen Blick auf den Strand. Dann geht es zurück in die Stadt zu den Schiffen im Porte du Granville. Wer früh dran ist, kann mit der Fähre zu den Chausey-Inseln fahren, die 18 km vor der Küste liegen. Die Fahrt dauert eine Stunde, die Tickets können im Voraus online oder direkt im Hafen gekauft werden. Für die wilden Inseln mit Sandstränden, zerklüfteten Felsen und starken Gezeiten solltest du dir mindestens sechs Stunden Zeit nehmen.

Kupfer, Glocken & alte Handwerkskunst

Ein Tag in Villedieu-les-Poêles

Glocken sind in unserem Leben allgegenwärtig und werden meistens nicht weiter beachtet. Dabei steckt viel Kunstfertigkeit hinter der Herstellung und Bedienung großer Glocken. Diese lässt sich in der Glockengießerei **Fonderie de Cloches Cornille Havard** sehr schön beobachten. Die Führung beginnt mit einem lauten Glockenschlag und zeigt dann den kunstvollen Prozess der Glockenherstellung vom Bau der Form über das Abgießen bis hin zur Endbearbeitung mit Prägung und Verleihung des gewünschten Tones.

Das staubige, düstere **Atelier du Cuivre**, am anderen Ende der Stadt bietet ebenfalls faszinierende Führungen. Hier gitb's sogar einen 15-minütigen Einführungsfilm auf Englisch. In dem 1850 gegründeten Werk werden Kupferwaren von riesigen Kesseln bis zu großen Marmeladetöpfen hergestellt. Der Vorteil von Kupfer liegt in der gleichmäßigen Verteilung der Hitze. Im zugehörigen Shop kann man eine Kupfer-Tasse erwerben, deren gelegentlicher Nutzung eine Heilwirkung zugeschrieben wird. Es gibt auch einen Fabrikverkauf. Auch das Werk der noblen und entsprechend teuren französischen Marke **Mauviel 1830** kann hier besichtigt werden.

STRÄNDE, WANDERN & AUSGEHEN IN CAROLLES

Antoine LeFranc ist Fremdenführer, Bäcker und Kinderbuchautor. antoinelefranc.fr/ @explorons_carolles

Ein perfekter Tag für mich richtet sich nach den Gezeiten. Am Strand von Carolles kann ich bei Flut herrlich schwimmen. Dann trinke ich einen Kaffee in einem der drei Restaurants am Strand und kaufe auf dem Markt die Produkte der Region. Donnerstags ist Markt in Carolles, freitags in Jullouville und samstags in Champeaux. Nachmittags wandere ich im Vallée du Lude oder Vallée des Peintres. Abends gehe ich dann in die Almartia-Bar im Hof der alten Schule. Dort gibt's oft Livemusik.

St-Vaast-la-Hougue & Cotentin

St-Vaast-la-Hougue & Cotentin

PARIS

UNTERWEGS VOR ORT

Die Attraktivität von Cotentin liegt in den leeren Straßen und der wilden Landschaft. Ein Auto ist daher sehr zu empfehlen, doch es gibt auch jede Menge Rad- und Wanderwege.

TOP TIPP

Auf der Halbinsel Cotentin pflegen praktisch alle Städte und Dörfer die Tradition des wöchentlichen Bratens. Jeden Sonntagmittag werden saftige Brathähnchen und gebratene Lammkeulen auf Karren in den Straßen angeboten und von den Leuten am Strand gegessen.

Die Erkundung der gesamten Halbinsel Cotentin würde Wochen dauern. Die ursprüngliche Wildnis bietet ein prachtvolles Farbenmeer und unterschiedliche Landschaften mit Weiden, Feldern, Klippen und Stränden. Das Tor zu Cotentin ist die Region Val-de-Saire mit den Fischerorten Barfleur und St-Vaast-la-Hougue, die vor allem für ihre frischen Austern bekannt sind. Weiter westlich liegt die zunehmend wildere Landschaft von La Hague, die stark an Irland erinnert. Im Südwesten erstreckt sich die Côte des Isles, deren feine Sandstrände am warmen Wasser des Golfstroms liegen. Im Osten liegen dann die weithin bekannten Landungsstrände. Doch der eigentliche Charme der Region erschließt sich abseits der ausgetretenen Pfade. Die ehemals kreuz und quer durch die fruchtbaren Felder führenden Wirtschaftswege wurden zu guten Straßen ausgebaut, die sich nun kilometerweit durch die Landschaft ziehen. An diesen Straßen werden oft auch die regionalen Köstlichkeiten von den Feldern und aus dem Meer angeboten.

Ein perfekter Tag in St-Vaast-la-Hougue

Austern, andere kulinarische Genüsse und Kunst

Das malerische Fischerdorf St-Vaast-la-Hougue ist weithin bekannt für die üppigen Austernbänke, die bei Ebbe überall zu sehen sind. Dann ist es auch möglich, die Île Tatihou zu Fuß zu erreichen und unterwegs nach Krabben zu suchen.

Der Tag beginnt in der **Bäckerei Gibon** mit „Les Roches de Tatihou", der köstlichen Mischung aus einem sahnigen Windbeutel mit einer *chouquette*. Das berühmte Lebensmittelgeschäft **Maison Gosselin** hat immer noch eine alte, einfache Einrichtung, bietet aber leckere Waren auf neuestem Stand. Frisch Gebackenes und feines Essen zum Mitnehmen gibt's bei **Biscuits de Quineville**, darunter auch *teurgoule* (süßer Reispudding mit Zimt). Wer Antiquitäten sucht, wird bei **Quai de la Chine** fündig. Zum Mittagessen geht es ins **L'entre deux tours** am Hafen. Hier werden die besten Austern der Stadt mit Brot, Butter, Essigzwiebeln und einem Glas Weißwein serviert.

ST-VAAST-LA-HOUGUE & COTENTIN

HIGHLIGHTS
1 Musee Paul-José Gosselin

SEHENSWERTES
2 Club Nautique de Coutainville
3 Coasteering ASES Cotentin
4 Phare de Gatteville

ESSEN
5 Biscuits of Quineville
siehe 5 Gibon Bakery
6 La Maison du Biscuit
7 Le p'ti Wan
siehe 5 L'entre deux tours

SHOPPEN
8 La Maroquinerie du Cotentin
9 Maison Gosselin
siehe 9 Quai de la Chine

Danach wartet das unscheinbare **Musee Paul-José Gosselin** an der Ecke Rue de Thins und Rue de Choisy. Seit gut 60 Jahren wird hier das umfangreiche Werk dieses Künstlers gezeigt, darunter ein Selbstporträt, riesige sozialkritische Gemälde, geschnitzte Spiegelrahmen und winzige Aquarelle auf Bierdeckeln. Der geringe Eintrittspreis wird bei einem Kauf im Museumsshop zurückvergütet. Der Künstler selbst ist auch oft anwesend und beantwortet gern alle Fragen. Allerdings spricht er nur Französisch.

DAS BESTE DER ÎLE TATIHOU

La Tour Vauban
In der 1694 nach Plänen des Marquis de Vauban erbauten Wehranlage sind eine Kapelle und Spuren des Krieges zu sehen.

Musée Maritime de l'Île de Tatihou
Das Museum informiert über Seeschlachten und das örtliche Ökosystem. Außerdem dürfen die Gäste in ein altes Fischerboot klettern.

Jardins Maritimes de l'île de Tatihou
Der Garten mit exotischen Pflanzen erscheint wie ein kleines tropisches Paradies.

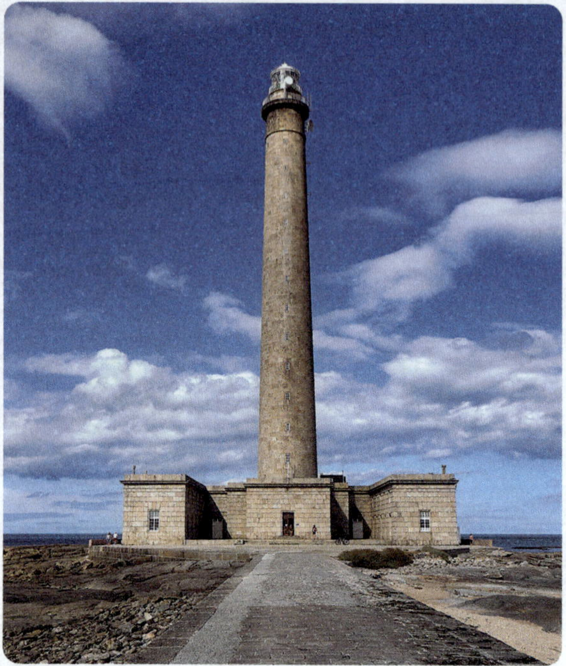
ALPHAPICTO/SHUTTERSTOCK ©

Leuchtturm von Gatteville

Toller Ausblick vom Leuchtturm

365 Stufen führen zur Aussichtsplattform hinauf

Barfleur, die „Perle der Region Val-de-Saire", ist eine hübsche Hafenstadt, von der aus die Herzöge und Könige der Normandie im Mittelalter England eroberten. Mitte des 14. Jhs. brannte der englische König Edward III. die Stadt nieder, doch Barfleur wurde wieder aufgebaut und erstrahlt im alten Glanz. Trotz des geschäftigen Hafens ruhen sich die Restaurants etwas auf ihren Lorbeeren aus – darauf, dass die Tourist:innen kommen, ist ja Verlass. Für alle, die genug von der französischen Küche haben, ist der thailändische Food Truck **Le p'ti Wan** eine gute Alternative.

Den besten Blick auf Barfleur bietet der etwas nördlich gelegene **Phare de Gatteville**, an der Pointe de Barfleur. Der von 1829–1834 aus 11 000 Granitblöcken errichtete 75 m hohe Turm ist ein Meisterwerk der Ingenieurskunst. Ein kleines Museum im Eingang erzählt seine Geschichte und wie er den Seeleuten

MUSEUM DER BEFREIUNG

Das 1954 eröffnete Museum im Fort du Roule aus dem 19. Jh. war eine der ersten Gedenkstätten zum Zweiten Weltkrieg. Es zeigt die damalige Kleidung, Propagandamaterial und faszinierende Plakate, die die Zeit der deutschen Besatzung und der Befreiung von Cherbourg wieder aufleben lassen. Zum vollen Verständnis sind jedoch fundierte Kenntnisse der französischen Geschichte erforderlich. Mittwochs ist der Eintritt frei.

ÜBERNACHTEN IN CHERBOURG

La Fabrique Cherbourgeoise
Die Eigentümer der Apartments im Industrie-Design bieten auch Unternehmungen in der Stadt. €

Maison Duchevreuil
Das elegante Hotel in einem Gebäude aus dem 18. Jh. hat große Zimmer und einen aufmerksamen Service. €€

Hôtel Restaurant Le Landemer
Das Drei-Sterne-Hotel in einem alten Bauernhaus auf den Klippen hat auch ein sehr gutes Restaurant. €€

den Weg ums gefährliche Raz de Barfleur weist. Das Highlight ist jedoch die Aussichtsplattform an der Spitze. Der Aufstieg über die 365 Stufen führt an den Lichtern und technischen Anlagen des Leuchtturms vorbei. Oben bietet sich ein atemberaubender Blick über die Weiden des nördlichen Cotentin am Rand des Calvados bis zum tiefblauen Ärmelkanal.

Handgefertigte Lederwaren

Wie wär's mit einem nach Maß gefertigten Ledergürtel?

Die Familie von Virginie Jeanne lebt schon seit Anfang des 17. Jhs. auf Cotentin. Als Kürschnerin und Gründerin von **La Maroquinerie du Cotentin** setzt sie die Tradition der normannischen Lederverarbeitung fort und wirbt zugleich für ihre Heimatregion. In ihrer Werkstatt im Herzen der Region fertigt sie mit ihrem kleinen Team Geldbeutel, Brieftaschen, Gürtel und andere schöne Dinge aus Leder.

Hier werden die Gürtel auch in der Größe und Wunschfarbe der Kunden angefertigt. Im Angebot sind alle Primärfarben, die so kräftig leuchten wie die Dächer der Umkleidekabinen am Strand von Gouville-sur-Mer. Wer Französisch spricht, kann auch einen Workshop zur Lederherstellung besuchen – das Angebot reicht von ein- bis fünftägig.

Das Disneyland der Kekse

Charme der alten Zeiten – mit viel Butter und Zucker

La Maison du Biscuit ist eine ehemalige Molkerei und heute Teil einer malerischen „Straße" voller Geschäfte und Straßenlaternen aus einer anderen Zeit. Die Kunden werden von lächelnden Angestellten empfangen und verlieren sich direkt in den endlosen Regalen voller Kekse und anderer Leckereien aus der Normandie.

So gibt es neben Mayonnaise mit Cidre-Geschmack auch alles von Meersalz und normannischem Senf mit Calvados über Foie gras und Entenrillettes bis hin zu Kutteln von Viroises. Diese Marke für die berühmten Kutteln nach Art von Caen gibt's schon seit 60 Jahren.

Die eigentliche Spezialität sind aber die Kekse, die mit viel normannischer Butter von Hand gemacht werden. Dazu kommen noch Stückchen des mächtigen Karamell aus Isigny. Eine Schachtel mit den verschiedenen Sorten ist auch ein schönes Mitbringsel. Es gibt auch eine ebenso altmodische Bar und eine Teestube, die kleine Gerichte zum Kaffee anbieten.

DIE BESTEN TIPPS EINER ECHTEN NORMANNIN

von Virgine Jeanne, Kürschnerin und Gründerin der Maroquinerie du Cotentin.

„Vivre heureux, vivre caché" (willst du glücklich sein, musst du im Verborgenen leben), so beschreibt sie das Leben in der Normandie. „Diese Region hat alles, was du willst – Sonne, Meer. Land. Nur wenige Kilometer Fahrt bringen uns von Sümpfen über Weiden zu den Klippen der normannischen Schweiz. Warum also noch verreisen? Ein perfekter Tag ist abhängig von meiner Stimmung und dem Wetter. Coutances ist eine wunderschöne Stadt, in der es viel zu tun gibt. Ich liebe das alljährliche Jazz-Festival Sour Les Pommiers, bei dem die Straßen voller Musik sind. Féno, das Festival der normannischen Exzellenz, ist dagegen eine großartige Präsentation des Kunsthandwerks und der Gastronomie der Region. Aber am meisten liebe ich die wilde Landschaft hier."

ÜBERNACHTEN AUF COTENTIN

A la Ferme de Saint Germain
Die gemütliche Pension auf einem Bauernhof serviert ein üppiges hausgemachtes Frühstück. €

L'Ermitage
Das sehr gastfreundliche Haus in St-Vaast-la-Hougue hat große, helle Zimmer. €€

Chambres d'hôtes escale dans les dunes
Die einfache, saubere Pension liegt mitten in den Dünen. €

LES HAVRES

Ein charakteristisches Merkmal der Küste des Ärmelkanals sind „les havres"', also die Flussmündungen, in denen sich das Süßwasser der Flüsse mit dem Salzwasser des Meeres vermischt. Durch die beachtlichen Gezeitenunterschiede verändern sich diese Gebiete ständig und verfügen deshalb über eine bemerkenswerte Biodiversität.

Eines der größten und schönsten Beispiele ist St-Germain-sur-Ay. Der Parkplatz ist über die D306 (Ausfahrt St-Germain-sur-Ay Bourg in Richtung St-Germain-sur-Ay Plage) zu erreichen.

SANTIAGO URQUIJO/GETTY IMAGES ©

Sailboarding

Kühle Strandwinde im Griff

Sandyachting, Sailboarding und Hütten

Mit halsbrecherischer Geschwindigkeit den Strand entlang sausen? Das ist Sandyachting im **Club Nautique de Coutainville**. Die dreirädrigen Gokarts mit großem Segel erreichen wirklich beeindruckende Geschwindigkeiten. Die Fahrt und Ausrüstung muss per E-Mail oder telefonisch im Voraus gebucht werden. Vor dem zweistündigen Spaß gibt's eine kurze Einweisung. Es sollte nur gefahren werden, wenn der Sand absolut trocken ist. Die Alternativen Sailboarding und Kajakfahren sind nicht ganz so rasant.

Um den Puls wieder zu senken, bietet sich ein 15-minütiger Strandspaziergang nach Gouville-sur-Mer an. Der Ort ist bekannt für seine Umkleidekabinen, deren Dächer in leuchtenden Primärfarben gestrichen sind. Das lässige **Boa Coffee & Food** bietet Cocktails, Bier und kleine Gerichte unter freiem Himmel

ÜBERNACHTEN AUF COTENTIN

B&B in La Hague 'Domaine du Mont Roulet'
Die gemütliche Luxuspension in La Hague bietet ein entspannendes nordisches Bad nach der Wanderung. €€€

Camping Les Carolins
Der angenehme, saubere Campingplatz hat Mobile homes und Zelte, einen Swimmingpool und eine Bar mit Grill. €€

Château de Claids
Die Pension auf einem idyllischen Gelände am See ist sehr zentral gelegen. €€

am Strand. Den krönenden Abschluss des Tages bildet der Besuch der unscheinbaren **Chocolaterie Les Kabosses**, die die vielleicht beste handwerklich hergestellte Schokolade der Welt verkauft.

In La Hague von den Klippen ins Meer springen

Coasteering in La Hague

„Coasteering" ist der neueste Trend im Wassersport. Dafür schlüpfst du zuerst in einen Ganzkörper-Wetsuit und legst eine Schwimmweste an. Dann noch ein Paar alte Sportschuhe und schon kannst du deinem Guide von **Coasteering ASES Cotentin** in die Bucht von Écalgrain mitten in La Hague folgen.

Am schönsten ist die Vorfreude. Du läufst zuerst im tosenden Wind durch die Wellen am Strand, kletterst dann zu den Klippen hinauf und gehst auf einem schmalen Weg am Abgrund entlang bis zu der vom Guide ausgewählten Stelle – und springst.

Der Kälteschock im Wasser sorgt für einen ordentlichen Adrenalinschub. Dann springen weitere Teilnehmer. Die vollständige Gruppe schwimmt dann zu den nahen Höhlen, bevor sie sich an den Strand zurücktreiben lässt.

Obwohl du schon eine gewisse Fitness haben musst, ist das Schönste an diesem Sport das Erleben von Gemeinschaft: Alle halten zusammen und achten aufeinander. Coasteering ist im Prinzip das ganze Jahr über möglich, aber natürlich angenehmer in den warmen Monaten. Es muss im Voraus online gebucht werden.

VERSUCH EINER ERKLÄRUNG DER GEZEITEN

An der Westküste der Halbinsel Cotentin finden sich die höchsten Gezeitenunterschiede in ganz Europa. Die Gezeitentabelle der örtlichen Tourismusinformation weist Scheitelhöhen von 20 bis 120 aus. Je höher die Zahl, desto breiter der freigelegte Meeresboden bei Ebbe. In St-Germain-sur-Ay ist der Gezeitenwechsel besonders spektakulär.

DIE BESTEN BAUERNHÖFE & CIDRE-DESTILLERIEN

Maison Herout
Zum erstklassigen Cidre und dem sensationellen Pommeau passt die Eleganz der Marke.

Cidrerie Théo Capelle
Die helle, moderne Cidre-Destillerie bietet auch den speziellen Apéritif Cotentinoix.

Cidrerie „Le Père Mahieu"
Die Bio-Cidre-Destillerie verkauft auch fünf im Eichenfass gereifte Calvados.

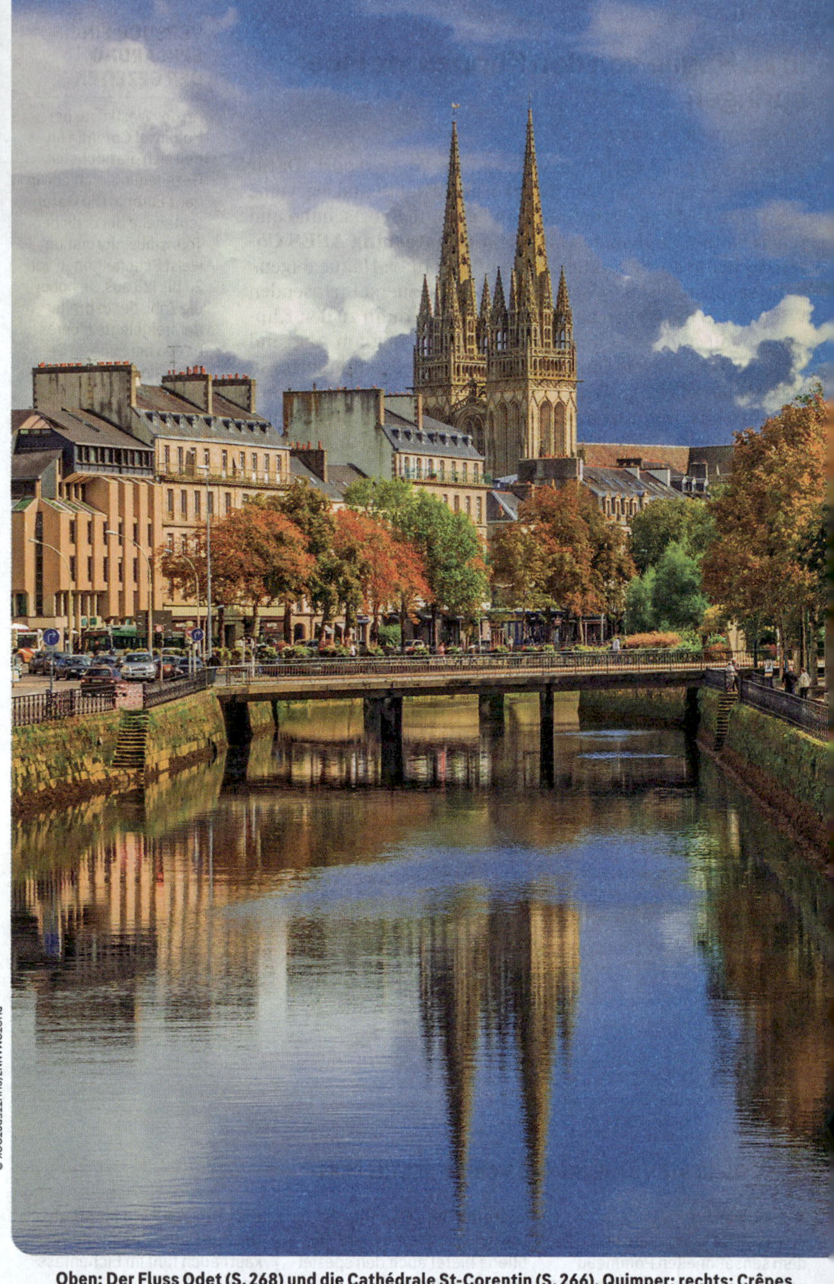

PHOTOMANN/SHUTTERSTOCK ©

Oben: Der Fluss Odet (S. 268) und die Cathédrale St-Corentin (S. 266), Quimper; rechts: Crêpes

Bretagne

DAS LAND DER LEGENDEN

Außergewöhnliche Naturwunder, ein großes historisches Erbe und deftiges Essen: Abseits der Touristenströme ist die Bretagne erfrischend anders.

La Bretagne, ça vous gagne! Dieser Spruch bedeutet so viel wie „Die Bretagne wird dich für sich gewinnen". Kaum jemand, der den weniger ausgetretenen Pfaden in die westlichste Region Frankreichs folgt, verlässt sie, ohne zu versprechen, dass er wiederkommen wird. Und es ist schwer, dem Charme der Bretagne zu widerstehen, die einige wunderschöne Naturschätze mit unverfälschter Authentizität bietet.

Bei einer Küstenlänge von über 2000 km sind es oft die mystische Anziehungskraft des Meeres und die faszinierenden Landschaften, die den Besucher:innen verzaubern. Aber es lohnt sich auch, die reiche Geschichte der Region zu entdecken, von den keltischen Wurzeln, die immer noch allgegenwärtig sind, bis hin zu den zahllosen mittelalterlichen Postkartendörfern. Schon bald hat man das Gefühl, an einem Ort zu sein, der in der Zeit schwebt und zwischen Mythos und Realität schwankt.

Die Bretagne zeigt sich gern spröde, als wolle sie Fremde herausfordern, sie zu erobern. Bis zum 16. Jh. war die Region unabhängig vom Königreich Frankreich. Fünf Jahrhunderte später erlebt die bretonische Kultur ein Revival, trotz der Versuche, die Identität der Region zu verwässern – die bretonische Sprache war bis Mitte des 20. Jhs. in den Schulen verboten. Crêperien säumen die Hauptstraßen in jeder Stadt. Traditionelle Tanz- und Musikfestivals boomen. Bei jeder Gelegenheit sind bretonische Kostüme zu sehen. Und zweisprachige bretonisch-französische Schulen gibt es heute an jeder Ecke.

Das mag alles ein wenig einschüchternd wirken, aber wer sich die Mühe macht, wird in der Bretagne herzlich willkommen geheißen. Dafür lohnt es, dem Regen zu trotzen.

DIE WICHTIGSTEN ZIELE

RENNES
Mittelalterliches Erbe in der Bretagne.
S. 252

ST-MALO
Zwischen Land und Meer.
S. 259

QUIMPER
Bretonische Kultur und eine atemberaubende Küstenlinie. **S. 266**

VANNES
Gemächliches Leben und schöne Strände.
S. 274

Erste Orientierung

Die wichtigsten Städte der Bretagne lassen sich leicht mit dem Zug oder Bus erreichen und zu Fuß erkunden. Ein großer Teil der Region ist jedoch abgelegen – und genau dort finden sich in der Regel die schönsten Sehenswürdigkeiten. Mit dem Auto, dem Fahrrad oder zu Fuß entdeckt man daher mehr.

Quimper, S. 266

Hier wird die bretonische Kultur in Tanz und Musik lebendig – mit einer mystischen Küste mit Blick auf den Atlantik als Kulisse.

Vannes, S. 274

Eine malerische mittelalterliche Stadt, die viel zu bieten hat, von traumhaften Stränden und schönen Wanderrouten bis hin zu Wassersportarten und Fahrradtouren mit Panoramablick.

RADFAHREN & WANDERN

Wandern und Radfahren sind die besten Möglichkeiten, um die Landschaft aufzunehmen. Der wunderschöne Wanderweg GR34 führt über mehr als 2000 km entlang der gesamten Küste, überall in der Region gibt es Radwege, darunter neun bemerkenswerte Radwanderrouten, die die gesamte Bretagne umspannen.

AUTO

Mit dem Auto kann man die Bretagne abseits der Touristenströme erleben. Nur so kann man an der Küste weit weg vom städtischen Treiben verweilen oder zum Ausgangspunkt einer Wanderung fahren, die sonst niemand macht. Hinzu kommt, dass die bretonischen Autobahnen mautfrei sind.

St-Malo, S. 259

Imposante Festungsanlagen wachen über eine Stadt, die von berühmten Piraten und Entdeckern geprägt wurde und an der Schnittstelle zwischen wunderschönen Meereslandschaften und beschaulichen Flussläufen liegt.

Rennes, S. 252

Die Hauptstadt der Bretagne ist ein idealer Ausgangspunkt für die Erkundung der Region. Ihre charmanten mittelalterlichen Straßen sind heute von lebhaften Studentenbars geprägt.

BUS & ZUG

Alle Städte und die meisten größeren Orte verfügen über einen Bahnhof – die Bahn ist also eine zuverlässige Möglichkeit, zum nächsten Reiseziel zu gelangen. Kleinere Ortschaften können in der Regel mit den örtlichen Bussen erreicht werden. Allerdings ist es nicht ausgeschlossen, dass diese sehr selten verkehren, insbesondere an Sonn- und Feiertagen.

Perfekte Tage

In der Bretagne gibt es viele hübsche Städte, die man leicht an einem Wochenende besuchen kann, aber es lohnt sich, mehr Zeit mitzubringen, um abgelegenere Teile der Region zu erkunden.

CANADASTOCK/SHUTTERSTOCK ©

Dinan (S. 263)

Ein langes Wochenende unterwegs

● Am besten quartiert man sich für ein paar Nächte in **Crozon-Morgat** (S. 272) ein und beginnt mit einem Strandaufenthalt am **Plage de Véryac'h** (S. 272), direkt neben der **Pointe de Pen-Hir** (S. 273), einem idealen Ort, um den Sonnenuntergang zu beobachten. Zum Abendessen geht es nach **Camaret-sur-Mer** (S. 272).

● Am nächsten Tag empfiehlt sich eine schöne Küstenwanderung, z. B. die Wanderung **Ty ar C'huré** (S. 272), und eine Picknickpause vor der **Plage de l'Île Vierge** (S. 272). Man kann auch ein Kajak oder Stand-up-Paddleboard mieten, um die Küste vom Meer aus zu bewundern. Am Abend locken die bunten Strandbars und Restaurants von Morgat.

Beste Reisezeit

Die Winter in der Bretagne sind hart: Das Wetter ist unbarmherzig und viele Attraktionen sind nicht geöffnet. Im Frühling und im Sommer kommen mehr Tourist:innen.

APRIL
In Vannes findet **Tra-di'Deiz** statt, ein traditionelles Tanzfest, bei dem Tausende von Tänzern und Musikern durch die Straßen ziehen.

MAI
Alle zwei Jahre kann man während der **Semaine du Golfe** Tausende von wunderschönen Oldtimerbooten über den Golfe du Morbihan schippern sehen.

JUNI
Das **Festival Photo** in La Gacilly verwandelt das kleine mittelalterliche Dorf in eine gigantische Open-Air-Ausstellung zeitgenössischer Fotografie.

RVILLALON/SHUTTERSTOCK ©, AYGUL BULTE/SHUTTERSTOCK ©, OLENA SYVETS/SHUTTERSTOCK ©

Fünf Tage Zeit

- Wenn du ein Auto hast, buche eine Unterkunft mit Blick auf die Küste zwischen St-Malo und Cancale. Am ersten Tag in **St-Malo** (S. 259) steht ein Spaziergang durch die Festungsanlagen und das historische Zentrum der Stadt auf dem Plan.

- Am nächsten Tag geht es an die **Côte d'Emeraude** (S. 265; Smaragdküste). Suche dir einen verlockenden Strand aus, wie die **Plage des Chevrets** (S. 265) oder **Anse du Guesclin**, oder plane eine Wanderung zur **Pointe du Grouin** (S. 265).

- Nach einem Zwischenstopp in Cancale für ein paar frische Austern lohnt sich ein Tagesausflug in die mittelalterliche Stadt **Dinan** (S. 263), wo man Kajaks mieten und das Rance-Tal erkunden kann.

Länger Zeit

- Bleibe ein paar Nächte in **Vannes** (S. 274) und nimm dir Zeit, die Stadt zu erkunden und ihre Atmosphäre aufzusaugen. Der Golf von Morbihan liegt direkt vor der Haustür. Darum bieten sich Ausflüge auf dem Meer an, z.B. eine Kajak- oder Segeltour, oder man fährt weiter zu den Stränden von **St-Gildas-de-Rhuys** (S. 280), um ein Picknick zu machen. Die weltberühmten **Steinreihen von Carnac** (S. 283), nur 30 Autominuten entfernt, sollte man nicht verpassen.

- Dann geht es mit der Fähre für ein paar Nächte nach **Belle-Île-en-Mer** (S. 281), wo man ein Fahrrad mieten und die Insel erkunden kann. An der **Plage du Donnant** (S. 281) kann man surfen, auf dem Küstenwanderweg spazieren gehen, malerische bretonische Dörfer entdecken und in **Le Palais** (S. 281) einen Drink mit den Matrosen nehmen.

JULI
Das **Festival de Cornouaille** (S. 267) in Quimper ist eine Hommage an die bretonische Musik, den Tanz, die Tracht und das Essen.

AUGUST
Ritterturniere, Falknereivorführungen und mittelalterliche Märkte beim jährlichen Mittelalterfest auf der Burg **La Roche Goyon** in Fort la Latte.

NOVEMBER
Das größte ***Fest-noz*** der Bretagne, **Yaouank** (S. 255), bietet in Rennes eine Mischung aus bretonischer Musik, internationalen Songs und aktuellen Musikrichtungen.

DEZEMBER
Eine gute Zeit, um die mittelalterlichen Dörfer der Bretagne wie Locronan oder Rochefort-en-Terre zu besichtigen, die um Weihnachten zauberhaft beleuchtet sind.

Rennes

UNTERWEGS VOR ORT

Das historische Zentrum lässt sich leicht zu Fuß erkunden, und man muss selten mehr als 15 Minuten laufen, um ein Ziel zu erreichen. Allerdings ist ein Großteil des mittelalterlichen Teils der Stadt kopfsteingepflastert. Rennes ist gut an den öffentlichen Nahverkehr angebunden, es gibt zwei Metrolinien und zahlreiche Busse. Das Fahrradverleihsystem STAR ist ebenfalls nützlich, um schnell und günstig voranzukommen.

Rennes ist sowohl die historische als auch die administrative Hauptstadt der Region und steht stolz am Eingang zur Bretagne. Die beliebte *galette-saucisse* (Wurst in einem herzhaften Crêpe), die traditionellen Musikfestivals und natürlich das renommierte und symbolträchtige Parlament der Bretagne lassen keinen Zweifel aufkommen – diese Stadt ist eindeutig *bretonne*. Aber genau wie ihr historisches Zentrum, in dem sich mittelalterliche Fachwerkhäuser mit klassizistischen Steinhäusern aus dem 18. Jh. mischen – das Ergebnis von Wiederaufbauarbeiten, nachdem ein Brand 1720 einen großen Teil des Stadtzentrums zerstört hatte –, ist Rennes ein Ort, an dem Tradition und Moderne harmonieren. Die beliebte Universitätsstadt ist durch die vielen Studenten geprägt, zukunftsorientiert und modern. Von neuen Interpretationen der bretonischen Küche bis hin zu einer lebendigen Kulturszene, die von Kollektiven und gemeinnützigen Organisationen geprägt wird, ist einiges geboten – und das alles in einer Stadt, die nicht überfordert und in der alles noch zu Fuß erreichbar ist.

TOP TIPP

Plane deinen Besuch so, dass du den zweitgrößten Markt Frankreichs nicht verpasst, den Marché des Lices, der seit über vier Jahrhunderten jeden Samstagmorgen auf der Place des Lices stattfindet. Hier treffen sich alle *rennais* und es ist eine gute Gelegenheit, eine *galette-saucisse* zu probieren.

Parlement de Bretagne (S. 254)

RENNES

HIGHLIGHTS
1 Parlement de Bretagne
2 Place Sainte-Anne

SEHENSWERTES
3 Cathédrale St-Pierre
4 Chapelle Saint-Yves
5 Mairie de Rennes
6 Portes Mordelaises
7 Opernhaus von Rennes
8 Saint-Aubin Basilica
9 Kirche St-Germain

SCHLAFEN
10 Hostel Les Chouettes
11 Marnie & Mister H

UNTERHALTUNG
12 Le Bistro de la Cité
13 Le Gazoline Bar-Concerts
14 Oan's Pub

SHOPPEN
15 Place des Lices

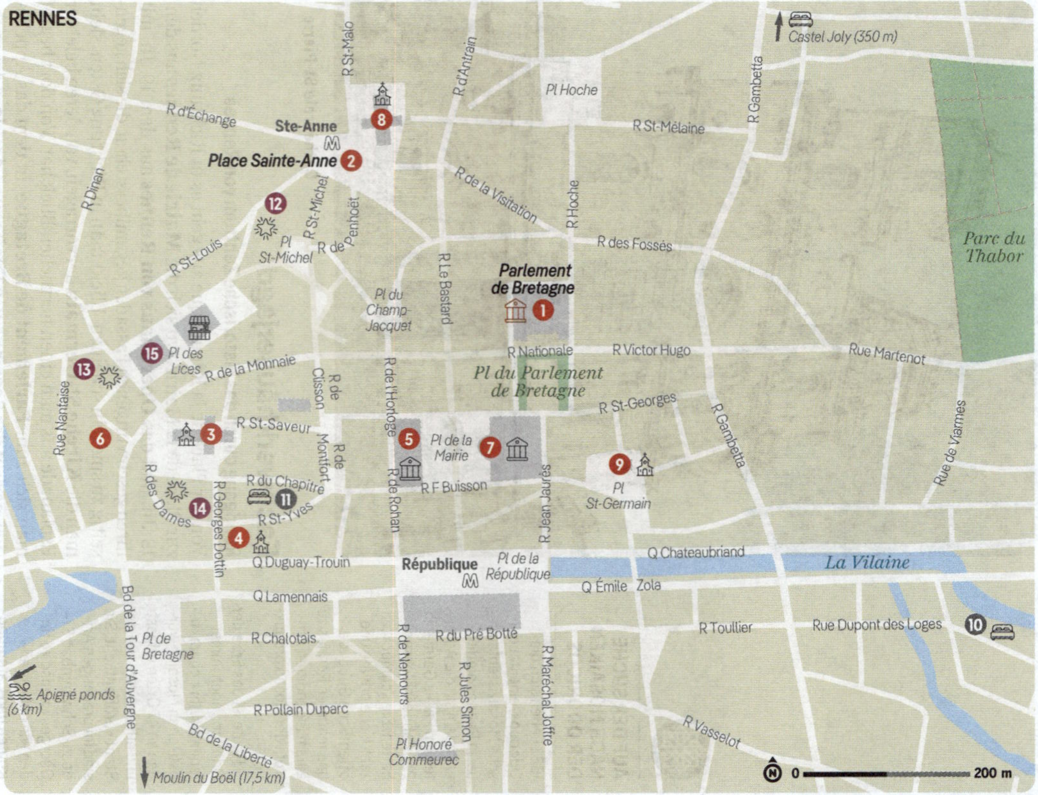

Castel Joly (350 m)
Parc du Thabor
Pl Hoche
R Gambetta
R St-Malo
R d'Antrain
R d'Échange
Ste-Anne
Place Sainte-Anne
R St-Mélaine
R de la Visitation
R Hoche
R des Fossés
R Dinan
R St-Michel
R de Penhoët
Pl St-Michel
R St-Louis
R Le Bastard
Pl du Champ-Jacquet
Parlement de Bretagne
R Nationale
R Victor Hugo
Rue Martenot
Pl des Lices
R de la Monnaie
R de Clisson
R de l'Horloge
Pl du Parlement de Bretagne
R St-Georges
Rue de Viarmes
Rue Nantaise
R St-Saveur
R de Montfort
Pl de la Mairie
Pl St-Germain
R du Chapitre
R F Buisson
R Jean Jaurès
R des Dames
R Georges Dottin
R St-Yves
R de Rohan
Q Duguay-Trouin
République
Pl de la République
Q Chateaubriand
La Vilaine
Q Émile Zola
Bd de la Tour d'Auvergne
Q Lamennais
Pl de Bretagne
R Chalotais
R de Nemours
R du Pré Botté
R Toullier
Rue Dupont des Loges
Apigné ponds (6 km)
R Pollain Duparc
R Jules Simon
R Maréchal Joffre
Pl Honoré Commeurec
R Vasselot
Bd de la Liberté
Moulin du Boël (17,5 km)
0 — 200 m

Opernhaus von Rennes (S. 254)

AUF DER SUCHE NACH MOSAIKEN DER ODORICOS

1882 ließen sich die Odoricos, eine italienische Mosaizistenfamilie, in Rennes nieder, nachdem sie die Arbeiten am Palais Garnier in Paris abgeschlossen hatten. Sie schmückten zahlreiche private und öffentliche Gebäude und machten Rennes zu einem lebendigen Zentrum der Mosaikproduktion.

Heute ist das Erbe der Odoricos noch immer lebendig. Ihre charakteristischen Mosaike wurden an 47 Orten erfasst und auf der Website der Stadt veröffentlicht. Sie sind im prächtigen Art-déco-Schwimmbad St-Georges ebenso zu finden wie auf Ladenfronten und Caféfußböden. Markiere jeden Ort auf einem Stadtplan und halte bei deinem Spaziergang Ausschau nach den kleinen Fliesen. Auch das Haus der Familie Odorico, das heute ein stilvolles Café mit dem Namen Bretone beherbergt, ist definitiv einen Besuch wert.

ROMAN BABAKIN/SHUTTERSTOCK ©

Cathédrale St-Pierre

Fachwerkhäuserjagd

Rundgang durch das historische Zentrum von Rennes

Von der Place de la République aus geht es in Richtung Norden zur Place de la Mairie, wo sich die **Mairie de Rennes** aus dem 18. Jh. und das **Opernhaus von Rennes** aus dem 19. Jh. mit ihren geschwungenen Fassaden gegenüberstehen, die sich gegenseitig zu spiegeln scheinen. Blickt man in Richtung Osten, sieht man die **Kirche St-Germain** hervorragen, von deren belebter Esplanade aus man einen herrlichen Blick hat. Von dort begibt man sich zum **Parlement de Bretagne**, in dem das Appellationsgericht der Region seinen Sitz hat und das eines der wichtigsten Symbole der bretonischen Geschichte und Identität ist. Geht man die Rue Hoche und die Rue de la Visitation hinauf, merkt man, dass die Straßen gewundener und die mittelalterlichen Häuser zahlreicher werden – aber warte, bis du zur **Place Sainte-Anne** kommst, die die majestätische **Basilika St-Aubin** umgibt, mit vielen Studentenbars, die in bunten Fachwerkhäusern untergebracht sind. Hier beginnt außerdem die Rue St-Michel, in der man günstig einen Drink bekommt (sie ist auch als „Straße des Durstes" bekannt). Von der Place St-Michel geht es zur **Place des Lices**, dem jahrhundertealten Marktplatz von Rennes, und weiter bis zu den **Portes Mordelaises**, einem bemerkenswert gut erhaltenen mittelalterlichen Tor der Stadt. Schreite hindurch und folge der Rue des Dames, vorbei an der **Chapelle St-Yves**. Ein kleiner Umweg über die charmante Place du Calvaire, dann geht es zurück durch die Rue du Chapitre, die von kleinen Bars und Restaurants gesäumt ist, bis zur unübersehbaren **Cathédrale St-Pierre**, die das historische Zentrum überragt.

Gigs, Konzerte & Musik-Festivals

Tauche ein in die Soirées Rennaises

Rennes lebt zweifellos im Rhythmus der Studenten, von denen Zehntausende die Stadt bevölkern. In Kombination mit der reichen Musikgeschichte der Stadt – sie wurde ab den 1980er-Jahren zu einem Zentrum für französische Rockbands – sorgt dies für eine Fülle von Optionen im Nachtleben. Man findet kaum eine Bar, in der nicht die ganze Woche über Live-Musik gespielt wird. Setze dich zu den jungen Leuten und nippe an einem hausgemachten *rhum arrangé* – Rum mit verschiedenen Zutaten wie Früchten, Gewürzen und Samen – oder lausche einem Konzert in den berühmten Konzertsälen von Rennes wie **Le Liberté** oder **Ubu**. Außerdem werden das ganze Jahr über Musikfestivals veranstaltet, die zahlreiche Genres abdecken, von Rock über Jazz und Hip-Hop bis hin zu elektronischer Musik. Das Festival **Transmusicales** im Dezember wirbt damit, die musikalischen Trends von morgen zu präsentieren, das Festival **Yaouank** im November besticht mit bretonischer, internationaler und zeitgenössischer Musik.

LIVEMUSIK IN RENNES

Le Gazoline Bar-Concerts
Studentenlokal mit maximalistischem Dekor und vielen Sitzgelegenheiten im Freien sowie regelmäßigen Gigs verschiedener Genres.

Oan's Pub
In diesem lebhaften Pub im historischen Zentrum werden sowohl DJ-Sets als auch Live-Bands geboten.

Le Bistro de la Cité
In der versteckten, gemütlichen Viertelbar werden Konzerte von Musikern aus der Region veranstaltet.

Les Transmusicales de Rennes
Das viertägige Indie-Musikfestival lockt Anfang Dezember zehntausende Konzertbesucher nach Rennes.

Vilaine, nur dem Namen nach

Radeln am Fluss mit Panoramablick

Die Vilaine wird fast vollständig von der V42 (oder V2 Bretagne) begleitet, die sich bis nach Dinan und zum Ärmelkanal erstreckt und schöne und geschützte Ausblicke auf die Natur bietet. Leihe dir ein Fahrrad und folge der V42 gen Süden, vorbei an den **Teichen von Apigné**, wo sich die Rennais im Sommer gern aufhalten, und dem malerischen Dorf **Pont-Réan**, wo du einen Kaffee mit Blick auf den Fluss genießen kannst. Nach 25 km erreichst du die malerische **Mühle von Boël**. Nun folgst du den Schildern zu den Hauteurs du Boël (Höhen von Boël), die nach einem kurzen Anstieg auf die für die Region charakteristischen roten Schieferfelsen führen – mit spektakulärem Blick auf die am Fluss gelegene Mühle. Die Rückfahrt nach Rennes dauert 2½ bis drei Stunden und bietet zahlreiche gute Picknickplätze. Wer die Fahrt abkürzen möchte, kann sein Rad auch mit in den Zug nach Bruz nehmen, das 12 km von der Mühle entfernt liegt und über regelmäßige Verbindungen an Rennes angeschlossen ist.

ÜBERNACHTEN IN RENNES

Castel Joly
Dieses zu einem Gästehaus umgebaute Herrenhaus liegt in einem recht ruhigen Teil der Stadt, direkt neben dem Parc du Thabor. €€

Marnie & Mister H
Ein Gebäude aus dem 16. Jh. im historischen Zentrum mit fünf Zimmern, die geschmackvoll im britischen Dandy-Stil eingerichtet sind. €€

Hostel Les Chouettes
Schnörkelloses Hostel im Stadtzentrum mit Einzel- und Mehrbettzimmern mit Blick auf die Vilaine. €

Rund um Rennes

Die Umgebung von Rennes, Schauplatz bedeutender mittelalterlicher Ereignisse – mythischer wie realer Natur –, strotzt nur so vor Geschichte.

UNTERWEGS VOR ORT

Mit ein wenig Planung kann man Vitré und Fougères von Rennes aus leicht mit dem Zug erreichen (mehrere Verbindungen täglich). Ein Tag reicht aus, um beide Orte zu entdecken. Ein Auto ist jedoch praktischer, wenn man den Wald von Paimpont und Umgebung erkunden möchte. Um die verschiedenen Wanderrouten, die bis zu 20 km auseinander liegen, zu bewältigen, muss man mehrere Ausgangspunkte anfahren. Wer mit dem Fahrrad von Ausgangspunkt zu Ausgangspunkt fahren möchte, kann in Paimpont ein Leihfahrrad (oder E-Bike) mieten.

Die Bretagne wird oft in Verbindung mit dem Meer gesehen, aber auch das Hinterland von Rennes bietet zahlreiche Reize, z. B. die schönen Waldgebiete und entspannenden Ausblicke auf die ruhige Landschaft rund um das Vilaine-Tal – deren Sagen und Legenden noch immer im Herzen der bretonischen Kultur verankert sind. Aber es ist auch eine Region, in der sich sehr reale historische Ereignisse zugetragen haben. Bis 1532, als die Bretagne formell mit dem Königreich Frankreich vereinigt wurde, waren Rennes und seine Umgebung ein Grenzgebiet von strategischer Bedeutung. Hier gab es zahlreiche Burgen und befestigte Städte, von denen viele tadellos erhalten sind. Ein Pflichtprogramm für Mittelalter-Fans!

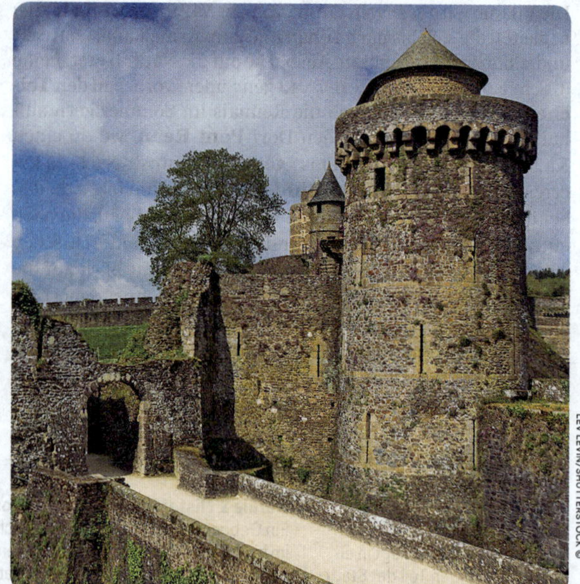

LEV LEVIN/SHUTTERSTOCK ©

Fougères

TOP TIPP

Sehnsucht nach dem Meer? Denk daran, du bist nur eine Stunde mit dem Zug von den Stränden von St-Malo entfernt!

Auf den Spuren von König Artus

Den mythischen Wald von Brocéliande erkunden

Ein großartiges Ausflugsziel für Märchen- und Legendenfans und mit Sicherheit ein Highlight für Kinder ist der **Forêt de Paimpont**. Er inspirierte den Schriftsteller Chrétien de Troyes im 12. Jh. zu seinen Artuslegenden – in seinen Gedichten bezeichnet er ihn als Wald von Brocéliande – und birgt einige der mythischen Stätten, die in der Legende von König Artus erwähnt werden, so z. B. den Jungbrunnen und das Grab von Merlin. Die Wälder sind größtenteils in Privatbesitz, was bedeutet, dass sie, obwohl sie sich über 110 km² erstrecken, nur zu Fuß und auf ausgewiesenen Wegen besucht werden können. Es gibt sieben Wanderrouten zu den wichtigsten Highlights des Zauberwalds – wie er in der Artus-Sage heißt –, die zwischen 2 und 4 km lang sind und von den verschiedenen Parkplätzen im Wald aus starten. Informationen zu den Routen erhält man telefonisch oder persönlich in der Tourismusinformation an einem der drei Hauptausgangspunkte – Paimpont, Tréhorenteuc oder Iffendic. In Paimpont kann man den Erlebnisparcours „Das Tor der Geheimnisse" in mehreren Sprachen buchen. Von der **Abbaye de Paimpont** aus führt der virtuelle Wächter des Waldes durch die Mythen und Legenden von Brocéliande, die Flora und Fauna, die volkstümlichen Sagen und die Kreaturen und bietet so eine hervorragende Einführung in die Geheimnisse des Waldes. Bei der Planung der Tour sollte man bedenken, dass der Wald von September bis März Jagdgebiet ist und der Zugang in den Wintermonaten streng geregelt ist. Am besten kommt man also im Frühjahr oder Sommer, wenn alle Sehenswürdigkeiten geöffnet sind, darunter auch das Wassersportzentrum und der Strand am **Lac de Trémelin** – direkt daneben befindet sich die Nachbildung des Schwertes Excalibur.

KÖNIG ARTUS' NATIONALITÄTEN

Viele meinen, die Legende von König Artus sei britisch. Zu Recht – Artus und Guinevere, Excalibur und die Ritter der Tafelrunde sind Teil der mittelalterlichen Darstellungen der legendären Geschichte der britischen Könige, vor allem im Werk des walisischen Schriftstellers Geoffrey von Monmouth aus dem 12. Jh. Etwa zur gleichen Zeit gelangten die Artuslegenden nach Europa und wurden vom französischen Dichter Chrétien de Troyes aufgegriffen. Er baute auf der Figur von König Artus auf und fügte eigene Elemente hinzu, so sind beispielsweise Camelot, Lancelot und der Heilige Gral französischen Ursprungs.

Die wehrhaften Tore der Bretagne

Vitré und Fougères

Bis zum 16. Jh. grenzte der östlichste Teil des Herzogtums Bretagne an das Königreich Frankreich – und war somit ein bedeutendes militärisches Gebiet mit befestigten Städten und Burgen, die ein robustes Verteidigungs- und Schutzsystem bildeten und gleichzeitig als Knotenpunkte für Handel und Gewerbe mit den Nachbarregionen dienten. Wenn man heute die mittelalterlichen Städte besucht, die die Tore zum Herzogtum Bretagne waren, fühlt man sich in die Vergangenheit zurückversetzt. Der Ort **Fougères** mit seinem imposanten Schloss ist eines der eindrucksvollsten Beispiele für die Militärarchitektur

ESSEN IN DER NÄHE DES WALDES VON PAIMPONT

Les Forges de Paimpont
Ein paar Kilometer außerhalb von Paimpont gibt es hier in einem traditionellen Steinhaus herzhafte Speisen und großzügige Portionen. €€

L'Atelier
Das elegante Restaurant im Zentrum von Paimpont bietet traditionelle französische Küche und ein Mittagsmenü an. €€

La Fée Gourmande
Charmante Crêperie mit Aussicht und Sonnenterrasse am See von Paimpont. €

DIE BESTEN CRÊPERIEN IN VITRÉ

La Crêperie du P'tit Léon
In der malerischen Rue d'En-Bas, mit einer verlockenden Speisekarte. Lokale Produkte stehen hier im Vordergrund. €

Crêperie Mrs Teapot
Charmantes Restaurant in einem historischen Gebäude mit viel Platz im Freien und britischen Akzenten. €

Place aux Crêpes
In dieser kleinen Crêperie wird man stets herzlich empfangen. Umfangreiche Speisekarte und lockere, freundliche Atmosphäre. €

BORIS STROUJKO/SHUTTERSTOCK ©

Vitré

der Region. Es ist hilfreich, den Palast mit Hilfe des Audioguides zu besichtigen, der im Eintrittspreis inbegriffen ist und die Geschichte der Rivalitäten zwischen den Herzögen der Bretagne und den Königen von Frankreich lebendig werden lässt. Im Stadtzentrum lohnt ein Blick auf den Glockenturm aus dem 14. Jh., der seinerzeit errichtet wurde, um den wirtschaftlichen Wohlstand von Fougères zu demonstrieren, sowie auf die Place du Marchix, den ersten Marktplatz der Stadt. **Vitré**, eine weitere strategisch wichtige mittelalterliche Stadt, ist ebenfalls reich an Attraktionen wie Fachwerkhäusern, gepflasterten Straßen, den obligatorischen Befestigungsanlagen sowie dem Schloss. Ein schöner Spaziergang mit Blick auf die Stadtmauern führt über die Promenade du Val bis zur Vilaine und dann am Flussufer entlang zum Pré des Lavandières. Wer den Chemin des Tertres Noirs hinaufgeht, hat einen Blick auf die ganze Stadt und das harmonisch in die Landschaft eingebettete Schloss. Bevor man sich wieder auf den Weg macht, lohnt sich eine Pause in einem der zahlreichen Lokale – Bars, Cafés und Restaurants – in der Rue d'En-Bas.

DIE KORSARENSTADT

Die Festungsstadt St-Malo (S. 259) liegt am Ärmelkanal und verfügt über drei Strände, die direkt vom Stadtzentrum aus zu erreichen sind. Außerdem hat sie eine reiche und faszinierende Geschichte als Zentrum berühmter Freibeuter ab dem späten 17. Jh.

St-Malo

„Weder Franzose noch Bretone, ich bin Malouin.“ Der Slogan von St-Malo gibt den Ton an. Umgeben von einer mächtigen Stadtmauer, aber dennoch offen zum Meer hin, unterscheidet sie sich von jeder anderen Stadt und ist stolz auf ihre Identität. Ab dem 15. Jh. war sie einer der wohlhabendsten Häfen Frankreichs und die Heimat großer Seefahrer wie Jacques Cartier, des ersten Europäers, der im 16. Jh. bis nach Kanada vordrang. Berühmt ist St-Malo jedoch vor allem für die vielen Freibeuter, die die Stadt im 17. und 18. Jh. bereicherten. Im Auftrag ihres Königs plünderten sie in Kriegszeiten feindliche Schiffe, gegen Ende des 18. Jhs. besaßen sie davon im Hafen von St-Malo Hunderte. Heute scheint es fast so, als würden die Gespenster berühmter Korsaren wie René Duguay-Trouin und Robert Surcouf noch immer durch die windigen Straßen der Stadt spuken.

St-Malo

IRINA CRICK/SHUTTERSTOCK ©

UNTERWEGS VOR ORT

Ein Auto ist nicht erforderlich, um sich in St-Malos *intra-muros* fortzubewegen, es ist auch kaum möglich, durch die Stadt zu fahren, und sehr teuer, in der Nähe zu parken. Der nächstgelegene kostenlose Parkplatz befindet sich in der Gegend von Rocabey, einen 20-minütigen Spaziergang von den Stadtmauern entfernt. Das Park-and-Ride-Parkhaus Paul Féval (Tagesgebühr) bietet von Montag bis Samstag bis 23 Uhr regelmäßige Verbindungen ins Zentrum. Jeneits der Hauptverkehrszeiten, auch an Sonn- und Feiertagen, ist der Anschluss schlechter. Von den Stadtmauern aus fahren viele Busse in den Großraum St-Malo.

TOP TIPP

Das malerische Zentrum von St-Malo befindet sich innerhalb der Stadtmauern, aber zur Stadt gehören auch weniger belebte Viertel wie St-Servan, Sillon-Courtoisville und Rothéneuf, wo es authentischere Restaurants, günstigere Hotels und mehr Parkplätze gibt.

HIGHLIGHTS
1 Cité d'Alet
2 Ramparts

SEHENSWERTES
3 Anse des Sablons
4 Grand Bé
5 National Fort
6 Plage du Sillon
7 Hafen von St-Malo

SCHLAFEN
8 Hôtel France et Chateaubriand
9 Quic en Groigne
10 Villa Ellersie

DER PREIS DER BEFREIUNG

Die Altstadt von St-Malo, wie wir sie heute kennen, hätte beinahe nicht überlebt. Im August 1944, nach vier Jahren deutscher Besatzung, wurden St-Malo und seine Umgebung von den Alliierten unerbittlich bombardiert. Als die Stadt am 17. August 1944 befreit wurde, waren 80 % der Altstadt zerstört. Wie durch ein Wunder blieben die Festungsmauern erhalten. Statt jedoch alles dem Erdboden gleichzumachen und Neues zu errichten beschloss man, alles so wieder aufzubauen, wie es gewesen war. Ein kolossales, komplexes Projekt, das Jahre in Anspruch nahm, darunter 18 Monate allein für die Räumung der 500 000 m³ Trümmer.

Entdecke St-Malo, die Cité Corsaire

Eine Bollwerk der Freibeuter

Das historische Erbe von St-Malo ist bei einem Spaziergang durch das Stadtzentrum mit seinen imposanten Mauern, die über die gepflasterten Straßen und Steinhäuser wachen, kaum zu übersehen. Wer mehr über die Bedeutung der Festungsstadt und ihren besonderen Platz in der Geschichte der Freibeuter erfahren möchte, sollte die Ebbe abwarten und über die Plage de l'Eventail zum **Fort National** spazieren, wo man in den Sommermonaten eine Führung durch die militärische Bastion buchen kann, die St-Malo und seine Reichtümer ab dem 17. Jh. geschützt hat. Man kann auch die Malouinières besichtigen, opulente Privatvillen, die von den erfolgreichsten Korsaren von St-Malo außerhalb des Zentrums erbaut wurden, um dem Trubel in der Stadt zu entgehen, und die über wunderschöne Gärten und extravagante Innenräume verfügen. Allerdings sind nicht alle Schlösser für die Öffentlichkeit zugänglich, daher sollte man lieber diejenigen ansteuern, die man besichtigen kann, wie **La Chipaudière** oder **La Ville-Bague**. Ein praktischeres und kinderfreundlicheres Erlebnis ist ein Ausflug an Bord der **Le Renard**, dem Nachbau eines Schiffes aus dem Jahr 1812, das von dem berühmten Freibeuter Robert Surcouf geführt wurde. Die Le Renard bietet täglich Fahrten von St-Malos Hafen durch

ÜBERNACHTEN IN ST-MALO

Villa Ellersie
Geschmackvolle Einrichtung in einem historischen Gebäude. Frühstück inklusive; außergewöhnlicher Blick aufs Meer. €€

Hôtel France et Chateaubriand
Hier wurde Chateaubriand geboren. Zimmer mit Aussicht aufs Meer und ein Restaurant mit Panoramablick. €€

Quic en Groigne
Ruhige, einfache Zimmer im Herzen des historischen Zentrums. Gemütliche Atmosphäre. €

die Bucht von St-Malo an. Vorher reservieren, denn die Plätze sind schnell ausgebucht.

Spaziergang mit Aussicht

Tour zu den Stadtmauern

Die 2 km langen Mauern aus dem 12. Jh., die St-Malos Altstadt *intra-muros* umgeben, haben die Bombardierungen des Zweiten Weltkriegs überstanden und sind zu einem Wahrzeichen der Korsarenstadt geworden. Sie sind der beste Weg, um sowohl das historische Zentrum als auch die wunderschöne Meereslandschaft zu sehen, einschließlich der Strände, der Bé-Inseln und des Fort National. Hat man das Glück, die **Festungsmauer** während einer Springflut zu besuchen, wenn die Flut höher und die Ebbe niedriger ist als sonst, sollte man früh da sein und sich einen Platz sichern, denn die Mauern sind die beste Aussichtsplattform, um die gigantischen Wellen zu beobachten, die mit voller Wucht auf die Festungsanlagen prallen. Springfluten sind nicht von der Jahreszeit abhängig – aber man weiß, dass sie kommen, wenn die Gezeitenkoeffizienten, die man auf maree.info einsehen kann, 100 oder mehr erreichen.

Wanderung zur Pointe de la Varde

In die Bucht abfallende Klippen

Nur wenige Kilometer vom historischen Zentrum entfernt, in St-Malos nördlichem Stadtteil Rothéneuf, liegt die **Pointe de la Varde**, ein geschützter Naturraum, der 32 m über dem Meeresspiegel liegt und einen ungehinderten Blick auf die umliegende Bucht bietet. Man kann die **Plage du Sillon** entlanggehen und die Villen aus dem 19. Jh. bewundern, die dem Meer zugewandt sind, und dann, wenn die Gezeiten es zulassen, der **Plage du Minihic** folgen, bis man auf den Wanderweg GR34 stößt, der um die Küste herum und bis zum Ort führt. Es lohnt sich, ein paar hundert Meter weiter zur nahe gelegenen **Plage de La Varde** zu laufen. Nach etwa 1½ Stunden Fußmarsch kann man mit dem Bus zurückfahren – Linie 4 fährt zum Bahnhof, Linie 6 zu den Stadtmauern.

Rund um die Cité d'Alet

Ruhigere lokale Treffpunkte

Sobald man den Hafen von St-Malo passiert hat, geht man den Fußweg entlang der **Anse des Sablons** bis zur Halbinsel im Süden der Stadt. Die **Cité d'Alet**, wie sie genannt wird, ist der Ort, an dem die ersten Spuren der Stadt St-Malo gefunden wurden; sie stammen aus dem 4. Jh. Gallorömische Überreste stehen heute neben Gedenkstätten aus dem Zweiten Weltkrieg, in dem Alet heftigen Bombenangriffen ausgesetzt war. Folgt man den Schildern zum *chemin de ronde,* der um die Halbinsel herumführt, hat man einen schönen Blick auf die Stadtmauern von St-Malo und die Küste bis Dinard. Danach gönnt man sich einen Drink mit den Einheimischen in einer Bar oder einem Café am **Quai Solidor** und genießt die ruhige Atmosphäre abseits des überfüllten Stadtzentrums.

FÜR ANGELFANS

Benjamin Glais, Angelführer und Ausbilder bei Fish'in Bretagne in St-Malo, verrät seine besten Tipps zum Angeln an den Stränden der Stadt.

„Bei Ebbe wird am Ufer vor den Stadtmauern geangelt, wo es viele verschiedene Arten gibt. Auf der langen Sandbank der Plage du Môle findet man Venusmuscheln und Austern. An felsigen Stellen wie Grand Bé, Petit Bé und dem Fort National gibt es zahlreiche Krebstiere (Krabben und Hummer) und weitere Weichtiere (Muscheln, Strandschnecken). Bitte lass alles, was du nicht verzehren willst, wieder frei und informiere dich vorher über die Vorschriften zu Größe, Quoten und geschützten Arten."

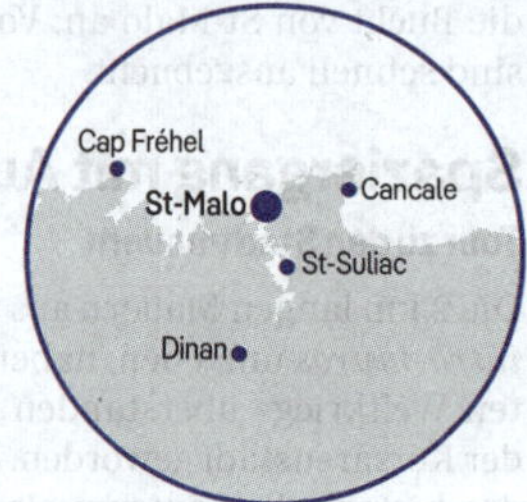

Rund um St-Malo

Ruhige, unberührte Flussufer oder schöne, windumtoste Küstenpfade? Mit einem Besuch der Umgebung von St-Malo kann man nichts falsch machen.

UNTERWEGS VOR ORT

Mit ein wenig Organisation sind die meisten Städte und Dörfer in der Umgebung von St-Malo mit Bus und Bahn zu erreichen. Wenn du sonntags oder feiertags unterwegs bist, musst du allerdings etwas mehr Zeit einplanen. Mit dem Auto reist man stressfreier und kann auch abgelegenere Orte wie das Cap Fréhel besuchen, die vor allem an der Küste meist weit entfernt von jeglichem städtischen Betrieb oder öffentlichen Verkehrsmitteln liegen.

TOP TIPP

Wenn du ein Auto hast und gern mit Aussicht frühstückst, solltest du nach abgelegeneren Unterkünften entlang der Rance und der Côte d'Emeraude Ausschau halten.

Obwohl St-Malo weitgehend von seiner maritimen Geschichte geprägt ist, liegt die Stadt direkt am Schnittpunkt von Land und Meer. Folgt man dem Fluss Rance ins Tal, kann man die wunderschönen Landschaften der Umgebung genießen. Hier warten atemberaubende Ausblicke auf die unberührte Natur und die ruhige, stille Atmosphäre, die für das Flussufer so charakteristisch ist. Oder man bleibt am Meer und entdeckt die Côte d'Emeraude, die sich von Cancale bis zum Cap Fréhel erstreckt und ihren Namen den wunderschönen Farben des Wassers verdankt. Freue dich auf paradiesische Sandstrände, spektakuläre Steilküsten und natürlich auf das ständig wechselnde, temperamentvolle und unberechenbare Meer!

CANADASTOCK/SHUTTERSTOCK ©

Cap Fréhel (S. 265)

Dinan

Radfahren entlang der Rance

Von St-Malo nach St-Suliac

Leih dir in St-Malo ein Fahrrad und nimm die markierte Radroute EV4 in Richtung des kleinen Dorfes **St-Suliac**, das offiziell zu den schönsten Dörfern Frankreichs zählt und weiter südlich am Ufer der Rance liegt. Die 15 km lange Fahrt dauert etwa eine Stunde und bietet zahlreiche Panoramablicke auf den Fluss. Steig ruhig immer wieder mal ab und laufe den Uferweg entlang, um die friedliche Atmosphäre und die schönsten Ausblicke auf die kleinen Buchten, Kiefernwälder und Strände an der Mündung zu genießen. In St-Suliac empfangen dich bezaubernde Steinhäuser, blumengeschmückte Fensterbänke und ein charmanter kleiner Hafen sowie zahlreiche Restaurants und Crêperien, in denen du vor deiner Rückkehr eine Pause einlegen kannst.

Kopfsteinpflaster & Kunstgalerien

Spaziergang durch Dinan

Der mittelalterliche Charme von **Dinan,** das weiter flussabwärts an der Rance liegt, ist ungebrochen. Die Stadt, die vom 14. bis zum 18. Jh. von Webereien und Gerbereien geprägt war, ist

WANDERN AN DER RANCE

Kein Fahrradfan? Die Rance ist auch von Wanderwegen gesäumt, darunter der GR34C, ein Ableger des GR34, der am Westufer entlangführt und Dinan mit Dinard verbindet – eine 40 km lange Wanderung, für die man mindestens ein paar Tage braucht. Auch auf der Ostseite des Flusses gibt es viele schöne Wandergebiete. Ein beliebter Rundweg beginnt in der Nähe des Manoir de la Goëletterie, einem Herrenhaus aus dem 18. Jh., südlich von St-Malo. Er führt zum Flussufer und weiter bis zum Sandstrand Plage de la Passagère durch eine fast mediterrane Landschaft mit ruhigen, felsigen Buchten, die von dichten Wäldern umgeben sind. Die Schleife ist etwa 7 km lang und nicht schwierig, aber es geht bergauf und bergab über Steigungen und Treppen.

ÜBERNACHTEN IN DINAN

La Maison Pavie
In diesem zum Gästehaus umgebauten Herrenhaus aus dem 15. Jh. gegenüber der Basilika St-Sauveur fühlt man sich in die Vergangenheit zurückversetzt. **€€€**

Villa Tourelle
Charmantes Gästehaus mit Pool, lediglich 10 Gehminuten vom historischen Zentrum entfernt. **€€**

Le Logis du Jerzual
Zimmer mit Aussicht in einer alten Gerberei an der berühmten Rue du Jerzual. **€€**

WUNDER DES MEERES

Al Lark ist eine gemeinnützige Organisation an der Küste zwischen Cancale und Pointe du Grouin, die sich zum Ziel gesetzt hat, das Bewusstsein für das umliegende marine Ökosystem durch „partizipative Wissenschaft" zu stärken. In der Praxis bedeutet dies, dass Wissenschaftler von Mitte März bis Mitte November täglich Ausfahrten unternehmen, um Delfine und andere in der Bucht lebende Wale zu beobachten und Informationen zu sammeln.

Die dreistündigen Exkursionen sind für Besucher:innen zugänglich und werden von einem Guide begleitet, der die Besonderheiten der Meeresumwelt der Bucht erklärt, von den Gezeitenströmen über menschliche Aktivitäten bis hin zu Vögeln und Meeressäugern. Zu beachten ist, dass zusätzlich zum Preis für die Tour eine Gebühr für die Mitgliedschaft im Verein zu entrichten ist. Englischsprachige Teilnehmende und Kinder sind willkommen.

NEIRFY/SHUTTERSTOCK ©

Austern

heute Heimat vieler Künstler:innen. Lass dich in den charmanten, verwinkelten Gassen der Oberstadt treiben, wo du Galerien, Kreativboutiquen und andere Kuriositäten findest, bis du die berühmte Rue du Jerzual erreichst – eine lange, gepflasterte und enge Gasse, die das Stadtzentrum mit dem Hafen verbindet, der sich 78 m tiefer befindet. Der Rückweg über die Rue du Jerzual ist ein ziemlicher Anstieg, aber die Mühe lohnt! Lange Zeit wurde die von blumengeschmückten und bunten Fachwerkhäusern gesäumte Straße nur von Händlern und Reisenden genutzt, heute gilt sie als die malerischste von Dinan. Nimm Platz und genieße die Atmosphäre des kleinen Hafens am Ende der Straße, dessen Bars und Restaurants gewöhnlich sehr belebt sind. Der Hafen von Dinan ist auch ein hervorragender Ausgangspunkt, um die Wunder der Rance und des umliegenden Tals zu entdecken – zum Beispiel mit einem Kajak, das man beim Kanu-Club in der Nähe des Hafens mieten kann, um auf eigene Faust oder mit einem Führer auf dem Fluss zu paddeln. Die Touren dauern zwischen zwei und fünf Stunden und sind sowohl flussaufwärts als auch flussabwärts möglich. Kinder

ESSEN IN CANCALE

Côté Mer
Frische Produkte und ein außergewöhnlicher Blick auf die Strandpromenade abseits des Trubels. €€

L'Arrière Cour
Saisonale Speisekarte und originelle Gerichte auf der Sonnenterrasse des Restaurants. €€

Crêperie l'Hirondelle
Traditionelle Crêpes und Galettes, gefüllt mit köstlichen lokalen Produkten, ein paar Minuten vom geschäftigen Hafen entfernt. €

müssen mindestens acht Jahre alt sein und begleitet werden. Nimm auf jeden Fall wasserfeste Kleidung, Trinkwasser und reichlich Sonnencreme mit!

Die Austern von Cancale

Die feinsten Meeresfrüchte der Bretagne

Wer mit dem Auto nach **Cancale** fährt, sollte unbedingt über die Einbahnstraße Panoramique anreisen, auch wenn es ein kleiner Umweg ist. Der Blick auf den Fischereihafen weckt sofort das Verlangen nach frischen Meeresfrüchten, und das ist, wie sich herausstellt, das Beste, was die Stadt zu bieten hat. Der Austernmarkt am Port de la Houle, auf dem die Bauern der Region ihre Produkte anbieten, lädt zu einer Kostprobe der berühmten Cancale-Austern und einem Glas Weißwein ein. Bei Ebbe sieht man von der Uferpromenade aus die Austernfarmen, in denen die Köstlichkeiten gezüchtet werden. Wenn das Wetter es zulässt, erkennt man am Horizont auch den Mont St-Michel. Den Nachmittag kann man mit einem Verdauungsspaziergang auf dem GR34 ausklingen lassen. In nur 15 Minuten erreicht man die **Pointe du Hoc** mit schöner Aussicht auf Cancale. Wer eine richtige Wanderung machen möchte, kann bis zum Aussichtspunkt **Pointe du Grouin** laufen, der fast 7 km entfernt ist, aber mit einem berauschenden Blick auf die Côte d'Emeraude, die Bucht des Mont St-Michel und die Küste der Normandie belohnt. Die Buslinie 15 bringt müde Wanderer zurück ins Zentrum von Cancale, aber Achtung: Sie verkehrt nicht an jedem Wochentag.

An der Côte d'Emeraude entlangwandern

Atemberaubende Farben und spektakuläre Klippen

Die **Côte d'Emeraude** (Smaragdküste), an deren Rand der Wanderweg GR34 verläuft, in den man überall einsteigen bzw. ihn verlassen kann, enttäuscht nicht, und so gut wie jede Route bietet unglaubliche Aussichten. Der Panoramablick vom **Cap Fréhel** ist jedoch besonders berühmt – die Parkgebühr am Phare du Cap Fréhel und der große Andrang im Sommer sprechen für sich. Am besten nutzt man den kostenlosen Parkplatz beim 5 km entfernten Fort la Latte und wandert zum Cap Fréhel. Auf dem Weg dorthin warten steile Klippen, reizvolle Buchten und eine üppige Flora. Wenn du es innerhalb der Öffnungszeiten schaffst, kannst du auch den Leuchtturm von Cap Fréhel besuchen und einen herrlichen Blick auf die Küste genießen. Für Hin- und Rückweg benötigt man zwischen drei Stunden und einem halben Tag, wenn man die zahlreichen Fotostopps einkalkuliert.

DIE BESTEN STRÄNDE AN DER CÔTE D'EMERAUDE

Denise Louaisil, die jetzt im Ruhestand ist, nachdem sie zwei Gästehäuser auf dem Gelände des Milchviehbetriebs ihrer Familie geführt hat, stellt ihre Lieblingsstrände in der Region vor.

„Die **Plage de Port-Mer** in Cancale ist ein idealer Ort für Familien, die die Stadt erkunden, genau wie der Strand **Plage de Bon-Secours** am Fuß der Stadtmauern von St-Malo, der ebenfalls windgeschützt ist. Ich empfehle, am Abend zu baden, wenn die Menschenmassen abgezogen sind und Bon-Secours fast menschenleer ist, aber die Sonne noch scheint. Östlich von St-Malo, in der Nähe von St-Coulomb, befindet sich die schöne, von Dünen geschützte **Plage des Chevrets** sowie einer der begehrtesten Orte an der Côte d'Emeraude, die sandige **Plage de l'Anse Duguesclin**, deren türkisfarbenes Wasser besonders einladend ist."

Quimper

Quimper erscheint auf den ersten Blick vielleicht wie eines von vielen hübschen mittelalterlichen Städtchen, doch seine Bedeutung für die keltische und bretonische Identität ist groß. Die Ursprünge der Stadt sind eine typische Mischung aus Mythos und Realität. Archäologische Funde belegen eine Besiedlung, die in der Gegend von Locmaria bis in die Antike zurückreicht. Darauf folgte die legendäre Gründung des heutigen Stadtzentrums im 4. Jh. durch den keltischen König Gradlon, dessen mythisches Königreich Cornouaille schließlich zu einer realen Region wurde, deren Hauptstadt Quimper war. Heute ist Cornouaille zwar offiziell keine Region mehr, aber der Stolz auf die keltischen Wurzeln ist hier noch sehr lebendig. Die Stadt ist ein Zentrum für traditionelle Tänze, Musik und Trachten, die während des jährlichen Festival de Cornouaille gebührend gefeiert werden und dazu beigetragen haben, Quimper zur inoffiziellen Hauptstadt der bretonischen Kultur zu machen.

UNTERWEGS VOR ORT

Ein Auto ist eher lästig, wenn man in den historischen Vierteln von Quimper bleibt. Die Stangala-Schluchten liegen etwas weiter nördlich, aber die Buslinie 9 bringt dich in nur 30 Minuten nach Kerlic. Es gibt den ganzen Tag über regelmäßige Verbindungen dorthin und zurück, außer sonntags, dann fährt der Bus gar nicht.

TOP TIPP

Quimper ist eine kleine Stadt, nach ein paar Nächten hat man alles gesehen. Für einen längeren Aufenthalt und mehr Möglichkeiten zum Essen und Trinken lohnt es sich, nach Unterkünften in den umliegenden Städten zu suchen.

Mythen, Crêpes & ein jahrhundertealtes Festival

Eintauchen in die bretonische Kultur

Der Überlieferung nach soll der legendäre König Gradlon von Cornouaille, eine Schlüsselfigur der keltischen Mythologie, Quimper Ende des 4., Anfang des 5. Jh. zur Hauptstadt seines Reiches gemacht haben. Er bat einen Einsiedler namens Corentin, der ihm einen wundersamen Fisch gezeigt hatte, der sich erneuerte, nachdem er gegessen worden war, auf dem Gelände der Stadt eine Kathedrale zu bauen. Corentin wurde so zum ersten von vielen zukünftigen Bischöfen von Quimper. Bei der Besichtigung der **Cathédrale St-Corentin** sticht zwischen den Türmen das **Reiterstandbild von König Gradlon** ins Auge. Nebenan, im ehemaligen Bischofspalast, ist das **Musée départemental breton** (Bretonisches Departementmuseum) einen Abstecher wert, um mehr über regionale Kunst und Traditionen zu erfahren. Ein Bummel durch die benachbarten mittelalterlichen Straßen wie die Rue des Boucheries, die Rue

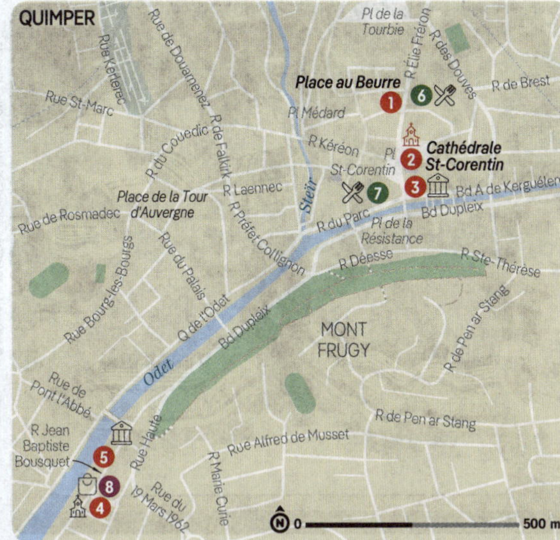

HIGHLIGHTS
1 Place au Beurre
2 Cathédrale St-Corentin

SEHENSWERTES
3 Musée départemental breton
4 Notre-Dame de Locmaria
5 Töpfereimuseum

ESSEN
6 Au Vieux Quimper
7 Ty Loulic

SHOPPEN
8 Werkstatt von HB-Henriot

Kéréon, über den Pont Médard und natürlich die berühmte, von Crêperien gesäumte Place au Beurre (übersetzt: Butterplatz) ist das ganze Jahr über ein Genuss – aber wer kann, sollte Quimper während des **Festival de Cornouaille** besuchen, das seit 1923 die windigen Straßen der Stadt belebt, um die bretonische Kultur und Identität zu feiern. Fünf Tage lang gibt es traditionelle Tanz- und Musikaufführungen, bei denen die Teilnehmer bretonische Trachten mit Spitzenkopfschmuck und bunten Schürzen tragen. Das Event gipfelt in der Wahl der Königin von Cornouaille, die unter Berücksichtigung einer von ihr verfassten Diplomarbeit über die bretonische Kultur, der von ihr getragenen Tracht und einer traditionellen Tanzaufführung gewählt wird. Natürlich wird das Ganze mit köstlichen bretonischen Spezialitäten genossen.

Bretonisches Geschirr shoppen

Die Keramiken von Locmaria

Nur 15 Gehminuten flussabwärts befindet sich das Viertel Locmaria, wo die ersten Spuren einer gallorömischen Hafenstadt in Quimper gefunden wurden. Hier steht auch das älteste Bauwerk der Stadt, die Kirche **Notre-Dame de Locmaria** aus dem 11. Jh. Bereits im 15. Jh. entstanden in Locmaria Töpferwerkstätten, doch erst im 17. Jh. erlebte die Region eine explosions-

BAGADOÙ & KELTISCHE TANZKREISE

Die bretonischen Traditionen werden in Quimper in Form von *bagadoù* und keltischen Tanzkreisen zelebriert. *Bagadoù* (der Plural von *bagad*) sind Gruppen, die von schottischen Pipe Bands inspiriert sind. Quimper hat einen der berühmtesten *bagad* zu bieten, Bagad Kemper. Auch die keltischen Tanzkreise sind in der Region fest verankert. Jeden Donnerstagabend im Juli und August findet unter dem Titel *Derrière les Remparts* eine kostenlose Aufführung eines *bagad* und eines Tanzkreises statt, die vor der Kathedrale beginnt und im Jardin de l'Evêché fortgesetzt wird.

CRÊPES ESSEN IN QUIMPER

Place au Beurre
Ein Crêpe am Butterplatz ist ein absolutes Muss. Die saisonale Speisekarte dieser Crêperie enttäuscht sicherlich niemanden. €

Au Vieux Quimper
Innen ist es charmant eng und gemütlich, mit köstlichem hausgemachtem gesalzenem Butterkaramell. €

Ty Loulic
Hübsches Lokal in einem historischen Innenhof. Hier setzt Besitzerin Carole noch die Rezepte ihrer Großmutter um. €

PFLICHTPROGRAMM: FEST-NOZ

Igor Gardes, Leiter des Festival de Cornouaille, erklärt, wie man in den traditionellen bretonischen Tanz eingeführt wird.

„Wie der Scheunentanz oder der *ceilidh* stammt der *fest-noz* direkt aus der Folklore und Tradition. Es ist der Tanz der Feste, der Hochzeiten, des „Wir helfen dem Nachbarn, den Gartenboden zu verdichten". Für Außenstehende kann es natürlich ein wenig einschüchternd sein, mitzumachen, wenn sich alle an den Händen halten und mit den Füßen stampfen. Deshalb solltest du eine Sache während des Festivals unbedingt tun: An einem der kostenlosen bretonischen Tanzkurse teilnehmen, die die ganze Woche über angeboten werden. In ein paar Stunden lernst du einfache Grundschritte, die du dann beim abendlichen *fest-noz* in die Tat umsetzen kannst. Keine Angst, niemand beurteilt dich!"

Werkstatt von HB-Henriot

artige Entwicklung der Keramikherstellung, die bis heute anhält und hauptsächlich von dem Hersteller HB-Henriot betrieben wird. Man kann eine Führung durch die **Werkstatt von HB-Henriot** buchen oder einfach den Laden besuchen, um schöne handbemalte *faïences* (Keramik) zu kaufen. Natürlich gibt's hier auch die original bretonische Schale, auch bekannt als *bol à oreilles* (Schale mit Ohren), die heute massenhaft reproduziert und in jedem Souvenirladen der Region verkauft wird. Wer noch mehr sehen möchte, kann im **Töpfereimuseum** vorbeischauen und dann in einer der Bars am Flussufer der Place du Stivel entspannt einen Drink zu sich nehmen.

Folge dem Odet

Eine Wanderung durch die Stangala-Schluchten

Nördlich von Quimper bahnt sich der Odet seinen Weg durch das Stangala-Tal und macht an einer Stelle eine Haarnadelkurve, wo im Lauf der Zeit beeindruckende, bis zu 80 m tiefe **Schluchten** entstanden sind. Das Gebiet wurde für Wanderer hergerichtet, mit markierten Wegen, die an beiden Ufern des Flusses und durch die umliegenden Wälder führen. Vom Parkplatz am Chemin du Kerlic aus wird man anhand von Markierungen zum Weg geführt und kann sich dann auf die 10 km lange Strecke begeben, die atemberaubende Ausblicke auf das Tal und die reißenden Fluten bietet, die dann aber plötzlich zu einem ruhigen Fluss werden. Es handelt sich um eine ziemlich anstrengende dreistündige Wanderung mit vielen Hügeln und Steigungen, für die gutes Schuhwerk erforderlich ist.

Rund um Quimper

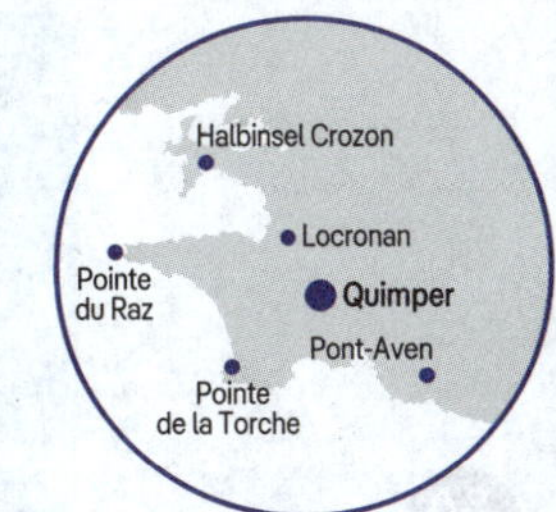

Atemberaubende Wanderungen am Meer, malerische Dörfer, köstliche Meeresfrüchte und sogar einige Berge: Finistère hat alles zu bieten.

Finistère, was wörtlich übersetzt „Ende der Welt" bedeutet, ist die letzte Station vor der unendlichen Weite des Atlantiks. Der Name lässt die atemberaubenden Aussichten und die noch weitgehend unberührte, zerklüftete Küste schon erahnen. Wanderfreunde finden hier unzählige Möglichkeiten, diese wunderschöne Landschaft zu erkunden, ohne sich jemals an ihren spektakulären Panoramen zu satt sehen zu können. Das heißt aber nicht, dass es in der Region nicht eine Vielzahl von Sehenswürdigkeiten und Attraktionen gibt. Von den Fischerhäfen des Bigoudenlandes über die Besteigung eines der „Berge" der Bretagne bis hin zum Besuch von Künstlergalerien in Pont-Aven oder dem Kennenlernen der neodruidischen Bewegung in Locronan – das Angebot an Tagesausflügen und längeren Aufenthalten in der Umgebung von Quimper ist vielfältig.

UNTERWEGS VOR ORT

Quimper liegt im Herzen des südlichen Finistère und ist ein idealer Ausgangspunkt, um die Region zu entdecken. Viele der umliegenden Städte und Dörfer sind mit dem Bus erreichbar. Einige Verbindungen verkehren jedoch nur unregelmäßig und an Sonn- und Feiertagen ist der Verkehr stark eingeschränkt. Verlässt man sich auf die Busfahrpläne, kann man nicht mehr als ein Ziel pro Tag besuchen und ist durch die Buslinien eingeschränkt, wenn man beispielsweise eine Wandertour plant. Wer flexibler sein will, sollte sich nach einem Mietwagen umsehen.

Strand von Morgat, Halbinsel Crozon (S. 272)

TOP TIPP

In der Region gibt es die besten Spots für Wassersportarten, insbesondere Surfen und Bodyboarden – auch Anfänger sind herzlich willkommen.

PACTOENTRECABALLEROS/SHUTTERSTOCK ©

Leuchtturm von Le Guilvinec

WELTBERÜHMTER SURFSPOT

In den letzten Jahren erlangte das Bigoudenland weltweite Berühmtheit durch die Pointe de la Torche, einen felsigen Ausläufer an der Südspitze der Bucht von Audierne, der den 2 km langen, dem Meer zugewandten Sandstrand Plage de la Torche von der geschützteren Plage de Pors Carn trennt. Im Sommer sieht man hier Wohnmobile und Vans mit Nummernschildern aus der ganzen Welt. Die den Wellen des Ozeans ausgesetzten Strände der Gegend ziehen das ganze Jahr über Surfer an, sind aber besonders an sonnigen Tagen sehr beliebt. Aufgrund der oft gefährlichen Bedingungen gelten hier strenge Sicherheitsvorschriften, und das Schwimmen ist reglementiert. Nimm dir daher Zeit, die Schilder zu lesen, wenn du hierher kommst.

Fischerstädtchen-Hopping

Radeln durch das Bigoudenland

Fährt man einige Kilometer südlich von Quimper in Richtung Meer, gelangt man in das stolze **Bigoudenland**, bekannt für den charakteristischen 30 cm hohen Seidenkopfschmuck, der in den 1940er-Jahren zur traditionellen Kleidung der Frauen gehörte. Die Region ist stark von der Fischerei geprägt, die Küste von Fischerhäfen gesäumt. In **Le Guilvinec**, dem bedeutendsten handwerklichen Fischereihafen Frankreichs, kann man sich ein Fahrrad ausleihen und entlang der **Plage du Ster** in Richtung **Penmarc'h** und bis zum **Phare d'Eckmühl** fahren. Dort kann man den Leuchtturm besichtigen und wird nach einem 307-stufigen Aufstieg mit einem wunderschönen Blick auf die umliegenden Riffe und den Ozean belohnt. Weiter geht es in Richtung Norden entlang der Küste bis zum Fischereihafen von **St-Guénolé**, der landesweit für seine Sardinen bekannt ist. Die Gleise der stillgelegten Birinik-Bahn, die heute zu einem

MEERESFRÜCHTE ESSEN IM BIGOUDENLAND

Le Poisson d'Avril
Kreativ verarbeitete frische Produkte in diesem unprätentiösen Restaurant am Hafen von Le Guilvinec. **€€**

An Atoll
Hummer und (im Prinzip) nur Hummer in traumhafter Lage direkt am Meer. Im Voraus buchen. **€€**

Le Vivier des Étocs
Fischerei und Restaurant am Tag, Bar und Events am Abend. Tolle Atmosphäre und frisches Essen in Penmarc'h. **€**

grünen Weg umfunktioniert wurden, verbinden St-Guénolé mit Le Guilvinec und ermöglichen eine autofreie Rückfahrt. Am besten plant man seine Zeit so, dass man zwischen 16 und 17 Uhr das faszinierende Ballett der zurückkehrenden Fischerboote beobachten kann. Auf der Panoramaterrasse des *criée,* wo die Fische anschließend versteigert werden, versammeln sich viele Menschen, um dem Spektakel beizuwohnen – also früh genug kommen, um sich einen Platz zu sichern. Wer mehr über den Verkauf der Fische erfahren möchte, kann bei **Heliotika** eine Führung durch die *criée* buchen, während die Fische versteigert werden. Geschlossenes Schuhwerk ist empfehlenswert.

Zauberhaftes Pont-Aven

Entdecke ein reales Gauguin-Gemälde

Ende des 19. Jhs. ließ sich Paul Gauguin, von Paris erdrückt und uninspiriert, in dem kleinen Dorf **Pont-Aven** nieder, das schnell zur Anlaufstelle für junge Maler wie Émile Bernard, Paul Sérusier und Henry Moret wurde. Wenn man durch die charmanten Straßen des Dorfes spaziert, dem leisen Rauschen des nahen Flusses Aven lauscht und – je nach Jahreszeit – den Duft der Glyzinien riecht, wird schnell klar, warum Pont-Aven so viele Künstler:innen inspiriert hat. Und das tut es immer noch – die Stadt ist voller Galerien und das angesehene Museum ist einen Besuch wert. Flaniere durch die Stadt, um die Atmosphäre auf dich wirken zu lassen, und verlasse sie nicht ohne ein paar Schachteln *galettes* und *palets*, die berühmten Butterkekse von Pont-Aven.

Eine Reise in die Vergangenheit in Locronan

Die Granithäuser von Locronan

Das Dorf **Locronan** wirkt, als sei es seit dem 16. Jh. unberührt geblieben, als es durch die Herstellung von Segeltuch zu Ruhm und Wohlstand kam. Man wird von prächtigen Häusern aus dunklem Granit empfangen, von denen viele kunstvoll geschnitzte Figuren, sowohl katholische als auch heidnische, aufweisen. Den Mittelpunkt des Dorfes bildet die Place de l'Église, die von 14 Granithäusern umgeben ist, die im 17. und 18. Jh. für hochrangige Einwohner um einen Gemeinschaftsbrunnen gebaut wurden. Neben dem Platz verläuft die Rue Moal, wo früher die Weber wohnten. Auf der gegenüberliegenden Seite führt die Rue St-Maurice zum **Herrenhaus Kerguénolé** mit Blick auf das Dorf und die umliegende Landschaft. Es lohnt sich, den Spaziergang durch die Rue du Four bis zur **Kapelle Ar Sonj** zu verlängern, die etwa 30 Minuten entfernt liegt und mit 289 m Höhe

COMEBACK DER DRUIDEN IN DER BRETAGNE

Wie ihre keltischen Nachbarn war auch die Bretagne vor ihrer Christianisierung ein Land der Druiden. Zu Beginn des 20. Jhs. wurde, inspiriert durch walisische neodruidische Bewegungen, der Gorsedd de Bretagne gegründet, eine Organisation, die Druidenanhänger unter der Autorität des Großdruiden der Bretagne zusammenführte. Der Gorsedd führte zahlreiche Rituale und Zeremonien ein oder erweckte sie wieder zum Leben.

Alle sechs Jahre findet in Locronan – historisch gesehen ein heiliges Druidenland – die Grande Troménie statt, eine 12 km lange Prozession, bei der keltische Götter und Göttinnen angerufen werden. Die Troménie findet parallel zu einer christlichen Prozession zu Ehren des Heiligen Ronan, des Schutzpatrons von Locronan, statt, die die gleiche Strecke zurücklegt. Druiden, Barden und Vates, die neben christlichen Bannern und Kreuzen stehen, bilden eine lebendige historische Zeitlinie, die Tausende Besucher:innen anzieht.

ESSEN IN LOCRONAN

Odette
Das geschmackvoll eingerichtete Vintage-Café bietet einfache, herzhafte Gerichte zum Mittagessen und Brunch. €€

Crêperie Le Temps Passé
Charmantes, authentisches Ambiente, herzlicher Empfang, große Auswahl an Crêpes und Produkten aus der Region. €

Crêperie Les Trois Fées
Hohe Decken, Holzbalken und ein Kamin – der perfekte Ort für einen schnellen Crêpe. €

den Gipfel des „Berges" von Locronan bildet. Von dort aus bietet sich ein außergewöhnlicher Blick auf die nur wenige Kilometer entfernte Bucht von Douarnenez, auf die Ebene von Porzay, auf den Berg Ménez-Hom und bei klarem Wetter vielleicht sogar bis Brest und die Halbinsel Crozon.

Ein Blick von oben

Den Ménez-Hom besteigen

Mit einer Höhe von 330 m ist der **Ménez-Hom** einer der seltenen „Berge" der Bretagne. Der Gipfel, bekannt als Yet, überragt die Bucht von Douarnenez, die Reede von Brest, die Halbinsel Crozon und die alte Bergkette der Monts d'Arrée. Bei klarem Wetter ist der Blick auf die Umgebung ungetrübt. Der Gipfel ist vom Parkplatz Menez-Hom aus in wenigen Minuten zu Fuß zu erreichen, aber in der Umgebung gibt es zahlreiche Wanderwege, wenn man Lust auf einen Aufstieg hat. Ein beliebter Rundweg von etwa 12 km Länge beginnt im Dorf St-Nic und führt über den Wanderweg GR37 zum Gipfel des Menez-Hom durch eine abwechslungsreiche Landschaft mit Wäldern und Mooren, mit schönen Ausblicken auf das Meer. Für eine kürzere Wanderung – etwa eine Stunde für Hin- und Rückweg – startet man an der **Chapelle Sainte-Marie-du-Ménez-Hom**, die für ihren beeindruckenden Kalvarienberg aus dem 16. Jh. bekannt ist, und folgt dem kleinen Pfad, der direkt zum Gipfel führt.

Spaziergang auf der Halbinsel Crozon

Von gepeinigten Klippen zu himmlischen Stränden

Der Abschnitt des Wanderwegs GR34, der auf der Halbinsel Crozon entlangführt, ist einer der am meisten prämierten – ein wohlverdienter Ruhm, der auf die atemberaubende Kulisse zurückzuführen ist, die er bietet: schwindelerregende Klippen, Sandstrände, Kiefernwälder, geheimnisvolle Grotten und farbenfrohe Heidelandschaft. Wandern ist bei Weitem die beste Art, die Gegend zu erkunden, und eine beliebte Tour besteht darin, einfach den gesamten Küstenpfad der Halbinsel abzuwandern, was etwa eine Woche dauert. Wer weniger Zeit hat, sollte den beliebten Badeort **Crozon-Morgat** ansteuern und dem **Wanderweg Ty ar C'huré** entlang der Küste bis zur schönen **Plage de l'Île Vierge** folgen, die etwa 1½ Stunden entfernt ist. Ein paar Kilometer weiter und daher nur erreichbar, wenn man zu einer Tageswanderung bereit ist oder ein Auto hat, bietet das **Cap de la Chèvre** mit seinen 80 m hohen, windgepeitschten Klippen einen 180-Grad-Blick auf das Meer und, wenn man es richtig plant, einen spektakulären Sonnenuntergang. Im Norden der Halbinsel beginnt in **Camaret-sur-Mer**,

ROBBEN-SPOTTING

Annette Lahaye-Collomb, Seglerin, Schriftstellerin und Künstlerin aus dem Finistère, erzählt von einer ihrer liebsten Seereisen. annetteproductions.fr

„Draußen auf dem Meer vor Penmarc'h befindet sich eine Felsformation namens Étocs. Im Hafen von Guilvinec kann man an Bord der Soizen-Boote gehen und eine Entdeckungstour durch die Kolonier der Kegelrobben machen, die diesen felsigen Archipel bewohnt. Die Tour respektiert die Sanftheit des Ortes: Der Motor läuft im Leerlauf, während man über das kristallklare Wasser gleitet – perfekt beschrieben durch das bretonische Wort *glaz*, das blau oder grün bedeutet. Die Robben sind nur wenige Meter vom Boot entfernt und lugen schüchtern aus dem Wasser, um nach dem Rechten zu sehen. Sobald man aus diesem Felsenlabyrinth auftaucht, wird man von der ruhigen Schönheit dieser Gegend, in der das Sonnenlicht mit dem Blau des Ozeans spielt, verzaubert."

ÜBERNACHTEN IN CROZON

Hôtel de la Baie
Farbenfrohe Zimmer und Studio-Apartments am Strand von Morgat. Keinesfalls den schönen Sonnenaufgang verpassen! €€

Kermaria
Elegantes traditionelles Gästehaus mit Meerblick in allen Zimmern und dem Sandstrand von Morgat zu Füßen. €€

Le Styvel
Am Hafen von Camaret bietet dieses familiengeführte Hotel und Restaurant Zimmer mit Aussicht zu angemessenen Preisen. €

Pointe du Van

einem weiteren beliebten Sommerziel, ein 14 km langer Rundweg, der entlang der Küste über die **Pointe du Grand Gouin** und die **Pointe du Toulinguet** bis hin zur **Pointe de Pen-Hir** und zur **Plage de Veryac'h** führt, die alle zu den bemerkenswertesten Orten der Halbinsel gehören. Man kann den GR34 an so gut wie jeder Stelle verlassen, sodass sich die Route ganz nach dem eigenen Fitnesslevel gestalten lässt.

Am Ende der Welt stehen

Die atemberaubende Pointe du Raz

Man kann sich nur klein fühlen, wenn man von der berühmten **Pointe du Raz** aus die Unendlichkeit des Atlantischen Ozeans betrachtet. In der Ferne erhebt sich der **Phare de la Vieille**, der oft von den Wellen umspült wird – ein Symbol für die gefährliche Meereswelt, auf die er blickt. Als einer der westlichsten Punkte der Bretagne ist dies ein hervorragender Ort für einen herrlichen Blick auf den Sonnenuntergang. Am besten lässt sich das Ganze bei einem Spaziergang entlang der Küste zur **Pointe du Van** genießen, die etwa 1½ Stunden entfernt ist. Oder man stürzt sich direkt rein: Die **Baie des Trépassés**, die zwischen Raz und Van liegt, ist ein beliebter Spot für Surfer und Bodyboarder. Die Surfschule in der Bucht bietet von Mitte März bis Mitte November Surfkurse an. Man kann auch für ein paar Stunden eine Ausrüstung mieten.

WARUM ICH FINISTÈRE LIEBE

Daphné Leprince-Ringuet, Autorin @daphneleprince

Im Finistère wird der Ruf der Bretagne als Land der Legenden erst richtig lebendig. Wenn man an der Küste spazieren geht und Tausende von Kilometern mysteriöser, gefährlicher und unberechenbarer Gewässer vor sich hat, kann man sich leicht vorstellen, warum sie so viele Mythen inspiriert hat. Vielleicht ist es der Ehrfurcht vor den zerklüfteten Klippen, den dramatischen Wellen und dem gelegentlich wütenden Himmel zu verdanken, dass die Region noch weitgehend unberührt ist – man hat also wirklich die Chance, das ganze Spektakel in sich aufzusaugen. Zugegeben, das Wasser ist nicht ganz so warm, und man muss vielleicht neben dem Badeanzug noch ein paar Pullover einpacken. Aber die berauschenden Eindrücke und Erlebnisse sind die zusätzlichen Schichten allemal wert.

Vannes

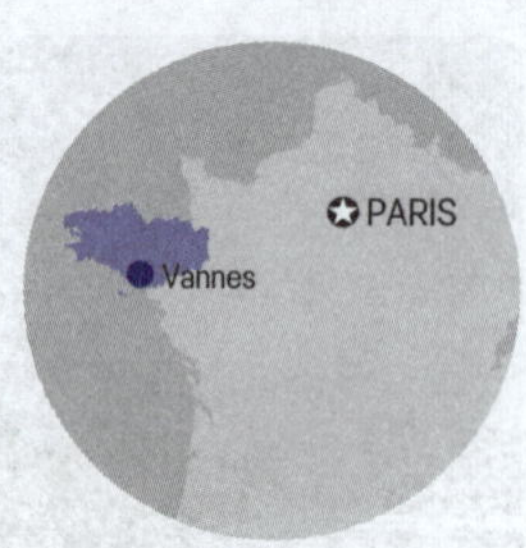

UNTERWEGS VOR ORT

Der Bahnhof von Vannes liegt nur wenige Gehminuten von der Stadtmauer entfernt. Dort sollte man sein Auto parken, wenn man eines hat, denn das historische Zentrum ist eine Fußgängerzone. Bewegt man sich jedoch außerhalb des Stadtzentrums, sollte man seine Reiseroute sorgfältig prüfen, denn die Entfernungen können unerwartet groß sein, sodass es sich lohnen kann, das Auto zu nehmen oder das ausgezeichnete öffentliche Verkehrsnetz von Vannes zu nutzen. Die Halbinsel Conleau zum Beispiel ist mit der Buslinie 3 in 20 Minuten, die Bootsstation von Vannes mit der Linie 7 in 10 Minuten zu erreichen.

TOP TIPP

Die Stadtmauern von Vannes sind fast vollständig gesperrt. An der Rue des Vierges kann man jedoch den Tour Joliette hinaufsteigen, um die Mauer zu betreten. Von dort aus hat man einen schönen Blick auf die Gärten und den Rest der Festungsanlagen.

Vannes thront bescheiden über dem Golfe du Morbihan und blickt auf eine jahrhundertealte, bewegte Geschichte zurück. Ein reiches Erbe, das in den verwinkelten, von Fachwerk- und Herrenhäusern gesäumten Straßen, den charmanten gepflasterten Plätzen und den imposanten Festungsanlagen, die dem Lauf der Zeit stolz trotzen, lebendig wird. Im Mittelalter war Vannes eine bedeutende Stadt, die von den Herzögen der Bretagne besonders geschätzt wurde. Einer der wichtigsten Wendepunkte in der Geschichte der Region war der Vertrag von 1532 über den Anschluss der Bretagne an das Königreich Frankreich – inoffiziell auch als das Ende der bretonischen Freiheit bekannt. Heute ist Vannes eine herzliche, freundliche Stadt, die von ihren Einwohnern geliebt wird, deren beschauliche Lebensfreude ansteckend ist. Du begegnest hier Studenten, jungen Berufstätigen, Familien und älteren Menschen, die stets bereit sind, die zahlreichen Besucher:innen von Vannes herzlich zu empfangen, ohne dabei ihre unverbrüchliche Verbundenheit mit der bretonischen Identität zu verlieren.

PASCALE GUERET/SHUTTERSTOCK ©

Vannes

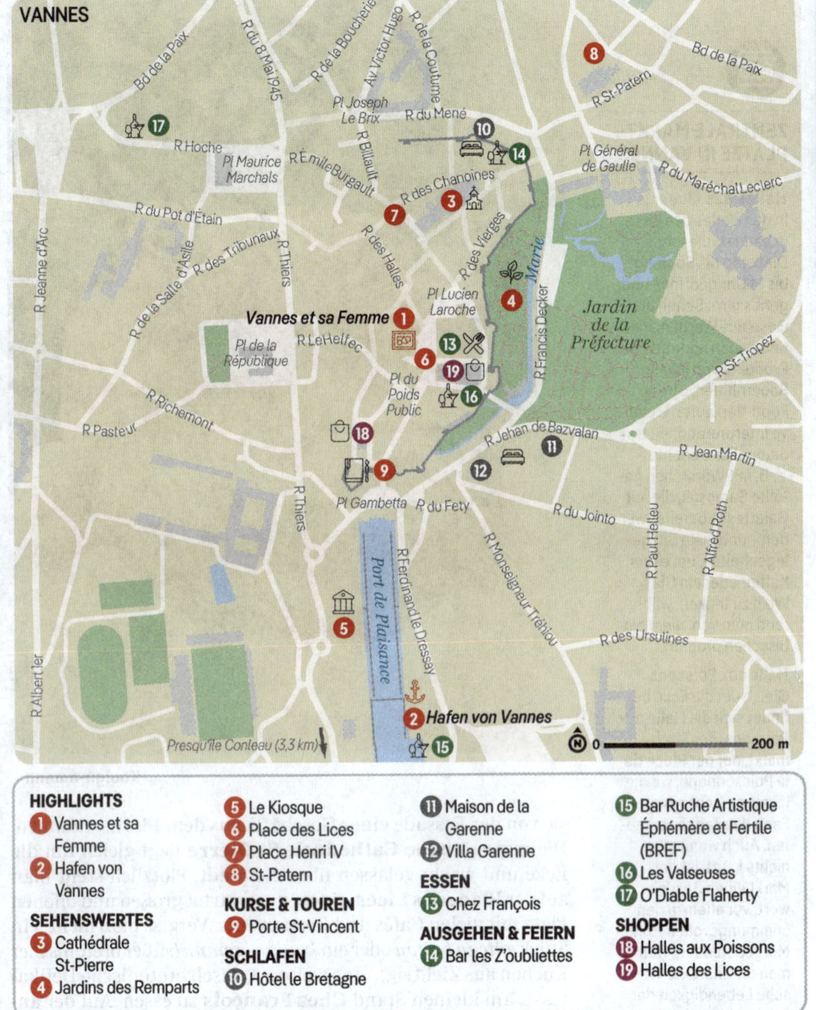

Bummel durch die Innenstadt

Gepflasterte Straßen und majestätische Kathedrale

Der beste Weg, Vannes zu erkunden, ist, sich in den verwinkelten Gassen treiben zu lassen. Das mittelalterliche Stadtzentrum ist eine Fußgängerzone und bietet eine Fülle von hübschen Ecken und Winkeln. Du läufst über die fotogene **Place Henri IV**, die von farbenfrohen mittelalterlichen Häusern gesäumt ist, und durch bezaubernde, enge Kopfsteinpflasterstraßen wie die Rue des Halles. Achte auf die wuchtigen Büsten von **Vannes et sa femme** an der Kreuzung der Rue Bienheureux-Pierre-René-Rogue und der Rue Noë, von denen man annimmt, dass

ZENTRALE MARKTPLÄTZE IN VANNES

Halles des Lices
In den Halles des Lices in Vannes, die von Dienstag bis Sonntag bis 14 Uhr geöffnet sind, geht's um's Sehen und Gesehen-Werden. Hier findet man appetitliche Produkte von lokalen Bauernhöfen, Street-Food-Verkäufer, kreative Interpretationen traditioneller Gerichte – z. B. mit Würstchen gefüllte Samosas, die mit Galettes zubereitet werden – und viele Sitzgelegenheiten, um einen Kaffee oder ein Glas Wein zu trinken, während man von allem ein bisschen probiert.

Halle aux Poissons
Gleich um die Ecke befindet sich die Halle aux Poissons, der Fischmarkt, auf der Place de la Poissonnerie, wo die lokalen Fischer ihren Fang des Tages verkaufen. Auch wenn man nichts kauft, ist der Markt einen Besuch wert, vor allem in den stimmungsvollen frühen Morgenstunden, wenn man die charakteristische Lebendigkeit der Stadt erleben kann.

Kouign-amann

sie von der Fassade eines Geschäfts aus dem 16. Jh. stammen. Die majestätische **Cathédrale St-Pierre** liegt gleich um die Ecke und wacht gelassen über die Stadt. Plötzlich steht man auf der **Place des Lices**, einem unerwartet großen und offenen Platz mit vielen Cafés und Restaurants. Vergiss bloß nicht, ein Stück *gâteau breton* oder ein *kouign-amann* (süßer bretonischer Kuchen aus Ziehteig), eine weitere typisch bretonische Delikatesse, am kleinen Stand **Chez François** zu essen. Auf der anderen Seite der Stadtmauer laden die schönen **Jardins des Remparts** zu einer erfrischenden Pause ein. Hier kann man hervorragend den Sonnenuntergang über der Stadtmauer beobachten. Das Viertel **St-Patern** weiter im Norden ist nicht zu

ÜBERNACHTEN IN VANNES

Villa Garenne
In einer malerischen Straße am Hafen gelegenes Gästehaus mit stilvollen Zimmern und fantastischem Frühstück. **€€**

Maison de la Garenne
Elegantes Gästehaus und Spa in einem schönen Herrenhaus aus dem 19. Jh., mit Zugang zum Blumengarten und zum Pool. **€€**

Hôtel le Bretagne
Tolle Lage, vernünftige Preise. Einfache, ruhige Zimmer, einige mit Blick auf die Stadtmauer. **€**

toppen. Der älteste Teil der Stadt beherbergt heute zahlreiche Bars und erwacht am Abend zum Leben – perfekt, um den entspannten und lockeren Lebensstil von Vannes zu genießen.

Auf einen Drink am Hafen

Von einer sonnenverwöhnten Terrasse aus Boote beobachten

Geht man durch die **Porte St-Vincent**, den im 16. Jh. erbauten Haupteingang der Stadt, landet man sofort im geschäftigen Treiben auf der Place Gambetta an der Spitze des **Hafens von Vannes**. Bars, Cafés und Restaurants gibt es in diesem Stadtteil in Hülle und Fülle, sie verteilen sich über einige hundert Meter zu beiden Seiten des Flusses Marle. Schlendert man den Quai Eric Tabarly entlang, kann man im **Le Kiosque** vorbeischauen, einem Kulturraum, in dem das ganze Jahr über bei freiem Eintritt Fotoausstellungen stattfinden, bevor man sich in eine der zahlreichen Bars am linken Ufer begibt, die ideal gelegen sind, um die letzten Sonnenstrahlen für einen Drink am frühen Abend auszunutzen.

Ein Tagesausflug zum Strand

Sonnenbaden auf der Halbinsel Conleau

Auch wenn das Stadtzentrum etwas weiter im Landesinneren liegt, erstreckt sich Vannes bis an die Spitze des Golfe du Morbihan – und es lohnt sich, weiter nach Süden vorzudringen. Man geht am rechten Flussufer entlang, vorbei an der Anlegestelle, und einige Minuten durch eine nicht gerade gepflegt wirkende Szenerie, bis man die Pointe des Emigrés erreicht, wo die Promenade Paul Chapel beginnt. Dichte Kiefernwälder auf der rechten Seite und schöne Ausblicke auf den Fluss auf der linken Seite ermöglichen einen angenehmen 45-minütigen Spaziergang bis zur **Halbinsel Conleau**. Zwanglose Cafés und Restaurants, ein Meerwasserschwimmbad und vor allem ein einladender Strand machen Conleau in den heißen Sommermonaten zu einem beliebten Treffpunkt der Einheimischen, weswegen in der Hochsaison mit einigem Andrang zu rechnen ist. Der Küstenwanderweg führt rund um die Halbinsel, mit Blick auf den kleinen Hafen von Port-Anna in Séné auf der anderen Seite des Flusses, und – für einen Vorgeschmack auf die bretonische Kultur – vorbei an dem berühmten Straßenkunstwerk *Breton un jour, Français jamais* (Einmal Bretone, nie mehr Franzose), das die Mauer gegenüber dem Meerwasserschwimmbad ziert.

BESTE BARS IN VANNES

Les Valseuses
Ein lokaler Favorit. Karaoke-Abende, Live-Musik, Bar-Service und fröhliche Gäste.

Bar Ruche Artistique Éphémère et Fertile (BREF)
Kulturraum, der aufstrebende Künstler:innen unterstützt und gleichzeitig als Bar fungiert – ein ungewöhnlicher Ort für einen Drink am Hafen.

O'Diable Flaherty
Etwas abseits der Menschenmassen, aber der Weg lohnt sich. Ein dunkler, traditioneller irischer Pub für einen Drink mit Einheimischen.

Bar les Z'oubliettes
Schlichte, schön in die Stadtmauer eingebettete Bar mit einer einfachen Speisekarte und Veranstaltungen am Wochenende.

Paddy O' Dowd's
In diesem beliebten Pub mit Blick auf den Hafen kann man ein paar Bier trinken. Auf der Terrasse lässt es sich im Sommer gut aushalten.

Rund um Vannes

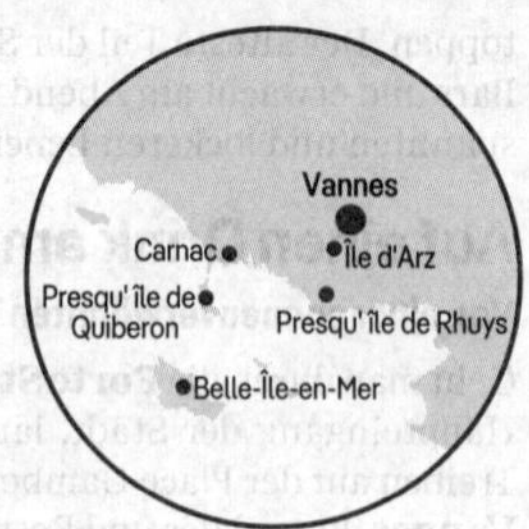

Die Region Morbihan liegt am Meer und lebt im Rhythmus von Wind und Gezeiten. Erwarte salziges Haar und jede Menge Meeresfrüchte.

UNTERWEGS VOR ORT

Von Vannes aus bedienen Buslinien so ziemlich jedes Ziel im Golfe du Morbihan. Wenn du aber unabhängig von Buslinien sein möchtest und noch mehr entdecken willst, brauchst du ein Auto oder ein Fahrrad. Ziele wie die Halbinsel Quiberon und Carnac sind von Vannes aus nicht ohne Weiteres mit Bus und Bahn zu erreichen. Rochefort-en-Terre, Malestroit und La Gacilly sollten am selben Tag mit dem Auto erkundet werden. Auch die Halbinsel Rhuys, die durch die Buslinie 24 gut erschlossen ist, ist ein Ziel, das einige Zwischenstopps verdient.

TOP TIPP

Morbihan ist vor allem im Sommer bei Tourist:innen sehr beliebt. Tickets für berühmte Sehenswürdigkeiten wie Belle-Île-en-Mer oder Carnac sind schnell vergriffen, also plane rechtzeitig.

Mor (bretonisch für „Meer") und *bihan* („klein") – der Name der Region selbst bezieht sich auf das „kleine Meer", das im Golf eingeschlossen ist und gewöhnlich im Rampenlicht steht. Das ist auch verständlich, denn auf einer Strecke von nur 20 km findet man eine enorme Vielfalt an Sehenswürdigkeiten, von unzähligen Inseln über mittelalterliche Hafendörfer bis hin zu ruhigen Stränden und Salzwiesen. Aber es lohnt sich auch, ein wenig weiter zu fahren. Die Halbinsel Quiberon im Westen blickt direkt auf den Atlantik und bietet eine herrliche Aussicht auf die windgepeitschte Küste. Fährt man in Richtung Osten zur Halbinsel Rhuys, stößt man auf endlose Strände, die zu einem Spaziergang einladen. Du wirst immer wieder nach Morbihan zurückkehren wollen – es gibt immer etwas Neues zu sehen.

Die Inseln von Morbihan

Mit dem Kajak durch das „Kleine Meer"

Alte bretonische Legenden besagen, dass die Feen des Waldes von Brocéliande (S. 257), die aus ihrer Heimat vertrieben wurden, so viele Tränen weinten, dass der Golfe du Morbihan entstand. Die Feen warfen daraufhin Blumenkränze in den Golf und schufen so viele Inseln, wie es Tage im Jahr gibt. Die offiziellen Zählungen, die zwischen 40 und 60 Inseln schwanken, widersprechen diesen Legenden zwar, aber es gibt dennoch viel zu entdecken. **Île d'Arz** und **Île aux Moines**, die beiden größten und bekanntesten Inseln, sind mit dem Shuttle-Boot von den Häfen Vannes und Port-Blanc aus zu erreichen und eignen sich hervorragend für einen Tagesausflug zu Fuß oder mit dem Fahrrad. Lust auf mehr Abenteuer? Man kann den Golf auch direkt vom Meer aus entdecken. Buche eine geführte Kajaktour bei einem der zahlreichen Clubs entlang der Küste und gehe für ein paar Stunden auf Entdeckungstour. In Baden zum Beispiel bietet **Varec'h Kayak** zwei- und dreistündige Touren zu den nahe gelegenen Inseln **Irus** und **Holavre** und sogar zu einem Teil der Küste der Île aux Moines an, bei denen ein Führer die außergewöhnliche Flora und Fauna der Umgebung erklärt. Bitte beachte, dass die Route je nach Strömungen, Winden, Gezeiten und unter Berücksichtigung der körperlichen Voraus-

Kajakfahren, Golfe du Morbihan

setzungen der Gruppenmitglieder täglich neu festgelegt wird. An einem guten Tag können fitte Leute mit dem Kajak bis zur **Île de la Jument** am Eingang des Golfs fahren. Behalte also die Wettervorhersage im Auge und rufe vorher an, um zu planen.

Rundgang durch Morbihans schönste mittelalterliche Orte

Rochefort-en-Terre, La Gacilly und Malestroit

Drei der schönsten mittelalterlichen Dörfer von Morbihan liegen nebeneinander, weniger als eine Autostunde von Vannes entfernt. Zunächst geht's nach **Rochefort-en-Terre**, das stolz auf einem Hügel thront und in dessen verwinkelten Gassen bezaubernde Fachwerkhäuser stehen, von denen viele Künstlergalerien und Antiquitätengeschäfte beherbergen. Nach 20 Minuten Fahrt erreicht man dann **La Gacilly**, die Heimatstadt von Yves Rocher und eine grüne Oase, die viele der pflanzlichen Kreationen der Marke inspiriert hat. Hier findet man zahlreiche Kunsthandwerker. **Malestroit** ist weitere 20 Minuten entfernt und bietet ebenso charmante Kopfsteinpflasterstraßen und architektoni-

GEHE AN BORD DER *LE CORBEAU DES MERS*

Ende Juni 1940 verließen 128 Männer die Insel Sein an Bord kleiner Fischerboote in Richtung England, um dem Aufruf von General de Gaulle zu folgen und sich ihm im Widerstand anzuschließen. Eines ihrer Boote, *Le Corbeau des Mers*, liegt heute in Port-Anna in Séné. Heute führt es ein ruhigeres Leben, indem es von März bis Oktober Besucher:innen durch den Golf schippert – du wirst dem Charme seines alten dunklen Rumpfes und der rostroten Segel sofort verfallen.

Die Touren können für einen Tag oder einen halben Tag gebucht werden und finden ab einer Gruppenstärke von vier Personen statt. Wie bei anderen Wassersportarten im Golf richtet sich die Route nach den aktuellen meteorologischen Bedingungen.

ESSEN AUF DER HALBINSEL QUIBERON

Le Bateau-Ivre, St-Pierre-Quiberon
Unprätentiöses Restaurant mit frischen Meeresfrüchten, Crêpes, Salaten und einer tollen Aussicht. €

Canailles, St-Pierre-Quiberon
Bar, Restaurant und *guinguette* in einem traditionellen Steinhaus. Auf der Karte stehen lokale Produkte. €€

Chez Homard, Quiberon
Delikate, von der japanischen Küche inspirierte Meeresfrüchtegerichte mit lokalen und saisonalen Produkten. Fine Dining in seiner besten Form. €€€

BESTE STRÄNDE IN MORBIHAN

Plage de Penboc'h, Arradon
Ein intimer Strand ähnlich wie an einem Fluss. Von Vannes aus leicht zu erreichen, erfordert aber einen kleinen Spaziergang vom Parkplatz aus.

Grande Plage de Carnac
Der größte Strand von Carnac erstreckt sich über 2 km und lädt bei Ebbe zu schönen Spaziergängen am Meer ein.

Plage de Port-Maria, St-Gildas-de-Rhuys
Ein gemütlicher, ruhiger Strand auf der Halbinsel Rhuys, der auch im Sommer nicht überlaufen ist. Achtung: Das Schwimmen wird nicht überwacht.

Plage du Goh Velin, St-Gildas-de-Rhuys
Ein weitläufiger Sandstrand, der an sonnigen Tagen sehr begehrt ist und einen schönen Blick auf die Bucht von Quiberon und ihre Inseln bietet.

Plage de Suscinio, Sarzeau
Schwierig zu parken, aber die Mühe lohnt sich. Ein riesiger, unberührter Strand am Atlantik, der von der Burg Suscinio überragt wird.

KARL ALLEN LUGMAYER/SHUTTERSTOCK ©

Auray

sche Wunder, darunter die berühmten Häuser Maison de la Truie-qui-file und Maison du Pélican aus dem 15. Jh.

Spaziergang von der Bucht zum Meer

An der Côte Sauvage auf der Halbinsel Quiberon

Die Halbinsel Quiberon, die neben dem Golfe du Morbihan ins Meer hineinreicht, ist deutlich geteilt zwischen ihrer dem Atlantik zugewandten Westflanke und ihrer Ostküste, die die Bucht von Quiberon säumt, was zu sehr unterschiedlichen Landschaften führt. An der Bucht gibt es zahlreiche Sandstrände, der Wanderweg Côte Sauvage an der gegenüberliegenden Küste mit seinen atemberaubenden Ausblicken auf den Ozean ist besonders für Wanderungen ideal. Freue dich auf zerklüftete Klippen, die von smaragdgrünem Wasser umspült werden, imposante *pointes*, die in den Atlantik hineinragen, und lokale Wunder wie **La Roche Percée** („Der durchbohrte Fels"). Um all das zu sehen, fährt man nach Quiberon, dem Hauptort der Halbinsel, und macht sich auf den Weg zum **Château Turpault**, das eindrucksvoll auf der **Pointe de Beg Er Lann** steht und den Beginn der Côte Sauvage markiert. Auf dem Küstenwanderweg geht es etwa 8 km weit in Richtung Norden bis zum Fischer-

KAFFEE TRINKEN IN DEN MITTELALTERLICHEN DÖRFERN VON MORBIHAN

Le Square, Malestroit
Unkompliziertes Café und Bar mit Sitzgelegenheiten im Freien, abseits der Menschenmassen. Lass dir das handwerklich hergestellte Eis nicht entgehen.

La Jolie Pause, La Gacilly
Große Auswahl an Tee- und Kaffeespezialitäten sowie eine Speisekarte mit regionalen Produkten. Geschmackvolle Einrichtung mit viel Schnickschnack.

L'Art Gourmand, Rochefort-en-Terre
Charmantes Café in einer Herberge aus dem 16. Jh. mit einer großen Auswahl hausgemachter Kuchen.

dorf **Portivy**. In einem der kleinen Cafés am Hafen dort kann man sich mit einem fantastischen Blick auf den Sonnenuntergang belohnen, bevor man den Zug zurück nach Quiberon nimmt.

Das Juwel der Bretagne

Mit dem Moped über die Belle-Île-en-Mer

Es gibt nur wenige Orte, die ihrem Namen besser gerecht werden als **Belle-Île-en-Mer**, die „schöne Insel". Sie bietet einige der beliebtesten Landschaften der Bretagne – eine Abfolge von friedlichen Feldern, einladenden Stränden und chaotischen Felsküsten, durchsetzt mit malerischen Häfen und Dörfern. Den Hauptort der Insel, Le Palais, erreicht man mit der Fähre vom Festland aus (Quiberon) in 50 Minuten. Zwischen April und Oktober gibt es auch regelmäßige Verbindungen nach Vannes, Port Navalo und Le Croisic. Belle-Île bietet 85 km spektakuläre Küstenlinie, es lohnt sich also, hier zu übernachten und sich ein Fahrrad oder Moped zu mieten. Die wichtigsten Sehenswürdigkeiten wie das Städtchen **Sauzon** mit seinem charmanten Hafen, das ruhige Dorf **Bangor** mit seinen typisch bretonischen Häusern mit blauen Fensterläden und das abgelegene **Locmaria** mit der Kirche **Notre-Dame-du-Bois Tors** aus dem 11. Jh. sind leicht zu erreichen. Lass ruhig das Fahrzeug stehen, um den Küstenwanderweg GR340 zu nehmen und einige der atemberaubendsten Sehenswürdigkeiten von Belle-Île zu erleben, von der majestätischen **Pointe des Poulains**, über die ein Leuchtturm wacht, bis hin zu den **Aiguilles de Port Coton**, einer beeindruckenden Ansammlung von spitzen Felsen, die anmutig aus dem Meer ragen. An einem der Strände von Belle-Île, von denen die **Plage du Donnant** der berühmteste ist, kann man sich erfrischen. Er erstreckt sich über mehrere hundert Meter unterhalb der Sanddünen und öffnet sich zu den Wellen des Ozeans, was besonders bei Surfern beliebt ist. Und natürlich sollte man die Insel nicht verlassen, ohne **Le Palais,** die imposante Zitadelle aus dem 11. Jh. und den Hafen erkundet zu haben – ein Seemannsviertel, das bei Sonnenuntergang zu einem fröhlichen Tummelplatz wird.

DIE BELLE-ÎLE ALS KUNSTMOTIV

Fans von Claude Monet werden einige der Landschaften von Belle-Île-en-Mer vielleicht bekannt vorkommen. Im Herbst 1886 brach Monet zu einer Reise durch die Bretagne auf – doch kaum an der Côte Sauvage von Belle-Île angekommen, beschloss er, auf unbestimmte Zeit zu bleiben, um die faszinierende Landschaft der Insel zu malen.

Mehr als zehn Wochen lang arbeitete der Künstler unermüdlich daran, die zeitlose Schönheit und die mystische Atmosphäre von Belle-Île wiederzugeben, vor allem wenn die Insel den Unbilden des Windes und des Meeres ausgesetzt ist. *Die Felsen von Belle-Île, Port-Goulphar* und *Die Felspyramiden von Port-Coton* sind nur einige der vielen Werke, die auf der Insel entstanden und heute in den renommiertesten Museen der Welt zu bewundern sind.

Entspannen im entzückenden mittelalterlichen Hafen

Eine Pause in Auray

In **Auray**, einem kleinen Dorf am gleichnamigen Fluss, liegt der tadellos erhaltene Hafen St-Goustan aus dem 15. Jh. am Ende der Rue du Château, einer schmalen Kopfsteinpflasterstraße mit blumengeschmückten Steinhäusern und Kunsthandwerksläden, die den oberen Teil der Stadt erschließt. Überque-

AUSGEHEN IN BELLE-ÎLE-EN-MER

Nul Bar After, Sauzon
Selbst ernannte „Bar der Freunde" am Hafen von Sauzon. Festliche Atmosphäre, häufige Konzerte und viele Sitzplätze im Freien.

Le P'tit Clapot, Le Palais
Schöner Ort am Hafen, um die Lichter des Sonnenuntergangs auf der Zitadelle von Le Palais zu bestaunen; verwandelt sich später in eine lebhafte Bar.

Le Café des Matelots, Le Palais
Eine Institution am Haupthafen von Belle-Île, mit guter Stimmung zum Ausgehen und regelmäßigen Veranstaltungen.

EINE RADTOUR ÜBER DIE HALBINSEL RHUYS

Salzwiesen, Golfblicke und Bootsfahrten – diese 45 km lange Fahrt über die Halbinsel Rhuys ist ein Rundum-Erlebnis. Los geht's in 1 **Vannes** und zur 2 **Halbinsel Conleau** (S. 277). An der Anlegestelle kann man zwischen April und Oktober ein Taxiboot mieten, das einen in wenigen Minuten nach 3 **Port-Anna** in Séné auf der anderen Seite des Flusses bringt. Nun radelt man bis zum Chemin de la Promenade und folgt den grünen Schildern für den Radweg, der über die Halbinsel Séné führt, bis zur Straße D199. Von dort aus geht es am Meer entlang bis zur 4 **Passage St-Armel**, wo ein weiteres Taxiboot wartet, um Gäste über den Fluss zu bringen. In St-Armel fährt man auf der Route du Passage in Richtung Süden und sieht zu seiner Rechten die Salzwiesen von Lasné vorbeiziehen. Weiter geht's durch St-Colombier und bis zum 5 **Marais du Duer**. Am Ende der Rue des Tadornes führt ein Radweg im Zickzack durch verkehrsfreie Straßen bis ins Zentrum von 6 **Sarzeau**. Am Ortsausgang von Sarzeau biegst du links in die Impasse des Quatre Vents ein und folgst der Beschilderung nach Arzon. Du radelst durch Felder und Pinienwälder und genießt Ausblicke auf den Golf. Weiter geht's durch das Zentrum von 7 **Arzon**, dann auf dem Chemin des Saules bis zur Plage de Port-Lenn. Es folgt eine ruhige Strecke am Meer entlang und man ist am Endpunkt angekommen, dem bezaubernden 8 **Port-Navalo**. Von dort aus fährt ein Bus zurück nach Vannes, aber man sollte im Voraus buchen und den Fahrplan checken – in Juli und August verkehrt er jeden Abend, in den ruhigeren Monaten jedoch seltener.

DELPIXEL/SHUTTERSTOCK ©

Stehende Steine, Carnac

re die gewölbte Steinbrücke zur Place St-Sauveur und setze dich in eines der vielen Cafés, um die surreale Atmosphäre eines Ortes zu genießen, der irgendwie in der Zeit schwebt. Die Besichtigung des Hafens und seiner Gassen dauert weniger als 15 Minuten, aber auf dem Rückweg kann man über den Fußweg am Quai Abbé Joseph Martin die Rampes du Loch erklimmen, um von oben einen letzten Blick auf St-Goustan zu werfen.

Ein jahrtausendealtes Rätsel

Die Steinreihen von Carnac

Rund 3000 Megalithen, die meisten davon stehende Steine (auch Menhire genannt), befinden sich in **Carnac** auf einer Strecke von 4 km – die dichteste Ansammlung der Welt, die aus dem 5. Jh. v. Chr. stammt und ein unverzichtbares Erlebnis für jeden Geschichtsliebhaber ist. Der Zugang zu den speziellen Wanderwegen, die um die Anlagen herum verlaufen, ist kostenlos und man kann auf eigene Faust herumwandern – folgt man einem der angebotenen Rundgänge, braucht man zwei Stunden, um die gesamte Anlage zu umrunden. Die **Maison des Mégalithes** am Eingang der Stätte bietet nützliche Informationen für den Besuch, aber es lohnt sich, eine Führung zu buchen, die durch einen kleinen Abschnitt der Reihen führt und Erklärungen zum historischen Hintergrund und zu den Techniken, die zum Heben der Steine verwendet wurden, sowie zu den verschiedenen Hypothesen, die zur Erklärung dieses noch ungelösten Rätsels aufgestellt wurden, bietet. Im Sommer finden häufiger Führungen statt, die dann auch mehrsprachig angeboten werden.

LAND DER MEGALITHEN

Die Steinreihen in Carnac sind zwar besonders beeindruckend, aber nicht die einzigen Megalithen in der Gegend. Der Süden von Morbihan ist ein bekannter Megalithen-Hotspot mit bis zu 550 registrierten Stätten. Hol dir den *Pass des Mégalithes*, der dir ermäßigten Zugang zu fünf wichtigen megalithischen Stätten in der Region verschafft. Es handelt sich dabei um die Steinreihen von Carnac, das Museum für Vorgeschichte in Carnac, den Steinhügel Petit Mont in Arzon, den Steinhügel von Gavrinis auf der gleichnamigen Insel und die megalithische Stätte von Locmariaquer mit ihrem 20 m hohen Menhir, der inzwischen in vier riesige Teile zerbrochen ist. Man bekommt den Pass an jeder dieser Stätten, wenn man den vollen Preis für den ersten Besuch entrichtet.

Champagne

DIE BERÜHMTESTEN BLÄSCHEN DER WELT

Weite grüne Weinberge, faszinierende Geschichten und natürlich viel Schampus locken Reisende weiterhin in die Champagne.

Kaum zu glauben: Das Entstehen der berühmten Champagner-Bläschen galt ursprünglich als Fehler beim Keltern regionaler Weine. Doch dann entwickelte der Benediktinermönch Dom Pérignon im Kloster Hautvillers daraus eine eigene Kunst – und sein Produkt wurde immer populärer. Bei der ersten Verkostung im Jahr 1693 soll er seinen Ordensbrüdern zugerufen haben: „Kommt schnell, ich schmecke die Sterne!" Seitdem erfreut sich der berühmteste Schaumwein der Welt größter Beliebtheit: Seine Verwendung bei französischen Krönungen brachte dem Champagner seinen Ruf als „Wein der Könige und König der Weine" ein. Schon im 18. Jh. knallten die Korken auch bei Partys der britischen Oberschicht.

Angesichts der guten Geschäftsaussichten ließen sich die ersten Schampus-Händler:innen in Reims, Épernay und Aÿ nieder. Bald darauf wurden die ersten großen Champagner-Häuser gegründet. Pionier war dabei Ruinart in Reims (1729). In Épernay legte dort Claude Moët mit seinem Maison Moët (1743; heute Moët & Chandon) den Grundstein für die künftige Avenue de Champagne. Aktuell verteilen sich etwa 370 Champagner-Häuser und 16 200 Winzer:innen über die ganze Region. Samt ihren Weinbergen und Kellern wurde diese 2015 von der UNSECO zur Welterbestätte erklärt. Reims und Épernay sind bis heute die beiden Hauptziele für Schampus-Fans und ideale Ausgangsbasen für regionale Erkundungen.

EVGENY SHMULEV/SHUTTERSTOCK ©

DIE WICHTIGSTEN ZIELE

REIMS
Art-déco-Architektur und weltberühmter Champagner. S. 288

LÄNDLICHE CHAMPAGNE
Weitläufige Weinberge und händische Champagner-Produktion. S. 292

ÉPERNAY
Heimat der berühmtesten Avenue der Champagne. S. 295

AŸ
Geburtsort von Champagne Bollinger und René Lalique. S. 299

PAKIN SONGMOR/GETTY IMAGES ©

Links: Cathédrale Notre-Dame (S. 288); oben: Weinberge, Montagne de Reims (S. 292)

Erste Orientierung

Züge bedienen regelmäßig Reims, Épernay und ein paar der kleineren Ortschaften. Intensives Erkunden der Champagne und Trips zu den kleineren Winzer:innen dort erfordern aber ein eigenes Auto.

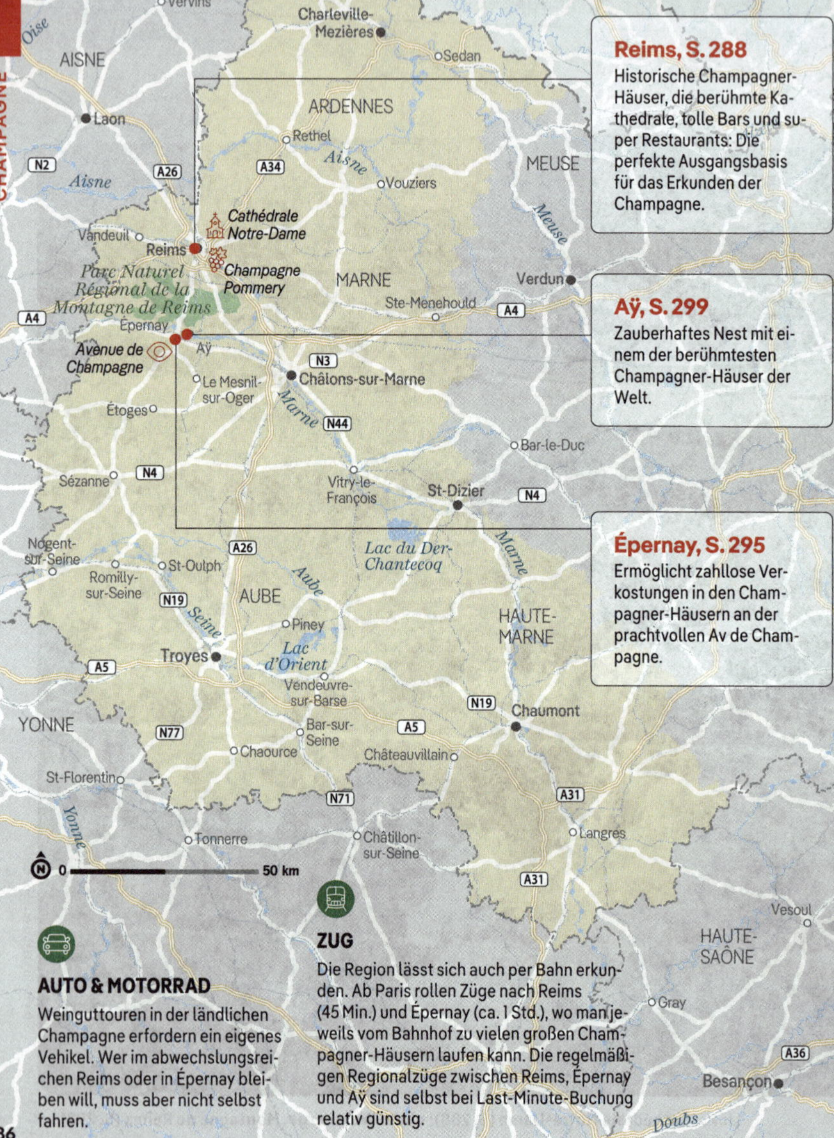

Reims, S. 288
Historische Champagner-Häuser, die berühmte Kathedrale, tolle Bars und super Restaurants: Die perfekte Ausgangsbasis für das Erkunden der Champagne.

Aÿ, S. 299
Zauberhaftes Nest mit einem der berühmtesten Champagner-Häuser der Welt.

Épernay, S. 295
Ermöglicht zahllose Verkostungen in den Champagner-Häusern an der prachtvollen Av de Champagne.

AUTO & MOTORRAD

Weinguttouren in der ländlichen Champagne erfordern ein eigenes Vehikel. Wer im abwechslungsreichen Reims oder in Épernay bleiben will, muss aber nicht selbst fahren.

ZUG

Die Region lässt sich auch per Bahn erkunden. Ab Paris rollen Züge nach Reims (45 Min.) und Épernay (ca. 1 Std.), wo man jeweils vom Bahnhof zu vielen großen Champagner-Häusern laufen kann. Die regelmäßigen Regionalzüge zwischen Reims, Épernay und Aÿ sind selbst bei Last-Minute-Buchung relativ günstig.

BARMALINI/SHUTTERSTOCK ©

Hautvillers (S. 301)

Perfekte Tage

Die Champagne ist ein stressfreies Tagesziel ab Paris. Für tieferes Eintauchen in Geschichte, *terroir* (Land) und Champagner-Produktion empfiehlt sich aber ein mehrtägiger Aufenthalt.

Tagestrip nach Reims

● Los geht's mit den faszinierenden *Crayères* unterhalb von **Pommery**, **Ruinart**, **Veuve Clicquot** (S. 291) oder **Taittinger**. Mittagessen gibt's im **La Caserne Chanzy Hôtel & Spa** (S. 289): **La Grande Georgette** lockt hier mit moderner französischer Küche und super Blick auf die gotische **Cathédrale Notre-Dame** (S. 288) aus dem 13. Jh. Danach deren herrliches Buntglas von innen bewundern.

Ein Wochenende in Reims

● Bei mehr Zeit empfehlen sich die Führungen der Tourismusinformation: So erfährt man z. B. etwas über die faszinierende Geschichte der Kathedrale. Der **Art-déco-Spaziergang** (2 Std.; S. 290) erklärt, wie der Erste Weltkrieg die lokale Architektur geformt hat. Alternativ zusätzlich in **Épernay** (S. 295) nächtigen und dort kräftig Schampus schlürfen.

BESTE REISEZEIT

FRÜHLING
Wärmeres Wetter und grün werdende Weinberge: Nicht nur Paris ist im Frühling sehr schön.

SOMMER
Diverse Musikfestivals in Reims (Juli); während der Ferien (Aug.) wird's in der Region aber ruhig.

HERBST
Weinberg-Wandel von üppigem Grün zu herrlichen Orangetönen.

WINTER
Festbeleuchtung während des **Weihnachtsmarkts** (Dez.) in Reims.

Reims

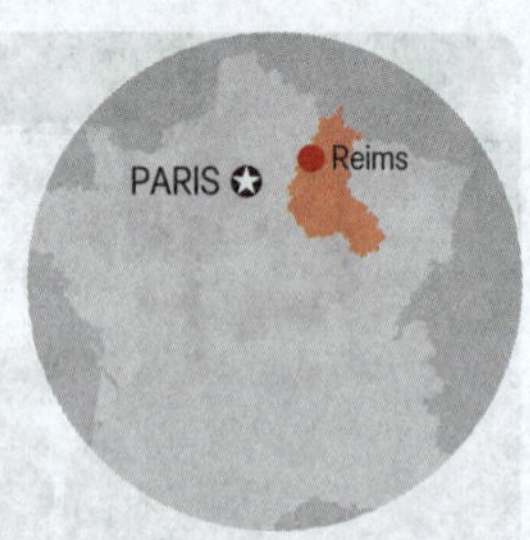

UNTERWEGS VOR ORT

Das kleine Reims ist leicht zu Fuß erkundbar. Manche Attraktionen (z.B. Basilique St.-Remi, Église St.-Nicaise) erreicht man aber am besten per Bus. Die Bustickets (2 €) gelten eine Stunde lang auch für andere Nahverkehrsmittel.

TOP TIPP

Je nach Anzahl der eingeplanten Sehenswürdigkeiten und Busfahrten lohnt sich potenziell der Stadtpass Reims-Épernay: Neben der Nutzung aller Nahverkehrsmittel in beiden Städten beinhaltet der Pass auch Extras (z.B. eine Führung durch die Cathédrale Notre-Dame) und Rabatte in diversen Champagner-Häusern bzw. -Bars.

Paris ist Frankreichs Hauptstadt – aber Reims ist die Stadt seiner Könige: Nach der örtlichen Taufe Chlodwigs (erster französischer König) im Jahr 496 wurden hier alle Regenten bis hin zu Karl X. (1825) gekrönt. Von Paris und Versailles aus zogen diese ab 1275 in die dann vollendete Cathédrale Notre-Dame (in Reims). Zur Feier des Tages floss der Rebensaft anschließend in Strömen. Dabei erlangte der Champagner seinen Ruf als „Wein der Könige und König der Weine".

Bis heute ist Reims berühmt für seine historischen Champagner-Häuser und seine Kathedrale, die für viele Franzosen und Französinnen gleich hinter ihrem Pariser Namenspendant rangiert. Gleichzeitig ist dies aber auch eine moderne und belebte Stadt, die sich ideal als Ausgangsbasis für längere Erkundungen eignet. Sie verdient aber auch selbst ein paar Tage Aufenthalt: Hier warten Spitzenrestaurants (teils mit Michelinsternen), belebte Bars (mit hervorragendem regionalen Champagner) und eine florierende Cafészene. Gleichzeitig laden viele Kirchen, Kathedralen und schmucke Art-déco-Bauten zum Sightseeing ein.

Königliche Kathedrale

Ein gotisches Meisterwerk

Die **Cathédrale Notre-Dame** (Kathedrale von Reims) aus dem 13. Jh. zählt zu Frankreichs schönsten gotischen Bauten und zu den bedeutendsten Monumenten des Landes. 496 n. Chr. wurde der Frankenkönig Chlodwig an ihrem heutigen Standort getauft. Danach salbte man hier alle französischen Könige bei deren Krönung – mit einem Öl, das angeblich Gott selbst zu Chlodwigs Krönung geschickt hatte. Während des Hundertjährigen Krieges brachte Jeanne d'Arc sogar Karl VII. sicher zwecks Krönung und Salbung in die Kathedrale. Heute ist ihr eine eigene Kapelle im Inneren geweiht. Das berühmte Öl ist im benachbarten **Palais du Tau** (geplante Wiedereröffnung: Sommer 2025) ausgestellt.

Hauptattraktion der Kirche sind aber deren Buntglasfenster. Die oberste Fensterrose ist das Original aus dem 13. Jh. und hat

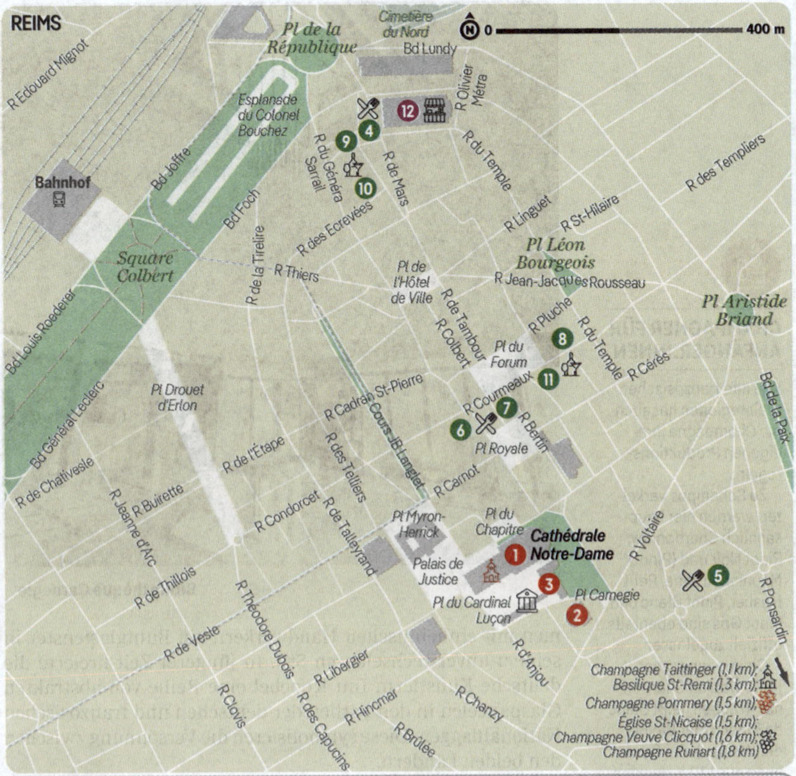

REIMS

HIGHLIGHTS
1 Cathédrale Notre-Dame

SEHENSWERTES
2 Bibliothèque Carnegie
3 Palais du Tau

ESSEN
4 Le Bocal
5 Le Parc
6 Les Coudes sur la Table
7 Racine

AUSGEHEN & FEIERN
8 Au Bon Manger
9 Aux 3 P'tits Bouchons
10 Le Pressoir
11 Le Wine Bar by Le Vintage

SHOPPEN
12 Halles du Boulingrin

Champagne Taittinger (1,1 km); Basilique St-Remi (1,3 km); Champagne Pommery (1,5 km); Église St-Nicaise (1,5 km); Champagne Veuve Clicquot (1,6 km); Champagne Ruinart (1,8 km)

beide Weltkriege überstanden. Die kleinere Fensterrose darunter (1937) stammt von Meister Jacques Simon, dessen Glasmacher-Familie seit 1640 in Reims arbeitet. Simon schuf auch das „Champagner-Fenster" mit Dom Pierre Pérignon, das einst von ein paar großen Schampus-Produzenten finanziert wurde. Darauf ist zu Werbezwecken sogar eine Flasche Veuve Clicquot zu sehen. Im hinteren Kirchenbereich schuf Marc Chagall zusam-

ÜBERNACHTEN IN REIMS

La Caserne Chanzy Hôtel & Spa
Schickes Hotel in einer früheren Feuerwache im Stadtzentrum. Zimmer teils mit Kathedralenblick. €€€

Continental Hôtel
Villa mit Originalelementen aus dem 19. Jh. Direkt an der Place Drouet-d'Erlon. €€€

Hôtel Cecyl
Zentral gelegenes Budgethotel mit Originalfassade aus den 1920er-Jahren. Zählt zum Weltkulturerbe. €

Bibliothèque Carnegie

CHAMPAGNER FÜR ANFÄNGER:INNEN

Wie alle französischen Weinregionen hat auch die Champagne ihre eigenen Produktionsregeln:

Zu Schampus verkeltert werden hier hauptsächlich Chardonnay, Pinot Noir und (Pinot) Meunier. Arbane, Petit Meslier, Pinot Blanc und Pinot Gris sind ebenfalls offiziell zugelassen.

Champagner aus 100% weißen Chardonnay-Trauben heißt Blanc de Blancs (der Weiße der Weißen). Bei Gewinnung aus 100 % dunklen Pinot-Noir oder Meunier-Trauben wird er Blanc de Noirs (der Weiße der Schwarzen) genannt.

Rosé entsteht entweder per Mazeration (Einfärbung durch Belassen der dunklen Schalen im Traubensaft) oder durch das Mischen von Weiß- und Rotwein (nur in der Champagne erlaubt).

men mit einheimischen Handwerkern ein Buntglasfenster in seinem unverwechselbaren Stil. In jüngerer Zeit kreierte die deutsche Künstlerin Imi Knoebel eine Reihe von abstrakten Glaspaneelen in den Farben der deutschen und französischen Nationalflaggen. Diese symbolisieren die Versöhnung zwischen den beiden Ländern.

Art déco in Reims

Blick nach oben

Reims ist zwar hauptsächlich für Champagner berühmt, aber auch eine von Frankreichs schönsten Art-déco-Städten: Im Ersten Weltkrieg wurden mehr als 8600 seiner Gebäude zerstört (80 % davon im historischen Zentrum). So musste die Stadt fast komplett neu errichtet werden. Hierfür erließ der Bürgermeister keinerlei Stilvorgaben. Infolgedessen bekamen Architekten die Chance, lokal mit dem neuen angesagten Art-déco-Stil zu experimentieren.

Dieser prägt bis heute ca. 50 Gebäude in Reims – z. B. mit Fassadenreliefs (Kreise, Achtecke, geometrische Linien) oder stilisierten Obstkörben aus Schmiedeeisen. Die **Patisserie Waïda** (3–5 Place Drouet d'Erlon) mit ihrer neonbeleuchteten Fassade scheint äußerlich kein Art-déco-Vertreter zu sein. Sie beher-

AUSGEHEN IN REIMS

Moklair
Super Beispiele für die Dritte Kaffeewelle (hochqualitativer Kaffee) dank Charity Cheung aus Hongkong.

Stereo
Hippe Cocktailbar. Lockt zur Apéro-Stunde vor dem Abendessen viele Einheimische an.

The Glue Pot
Das schrullige Kneipendekor ignorieren! DasLokal hat eine der besten Champagner-Karten in Reims (und prima Pommes).

bergt jedoch einen originalen Teesalon mit wunderschönen Details aus Buntglas. Unter den zehn reinen Art-déco-Bauten der Stadt zählt die **Bibliothèque Carnegie** (2 Place Carnegie) zu den eindrucksvollsten Beispielen. Äußerlich sorgen hierfür u. a. Lampen, schmiedeeiserne Elemente und der Fassadenschriftzug. Im inneren Eingangsbereich hängt ein großer Art-déco-Lüster.

Ebenfalls sehenswert: Das **Kodak-Gebäude** (65 Rue de Vesle) mit dem ersten Aufzug der Stadt entstand 1930 als letzter Art-déco-Bau der örtlichen Wiederaufbauphase. Die **Halles du Boulingrin** (Place du Boulingrin) dienen als lokaler Lebensmittelmarkt. Der Laden **A l'Iris de Florence** (8 Rue de Talleyrand) ist für seine Mosaikfassade berühmt. Und da wäre auch noch das Kino **Opéraims** (3 Rue Théodore Dubois). Weitere Infos liefern die tollen Art-déco-Touren der **Tourismusinformation Reims**.

Unter der Erde

Spektakuläre Kreidekeller

Die größten und berühmtesten Champagner-Häuser verteilen sich vor allem auf zwei Orte: Épernay hat seine legendäre Avenue de Champagne (S. 296). Und Reims prunkt mit seinen *crayères* (Kreidekeller bzw. -gruben; engl. auch Kreide-Kathedralen aufgrund der Dreiecksform), die heute zum Welterbe zählen. Im 5. Jh. n. Chr. hoben die Römer in Gallien die *crayères* aus, da sie die Kreide als Baumaterial brauchten. Dabei schufen sie zum Glück auch eine ideale Voraussetzung für die spätere Schampus-Produktion: Die natürliche Feuchtigkeit, Temperierung und Dunkelheit der Keller sorgen für optimale Lagerbedingungen.

Champagne Ruinart (gegr. 1729) ist das älteste Champagner-Haus der Welt. Die Firma war auch die erste ihrer Art, die ihre kostbaren Flaschen in *crayères* reifen ließ. Ihre Keller sind angeblich am eindrucksvollsten und liegen bis zu 40 m unter der Erde. Mit über 24 km Länge hat **Champagne Veuve Clicquot** das längste Kreidetunnel-System unterhalb von Reims. Dies ist auch eins der wenigen großen Champagner-Häuser mit Weinbergtouren. Als Inhaberin von **Champagne Pommery** beauftragte Mme. Pommery den Bildhauer Gustave Navlet, ihre *crayères* mit Basreliefs zu verzieren – was dieser bei Kerzenlicht durchführte. Pommery folgt der Kunstliebe seiner früheren Chefin heute mit einer modernen Kunstausstellung (ständig wechselnd) in den Kellern. Die öffentliche Wiedereröffnung der historischen *crayères* von **Taittinger** (2024) ging mit der Eröffnung eines neuen Restaurants, eines Themenkaufhauses und der Einführung eines neuen Verkostungskonzepts einher.

CHAMPAGNER-HÄUSER UNTER WEIBLICHER LEITUNG

Laura Villanueva ist Champagner-Meisterin der Wine Scholar Guild und hat ein WSET-Diplom. Ihre Tipps zu Champagner-Häusern unter weiblicher Leitung: @travelandChampagne

Elise Dechannes Champagne
Elise Dechannes betreibt biodynamischen Anbau in Les Riceys (bekannt für Pinot Noir). Ihr toller Rosé de Saignée kann im Au Bon Manger oder Le Pressoir genossen werden.

Champagne Bourgeois Diaz
Beim Ehepaar Jérôme und Charlotte steht Meunier im Mittelpunkt. Ihre Champagner und ihr roter Coteaux Champenois lassen sich im Aux 3 P'tits Bouchons verkosten.

Domaine Vincey
Im Grand-Cru-Dorf Oger konzentrieren sich Marine und Quentin Vincey auf Chardonnay. Ihre Produkte gibt's in Le Wine Bar (Betreiber: Le Vintage).

ESSEN IN REIMS

Le Parc
Teures Lokal mit zwei Michelin-Sternen und grandioser französischer Spitzenküche. €€€

Le Bocal
Hervorragendes Seafood-Restaurant mit Premium-Austern (vom Maison Gillardeau) und tollen Desserts. €€

Les Coudes sur la Table
Lässiger Mix aus Bistro und Bar à Vins (Weinbar). Gute Festpreis-Menüs (mittags). €€

Rund um Reims

Außerhalb der Stadt locken Weingüter mit Führungen und Verkostungen.

UNTERWEGS VOR ORT

Wer die kleineren Winzer:innen der ländlichen Champagne besuchen will, braucht ein eigenes Auto. Alternativ sind ein paar der Produzenten (inkl. der im Folgenden genannten) auch per Taxi ab Reims erreichbar.

Die Reben der Champagne werden in vier Hauptregionen kultiviert: der **Montagne de Reims**, dem Marne-Tal, der Côte des Blancs und der Côte des Bar. Jede davon hat ein individuelles *terroir*, typische Rebsorten und Schampus-Winzer:innen mit hauseigenen Produktionsmethoden. So bietet die ländliche Champagne viele Möglichkeiten zum Probieren verschiedener Weine. Beispielsweise können Chardonnays von zwei verschiedenen Winzer:innen in zwei verschiedenen Dörfern durchaus unterschiedlich schmecken. Rund um Reims (15–20 Fahrtmin.) verkeltern ein paar tolle Champagner-Häuser ausschließlich ihre eigenen Trauben.

Die ländliche Champagne

Der Geschmack des Terroir

Vor Besuchen sollte man die regionalen Champagner-Winzer:innen jeweils vorab zwecks Terminvereinbarung kontaktieren. Fast alle Champagner-Häuser empfangen Besucher:innen entweder morgens (10 od. 11 Uhr) oder nachmittags (14 od. 14.30 Uhr) – teils auch zu beiden Tageszeiten. Manche Produzenten bieten nur Verkostungen an, andere führen einen durch ihre Keller oder sogar hinaus zu ihren Weinbergen. Die variierenden Tourpreise (0–40 €) sind mitunter mit Käufen verrechenbar.

Die Eheleute Géraldine und Robert haben ihre Jobs in der Geschäftswelt aufgegeben, um das Weingut **Champagne Lacourte-Godbillon** von Géraldines Eltern zu übernehmen. Außerhalb von Reims (25–30 Fahrtmin.) liegt ihr Betrieb im Premier-Cru-Dorf Écueil. Die beiden sind überzeugt, dass „tolle Trauben das Herstellen eines tollen Weins erleichtern". Dank Umstellung in den letzten Jahren (inkl. Maßnahmen zur Steigerung der natürlichen Artenvielfalt) haben ihre Weinberge nun ein biodynamisches Zertifikat. Auf deren Sandboden wächst hauptsächlich ein recht leichter Pinot Noir mit lang anhaltender Spritzigkeit. Ein Pinot vom Kalkboden der Champagne schmeckt vergleichsweise kräftiger.

TOP TIPP

Kleinere Winzer:innen haben meist nur wenig Betreuungspersonal für Besucher:innen. Darum immer vorab nach freien Terminen erkundigen!

Westlich von Reims (20 Min.) liegt das Gut **Champagne Lelarge-Pugeot** im Premier-Cru-Nest Vrigny. Es ist eines der wenigen regionalen Champagner-Häuser mit Demeter-Zertifikat, das für einige der strengsten biodynamischen Standards steht.

SOUTHTOWNBOY STUDIO/SHUTTERSTOCK ©

Champagner-Trauben

Hier werden hauptsächlich Pinot Meunier und Pinot Noir kultiviert. Ein Teil der Weinberge wird mithilfe eines Pferdes aus dem Freundeskreis der Inhaber gepflügt. Dank späterer Ernte bei Vollreife ist das *dosage*-Level der Trauben niedrig, was das *terroir* voll zur Geltung bringt. Bei Führungen werden zuerst die Weinberge und dann die Backsteinkeller besichtigt. Danach verkostet man die außergewöhnlichen Schaumweine, die auch in Michelin-Sternerestaurants ausgeschenkt werden.

Nordöstlich von Reims (30 Min.) liegt **Champagne Piot-Sévillano**. Inhaberin Christine (Champagner-Winzerin in 10. Generation) hat eine frühere Schule in einen Mix aus Weingut und Schampus-Bar mit Verkostungen verwandelt. Einheimische genießen hier gern Aperitifs. Bei Führungen werden zuerst die Bio-Weinberge erkundet, dann wird im Kelterraum der Herstellungsprozess erklärt. Eine Verkostung auf der Barterrasse rundet das Ganze ab. Christines Spezialität sind Champagner aus 100% Pinot Meunier (dominierende Rebsorte der Region). Ergänzend produziert sie Varianten aus 100 % Pinot Noir und 100 % Chardonnay, um Rebsorte und *terroir* jeweils voll zur Geltung zu bringen. Hinzu kommen diverse Verschnitte.

CHAMPAGNER-VARIANTEN

Auf vielen Champagner-Etiketten stehen Angaben zum Zucker-Zusatz (alias „Dosierung"): Bei der letzten Produktionsstufe vor dem Verkorken wird dieser in Sirupform zugesetzt. Je nach Zuckermenge resultiert das z.B. in den süßen Varianten *doux* (über 50 g/l) und *demi-sec* (32–50g/l), die beide gut zu Desserts passen. Weniger süß sind *sec* (wörtl. „trocken", nicht wirklich zutreffend; 17–32 g/l) und *extra-sec* (12–17 g/l). Am weitesten verbreitet sind aber *brut* (unter 12 g/l) und *extra-brut* (0–6 g/l).

NOCH MEHR CHAMPAGNER-KELLEREIEN

Champagne Pertois Moriset
Fokus auf Chardonnay und Pinot Noir aus zwei *terroirs* (Côte de Blancs und Coteaux Sézannais).

Champagne Marguet
Champagner aus Chardonnay und Pinot Noir. Bio-Ansatz mit langem Reifeprozess.

Les frères Mignon
Champagnerproduktion mit teils biodynamischem Ansatz.

CHAMPAGNER-GLÄSER

Ob in klassischen Bistros oder in Michelin-Sternerestaurants: In Frankreich schlürft man Schampus höchstwahrscheinlich aus Gläsern von Lehmann. Seit seiner Gründung in Reims vor 30 Jahren entwickelt dieser Hersteller seine Kollektionen zusammen mit weltberühmten Sommeliers. Unter diesen waren bislang z.B. der verstorbene Gerard Basset (einst weltbester Sommelier) und Küchenchef Arnaud Lallement vom L'Assiette Champenoise (einziges regionales Lokal mit drei Michelinsternen).

An der Herstellung der handgemachten Flöten (80 €/2 Stck.) sind jeweils sechs bis acht Arbeiter beteiligt. Die maschinell produzierten Varianten sind vergleichsweise günstiger (6 €/Glas). Beide Versionen gibt's bei diversen *caves* (Weinkellern) und direkt bei **Lehmann** (Reims, Bd Lundy). Hinweis: Der Firmenladen ist öffentlich zugänglich (auch wenn das nicht so aussieht).

ALEXANDRE MARCHI/ALAMY ©

Champagne Piot-Sévillano (S. 293)

Südlich von Reims (ca. 1 Std.) liegt **Champagne Larmandier-Bernier** in Vertus. Arthur Larmandier und sein Bruder setzen hier die biodynamischen Anbaumethoden ihres Vaters (Start in den 1980er-Jahren) fort. Ihre Weinberge mit Fokus auf Chardonnay liegen fast alle an der Côte des Blancs. Wie Lelarge-Pugeot erntet Larmandier-Bernier seine Trauben erst bei Vollreife, um Weine mit niedriger bis keiner *dosage* zu erhalten. Unterschied zu den meisten Konkurrenten: Arthur vinifiziert seine Champagner (bis auf die Reserveweine) in Eichenfässern. Für verschiedene Oxidationsgrade experimentiert er dabei gern mit der Fassgröße.

Épernay

Épernay wird oft als Hauptstadt der Champagne bezeichnet und beheimatet ein paar der berühmtesten regionalen Produzenten. Viele davon säumen nebeneinander die Av de Champagne, unter der ein Labyrinth aus Lagerkellern verläuft. Die meisten örtlichen Champagner-Häuser bieten Kellerführungen und Verkostungen an. Einige davon haben auch Bars mit schattigen Terrassen, auf denen man seinen Schampus an einem der berühmtesten Boulevards der Welt schlürfen kann. Dies gilt z. B. für Perrier-Jouët, Moët & Chandon und Leclerc Briant (nicht an der Avenue, aber definitiv besuchenswert).

Épernays zweite Hauptattraktion ist das **Musée du Vin de Champagne et d'Archéologie Régionale** (Museum für Champagnerwein und regionale Archäologie) im schmucken Château Perrier.

UNTERWEGS VOR ORT

Das übersichtliche Épernay lässt sich leicht zu Fuß erkunden. Die Stadt ist auch per Zug erreichbar (ab Paris ca. 1 Std. 15 Min., ab Reims 20–35 Min.).

Moët & Chandon (S. 296)

TOP TIPP

Die Restaurants der Champagne sind teils kostspielig: Sogar Alltagslokale sind hier mitunter teurer als in Paris. Vor allem mittags empfehlen sich daher Festpreismenüs (20–25 Euro, 2–3 Gänge), die potenziell auch ein Glas Wein oder einen Kaffee beinhalten.

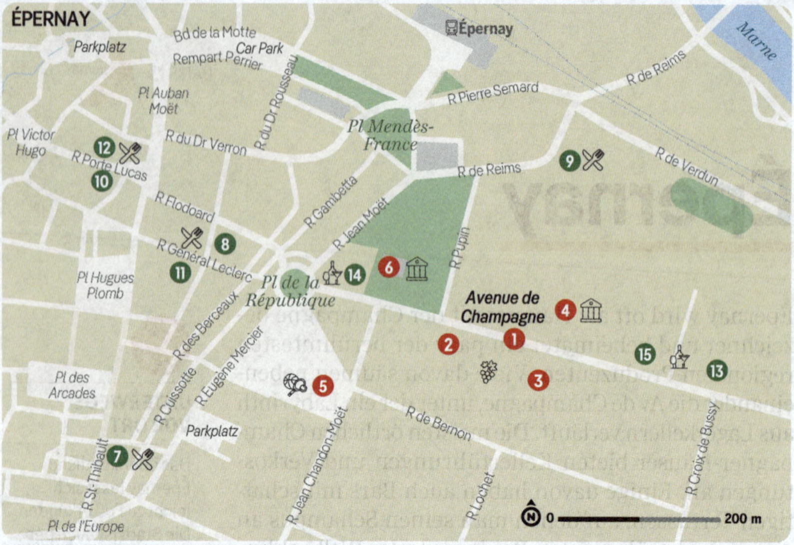

HIGHLIGHTS
1. Avenue de Champagne

SEHENSWERTES
2. Champagne Moët & Chandon
3. Champagne Perrier-Jouët
4. Château Perrier
5. Épernay Balloo
6. Hôtel de Ville

ESSEN
7. Boulangerie-pâtisserie KG Piraux
8. Kitsch Café
9. La Grillade Gourmande
10. Le Chocolat d'Emmanuel Briet
11. Maison Dallet
12. Restaurant Cook'in

AUSGEHEN & FEIERN
13. #Brut
14. La Cave d'Avenue
15. Le 19 Avenue de Champagne

Die teuerste Avenue der Welt

Ein Bummel durch die Champagner-Geschichte

Die **Avenue de Champagne** in Épernay wird oft als teuerster Boulevard der Welt bezeichnet: Unter der Erde lagern hier ca. 200 Mio. Champagnerflaschen. Vor ihrer Zeit als Luxussymbol war die Avenue als *chemin de l'hôpital* (Krankenhausweg) und *faubourg de la folie* (Straße der Verrücktheit) bekannt, da sich hier einst eine psychiatrische Klinik befand. Später hieß sie dann *rue de commerce* (Geschäftsstraße), weil sie Teil einer wichtigen historischen Handelsroute zwischen Paris und Deutschland war.

Claude Moët legte schließlich den Grundstein für die Avenue de Champagne: Gleich außerhalb von Épernay errichtete er hier 1743 sein Champagner-Haus (das älteste vor Ort). Dieses firmiert nun unter dem Namen **Moët & Chandon** und hat auch

ÜBERNACHTEN IN ÉPERNAY

Le 25bis by Leclerc Briant
Elegante Pension in einem früheren Anwaltshaus. Betrieben vom Champagnerhaus Leclerc Briant. €€€

Hôtel de Champagne
Renovierte, helle, ruhige und komfortable Zimmer plus engagiertes Personal. €€

Parva Domus
Familiengeführt und älteste *Chambre d'hôte* an der Av de Champagne. Gemeinschaftsgarten mit der Bar #Brut. €€

die größten Lagerkeller der ganzen Champagne (Gesamtlänge 28 km). **Perrier-Jouët** ist der zweitälteste Schampus-Produzent an der Avenue und leicht an seinem schmucken Jugendstilbau erkennbar. Der Rest ist Geschichte, wie man so sagt. Nicht alle lokalen Champagner-Häuser ermöglichen spontane Führungen mit Verkostung: Teils ist rechtzeitige Reservierung ratsam bzw. erforderlich, da die Touren schnell ausgebucht sind. Dies gilt vor allem für berühmte Adressen wie Moët & Chandon.

Viele der *maisons* wurden von zeitgenössischen Stararchitekten entworfen. Die verschiedenen Geschmäcker der jeweiligen Inhaber bescherten der Avenue dabei einen vielfältigen Stilmix (z. B. Neugotik, Neorenaissance, Klassizismus). Das sehenswerte **Hôtel de Ville** (Rathaus) befindet sich in der früheren Privatvilla der Familie Auban-Moët. Architekt des Gebäudes von 1858 war Victor Lenoir, der auch den alten Pariser Bahnhof Montparnasse entwarf. Das Innere kann nicht besichtigt werden. Drumherum erstreckt sich aber ein schöner öffentlicher Park im englischen und französischen Gartenbaustil (Eingänge: an der Avenue und an der Rue Jean Moët).

Regionalgeschichte

Die Entstehung der berühmten Weinregion

Im vergoldeten **Château Perrier** (erb. 1852–1857) neben Champagne Perrier-Jouët residierte einst der Firmenerbe Charles Perrier. Heute befindet sich darin Épernays größtes Museum: Das **Musée du vin de Champagne et d'Archéologie régionale** ist der Champagne und deren Schaumwein gewidmet. In puncto Stil ist das Chateau von Frankreichs Königspalästen inspiriert. Erhaltene Originaldetails zieren immer noch die Salons im Erdgeschoss. Der Bau hatte aber auch einen praktischen Zweck: In seinem riesigen Keller lagerte Schampus.

Die Dauerausstellung informiert über *la champagne* (die Region) und *le champagne* (das Getränk). Dabei beleuchtet sie Geologie, Paläontologie, Archäologie und den regionalen Weinanbau – auch den Champagner-Boom im 19. Jh. und während der Belle Époque. Die ersten drei Themenbereiche werden eindrucksvoll tief abgehandelt: Die ca. 2000 Ausstellungsstücke reichen von Fossilien aus der urzeitlichen Champagne bis hin zu regionalen Artefakten aus der Bronze- und Eisenzeit. Wer damit nicht so viel anfängt steigt am besten direkt mit dem Bereich zur Schampus-Geschichte ein. Hier gibt's eine gute Einführung in die Produktion des berühmtesten Schaumweins der Welt. Hinzu kommen nette Features wie hübsche historische Champagnerflöten und eine komplette Flaschengrößen-Reihe von *le quart* (18,75 cl) bis hin zu *le melchisédech* (30 l).

ÉPERNAY: ESSEN & AUSGEHEN

Jules Parrour betreibt das #Brut und verrät seine drei Lieblingsadressen: @bar_brut

Für ein paar Drinks empfiehlt sich die Schankstube der **Brasserie de la Tête de Chou**: Diese Lokalbrauerei serviert neben super Bieren (die wir auch im #Brut ausschenken) diverse Snacks und Weinsorten. Ebenfalls prima für einen *apéro* ist das stimmungsvolle **L'Éphémère** mit guten Champagner-Sorten und Wursttellern. Fürs Abendessen bevorzuge ich das **Sacré Bistro** mit leckerem Essen und der (in meinen Augen) besten Schampus-Auswahl der Stadt.

SÜSSWAREN IN ÉPERNAY

Le Chocolat d'Emmanuel Briet
Verkauft die Produkte des Meister-Chocolatiers Emmanuel Briet. €

Maison Dallet
Eiscreme und Sorbets zum Mitnehmen. €

Kitsch Café
Fröhliches, freundliches Café mit selbstgebackenen Kuchen der Inhaber Amy und Cha. €

SERGII ZINKO/SHUTTERSTOCK ©

Musée du vin de Champagne et d'Archéologie régionale (S. 297)

Der schöne, ruhige und familienfreundliche Museumsgarten ist prima für ein mitgebrachtes Mittagessen (Sandwiches, Snacks).

Champagner-Touren

Alternative Optionen

Angesicht der vielen Champagner-Häuser an der Avenue fällt die Auswahl potenziell schwer. Eine alternative Touroption (vor allem für Familien) ist **Champagne Mercier**: Hier fährt man mit dem Mercier-Zug durch die 18 km langen Lagerkeller – vorbei an zahllosen Schampus-Flaschen und Basreliefs des Bildhauers Gustave Navlet. **Champagne de Castellane** hat ein Museum und einen Aussichtsturm mit Panoramablick auf Épernay inmitten von Weinbergen. Wer ein Gastro-Erlebnis bei Champagne Perrier-Jouët (S. 297) bucht, erhält Zugang zum historischen **Maison Perrier-Jouët**: Mit seiner originalen Jugendstil-Einrichtung wirkt das Haus wie ein bewohntes Museum. Ansonsten können Gäste jederzeit eine Verkostung oder Getränke in der gegenüberliegenden Champagnerbar genießen.

Abseits der Avenue lohnt sich der Aufstieg zu **Champagne Leclerc Briant**: Der biodynamische Produzent experimentiert mit Herstellungsmethoden. So werden hier z. B. Kleinabfüllungen in Glasbehältern oder Eichenfässern mit Blattgoldumrandung vinifiziert. Manche Flaschen reifen sogar unter Wasser.

Eine komplett andere Perspektive bietet ein Flug mit **Le Ballon d'Épernay** (Der Ballon von Épernay): Bei gutem Wetter steigt dieser Fesselballon regelmäßig über der Stadt auf.

AVENUE DE CHAMPAGNE: BESTE BARS

#Brut
Kredenzt erlesene Champagner aus biologischer bzw. biodynamischer Produktion. Betreiber Jules Parrour berät Gäste persönlich.

La Cave d'Avenue
Nobelbar im Erdgeschoss einer *chambre d'hôte* (Pension). Mit versteckter Terrasse abseits vom Straßenlärm.

Le 19 Avenue de Champagne
Repräsentiert 100 Champagner-Winzer:innen aus den vier größten Regionen und ist herrlich ruhig (drinnen wie draußen). Am Wochenende stehen Food-Trucks an der Terrasse.

ESSEN IN ÉPERNAY

La Grillade Gourmande
Spitzenrestaurant mit roten Wänden unter der Leitung von Alain Ducasse (Schüler von Christophe Bernard). **€€€**

Restaurant Cook'in
Schickes Bistro unter der Leitung des Ehepaars Guillaume und Uma. Leckere Küche im französisch-thailändischen Stil. **€€**

Boulangerie-pâtisserie KG Piraux
Bäckereicafé mit beliebten Croissants (oft schon früh ausverkauft). **€**

Rund um Épernay

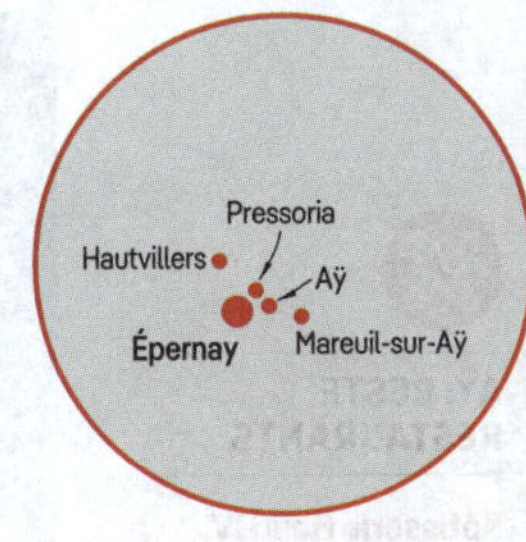

Kurz außerhalb von Épernay locken hübsche Dörfer und historische Champagner-Häuser.

Rund um Épernay erwarten die zauberhaften Dörfer und Weinberge der Gemeinde Aÿ-Champagne ihre Gäste. Besonders attraktive Ziele: Inmitten von Reben beheimatet Aÿ seine berühmten Champagner-Häuser. In Mareuil-sur-Aÿ ist der Familienbetrieb Champagne Billecart-Salmon ansässig. In Hautvillers verschnitt Dom Pierre Pérignon einst Weine in der Abtei. Die historischen Weinberge der drei Dörfer, der Hügel St.-Nicaise (Reims), die Avenue de Champagne und das Fort Chabrol (beide Épernay) machen die Gegend zu etwas Besonderem. Zusammen waren sie die Hauptargumente für den erfolgreichen Antrag zur Aufnahme der Region ins Weltkulturerbe. Für die Erkundung ist ein Auto hier die komfortabelste Option. Radtouren durch die uralten Dörfer und Weinberge sind aber definitiv am malerischsten.

UNTERWEGS VOR ORT

Aÿ ist leicht ab Épernay (per Auto/Zug 10/4 Min.) und Reims (per Auto & Zug 30–35 Min.) erreichbar. Der ganze Ort lässt sich zu Fuß erkunden. Ab seinem Zentrum geht's per Auto (5 Min.) oder mit Buslinie 10 (15 Min.) schnell zur Champagne Billecart-Salmon.

Champagne Billecart-Salmon (S. 301)

TOP TIPP

Am besten in Aÿ übernachten: So kann man mehr Champagner-Häuser besuchen und es dabei ruhiger angehen lassen als in Reims oder Épernay.

AŸ: BESTE RESTAURANTS

Rôtisserie Henri IV. Der Name ist Programm: Hier gibt's Grillfleisch vom Drehspieß (Spezialität: das *coquelet jaune fermier de Champagne* bzw. das „kleine Bauernhähnchen à la Champagne"). €€

Boulangerie Baillet Preisgekrönte Bäckerei mit perfekt knusprigen Baguettes. €

L'Atelier by Patrick Baillet Patrick Baillets Konditorei in der Nähe seiner Bäckerei verkauft ebenfalls Feingebäck, dazu Schokolade und Eiscreme. €

La Frigousse Ladencafé mit Terrinen, Brotaufstrichen und französischen Klassikern (jeweils in Töpfen oder kleinen Gläsern). Entweder mitnehmen oder auf der Terrasse bei einem Glas Champagner genießen. €

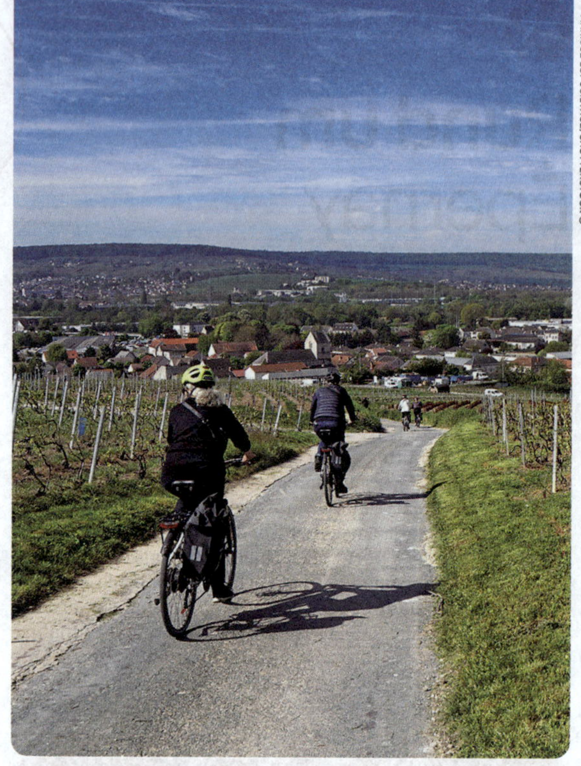

MARIUSZ LOPUSIEWICZ/SHUTTERSTOCK ©

Radeln durch Weinberge

Schampus-Prominenz in Aÿ

Historische Häuser & royale Anerkennung

Das winzige Aÿ (10 Fahrtmin. ab Épernay) beheimatet ein paar der ältesten Champagner-Häuser der Region: James Bond und Elizabeth II. liebten die Produkte von **Champagne Bollinger** (gegr. 1829). Als erster seiner Art wurde dieser weltberühmte Produzent im Jahr 1884 von Königin Victoria zum offiziellen Hoflieferanten der englischen Krone ernannt. **Ayala** (gegr. 1860; gehört nun zu Bollinger) war einst ein Pionier bei Champagnern mit niedrigem Zuckergehalt, die die hauseigenen Chardonnay-Trauben besser zur Geltung bringen. Wer zuerst Ayala und dann

ÜBERNACHTEN IN AŸ

Villa Collery Zauberhafte *Chambre d'hôte* im Besitz von Champagne Collery. Vermietet vier Zimmer und eine Maisonette. €€€

La Mongeardière Hübsche *Chambre d'hôte* (B&B) in einer historischen Villa aus dem 18. Jh. Gratisparkplätze (Reservierung erforderl.). €€

Maison Henri Giraud Lauschiges Hotel mit Weinberg- und Poolblick. Gehört zum Familienbetrieb Champagne Henri Giraud. €€€

Bollinger (Pinot Noir) besucht, kann die verschiedenen Aromen prima vergleichen. Der Familienbetrieb **Henri Giraud** vinifiziert seinen Pinot Noir (älteste Rebsorte der Champagne) in eigens angefertigten Fässern aus Eichenholz, das aus dem nahen Hügelland der Argonnen stammt. Die meisten anderen Champagner-Häuser verwenden Edelstahltanks. Ebenfalls besuchenswert ist Aÿs interaktives Champagner-Museum **Pressoria** in der früheren Kelter von Pommery. Dessen firmentypisches Entenei-Blau ziert immer noch die Fassade.

Eine kurze (Bus-)Fahrt von Aÿ entfernt ist **Champagne Billecart-Salmon** (gegr. 1818) in Mareuil-sur-Aÿ ansässig. Besuchstermine sind bei dem renommierten Champagner-Haus meist nur schwer zu bekommen. Echte Fans von dessen Produkten sollten es aber unbedingt versuchen: Die detaillierten Führungen geben super Einblicke in Geschichte und Stil der Firma. Sie starten jeweils mit der historischen Villa von Billecart-Salmon, die in einem schmucken Garten im französisch-italienischen Stil steht.

Radeln in der Champagne

Per Drahtesel durch die Weinberge

In Aÿs Nachbardorf Mareuil-sur-Aÿ (5 Fahrtmin.) starten die geführten Weinberg-Radtouren von **À la Française.** Die Trips mit kompetenten Guides verwenden E-Bikes, um Anstiege leichter zu machen. Schutzhelme sind jeweils im Preis enthalten.

Die Route führt direkt durch die Welterbe-Weinberge der Champagne. Ein paar davon liefern die Basis für die berühmtesten Lesen der Region. Dazu zählt z. B. **La Côte aux Enfants** (Bollinger): Der steile „Kinderhang" heißt angeblich so, weil einst nur Kinderflink genug gewesen sein sollen, um ihn bei der Traubenernte zu erklimmen. Nächste Station ist die **Église St.-Sindulphe** im hübschen Dorf **Hautvillers**. In der Kirche ruhen Dom Pérignon und Dom Ruinart, dessen Neffe Nicolas Ruinart das gleichnamige Champagner-Haus gründete. Zum Schluss geht's entlang eines Kanals zurück zum Startpunkt, wo eine wohlverdiente Schampus-Verkostung stattfindet.

JUGENDSTIL IN AŸ

Aÿ ist Geburtsort des berühmten Glas- und Schmuckherstellers René Lalique. Diese Schlüsselfigur der Jugendstil-Bewegung entwarf u. a. die Buntglasfenster der Église St.-Nicaise. Der Stadtspaziergang Parcours Lalique ehrt den Künstler mit zwölf Stationen im ganzen Ort. Die Infos reichen von seiner Kindheit über seine Karriere bis hin zur Nachwirkung.

Entsprechende Karten gibt's bei Aÿs Rathaus, der Tourismusinformation Hautvillers und online (ay-Champagne.com/visiter/rene-lalique). Wer nicht die ganze Tour absolvieren will, sollte sich zumindest die Lalique-Statue vor dem Rathaus und das Geburtshaus des Meisters (73 Rue Jules Blondeau) anschauen.

Oben: Petite Venise (S. 312), Colmar; rechts: Kaysersberg (S. 319)

Elsass

EINE FRANZÖSISCHE REGION MIT DEUTSCHEM EINSCHLAG

Dank seiner faszinierenden Mischung aus französischen und deutschen Einflüssen ist das Elsass eine Region mit ganz eigenem Charakter.

Wie kann man sich nicht in das Elsass verlieben? Dieser schmale Streifen im Nordosten Frankreichs, der im Osten an Deutschland und im Süden an die Schweiz grenzt, ist so anders als der Rest des Landes und bietet eine breite Palette von Attraktionen und Überraschungen. Das Elsass, dessen Charakter so schwer zu fassen ist, bewahrt stolz seine eigene Identität, Sprache, Küche, Geschichte und Architektur – teils französisch, teils deutsch, aber zu 100 % elsässisch. Die Region ist eigenwillig und farbenfroh zugleich, und genau das macht sie so reizvoll. Straßburg (Strasbourg) mit seinem prächtigen Münster und seiner unwiderstehlichen Kulisse aus alten Fachwerkhäusern und Kanälen gibt den Ton an. Weiter südlich ist Colmar, dessen Altstadt von romantischen Kopfsteinpflastergassen und verschlungenen Wasserwegen durchzogen ist, eine weitere Augenweide.

Keine Reise ins Elsass ist vollständig ohne einen Abstecher auf die Route des Vins, eine der beliebtesten Weinstraßen Frankreichs, wo sich sattgrüne Weinberge auf sanfte, nahezu künstlerische Weise um Hügel und Schlösser schmiegen. Natur- und Outdoor-Fans finden im Massif des Vosges (Vogesen) erholsame Abwechslung – die nebelverhangenen Gipfel, die Gletscherseen und die dichten Wälder sind ein Paradies für alle, die gern wandern, Rad fahren oder einfach nur entspannen wollen.

Ist das Elsass tatsächlich ein zum Leben erwachtes Volksmärchen? Zeit, sich selbst ein Bild zu machen.

DIE WICHTIGSTEN ZIELEN

STRASSBURG
Kulinarik, Kunst und Kultur. S. 306

COLMAR
Die charmanteste Stadt des Elsass. S. 312

ROUTE DES VINS D'ALSACE
Eine der kultigsten Routen Frankreichs. S. 317

Erste Orientierung

Das Elsass besteht aus nur zwei *départements* (Bas-Rhin und Haut-Rhin) und verfügt über ein gut ausgebautes Straßen- und Schienennetz. Hier lässt es sich problemlos reisen.

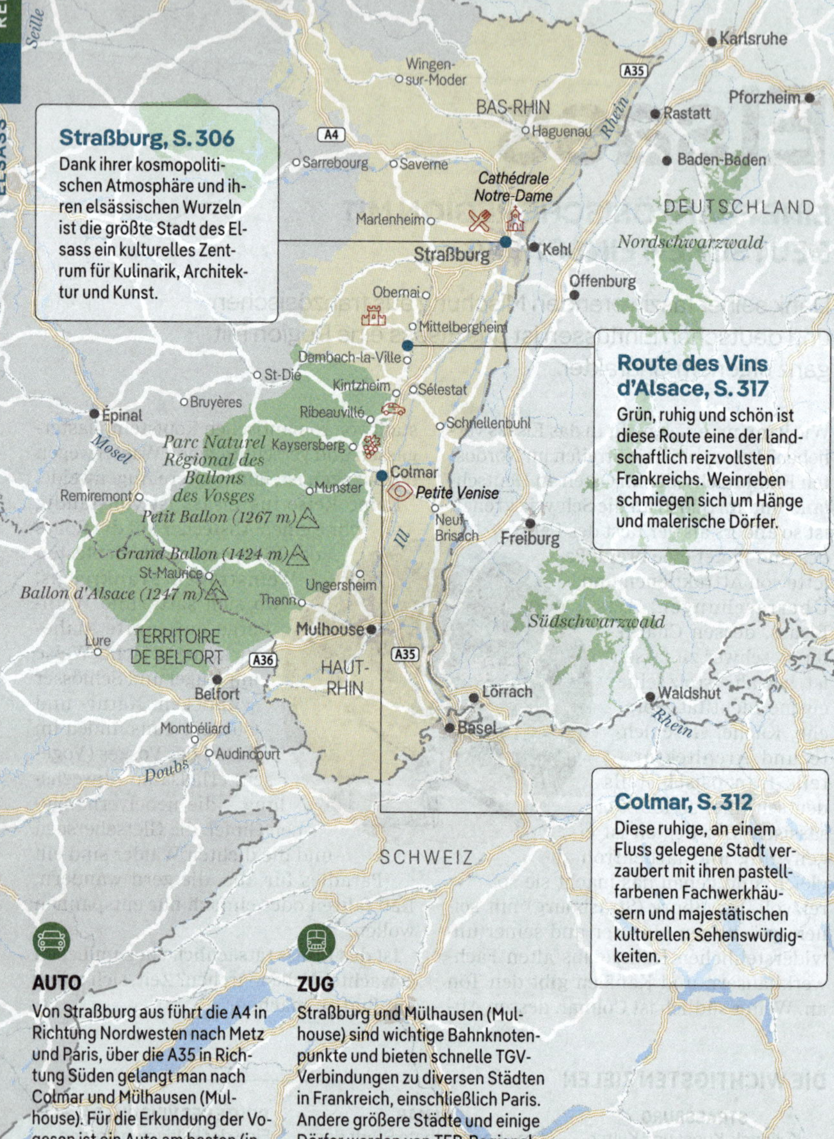

Straßburg, S. 306

Dank ihrer kosmopolitischen Atmosphäre und ihren elsässischen Wurzeln ist die größte Stadt des Elsass ein kulturelles Zentrum für Kulinarik, Architektur und Kunst.

Route des Vins d'Alsace, S. 317

Grün, ruhig und schön ist diese Route eine der landschaftlich reizvollsten Frankreichs. Weinreben schmiegen sich um Hänge und malerische Dörfer.

Colmar, S. 312

Diese ruhige, an einem Fluss gelegene Stadt verzaubert mit ihren pastellfarbenen Fachwerkhäusern und majestätischen kulturellen Sehenswürdigkeiten.

AUTO

Von Straßburg aus führt die A4 in Richtung Nordwesten nach Metz und Paris, über die A35 in Richtung Süden gelangt man nach Colmar und Mülhausen (Mulhouse). Für die Erkundung der Vogesen ist ein Auto am besten (in den Wintermonaten sind Winterreifen erforderlich).

ZUG

Straßburg und Mülhausen (Mulhouse) sind wichtige Bahnknotenpunkte und bieten schnelle TGV-Verbindungen zu diversen Städten in Frankreich, einschließlich Paris. Andere größere Städte und einige Dörfer werden von TER-Regionalzügen angefahren.

Petite France (S. 307), Straßburg

Perfekte Tage

Die großen Städte können problemlos an einem Wochenende besucht werden, doch es lohnt sich, mehr Zeit einzuplanen, damit man auch weniger bekannte, abgelegenere Teile der Region erkunden kann.

Fünf Tage zum Erkunden

● Nach einem Tag in **Straßburg** (S. 306) geht es weiter in Richtung Süden ins hübsche **Colmar** (S. 312), das einem den Atem raubt. Von dort aus lockt die **Route des Vins** (S. 317) – für die Erkundung dieser berühmten Weinstraße sollte man mindestens einen, besser zwei Tage einplanen. Zwar etwas abgelegen, aber trotzdem einen Besuch wert ist der **Sundgau** (S. 315), an der Südspitze des Elsass.

Ein verlängertes Wochenende

● Los geht's in **Straßburg** (S. 306) mit dem prächtigen **Münster** (S. 307). Dann mietet man ein **Elektroboot** (S. 308), um das historische Zentrum vom Wasser aus zu sehen. Es folgt der Katzensprung ins reizvolle Dorf **Hunspach** (S. 311). Oder man fährt direkt zum **Parc Naturel Régional des Vosges du Nord** (S. 310) zum großartigen **Musée Lalique** (S. 311).

BESTE REISEZEIT

FRÜHLING
Im Frühling ist das Elsass mit den dann angenehmen Temperaturen und üppigen grünen Wäldern (Vogesen!) besonders schön.

SOMMER
Die beste Jahreszeit für Outdoor-Aktivitäten, insbesondere im Parc Naturel Régional des Vosges du Nord.

HERBST
Jetzt sind die Reben entlang der Route des Vins erntereif und leuchten in bunter Pracht.

WINTER
Im Dezember wärmen Weihnachtsmärkte die Städte. Es locken Kunsthandwerkstände, Glühwein und regionale Leckereien.

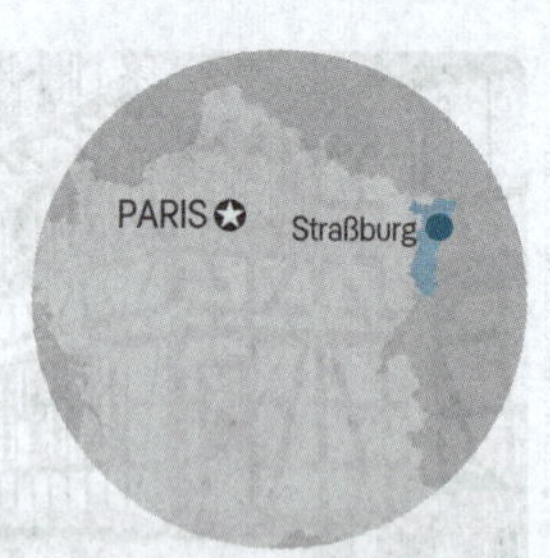

Straßburg

UNTERWEGS VOR ORT

Da das Zentrum Straßburgs recht übersichtlich ist, lässt es sich leicht zu Fuß erkunden – man kann die wunderbare Atmosphäre der Stadt also in aller Ruhe genießen. Mit öffentlichen Verkehrsmitteln erreicht man weiter entfernte Sehenswürdigkeiten in den Vororten. Die beste Art aber, sich in der Stadt fortzubewegen, ist mit dem Fahrrad. Straßburg verfügt über ein ausgedehntes Radwegenetz, und das Vélhop-System bietet Leihfahrräder: nach Bezahlung mit der Karte erhält man einen Code, mit dem man sein Fahrrad aufschließen kann.

TOP TIPP

Von Montag bis Donnerstag, wenn das Europäische Parlament im Plenum tagt, findet man nur schwer eine Unterkunft, zumal Last Minute (siehe www.europarl.europa.eu für die Daten). Im Dezember sind Betten wegen des Weihnachtsmarktes knapp – also rechtzeitig buchen!

Straßburg ist eine Stadt wie keine andere in Frankreich, und das nicht nur, weil sie der Sitz zahlreicher europäischer Institutionen ist. Die nur wenige Kilometer westlich des Rheins und der deutschen Grenze gelegene Stadt hat einen ganz einzigartigen Charakter. Hier treffen die romanische und die germanische Welt aufeinander – was sich in der Kultur, der Architektur und dem Ambiente widerspiegelt. Auf unnachahmliche Weise gelingt Straßburg der Spagat zwischen Frankreich und Deutschland und zwischen mittelalterlicher Vergangenheit und fortschrittlicher Zukunft.

Das unglaublich fotogene Stadtzentrum birgt das Beste des alten Straßburg: verwinkelte Gassen mit schiefen Fachwerkhäusern, malerische Kanäle, blumengeschmückte Höfe, opulente Geschäfte und einladende *winstubs* (Weinstuben), alle überragt vom Münster mit seiner erhabenen Pracht, einem mittelalterlichen Wunderwerk aus rosafarbenem Sandstein.

Straßburg

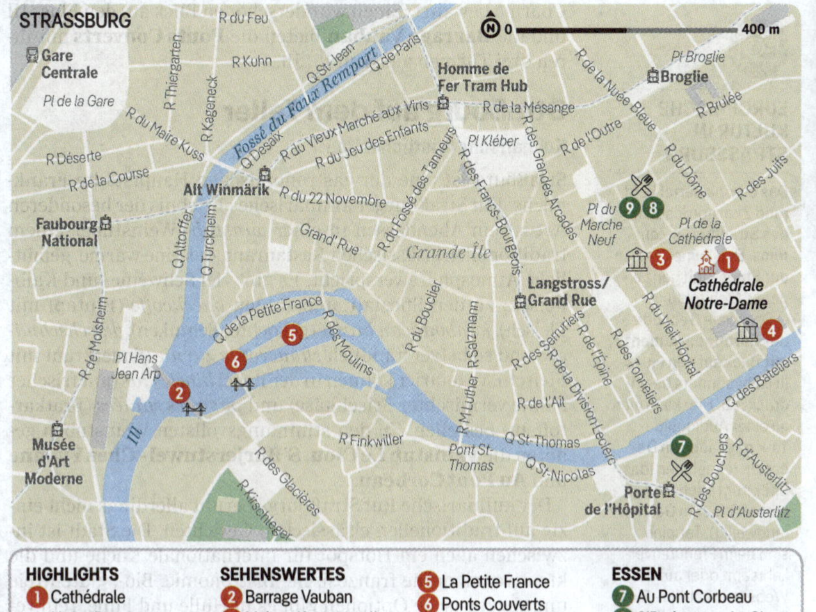

HIGHLIGHTS
1 Cathédrale Notre-Dame

SEHENSWERTES
2 Barrage Vauban
3 Maison Kammerzell
4 Palais Rohan
5 La Petite France
6 Ponts Couverts

ESSEN
7 Au Pont Corbeau
8 S'Burjerstuwel – Chez Yvonne
9 Winstub Le Clou

Die Cathédrale Notre-Dame

Das Münster: gotische Pracht und sensationelle Aussichten

Die 1439 fertiggestellte **Cathédrale Notre-Dame** ist das Wahrzeichen Straßburgs. Über das filigrane Mauerwerk der Fassade schweift der Blick hinauf zu Strebebogen, anzüglich grinsenden Wasserspeiern und dem 142 m hohen Turm. Ins Innere fällt das Licht wunderbar durch Buntglasfenster. Eine Treppe führt hinauf zur 66 m hohen Aussichtsplattform – mit wunderbarem Blick auf die Stadt, die elsässische Ebene und die Vogesen.

Schätze jenseits der Kathedrale

Geschichte allüberall

An jeder Ecke der verwinkelten Gassen und der von Cafés gesäumten Plätze der **Grande Île** warten Geschichten und Geschichte. Straßburgs zum UNESCO-Weltkulturerbe gehörende Insel, die von der Ill begrenzt wird, beherbergt viele weitere Schätze, darunter das **Maison Kammerzell** aus dem 15. Jh. mit kunstvollen Schnitzereien und Bleiglasfenstern, sowie das **Palais Rohan**. Diese Residenz aus dem 18. Jahrhundert – das *„Elsässer Versailles“* – beherbergt drei Museen.

Petite France, im Westen der Grande Île, ist von engen Gassen, Kanälen und Schleusen durchzogen. Die Fachwerkhäuser, und die Parks am Ufer ziehen massenweise Menschen an. Trotzdem hat sich „Kleinfrankreich“ seinen typisch elsässischen

BESTE VEGANE OPTIONEN

Harmonie Bowl & Juice
Gemütliches Lokal mit exzellenten Bowls, Suppen und Currys mit asiatischen Aromen. €

Origin
Modernes Café mit einer Vielzahl von Backwaren. Auch vegetarische Gerichte. €

La Bouture
Dieses gemütliche, lichtdurchflutete Lokal – gleichzeitig Café und Kantine – bietet mittags eine tolle Auswahl an veganen Leckereien. Der Brunch am Sonntag ist großartig. €

EUROPÄISCHE KULTUR IN STRASSBURG

Das Europaviertel liegt rund 2 km nordöstlich des Straßburger Zentrums. Es ist eine Stadt in der Stadt – mit ganz eigener Architektur.

Das ovale Gebäude des **Europaparlaments mit** Blick auf den Fluss Ill ist besonders beeindruckend. Hier kann man an einer Audioguide-Tour oder auch an Debatten teilnehmen (das Spektrum reicht von lebhaft bis zum Gähnen langweilig). Termine sind beim Fremdenverkehrsamt oder auf der Website erhältlich. Für Einzelpersonen gilt: Wer zuerst kommt, mahlt zuerst (Ausweis mitbringen).

Das futuristische gläserne **Palais de l' Europe** des Europarats auf der anderen Seite der Ill kann an Wochentagen im Rahmen von kostenlosen einstündigen Führungen besichtigt werden; Reservierungen sind über die Website (www.coe.int) möglich.

Das silbern schimmernde **Palais des Droits de l'Homme** (Europäischer Gerichtshof für Menschenrechte) auf der anderen Seite des Canal de la Marne gehört zu den architektonisch auffälligsten aller EU-Institutionen.

Charme bewahrt. Einen wunderschönen Blick auf den Fluss Ill und die **Barrage Vauban** bieten die **Ponts Couverts** mit ihren drei Türmen aus dem 13. Jh..

Straßburg auf dem Teller

Kulinarische Köstlichkeiten

Straßburg ist eine der gastronomischen Hauptstädte Frankreichs. Ein Straßburger kulinarisches Erlebnis der besonderen Art ist ein Abendessen in einer *winstub* (Weinstube), einem traditionellen elsässischen Restaurant, das eine warme, gemütliche Atmosphäre verspricht. Es gibt viel Schweine- und Kalbfleisch; zu den Spezialitäten zählen *baeckeoffe* (Eintopf mit Fleisch), *jambonneau braisé* (gekochter Schinken), *fleischschnäcke* und selbstverständlich *choucroute garnie* (Sauerkraut mit Fleisch). Vegetarier können in der Regel *bibeleskäs* (mit frischer Sahne vermischter Frischkäse) und *pommes sautées* (Bratkartoffeln) bestellen. Zu den stimmungsvollsten Weinstuben gehören die **Winstub Le Clou**, **S'Burjerstuwel - Chez Yvonne** und **Au Pont Corbeau**.

Der kulinarische Ruf Straßburgs beruht allerdings nicht einzig auf traditionellen elsässischen Gerichten. Die Stadt ist inzwischen auch ein Hotspot für internationale Küche und die kreative, moderne französische Bistronomie. Bio-, glutenfreie und vegetarische Optionen gibt es in Hülle und Fülle, rein vegane Restaurants sind jedoch eher selten.

Straßburg vom Wasser aus

Eine andere Art der Stadterkundung

Anstelle der Teilnahme an einer Flusskreuzfahrt kann man sich ein kleines Elektroboot mieten (Führerschein ist nicht erforderlich), um die Ill und ihre Wasserwege im eigenen Tempo zu erkunden – eine großartige Möglichkeit, die Stadt aus einer anderen Perspektive zu sehen. **Marin d'Eau Douce** in Petite France ist hierfür eine gute Adresse.

Wandgemälde, Collagen und Graffiti

Ausgefallene Straßenkunst

Straßburg bietet mehr als nur berühmte Denkmäler und malerische Stadtviertel – in den letzten Jahren hat sich die Stadt zu einem Tummelplatz für bekannte Straßenkünstler:innen entwickelt und ist inzwischen ein tolles Freilichtmuseum mit über 500 Werken. Zu den Straßen, die man besuchen sollte, gehören die Rue du Jeu-des-Enfants, die Rue Déserte und die Rue des Grandes Arcades. Eine Karte mit den verschiedenen Wandmalereien gibt's im Internet unter strasbourg.streetartmap.eu.

STILVOLL ÜBERNACHTEN IN STRASSBURG

Leonor Hotel
Schicke, geräumige Zimmer in angenehmen Farbtönen in einem wunderschön restaurierten Gebäude aus dem 18. Jh. €€

Hotel Tandem
Umweltfreundliche Unterkunft in Bahnhofsnähe mit 70 tollen Zimmern. €€

Hotel Boma
Das Boma bietet alles, was das Herz begehrt: internationales, schickes Interieur und gemütliche Atmosphäre. €€

Rund um Straßburg

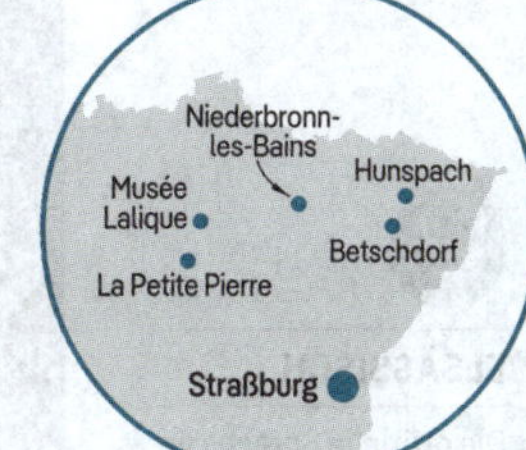

Nördlich von Straßburg, in einer Gegend, die nur wenige Franzosen (von Ausländern gar nicht zu reden) besuchen, warten ungeahnte Schätze.

Lust auf fast menschenleere, wunderschöne Ecken des Elsass? Dann rein ins Auto und ab nach Norden! Hier liegt ein wunderschöner, fast geheimnisvoll anmutender Teil der Region. Schon nach nur einer Autostunde von Straßburg aus Richtung Nordwesten erreicht man den Parc Naturel Régional des Vosges du Nord, eine sanfte, ruhige Gegend mit Hügeln, kleinen Seen, dichten Wäldern, Flüssen sowie niedlichen Hügeldörfern und -schlössern. Die Landschaft ist ideal für allerlei Outdoor-Aktivitäten, beispielsweise Wandern und Radfahren. Auf dem Rückweg durch die elsässische Ebene, in Richtung Rhein, sollte man im niedlichen Hunspach einen Zwischenstopp einlegen, bevor es weiter geht nach Soufflenheim und Betschdorf, zwei Orte, die für ihre Töpferwerkstätten bekannt sind.

UNTERWEGS VOR ORT

Nirgendwo im Elsass ist ein eigener fahrbarer Untersatz zur Erkundung von Städten, Dörfern und Landschaft so wichtig wie in dessen Norden.

TOP TIPP

Rund um Straßburg gibt's zahlreiche Wanderwege – also Wanderschuhe einpacken!

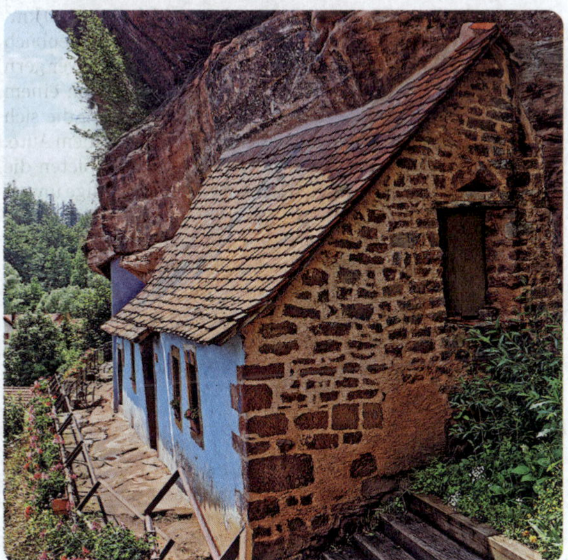

Maison Troglodyte (S. 310), Graufthal

ELSÄSSISCH

Die offizielle Sprache im Elsass ist Französisch, doch auch Elsässisch ist weit verbreitet. Dessen Wurzeln reichen bis ins 4. Jh. zurück, als germanische Alemannenstämme die örtlichen Kelten (Gallier) und Römer assimilierten. Ähnlich wie die Dialekte, die im benachbarten Deutschland und in der Schweiz gesprochen werden, hat das Elsässische keine offizielle Schriftform (die Schreibweise ist frei wählbar).

Trotz der Versuche der Franzosen und Deutschen, der Region ihre Sprache aufzuzwingen, indem sie das Elsässische einschränken oder gar verbieten wollten, wird es weiterhin im Alltag von Menschen aller Altersgruppen verwendet, vor allem in ländlichen Gebieten. Die Aussprache ist jedoch sehr unterschiedlich. So unterscheidet sich das im Nordelsass gesprochene Elsässische vom Elsässischen, das südlich von Obernai gesprochen wird.

WERNER DIETERICH/ALAMY ©

Keramik, Betschdorf

Der Parc Naturel Régional des Vosges du Nord

Natur pur

Der **Parc Naturel Régional des Vosges du Nord** (Naturpark Nordvogesen), nur eine Autostunde nordwestlich von Straßburg, bietet ein einzigartiges Naturschauspiel. Seine sich über 1300 km^2 erstreckenden Hügel und Wälder scheinen einem Märchenbuch der Gebrüder Grimm entsprungen zu sein! Vor allem wer gern wandert hat hier die Qual der Wahl. Der Park ist von einem schier endlosen Netz von Wanderwegen durchzogen, die sich durch wilde Wälder schlängeln. Auch für alle, die mit dem Auto, dem Fahrrad oder dem Motorrad unterwegs sind, bieten die wenig befahrenen malerischen Nebenstraßen unzählige unvergessliche Momente.

Los geht's im beschaulichen Städtchen **La Petite Pierre**, das inmitten dichten Grüns liegt. Hier bietet **Manuela Peschmann** Waldbaden an – also nicht nur einen einfachen Waldspaziergang, sondern eine ganz besondere Art, mit der Natur in Kontakt zu treten. **Graufthal**, ein paar Kilometer weiter südlich, bezaubert mit einigen skurrilen, blau gestrichene Felsenhäusern *(maisons des rochers)*.

ESSEN RUND UM STRASSBURG

La Villa René Lalique
Küchenchef Paul Stradner kreiert in diesem eleganten, mit zwei Michelin-Sternen ausgezeichneten Restaurant fantastische Menüs. **€€€**

Au Grès du Marché
Leckere Gerichte mit saisonalen, marktfrischen Zutaten; im Herzen von La Petite Pierre. **€€**

Au Cerf
Gemütlicher rustikaler Landgasthof in Hunspach mit einer Speisekarte, die ihre Wurzeln in der Tradition des *terroir* hat. **€**

Man muss kein Kunstfan sein, um das **Musée Lalique** in Wingen-sur-Moder schätzen zu können. Dieses hochmoderne Museum beherbergt eine Sammlung exquisiter, mit Edelsteinen verzierter und emaillierter Schmuckstücke, Parfümflaschen und Skulpturen des französischen Jugendstildesigners René Lalique. Appetit? Vor Ort gibt es ein renommiertes Bistro.

Der Kurort **Niederbronn-les-Bains** ist seit Langem wegen seiner Thermalquellen bekannt. Keine Lust auf ein Bad? Dann bietet sich ein Spaziergang durch den historischen Stadtkern an, der auch dank der hügeligen Kulisse, die die Vogesen bilden, lohnenswert ist.

Die mittelalterlichen Ruinen des **Château de Fleckenstein** aus rotem Sandstein, die auf einem Felsvorsprung nahe der deutschen Grenze thronen, sind einen Abstecher wert – auch wegen der atemberaubenden Aussicht.

Wer auf der Suche nach einem einzigartigen Erlebnis ist, sollte ein paar Stunden auf dem **Chemin des Cimes** verbringen, in einen abgelegenen Winkel der Vogesenwälder in der Nähe von Drachenbronn-Birlenbach. Auf dem 1050 m langen Baumwipfelpfad über Stege und beim Aufstieg auf eine beeindruckenden, 29 m hohen, spiralförmigen Aussichtsturm bieten sich fantastische Rundblicke.

STIMMUNGSVOLL SCHLAFEN RUND UM STRASSBURG

Ferme Auberge du Moulin des 7 Fontaines
Gemütliches, traditionelles Gasthaus mit schöner Aussicht auf die Nordvogesen. €

Maison Ungerer
Verwinkeltes, schmuckes Fachwerkhaus im schönen Hunspach. €

Alsace Village
Ländliches Flair und leckeres Essen. Auf einer Wiese in der Nähe eines Waldes gelegen. €

La Source des Sens
In Morsbronn-les-Bains. Idealer Ausgangspunkt für die Erkundung des Parc Naturel Régional des Vosges du Nord. Mit Restaurant und hervorragendem Spa. €€€

Töpfer treffen

Kunsthandwerker in Aktion & Know-how der Vorfahren

Das Töpfern hat im Elsass eine lange Tradition, und nirgendwo wird dies deutlicher als in den Dörfern **Betschdorf** und **Soufflenheim**, etwa 50 km nördlich von Straßburg. Seit Jahrhunderten werden hier Töpferwaren und Geschirr hergestellt, und die meisten elsässischen Familien verwenden noch heute einen bunten Soufflenheimer Topf zum Kochen von *choucroute* (Sauerkraut). Die Betschdorfer Keramik ist in der Regel grau mit kobaltblauen Motiven und wird vor allem zu Dekorations- oder Aufbewahrungszwecken verwendet.

Entlang der Hauptstraßen beider Dörfer bieten Töpferläden und Töpferwerkstätten Geschirr, Krüge, Teller, Blumentöpfe, Becher und Kochtöpfe an. Über die Geschichte des Betschdorfer Töpferhandwerks informiert das kleine **Töpfereimuseum (Musée de la Poterie)** des Ortes.

Entspannen in Hunspach

Angenehme Harmonie

Hunspach, etwa 60 km nördlich von Straßburg, ist kein typischbuntes elsässisches Bilderbuchdorf. Umgeben von Feldern und Obstbäumen ist es sofort an seinen schwarz-weißen Fachwerkhäusern aus dem 18. und 19. Jh. zu erkennen. Im Gegensatz zu den Dörfern an der Route des Vins findet man hier keine farbenfrohen Fassaden – das natürliche Weiß des Kalks war billiger. Einfach das Auto auf einem Parkplatz abstellen und dann durch die ruhigen, atmosphärischen Straßen schlendern. Es lohnt sich, im Dorf zu Mittag oder zu Abend zu essen.

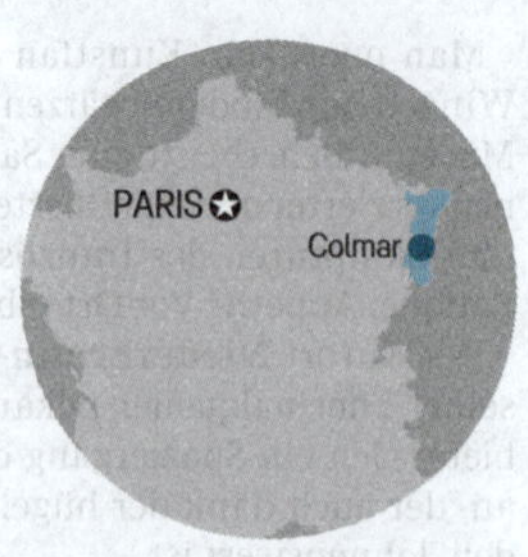

Colmar

UNTERWEGS VOR ORT

Tägliche Direktverbindungen per Zug zwischen Paris und Colmar. Zudem direkte Zugverbindungen nach Metz, Nancy, Mulhouse und Straßburg. Der günstigste Parkplatz für einen Besuch des historischen Zentrums (das wunderbar zu Fuß erkundbar ist) befindet sich an der Place Scheurer-Kestner, nördlich des Musée Unterlinden.

TOP TIPP

Wer sich Colmar über die N83 nähert, sollte 3 km nördlich der Altstadt Ausschau nach dem Ebenbild der Freiheitsstatue halten. Die 12 m hohe Nachbildung wurde anlässlich des hundertsten Todestages des einheimischen Künstlers und Schöpfers der New Yorker Statue, Frédéric Auguste Bartholdi (1834–1904), errichtet.

Colmar ist eine Freude! Es ist heimeliger, harmonischer und entspannter als das 70 km nördlich gelegene Straßburg und wirkt wie aus einem mittelalterlichen Märchen entsprungen. Zwar glänzt es nicht durch Attraktionen wie das Straßburger Münster, doch im Zentrum gibt es eine ganze Reihe malerischer Orte. Bei einem Spaziergang durch die Straßen wähnt man sich in einem Märchen aus Kindertagen. Hier gibt es bonbonfarbene Gebäude aus dem Spätmittelalter und der Renaissance, verwinkelte Gassen mit Kopfsteinpflaster, hübsche Boutiquen mit lokalen Waren und einen blumengesäumten Fluss, auf dem man mit einem flachen Kahn fahren kann. Die Route des vins und das Vogesenmassiv liegen direkt vor der Haustür. Colmar ist zu jeder Jahreszeit eine tolle Stadt, aber im Dezember wartet dort ein Weihnachtsmarkt, der zu den schönsten in Ostfrankreich zählt.

Petite Venise

Kanäle, Ruderboote und bonbonfarbene Häuser

Hat man in Colmar nur für einen Halt Zeit, dann empfiehlt sich Petite Venise (Klein-Venedig), ein kleines Viertel am südlichen Rand der Altstadt, das sich entlang des malerischen Flusses Lauch erstreckt – daher der Spitzname. In den Seitenstraßen stehen tadellos restaurierte Fachwerkhäuser in zuckermandelähnlichen Farbtönen, und von denen viele im Sommer mit Geranien bepflanzt sind.

Petite Venise erkundet man am besten zu Fuß oder mit dem Ruderboot (die legen neben dem Pont Rue de Turenne und dem Pont St-Pierre ab).

Kunst-Highlights in der Altstadt

Hochkarätige Museen und sehenswerte Bauwerke

Das historische Zentrum von Colmar ist ein Labyrinth aus Fußgängerzonen mit zahlreichen kulturellen Highlights. So sind die **Rue des Clefs**, die **Grand' Rue** und die **Rue des Marchands** mittelalterliche Straßen mit zahlreichen restaurierten Fachwerkhäusern. Die Fassade des **Maison Pfister** (1537) besticht

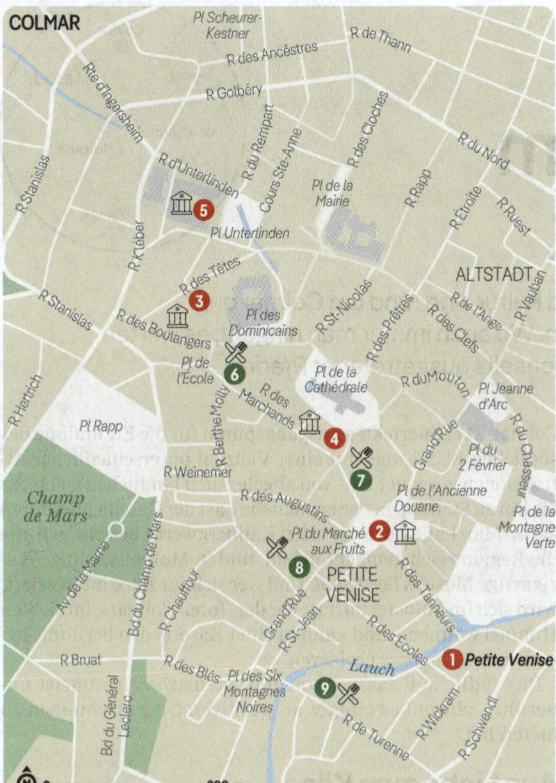

HIGHLIGHTS

1 Petite Venise

SEHENSWERTES

2 Ancienne Douane
3 Maison des Têtes
4 Maison Pfister
5 Musée Unterlinden

ESSEN

6 La Cocotte de Grand-Mère
7 La Soï
8 Pâtisserie Gilg
9 Wistub de la Petite Venise

durch seine Dekoration mit fein gemalten Tafeln und einem geschnitzten Holzbalkon. Auch das **Maison des Têtes** (Haus der Köpfe) bietet eine fantastische Fassade, die mit 106 grimassierenden Steingesichtern und Tierköpfen übersät ist. Am südöstlichen Ende der Rue des Marchands befindet sich das **Ancienne Douane** (elsässisch Koïfhus; Zollhaus), ein weiteres mittelalterliches, Insta-taugliches Gebäude mit Loggia und buntem Ziegeldach.

Alle, die sich für Kunst begeistern, sollten unbedingt das **Musée Unterlinden** besuchen. Es ist um einen prächtigen Dominikanerkreuzgang im gotischen Stil herum aufgebaut und beherbergt das spätgotische *Retable d'Issenheim* (Isenheimer Altar). Es gilt als eines der tiefgründigsten Werke des Glaubens, das je geschaffen wurde und stellt mit unerbittlichem Realismus Szenen aus dem Neuen Testament dar, darunter die Geburt Jesu und die Kreuzigung.

LECKER ESSEN IN COLMAR

Pâtisserie Gilg
Kuchen aus Bitterschokolade, Desserts mit frischen Früchten, herrliche *mille-feuille* – die Auswahl ist ein Traum! Gilg ist Colmars Konditorei *par excellence.* **€**

La Soï
Das La Soï ist eine *winstub* nach bester elsässischer Tradition. Unbedingt den Flammkuchen probieren. **€**

Wistub de la Petite Venise
Gemütliche *winstub mit* großer Auswahl von wunderbar zubereiteten elsässischen Klassikern. **€€**

La Cocotte de Grand-Mère
Bei Einheimischen beliebtes *bistrorant* mit guter französischer Küche mit regionalem Einschlag und gemütlichem Ambiente. **€€**

Rund um Colmar

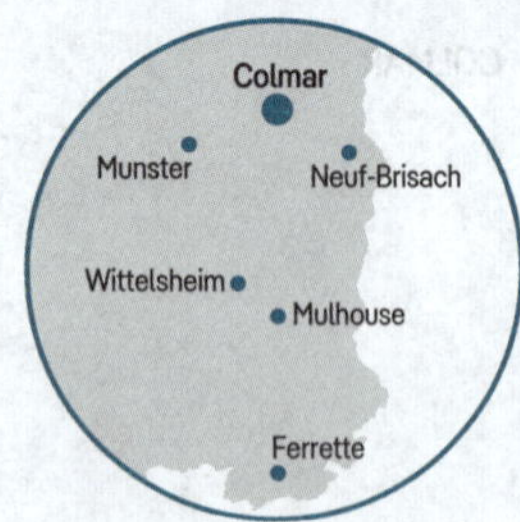

Geschichte, Natur und Kultur sind rund um Colmar eng miteinander verwoben. Wo auch immer man hingeht, es warten zahlreiche Highlights jenseits ausgetretener Pfade.

UNTERWEGS VOR ORT

Mit etwas Geduld lassen sich viele der in diesem Abschnitt beschriebenen Orte mit dem Bus erreichen, entweder von Colmar oder von Mulhouse aus. Für die abgelegeneren Orte braucht man allerdings auf jeden Fall ein Auto.

TOP TIPP

Vor allem im Sundgau und in Mulhouse gibt's preiswerte Unterkünfte.

Colmar ist ein perfekter Ausgangspunkt für die Erkundung des südlichen Elsass, das mit einer Vielzahl unterschiedlicher Attraktionen gesegnet ist – von abgelegenen ländlichen Gebieten bis hin zu Städten, in denen man die Last der Geschichte spüren kann. Man kann auch die alten Kalibergwerke besichtigen, die die Region reich gemacht haben, und in Mulhouse einige einzigartige Museen besuchen. Und wer sich für Käse interessiert, wird sich im Munstertal, fast vor den Toren Colmars, im siebten Himmel wähnen – und kann in einer Käserei den berühmt-berüchtigten *fromage* probieren.

Das südliche Elsass ist von Touristenströmen zumeist unberührt, obwohl es einiges an positiven Überraschungen zu bieten hat.

Aus Liebe zum Käse

Ein Gourmet-Abenteuer

Die ruhige, an einem Fluss gelegene Stadt **Munster**, weniger als 10 km westlich von Colmar in einem schönen Tal gelegen, ist berühmt für ihren gleichnamigen Käse. Der weiße, cremige

Neuf-Brisach

Münsterkäse, mit seinem scharfen, erdigen Aroma (wenn er reif ist – mild, wenn er frisch ist) wird in diesem Tal seit dem 7. Jahrhundert nach den alten Methoden der Benediktinermönche hergestellt. Nur die Milch der Kühe, die auf den höchsten Weiden der Vogesen grasen, ist gut genug für diesen halbfesten Käse, der vor allem mit Kümmel, Roggenbrot und einem Glas würzigem Gewürztraminer eine Köstlichkeit ist.

Es gibt mehrere Milchviehbetriebe, bei denen man bei der Herstellung von Münsterkäse zusehen, ihn probieren und kaufen kann – zum Beispiel bei **Ferme Versant du Soleil** und **Ferme du Saesserlé**.

Die Museen von Mulhouse

Industriemuseen von Weltklasse

Die Industriestadt Mulhouse, 43 km südlich von Colmar, hat nichts von dem malerischen elsässischen Charme, wie man ihn weiter nördlich findet, aber die Industriemuseen der Stadt sind unbedingt einen Besuch wert. Das beeindruckende Glas- und Stahlmuseum **Cité de l'Automobile** ist eine Ode an das Automobil und zeigt 400 seltene und klassische Fahrzeuge, von Oldtimern wie dem Bugatti Royale bis hin zu Formel-1-Rennern.

Zugbegeisterte kommen im **Cité du Train** auf ihre Kosten. Es ist das größte Eisenbahnmuseum Europas und zeigt eine wertvolle Sammlung von Lokomotiven und Waggons der SNCF.

Zeitreise in Neuf-Brisach

UNESCO-Welterbeschatz

Etwa 16 km südöstlich von Colmar liegt Neuf-Brisach mit seinen bemerkenswert gut erhaltenen Festungsanlagen aus rotem Sandstein, die 2008 in die Liste des UNESCO-Weltkulturerbes aufgenommen wurden. Die Festungsstadt in Form eines achtzackigen Sterns wurde 1697 von Ludwig XIV. in Auftrag gegeben, um die französischen Verteidigungsanlagen zu verstärken und so zu verhindern, dass das Gebiet an die Habsburger fällt. Entworfen wurde die Anlage von Sébastien de Vauban (1633–1707). Das **Musée Vauban**, das sich unterhalb der Porte de Belfort befindet, erzählt die Geschichte der Zitadelle.

Der Sundgau

Ein ländliches Paradies

Der wunderbare Sundgau mit seiner ländlichen Atmosphäre, dem hügeligem Weideland, seinen Teichen und abgelegenen Dörfern ist einer der bestgehüteten Geheimtipps des Elsass. Am südlichsten Zipfel der Region, etwa eine Autostunde südlich

EIN DUNKLES KAPITEL

Etwa 60 km nördlich von Colmar, an der D130, liegt das KZ Natzweiler-Struthof, das einzige Nazi-Konzentrationslager auf französischem Gebiet. Die düsteren Überreste des Lagers sind noch heute von Wachtürmen und konzentrischen, ehemals elektrifizierten Stacheldrahtzäunen umgeben. Die vier *crématoires* (Krematorien), der *salle d'autopsie* (Autopsie-Saal) und die *chambre à gaz (Gaskammer)*, die sich 1,7 km vom Lagertor entfernt befinden, sind grausige Zeugen der hier begangenen Schreckenstaten.

Insgesamt starben etwa 22 000 der hier und in den nahe gelegenen Nebenlagern internierten Häftlinge (40 % der Gesamtzahl); viele wurden erschossen oder erhängt. Anfang September 1944, als sich die US-Armee näherte, wurden die 5517 überlebenden Häftlinge nach Dachau gebracht.

GÜNSTIG & STILVOLL ÜBERNACHTEN

Auberge Sundgauvienne
Erstklassige Unterkunft im Sundgau mit schicken Zimmern und sehr gutem Restaurant. €€

La Maison Hotel
Boutique-Hotel mit Zimmern (alle unterschiedlich) für weniger als 100 € mitten im Herzen von Mulhouse. €

La Villa Estérel
Gut geführtes B&B in einem grünen Anwesen südlich von Mulhouse, in der Nähe des Rheins. €

GUILLAUME FREY/SHUTTERSTOCK ©

Burgruinen, Ferrette

von Colmar in Richtung Schweizer Grenze gelegen, scheint dieses kleine Paradies Lichtjahre vom Rest der Region entfernt in seinem eigenen Universum zu existieren. Es ist ein wahrgewordener Traum für alle, die abseits ausgetretener Pfade auf Erkundung gehen wollen. Hier gibt's nur schmale Landstraßen – und jede Menge Radwege. Zu den Dörfern, die einen Besuch wert sind, gehören **Friesen** und **Hirtzbach** mit ihren prächtigen traditionellen Bauernhöfen sowie das charmante **Ferrette** mit seiner Burgruine. Das an der Schweizer Grenze gelegene **Château du Landskron** ist das ultimative Märchenschloss. Gourmets sollten unbedingt *carpe frite* (frittierter Karpfen) probieren. Die lokale Spezialität gibt's in vielen der traditionellen Gasthäuser hier, darunter auch im familiengeführte **Au Soleil** in Liebsdorf.

DIE BESTEN ERSCHWINGLICHEN RESTAURANTS RUND UM COLMAR

Restaurant du Marché
Schlichtes Restaurant mit ausgezeichneter, herzhafter elsässischer Küche. In der Markthalle von Mulhouse. €

L'Abbaye d'Anny
Lokal in Munster mit gemütlichem Ambiente. Auf der Karte stehen Salate, *galettes, tartes flambées* und andere Leckereien. Es gibt auch Sitzplätze im Freien. €

Au Cheval Blanc
Schlichtes, gemütliches Restaurant in Ferrette, bei dem (top-zubereitete) Gerichte aus frischen saisonalen Zutaten im Vordergrund stehen. €

Restaurant Kastenwald
Renommiertes Restaurant in der Nähe von Neuf-Brisach mit kreativen Varianten elsässischer Küche. €€

Die Überreste der industriellen Blütezeit des Elsass

Faszinierende Kalibergwerke

Die Gegend um Ensisheim, nördlich von Mulhouse, ist sicherlich kein klassisches elsässisches Reiseziel, aber für solche Traveller sehr interessant, denen der Sinn nach Ungewöhnlichem steht. Von 1910 bis 2002 wurde hier Kalk gewonnen. In seiner Blütezeit beschäftigte der Kalkabbau 14 000 Bergleute in 24 Schächten und war einer der blühendsten Industriezweige des Elsass.

Die 2017 eröffnete **Route de la Potasse** führt zu mehreren ehemaligen Bergbaudörfern, darunter **Wittelsheim** und **Pulversheim**, wo man einige erhaltene Schächte sehen kann – ein wirklich faszinierender Anblick, vor allem, wenn die Sonne scheint.

Route des Vins d'Alsace

PARIS
Route des Vins d'Alsace

Die pittoreske Route des Vins d'Alsace ist ein Muss! Die 1953 gegründete Weinstraße ist die älteste und wahrscheinlich auch die eindrucksvollste Frankreichs. Die gesamte Strecke führt über 170 km von Marlenheim, 21 km westlich von Straßburg, nach Thann, 46 km südwestlich von Colmar, und verläuft durch eine beeindruckend herrliche Landschaft. Die Straße ist eine Art „Greatest Hits" von allem Elsässischen. Die Weinberge ziehen sich die Hänge hinauf bis zu Burgen auf Gipfeln vor den nebelverhangenen Vogesen, und gefühlt jeden Kilometer lädt ein hervorragend erhaltenes mittelalterliches Dorf zu einer Pause ein – während der man die Atmosphäre hier so richtig auf sich wirken lassen kann. Wer großartige Weißweine liebt, wird wahrscheinlich für immer hierbleiben wollen. Viele der unabhängigen AOC-Winzer:innen bieten kostenlose Verkostungen an. Zudem werden hier ungewöhnliche Erlebnisse wie Yogakurse, Picknicks, Apéros oder Schatzsuchen inmitten von Weinbergen angeboten. Für Naturfans gibt es zahlreiche Möglichkeiten, die Route des Vins auf eigene Faust zu erkunden, sei es mit dem Fahrrad oder zu Fuß.

Mit dem Rad auf der Route des Vins d'Alsace

UNTERWEGS VOR ORT

Am einfachsten erreicht man die Ortschaften an der Route des Vins mit dem eigenen Auto – die kurvenreichen Landstraßen sorgen für einen unvergesslichen Roadtrip. Man kann auch auf öffentliche Verkehrsmittel zurückgreifen, denn viele Städte und Dörfer entlang dieser Weinstraße sind mit dem Zug von Straßburg oder Colmar aus zu erreichen. Wer lieber mit dem Fahrrad unterwegs ist, findet eine Vielzahl von Möglichkeiten, die reizvolle Gegend zu erkunden. In jeder größeren Stadt gibt's Mietfahrräder.

TOP TIPP

Die Weine aus dem Elsass sind in der Regel sortenrein und nicht verschnitten. Zu den wichtigsten Rebsorten gehören Riesling, Silvaner, Gewürztraminer, Muskateller und Pinot gris. Das Vorurteil, Elsässer seien „fruchtig", darf man getrost vergessen. Die Wahrheit ist, dass die hiesigen Weine eine breite Palette von aromatischen Nuancen bieten. Ein äußerst köstlicher Riesling kann sogar nach Benzin riechen!

SEHENSWERTES
1 Château de Wineck
2 Château du Haut Königsbourg
3 Domaine Gilg
4 Domaine Paul Blanck
5 Eguisheim
6 Kaysersberg
7 Marlenheim
8 Molsheim
9 Ribeauvillé
10 Riquewihr

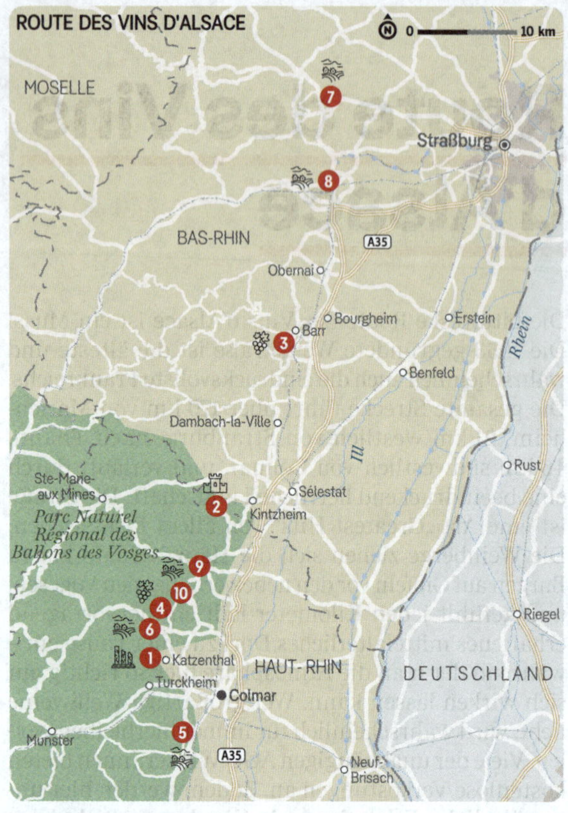

WARUM ICH DIE ROUTE DES VINS LIEBE

Jean-Bernard Carillet, Autor, @jb.carillet_ photography

Da ich im benachbarten Lothringen lebe, reise ich oft ins Elsass. Ich mag die Opulenz und den Wohlstand, die diese Region ausstrahlt. Im Dezember verpasse ich keine Gelegenheit, den Marché de Noël (Weihnachtsmarkt) in Straßburg oder Colmar zu besuchen. Die Märkte sind bunt, festlich und voller guter Laune. Ich liebe die Lichter, die Stimmung und natürlich auch das Essen und den Wein. Hier gibt es Glühwein, würzige *Bredele* (Gebäck), Stände mit hübschen Geschenken, handgefertigte Dekorationen und Lebkuchenherzen. Es herrscht eine magische Atmosphäre, wie man sie sonst nirgendwo in Frankreich findet.

Die Weinstraße

WEINPROBEN & IDYLLISCHE LANDSCHAFTEN

Von **Marlenheim**, dem Tor zur Route des Vins, schlängelt sich ein gut ausgeschilderter Feldweg durch eine ruhige, schöne Landschaft zum mittelalterlichen **Molsheim**, dessen Zentrum ein malerischer Platz ist. Das 5 km südlich gelegene **Obernai** ist eine der reizvollsten Städte an der Weinstraße und ein wahres Schmuckstück aus Fachwerk, Reben und Ringmauern. Der Alltag dreht sich auch heutzutage noch um die Place du Marché, den Marktplatz, auf dem sich das Rathaus aus dem 16. Jh. und die mit einer Glocke versehene Halle aux Blés (Getreidebörse) befinden.

Als Nächstes geht es nach **Mittelbergheim**, einem reizvollen, pfirsichfarbenen Häuserkomplex, der von schmalen, hügeligen Straßen gesäumt wird. Hier gibt es zahlreiche Weinkeller, die jeweils durch ein schmiedeeisernes Schild gekennzeichnet sind, darunter **Domaine Gilg**, ein familiengeführtes Weingut, das zahlreiche Auszeichnungen für seine Sylvaner, Pinots und Rieslinge erhalten hat. Ein Weinbergpfad, der Sentier Viticole, schlängelt sich in Richtung des zweitürmigen **Château du Haut-Andlau** (was für eine Aussicht!).

Dambach-la-Ville, eine Festungsstadt mit Wällen und massiven Toren, ist ein weiterer fotogener Halt. Viele der Häuser hier leuchten in Pistazien-, Karamell- und Himbeertönen und stammen aus der Zeit vor 1500. Das **Château du Haut-Königsbourg**, eine über Weinbergen und Hügeln schwebende Turmburg im Südwesten, bietet sich für einen kurzen Abstecher an. Der Rundumblick ist unvergesslich. Das 22 km südlich gelegene mittelalterliche **Ribeauvillé**, das in einem Tal liegt und von einer Burg beherrscht wird, ist ein weiteres Highlight der Route des Vins. Entlang der Hauptstraße Ausschau halten nach dem Pfifferhüs (Pfefferhaus) aus dem 17. Jh., dem Hôtel de Ville und dem nahe gelegenen, von einer Uhr gekrönten Tour des Bouchers (Metzgerturm).

Nach Ribeauvillé bietet sich die **Domaine Becker** in dem Dorf **Zellenberg** für eine Pause an. Nach Martine Becker fragen (sie spricht Englisch). Ihre Familie stellt seit dem 16. Jh. Wein (darunter hervorragende Bioweine) her und kennt sich daher bestens aus. Im selben Dorf bietet **Jean Huttard** ein einzigartiges „Winzer für einen Tag"-Erlebnis in den Kellern oder in den Weinbergen an. In **Kientzheim** gibt's keine bessere Adresse, um hervorragende Rieslinge zu probieren, als die **Domaine Paul Blanck**. Dieser zukunftsorientierte Winzer bietet auch Qi Gong und Geologiekurse in seinen Weinbergen an. **Riquewihr**, fast nebenan, ist vielleicht *die* bezauberndste Stadt der Weinstraße. Mittelalterliche Stadtmauern umschließen ein Labyrinth aus verwinkelten Gassen und Fachwerkhäusern, eines schöner als das andere. Bei **Hugel** kann man in einem eleganten Weinkeller im Herzen der Stadt eine Weinprobe machen – unbedingt die köstlichen Vendanges Tardives (süße Spätleseweine aus überreifen Trauben) probieren!

Nur 10 km nordwestlich von Colmar liegt **Kaysersberg**, das mit seiner Kulisse aus Weinbergen, dem Schloss und der Brücke aus dem 16. Jh. begeistert. Vor 10 Uhr oder am Abend hat man die Straßen für sich. Nach der Erkundung der Altstadt bietet sich ein Abstecher an zum von einer Frau geführten Weingut **Domaine Weinbach**, das unter Weinbegeisterten einen exzellenten Ruf genießt. Von dort aus geht es weiter in Richtung Süden nach **Katzenthal**, einem Dorf, das von den mittelalterlichen Ruinen des **Château de Wineck** gekrönt wird. Anschließend folgt ein Abstecher nach **Eguisheim**, einem kreisförmig angelegten Dorf. Das **Maison Émile Beyer**, das seit 14 Generationen von der gleichen Familie geführt wird, ist einen Besuch wert. Die Verkostungen finden in den alten Kellern statt, die in einer ehemaligen mittelalterlichen Kutschenherberge direkt am Hauptplatz untergebracht sind.

DIE BESTEN WEINSTUBEN AN DER ROUTE DES VINS

Mélanie Pfister leitet das Weingut Domaine Pfister in Dahlenheim, in der Nähe von Marlenheim. Hier verrät sie ihre Lieblingslokale entlang der Route des Vins. @ vinsmelaniepfister

Zum Loejelgucker
Küchenchef Claude Fuchs serviert in der Auberge de Traenheim in stilvollem und gemütlichem Ambiente ausgezeichnete regionale Küche.

Winstub Le Freiberg
Diese *winstub* in Obernai ist sowohl modern als auch traditionell – was ich wunderbar finde! Tolle Atmosphäre und gerade auch bei Einheimischen sehr beliebt.

Hotel-Restaurant du Mouton
Wohl bestes Restaurant in Ribeauvillé, mit klasse zubereiteten elsässischen Gerichten aus sorgfältig ausgewählten regionalen Zutaten.

Le Bon Coin
Dieses angenehme Lokal in Wintzenheim ist ein beliebter Treffpunkt der örtlichen Winzer:innen – mit entsprechend großartiger Weinkarte.

ÜBERNACHTEN ENTLANG DER ROUTE DES VINS

Clos Froehn
Wunderschön renoviertes Bauernhaus, flankiert von einem mittelalterlichen Turm. Die Aussicht auf die Weinberge ist atemberaubend. In Zellenberg. **€€**

Bastion de Riquewihr
B&B in Riquewihr, das auf das Jahr 1807 zurückgeht, in einem hübschen und gemütlichen Fachwerkhaus. **€€**

La Villa Haute Corniche
Vier tadellose Zimmer in einer herrlichen Villa oberhalb von Obernai, mit unvergesslichem Blick auf die Weinberge und die Vogesen. **€€**

Rund um die Route des Vins

Die zerklüfteten Kämme des Vogesenmassivs sind zwar nicht besonders hoch, aber dennoch beeindruckend und ein toller Kontrast zu den hügeligen Niederungen.

Hat man genug von den hinreißenden Dörfern, Bergschlössern und Fachwerkhäusern, erwartet einen an den oberen Hängen der Vogesen eine ganz andere Welt. Während die Route des Vins eng mit ess- und trinkbarem Genuss verbunden ist, bietet das Vogesenmassiv eher naturnahe Erlebnisse – es ist das beste Gebiet im Osten Frankreichs zum Wandern, Mountainbiken, Gleitschirmfliegen (und im Winter zum Schneeschuhwandern und für den Skilanglauf). Hier kann man entlang von Nebenstraßen wandern oder der Route des Crêtes (Kammstraße) folgend, die 80 km durch eine spektakuläre Landschaft führt, tolle Panoramablicke genießen. Das Vogesenmassiv ist von der Route des Vins und von Colmar aus leicht in einem Tagesausflug zu erreichen, doch wer die Weite des Massivs wirklich erleben möchte, sollte mehr Zeit einplanen und vor Ort übernachten.

TOP TIPP

Im Winter kann es in der Gegend schneien – bestimmte Straßen und *cols* (Pässe) sind dann gesperrt. Winterreifen sind Pflicht.

PISCES2386/SHUTTERSTOCK ©

Das Hohneck

AUTOTOUR: DIE ROUTE DES CRÊTES

Die Route des Crêtes (Kammstraße), die zum Teil während des Ersten Weltkriegs zur Versorgung der französischen Fronttruppen gebaut wurde, führt zu den höchsten *ballons* (kahle, abgerundete Berggipfel) der Vogesen. Diese Aussichtspunkte bieten spektakuläre Blicke auf die elsässische Ebene und den Schwarzwald. Die 80 km lange Strecke verbindet entlang der D148, D61, D430 und D431 den **1 Col du Bonhomme** (949 m), etwa 20 km westlich von Kaysersberg, mit Cernay, 15 km westlich von Mulhouse.

Die erste Etappe führt durch Nadelwälder zum **2 Lac Vert** (Grüner See), der direkt unterhalb der Hauptstraße liegt. Der markierte Weg, der den See in einer Schleife umrundet (Dauer: ca. 1 Std.), ist sehr reizvoll. Die Straße führt weiter zum **3 Col de la Schlucht** (1139 m). Von hier aus gelangt man in das Hohneck-Massiv mit windgepeitschten *chaumes* (Hochweiden) und zerklüfteten Felsformationen. Man kann bis zum Gipfel des **4 Hohneck** (1363 m) mit herrlicher Aussicht auf die elsässischen Täler fahren. Über die D431 erreicht man **5 Markstein**, eine Skistation, die auch im Sommer zahlreiche Aktivitätenwie Gleitschirmfliegen, Mountainbiken und Wandern bietet. In der **6 Ferme Auberge du Treh**, einem Bauernhofrestaurant, das köstliche elsässische Gerichte serviert, sollte man die Melkermahlzeit (*repas marcaire*) probieren. Nach kurzer Fahrt erreicht man den oft windgepeitschten Gipfel des **7 Grand Ballon**, den höchsten Punkt der Vogesen (1424 m). Es folgt eine lange Abfahrt ins Tal. Unterwegs empfiehlt sich ein Halt an der ergreifenden Erster-Weltkriegs-Gedenkstätte **8 Vieil Armand**, die an die mehr als 7000 Soldaten erinnert, die hier für ihr Land ihr Leben gaben.

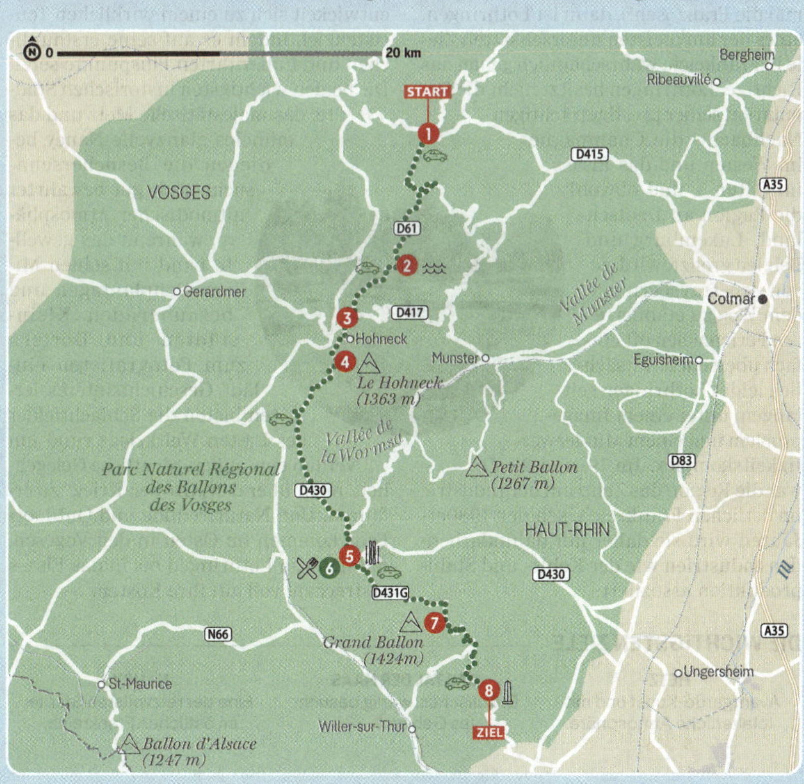

Lothringen

UNTERSCHÄTZTE KULTURSCHÄTZE UND GRÜNE OASEN

Lothringen liegt eingezwängt zwischen dem Elsass und der Champagne und gehört zu den weniger bekannten Regionen Frankreichs. Hier darf man viele nette Überraschungen ohne Massenandrang erwarten.

Wenn man auf der Suche nach einer Region ist, die kaum jemand kennt (noch nicht einmal die Franzosen!), dann ist Lothringen, eines der am meisten unterschätzten Ziele in Frankeich, wahrscheinlich genau das Richtige. Lothringen besitzt nicht die Reputation seiner prestigeträchtigen Nachbarn – die Champagne im Westen und das Elsass im Osten –, und obwohl die Region an Deutschland, Luxemburg und Belgien grenzt, wird sie von den Travellern auf dem Weg zu etablierteren Ferienzielen oft einfach übersehen. Tatsächlich leidet Lothringen seit langem unter einem Imageproblem und einem Minderwertigkeitskomplex. Im 19. und 20. Jh. war die Region das Zentrum der Industrie im östlichen Frankreich; seit den 1980er-Jahren wird sie daher mit dahindarbenden Industrien wie der Kohle- und Stahlproduktion assoziiert.

Inzwischen hat der Underdog Lothringen aber das Schlimmste hinter sich und entwickelt sich zu einem wirklichen Touristenziel, indem es auf seine erstaunlichen und unberührten Pluspunkte setzt. Die beiden wichtigsten historischen Städte, das majestätische Metz und das mühelos glanzvolle Nancy bedienen die Besuchersehnsucht nach gut bewahrter altmodischer Atmosphäre, während das gewellte Land mit seinen Mirabellenplantagen und bezaubernden Kleinstädten und Dörfern zum Fotografieren einlädt. Geschichtsinteressierten bieten die Schlachtfelder des Ersten Weltkriegs rund um Verdun eine außerordentliche Gelegenheit, mehr über den „Großen Krieg" zu erfahren. Und Naturfreunde und Outdoor-Fans kommen im Osten in den Vogesen, die sich von Lothringen bis in das Elsass erstrecken, voll auf ihre Kosten.

WILLEQUET MANUEL/SHUTTERSTOCK ©

DIE WICHTIGSTEN ZIELE

METZ
Avantgarde-Kunst und mittelalterliche Atmosphäre.
S. 326

DAS TAL DER MAAS
Bukolisches, wenig besuchtes Gebiet. S. 330

NANCY
Eine der reizvollsten Städte im östlichen Frankreich.
S. 332

OLIVEROUGE 3/SHUTTERSTOCK ©

Links: Schützengräben des Ersten Weltkriegs (S. 331), Verdun; oben: Place Stanislas (S. 333), Nancy

Erste Orientierung

Dieser Streifen Ostfrankreichs, der die vier Départements Moselle, Meurthe-et-Moselle Meuse und Vosges umfasst, bietet historische Städte, hinreißende kulturelle Sehenswürdigkeiten und bewahrte Naturwunder. Unsere Auswahl berücksichtigt die Verkehrsknoten in der Region.

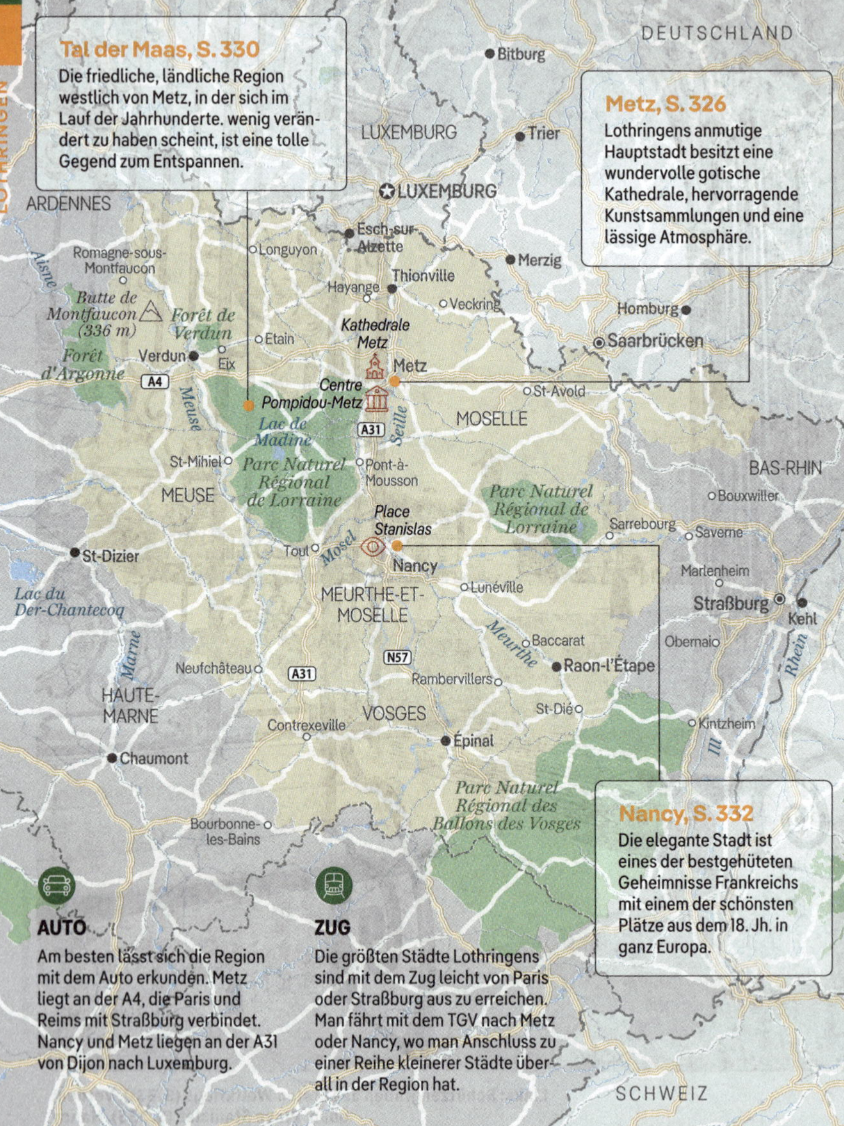

Tal der Maas, S. 330

Die friedliche, ländliche Region westlich von Metz, in der sich im Lauf der Jahrhunderte. wenig verändert zu haben scheint, ist eine tolle Gegend zum Entspannen.

Metz, S. 326

Lothringens anmutige Hauptstadt besitzt eine wundervolle gotische Kathedrale, hervorragende Kunstsammlungen und eine lässige Atmosphäre.

Nancy, S. 332

Die elegante Stadt ist eines der bestgehüteten Geheimnisse Frankreichs mit einem der schönsten Plätze aus dem 18. Jh. in ganz Europa.

AUTO

Am besten lässt sich die Region mit dem Auto erkunden. Metz liegt an der A4, die Paris und Reims mit Straßburg verbindet. Nancy und Metz liegen an der A31 von Dijon nach Luxemburg.

ZUG

Die größten Städte Lothringens sind mit dem Zug leicht von Paris oder Straßburg aus zu erreichen. Man fährt mit dem TGV nach Metz oder Nancy, wo man Anschluss zu einer Reihe kleinerer Städte überall in der Region hat.

Kathedrale Saint-Étienne (S. 328), Metz

Perfekte Tage

Lothringen ist kein Ort zum schnellen Durchrauschen. Zwischen dem Département Meuse (im Westen) bis zu den Vogesen im Osten erwarten einen hier ungewöhnliche Erlebnisse und Eindrücke.

Wenig Zeit

Wer nur ein paar Tage Zeit hat, sollte seine Aufmerksamkeit auf die beiden wichtigsten Städte konzentrieren. Zunächst besichtigt man die Sehenswürdigkeiten in **Metz** (S. 326), darunter das innovative **Centre Pompidou-Metz** (S. 328) und die gotische **Kathedrale** (S. 328), ehe es nach **Nancy** (S. 332) geht. Man bewundert die **Jugendstilbauten** (S. 335) rund um das Zentrum und setzt sich dann in ein Café an der **Place Stanislas** (S. 333).

Ein fünftägiges Abenteuer

Man verbringt einen Tag in **Metz** (S. 326), legt dann einen Halt an der **Eisenhütte von Uckange** (S. 331) ein, ehe es ins **Tal der Maas** (S. 330) geht. Nach einem Besuch der **Schlachtfelder des Ersten Weltkriegs** (S. 331) fährt man nach **Saint-Mihiel** (S. 331) und von dort weiter nach **Nancy** (S. 332). Letztendlich gönnt man sich eine Auszeit in den **Vogesen** (S. 337).

BESTE REISEZEIT

FRÜHJAHR
Der Frühling bringt Sonnenschein, Blumen und milde Temperaturen – ideal, um Städte wie Metz oder Nancy zu besuchen.

SOMMER
Kaum Besucherandrang und viele Outdoor-Unternehmungen machen Lothringen im Sommer zu einem tollen Reiseziel.

HERBST
Der Herbst präsentiert sich als eine Symphonie der Farben, wenn die Blätter auf den Bäumen in goldenen Gelb- und Orangetönen leuchten.

WINTER
Der Dezember ist die beste Zeit, um die Stimmung in Nancy und Metz mitzuerleben, wo Weihnachten groß gefeiert wird.

Metz

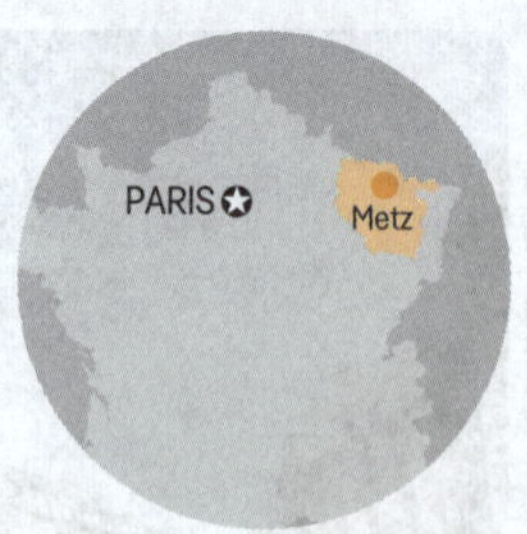

UNTERWEGS VOR ORT

Metz liegt ungefähr drei Fahrtstunden östlich von Paris und ist von der Hauptstadt aus leicht mit dem Zug oder Bus zu erreichen. Es gibt auch direkte Zugverbindungen nach Nancy, Luxemburg und Straßburg. Der bequemste Parkplatz für den Besuch des historischen Zentrums ist Parking Cathédrale. Das Zentrum der Stadt erkundet man am besten zu Fuß.

Die von der eleganten Mosel durchquerte Stadt Metz (französisch ausgesprochen „mess“) liegt abseits der Touristenpfade. Die Stadt ist stolz auf ihre bis in die Römerzeit zurückgehenden Ursprünge, als sie an wichtigen Handelsrouten lag. Obwohl Metz sehr nahe an der deutschen Grenze liegt, wirkt die Stadt dank ihres hinreißenden historischen Zentrums, das aus goldenem Jaumont-Kalkstein errichtet wurde, eher südeuropäisch. Das angrenzende, hochherrschaftliche Quartier Impérial lohnt einen Spaziergang. Die Hauptattraktion von Metz ist die gotische Kathedrale Saint-Étienne. Ein weiterer Hingucker ist das Centre Pompidou-Metz, ein Wahrzeichen mit erstklassigen Kunstsammlungen, das Massen anlockt.

Aber in Metz geht es nicht nur um Denkmäler und Sehenswürdigkeiten. Es handelt sich um eine stimmungsvolle Stadt mit einer angenehmen Lebensqualität. Es gibt eine florierende Gastronomie, blumengeschmückte öffentliche Plätze und Parks, eine herrliche Uferlage und im Sommer muntere Straßencafés. Insgesamt ist die Stadt eine angenehme Überraschung.

TOP TIPP

Vor oder nach dem Besuch der Kathedrale sollte man einen Halt im prächtigen **Marché Couvert** gleich auf der anderen Straßenseite einlegen. Der ehemalige Bischofspalast ist heute ein Tempel für frische Produkte wie Käse, Wurst, Obst, Gemüse und andere gute Picknickzutaten.

MIHAIULIA/SHUTTERSTOCK ©

Temple Neuf (S. 329) und die Mosel

METZ

0 — 500 m

HIGHLIGHTS

1 Centre Pompidou-Metz
2 Kathedrale Metz

SEHENSWERTES

3 Gare de Metz
4 Imperial Quarter
5 Jardin Boufflers
6 Marché Couvert
7 Musée de la Cour d'Or
8 Place de la Comédie
9 Place St-Louis
10 Temple Neuf

ESSEN

11 Au Cul d'Poule
12 Derrière
13 Les Pas Sages
14 Maison de l'Éclusier
15 Monsieur St-Louis

UNTERHALTUNG

16 Opéra-Théâtre

Marché Couvert

KATEAFTER/SHUTTERSTOCK ©

TATI CAMPELO/SHUTTERSTOCK ©

Kathedrale Saint-Étienne, Metz

DIE BESTEN BISTROS IN METZ

Les Pas Sages
Das ausgezeichnete Lokal im historischen Zentrum serviert in einem netten, modernen Ambiente gut ausgeführte französische Gerichte mit zeitgenössischem Dreh sowie verführerische Desserts. €

Au Cul d'Poule
Mit seinem lichtdurchfluteten Innenraum, einfallsreichen Gerichten und einer ausgezeichneten Lage ist dieses Lokal gleich bei der Kathedrale die beste Wahl. €€

Restaurant Derrière
Das intime Restaurant in einem historischen Gebäude im Zentrum bietet mit Flair zubereitete regionale und saisonale Küche. €€

Monsieur Saint-Louis
Das schicke, zeitgenössische Bistro mit Blick auf die Place Saint-Louis hat eine kreative, saisonale Küche und hervorragende Cocktails. €€

Eine prächtige Kathedrale

Gotisches Prunkstück mit wundervollen Buntglasfenstern

Nichts kann einen auf den ersten Blick himmelwärts in der erhabenen gotischen **Kathedrale Saint-Étienne** vorbereiten. Das Bauwerk, das im Wesentlichen zwischen dem 13. und dem 16. Jh. entstand, thront mit seinen geschmückten goldenen Türmen über dem Herzen der Altstadt. Das Innere präsentiert sich als ein Regenbogen von mittelalterlichen und modernen Buntglasfenstern, von denen die ältesten aus dem 13. Jh. stammen. Sehenswert sind auch die grellbunten Fenster, die der visionäre Künstler Marc Chagall 1963 schuf. Sie zeigen den Garten Eden und Szenen aus dem Alten Testament. Die Kathedrale wurde aus goldfarbenem Jaumont-Kalkstein errichtet, wodurch sie fast italienisch anmutet.

Die wundervollen Museen von Metz

Kunst und hinreißende Architektur

Das **Centre Pompidou-Metz** im Quartier de l'Amphithéâtre gleich südlich des Bahnhofs ist der Star der Metzer Kunstszene. Das von dem japanischen Architekten Shigeru Ban und dem französischen Architekten Jean de Gastines entworfene Gebäude ist alleine schon ein Kunstwerk. Es präsentiert sich auffällig mit großen Glasfenstern und einem gekurvten Dach, das wie ein chinesischer Hut aus dem Raumfahrtzeitalter wirkt.

ÜBERNACHTEN MIT STIL IN METZ

Péniche Ma Pensée
Ein alter Kahn gleich südlich vom Stadtzentrum wurde zu einem stilvollen Hausboot umgebaut und bietet zwei nette Zimmer. €

Hôtel de Fouquet
Dieses B&B mit Klasse besitzt hohe Decken und bietet drei stilvolle Zimmer mit Blick auf die mittelalterliche Place Saint-Louis. €€

Villa Camoufle
Das Boutique-B&B residiert in einer hochherrschaftlichen Villa des späten 19. Jhs mitten im deutschen Quartier Impérial. €€€

Als Filiale des Pariser Centre Pompidou (S. 88) möchte die Einrichtung moderne Kunst einem großen Publikum nahebringen und veranstaltet ehrgeizige Wechselausstellungen, darunter von figurativen kubistischen Schöpfungen, kühnen Werken der Avantgarde und verblüffenden Skulpturen. Der dynamische Raum dient auch für Kulturevents, Konzerte, Tanz, Theater, Vorträge und Jugendprojekte.

Ein Stück von der Kathedrale entfernt liegt das **Musée de la Cour d'Or**, eine Schatztruhe gallo-römischer Altertümer mit den versteckten Überresten einer Thermenanlage, die während der Erweiterung des Museums in den 1930er Jahren freigelegt wurden, und einer Statue der ägyptischen Göttin Isis, die in Metz ausgegraben wurde. Weiter geht es mit der Kunst des Mittelalters, Gemälden ab dem 15. Jh. und schließlich mit Artefakten zur Geschichte der alten jüdischen Gemeinde von Metz.

Kaiserliches Metz

Ein einmaliges Ensemble wilhelminischer Architektur

Das von den Deutschen nach 1871, als Elsass und Lothringen vom Deutschen Reich annektiert worden waren, errichtete **Quartier Impérial** ist ein launiger Mix aus Art déco, Neoromanik und Neorenaissance. Der 1908 im Stil der rheinischen Romanik fertiggestellte **Hauptbahnhof** bildet den Auftakt. Auf der anderen Straßenseite erhebt sich die mächtige ehemalige **Hauptpost**, die 1911 aus rotem Sandstein aus den Vogesen erbaut wurde. In der rue Gambetta und der av Foch finden sich hochherrschaftliche Bürgervillen, die an jene Ära erinnern.

Stimmungsvolle Plätze

Hinreißende Stadtlandschaften

Gelegenheit zu tollen Fotos hat man auf der **Place St-Louis**, einem wunderschönen Platz, der von mittelalterlichen Laubengängen und Kaufmannshäusern aus der Zeit vom 13. bis zum 17. Jh. eingefasst wird. Mit seinen munteren Straßencafés ist der Platz, vor allem im Sommer, ein beliebter Ort zum Ausgehen.

Nicht weit von der Kathedrale entfernt liegt an einem der Kanäle der Mosel die klassizistische **Place de la Comédie**; an der das aus dem 18. Jh. stammende **Opéra-Théâtre** steht, Frankreichs ältestes, immer noch genutztes Theatergebäude, sowie der 1904 unter deutscher Herrschaft erbaute neoromanische **Temple Neuf**, die evangelische Stadtkirche von Metz. Besonders fotogen zeigt sich der Platz bei Sonnenuntergang.

Metz vom Fluss aus gesehen

Eine einmalige Perspektive auf die Stadt

Metz ist eine grüne Stadt mit einer herrlichen Uferlage, die man am besten von einem kleinen, mit Solarstrom betriebenen Boot aus bewundert. **Solis** veranstaltet malerische einstündige Touren, bei denen man auf der Mosel entlanggleitet vorbei an der Place de la Comédie und gen Westen bis zu einem Naturgebiet mit dem Spitznamen „Klein-Amazonien", wo man Biber und diverse Wasservögel erblicken kann. Das Boot legt am Quai des Régates ab.

IN METZ RELAXEN

Vianney Huguenot stammt aus Lothringen und lebt in Metz. Er moderiert eine beliebte Fernsehsendung über Tourismus in Lothringen.

Maison de l'Éclusier
Ein völlig abgeschiedener Ort an der Spitze der in die Mosel ragenden Halbinsel (vom Quai des Régates folgt man dem Fluss nach Süden).

Place Jeanne d'Arc
Dieser stimmungsvolle Platz ist ein toller Ort für ein kaltes Bier im Schatten großer Bäume.

Jardin d'Amour
Diese Oase des Friedens und der Ruhe liegt hinter dem protestantischen Temple Neuf.

Jardin Boufflers
In diesem Garten mit schattenspendenden Eichen hinter dem Palais de Justice hat man einen tollen Blick auf die Mosel.

STÄDTE AM FLUSS

Durch Metz fließt die Mosel, die man per Boot erkunden kann. Wer gerne Städte vom Wasser aus sieht, sollte sich **Straßburg** (S. 306) und **Colmar** (S. 312) im Elsass nicht entgehen lassen.

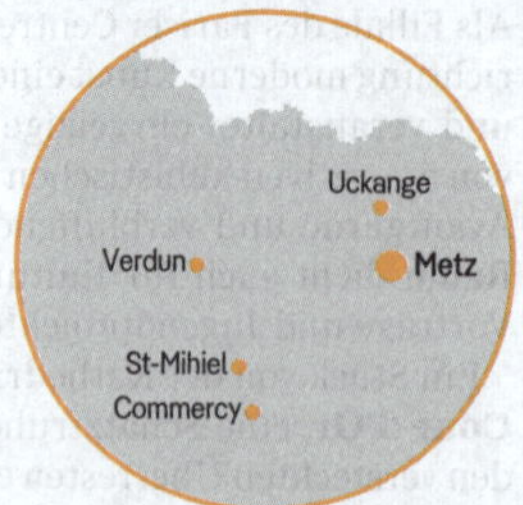

Rund um Metz

Die Umgebung von Metz bietet mehr, als man erwarten würde, von Stätten des industriellen Erbes und Schlachtfeldern des Ersten Weltkriegs bis hin zu Tälern und Kleinstädten.

UNTERWEGS VOR ORT

Der eigene fahrbare Untersatz ist zur Erkundung dieser Gegend nahezu unerlässlich, auch wenn von Metz Züge nach Verdun und Uckange fahren.

TOP TIPP

Die Schlachtfelder von Verdun und das gesamte Tal der Maas lassen sich gut per Fahrrad auf dem Radweg Eurovelo 19 erkunden. Die Touristeninformation in Verdun vermietet Fahrräder und E-Bikes.

Man lässt die Massen hinter sich und fährt gen Westen ins Département Meuse. Nach einer kurzen Fahrt aus Metz gelangt man in eine der malerischsten, am wenigsten bevölkerten Gegenden Lothringens. Die Hauptattraktion sind die herzzerreißenden Schlachtfelder des Ersten Weltkriegs nahe Verdun, die einen ganzen Erkundungstag verdienen. Von dort aus kann man der Maas, mit dem Auto oder Fahrrad, Richtung Süden folgen und einige charaktervollen Kleinstädte und Dörfer durchqueren, die einen perfekten Einblick in das ländliche Lothringen gewähren.

Nach dieser Dosis Wildnis geht's schnurstracks nach Uckange, nördlich von Metz, um eine sensationelle ehemalige Industriestätte zu bestaunen, die nun ein für Besucher:innen geöffnetes historisches Denkmal ist. Hier erlebt man Lothringen aus einer unerwarteten Perspektive.

MAURICE ROUGEMONT/GAMMA-RAPHO VIA GETTY IMAGES ©

Château de Commercy

TALYAAL/SHUTTERSTOCK ©

Madeleines

Das Maastal erkunden

Von Verdun nach Saint-Mihiel

Auf ihrem mehr als 1000 km langen Weg von ihrer Quelle in den Vogesen gen Norden bis in die Nordsee schlängelt sich die Maas, auf Französisch Meuse, durch das nach ihr benannte Département, durch üppig grüne Wiesen und ein prächtiges Tal, das von kleinen bewaldeten Hügeln und *mirabelle-* (Pflaumen-) Plantagen umgeben ist. Im Tal liegen Dörfer und kleine Städte, darunter das eine Fahrtstunde westlich von Metz gelegene **Verdun**. Die meisten Besucher:innen kommen hierher, um die **Schlachtfelder des Ersten Weltkriegs** und deren Spuren zu erkunden, die rund 10 km nordöstlich von Verdun liegen.

Das **Saint-Mihiel**, rund 35 km weiter südlich, hat sich einen vollständigen Stadtkern aus der Renaissance mit aufwendigen *hôtels particuliers* (großen Stadthäusern) bewahrt.

Eine weitere schöne Stadt am Fluss ist das rund 20 km südlich von Saint-Mihiel gelegene **Commercy**. Das Hauptwahrzeichen der Stadt ist das **Château de Commercy**, das im 18. Jh. Stanislaus I. Leszczyński, der exilierte polnische König und Herzog von Lothringen, als Nebenresidenz nutzte, in der er grandiose Empfänge veranstaltete. Süßschnäbel eilen zum nahegelegenen **À La Cloche Lorraine**, das leckere Madeleines anbietet, das in einer Muschelform gebackene, mit Zitrone aromatisierte Feingebäck, das eine Spezialität von Commercy ist.

Eisenhütte von Uckange

Eine einzigartige historische Stätte

Nur 20 km nördlich von Metz steht in Uckange die gewaltige ehemalige Eisenhütte **Parc du Haut-Fourneau – U4**, eines der großen Relikte der europäischen Schwerindustrie. Das Werk sprengte 1991 sein letztes Roheisen und wurde 2001 zu einer Stätte des nationalen Erbes erklärt. Der Blick auf den herkulischen Hochofen und seine Nebengebäude ist außergewöhnlich. Die Besucher:innen folgen einem Pfad zwischen dem alternden Beton und den rostenden Rohren, Trägern, Förderbändern und autogroßen Pfannen. Ein Tipp für Fotografen: Nachts ist die Anlage wie eine riesige Science-Fiction-Kulisse beleuchtet.

BESTE HOTELS & RESTAURANTS RUND UM METZ

Péniche Savy
Das liebevoll restaurierte Hausboot schaukelt auf der Maas im Zentrum von Verdun. Es bietet acht gemütliche Zimmer und eine wundervolle Deckterrasse. €

Les Jardins du Mess
Ein Hotel mit Klasse in einem Gebäude des 19. Jhs., das in Verdun auf die Maas blickt. €€

Le Bistrot d'Elo
Die regionale Küche wird in diesem eleganten Bistro, das sich zur Maas öffnet, zu einem feinen kulinarischen Erlebnis. €

Polmard
Das familiengeführte Restaurant mit Metzgerei im Herzen von Saint-Mihiel bietet erstklassige Fleischgerichte. €€

Nancy

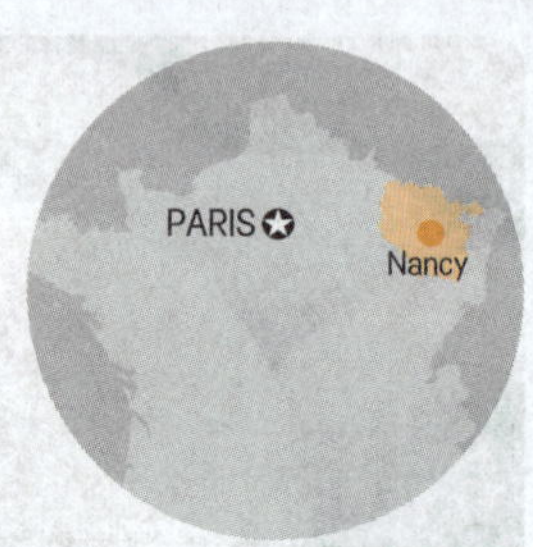

Das bezaubernde Nancy wird einen begeistern. Die frühere Hauptstadt des Herzogtums Lothringen versetzt einen zurück in die Pracht des 18. Jhs., als große Teile des Stadtzentrums gebaut wurden. Es fällt schwer, dieser Atmosphäre von Raffinesse, stattlicher Eleganz und Majestät nicht zu verfallen. Nichts verkörpert Nancy besser als die unglaublich fotogene Place Stanislas im Zentrum der Stadt – der Platz ist schlicht einer der harmonischsten und am besten proportionierten der Welt. Architekturfans oder Instagram-Romantiker sind hier genau richtig, wenn sie nach ungewöhnlich schönen Fassaden suchen. Nancy ist zudem eine der Wiegen des Jugendstils im späten 19. Jh. und prunkt mit einigen eindrucksvollen Beispielen dieser Künstlerbewegung im und rund um das Stadtzentrum. Hinzu kommen in Nancy florierende feine Speiserestaurants, trendige Cafés und Weinbars?

UNTERWEGS VOR ORT

Nancy, rund dreieinhalb Fahrtstunden östlich von Paris, lässt sich von der Hauptstadt aus mit dem Zug oder Bus erreichen. Es gibt direkte Zugverbindungen nach Metz, Luxemburg, Straßburg und kleineren Städten in den Vogesen. Der bequemste Parkplatz für das historische Zentrum ist Parking Stanislas, südlich des gleichnamigen Platzes. Man braucht keine öffentlichen Verkehrsmittel zu benutzen, da der Teil von Nancy, den Traveller besuchen wollen, zu Fuß erkundet werden kann.

☑ TOP TIPP

Wer Nancy zwischen Ende November und Ende Dezember besucht, sollte sich die Fêtes de Saint-Nicolas nicht entgehen lassen. Der hl. Nikolaus ist der Schutzpatron Lothringens und wird in Nancy mit viel Pomp, festlichem Glitzern, Weihnachtsliedern, Shows, Karussells und Kunsthandwerk gefeiert.

Arc Héré (S. 334)

Besuch der klassizistischen Place Stanislas

Nancys größte Pracht

Mit ihren blendend weißen klassischen Fassaden, den vergoldeten schmiedeeisernen Toren und den Rokoko-Brunnen (sehenswert ist besonders der mit dem seinen Dreizack tragenden Neptun) ist die prächtige klassizistische Place Stanislas, eine UNESCO-Welterbestätte, der Mittelpunkt Nancys und ein wahres Fest für die Augen.

Der in den 1750er-Jahren entworfene Platz ist nach Stanislaus I. Leszczyński benannt, dem aufgeklärten, ins Exil verbannten König von Polen und Litauen, der 1736 das Herzogtum Lothringen von seinem Schwiegersohn Ludwig XV. erhielt, welches nach seinem Tod an Frankreich fiel. Stanislaus verwirklichte ein gro-

JUGENDSTIL & ÉCOLE DE NANCY

Der Jugendstil (1890–1910) ist eine künstlerische Bewegung, die in verschiedenen Teilen Europas und in den USA gegen Ende des 19. Jhs. florierte. Der ornamentale Stil griff auf Alltagsgegenstände wie Glaswaren, Schmuck und Möbel sowie auf die Architektur aus. Gewundene Kurven und fließende asymmetrische Formen, die an Weinranken, Seerosen, die Muster auf Insektenflügeln und blühende Zweige erinnern, kennzeichnen diesen Stil. In Frankreich war Nancy dank des Glasmachers und Keramikkünstlers Émile Gallé eines der Gründungszentren; er rief 1900 die École de Nancy ins Leben, wo er seine Kreativität mit Meistern der dekorativen Kunst und der Architektur wie Jacques Gruber, Louis Majorelle und den Gebrüdern Daum vereinte.

HUANG ZHENG/SHUTTERSTOCK ©

Jugendstilarchitektur, Nancy

ßes Bauprogramm, das Nancy in eine der prächtigsten Städte Europas verwandelte. Seine **Statue** erhebt sich in der Mitte des Platzes.

Zu den opulenten Bauwerken am Platz zählen das **Hôtel de Ville** (Rathaus) und die **Opéra National de Lorraine**. Im Norden erhebt sich der grandiose **Arc Héré**, ein Triumphbogen zu Ehren Ludwigs XV.; die Fassade zieren die Götter des Kriegs und des Friedens. Die hinter dem Arc Héré gelegene, 300 m lange, von Bäumen beschattete **Place de la Carrière** ist ein toller Ort für einen vergnüglichen Spaziergang. Einst handelte es sich um eine Reit- und Turnier-Arena.

ÜBERNACHTEN MIT STIL IN NANCY

La Villa 1901
Das schicke B&B kombiniert Jugendstilelemente mit zeitgenössischem Design, lässigem Flair und einem Garten hinter dem Haus. €€

Hôtel d'Haussonville
Sieben üppige Zimmer in einem herrlichen Renaissance-Gebäude mitten im Zentrum der Stadt. €€

Maison de Myon
Das elegante B&B in einem ruhigen Stadthaus des 17. Jhs. in der Altstadt bietet lichterfüllte Zimmer und antike Möblierung. €€

Der gesamte Platz ist eine Fußgängerzone. Man findet einige tolle Cafés mit Terrassen zum Platz, unter denen man wählen kann, darunter das **Grand Café Foy**, das **Café du Commerce**, das **Café des Arts** und das **Café Jean Lamour**.

Auf den Spuren der Art Nouveau

Extravagante Kunst

Als eine der europäischen Geburtsstätten der Art Nouveau, also des Jugendstils, beherbergt Nancy einige eindrucksvolle Beispiele dieser künstlerischen Bewegung. Überall in der Stadt kann man auf herrliches Kunsthandwerk des Jugendstils stoßen, von verschlungenem Gitterwerk bis zu kurvigen Buntglasfenstern und Türöffnungen voller Ornamente in Naturformen. Mehr über das alles erfährt man bei einem Besuch des **Musée de l'École de Nancy**, das eine exquisite Sammlung von Jugendstil-Interieurs, kurvigen Glasarbeiten und Entwürfen für Landschaftsgärten besitzt. Originalwerke von örtlichen Stars, darunter Émile Gallé, der die École de Nancy begründete, sind in der Ausstellung zu sehen. Das Museum residiert in einer prächtigen Villa des 19. Jhs. rund 2 km südwestlich des Stadtzentrums. Anschließend geht's schnurstracks zur nahegelegenen **Villa Majorelle** von 1901, einem skurrilen Gebäude mit großen Fenstern und gekurvten Metallstützen am Balkon. Der an einen Weinstock erinnernde steinerne Kamin im Speisesaal Les Blés ist unglaublich fotogen. Zu den weiteren herausragenden Jugendstilbauten im Zentrum zählen die 1911 erbaute **Brasserie Excelsior** mit ihrem wundervollen Fin-de-Siècle-Dekor, das **CCI-Gebäude** an der rue Poincaré mit seinem aufwendigen Vordach und den durch Schmiedeeisen betonten Fenstern sowie die hinreißende **Graineterie Génin-Louis** an der rue Saint-Jean (Ecke rue Bénit), deren Fassade mit einem blauen Metallrahmen geschmückt ist.

Shoppen für Süßschnäbel

Bergamotes und Macarons mitnehmen

Nancy ist in Lothringen für seine süßen Spezialitäten berühmt, zu denen Macarons und *bergamotes de Nancy* (Bergamotte-Bonbons) zählen. Wer in Versuchung gerät, begibt sich zu **Lefèvre-Lemoine** an der rue Poincaré, einem 1840 gegründeten, angenehm altmodischen Süßwarenladen, wo man leckere *bergamotes de Nancy,* Karamellen, Pfefferkuchen und kandierte *mirabelles* (örtliche Pflaumen) erhält. Eine weitere süße Schatztruhe ist die **Maison des Sœurs Macarons** an der rue Gambetta. Wie der Name ist dieses altmodische Süßwarengeschäft auf Macarons spezialisiert, hat aber auch *bergamotes de nancy* und andere Artikel aus *mirabelles de Lorraine*.

DIE BESTEN RESTAURANTS IN NANCY

L'Impromptu
Das ausgezeichnete Lokal im überdachten Markt bietet Gerichte aus marktfrischen Zutaten und exquisite Desserts. €

Brasserie Excelsior
Das berühmte Lokal mit opulenten Jugendstillampen und Buntglas serviert gut zubereitete Brasserie-Klassiker. €€

Polmard
Das Paradies für Fleischliebhaber im Zentrum legt seinen Schwerpunkt auf hochwertiges, vor Ort bezogenes Fleisch. €€

La Maison dans le Parc
Das Restaurant ist der angesagte Ort in Nancy für Haute Cuisine. Es liegt nahe der Place Stanislas und hat eine wundervolle Terrasse, die sich zu einem grünen Park öffnet. €€€

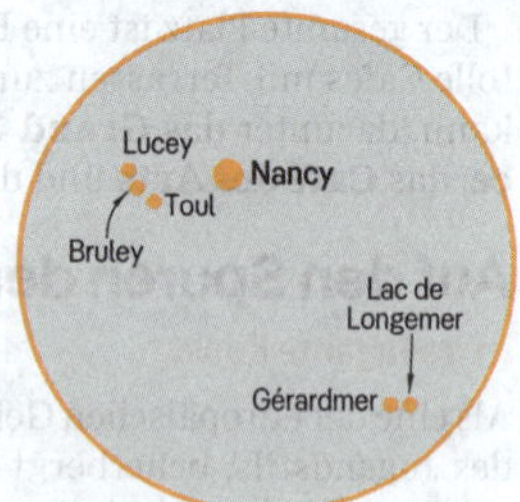

Rund um Nancy

Die wild-pittoresken hohen Vogesen und die unglaublich malerischen Weinberge rund um Toul sind tolle Ausflugsziele von Nancy.

UNTERWEGS VOR ORT

Toul und Gérardmer lassen sich von Nancy aus mit öffentlichen Verkehrsmitteln erreichen, aber ein Auto ist dringend anzuraten, wenn man die weniger bekannten Ecken und Städtchen in diesem Teil der Region erreichen will. Das Gebiet des Toulois lässt sich per E-Bike von Nancy aus auf dem Radweg Boucle de la Moselle erreichen, man braucht dafür aber zwei Tage.

Verlässt man Nancy, um die Umgebung zu erkunden, findet man schnell entspannende Orte. Der eine kurze Fahrt westlich gelegene Toulois ist ein gut gehütetes Geheimnis Lothringens mit malerischen Dörfern und auf dem Land einem Mix aus Bauernhäusern, Weinbergen und Mirabellenbäumen.

Rund eine Fahrtstunde südöstlich von Nancy locken die üppigen, waldbedeckten Hügel der Vogesen. Mit ihren abgerundeten Gipfeln, duftenden Wiesen, Gletscherseen und Milchfarmen präsentiert sich die lothringische Seite des Gebirgszugs ursprünglicher und rustikaler als die elsässische. Wer nach Frieden, Ruhe, Outdoor-Aktivitäten und dem wahren, bescheidenen Gebirgsleben sucht, ist in den Vogesen genau richtig.

TOP TIPP

Auf dem Weg von Nancy in die Vogesen bietet sich ein kurzer Umweg über die hübsche Stadt Épinal an.

JOAN WOZNIAK/SHUTTERSTOCK ©

Kathedrale Saint-Étienne, Toul

IMLADRIS/SHUTTERSTOCK ©

Lac de Gérardmer

DIE BESTEN UNTERKÜNFTE & RESTAURANTS RUND UM NANCY

Château de Choloy
Das B&B in einer hochherrschaftlichen Villa des 19. Jhs. in der Nähe von Toul ist eine tolle Ausgangsbasis zur Erkundung der Weinbaudörfer in dieser Gegend. €€

Les Jardins de Sophie
Das wunderbare, familiengeführte Hotel mit gemütlicher Atmosphäre versteckt sich in einem tiefen Wald in der Nähe von Gérardmer. €€

Quai 158
Das hochgelobte Lokal serviert schmackhafte Gerichte mit Blick auf die Marina in Toul. €

L'Hors du Temps
Das Gourmetparadies in Gérardmer hat eine große Auswahl von Fleisch- und Fischgerichten. Ein Highlight sind die exquisiten Desserts. €€

Den Toulois erkunden

Lothringen von seiner bukolischsten Seite

In einem Knick der Mosel rund 25 km westlich von Nancy liegt **Toul**. Die Stadt begeistert mit ihren Befestigungsanlagen aus dem 18. Jh. und ihrer majestätischen gotischen Kathedrale mit grotesken Wasserspeiern, einem wunderschönen Portal und den hohen Zwillingstürmen. Die Weindörfer in dieser Gegend sind wunderbar malerisch dank ihrer Lage in gewelltem Hügelland, in dem im Frühjahr die Pflaumenhaine blühen. **Bruley** und das nahegelegene **Lucey** sind leicht zu erreichen. Wenn man sich umschaut, entdeckt man viele Weingüter, wo man *gris de Toul*, einen der meistunterschätzten Weine Frankreichs verkosten kann. In Lucey bietet sich die **Maison Lelièvre** an, wo man auch E-Bikes mieten kann, um in die Weinberge zu fahren. In Bruley organisiert die von Isabelle Mangeot geführte **Domaine Regina** Verkostungen in dem Kellergewölbe, und die **Maison Eulriet** produziert erstklassige Liköre, Marmelade und andere Leckereien aus Mirabellen. Auf dem Rückweg nach Nancy kann man der D90 folgen, die durch **Liverdun** führt, ein Hügeldorf mit weiter Aussicht in das Moseltal.

Die lothringischen Vogesen

Naturausflüge und Outdoor-Abenteuer

Das rund 100 km südwestlich von Nancy gelegene **Gérardmer** ist ein Juwel in den Vogesen mit entspannter Atmosphäre und einer malerischen Lage. Die Stadt liegt am Ostufer des **Lac de Gérardmer**, einem tiefblauen Bergsee, der von dicht bewaldeten Hügeln umgeben ist. Im Sommer kann man auf einem Stehpaddelbrett oder in einem Kajak über das Wasser gleiten. Wenn die Sonne scheint, locken am Ufer ein paar Strände. Natürlich sind Gérardmer und seine Umgebung ein erstklassiges Terrain zum Wandern und Mountainbiken mit einem guten Netz gut markierter Wege für alle Leistungsniveaus. Als leichte Spaziergänge bieten sich die Wanderung um den Lac de Gérardmer oder den nahegelegenen **Lac de Longemer** an – beide dauern ungefähr je 1½ Stunden.

DIE VOGESEN

Die Vogesen erstrecken sich über Lothringen und das Elsass. Wer dieses Gebirge liebt, sollte auch die elsässische Seite erkunden, unter anderem die **Route des Crêtes** (S. 321) und den sagenhaften **Parc Naturel Régional des Vosges du Nord** (S. 310).

D.BOND/SHUTTERSTOCK ©

Oben: Château de Blois (S. 345); Rechts: Weinreben, Angers (S

Die Loire

MÄRCHENSCHLÖSSER, WEINBERGE UND NATUR

Die Region ist UNESCO-Welterbe und wunderbar vielfältig. Ob in der königlichen Stadt Blois oder im künstlerischen Nantes, Langeweile kommt hier sicherlich nicht auf!

Das Loire-Tal lässt an verwunschene Schlösser, entspannte Abende am Fluss und leckere Weine denken. Der lässige Lebensrhythmus sorgt für eine ganz besondere Lebensart (*art de vivre*). Seit über 2000 Jahren nutzen die Menschen hier das fruchtbare Tal optimal. Der lange, breite Fluss und die felsigen Aufschlüsse gaben der Region im Mittelalter strategische Bedeutsamkeit. Seitdem siedelten sich hier Königs- und Adelsfamilien an und hinterließen ein reiches Erbe. Feudale Burgen gesellen sich zu Renaissance-Schlössern und offenbaren, wer hier im Laufe der Jahrhunderte das Sagen hatte.

Zwei Steine aus der Region prägen die Architektur. *Tuffeau*, ein sandiger honigfarbener Stein, lässt die Fassaden leuchten, während der andere geradezu dunkelblau gefärbt ist, aus der Erde ausgegraben wird und Dächer ziert – ein Kontrast zu der üppigen Natur.

Bis ins frühe 20. Jh. sorgten Frachtkähne, die Salz entluden, und Fischer, die ihren Fang verkauften, für viel Leben an den Kais der Loire. Flache Holzboote transportierten auf dem Fluss verschiedene Produkte von Hafen zu Hafen und trugen zum Reichtum der Region bei.

Heute lockt das milde Wetter der Loire viele zum Wandern oder Radfahren ans Ufer. Eine gewisse Gemütlichkeit prägt den Alltag in den Städten, wo es lebendig und zugleich entspannt zugeht. Hektik ist hier fehl am Platz, stattdessen passt man sich dem lässigen Rhythmus an. Das Loire-Tal erstreckt sich über fünf *départements*, deswegen sollte man unbedingt genug Zeit zur Erkundung der zalreichen Attraktionen einplanen.

DIE WICHTIGSTEN ZIELE

BLOIS
Die Königin der Loire. S. 344

TOURS
Kunst, Gastronomie und faszinierende Schlösser im Umland. S. 350

SAUMUR
Pferdekultur und Keller. S. 357

ANGERS
Mittelalterliche Stadt mit idyllischem Flair. S. 364

NANTES
Eine Stadt voller Überraschungen. S. 371

Erste Orientierung

Gute Bahnverbindungen zwischen den Städten und der berühmte Radweg entlang der Loire machen die Region zum idealen Terrain für bewusstes, nachhaltiges Reisen. Ein Auto benötigt man nur für Ziele, die nicht von öffentlichen Verkehrsmitteln bedient werden.

Nantes, S. 371

Nantes versteht es, aus Altem etwas Neues zu machen, ohne seine Vergangenheit zu verleugnen. Die einstigen Hafenanlagen sind heute ein ungewöhnliches mechanisches Universum, in dem alte Fabriken als Unterhaltungsstätten dienen.

Angers, S. 364

Anjous Hauptstadt hat diverse Alleinstellungsmerkmale: lokale gotische Architektur, ein einzigartiges Wandteppicherbe, erstklassige Weine von innovativen Winzereien und eine lässige Lebensart, die zu Dichtkunst inspirierte.

ZUG & BUS

Die französischen Hochgeschwindigkeitszüge TGV aus Paris verbinden Tours, Angers und Nantes, während ein direkter Regionalzug zwischen Blois und der Hauptstadt verkehrt. Das TER-Bahnnetz fährt die meisten Städte der Region an, auch die kleinsten. Jede Stadt hat ihr eigenes Busnetz, ideal für Ausflüge in die Dörfer.

Blois, S. 344

In dem einzigartigen Loire-Schloss kann man nicht nur in königliche Fußstapfen treten, sondern man erhält auch Einblicke in das ruhige urbane Leben der Region. Das Umland ist mit Schlössern gespickt, darunter das eindrucksvolle Château de Chambord.

Saumur, S. 357

Nur wenige Städte können sich mit dieser messen, dafür sorgt ein jahrhundertelanges Erbe, das bis heute gepflegt wird und französische Pferdekultur, Weinbau und Höhlenwohnungen umfasst.

Tours, S. 350

Die Stadt birgt zahlreiche Kunstattraktionen, von facettenreicher Architektur bis hin zu verschiedenen Museen, außerdem gibt es Livemusik und erstklassige Restaurants an jeder Ecke.

AUTO

Gebührenpflichtige Schnellstraßen verbinden die großen Städte miteinander, wobei man in einer knappen Stunde von einer zur anderen gelangt. Die Departement-Straßen wie die D952 führen jedoch durch die großartige Landschaft entlang der Loire. An manchen Abschnitten ist Vorsicht geboten, da dort auch Fahrräder unterwegs sind.

FAHRRAD

Der beschilderte Weg Loire à Vélo folgt dem Fluss vom einen Ende des Loire-Tals bis zum anderen. Die Route ist überwiegend flach und die touristischen Einrichtungen sind fahrradfreundlich. Blois hat ebenfalls eigene Radwege, Les Châteaux à Vélo, mit unterschiedlichen thematischen Routen im Umland.

Perfekte Tage

Die Schlösser gelten als Hauptattraktion, vor Ort locken jedoch auch der gemütliche Lebensstil, zahlreiche Weine, verschiedene Kunstattraktionen und das besondere Troglodyten-Erbe. Zudem ist die Landschaft der Loire einfach unvergesslich!

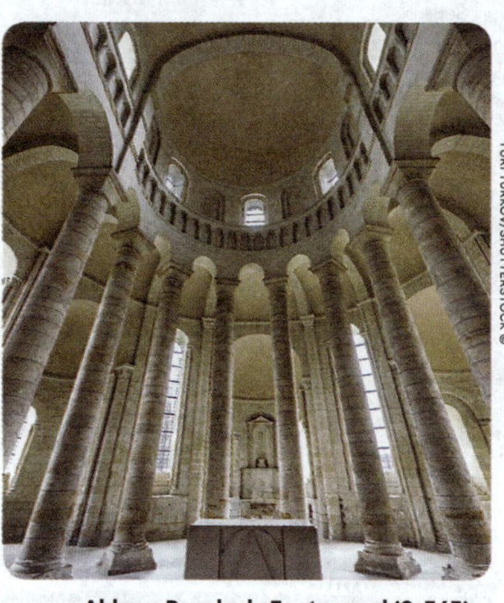

YURI TURKOV/SHUTTERSTOCK ©

Abbaye Royale de Fontevraud (S. 363)

Wochenendtrip

● Blois (S. 344) vereint das Beste, was das Loire-Tal zu bieten hat. An Tag eins bietet das **Château de Blois** (S. 345) eine exzellente Einführung in die französische Geschichte. Bei schönem Wetter spaziert man durch die Altstadt, bei schlechtem lernt man ein paar Zaubertricks in der **Maison de la Magie** (S. 347).

● Gut ausgeruht startet man in den zweiten Tag, an dem eine Radtour zum **Château de Chambord** (S. 349) ansteht. Mit dem Leihrad und einem Picknick in der Tasche radelt man durch Weizenfelder und Weinreben. Nach dem Schloss geht's zum früheren Frachtkahn-Dorf Saint-Dyé-sur-Loire, wo man erneut der Loire folgt. Den Abend lässt man dann bei einem Glas Cheverny-Wein ausklingen.

Beste Reisezeit

Im Herbst oder Winter sind die Schlösser deutlich weniger besucht als im Sommer. Aktivitäten im Freien bieten sich im Frühling und Sommer an.

MAI

Die Frühlingsblüte ist die beste Zeit zur Erkundung der 5 ha großen künstlerischen Gärten des **Chaumont-sur-Loire Festival**.

JUNI

Der Radweg **Loire à Vélo** ist noch nicht so stark frequentiert und das Wetter perfekt für eine Fahrt am Fluss.

JULI

An einem lauen Sommerabend ist der Sonnenuntergang an Bord einer ***toue***, dem traditionellen flachen Boot, besonders schön.

PACK-SHOT/SHUTTERSTOCK ©, TALJAT DAVID/SHUTTERSTOCK ©, RYSAN/SHUTTERSTOCK ©

Eine Woche

● Bei einem einwöchigen Aufenthalt im Loire-Tal kann man mehrere Städte und deren Umland entdecken. Kunst bieten die verschiedenen Museen in **Tours** (S. 350), während die **Halles de Tours** (S. 352) mit lokalen Spezialitäten locken. Einplanen sollte man außerdem mindestens einen Tagesausflug zu einem Schloss in der Nähe (das Château de Villandry lohnt sich besonders).

● Richtung Osten teilt man den Tag auf das lebendige mittelalterliche **Chinon** (S. 354) und die glanzvolle **Abbaye Royale de Fontevraud** (S. 363) auf. Danach kühlt man sich in den Höhlen rund um **Saumur** (S. 360) ab, genießt leckere Weine und organisiert einen Ausritt oder eine Tagestour mit dem Kajak entlang der Loire.

● Zum Abschluss lockt **Angers** (S. 364) mit mittelalterlicher Kunst in Form der **Tapisserie de l'Apocalypse** (S. 364), bevor es mit dem Rad durch Natur und Weinreben geht.

Länger Zeit

● Das Loire-Tal wartet nur darauf, entdeckt zu werden. Los geht's in **Nantes** (S. 371), das sich ständig wandelt und nie enttäuscht. Nachteulen steuern den **Hangar à Banane** (S. 376) an, während Geschichtsinteressierte das **Château des ducs de Bretagne** (S. 377) begeistert und Familien sich zwischen dem **Jardin Extraordinaire** (S. 376) und **Les Machines de l'Île** (S. 374) entscheiden müssen.

● Bei einer zwei- bis dreitägigen Tour entlang der Route **Loire à Vélo** (S. 349) entdeckt man Flora, Fauna und unberührte Ufer. Abenteuer bieten hübsche Campingplätze in den Dörfern, alternativ überzeugen charmante Unterkünfte in der Natur oder eine Burg mit mehr Komfort.

AUGUST
Abkühlung von der Hitze bietet **Saumur** mit seinen kühlen troglodytischen Kellern, Museen und Dörfern.

SEPTEMBER
Während der Traubenernte kann man rund um **Angers** mit anpacken.

OKTOBER
Der Sommer endet erst mit dem Live-Event **L'Été Indien aux Nefs**, bei dem Les Machines de l'Île in Nantes erleuchtet werden.

DEZEMBER
Die Schlösser versprühen weihnachtliche Stimmung und die große Galerie von **Chenonceau** hat sich herausgeputzt.

Blois

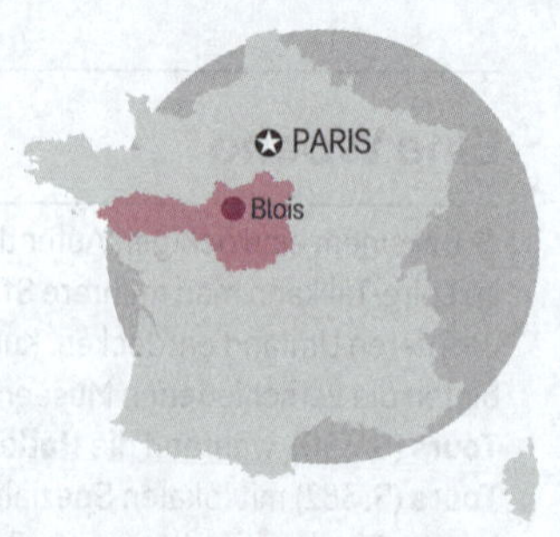

UNTERWEGS VOR ORT

Wegen seiner Berglage ist Blois teils recht hügelig, insbesondere rund um den Bahnhof. Wer in der Gegend übernachtet, muss auf dem Rückweg ins Hotel jedes Mal wieder bergaufwärts laufen. Blois lässt sich am besten zu Fuß erkunden. Die meisten Attraktionen liegen innerhalb eines zehnminütigen Fußmarsches und die Straßen im Zentrum sind größtenteils verkehrsberuhigt. Zwei kostenlose Elektro-Shuttles fahren durch die ganze Stadt. Wer mit dem Auto anreist, kann in drei kostenpflichtigen Tiefgaragen parken. Außerhalb der Innenstadt ist das Parken auf der Straße kostenlos. In manchen Bereichen gilt ein zweistündiges Parklimit.

Blois ist für sein Schloss mit Elementen aus vier architektonischen Epochen bekannt und atmet durch und durch Geschichte. Der mittelalterliche Sitz der mächtigen Grafen von Blois wurde mit der Ansiedlung von Monarchen wie Ludwig XII. und Franz I. zur königlichen Stadt. In den Straßen der Altstadt zeugen Fachwerkhäuser, Villen im Renaissance-Stil und moderne Bauten vom royalen Erbe. Am Abend erweckt eine poetische Sound-und-Lichter-Show die historische Schlossfassade zum Leben.

Die Stadt ist jedoch mehr als ihre königliche Vergangenheit. Gegenüber dem Schloss strecken mechanische Drachen ihre Köpfe aus den Fenstern des Maison de la Magie und überraschen Schaulustige. Das Museum ist dieser Kunstform gewidmet und erinnert an Jean Eugène Robert-Houdin. Der berühmte französische Illusionist stammte aus Blois und modernisierte die Zauberkunst im 19. Jh.

Château de Blois

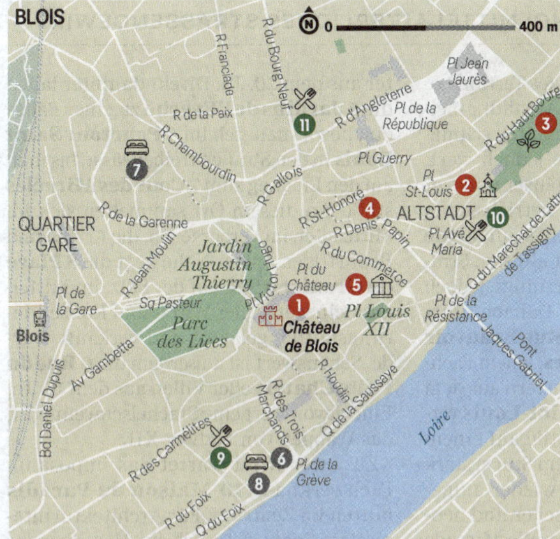

HIGHLIGHTS
1 Château de Blois

SEHENSWERTES
2 Cathédrale St-Louis
3 Jardins de l'Évêché
4 L'escalier Denis Papin
5 Maison de la Magie

SCHLAFEN
6 Hôtel Côté Loire Auberge Ligérienne
7 La Maison du Carroir
8 La Perluette

ESSEN
9 Au rendez vous des Pêcheurs
10 DIFFA
11 Savourer Blois

Historische Highlights

Architektonische Schatzkiste

Mit vier Flügeln aus vier verschiedenen architektonischen Epochen steht das **Château de Blois** für französische Geschichte vom Mittelalter bis zum 17. Jh. Beim Betreten des Innenhofs zieht einen die Pracht sofort in ihren Bann. Sieben Könige lebten in dem Schloss, und durch seine Gänge wandelten einst illustre historische Figuren.

Auffällig sind die wenigen Zierelemente, wobei die Überreste des feudalen Schlosses im farbenfrohen Prunksaal verborgen sind. Hier hielten die Grafen von Blois im 13. Jh. ihre Audienzen ab. Ludwig XII. ließ die mittelalterliche Festung abreißen und 1498 den gotischen Flügel erbauen. Die offene Galerie im ersten Stock ist von der französischen Renaissance geprägt und wurde von der italienischen Architektur beeinflusst, die Ludwig XII. bei Schlachten in Mailand sah.

Franz I. ist für den eleganten Renaissance-Flügel verantwortlich, den eine offene Wendeltreppe und verschiedene geschnitzte Salamander (sein Wappentier) zieren. Es handelt sich um den ersten Bau, den er nach seiner Krönung 1515 in Auftrag gab und um den Vorläufer des herausragenden Schlosses Chambord.

TOP TIPP

Dank der Hanglage über der Loire bietet Blois großartige Panoramablicke. Oben an der Treppe, die Denis Papins Name trägt, überblickt man die gesamte Stadt und den Wald dahinter. Für ein Panorama mit der Loire sind die Jardins de l'Évêché der perfekte Ort.

ESSEN IN BLOIS

Au rendez vous des Pêcheurs
Das Bistro aus dem 20. Jh. ist die richtige Adresse für Fischfans. Der Küchenchef kombiniert gekonntes Handwerk mit Kreativität. **€€€**

Savourer Blois
Traditionelle Küche am Mittag, Tapas und Cocktails am Abend und gemütliches Ambiente den ganzen Tag über. **€**

DIFFA
Raffinierte, einfache Gerichte mit überraschenden Elementen wie Spargel mit Feta-Eis. Guter lokaler Wein. **€€**

STADTSPAZIERGANG: MITTELALTERLICHES STRASSENGEWIRR

Der Spaziergang hält hügeliges Terrain bereit, schließlich wurde die Altstadt an einem Hang erbaut, die charmanten schmalen Straßen sind die Mühe jedoch wert. Die zahlreichen Fachwerkhäuser und *tuffeau*-Villen stehen für den betriebsamen Teil der Stadt. Zunächst geht's zur **1 Rue Porte Chartraine**, eine der ältesten Straßen. Heute ist sie verkehrsberuhigt, jedoch immer noch sehr lebendig. Danach führt die kopfsteingepflasterte **2 Rue Beauvoir** zur **3 Maison des Acrobates**, einem Fachwerkhaus mit Kragbogenfenstern aus dem 15. Jh. Die **4 Cathédrale Saint-Louis** verbindet alte und moderne Stile auf einem Platz. 1687 wurde sie bei einem Sturm stark zerstört und kurz danach wieder aufgebaut, was den Mix aus gotischer und neoklassischer Architektur an der Westfassade erklärt. Im Inneren leuchten Buntglasfenster aus dem 20. Jh. Direkt dahinter laden die **5 Jardins de l'Évêché** zu einer Pause ein, bevor man sich im **6 Pourtour Saint Louis** in den Straßen treiben lässt, bis man auf den Eingang zum **7 Cour des Miracles** stößt. An diesem Ort sammelten sich im Mittelalter, im Verborgenen, die Armen und Bedürftigen. In der Nähe liegt die **8 Place du Grenier à Sel**, auf der Salz, im Mittelalter ein wertvolles Würz- und Konservierungsmittel, gelagert und verkauft wurde. Sehenswert ist außerdem die **9 Rue du Puits Châtel** voller Villen aus dem 16. Jh. Eine davon ziert eine Stachelschweinfigur, das Wappen von Ludwig XII.

Zu guter Letzt wartet das imposante Fachwerkhaus **10 Maison du Paradis** mitten im Zentrum. Für Architekturinteressierte lohnt sich noch ein Abstecher zur **11 Basilique Notre-Dame De La Trinité**.

Der klassizistische Flügel geht auf das 17. Jh. zurück. An der Fassade fallen die ungleichen Säulen ins Auge. Grund dafür ist die Tatsache, dass der damalige Besitzer Gaston d'Orléans nicht genug Zeit hatte, den Bau fertigzustellen und bei seinem Tod ein leeres, unvollendetes Gebäude hinterließ.

Wenn man glaubt, alles gesehen zu haben, bricht der Abend an. Von April bis September und an einigen Wochen zwischen Oktober und November öffnet das Schloss dann seine Tore für eine Sound-und-Lichter-Show. Im Innenhof, umgeben von Stille und Dunkelheit, ist das bevorstehende Spektakel schon greifbar, und schließlich beginnt die faszinierende Show. Klassische Musik ertönt, Efeu klettert die Wände hinauf, eine tiefe Stimme erzählt die Geschichte des Schlosses. Die Lichteffekte setzen die geschnitzten Details, die offenen Galerien und die Fenster in Szene und verwandeln das Schloss in einen steinernen Bildschirm. Zuvor den Wetterbericht checken; auch in Sommernächten kann es kühl werden; die Show findet bei jedem Wetter statt.

Die Kunst des Zauberns

Hinter den Kulissen der Magie

Die **Maison de la Magie** unterhält Kinder und Erwachsene gleichermaßen und ist Jean Eugène Robert-Houdin gewidmet, der 1805 in Blois geboren wurde. Der „Vater der modernen Magie" arbeitete zunächst als Uhrenmacher und begeisterte sich für Mechanik. Angeblich wurde Robert-Houdin zum Zauberer, nachdem er aus Versehen nach einem Buch über Unterhaltung und nicht über Uhrenherstellung gegriffen hatte. Dank seines Wissens über die Mechanik revolutionierte er die Kunst der Illusion. Er inspirierte andere bekannte Zauberer wie den Franzosen George Méliès und den Amerikaner Harry Houdini, dessen Name Robert-Houdin Tribut zollt.

Die Maison de la Magie ist mehr als ein Museum. Im Raum der Großen Illusion kann man seinen Körper verschwinden lassen, während im Dachgeschoss ein Zauberer verschiedene Tricks lehrt. Im Untergeschoss findet mehrmals täglich eine 30-minütige energiegeladene Show statt. Beim Ticketkauf fragt man am besten nach den Zeiten. Beim Ticketschalter gibt es ein Kombiticket für das Schloss von Blois, die Maison de la Magie und die Sound-und-Lichter-Show. Zur Auswahl stehen auch Tickets für zwei der Attraktionen.

TATORT EINES MORDES

Das Königsgemach war Schauplatz eines blutigen historischen Ereignisses. 1588 wollte Heinrich III., bestärkt von seiner Mutter Caterina de' Medici, die jahrzehntelangen Kriege zwischen Katholiken und Protestanten beenden. Dies lag jedoch nicht im Interesse des streng katholischen Heinrich von Guise, der den König absetzen wollte. Bei der Versammlung der Generalstände in Blois ließ Heinrich III. von Guise in seine Gemächer rufen. Als sein Rivale das Zimmer betrat, wurde er von der Leibwache des Königs getötet. Ein Jahr später ermordete ein Mitstreiter des Getöteten aus Vergeltung Heinrich III.

ÜBERNACHTEN IN BLOIS

Hôtel Côté Loire Auberge Ligérienne
Hübscher Gasthof aus dem 16. Jh. nahe der Innenstadt mit Blick auf die Loire. €

La Perluette
Die Villa aus dem 19. Jh. direkt an der Loire beherbergt ein charmantes B&B mit geräumigen Zimmern samt Flussblick. €€

Chambres d'Hôtes La Maison du Carroir
Das B&B wirkt dank der herzlichen Leitung, dem herzhaften Frühstück und den gemütlichen Zimmern wie ein zweites Zuhause. €€

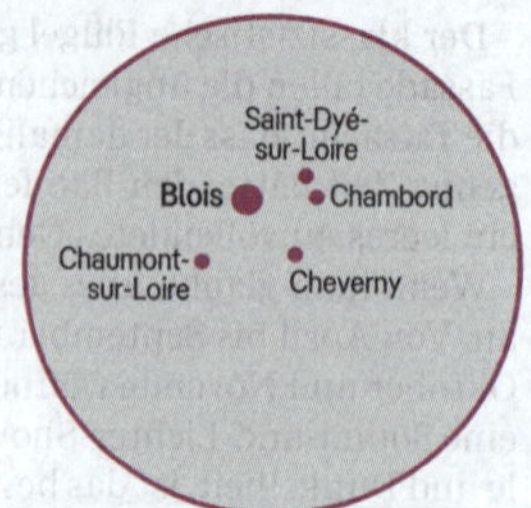

Rund um Blois

Das Umland von Blois ist gespickt mit großartigen Schlössern, die das anregende Tal zieren. Natur und Architektur verbinden sich hier zu einer eindrucksvollen Einheit.

TOP TIPP

Mit dem Pass Château lässt sich Zeit und Geld sparen. Das Ticket gilt für zwei bis sechs Schlösser und ist auf der Website des Touristenbüros Blois Chambord erhältlich (https://boutique.bloischambord.com/en).

Die landschaftliche Vielfalt macht Blois' Umland einzigartig. Im Norden erstrecken sich die gelben und grünen Ackerflächen von Vendômois, dem Geburtsort des berühmten Dichters Ronsard. Im Süden locken die dichten Wälder und blauen Teiche der Sologne, wo im Herbst die Hirsche röhren. Und dazwischen schlängelt sich die Loire vor grüner Kulisse. Hier setzt sich die Natur mit Flusswindungen und historischem Gehölz in Szene. Aufgrund von Blois' königlicher Geschichte bietet die Region zudem Zugang zu den *châteaux* des Loire-Tals mit einigen der eindrucksvollsten Schlösser wie dem Château de Chambord direkt vor der Tür.

PASCALE GUERET/SHUTTERSTOCK ©

Château de Chambord

RADTOUR ZWISCHEN GESCHICHTE & NATUR

Diese Etappe der Route Loire à Vélo führt vom Fluss ins Landesinnere. Die zwei- bis dreitägige Schlosstour beinhaltet Übernachtungen rund um Cheverny. Falls man weniger Zeit hat, ist jedes Schloss auch als Tagesausflug von Blois aus zu besuchen. In jedem Fall bietet die Route Vogelgezwitscher, schattige Wege in den Wäldern, windgepeitschte Weizenfelder und den Anblick von Weinreben. In den auch von Autos befahrenen Teilen ist Vorsicht angesagt.

In **1 Blois** folgt man eine Stunde (16 km) den Loire-à-Vélo-Schildern bis zur Domaine Royal de Chambord. Mitten in dem 5440 ha großen Wald erhebt sich das **2 Château de Chambord**. Verantwortlich für den eleganten Renaissance-Riesen ist Franz I., der mit dem eindrucksvollen Schloss seine Macht demonstrieren wollte. Nach weiteren 13 km stößt man auf das **3 Château de Villesavin**, errichtet vom Bauleiter des Chambord Jean Le Breton. Heute beherbergt es ein Museum zur Geschichte der Eheschließung und eine Sammlung historischer Kutschen. Die Region ist traditionell ein Jagdrevier. Im Hundezwinger des **4 Château de Cheverny** von 1850 leben über 100 Hunde. Comicfans mag das Schloss bekannt vorkommen: Der belgische Comiczeichner Hergé ließ sich hier für *Tim und Struppi* inspirieren, deren fiktionalem Reporter man auf dem Schloss begegnet. Einige Kilometer entfernt zeigt das **5 Château de Beauregard** in der Galerie des Illustres über 300 Porträts bedeutender Adelsleute aus der Renaissance. Zurück in den Hügeln der Loire überblickt das **6 Château de Chaumont-sur-Loire** den Fluss. Das International Garden Festival findet hier von April bis November statt.

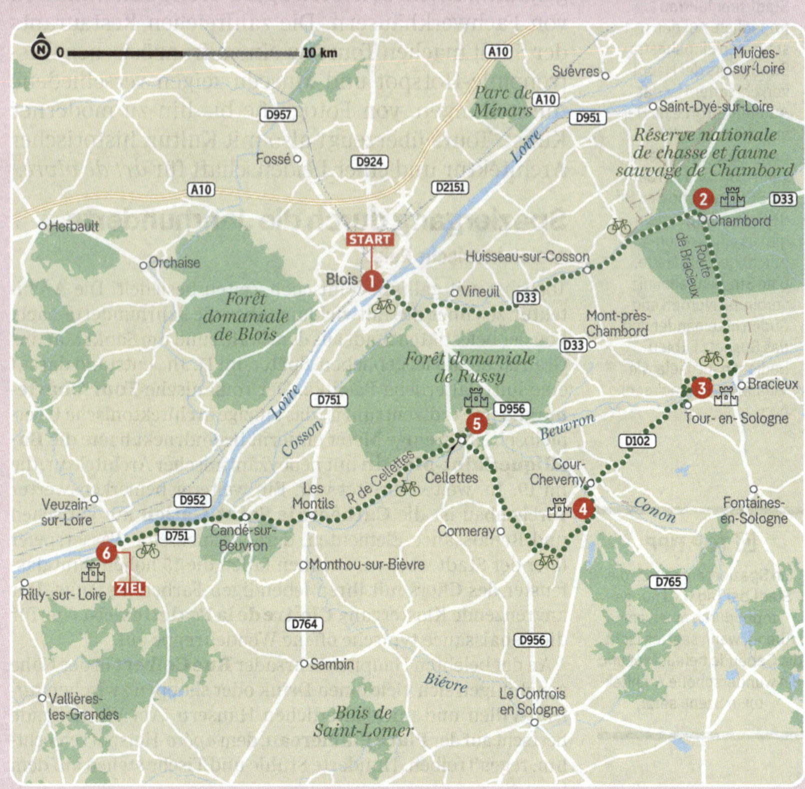

Tours

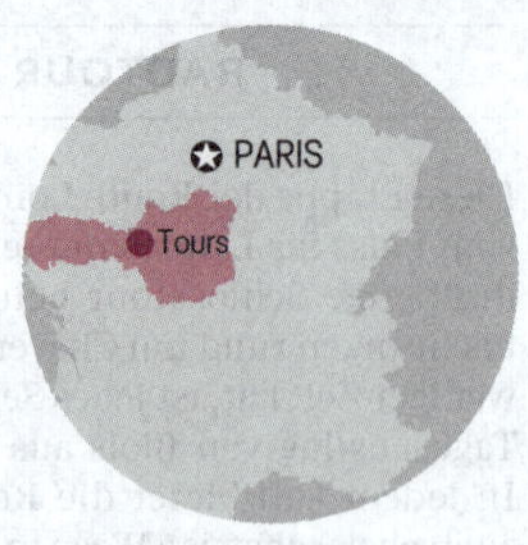

UNTERWEGS VOR ORT

Zentrum und Altstadt sind größtenteils verkehrsberuhigt und am besten zu Fuß zu erkunden. Dank 200 km langer Radwege ist die Stadt sehr fahrradfreundlich. Auf den schmalen Einbahnstraßen abseits der Hauptverkehrsadern ist das Autofahren oft eine Herausforderung. Unbegrenzt kostenlos parken kann man rund um den Bd Béranger und den Bd de Grammont, zudem gibt es eine kostenpflichtige Tiefgarage. Eine Straßenbahnlinie verbindet Norden und Süden miteinander und das Busnetz Filbleu bedient nahe Ziele wie Villandy oder Rochecorbon.

Wer Französisch lernen möchte, ist hier richtig: Angeblich spricht man in Tours das reinste Französisch. Dies mag an der bürgerlichen Vergangenheit liegen, als die Könige des französischen Hofes wie Ludwig XI. und Franz I. in Tourraine residierten. Vielleicht stammen auch die Energie und Dynamik, für die Tours bekannt ist, aus jener Zeit. Für eine lebendige urbane Kultur sorgen zudem 30 000 Studierende. Viele davon trifft man auf der Place Plumereau (auch „Place Plum" genannt), einem beliebten *apéro*-Treffpunkt inmitten von Fachwerkhäusern. Die zahlreichen Restaurants der Stadt machen Tours zu einem französischen Gastronomie-Hotspot und Museen zeigen verschiedene Ausstellungen, von Fotografie bis hin zu moderner Kunst. Tours überzeugt also mit Kultur, historischer Architektur und einer Leidenschaft für *art de vivre.*

Spaziergang durch die Jahrhunderte

Architektonische Reise

Tours ist seit gallisch-römischen Zeiten besiedelt. Die Architektur zeichnet die Entwicklung über die Jahrhunderte nach. Von der befestigten Stadt aus dem 5. Jh. rund um Sankt Martins Grab ist nicht viel geblieben. Später, im 11. Jh., entstand darauf eine mittelalterliche Basilika. Der romanische **Tour Charlemagne** im Stadtzentrum ist das einzige architektonische Überbleibsel. Nur wenige Meter entfernt beeindruckt heute die **Basilique Saint-Martin** mit neobyzantinischer Architektur, die im 19. Jh. weit verbreitet war. Ein weiterer bemerkenswerter Kirchenbau ist die **Cathédrale Saint-Gatien** mit gotischen und Renaissance-Elementen, deren gemeißelte Wasserspeier über der Stadt wachen. Drinnen fallen die 15 hohen Buntglasfenster des Chors mit ihren lebendigen Farben ins Auge. Der angrenzende Klostergang **Cloître de la Psalette** weist eine für die Renaissance typische offene Wendeltreppe auf.

An der belebten Hauptverkehrsader **Rue Colbert** in der Nähe genehmigen sich viele einen Drink oder shoppen zwischen *tuffeau*-Villen und mittelalterlichen Häusern. Am Wochenende herrscht auf der **Place Plumereau**, dem *apéro*-Hotspot schlechthin, reges Treiben. Hunderte Stühle und Tische stehen auf dem

TOP TIPP

Ein Spaziergang durch die Stadt bei Tag wird nur getoppt durch einen am Abend, wenn sanftes Licht die Gebäude beleuchtet und die wunderschöne Architektur in Szene setzt.

TOURS

HIGHLIGHTS
1 Place Plumereau

SEHENSWERTES
2 Basilique Saint-Martin
3 Cathédrale Saint-Gatien
4 Centre de Création Contemporaine Olivier Debré (CCC OD)
5 Château de Tours
6 Cloître de la Psalette
7 Grand Hôtel
8 Halles de Tours
9 Immeuble Duthoo
10 L'Artisan du Vitrail
11 Musée du Compagnonnage
12 Quartier des Arts
13 Tour Charlemagne

ESSEN
14 Au Martin Bleu
15 Chez Gaster
16 L'Instant
17 La Cave se Rebiffe
18 Tahina

kopfsteingepflasterten Platz, gesäumt von Fachwerkhäusern, Restaurants und Bars, die für angenehmes anachronistisches Flair sorgen. In unmittelbarer Nachbarschaft prägen Galeriebesitzer:innen und Kunstschaffende das **Quartier des Arts**. Manche führen jahrhundertealte Traditionen fort, darunter das Buntglas-Atelier **L'Artisan du Vitrail**.

ESSEN IN TOURS

Au Martin Bleu
Erstklassige Gerichte mit Süßwasserfisch aus der Loire. Lecker sind *silure* (Groppe) mit *mousseline* oder gebratener *anguille* (Aal). **€€**

Chez Gaster
In dem Bistro genießen Einheimische üppige, leckere Gerichte. Die Karte wechselt täglich, enthält in der Regel jedoch Fleisch und Fisch. **€€**

La Cave se Rebiffe
Zur Wein-Trilogie gibt's köstliche Gerichte wie *andouillette*, gekocht in *Vouvray-court-bouillon*. **€€**

Die Kopfsteinpflasterstraßen der Altstadt gehen in Richtung des Art-déco-Gebäudes **Immeuble Duthoo** in asphaltierte Hauptverkehrsadern über. Dessen Erkerfenster heben die von einem schimmernden Fries aus blauen Keramikblumen geschmückte Fassade optisch hervor. Das **Grand Hôtel** gegenüber dem Bahnhof mit vergoldeten Blumenintarsien und metallenen Vordächern ist ebenfalls ein Art-déco-Bau.

DIE BESTEN MUSEEN IN TOURS

Musée du Compagnonnage
Eine Ausstellung mit 300 kunsthandwerklichen Exponaten erzählt die Geschichte der *compagnonnage,* bei der Handwerkswissen unter den Verbänden seit dem Mittelalter weitergegeben wird.

Château de Tours
Das Schloss aus dem 11. Jh., einst royale Residenz, beherbergt heute vom Jeu de Paume in Paris kuratierte Fotoausstellungen und facettenreiche Exponate, die von Schnitzereien über Archäologie bis hin zu zeitgenössischer Kunst reichen.

Centre de Création Contemporaine Olivier Debré (CCC OD)
Fans zeitgenössischer Kunst finden hier alle sechs Monate neue Ausstellungen etablierter und aufstrebender Kunstschaffender.

Gourmetparadies

Käse, Rillettes und Kuchen

Tours hält die Tradition von François Rabelais aufrecht, der sich in seinen Büchern aus dem 16. Jh. für gute, herzhafte Küche einsetzte, und ist ein kulinarisches Schwergewicht. Gourmets haben angesichts zahlloser Restaurants die Qual der Wahl.

Die **Halles de Tours** nahe der Altstadt bieten hinter ihrer imposanten kantigen Fassade lokale Spezialitäten. Jeden Morgen wuselt die kauffreudige Kundschaft durch die vielen Gänge.

Zunächst kauft man sich bei einem Metzger eine der berühmten *Tours rillettes,* braunes Schmalzfleisch vom Schwein, das meist großzügig auf Brot gestrichen wird. Die Region ist für dessen traditionelle Zubereitung bekannt, die auf ein bäuerliches Rezept aus dem 15. Jh. zurückgeht. An den Ständen gibt's außerdem *Vouvray-andouillette* (Schweineinnereien, eingelegt im lokalen Weißwein Vouvray) und *rillons,* langsam geschmorte Schweinebauchstücke, die als Aperitif oder im Salat serviert werden.

Nächster Stopp ist ein Käseladen. Aus den verschiedenen Sorten wählt man den mit Holzkohlenasche bestäubten Sainte-Maure, einen Weichkäse aus Ziegenrohmilch mit einem Strohhalm in der Mitte.

Das Richtige für Naschkatzen ist das Renaissance-Dessert *Nougat de Tours,* das in Konditoreien verkauft wird. Es unterscheidet sich von dem Honig-Mandel-Pendant aus Südfrankreich und ist ein süßer Mürbeteigkuchen mit Aprikosenmarmelade und kandierten Früchten, bedeckt mit einer Mandelpaste, deren Geschmack und Textur an Macarons erinnern.

VEGANE RESTAURANTS IN TOURS

L'Instant
Der Biskuitkuchen ist köstlich, eigentliches Highlight des Cafés ist jedoch das pflanzenbasierte Gebäck. **€**

Gopal
Die einfachen, oft mit indischen Gewürzen verfeinerten Gerichte – Auberginen-Curry und Reis, Gemüselasagne – verwöhnen den Gaumen. **€**

Tahina
Auf den Tisch kommt rein pflanzliche Küche, darunter leckere Blumenkohl- und Kichererbsenpuffer. **€€**

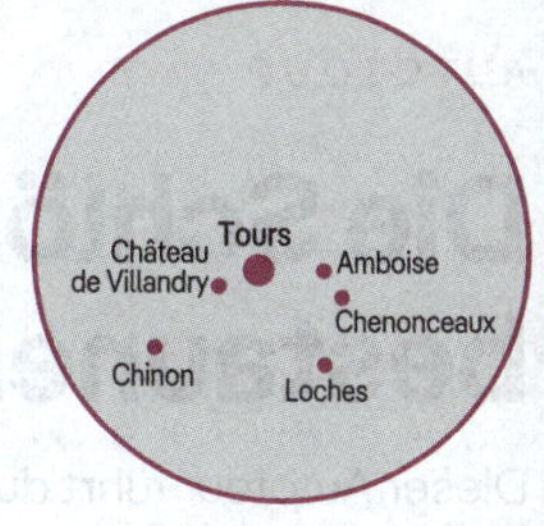

Rund um Tours

Von den Ufern der Loire bis zu denen der Cher wissen die zahllosen *châteaux* in der Tourraine zu verzaubern.

Die Region war einst wichtigste Residenz der Könige Frankreichs mit deren Höfen, was das reiche historische und architektonische Erbe erklärt. Nicht zuletzt drückte die Valois-Dynastie der Gegend ihren Stempel auf mit Monarchen wie Karl VIII., Ludwig XII. und Franz I., die alle die Renaissance verkörperten. Die Region gilt dementsprechend als französische Wiege der künstlerischen und intellektuellen Erneuerungsbewegung. Die edlen Schlösser (das Château de Villandry ist ein Highlight) kontrastieren mit den schmucklosen mittelalterlichen Festungen, Überreste der Konflikte zwischen den Grafschaften Blois und Anjou. Heute sorgt dieser Gegensatz für eine faszinierende Reise zwischen den Jahrhunderten.

UNTERWEGS VOR ORT

Die Gegend rund um Tours lässt sich wunderbar mit dem Rad erkunden. Der Zeitaufwand ist höher, da die meisten Attraktionen (außer Villandry) mindestens 30 km von Tours entfernt liegen, das machen Landschaft und Atmosphäre jedoch wieder wett. Fans des entschleunigten Reisens erreichen auch mit dem Zug die meisten Städte und Schlösser. Für abgelegenere Schlösser benötigt man hingegen ein Auto. Damit kann man sich zudem für die Attraktionen mehr Zeit lassen, da diese nur eine knappe Fahrtstunde voneinander entfernt liegen.

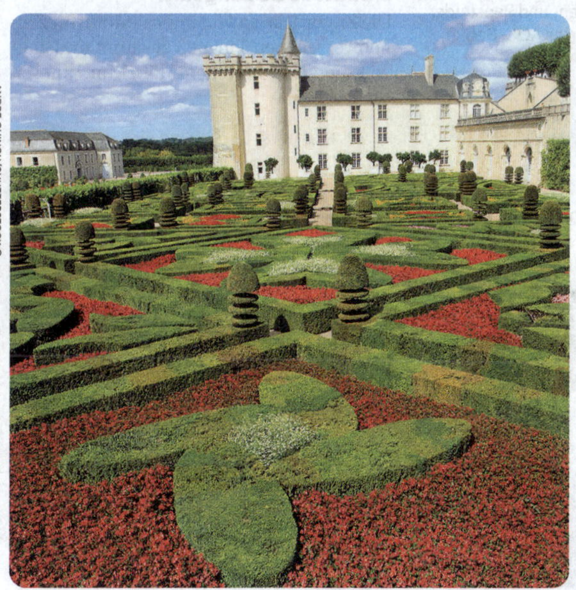

Château de Villandry (S. 355)

☑ TOP TIPP

Am besten sieht man sich pro Tag nur ein bis zwei Schlösser an, sonst ist man schnell überfordert.

AUTOTOUR

Die Schlösser im Loire-Tal bestaunen

Dieser Autotour führt durch die Jahrhunderte, von mittelalterlichen Festungen zu Renaissance-Schlössern. Unterwegs locken malerische Landschaften, die schon französische Königshäuser begeisterten, darunter die Loire mit ihrem grünen Ufer und das Inland mit Tälern, Wäldern und Weinbergen. Theoretisch kann man die Route an einem Tag fahren, in zwei bis drei Tagen lässt sich jeder Stopp jedoch besser genießen.

1 Cité Royale de Loches

Eine einstündige Fahrt von Tours führt zu dieser Festung im Landesinneren, die auf einem Felsen über der Stadt thront. Hat man den 37 m hohen romanischen steinernen Bergfried, einen der besterhaltenen der Gegend, erklommen, geht's hinab ins Verlies in der Befestigungsanlage, wo politische Gefangene einsaßen.

Die Strecke An jeder Straßenseite erstrecken sich kilometerweite offene Landschaften. In der Nähe von Chinon gehen Weizen- und Rapsfelder in ein von Weinreben dominiertes AOC-Gebiet über.

2 Forteresse Royale de Chinon

Ganze drei Schlösser machen die Festung von Chinon aus. Könnten die 1000 Jahre alten Mauern sprechen, würden sie wohl von den letzten Tagen Heinrichs II. und dem Treffen von Karl VII. und Jeanne d'Arc im Jahr 1429 erzählen.

Die Strecke Nach Chinon folgt man der D16 bis zur Loire und genießt den märchenhaften Blick auf das Chateau d'Ussé.

3 Château de Langeais

Die Zugbrücke ist von imposanten, mit Zinnen versehenen Türmen gesäumt und geht wie die gut erhaltenen Möbel im Inneren

PROSLGN/SHUTTERSTOCK ©

Château de Chenonçeau

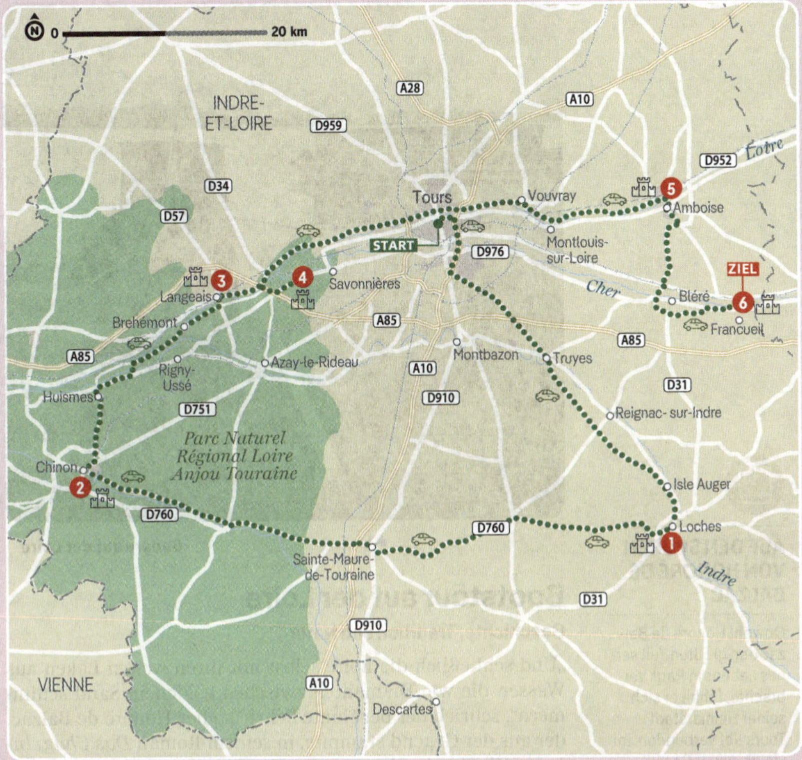

aufs Mittelalter zurück. Langeais war Schauplatz der geheimen königlichen Hochzeit von Karl VIII. und Anne de Bretagne.

Die Strecke Nach dem Überqueren der stählernen Hängebrücke über der Loire folgt man der D7 weiter bis nach Villandry und stellt das Auto am ersten Parkplatz linker Hand ab.

4 Château de Villandry

Villandrys sechs Gärten sind ein Paradebeispiel für das Erscheinungsbild und den Nutzen von Renaissance-Gärten. Vom Aussichtspavillon überblickt man ihre perfekte Geometrie, die durch akkurat geschnittene Buchsbäume unterstrichen wird.

Die Strecke Um Tours' Umgehungsstraße zu vermeiden, fährt man zurück nach Langeais und folgt der D952 entlang der Loire. Der 15-minütige Umweg gewährt bei der Ankunft einen großartigen Ausblick auf das Schloss von Amboise.

5 Château Royal d'Amboise

Franz I. wuchs in diesem Schloss, einem der ersten, das im Renaissance-Stil umgestaltet wurde, auf und lebte dort. Der König bewunderte den Erfinder und Maler Leonardo da Vinci, brachte ihn nach Frankreich und ließ ihn im Clos Lucé in direkter Nachbarschaft wohnen. Bei einem Besuch offenbart sich das Erbe des Universalgenies.

Die Strecke Eine 20-minütige Fahrt auf der D81 durch Wald und Weizenfelder führt von Amboise nach Chenonceau.

6 Château de Chenonceau

Krönender Abschluss ist das emblematische Renaissance-Juwel Chenonceau, dessen kunstvolle *tuffeau*-Bögen die Cher überspannen und sich darin spiegeln. In der 60 m langen Galerie mit Schachbrettboden kann man sich als Gast von Caterina de' Medici, der Frau von Heinrich II., fühlen und durch den erhöhten Garten von Diane de Poitiers, der Mätresse des Königs, spazieren.

LUKASZ SZWAJ/SHUTTERSTOCK ©

***Gabare* auf der Loire**

AUF DEN SPUREN VON HONORÉ DE BALZAC

Obwohl Honoré de Balzac den größten Teil seines Lebens in Paris verbrachte, fühlte er sich seiner Heimatstadt Tours tief verbunden. In vielen seiner Gesellschaftsromane spielen Orte in der Region eine Rolle, darunter die Cathédrale Saint-Gatien oder das Château de Moncontour in Vouvray. Wenn er nicht in Paris weilte, schrieb er zudem im Château de Saché, der Residenz eines Verwandten rund 25 km von Tours entfernt. Heute beherbergt dieses ein Museum zu Leben und Werk des Schriftstellers. In der Tourismusinformation in Tours gibt es eine Broschüre mit einer Stadttour auf den Spuren des Autors, die zu den in seinen Romanen beschriebenen Bauwerken führt.

Bootstour auf der Loire

Geschichte, Tradition und Natur

„Und schließlich die Loire selbst mit ihren weiten Laken aus Wasser, die wie Diamanten zwischen goldenem Sand schimmern", schrieb der berühmte Schriftsteller Honoré de Balzac, der aus der Gegend stammte, in seinem Roman *Das Chagrinleder*. Die Beschreibung passt: Der Fluss sprudelt unbehelligt von der Zivilisation und nährt die Weiden, den Weißdorn und die Erlen an seinem grünen Ufer, während in den Sandbänken Seeschwalben nisten und Biber sich im Schilf verstecken.

Bei einer Tour auf der Loire ist die idyllische Landschaft am eindrucksvollsten zu erleben. Am besten wählt man eines der traditionellen Boote. Mit ihrem typischen flachen Boden und Holzrahmen erinnern sie an die Zeit vor der Eisenbahn, als die Loire als Hauptverkehrsader diente.

Das seichte, sich verändernde Flussbett und die Strömungen erforderten spezielle Fähigkeiten und eine angepasste *batellerie* (Bootsflotte). Mit dem *chaland* (langes Boot mit abnehmbarem Mast) transportierte man Waren, die *gabare* mit Segel und Rudern wurde zum Be- und Entladen großer Boote genutzt, die kleinere *toue* diente dem Personentransport oder aber dem Fischen und mit dem *fûtreau* gelangte man von einem Ufer zum anderen.

Viele Flussfahrtbegeisterte, darunter auch einige Nachkommen von Kahnführern, bieten heute Bootsfahrten auf der Loire. Der Verband Boutavant bietet Fahrten ab Tours mit Fokus auf Flora und Fauna sowie einem *apéro* später am Tag, zu buchen über die Tourismusinformation. Romantische Touren in der Abenddämmerung organisiert La Rabouilleuse ab Rochecorbon, 5 km von Tours entfernt. Zum Programm gehören außerdem Camps an der Loire für Abenteuerlustige.

Saumur

Dank seiner goldenen *tuffeau*-Villen wird Saumur selbst vom kleinsten Sonnenstrahl erleuchtet und gilt zu Recht als weißes Juwel von Anjou. Die vielen Plätze, die zum Verweilen einladen und Einblicke in den hiesigen Alltag geben, versprühen gelassenes Flair. Das kleine Saumur ist ein historisches Schwergewicht. Davon zeugt die exponierte Burg, die nacheinander als mittelalterliche Festung, königliche Residenz, Gefängnis und Lager für Militärwaffen diente und heute ein Museum beherbergt. Während der Hugenottenkriege (1562–98) wurde die Stadt zu einem sicheren Hafen für Angehörige des Protestantismus. Die Gründung einer einflussreichen protestantischen Universität durch Philippe Duplessis-Mornay, Theologe und Gouverneur der Stadt, machte Saumur zu einem intellektuellen Treffpunkt. Tatsächlich geht das Reitererbe auf jene Zeit zurück, da die Universität eine Reitakademie umfasste. Heute führen die Nationale Reitschule und die Elite-Reiterschaft Cadre Noir die Tradition weiter; ihre Mitglieder sind an ihren matschigen Stiefeln zu erkennen.

UNTERWEGS VOR ORT

Der kurze, hügelige Aufstieg zum Schloss lohnt sich, denn er führt durch die engen Straßen der Altstadt. Ansonsten ist Saumur überwiegend flach und problemlos zu Fuß zu erkunden. Zum Cadre Noir, ein Stück vom Zentrum entfernt im Viertel Saint-Hilaire-Saint-Florent, kommt man hingegen nur per Rad oder Auto.

Burg von Saumur

TOP TIPP

In luftiger Höhe östlich der Burg lädt die Rue des Moulins zu einem Spaziergang mit Blick auf die Loire ein. Bis heute sind Überreste der Windmühlen, die einst auf dem Hang standen, zu sehen, deswegen der Name „Mühlenstraße“.

GUILLAUME SOUVANT/AFP VIA GETTY IMAGES ©

Cadre Noir

Einblicke ins französische Reitererbe

Elitedressur & Akrobatik

Der **Cadre Noir** setzt Maßstäbe und wurde 1825 gegründet, um französische Kavallerie-Offiziere auszubilden. Heute handelt es sich um eine zivile Einrichtung, die mit der Nationalen Reitschule zusammengeschlossen ist. Deren professionelle Reiter:innen, *écuyers* genannt, haben sich den Regeln der Französischen Reitkunst verschrieben. Lediglich durch die Uniform lassen sich *écuyers* unterscheiden. Cadre-Noir-Mitglieder tragen schwarze Jacken mit goldenen Knöpfen und Hüten. Eine feuerrote Granate am Kragen signalisiert die Zugehörigkeit zur französischen Armee, während Zivilist:innen eine gestickte Sonne tragen. Von Februar bis November bietet die Schule Touren (meist auf Französisch). Es sind Broschüren in anderen Sprachen erhältlich. In der Saison gibt es auch englischsprachige Touren; vorab anrufen.

Nähert man sich den Stallungen, wird man von den Pferden mit einem Wiehern begrüßt, wobei manche sich über eine Streicheleinheit freuen. Vielleicht entdeckt man eine Tierärztin, die liebevoll eine Mähne bürstet, oder einen Reiter, der sein Pferd sattelt. Die Beziehung zwischen Pferd und Mensch steht im Mittelpunkt der Werte des Cadre Noir. Das spürt man bei den gelegentlichen einstündigen Morgenvorführungen **Les Matinales** in der Grand Manège (Termine auf der Buchungsseite). Ein französischer Kommentar erklärt die Dressurtrainingsarten. Das Ganze ist auch ohne Französischkenntnisse eindrucksvoll, insbesondere wenn die *écuyers* die *sauts d'écoles* zeigen, Sprungtricks vom Schlachtfeld. Die *cabriole*, bei der das Pferd für einen Moment beim Sprung alle vier Beine anhebt, ist die faszinierendste Figur. Jede Saison gibt es traditionelle Reitergalas; Tickets für das ballettähnliche Spektakel sollte man im Voraus buchen. Das Erbe wird auch durch die öffentlichen Vorführungen der *écuyers* und ihre Teilnahme an internationalen Wettbewerben wie den Olympischen Spielen aufrechterhalten.

ESSEN & LOKALE WEINE

Bistrot de la Place
Beliebte saisonale Küche mit frischem Gemüse und eine Weinkarte mit über 100 Sorten. €€

Le Terrier du Château
Zum *apéro* mit Tapas und lokalen Weinen gibt's Traumblicke auf die Burg. €€

La Tonnelle
Stammkundschaft lehnt an der Theke dieser winzigen Weinbar, in deren Weinkeller edle Tropfen lagern. Dazu gibt's Snacks aus lokalen Zutaten. €€

Le Cellier
Hier überrascht die Küche mit ungewöhnlichen, aber gelungenen Kombinationen wie Fisch mit Äpfeln oder Fencheldessert. €€

Rund um Saumur

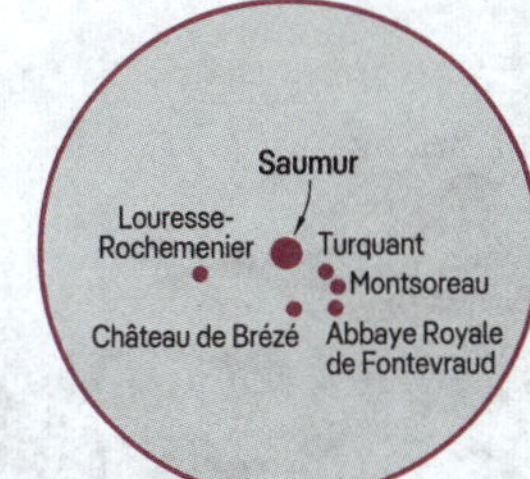

Im Umland von Saumur locken großartige Landschaften an der Loire, versteckte Dörfer unter der Erde und historische Monumente.

Am Südufer der Loire bergen *tuffeau*-Felsen Troglodyten-Dörfer wie Turquant und Souzay, die an die Vergangenheit der Region als führender *tuffeau*-Lieferant erinnern. Weiter im Landesinneren nahe Doué-la-Fontaine entdeckt man eine einzigartige Troglodyten-Art, die mit bloßem Auge kaum zu erkennen ist. Manche vergleichen die Stadt mit einem Emmentaler Käse voller unterirdischer Löcher. Die Troglodyten-Geschichte geht mit der des Weinbaus der Region Hand in Hand, da die Höhlen als Keller genutzt wurden. Die kopfsteingepflasterten Kais von Montsorreau und Candes-Saint-Martin erinnern an die Flussschifffahrt und werden heute für Vergnügungsfahrten genutzt. Saumurs Umland birgt zudem weniger bekannte Schlösser, die einen Besuch lohnen, darunter Brézé oder Montreuil-Bellay.

UNTERWEGS VOR ORT

Von Saumur verläuft der Radweg Loire à Vélo an *tuffeau*-Felsen entlang nach Montsoreau. Von hier führt ein kurzer, aber hügeliger Abstecher nach Fontevraud. Da der Nahverkehr in der Gegend nicht gut ausgebaut ist, leiht man sich am besten in Saumur ein Auto, um die Troglodyten und Schlösser im Landesinneren zu erkunden.

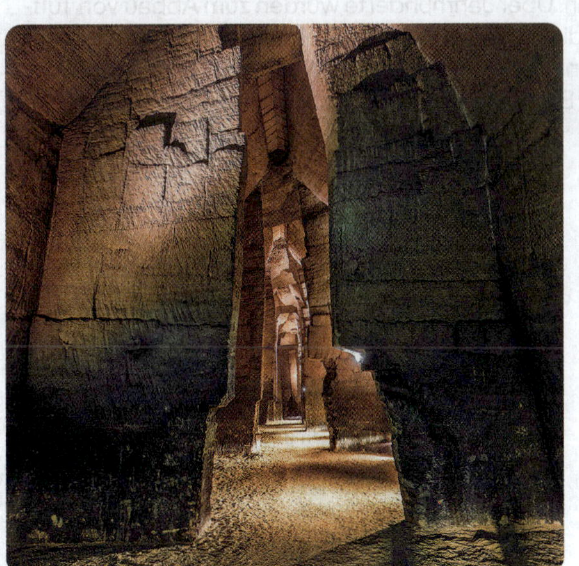

Le Mystère des Faluns (S. 360)

TOP TIPP

In Saumur starten drei Panoramastraßen. Zu den Dörfern in den Bergen führt die D947 nach Osten. Im Westen verläuft die D751 entlang historischer Weingüter, während die D952 der verschlungenen Loire folgt.

VERONIQUE STONE/SHUTTERSTOCK ©

PRAKTISCHES

Eine Liste alle Troglodyten-Stätten gibt's auf der Website von Saumur

TOP-SEHENSWÜRDIGKEIT

Troglodyten

Von den Felsen entlang der Loire bis ins Landesinnere im Südosten bietet die einzigartige unterirdische Landschaft Einblicke in die Geschichte der Region. Über Jahrhunderte wurden zum Abbau von Tuffstein und Falun endlose Gänge in lokale Steindepots gegraben. Die Höhlen wurden dann als Wohnungen, zur Weinherstellung und zum Pilzanbau genutzt. Bis heute dienen die Troglodyten diversen Zwecken.

NICHT VERPASSEN

- Troglodyten-Dorf Rochemenier
- Troglodyten-Weg in Souzay
- Château de Brézé
- Troglodyten-Keller
- Turquant
- Le Mystère des Faluns
- Les Troglos de la Sablière

Hügelige Dörfer

Tuffeau, der 90 % des Bodens ausmacht, wird seit gallisch-römischen Zeiten gefördert, und so gehen die ersten Steinbrüche der Region auf jene Zeit zurück. Der Stein verfügt über viele gute Eigenschaften: Er ist leicht zu bearbeiten, butterweich, wenn er feucht ist, und hat eine glatte, blanke Textur. Es verwundert nicht, dass Könige und Adlige ihre Schlösser daraus errichten ließen. Bereits im Mittelalter bewohnten die Steinbrucharbeiter, die den Stein in den nahen Felsen förderten, die Höhlen. Der Troglodyten-Weg im Dorf **Souzay** fasziniert mit unterirdischen Bogengängen und imposanten Lichtschächten vor mineralischer Kulisse. Wer nach oben blickt, entdeckt in einem Loch im Felsen ein Bett, ein Überbleibsel einer Höhlenwohnung. Die kleinen Höhlen an der Rue du Commerce beherbergten vom 11. bis zum frühen 20. Jh. einen Lebensmittelladen, eine Fischerei und eine Taverne. Nicht weit entfernt thront eine imposante, halb gemeißelte, halb erbaute Burg auf Felsen über der Loire, das **Château de la Vignole**. Hier suchte Mar-

Links: Rochemenier; Oben: Turquant

garete von Anjou nach dem Tod ihres Mannes Heinrich VI., König von England, Zuflucht. Im benachbarten Dorf **Turquant** residiert eine Künstlergemeinde in den *tuffeau*-Felsen. Hier kann man lokales Kunsthandwerk erstehen.

Unterirdische Tiefland-Troglodyten

Felsen sucht man bei einer Fahrt rund um **Doué-la-Fontaine** vergeblich. Die Troglodyten verstecken sich in der Erde und sind von der Straße aus nicht zu sehen. Selbst beim Passieren von **Rochemenier** und seinem **Troglodyten-Dorf-Museum** sind sie schwer zu entdecken. Bis ins frühe 20. Jh. lebten Bauern mit ihren Familien in der bienenstockförmigen Stadt, in der ausgehobene Innenhöfe zu 250 unterirdischen Zimmern führten. Bis zu 40 unterirdische Farmen wurden gezählt und es heißt, dass es mehr troglodytische als überirdische Unterkünfte gibt. Auch wenn man nur Zeit für einen Teil davon hat, erlebt man hier die mit Abstand kompletteste Troglodyten-Stätte im Tiefland. Ausgestellte Werkzeuge, eingerichtete Häuser und Schwarz-Weiß-Fotos vor einer authentischen Soundkulisse geben Einblicke in das Leben der letzten Bewohner:innen. Beim Besuch des Museums lohnt sich ein genauerer Blick auf das sandige Gestein. Entdeckt man einige Muscheln, Korallen und Fossilien? Hierbei handelt es sich um Falun, den zweiten lokaltypischen Stein. Aufgrund der porösen Konsistenz eignete er sich bestens, um den sauren Boden zu neutralisieren. Die Einkerbungen an den Wänden sind Spitzhackenspuren aus der Vergangenheit.

Eine unterirdische Festung

Auf den ersten Blick steht das **Château de Brézé** ruhig auf einem kleinen Hügel. Flügel im neogotischen und Renaissance-Stil begrenzen einen charmanten Innenhof. Dann entdeckt man eine kleine Tür in der Fassade, die zu einer Treppe führt. Hier beginnt das unterirdische Netz an Gängen, das Brézé von anderen Schlössern der Loire unterscheidet. Der 1,5 km lange Korridor und die hohen Zimmer beleben zweifellos die Fantasie. Zurück im Innenhof führt dieselbe Tür zu den trockenen Burggräben. Wie die darin gemeißelten Zimmer zeigen, waren sie nie dazu gedacht, mit Wasser gefüllt zu werden.

FOUÉES, EINE TROGLODYTEN-SPEZIALITÄT

Früher wurde Brot einmal pro Woche gebacken. Mittels etwas ausgerolltem Teig wurde die Temperatur der in den Stein geschlagenen Holzöfen überprüft; die Backmethode nannte man „à la fouée". Ging der Teig auf, war der Ofen heiß genug – das krümelfreie Brot „fouée" war erfunden. Heute ist es eine lokale Spezialität, die mit *rillettes*, Knoblauchbutter oder Marmelade serviert wird.

TOP TIPPS

- Ein Besuch der Troglodyten ist wegen der ganzjährig kühlen Temperaturen (durchschnittlich 13°C) an heißen Sommertagen besonders angenehm. Von Herbst bis Frühling braucht man warme Kleidung, sonst wird's kalt.
- Von der D947 bieten sich atemberaubende Blicke über die Dörfer in den Hügeln.
- Bester Startpunkt für Souzays Troglodyten-Weg ist 16 Rue de la Bonne, wo eine einfache Gasse zwischen zwei Häusern entlangführt. Hinter dem kleinen Eingang erwartet einen eine unterirdische Welt. Die kostenlose Route ist auch für Fahrräder und Rollstühle zugänglich.

INSPIRATIONS-QUELLE MONTSOREAU

Mit seinem anmutigen Spiegelbild in der Loire inspirierte Montsoreau über die Jahre viele Kreative. Der romantische französische Schriftsteller Alexandre Dumas ließ sich im 16. Jh. durch einen echten Streit um die Liebe zu *Die Dame von Monsoreau* anregen. Louis de Bussy d'Amboise, ein Adliger am Hofe von Heinrich III., verführte Françoise de Maridor, die Frau von Charles de Chambes, dem Grafen von Montsoreau. Ihr Ehemann stellte dem Rivalen eine Falle und tötete ihn. Weniger blutig ist das Werk des englischen Malers William Turner, der den malerischen Zusammenfluss von Vienne und Loire in Montsoreau während seiner Reise in die Region einfing.

JAN KASZUBA/SHUTTERSTOCK ©

Abbaye Royale de Fontevraud

Klassische trifft zeitgenössische Kunst

Avantgardistische Werke

Die riesigen Buchstaben im Schotter stammen nicht von spielenden Kindern. Seit 2016 beherbergt das **Château de Montsoreau**, eine 20-minütige Fahrt von Saumur entfernt, ein Museum für konzeptuelle zeitgenössische Kunst – eine willkommene Abwechslung zur historischen Ausrichtung anderer Schlösser. Die weißen *tuffeau*-Wände, geräumigen Zimmer und imposanten gotischen Fenster setzen die Dauersammlung Art & Langage raffiniert in Szene. Die 1968 in England gegründete avantgardistische Bewegung erforschte künstlerische Medien. Das Ergebnis sind konzeptuelle Werke, bei denen der Prozess wichtiger als das Werk ist. Zudem zeigt das Museum zeitgenössische Ausstellungen, die mindestens zweimal im Jahr wechseln. Ein Besuch lohnt sich auch dann, wenn man sich nicht für zeitgenössische Kunst interessiert, denn darauf ist das informative, interaktive Konzept vorbereitet. Zudem vermittelt die Aussicht vom Dach das Gefühl, man hätte die Loire zu seinen Füßen. Ein *château* mit zeitgenössischem Kunstmuseum mag überraschen, doch in seiner Geschichte war Montsoreau schon oft progressiv.

ESSEN RUND UM SAUMUR

Les Caves de Marson
Abendessen bei Kerzenlicht in einem Troglodyten-Restaurant, das ausschließlich die Spezialität *fouées* (S. 361) serviert. €€

L'Héliante
In dem Troglodyten-Restaurant stehen historische Gemüsesorten im Fokus. €€

Ververt
Das tolle kleine Restaurant überzeugt mit raffinierten, frischen, kunstvoll angerichteten Gerichten. €€€

Im 11. Jh. wurde es als einzige mittelalterliche Festung direkt am Flussbett der Loire errichtet. 1450 zählte es dann zu den ersten Schlössern mit italienischen Renaissance-Elementen wie *putti* (Cherubim) an der Fassade. Der Schlossherr Jean de Chambres ließ sich inspirieren, als er an der Seite von Karl VII. in Italien kämpfte – Chambord entstand nur 60 Jahre später. Heute bringt das Département Anjou, dem das Schloss gehört, mit Veranstaltungen wie Konzerten und Yogakursen das 21. Jh. in die alten Gemäuer.

900-jährige klösterliche Tuffsteinstadt

Tradition und Moderne

Nur 20 Minuten von Saumur entfernt liegt einer der Schätze der Region, die **Abbaye Royale de Fontevraud**. Sie wurde komplett aus Tuffstein erbaut und sticht aus der umliegenden Vegetation hervor. Von 1101 bis 1792 war sie eine bedeutende Klosterstadt, in der Mönche und Nonnen unter der Leitung einer Äbtissin zusammenlebten, was ungewöhnlich war. Die weite **Abbatiale** wirkt fast einschüchternd. Stolze römische Säulen stützen ein 21 m hohes Gewölbe, das die imposante Größe der Kirche unterstreicht. In der Mitte liegen die mehrfarbigen Gisanten von vier Plantagenets, einer Dynastie aus Anjou: Heinrich II. und seine Frau Eleonore von Aquitanien, ihr Sohn Richard Löwenherz und Isabella von Angoulême, die Frau ihres vierten Sohnes Johann Ohneland. Obwohl Heinrich II. von 1154 bis 1189 König von England war, ist es kein Zufall, dass er hier begraben liegt. Damals wählte Eleonore von Aquitanien Fontevraud als Grabstätte des Hauses Plantagenet, um die Basilique de Saint-Denis in Paris der Könige von Frankreich auszustechen. Neben der Abbatiale führt ein Kreuzgang zu verschiedenen Zimmern wie den Schlafräumen, dem Refektorium und der eindrucksvollen bogenförmigen **Salle du Chapitre**. Die bemalten Wände zieren Portraits von 19 Äbtissinnen von Fontevraud, dargestellt in Passions- und Auferstehungsszenen. In den **Parloirs** erläutert eine Ausstellung die zweite Funktion der Abtei als Gefängnis. 1814 war das Gebäude leer, von den Ordensleuten während der Französischen Revolution verlassen, als Napoleon es in ein Gefängnis verwandelte. Bis zur Schließung 1953 galt Fontevraud als eines der härtesten Gefängnisse Frankreichs. Seitdem verbindet sich Geschichte mit Kunst. Die früheren Stallungen bergen ein **Museum für Moderne Kunst** mit Werken von Degas und Toulouse-Lautrec, während ein reiches Kulturprogramm das ganze Jahr über für Unterhaltung sorgt. Im Sommer wird zur poetischen Abendtour das Gebäude angeleuchtet, während zur Weihnachtszeit Konzerte im Herzen des Kirchenschiffs stattfinden. Mit einem Hotel, einem Restaurant und einer Weinbar als Extras kann ein Besuch drei Stunden bis mehrere Tage dauern.

DIE BESTEN TROGLODYTEN-UNTERKÜNFTE

Echte Troglodyten-Unterkünfte sind nicht so einfach zu finden, deswegen hier ein paar Empfehlungen.

Farfadine & Troglos
Eine Treppe führt zu einer oasengleichen unterirdischen Stätte, die dieses untypische B&B birgt. Die Leitung lebt hier seit zehn Jahren. **€€**

Hôtel Rocaminori
Eine troglodytenaffine Familie betreibt dieses Hotel, das modernes Flair in die alten Höhen bringt. Es gibt auch ein paar Standardzimmer. **€€**

Demeure de la Vignole
Das Hotel auf einem Felsen bietet vier gemütliche, in den Felsen gehauene Zimmer und einen eindrucksvollen Troglodyten-Pool. **€€**

Angers

UNTERWEGS VOR ORT

Das Zentrum befindet sich um einen Platz, der von vier Hauptverkehrsstraßen begrenzt wird. Bahnhof und Bd Carnot sind nur 25 Gehminuten voneinander entfernt und die Gegend ist größtenteils fußgängerfreundlich. Die Innenstadt liegt auf einem sanften Hang, der gut zu Fuß zu bewältigen ist. Der öffentliche Nahverkehr ist gut ausgebaut und umfasst zwei Straßenbahnlinien durch die Stadt. Wer im Zentrum übernachtet, braucht diese jedoch nicht. Ein Auto ist nur für Ausflüge ins Umland sinnvoll. Parken im Zentrum ist kostenpflichtig, deswegen stellt man sein Auto besser außerhalb davon ab.

TOP TIPP

Die Promenade du Bout du Monde bietet ein traumhaftes Panorama in Schlossnähe. Ein weniger bekannter Ort mit einem fantastischen 180-Grad-Blick über den Fluss und das Schloss ist das Dach des Theaters Le Quai.

Der Begriff *douceur angevine* geht auf den französischen Dichter des 16. Jhs. Joachim du Bellay zurück, der damit die angenehme Atmosphäre in Angers beschrieb, die bis heute weiterlebt. Vielleicht fördern diese der sanft fließende Fluss oder die vielen idyllischen Grünflächen, die Zugang zur Natur bieten, wie der Parc Balzac oder die Île Saint-Aubin. Angers liegt etwas nördlich der Loire am Ufer einer ihrer Nebenflüsse, der Maine. Die Lage ließ den Flusshandel florieren, was den opulenten Charakter der Stadt erklärt. Über ihr thront das Schloss, eine massive feudale Festung mit 17 imposanten 50 m hohen Türmen. Angers entwickelte sich um das Fort als intellektuelles Zentrum vom Mittelalter bis ins 18. Jh. und war bei der Plantagenet-Dynastie und den Grafen von Anjou beliebt. Die Gegend birgt ein großes mittelalterliches Erbe, davon zeugen kopfsteingepflasterte Straßen, Fachwerkhäuser und ein eindrucksvoller 600 Jahre alter Wandteppich.

Eine biblische Schlacht

Mittelalterlicher Wandteppich der Superlative

Die **Tapisserie de l'Apocalypse** ist der größte mittelalterliche Wandteppich, der jemals gewebt wurde. Sieben Jahre dauerte die Fertigstellung, von 1375 bis 1382. Von den ursprünglichen 140 m haben 104 m die Jahrhunderte überdauert und strahlen bis heute in lebendigen Rot- und Blautönen. Die fein gearbeiteten Details zeugen von einer eindrucksvollen Kunstfertigkeit – auf den Togen mancher Figuren kann man sogar die Falten zählen. Der Teppich ist heute in einem eigenen Raum im **Château d'Angers** ausgestellt und gehört seit 2023 zum Memory of the World Register der UNESCO.

Um das phänomenale Werk zu verstehen, ist etwas Kontext nötig. Es geht auf Louis I. zurück, Graf von Anjou und Kunstsammler, der speziell das Apokalypse-Thema in Auftrag gab. Der Teppich stellt nicht nur die finale Schlacht zwischen Gut und Böse dar, wie sie die Bibel prophezeit, sondern auch die historischen, sozialen und politischen Hintergründe im damaligen Frankreich. Im späten 14. Jh. trafen Pest, Hungersnot und andere Epidemien das vom 100-jährigen Krieg gebeutelte Land.

ANGERS

HIGHLIGHTS
1 Cathédrale Saint-Maurice d'Angers
2 Château d'Angers

SEHENSWERTES
3 Abbaye Toussaint
4 Cale de la Savatte
5 Collégial Saint-Martin
6 Maison d'Adam
7 Montée Saint-Maurice
8 Musée Jean Lurçat

SCHLAFEN
9 L'Oisellerie
10 Les Chambres de Mathilde

ESSEN
11 Brasserie de la Gare
12 Chez Marguerite
13 Gribiche
14 La Soufflerie
15 Le Pois Gourmand
16 Mauvaise Graine

AUSGEHEN & NACHTLEBEN
17 Barco Vino
18 Donald's Pub
19 La Cour

Details beziehen sich auf diesen Konflikt zwischen dem englischen und französischen Königreich, darunter ein siebenköpfiger Hund. Als Symbol für Macht und Reichtum wurde der Wandteppich nur bei besonderen Gelegenheiten gezeigt, wie der Hochzeit des Sohnes von Louis I. Mit den Jahren schwand das Interesse an dem Teppich, bis er schließlich zerschnitten

DIE BESTEN BARS IN ANGERS

Donald's Pub
Die rockige Kneipe serviert die beste Craftbier-Auswahl mit wechselnden Sorten vom Fass.

La Cour
Kreative Original-Cocktails aus lokalen Spirituosen in einem intimen Hof; auch ohne Alkohol.

Barco Vino
Die Terrasse dieser Weinbar auf einem Frachtkahn mit langer Weinkarte verspricht einen großartigen Abend.

DIE CHARMANTESTEN B&BS

La Maison de Florence
Eindrucksvolle Art-déco-Unterkunft mit Buntglasfenstern, Holzarbeiten und kunstvollen Verzierungen. Die Besitzerin Florence ist so lebhaft wie ihr farbenfrohes Haus. **€€**

L'Oisellerie
Fachwerkhaus aus dem 15. Jh. mit Komfort aus dem 21. Jh. Die Terracotta-Bodenfliesen und freigelegten Balken versprühen viel Charme, zudem gibt es eine historische Wendeltreppe aus Holz. **€€**

Les Chambres de Mathilde
Dank der herzlichen Leitung wirkt das Gebäude aus dem 19. Jh. wie ein zweites Zuhause. Und wo bekommt man schon hausgemachten Honig zum Frühstück? **€**

Maison d'Adam

und umfunktioniert wurde, z. B. um im Winter Tiere zu wärmen. Im 19. Jh. entdeckte ihn dann ein Mönch und beschloss, den verbliebenen Teil zu retten. Und die bewegte Geschichte des Teppichs ging noch weiter: 2020 tauchten Fragmente im Lager einer Pariser Kunstgalerie wieder auf.

Mittelalterliche Spuren

Karolingische und gotische Architektur

Angers mag klein sein, doch hinter jeder Ecke warten Überraschungen. Bei einem Spaziergang passiert man Fußgängerzonen voller Studierender oder Familien beim Shoppen, romantische Gassen mit Steinhäusern, die Glyzinien zieren, und verschiedene bemerkenswerte Gebäude. Los geht's mit dem **Collégial Saint-Martin**, Angers' ältester Kirche. Sie birgt 15 Jahrhunderte Architekturgeschichte mit ihrem Fundament aus dem 5. Jh., dem weißen *tuffeau*-Stein und den rosa Wänden aus der karolingischen Zeit sowie dem stark geschwungenen Kreuzrippengwölbe, einer lokaltypischen gotischen Variante. In größerem Maßstab zieren die **Cathédrale Saint-Maurice d'Angers** ähnliche Elemente sowie Säulenstatuen an der Fassade. Gegenüber kreuzen sich die Wege von Joggenden auf ihrer Sonntagsrunde und Partybegeisterten nach einer langen Nacht auf dem Treppenaufgang **Montée Saint-Maurice** am Hang.

ESSEN IN ANGERS

Mauvaise Graine
Die pflanzenbasierte *cantine* ist für Überraschungen gut und serviert von Street Food inspirierte Gerichte in einer Mikrobrauerei. **€**

Le Pois Gourmand
Das Bistro macht aus sorgfältig ausgewählten Zutaten erstklassige saisonale Küche; vorab reservieren. **€€**

Brasserie de la Gare
Die lokale Institution serviert frische Meeresfrüchte vor Art-déco-Kulisse. **€€**

Hinter der Kathedrale beeindruckt das **Maison d'Adam**, ein faszinierendes sechsstöckiges Fachwerkhaus mit kunstvollem holzgeschnitztem Dekor. Unweit davon setzt ein zeitgenössisches Glasdach die Überreste der **Abbaye Toussaint** aus dem 13. Jh. in Szene. Heute beherbergt sie die Skulpturen von David d'Angers, einem renommierten Künstler aus dem 19. Jh., der u. a. das Giebeldreieck des Pariser Panthéons fertigte. Interessant ist außerdem der alte Teil des Viertels **Doutre** am anderen Ufer der Maine. Hier geht es über Kopfsteinpflaster zur charmanten, von weißen Villen gesäumten **Place de la Paix**, zur **Place du Tertre** und ihrem skurrilen Kruzifix im Freien, der letzten Station einer mittlerweile vergessenen Prozession namens Grand Sacre, und zum **Musée Jean Lurçat**, das zeitgenössische Wandteppiche zeigt. Zurück ins 21. Jh. führt der **Cale de la Savatte**. Der kleine Jachthafen lädt mit Terrassen und gemütlicher Atmosphäre zum Entspannen ein, während traditionelle Holzboote namens *toues* neben moderneren Gefährten vor Anker liegen.

Ursprung hundertjähriger Liköre

Familiengeführte Brennereien entdecken

Von den rund 20 Brennereien, die es im 19. Jh. in Angers gab, sind nur zwei geblieben, **Cointreau** und **Giffard**. Seit über 100 Jahren führen sie die Brennereitradition der Region weiter, die auf das 17. Jh. zurückgeht. Damals bereiteten Nonnen den ersten lokalen Likör, Guignolet, zu, indem sie Kirschen in *eau-de-vie* einlegten. Bis heute hält Giffard mit der Herstellung des süßlichen, dunkelrosa Alkohols die Tradition aufrecht. Giffards Vorzeigeprodukt ist allerdings Menthe Pastille, ein erfrischender Minzlikör, den jedes Restaurant und jede Bar vor Ort auf Eiswürfeln oder zerstoßenem Eis serviert. Für einen Besuch des Herzens der Destillerie geht's zum **Espace Menthe-Pastille** am Stadtrand von Angers. Der mechanische Klang der Produktionsmaschinen hallt durch die Lagerhalle, während man in die Geheimnisse der Mazeration eingeweiht wird, der Technik, mit der Giffard seine Obst- und Blumenliköre herstellt. Cointreau wiederum destilliert Orangen-*écorce*, um seinen weltbekannten Triple Sec zu produzieren. Nach Betreten der Produktionsstätte **Carré Cointreau** in Saint-Barthélemy d'Anjou steigt einem sofort der bittersüße, fruchtige Duft in die Nase. Lange Kupferrohre, verschiedene Tanks und senfgelbe Kacheln verleihen dem Brennereiraum Vintage-Flair, gerade so als wäre er seit 1849 in Betrieb, als der Konditor Edouard Cointreau mit der Likörherstellung begann. Die durchsichtige Spirituose in der gefärbten eckigen Flasche ist seit 1885 im Handel. Der Besuch endet mit einer Kostprobe von cointreauhaltigen Cocktails wie Margaritas oder Cosmopolitans.

WARUM ICH ANGERS LIEBE

Sixtine Lerouge, Autorin

Obwohl ich in Angers aufwuchs, lernte ich es erst als Erwachsene lieben. Ich war zu jung, um wertzuschätzen, was die Stadt und das Umland zu bieten haben: einen entspannten Alltag und die Natur, eine nur zehnminütige Fahrt entfernt. Außerdem ist nichts mit dem sanften Morgenlicht an der Loire oder einem goldenen Abend in den Weinbergen zu vergleichen. Es gibt immer etwas Neues zu entdecken – eine Bar, ein Restaurant, ein Weingut, ein Schloss, eine Radtour. Und auch kulturell ist viel geboten. Ich sah mein erstes Theaterstück beim Festival d'Anjou, einem Theaterfestival unter freiem Himmel in einem Schloss. Das Kino entdeckte ich beim Premiers Plans, das die besten europäischen Filme zeigt.

La Soufflerie
Das altmodische Dekor ist schnell vergessen, wenn man die luftigen Soufflés, eine französische Spezialität, die nicht leicht gelingt, probiert hat. **€**

Gribiche
Das zweiköpfige junge Küchenteam interpretiert traditionelle Gerichte neu – wie wär's mit in Chenin-Gelee eingelegtem *pâté en croûte*? **€€**

Chez Marguerite
Das gemütliche Café serviert leckere Mittagsgerichte und köstliche Kuchen – zu empfehlen ist die Schokoladen-Karamell-Erdnuss-Variante. **€**

Rund um Angers

Perfekte Weinberge und charmante, golden gefärbte Dörfer hinterlassen einen bleibenden Eindruck. Im Sommer genießt man die Kulisse am besten in einer *guinguette* am Ufer.

UNTERWEGS VOR ORT

Regionalzüge von Angers zur Atlantikküste bedienen recht unregelmäßig mit sechs bis acht Verbindungen am Tag ein paar Dörfer am Nordufer. Mit einem Mietwagen ist man am flexibelsten und gelangt ins Landesinnere südlich von Angers. Die Route Loire à Vélo lädt zu einer Erkundungstour mit dem Rad ein, ist in der Hauptsaison jedoch stark befahren. Durch die Landschaft mit ihren Weinbergen und Dörfern verlaufen verschiedene Wanderwege.

Kleine Straßen schlängeln sich durch 100 Jahre alte Weinberge. Im Spätsommer werden die üppig behangenen Reben mühselig von Hand geerntet. Anjou ist dank dem milden Klima, dem Schiefer- und Tuffsteinboden sowie den vielen Sonnenstunden seit dem Mittelalter eine bedeutende Weinbauregion. Reiche Familien ließen sich kleine Schlösser erbauen, um ihre Reben zu überblicken, was der Region ein reiches kulturelles Erbe bescherte. Authentische Dörfer prägen die Ufer der Loire, ebenso wie große Villen aus dem 19. Jh., die das lokale Bürgertum als Wochenendresidenzen nutzte. Wege und Kais, die einst von Frachtführern frequentiert wurden, eignen sich heute perfekt zum Beobachten von Seeschwalben, für die die Loire bekannt ist. Die Natur lädt zu einer Radtour durch die Landschaft oder zu einer Kajakfahrt auf der Loire ein.

HELIOSPHILE/SHUTTERSTOCK ©

Radtour, Bouchemaine (S. 370)

TOP TIPP

Von Rochefort-sur-Loire nach Chalonnes-sur-Loire folgt man den braunen Straßenschildern nach La Corniche Angevine. Die hügelige Straße bietet ein malerisches Panorama des Tals und der Weinberge.

In einem traditionellen Ufer-Restaurant entspannen

Regionale Küche an der Loire

Wenn die Blumen blühen, florieren auch die *guinguettes*. Die Saisonlokale in der Nähe des Loire-Ufers sind nur von Frühling bis Anfang Herbst geöffnet. Die Zutaten: Holzmöbel, Liegestühle, Hängelampen, lokaler Wein, leckeres Essen und manchmal Livemusik. Zu jeder Tageszeit kann man hier entspannen und das milde Klima der Region genießen. Sobald man auf der schattigen Terrasse sitzt, fühlt man sich besser. Die Stimmung hebt sich und die Sorgen des Alltags rücken in den Hintergrund. Linker Hand wird bei angeregten Gesprächen der Moment gefeiert, rechter Hand erschallen Gelächter und Rufe von einem klassischen *pétanque*-Match oder dem finnischen Wurfholzspiel *mölkky*. *Guinguettes* gehen auf die Belle Époque zurück und befanden sich ursprünglich am Stadtrand von Paris (bevor die Betonbauten der *banlieues* entstanden), um Steuern auf bestimmte Waren zu umgehen. Der Name leitet sich von „*guinguet*" ab, einem säuerlichen Wein aus der Region Paris. Am Wochenende zogen die beliebten Kneipen die Arbeiterschaft und das Kleinbürgertum an, die zu Akkordeonmusik tanzten (damals als *guincher* bezeichnet) und herzhafte Gerichte mit Wein verzehrten. Das Gemälde *Bal du Moulin de la Galette* von Auguste Renoir im Musée d'Orsay fängt die Atmosphäre perfekt ein. Getanzt wird nicht mehr, die Tradition leckerer Küche bleibt hingegen bestehen. Heute gibt es traditionelle Gerichte wie Zander mit weißer Buttersauce, Jungfisch aus der Loire oder im Mund zerschmelzende *rillauds* (zarte Schweinebauchstücke). Im Sommer ist *crêmet d'Anjou* (joghurtähnliche Creme, nur frischer und luftiger) das perfekte Dessert.

Fahrt durch Chenin-Weinberge

Die charakteristische Rebenvielfalt der Loire

Weinberge prägen die Landschaft von Anjou. Dank des guten Wetters und des fruchtbaren Bodens wachsen hier viele *cépages* (Rebsorten), ob rot oder weiß. Emblematisch für die Region ist Chenin, aus dem verschiedene Weißweine gekeltert werden, die das Potenzial des Bodens zeigen. Die limitierten AOC-Gebiete machen die für ihre Qualität bekannten Tropfen zu einer raren Ware. Bei einer Fahrt von einem zum anderen lässt sich der einzigartige *cépage* am besten entdecken. Wer kann, plant einen Spaziergang durch die Weinberge bei Sonnenuntergang ein. Die golden schimmernde Landschaft ist einfach ein unvergesslicher Anblick.

DIE BESTEN BADESTELLEN

Das Schwimmen in der Loire ist wegen der gefährlichen Strömungen verboten. Es gibt jedoch ein paar sichere Badestellen in der Nähe, die zum Abkühlen einladen.

Lac de Maine
Ein beliebter Ort, ein paar Minuten von Angers entfernt, mit einem Sommerstrand, der sich zum Picknicken und Baden eignet.

Plage de Villevêque
Badestelle vor malerischer Kulisse, bei der man beim Entspannen die Wassermühle bestaunen kann.

Parc des Sablières
Der charmante See lädt mit seinem Sandstrand und den schattenspendenden Bäumen zum Erholen ein.

ESSEN IN EINER GUINGUETTE

Guinguette de Port-Thibault
Die schattigste *guinguette* am Ufer der Loire bietet sonntags und an manchen Freitagabenden ein Musikprogramm. €

La Cabane du chat qui pêche
Hüttenrestaurant mit Picknicktischen aus Holz und Liegestühlen auf einer großen Rasenfläche entlang der Mayenne. €€

La Guinguette à Jojo
Anjous älteste *guinguette* mit Korbstühlen am Fluss und einem Spielplatz öffnet seit 1959 jeden Sommer. €€

WEIN SHOPPEN

Maïté Verriez, Mitbesitzerin des Restaurants Chenin und die Frau hinter der Weinkarte, über Chenin-Kaufempfehlungen. @le_chenin_savennieres

Domaine aux Moines, Tessa Laroche
Wunderbar frischer Wein mit toller fruchtiger Note von einem renommierten Weingut.

Le Bel Ouvrage, Damien Laureau
Die Fassreifung sorgt für den charakteristischen rauchigen Geschmack. Der 2015er-Jahrgang ist mein Favorit.

Ronceray, Domaine Belargus
Mineralische Schärfe und eine feine Zitrusnote verbinden sich zu einem frischen Cuvée.

Zeitlos, Domäne Vincendeau
Großartiger Crémant de Loire – weißer Schaumwein mit wenig oder keinem Zuckerzusatz.

Quarts de Chaume, Patrick Baudoin
Außergewöhnlicher süßer alter Tropfen; der Winzer ist ein Urgestein von Anjou.

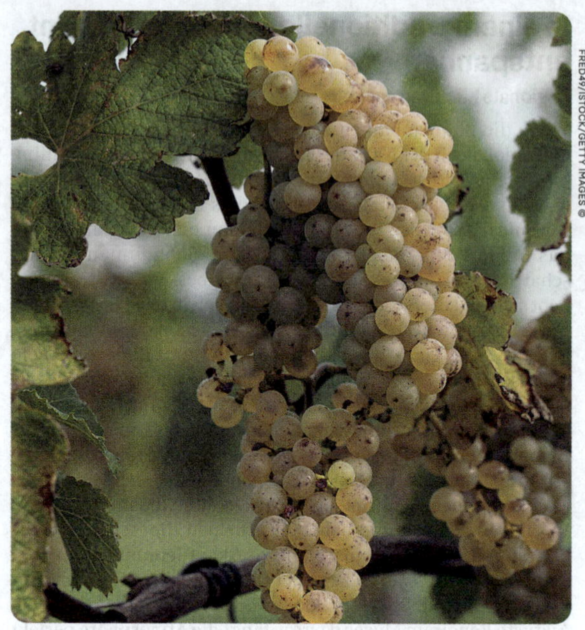

Chenin-Reben, Savennières

Früh in der Saison (etwa Ende August oder September) geerntete Reben werden zu trockenen Weinen wie Savennières. Die Weinberge entlang der Loire südlich von Angers bringen ausschließlich diesen blumigen Wein hervor, von **Bouchemaine** bis **La Possonnière**. Dazwischen liegt das charmante Dorf **Savennières**, das der AOC den Namen gab. Bei einer Spritztour entdeckt man Schlösser und Villen, die auf das 19. Jh. zurückgehen, als die Gegend den lokalen Hochadel begeisterte.

Reben für süßere und likörähnliche Weine werden später geerntet. Zwischen September und Oktober setzt die Grauschimmelfäule ein, die das Traubenfleisch weicher macht und dem Wein eine goldene Farbe gibt. Die Nähe zu verschiedenen Flüssen (Loire, Layon und Aubance) sorgt für Morgennebel, der die Bildung der Edelfäule begünstigt. Die Weinbaugebiete Coteaux du Layon und Quart de Chaume liegen im Landesinneren, rund 18 km südlich von Angers. Eine faszinierende terrassierte Rebenlandschaft erstreckt sich von dem malerischen Weinbaudorf **Saint-Aubin-de-Luigné** bis zum Künstlerort **Rablay-sur-Layon**. Etwas weiter entfernt nahe **Thouarcé** bauen 40 Weingüter auf einem 120 ha kleinen zertifizierten Gebiet die wenig bekannte Sorte Bonnezeaux an, einen süßen, würzigen Weißwein.

In **Brissac** und dessen Umland wird der AOC-geschützte Coteaux de l'Aubance angebaut. Vor Ort sollte man sich Zeit für das höchste Schloss der Loire nehmen. Bei einem Spaziergang durch die Gärten begegnet man eventuell dem Grafen, dessen Familie seit 1502 in Besitz des siebenstöckigen Riesen ist.

PARIS
Nantes

Nantes

Hier, wo das Loire-Tal endet und das Mündungsgebiet des Flusses beginnt, kann man die Meeresluft fast schon riechen. Nantes ist von dieser Loire-Atlantik-Mischung geprägt. Die langjährige Hauptstadt der Bretagne wurde im Zweiten Weltkrieg von der neu strukturierten Region abgetrennt, ihre bretonischen Wurzeln sind jedoch unvergessen, davon zeugt das Château der Herzöge der Bretagne im Zentrum. Vom Mittelalter bis ins späte 20 Jh. verdankte Nantes seinen Reichtum als einer der größten Häfen Frankreichs der Loire. Dieser Teil der Stadtgeschichte hat auch eine dunkle Seite: Im 18. Jh. war Nantes federführend bei der Organisation von Sklavenhandelexpeditionen, was die Stadt seit etwa 30 Jahren thematisiert. Nach Abschaffung der Sklaverei prägten Schiffsbau, Konservenherstellung und Lebensmittel die Industrie. Die facettenreiche Stadt erfindet sich weiterhin neu und passt sich den Hochs und Tiefs der Geschichte an. Heute präsentiert sie sich als florierendes kulturelles Zentrum und attraktive Heimat einer aktiven Jugend.

UNTERWEGS VOR ORT

Nantes ist die größte Stadt im Loire-Tal, lässt sich jedoch gut zu Fuß erkunden. Sie ist zudem fahrradfreundlich und bietet das praktische, benutzerorientierte Verleihsystem Bicloo, während ein Shuttleboot Passagiere über die Loire transportiert. Etwas Vorsicht ist bei Nacht nahe der Commerce im Zentrum angesagt.

Château des ducs de Bretagne (S. 377)

TOP TIPP

Nantes punktet mit einem exzellenten öffentlichen Nahverkehr, u.a. mit drei Straßenbahnlinien und verschiedenen Bussen. Am Wochenende ist die Nutzung gratis.

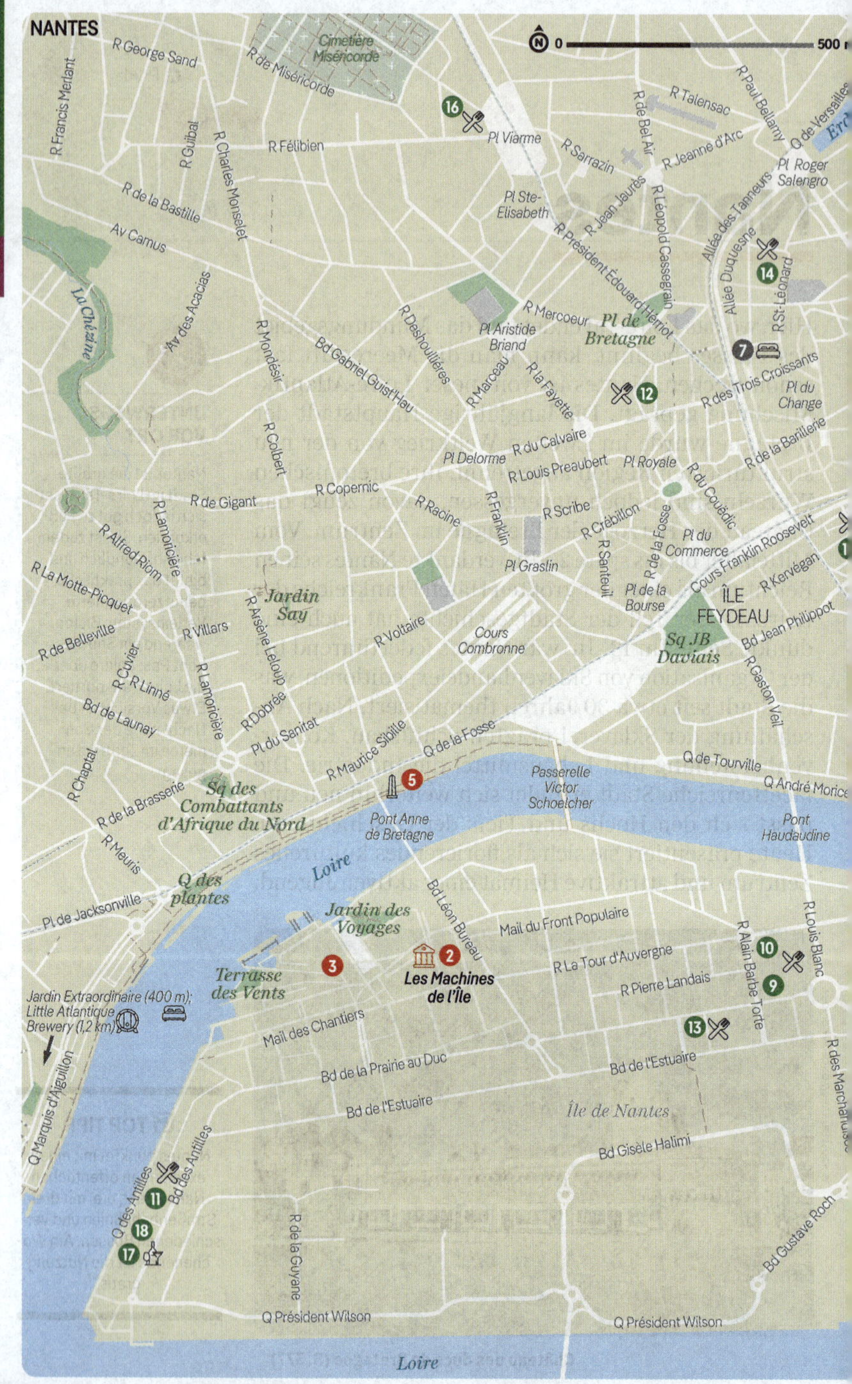
NANTES
0
500 m
Cimetière Miséricorde
R George Sand
R de Miséricorde
R Francis Merlant
R Guibal
R Charles Monselet
R Félibien
Pl Viarme
R Sarrazin
R de Bel Air
R Talensac
R Paul Bellamy
Q de Versailles
Erdre
R Jeanne d'Arc
Pl Roger Salengro
R de la Bastille
Av Camus
Pl Ste-Elisabeth
R Jean Jaurès
R Léopold Cassegrain
Allée des Tanneurs
R Président Édouard Herriot
Allée Duquesne
R St-Léonard
La Chézine
Av des Acacias
R Mondésir
R Deshoullières
R Mercoeur
Pl Aristide Briand
Pl de Bretagne
Bd Gabriel Guist'Hau
R Marceau
R la Fayette
R des Trois Croissants
Pl du Change
R Colbert
R du Calvaire
Pl Delorme
R Louis Preaubert
Pl Royale
R de la Barillerie
R de Gigant
R Copernic
R Racine
R Franklin
R Scribe
R Crébillon
R du Couëdic
R Lamoricière
R Alfred Riom
Pl du Commerce
R de la Fosse
Cours Franklin Roosevelt
R La Motte-Picquet
Pl Graslin
R Santeuil
Pl de la Bourse
R Kervégan
ÎLE FEYDEAU
Jardin Say
R Arsène Leloup
R Villars
R de Belleville
R Voltaire
Cours Combronne
Sq JB Daviais
Bd Jean Philippot
R Cuvier
R Linné
R Lamoricière
R Gaston Veil
Bd de Launay
R Dobrée
Pl du Sanitat
R Maurice Sibille
Q de la Fosse
Q de Tourville
R Chaptal
Passerelle Victor Schoelcher
Q André Morice
R de la Brasserie
Sq des Combattants d'Afrique du Nord
Pont Anne de Bretagne
Pont Haudaudine
R Meuris
Loire
Q des plantes
Bd Léon Bureau
R Louis Blanc
Pl de Jacksonville
Jardin des Voyages
Mail du Front Populaire
R Alain Barbe Torte
Les Machines de l'Île
R La Tour d'Auvergne
Terrasse des Vents
R Pierre Landais
Jardin Extraordinaire (400 m); Little Atlantique Brewery (1,2 km)
Mail des Chantiers
R des Marchandises
Q Marquis d'Aiguillon
Bd de la Prairie au Duc
Bd de l'Estuaire
Bd de l'Estuaire
Île de Nantes
Bd des Antilles
Bd Gisèle Halimi
Q des Antilles
R de la Guyane
Bd Gustave Roch
Q Président Wilson
Q Président Wilson
Loire
16
14
7
12
5
3
2
10
9
13
11
18
17

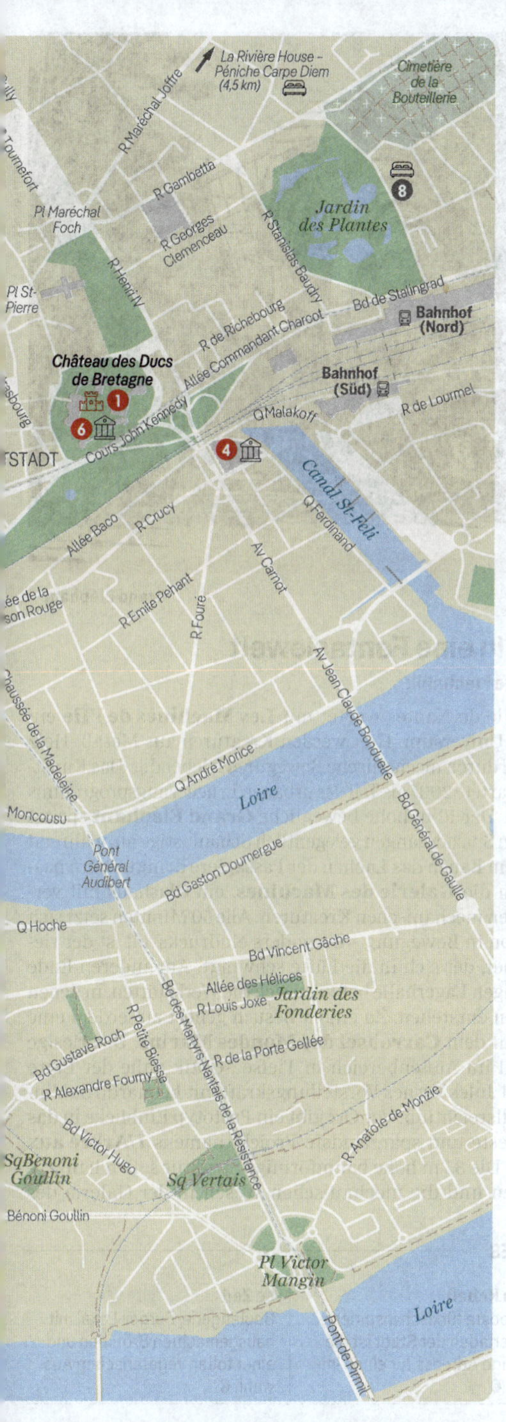

HIGHLIGHTS

1 Château des ducs de Bretagne
2 Les Machines de l'Île

SEHENSWERTES

3 Carrousel des Mondes Marins
4 Lieu Unique
5 Memorial to the Abolition of Slavery
6 Musée d'histoire de Nantes

SCHLAFEN

7 La Pérouse Hôtel
8 Sōzō Hôtel

ESSEN

9 Chez BB
10 Gïda Kebab
11 La Cantine du Voyage
12 Le Beckett's
13 Le Zed
14 Pickles
15 Sépia
16 Tartines et Bouchons

AUSGEHEN & NACHTLEBEN

17 Hangar à Banane
18 Warehouse

Grand Éléphant

EINE AUF WASSER ERBAUTE STADT

Nantes' heutiges Erscheinungsbild ist nicht mal 100 Jahre alt. Bis zum 20. Jh. war die Stadt eine Inselgruppe am Zusammenfluss der Erdre und der Loire, durchzogen von verschiedenen Wasserwegen und mindestens 28 Brücken. Zu Beginn des 20. Jhs. betrachteten die örtlichen Behörden das viele Wasser als Hindernis für die urbane Entwicklung, zudem waren häufige Überschwemmungen ein Problem. Zwischen 1926 und 1946 wurden Loire und Erdre aufgefüllt, was Nantes für immer verändern sollte. Kaum zu glauben, dass durch den Cours des 50-Otages oder Cours Franklin Roosevelt vor 100 Jahren Flüsse flossen!

Reise in eine Fantasiewelt

Lebendige Mechanik

Auf der Île de Nantes wartet mit **Les Machines de l'Île** ein zeitloses Universum. Hier werden Kreaturen aus Metall, Holz und Stahl durch mechanische Bewegungen lebendig. Das Kunstprojekt startete 2007 als Teil des urbanen Erneuerungsprogramms der Insel. Der 12 m hohe bewegliche **Grand Éléphant** spritzt auf seinen Spaziergängen gelegentlich Schaulustige an, während aus seinem Bauch das Lachen der Passagiere dringt. Dann passiert man die **Galerie des Machines**, ein Glashaus mit verschiedenen mechanischen Kreaturen. Alle 50 Minuten setzt sich eine davon in Bewegung – besonders eindrucksvoll ist der riesige Reiher, der sich in die Lüfte schwingt. Am anderen Ende der einstigen Lagerhalle befinden sich die Werkstätten, in denen die Wesen entstehen. Zu einem Besuch gehört außerdem eine Runde auf dem **Carrousel des Mondes Marins**. Das riesige Karussell im Außenbereich in Tiefsee-Optik nahe der Loire verbindet Jules Vernes Vorstellungskraft mit Leonardo da Vincis Einfallsreichtum. Vor Ort gibt ein Prototyp Einblicke in das verrückteste und spannendste Projekt namens **L'Arbre aux Hérons**. Die 35 m hohe baumförmige Struktur sollen hängende Gärten und die mechanischen Wesen in der Galerie des

ESSEN AUF DER ÎLE DE NANTES

Chez BB
Hier gibt's einfache, leckere Bistro-Küche und guten Wein. €€

Gïda Kebab
Der beste türkisch inspirierte Dönerladen der Stadt ist die richtige Adresse für einen Imbiss. €

Le Zed
Boulangerie-Burger-Lokal mit hausgemachten Brötchen und einer tollen vegetarischen Auswahl. €

SPAZIERGANG: URBANER TRUBEL & ERHOLSAME GRÜNFLÄCHEN

Nantes steckt voller Möglichkeiten. Vom verkehrsberuhigten Zentrum führt ein 15-minütiger Fußmarsch zu einem Park oder einem Drink auf einem Kanalboot auf der Erdre. Startpunkt ist die hübsche **1 Place Graslin** mit Springbrunnen und dem weißgoldenen Théâtre Graslin von 1788. Auf der anderen Seite fällt eine Jugendstilfassade ins Auge. Seit 1895 serviert die legendäre Brasserie **2 La Cigale** französische Küche auf buntem Steingutgeschirr. Zur Mittagszeit lässt man sich in einem der Salons mit großartigen Mosaiken aus Keramikfliesen, vergoldeten Spiegeln und Deckenfresken einen dekadenten Meeresfrüchteteller schmecken. Dann geht's über die schicke, von Luxusgeschäften gesäumte **3 Rue Crébillon** zur edlen **4 Passage Pommeraye**. Unter deren monumentalem Glasdach führt eine zentrale Wendeltreppe zu drei von griechisch-römischen Säulen gestützten Etagen, ein typisches Merkmal neoklassizistischer Architektur. Vor Ort ist der bretonische *chocolatier* Georges Larnicol vertreten. Nun läuft man durch die kleineren Straßen rund um die **5 Place Royal** und nordwärts zum **6 Marché de Talensac**. Einheimische genehmigen sich in der Markthalle gerne ein Glas Muscadet (Weißwein) mit einem Teller Austern. An den Lebensmittelständen deckt man sich mit lokalen Zutaten für ein Gourmetpicknick ein und genießt dieses am **7 Quai de Versailles** am Ufer der Erdre. Nicht weit entfernt lädt der japanische Garten **8 Île de Versailles** zu einer Pause zwischen Bonsais, Azaleen und Rhododendren ein. Vor Ort kann man elektrische Boote mieten – im Nu lässt man die Stadt hinter sich und ist von Bäumen und Wasser umgeben.

Machines schmücken. Als Standort ist ein ehemaliger Granitsteinbruch namens **Jardin Extraordinaire** am Nordufer von Nantes westlich des Stadtzentrums vorgesehen, der 2019 in einen grünen Garten verwandelt wurde. Die umliegenden Granitwände schaffen eine besondere Naturkulisse, die verschiedene faszinierende Pflanzen verstärken, während ein Wasserfall in den Felsen für Abkühlung sorgt. Ein toller Ort für einen heißen Sommertag!

DER GRÜNEN LINIE FOLGEN

Bei einem Spaziergang durch Nantes fällt eine erbsengrüne Linie ins Auge, die sich über Gehwege, überraschende Treppenaufgänge, durch Nebenstraßen und über Café-Terrassen schlängelt. Dabei handelt es sich um die geniale urbane Kunstroute **Le Voyage à Nantes** (Reise durch Nantes; www.levoyageanantes.fr), die Interessierte zu zahlreichen Kunstwerken in der Stadt – Skulpturen, zeitgenössische Kunstinstallationen, großartige Aussichtspunkte, Architektur – führt. Viele sind wunderbar verspielt und interaktiv, darunter ein riesiges gelbes Maßband oder eine bunte Ansammlung von Pflanzen in der Passage Bouchaud. Der Weg ist 12 km lang, man kann jedoch auch nur Teile davon laufen. Jeden Sommer bereichern Kunstschaffende die Route mit zeitgenössischen Werken.

Am Puls der Loire

Nantes' Nachtleben

Die junge Bevölkerung mit einem 30-prozentigen Anteil an 20- und 30-Jährigen sorgt für ein lebendiges, dynamisches Nachtleben. Am frühen Abend trifft man sich im *quartier* Bouffay bei einem Drink oder einer *galette*. Die Gassen säumen zahlreiche Crêperies und Bars, während verschiedene Fachwerkhäuser für eine mittelalterliche Kulisse sorgen. Wie wär's mit einem Drink in einer alten Keksfabrik? Ein kunstvoller rosa-blauer Turm mit einer raffinierten Kuppel aus Weißgold markiert die historische Fabrikationsstätte von LU, Nantes' bekannter *biscuiterie*, die heute ein innovatives Kulturzentrum namens **Lieu Unique** beherbergt. Weiter westlich am Nordufer im Herzen der Docks de Chantenay birgt eine ehemalige Schiffsbauwerkstatt die **Little Atlantique Brewery** mit Industrie-Flair, das durch die Präsenz der Loire abgemildert wird. Die weite Terrasse lädt zu einem Craft-Bier ein. Von hier überblickt man das westliche Ende der Île de Nantes und den **Hangar à Bananes**, den besten Ort für einen Drink bei Sonnenuntergang. Das 8000 m² große einstige Hafendepot ist ein beliebter Unterhaltungskomplex mit Bars an der Loire, einem Theater und einer Galerie für zeitgenössische Kunst. Von April bis Oktober kann man sich in **La Cantine du Voyage** stärken, bevor es in den Nachtclub der Wahl geht. Das Angebot ist groß und reicht von Latino-Rhythmen bis hin zu innovativer House-Musik. Hier befindet sich einer der besten Clubs Frankreichs: Das **Warehouse** ist für seine große Bandbreite bekannt, die Elektro, Techno und Eurodance umfasst.

Ein denkwürdiger Tag

Nantes' Vergangenheit als Sklavenhandelshafen

Im 18. Jh. war Frankreich am atlantischen Sklavenhandel beteiligt, deportierte mindestens 1,3 Mio. Menschen aus Afrika und organisierte 4220 Expeditionen. Mindestens 1800 davon starteten in Nantes, dessen Reichtum dank des menschenverachtenden Handels wuchs. Die für Schiffseigener erbauten Vil-

ÜBERNACHTEN IN NANTES

Sōzō Hôtel
Hier nächtigt man in einer Kapelle von 1883 mit Buntglasfenstern und Steinbögen. **€€€**

La Rivière House – Péniche Carpe Diem
In dem idyllischen, ruhigen Frachtkahn schaukelt einen die Erdre in den Schlaf. **€€**

La Pérouse Hôtel
Die mineralische Monolith-Fassade des Gebäudes aus dem 20. Jh. birgt helle Zimmer und handgefertigte Möbel. **€€**

Denkmal für die Abschaffung der Sklaverei

len auf der **Île Feydeau** stammen aus jener Zeit. Erst nach rund 150 Jahren erkannte Nantes dieses dunkle Kapitel an, an welches das **Denkmal für die Abschaffung der Sklaverei** an der Loire erinnert. In Beton eingebettete Glastafeln listen die Namen der Sklavenhandelsschiffe mit dem Abfahrtsdatum auf, während Stufen in einen langen Tunnel auf Wasserhöhe unterhalb des Kais führen, der eine Chronologie und Auszüge aus abolitionistischen Texten zeigt. Die Geräuschkulisse aus rauschenden Wellen erinnert an einen Schiffsbauch und begleitet den eindringlichen Besuch. Das **Musée d'histoire de Nantes** im **Château des ducs de Bretagne** widmet sich dem Thema noch ausführlicher. Zwölf ausgewiesene Räume bergen verschiedene Archive, darunter Listen versklavter Menschen und der Produkte, für die sie eingetauscht wurden, sowie andere Objekte. Grauenhafte Fesseln, Peitschen und sogar der Inhalt der Mappe eines Schiffsarztes legen das brutale Vorgehen der Sklavenhändler offen. Eine aufschlussreiche Tour hilft, Zeugen der Vergangenheit in der Stadt zu entdecken. In der Rue Kergévan listet eine Infotafel auf, welche Straßen die Namen von Eigentümern von Sklavenschiffen tragen.

DIE BESTEN RESTAURANTS IN NANTES

Sépia
Das beliebte Bistro serviert mediterran geprägte Küche mit frischen Zitronen- und Anis-Aromen. Man muss reservieren – die Küchenchefin und Inhaberin Lucie Berthier Gembara lockt mit ihren kreativen Gerichten jede Menge Kundschaft an. **€€**

Tartines et Bouchons
Das französische Bistro verwöhnt mit einem Stück *gâteau Nantais* (mit Zitrone und Rum verfeinerter Rührkuchen) und einem Glas Wein. **€**

Le Beckett's
Belebte Kneipenatmosphäre, viele Tische und herzliches Flair, gepaart mit guter bodenständiger Küche und einem großartigen Käsekuchen. **€**

Pickles
Das kreative *néo-bistrot* würde gut nach Paris passen. Die moderne Küche aus marktfrischen, überwiegend biologischen Zutaten des englischen Küchenchefs Dominic Quirke ist sensationell. **€€**

Burgund

EPIKURÄISCHE FREUDEN UND HIMMLISCHE NATUR

In den grünen Landschaften und ländlichen Dörfern dieser bukolischen Region Frankreichs vereinen sich Weinbau, Gastronomie und eine patriziale Vergangenheit.

„Wenn Paris der Kopf Frankreichs und die Champagne seine Seele ist, dann ist Burgund sein Bauch", schreiben die Weinexperten Hugh Johnson und Jancis Robinson in *The Atlas of Wine*. Mit seiner Fülle an kulinarischen Spezialitäten – z. B. Senf, Bœuf Bourguignon, *oeufs en meurette* – und als Heimat der teuersten Weinberge der Welt sind Burgund und seine Bewohner bekannt für ihre herzhafte und herzliche Lebensfreude.

Seit der Besiedlung durch die Römer, vermutlich schon seit dem 1. Jh., blühte die Region auf, nicht zuletzt dank ihrer hervorragenden Eignung für den Weinbau. Der Aufstieg des mächtigen Herzogtums Burgund sorgte im Mittelalter dafür, dass sich die Region zu einem Zentrum der Künste und Wissenschaften entwickelte, dessen Einflüsse sich in ganz Europa zeigten. Architektonische Spuren dieser glorreichen Vergangenheit finden sich auch heute noch: Die mittelalterliche Architektur Burgunds mit ihren bunt gemusterten Fliesen und Fachwerkhäusern gehört zur malerischsten Frankreichs.

Doch trotz all des herrlichen Pomps und Ruhms ihrer Vergangenheit ist die Region bezaubernd ländlich – eine der Eigentümlichkeiten der Burgunder Bevölkerung ist ihre Hingabe an das Land. Jenseits der Weinberge liegen üppige Wälder und ein Netz von Kanälen und Flüssen, über die spektakuläre Wander- und Radwege ziehen. Ein Urlaub in Burgund ist ein himmlischer Ausflug für Gourmets, Geschichtsinteressierte und Naturfreunde gleichermaßen.

DIE WICHTIGSTEN ZIELE

DIJON
Gastronomie, Kunst und Geschichte.
S. 384

BEAUNE
Die spirituelle Heimat des Weins.
S. 394

AUXERRE
Mittelalterliche Denkmäler und charmante Uferlage.
S. 406

BARMALINI/SHUTTERSTOCK ©

Links: Auxerre (S. 406); Oben: Chardonnay (S. 411)

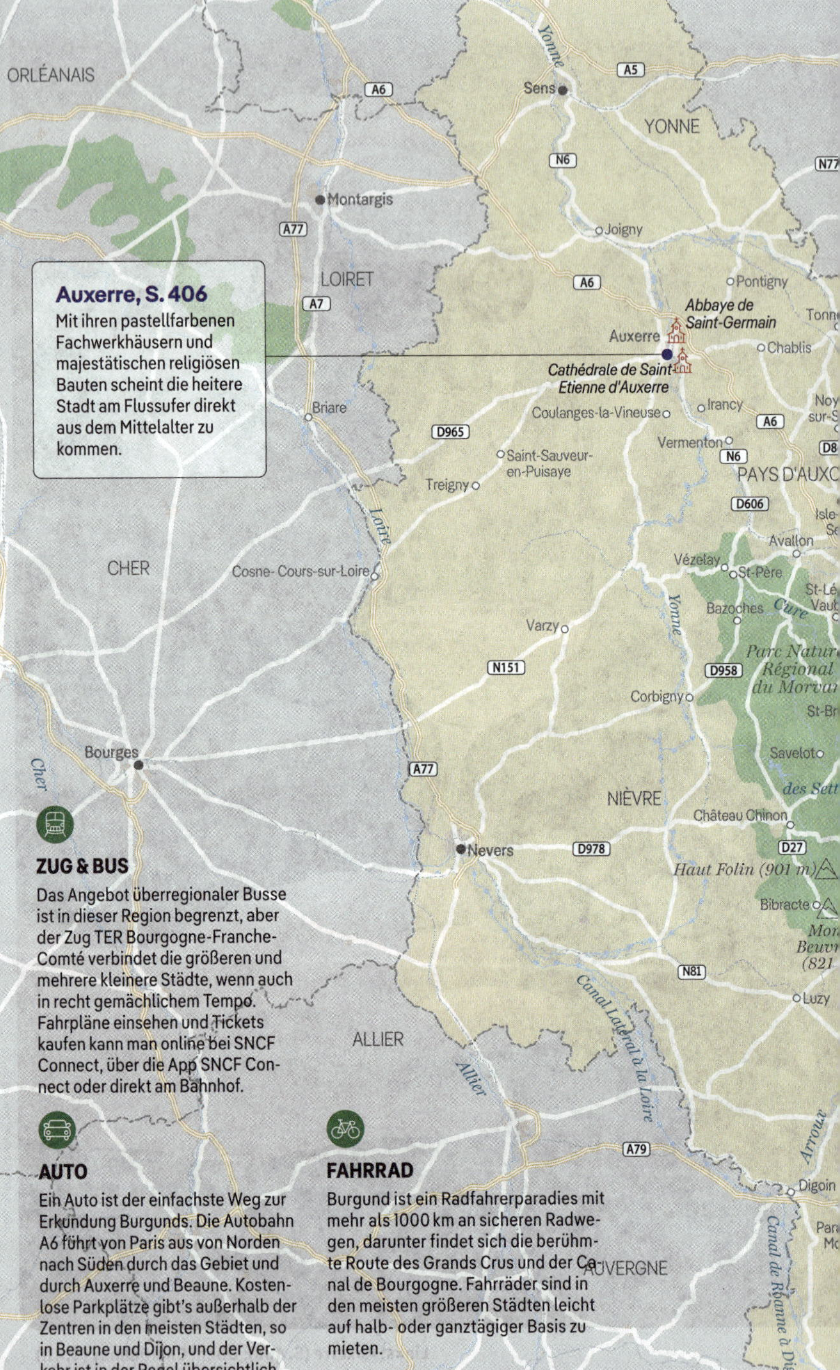

Auxerre, S. 406

Mit ihren pastellfarbenen Fachwerkhäusern und majestätischen religiösen Bauten scheint die heitere Stadt am Flussufer direkt aus dem Mittelalter zu kommen.

ZUG & BUS

Das Angebot überregionaler Busse ist in dieser Region begrenzt, aber der Zug TER Bourgogne-Franche-Comté verbindet die größeren und mehrere kleinere Städte, wenn auch in recht gemächlichem Tempo. Fahrpläne einsehen und Tickets kaufen kann man online bei SNCF Connect, über die App SNCF Connect oder direkt am Bahnhof.

AUTO

Ein Auto ist der einfachste Weg zur Erkundung Burgunds. Die Autobahn A6 führt von Paris aus von Norden nach Süden durch das Gebiet und durch Auxerre und Beaune. Kostenlose Parkplätze gibt's außerhalb der Zentren in den meisten Städten, so in Beaune und Dijon, und der Verkehr ist in der Regel übersichtlich.

FAHRRAD

Burgund ist ein Radfahrerparadies mit mehr als 1000 km an sicheren Radwegen, darunter findet sich die berühmte Route des Grands Crus und der Canal de Bourgogne. Fahrräder sind in den meisten größeren Städten leicht auf halb- oder ganztägiger Basis zu mieten.

Erste Orientierung

Zwar sind alle größeren burgundischen Städte mit dem Zug aus von Paris erreichbar, aber ein Auto ist unverzichtbar, um von Ort zu Ort zu gelangen. Vor Ort angekommen, kann man das Auto gegen das Fahrrad vertauschen und das Umland in der eigenen entspannten Geschwindigkeit entdecken.

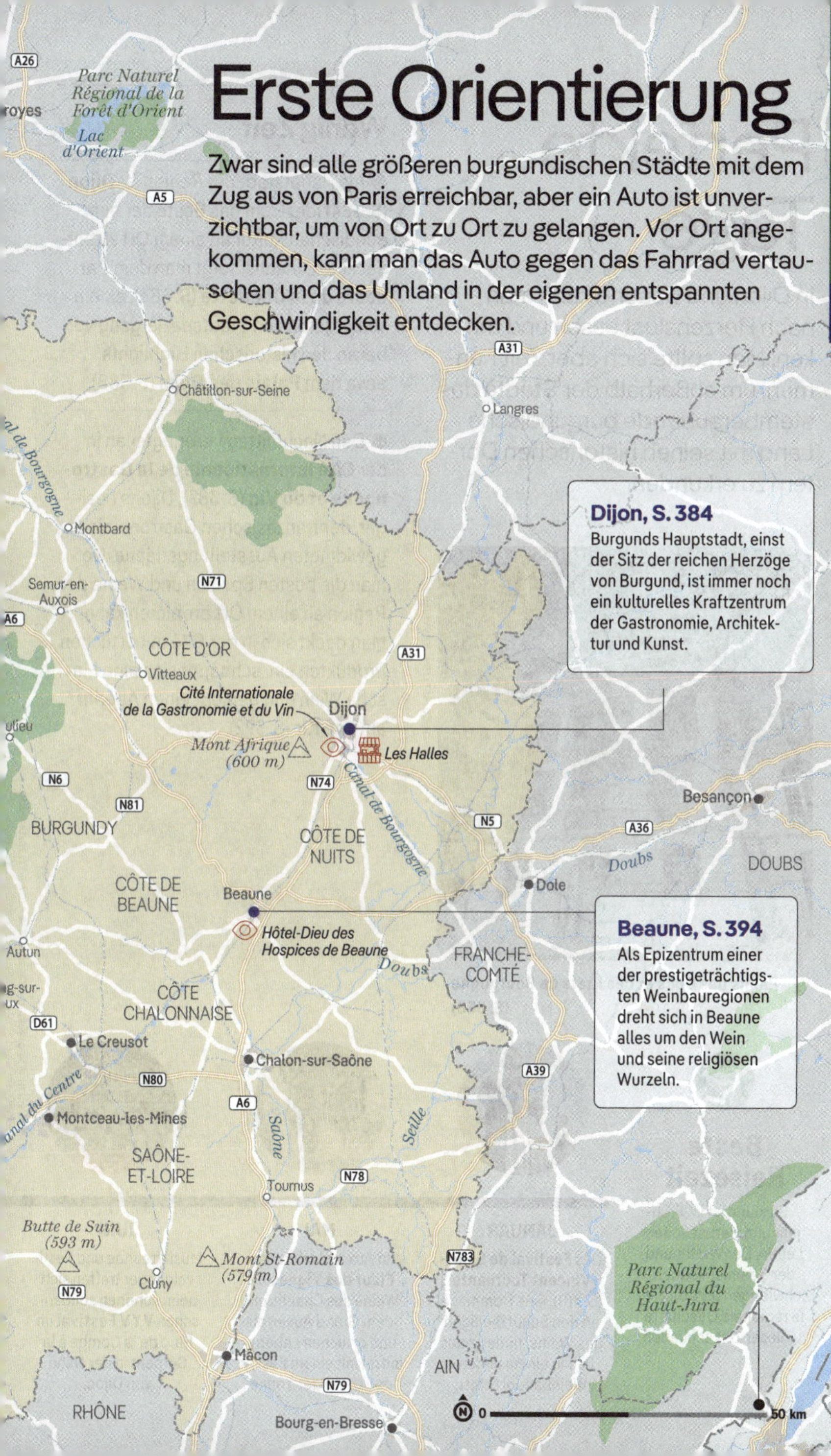

Dijon, S. 384
Burgunds Hauptstadt, einst der Sitz der reichen Herzöge von Burgund, ist immer noch ein kulturelles Kraftzentrum der Gastronomie, Architektur und Kunst.

Beaune, S. 394
Als Epizentrum einer der prestigeträchtigsten Weinbauregionen dreht sich in Beaune alles um den Wein und seine religiösen Wurzeln.

Perfekte Tage

In Dijon und Beaune kann man nach Herzenslust essen und trinken. Man sollte sich aber Zeit nehmen, um außerhalb der Städte das atemberaubende burgundische Land mit seinen historischen Dörfern zu erkunden.

Palais des Ducs et des États de Bourgogne (S. 388)

Wenig Zeit

- Als Hauptstadt der Region ist **Dijon** (S. 384) ideal, um das Beste der burgundischen Kultur an einem Ort zu entdecken. Zunächst folgt man dem **Parcours de la Chouette** (S. 386), einem selbstgeführten Stadtspaziergang vorbei an den historischen Highlights, etwa dem **Palais des Ducs** (S. 388).

- Den Nachmittag verbringt man in der **Cité Internationale de la Gastronomie et du Vin** (S. 387), Dijons riesiger, der französischen Gastronomie gewidmeten Ausstellungsfläche, wo man die besten Speisen und Weine der Region an einem Ort probieren kann. Man deckt sich in der Cité mit örtlichen Produkten ein, schnappt sich eine Flasche Wein und genießt einen Aperitif am **Lac Kir** (S. 392).

Beste Reisezeit

Burgund ist im Frühjahr und Herbst voller Leben. Der Winter und der Sommer können schwieriger sein, da viele regionale Geschäfte zu dieser Zeit schließen.

JANUAR

Das **Festival de Saint-Vincent Tournante** (S. 401), eine Hommage an den Schutzheiligen des Weins, findet jedes Jahr in einem anderen Weinbaudorf statt.

MAI

In Auxerre feiert das **Fleur des Vignes** die Weine aus Chablis und dem Grand Auxerrois und örtlichen Lebensmittel mit einem Fest an den Ufern der Yonne.

JUNI

Musikfreunde und Festivalgänger treffen sich beim schönen solidarischen **VYV Festival** im Parc de la Combe à la Serpent in der Nähe von Dijon.

Drei Tage Zeit

● Nun geht's für den Tag zurück nach **Dijon** und am nächsten Morgen Richtung Süden nach **Beaune** (S. 394) – eine einfache 45-minütige Auto- oder 30-minütige Zugfahrt. Der Tag beginnt mit der Besichtigung der medizinischen Einrichtungen des **Hôtel-Dieu** (S. 396). Den Nachmittag verbringt man mit einer Verkostung und Führung in einer der **historischen Weinhandlungen von Beaune** (S. 397) oder in der historischen **Moutarderie Edmond Fallot** (S. 398).

● Den letzten Tag nutzt man zur Erkundung der berühmten **Weinberge der Côte d'Or** mit dem **Fahrrad** (S. 393) oder **Auto** (S. 391). Wenn man an einem Samstag vor Ort ist, holt man sich Essen für ein Picknick von Beaunes Bauernmärkten und genießt sein **Mittagessen inmitten der Weinstöcke** (S. 398).

Länger Zeit

● Man zieht auf verschlungenen Wegen von Dijon nach Beaune, erkundet den wilden **Parc de la Combe à la Serpent** (S. 393) und das herrschaftliche **Château du Clos de Vougeot** (S. 391).

● Nach zwei (oder mehr!) Tagen der Erkundung von Beaune und seiner Umgebung geht es weiter in die am Ufer der Yonne gelegene Stadt **Auxerre** (S. 406), in der man gut einen Tag mit der Erkundung der **historischen Altstadt** (S. 406) zubringen kann, sich aber auch Zeit zum Entspannen am heiteren Ufer der **Yonne** (S. 408) nehmen sollte.

● Wer noch Lust auf mehr Wein hat, besucht in der Nähe das legendäre Weißweindorf **Chablis** (S. 411). Ansonsten fährt man nach **Noyers-sur-Serein** (S. 410), einem der schönsten Dörfer Frankreichs.

JULI

Beaune ist der richtige Ort für Opernfans, um sich auf das einen Monat währende, fantastische **Festival International d'Opéra Baroque** einzustimmen (S. 396).

SEPTEMBER

Für die Winzer:innen Burgunds heißt es Erntezeit! Erntehelfer kommen aus aller Welt, um die Trauben zu pflücken, und in den Dörfern werden Feste gefeiert.

OKTOBER

Die Trauben sind gepresst und der teilweise fermentierte Saft wird genossen, wenn Nuits-Saint-Georges seine **Fête du Vin Bourru** (S. 405) veranstaltet.

NOVEMBER

Das Weinfest **Les Trois Glorieuses** (S. 397) findet in den Orten der Côte d'Or statt, und Noyers-Sur-Serein veranstaltet seinen jährlichen Trüffelmarkt.

Dijon

UNTERWEGS VOR ORT

Dijon ist eine fußgängerfreundliche Stadt und leicht zu Fuß zu erkunden. Wer mit dem Auto anreist, nutzt am besten das öffentliche Nahverkehrssystem außerhalb des Stadtzentrums, da das Parken in der Stadt teuer ist und Parkplätze schwer zu finden sind.

Zwei Straßenbahnlinien, die alle 5 bis 15 Minuten fahren, durchqueren die Stadt. Fahrkarten können an den Haltestellen gekauft werden, man muss aber darauf achten, die Tickets jedes Mal zu entwerten, wenn man in eine Straßenbahn einsteigt (durch Halten des Fahrscheins an das elektronische Lesegerät in der Straßenbahn, bis es piept).

Der Divia City ist ein kostenloser elektrischer Shuttlebus, der die beiden Hauptstraßenbahnlinien der Stadt verbindet. Der Bus verbindet das Zentrum mit dem SCNF-Bahnhof. Von Montag bis Samstag zwischen 8 und 19 Uhr fahren alle 10 Minuten Busse.

Alternativ bietet die DiviaVélodi SB-Räder an 40 Stationen in der Stadt zum Mieten an.

Einst Sitz der umtriebigen Herzöge von Burgund, ist die Stadt Dijon dank ihrer Beiträge zur gastronomischen Szene des Landes immer noch ein kulturelles Zentrum Frankreichs. Heute die Hauptstadt der französischen Region Bourgogne-Franche-Comté, war Dijon zwischen dem 11. und 15. Jh. die Hauptstadt des reichen Herzogtums Burgund und etablierte sich als ein Zentrum der Künste und Wissenschaften in Europa. Durchquert man das historische Zentrum der Stadt, sind die Spuren von Dijons goldener Vergangenheit unübersehbar: Vom königlichen Palais des Ducs et des États de Bourgogne bis zu den typischen holzgedeckten Häusern ist das Echo dieser machtvollen Vergangenheit überall wahrnehmbar.

Aber die Tage von Dijons Ruhm sind keineswegs vergangen. 2015 wurde die Stadt wegen ihrer Bedeutung für den burgundischen Weinbau zur UNESCO-Welterbestätte erklärt und ist zudem heute ein Synonym für Senf, Escargots, *oeufs en meurette* und andere Freuden der französischen Küche.

Notre-Dame de Dijon (S. 387)

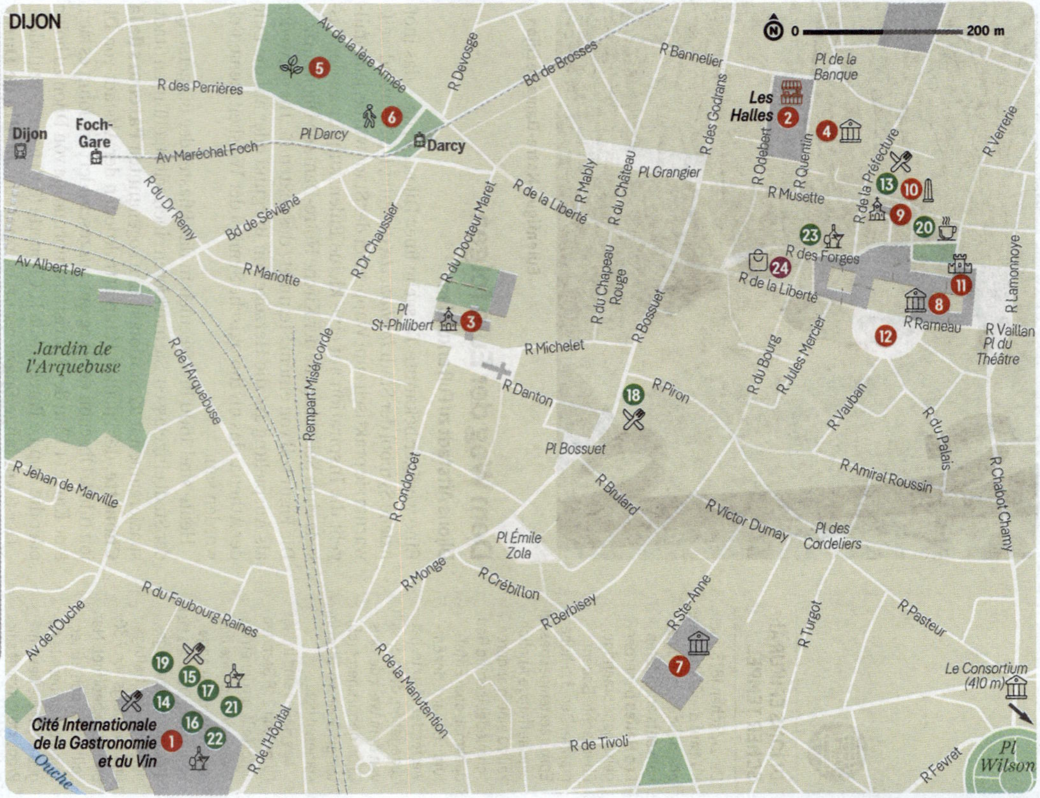

DIJON

HIGHLIGHTS
1 Cité Internationale de la Gastronomie et du Vin
2 Les Halles

SEHENSWERTES
3 Cathédrale Saint-Bénigne de Dijon
4 FRAC Bourgogne
5 Jardin de Darcy
6 Le Parcours de la Chouette
7 Musée de la Vie Bourguignonne
8 Musée des Beaux-Arts de Dijon
9 Notre-Dame de Dijon
10 Owl of Dijon
11 Palais des Ducs et des États de Bourgogne
12 Place de la Libération

ESSEN
13 Aux Délices de la Chouette
14 La Cuisine Experientielle
15 La Gloriette
16 La Table des Climats
17 La Village Gastronomique
18 Maison Mulot et Petitjean

AUSGEHEN & FEIERN
19 Bamagotchi
20 Caffè Gufo
21 Ecole de Vins
22 La Cave de la Cité
23 Monsieur Moutarde

SHOPPEN
24 Ici

DIJONS EPIKURÄISCHER TEMPEL

Die zwischen 1873 und 1874 auf der Stätte eines ehemaligen Jakobinerkonvents errichteten **Les Halles** beherbergen Dijons prächtige, überdachte Bauernmärkte. Der 13 m hohe Epikuräertempel besitzt eine auffällige Ähnlichkeit zu einem anderen schmiedeeisernen Baudenkmal, dem Eiffelturm; Ballard, der Entwerfer des Markts, hat zugegeben, dass er sich von dem Werk des aus Dijon gebürtigen Architekten Gustave Eiffel inspirieren ließ.

Les Halles sind in vier Flügel mit 268 Ständen unterteilt, an denen die Crème de la crème der regionalen Kost angeboten wird. Der Markt ist ganzjährig dienstags, donnerstags, freitags und samstags von 7.30 bis 13 Uhr geöffnet. Man sollte dennoch früher kommen, da bereits gegen 11 Uhr die besten Produkte verkauft sind. Unbedingt eigene Taschen mitbringen – in Frankreich sind Einweg-Plastiktüten verpönt.

PROCHASSON FREDERIC/SHUTTERSTOCK ©

Eulenfigur, Notre-Dame de Dijon

Dem Weg der Eule folgen

Dijons Altstadt zu Fuß erkunden

Eine weniger bekannte Tatsache über Dijon ist, dass das inoffizielle Symbol der Stadt *la chouette,* die Eule, ist. Niemand weiß, warum sie praktisch zum Wappentier der Stadt wurde, jedenfalls geht die Inspiration auf eine kleine Eulenskulptur an der Fassade einer Seitenkapelle der Kirche Notre-Dame de Dijon zurück. Die Figur soll von einem Steinmetz des späten 15. Jhs entweder als Anspielung auf die Herzöge von Burgund oder auf die Eule der Athena, das mythologische Symbol der Weisheit, gemeißelt worden sein.

Heute sind 1600 Bronzeeulen in das Pflaster der Bürgersteige der Stadt eingelassen. Sie markieren einen selbstgeführten Stadtspaziergang mit 22 Stationen, den sogenannten **Parcours de la Chouette**, der zu allen Hauptattraktionen der Altstadt von Dijon führt. Obschon der Weg gut ausgeschildert ist, lohnt es sich, eine Karte (4 €) in der Tourismusinformation von Dijon zu holen oder die App Le Parcours de la Chouette (3 €) herunterzuladen.

Der 3 km lange Spaziergang beginnt am **Jardin de Darcy** und schlängelt sich vorbei an **Les Halles**, dem **Palais des Ducs et des États de Bourgogne** (S. 388), der **Place de la Libération** und anderen historischen Highlights und endet schließlich vor der gotischen **Kathedrale Saint-Bénigne de Dijon**. Der Spaziergang lässt sich gut in einer Stunde vollenden, doch

ORTE FÜR EINEN APERITIF IN DIJON

La Roue Libre
Kunstgalerie und Bar mit einem Schwerpunkt auf Cocktails. **€**

Cave Se Rebiffe
Entspannte Weinbar mit freundlichem Personal, das gern die Geheimnisse der örtlichen Weine lüftet. **€**

Bruno Bar à Vin
Die örtliche Institution hat eine ausgezeichnete Weinkarte und Wurstwaren zum Knabbern. **€**

sollte man sich einen halben Tag gönnen, um die verschiedenen Stätten auf dem Weg genauer in Augenschein zu nehmen.

Der wichtigste Halt auf dem Spaziergang ist die **Eulenskulptur**, die sich an einem Strebepfeiler der Kirche **Notre-Dame de Dijon** (Station 9) versteckt. Nach einem örtlichen Aberglauben hat man den ganzen Tag Glück, wenn man mit der linken Hand über die Eule reibt und die rechte auf sein Herz hält. Meldet sich irgendwann der Hunger meldet, bekommt man in der Boulangerie **Aux Délices de la Chouette** leckeres Gebäck in Eulenform und mit die besten Croissants der Stadt serviert.

Genießen wie die Einheimischen

Tief eintauchen in die französische Gastronomie

Im Jahr 2010 wurde die französische Gastronomie von der UNESCO auf die Liste des Immateriellen Erbes der Menschheit gesetzt, und zwar wegen ihrer kulinarischen Traditionen und der von ihr inspirierten Rituale der Gemeinsamkeit. Mit ihrer jahrhundertealten Geschichte ist sie ein faszinierendes Thema, weshalb Dijon im Jahr 2022 die **Cité Internationale de la Gastronomie et du Vin** (Internationale Stadt der Gastronomie und des Weins) eröffnete – eine weitläufige Ausstellungsfläche, die alles vorführt, was es über *l'art de vivre à la française* zu wissen gibt. Auf dem Gelände eines ehemaligen Hospitals und nur einen Steinwurf von Dijons SNCF-Bahnhof entfernt finden sich in diesem 1750 m² großen Tempel der Gastronomie eine Weinschule, ein Campus der hochangesehenen französischen Kochschule Ecole Ferrandi, interaktive Ausstellungsflächen, Bars, Restaurants und Geschäfte für Lebensmittelspezialitäten.

Angesichts der schieren Größe der Cité sollte man den größten Teil eines Tages für das Eintauchen in die französische Gastronomie (und das Genießen) einplanen. Man stärkt sich für seinen Besuch in **La Village Gastronomique** mit einem Kaffee und Gebäck im **La Gloriette**, einem von acht Läden, die das beste der französischen Küche anbieten (zu den anderen zählen eine Senfbar, eine Bäckerei, ein Fischgeschäft, eine Fleischerei, ein Käseladen, ein Buchladen und ein Laden für Geschirr), ehe man sich den vier interaktiven Ausstellungspavillons zuwendet. Jeder Pavillon ist einem anderen Aspekt der Gastronomie gewidmet: einer Erkundung des Zusammenhangs der fünf Sinne mit der Kochkunst, der Kunst des guten Essens und Trinkens, den Traditionen der Patisserie sowie den wichtigen *climats* (ausgewiesenen Weinbaugebieten) Burgunds.

Zudem gibt es in der Cité viele Gelegenheiten, seinen Appetit zu stillen. **La Table des Climats** serviert unter Leitung des mit drei Michelin-Sternen ausgezeichneten Chefkochs Eric Pras französische Haute Cuisine mit passenden Weinen aus Burgund,

DIJONS PFEFFERKUCHENHAUS

Wenngleich das Originalrezept für *pain d'épices* (was ungefähr Pfefferkuchen entspricht) aus China stammen soll, fabrizierte Dijon schnell seinen eigenen und ist seit dem 18. Jh. der größte Produzent dieses mit Honig gesüßten Gewürzkuchens in Frankreich. Dijons *pain d'épices* zeichnet sich dadurch aus, dass handwerklich hergestellter Honig aus dem nahegelegenen Parc Naturel Régional du Morvan verwendet wird.

Der einzige verbliebene handwerkliche Hersteller von Pfefferkuchen in Dijon ist die **Maison Mulot et Petitjean**, die schon seit mehr als 200 Jahren im Geschäft ist. Bei einem Besuch des Ladens und des zugehörigen Museums im historischen Stadtzentrum kann man das wohl beste *pain d'épices* Frankreichs sowie weitere schmackhafte Varianten dieses Gebäcks verkosten.

ESSEN IN DIJON

Le Coin Caché
Traditionelle Küche der Region in einem Lokal mit einer schönen Außenterrasse. €€

DZ'envies
Das Lokal gegenüber Les Halles hat preisgünstige Menüs, die eine tolle Einführung in die örtliche Küche bieten. €€

Dr Wine
Traditionelle burgundische Kost in kleinen, zum Teilen gedachten Portionen und eine spektakuläre Weinkarte. €€

während in **La Cuisine Experientielle** ganzjährig ein wechselndes Aufgebot von Chefköchen zum Einsatz kommt (sonntags gibt's hier einen All-You-Can-Eat-Brunch französischer Art für 32 € pro Kopf).

Für Weinfreunde veranstaltet die **Ecole de Vins** wöchentlich englischsprachige Workshops zu diversen Themen rund um den burgundischen Wein (ab 22 €, vorab reservieren!). Sein erworbenes Wissen kann man in **La Cave de la Cité** testen, einer Weinbar mit rund 250 Weinen, die pro Glas ausgeschenkt werden, und einer Sammlung von mehr als 3000 Weinen aus aller Welt. Und wenn man eine Pause von den Trauben braucht, kann seinen Gaumen im **Bamagotchi** reinigen, einem Biergarten samt Cocktailbar und einer Dachterrasse mit Blick auf die Cité.

Die Cité kann kostenlos besucht werden und ist die ganze Woche geöffnet; die Ausstellungsflächen (Eintritt 9 €) allerdings nur dienstags bis sonntags von 10 bis 18 Uhr. Auf der Website der Cité findet man einen Kalender der Events und Workshops, die während des Jahres stattfinden.

DIJON ERKUNDEN MIT VICKI FOURRIER

Ein perfekter Tag in Dijon mit **Vicki Fourrier**, Leiterin des Burgundy Wine Bond.

Nach dem Besuch von Dijons berühmter Eulenfigur gönnt man sich im **Caffè Gufo** in einem üppigen Ambiente guten Kaffee und Kuchen. Anschließend geht's gegenüber ins **Hôtel de Vogüé**; man geht einfach in den Hof und bewundert die schöne Architektur. Fürs improvisierte Mittagessen in **Les Halles** schnappt man sich ein Glas Wein und zwölf Austern. Wer Kleidung shoppen will, geht zum **Ici** (und sieht Kiki!) an der Rue des Forges.

Beste Cocktails, gemixt von einem der besten (kürzlich ausgezeichneten) Barkeeper der Welt, gibt's bei **Monsieur Moutarde**. Man genießt seinen Drink im Hof oder an der Hauptbar – die Dekoration ist fabelhaft!

Einen Kunstbummel unternehmen

Von Grabmälern bis zu Huyghe

Dijon beherbergt einige der herausragendsten klassischen und zeitgenössischen Kunstinstitutionen des ganzen Landes.

Praktisch Pflicht ist ein Besuch im **Palais des Ducs et des États de Bourgogne**, dem früheren Sitz der burgundischen Herzöge im Herzen der historischen Stadt. Mehrere architektonische Elemente aus dem 14. und 15. Jh. sind erhalten (darunter die Tour Philippe-Le-Bon, ein Turm mit 316 Stufen und atemberaubendem Blick auf die Stadt). Der größte Teil des Gebäudes wurde im 17. Jh. fertiggestellt. Der Eintritt ist frei, und der Palast ist täglich außer dienstags geöffnet.

Im Palais des Ducs versteckt sich das **Musée des Beaux-Arts de Dijon**, Frankreichs zweitgrößtes Museum nach dem Louvre. Die enzyklopädischen Sammlungen des Museums reichen vom Altertum bis ins 21. Jh., darunter eine besonders eindrucksvolle Sammlung ägyptischer Kunst. Neben Meisterwerken von Künstlern wie Rubens, Claude Monet und Henri Matisse sind auch die Grabmäler der Herzöge von Burgund, in denen Philipp der Kühne, Johann Ohnefurcht und Margarete von Bayern zur letzten Ruhe gebettet wurden, sehenswert. Das Museum ist täglich außer dienstags geöffnet, der Eintritt zu den Dauerausstellungen ist frei, für Sonderausstellungen wird ein Eintritt von 6 € erhoben.

Auch die zeitgenössische Kunst kommt nicht zu kurz. Die Stadt ist Sitz von zwei der führenden Institutionen Frankreichs für zeitgenössische und aufstrebende Kunst. Einen Besuch lohnt **Le Consortium**, das seit seiner Gründung im Jahr 1977 (als es nur

KAFFEE TRINKEN IN DIJON

La Fleur Qui Pousse à L'intérieur
Gemütliches Café in einem Buchladen, der auch englischsprachige Titel führt.

Morning Glory
Hippes Café mit einer kleinen Auswahl leckerer Frühstücksgerichte.

Comptoir des Colonies
Historisches Tee- und Kaffeehaus in Dijon mit live gespielter Klaviermusik.

VERRERIE YANN/SHUTTERSTOCK ©

Cité Internationale de la Gastronomie et du Vin (S. 387)

ein schlichtes Geschoss in einem Buchladen einnahm) einige der wegweisenden Ausstellungen des Landes veranstaltet hat, darunter zu Cindy Sherman, Pierre Huyghe und Richard Prince. In den 2000er Jahren festigte Le Consortium seine Stellung als eines der führenden Zentren zeitgenössischer Kunst in Frankreich mit den ersten Ausstellungen von Künstlern wie Christopher Wool, Wade Guyton und Joe Bradley im ganzen Land.

Heute residiert diese Institution in einer früheren Cassis-Fabrik – der Umbau des Gebäudes wurde von dem mit dem Pritzker-Preis ausgezeichneten japanischen Architekten Shigeru Ban entworfen. Neben einer Dauersammlung von rund 350 Werken organisiert Le Consortium weiterhin Sonderausstellungen zu aufstrebenden Talenten sowie Livemusik-Darbietungen. Das Zentrum ist mittwochs bis sonntags von 14 bis 18 Uhr geöffnet, freitags auch abends. Der Eintritt kostet 5 € (für Kinder Eintritt frei); freitags zwischen 17 und 20 Uhr haben alle freien Eintritt.

Wer örtliche aufstrebende Talente entdecken will, schaut sich am besten im **FRAC Bourgogne** um. FRAC sind eine Reihe regionaler Kunststiftungen und Kunstzentren, die überall im Land in den 1980er Jahren im Rahmen einer Initiative zur Förderung der Kunstszene gegründet wurden. FRAC Bourgogne genießt landesweit vielleicht das größte Renommee dank der unvergleichlichen Fähigkeit, die nächste große künstlerische Entdeckung aufzuspüren. Das Zentrum beherbergt eine Sammlung von mehr als 700 Werke örtlicher und internationaler Künstler:innen und veranstaltet regelmäßig Sonderausstellungen, Workshops und Gespräche mit Künstler:innen. Allerdings sollte man, um nicht enttäuscht zu werden, unbedingt die eingeschränkten Öffnungszeiten beachten: mittwochs, donnerstags, freitags und sonntags von 14.30 bis 18.30 und samstags von 11 bis 13 sowie von 14 bis 18 Uhr.

EINE HOMMAGE AN DAS BURGUNDISCHE LEBEN

Wen die Museumsbesuche müde gemacht haben oder wer einfach kleinere Museen bevorzugt, sollte das **Musée de la vie bourguignonne** besuchen, ein skurriles Museum, das die Kultur und Geschichte Burgunds feiert.

Das in einem ehemaligen Bernhardinerkloster des 17. Jhs. residierende Museum zeichnet das Leben in Burgund am Ende des 19. und Anfang des 20. Jhs. nach. Von traditionellen Kostümen bis zu alltäglichem Krimskrams ist es eine Schatztruhe von Kuriositäten aus Burgunds Vergangenheit.

Das Museum ist täglich außer dienstags geöffnet und der Eintritt ist frei.

ÜBERNACHTEN IN DIJON

La Cour Berbisey
Intimes Boutiquehotel gleich beim Stadtzentrum, mit einem Swimmingpool im Haus. **€€**

Le Petit Tertre
Familiengeführte Pension mit voll ausgestatteten Apartments und täglichem Frühstück auf dem Zimmer. **€**

Hotel Le Jacquemart
Ideale Lage neben dem historischen Zentrum, nur einen Steinwurf vom Palais des Ducs entfernt. **€**

Rund um Dijon

Eine Prise Natur ist in Dijon leicht zu bekommen; man findet ruhige Parks und Seen gleich außerhalb des Zentrums.

UNTERWEGS VOR ORT

Dijons Umland lässt sich praktisch nur mit dem Auto erkunden. Zwar verbindet der TER-Regionalzug Dijon mit mehreren Dörfern an der Côte d'Or, aber die Fahrt ist oft mit einem langen und uninteressanten Marsch vom Bahnhof zu den nahegelegenen Stätten verbunden. Alternativ kann man in Dijon ein Taxi nehmen, sollte die aber unbedingt im Voraus buchen (und die Rückfahrt gleich mit!).

☑ TOP TIPP

Unbedingt für die Erkundung des Umlands ein Auto oder Fahrrad nehmen, weil die Region nur schlecht mit öffentlichen Verkehrsmitteln erschlossen ist.

Das von den Flüssen Suzon und Ouche sowie den großen Weinbergen der Côte d'Or umrahmte Gebiet rund um Dijon ist bekannt für seine unberührten Naturlandschaften, zu denen der Parc National de Forêts im Norden zählt.

Bis ins 19. Jh. blieb Dijon in engem Kontakt mit der umliegenden Natur, weil die Stadt Zentrum der Produktion von Wein, Cassis und Senf war. Aber als die Reblaus die Weinstöcke Frankreichs vernichtete, wurden die Weinberge und Äcker der schnell expandierenden Stadt Dijon geopfert.

Im Jahr 1945 startete Dijons Bürgermeister Félix Kir eine konzertierte Aktion, um die Stadt wieder an die Natur anzubinden und ihre Rolle als Tor zu den berühmten Weinbergen Burgunds und zu einigen der wichtigsten Naturschutzgebieten der Region zu festigen.

Weinberg der Côte d'Or

Château du Clos de Vougeot

Jamais en vain, toujours en vin

900 Jahre Weinbaugeschichte

Rund 30 Fahrtminuten südlich von Dijon erhebt sich das prächtige **Château du Clos de Vougeot**, ein Renaissanceschloss des 16. Jhs., stolz inmitten einiger der prestigeträchtigsten Weinberge der Region. Abgesehen von seiner illustren Geschichte ist das Schloss mit seinen Weinen die wichtigste Anlaufstelle in die Welt der Burgunderweine, weil es der Sitz der Confrérie des Chevaliers du Tastevin de Bourgogne ist – einer Gesellschaft von Burgunder-Connaisseurs aus aller Welt, die sich dem Feiern und der Förderung der großen Weine der Region verschrieben haben. Ihr offizielles Motto sagt alles: *jamais en vain, toujours en vin* (niemals umsonst, immer mit Wein)!

Clos de Vougeot war ursprünglich ein Weinberg und eine Winzerei, im 11. Jh. gegründet von Zisterziensermönchen der nahegelegenen Abtei von Cîteaux (die heute noch Hauptsitz des Zisterzienserordens ist). Das Château wurde im 16. Jh. vom Zisterzienserabt Dom Loisier den bestehenden Bauten hinzugefügt. Im Gefolge der Französischen Revolution wurden die Mönche enteignet, und Clos de Vougeot samt dem Château gingen durch die Hände mehrerer Eigentümer, zu denen auch Julien-Jules Ouvrard zählt, der Sohn von Napoleons Bankier. Seinen

OEUFS EN MEURETTE-WELTMEISTERSCHAFT

Am 14. und 15. Oktober jedes Jahres kommen Chefköche aus aller Welt zum Château du Clos de Vougeot für die Oeufs en Meurette-Weltmeisterschaft, einem Kochwettbewerb zu Ehren eines ganz berühmten burgundischen Gerichts, das aus zwei pochierten Eiern in sämiger Burgunder-Rotweinsauce mit Schinken, Zwiebeln und Schalotten besteht.

Es passt gut, dass der Wettbewerb in dem Château ausgetragen wird, da *oeufs en meurette* im Jahr 1953 zu dessen Markengericht erklärt wurde. Noch heute wird es bei jedem Diner der Confrérie des Chevaliers du Tastevin de Bourgogne serviert.

Chefköchin Alexandra Bouvret ist dafür bekannt, 1200 perfekt pochierte Eier in nur fünf Minuten zubereiten zu können!

OEUFS EN MEURETTE PROBIEREN IN DIJON & DER UMGEBUNG

Brasserie La Bourgogne
Die Brasserie in Dijon bietet klassische burgundische Gerichte, darunter mit die besten *oeufs en meurette* der Stadt. €€

Bistrot Lucien in der Rôtisserie du Chambertin
Das Restaurant in Gevrey-Chambertin setzt auf farmfrische Zutaten und serviert eine üppige *sauce meurette*. €€

Chez Camille, Arnay-Le-Duc
Chefköchin Joy Astrid Poinsot wurde im Jahr 2022 als Weltmeisterin der *oeufs en meurette* erkoren. €€

Lac Kir

EIN PARADIES FÜR VOGELBEOBACHTUNGEN

Seit seiner Fertigstellung im Jahr 1964 ist der Lac Kir ein ausgewiesenes Naturschutzgebiet. Mehrere Vogelarten, die sonst in der Region Burgund kaum vertreten sind, lassen sich zu verschiedenen Zeiten im Jahr auf oder am See erspähen – man sollte seine Augen offenhalten!

Schwarzhalstaucher
Der kleine Wasservogel ist im Winter oft bei der Jagd auf Insekten und Fische zu sehen.

Sterntaucher
In der Regel wird nicht mehr als ein Sterntaucher pro Jahr hier gesichtet.

Prachttaucher
Alle paar Jahre macht dieser Wasservogel bei der Reise zur Überwinterung im Süden hier Halt.

Pfeifenten
Die für ihre lauten Pfeifgeräusche bekannten Vögel sind zu sehen (und zu hören!), wenn sie in den Wintermonaten aus Nordeuropa nach Süden ziehen.

früheren Glanz erhielt das Anwesen erst zurück, als die Confrérie 1945 das Schloss kaufte.

Heute ist das Château für Führungen (auf Englisch und Französisch; 12 €) und Besichtigungen (9 €) geöffnet. Das Museum bietet, von den ursprünglichen Zisterzienserkellern und der Küche bis zu den mittelalterlichen Fässern und Weinpressen, einen spektakulären Rundgang durch die Geschichte der Religion und des Weinbaus in der Region.

Zum Clos gehören 50 Hektar mit vorwiegend *grand cru*-Weinen (der besten Kategorie), die sich auf 80 verschiedene Eigentümer verteilen (das Château selber besitzt keine Weinstöcke und produziert auch keinen Wein). Eine Besonderheit des Weinbaus in Burgund ist, dass eine Parzelle viele Eigentümer haben kann – manchmal besitzt eine Person nur eine einzige Reihe an Weinstöcken!

Führungen durch die Weinberge und Verkostungen einiger der hier produzierten Weine lassen sich vorab über die Website des Châteaus buchen. Die vom Sommelier des Clos de Vougeot veranstalteten Führungen sind außerordentlich informativ und bieten eine gute Grundlage zum Verständnis der Weine Burgunds.

Einfach Wasser dazugeben

Dijons in einen Strand verwandelter See

Am Rand von Dijon liegt der grandiose **Lac Kir**, ein künstlicher See, der von einem Naturschutzgebiet umgeben ist, durch das

FAHRRADVERMIETUNGEN

Les Deux Roues Electriques
Der Laden vermietet Straßenräder und E-Bikes mit Lieferung ins Hotel oder an den Startpunkt der Fahrt.

Bourgogne Evasion
Geländeräder, Straßenräder und E-Bikes werden hier halb- oder ganztägig vermietet.

La Vélo Vie
Fahrradverleih und Radtouren in Dijon und ins Umland.

die Ouche fließt. Der 1964 fertiggestellte See wurde nach Dijons beliebtem Bürgermeister Félix Kir benannt (der auch dem Aperitif seinen Namen gab). Er setzte sich dafür ein, den Raum zu einem Ort zu machen, wo die Stadtbewohner Anschluss an die Natur bekommen konnten.

An dem nur 15 Minuten per Auto oder Rad von Dijons historischem Zentrum entfernten See herrscht zu jeder Tageszeit reges Treiben: Frühaufsteher umrunden morgens den 3,6 km langen Weg um den See, und abends genießen Feierlustige einen Aperitif, picknicken und beobachten den Sonnenuntergang. Innerhalb des Schutzgebiets gibt's mehrere Radwege, Tennisplätze, Volleyballplätze und mehrere Stellen, wo man Kajaks, Boote oder Kiteboards mieten kann. Das Angeln im See ist ganzjährig gestattet.

Von Anfang Juni bis Ende August verwandelt sich ein Abschnitt des Sees in einen „Strand", die **Dijon Plage**. Die Einrichtung mit Sand, Sonnenliegen und Sonnenschirmen sowie der Strandbar **Le K** ist ideal für ein erfrischendes Bad, wenn in Dijon die Temperaturen steigen. Abends verwandelt sich der Strand in eine Veranstaltungsfläche, wo den ganzen Sommer über Konzerte und Partys steigen (der vollständige Veranstaltungskalender steht auf der Website der Dijon Plage).

Die Schlangenschlucht

Dijons grüne Lunge

Nur 14 Minuten per Auto oder 40 Minuten per Fahrrad vom historischen Zentrum Dijons entfernt findet sich das unberührte, wunderbare Naturschutzgebiet **Parc de la Combe à la Serpent** (Park der Schlangenschlucht). Der rund 333 Hektar große Park verdankt seinen Namen einer örtlichen Sage aus dem 10. Jh., nach der das Gelände von einer weiblichen Schlange und ihren Nachkommen heimgesucht wurde. Heute jedenfalls gibt es wirklich keine Schlangen in dem Park!

Vom Mittelalter bis ins 20. Jh. wurde die Schlucht von örtlichen Mönchen und Bauern bewirtschaftet: Die überwachsenen Reste von terrassierten Weinbergen, Schafsweiden, Obsthainen und Kiefernplantagen sind auch heute noch im Parkgelände zu erkennen. In der ersten Hälfte des vorigen Jahrhunderts lag das Gelände weitgehend brach und blieb der Natur überlassen, bis es 1962 schließlich zu einem Naturschutzgebiet erklärt wurde. In den letzten Jahrzehnten wurden 28 km an Wanderwegen im Park markiert sowie ein Tierreservat und Picknickbereiche angelegt.

Man stellt sein Auto auf dem Parkplatz Parking Combe de la Serpent ab und erkundet den Park in seiner eigenen Geschwindigkeit mit dem Rad oder zu Fuß. Die Wanderwege reichen zwischen 4 km (ca. 1 Stunde) und anspruchsvolleren 12 km (ca. 3 Stunden). Ein Marsch quer durchs Gelände ist ebenso möglich. Überall sollte man sich vor wilden Bienen hüten! Der Park ist ein ausgewiesenes Bienenschutzgebiet, und viele Bienenstöcke verbergen sich zwischen den Felsen.

FELDER MIT SCHWARZEN JOHANNISBEEREN

Wer das Land um Dijon erkunden will, sollte sich **Le Cassissium** in Nuits-Saint-Georges nicht entgehen lassen, ein interaktives Museum, das sich der örtlichen Spezialität *crème de cassis* (Likör aus Schwarzen Johannisbeeren) widmet. Die Spirituose wurde erstmals im 16. Jh. als Heilmittel hergestellt, was einen aber nicht abschrecken muss, sie schmeckt wirklich süß! Das Highlight der Führung ist die Verkostung, bei der man verschiedene Varianten dieser Spezialität probieren kann und dabei erfährt, wie man sie mit dem Getränk seiner Wahl mixt.

Das Museum ist ungefähr 20 Fahrtminuten von Dijon entfernt. Alle Besuche müssen vorab gebucht werden. Führungen auf Englisch gibt's täglich um 14 Uhr (10,50 €). Wer bei einer Führung auf Französisch nicht allzu viel versteht, kann sich aber eine englischsprachige Broschüre geben lassen, um dabei zurechtzukommen.

Beaune

UNTERWEGS VOR ORT

Beaune ist eine fußläufige Stadt. In weniger als 20 Minuten kann man sich vom einen zum anderen Ende der Stadt hindurchschlängeln (robuste Schuhe tragen, um das Kopfsteinpflaster zu bewältigen und die umliegenden Weinberge zu erkunden!). Es gibt Taxis, die einen zum Bahnhof oder in Nachbardörfer bringen können. Man sollte sie aber möglichst vorab buchen, da ihre Zahl begrenzt ist. Wer mit dem Auto kommt, findet kostenlose Parkplätze außerhalb des historischen Zentrums.

☑ TOP TIPP

In den letzten Jahren wurden Beaune und die umliegenden Dörfer hart vom Klimawandel getroffen – jahreszeituntypischer Frost und Hitzewellen führten zu einem beträchtlichen Rückgang der Erträge. Es lohnt sich also, sich ein Glas Wein gönnen, wenn man in der Stadt ist, da die Weine der Region außerhalb Burgunds immer schwieriger zu bekommen sind.

Beaune (ausgesprochen „Bohn") ist die Hauptstadt des burgundischen Weins, und der Weinbau steht seit seiner Ansiedlung durch die Römer im 1. Jh. im Mittelpunkt. Zwar werden heute die großen Weine der Cote d'Or in den Dörfern rund um Beaune produziert, doch viele Winzer:innen und *negotiants* (Weinhändler:innen) haben immer noch ihre Keller in der Stadt. Bei einem Spaziergang durch das historische Zentrum, welches immer noch von den aus dem 13. bis 16. Jh. stammenden Stadtmauern umgeben ist, entdeckt man, dass jeder zweite Laden dem Wein und zu ihm passenden gastronomischen Produkten gewidmet ist. Die Weinbaugeschichte des Orts ist so beeindruckend, dass er 2015 wegen seiner einmaligen *terroirs* – ein schwer zu übersetzender Begriff, der die Standortbedingungen bezeichnet, die das Wesen eines bestimmten Weins ausmachen – zur UNESCO-Welterbestätte erklärt wurde. Doch trotz seiner illustren Vergangenheit und der horrenden Preise der Weine ist Beaune immer noch ein natürlich-rustikales, einladendes Städtchen.

JAVIER LARREA/AGEFOTOSTOCK/ALAMY ©

Caves Madeleine (S. 399)

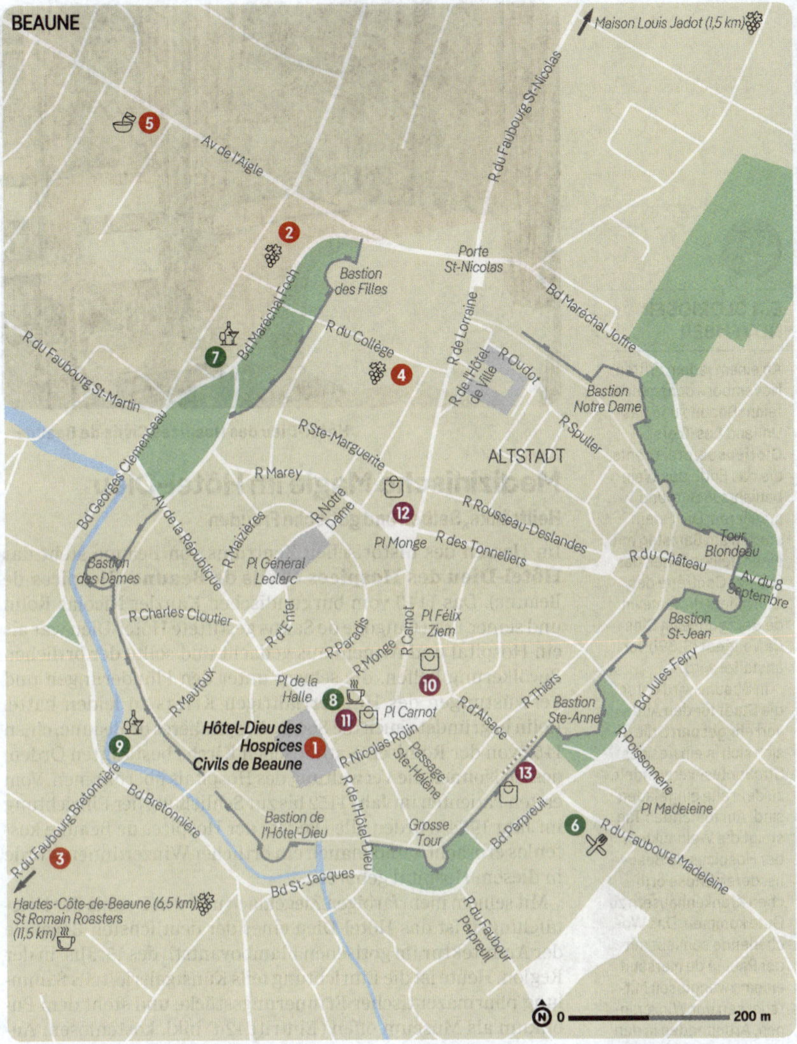

BEAUNE

HIGHLIGHTS
1 Hôtel-Dieu des Hospices Civils de Beaune

SEHENSWERTES
2 Bouchard Aîné et Fils
3 La Moutarderie Edmond Fallot
4 Patriarche Père et Fils
5 Terroirs by Adeline

ESSEN
6 Caves Madeleine

AUSGEHEN & FEIERN
7 Le Foche
8 St Romain Coffee Stand
9 The Publican

SHOPPEN
10 Alain Hess
11 Beaune Market
12 Du Gout et des Idées
13 Épicerie Paysanne

Hôtel-Dieu des Hospices Civils de Beaune

EIN GLORIOSER NOVEMBER

An einem jedem dritten Novemberwochenende feiern Beaune und das Umland **Les Trois Glorieuses**, drei Events, die das Ende des Weinbaujahrs in Burgund markieren. Die Feiern starten am Samstag mit einem feinen Diner, das von der Confrérie des Chevaliers du Tastevin de Bourgogne im Clos de Vougeot (S. 391) veranstaltet wird.

In Beaune wird dafür die Stadt für den Autoverkehr gesperrt, die sich sich in ein riesiges Straßenfest verwandelt, zu dem alle eingeladen sind. Am folgenden Tag steigt die Weinauktion der Hospices de Beaune, deren Erlöse örtlichen Krankenhäusern zu Gute kommen. Das Wochenende schließt mit der Paulée de Mersault, einem zwanglosen Mittagessen der Winzer:innen, Arbeitenden in den Weinbergen und Leuten, die beruflich mit dem Weinbau zu tun haben.

Medizinische Magie im Hôtel-Dieu

Heiltränke, Salben und gotische Freuden

Im Herzen des historischen Zentrums von Beaune steht das **Hôtel-Dieu des Hospices Civils de Beaune** (Hospices de Beaune). Das 1443 vom burgundischen Kanzler Nicolas Rolin und seiner Frau Guigone de Salins gestiftete Hôtel-Dieu war als ein Hospital und Armenhaus gedacht und sollte der örtlichen Bevölkerung helfen, die schwer unter den Plünderungen und Verwüstungen des Hundertjährigen Kriegs zu leiden hatte. Rolin begründete auch die Soeurs hospitalières de Beaune, einen 1452 von der Römisch-Katholischen Kirche bestätigten Orden, dessen Nonnen die Verwaltung des Hospitals übernahmen. Vom ersten Patienten im Jahr 1452 bis zur Schließung der Einrichtung im Jahr 1984 wurden alle Dienste der Hospices de Beaune kostenlos erbracht – und manch ein örtlicher Winzer:innen wurde in diesem Hospital geboren.

Mit seinem mehrfarbigen Ziegeldach und den Details der Holztäfelungen ist das Hôtel-Dieu eines der deutlichsten Beispiele der Architektur im gotischen Flamboyantstil des 15. Jhs. in der Region. Heute ist die Einrichtung teils Kunstgalerie, teils Sammlung pharmazeutischer Erinnerungsstücke und steht dem Publikum als Museum offen (Eintritt 12 € inkl. kostenlosem Audioguide). Gleichzeitig ist es Schauplatz einer Reihe kultureller Events im ganzen Jahr, darunter des einen Monat dauernden **Festival International d'Opéra Baroque** im Juli, dessen Aufführungen im Hof stattfinden.

Einen Sprung in die Vergangenheit erlebt man in der Salle de Pôvre, einem von einer Reihe von (mit roten Vorhängen des spä-

ÜBERNACHTEN IM STADTZENTRUM VON BEAUNE

L'Hotel de Beaune
Das historische Hotel residiert in einem hôtel particulier (Patrizierhaus) und einem Kreuzgang aus dem 16. Jh. **€€€**

Le Clos de l'Aigue
Die gemütliche, von einer Familie geführte Pension ist nur fünf Gehminuten vom Hôtel-Dieu entfernt. **€€**

Burgundy Escape
Die ordentlich möblierten Ferienwohnungen liegen innerhalb und gleich außerhalb des Zentrums von Beaune. **€€**

ten 19. Jhs. abgegrenzten) Betten gesäumten Krankensaal, und in der Pharmazie und Apotheke säumen Flaschen mit diversen Elixieren und Tränken, die den Kranken verabreicht wurden, immer noch die Wände. Einen genauen und ehrfürchtigen Blick verdient das Polyptychon des *Jüngsten Gerichts;* das prächtige Altargemälde des Hospitals stammt von niemand geringeren als dem flämischen Meister Rogier van der Weyden aus dem 15. Jh.

Im Verlauf der Jahrhunderte hat das Hôtel-Dieu zahllose Spenden von dankbaren Wohltätern erhalten, darunter 50 Hektar an nahegelegenen Weinbergen. Während **Les Trois Glorieuses**, dem jährlichen Weinfest am dritten Novemberwochenende, werden Fässer mit den Erträgen dieser Weinberge zu wohltätigen Zwecken an private Sammler und Händler versteigert. Einzelne Flaschen des erstklassigen Weins kann man das ganze Jahr über im Geschenkeshop des Hospitals zu erstehen.

In Vino Veritas

Ein Paradies für Weinfreunde

Obwohl das genaue Jahr des Erstanbaus der Trauben in Burgund heiß umstritten ist, legt die Entdeckung eines kleinen, mit Steinen eingefassten Weinbergs aus dem 1. Jh. n. Chr., der nur 30 Minuten außerhalb von Beaune liegt, nahe, dass Wein zumindest seit der römischen Besiedlung an der Côte d'Or produziert wurde. Der Weinbau wurde mit Ankunft der Zisterziensermönche im Mittelalter genau reglementiert. Sie glaubten, das Land berge Geister, die je nach den natürlichen Bedingungen der verschiedenen Weinberge andere Forderungen stellten. Daher bauten sie nur die zwei Rebsorten Pinot Noir und Chardonnay an, um die Dinge zu kontrollieren. Mit nur je einer weißen und roten Rebsorte lernten sie, die verschiedenen Merkmale einzelner Weinparzellen genau zu bestimmen.

Trotz ihrer funkelnden Geschichte (und der heute horrenden Marktpreise burgundischer Weine) sehen sich die Winzer:innen der Region als bescheidene Bäuerinnen und Bauern, deren Arbeit es ist, den Trauben dabei zu helfen, ihre Geschichte zu erzählen. Viele Winzer:innen sind Eigentümer:innen und Bewirtschafter:innen zugleich – der Name auf der Kellertür ist der der Person, die die Weinstöcke beschneidet. Wo in anderen Regionen öffentliche Führungen und Verkostungen angeboten werden, ist es hier nahezu unmöglich, Weingüter zu besuchen – es sei dann als professioneller Weinhändler. Außerdem dezimieren die verheerenden Auswirkungen des Klimawandels die Weinerträge, weil es einfach nicht mehr genügend Wein für regelmäßige Verkostungen gibt.

EIN PERFEKTER SAMSTAG IN BEAUNE

Der Sommelier **Jean-Baptiste Boujon** verrät, wie sein idealer Samstag in Beaune aussieht.

Der Samstag beginnt gegen 11 Uhr auf dem **Markt von Beaune** mit einem Espresso-Martini vom **Saint-Romain-Kaffeestand.** Zum Mittagessen gehe ich in die **Caves Madeleine** oder zum wirklich guten Tacostand auf dem Markt. Den Nachmittag verbringe ich mit Freunden bei der Erkundung der **Hautes-Côte de Beaune** – ein Hut und eine Sonnenbrille sind dafür nötig. Abends geht's ins The **Publican**, eine Bar auf einer charmanten Terrasse mit Blick auf die Bouzaise. Auf der Karte stehen Weine einiger toller Winzereien. Ich liebe auch das **Le Foche.** Dort kann man Karten spielen, ein Bier für 2,70 € trinken, und es wird ein Wursteller nach dem ersten Getränk serviert.

WEIN TRINKEN IN BEAUNE

The Publican
Die in einen Pub verwandelte Weinbar verfügt über eine Außenterrasse mit Blick auf einen kleinen Fluss. **€**

Entase
Das Lokal ist auf biodynamisch produzierte Weine spezialisiert, serviert aber auch Bier und alkoholfreie Getränke. **€**

La Dilettante
Zur großen Auswahl verschiedener Flaschenweinen kommen Teller mit japanisch angehauchten Tapas. **€€**

SENF

Es stimmt nicht ganz, dass Dijon die Heimat des Senfs ist, denn die die älteste Mühle – und die beste Gelegenheit zur Verkostung – befinden sich tatsächlich in Beaune. Die **Moutarderie Edmond Fallot** ist einer der letzten familiengeführten Produzenten in der Region. Der Senf wird immer noch nach jahrhundertealten, geheimen Familienrezepten hergestellt, und die Samen werden mit alten Steinrädern zermahlen.

Die ursprüngliche aus dem dem 19. Jh. stammende Fabrik ist heute ein interaktiver Raum, der der Geschichte des Senfs und der Mühle gewidmet ist. Der Besuch endet in den gegenwärtigen Fertigungseinrichtungen mit einer Senf-Verkostung und einer Lehrstunde, wie man seinen eigenen Senf mixen kann. Der Besuch muss vorab gebucht werden (10 €/Pers.).

Beaune ist jedoch Sitz mehrerer berühmter *negotiants,* die regelmäßige Verkostungen und Besuche von Kellereien für die Öffentlichkeit organisieren. Zu erwähnen ist **Patriarche Père et Fils**, ein Unternehmen, dem 5 km an Kellergewölben des 13. Jhs. mit rund 2 Mio. Flaschen unterhalb des Stadtzentrums gehören. Online lässt sich eine selbstgeführte Tour durch die Gewölbe buchen, gefolgt von der Verkostung von sechs Weinen (20 €). Private Führungen lassen sich ebenfalls vereinbaren.

Anderswo in Beaune veranstaltet **Bouchard Aîné et Fils**, einer der ältesten *negotiants* in Beaune von Dienstag bis Sonntag mehrere tägliche Führungen (20 €). Die Winzerei und Weinhandlung **Maison Louis Jadot** bietet montags bis freitags um 15 Uhr und samstags um 10 Uhr eine Führung durch ihre Keller samt Verkostung ihrer Weine an (20 €; die Führung muss per E-Mail oder telefonisch reserviert werden).

Ein intimeres Erlebnis – und die Gelegenheit, Premier- und *grand cru*-Weine (die besten Weine der Côte d'Or) – zu verkosten, bietet **Terroirs by Adeline**, eine Kochschule in Beaune, die Weinkurse und Workshops veranstaltet, in denen man etwas über die verschiedenen Weine lernt und welche zu den Gerichten passen, deren Zubereitung man ebenfalls lernt.

Essen & Wein trinken inmitten der Reben

Picknicken wie die Einheimischen

Alle Burgunder wissen, dass Wein am besten zusammen mit dem Essen schmeckt. Darum gibt es in der Weinhauptstadt der Region wahrscheinlich auch einige der besten Lebensmittelspezialitätenläden und Bauernmärkte in Frankreich. Aber bei jeder Mahlzeit in einem Restaurant die reichhaltige örtliche Kost wie Bœuf bourguignon zu genießen, kann auch ermüdend werden. Warum also nicht wie die Einheimischen einen Picknickkorb mit frischen örtlichen Produkten packen, die Wanderschuhe anziehen und einen Ausflug in die Weinberge unternehmen?

Beaune besitzt einen in der Region renommierten Bauernmarkt auf der place Carnot und in den umliegenden Straßen sowie Les Halles, eine Markthalle gegenüber dem Hôtel-Dieu des Hospices Civils de Beaune. Der Markt, der von 8 bis 13 Uhr geöffnet ist, ist der angesagte Ort an einem Samstagmorgen (der weitere kleinerer Mittwoch-Markt ist viel weniger eindrucksvoll). Zwischen März und November wird der Bauernmarkt durch einen *brocante* ergänzt (einem Flohmarkt mit allerlei Krimskrams).

Der Einkaufsbummel beginnt mit einem Kaffee von **Saint-Romain Roasters**, einer örtlichen Kaffeerösterei aus dem nahegelegenen Dorf Saint-Romain, bevor man die Angebote des Tages mustert. Wenn man an anderen Tagen außer am Samstag picknicken möchte, gibt es noch genügend gute Lebensmit-

WEIN KAUFEN IN BEAUNE

Maison Dennis Perret
Laden mit großer Auswahl regionaler Spitzenweine zu vernünftigen Preisen, die man sich auch ins Ausland liefern lassen kann.

Avintures
Der kleine Weinladen legt den Schwerpunkt auf kleine Produzenten, die ihre Weine umweltschonend anbauen.

Atheneum
Eine Wein-Bibliothek voller Flaschen, Bücher und allem Möglichen rund um Wein.

JEFF PACHOUD/AFP VIA GETTY IMAGES ©

Bouchard Aîné et Fils

telgeschäfte in Beaune. **Alain Hess** an der place Carnot ist die beste Adresse für besten Käse, Wurstwaren und andere *épicerie-* (Feinkost-) Leckereien. Frisches Obst und Gemüse hat die **Épicerie Paysanne**, ein kleiner Laden, der Bioprodukte von örtlichen Höfen verkauft. Die beste *boulangerie* der Stadt, wenn es um Brot (oder das tägliche Frühstücksgebäck) geht, ist **Du Gout et des Idées**. Nicht vergessen, für das Picknick Gläser, einen Korkenzieher und ein Käsemesser mitzunehmen!

Anders als in Bordeaux und der Champagne gibt es in Burgund nur sehr wenige *clos* (ummauerte Weinberge), daher kann man frei durch die Anlagen schweifen und sich eine Picknickstelle unter den Reben (auch den prestigeträchtigsten *grand cru-* und *premier cru-*Reben) suchen. Bitte beim Erkunden der Weinberge an die unausgesprochene Etikette halten – schließlich bedeuten sie das Lebenswerk und den Lebensunterhalt der örtlichen Winzer:innen. Man begeht die vielbenutzten Wege und stiefelt nicht kreuz und quer durch die Reihen der Weinstöcke. Manchmal trifft man dort auf Arbeiter, die die Weinstöcke besprengen.

Die nächstgelegenen Weinberge liegen gleich am westlichen Rand von Beaune. Für eine atemberaubende Aussicht auf die Weinberge und die Stadt Beaune geht man auf die Gipfel der Weinberge und lässt sich auf einer der vielen Stufen nieder. Mehrere Picknickbänke stehen auch verstreut innerhalb der Weinberge – die berühmteste findet sich bei 1 Sur Roches, Volnay und blickt auf die *premier cru-*Weinberge von Pommard und Volnay. Nach dem Picknick sollte man keinen Müll zurücklassen!

WARUM ICH BEAUNE LIEBE

Madeleine Rothery,
Autorin

Das erste Mal habe ich Beaune als Vierjährige besucht, daher sind die örtliche Lebensweise und die hiesigen Menschen eng mit meinem Leben verknüpft. Ich bin immer wieder von der Hingabe der Winzer:innen an die Natur und ihrem Respekt ihr gegenüber tief beeindruckt. Sie arbeiten unermüdlich, aber ihre Leidenschaft ist ansteckend. Wenn man erst einmal die Finessen ihrer Kunst verstanden hat, gewinnt der Wein eine völlig neue Bedeutung.

Vielleicht ist es der dem Erbe der Stadt eingepflanzte Glaube an den Zusammenhang – mit dem Land und untereinander –, der die Einheimischen so freundlich und einladend macht.

Manchmal picknicke ich am Samstag mit Leuten, die ich erst einen Abend zuvor im The Publican kennengelernt habe!

ESSEN IN BEAUNE

La Table du Square
Das Lokal serviert Menüs zu vernünftigen Preisen in einem entspannten Ambiente. **€€**

Caves Madeleine
Das legendäre Bistro hat saisonale Gerichte und interessante offene Weine. **€€**

Ma Cuisine
Das anheimelnde Restaurant serviert traditionelle burgundische Kost und hat eine sehr umfangreiche Weinkarte. **€€**

Rund um Beaune

Die Dörfer rund um Beaune sind Sitz einiger der prestigeträchtigsten Weinberge und Radwege der ganzen Welt.

Nördlich und westlich von Beaune liegen die Côte de Nuits bzw. die Côte de Beaune. Innerhalb dieser Weingebiete finden sich viele kleine Dörfer, die vom Weinbau leben. Obwohl diese von einigen der teuersten Weinparzellen der Welt umgeben sind (eine Flasche 1945er Domaine de la Romanée-Conti aus Nuits-Saint-George ist die teuerste jemals verkaufte Flasche Wein – sie erbrachte 558 000 US$), sind die Dörfer selber schlicht und rustikal. Man kann sie leicht mit dem Auto oder dem Fahrrad erreichen, einen Tag von Dorf zu Dorf fahren und die Weinberge erkunden.

Jenseits der Weinberge sind üppige Wälder voller schöner Wanderwege zu entdecken, auf denen man der Gewichtszunahme durch die üppige burgundische Kost und die Weine entgegenwirken kann.

UNTERWEGS VOR ORT

Ein Auto oder Fahrrad ist erforderlich, um Beaunes Umland zu erkunden. Für Fahrten von/zu Nachbardörfern gibt es zwar Taxis, aber diese müssen vorab gebucht werden, und die Fahrpreise steigen sehr schnell sehr hoch.

TOP TIPP

Ein Fahrrad oder ein Auto sind erforderlich, um die ländlichen Gebiete zu erkunden. Nuits-Saint-Georges ist eine 30-minütige Auto- oder eine 50-minütige Fahrradfahrt von Beaune entfernt.

RICHARD SEMIK/SHUTTERSTOCK ©

Weinberg der Côte de Nuits

RICHARD SEMIK/SHUTTERSTOCK ©

Route des Grands Crus

Route des Grands Crus

Fahren durch die Côte de Nuits

Nördlich von Beaune liegt die **Côte de Nuits** mit nicht weniger als 24 *grand cru*-Weinbergen und den nach Meinung vieler Experten weltweit besten Pinot Noirs. Zwar kann man die Route mit dem Rad bewältigen, aber da sie recht hügelig ist, springt man besser ins Auto, um Burgunds berühmte **Route des Grands Crus** zu befahren. Man kommt mit dem Auto in 30 Minuten von Beaune nach Gevrey-Chambertin, das schon nördlich der Côte de Nuits liegt, aber man sollte schon den besten Teil eines Tages dafür nutzen, die verschiedenen Dörfer an der Straße zu erkunden.

Die Straße ist mit braunen Schildern mit einer weißen Traube markiert; kostenlose Parkplätze finden sich in allen Dörfern an der Strecke und um sie herum. Ein weiterer guter Grund, das Auto zu nehmen, besteht darin, dass die meisten Weindörfer heute einen eigenen *caveau* (Weinladen) haben, eine Art Genossenschaft, wo man vor Ort produzierte Weine zu Kellereipreisen kaufen kann – es lohnt sich also, den Kofferraum zu füllen, denn überall sonst auf der Welt muss man für diese Weine deutlich mehr bezahlen.

Viele Dörfer an der Côte de Nuits lohnen den Besuch, hier nennen wir nur die vielleicht wichtigsten.

Aloxe-Corton, an der Côte de Beaune liegend, ist nördlich von Beaune ein erster Haltepunkt an der Route des Grand Crus.

SANKT VINZENZ, DER SCHUTZHEILIGE DER WINZER:INNEN

Der hl. Vinzenz von Valencia wurde deshalb als Schutzheiliger der Winzer:innen erkoren, weil sein französischer Name „Vincent" genau so klingt wie „vin sang" (Wein-Blut). Seit 1938 veranstaltet Burgund jährlich am letzten Januarwochenende zu seinen Ehren ein Fest in einem jeweils wechselnden Weindorf. Das ein Wochenende dauernde Fest, das **Festival de Saint-Vincent Tournante** lockt Zehntausende Besucher:innen aus aller Welt an.

Das Wochenende beginnt am frühen Morgen mit einer Prozession prächtig gewandeter Mitglieder der burgundischen Weingesellschaften durch die Reben, gefolgt von einer katholischen Messe. Wenn das Dorf erwacht, füllen sich die Straßen mit Musik, Schaustellern und Kunstgewerbemärkten. Die örtlichen Weinkellereien öffnen ihre Türen für öffentliche Verkostungen.

RESTAURANTS MIT FARNFRISCHER KOST RUND UM BEAUNE

Cave et Cuisine
Das Restaurant in Demigny hat hochwertige örtliche Kost und eine umfangreiche Weinkarte. Es ist sonntags und montags geöffnet. **€€**

Bistrot des Falaises
Die Karte dieses Bistros in Saint-Romain wechselt wöchentlich durch. Das Bistro ist sonntags und montags geöffnet. **€€**

Le Soleil
Das Lokal in Savigny-lès-Beaune bietet Gerichte zum Teilen aus marktfrischen Zutaten sowie Weine kleiner Produzenten. **€€**

Radfahren auf der Voie des Vignes

Die Voie des Vignes ist einer der berühmtesten Radwege Frankreichs. Man folgt einem 22 km langen asphaltierten, Radfahrern vorbehaltenen Weg von Beaune nach Santenay mitten durch die Weinberge der Côte de Beaune. Diese kleine Tour lässt sich in 2½ Stunden bewältigen, man sollte sich aber einen ganzen Tag nehmen, um sich in den Dörfern und auf den Weingütern an der Strecke auszuruhen und zu erfrischen.

1 Beaune

In Beaune mietet man ein Rad bei Bourgogne Randonnées, nur 300 m vom Bahnhof, oder bei Bourgogne Evasion im Parc de la Bouzaise (da die Strecke hügelig ist, am besten ein E-Bike). Fährt man in den Monaten zwischen Mai und September, sollte man unbedingt Sonnenschutzmittel und eine Wasserflasche mitnehmen, da es unterwegs nur sehr wenig Schatten gibt.

Die Fahrt Die Route beginnt an der Porte des Avaux südlich des Parc de la Bouzaise und ist an einem Tor mit der Aufschrift Veloroute la Voie des Vignes ausgeschildert. Man folgt der Route auf 2,9 km bis nach Pommard.

2 Pommard

Pommard ist berühmt für seine Weinberge und seine Pinot Noirs. Sehenswert ist das Château de Pommard, ein Schloss aus dem 17. Jh. mit einem 20 ha großen Park, einem

STEPHEN FLEMING/ALAMY ©

Radfahren nach Meursault

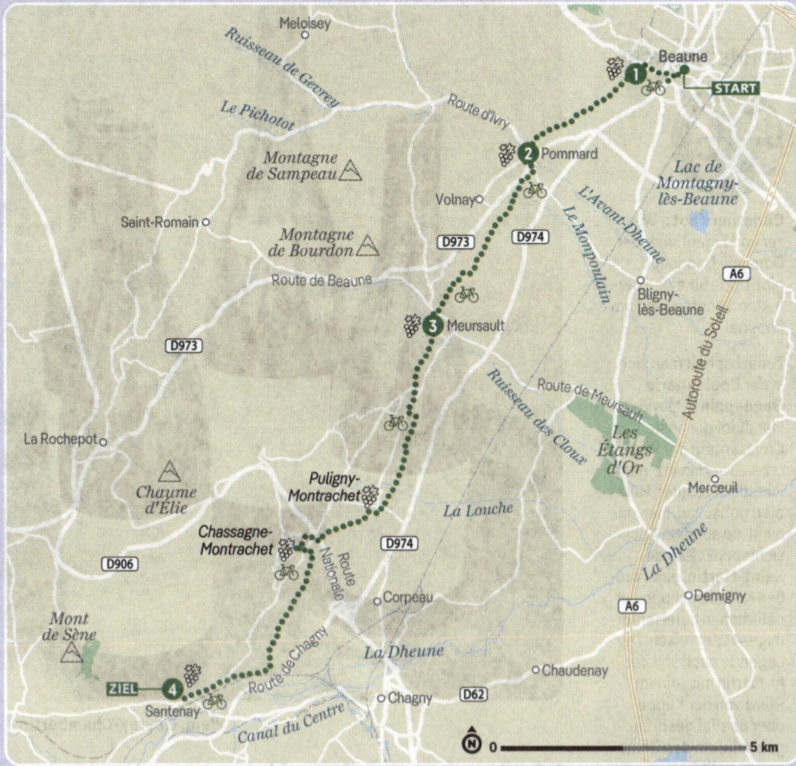

Weinmuseum und einer Kunstgalerie mit Werken u. a. von Picasso und Dalí. Weinverkostungen lassen sich vereinbaren.

Die Fahrt Weiter geht's auf der mit grünen Schildern, auf denen eine weiße Weintraube prangt, markierten Voie des Vignes durch das Dorf Volnay und seine *premier cru*-Weinberge bis nach Mersault (5 km).

3 Meursault

Meursault, das größte Dorf an der Côte de Beaune ist für seine Weißweine und seine fünf Burgen und Schlösser bekannt. Man bucht eine Führung und eine Weinverkostung im Château de Meursault, einer Burg aus dem 11. Jh. mit einem Keller nach Zisterzienserart aus dem 12. Jh., oder genießt ein Mittagessen im Bistrot du Potager, einem rustikalen Restaurant innerhalb des Château de Cîteaux im Ortszentrum (Mi–So 12–14 Uhr).

Die Fahrt Anschließend geht's auf der Voie des Vignes 10 km weiter nach Santenay durch Puligny-Montrachet und Chassagne-Montrachet, die zu den gefeiertsten Weißweinlagen der Welt zählen.

4 Santenay

Die Voie des Vignes endet in Santenay, dem letzten Weindorf an der Côte de Beaune, das für seine Rotweine und die Windmühle aus dem 19. Jh. bekannt ist. Hier erkundet man den relativ unberührten oberen Ortsteil, Santenayle-Haut, seine Kapelle und den Weiler St Jean. Um nach Beaune zurückzukehren, radelt man entweder auf der Voie des Vignes zurück oder nimmt den TER-Zug von Santenay-Les-Bains zur Gare de Montchanin, wo man in einen Zug nach Beaune umsteigt. Der Zugfahrplan kann sich immer wieder ändern, daher sollte man die Rückfahrt vorab planen.

BONNE DIMANCHE

Christian Knott, Winzer und Eigentümer der Domaine Dandelion, gibt Tipps für einen perfekten Sonntag rund um Beaune.

Zunächst holt man sich in der **Boulangerie Gagnepain** in Mavilly-Mandelot die besten Croissants in der Region; sie werden in einem jahrhundertealten Holzofen gebacken. Man genießt sie auf dem Aussichtspunkt **Pas de Saint-Martin**, einer großen Kalksteinklippe mit natürlichen hufeisenförmigen Halbkreisen. Der Legende nach soll der hl. Martin mit seinem Pferd von der Klippe über das Tal gesprungen sein, um den Dämonen zu entkommen, und dabei die Hufabdrücke hinterlassen haben.

Dann fährt man nach **Saint-Romain-Le-Haut** und spaziert durch den oberen Teil des Orts, wo es Burgruinen und einen 180-Grad-Blick über die Täler und angrenzenden Klippen gibt. Zu Mittag isst man im **Bistrot des Falaises**, wo man örtliche Produkte, Wein und Kaffee bekommt.

Wein, Gevrey-Chambertin

Nähert man sich dem Dorf, erblickt man den Hügel von Corton, einen mit Weinstöcken besetzten und weiter oben mit Wald bedeckten Hügel, der bei Weinliebhabern für seine *grand cru*-Weinlagen Corton und Corton-Charlemagne berühmt ist. Im Zentrum des Orts steht das Château de Corton André mit seinem nach burgundischer Art auffällig mit mehrfarbigen Ziegeln eingedeckten Dach.

15 Fahrtminuten weiter nördlich erreicht man **Nuits-Saint-Georges**, dem Dorf, dem die Côte de Nuits ihren Namen verdankt. Dies ist eines der größten Dörfer an der Strecke, und viele wichtige Events des Weinkalenders finden hier statt. Am zweiten Sonntag im März steigt die Versteigerung des Hospice de Nuits-Saint-Georges, die jener ähnelt, die das Hôtel-Dieu des Hospices Civils de Beaune (S. 396) in Beaune veranstaltet. Im Oktober richtet das Dorf die Fête du Vin Bourru aus, zu der Besucher:innen aus aller Welt strömen, um den frisch gepress-

ÜBERNACHTEN RUND UM BEAUNE

Domaine Gille
Die Pension auf einem Weingut in der Nähe von Nuits-Saint-Georges serviert zum Frühstück und Abendessen herzhafte Hausmannskost. **€**

The Hungry Cyclist
Das familiengeführte B&B in Auxey-Duresses serviert selbst zubereitete Gerichte und organisiert Radtouren. **€€**

La Maison de Pommard
Die heitere Pension in Pommard serviert ihren Gästen abends einen Aperitif. **€€**

ten Traubensaft zu verkosten. Wer einmal Abwechslung von all dem Wein braucht, besucht Le Cassissium (S. 393), ein Museum, das dem *crème de cassis* gewidmet ist, dem aus Schwarzen Johannisbeeren gewonnenen Likör der Region.

Die Ortschaft **Vosne-Romanée** hat nur ein paar hundert Einwohner, lohnt aber einen Halt, um sich die teuersten Weinberge der Welt anzuschauen: Romanée-Conti und La Tâche. Diese beiden *grand cru*-Weinlagen sind im Besitz eines einzigen Weinguts, der Domaine de la Romanée-Conti. Obgleich sie sich äußerlich nicht von anderen Weinbergen unterscheiden, erzielen Weine aus diesen Lagen regelmäßig Preise von mehr als 10 000 €.

2009 wurde **Gevrey-Chambertin** als eines der ältesten, wenn nicht gar das älteste, Weinbaudorf an der Côte d'Or bestätigt, als in der Nähe die Spuren eines Weinbergs aus dem 1. Jh. n. Chr. entdeckt wurden. Tatsächlich werden die Einwohner als Gibriaçois und Gibriaçoises bezeichnet, abgeleitet von dem römischen Dorf Gibriacum, über dem sich der Ort erhebt.

Gevrey-Chambertin ist zudem Sitz zweier der besten Restaurants an der Côte d'Or: Chez Guy ist ein regelmäßiger Wettbewerber bei der Oeufs-en-Meurette-Weltmeisterschaft (S. 391), und die Rotisserie-Chambertin ist berühmt für sein *poulet de Bresse,* eine berühmte Hühnerrasse aus der Region Bresse.

Auf der Jagd nach Wasserfällen

Burgunds El Dorado

30 Fahrtminuten südwestlich von Beaune liegt in den Hautes-Côte-de-Beaune **Le Bout du Monde**, ein steil abfallendes Kalksteintal, in dem man Höhlen erforschen und einen Wasserfall bewundern kann. Der französische Romancier Alexandre Dumas beschrieb es als „das El Dorado Burgunds, das durch die hohen Felsen, die es umschließen, vom Rest der Welt abgetrennt ist". Die Stätte ist wegen ihrer einzigartigen Artenvielfalt – man sollte nach Wanderfalken und Weißbrustseglern Ausschau halten – als eine European Natura 2000-Zone anerkannt.

Der einfachste Weg, um Le Bout du Monde zu erkunden, ist mit der Grotte des Bout du Monde zu beginnen. Ein kostenloser Parkplatz und ein Picknickbereich liegen 400 m vom Startpunkt der Wanderwege entfernt. Beim Verlassen des Parkplatzes geht man nach links, bis man ein Schild erreicht, das zwei Wanderwege bezeichnet. Links führt ein sehr kurzer Weg an einem Bach entlang zur Grotte, in die man hineinklettern kann, wenn man eine Taschenlampe hat. Dieser Weg ist zwar kurz, kann aber bei feuchter Witterung rutschig sein. Um den Wasserfall zu erreichen, nimmt man den rechten Wanderweg. Das Schild gibt eine Länge von 2,5 km an, tatsächlich muss man aber höchstens 1 km laufen, und der Weg ist sehr leicht. Auch wenn der Wasserfall gerade kein Wasser führen sollte, ist die Schlucht immer noch sehenswert.

Es gibt auch anspruchsvollere Wege, aber diese sind steil und schlüpfrig und daher erfahrenen Wanderern vorbehalten. Eine Karte der anspruchsvolleren Wege rund um Le Bout du Monde erhält man in der Tourismusinformation von Beaune oder lädt die App All Trails herunter.

FEDERWEISSER

Jedes Jahr am dritten Oktoberwochenende veranstaltet Nuits-Saint-Georges die **Fête du Vin Bourru**. Die wörtliche Übersetzung von *vin bourru* ist „rauer Wein", aber Wein ist das eigentlich nicht. Es handelt sich um Federweißer, ein Zwischending zwischen Traubensaft und Wein, sehr süß und zuckerhaltig, da nur teilweise fermentiert. Zehntausende Besucher:innen kommen in das Weinbaudorf, um beim Pressen der geernteten Trauben zuzuschauen und das Ergebnis zu verkosten.

Das Fest ist zugleich ein Spektakel mit traditioneller burgundischer Musik und traditionellen Tänzen. Zur Zeit des Herzogtums Burgund war die Region das musikalische Epizentrum Europas, und das ganze Wochenende über werden Tänze wie die energiegeladene *bransle* (eine Art Reihentanz) und die gemessen schreitende Pavane vorgeführt.

Auxerre

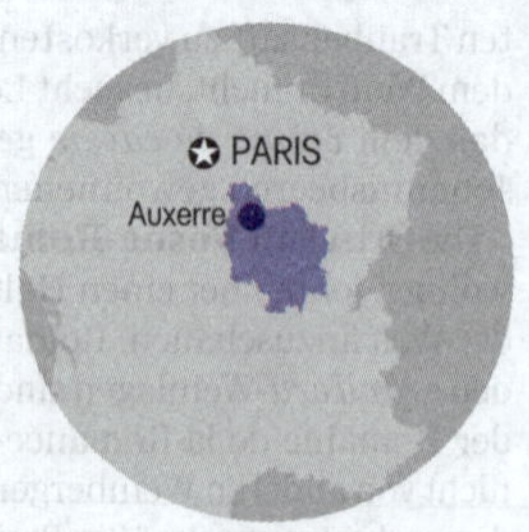

UNTERWEGS VOR ORT

Auxerre ist eine fußgängerfreundliche, aber ziemlich hügelige Stadt. Die schmalen Kopfsteinstraßen besitzen oft keine ausgewiesenen Bürgersteige, man muss also auf Autos achten. Wer mit dem Auto nach Auxerre kommt, findet kostenlose Parkplätze außerhalb des historischen Zentrums am anderen Ufer der Yonne (wo sich der SNCF-Bahnhof befindet). Taxis sind dünn gesät, aber der Bus 1 verbindet den SCNF-Bahnhof mit dem historischen Zentrum (1,50 €/Fahrt).

TOP TIPP

Zu einem selbstgeführten Stadtspaziergang durch Auxerre folgt man dem Cadet-Roussel-Weg. Der Weg mit 67 Stationen, die durch kleine Bronzepfeile im Straßenpflaster markiert sind, führt an allen historischen Sehenswürdigkeiten vorbei. Eine Karte (2 €) mit ausführlichen Erläuterungen zu jeder Station gibt es in der Tourismusinformation.

Mit seinen weinumrankten Straßen und den zierlichen, holzgetäfelten Häusern wirkt Auxerre weltenweit entfernt von den anderen Großstädten Burgunds. Zwar ist Auxerre die viertgrößte Stadt Burgunds und Hauptstadt des Départements Yonne, aber es herrscht eine spürbare Gelassenheit in den engen Straßen, die sich zu einem nicht geringen Teil der idyllischen Lage an den Ufern der Yonne und des Canal du Nivernais verdankt.

Auxerre reicht bis ins 1. Jh. n. Chr. zurück, als es Autissiodorum hieß und ein wichtiges Zentrum im römischen Gallien war. Im Jahr 418 wurde Auxerre zu einer Hauptstadt des Römischen Reichs, als der ehemalige Offizier Germanus zum Bischof der Stadt wurde; nach ihm ist die berühmte Abtei der Stadt benannt.

Heute kündet Auxerre von seiner Vergangenheit und ist ein idyllischer Ort, um umgeben von Natur und Geschichte zu entspannen.

Religiöse Reliquienschreine

Ein religiöser Brennpunkt aus römischer Zeit

Die Stadt Auxerre ist zwar von ausufernden modernen Gebäuden umgeben, aber sobald man die Yonne zur Altstadt hin überquert, fühlt man sich in die Vergangenheit zurückversetzt. Die hügeligen Kopfsteinstraßen sind immer noch, zu großen Teilen jedenfalls, von kleinen, verwinkelten Häusern aus dem Mittelalter gesäumt. Und die beiden historischen Wahrzeichen der Stadt – die Abtei Saint-Germain d'Auxerre und die Cathédrale de Saint-Étienne d'Auxerre – thronen schützend über der Skyline der Altstadt.

Die **Abbaye de Saint-Germain** ist vielleicht das Auxerre am stärksten prägende Monument. Die Abtei in der südöstlichen Ecke der Altstadt wurde 418 von dem römischen Bischof Germanus gegründet, der 448 hier begraben wurde. Zu Beginn des 6. Jhs. begann Königin Chrodechild, die Gemahlin des fränkischen Königs Chlodwig I., zu Ehren des berühmten Gründers mit dem Ausbau der Anlage, die zuvor nur ein schlichtes Oratorium war. Im Jahr 1277 begannen die Mönche, die Abtei im

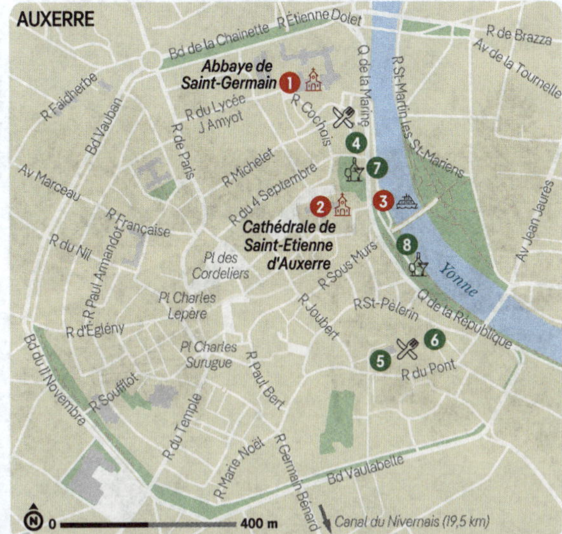

HIGHLIGHTS
1 Abbey de Saint-Germain
2 Cathédral de Saint-Etienne d'Auxerre

SEHENSWERTES
3 L'Hirondelle II

ESSEN
4 Cantina
5 Le Rendez-Vous
6 Le Saint-Pelerin

AUSGEHEN & FEIERN
7 La Peniche Auxerre
8 La Scène du Quais

gotischen Rayonnant-Stil umzubauen – die prächtigen Rippengewölbe des Kreuzgangs umgeben heute noch den Hof.

Die Abtei kann kostenlos besichtigt werden und ist täglich geöffnet, außer in den Wintermonaten am Dienstag. Will man auch die wundervoll erhaltene Krypta aus dem 9. Jh. besuchen, muss man sich einer Führung (8 €) anschließen, die sich schon allein wegen der karolingischen Wandfresken lohnt, die ältesten, die in Frankreich erhalten sind. Einen kostenlosen kommentierten Guide durch die Abtei auf Deutsch kann man mit der App Legendr herunterladen.

Fünf Gehminuten von der Abtei erhebt sich die fesselnde römisch-katholische **Cathédrale de Saint-Étienne d'Auxerre**, die zwischen dem 13. und 16. Jh. anstelle einer romanischen Kathedrale des 11. Jhs. (deren Krypta unterhalb der heutigen Kirche erhalten ist) errichtet wurde. Von der romanischen Krypta bis zu der atemberaubenden, mit Buntglas geschmückten Fensterrose präsentiert sich die Kathedrale als eine harmonische Mischung aus verschiedenen Stilen der burgundischen Architektur. Die Kathedrale ist alle Tage in der Woche geöffnet. Die Tourismusinformation von Auxerre bietet täglich um 12 Uhr eine Führung (8 €) auf Englisch, die die komplexe Geschichte des Gotteshauses ausführlich erläutert.

DER STADTCLOWN

Überall in Auxerre ist von einem gewissen **Cadet Roussel** die Rede: der Stadtspaziergang ist nach ihm benannt, und zu seinen Ehren wurde sogar eine Statue im Stadtzentrum aufgestellt.

Guillaume-Joseph Roussel war im späten 18. Jh. der örtliche Gerichtsvollzieher, aber mehr bekannt für sein exzentrisches Verhalten und seine unbedingte Lebenslust, allerdings leider nicht für sein gutmütiges Wesen. Während der Französischen Revolution dichtete sein politischer Feind Gaspard de Chenu ein Lied, in dem er seine Verrücktheiten verspottete, das später von Soldaten als Marschlied aufgegriffen und verbreitet wurde.

ESSEN IN AUXERRE

Cantina
In dem örtlichen Bistro mit Weinbar gibt's das ganze Jahr über Jazzkonzerte. **€€**

Le Saint-Pelerin
Hochwertige traditionelle burgundische Gerichte und bei gutem Wetter mit Sitzgelegenheiten im Freien. **€**

Le Rendez-Vous
Das von Vater und Tochter geführte Restaurant ist bekannt für seine oeufs en meurette und jambon chablisienne. **€€**

DER EISENBAHN FOLGEN

La Coulée Verte ist ein 9,5 km langer, aber einfacher Wanderweg durch die grünen Ränder der Stadt. Er folgt der Trasse einer ehemaligen Eisenbahnlinie, die Auxerre mit dem nahegelegenen Dorf Saint-Saveur-en-Puisaye verband. Beginnend am Quai de la République, setzt sich der Spaziergang an der Yonne fort, führt dann hinüber in das Waldland des umliegenden *pays auxerrois* und endet schließlich am SNCF-Bahnhof Auxerre-Saint-Gervais.

Der Spaziergang mit anderer Perspektive auf das Leben in Auxerre bietet (vor allem im Sommer) Erholung von der Stadt sowie einen spektakulären Blick auf die Skyline der Altstadt.

Den Weg bewältigt man am besten zu Fuß, da das Radfahren wegen der verbliebenen Reste der Schienen und Schwellen der Bahnstrecke holperig ist.

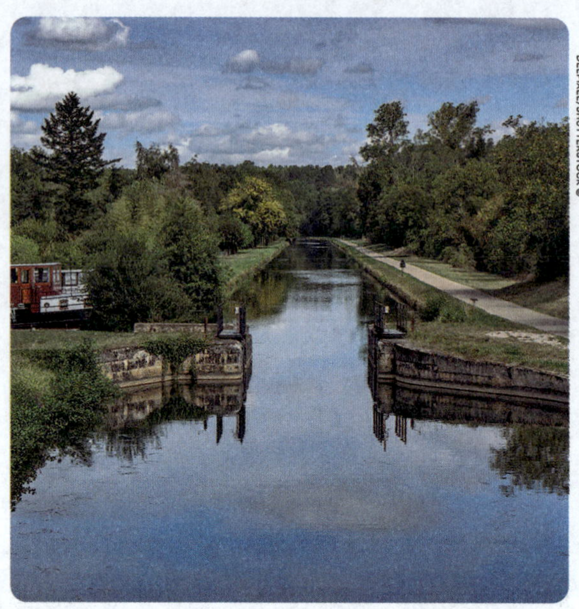

Canal du Nivernais

Unten an der Yonne, jenseits des Canal du Nivernais

Unterhaltung am Ufer

Auxerres glanzvolle Geschichte ist zweifellos mit seiner malerischen Lage an der **Yonne** und dem **Canal du Nivernais** verknüpft. Einst dienten beide Ströme dazu, Holz und Wein aus der Region Burgund nach Paris zu schaffen. Heute gibt es zwar kaum noch Handelsschifffahrt auf diesen Wasserstraßen, doch trotzdem bleiben sie das Zentrum des Lebens in Auxerre, weil sich viele Restaurants, Bars und Unterhaltungsstätten an ihren Ufern angesiedelt haben.

Der Canal du Nivernais wurde Ende des 18. Jhs. gebaut, um die Seine mit der Loire zu verbinden und den Transport des Weins zu erleichtern. Heute erkundet man den Kanal am besten per Boot: Auch ohne Bootsführerschein kann man Elektroboote mieten und in seiner eigenen Geschwindigkeit in das umliegende Weinland fahren. Alternativ fährt man auf der **L'Hirondelle II**, einem Ausflugsboot, das am 1 Quai de la République zu einer kommentierten Fahrt auf der Yonne und dem Kanal ablegt. Die Touren dauern eine oder zwei Stunden und kosten ab 12,50 €.

Am Abend ist das Ufer der Yonne der Ort, um etwas zu erleben. Mehrere, am Ufer liegende Boote wurden in Bars und Livemusikstätten umgewandelt. Wie die Einheimischen beginnt man mit einem Aperitif im **La Peniche Auxerre** und zieht dann weiter zu **La Scène du Quais**, einer Veranstaltungsstätte, wo es jeden Abend Livemusik und Theater gibt.

Rund um Auxerre

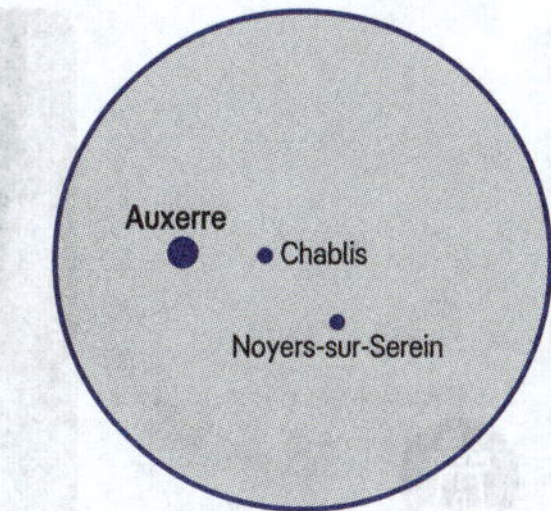

Eine Reise in das Land rund um Auxerre mit seinen Weinbergen und perfekt erhaltenen mittelalterlichen Dörfern wirkt wie eine Zeitreise.

Wie bei anderen größeren Städten Burgunds ist auch das *pays auxerrois* von Weinbergen umgeben, doch besitzen die hiesigen Weindörfer, abgesehen von Chablis (dem großen Ort des Chardonnays), nicht den gleichen, glänzenden Ruf wie die Dörfer der Côte d'Or.

Das Land um Auxerre ist bekannter für seine malerischen mittelalterlichen Dörfer. Diese Orte blühten zur Zeit des Herzogtums Burgund auf und erfreuten sich mehrere Jahrhunderte lang eines Wohlstands als Handelsposten der Weinindustrie, ehe der französische König, bedroht von der Macht der Herzöge, die Industrie zum Stillstand brachte. Dennoch sind viele dieser Dörfer, z. B. Noyers-sur-Serein, perfekt erhalten. Angesichts der kleinen Holzhäuser und mit Weinranken umgegebenen Straßen fühlt man sich wie in einem Märchen.

Noyers-sur-Serein (S. 410)

UNTERWEGS VOR ORT

Das Département Yonne ist etwas besser mit dem TER-Zug erschlossen als die Côte d'Or, dennoch ist es empfehlenswert, das Umland mit dem Auto zu besuchen, weil die Zugfahrpläne unregelmäßig und Betriebsunterbrechungen häufig sind.

TOP TIPP

An jedem Dienstag im Sommer betreibt die Tourismusinformation von Auxerre den Oenobus, einen kostenlosen Shuttlebus, der in sechs nahegelegenen Weinbaudörfern hält.

MITTELALTERLICHES KNOWHOW

In den letzten Jahren haben die Einwohner von Noyers-sur-Serein für den Wiederaufbau der Burg mit mittelalterlicher Technik plädiert, vermutlich inspiriert von einem ähnlichen Projekt in der Nähe – der Burg Guédelon.

Im Jahr 1995 entschloss sich ein Team Architekturbegeisterter dafür, sich der Herausforderung zu stellen, eine Burg im Stil des 13. Jhs. nur mit den im Mittelalter verfügbaren Baumethoden und Baumaterialien zu errichten. Die Arbeiten sind noch nicht abgeschlossen.

Das Gelände ist von April bis November zu saisonal angepassten Zeiten und an unterschiedlichen Tagen für Besucher:innen geöffnet (Eintritt 14 €). Die Besucher:innen können sich umschauen und sich mit den dort arbeitenden Steinhauern, Schmieden und Steinmetzen unterhalten.

Chardonnay, Chablis

Eine Märchenstadt aus dem wirklichen Leben

Handwerk, Burgen und blumengeschmückte Häuser

Das zu den „schönsten Dörfern Frankreichs" zählende **Noyers-sur-Serein** ist ein Idealbeispiel für die magischen mittelalterlichen Städtchen in der Region. In der Tat ist das Städtchen noch genau so groß wie im Mittelalter: Reste der alten Stadtmauern zirkeln die Stadt immer noch ein, und fast alle Gebäude stammen aus jener Ära. Noyers-sur-Serein ist 30 Fahrtminuten von Auxerre entfernt. Das Städtchen ist klein, man sollte aber einen ganzen Tag einplanen, um seine überwältigende Schönheit voll zu genießen.

ESSEN IN NOYERS-SUR-SEREIN

Maison Paillot
Die gute Èpicerie ist auf Wurstwaren und Gougère (Käsekrapfen) spezialisiert. **€**

Restaurant de Vieille Tour
Das gemütliche Restaurant serviert ein preisgünstiges Menü aus Vorspeise, plat, Käse und Dessert. **€€**

Rouge et Blanc
Weinbar mit Wursttellern und anderen kleinen Gerichten zum Teilen. **€€**

Den Vormittag über erkundet man die örtlichen Kunstgewerbeläden, die auf Keramik und Lederwaren spezialisiert sind. Zu empfehlen sind **Yazmhil et Brice Corman**, Lederspezialistinnen am Place de l'Hotel de Ville, die einem gern erklären, welchen Prozessen ihre exquisiten, handgefertigten Accessoires die Entstehung verdanken. Wer sich für Keramik interessiert, sollte das Atelier von **Stéphanie Wahl** oder die **Poterie de la Maison des Sangliers** besuchen. Am Mittwochmorgen gibt es im Ort einen Markt, auf dem örtliche Lebensmittel und Kunsthandwerk von Produzenten aus der Region angeboten wird.

Am Rand des Städtchen liegen die Reste des aus dem 10. Jh. stammenden **Château de Noyers**. Im 16. Jh. befahl der französische König die Zerstörung der Anlage als Zeichen seiner Macht über das Herzogtum Burgund. Die Steine der Burg wurden anschließend für den Bau des Festungswalls rund um die Stadt verwendet. Um zur Burg zu gelangen, folgt man der Serein aus der Stadt nach Norden, wo ein Schild den Beginn des Wegs markiert. Der Aufstieg umfasst etwa 400 Stufen, lohnt sich aber wegen des spektakulären Panoramablicks auf den Ort und seine Umgebung.

Das Land des Chardonnays

Große burgundische Weißweine

Über die Autobahn D965 – nur 30 Fahrtminuten östlich von Auxerre – liegt **Chablis**, der berühmte Ort des großen burgundischen Weißweins (und eines der wenigen hochrenommierten Weinbaudörfer Burgunds, das nicht an der Côte d'Or liegt). In Chablis darf nur die weiße Rebsorte Chardonnay angebaut werden, aber die Weine erhalten ihr entscheidende mineralische Geschmackskomponente aus der einzigartigen Zusammensetzung der Böden in der Region: Neben dem Lehm und dem Kalkstein finden sich darin prähistorische Austernschalen – was vielleicht erklärt, warum ein Glas Chablis so wunderbar zu Austern mundet!

Die idyllische Gemeinde Chablis ist beträchtlich kleiner als ihre Gegenstücke in der Côte d'Or und empfängt auch viel weniger Traveller, weshalb die hiesigen Winzer:innen gegenüber Kellerführungen und Verkostungen aufgeschlossener sind. Im Zentrum von Chablis lassen sich Besuche der **Domaine Pinson Chablis**, der **Domaine Laroche Chablis** und der **Domaine Jean Collet et Fils** organisieren. Man kann sein Glück versuchen und einfach von der Straße hineinspazieren, es ist aber besser, vorab per E-Mail einen Besuchstermin zu vereinbaren.

Wie in der Côte d'Or erkundet man die Weinberge von Chablis am besten auf zwei Rädern Ehe man ein E-Bike bei **E-Bike Wine Tours** mietet, sollte man sich ein Picknick im **Les Jardins de Claude** zusammenstellen, einer *épicerie,* die auf örtliche Produkte, Käse und wunderschöne Flechtkörbe spezialisiert ist. Unbedingt probieren sollte man Plaisir au Chablis, einen örtlichen Käse, der mit Chablis-Wein zubereitet wird.

GUT ESSEN IN CHABLIS

Le Maufoux
Das traditionelle Bistro im Zentrum von Chablis legt seinen Schwerpunkt immer auf örtliche Klassiker, aber die Karte ändert sich, je nachdem, welche Produkte gerade frisch verfügbar sind.
€€

Au Fil du Zinc
Die Leute kommen aus der ganzen Region, um das Feinschmecker-Verkostungsmenü aus fünf bis sieben Gängen im berühmtesten Restaurant von Chablis zu genießen. **€€€**

Les Trois Bourgeons
In dem eleganten Restaurant werden traditionelle burgundische Gerichte wie *oeufs en meurette* und Bœuf bourguignon (sowie in der Saison auch Austern!) serviert. **€**

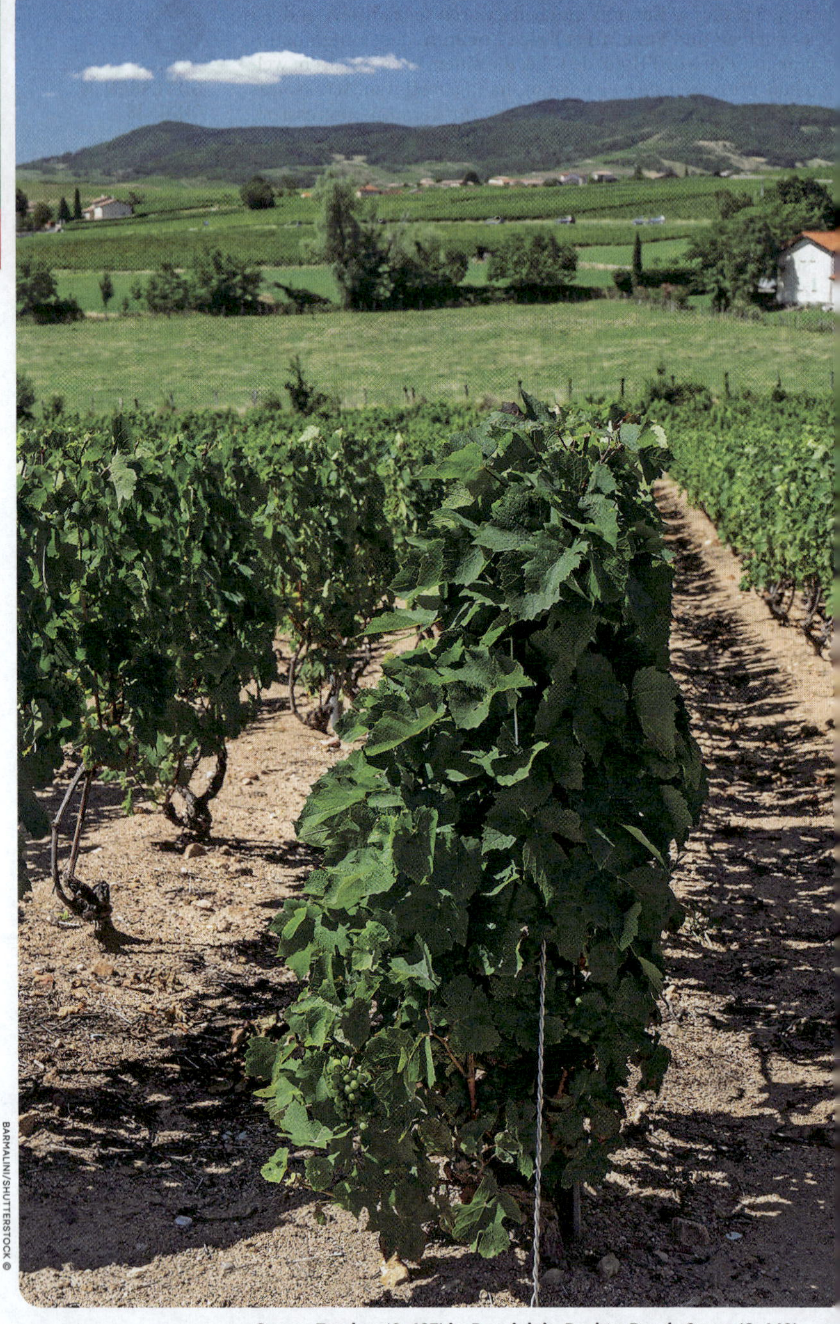

BARMALINI/SHUTTERSTOCK ©

Gamay-Trauben (S. 427) im Beaujolais, Rechts: Puy de Sancy (S. 449)

Lyon, das Rhône-Tal & die Auvergne

VULKANE, WEINGÜTER UND URALTE GESCHICHTE

Rund um Frankreichs kulinarische Hauptstadt erstrecken sich erlesene Weingüter, Milchbauernhöfe und Kastanienwälder in einer weitgehend unentdeckten Region.

Lyon, Frankreichs heute drittgrößte Stadt, wurde von den Römern im 1. Jh. v. Chr. mit dem Namen Lugdunum gegründet. Im Vergleich zu ihrer Umgebung ist das aber geradezu jung: Die schon lange erloschenen Vulkane der Auvergne im Westen sind gut 11000 Jahre alt und heute das ursprünglichste Wander- und Skigebiet des Landes.

Die tiefen Kalksteinschluchten der Ardèche südlich von Lyon entstanden vermutlich schon vor 6 Mio. Jahren, in ihren Höhlen verbergen sich einige der ältesten Höhlenmalereien in Frankreich. Da sich die meisten Tourist:innen im Winter auf die Skigebiete der Alpen und im Sommer auf die Küste konzentrieren, verpassen sie die atemberaubende Berglandschaft um Cantal, preiswerte Weine junger Winzer:innen im Beaujolais und die stillen Schluchten der Ardèche. Nicht zu vergessen Lyon, das zu Recht als kulinarische Hauptstadt Frankreichs gilt. Die Stadt liegt zwischen zwei Flüssen und grenzt im Norden an das Weinanbaugebiet Beaujolais, im Süden an das Rhône-Tal. Hier kann der Tag mit dem Frühstück auf einem *péniche*-Boot (Hausboot) beginnen und bei Mondlicht mit Tanzen im 2000 Jahre alten, einst 26000 Besucher:innen fassenden Amphitheater enden.

PATRIZIA MOLINARI/SHUTTERSTOCK ©

DIE WICHTIGSTEN ZIELE

LYON
Kulinarische Hauptstadt an zwei Flüssen.
S. 418

DIE SCHLUCHTEN DER ARDÈCHE
Adrenalin pur und uralte Geschichte.
S. 429

LE PUY-EN-VELAY
Pilgerstätten und mittelalterliche Geschichte.
S. 439

LA CHAÎNE DES PUYS
Herrliche Wanderungen und erstklassiger Käse.
S. 448

AUTO

In der ländlichen Auvergne ist ein Auto zumeist unerlässlich, denn es fahren nur wenige Busse. Wer nicht selbst fahren will, kann Mitfahrangebote wie BlaBlaCar oder Mietwagen-Apps wie Getaround nutzen.

FAHRRAD

Die Straßen von Lyon verfügen zumeist über eine Radspur, und es gibt vieleFahrradmietstationen (Vélo'v). Auch die 815 km lange ViaRhôna (S. 436) von Genf zum Mittelmeer führt durch die Stadt und weiter ins Département Ardèche und das Rhône-Tal.

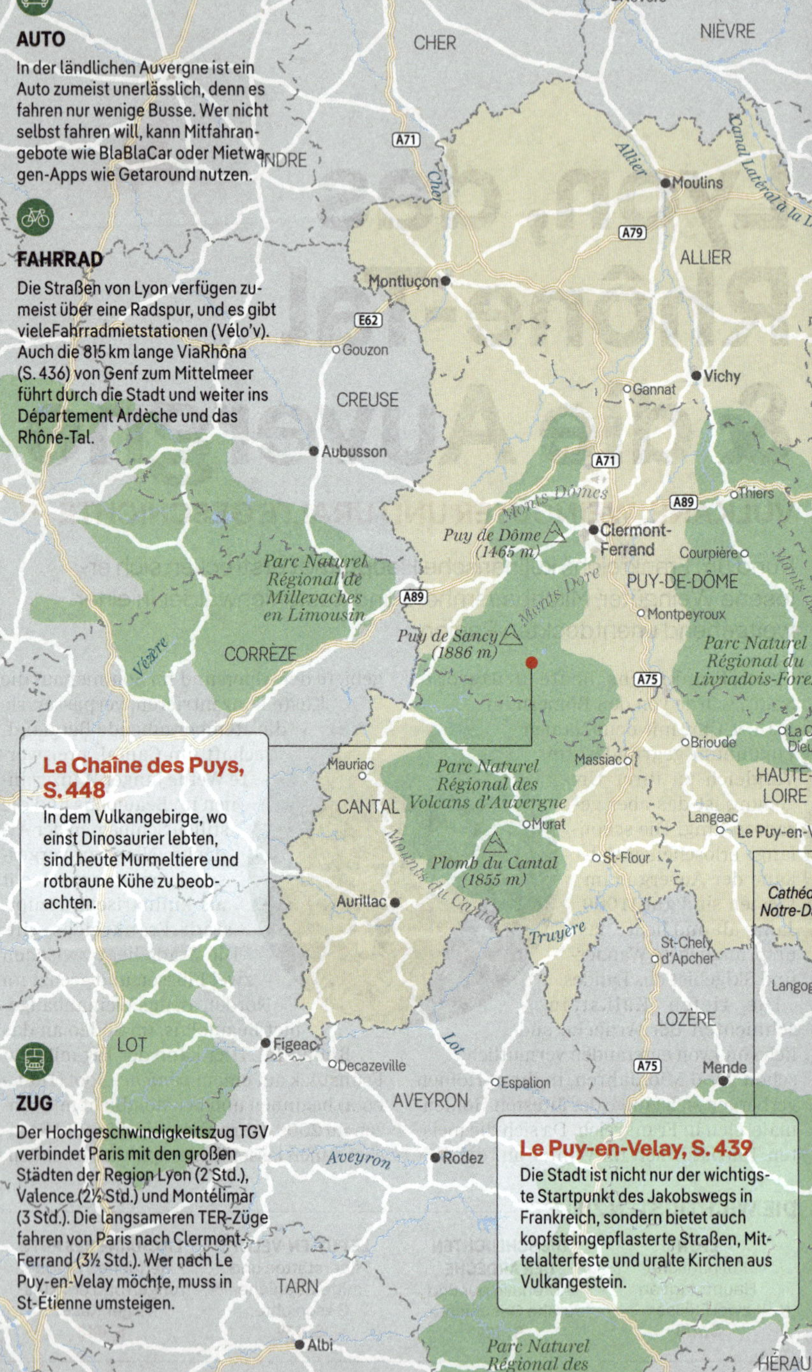

La Chaîne des Puys, S. 448

In dem Vulkangebirge, wo einst Dinosaurier lebten, sind heute Murmeltiere und rotbraune Kühe zu beobachten.

Le Puy-en-Velay, S. 439

Die Stadt ist nicht nur der wichtigste Startpunkt des Jakobswegs in Frankreich, sondern bietet auch kopfsteingepflasterte Straßen, Mittelalterfeste und uralte Kirchen aus Vulkangestein.

ZUG

Der Hochgeschwindigkeitszug TGV verbindet Paris mit den großen Städten der Region Lyon (2 Std.), Valence (2½ Std.) und Montélimar (3 Std.). Die langsameren TER-Züge fahren von Paris nach Clermont-Ferrand (3½ Std.). Wer nach Le Puy-en-Velay möchte, muss in St-Étienne umsteigen.

Erste Orientierung

Die ländliche Auvergne ist ideal für langsames, genussvolles Reisen. Mehr als 500 km an Radwegen und -spuren machen Lyon zu einem Radlerparadies, die atemberaubende Ardèche lädt zu Wanderungen und Kajakfahrten ein.

Lyon, S. 418

Das Feinschmeckerparadies hat die meisten Restaurants pro Kopf in ganz Frankreich, darunter auch viele Restaurants, Bars und Clubs auf Péniche-Booten.

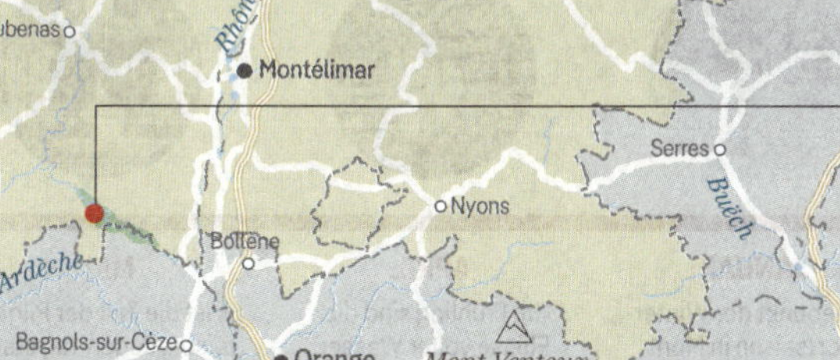

Die Schluchten der Ardèche, S. 429

Die wilde Schluchtenlandschaft ist ober- und unterirdisch gleichermaßen faszinerend. Der gleichnamige Fluss bietet unzählige Wassersportmöglichkeiten. In den bis zu 300 m hohen Kalksteinwänden ist ein grandioses Labyrinth aus Stalaktiten versteckt.

Perfekte Tage

Du kannst Jahre in der Auvergne verbringen und doch nicht alles gesehen haben. Um mehr Zeit für diese grandiose Region zu haben, solltest du auf die Standard-Sehenswürdigkeiten in Lyon verzichten und dich eher auf die verborgenen Schätze in den Seitenstraßen konzentrieren.

BROOKGARDENER/SHUTTERSTOCK ©

Basilika Notre-Dame de Fourvière (S. 418), Lyon

Wenig Zeit

● Die kulinarische Hauptstadt **Lyon** (S. 418) bietet neben traditionellen *bouchons* (kleine Bistros) auch immer mehr vegetarische Restaurants. Außerdem gibt's noch die Food Courts in den *traboules*, die ideal für eine Stärkung vor dem Abtanzen in den Clubs sind.

● Von der Basilika auf dem **Fourvière** (S. 418) reicht der Blick bis zum Mont Blanc. Ein anderer, ruhigerer Aussichtspunkt ist der **Friedhof Loyasse** (S. 419) im Norden.

● Auf dem Dach des **Opernhauses** (S. 425) lässt sich mit einem Sundowner gut der Sonnenuntergang über der **Basilika Notre-Dame de Fourvière** (S. 418) beobachten.

Beste Reisezeit

Die Jahreszeiten in der Auvergne sind sehr ausgeprägt: kalte Winter mit viel Schnee und milde Sommer – dazu viel Regen das ganze Jahr über.

JANUAR

Höhepunkt der Wintersportsaison in Mont-Dore (S. 452) und Le Lioran (S. 451). La Chaîne des Puys ist ideal zum Schneeschuhwandern.

APRIL

Im Frühling sind die Flüsse voller Wasser. Die beste Zeit für Kajakfahrten auf der Ardèche.

MAI

Es ist die Zeit der Pilgerreisen. Jeden Tag starten hunderte Menschen an der Kathedrale von Le Puy-en-Velay aus dem 11. Jh.

MIKEDOTTA/SHUTTERSTOCK ©, MIKEDOTTA/SHUTTERSTOCK ©, PECOLD/SHUTTERSTOCK ©

Drei Tage

- Mit einem Mietwagen fährst du durchs Rhône-Tal nach Süden in die **Schluchten der Ardèche** (S. 429). Gleich südlich von Lyon lohnt sich ein Abstecher in die alte römische Stadt **Vienne** (S. 427), um die Mosaiken im **Musée et sites de St-Romain-en-Gal-Vienne** (S. 428) und das antike **Amphitheater** (S. 427) zu bewundern.

- Südlich von Vienne liegt **Vallon-Pont-d'Arc** (S. 430), wo du einen Tag lang mit dem Kajak auf der Ardèche und unter dem 60 m hohen Steinbogen hindurch fahren kannst.

- Auf dem Weg zurück nach Lyon solltest du unbedingt die mittelalterliche Stadt **Tournon-sur-Rhône** (S. 437) besuchen. In den Dörfern entlang der Straße wird überall die leckere *crème de marrons* verkauft. Eine halbe Stunde nordöstlich der Stadt lockt schließlich noch der exzentrische **Palast des Postboten** (S. 438).

Länger Zeit

- Nach einigen Tagen in Lyon fährst du mit dem Zug nach **Clermont-Ferrand** (S. 454) und mietest dort ein Auto. Damit fährst du nach **Mont-Dore** (S. 452) und besichtigst unterwegs in **Orcival** (S. 452) die Basilika aus dem 12. Jh.

- In **Puy de Sancy** (S. 449) verbringst du einige Tage mit Wandern, Radfahren und dem Besuch der Wasserfälle in der Umgebung, bevor du weiter nach Süden nach **Murat** im **Cantal** (S. 450) fährst. Unterwegs solltest du unbedingt Käse kaufen.

- In **Puy Mary** (S. 449) kannst du wieder wandern und in einem *buron* übernachten, bevor du nach **Le Puy-en-Velay** (S. 439) fährst. Dort kannst du dich über die Geschichte des Camino informieren und unter die Wanderer-Massen mischen.

JULI
In den antiken Amphitheatern von Lyon und Vienne finden die Musikfestivals **Nuits de Fourvière** und **Jazz à Vienne** statt.

AUGUST
Höhepunkt der Wandersaison in der Auvergne. Für Abkühlung sorgt das Wasser der Ardèche.

NOVEMBER
Der **Beaujolais Nouveau** (S. 427) wird von knallbunt gekleideten Läufern und Läuferinnen begrüßt.

DEZEMBER
In Lyon findet die gigantische **Fête des Lumières** (S. 423) statt – das größte Lichterfest des Landes.

Lyon

UNTERWEGS VOR ORT

Die Metro in Lyon is gut ausgebaut und zuverlässig. Für mehrere Fahrten am Tag empfiehlt sich eine Tageskarte. Die Lyon City Card gilt für alle öffentlichen Verkehrsmittel und viele Museen. Sie ist nur bei der Tourismusinformation an der Place Bellecour erhältlich. Lyon ist aber auch eine sehr fahrradfreundliche Stadt. Mit der App Vélo'v können in der ganzen Stadt Räder gemietet werden.

TOP TIPP

Auch ein Blick auf den Boden lohnt sich. Nachdem Lyon jahrelang für gigantische Wandgemälde an Häuserfassaden bekannt war, befinden sich die neuesten Kunstwerke jetzt auf der Straße: Der unter Pseudonym arbeitende Künstler Ememem füllt die Schlaglöcher der Stadt mit Mosaiken.

Im 1. Jh. v. Chr. war Lyon die Hauptstadt des römischen Gallien, im 16. Jh. dann die Hauptstadt des Seidenhandels in Europa. Die schnelle frühe Industrialisierung wurde Lyon im 20. Jh. dann zum Verhängnis. Die Ufer der beiden Flüsse waren zugebaut mit Schnellstraßen, Kreisverkehren und Parkplätzen. Die Stadt wurde zum Synonym für Straßenverkehrsprobleme und Umweltverschmutzung. Die Konzentration auf den Autoverkehr hatte aber auch einen Vorteil: einen ersten Platz im *Guide Michelin* und die damit verbundene Bekanntheit der einzigartigen Küche. Bald waren in Lyon die besten Küchenchefs des 20. Jhs. am Werk. Eugénie Brazier, eine alleinerziehende Mutter ohne Ausbildung, wurde zur ersten Küchenchefin der Welt, die – für ihre beiden Restaurants in Lyon – mit sechs Sternen ausgezeichnet wurde. Mittlerweile werden die Schnellstraßen zu Uferparks und Schwimmbädern umgebaut und mit Radspuren ausgestattet. So wird Lyon wieder zu der schönen grünen Stadt, die es einst war.

Zur Basilika hinauf

Ein geschichtsträchtiger Hügel

Die **Basilika Notre-Dame de Fourvière** thront auf dem Fourvière hoch über Lyon. Die goldene Statue der Jungfrau Maria wurde 1852 von einem Bildhauer der Stadt geschaffen und zur Erinnerung an die Überwindung der Pest von 1643 auf den Turm gesetzt. (Angeblich soll die Pest die Rhône nie überquert haben, sondern jenseits des Pont de la Guillotière geblieben sein.) Seit damals wird auch das große Lichterfest (S. 423) zu Ehren der Jungfrau Maria gefeiert. Ursprünglich bestand das Fest nur aus einer Prozession zum Fourvière hinauf, zu der die Bevölkerung Kerzen in ihre Fenster stellte. Um 1900 wurde die Porzession um ein Fest erweitert und ist heute das größte Lichterfest des Landes.

Der **Fourvière** allein bietet schon einen tollen Blick auf Lyon mit den beiden Flüssen Saône und Rhône, die Alpen und die Monts Lyonnaises, doch von den Kuppeln der Basilika ist die Aussicht noch grandioser. Der Zugang zu den Kuppeln ist nur im Rahmen von Führunge möglich, die von April bis Septem-

LYON

HIGHLIGHTS
1 Basilika Notre Dame de Fourvière

SEHENSWERTES
2 Gallisch-römisches Amphitheater

3 La Longue Traboule
4 Marché du Quai Augagneur
5 Musée Cinéma et Miniature

ESSEN
6 Food Traboule
7 La Mère Brazier

UNTERHALTUNG
8 l'Opéra
9 Le Shalala

ber täglich, im Oktober und November nur mittwochs und am Wochenennde angeboten werden. Sie müssen auf fourviere.org gebucht werden. Im märchenhaften Inneren hat die Kathedrale schöne Buntglasfenster, Decken voller goldener Sterne und riesige Kronleuchter. Zum **Friedhof Loyasse** hinter der Kirche sind es fünf bis zehn Minuten zu Fuß.

HISTORISCHE HOTELS IN LYON

Villa 216
Das komfortable Hotel aus dem 19. Jh., das inmitten der Hochhäuser des 3. Arrondissements steht, bietet auch einen schönen Garten. €€€

Hôtel de Verdun 1882
Das wunderschöne Gebäude war einst das Wohnhaus der Gründerfamilie der Brasserie Georges. €€

Fourvière Hôtel
Schickes nobles Hotel in einem ehemaligen Kloster. Der Altar und die Beichtstühle sind nun von Grünpflanzen überwuchert. €€€

DIE BESTEN ORTE, UM MIT EINHEIMISCHEN IN KONTAKT ZU KOMMEN

Astrid Rolin, Fremdenführerin bei No Diet Club (@nodietclub_lyon), nennt uns ihre Lieblingsrestaurants in der Stadt.

Milord Circus
(9. Arr.) Das Restaurant in Vaise bietet eine unglaubliche Tageskarte und abends Mottoplatten für mehrere Personen.

Les Assembleurs
(3. Arr.) Hier wechselt die Karte regelmäßig. In der Weinbar gibt's abends tolle Tapas (auch für mehrere Personen).

Odessa Comptoir
(1. Arr.) Die großartige Karte wechselt täglich. Die originellen Tapas zum Wein sind göttlich!

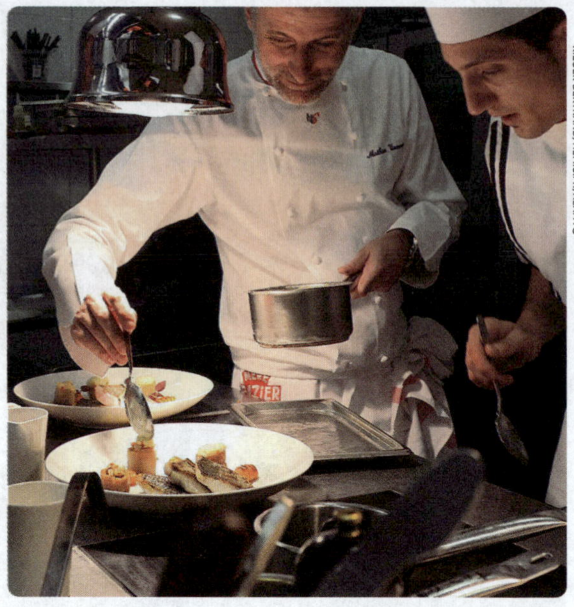

RIEGER BERTRAND/HEMIS.FR/ALAMY©

La Mère Brazier (S. 422)

Der direkte, aber steile Weg zur Basilika führt von der Altstadt durch den Jardin du Rosaire. Es gibt aber auch eine Seilbahn.

Direkt nebenan befindet sich das **Gallisch-römische Amphitheater** aus dem 1. Jh.

Ganz Lyon auf einem Teller

Lyon lebt für gutes Essen

Restaurants sind für Lyon das, was die vielen Könige Louis für Frankreich waren – eine scheinbar unendliche Zahl von Möglichkeiten, darunter auch die eines ganzen Kopfes auf dem Teller. Dieser stammt heutzutage zum Glück von einem Kalb. Die für Lyon so typischen *bouchons* sind traditionelle fleischlastige Restaurants, in denen früher die *mères lyonnaises* (Mütter Lyons) die Arbeiter der Stadt mit billigem, sättigenden Innereien bekochten und dazu Rotwein servierten. Bis heute bieten diese Restaurants *andouillette* (Wurst aus Schweineinnereien), Nieren und Kutteln, die zumeist überraschend schmackhaft sind. Allerdings nicht in den Touristenfallen in der Altstadt.

EIN ESSEN MIT SEKT ZUM PREIS VON SELTERS

L'Établi
Zum hervorragenden Essen kommt noch ein Überraaschungsgang dazu, und du darfst dir dein persönliches Brotmesser aussuchen. €€

Le Cochon Qui Boit
Das kleine Lokal an der Ecke einer historischen Straße im 1. Arrondissement serviert frische, wundervoll angerichtete Gerichte. €€

Flair
Die Innenausstattung ist langweilig, das Essen jedoch vom Feinsten, auch die preiswerten Menüs mit Sekt. €€

Mittlerweile beruht Lyons kulinarischer Ruf nicht mehr nur auf Innereien, nachdem Küchenchefs wie Brazier und Bocuse das Angebot erweitert haben. Heute ist die Stadt bekannt für ihre Food Courts, progressiven veganen Küchenchefs und eine Küche von Weltklasse. Einer der besten Food Courts der Altstadt ist das **Food Traboule**. Unter den zwölf Restaurants, die Essen aus aller Welt anbieten, sind auch traditionelle *bouchons*. Noch vielfältiger ist das Angebot im **La Commune** im 7. Arrondissement (geöffnet tgl. außer Mo). In dem mit bunten Lichterketten geschmückten Biergarten finden regelmäßig Konzerte statt oder legen DJs auf. Die Restaurants wechseln ständig und werden oft auch an aufstrebende Neulinge der Gastronomieszene verpachtet. So haben viele der besten Restaurants der Stadt hier ihren Ursprung.

Eine tolle Möglichkeit, die Restaurants der Stadt kennenzulernen, ist eine Führung des **No Diet Club**, die ein Verkostungsmenü mit sechs Gängen an ausgewählten Stationen anbieten. Darin sind nicht nur die klassischen Spezialitäten wie rosa Praliné-Brioches und *bugnes* (eine Art flache Donuts) enthalten, sondern auch Beispiele der sich ständig verändernden Lyoner Küche, wie mit Anchovis gefüllte Empanadas, Meeresfrüchte und die beste Pizza der Stadt. Die führungen dauern etwa drei Stunden und finden mittwochs, samstags und sonntags statt. Sie müssen online im Voraus auf nodiet.club gebucht werden. Dabei sind auch Vorlieben und eventuelle Unverträglichkeiten anzugeben. VegetarierInnen stellen kein Problem dar, bei VeganerInnen wird es schwierig.

Wie in einer Stadt dieser Größe üblich, findet auch hier jeden Tag ein Markt statt. Die besten sind der **Marché du Quai Augagneur** donnerstags von 18 bis 20 Uhr am Ufer der Rhône und der große **Markt am Quai St Antoine** an der Saône. Die Stände stehen hier täglich, sind aber nur sonntags besetzt. Es gibt auch jeweils Bänke, auf denen die Köstlichkeiten direkt verzehrt werden können. Im Juni findet zudem das große **Lyon Street Food Festival** auf dem Gelände der Firma Fagor statt.

Die versteckten Durchgänge entdecken

Kreuz und quer durch die Traboules

Die mehr als 400 *traboules* (überdachte Durchgänge), die sich kreuz und qur durch Lyon ziehen, dienten einst dem Transport von Seide. Die meisten sind öffentlich zugänglich und beherbergen Bars und Boutiquen, andere liegen versteckt zwischen Wohnhäusern und Büros. Ein Rundgang beginnt am besten mit **La Longue Traboule**. Wie der Name schon andeutet, ist es der längste Durchgang in der Altstadt. Er führt zur **La Tour Rose**,

WEINSELIGES FRÜHSTÜCK IN LYON

Der *mâchon* ist ein ausgedehnter Brunch im Stil von Lyon. Statt Eiern und Avocados gibt's *rognons de veau* (Kalbsnieren), *tête de veau* (Kalbskopf) und *andouillette* (Wurst aus Schweineinnereien – all das wird mit Unmengen von Beaujolais hinuntergespült. Der Brunch geht auf die *canuts* (Seidenweber) in Lyon zurück, die zumeist frühmorgens mit der Arbeit begannen und den *mâchon* erst um die Mittagszeit einnahmen. Die Tradition wurde dann von Geschäfts- und Kaufleuten übernommen, die ihn als Arbeitsessen nutzten. Das deftige Essen wird jeden Tag ab 9 Uhr angeboten, aber auch die Einheimischen essen es nicht jeden Tag. Wer diese Art Brunch probieren will, sollte einen Tisch im **Le Café du Peintre** (6. Arr.) reservieren.

VEGANES & VEGETARISCHES IN LYON

Culina Hortus
Das feine vegetarische Restaurant bietet ein majestätisches Ambiente und eine umfangreiche Weinkarte. Die Gerichte sind echte Kunstwerke. **€€€**

Les Mauvaises Herbes
Küchenchef François Allemand lässt sich von seiner Zeit als Koch auf Jachten inspirieren und serviert eine internationale Küche. **€€**

Zoï
Die butterzarten *pains au chocolat* sind nicht nur die besten der Stadt, sondern auch milchfrei – und überraschend preiswert. **€**

einer wunderbaren *traboule* beim ikonischen Rosa Turm. Es folgt **La Traboule de Pralus**, durch die der Duft von frisch gebackenen Brioches zieht, und schließlich die **Place et Traboule du Gouvernement** in einem Verwaltungsgebäude aus dem 15. Jh. Unterwegs sind noch viele weitere Durchgänge zu entdecken.

Im Zweiten Weltkrieg dienten die *traboules* als Verstecke der Résistance, deren Mitglieder hier trotz Gestapo ein und aus gingen und Nachrichten verteilten. Das berühmteste Mitglied der Résistance, Jean Moulin, verbrachte einen Großteil des Krieges in Lyon. Er wurde aber 1943 von dem berüchtigten SS-Mann Klaus Barbie, dem „Schlächter vo Lyon", entdeckt und ins Gefängnis vin Montlux eingeliefert, wo er brutal gefoltert wurde und schließlich starb.

Die *traboules* können auf eigene Faust oder im Rahmen einer Führung erkundet werden. Der ausgezeichnete Veranstalter **Repère(s)** (reperes-lyon.fr) bietet jed Woche zwei Führungen an. Die genauen Termine finden sich auf der Website. Dort kann man die Führung auch auf Englich buchen.

DIE BESTE KÜCHENCHEFIN

Eugénie Brazier (1895–1977) ist in Ain,außerhalb von Lyon, geboren und aufgewachsen. Sie hatte praktisch keine Ausbildung, backte aber schon früh leckere Kuchen und Pasteten mit ihrer Mutter. Sie arbeitete dann als Haushälterin bei wohlhabenden Familien in Lyon, wo sie auch lernte, nach mündlich überlieferten Rezepten zu kochen.Danach arbeitete sie einige Jahre in Lyoner *bouchons*, bevor sie ihr Restaurant La Mére Brazier und ein zweites Restaurant mit Kochschule eröffnete. Dort bildete sie die bekanntesten Köche der Welt aus, unter anderem Paul Bocuse. 1933 bekam sie als erste Person sechs Michelin-Sterne, je drei für jedes Restaurant.

La Mère Brazier in der Rue Royale gibt's immer noch, hat aber heute nur noch zwei Sterne.

Ein endloser Festivalsommer

Feiern wie im Jahr 100

Der Höhepunkt des sommerlichen Veranstaltungskalenders ist das Festival **Nuits de Fourvière** (nuitsdefourviere.com) im Gallisch-römischen Amphitheater. Zwei Monate lang (Juni und Juli) wird jeden Abend Musik von Pop über R&B bis zur Klassik geboten. Das Programm findet sich auf der Website; die Veranstaltungen sind zumeist schnell ausgebucht – Events mit Stars oft schon am ersten Verkaufstag.

Der Festivalsommer in Lyon ist wirklich lang. Den Auftakt macht Anfang Mai das Electro- und Technofestival **Nuits Sonores** (nuits-sonores.com), bei dem fünf Tage lange in Fabrikhallen und Lagerhäusern der Stadt von 1 bis 5 Uhr morgens gefeiert wird. Für die nicht ganz so Hartgesottenen gibt's auch Tagesveranstaltungen.

Ende des Sommers, genauer am letzten Wochenende im August, findet dann das Öko-Festival **Woodstower** (woodstower.com) statt. Im üppig grünen, 2200 ha großen Grand Parc Miribel Jonage sind zumeist französischer Techno und Rap zu hören. Aber: Zwar regnet es in Lyon nur selten, bei dem Festival ist das aber immer wieder der Fall. Die Veranstalter reagieren jedoch nicht darauf, und so verwandelt sich das Gelände regelmäßig in eine Schlammwüste. Wer das Festival besucht, sollte sich darauf einstellen.

DER KRIEG IN LYON

Mémorial Jean Moulin
Die Statue erinnert an Jean Moulin, den berühmtesten Freiheitskämpfer Frankreichs, der hier 1943 verhaftet wurde.

Mémorial national prison de Montluc
Das von den Nazis für politische Gefangene genutzte Gefängnis ist im Originalzustand erhalten.

Musée de la Résistance et de la Déportation
Das ausgezeichnete Museum erzählt die Geschichte der Besetzung und Résistance im Zweiten Weltkrieg in und um Lyon.

Nuits de Fourvière

Ein Drink aus dem dritten Fluss in Lyon

Die Stadt des Weins

Im Norden grenzt Lyon an das Beaujolais, im Süden an das Rhône-Tal. Deshalb wird es oft als die Stadt der drei Flüsse bezeichnet: Rhône, Saône und dazu ein ständiger Wein-Strom. Die Gegend ist so ideal für den Weinanbau, dass die Winzerin Geraldine Dubois von **La Têtue Vins** ihren Wein tatsächlich innerhalb von Lyon anbaut, nicht einmal 25 km von ihrem Geschäft im 1. Arrondissement entfernt. Weinverkostungen sind samstags oder nach Vereinbarung möglich. Auf Wunsch liefert sie den Wein mit dem E-Bike auch nach Hause.

Wer sich wirklich für die Weine der Region interessiert und die Mythen und Eitelkeiten rund um den Wein kennenlernen will, ist bei Caroline Connor an der richtigen Adresse. Die amerikanische Sommelière, Blindverkostungschampion und Absolventin der Oxford Wine Society, kam 2017 nach Lyon. Ihr **Wine Dine Caroline** befindet sich in einer ehemaligen Seidenweberei in Croix-Rousse. In der traditionell von Männern dominierten französischen Weinszene hat sich die Amerikanerin einen guten Ruf erkämpft.

Bei ihren Verkostungen bietet sie nicht nur den üblichen winzigen Schluck, sondern gefüllte Gläser. Die Weine stammen zumeist aus der Region: Beaujolais, Rhône-Tal, Burgund, aber auch aus anderen Gebieten. Außerdem erfahren die Gäste alles,

FÊTE DES LUMIÈRES

Das größte Lichterfest Frankreichs wird in der heutigen Form seit 1999 gefeiert. Es findet jedes Jahr am Wochenende um den 8. Dezember statt und zieht bis zu zwei Millionen Tourist:innen an. Das Programm wird schon Monate im Voraus auf fetedeslumieres.lyon.fr veröffentlicht. Feste Bestandteile sind die Lichtinstallationen im Parc de la Tête d'Or und die Projektionen auf der Jakobs-Kathedrale, dem Rathaus und der Basilika Notre-Dame de Fourvière. Der Eintritt ist frei, doch aufgrund der Besuchermassen gilt ein Einbahnsystem.

Trotz der steil ansteigenden Preise sind die Unterkünfte der Stadt immer schnell ausgebucht. Eine gute Option sind Unterkünfte in der Umgebung, die gut mit öffentlichen Verkehrsmitteln zu erreichen sind. Die Veranstaltungen beginnen zumeist nach Einbruch der Dunkelheit.

DIE BESTEN PARTY-HOSTELS

Yasi
Das Lifestyle-Hostel hat einen wunderbaren Garten, Whirlpool und Sauna. Es finden regelmäßig Konzerte, Ausstellungen und DJ-Partys statt. €

Alter'Hostel
Das gesellige Hostel in einem ruhigen Arrondissement legt großen Wert auf Nachhaltigkeit. €

PILO
In dem 2023 eröffneten Hostel legen jeden Freitagabend DJs auf. Die Schlafsäle sind sehr stylish, und es gibt auch eine Boule-Bahn. €

OLIVEROUGE 3/SHUTTERSTOCK ©

Opernhaus

WARUM ICH LYON LIEBE

Anna Richards, Autorin
@annahrichards

Als ich vor zehn Jahren mit dem Rucksack nach Lyon kam, verliebte ich mich sofort in die Stadt. Von meinem Hostel auf dem Hügel sah ich die Jakobskathedrale, das Opernhaus und sogar die Alpen am Horizont. Über der Stadt lag der Duft von Praliné-Brioches. In den Stadtparks wurde Rollschuh gelaufen, während die Giraffen über die Gewächshäuser im Botanischen Garten spähten. Und abends wurde in den Clubs auf den *Péniches* abgetanzt. Lyon ging mir nicht mehr aus dem Kopf, seit 2021 lebe ich in der Stadt.

was sie schon immer über Wein wissen wollten. So z. B., dass der Beaujolais Nouveau (S. 427) keineswegs minderwertig ist, Chardonnay einen schlechten Ruf hat und nicht alle Bordeaux unbedingt gut sind. Dazu gibt's riesige Käseplatten und eine herrlich ausgelassene Stimmung.

Kamera ab und Action!

Die Wiege des Kinos

1870 kamen die Brüder Auguste und Louis Lumière nach Lyon, um an der technischen Hochschule La Martinière zu studieren. 25 Jahre später „erfanden" sie das Kino, als sie in Paris erstmals einen mit ihrem Cinematografen hergestellten Film mit bewegten Bilder zeigten.

Das renovierte **Musée Lumière** im 3. Arrondissement zeigt die Film- und Videokameras der beiden Brüder. Außerdem gibt's Wechselausstellungen. Das **Institut Lumière** im gleichen Gebäude zeigt regelmäßig Kinofilme – von Klassikern über Weltfilme bis zu Animationsfilmen. Hier findet im Oktober auch das **Festival Lumière** statt, zu dem die großen Stars der Branche anreisen, z. B. waren Tim Burton und Martin Scorsese schon hier. Dann werden nächtelang Filme gezeigt. Die Gebrüder Lumière sind auf dem Friedhof **Cimetière de La Guillotière** begraben.

Das **Musée Cinéma et Miniature** in der Altstadt vermittelt einen faszinierenden Einblick in die Produktion und Arbeits-

DIE BESTEN PARKS IN LYON

Der Garten der Schönen Künste
Der schattige Garten mit Springbrunnen verbirgt sich im Innenhof des Kunstmuseums im Stadtzentrum. Der Eintritt ist frei.

Parc Miribel Jonage
Der größte Park Lyons hat zahlreiche Seen und Radwege. Das benachbarte Grand Large vermietet Stehpaddelbretter.

Parc de la Tête d'Or
In dem frei zugänglichen zoologischen Garten leben unter anderem Giraffen, Zebras und Rote Pandas.

weise moderner Filmschaffender anhand von unglaublich detailgetreuen Mini-Filmkulissen. Außerdem sind Kostüme aus den *Star Wars*–Filmen, die Kulisse von *Alien vs. Predator* und Requisiten von *Harry Potter* zu sehen. Damit ist der Eintrittspreis von 13,90 € durchaus gerechtfertigt.

Wer lieber ins Theater geht, kann das **Opernhaus** an der Place de la Comédie besuchen. Hier werden regelmäßig Theaterstücke, Opern und Ballet aufgeführt. Unbedingt sehenswert ist auch die opulente Bar mit viel Golddeko und üppigen Kronleuchtern. Einfachere Komödien sind fast täglich in den Cafétheatern in Croix-Rousse zu sehen (allerdings nur auf Französisch). Am besten ist **Le Shalala.**

Künstlerischer Anarchismus – erfogreich kanalisiert

Fresken, Mosaiken und politische Installationen

Lyons Straßenkunst ist allgegenwärtig. Mehr als 100 Illusionsmalereien und optische Täuschungen im Großformat zieren die Mauern der Stadt. Das erste Wandgemälde war **Die Mauer der Canuts** in Croix-Rousse, zu seiner Zeit das größte in Europa. Das 1200 m² große Gemälde zeigt Straßenszenen aus dem Viertel: Seidenwebereien, Fußgänger und kleine Hinweise auf die Stadtgeschichte, darunter die berühmte Puppe Guignol (eine Art Kaspertheater).

Die Illusionsmalereien öffnen Fenster in die Geschichte des jeweiligen Stadtviertels. Die Künstlergruppe CitéCreation stellt in Zusammenarbeit mit der Bevölkerung ihre Vergangenheit dar. Das **Fresque des Lyonnais** im 1. Arrondissement widmet sich den berühmten Söhnen der Stadt wie den Gebrüdern Lumière, dem Schriftsteller Antoine de Saint-Exupéry und dem Starkoch Paul Bocuse. Sehenswert sind auch die **Mauer des Kinos**, das **Fresque du Gerland** (zu Ehren der französischen Fußballweltmeister) und das **Musée Urbain de Tony Garnier** mit 25 vom einheimischen Architekten Tony Garnier entworfenen und von internationalen Künstler:innen geschaffenen Wandmalereien. Sie können als Gesamtbild von museeurbaintonygarnier.fr heruntergeladen werden. Bei schlechtem Wetter empfehlen sich die ausgezeichneten Museen für moderne Kunst **Musée d'art Contemporain** und **Musée des Confluences** oder das **Musée des Beaux-Arts** für klassische Kunst und Bildhauerei.

Die faszinierendste Ausstellung ist jedoch **La Demeure du Chaos** im Vorort St-Romain-au-Mont-d'Or etwas außerhalb des Stadtzentrums. Vom Gare St-Paul fahren Busse dorthin. Der „Sitz des Chaos", die Sammlung des Künstlers und Anarchisten Thierry Ehrmann, besteht in einer schäbig dystopischen Hinterhofkulisse, die jedoch äußerst bemerkenswert ist. Im Gegensatz zu fröhlichen Darstellungen erfolgreicher Flußballer ist hier die atomare Katastrophe zu sehen: ein hinterhältig grinsender Putin, Totenschädel in riesigen Blutlachen und Schlagzeilen über die abscheulichsten Ereignisse der letzten Jahre. Die Ausstellung ist von April bis Oktober an den Wochenenden geöffnet. Der Eintritt ist frei.

LYONS ALTERNATIVE MUSEEN

Die Illustratorin **Lélia Withnell** hat schon viele Ansichten von Lyon gezeichnet und stellt uns ihre Lieblingsmuseen vor. @leliawithnell

Musée de la Gastronomie
Das Museum hat eine fantastische Ausstellung mit gut beschriebenen und animierten Exponaten.

Musée de l'Imprimerie et de la Communication Graphique
Das Museum erzählt die Geschichte des Buchdrucks und grafischen Designs, verweist aber auch auf aktuelle Techniken.

Musée de l'Automobile Henri Malartre
Das Museum in Rochetaillée-sur-Saône nördlich von Lyon hat eine spektakuläre Lage in einem Schloss, das hoch oben auf dem Berg von einem üppig grünen Park umgeben ist. Die Sammlung von Autos und Fahrrädern ist ebenfalls spektakulär.

Juliénas
Beaujeu
Belleville-en-Beaujolais
Villefranche-sur-Saône
Lyon
Vienne

Rund um Lyon

Hier bleibt keine Kehle trocken: Rund um Lyon erstrecken sich die Weinberge des Beaujolais und des Rhône-Tals.

UNTERWEGS VOR ORT

Nach Belleville, Mâcon und Vienne fahren Züge direkt von Lyon. Ansonsten stehen kaum öffentliche Verkersmittel zur Verfügung. So lässt sich die Gegend am besten mit dem Auto oder Fahrrad erkunden. Eine andere Option sind die Mitfahrangebote von BlaBlaCar.

Mit golden leuchtenden Dörfern, mittelalterlichen Städten wie Beaujeu und mehr als 18 000 ha an Weinbergen ist das Beaujolais eine der schönsten Landschaften dieser Region. Allein hier werden zehn *crus* (Weine von höchster Qualität) produziert. Das Rhône-Tal im Süden ist geprägt von Weingütern mit Namen, die an Hollywood erinnern, wie etwa E. Guigal, Paul Jaboulet Ainé et Fils und Chapoutier. Hier werden die berühmtesten Weine des Landes produziert, und Condrieu, Tain und Crozes-Hermitages sind Synonyme für Spitzengastronomie. Die Region lässt sich am besten mit dem Rad erkunden, um nach den Weinproben den Führerschein nicht in Gefahr zu bringen.

TOP TIPP

Velo Location im 7. Arrondissement von Lyon vermietet Fahrräder. Für die Erkundung des Beaujolais fahren Züge nach Belleville, für das Rhône-Tal nach Vienne.

T.SABLEAUX/SHUTTERSTOCK ©

Beaujolais Nouveau

Königlicher Weingenuss

Weinproben im Schloss

Die im Beaujolais angebaute Gamay-Traube hat ihren guten Ruf verloren. Schuld daran ist der massenweise produzierte Beaujolais Nouveau, der nur sechs Wochen nach der Lese schon abgefüllt und verkauft wird. Seit der Geschäftsmann Georges Duboeuf den Wein in den 1960er-Jahren erstmals anbot und danach noch den Wein- und Freizeitpark Hameau Duboeuf eröffnete, gilt der Beaujolais nun als minderwertiger Wein. Tatsächlich büßte er schon im 13. Jh. seinen guten Ruf etwas ein. Damals fürchteten die Herzöge von Burgund den Beaujolais als Konkurrenz für ihren in der Nachbarschaft angebauten Wein und verboten die Gamay-Traube in Frankreich.

Für die Winzer:innen des Beaujolais bedeutete dies, dass sie jahrhundertelang nach Lust und Laune experimentieren konnten. Heute ist die Gegend fest in der Hand junger Winzer:innen die sich kein Land in teureren Weinanbaugebieten leisten können, und die mit traditionellen Methoden der Bearbeitung sehr nachhaltige Weine erzeugen. Eine Verkostungstour durch das Weinanbaugebiet beginnt am besten in Beaujeu, der Heimat von Prinzessin Anne de Beaujeu, der ältesten Tochter von Ludwig XI. Das ausgezeichnete **Le Comptoir Beaujolais** dürfte das preiswerteste Weingut in ganz Freankreich sein. Die zumeist von Winzerinnen produzierten Weine sind jedoch hervorragend, der Service ist freundlich und zwanglos. Das 12 km entfernte **Château de Pizay** hat einen prachtvollen Verkostungsraum und einen perfekt gepflegten Garten. Die Proben sind nicht üppig, mit 10 € für zehn Weine aber auch nicht zu teuer. Das **Château de Juliénas** bietet ebenfalls fantastische Verkostungen, während sich das **Maison Jacoulot** auf Schnaps aus Pfefferminze, Zitronen, Pflaumen und Anderem spezialisiert hat.

Für den 10 km langen Abschnitt zwischen Belleville und Beaujeu, nur 50 km von Lyon entfernt, ist etwa ein Tag erforderlich, denn es gibt unzählige Châteaus dort. Achtung: Die meisten sind über die Mittagszeit geschlossen. Es ist möglich, ein Auto mit Fahrer zu mieten oder mit dem Rad zu fahren.

Besuch bei den Römern

Mosaike und Weinanbau auf römischm Terrain

Vor etwas mehr als 2000 Jahren war Vienne, das heute gerade einmal 30 000 Einwohner hat, wesentlich größer als Lyon, das 20 Minuten mit dem Zug entfernt ist. Als größte römische Stadt in Gallien war Vienne auch bedeutender. Viele der damaligen Gebäude sind sehr gut erhalten. Im **Antiken Theater** von Vien-

BEAUJOLAIS NOUVEAU

Den Beaujolais Nouveau kennt die ganze Welt. Von Kalifornien bis Japan warten alle auf den dritten Donnerstag im November, wenn der Wein dieses Jahrgangs endlich verkauft wird. Am größten ist die Erwartung im Beaujolais selbst. Dort gehen beim **Beaujolais-Marathon**, am Samstag mehr als 20 000 Menschen an den Start und laufen bis Villefranche-sur-Saône. Statt Sportkleidung tragen sie alle irgendwelche Fantasiekostüme. Es gibt auch einen Halbmarathon und einen 13 km langen Lauf.

In Villefranche-sur-Saône wird von Mittwochabend bis Sonntag gefeiert, am größten und traditionellsten wird der Beaujolais Nouveau aber mit **Les Sarmentelles** in Beaujeu zelebriert. In den fünf Tagen finden Prozessionen mit brennenden Weinstöcken in Fässern und Kellerbesichtigungen mit Weinproben statt.

ÜBERNACHTEN IN EINEM CHÂTEAU

Domaine du Passeloup
Die Zimmer verteilen sich auf das charaktervolle Hauptgebäude und ein modernes Ferienhaus im Garten. **€€**

Château de Pizay
Der ältere Teil des Châteaus und die Gärten sind spektakulär. Nette Extras sind der Wellnessbereich und der Swimmingpool. **€€€**

Château de Bellevue
Das üppig ausgestattete, auf einem riesigen Gelände gelegene Château hat fünf Zimmer und ein Gîte. **€€**

EINKAUFEN AUF DEM MARKT IN VIENNE

Mit Ständen auf 6 km Länge ist der Markt am Samstag der zweitgrößte des Landes.

Birnen
Die einst „Triumph von Vienne“ genannten Williams-Christ-Birnen waren schon fast verschwunden, dann gab es sie 2016 plötzlich wieder. Der entsprechende *eau de vie* wird mit einer ganzen Birne in der Flasche verkauft.

Ziegenkäse
Der trockene, scharfe und leicht fruchtige Ziegenkäse passt hervorragend zum Weißwein der Region.

Kirschmarmelade
Die Kirschen aus dem Regionalpark Pilat werden langsam mit viel Zucker eingekocht.

Wein aus Crozes-Hermitage
Ein vollmundiger Rotwein aus dem nördlichen Rhône-Tal.

RNDMS/SHUTTERSTOCK ©

Weinberg im Beaujolais (S. 427)

ne aus dem 1. Jh. findet heute Anfang Juli das zweiwöchige Jazzfestival **Jazz à Vienne** statt, bei dem die besten Musiker und Musikerinnen der Welt auftreten. Programm und Tickets gibt's online. Ansonsten ist das Theater von April bis August täglich geöffnet, im übrigen Jahr aber montags geschlossen.

Einen Besuch lohnt auch das **Musée et sites gallo-romains de St Romain-en-Gal**. Hier sind Modelle der römischen Stadt, Keramiken, Kunstgegenstände und riesige Mosaiken zu sehen. Das Museum ist sehr informativ, der Eintritt in der Lyon City Card enthalten. Inmitten von Cafés und Wohngebäuden der Innenstadt steht der etwa 10 v. Chr. errichete **Tempel von Augustus und Livia**, der mit seinen vielen Säulen wie ein Mini-Pantheon aussieht.

Die Winzergemeinschaft **Vitis Vienna** baut ihren Wein an genau den gleichen Stellen wie einst die Römer und auch nach althergebrachter Methode an. Die Weinberge befinden sich in Vienne, Seyssuel und Chasse-sur-Rhône. Besichtigung nur nach Vereinbarung.

Die Schluchten der Ardèche

In den steil und höher als Wolkenkratzer aufragenden Kalksteinwänden verbirgt sich ein Labyrinth aus prähistorischen Höhlen. Die dichten Wälder sind die Heimat von mehr als 500 Pflanzen- und 100 Tierarten. Die Ardèche ist ein wilder rauschender Fluss. Vor Millionen von Jahren lag diese atemberaubende Landschaft noch im Meer, wo aus Fischknochen allmählich das poröse Gestein entstand. Die Spuren menschlicher Besiedlung in den Höhlen reichen etwa 300 000 Jahre zurück, als hier prähistorische Tierarten lebten: Höhlenbären, Höhlenlöwen und Mammuts. Heute ist die von der Ardèche geschaffene Schlucht (Gorges de l'Ardèche) ein einzigartiges Paradies für Abenteuerlustige, das Kajakfahren, Stehpaddel-Boarden, Canyoning, Klettern, Mountainbiking und viele andere Aktivitäten bietet.

JEANLUCICHARD/SHUTTERSTOCK ©

Vallon-Pont-d'Arc (S. 430)

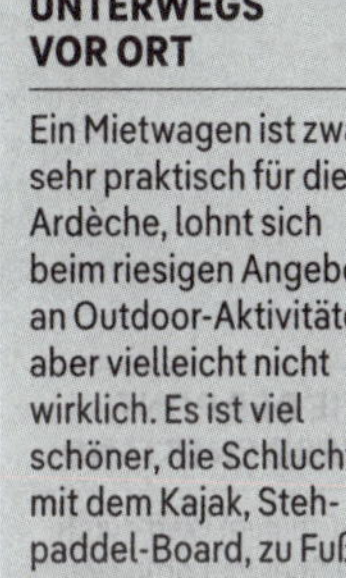

UNTERWEGS VOR ORT

Ein Mietwagen ist zwar sehr praktisch für die Ardèche, lohnt sich beim riesigen Angebot an Outdoor-Aktivitäten aber vielleicht nicht wirklich. Es ist viel schöner, die Schlucht mit dem Kajak, Stehpaddel-Board, zu Fuß oder mit dem Rad zu erkunden. Busse fahren in 1 Stunde und 20 Minuten von Montélimar nach Vallon-Pont-d'Arc.

TOP TIPP

Vallon-Pont-d'Arc ist eine Touristenstadt voller Wassersportveranstalter und Souvenirshops. Das ist ok, wenn du ein Kajak leihen willst, aber übernachten solltest du besser außerhalb der Stadt, z.B. in Salavas am anderen Ufer oder noch weiter weg. Dafür ist dann aber ein Auto erforderlich.

WIE DER PONT D'ARC ENTSTAND

Auf seinem Weg durch die Schlucht grub sich der Flusss durch einen schmalen Abhang und hinterließ eine bogenförmige Öffnung in der Klippe. Der sogenannte Pont d'Arc ist 60 m hoch und wird durch das schnell fießendes Wasser immer weiter erodiert – sodass es irgendwann einmal statt eines Bogens nur noch zwei einzelne Felsensäulen sein werden. Beim Durchpaddeln sind auf der linken Seite eine Reihe von Höhlen zu sehen, die nur vom Wasser aus zugänglich sind. Vom Wasser bietet sich auch der beste Blick auf den Bogen.

Unter dem Pont d'Arc durchpaddeln

Geologische Wunder und wilde Stromschnellen

Obwohl es hier mehr Kajakverleiher als Sand am Meer geben dürfte, ist die Fahrt auf der **Ardèche** doch ein einzigartiges Erlebnis. Die anspruchsvollste Tour ist 32 km lang und dauert sieben Stunden. Sie beginnt in **Vallon-Pont-d'Arc** und endet in **Sauze**. Am dortigen Parkplatz werden die Gäste wieder abgeholt. Wer die Abholzeit verpasst, hat einen langen Rückweg vor sich. Die Fahrt sollte möglichst vor 9 Uhr morgens beginnen, um pünktlich am Zielort zu sein.

Alternativ kann die Fahrt auf zwei Tage verteilt werden. Wild campen ist in der Schlucht verboten, doch es gibt zwei offizielle Campingplätze in **Gaud** und **Gournier**. Die Einrichtungen sind sehr einfach, und die gesamte Camping-Ausrüstung muss wasserdicht verpackt mitgebracht werden. Der angesehene Veranstalter **Aigue Vive** hat freundliches Personal und organisiert auch ein- bis zweitägige Aufenthalte in der Schlucht. Es lohnt sich aber, auch die Angebote anderer Veranstalter vergleichend in Betracht zu ziehen. Die Anzahl der Gäste auf den beiden Campingplätzen – die auch nur in der Hochsaison geöffnet sind – ist begrenzt. Die Plätze müssen bei der Tourismusinformation in Vallon-Pont-d'Arc reserviert werden. Dies gilt auch für eine geführte zweitägige Tour.

Es gibt auch kürzere Paddelstrecken von 8, 13 und 24 km, die aber alle unter dem Pont d'Arc hindurchführen. Kein Wunder, dass es im Sommer hier zugeht wie während der Rushhour in einer Großstadt.

Die Ausblicke sind atemberaubend. Die Kalksteinwände sind so durchlöchert und mit Höhlen durchsetzt, dass sich nach jeder Biegung ein neues Bild bietet. Immer wieder laden auch kleine Kiesstrände zu einem Stopp mit Picknick ein. Auf der

Fahrt sind zumeist nur Bussarde und Wildziegen zu sehen. Die nächste Siedlung nach dem Pont d'Arc ist erst wieder Sauze.

Die zahlreichen Stromschnellen können das Kajak ordentlich durchschaukeln. Auch wenn sie nicht besonders anspruchsvoll sind, ist doch schon manches Kajak gekentert. Deshalb immer eine Rettungsweste tragen und alle Wertsachen in wasserdichten Beuteln verpacken. Die meisten Veranstalter bieten wasserdichte Plastikbehälter an, in die aber sicherheitshalber nur verpackte Sachen gelegt werden sollten. Im Sommer solltest du Badesachen und leichte Kleidung tragen, die auch nass werden kann. Für die Ankunft empfiehlt es sich, einen warmen Pulli im wasserdichten Behälter mitzunehmen. Im übrigen Jahr solltest du einen Neoprenanzug tragen. Außerdem sollte man Sonnencreme, viel Wasser und mehr Snacks, als man für nötig hält, einpacken. Auch wenn das Paddeln hier nicht übermäßig anstrengend ist, sind 32 km doch eine sehr lange Strecke. Wenn du sie an einem Tag schaffen willst, solltest du mittags beim ersten Campingplatz in Gaud sein.

Blindverkostung der anderen Art

Stalaktiten, Stalagmiten – und Sauvignon

Eine unterirdische Weinprobe erinnert an die verbotenen Bars in der Prohibition, nur dass hier ein roter Schutzanzug, Schutzhelm und Kopflampe getragen werden. Speleönologie ist die Kombination aus Höhlenbesichtigung und Weinprobe, so z. B. in den Hohlräumen und Korridoren der **Grotte St-Marcel**. Die Touren mit bis zu zehn Personen beginnen in der Regel sonntags um 9 Uhr. Das klingt jetzt zwar etwas früh, um Wein zu trinken, doch es dauert ja noch etwas, bis der Ort des Geschehens erreicht ist.

Nach einer kurzen Unterweisung steigt die Gruppe in die Höhle hinab. Da die Höhle zu dieser Zeit für anderes Publikum nicht geöffnet ist, sind die Kopflampen das einzige Licht in der absoluten Dunkelheit. Die Schuhe sollten schmutzig werden dürfen, denn am Ende sind sie mit braunem Lehm bedeckt. Für den Fall, dass sie auch nass sind, empfiehlt es sich, ein zweites Paar mitzunehmen.

Jeweils zwei Personen, ein Höhlenexperte und ein Sommelier, führen die Gruppe durch die faszinierende Welt der Stalaktiten und Stalagmiten. Einige der Höhlen, z. B. die „Kathedrale" und die „Orgel", sind riesig. Andere sind so niedrig, dass die Gäste nur gebeugt oder auf allen Vieren in ihnen gehen können. Da es unter der Erde recht kalt ist, sollte ein Pulli mitgenommen werden.

VOGELBEOBACHTUNG VON DEN BELVÉDÈRES AUS

Batiste Leriche ist Naturführer, Kinderanimateur und Projektkoordinator. Er erklärt uns, welche Vögel in der Ardèche zu beobachten sind. www.gorgesdelardeche.fr

Am faszinierendsten sind Raubvögel, von denen hier verschiedene Arten leben. Sie lassen sich am bestem von den Belvédère du Serre de Tourre beobachten (S. 432). Zur Zeit leben drei Habichtsadlerpaare in der Schlucht. Angesichts von nur noch 22 Paaren in ganz Frankreich ist dies sehr beachtlich. Außerdem leben hier Schmutzgeier, die am stärksten vom Aussterben bedrohte Geierart. Es sind auch Wanderfalken zu sehen, deren Zahl kontinuierlich zunimmt.

ÜBERNACHTEN

Domaine Walbaum
Der Familienbetrieb verbindet Opulenz mit Erfahrung und bietet einen tollen Blick über die Weinberge und Hügel. **€€€**

Hôtel des Sites
Das Hotel in günstiger Lage hat freundliches Personal und ein für den Preis überraschend üppiges Frühstück. **€**

Camping les Trouillères
Der kleine Campingplatz am Fluss bietet Stellplätze, *mobile homes* und Wohnwagen sowie einen Swimmingpool. **€**

AUTOTOUR ENTLANG DER BELVÉDÈRES

Die Ardèche-Schlucht ist aus jeder Perspektive schön. Nach einer Kajakfahrt auf dem Fluss unten lohnt sich eine Fahrt am oberen Rand entlang. Auf der 29 km langen Strecke sind elf *belvédères* (Aussichtspunkte) ausgewiesen, die tolle Ausblicke in die Schlucht bieten. Inklusive Fotostopps dauert die Fahrt auf der kurvigen Strecke etwa eine Stunde. Bitte langsam fahren, denn es sind auch viele Radfahrer unterwegs! Die Fahrt kann auch in entgegengesetzter Richtung zu der unten beschriebenen Route unternommen werden.

Die Fahrt von Vallon Pont-d'Arc nach St-Martin-d'Ardèche führt zum ersten *belvédère* 1 **Pont d'Arc** mit Blick auf den Bogen. Der folgende 2 **Belvédère du Serre de Tourre** bietet den weitesten Blick in die Schlucht. Es folgen 3 **Balcon d'Autridge**, 4 **Belvédère du Cros d'Olivier** und 5 **Balcon du Gournier**. Die Aussichtspunkte sind gut ausgeschildert, doch es gibt nur wenige Parkplätze. Ein Grund mehr, langsam zu fahren! Von hier aus sind auch Geier, Adler und Falken am Himmel zu sehen. Sie bauen ihre Nester in die löchrigen Kalksteinwände, in deren Höhlen sich auch die Résistance-Kämpfer im Zweiten Weltkrieg versteckten. Wer nur an wenigen Aussichtspunkten anhalten will, sollte dies beim 6 **Belvédère des Templiers** und beim 7 **Balcon des Templiers** tun, denn sie bieten die besten Ausblicke auf den Fluss. Und auch hier sind viele Geier zu beobachten. Die letzten vier Aussichtspunkte sind 8 **Balcon de la Maladrerie**, 9 **Balcon de la Rouvière**, 10 **Grand Balcon** und 11 **Belvédère de la Ranc Pointu**, bevor die Fahrt in 12 **St-Martin-d'Ardèche** endet.

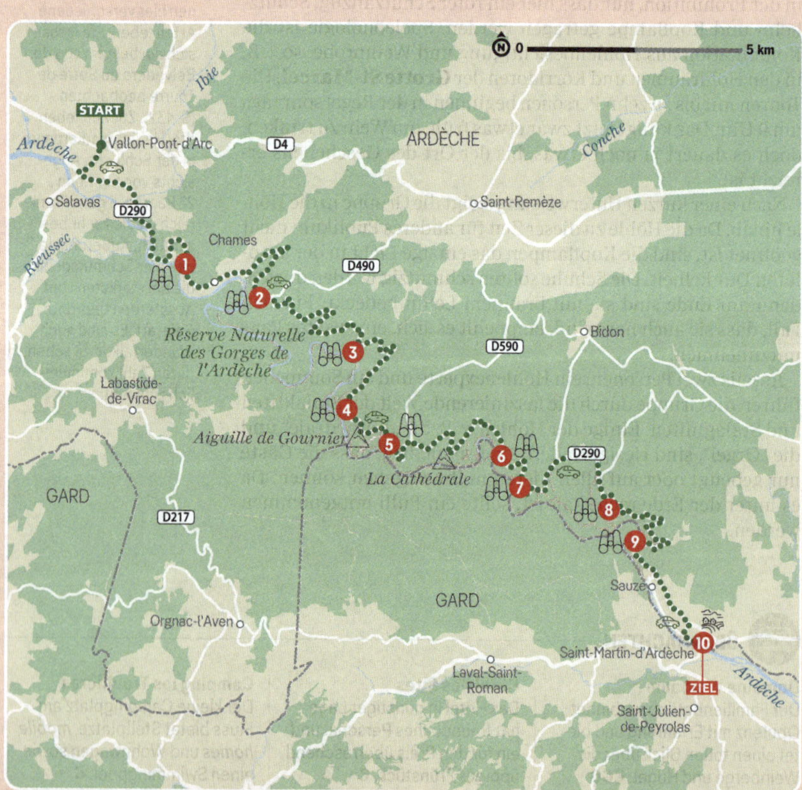

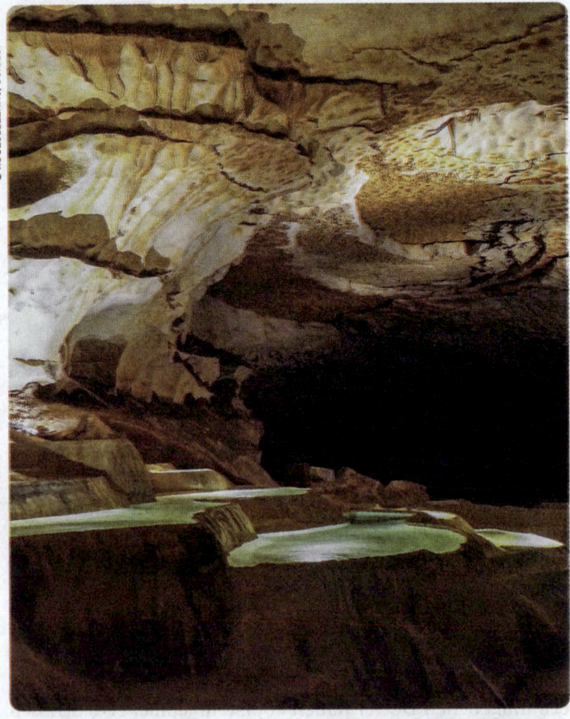

JORRISG/SHUTTERSTOCK ©

Grotte St-Marcel (S. 431)

Die Weinverkostung erfolgt direkt in der Höhle. Wenn es soweit ist, werden die Kopflampen ausgeschaltet, um die absolute Dunkelheit und Stille zu spüren. Die ausgeschenkten Weine stammen alle aus der Region. Am besten einen Pullover mitbringen – wenn man sich nicht körperlich anstrengen muss, wird es schnell frisch!

PRÄHISTORISCHE HÖHLEN-MALEREIEN

Die Grotte Chauvet 2 ist zwar nur eine Nachbildung der Originalhöhle, die zum Schutz der Malereien für die Öffentlichkeit geschlossen wurde , doch sie ist wirklich gut. Das Original wurde 1994 entdeckt und gehört zum UNESCO-Weltkulturerbe. Die mehr als 30 000 Jahre alten Malereien zeigen Handabdrücke, Höhlenbärenund -löwen sowie Mammuts. Die Nachbildung darf im Rahmen von außerordentlich aufschlussreichen Führungen besucht werden, zu denen auch überwältigende Sound and Light Shows gehören. Auf den Tickets ist der Zeitpunkt der Führung vermerkt, der unbedingt eingehalten werden muss. Es gibt auch Audioguides in Englisch. Die Führungen dauern zwei bis drei Stunden.

NACH DEM PADDELN ESSEN IN VALLON-PONT-D'ARC UND SALAVAS

Le Petit Jardin
Der ausgezeichnete Fisch wird in einem hübschen Garten (mit Heizstrahlern und bei Bedarf Decken) serviert. Unbedingt im Voraus reservieren! **€€**

La Mia Pizza
Das Restaurant bietet neapolitanische Pizza aus dem Holzbackofen und den wohl preiswertesten offenen Wein des Landes. **€**

Ô Tapas'oif
Mexikanische, französische und spanische Fusionsküche mit vielen vegetarischen Optionen, eine farbenfrohe Terrasse und umfangreiche Cocktailkarte. **€€**

Rund um die Ardèche-Schlucht

Die Berge der Ardèche sind mit Kastanienwäldern und kleinen Dörfern bedeckt. Das südliche Rhône-Tal ist äußerst fruchtbar.

UNTERWEGS VOR ORT

Für den Norden der Ardèche und das Rhône-Tal ist ein Auto unbedingt erforderlich. TER-Züge verkehren zwar zwischen den kleinen Städten am Fluss und Vienne, fahren aber nur selten.

Die Berge der Ardèche sind ein Abenteuerspielplatz der Extraklasse. Es gibt unzählige Möglichkeiten zum Mountainbiken, Wandern, Bergsteigen, auf der Via Ferrata klettern und Kajakfahren. All dies ist auch in aller Ruhe abseits der Massen am Pont d'Arc möglich. Auf den felsigen Hügeln aus Sediment- und Vulkangestein verteilen sich einzelne kleine Dörfer. Hinter jeder Flussbiegung rauscht ein Wassrfall, die Straßen durch die Täler und in die Berge sind von Kastanienbäumen gesäumt.

Auf ihrem Weg von Vienne nach Montélimar im Süden fließt die Rhône vorbei an mittelalterlichen Städten mit gotischen Kathedralen und baufälligen Schlössern. Die von Stadtmauern umgebenen Dörfer haben kopfsteingepflasterte Straßen und Häuser mit blauen Fensterläden. Und überall bieten sich traumhafte Ausblicke.

☑ TOP TIPP

Im Sommer bietet sich immer wieder ein Bad im Becken eines Wasserfalls an. Bei schlechtem Wetter ist das Wellnessbad Thermes de Vals-les-Bains eine gute Alternative.

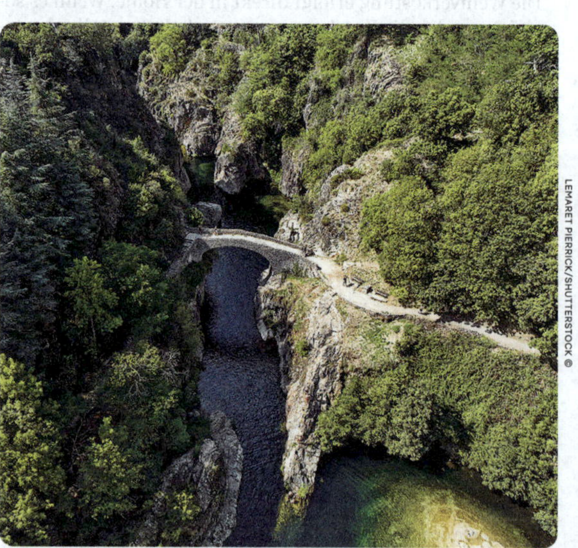

LEMARET PIERRICK/SHUTTERSTOCK ©

Pont du Diable

Kastanien

DIE CASTAGNADES

Das Kastanienfest der Ardèche wird einen ganzen Monat von Mitte Oktober bis Mitte November gefeiert. Die Veranstaltungen mit Musik, Umzügen, Märkten und Verkostungen finden reihum in den einzelnen Bergdörfern statt. Es gibt 65 verschiedene Arten von Kastanien in der Region. Im Mittelalter waren sie ein Grundnahrungsmittel, und so sind bei dem Fest viele Kostümierte und Mitglieder der Kastanienbruderschaft zu sehen. Das Programm in den verschiedenen Dörfern ist auf visitcastagnades.fr zu finden.

Auf der Teufelsbrücke über dem Abgrund

Schluchten, Flüsse und eine atemberaubende Landschaft

Die Ardèche ist ein einziges Kletterparadies. Unzählige Flüsse haben sich durch die steil aufragenden Berge gegraben und tiefe Schluchten geschaffen. Vom **Pont du Diable** (Teufelsbrücke) führt ein Weg auf der einen Seite der Schlucht hinauf, dann geht's mit einer Seilrutsche auf die andere Seite und dort wieder hinunter. Er ist nicht besonders anspruchsvoll, doch wer das erste Mal auf einem solchen Via-Ferrata-Weg unterwegs ist, sollte in Begleitung eines Führers sein. Wer es sich alleine zutraut, kann die Ausrüstung bei Location Via Ferrata Pont du Diable leihen.

Am Startpunkt oberhalb des Pont du Diable werden Klettergeschirr, Helm und Sicherungsseil angelegt. Dann wird kurz

DIE BESTEN RESTAURANTS

Les Chevaliers
Das Restaurant mitten in Viviers serviert innovative Crêpes und Weine aus der Region. €€

Maison Pic, Valence
Das Drei-Sterne-Lokal von Küchenchefin Anne Sophie Pic ist eines der besten Restaurants in ganz Frankreich. Unbedingt reservieren! €€€

La Bola, Laboule
Das Restaurant bietet frische Erzeugnisse direkt vom Feld und einen tollen Ausblick. Frühzeitig reservieren, da es schnell ausgebucht ist. €€

FAHRRADTOUR

Auf der ViaRhôna

Der 815 km lange Radweg von Genf ans Mittelmeer führt entlang der Rhône, von der Quelle bis zur Mündung. Für die gesamte Strecke sind mindestens eine Woche und eine gute Kondition erforderlich, doch es gibt auch schöne Tagesetappen. Die 70 km lange Strecke von Vienne nach Tournon-sur-Rhône ist zumeist völlig eben mit nur wenigen leichten Abfahrten. Der gut markierte Radweg führt vorbei an Weinbergen, Schlössern, Parks und Feldern und überquert immer wieder die Rhône.

1 Vienne

Mit dem eigenen oder gemieteten Rad geht es mit dem Zug von Lyon Part-Dieu nach Vienne. Wer ein Rad leihen will, muss das in Lyon tun – in Vienne gibt es keinen Radverleih. Vom römisch-gallischen Vienne führt der Weg an der Rhône entlang nach Süden. Er ist in regelmäßigen Abständen markiert: Wenn du nach 15 Minuten kein Zeichen siehst, solltest du prüfen, ob du noch auf dem richtigen Weg bist– es sei denn, du fährst direkt am Wasser entlang.

Die Fahrt Von Vienne geht es am westlichen Ufer der Rhône 12 km weit nach Süden.

2 Île du Beurre

Kurz hinter Vienne führt der Weg über die Île du Beurre. Hier leben viele Biber. Das

MOIRENC CAMILLE/HEMIS.FR/ALAMY ©

Île du Beurre

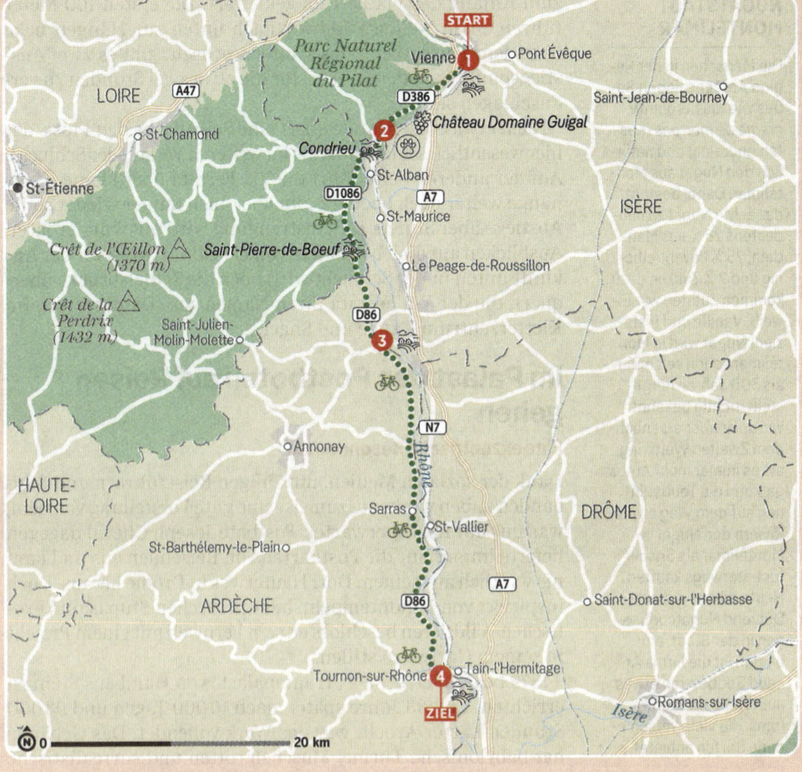

Weingut Domaine Guigal am Fluss in Ampuis veranstaltet ausgezeichnete Weinverkostungen. Die Holzfässer für die Weine werden vor Ort auf dem Weingut hergestellt.

Die Fahrt Der 22 km lange Abschnitt führt vorbei an Condrieu mit preisgekröntem Weißwein in Richtung Süden und in St-Pierre-de-Boeuf ans andere Ufer der Rhône.

3 Sablons

In Sablons ist die Hälfte der Strecke geschafft. Wer hier aussteigen will, muss noch ein kurzes Stück am anderen Flussufer in Richtung Norden fahren, um den Zug nach Le Péage de Roussillon zu erreichen. Das hübsche und von unzähligen Weingütern umgebene Sablons ist geprägt von Gebäuden mit runden Türmen direkt am Fluss.

Die Route Von Sablons führt der Weg immer am Fluss entlang nach St-Vallier, wo er ihn wieder überquert und am westlichen Ufer weiter bis nach Tournon-sur-Rhône führt.

4 Tournon-sur-Rhône

Hoch über Tournon-sur-Rhône thront eine Burg aus dem 15.-16. Jh. Der Campingplatz Le Rhône direkt am Fluss hat einfache Stellplätze, Wohnmobilplätze und Mobile Homes. Etwas mehr Luxus bietet die Pension Bed & Bicycle Peniche.

Von Tournon-sur-Rhône sind es noch 25 km nach Valence, von wo der TGV und TER-Züge in die meisten Städte des Landes fahren. Wer will, kann auch noch nach Tain und von dort mit dem Zug in 40 Minuten nach Vienne zurückfahren.

NUGATSTADT MONTÉLIMAR

Die Menschen in der Region Ardèche lieben Süßes wie die berühmte *crème de marrons* (Kastaniencreme) und natürlich den Nugat aus Montélimar. Dabei besteht der echte Nugat zu mindestens 28 % aus Mandeln, 25 % Lavendelhonig und 2 % Zucker, dazu kommen Zutaten wie Eiweiß, Vanille und Pistazien. Nugat wird in Montélimar schon seit mehr als 300 Jahren hergestellt, richtig bekannt wurde er aber erst nach dem Zweiten Weltkrieg, als es immer mehr Autos gab und die Tourist:innen auf dem Weg an die Riviera den Nugat in Montélimar als Snack für unterwegs kauften. Heute gibt es gut ein Dutzend Nugatconfiserien in der Stadt, am besten ist die Firma Arnaud Soubey-ran etwas außerhalb des Zentrums, die viele verschiedene Sorten anbietet.

zum Anfang der Via Ferrata geklettert. Die ersten 100 Meter führen einen steilen Waldweg nach unten zur Hängebrücke über dem Fluss. Wenn das Wetter wechselt, gibt es zwei Ausstiegspunkte auf der Strecke, für die etwa zwei Stunden zu veranschlagen sind.

Nach etwa einer Stunde quert eine Seilrutsche den Fluss, der hier wesentlich schmaler ist als im weiteren Verlauf der Schlucht. Auf der anderen Seite führt die Via Ferrata über kleine Überhänge weiter nach oben. Es gibt aber auch immer wieder steile Abstiege über Stufen. Die Anstrengung wird mit wunderbaren Ausblicken auf dich bewaldete Hügel belohnt. Kurz vor der Ankunft unten in der Schlucht wird noch die Teufelsbrücke überquert, die der Via Ferrata ihren Namen gab. Dann warten im Kletterzentrum Kaffee und Snacks.

Im Palast des Postboten auf Reisen gehen

Eine exzentrische Besonderheit

Dank der sozialen Medien, unzähligen Reiseführern und Bildbänden haben wir heute zumeist eine gute Vorstellung von dem, was uns auf Reisen erwartet. Postbote Joseph Cheval dagegen lieferte immer nur die Postkarten von Reisenden aus und kam nie wirklich aus seinem Dorf Hauterives in Drôme heraus. Doch inspiriert von Hindutempeln, buddhistischen Stupas und exotischen Wildtieren beschloss er, sein Fernweh mit einem Projekt in seinem Garten zu stillen.

1879 begann er, seinen „Traumpalast" von Hand aus Stein zu errichten. Erst 33 Jahre später, nach 10 000 Tagen und 93 000 Stunden harter Arbeit, war das Werk vollendet. Das Gebäude hat babylonische Türme, Muschelgrotten und surrealistische Säulen, die an Gaudís Sagrada Familia erinnern.

Der Palast ist nicht groß und kann gut in einer halben Stunde besichtigt werden. Danach sollte aber unbedingt das faszinierende Museum nebenan besucht werden. Es erzählt die Geschichte des Mannes, der sein ganzes Leben dem Bau des perfekten Gebäudes gewidmet hat. Wegen Instandhaltungsarbeiten ist das Museum in den letzten beiden Januarwochen geschlossen. Es ist am besten mit dem Auto von Valence zu erreichen.

VERLIEBT IN DIE VIA FERRATA?

Der Weg **Les Jardins de Marqueyssac** (S. 578) verläuft im Süden der Dordogne in schwindelerregender Höhe und bietet fantastische Ausblicke auf die Rhône.

Le Puy-en-Velay

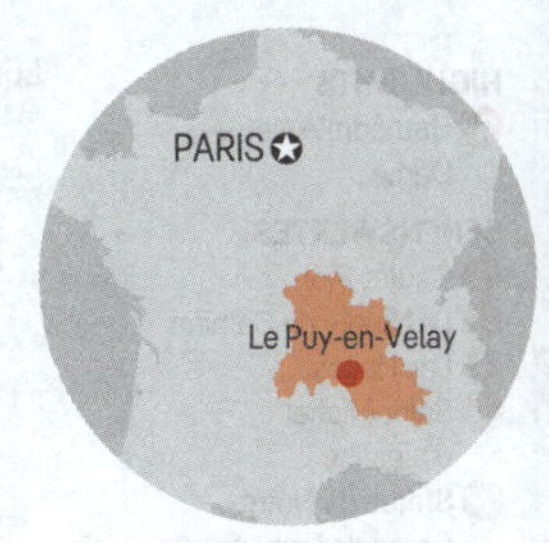

In den kopfsteingepflasterten Straßen der Stadt ist die Zeit stehen geblieben. Sie liegt in einem Becken zwischen zwei *puys* (Basaltfelsen) und wird von einer riesigen Marienstatue auf dem einen Hügel überragt. Auf dem anderen thront die Kapelle St-Michel d'Aiguilhe mit ihrem spitzen Turm.

Am dritten Wochenende im September findet alljährlich das große Mittelalterfest Fête du Roi de l'Oiseau statt. Mit viel Pomp, Umzügen und in Pluderhosen sowie anderen Kostümen feiern die Menschen aus Le Puy-en-Velay und den Nachbargemeinden die „gute alte Zeit" mit mittealterlichen Feldlagern, Turnieren und Tänzen. Höhepunkt der Festivitäten ist der Bogenschießwettbewerb, dessen Sieger zum „Vogelkönig" gekrönt wird. In vergangenen Zeiten war sein Lohn, dass er ein Jahr lang keine Steuern zahlen musste.

UNTERWEGS VOR ORT

Im Zentrum von Le Puy-en-Velay zu parken ist praktisch unmöglich, denn der Autoverkehr ist sehr eingeschränkt. Der kostenlose Parkplatz Parking de Cluny ist aber nur wenige Schritte von der Altstadt entfernt. TER-Züge fahren regelmäßig nach St-Étienne, dort gibt's Anschlüsse ins ganze Land.

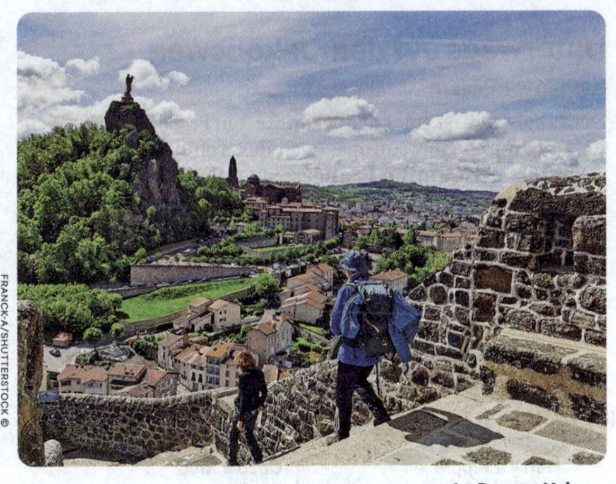

FRANCK-A/SHUTTERSTOCK ©

Le Puy-en-Velay

TOP TIPP

Da die meisten Pilgerreisenden nur eine oder zwei Nächte in Le Puy-en-Velay verbringen, gibt es hier einige der schlechtesten Restaurants in ganz Frankreich. Es gibt aber auch einige gute, die etwas schwerer zu finden sind. Es lohnt, sie zu suchen!

HIGHLIGHTS
1. Cathédrale Notre-Dame

SEHENSWERTES
2. Caulet-Flori
3. Le Musée du Camino
4. Les Halles
5. Saint-Michel d'Aiguilhe
6. Statue de Notre-Dame de France

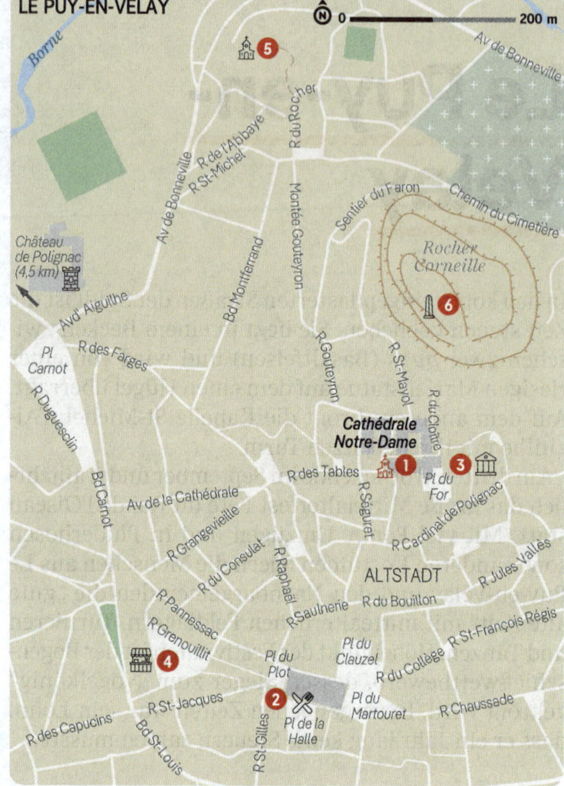

Unterwegs auf dem Jakobsweg

Massen von Pilgern

Der Jakobsweg ist einer der bekanntesten Pilgerwege der Welt. Er führt durch ganz Europa, doch der wohl berühmteste Abschnitt ist der **Camino Francés**, über die Pyrenäen nach St-Jean-Pied-de-Port in Spanien. Hauptausgangspunkt in Frankreich ist Le Puy-en-Velay, genauer gesagt die Kathedrale Notre-Dame, eine UNESCO-Weltkulturerbestätte. Von hier dauert es durchschnittlich zwei Monate nach Santiago de Compostela. Der Weg, der in Frankreich auch „Via Podiensis" genannt wird, ist schon seit 951 ein Pilgerweg, nachdem ihn Bischof Godescalc von Le Puy erstmals gegangen war.

ESSEN FÜR HUNGRIGE WANDERSLEUTE

Chez Mon Pote
Überwiegend Fleischgerichte und Burger. Das Essen ist lecker, die Portionen sind riesig. €€

Merry & Pippin
Die Einrichtung ist geschmacklos, das herzhafte Essen jedoch gut, und es herrscht eine freundliche Atmosphäre. €€

Coco & Rico
Die Burger, Wraps und vegetarischen Gerichte sind vor allem bei jungen Leuten beliebt. €

Im Mittelalter bezahlten viele Adlige ihre ärmeren Mitmenschen dafür, dass sie die beschwerliche Reise für sie unternahmen. Die Reise war gefährlich, und viele Pilger wurden ausgeraubt oder sogar getötet. Heutzutage geht die größere Gefahr für die mehr als 300 000 Pilger jährlich von den Wanzen in ihren Betten aus. In vielen Unterkünften muss das Gepäck deshalb draußen gelassen werden; alles Notwendige kommt in Plastikwannen verstaut ins Zimmer.

Auch wer nicht zwei Monate lang von Le Puy-en-Velay nach Santiago de Compostela wandern kann, sollte zumindest die erste Etappe gehen. Der 17 km lange Weg führt von der Kathedrale Notre Dame nach Montbonnet. Von dort fahren einige wenige Busse nach Le Puy zurück, der letzte aber schon um kurz nach 14 Uhr. Wer ihn verpasst, muss entweder in Montbonnet übernachten oder per Anhalter zurückfahren.

Der Gottesdienst in der **Kathedrale Notre-Dame**, der um 7 Uhr beginnt und eine Stunde dauert, ist ein einmaliges Erlebnis. Die wenigen Besucher:innen tragen alle Wanderschuhe und Regenjacken. Am Ende bekommen sie alle eine silberne Jakobsmuschel mit den besten Wünschen für eine gute Reise. Danach machen sie sich auf den Weg, der den Berg hinunter und wieder aufwärts aus Le Puy-en-Velay hinaus und weiter auf Feldwegen durch die ruhige Landschaft führt. Er ist gut mit kleinen gelben Sonnen markiert. In den vielen kleinen Dörfern auf dem Weg nach **Montbonnet** werden überall die bekannten Puy-Linsen verkauft.

Die Wanderung wäre nicht halb so unterhaltsam, wenn es nicht die vielen Geschichten gäbe, die die Teilnehmer erzählen. Die beste Zeit für den ganzen Weg nach Santiago de Compostela ist in Mai und Juni, doch auch im Hochsommer sind immer viele Menschen unterwegs. Als Alternative zur Wanderung oder bei schlechtem Wetter empfiehlt sich der Besuch des **Le Musée du Camino** (Mitte Mai–Mitte Okt. nachmittags geöffnet). Es erzählt die Geschichte des Jakobswegs.

Wer es ruhiger mag, sollte die erste Etappe des Chemin de Stevenson (S. 613) oder des GR70 gehen. Der von Robert Louis Stevenson in seinen Reiseerinnerungen beschriebene Weg beginnt ebenfalls in Le Puy-en-Velay.

DER STEVENSON-WEG

Der auch als GR70 bekannte Chemin de Stevenson führt durch die Cevennen von Le Puy-en-Velay nach Alès. Für den ganzen Weg sind etwa zehn Tage zu veranschlagen. Er ist benannt nach Robert Louis Stevenson, der ihn in seinem Reisetagebuch *Mit einem Esel durch die Cevennen* (1879) beschrieb. In jüngster Zeit wurde er wieder populär durch die französische Komödie *Mein Liebhaber, der Esel & ich* von 2020. Dennoch ist er immer noch wesentlich ruhiger als der Jakobsweg und nicht so überlaufen. Die erste Tagesetappe ab Le Puy-en-Velay ist sehr anstrengend, denn sie führt durch rauhes Hügelland.

Das Labyrinth der Altstadt

Kapellen, Märkte und mittelalterliche Geschichten

Die lange Vergangenheit von Le Puy-en-Velay wird nicht nur beim Mittelalterfest oder auf dem Pilgerweg lebendig. Sie ist überall und ständig in der Stadt zu spüren. Der Rundgang beginnt mit der **Marienstatue** auf einem der Hügel. Von ihrer

ÜBERNACHTEN IN LE PUY-EN-VELAY

Maison au Loup
Es gibt nur einige wenige Zimmer mit Frühstück. €€

Les Cimes
Das etwas bessere Homestay über dem Gite la Prévôté hat nur zwei Zimmer. €€

Gîte de la Prévôté
Das Budget-Hotel neben der Kathedrale ist ideal für Alleinreisende. Ein Zimmer mit Frühstück kostet gerade einmal 29 €. €

St Michel d'Aiguilhe

Krone (zu der eine Leiter hinaufführt) bietet sich ein toller Rundumblick. Die Statue wurde 1860 aus 213 russischen Kanonen gefertigt, die Napoleon III. im Krimkrieg erbeutet hatte. Ein Kombiticket beinhaltet den Eintritt zur Statue und zur Kapelle **St-Michel d'Aiguilhe**. Sie wurde 961 erbaut und ist mit verblassten Fresken geschmückt. 268 Stufen führen zum Turm hinauf. Samstags gibt's einen fantastischen **Lebensmittelmarkt** in der Stadt.

Das ausgezeichnete vegetarische Restaurant **Caulet-Flori** in der Altstadt bietet mittags zwei Tagesgerichte an. Es ist immer schnell voll, doch die Gerichte sind auch zum Mitnehmen.

Die historischen Führungen von **ILC La Cité**. sind wirklich eine Reise ins Mittelalter. Neben den Standardführungen zu den Adelshäusern des 15. Jhs. und der Kathedrale Notre Dame beinhalten die längeren Führungen auch die **Festung Polignac** aus dem 11. Jh. nordwestlich der Stadt.

Zum Abendessen und Ausgehen locken **Les Halles**. Der zentrale Food Court bietet alles von Sushi bis Burger, eine tolle Weinbar und jede Menge Stimmung. Hier bist du im modernen Le Puy-en-Velay, wo es weder Linsen noch *Ipogras* (den mittelalterlichen Würzwein) gibt.

PUY-LINSEN

Auch wer noch nie etwas von Le Puy-en-Velay gehört hat, kennt vermutlich die gleichnamigen grünen Linsen,denn sie werden in der ganzen Welt verkauft. Die Linsen, die hier seit mehr als 2000 Jahren angebaut werden, schmecken leicht nach Pfeffer und behalten beim Kochen ihre Form. Sie wurden einst von den Römern eingeführt und gedeihnen auf dem hiesigen Vulkanboden prächtig. Mittlerweile tragen sie auch das Siegel der geschützten Ursprungsbezeichnung AOC. Die Restaurants in Le Puy-en-Velay bieten sie zumeist als Eintopf mit Fleisch und Kartoffeln, als Beilage oder in Salaten an.

FESTIVALS IN LE PUY-EN-VELAY

Puy de Lumières
Beim Lichterfest Anfang Mai wird grafische Kunst auf Gebäude und Felsen projiziert.

Les Nuits de St-Jacques
Mitte Juli finden drei Open-Air-Konzerte im Jardin Henri Vinay statt.

La Fête du Roi de l'Oiseau
Das viertägige Fest des Vogelkönigs wird am dritten Wochenende im September mit mittelalterlichen Tänzen, Turnieren und Bogenschießen gefeiert.

Rund um Le Puy-en-Velay

Vichy
Olliergues
Parc Naturel Régional Livradois-Forez
La Chaise-Dieu
Le Puy-en-Velay

Diese Region, eine der abgelegensten Frankreichs, ist geprägt von dichten Wäldern und weiten Feldern, in denen sich uralte Klöster und Kirchen verstecken.

Der Parc Naturel Régional Livradois-Forez ist selbst in Frankreich praktisch unbekannt. Dabei ist er voller Geschichte und Wanderwege durch die unberührte Natur. Die alte Bäderstadt Vichy gab auch dem faschistischen Regime im Zweiten Weltkrieg den Namen. Das ist den Bürgern der Stadt heute aber eher peinlich. Sie verweisen lieber auf die einzigartige Mischung aus Architektur der Belle Époque, nüchternen Kurhotels der 1960er-Jahre und üppig grünen Parks mit Bars am Wasser. Die Wälder und Hügel des Livradois-Forez im Süden sind ideal zum Reiten, Mountainbiken und Ski-Langlauf im Winter. In der Kathedralenstadt La Chaise-Dieu findet jedes Jahr ein Festival klassischer Musik statt.

UNTERWEGS VOR ORT

Vichy ist gut zu Fuß zu erkunden. Für den riesigen Park lohnt es sich aber, ein Fahrrad zu mieten (von Vivélo). Es gibt eine direkte Zugverbindung zwischen Vichy und Paris (3 Std.). Für weitere Ziele in der Region Livradois-Forez ist ein Auto unabdingbar.

PECOLD/SHUTTERSTOCK ©

Parc des Sources (S. 447) in Vichy

TOP TIPP

Das Wetter hier ist das ganze Jahr über sehr unbeständig. Deshalb unbedingt Regenbekleidung mitbringen!

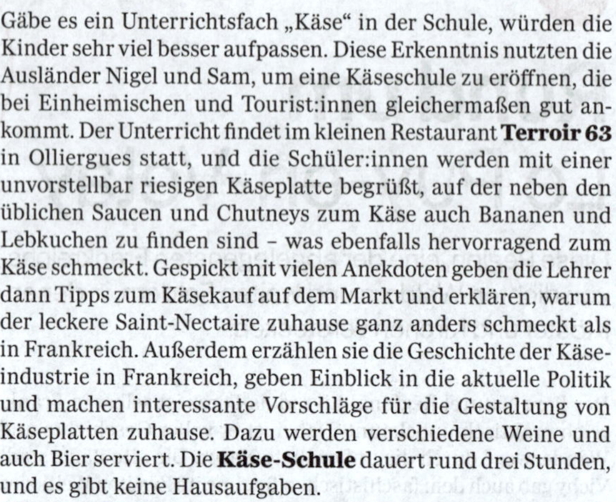

Unterricht in der Käseschule

Alles über Käse erfahren

Gäbe es ein Unterrichtsfach „Käse“ in der Schule, würden die Kinder sehr viel besser aufpassen. Diese Erkenntnis nutzten die Ausländer Nigel und Sam, um eine Käseschule zu eröffnen, die bei Einheimischen und Tourist:innen gleichermaßen gut ankommt. Der Unterricht findet im kleinen Restaurant **Terroir 63** in Olliergues statt, und die Schüler:innen werden mit einer unvorstellbar riesigen Käseplatte begrüßt, auf der neben den üblichen Saucen und Chutneys zum Käse auch Bananen und Lebkuchen zu finden sind – was ebenfalls hervorragend zum Käse schmeckt. Gespickt mit vielen Anekdoten geben die Lehrer dann Tipps zum Käsekauf auf dem Markt und erklären, warum der leckere Saint-Nectaire zuhause ganz anders schmeckt als in Frankreich. Außerdem erzählen sie die Geschichte der Käseindustrie in Frankreich, geben Einblick in die aktuelle Politik und machen interessante Vorschläge für die Gestaltung von Käseplatten zuhause. Dazu werden verschiedene Weine und auch Bier serviert. Die **Käse-Schule** dauert rund drei Stunden, und es gibt keine Hausaufgaben.

In ihrem Haus auf dem Hügel, **Le Coteau d’Olliergues,** vermieten Nigel und Sam auch Fremdenzimmer. Zum atemberaubenden Ausblick gibt’s für die Gäste spezielle Events wie Curry-Abende, schottische Abende und Nachmittagstee.

MESSERHERSTELLUNG IM LIVRADOIS-FOREZ

Die Stadt Thiers ist bekannt für ihre Messerfabriken. Schon vor 800 Jahren nutzten die Handwerker die Wasserkraft der Durelle zum Antrieb ihrer Schleifsteine. Heute gibt es noch 34 traditionelle Messerhersteller und 78 Besteckfabriken in der Stadt, die mehr als zwei Drittel des in Frankreich verkauften Bestecks herstellen. Oft lernen die Kinder schon in der Grundschule, wie Messer hergestellt werden.

Himmlisches Echo in Chaise-Dieu

Chöre im Kreuzgang und klassische Musik

La Chaise-Dieu (wörtlich „Der Sitz Gottes“) ist eine Benediktinerabtei 40 km nördlich von Le Puy-en-Velay. Der Abt, der sie 1043 gründete, wurde nach seinem Tod als hl. Robert von Turlande bekannt. Das Hauptgbäude, die **Église Abbatiale de St-Robert** aus dem 14. Jh. – ein Meisterwerk aus Kreuzgängen, Bogenfenstern und Türmen – ist zugleich das Zentrum der Stadt La Chaise-Dieu.

Im bemerkenswerten Echoraum können Menschen an den entgegengesetzten Seiten miteinander sprechen, ohne von den Menschen in der Mitte gehört zu werden. Der Raum wurde vermutlich so gebaut, damit die Mönche hochgradig ansteckenden Leprakranken die Beichte abnehmen konnten, ohne ihnen zu nahe kommen zu müssen.

Sehr bemerkenswert sind auch die riesige Orgel aus dem 18. Jh., die vielen gut erhaltenen Wandgemälde wie der „Totentanz“, das sich über drei Wände und vier Säulen erstreckt, und das Chorgestühl mit 144 Sitzen, in dem die Mönche noch heute siebenmal am Tag und einmal in der Nacht das Lob Gottes singen.

ÜBERNACHTEN IM LIVRADOIS-FOREZ

Hotel de l’Echo
Das Wanderhotel neben der Kathedrale in La Chaise-Dieu hat eine Gemeinschaftsküche und Waschmaschine. **€€**

Le Chalet des Gentianes
Gemütliche Schlafsäle, eine einfache Gemeinschaftsküche und eine Kellerbar mit Bier aus der Region. **€**

Le Jas du Mas
Das Hotel auf dem Land hat hervorragend ausgestattete Zimmer mit Blick auf einen See. Es gibt auch Abendessen. **€€**

Regionalorchester der Auvergne in La Chaise-Dieu

Noch mehr Musik ist während des **Festivals der Kirchenmusik** Ende August/Anfang September in der Kathedrale zu hören. Das vom Pianisten Georges Cziffra 1966 ins Leben gerufene Festival ist der Höhepunkt im Veranstaltungskalender der Stadt.

Nach dem Besuch der Kathedrale lockt das hervorragende Büchercafé **Dans la Forêt** mit Kaffee oder einem Glas Wein. Es bietet auch jede Menge Bücher über die Region und gute Belletristik sowie regelmäßig Autorenlesungen. Die ausgezeichnete Pâtisserie **Au Moine Gourmand** neben der Kathedrale prä-

DIE BESTEN RESTAURANTS IN LA CHAISE-DIEU

Buchhändlerin Anaïs Belin von Dans la Forêt ist in der Region aufgewachsen und empfiehlt die bestenRestaurants.

Im Sommer ist **La Petite Baigneuse** (von Ostern bis Halloween geöffnet) eine wunderbare *guinguette* direkt am See. Es gibt köstliche Crêpes und Eis. Zur tollen Stimmung tragen die regelmäßigen Konzerte bei.

Der Teeladen Mamie dans les orties serviert auch täglich wechselnde Biogerichte wie Tartes und vieles mehr.

Mein Lieblings-Café-Restaurant **Le Blizart** ist das ganze Jahr über geöffnet und bietet jeden Tag nur ein Gericht aus Zutaten der Saison. Das Bier kommt von der fantastischen Lokalbrauerei Arzon. Für Unterhaltung sorgen Konzerte, Theatervorführungen und Tischkicker-Wettbewerbe.

ESSEN IN VICHY

Venus Barista Coffee Shop
Das ausgezeichnete Café und Pub bietet guten Americano und tolles IPA. Das Personal ist sehr freundlich. €

Tahiti Plag
Die Cocktails und preiswerten gemischten Platten werden mit Blick auf den Fluss serviert. Die Gerichte sind überraschend herzhaft und lecker. €

L'atmosphère
Das Restaurant auf dem Wasser bietet frischen Fisch, guten Wein und tolle Stimmung. Es ist nicht gerade billig, aber der Ausblick ist fantastisch. €€

DAS VICHY-REGIME

Im Zweiten Weltkrieg war Frankreich in zwei Teile geteilt, das „besetzte" Frankreich im Norden und das sogenannte „freie" Frankreich im Süden unter der Vichy-Regierung von Marschall Philippe Pétain. Sie kollaborierte mit den Nazis und unterstützte deren Politik. Zu Vichy-Frankreich gehörten auch die überseeischen Gebiete und Nordafrika, wo dieselbe antisemitische Politik verfolgt wurde.

ERIC BASCOL/ISTOCK/GETTY IMAGES ©

Parc Napoléon III

sentiert in ihrem Schaufenster grinsende Mönche aus Schokolade, die fast zu schade zum Essen sind. Auch die hübschen *financiers* sind hervorragend.

In Vichy abtauchen

Schwefelhaltige Thermalquellen und Spas

Die letzten 200 Jahre der Stadt waren recht zwiespältig. Dank der schwefelhaltigen Thermalquellen war sie im 19. Jh. eine angesehene Bäderstadt. In den luxuriösen Hotels ließen sich die Wohlhabenden aus aller Welt von ihren Leiden kurieren.

Die Hotels wie das **Vichy Célestins** gibt es immer noch, und sie werden zumeist für mehrere Tage inklusive Behandlungen gebucht. Sie bieten aber auch einmalige Behandlungen wie eine Massage oder die **Vichy-Dusche** an. Dabei ist die Massage mit mehreren lauwarmen Güssen verbunden. Selbstverständlich gibt's jede Menge Schwimmbecken und Saunen, dazu eine mit-

ÜBERNACHTEN IN VICHY

Hôtel
Das Hotel sieht eher aus wie eine Klinik ohne jeden Charme, verfügt aber über einen umfangreichen Wellnessbereich. €€

Aletti Palace Hotel
Der alte Glanz ist etwas verblasst, aber das Haus hat immer noch viel Charme und eine tolle Lage gegenüber dem Opernhaus. €€

Hôtel les Nations
Das gemütliche, saubere Hotel in zentraler Lage bietet ein üppiges Frühstücksbuffet und gehört zu den besten Unterkünften der Stadt. €

unter etwas fragwürdig erscheinende Gesundheitsberatung. Alles in allem: Anderswo gibt's günstigere und angenehmere Spa-Erlebnisse.

Eine wunderbare Alternative ist ein Bad in der **Allier**. Der breite, recht seichte Fluss, der durch Vichy und die Nachbarstadt **Bellerive-sur-Allier** fließt, bietet auch alle Arten von Wassersport wie Stehpaddeln, Kajak- und Kanufahren. **Vichy Paddle** und viele andere verleihen die Ausrüstungen, unterwegs warten viele Bars direkt am Fluss. All das lenkt bestens vom dunklen Kapitel der Stadtgeschichte ab, als Vichy Sitz der faschistischen Regierung im Zweiten Weltkrieg war.

Die Parks von Vichy

Napoleons Chalets und Trinkhallen

An Grünflächen hat Vichy nicht allzuviel zu bieten. Der riesige **Parc Napoléon III** am Ostufer der Allier ist voller Chalets, die wie Schweizer Berghütten aussehen, tatsächlich aber von Napoleon III. errichtet wurden. Der Radweg am Fluss entlang ist Teil der 455 km langen Via Allier, die von Nevers nach Langogne führt.

Der **Parc des Célestins** zeugt vor allem von Vichys Vergangenheit als Bäderstadt. Es ist hier zwar ruhiger als in den Parks der Innenstadt, doch auch hier stehen überall die Trinkhallen der Belle Époque.

Der **Parc des Sources** schließlich besteht aus langen überdachten Gängen und einem riesigen Pavillon aus dem 19. Jh.

Das unübersehbare **Opernhaus** sieht von außen wie ein opulenter Bahnhof aus, ist im Inneren aber mit viel Gold und prachtvollen Kronleuchtern ausgestattet.

DAS GEHEIMNIS DER COCO CHANEL

Wer aufgrund des Films *Coco Chanel* mit Audrey Tatou glaubt, alles über sie zu wissen, liegt leider falsch. Bevor Coco Chanel ins Waisenhaus kam, lebte sie bei ihrer Tante im ländlichen Livradois-Forez. Eine Tafel an ihrem Wohnhaus in Courpière erinnert daran. Mit Anfang 20 arbeitete sie in einer Badeanstalt in Vichy. Um ihr Leben ranken sich viele Legenden, die zumeist von Coco Chanel selbst stammen – und die nahm es mit den Fakten oft nicht so genau. Im Zweiten Weltkrieg sympathisierte sie gar mit den Nazis. Am Ende ihres Lebens wollte sie die Wahrheit über ihre Kindheit und Jugend erzählen, doch ihre Marketingabteilung riet davon ab. Es hätte bedeutet, dass all ihre Lügen ans Licht gekommen wären und auch ihre Aktivitäten im Zweiten Weltkrieg – auf der falschen Seite.

La Chaîne des Puys

UNTERWEGS VOR ORT

La Chaîne des Puys ist am besten mit dem Auto zu erkunden, denn es gibt nur wenige öffentliche Verkehrsmittel. Wer mehrere Berge der Gebirgskette besteigen will, sollte unbedingt ein Auto mieten oder eine Mitfahrgelegenheit suchen. Wer keines von beiden möchte, mietet sich am besten in einem der größeren Dörfer ein. In Mont-Dore z.B. gbit's mehrere preiswerte Unterkünfte. Trampen ist weitgehend akzeptiert und relativ einfach, vorausgesetzt es sind genügend Autos unterwegs ...

TOP TIPP

Am besten nicht im April und Anfang Mai herkommen: Nach Ende der Skisaison sind im April viele Betriebe geschlossen, bis sie zur Sommersaison im Mai wieder öffnen.

Die Puys der Auvergne sind ein Gebirgszug aus 80 erloschenen Vulkanen, der sich über mehr als 45 km durch das Massif Central im Herzen Frankreichs zieht. Die extrem dünn besiedelte Gegend wird auch als La Diagonale du Vide (die Diagonale der Leere) bezeichnet. Sie ist durchzogen von einsamen Wanderwegen, die tolle Ausblicke bieten. Die Region ist auch ein überraschend gutes, wenn auch wenig bekanntes Wintersportgebiet. Wer hierher kommt, sollte keine Ferienorte erwarten, die sich und ihre Angebote in bunten Broschüren präsentieren. Die ruhige Gegend ist vielmehr ideal zum Ausspannen und um die majestätische Natur zu genießen.

Die Puys erobern

Wanderungen auf erloschenen Vulkanen

Für alle, die im Urlaub möglichst viele Gipfel erstürmen wollen, stehen hier 80 Puys zur Auswahl.

DABOOST/SHUTTERSTOCK ©

Puy Mary

Der mit 1885 m höchste **Puy de Sancy** liegt am Rand des kleinen Skigebiets Mont-Dore. Er ist für den Anfang ideal, denn der Sessellift ist das ganze Jahr über in Betrieb. Der Télépherique Sancy fährt bis zu einer Holzplattform hinauf. Von dort sind es noch 15 Minuten zum Gipfel. Die Wanderung von der Basisstation führt in drei Stunden über die Skipisten zum Gipfel hinauf und wieder zurück. An einem klaren Tag reicht der Blick vom Gipfel über die anderen Puys bis ins Vallée de la Fontaine Salée. Der etwas anspruchsvollere Rückweg führt teilweise über lockeres Geröll. Unterwegs sind oft Murmeltiere zu sehen.

Der 1485 m hohe **Puy de Dôme** ist ideal für eine Halbtageswanderung. Er ist auch gut von Clermont-Ferrand aus zu erreichen. Unterhalb des Gipfels befindet sich die Ruine eines Merkurtempels. Ein kleines Museum erzählt die Geschichte des knapp 2000 Jahre alten Tempels. Vom Parkplatz Panoramique des Dômes führt ein Rundweg in drei Stunden zum Gipfel und wieder zurück. Es fährt auch eine Zahnradbahn in 15 Minuten hinauf.

Der landschaftlich besonders reizvolle **Puy Mary** liegt im Süden der Chaîne des Puys. Er ist 1783 m hoch und hat die Form eines Kegels. Der Wanderweg führt rund um den Gipfel; der Parkplatz Pas de Peyrol liegt eine Stunde unterhalb von ihm.

Traumhafter AOC-Käse

Milchbauernhöfe und Käsereien

Die Auvergne ist das landwirtschaftliche Zentrum Frankreichs und sehr stoz auf ihre Erzeugnisse – zu Recht. Von den 46 AOC-Käsesorten kommen fünf aus der Auvergne: Saint Nectaire, Cantal, Salers, Fourme d'Ambert und Bleu d'Auvergne. Daneben gibt's natürlich noch unzählige andere, nicht mit dem AOC-Siegel ausgezeichnete Käsesorten. Diese Vielfalt schlägt sich in der regionalen Küche nieder, denn die meisten Spezialitäten enthalten mindestens ein Milchprodukt. So besteht der Kartoffelgratin *truffade* nur aus Kartoffelscheiben in zerlassenem Käse und etwas Knoblauch. Die auch im angrenzenden Aveyron verbreitete Spezialität *aligot* ist ein leckerer Kartoffelbrei mit Käse und Knoblauch.

Cantal-Käse, den es schon seit dem 13. Jh. gibt, muss mindestens 240 Tage reifen, um als „alt" zu gelten. Er ist praktisch in jeder Dorf-*fromagerie* (Käseladen) und auf dem Markt in Cantal erhältlich. Die **Fromagerie des Monts du Cantal** in Pierrefort hat eine besonders große Auswahl. Der Salers hat seinen Namen von der gleichnamigen Stadt, wo er vor allem in der **Cave des Salers** hergestellt wird. Der Keller, in dem der Käse reift, kann besichtigt werden. Im Laden werden auch alle fünf

DIE BESTEN WANDERWEGE IM CANTAL

Berg- und Canyoning-Führer **Patrick Boue** verrät uns seine Lieblingswanderungen im Cantal. Sie können alle unter bureau-guides-auvergne.fr gebucht werden

Rund um den Peyre Arse (beim Puy Mary)
Der dritthöchste Berg des Cantal erhebt sich rund um einen kreisförmigen Gletscher. Die Wanderung dauert gut fünf Stunden.

Puy Violent und Cirque d'impramau
Der gößte Teil des Weges verläuft auf dem Kamm und bietet tolle Ausblicke, bevor er über einen kreisförmigen Gletscher wieder nach unten führt. Die Wanderung dauert fünfeinhalb Stunden.

Tour du suc de rond
Bei dieser herrlichen Wanderung sind im Sommer jede Menge Viehherden und Burons zu sehen. Im Winter sind Schneeschuhe erforderlich.

LÄNDLICHE UNTERKÜNFTE IN LA CHAÎNE DES PUYS

La Maison de la Monne
Die preiswerten Zimmer sind auf Wanderer eingerichtet, die direkt vor der Haustür loslaufen können. **€€**

Auberge d'Aijean
Die Herberge in der Nähe des Puy Mary und des besten Wandergebiets im Cantal hat sehr gemütliche Zimmer. **€**

Les Cabanes du Bois Basalte
Die Ökohütten auf Stelzen nördlich des Puy de Dôme bieten einen einzigartigen Ausblick. **€€**

AUTOFAHRT

Cantal

Das Cantal ist eine mehr als 5700 km² große üppig grüne Landschaft voller Puys, sanfter Hügel, Flüsse und alter Dörfer. Genau wie die Auvergne ist die dünn besiedelte Region im Sommer ein Wanderparadies und im Winter Skigebiet. Die weite unberührte Landschaft ist am besten mit einem Auto zu erkunden.

1 Aurillac

Aurillac ist die größte Stadt im Cantal. In der einstigen gallisch-römischen Siedlung stehen die Häuser heute dicht an dicht am Fluss, womit sie stark an Annecy erinnert. An die Zeit als Hippie-Hochburg erinnert im August das Festival de Théâtre de Rue d'Aurillac. Das Straßentheaterfestival zieht jedes Jahr so viele Camper an, dass die französische Regierung mit kostenlosen Zugtickets möglichst viele Festival-Gäste zur Nutzung der Bahn bewegen will.

Die Fahrt Von Aurillac geht es auf der N122 nach St-Jacques-des-Blats. Unterwegs lohnt sich ein Abstecher zu den Gorges du Pas de Cère. Die Schluchten wurden von einem Gletscher geformt, der einst die gesamte Landschaft bedeckte.

2 St-Jacques-des-Blats

St-Jacques-des-Blats ist eine eher langweilige Stadt, die sich entlang der Landstraße erstreckt, doch von hier aus lassen sich fantastische ein- bis zweistündige Wanderungen unternehmen. Zum Beispiel zum hübschen Weiler Nierveze mit seinen alten Steinhäusern mit blauen Fensterläden, Strohdächern und einer alten Mühle. Eigentlich genügt ein kurzer Abstecher, doch es lohnt sich auch, hier in einem *buron* (Sennhütte aus Stein) zu übernachten. Sie sind meist nur zu Fuß oder mit dem Allradfahrzeug der Besitzer zu erreichen. Keinesfalls sollte man mit dem Mietauto hinfahren! Der einsam gelegene Buron de la Chambre ist eine halbe Stunde zu Fuß von Nierveze

Wandern im Cantal

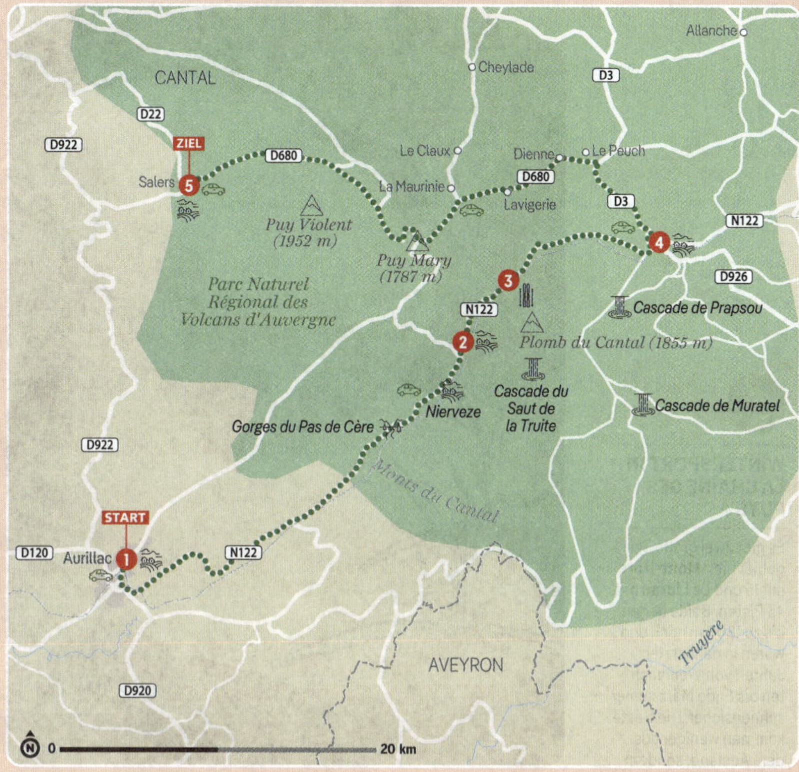

entfernt und bietet einen spektakulären Ausblick.

Die Fahrt Nach einer kurzen Fahrt auf der N122 ist die Ausfahrt Le Lioran erreicht.

3 Le Lioran

Direkt hinter St-Jacques-des-Blats beginnt das Skigebiet Le Lioran. Im Sommer ist es Ausgangspunkt für herrliche Wanderungen zu den vielen Wasserfällen der Gegend: Cascade de Prapsou, Cascade de Muratel und Cascade du Saut de la Truite.

Die Fahrt Zurück auf der N122 (unmöglich, sich hier zu verfahren!) sind es noch 14 km bis nach Murat.

4 Murat

Wer lieber in einer Stadt als in der Natur übernachtet, kann dies in Murat tun. Die Vororte sind zwar von Industrie geprägt und eher trostlos, doch die mittelalterliche Altstadt ist sehr gut erhalten und hat viele schöne Kirchen. Hoch über der Stadt thront eine Marienstatue, die einen tollen Ausblick bietet. Die beste Unterkunft ist L'Escale de Camille.

Die Fahrt Von Murat geht es über die kurvige, aber überaus malerische D680 am Puy Mary vorbei nach Salers.

5 Salers

Die mittelalterliche Stadt sieht ein bisschen wie Murat im Miniaturformat aus und gilt als eine der schönsten Städte des Landes. Bekannt ist sie natürlich vor allem für den gleichnamigen Käse mit AOC-Siegel. In der wunderbar erhaltenen Altstadt aus dem 15. Jh. wurden aber auch schon viele Filme gedreht. Dann geht es von Salers über die D922 zum 41 km entfernten Ausgangspunkt Aurillac zurück.

WINTERSPORT IN LA CHAÎNE DES PUYS

Es gibt zwei große Skigebiet hier: **Mont-Dore** mit 15 und **Le Lioran** mit 43 Pisten. Beide liegen bis zu 1800 m hoch und waren in den letzten Jahren von Weihnachten bis Ende März immer schneesicher. Die Gäste kommen weniger aus dem Ausland, sondern vor allem aus der Region und dem Westen und Nordwesten Frankreichs. Daher ist der Skipass hier auch wesentlich günstiger als in den Alpen (unter 50 € für 2 Tage in Le Lioran).

Cantal

AOC-Käse der Auvergne verkauft. Das Feinkostgeschäft **L'Ajasserie d'Orcival** in Orcival bietet hausgemachte Tartes und Quiches mit sehr viel Käse an, die herzhaft und lecker sind. Außerdem gibt's eine große Auswahl an Käse und Wurst. Auf der anderen Straßenseite erhebt sich die wunderbare Basilika Notre Dame aus dem 12. Jh. Sie ist aus Vulkangestein errichtet und hat riesige Buntglasfenster.

Rund um La Chaîne des Puys

Die aus vulkanischer Lava erbauten Städte lassen ihre industrielle Vergangenheit hinter sich und überraschen mit einer lebendigen Kunstszene.

Die meisten Reisenden fahren auf ihrem Weg nach La Chaîne des Puys einfach an Clermont-Ferrand vorbei. Die Stadt gilt nur als Durchfahrtsort oder Ausgangspunkt für die Erkundung der ländlichen Auvergne. Ihre Lage ist auch sehr merkwürdig. Es gibt keinen Fluss, und die weitläufige Ansammlung aus Häusern aus schwarzem Vulkangestein ist rundum von Bergen umgeben. Für eine Stadt ihrer Größe hat sie auch eine erstaunlich schlechte Verkehrsanbindung. Nicht einmal der TGV von Paris fährt hierher, und so müssen die meisten Leute mit dem Bus oder Auto anreisen. Die einstige Industriestadt mit dem berühmten Michelin-Werk ist heute vor allem eine aufstrebenede Universitätsstadt mit einer lebendigen Kunstszene und bemerkenswerten Craft-Bier-Kultur.

UNTERWEGS VOR ORT

Die weit verstreuten Viertel von Clermont-Ferrand lassen sich am besten mit de r Straßenbahn erkunden, die kleine Altstadt zu Fuß.

TOP TIPP

Am schönsten ist die Innenstadt von Clermont-Ferrand. Die Vororte sind sehr industriell und voller Businesshotels.

EVELINA SHU/SHUTTERSTOCK ©

Clermont-Ferrand (S. 454)

DIE MICHELIN-STORY

Die Gebrüder Michelin hatten ein Geschäft für landwirtschaftliche Geräte in Clermont-Ferrand. 1889 halfen sie einem Fahradfahrer, seinen Luftreifen zu reparieren. Es war eine langwierige Arbeit, und nur kurze Zeit später war der Reifen wieder platt. Die Brüder beschlossen, einen austauschbaren Reifen zu entwickeln, 1891 ließen sie ihn patentieren. Sie wurden zum weltweit zweitgrößten Hersteller von Luftreifen und eine bekannte Marke, nicht zuletzt durch ihren Guide Michelin. Der Restaurantführer sollte zunächst nur den Verkauf von Reifen ankurbeln, indem er bei den Autofahrern die Reiselust und Neugier auf Frankreich weckte. Für die Reise empfahl der Restaurantführer passende Hotels und Restaurants. Heute gelten die Michelin-Sterne weltweit als Goldstandard der Haute Cuisine.

GUY CHRISTIAN/HEMIS.FR/ALAMY ©

MARQ

Straßenkunst in Clermont-Ferrand

Mit Fresken geschmückte Fabriken

Clermont-Ferrand ist nur 13 km vom Puy de Dôme entfernt. Die von Industriegebieten umgebene Altstadt erscheint auf den ersten Blick schlicht und düster, denn die Häuser sind alle aus schwarzem Vulkangestein gebaut. Bei einem Rundgang ist jedoch schnell die künstlerische Seite der Stadt zu entdecken. Er beginnt beim **Maison du Parcours Street Art Such'Art** mitten in der Altstadt. Von der Doppeltür starren die Augen einer schwarzen Katze auf die Straße. Auf einer anderen Tür fliegt ein Eisvogel. Um Farbe in die dunkle Gotik zu bringen, ließ die Stadt 2022 fünf Wandmalereien von einheimischen und ausländischen Künstler:innen ausführen. Die Gemälde erstrecken sich über ganze Gebäude oder schmücken nur einzelne Teile wie den Skatepark Philippe Marcombes. Die Künstlervereinigung **End to End** hat alte Gebäude in farbenprächtige Gemälde verwandelt und sogar die zugemauerten Fenster der Kunstschule mit kaleidoskopischen Bildern geschmückt.

Auch in den Innenräumen wird ausgezeichnete Kunst präsentiert. **FRAC Auvergne** zeigt zeitgenössische Kunst in hellen,

ÜBERNACHTEN IN CLERMONT-FERRAND

Hôtel Littéraire Alexandre Vialatte
Das unter dem Motto „Buch" stehende Hotel hat einen Buchladen in der Bar und wunderbar ausgestattete Zimmer. €€

Break & Home
Das Hotel wirkt etwas kommerziell, bietet aber ein gutes Preis-Leistungs-Verhältnis. Die riesigen Zimmer sind für Selbstversorger eingerichtet. €

Artyster
Das Hotel in einer umgebauten Garage mit Bar im Industriedesign und schönem Aufenthaltsbereich ist das beste Budget-Hotel der Stadt. €

EVELINA SHU/SHUTTERSTOCK ©

Cathédrale Notre-Dame-de-l'Assomption

luftigen Räumen, das **MARQ** (Musée d'Art Roger Quillot) bietet auf sechs Stockwerken klassische Gemälde und Skulpturen. Das Museum liegt in Montferrand, einem der ältesten Viertel der Stadt.

Kirchgang in Clermont-Ferrand

Eine Kathedrale aus Vulkangestein

Die ab 1248 erbaute **Cathédrale Notre-Dame-de-l'Assomption** hat zwei spitze schwarze Türme und erinnert stark an die Kathedrale des *Glöckners von Notre-Dame*. Die Türme sind jeweils 96,1 m hoch und damit die höchsten Gebäude der Stadt. Schon im 5. Jh. ließ Bischof Namatius hier eine erste Kathedrale errichten. Die unterirdischen Labyrinthe und Katakomben, größer als die Katakomben von Paris (!), sind bis heute erhalten, für die Öffentlichkeit aber derzeit nicht zugänglich. In den Tunneln wurde bis in die zweite Hälfte des 20. Jhs. Käse zum Reifen gelagert.

Die heutige Kathedrale wurde erst im 19. Jh. fertiggestellt. Der Innenraum mit den hohen Bogen ist mit riesigen Buntglasfenstern und Statuen der Jungfrau Maria und anderer Heiligen geschmückt. Die Krypta besteht aus weißem Marmor.

DIE BESTEN RESTAURANTS UND BARS IN CLERMONT-FERRAND

Die Heimat der Michelin-Sterne hat eine ausgezeichnete Gastro-Szene.

L'Avenue
Klassische französische Küche in künstlerischem Ambiente.

La Bamboche
Die beste Bar zum Ausgehen bietet regelmäßig Live-Musik und Karaoke.

AIGO
Das Café mit freundlichem Personal und superschnellem WLAN ist ideal zum Arbeiten mit Kaffee und Kuchen.

Les Halles
Die große Auswahl feiner Biere lohnt den etwas weiteren Weg vom Zentrum.

Lard de Vivre
Das Restaurant serviert Weltküche wie Tapas und fleischlastige *Parrillas*.

Französische Alpen & Jura

EINES DER GROSSEN GEBIRGE EUROPAS

Spektakuläre Abenteuer und bäuerliche Traditionen treffen auf diesem Spielplatz hoch oben in den Bergen aufeinander, der sich der Bewahrung des alten Savoir-faire verschrieben hat.

In den Französischen Alpen und im Jura kommen atemberaubende Schönheit und Action zusammen. Von Gletschern durchzogene Nationalparks und scharfzackige Berggipfel, eisblaue Seen und himmelhohe *cols* (Bergpässe): Der Ruf der Wildnis ist in diesem östlichen Teil Frankreichs unüberhörbar, und noch lauter für Outdoor-Fans, die hoch hinaus wollen – auf Skiern, mit dem Fahrrad oder einfach zu Fuß.

Die Alpen erstrecken sich über sieben europäische Länder. Der Mont Blanc ist mit 4805 m Höhe der höchste Berg Europas. Die hypnotisierende, schneeweiße Krone des prächtigen, geschichtsträchtigen Berges wirft magische Schatten auf die berühmte Ski- und Bergsteigerstadt Chamonix in der historischen Region Savoie (Savoyen). Im Süden und Südwesten, von der Rhône im Westen bis zur italienischen Grenze im Osten, liegt die Region Dauphiné mit der studentischen Stadt Grenoble. Im weniger gebirgigen Jura, der sich sanft nach Nordwesten entlang der Grenze zwischen Savoyen und der Schweiz ausbreitet, verläuft das Leben in einem langsameren Rhythmus: Weinbau, Skilanglauf und Kühe, aus deren Milch einige der würzigsten und köstlichsten französischen Käse hergestellt werden.

Seit prähistorischen Zeiten besiedelt und später von eingewanderten Stämmen keltischen, gallischen und germanischen Ursprungs bewohnt, waren die Französischen Alpen schon immer hart umkämpft. Sie wecken immer noch Eroberungslust in den Menschen. Die Langstreckenwanderung Tour du Mont Blanc führt durch drei Länder rund um den Mont Blanc; die Route des Grandes Alpes, der Fernwanderweg GR5 und die Skiabfahrt Vallée Blanche waren noch nie so beliebt. Doch nirgendwo sonst in Frankreich sind die Auswirkungen der globalen Erwärmung so deutlich sichtbar. Das kann man besonders am Mer de Glace beobachten.

FRANCK LEGROS/SHUTTERSTOCK ©

DIE WICHTIGSTEN ZIELE

CHAMONIX
Spektakulärer Wintersportort. S. 462

ANNECY
Das am gleichnamigen See liegende Juwel in Haute-Savoie. S. 475

CHAMBÉRY
Die historische Hauptstadt von Savoyen. S. 484

GRENOBLE
Dauphinés kulturelles Zentrum. S. 492

ALENAPAULUS/GETTY IMAGES ©

Links: Kühe, Jura (S. 500); oben: Pas dans le Vide (S. 464), Aiguille du Midi

Erste Orientierung

Die Französischen Alpen, die die Departements Savoie, Haute-Savoie und Isère umfassen, sind ein riesiges Gebiet, das aufgrund von Tälern und Bergen, die den direkten Weg unmöglich machen, nicht immer leicht zu befahren ist. Die Empfehlungen konzentrieren sich auf vier gut gelegene Ausgangspunkte.

Jura, S. 500

Man kann stundenlang fahren, ohne eine Menschenseele in dieser herrlich ländlichen Gegend zu treffen, die von sanften Bergen, hübschen Weindörfern und Käse geprägt ist.

AUTO & MOTORRAD

Die Straßen zu vielen Skigebieten sind steil und kurvenreich. Die Straßen werden regelmäßig geräumt, aber von November bis März sind Winterreifen oder Schneeketten im Kofferraum unerlässlich. Zahlreiche *cols* sind im Winter zugeschneit und gesperrt; im Früh-/Spätsommer sollte man sich vor der Abfahrt über die Straßenverhältnisse informieren.

BUS & ZUG

Busse verkehren zwischen dem Bahnhof in Moûtiers und den drei Wintersportorten Les Trois Vallées sowie dem Bahnhof in Bourg St-Maurice und Val d'Isère und Tignes. Modane ist der Bahnhof für den Vanoise, von dem aus Busse nach Bonneval-sur-Arc fahren. Nach Chamonix steigt man in den Mont Blanc Express am TGV-Bahnhof in St-Gervais-Le-Fayet.

ZU FUSS

Der Fernwanderweg GR5 und die Grande Traversée des Alpes durchqueren die gesamten Französischen Alpen vom Genfer See bis zum Mittelmeer (674 km). Kürzere Wanderwege führen durch die ganze Region und sind die schönste Art, in Ruhe zwischen abgelegenen Weilern, Bauernhöfen und *refuges* (Berghütten) umherzustreifen.

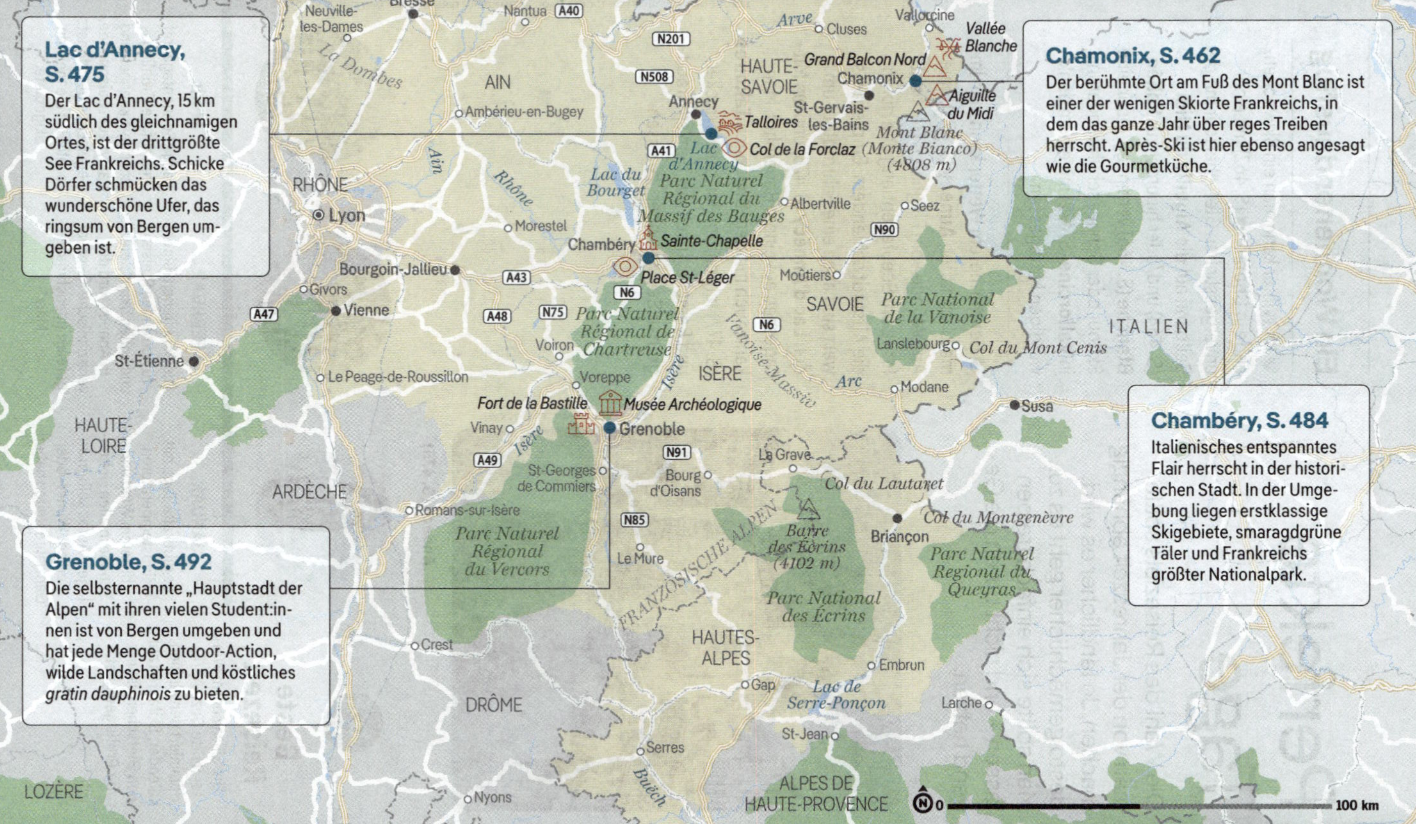

Lac d'Annecy, S. 475
Der Lac d'Annecy, 15 km südlich des gleichnamigen Ortes, ist der drittgrößte See Frankreichs. Schicke Dörfer schmücken das wunderschöne Ufer, das ringsum von Bergen umgeben ist.

Chamonix, S. 462
Der berühmte Ort am Fuß des Mont Blanc ist einer der wenigen Skiorte Frankreichs, in dem das ganze Jahr über reges Treiben herrscht. Après-Ski ist hier ebenso angesagt wie die Gourmetküche.

Chambéry, S. 484
Italienisches entspanntes Flair herrscht in der historischen Stadt. In der Umgebung liegen erstklassige Skigebiete, smaragdgrüne Täler und Frankreichs größter Nationalpark.

Grenoble, S. 492
Die selbsternannte „Hauptstadt der Alpen" mit ihren vielen Student:innen ist von Bergen umgeben und hat jede Menge Outdoor-Action, wilde Landschaften und köstliches *gratin dauphinois* zu bieten.

Perfekte Tage

Die Wahl des Reiseziels sollte man von der Jahreszeit abhängig machen. Je ländlicher es wird, desto gemächlicher geht es zu. Man sollte sich einfach treiben lassen – und nicht durch die Gegend hetzen.

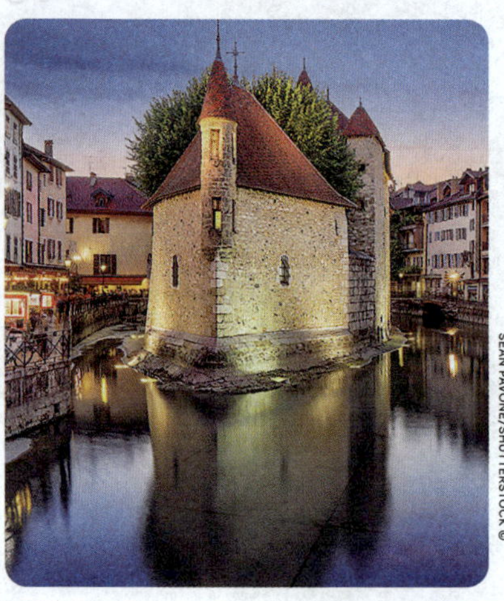

SEAN PAVONE/SHUTTERSTOCK ©

Annecy (S. 475)

Ein Wochenendausflug

● Im Winter kann man ein Skiwochenende in **Chamonix** (S. 462) mit einer unvergesslichen Gletschertour mit der Seilbahn auf die **Aiguille du Midi** (S. 464) und/oder hinunter zur **Vallée Blanche** (S. 466) verbinden. Oder eine Skitour oder Schneeschuhwanderung in **Vallorcine** (S. 472) mit einem denkwürdigen Mittagessen.

● Bei wärmerem Wetter kann man im märchenhaften **Annecy** (S. 475), eine Autostunde vom Flughafen Genf entfernt, am Seeufer entlang und durch die Altstadt schlendern. Empfehlenswert sind auch eine Fahrradtour um den **Lac d'Annecy** (S. 478) und ein Mittagessen auf einem Bauernhof. Man kann auch mit dem Boot nach **Talloires** (S. 477) fahren, um dort zu picknicken und Barsche, frisch aus dem smaragdgrünen See gefangen, zu essen.

Beste Reisezeit

Die Skisaison im Winter (Mitte Dez.–April) dominiert den alpinen Kalender; Skifahren auf den Gletschern ist nur für Profis geeignet.

JANUAR

Es gibt kalte Tage mit Minustemperaturen, bitterem Wind und Schnee in allen Höhenlagen. Autos sollten unbedingt Winter- oder Ganzjahresreifen haben.

FEBRUAR

Die Schulferien führen zu horrenden Preisen und vollen Skigebieten. In Annecy wird der venezianische Karneval gefeiert (manchmal im März).

APRIL

Lange Sonnentage treffen auf viel Frühlingsschnee, Skirennen und Partys zum Saisonende. Gegen Ende des Monats schließen die meisten Skigebiete.

SERGEY NOVIKOV/SHUTTERSTOCK ©, RADU RAZVAN/SHUTTERSTOCK ©, KOJIN/SHUTTERSTOCK ©

Fünf Tage Zeit

- Ein guter Ausgangspunkt ist **La Plagne** (S. 488), ein Abenteuerspielplatz mit jeder Menge Action auf den Skipisten (und abseits davon). Hundeschlittentouren, Schneeschuhwandern in einem Naturschutzgebiet, mit Fatbikes auf Schnee fahren und eine Fahrt auf einer olympischen Bobbahn gehören zu den Highlights. Ein Ausflug in den schneebedeckten **Parc National de la Vanoise** (S. 491) ist eine weitere Attraktion.

- Im Sommer kann man in **Les Portes du Soleil** (S. 482) super mountainbiken. Und in **St-Gervais** (S. 473) mit der Tramway du Mont Blanc zum Ausgangspunkt einer Gletscherwanderung fahren sowie eine Gin-Brennerei auf einem Berg und eine alte Kapelle mit moderner Kunst von Weltrang (ein Matisse!) besichtigen. Oder durch das gehobene Alpenparadies **Megève** (S. 473) flanieren.

Länger Zeit

- Man kann sich bei einem Winterausflug im beschaulichen **Jura** (S. 500) entspannen, Langlauf mit Wein in **Arbois** (S. 503) verbinden und einen Kulturtrip in die Hauptstadt **Besançon** (S. 501) machen. Oder Zeit in **Grenoble** (S. 492) verbringen und von der Dauphiné-Hauptstadt in eines der **Oisans-Skigebiete** (S. 497) fahren.

- Von Juni bis September kann man auf der **Route des Grandes Alpes** (S. 490) vom Genfer See bis nach Les Gets in **Les Portes du Soleil** (S. 482) fahren. Außerdem bietet es sich an den **Lac de Roselend** (S. 490) zu bewundern, Käse in **Beaufort** (S. 489) zu probieren und die berüchtigten 21 Haarnadelkurven von **Alpe d'Huez** (S. 497) zu meistern.

- Entspannung findet man bei kurzen Wanderungen entlang des **GR5** (S. 491) im abgelegenen **Parc National des Écrins** (S. 499) und bei einer Übernachtung in **La Bérarde** (S. 499).

JUNI

Zeit zu wandern und Fahrrad zu fahren! Die Abondance-Kühe kommen auf die Sommerweiden; aus der Milch wird der Käse Beaufort d'été hergestellt.

JULI

Die Sessellifte und Seilbahnen in den Skigebieten sind in der kurzen Sommersaison (bis Ende Aug.) für Wander:innen und Mountainbiker:innen geöffnet.

AUGUST

Die ersten beiden Augustwochen sind im Sommer die trubeligsten in den Alpen. In dieser Zeit muss man mit vollen Straßen rechnen (vor allem samstags).

SEPTEMBER

Die Trauben werden in Savoyen und Haute-Savoie geerntet. Ende des Monats blühen auf den Safranfarmen in Chartreuse die violetten Krokusse.

Chamonix

UNTERWEGS VOR ORT

Zwischen den sieben Skigebieten von Chamonix, die nicht über Skipisten miteinander verbunden sind, muss man sich auf den Straßen fortbewegen, aber das Skifahren ist so gut, dass sich niemand beschwert. Alle Busse in der Stadt und im Vallée de Chamonix (zwischen Argentière oder Col des Montets bis nach Servoz und Les Houches) können mit der Carte d'Hôte (Gästekarte) kostenlos genutzt werden. Die Karten bekommt man in der Unterkunft. Unter www.chamonix-bus.com sind die Fahrpläne zu finden. Mit der Gästekarte kann man auch kostenlos auf dem nördlichen Teil des Mont Blanc Express fahren.

Als eines der Freerider-Lieblingsziele in den Französischen Alpen und Ausgangspunkt für einige der berühmtesten Bergabenteuer Europas war Chamonix schon immer sehr beliebt. Die Stadt hat eine lange Geschichte als Zentrum für Berg- und Wintersport. Als Urlaubsziel wurde es 1741 von den Briten William Windham und Richard Pococke entdeckt und war 1924 Gastgeber für die allerersten Olympischen Winterspiele. Die Herkulesaufgabe der Rettung der schmelzenden Gletscher – nicht zuletzt des längsten Gletschers Frankreichs, dem Mer de Glace am Fuß des Mont Blanc (4805 m) – steht heute an erster Stelle.

Im Winter wie im Sommer gehen in der Alpenstadt Abenteuer auf hohen Gipfeln und gemächliche Erkundungen über wildblumenübersäte Weiden, vorbei an den traditionellen Hütten der Hirten, Hand in Hand. Schlendert man die verkehrsberuhigte Zone von Chamonix, die Rue du Docteur Paccard, die von der schneeweißen Kuppel des Mont Blanc überragt wird, entlang, muss man einfach beeindruckt sein. Man spürt überall die Begeisterung und Vorfreude auf das nächste Outdoor-Abenteuer.

TOP TIPP

Die spektakuläre Fahrt auf die Aiguille du Midi kann man zu jeder Jahreszeit antreten. Am besten macht man sie am frühen Morgen, denn im Sommer strömen die Tourist:innen am späten Vormittag in die Gondeln, sodass man sich wie in Disneyland in luftiger Höhe fühlt. Unbedingt vorab Tickets buchen.

MUMEMORIES/SHUTTERSTOCK ©

Chamonix

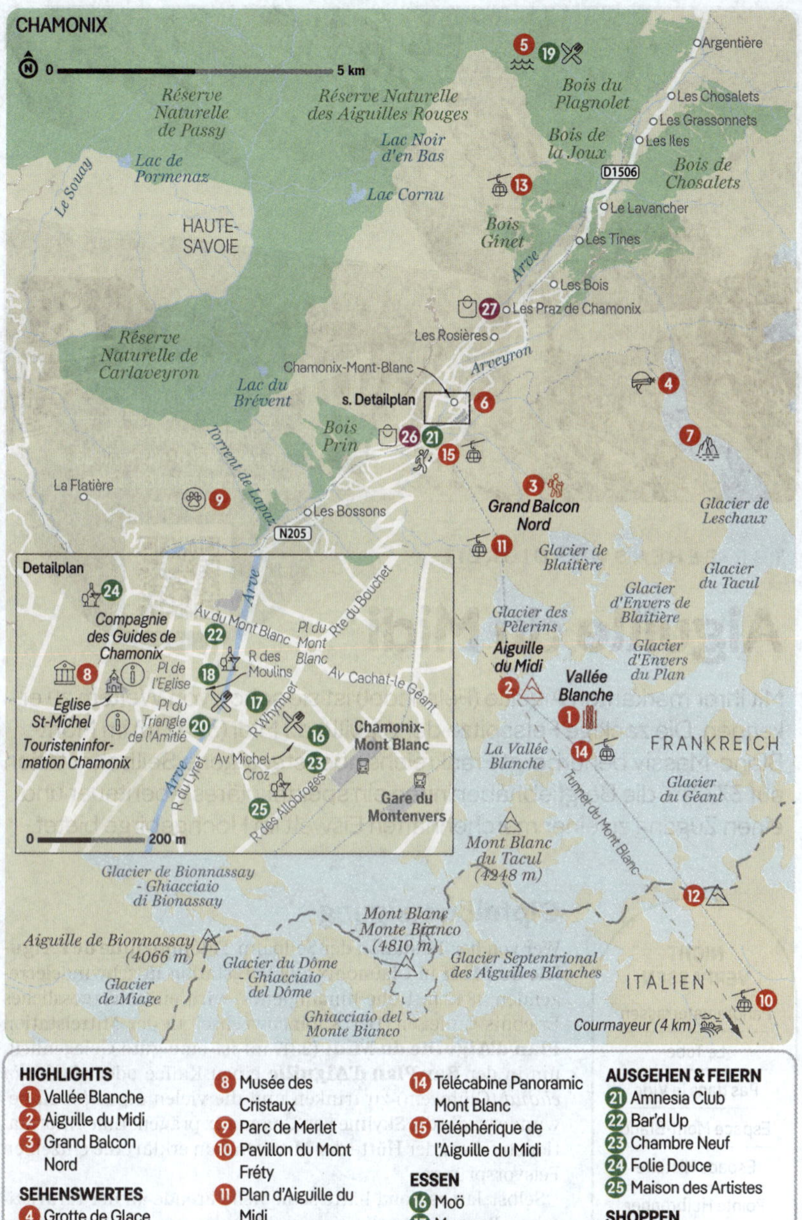

HIGHLIGHTS
1 Vallée Blanche
2 Aiguille du Midi
3 Grand Balcon Nord

SEHENSWERTES
4 Grotte de Glace
5 Lac Blanc
6 Luge sur Rails
7 Mer de Glace
8 Musée des Cristaux
9 Parc de Merlet
10 Pavillon du Mont Fréty
11 Plan d'Aiguille du Midi
12 Pointe Helbronner
13 Télécabine de la Flégère
14 Télécabine Panoramic Mont Blanc
15 Téléphérique de l'Aiguille du Midi

ESSEN
16 Moö
17 Mumma
18 Munchie
19 Refuge du Lac Blanc
20 Rose du Pont

AUSGEHEN & FEIERN
21 Amnesia Club
22 Bar'd Up
23 Chambre Neuf
24 Folie Douce
25 Maison des Artistes

SHOPPEN
26 Blackcrows
27 Rabbit on the Roof

MCMORTGREEN/SHUTTERSTOCK ©

PRAKTISCHES

Für Öffnungszeiten und Tickets oder den Download der App diesen QR-Code scannen.

TOP-SEHENSWÜRDIGKEIT

Aiguille du Midi

Mit ihrer markanten Aiguille (Felsnadel) ist sie schon von Weitem zu erkennen. Die zackige Felsspitze der Aiguille du Midi (3842 m) im Mont-Blanc-Massiv beherbergt Frankreichs höchstgelegene Seilbahnstation auf 3777 m, die Bergliebhaber:innen ein spektakuläres Abenteuer und einen Zugang zu einer märchenhaften Eiswelt im Hochgebirge bietet.

NICHT VERPASSEN

- Panoramaterrassen
- Le Tube
- Pas dans le Vide
- Espace Mont-Blanc
- Espace Histoire
- Pointe Helbronner
- Skyway Monte Bianco

Gipfelbesteigung

Wer von der Talstation der Seilbahn **Téléphérique de l'Aiguille du Midi** in Chamonix zur Bergstation in schwindelerregenden 3842 m Höhe hinaufgleitet, wird ein unvergessliches Erlebnis genießen. Der Kabinenwechsel an der Mittelstation **Plan d'Aiguille du Midi** (2317 m) ist eine gute Gelegenheit, um in der **Bar Plan d'Aiguille** einen Kaffee oder einen *vin chaud* (Glühwein) zu trinken und die vielen *aiguilles* zu bewundern, die die Skyline von Chamonix prägen. Eine Informationstafel vor der Hütte der Mittelstation erklärt die einzelnen Felsvorsprünge.

Selbst James Bond hätte seine helle Freude an der futuristischen Bergstation, die sich spektakulär um den imposanten orangefarbenen Gipfel der Aiguille du Midi windet. Düstere, schwach beleuchtete Tunnel führen von der Seilbahn – vorbei an Mutigen, die sich Steigeisen anziehen, um die legendäre Vallée Blanche (S. 466) abseits der Piste zu bezwingen (man spürt ihre Vorfreude und/oder ihre Angst) – zu einer Reihe von **Panoramaterrassen**. Informationstafeln zeigen die atemberaubenden schneebedeckten Gipfel in der Umgebung auf.

Die Röhre

Schilder führen zu **Le Tube**, einem 34 m langen Metallrohr, das sich um einen Teil des Felsvorsprungs windet. Man sollte sich Zeit lassen, um den zylindrischen Gang zu durchqueren, der über fünf schmale Fenster verfügt, durch die man im Sommer die ameisengroßen Kletter:innen auf der **Pointe Rébuffat** beobachten kann. Informationstafeln beeindrucken mit überraschenden Fakten wie den 300 m³ Beton, 80 t Stahl und mehr als 500 Hubschrauberflügen, die nötig waren, um diese wilde, der Schwerkraft trotzende Galerie zu errichten.

Ein Schritt ins Leere

Mit dem Aufzug kann man zum **Pas dans le Vide** hinauffahren, einer Kabine mit Glaswänden und Glasboden, die über einem 1000 m tiefen Abgrund liegt und mit 3830 m ü. M. nur 12 m vom Gipfel entfernt ist. Dies ist der höchste Punkt der Aiguille du Midi, und der Blick nach unten ist grandios und erschreckend zugleich, je nachdem, ob man schwindelfrei ist.

Weiter nach Italien

Die schwindelerregende Fahrt mit der **Télécabine Panoramic Mont Blanc** über ein schillerndes, weißes Meer aus Séracs, Gletscherspalten und Eisfeldern ist ein einmaliges Erlebnis im Sommer. Von der Bergstation der Aiguille du Midi fahren von Ende Mai bis Ende September kirschrote kleine Gondeln über den Glacier des Géants zur **Pointe Helbronner** (3466 m) an der französisch-italienischen Grenze. Der faszinierende 360-Grad-Panoramablick auf die gewaltigen Berggipfel des Mont-Blanc-Massivs und der benachbarten italienischen und Schweizer Alpen ist unvergleichlich. Kein Wunder, dass die Pointe Helbronner auch *„le balcon sur les géants"* (der Balkon über den Riesen) genannt wird.

Von dort fährt die italienische Seilbahn **Skyway Monte Bianco** (www.montebianco.com) weitere 4 km über die märchenhafte Eislandschaft nach **Courmayeur** (1300 m), einem der nobelsten Skigebiete in Italien im Val d'Aosta (Aosta-Tal). Die weißen halbkugelförmigen Kabinen drehen sich während der Fahrt ganz langsam um 360 Grad und bieten so einen einzigartigen Blick auf die großen Berge der Alpen: Mont Blanc, Monta Rosa, Gran Paradiso und das Matterhorn. An der Mittelstation **Pavillon du Mont Fréty** (2200 m) kann man sich im Hangar 2173 über die Geschichte der Seilbahn und im Botanischen Garten über die Pflanzenwelt in den Alpen informieren. Den Abschluss bildet ein Gläschen des köstlichen Cuvée des Guides, den der experimentierfreudige Winzer Blanc de Morgex et de La Salle auf seinem Weingut **Cave Mont Blanc** mitten in den Bergen aus Pré-Blanc-Trauben herstellt.

LERNEN IN LUFTIGER HÖHE

Als einer der höchstgelegenen Museumskomplexe Europas bietet die Aiguille du Midi zahlreiche Themenräume in luftiger Höhe: Man kann über den Mont Blanc, die Aiguille Verte und andere Viertausender des Mont-Blanc-Massivs während eines zehnminütigen Films im Espace Ascension fliegen, im Espace Histoire erfahren, wie der Komplex entstanden ist, und im Espace Vertical die besten Bergsteiger:innen und Extremwintersportler:innen bestaunen.

TOP TIPPS

- Vorher den Wetterbericht lesen. Der teure Ausflug lohnt sich nur bei schönem Wetter.
- Unbedingt vorab reservieren, Tag und Uhrzeit kann man online auswählen.
- Warm anziehen: Die Temperaturen sind eisig, sogar im Sommer.
- Wander- oder Schneeschuhe mit guter Haftung anziehen.
- Langsam gehen, um Schwindel, Übelkeit und andere Symptome von leichter Höhenkrankheit zu vermeiden.
- Die Aiguille du Midi ist für Kinder unter 3 Jahren nicht zugänglich und wird für Kinder unter 5 Jahren, Schwangere und Menschen mit Atem- oder Herzproblemen nicht empfohlen.

Die atemberaubende Vallée Blanche

Eine spektakuläre Abfahrt abseits der Pisten

Unter den Ski-Fans der Abfahrt **Vallée Blanche** kursieren viele Geschichten über Skifahrer:innen, die diese hinunterfahren und plötzlich nicht mehr zu sehen sind. Aber es kommt auch überraschend häufig vor, dass jemand über eine Schneebrücke fährt und mehrere Meter tief in eine dunkle, eisblaue Gletscherspalte stürzt, weil die Brücke zusammenbricht.

Dies ist nur einer der Gründe, warum Europas berühmtestes Tiefschnee-Erlebnis – eine 2800 m lange Abfahrt durch eine Landschaft von außerirdischer Schönheit – nur mit einem zertifizierten Hochgebirgsguide in Angriff genommen werden darf. Ab der Bergstation der Seilbahn **Aiguille du Midi** führt die Route 20 km über drei Gletscher bis zur **Gondel Mer de Glace** (seit Dezember 2023 geöffnet) auf dem Gletscher Mer de Glace. Von dort geht's mit der Zahnradbahn weiter zum Gare de Montenvers und dann weiter in den roten, kleinen Gondeln hinab nach Chamonix.

Ende März/Anfang April ist die beste Zeit für die Vallée Blanche, die nur für erfahrene Skifahrer:innen geeignet ist, die mit unpräpariertem Terrain vertraut sind. Man kann sich einem Guide der **Compagnie des Guides de Chamonix** für eine Kleingruppentour anschließen (145 €/Pers., plus Liftpass), mit Übernachtung auf 3613 m in der Refuge des Cosmiques auf dem Gletscher Cold du Midi (385 €/Pers., plus Liftpass), oder – am spektakulärsten – bei einer Mondscheinabfahrt (425 € für zwei Pers.).

Auf Kristalljagd

Von einheimischen Steinsucher:innen ausgegrabene Schätze

Durch das Schmelzen des Gletschereises in den Alpen werden farbenprächtige Kristalle freigelegt. Rote, rosafarbene und mintgrüne Fluorite, die nur in den Alpen vorkommen, konkurrieren mit Rauchquarzen, violett-braunen Axiniten und lilafarbenen Amethysten in Chamonix' **Musée des Cristaux** im Espace Tairraz hinter der Barockkirche **Église St-Michel** aus dem 18. Jh.

Viele der 1800 ausgestellten Bergkristalle wurden von *chasseurs des crystaux* („Kristalljägern") bei Kletterexpeditionen im Mont-Blanc-Massiv gefunden; der älteste entstand vor 25 000 Jahren. Von 1800 bis in die 1950er-Jahre lockte der Traum vom rosa Fluorit Kristalljäger aus ganz Europa nach Chamonix.

Après-Ski

Ausgehen und Feiern in Chamonix

„Reingehen und tanzen" lautet das Motto im **Moö** am Bahnhof von Chamonix in der trubeligen Avenue Michel Croz. Die von

BERGAUSRÜSTUNG

Liftpässe
Informationen über alle Pässe gibt's unter www.montblancnaturalresort.com.

Bergguides
Compagnie des Guides de Chamonix (190 place de l'Église; www.chamonix-guides.com) hat Bergguides für alle erdenklichen Outdoor-Aktivitäten: Schneeschuhwanderungen, Eisklettern, Skifahren abseits der Pisten, Mountainbiken im Sommer und Canyoning.

Zugang zu den Wegen & Bedingungen
Das Office de Haute Montagne (190 place de l'Église; www.chamoniarde.com) bietet wichtige praktische Informationen über Wander-, Kletter- und Skitourenrouten – einschließlich Wegbeschaffenheit und Wettervorhersagen.

Chamonix-App
Die App der Tourismusinformation kann man unter https://en.chamonix.com herunterladen – für Fahrpläne der öffentlichen Verkehrsmittel, Wettervorhersagen, Webcams, Pistenpläne und Wander- und Radwege sowie den Kauf und das Aufladen von Skipässen.

PREISGÜNSTIG ÜBERNACHTEN

Le Chamoniard Volant
Seit Langem ein Favorit von Kletter:innen und Skifahrer:innen mit kleinem Budget; Schlafsäle und Gemeinschaftsküche in einem *chalet-gîte*. €

Vert Lodge
Schlafsäle, Kapselbetten, Doppel- und Familienzimmer in einem Gebäude von 1851, 2 km außerhalb der Stadt; Restaurant und Biergarten. €

Hôtel Richemond
Familienhotel in dritter Generation mit altmodisch eingerichteten Zimmern in einem prächtigen Gebäude von 1914; super Preis-Leistungs-Verhältnis. €

SAIKO3P/SHUTTERSTOCK ©

Musée des Cristaux

einem Schweden geführte Bar ist die klassische erste Anlaufstelle nach dem Skifahren ab 16 Uhr. Die Dirty Fries, Burger (Rind, Pulled Pork, Falafel, Halloumi) und das Guinness sind die besten der Stadt. Gegenüber im **Chambre Neuf** wird Stella aus Plastikbechern getrunken und bis 20.30 Uhr auf den Tischen getanzt. Dann endet die Livemusik.

Weitere Bars gibt's in der Rue des Moulins, einige mit Terrassen samt Blick auf den milchig-grünen Fluss Arve. Die Kneipe **Bar'd Up** zieht mit ihren irischen, englischen und australischen Abzeichen, dem Billardtisch, den Sportübertragungen, den Live-Bands und der Clubatmosphäre ein internationales Publikum an. Von Mittwoch bis Samstag füllen Alternative-Konzerte die schicke Bar **Maison des Artistes**.

Wer bis zum Morgengrauen tanzen möchte, geht ins **Folie Douce** (freier Eintritt ab 22 Uhr), das vor allem bei Älteren beliebt ist, und dann in den **Amnesia Club**, den größten und bei Feierwütigen angesagten Club in Chamonix (er öffnet normalerweise um 1.30 Uhr; auf der Facebook-Seite über Mottopartys und Eintrittspreise informieren).

Vom Lac Blanc den Mont Blanc bestaunen

Wander- und Skitouren auf Chamonix' beliebtestem Weg

Auch wenn viele Tourist:innen billige Sandalen tragen, sollte man für den kurzen, aber steilen und felsigen Aufstieg

DIE BESTEN SNACKS

Moody Espresso Bar
Vor Ort geröstete Kaffeebohnen, vegane Flat Whites mit Erbsenmilch und hervorragende Zimtbrötchen; in der Nähe der Seilbahn Aiguille du Midi.

Coopérative Fruitière du Val d'Arly
Hier gibt's alles für ein Picknick: Käse aus Savoyen und *saucissons* (luftgetrocknete Würste), gespickt mit Beaufort-Käse, Haselnüssen, Blaubeeren und vielem mehr.

Cool Cats
Selbstgemachte Hotdogs, kreative Nachos und vegetarische Snacks in der Rue des Moulins.

Gaufres de Chamonix
Die riesigen Waffeln, die in diesem Holzchalet (65 rue Whymper) von 1965 auf Bestellung zubereitet werden, sind unübertroffen.

IMMER GRÜNER WERDENDE SKIGEBIETE

Im Office de Haute Montagne in Chamonix (neben der Kirche) verdeutlicht die 1942 nach Luftaufnahmen aus dem Jahr 1939 angefertigte Maquette des Mont-Blanc-Massivs den aktuellen Zustand der Gletscher (S. 819), die im Mittelpunkt des Glacioriums von Chamonix (Eröffnung 2025) stehen.

DIE BESTEN LOKALE FÜR EINE VERABREDUNG

Mumma
Beliebte Location mit selbstgemachten Cocktails und französisch-asiatischen Platten vom Küchenchef David Lillieroth. €€€

Rose du Pont
Das Paris der Belle Époque trifft auf Chamonix in der Café-Brasserie mit romantischen Balkonen inkl. Flussblick. €€

Munchie
Fusionsküche mit Platten, die nur so vor Kreativität und Aromen aus der ganzen Welt strotzen. An der Rue des Moulins. €€

WANDERUNG

Grand Balcon Nord

Mit der Seilbahn hinauf zum Ausgangspunkt, am Ende wieder hinunter mit der Zahnradbahn Train du Montenvers und dazwischen Gletscher bestaunen: Die landschaftlich reizvolle Wanderung (6,75 km, 200 m Höhenunterschied) ist bei Familien sehr beliebt. Der Blick auf den Mont Blanc und die 7 km lange Mer de Glace bei Chamonix ist einmalig. Eine Eishöhle und ein neues Glaciorium (Eröffnung Dez. 2025) am Ende der Route machen die relativ kurze Wanderung unvergesslich.

1 Plan de l'Aiguille du Midi

Die Route beginnt an der Mittelstation der Seilbahn zur Aiguille du Midi mit einem grandiosen Blick auf die Gipfel: im Norden auf eine Kette felsiger *aiguilles* (Nadeln); darüber die Aiguille du Midi (3842 m), gekrönt von ihrer futuristischen Bergstation; und im Süden die schneebedeckten Berge Dôme du Goûter (4304 m) und Mont Blanc (4805 m), 8,2 km Luftlinie entfernt.

Die Wanderung Von der *buvette* (Snackbar) am Plan de l'Aiguille du Midi immer den Schildern zum Refuge du Plan de l'Aiguille du Midi folgen. An der Abzweigung rechts halten, um den Berghang Richtung Norden zu überqueren.

2 Glacier de Blatière

Der Wanderweg schlängelt sich über Bäche und das graue Geröll des zurückgegangenen Blatière-Gletschers. Dann erblickt man den spektakulären Aiguille de l'M (2844 m) mit seinem Gipfel in M-Form und den hellrot-rosafarbenen Gipfel des Aiguille Verte (4122 m; „Grüne Nadel"), der vom englischen Kletterer Edward Whymper als Erstes 1865 bezwungen wurde. Der Berg gilt als einer der schwierigsten Berge in der Umgebung von Chamonix.

Die Wanderung Bei der 4 km-Markierung scharf rechts halten, um hinauf zum „Le Signal" zu gelangen.

Seilbahn Téléphérique de l'Aiguille du Midi

3 Petit Dru

Auf der anderen Seite des Tals liegen die feuerroten Felsen der Aiguille Rouges. Auf dem höchsten Punkt besteht der Weg nur noch aus Felsplatten und -blöcken, von denen einige sorgfältig aufgeschichtet und andere von Gletscherströmen vor Tausenden von Jahren hingeschleudert wurden. Hinter der letzten Kurve liegt der messerscharfe Petit Dru (3733 m) mit seiner gefürchteten 1000 m hohen Granitwand zum Gipfel hinauf.

Die Wanderung Dem Steinweg zum „Le Signal" folgen.

4 Mer de Glace

Ein außerirdisch wirkendes Feld aus altem Gletscherschutt und modernen Steinmännchen kündigt den ersten atemberaubenden Blick auf den größten Gletscher Frankreichs an. Der Aussichtspunkt am Signal Forbes (2204 m) ist nach dem schottischen Glaziologen James David Forbes (1809–1868) benannt, der hier untersuchte, wie sich Gletscher bewegen (im Fall der Mer de Glace etwa 90 m/Jahr oder 1 cm/Min.). Sehr empfehlenswert für ein Picknick.

Die Wanderung Von der Le-Signal-Markierung 1,75 km den Berg hinunter.

5 Refuge du Montenvers

Das Hotel (1853) war das Basislager für die ersten Besteigungen von Les Drus, Grandes Jorasses und anderen berühmten Gipfeln in Chamonix. Dahinter erinnert eine Pyramide an berühmte Gäste, darunter Napoleon III. und die Kaiserin Eugénie, die mit 60 Bergführern und Maultieren von Chamonix aus hierher gewandert ist. Und dann ein Mittagessen auf der Hotelterrasse: Fondue, *diots* (Würstchen aus Schweinefleisch) in lokalem Weißwein oder *matouille savoyarde* (Ofenkartoffeln mit Knoblauch und Weißwein, übergossen mit geschmolzenem Tome-des-Bauges-Käse). Und zum Abschluss eine Blaubeertarte oder ein dekadentes Mont Blanc (Eisbecher mit Vanille- und Kastanieneis).

DIE BESTEN ABENTEUER FÜR FAMILIEN

Grotte de Glace
Mit der Zahnradbahn zum Gare du Montenvers und dann mit der Seilbahn Mer de Glace zu einer Eishöhle in den eisblauen Flanken der Mer de Glace.

Parc de Merlet
Von Mai bis September können die Kleinen Murmeltiere, Gämse und Steinböcke in einem Wildpark oberhalb von Les Houches beobachten; fürs Wochenende muss man im Voraus Zeitfenster im Internet reservieren. Im Winter öffnet der Park für geführte Schneeschuhwanderungen.

Luge sur Rails
Auf der 1,3 km langen Rodelbahn von Chamonix (www.planards.fr) Haarnadelkurven hinunterrasen.

SCHAME/SHUTTERSTOCK ©

Lac Blanc

zum **Lac Blanc** (2352 m) feste Turnschuhe oder Wanderschuhe anziehen. Trotz der Menschenmassen im Sommer ist es atemberaubend, die scharfzackigen Spiegelungen des höchsten Gipfels von Europa im malerischen Alpensee zu bewundern. Das Schwimmen in dem kristallklaren Wasser ist im Juli und August verboten.

Man sollte sich direkt nach der Öffnung der Seilbahnen um 8.30 Uhr auf den Weg machen und drei bis vier Stunden für die 8,5 km lange Strecke von der Bergstation der **Télécabine de la Flégère** einplanen. In einer Berghütte am Lac Blanc kann man übernachten und in herrlicher Abgeschiedenheit den Sonnenaufgang genießen. Aber noch schöner ist eine Übernachtung im **Refuge du Lac Blanc** (2352 m), einem Holzchalet aus dem Zweiten Weltkrieg mit 38 Schlafsaalbetten und einem einfachen Café, und zwar direkt nach der Öffnung im Juni oder nach dem Ansturm im Sommer Anfang September.

Von Mitte März bis Mitte April ist eine Skitour zum Lac Blanc mit Übernachtung in der unbeheizten Hütte, in der der schmelzende Schnee als Kochwasser benutzt wird, ein unvergessliches Erlebnis. Der **Skitourenweg** beginnt an der Bergstation der Télécabine de la Flégère.

LEGENDÄRE SKIABFAHRTEN
Wer nach der Vallée Blanche noch weitere spektakuläre Abfahrten sucht, kann die Kandahar in Les Houches (offiziell La Verte des Houches genannt) wie ein Weltcup-Abfahrtschampion hinunterrasen oder in **Alpe d'Huez** (S. 497) die berühmte schwarze Abfahrt La Sarenne in Angriff nehmen.

Das Zentrum der Skiherstellung

Maßgefertigte Holzskier kaufen

Freerider aufgepasst: In Chamonix gibt es eine ganze Reihe von Handwerksbetrieben, in denen außergewöhnliche Skier von Hand gefertigt werden. In einem Sägewerk in Les Praz stellt Peter Steltzner von **Rabbit on the Roof** maßgefertigte Holzskier aus Esche für Skitouren und fürs Freeriding her. Intarsien aus Walnussholz, Gravur und Lackierung machen jedes Paar zu einem Unikat. Cyril Cote von **Ski Bois Tardy** im nahegelegenen St-Gervais-les-Bains fertigt auch personalisierte Skier aus Eschenholz an.

Blackcrows (218 ave de l'iguille du Midi) veranstaltet Testtage wie Après-Ski-Sessions, After-Work-Konzerte im Dunkeln und Skitouren-Premierenpartys. Die in Chamonix gegründete Freeride-Marke ist nach der Alpendohle benannt, einem der wenigen Vögel, die in Höhen von über 4000 m fliegen können.

Rund um Chamonix

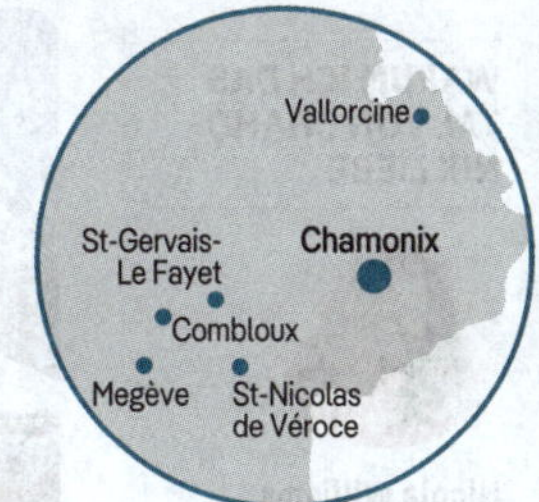

Vom kosmopolitischen noblen Chamonix geht's in ein Tal mit Barockkapellen, Dörfern und Weilern, in denen die Zeit stehengeblieben ist.

Es ist daher nur passend, dass ein Dorf, in dem das Brot noch im gemeinschaftlichen *four à pain* (Brotbackofen) gebacken wird, am Anfang des Vallée de Chamonix liegt. Eingekeilt zwischen dem mythischen Mont-Blanc-Massiv mit dem riesigen Mont Blanc und dem weniger bekannten Chaîne des Fiz gibt es hier große Berggipfel und kleine Bergdörfer in Hülle und Fülle. Im Tal liegen auch die Ortschaften St-Gervais und Sallanches sowie der mondäne Skiort Megève, der während der Wintersaison ein Treffpunkt für die Reichen und Schönen ist. Wer sich die Zeit nimmt, mit einer Bergbahn zu weniger bekannten Almen zu fahren, oder sich in Kapellen mit unbezahlbarer Kunst über Entdeckungen und Abenteuer informiert, wird reichlich belohnt.

Skifahren zwischen St-Gervais und Megève (S. 473)

UNTERWEGS VOR ORT

Vom Bahnhof St-Gervais-Le-Fayet aus fährt der Mont Blanc Express (www.mont-blanc-express.ch) seit mehr als einem Jahrhundert durch das Vallée de Chamonix in Richtung Norden nach Martigny in der Schweiz. Halt macht er u.a. in Les Houches, Chamonix und Vallorcine. Mit der Tramway du Mont Blanc gelangt man in die Skigebiete St-Gervais und Les Houches.

Wer mit dem Wohnmobil durch diese schöne Gegend reisen möchte, kann ein Fahrzeug samt Reiserouten bei Dreamer Van (www.oberdream.com) in Chamonix mieten.

TOP TIPP

Mit der App Rando Savoie Mont Blanc hat man Zugriff auf 800 *randonnées* (Wanderungen), passend für jede Stimmung, jedes Niveau und jeden Zeitrahmen.

WARUM ICH DAS TAL VON CHAMONIX LIEBE

Nicola Williams,
Autorin, @tripalong

Als Einheimische konnte ich letzten Sommer am MCC teilnehmen, einer 40 km langen Etappe des berühmten UTMB-Ultramarathons in Chamonix. Das Hinauflaufen auf ungewohnten Waldwegen und das Hinunterlaufen an unbekannten Berghängen zeigten mir wieder, wieso ich dieses Tal so liebe, das ich schon seit Jahren erkunde. Canyoning auf wilden Flüssen in Vallorcine, der Aufstieg zur La Junction (2589 m), um sich von den Seracs und Gletscherspalten am Zusammenfluss der Gletscher Bossons und Taconnaz verzaubern zu lassen, Schneeschuhwandern in den Wäldern rund um Servoz, um in wilde Becken zu springen, und Tanzen unter Wasserfällen: In diesem Tal kann man unendlich viel entdecken und es gibt zahllose Outdoor-Abenteuer zu erleben.

Le Café Comptoir

Almwirtschaft in Vallorcine

Käse, Skifahren und das Dorfleben

Es ist unmöglich zu sagen, was in Vallorcine am verlockendsten ist: das Einkaufen von Bio-Tomme de Savoie und cremigem Sérac-Käse in **La Ferme de Vallorcine**, das Essen von goldenem Raclette auf der sonnigen Terrasse des **Le Café Comptoir** oder das Feiern wie in den 1960er-Jahren beim Retro-Skifestival des Dorfes **Le Comptoir des Légéndes** im März.

Nach dem hektischen Treiben in Chamonix ist das langsamere Tempo des Landlebens geradezu eine Erholung. Der kleine rote **Mont Blanc Express** tuckert in 30 Minuten von Chamonix hierher, und die Schweiz liegt nur 2 km in Richtung Norden. Einen Rundgang beginnt man am besten an der **Église Notre Dame de l'Assomption** aus dem 13. Jh., die 1755 nach mehreren Lawinen wiederaufgebaut wurde. Im Inneren erinnert die zeitgenössische Glasmalerei des südkoreanischen Künstlers Kim En Joong an die Glasmalerei von Skifahrer:innen in der Barockkirche Église St-Michel (S. 466) in Chamonix.

Vom Ufer des L'Eau Noire aus bringt eine Seilbahn die Wintersportler:innen zu 21 blauen und roten Pisten im leichten Skigebiet **Domaine de Balme–Le Tour**. Schöne Ausblicke auf das gesamte Tal von Chamonix und die Schweizer Alpen im Norden machen Schneeschuhwanderungen und Skitouren sehr reizvoll. Mutige Skifahrer:innen können hier das Speedriding mit einem kleinen Segel ausprobieren. Wenn man auf der Suche nach Käse und Ruhe ist, ist der steile zweistündige Aufstieg zur **Refuge de Loriaz** (2020 m) für ein Mittagessen ein Geheimtipp. Wer über Nacht bleibt, kann am Abend ein Käsefondue genießen.

FONDUE MIT AUSSICHT

Le Debarlin – Chez Mireille
Außergewöhnliche Savoyer Küche in einem Chalet mit Blick auf den Mont Blanc im Dorf Cordon. **€€**

Le Refuge
Megèves erste Adresse für Käse im Bergdorf Leutaz. Im Winter gibt's ein dekadentes Fondue mit Trüffeln. **€€€**

Le Café Comptoir
Ein Fondue auf der idyllischen Terrasse des bestgehüteten Geheimnisses von Vallorcine, mit Blick auf weitere Holzchalets. **€€**

Auf Tuchfühlung mit dem Jetset in Megève gehen

Schickes Skifahren und Gourmetküche

In Megève ist alles unglaublich edel. Der 35 km westlich von Chamonix liegende Ort ist ein ganzjähriges Lieblingsziel der Pariser:innen. Hier fahren gutbetuchte Reisende in Pferdekutschen über die kopfsteingepflasterten Gassen und Hunde werden in Taschen zum Mittagessen ausgeführt. Megève erlangte seinen Glanz in den 1920er-Jahren, als die Baronin von Rothschild es zu einem Ferienort ausbaute: mit Designer-Modeboutiquen, einer Eislaufbahn und dem Zwiebelglockenturm der **Église St-Jean Baptiste** aus dem 13. bis 19. Jh.

Mit dem Mont-Blanc-Massiv als Kulisse der 400 km an Abfahrten, von denen viele von Bäumen gesäumt sind, kann man hervorragend im Sommer wandern und im Winter Ski fahren. Von Megève und mit der Seilbahn St-Gervais-Bettex im benachbarten **St-Gervais** gelangt man zu vorwiegend leichten Anfängerpisten. Beim Après-Ski kann man sich im **La Folie Douce** und im asiatisch angehauchten **Le Tigrr Princesse**, die beide an den Pisten liegen, unter den Jetset mischen.

Kunstschätze auf dem Sentier du Baroque

Dorfkapellen, Kirchen und Oratorien

Wer den Blick von den hypnotisierenden Berggipfeln und Panoramen löst, kann in den Dorfkapellen entlang des Sentier du Baroque Kunstschätze entdecken. Der relativ flache Wanderweg, der auch mit dem Fahrrad befahren werden kann, beginnt im Skidorf **Combloux**, 30 km westlich von Chamonix, und endet 20 km südöstlich in Les Contamines-Montjoie (wo 14 kleine Oratorien von 1728 den letzten Abschnitt zur Chapelle Notre Dame de la Gorge säumen). Unterwegs kommt man an von Katholiken im 18. Jh. gebauten Barockkapellen vorbei. Die pompösen Innenräume strotzen nur so vor Ornamenten, trompe-l'oeil-Fresken und kräftigen Farben (viel neoklassizistisches Himmelblau).

Im hübschen **St-Nicolas de Véroce** (1180 m), in das man nach 10 km gelangt, erfährt man mehr über die Geschichte der *colporteurs*, junge Männer aus diesem abgelegenen Bergdorf im Val Montjoie, die sich zwischen dem 15. und 18. Jh. zu Fuß Richtung Osten über die Alpen aufmachten, um ihr Geld als Hausierer zu verdienen. Mit dem Geld, das sie nach Hause schickten, wurde das Schmuckstück von St-Nicolas, eine Barockkirche, und das benachbarte **Musée d'Art Sacré** im ehemaligen Pfarrhaus mit Kunstschätzen aus ganz Europa gefüllt.

MODERNE SAKRALE KUNST IN DEN ALPEN

Die Église de Plateau d'Assy (auch Église Notre-Dame-de-Toute-Grâce genannt), die 15 Autominuten von St-Gervais entfernt in Plateau d'Assy liegt, gilt heute als ein Meilenstein in der Entwicklung der modernen sakralen Kunst in Frankreich und sorgte bei ihrer Einweihung 1950 für großes Aufsehen. Sowohl ihre Ausstattung als auch ihre Daseinsberechtigung – für das Pflegepersonal in den örtlichen Sanatorien und die von ihnen behandelten Tuberkulosekranken – waren reaktionär. Die Künstler wurden eher aufgrund ihrer künstlerischen Fähigkeiten als ihrer religiösen Neigung beauftragt. Daher ist der Bestand an frühmodernen Gemälden, Keramiken und Mosaiken von Henri Matisse, Marc Chagall, Georges Braques, Fernand Léger und anderen von unschätzbarem Wert.

ABGESCHIEDEN ÜBERNACHTEN

La Ferme des Pépés Marcel
Ein B&B in einem Bauernhaus aus dem 19. Jh. im Dorf Cordon mit blumengeschmückten Balkonen und Blick auf den Mont Blanc. **€**

Les Chalets du Plane
Authentischer als diese traditionellen savoyischen *mazots* (hübsche, kleine Chalets) geht's nicht. **€€**

Armencette
Luxuriöses Hotel im bezaubernden St-Nicolas de Véroce mit Restaurant und einer eigenen Dorfbäckerei. **€€€**

ALPINER GIN

Génépi (traditioneller Kräuterlikör) wurde in der Region schon immer gern getrunken, und ein Gläschen des feurigen Likörs wird nach wie vor traditionell nach einem Fondue oder einem käsigen Alpenessen genossen. Aber heutzutage stellen die Brennereien Gin aus den Pflanzen der Alpen her. In einer solarbetriebenen Berghütte auf 1430 m Höhe, die aus recycelten Materialien oberhalb von St-Gervais gebaut wurde, produziert die **Distillerie St-Gervais** bei jeder Destillation 135 kleine Flaschen Gin du Mont Blanc.

Der schottische Gin-Produzent James Abbott besteht auf Etiketten aus Recyclingpapier, die mit einem Klebstoff auf Milchbasis auf die Glasflaschen geklebt werden; ein Besuch in seiner Bergbrennerei ist ein echtes Vergnügen (Reservierung per E-Mail). Die **Brasserie Distillerie du Mont Blanc** stellt einen fantastischen Bio-Gin (Le Gin) her.

Tramway du Mont Blanc

Alle an Bord der Tramway du Mont Blanc

Mit Frankreichs höchstgelegener Zahnradbahn fahren

Fast möchte man die Hand aus dem Fenster strecken und die weißen Gipfel des Dôme du Goûter, des Mont Blanc und des Dômes de Miage berühren, so nah fühlen sich diese ikonischen Gipfel an. Auf der rechten Seite der Zahnradbahn hat man auf der 50-minütigen Fahrt von **St-Gervais-Le-Fayet** hinauf zum **Plateau de Bellevue** (1800 m) die beste Aussicht.

Die vier grünen Kabinen der **Tramway du Mont Blanc**, die seit 1913 in Betrieb ist (bis 1956 dampfbetrieben, heute elektrisch), sind nach den Töchtern des Bauern benannt, über dessen Land die historische Zahnradbahn fuhr: Anne, Jeanne, Marie und Marguerite. Erstaunlicherweise war einst geplant, die Strecke bis zum Gipfel des Mont Blanc zu verlängern, aber zwei Weltkriege kamen dazwischen. Man sollte unbedingt vorab Tickets buchen (www.montblancnaturalresort.com) und die Karten für die Rückfahrt direkt bei der Ankunft in Bellevue kaufen.

Bergsteiger:innen mit einer Reservierung für die Hütten Tête Rousse und Le Goûter (Ausgangspunkte für Gipfelbesteigungen auf den Mont Blanc) können bis zur Endstation Nid d'Aigle (2380 m) fahren. Im Sommer kann man auch einen Wanderweg (5,8 km, 2½ Std.) von der Zwischenstation Bellevue zu dem „Adlernest" nehmen; die Aussicht auf den Bionnassay-Gletscher ist atemberaubend. Da der Weg stellenweise sehr steil und mit Metallleitern und Seilen versehen ist, ist er für Kinder und Unerfahrene nicht zu empfehlen. Man sollte Wanderstöcke dabei haben, um schneebedeckte Stellen sicher überqueren zu können, und unbedingt ein Mittagessen oder eine Übernachtung in der **Refuge du Nid d'Aigle** aus den 1930ern (2372 m; geöffnet von Mitte Juni bis Ende Sept., Reservierung erforderlich) einplanen.

Lac d'Annecy

Der drittgrößte See Frankreichs ist ein schickes Wochenendziel für reiche Pariser:innen, die sich hier bei einem unvergleichlichen Blick auf See und Berge erholen wollen. Luxushotels, teure Restaurants und edle Boutiquen pflastern die Straßen des wohlhabenden Annecy, der größten Stadt am See, die durch die mittelalterlichen Grafen von Genf und später den Herzögen von Savoyen groß wurde.

Von Blumenkästen gesäumte Kanäle durchziehen die Altstadt, daher auch der Spitzname „Venedig der Alpen". Die Stadt feiert den Karneval mit Masken im venezianischen Stil und die Fête du Lac im August mit einem einstündigen Feuerwerk inklusive dramatischer Musik, Lichtern und spektakulären Spezialeffekten. Den von hohen Gipfeln umringten See kann man auf vielfältige Weise erkunden. Ob mit dem Fahrrad, Boot, Paddelbrett oder dem Gleitschirm: Hier kann man sich ins eigene Outdoor-Abenteuer stürzen.

UNTERWEGS VOR ORT

Vor allem an den Wochenenden und im Sommer kann man sich eigentlich nur zu Fuß in den überfüllten Straßen von Annecy fortbewegen. Altibus (www.altibus.com) fährt rund um den See, und von April bis September gleiten Boote von Navibus (www.bateaux-annecy.com) mehrmals täglich über den See und legen in allen größeren Dörfern an. Fahrräder können für 1 € mit an Bord genommen werden.

Vélonecy verleiht Fahrräder (normale, E-Bikes und Klappräder) am Bahnhof, 15 Minuten zu Fuß vom See entfernt, und an den Park & Ride-Parkplätzen neben dem Tour-du-Lac-Fahrradweg in Duingt and St-Jorioz.

Durch die Vieille Ville von Annecy

Ohne großes Ziel durch die malerische Altstadt schlendern

Vom **Château d'Annecy** hat man einmalige Panoramablicke über die ockerfarbenen Dächer und die blumengeschmückten Kanäle, auf den See und das dahinter liegende Massif des Bau-

KPATYHKA/SHUTTERSTOCK ©

Annecy und der Lac d'Annecy

TOP TIPP

Bevor man die Stadt entlang des Seeufers verlässt, sollte man sich auf dem Marché de la Vieille Ville, der dienstags, freitags und sonntags am Vormittag stattfindet, für ein Picknick eindecken.

Paragliding über dem Lac d'Annecy
THOMAS DEKIERE/SHUTTERSTOCK ©

ges. Heute ist hier während interessanten Wechselausstellungen regionale Kunst zu sehen, und die Burg ist der ideale Ausgangspunkt für eine ausgiebige Erkundungstour durch Annecys hübsche Altstadt. Vom Schloss, in dem im 13. und 14. Jh. die Grafen von Genf residierten, geht es steil bergab über die kopfsteingepflasterte **Rampe du Château** zum **Palais de l'Isle**, heute ein Museum über die lokale Geschichte, das einst als Gefängnis diente. Von der Kanalbrücke **Pont Perrière** aus hat man den besten Blick auf das wuchtige Gebäude, das seit 1325 auf einem hübschen Inselchen in einem Kanal steht.

Wer immer noch nicht von der zeitlosen Romantik der Stadt verzaubert wurde, sollte sich in der Eisdiele **Glacier des Alpes** aus den 1960er-Jahren die Sorte Gebrannte Mandel, Kandierte Kastanie oder Génépi gönnen (zu jeder Waffel gibt es eine kostenlose „Probierkugel"). Dann geht's weiter über die weitläufigen, grünen Rasenflächen der **Jardins de l'Europe** und des **Champ de Mars** bis zur kleinen Eisenbrücke **Pont des Amours** (Brücke der Verliebten).

DIE BESTEN SOUVENIRS IN ANNECY

La Renarde Apprivoisée
Rucksäcke aus recyceltem Stoff von MéroMéro, die gleichzeitig Fahrradtaschen sind, gehören zu den angesagten Kreationen von The Tamed Vixen.

Bieronomy Sainte Claire
In dem auf Craftbier aus den Alpen spezialisierten Keller in der Vieille Ville von Annecy kann man Bier und Bio-Alpen-Gin von der lokalen Brauerei Veyrat kaufen.

Babeth Concept Store Alpin
Die Sets zur eigenen Herstellung von Génépi von Mélanges des Alpes und die natürlichen Hautpflegeprodukte von SNÖ Eternelle, die in Talloires hergestellt werden, sind tolle Mitbringsel, die man in der Rue Royale kaufen kann.

MADE
Etwa 30 einheimische Kunsthandwerker:innen verkaufen auf dem Kunsthandwerkermarkt im Sommer am Seeufer in Veyrier-du-Lac ihre Waren.

Frischen Féra genießen

Gourmetküche mit Fisch in Talloires

Da der See für sein sauberes Wasser berühmt ist, isst man *féra* (Weißfisch) und *écrivisses* (Krebse) noch lieber, die in der Stille der Nacht von einem der beiden letzten Berufsfischer des Lac d'Annecy gefangen werden. Im malerischen **Talloires**, 12 km südlich von Annecy, ist das **Le 1903** das erschwinglichere, moderne Bistro der legendären, mit zwei Michelin-Sternen ausgezeichneten **Auberge du Père Bise** und der angesagte Ort, um den begehrten Fang von Florent Capretti zu genießen. Von den Tischen in dem im Skandi-Stil eingerichteten Lokal blickt man durch die raumhohen Fenster auf das Wasser, und je nach Jahreszeit wird der Fisch aus dem See mit Bärlauch, Morcheln oder grünem Spargel aus der Region serviert.

Mit den Vögeln über den Col de Florclaz fliegen

Panoramaaussichten auf den See und phänomenale Sonnenuntergänge

Um mit dem Gleitschirm über den Lac d'Annecy zu fliegen, braucht man keine besonderen Fähigkeiten, nur Mut und den Traum, mit den Vögeln zu fliegen. Von April bis November starten die Tandemflüge von der Site de Montmin auf dem **Col de la Forclaz** (1150 m) an der Südspitze des Sees und landen 10 bis 20 Minuten später auf den offiziellen Landeplätzen in Doussard

PREISGÜNSTIG ESSEN IN ANNECY

Marché Ste-Claire
Markt unter freiem Himmel mit Ständen, die Streetfood zum Mitnehmen verkaufen. €

Galapin
In dem entspannten Öko-Bistro gibt's lokale Produkte, Craftbier und Naturweine. Es wird außerdem kein Müll produziert. €€

Le Freti
Legendäres Käserestaurant in der Altstadt, das seit 1974 Fondue, *tartiflette*, klebrigen St-Marcellin und Walnusssalat serviert. €€

FAHRRADTOUR

Die Tour du Lac mit dem Rad

Auf der 42 km langen Radtour rund um den See, die man am besten im Uhrzeigersinn fährt (300 m Höhenunterschied; 3–4 Std. ohne Pausen), hat man eine grandiose Aussicht auf die Berge und Dörfer. Der landschaftlich reizvollere Radweg am östlichen Ufer führt größtenteils am Wasser entlang, während der vollere Radweg am westlichen Ufer über eine stillgelegte Bahntrasse landeinwärts verläuft. Man sollte vor 9 Uhr bei Cyclable Location sein, um sich ein normales Rad oder E-Bike zu sichern.

1 Veyrier du Lac

Man fährt auf dem zweispurigen Radweg ab Cyclable Location 6 km entlang der D909, mit dem Mont Veyrier (1291 m) zur Linken. In Veyrier du Lac legt man eine Kaffeepause bei Le Pêcheur auf der Plage de la Brune ein.

Die Fahrt Den grünen Schildern „Menton-St-Bernard" entlang einer Wohnstraße folgen.

2 Menthon-St-Bernard

Es geht weiter hinauf zum Place de l'Église in Menthon-St-Bernard, 3 km gen Süden; zum Märchenschloss ist es ein 2 km langer Umweg den Berg hinauf. Im Café de la Place am Dorfbrunnen kann man sich bei einem Kaffee und einer *tarte écureuil* mit karamellisierten Walnüssen aus der Bäckerei stärken.

Die Fahrt In einem niedrigen Gang die vielbefahrene D909A nach Écharvines hinauffahren. Danach vorsichtig die steile Straße nach Talloires wieder hinunterfahren.

3 Talloires

In dem hübschen Dorf gibt's teure Hotels, Restaurants und die Abbaye de Talloires (17. Jh.), in der Cézanne 1896 malte. Von hier kann man den Kalksteinfelsen Roc de Chère (601 m) und auf der anderen Seite des Wassers das Château de Duingt bewundern. Hier befindet sich die schmalste Stelle des Sees, an der der bebaute „grand lac" (im Norden) in den wilderen „petit lac" (im Süden) übergeht.

Die Fahrt 30 Minuten (8,7 km) auf einem Radweg bis zur Südspitze des Sees fahren.

LUKASZIMILENA/SHUTTERSTOCK ©

Talloires

4 Réserve Naturelle du Bout-du-Monde

Doussard ist der Ausgangspunkt für Wanderungen in der Réserve Naturelle du Bout-du-Monde mit unter Naturschutz stehenden Schilfgebieten. Auf dem 3 km langen Rundweg im Reservat die Augen nach Bibern offenhalten. Vom mittelalterlichen Turm von Beauvivier kann man die Paraglider beobachten, die vom felsigen Dents de Lanfon (1824 m) und vom Lanfonnet (1793 m) starten.

Die Fahrt Nach der Abzweigung „Plage de Doussard" befindet sich links der Wegweiser „Les Jardins du Taillefer". Der Schotterpiste 300 m bis zum Bauernhof folgen.

5 Les Jardins du Taillefer

Umgeben von einem türkisfarbenen See und den Weiden des Massif des Bauges ist dieser Bio-Bauernhof (www.jardins-du-taillefer.fr) der ideale Ort für ein idyllisches Mittagessen im Garten mit einem saisonalen, vegetarischen Menü. Nicht den Käsegang auslassen.

Die Fahrt Man befindet sich nun auf der Voie Verte, einem Radweg, der Annecy mit dem Val de Chaise, 13 km südlich von Doussard, verbindet.

6 Duingt

Die Fahrt durch einen stillgelegten Eisenbahntunnel läutet die Ankunft im malerischen Duingt ein (tolle Dorfbäckerei!). Parken und dem zehnminütigen Fußweg zur Grotte de Notre Dame du Lac, die an einem Hang liegt und einen tollen Blick auf den See bietet, folgen. Im Château de Duingt am See gibt's Wechselausstellungen zu sehen.

Die Fahrt 3,5 km bis zum nächsten Halt fahren. Im L'Abri Cyclette (früher ein Stellwerkhaus, heute eine Snackbar) kann man Reifen aufpumpen und das Rad reparieren lassen sowie Snacks kaufen.

7 St-Jorioz

Seit 1929 springen die Einheimischen vom Stadtstrand aus in den klaren See. Vor der Rückkehr nach Annecy (8 km, 25 Min.) kann man im Sommer noch baden. Vorsicht vor dem alten *plongeoir* (Sprungturm).

DIE BESTEN STELLEN ZUM SCHWIMMEN

Schwimmen in der Natur
Holzstege, die aus den grasbewachsenen Uferböschungen hervorragen, und Metallleitern, die ins Wasser führen, laden an Dutzenden Stellen zum Schwimmen ein.

Plage des Marquisats
Äußerst beliebter, kostenloser Strand mit Kieselsteinen und Rasenflächen, 15 Minuten Fußweg von Annecys Jardins de l'Europe am westlichen Seeufer.

Plage de St-Jorioz
Der einzige natürliche Sandstrand am Lac d'Annecy in St-Jorioz mit Umkleidekabinen, Duschen, Snackbar und Sprungturm. Im Juli und August bewachen Rettungsschwimmer:innen den Strand.

Plage d'Angon
Beliebter Strand, 2 km südlich von Talloires; für Sportbegeisterte gibt es Beachvolleyball- und Pétanque-Plätze.

Plage des Choseaux-Clos Berthet
Der ursprüngliche Strand in Sévrier liegt 10 Gehminuten südlich des trubeligen Stadtstrands.

LUKASZIMILENA/SHUTTERSTOCK ©

Plage de Doussard

(neben der D281) oder in Perroix (2 km südlich von Talloires). Bei gutem Wetter ist der Flug ein einmaliges Erlebnis.

Um die Profis in Aktion zu erleben, geht man zum Strand von Bout du Lac beim Plage de Doussard. Dort kann man beobachten, wie Flieger:innen die Thermik geschickt nutzen, um auf einem kleinen Grasplatz am See zu landen. Auf dem Col de la Forclaz hat man von der Terrasse des Restaurants und Cafés **Le Balcon du Lac** einen unvergleichlichen Blick auf die Paraglider, die wie Vögel am Himmel fliegen. Auch die Sonnenuntergänge sind spektakulär.

Dutzende *parapente*-Schulen bieten Tandemflüge an. Einige befinden sich in Holzhütten neben dem Landeplatz von Doussard, von wo aus Kleinbusse die Kund:innen auf den Pass bringen.

Paddeln & Surfen auf dem Lac d'Annecy

Wassersport-Action am Plage de Doussard

Man sollte sich nicht von den grellen Gummiringen, Schwimmtieren und anderen Strandutensilien abschrecken lassen, die vor der *épicerie* (Lebensmittelgeschäft) am Eingang von der **Plage de Doussard** an der Südspitze des Sees aufgereiht sind. Auf einem Stand-up-Paddle-Board kann man entspannt entlang von ruhigeren Uferabschnitten paddeln.

An dem genialen SUP-Automaten auf dem Rasen am Strand von Doussard hat man die Möglichkeit, sich über die App Equip Sport ein aufblasbares Brett, ein Paddel und eine Schwimmweste zu leihen. Am gegenüberliegenden Ende des Strandes kann man im **Le Cadre** (www.lecadre74.com) etwas essen und trinken, Kajaks und SUP-Boards in allen Formen und Größen mieten, Wasserski und Wakeboard fahren und sogar auf den Wellen eines modernen Schnellbootes surfen.

Rund um den Lac d'Annecy

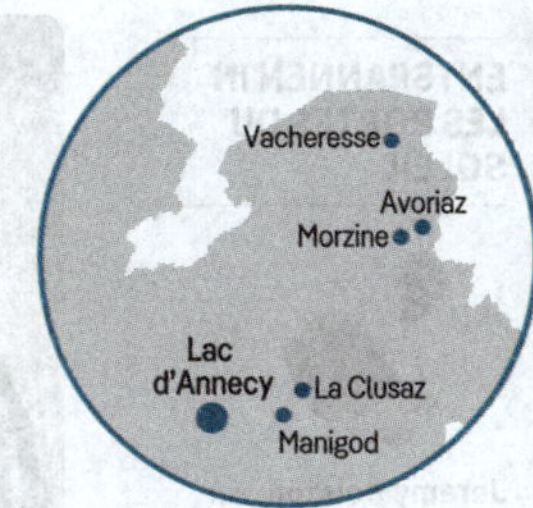

Der Lac d'Annecy gehört zu den saubersten Seen Europas und ist von üppigem Grün umgeben. Kein Wunder, dass die Einheimischen gern in der Natur sind.

Egal ob Regen, Schnee oder Sonnenschein – Outdoor-Action ist immer angesagt. Fürs Skifahren und Snowboarden hat man die Qual der Wahl zwischen zahlreichen familienfreundlichen Skigebieten in den umliegenden Bergen, die sich alle nicht weiter als eine Stunde mit dem Auto oder dem öffentlichen Bus entfernt befinden und somit leicht für einen Tagesausflug zu erreichen sind. La Clusac liegt im Osten der Chaîne des Aravis und bietet 125 km an Pisten für fortgeschrittene und erfahrene Skifahrer:innen. 6 km nördlich ist Le Grand Bornand ein beliebtes Ziel für Skifahr-Profis und zum Langlaufen, während Familien und Anfänger:innen lieber nach Petit Semnoz und Le Sambuy im bewaldeten Massif des Bauges fahren. Eine Autostunde nördlich von Annecy befindet sich das größte Skigebiet Les Portes du Soleil, in dem Fortgeschrittene und Mountainbiker:innen sogar die Grenze in die Schweiz überqueren können.

UNTERWEGS VOR ORT

Jede Menge privater Shuttlebusse und Sammeltaxis verkehren zwischen dem Flughafen Genf und Les Portes du Soleil, und Shuttlebusse von Altibus (www.altibus.com) fahren von dem Bahnhof von Thonon-les-Bains ab. Shuttlebusse von Altibus verkehren auch zwischen dem Bahnhof von Annecy und La Clusaz. Tickets sollten weit im Voraus gebucht werden. Außerhalb der großen Skigebiete ist ein eigenes Auto unerlässlich.

Le Mur Suisse (S. 482)

TOP TIPP

Immer dem Käse nach: auf eigene Faust eine Auto- oder Fahrradtour entlang der Route des Fromages de Savoie (www.fromagesdesavoie.fr) planen.

ENTSPANNEN IN LES PORTES DU SOLEIL

Jeremy Boiston, ein junger französischer Profi-Skifahrer aus Morzine-Avoriaz, der mit dem europäischen Freestyle-Rennzirkus unterwegs ist, teilt seine Lieblingsplätze in seiner Heimat.

Barbylone
Die angesagte Bar in den Bergen in Les Gets. Die Angestellten sind begeisterte Mountainbiker:innen und Skifahrer:innen, vor allem im Bereich Freestyle. Hier legen oft DJs auf, und während des Lounge Music Festivals im Juli finden Konzerte statt.

Avoriaz' La Chapelle Snowpark
Im Winter kann man spektakuläre Tricks bestaunen. Es gibt einige einfache Sprünge für Tourist:innen, aber die Einheimischen lieben besonders die entspannten Sessions bei Sonnenuntergang bei Bier, Musik und einer grandiosen Aussicht ganz oben im Snowpark!

Cavern Bar Live
Der beste Ort in Morzine für Livemusik mit wöchentlich wechselnden Bands zum Après-Ski und am Abend.

SVETLANASF/SHUTTERSTOCK ©

Reblochon, Fromagerie Paccard

Spektakuläre Berge in Les Portes du Soleil

Buckelpisten, Schlammbäder und Skifahren mit Adlern

An großartigen Highlights mangelt es in Les Portes du Soleil (PDS), Frankreichs zweitgrößtem Skigebiet (nach Les Trois Vallées), nicht: schneesichere Pisten im höher gelegenen **Avoriaz**, malerische, von Bäumen umrahmte Abfahrten und ausgelassener Après-Ski. Seit einiger Zeit gibt es auch die Möglichkeit, an einem einzigen Tag von der und in die Schweiz hinüberzufahren (kein Pass erforderlich, nur ein Skipass für ganz Portes du Soleil). Avoriaz liegt 1½ Stunden mit dem Auto von Annecy entfernt.

Für diejenigen, die gern auf Buckelpisten fahren, gibt es nichts Besseres als die sensationelle **Le Mur Suisse** (die Schweizer Wand) an der französisch-schweizerischen Grenze, die man von Avoriaz aus erreicht. Hat man sich erst einmal die steile, vereiste Anfahrt hinuntergewagt, die im oberen Teil 35 bis 40 Grad beträgt, ist man in der Schweiz. Riesige Buckel, manche so groß wie ein Kleinwagen, durchziehen die gesamte Piste (schwarz), die offiziell Le Pas de Chavanette heißt. Auch wer nicht auf Buckelpisten steht, sollte mit dem Sessellift Chavanette bis zum

MITTAGESSEN AN DEN PISTEN IN LES PORTES DU SOLEIL

La Païka
In der Außenküche gegrillte Steaks und eine wunderschöne Terrasse mit Blick auf die blaue Piste Vorosses in Les Gets. €€€

La Terrasse des Lindarets
Unschlagbares Käsefondue, tolle Musik und Après-Ski-Partystimmung in Les Lindarets in der Nähe von Avoriaz. €€

Chez Nannon
In Morzine gibt es keinen gemütlicheren Ort, als an einem verschneiten Tag die traditionelle Savoyer Küche in diesem Holzchalet zu genießen. €€

Ende der Piste fahren, um die monströsen Ausmaße aus der Nähe zu bewundern. Bevor man mit dem Sessellift wieder nach oben fährt, sollte man in der Holzhütte **Buvette Chavanette** ein köstliches *raclette* genießen.

Es gibt keinen wilderen Après-Ski als im ausgelassenen **Morzine**, einem Ferienort voller Britinnen und Briten mit zahlreichen Pisten für Anfänger:innen, Fortgeschrittene und Familien. Den Preis für das beste Naturerlebnis teilen sich das schwindelerregende Panorama auf der **Pointe de Nyon** und das Skifahren mit einem Adler oder das Beobachten von Raubvögeln auf dem **Plateau de Nyon**. Von Juni bis September verwandelt sich der gesamte Ort (zusammen mit dem benachbarten **Les Gets**) in ein Mekka für Hardcore-Mountainbiker:innen. Bei Regen wird das Gebiet ein Schlammbad.

Hinter die Kulissen bei einem Käseveredler blicken

Traditionelles Savoir-faire im Vallée des Aravis

Um das Know-how hinter dem Reblochon, dem heiligen Gral der Savoyer Käsesorten, zu verstehen, kann man an einer Führung hinter die Kulissen der **Fromagerie Paccard** teilnehmen (Dienstag und Donnerstag um 14.30 Uhr; www.reblochon-paccard.fr), die 45 Autominuten von Annecy in Manigod im Vallée des Aravis liegt.

Als *artisan affineur* (Käseveredler) kauft Paccard frischen Käse von rund 30 Bauernhöfen in Haute-Savoie. Jeder Käse (Weich- und Hartkäse, Kuh-, Ziegen- oder Schafskäse) wird in unterirdischen Ziegelsteinkellern sorgfältig gewaschen, abgerieben und gereift, um den perfekten Käse herzustellen. Die Besichtigung des Kellers endet mit der Verkostung von vier oder fünf Käsesorten, darunter der weiche und cremige Reblochon, der Abondance (das Geheimnis eines Savoyer Fondues), der Tomme de Savoie und der Raclette de Savoie. Wenn der Laden den Blauschimmelkäse Bleu de Termignon vorrätig hat, sollte man unbedingt ein Stück davon kaufen, da man ihn außerhalb von Haute-Savoie nicht bekommt.

Ein Mittagessen auf der Alpage de Bise

Almtradition auf einem Teller

Bei einem Mittagessen im Chalet-Restaurant **Les Cabrettes** erhält man einen Einblick in das Leben auf der Alm in Haute-Savoie. Die Produkte für das Käsefondue und die Platten mit Käse, Wurst und *beignets de pommes de terre* (köstliche Kartoffelpuffer) stammen von den Ziegen und Kühen, die auf der Alpage de Bise weiden, einer Sommerweide unterhalb des **Cornettes de Bise** (2432 m). Der abgelegene Weiler ist im Winter eingeschneit und wird nur von Juni bis September bewohnt, wenn die Bäuerinnen und Bauern ihre Abondance-Kühe aus dem Tal herauftreiben.

Von Châtel fährt man 19 km Richtung Westen auf der D22 nach Vacheresse. Dann im Dorf links abbiegen Richtung „Site de Bise", nach 4,4 km wieder links abbiegen und dann der einspurigen Straße 4,7 km bis zum Ende folgen.

SAVOYISCHE KÄSESPEZIALITÄTEN

Fondue Savoyard
Welcher Käse in den Topf gehört, ist in Savoyen unumstritten: Geriebener Comté, Gruyère und Beaufort werden zu gleichen Teilen mit Weißwein in einem mit Knoblauch ausgeriebenen Topf geschmolzen. Und anschließend taucht man mit einem Holzspieß knusprige Brotstücke hinein.

Tartiflette
Reblochon ist der einzig akzeptable Käse, der in das klassische Ofengericht zwischen Kartoffelscheiben, Speckwürfeln, Sahne und Muskatnuss kommt.

Raclette
Geschmolzener *raclette*, gelegentlich geräuchert oder gepfeffert, wird von einem Tischgrill auf gekochte Kartoffeln geschabt. Dazu werden *cornichons* (Essiggurken), Wurst und grüner Salat gereicht.

Berthoud
Abondance-Käsescheiben werden mit Weißwein aus Savoyen, süßem Madeira, Muskatnuss und Pfeffer im Ofen gebacken, bis sie blubbern und knusprig golden sind.

Chambéry

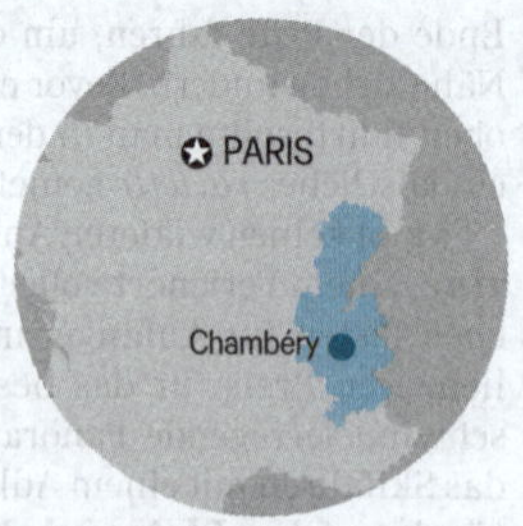

TOP TIPP

Im hochmodernen **Musée Savoisien** in Chambéry, das 2023 nach achtjähriger Renovierung wiedereröffnet wurde, erfährt man mehr über die Geschichte von Savoyen und die lokalen Traditionen. Die von der Tourismusinformation (www.chamberymontagnes.com) und dem Centre d'Interpretation de l'Architecture et du Patrimoine organisierten thematischen Führungen sind sehr zu empfehlen; unbedingt im Vorfeld online reservieren.

Die Stadt verzaubert mit einem Labyrinth aus geheimnisvollen *allées* und eleganten italienischen Arkaden in der Rue de Boigne aus dem 19. Jh. sowie Bistros, in denen köstliche *diots au vin blanc* (in lokalem Weißwein gekochte Schweinewürste) zubereitet werden. In der kleinen Stadt zwischen den Gebirgszügen des Massif de la Chartreuse und des Massif des Bauges können Reisende in das Herz und die Seele der Region Savoyen eintauchen.

Schneebegeisterte, die von den Flughäfen Lyon oder Genf in die Skigebiete der Alpen reisen, kennen Chambéry in der Regel als Mautstelle an der *autoroute*. Aber wer sich die Zeit nimmt, in diese weitgehend unbekannte Stadt einzutauchen und ihr malerisches Straßenlabyrinth zu erkunden, erfährt mehr über die Geschichte der Region. Chambéry war vom 13. Jh. bis 1563 die Hauptstadt des mächtigen Herzogtums Savoyen (bevor die Herzöge ihren Regierungssitz nach Turin ins italienische Piemont verlegten) und wurde, wie auch das übrige Savoyen, erst 1860 Teil Frankreichs.

Elefanten, Gassen & optische Täuschungen

Ein Spaziergang durch die Stadt

Wer durch die Gassen der Altstadt mit einem Theater aus dem 19. Jh., das wegen seinem, von der Mailänder Oper inspirierten Inneren den Spitznamen „Petit Scala" trägt, hetzt, übersieht schnell die einzigartigen Schätze der Stadt. Es ist nicht alles so, wie es auf den ersten Blick scheint.

Am besten beginnt man an der 17,6 m hohen **Fontaine des Éléphants** mit den vier Elefantenfiguren. Der skurrile Brunnen wurde zu Ehren der in Indien erlebten Abenteuer von Général de Boigne (1751–1830) errichtet. Von dort geht's weiter Richtung Süden entlang der **Rue de Boigne** zum zwischen dem 11. und 18. Jh. erbauten **Château des Ducs de Savoie**. Zu besichtigen ist nur eine kleine historische Ausstellung.

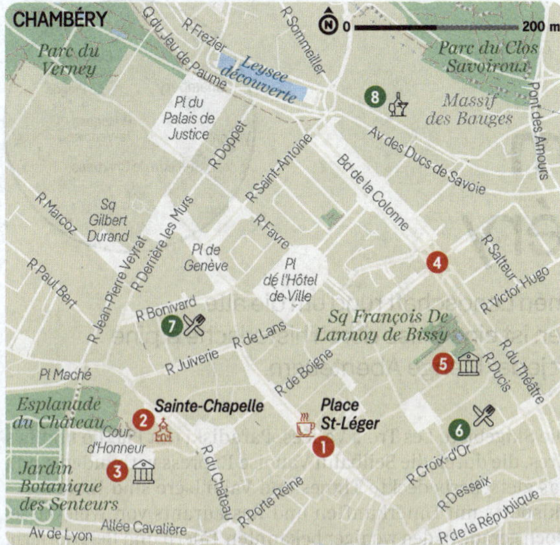

HIGHLIGHTS
1. Place St-Léger
2. Sainte-Chapelle

SEHENSWERTES
3. Château des Ducs de Savoie
4. Fontaine des Éléphants
5. Musée Savoisien

ESSEN
6. Le Sporting
7. Restaurant Les Halles

AUSGEHEN & FEIERN
8. Le Corsaire

Die Tourismusinformation organisiert „Kurzbesichtigungen" der privaten **Sainte-Chapelle** des Herzogs von Savoyen im Inneren des Schlosses, die für das Turiner Grabtuch (das angebliche Grabtuch von Jesus Christus, das 1578 nach Turin gebracht wurde) erbaut wurde. Die gotische Kapelle besticht vor allem durch ihre spektakuläre Gewölbedecke, die 1836 von dem piemontesischen Trompe-l'oeil-Künstler Casimir Vicario gemalt wurde. Seine beiden Heiligenstatuen hinter dem Altar sind ebenso eine Illusion wie die schillernden 6000 m² großen Trompe-l'oeil-Gewölbe und das mystische Labyrinth, das die Gläubigen nach Jerusalem führt, die er in der **Cathédrale St-François de Sales** aus dem 15. Jh. malte.

Auf dem Hauptplatz **Place St-Léger** blickt man von den Terrassen der Cafés auf die *hôtels particuliers* (Stadtpalais) aus dem 16. Jh., deren Eingänge in den *allées* (Gassen) versteckt liegen. Man sollte unbedingt durch das Labyrinth der Gassen schlendern: durch die Passage J Planche (die durch die Rue de Boigne und die Rue de la Metropole verläuft), die Allée Henri Planche (eine von mehreren, die von der Place St-Léger nach Süden führen) und die Allée Chiron (die in die älteste Straße von Chambéry, die Rue Basse du Château, mündet).

SHOWTIME

Das Album ist zwar online erhältlich, aber nichts ist besser, als wenn das Grand Carillon von Chambéry *Frère Jacques, Le Temps du Muguet* und andere französische Klassiker erklingen lässt – und das kostenlos. Die Glocken im Glockenturm der Sainte-Chapelle erklingen seit 1938, aber das aktuelle Ensemble mit 69 Glocken (1993 von der berühmten Glockengießerei Fonderie Paccard in Bronze gegossen) ist einfach nur grandios. Das viertgrößte Glockenspiel der Welt wiegt 41 t und umfasst sechs Oktaven. Die kleinste Glocke wiegt 9 kg, die größte 5 t. Am ersten und dritten Samstag jedes Monats sowie an jedem Samstag im Juli und August um 17.30 Uhr beginnt das 30-minütige Konzert.

ESSEN & AUSGEHEN IN CHAMBÉRY

Le Sporting
Grandiose traditionelle savoyische Küche in einem von Lichterketten erleuchteten Garten mit Blick auf die Kathedrale. €€

Le Corsaire
Auf dem Mont Blanc gebrautes Bier, savoyische Tacos mit Käse und riesige Käse- und Wurstplatten auf einer trubeligen Dachterrasse. €

Restaurant Les Halles
Regionale Küche der Spitzenklasse, die im Sommer auf einer hübschen Terrasse serviert wird (und nicht in der Markthalle um die Ecke). €€

Rund um Chambéry

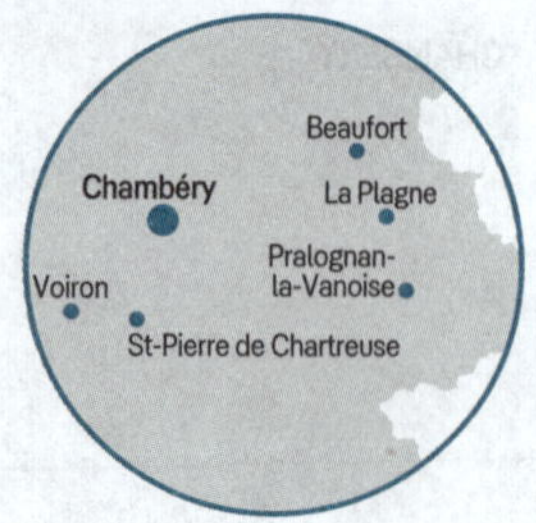

Die Erkundung der grünen Landschaft rund um die alte Hauptstadt von Savoyen ist eine Reise durch historische alpine Traditionen gepaart mit jeder Menge Abenteuern.

UNTERWEGS VOR ORT

Les Trois Vallées ist besser an den Fernverkehr als an den Nahverkehr angebunden: In der Skisaison im Winter verbindet Altibus die drei Wintersportorte mit den Flughäfen Genf und Lyon. Der nächstgelegene Bahnhof ist in Moûtiers und von dort betreibt Transdev Savoie Busse in die Ferienorte. Im Sommer sollte man sich mit einem eigenen Auto und in Wanderstiefeln fortbewegen.

Die Skigebiete Les Trois Vallées, Paradiski (La Plagne und Les Arcs, die durch die Seilbahn Vanoise Express verbunden sind), das gletscherbedeckte Tignes und Val d'Isère sind Ikonen des Skisports mit Unterkünften und Restaurants von Weltklasse. Doch gerade in den weniger bekannten Tälern und Bergdörfern, wo die Menschen am Sonntagmorgen in Scharen aus der Kirche strömen und die Männer immer noch schwarze Savoyer Barette tragen, wird deutlich, was den Einheimischen wichtig ist: Frankreichs größte Steinbockkolonie im zerklüfteten Vanoise-Nationalpark; die Almwirtschaft im Juni, wenn die roten Abondance-Kühe in der Umgebung von Beaufort auf höher gelegene Weiden getrieben werden, um aus ihrer Milch Käselaibe für den Chalet d'Alpage herzustellen; verrückte Geschichten über schweigende Mönche, die an einem Tag im Jahr ihre Tore öffnen, um 24 000 t Blumen, Kräuter und Wurzeln entgegenzunehmen. Das alles kann man hier erleben.

☑ TOP TIPP

Ein eigenes Fortbewegungsmittel – Auto, Wohnmobil oder E-Bike (Wanderschuhe im Kofferraum oder Fahrradkorb) – erleichtert das Unterwegssein.

JEF WODNIACK/SHUTTERSTOCK ©

Cirque de Saint-Même

Die Geschichte des grünen Chartreuse

Geheime Rezepte und das Leben in einem Kloster

Im Lauf der Jahrhunderte haben sich zahlreiche Leute – von mittelalterlichen Mönchen bis hin zu modernen Mixolog:innen – vom Chartreuse verführen lassen, einem grellgrünen Kräuterlikör auf Basis eines medizinischen Elixiers mit 69 % Alkoholgehalt, das noch immer in französischen Apotheken erhältlich ist. Das Geheimrezept wird von nur drei Kartäusermönchen streng gehütet. Umso interessanter ist eine Führung mit Verkostung durch das Museum der **Caves de la Chartreuse**.

Die Besichtigung der ehemaligen Produktionsstätte in Voiron (eine Autostunde von Chambéry oder 50 Minuten mit dem Zug von Grenoble entfernt), die 2018 durch eine moderne Anlage außerhalb der Stadt ersetzt wurde, beschwört die Geschichte des Likörs herauf. Entgegen der Annahme, der Chartreuse sei im Wesentlichen „die Alpen in einer Flasche", wurde der Likör im 17. Jh. von Kartäusermönchen in Paris aus Heilpflanzen aus ihrem Stadtgarten hergestellt. Man erfährt, wie die Mönche im Massif de la Chartreuse zu Destillateuren wurden, riecht Zimt, Sternanis, wilden Thymian und einige der anderen 130 geheimnisvollen Kräuter, Pflanzen und Wurzeln, die in das Getränk kommen, und besichtigt die jahrhundertealten Keller, in denen der Likör in 2,5 m hohen Eichenfässern reift. Zum Schluss gibt's einen feurigen Schluck vom Grünen Chartreuse (55 % Alkoholgehalt) und vom süßeren Gelben Chartreuse (40 % Alkoholgehalt).

Die Geschichte endet 25 km östlich in der Nähe von St-Pierre de Chartreuse inmitten von Kuhweiden und bewaldeten Felsen im abgelegenen **Monastère de la Grande Chartreuse**, wo 26 Mönche schweigend leben. Im Museum „Ein Tag im Leben eines Mönchs" erfährt man mehr über das klösterliche Leben, bevor man 2 km entlang einer Allee (einer ausgeschilderten „Zone de Silence") spazieren geht, um die prächtigen Klostermauern aus der Ferne zu betrachten.

DIE BESTEN ALKOHOLISCHEN GETRÄNKE IN DER REGION

Chartreuse Swizzle
Einen Chartreuse Swizzle an der Cocktailbar der Caves de la Chartreuse in Voiron bestellen und in einem zweistündigen Mixology-Kurs lernen, wie man ihn mixt.

Saisonaler Gin & Craftbier
Den lokal destillierten Gin von Les Sauvagesses-Distillerie du Grand Som – Pflanzen, Farbe und Flaschenetikett wechseln zu jeder Jahreszeit – oder ein Craftbier von La Marmotte Masquée in St-Pierre de Chartreuse probieren. Beides gibt's in der hippen Café-Bar La Cabine (www.lacabine38.fr) in St-Hugues en Chartreuse.

Kir au Saffron
Mit dieser Mischung aus Weißwein und Safransirup beginnt ein unvergessliches Essen auf der Safranfarm Ferme de Brévardière (www.brevardiere.fr).

Zur Quelle wandern

Spektakuläre Wasserfälle und Schwimmen in der Natur

Wer ein Naturschauspiel im Massif de la Chartreuse erleben möchte, sollte zum **Cirque de Saint-Même** wandern, einem faszinierenden „Amphitheater" aus 400 m hohen Kalksteinfelsen, das vom Rauschen und Donnern von vier imposanten Wasserfällen durchzogen ist, aus denen der Fluss Guiers Vif entspringt.

Vom Parkplatz Pont Dugey in St-Même d'en Haut, 4,4 km südöstlich von St-Pierre d'Entremont an der kurvenreichen D45c, schlängelt sich der Wanderweg **Sentier du Fond du Cirque** (grüne Schilder, 30 Min.) durch den Wald bis zum niedrigsten

RUSTIKAL ÜBERNACHTEN IM LÄNDLICHEN CHARTREUSE

Cabanes Chartreuse Insolite
Übernachten in einem Baumhaus; im Winter nur mit Skiern oder in 40 Minuten mit Schneeschuhen erreichbar. **€€**

Le Valombré
Maison d'hôtes in St-Pierre de Chartreuse mit fünf schicken Zimmern, Blick auf den Grand Som und regionalem Essen. **€€**

Atelier de Cucheron
Die Aussicht von diesem *maison d'hôtes* (und seinem Whirlpool im Freien) oberhalb von St-Pierre am Col de Cucheron ist grandios. **€€**

DIE BESTEN ALTERNATIVEN BERG-ABENTEUER

Normalerweise bedeutet eine Reise in die Französischen Alpen eine Woche Skifahren. Aber man kann es auch mal anders machen:

Verschneite Pisten unter dem Sternenhimmel von Courcheval auf einem geräuschlosen, elektrischen **Moonbike** (vorne eine Schlittenkufe, hinten eine Raupenkette) herunterfahren.

Mit einem **Fatbike** in La Plagne mit hoher Geschwindigkeit über frische planierte Pisten hinunterrasen.

Höhlen erkunden mit einem Guide in den Grottes de St-Christophe (geöffnet von April bis Nov.). Die Höhlen liegen rund um eine Schlucht in Les Échelles im Massif des Chartreuse. Wenn man sich in einen 40 m hohen Brunnen abseilen oder an einer Seilrutsche hinuntersausen will, ist **Akro-Speläologie** (ein Mix aus Klettern und Canyoning) das Richtige.

Mit dem **E-Mountainbike** entlang der Via 3 Vallées, eine 34 km lange Höhenradroute, die Courcheval, Méribel, Les Menuires und Val Thorens miteinander verbindet, fahren.

Wasserfall Pisse du Guiers. Der **Sentier des Cascades** (rote Schilder, 1½ Std., 195 m Höhenunterschied), ein 3 km langer Rundweg zur Grande Cascade, ist spannender. Der steile, steinige und nicht für Familien mit kleinen Kindern geeignete Weg führt durch einen dichten Buchenwald. Das gewaltige Tosen des Wassers ist allgegenwärtig, und von einem Felsenhang auf halber Höhe hat man einen grandiosen Blick auf den Wasserfall. 20 Fledermausarten leben hier in Höhlen und Steinadler nisten in den Klippen.

An der Brücke unter der **Grande Cascade** kann man eine Picknickpause einlegen. Dafür kann man sich vor der Wanderung in St-Pierre d'Entremont mit Käse aus der **Fromagerie Arpin** und luftgetrockneten *saucissons* (Salami), über Chartreuse-Holz geräucherter Forelle und *rissoles* (Frikadellen) aus der **Boucherie Guerre**, die seit 1830 in Familienbesitz ist, eindecken. Ganz Verrückte bestellen am Vortag himmlisches Bio-Nussbrot, Sauerteig- und Schokoladenkekse bei der Bäckerei **Les Champs du Pain** im früheren Schulhaus von St-Même Le Bas.

Nach dem Überqueren der Brücke führt der Rückweg bergab durch einen Kiefernwald. Nicht die ausgeschilderte Abzweigung nach rechts zur **Cascade Isolée**, einem weiteren majestätischen Wasserfall mit einigen ruhigen Becken, die zum Baden einladen, verpassen.

Unter den Zähnen des Bären

Eine E-Bike-Tour in Hauts de Chartreuse

Die 14 km lange E-Bike-Tour **Sous la Dent de l'Ours** (470 Höhenmeter, 2–3 Std.) im Réserve Naturelle des Hauts de Chartreuse ist ein wahres Abenteuer. In der Tourismusinformation in **St-Pierre d'Entremont** erhält man Karten, und ein E-Mountainbike oder Fatbikes kann man sich im Sportgeschäft mit Café Entre Monts Vélos ausleihen.

Zuerst geht's 5,5 km gen Süden hinauf nach **St-Philbert**. In **Le Villards** legt man eine Pause ein, um auf dem Bio-Ziegenhof La Ferme de Labérou *labérou cendré* (Ziegenkäse, bestäubt mit Pflanzenkohle aus Seekiefern) zu kaufen. Auf dem Rückweg Richtung Norden entlang der D102b kann man den Dent de l'Ours („Zahn des Bären", 1820 m) im Osten und die Zwillingsgipfel Les Lances de Malissard (2045 m) und den Mont de Granier (1933 m) im Westen bewundern. Die messerscharfe Nordwand des Mont de Granier entstand 1248 durch einen Erdrutsch, der fünf Dörfer unter sich begrub. Weitere majestätische Ausblicke hat man von den malerischen Ruinen des **Château de Montbel** aus dem 14. Jh. Dann geht's zurück nach St-Pierre.

RUSTIKALE UNTERKÜNFTE IM LÄNDLICHEN CHARTREUSE

B&B École du Villard
Ein ehemaliges Schulgebäude, das zu einem zauberhaften B&B mit 1960er-Jahre-Charme in einem verschlafenen Weiler in der Nähe von St-Pierre d'Entremont umgebaut wurde. €

Ô Caprice du Guiers
Die Geranien in den Fensterkästen und der rauschende Fluss Guiers verleihen diesem Hotel-Restaurant in La Diat ein dörfliches Flair. €

Monchâteau Étoilé
Übernachten im Freien (Baumhäuser, Hängezelte, Blasenzelte) auf dem Gelände eines Landguts, nordwestlich von Merlas. €€

La Plagne

Abenteuer im Tal des Todes von La Plagne

Schneeschuhwanderungen und Sommersafaris in La Cembraie

Im Tarentaise-Tal, eine Autostunde östlich von Chambéry, ist das aus elf Dörfern bestehende Skigebiet **La Plagne** mit seinen 425 km an breiten Pisten – ganz zu schweigen von der für die Olympischen Spiele 1992 gebauten Bobbahn, die allen, die sie hinunterfahren, das Blut in den Adern gefrieren lässt – besonders bei Familien sehr beliebt.

Jenseits des von Menschenhand geschaffenen Nervenkitzels gibt es im 12 ha großen Naturschutzgebiet **La Cembraie** uralte Zirbelkiefern, Setzlinge, die von gefleckten Nussknackern unwissentlich gepflanzt wurden, um Futter für den Winter zu sammeln, und eine teuflische Achterbahn aus kegelförmigen Gipsfelsen. Im Vallée de la Mort (Tal des Todes) kann man Abdrücke von Berghasen und Füchsen im frischen Schnee entdecken und über die französischen Widerstandshelden nachdenken, die sich während des Zweiten Weltkriegs hier versteckten.

Schneeschuhe kann man sich bei Intersport in La Plagne Centre ausleihen. Der heimische Bergguide **Guillaume Brun** (www.

MIT SCHLITTEN-HUNDEN DURCH DIE BERGE

Schlittenhunde haben etwas ungemein Romantisches an sich. Vor allem, wenn man mit einem Hundeschlitten mit 50 km/h durch eine Schneelandschaft aus verschneiten Tannen und Waldhütten rast.

Hundeschlittenführer:innen bieten im Winter in mehreren Skigebieten Fahrten mit Grönlandhunden und Alaskan Malamuten an. In La Plagne sind neben den traditionellen Hundeschlittenfahrten auch *cani-raquettes* (Schneeschuhwanderungen mit den Hunden) sehr beliebt. Bei **L'Écrin de Baloo** in Montchavin-Les Coches erfährt man, wie die Schlittenhunde ausgebildet werden, und kann dabei zusehen, wie sie ihr Abendessen bei der *soupe aux chiens* verschlingen. Im Sommer werden *cani-rando* (Spaziergang mit Hunden) und *cani-kart* (Fahrt mit von Hunden gezogenen Gokarts) durch mit Wildblumen übersäte Wälder und Weiden angeboten. Bei Évolution2 in Montchavin oder Les Couches buchen.

ABGESCHIEDEN ÜBERNACHTEN IN VANOISE

Refuge du Col de Vanoise
Schlafsäle, Essen und eine unvergleichliche Aussicht in einer Berghütte aus dem Jahr 1902, die mit Sonnenkollektoren umweltfreundlich umgebaut wurde. €

Refuge Les Barmettes
Schlemmen und Schlafen wie die Savoyer:innen in der mit dem Sessellift erreichbaren Hütte oberhalb von Pralognan-la-Vanoise. €

Refuge de la Femma
Recht großes Hütten-Restaurant mit Schlafsälen und Doppelzimmern, Hühnern, einem Esel und pfeifenden Murmeltieren. €

CHRISTOPHE CAPPELLI/SHUTTERSTOCK ©

Kühe, Parc National de la Vanoise

ROUTE DU SEL

Der Col de la Vanoise ist seit der Bronzezeit eine wichtige Verbindung zwischen den hochgelegenen Tälern der Maurienne und der Tarentaise. Die Römer benutzten die Route, um zwischen Rom und Lyon zu pendeln, und im 11. Jh. reisten die Herzöge von Savoyen über sie von Chambéry nach Turin. Im 18. Jh. transportierten Maultiere das Salz von der Königlichen Saline im nahe gelegenen Moûtiers über den Hochgebirgspass nach Piemont (Italien) und kehrten, mit Gewürzen und Stoffen beladen, zurück. Käse aus Beaufort, gegerbtes Leder und Berghonig wurden auf dieser strategischen Handelsroute gegen Kartoffeln, Reis und Mais getauscht.

gb-montagne.com) bietet geführte Schneeschuhwanderungen, Iglu-Bauexpeditionen, magische Sommerwanderungen und Survival-Trainings in den Bergen mit Biwak-Übernachtung an.

Entlang des Ufers des Lac de Roselend

Sommerkäse und phänomenale Aussichten in Beaufortain

Die südliche Zufahrt zum Lac de Roselend über den 1968 m hohen Bergpass **Cormet de Roselend** (geöffnet von Mai bis Okt.) ist ebenso spektakulär wie die Aussicht auf den türkisfarbenen See, der alle (vor allem Fahrrad- und Oldtimer-Fahrer:innen) belohnt, die es bis zu dem hübschen Fleck von Beaufortain schaffen. Der Alpenpass und die D925, die am Nordufer des Sees vorbeiführt, sind Teil der **Route des Grandes Alpes**, die 1937 gebaut wurde, um die Côte d'Azur über 17 *cols* (Bergpässe) in den Französischen Alpen mit dem Genfer See zu verbinden.

Man parkt an der **Chapelle de Roselend** und bewundert die Kapelle mit den zwei Glocken, die nach dem Vorbild des Origi-

DAS BESTE APRÈS-SKI IN LES TROIS VALLÉES

Le Rond Point, Méribel
In Méribels altgedientem Partyzentrum, auch „le Ronnie" genannt, gibt's Crowdsurfing, Tanzen und Toffee-Wodka in Hülle und Fülle.

360, Val Thorens
Livemusik und Weltklasse-DJs an der Piste – die Party in der Tanzbar endet nie.

Trait d'Union, St-Martin de Belleville
Entspannen in der Natur: ein Bad im Whirlpool und mit Blick auf die Berge übernachten und die Savoyer Küche genießen. €

nals aus dem 13. bis 17. Jh. wieder aufgebaut wurde, das 1960 zusammen mit dem Weiler Roselend durch den Bau des Staudamms von Roselend überflutet wurde. Ein Wanderweg führt von Bar Les Lanches durch Felder mit Kühen zum kleineren **Lac de Gittaz** (5 km, 1½ Std.). Im Norden erhebt sich der schroffe Gipfel des **Roc du Vent** (2360 m).

Bei einer *tartiflette* am Seeufer im Restaurant mit Hotel **Chalet de Roselend** kann man herrlich verweilen und dann geht's 14 km weiter nach Norden in das kleine Städtchen **Beaufort**. Hier werden aus der cremigen Milch der roten Tarentaise-Kühe die Käsesorten AOP Beaufort, Tomme des Bauges und Reblochon hergestellt. Man kann sich einen Film über die Käseproduktion ansehen und den Reifungskeller der **Coopérative Laitière de Beaufortain** besichtigen. Falls sie geschlossen hat, kann man Käse im Automaten davor kaufen.

Wanderung über den Lac des Vaches

Im Sommer in Frankreichs ältestem Nationalpark wandern

Kühe grasen wirklich auf dem Lac des Vaches („Kuhsee"), der auf 2318 m ü. M. umgeben von Berggipfeln, Gletschern und schiefergrauen Moränen im **Massif de la Vanoise** liegt. Riesige Steinplatten bilden einen 210 m langen Steg über den See, der bei Trockenheit im August und September auch als Weide dient.

Landkarten gibt's im **Maison de la Vanoise** in Pralognan-la-Vanoise und am Sessellift Génépi in Les Fontanettes, 1½ Autostunden (105 km) von Chambéry entfernt. Am Eingang zum **Parc National de la Vanoise** führt der Weg entlang des **GR55**, der den **GR5** kreuzt. Auf dem Plateau de la Glière stehen teilweise Steinmauern entlang der historischen **Route du Sel** (Salzstraße). Hinter den verlassenen Hirtenhütten an den Chalets de la Glière folgt man den Holzpfählen, die in den 1830er-Jahren als Wegweiser für die frühen Alpinist:innen aufgestellt wurden, hinauf zum **Lac des Vaches** (5 km, 2 Std.) und dann 2,5 km (45 Min.) weiter zum **Col de la Vanoise** (2516 m).

Ländliche Traditionen im Vallée des Belleville

Alpensteinböcke, schwarze Bienen und Sommerkäse

Sobald der Schnee schmilzt, kann man wunderbar Wildtiere in Les Trois Vallées im Belleville-Tal beobachten. Guides vom **Bureau des Guides** in Val Thorens (www.guides-belleville.com) führen Interessierte zu Steinböcken und Gämsen am Gipfel des Grand Perron des Encombres (2824 m).

Im **Maison de l'Abeille Noire et de la Nature** in der Nähe des Lac de Bruyères erfährt man freitagmorgens bei Workshops mit der Imkerin Kelly Duqueine mehr über die bedrohten Bienen der Savoyen (*abeille noire* oder schwarze Biene) und sieht den Bienenstock, in dem jedes Jahr etwa 500 Königinnen gezüchtet werden. 2 km weiter südlich, auf dem Ziegenhof **Chez Pepé Nicolas** aus den 1950er-Jahren, wird die Tradition der Ziegenhaltung gepflegt. Man kann Ziegen melken, *chèvre frais* (frischen Ziegenkäse) kaufen und ein Käsefondue sowie frische Produkte aus dem Permakultur-Garten genießen.

SKIFAHREN IN LES TROIS VALLÉES

Das größte Skigebiet der Welt verbindet drei Täler mit 600 Pistenkilometern und 200 Liften. Die besten Skigebiete:

Méribel
(1450 m) Das bei Britinnen und Briten sehr beliebte Skigebiet eignet sich am besten für fortgeschrittene Skifahrer:innen und bietet 150 km an blauen und roten Pisten, zwei Snowparks und eine ausgelassene Après-Ski-Szene. Über eine Gondelbahn mit dem günstigeren Brides-les-Bains (600 m) verbunden.

Courcheval
(1850 m) Von Bäumen gesäumter Spielplatz für die Superreichen und die Moët-um-Fünf-Brigade; La Tania (1400 m) weiter unten ist nicht so abgehoben.

Val Thorens
(2300 m) Das höchstgelegene Skigebiet Europas und somit die längste schneesichere Saison (in der Regel Ende Nov. bis Mitte Mai).

St-Martin de Belleville
(1450 m) Die traditionelle Dorfvariante mit schicken Unterkünften, Gourmet-Berghütten und Restaurants mit Michelin-Sternen.

Grenoble

In Frankreichs selbsternannter „Hauptstadt der Alpen" ist es normal, in Wanderschuhen durch die Stadt zu laufen oder mit dem Fahrradanhänger zu fahren. Urban, grün und mit einer atemberaubenden Natur beschreibt diese unprätentiöse Stadt am besten, in der es für die Einheimischen selbstverständlich ist, vor der Arbeit einen Traillauf zu absolvieren („Joggen" klingt zu harmlos für den beliebten Lauf hinauf zu La Bastille), und in der jede Straße, die aus der Stadt herausführt, einen anderen regionalen Naturpark streift.

Die Stadt ist nicht nur von fesselnden Alpengipfeln umgeben, es gibt auch in der Innenstadt von Grenoble Berge zu bestaunen. Die historische Altstadt St-Laurent lädt zum Flanieren ein, und im Sommer kann man in einem Kanu bei Fackelschein auf dem Fluss Isère paddeln, mit einigen der rund 65 000 Studierenden auf den Decks am Flussufer abhängen oder bei einem Drink auf dem Ciel Rooftop in schwindelerregender Höhe den Sonnenuntergang genießen.

MANAN DEB/SHUTTERSTOCK ©

Fort de la Bastille (S. 494)

UNTERWEGS VOR ORT

Die Hauptsehenswürdigkeiten sind entlang markierter Wege gut zu Fuß zu erreichen (oder beim Joggen, im Fall von La Bastille). Infos gibt's in der Tourismusinformation. Das Radfahren ist dank der 450 km an Radwegen sehr beliebt. Leihräder sind an den Métrovélo-Stationen in der ganzen Stadt verfügbar oder man leiht sich ein Free-Floating-E-Bike oder E-Scooter über die App Dott aus.

An der Carsharing-Station von Citiz (www.alpes-loire.citiz.fr) gegenüber der unteren Seilbahnstation am Quai Stéphane Jay kann man sich ein Auto ausleihen.

TOP TIPP

Die meisten Museen in der Stadt sind gratis. Daher sollte man genau ausrechnen, ob sich der Kauf lohnt, bevor man sich den Grenoble Pass (grenoblepass.com) online oder in der gut organisierten Tourismusinformation (grenoble-tourisme.com) kauft. Die Tourismusinformation organisiert auch ausgezeichnete Wandertouren.

GRENOBLE

0 — 500 m

Jardin des Dauphins
Fort de la Bastille
Musée Archéologique
Pont de Chartreuse
Q Mounier
Q Jongkind
Pont de la Citadelle
Pont St-Laurent
Pl de Lavalette
R Maurice Gignoux
Q Perrière
Isère
Q C Brosse
R Chenoise
R du Palais
Pl Aristide Briand
Q de France
Pont Marius Gontard
Pont de la Porte de France
Q Claude Bernard
Q Créqui
R de la Résistance
Rte de Lyon
Bd de l'Esplanade
Q de la Graille
A48
R Émile Gueymard
R Jean Macé
Pl de la Gare
R Casimir Brenier
Pl Hubert Dubedout
R Docteur Mazet
Bd Édouard Rey
Pl de Philippeville
Jardin de Ville
R Montorge
Grande Rue
R des Clercs
R Lafayette
Pl Ste-Claire
R Servan
Grenoble
Av Félix Viallet
Pl Grenette
R Raoul Blanchard
R Voltaire
Av Alsace Lorraine
R Billerey
Bd Gambetta
R Clot Bey
R Félix Poulat
R de Bonne
R Vicat
R Condillac
Pl de Verdun
R Crépu
Pl Victor Hugo
Pl Vaucanson
R Béranger
Pl St-Bruno
Cours Berriat
Cours Jean Jaurès
R Thiers
Cours Lafontaine
R de la Liberté
R des Arts
R Colbert
R Aubert Dubayet
Bd Agutte Sembat
R de Strasbourg
R Michelet
Av de Vizille
R Joseph Rey
R Lakanal
R Lesdiguières
R François Raoult
R Nicolas Chorier
R Condorcet
R Hoche

HIGHLIGHTS
1 Fort de la Bastille
2 Musée Archéologique

SEHENSWERTES
3 Cathédrale Notre Dame
4 Fontaine du Lion
5 Halles Ste-Claire
6 Mont Jalla
7 Musée Dauphinois
8 Musée de l'Ancien Évêché
9 Musée des Troupes de Montagne
10 Rue Génissieu
11 Téléphérique de Grenoble-Bastille

ESSEN
12 Chez Le Pèr'Gras
13 La Table Ronde
14 Le Dauphinoix
15 Le Fantin Latour
16 Le Gratin Dauphinois
17 L'Inattendu

AUSGEHEN & FEIERN
18 Jeanette
19 Le Café Curieux

Téléphérique de Grenoble–Bastille
(S. 494)

ANDY SOLOMAN/SHUTTERSTOCK ©

GRATIN, KÄSE & WALNÜSSE

Als einstige Hauptstadt der Dauphiné ist Grenoble genau der richtige Ort, um *gratin dauphinois* zu probieren. Das Originalrezept verlangt dünn geschnittene Kartoffelscheiben, die im Ofen mit Sahne, Butter, Knoblauch und Muskatnuss gebacken werden. Käse gilt sogar als Gotteslästerung. Die meisten Restaurants servieren sie, aber die Gratins im **Le Gratin Dauphinois** in der Nähe des Bahnhofs und im ältesten Restaurant von Grenoble, **La Table Ronde** (1793), sind unschlagbar.

Außerdem muss man in Grenoble unbedingt *ravioles* (kleine Ravioli) probieren, die traditionell mit cremigem *faisselle* und frischen Kräutern gefüllt sind. Sie werden zudem mit *sauce à la crème* (Sahnesauce) oder *sauce au St-Marcellin*, einer Sauce aus St-Marcellin-Käse, der in dem gleichnamigen Dorf 50 km südwestlich von Grenoble aus unbehandelter Ziegenmilch hergestellt wird, serviert. In Kombination mit den AOP-*noix de Grenoble* (Walnüsse aus Grenoble) mit ihrer goldenen Schale fühlt man sich wie im kulinarischen Himmel.

BARMALINI/SHUTTERSTOCK ©

Stufen zum Fort de La Bastille

Hinreißende Ausblicke von La Bastille

Wege, Seilbrücken und Picknick auf Grenobles Berg in der Stadt

Die Seilbahn **Téléphérique de Grenoble–Bastille**, eine der wenigen städtischen Seilbahnen in Europa, gleitet von der Talstation am Flussufer in sechs Minuten hinauf zur Festung auf dem berühmten Berg von Grenoble. Aber wer die ganze Größe und Komplexität der Bastille erfassen möchte, sollte zu Fuß gehen. Die riesige Festung mit ihren nach Norden gerichteten Kanonen wurde zwischen 1823 und 1848 zur Verteidigung der französischen Alpengrenze zu Savoyen gebaut. Savoyen wurde bald nach der Fertigstellung Teil Frankreichs, sodass nie eine Kanone abgefeuert wurde.

Der Ausgangspunkt des Wanderwegs befindet sich in der Nähe der Fontaine du Lion in St-Laurent. Der teilweise felsige Schotterweg führt 2,3 km im Zickzack hinauf zur Bergstation der Seilbahn (263 m Höhenunterschied) im **Fort de La Bastille**. Die Route geleitet durch die dicken Außenmauern und vorbei an Wachtürmen und Bunkern. Man braucht sich gar nicht die Mühe machen, die Stufen zu zählen. Es sind zu viele, vor allem, wenn man über die (optionalen) Treppen abkürzt. Alleine die

TYPISCHE DAUPHINÉ-GERICHTE ESSEN

Le Dauphinoix
Einheimische Forellen aus der ältesten Forellenzucht Frankreichs und ein hervorragendes *gratin dauphinois*; eine von mehreren Optionen in der Rue Bayard. €€

L'Inattendu
Regionale Produkte sind die Hauptdarsteller der raffinierten Gerichte im Überraschungsmenü des beliebten Bistros. €€

Le Fantin Latour
Mittags moderne Bistrogerichte und am Abend Sterne-Menüs in einem Stadtpalais, in dem sich früher ein Museum befand. €€–€€€

schnurgerade **Escalier des Géants** (Treppe der Giganten) hat 340 Stufen.

Die Belohnung (an klaren Tagen) ist ein spektakulärer Panoramablick auf den Vercors von der nach Süden ausgerichteten **Terrasse des Géologues** (links an der Bergstation der Seilbahn aussteigen) und auf das Massifs de la Chartreuse, die Belledonne und den Mont Blanc im Norden von der Aussichtsplattform **Belvédère Vauban**. Von den Seilbrücken des familienfreundlichen Hochseilgartens **Acrobastille** (ab drei Jahren) hat man ebenfalls eine tolle Aussicht.

Von der Festung führt ein ruhigerer 30-minütiger Wanderweg (GR9) auf den **Mont Jalla** (634 m), den südlichsten Gipfel des Massif de la Chartreuse, und zu einer Gedenkstätte. Diese wurde im Jahr 2000 errichtet, um an die 150 000 Gebirgssoldaten zu erinnern, die seit der Gründung der Eliteeinheit der Gebirgsjäger im Jahr 1888 im Kampf gefallen sind. Im **Musée des Troupes de Montagne** im Innern der Festung kann man mehr darüber erfahren, und dann geht's durch die unterirdischen Galerien und über die Treppen der **Grotte de Mandrin** bis zum Ausgangspunkt des Wanderweges gegenüber vom Parking des Glacis.

Das Mittagessen sollte man unbedingt vorab planen und anstelle in den touristischen Lokalen in der Festung zu essen, lieber einen Anneau-du-Vercors-Ziegenkäse, *saucisson d'Hérens de Chartreuse* (Salami) und andere Leckereien für ein Picknick auf dem überdachten Markt **Halles Ste-Claire** kaufen, bevor man sich auf den Weg macht. Oder man reserviert einen der Tische aus Holz und Glas im **Chez Le Pèr'Gras** und genießt ein ausgezeichnetes, preiswertes *menu du marché* (Mittagsmenü mit Produkten vom Markt) mit einem tollen Blick auf die Alpen.

Von Sarkophagen aus dem Mittelalter bis zu modernen Schneeabenteuern

Grenobles Geschichte erkunden

Wo heute der rosafarbene Backsteinbau von Grenobles eleganter **Cathédrale Notre Dame** aus dem 13. Jh. gen Himmel ragt, befand sich schon im 4. Jh. eine Kirche. Im **Musée de l'Ancien Évêché** im nahe gelegenen Bischofspalast kann man die Überreste der römischen Stadtmauer aus dem 3. Jh. bewundern und auf Metallgittern über die ausgegrabenen Ruinen eines mittelalterlichen Baptisteriums laufen.

Im **Musée Archéologique** auf der anderen Seite des Flusses in der Pfarrkirche aus dem 12. Jh. von St-Laurent erfährt man noch mehr über das Mittelalter. Selbstgeführte Besichtigungen, begleitet von sakralen Gesängen und Videoprojektionen, enthüllen die spannenden Geschichten, die unter der Kirche begraben liegen. Man denke etwa an Skelette in gläsernen Gängen und Sarkophagen in einem riesigen Mausoleum aus dem 4. Jh.

Im **Musée Dauphinois** werden der Aufschwung des Wintersports, die Olympischen Winterspiele 1968 und das Leben in den Alpen lebendig, aber es gibt auch Wechselausstellungen zu modernen Themen. Der Zugang erfolgt über die Treppe neben der **Fontaine du Lion** in der Rue St-Laurent (1843). Der Löwe und die Schlange, die ineinander verschlungen sind, symbolisieren die beiden reißenden Flüsse, die durch Grenoble fließen.

STREET-ART-ANARCHIE

Die dynamische Street-Art-Szene von Grenoble führt Besucher:innen in Viertel, die sie sonst nie erkunden würden. Die **Rue Génissieu** in Championnet mit ihren zahlreichen Wandmalereien ist ein guter Ausgangspunkt. Bei **Spacejunk** in der Nr. 19 gibt's Broschüren samt Stadtplan, mit denen man sich über die 40 neuesten Kunstwerke informieren kann, die während des jährlichen **Street Art Fest** in Grenoble entstanden sind (inkl. interaktiver Karten, die erklären, was was ist). Dann plant man die Route bei einem Kaffee oder einem Mittagessen mit Produkten vom Markt im trubeligen *bistro de quartier* **Le Café Curieux** (es gibt immer ein veganes Gericht) oder im gehobeneren **Jeanette**. Oder man schließt sich einheimischen Läufer:innen an (www.streetartrun.com) oder nimmt an einer Street-Art-Tour der Tourismusinformation teil.

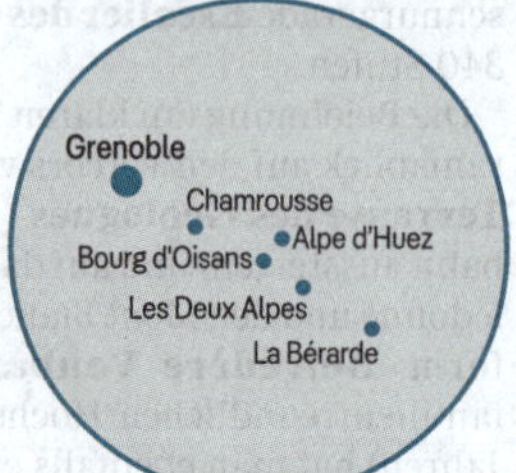

Rund um Grenoble

Der zweitgrößte Nationalpark Frankreichs und das größte Naturschutzgebiet des französischen Festlands belohnen diejenigen, die sich über die historische Hauptstadt von Dauphiné hinauswagen.

UNTERWEGS VOR ORT

Von Dezember bis April bietet Transaltitude Busse und Tagesausflüge in 14 Skigebiete an, darunter Chamrousse, Alpe d'Huez und Les Deux Alpes, Abfahrt am Bahnhof Grenoble; die Busfirma Skiligne hat eine kostengünstige Alternative: Hin- und Rückfahrt am selben Tag plus Tagesskipass.

Sobald der Schnee schmilzt, ist das Auto die einzige Möglichkeit, die Parks Vercors und Écrins zu erkunden. E-Bikes werden immer beliebter. Die Tourismusinformation in Grenoble hat eine Broschüre mit 18 E-Bike-Routen in der Umgebung des Departements Isère 18. Oder man guckt unter www.isere-tourism.com/cycling.

TOP TIPP

Von Grenoble aus einen Tag lang Ski fahren? Dann ab in den familienfreundlichen Skiort Chamrousse, 35 km östlich von Grenoble.

Egal, was man unternimmt, die vielfältigen Outdoor-Abenteuer rund um Grenoble sind alle großartig. Von den weniger bekannten Oisans-Skigebieten, die in den von Gletschern geformten Parc National des Écrins übergehen, bis hin zu den zerklüfteten Schluchten und Gipfeln des Parc Naturel Régional du Vercors, nur wenige Kilometer südwestlich der Stadt, gibt es in alle Himmelsrichtungen jede Menge Nervenkitzel zu erleben.

Hier jagen Skifahrer:innen im Winter dem Pulverschnee hinterher; im Sommer wandern Natur-Fans an Wasserfällen vorbei und durch Buchenwälder auf uralten Wanderwegen, die von Hirten und Schmugglern angelegt wurden. Dazu Schneeschuhwandern, Canyoning und eine lange Seilrutsche: Hier ist alles möglich.

St-Christophe-en-Oisans (S. 499)

Alpe d'Huez

ELINAXXIV/SHUTTERSTOCK ©

Schneereiche Höhenlagen in Alpe d'Huez

Europas längste schwarze Abfahrt hinunterrasen

Egal, ob im Winter oder im Sommer, die Fahrt mit der DMC-Gondelbahn von Alpe d'Huez hinauf zum Lac Blanc (2700 m) und dann weiter mit der Seilbahn Téléphérique du Pic Blanc zum **Pic Blanc** (3330 m) ist spektakulär. Auf dem windigen Gletscher ist es bitterkalt, häufig sind es -20 °C im Winter und -10 °C an einem sonnigen Frühlingstag. Hinweistafeln informieren über die französischen, italienischen und Schweizer Berge, die von hier aus zu sehen sind: der Roche de la Muzelle (3465 m), Grand Pic (3982 m), Le Doigt de Dieu (Finger Gottes, 3973 m) im Massif des Écrins und an einem klaren Tag sogar der Mont Blanc.

Oben angekommen wartet eine außergewöhnliche Abfahrt nach Alpe d'Huez – auf Europas längster schwarzer Piste, die 16 km lange **La Sarenne** mit einem Höhenunterschied von 2 km. Abgesehen von einer Handvoll steiler, nicht präparierter Abschnitte voller Buckel ist die verschneite Abfahrt eher eine breite rote Piste mit einer sehr langen grünen Piste am Ende. Das letzte ebene Stück am Ende kann man auslassen, wenn man an der Pont du Gua mit dem Chalvet-Sessellift hinauffährt und

DIE BESTEN SKIFAHRTEN IN OISANS

Angesichts der Hochlage, der verlässlichen Schneehöhen und rund 250 km an Pisten für jedes Niveau ist die enorme Beliebtheit von **Alpe d'Huez** nicht wirklich eine Überraschung. Offiziell heißt das riesige Skigebiet Alpe d'Huez Grand Domaine und umfasst die familienfreundlichen Wintersportorte Auris-en-Oisans, Huez-en-Oisans, Oz-en-Oisans und Villard Reculas.

Vaujany
(1250 m) Ein Bauerndorf, das zum Geheimtipp geworden ist, um dem Trubel von Alpe d'Huez zu entfliehen; direkte Verbindung über die Seilbahn Alpette.

Les Deux Alpes
(1650 m) Frankreichs zweitältestes Skigebiet, mit funktioneller Architektur, einem legendären Snowpark und in manchen Jahren Skifahren im Sommer auf dem Gletscher.

La Grave
(1500 m) Bergdorf im Schatten des La Meije; tolle Möglichkeiten zum Freeriding und abseits der Piste fahren von der Bergstation der Téléphérique de la Grave-La Meije.

ESSEN, AUSGEHEN & TANZEN IN ALPE D'HUEZ

Café Alpin
Italienischer Kaffee, *chocolat viennois* und Liegestühle an einer Piaggio Ape an der Front de Neige und am Lac Blanc (2700 m).

La Bergerie
Ein Feuer im Kamin sowie Käsefondues, Raclette und *tartiflette* heißen die Skifahrer:innen in dem Chalet direkt an der Piste willkommen.

Au Grenier
In dem tollen familiengeführten Restaurant gibt's raffinierte lokale Köstlichkeiten wie luftgetrocknetes Rindfleisch, Forelle aus Grenoble und Confit vom Rebhuhn.

AUF ZWEI RÄDERN: TIPPS & INFORMATIONEN

Oisans Col Series
Jeden Dienstagmorgen im Juli und August wird ein anderer Pass für den Autoverkehr gesperrt, damit die Radfahrer:innen in Ruhe radeln können. Informationen gibt's in den Tourismusinformationen.

E-Bike-Verleih
Um die legendären 21 von Alpe d'Huez mit elektrischer Unterstützung zu bewältigen, kann man sich Räder bei Bike Store 21 (https://be21.store) und Bleach (www.bleach-xtremsports.com) in Le Bourg-d'Oisans ausleihen.

E-Bikes aufladen
Geht kostenlos bei Geschäften und Restaurants mit dem Schild „E-Bike Service"; in Alpe d'Huez bei Rocky Sports-Sport 2000 oder La Fondue.

Cyclo en Oisans
Eine 84-seitige Broschüre mit 20 Radrouten rund um Alpe d'Huez und Les Deux Alpes, inkl. Karten; gibt's kostenlos in den Tourismusinformationen in Alpe d'Huez und Le Bourg-d'Oisans.

Bike Oisans
Bikeparks, Routen, Verleihstellen, Festivals: die ultimative Online-Ressource fürs Radfahren.

JEAN-PIERRE CLATOT/AFP VIA GETTY IMAGES ©

Megavalanche

dann die rote Piste Campanules hinunterfährt. Um den Pic Blanc und seinen Gletscher in einem anderen magischen Licht zu bewundern, fährt man auf der Sarenne bei Sonnenaufgang mit einem *pisteur* (Pistenaufsicht) oder nach Sonnenuntergang mit einer Stirnlampe mit einem Guide. Touren kann man bei der Tourismusinformation (www.alpedhuez.com) am Place Joseph Paganon buchen.

Im April kann man beim **Sarenne Snowbike** die längste schwarze Abfahrt Europas auf zwei Rädern hinunterfahren, und im Juli rasen Tausende mutige Biker:innen beim **Megavalanche**, dem längsten Mountainbike-Downhill-Event der Welt, mit bis zu 100 km/h über Eis, Matsch und Felsen.

Wie bei der Tour de France den Berg hinauf

Alpe d'Huez' legendäre 21 Haarnadelkurven

Keine Steigung ist unter Rennradfahrer:innen so berühmt und verhasst wie die mörderische Bergstraße D211, die Le Bourg-d'Oisans (717 m) im Vallée de la Romanche in Oisans mit dem Skigebiet Alpe d'Huez (1840 m) verbindet. Während der Tour de France 1995 benötigte der italienische Radprofi Marco Pantani (1970–2004) die Rekordzeit von 37 Minuten und 35 Sekunden für den Aufstieg. Für die 21 Haarnadelkurven und die durchschnittliche Steigung von 7,9 % (maximal 15 %) auf dem brutalen 14,45 km langen Anstieg sollte man jedoch ein bis zwei Stunden einplanen (mit Pausen noch länger).

Jede *virage* (Serpentine) ist nummeriert und nach einem Sieger der härtesten Etappe der Tour de France benannt. Die erste Kurve (Nr. 21, auf 806 m) ehrt den allerersten Sieger von Alpe

ESSEN, AUSGEHEN & TANZEN IN ALPE D'HUEZ

Snack de la Haute-Combe
Die einfache Hütte ohne WLAN entschädigt mit einem grandiosen Blick von der Dachterrasse.

Folie Douce
Der kultige Ort zum Feiern nach dem Skifahren, oben am Sessellift Marmotte 1 von Front de Neige.

Underground Bar
Die beste Adresse für Livemusik in der Innenstadt, betrieben von den Briten Adam und Gareth, die 1993 eigentlich nur für eine Saison herkamen.

d'Huez im Jahr 1952 (den Italiener Fausto Coppi) und ironischerweise den siebenfachen Tour-Sieger Lance Armstrong, der diese Etappe 2001 und 2004 gewann (und dem 2012 alle Titel aberkannt wurden).

In der Café-Bar **Les Gorges de Sarenne** zwischen den Kurven 16 und 15 in La Garde d'Oisans kann man ein Päuschen einlegen. Oder weiter oben an der Kurve 7, wo sich Bänke, Toiletten und ein Brunnen mit Blick hinunter auf die Gorges de Sarenne und hinauf zum Massif des Grandes Rousses befinden. Auf der anderen Straßenseite steht die **Église St-Ferréol** mit ihrem Steinturm aus dem 11. Jh. Nach einem weiteren 500 m langen Anstieg gelangt man in das ursprüngliche Dorf **Huez** (1455 m) mit Steinhäusern an einem steilen Hang um die Kirche, den Pétanque-Platz und dem Café-Bar-Lebensmittelgeschäft **Maison d'Huez** herum. Seit Dezember 2022 befördert die Gondelbahn Huez Express im Winter Skifahrer:innen und im Sommer Wander-Fans von Huez nach Alpe d'Huez.

Der sagenhafte Anstieg endet an der Hauptstraße Ave du Rif-Nel in Alpe d'Huez; eine bronzene Fahne über dem Ziel markiert die offizielle Ziellinie der Tour. Ganz Harte können auf der Route des Lacs 5,5 km weiter bergauf fahren, wo sie eine sensationelle Aussicht auf die Berge und eine wohlverdiente Rast am Ufer des kristallklaren **Lac Besson** (2060 m) erwartet.

Den Tête de la Maye bezwingen

Abenteuer in einem „Sackgassental" im Écrins-Nationalpark

In dem abgelegenen Weiler **La Bérarde,** 85 km südöstlich von Grenoble, ist die Steinschlaggefahr so groß, dass die Einheimischen im Winter woanders hinziehen. Sie kehren im Mai zurück, wenn der Schnee geschmolzen ist und die Sonne es wieder über den gigantischen Grande Aiguille de la Bérarde (3421 m) schafft und Wärme und Sonnenlicht in ihr „Sackgassental" im **Haute Vallée du Vénéon** zurückbringt.

Die Gewalt der Gletscher und die reißenden Fluten der Flüsse Durance und Drac haben die Berg- und Moränenlandschaft des 918 km² großen **Parc National des Écrins** geprägt. Von der grünen Brücke am östlichen Ende von La Bérarde führt ein steiler, felsiger Pfad mit gelben Markierungen (3,5 km, 2 Std.) zum Tête de la Maye (2518 m). Schwindelerregende Abschnitte mit Seilen, Sprossen und einer Art Treppe, die in die Felswände eingelassen sind (nicht für Kinder unter 12 Jahren geeignet), sorgen für reichlich Adrenalin. Auf dem Gipfel hat man einen unvergleichlichen Panoramablick über den zweitgrößten Nationalpark Frankreichs.

Zurück in Le Bérarde kann man sich im bezaubernden Hotel-Restaurant **Le Champ de Pin** mit *gratin de crozets au sarasin* (die lokalen Buchweizennudeln werden mit wildem Spinat, Kartoffeln und Reblochon-Käse im Ofen gebacken) stärken.

Um nach La Bérarde zu gelangen, fährt man auf der schmalen D530 35 km von Le Bourg-d'Oisans bis zum Ende der Straße. In **St-Christophe-en-Oisans,** 6 km westlich, gibt's in der Tourismusinformation Wanderkarten und Informationen zum Park (www.oisans.com).

ADLER, ORCHIDEEN & BLEU DU VERCORS-SASSENAGE

In den Eichenwäldern, auf den Hochebenen und Gipfeln des 2062 km² großen **Parc Naturel Régional du Vercors** südwestlich von Grenoble gibt es viel zu entdecken. Gämse und Steinböcke kauern auf Klippen, wilde Tulpen lugen zwischen Felsen hervor, Steinadler kreisen am Himmel, und es gibt 75 Orchideenarten.

Das **Réserve Naturelle des Hauts Plateaux** im Herzen des Parks ist das größte Naturschutzgebiet auf dem französischen Festland (170 km²). Um die Chancen zu erhöhen, einen Bartgeier, ein Birkhuhn oder eine Murmeltierfamilie zu sehen, sollte man an einer von Les Accompagnateurs Nature et Patrimoine (www.accompagnateur-vercors.com) geführten Themenwanderung teilnehmen. Lust auf ein Picknick? Wie wär's mit frischem Brot und einem Stück AOC-Bleu-du-Vercors-Sassenage-Käse vom Bauernhof, dem Geheimnis des zähflüssigen *vercouline* (die Vercors-Version der Käse-Kartoffel-*tartiflette*)? Bauernhöfe findet man unter fermes-du-vercors.com.

Jura

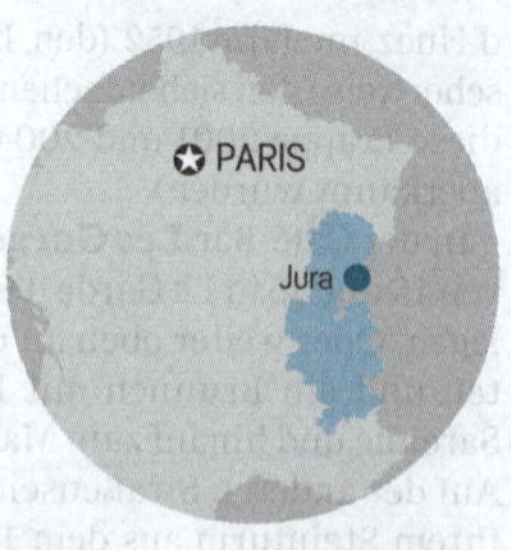

UNTERWEGS VOR ORT

Direktzüge verbinden Besançon mit historischen und kulturellen Zielen wie Arbois (50 Min.) und Belfort (1¼ Std.). Um das ländliche Jura und Weingüter zu erkunden, braucht man ein eigenes Auto.

TOP TIPP

Die Grandes Traversées du Jura (www.gtj.asso.fr/de) sind Fernwanderwege im Sommer, die zu Fuß, mit dem Mountainbike, dem Rennrad, dem E-Bike oder auf dem Pferderücken zurückgelegt werden können. Weinliebhaber:innen können von Weingut zu Weingut fahren und an Weinproben entlang der 80 km langen Route des Vins teilnehmen. Mehr Informationen gibt es unter www.jura-tourism.com.

Hier kann man herrlich entspannen. Einsame Berglandschaften, spärlich besiedelte Ebenen und ruhige Dörfer kennzeichnen diese Region, die oft von ausländischen Reisenden übersehen wird. Sie erstreckt sich entlang der französisch-schweizerischen Grenze, vom Genfer See in Richtung Nordosten bis nach Belfort. Diese subalpinen Berge gaben auch dem gleichnamigen erdgeschichtlichen Zeitalter seinen Namen, da sie in dieser Epoche entstanden. Der höchste Gipfel ist der Crêt de la Neige (1720 m) im unberührten Parc Naturel Régional du Haut-Jura, wo man auf Langlaufloipen die Menschenmenge in den französischen Alpen hinter sich lassen kann. Im Sommer begegnet man hier beim Wandern kaum einer Menschenseele und legt am *midi* eine Pause bei einer Comté-Verkostung in einer *fruitière* (Käserei) und einem Gläschen des *vin jaune* ein.

Wer nur ein paar Tage Zeit hat, sollte das sich in eine Flussschleife schmiegende Besançon als Ausgangsstation wählen. Belfort, 95 km nördlich, ist bekannt für sein dreitägiges Musikfestival Les Eurockéennes. *Bonne route!*

SERGEY NOVIKOV/SHUTTERSTOCK ©

Besançon

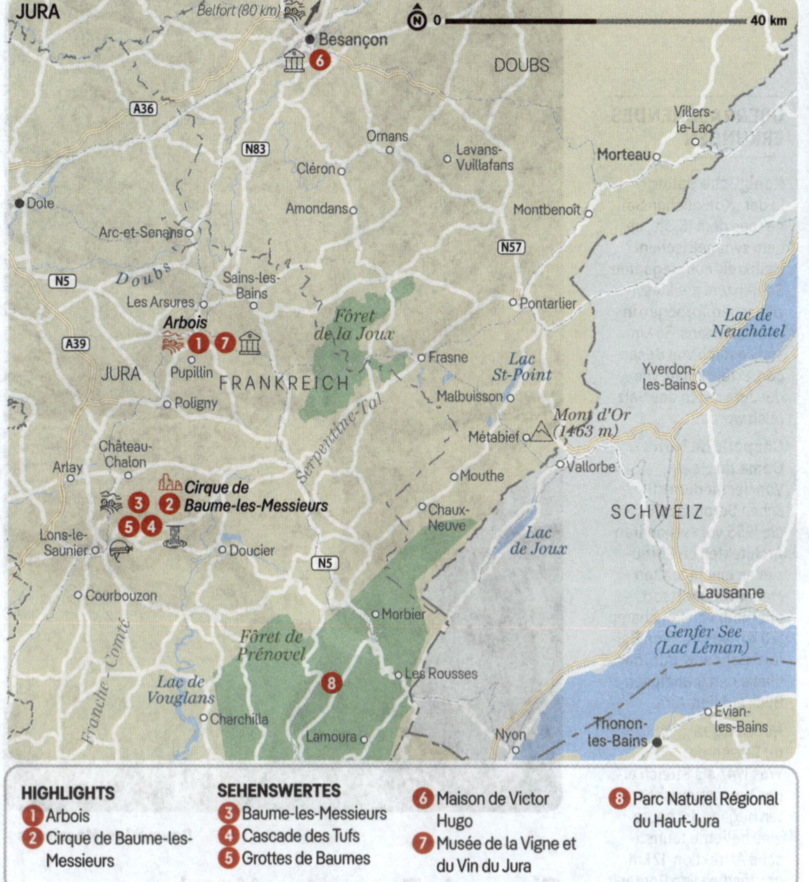

Freiheit, Würde & Gleichheit in Besançon

Mehr über Victor Hugo (1802–85) erfahren

Die Verbindung zwischen dem Aktivismus des 19. Jhs. und dem heutigen Kampf für soziale Gerechtigkeit wird im **Maison de Victor Hugo** in der Altstadt von Besançon in der Grande Rue deutlich. Frankreichs berühmtester Schriftsteller wurde 1802 in diesem Gebäude geboren. Audioguides auf Englisch führen Fans der französischen Literatur und von *Les Misérables* durch drei Etagen mit Exponaten, die der Freiheit, Würde und Gleichheit gewidmet sind – die tief verwurzelten Prinzipien, die Hugos literarisches Werk inspirierten und auch heute noch die Grundlage der Arbeit moderner NGOs wie Amnesty International und Unicef bilden.

ÜBERRASCHENDES ERKUNDEN

Königliche Saline
In der „Königlichen Saline" aus dem 18. Jh., einem symmetrischen Halbkreis aus eleganten Säulen und neoklassizistischen Torbögen in Arc-et-Senans, 35 km südwestlich von Besançon, erfährt man, wie der Jura durch das Salz reich wurde.

Chapelle de Notre-Dame du Haut
Von der modernistischen Betonkapelle aus, die 1955 vom visionären Architekten Le Corbusier an einem uralten Marienwallfahrtsort oberhalb von Ronchamp (20 km westlich von Belfort) gebaut wurde, hat man einen grandiosen Blick auf den Jura.

République du Saugeais
Was 1947 als Streich eines Verwaltungsbeamten begann, ist heute eine beliebte touristische Attraktion, 12 km nordöstlich von Pontarlier. Straßenschilder markieren die Grenze dieser selbsternannten Republik, die einst ihre eigenen Banknoten und Briefmarken druckte.

Baume-les-Messieurs

Cirque de Baume-les-Messieurs

Eine Abtei, ein Wasserfall und Höhlen voller Fledermäuse

Der dicht bewaldete Jura ist bekannt für seine *cirques*, steil abfallende Täler, die vor 200 Mio. Jahren durch Gletschererosion entstanden sind. Der Cirque de Baume-les-Messieurs ist das schönste Exemplar. Die schwindelerregend hohen Kalksteinfelsen und die hufeisenförmige Kuppe kann man auf einer Rundwanderung vom Dorf **Baume-les-Messieurs** aus, 1½ Autostunden südlich von Besançon, bewundern.

ÜBERNACHTEN & ESSEN IN BESANÇON

Hôtel Regina
Familiengeführte *maison d'hôtes* auf der Grande Rue; einige Zimmer führen direkt in den von einer Mauer umgebenen Garten. **€**

Le St-Cerf
Produkte vom Markt und aus der Region inspirieren die moderne Küche in dem umweltbewussten Bistro. **€€**

Auberge du Château de Vaite
Die beste Option außerhalb der Stadt: ein Schloss mit Zimmern, wunderschönen Gärten und Arbois' Spezialität *poulet au vin jaune*. **€€€**

Man parkt neben der symbolträchtigen Abtei von Baume aus dem 13. bis 16. Jh. und wandert durch die honigfarbenen Gassen zum Ausgangspunkt des Weges; Karten gibt's in der Tourismusinformation (www.baumelesmessieurs.fr). Bei einer Führung durch die **Grottes de Baumes** kann man der Sommerhitze entfliehen. In den Höhlen aus der Jurazeit schwimmen Niphargus (blinde weiße Höhlenkrebse ohne Augen) in einem Höhlensee und 5000 Fledermäuse halten hier im Winter sechs Monate lang Winterschlaf. Der Anblick der rund 800 hier im Sommer lebenden Fledermäuse, die wild an der Decke umherschwirren, ist beeindruckend. Danach kann man ein Picknick am Fuß der **Cascade des Tufs** machen, einem gewaltigen, pilzförmigen Wasserfall, der sich dramatisch über Tufffelsen in den Fluss Dard ergießt.

Flüssiges Gold trinken

Weinherstellung in Arbois und Pupillin

Der Legende nach wurde der *vin jaune* („gelber Wein") von einem Winzer erfunden. Dieser fand ein vergessenes Fass, das er vor genau sechs Jahren und drei Monaten abgefüllt hatte. Beim Öffnen entdeckte er, dass der Inhalt sich in flüssiges Gold verwandelt hatte. In **Arbois**, 40 km südwestlich von Besançon, wo der goldene, langsam vergärende Wein hergestellt wird, erfährt man mehr darüber. Die Weine von Arbois waren die ersten in Frankreich, die 1936 das AOC-Gütesiegel verliehen bekamen.

Inmitten der honigfarbenen Steinhäuser, die vom Fluss Cuisance und den Weinbergen umrahmt werden, liegt das empfehlenswerte **Musée de la Vigne et du Vin du Jura**. Das Weinmuseum befindet sich in einem Schloss aus dem 13. bis 18. Jh. und zeigt die Geschichte und Tradition des Weinanbaus auf. Die im Garten gepflanzten Rebstöcke veranschaulichen die Rebsorten, darunter der Savagnin, der einzigartig für den *vin jaune* ist. Nach sechs Jahren und drei Monaten in Eichenfässern werden aus 100 l Traubensaft nur 62 l *vin jaune*. Der Wein wird dann in spezielle Clavelin-Flaschen gefüllt, die genau 0,62 l fassen.

Der Wanderweg **Chemin de Vignes** (2,5 km), der durch die Weinberge führt, beginnt am oberen Ende der Treppe neben dem Schloss. Richtung Süden entlang der Hauptstraße Rue de l'Hôtel de Ville gelangt man zur **Église St-Just**. In der Tourismusinformation gegenüber der Kirche gibt's Wanderkarten. Folgt man dem ausgeschilderten „Sentier Pédestre" vorbei am Friedhof, entlang des Flusses und durch die Weinberge hinauf, gelangt man zu Freddy Woods auffälliger schmiedeeisernen Skulptur, die eine gläserne 6 m große Flasche *vin jaune* darstellt. Der Blick über die Weinberge reicht bis nach **Pupillin**, einem hübschen gelben Winzerdorf 2,5 km südlich, in dem einige *caves* (Weinkeller) Verkostungen anbieten. Die **Auberge de Grapiot** ist der perfekte Ort für ein Mittagessen, umgeben vom berühmtesten Wein des Juras.

MEHR ÜBER DIE WEINE DES JURAS ERFAHREN

Wink Lorch, Autorin zum Thema Wein und Verfasserin der preisgekrönten Bücher *Jura Wine* und *Wines of the French Alps*, gibt drei Insidertipps. www.winetravelmedia.com.

Le Bistrot des Claquets
In dem kleinen Bistro in Arbois mit einer typischen Zinkbar treffen sich die *vignerons* der Region. Bei einem einfachen, hausgemachten Mittagessen erfährt man den neusten Klatsch und Tratsch oder man trinkt einfach nur ein Glas oder eine Flasche der günstigen Naturweine aus dem Jura.

Domaine Dugois
Kleines familiengeführtes Weingut in Les Arsures bei Arbois. Wer im Voraus reserviert, kann die hervorragenden Bio-Weine in einem traditionellen Weinkeller probieren.

Pressée du Vin de Paille
Unbedingt warm anziehen für das fröhliche Winterfest zu Ehren des hl. Vinzenz, dem Schutzpatron des Weins. Es findet am dritten Sonntag im Januar in Arlay statt.

Oben: Tour St-Nicolas (S. 527), La Rochelle. Rechts: St-Émilion (S. 520)

Von Bordeaux nach Biarritz

WEIN, MEER UND SURFEN

Straßen, die durch weinbewachsene Hügel und und wilde Sandstrände, Dünen und Inseln am Atlantik – hier kehrt Frankreich zur Natur zurück.

Dieser Küstenabschnitt im Südwesten ist ein Traum – französischer *art de vivre* bei einem unkomplizierten Roadtrip mit einer Mischung aus Badeorten und Pyrenäengipfeln, historischen Schlössern und Weinbergen, angesagten Strandbars, Märkten unter freiem Himmel sowie fantastischem Essen und Wein.

Es ist kaum zu glauben, dass die Hauptstadt Bordeaux 300 Jahre lang unter britischer Herrschaft stand (ab 1152, als Heinrich von Aquitanien zum König Heinrich II. von England gekrönt wurde). Als sechstgrößte Stadt Frankreichs und dynamisches Studentenzentrum ist sie bis in die Haarspitzen *bordelais* und strotzt nur so vor Lokalstolz und Kreativität. Hier fahren Großstädter mit Fahrrädern zur Arbeit, mit hölzernen Weinkisten als Fahrradkörben, und genehmigen sich zum Mittagessen ein Dutzend *huîtres à la bordelaise* (frische Austern mit heißen Crépinettes-Würstchen) und ein Glas Entre-deux-Mers. Ob man in einer Werkstatt der fünften Generation mit Küfern verkehrt oder auf dem Dach eines Modehauses Mitgliedern der coolen Szene begegnet, ob man nachhaltige Turnschuhe aus Traubenkernen oder Schönheitscremes aus den Samen der wilden Cap-Ferret-Kiefer kauft – Bordeaux ist immer ein Erlebnis.

LARASLK/SHUTTERSTOCK ©

Südlich der Stadt liegt die Côte d'Argent („Silberküste") mit ihren endlosen, golden schimmernden Stränden, die von dunkelgrünen Pinienwäldern umgeben sind. Surfer:innen können sich in der französischen Surferhochburg Hossegor in die Wellen stürzen und im berühmten Biarritz beim Surfen oder bei einem Spritz auf dem Dach unglaubliche Sonnenuntergänge genießen. Wenn der Glamour zu viel wird, locken Pilgerstädte und Bergdörfer im ländlichen Pays Basque (französisches Baskenland) nahe Spanien.

DIE WICHTIGSTEN ZIELE

BORDEAUX
Kulturhauptstadt und kulinarisches Zentrum.
S. 510

LA ROCHELLE
Hafenflair und Inselsprungbrett.
S. 526

BAYONNE
Herz des französischen Baskenlandes.
S. 534

ST-JEAN-PIED DE-PORT
Letzter Halt vor Spanien.
S. 547

Erste Orientierung

Die Atlantikküste erstreckt sich entlang der Sandstrände von der Loire-Mündung, 200 km nördlich von La Rochelle, bis zur spanischen Grenze. Gute öffentliche Verkehrsmittel und Straßen machen die Erkundung dieser rund 650 km langen Küste zu einem Kinderspiel.

AUTO

Entlang der Küste ist ein Auto nicht unbedingt notwendig, aber in ländlichen Gebieten und in Gegenden mit schlechtem öffentlichem Nahverkehr, wie im nördlichen Teil des Médoc und im baskischen Hinterland, geht es kaum ohne. Einige der idyllischsten *chambres d'hôtes* (B&Bs) sind nur mit dem Auto zu erreichen.

ZUG

Die wichtigsten Verkehrsknotenpunkte an der Küste sind leicht mit dem Zug zu erreichen. Hochgeschwindigkeitszüge (TGV) verkehren zwischen Bordeaux, La Rochelle, Biarritz und Bayonne (vier Stunden direkt von Paris Montparnasse). Auf der Website transports.nouvelle-aquitaine.fr kann man seine Reiseroute berechnen, nach Strecken, Fahrplänen und Tarifen suchen und sich über die Verkehrslage in der gesamten Region informieren.

FAHRRAD

Innerhalb der Städte und entlang eines Großteils der Küste sind Zweiräder, herkömmliche oder elektrisch unterstützte, überall leihbar – ein praktisches und erfrischendes Mittel, um kürzere Strecken zurückzulegen. Radwanderer können die gesamte Küste auf der Fernradroute La Vélodyssée (S. 520) erkunden.

La Rochelle, S. 526

Diese alte Hafenstadt an der Atlantikküste nördlich von Bordeaux ist ein Sommercocktail aus Stränden, Radwegen und schicken Inseln – ein absoluter Favorit bei französischen Familien.

MAYENNE
SARTHE
Angers
Parc Naturel Régional Loire Anjou Touraine
MAINE-ET-LOIRE
LOIRE-ATLANTIQUE
Cholet
Montreuil-Bellay
INDRE-ET-LOIRE
Loudun
Indre
Noirmoutier-en-l'Île
D38
Challans
A83
A87
A10
St-Jean-de-Monts
Île d'Yeu
Bressuire
DEUX-SÈVRES
Mirebeau
La Roche-sur-Yon
VENDÉE
Parthenay
Futuroscope
INDRE
D949
D743
Poitiers
Luçon
Fontenay-le-Comte
A10
Parc Naturel Interrégional du Marais Poitevin
A83
VIENNE
Lussac-les-Chateaux
Île de Ré
Arçais
Niort
N10
N11
Melle
Vienne
La Rochelle
Surgères
D950
D948
St-Denis
La Fumee
Île d'Oléron
Rochefort
St-Jean-d'Angely
N10
A20
CREUSE
Le Château d'Oleron
Aubusson
CHARENTE-MARITIME
Saintes
CHARENTE
Parc Naturel Régional
Limoges
Parc Naturel Régional

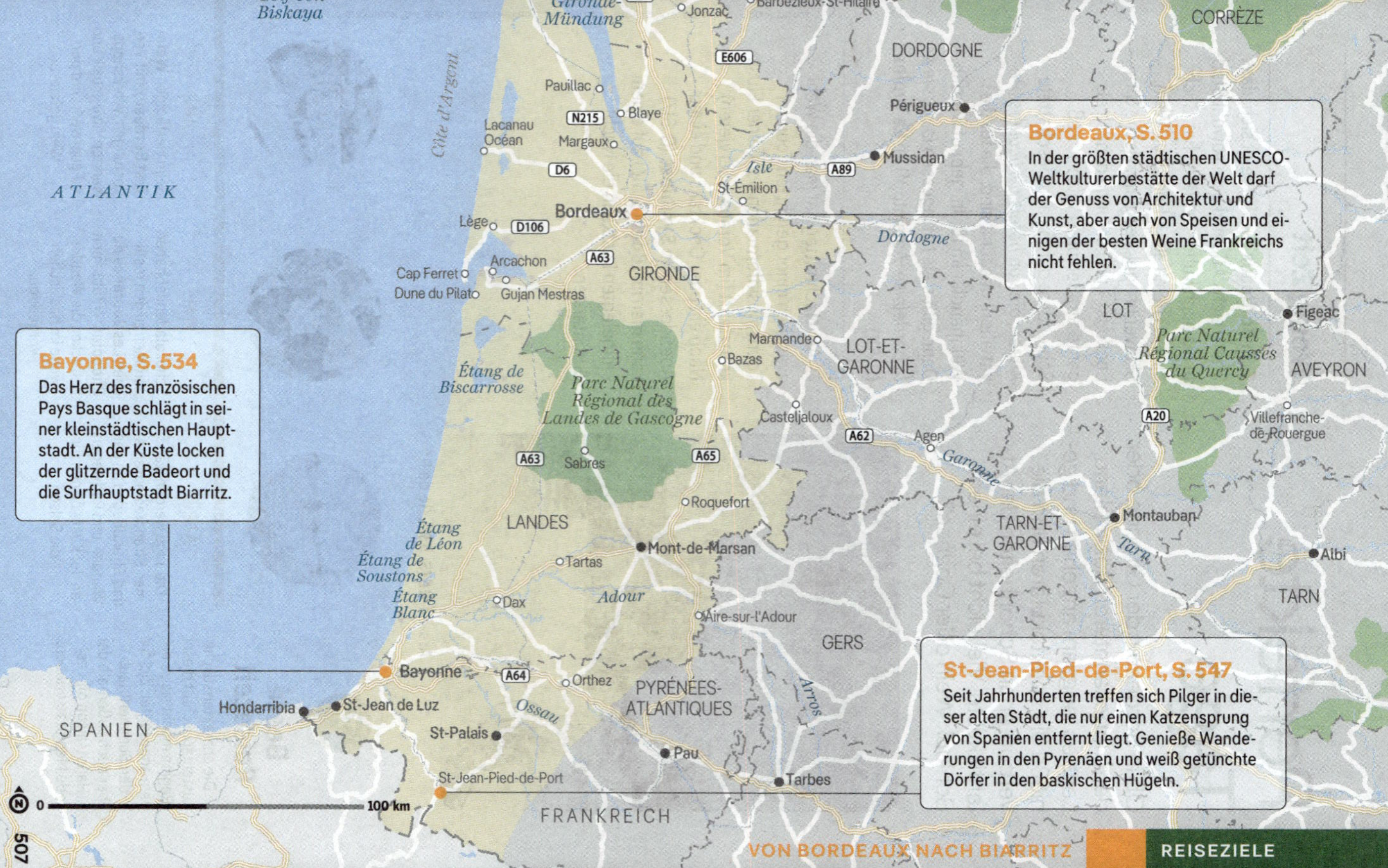
Bordeaux, S. 510
In der größten städtischen UNESCO-Weltkulturerbestätte der Welt darf der Genuss von Architektur und Kunst, aber auch von Speisen und einigen der besten Weine Frankreichs nicht fehlen.
Bayonne, S. 534
Das Herz des französischen Pays Basque schlägt in seiner kleinstädtischen Hauptstadt. An der Küste locken der glitzernde Badeort und die Surfhauptstadt Biarritz.
St-Jean-Pied-de-Port, S. 547
Seit Jahrhunderten treffen sich Pilger in dieser alten Stadt, die nur einen Katzensprung von Spanien entfernt liegt. Genieße Wanderungen in den Pyrenäen und weiß getünchte Dörfer in den baskischen Hügeln.
Biskaya
ATLANTIK
Côte d'Argent
Jonzac
E606
Pauillac
N215
Blaye
Lacanau Océan
Margaux
D6
Isle
St-Émilion
Bordeaux
Lège
D106
A63
Arcachon
Cap Ferret
Dune du Pilat
Gujan Mestras
GIRONDE
CORRÈZE
DORDOGNE
Périgueux
Mussidan
A89
Dordogne
LOT
Figeac
Parc Naturel Régional Causses du Quercy
AVEYRON
Villefranche-de-Rouergue
A20
Marmande
LOT-ET-GARONNE
Bazas
Casteljaloux
A62
Agen
Garonne
Étang de Biscarrosse
Parc Naturel Régional des Landes de Gascogne
Sabres
A65
Roquefort
LANDES
Étang de Léon
Étang de Soustons
Étang Blanc
Mont-de-Marsan
Tartas
Dax
Adour
Aire-sur-l'Adour
TARN-ET-GARONNE
Montauban
Tarn
Albi
TARN
GERS
Bayonne
A64
Orthez
PYRÉNÉES-ATLANTIQUES
Arros
Hondarribia
St-Jean de Luz
SPANIEN
Ossau
St-Palais
Pau
Tarbes
St-Jean-Pied-de-Port
FRANKREICH
0
100 km

Perfekte Tage

Ob in Bordeaux, der Gironde oder dem unbekannteren Baskenland: Lass es langsam angehen und genieße die spektakulären und die verborgenen Schönheiten der Atlantikküste. Vielleicht bei einem Schluck Wein oder Cognac?

ZZZ17/SHUTTERSTOCK ©

Ars-en-Ré (S. 531), Île de Ré

Wenig Zeit

- In **Bordeaux** (S. 510) zeigt sich, dass Frankreichs Atlantikküste sowohl Städte als auch Kultur zu bieten hat. Such dir ein Thema aus – Bordeaux-Wein, Sklavenhandel, zeitgenössische Straßenkunst – und erkunde danach elegante Straßen und Plätze zu Fuß. Schlendere durch baumbeschattete Alleen, die von *hôtels particuliers* (Privatvillen) gesäumt sind, die für die Weinhändler im 18. Jh. gebaut wurden. Dann gibt's als Mittagessen *lamproie à la bordelaise* (Aaleintopf) im **La Tupina** (S. 511).

- Am Nachmittag hat man die Wahl zwischen einer geführten Tour der Tourismusinformation oder einer Flusskreuzfahrt (im Voraus reservieren). Nach ein paar Cocktails und einem Abendessen im **Symbiose** (S. 517) kann man im **iBoat** (S. 516) auf einem stillgelegten Lastkahn die Nacht durchtanzen.

TOMAS MAREK/SHUTTERSTCOK ©, ROSS DURANT PHOTOGRAPHY/GETTY IMAGES ©, BORISK9/SHUTTERSTOCK ©

Beste Reisezeit

Die charakteristische Küstenlandschaft dieser Region macht sie zu einem angesagten Ziel für den Sommerurlaub, aber auch außerhalb der Hauptsaison gibt es jede Menge zu erleben.

APRIL

Die Tage werden wärmer. Strandrestaurants und Strandbuden an den Wander- und Radwegen an der Küste öffnen für die Saison.

MAI

Schokoladenliebhaber strömen zu den festlichen **Les Journées du Chocolat**. Wildblumen bedecken die Wanderwege im baskischen Vorgebirge.

JUNI

Beim viertägigen **Weinfest Bordeaux** mit Verkostungen, Workshops, Märkten, Live-Musik und Feuerwerk wird der Wein gefeiert.

Ein langes Wochenende Zeit

Nach ein paar Stunden in Bordeaux geht es mit dem Zug in die älteste Weinregion Frankreichs, **St-Émilion** (S. 520) oder mit dem Mietwagen in das berühmte **Médoc** (S. 521). Plane das Mittagessen im Voraus: Ob für das ländliche **Les Belles Perdrix** (S. 520) mit Blick auf die Weinberge von Château Troplong-Mondot oder Pauillacs lokalen Geheimtipp, das **Nomade** (S. 521) – man braucht eine Tischreservierung.

Am zweiten Tag folgt man den Spuren von Bordeaux' Bourgeoisie aus dem 19. Jh. in das kleine Küstenstädtchen **Arcachon** (S. 520). Mit Leihfahrrädern geht es entlang der Küste zur höchsten Sanddüne Europas, der **Dune du Pilat** (S. 525). Am nächsten Tag kann man über die Bucht zum wilden und windigen **Cap Ferret** (S. 524) segeln, wo Austern geerntet werden.

Mehr als eine Woche Zeit

Tauche ein in die Welt der alten maritimen Befestigungen des Seefahrerortes **La Rochelle** (S. 526). Paddle nach **Fort Bayard** (S. 528) oder radle zur Inselidylle der **Île de Ré** (S. 530). Die windgepeitschten Salzpfannen, die Radwege, die Austern und der Fisch hier sind verführerisch.

Bordeaux (S. 510) hat nicht nur Wein zu bieten. Bei einer ganzen Woche bleibt genügend Zeit, um auch den **Cognac** (S. 533) zu entdecken. Buche im Voraus eine Führung durch eine Destillerie, um mehr über ein Getränk zu erfahren und es zu probieren, das so himmlisch ist, dass sogar Engel daran teilhaben. Oder man unternimmt Wanderungen, Rundgänge durch mittelalterliche Städte und Dorfbesichtigungen in und um **St-Jean-Pied-de-Port** (S. 547). Auf dem Weg dorthin sollte man sich die baskische Hauptstadt **Bayonne** (S. 534) nicht entgehen lassen.

JULI
Festivals in Hülle und Fülle, vom **International Film Festival** in Biarritz bis zu den ausgelassenen **Fêtes de Bayonne** in Bayonne.

AUGUST
Bordeaux leert sich – man tauscht die Hitze der Stadt gegen die Kühle des Meeres oder der Berge ein. Die Bauern von Espelette ernten erste Chilischoten.

SEPTEMBER
Die Brandung ist optimal (bis März). Die Trauben werden geerntet und auf dem Médoc-Marathon genießen die Teilnehmer die Weine der Region.

OKTOBER
Beim **Street-Art-Festival** in Bayonne kann man internationalen Künstler:innen bei der Arbeit zusehen.

DELPIXEL/SHUTTERSTOCK ©, ANA DEL CASTILLO/SHUTTERSTOCK ©, SYLVIROBI/SHUTTERSTOCK ©, NEYDTSTOCK/SHUTTERSTOCK ©

Bordeaux

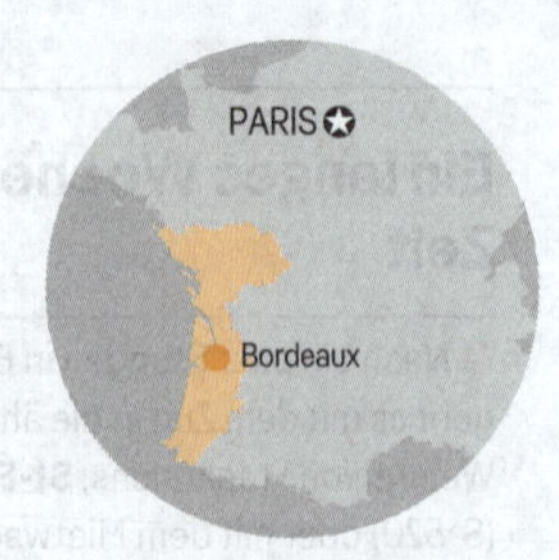

UNTERWEGS VOR ORT

Um vom Aéroport de Bordeaux in Merignac in die Stadt zu gelangen, ist es ratsam, die teureren privaten Busse zu vermeiden. Nimm die Straßenbahnlinie A von der Haltestelle vor dem Hauptterminal; kaufe eine Einzelfahrkarte/10er-Ticket (1,80 €/14,50 €) am Automaten und entwerte sie an Bord.

Für die Bat3-Flussboote, die ebenfalls von der öffentlichen Verkehrsgesellschaft TBM (infotbm.com) betrieben werden, gelten die gleichen Fahrkarten wie für die Stadtbusse und Straßenbahnen; die Fahrkarte für eine/zwei Fahrten ist an Bord deutlich teurer (3/4 €).

Mit seiner schönen Architektur, den breiten Alleen und monumentalen Plätzen ist Bordeaux wie geschaffen für Spaziergänge. Um schnell von A nach B zu kommen, bietet das öffentliche Fahrradverleihsystem V3 – ebenfalls von TBM – E-Bike-Stationen in der ganzen Stadt. Elektroroller von Pony (getapony.com) und Dott (ridedott.com) füllen die Lücken.

Die Atmosphäre von Bordeaux hat sich nicht verändert, seit Victor Hugo (1802-1885) die Stadt 1839 besuchte und in Briefen an seine Frau in Paris von den eleganten Plätzen und Kais, den Brunnen und dem monumentalen Theater schwärmte. Er schrieb: *„Und du wirst Bordeaux lieben, auch wenn du nur Wasser trinkst."*

Bordeaux' prickelnder Cocktail aus Alt und Neu – ganz zu schweigen von seinen legendären Weinkellern – ist so berauschend wie eh und je. Von der goldenen Vergangenheit dieser galloromanischen Stadt als mittelalterliche Weinhandelsstadt und wichtiger Hafen in Europa während des Zeitalters der Aufklärung bis hin zu renommierten Weingütern, einer temperamentvollen Studentenschaft und einer lebhaften Kreativität – die Stadt steckt voller fesselnder Geschichten. Dazu die außergewöhnliche Gastronomieszene – es gibt keine schmackhaftere Verbindung.

Die legendäre Geschichte des Bordeaux-Weins

Lernen und Probieren im Museum

Bordeaux' berauschende Weingeschichte beginnt im alten Handelsviertel **Chartrons**. In diesem Viertel am Flussufer, das nach mittelalterlichen Kartäusermönchen benannt ist, hat der lebendige Weinhandel der Stadt seinen Ursprung. Im faszinierenden **Musée du Vin et du Négoce**, das in einem irischen Kaufmannshaus (1720) mit 33 m langen Kellern untergebracht ist, erfährt man mehr über die Rolle der *négociants* (Kaufleute) im 18. und 19. Jh. Die Besichtigung endet mit einer Verkostung.

Ganz in der Nähe verwandelt sich die malerische Hauptstraße von Chartrons, die **Rue Notre Dame**, während der zweitägigen **Fête du Vin Nouveau et de la Brocante** im Oktober in eine Partymeile. Wer die Seele des Viertels kennenlernen möchte, sollte an den Feierlichkeiten anlässlich des ersten *vin nouveau* (neuer Wein) nach der Weinlese teilnehmen.

Weiter geht die Weinreise in der **Cité du Vin**, dem Wahrzeichen von Bordeaux, dem „Guggenheim des Weins", einem geschwungenen Gebäude, das einer Weinkaraffe ähnelt und aus

ALVARO GERMAN VILELA/SHUTTERSTOCK ©

Historische Weinflaschen, Bordeaux

sonnenbeschienenem Glas und Aluminium gefertigt ist. Im Inneren werden in kathedralenartigen Räumen alle Aspekte des Weins beleuchtet: Reben, Wein im Wandel der Zeit, die Bedeutung des *terroir*, die Arbeit eines *vigneron* (Winzer:innen), die Kunst der *dégustation* (Verkostung). Die eindrucksvollen Ausstellungen (viel Schnuppern und Riechen) enden mit einem Glas Wein oder Traubensaft in der Bar **Le Belvédère** im 8. Stock mit sensationellem Stadtpanorama. Wer während der Besichtigungstour probieren möchte, sollte eine von einem Sommelier geführte Via-Sensoria-Verkostung buchen.

In dem alten Stadtviertel St-Pierre genießt man in der Weinbar **CIVB** im Maison du Vin de Bordeaux einen Aperitif, im **Soif** in der Rue du Cancera speist man in Begleitung unvergesslicher Bio- und Naturweine von brillanten Boutique-Winzer:innen, von denen man wahrscheinlich noch nie gehört hat.

Aal & Kaviar im La Tupina

Traditionelle Bordelaise-Küche genießen

Es hat etwas unendlich Behagliches, umgeben von alten Fotografien und historischen Möbeln in den altehrwürdigen Speise-

WEIN VERKOSTEN IN BORDEAUX

Jane Anson, Bordeaux-Weinkritikerin und Autorin von *Inside Bordeaux: The Châteaux, The Wines and the Terroir* teilt ihre Empfehlungen. @janeasonwine

Am besten beginnt man mit der Führung **Mémoires et Partages** (memoiresetpartages.com) über den Handel in der Kolonialzeit. Es gibt eine Verbindung zum Wein, und man lernt einen wichtigen Teil der Geschichte von Bordeaux kennen, der nicht oft thematisiert wird.

Dann geht's in die Restaurants mit den besten Weinkarten. Das **L'Univerre** ist sehr gut und das **Ressources** ist eines meiner neuen Lieblingsrestaurants; es hat einen Michelin-Stern, ist aber klein und entspannt.

Und auf keinen Fall die besten Weinbars verpassen: **Wine More Time, Quatres Coins du Vins** und **Point Rouge**. Ein Weinkurs im **CIVB** ist sinnvoll genutzte Zeit.

ÜBERNACHTEN IN EINEM STÄDTISCHEN CHAMBRE D'HÔTE

Chez Dupont
Stilvolle Zimmer in der alten Hauptstraße von Chartrons, ausgestattet mit Vintage-Möbeln und Kuriositäten. **€€**

L'Hôtel Particulier
Geräumige, modern eingerichtete Zimmer – einige mit Kochnische – in einem eleganten Herrenhaus aus dem 19. Jh. mit Garten. **€€**

La Maison du Lierre
Das Haus des Efeus ist so ruhig wie sein Name verspricht und bietet malerische Zimmer und Frühstück in einem von Weinreben umrankten Garten. **€€**

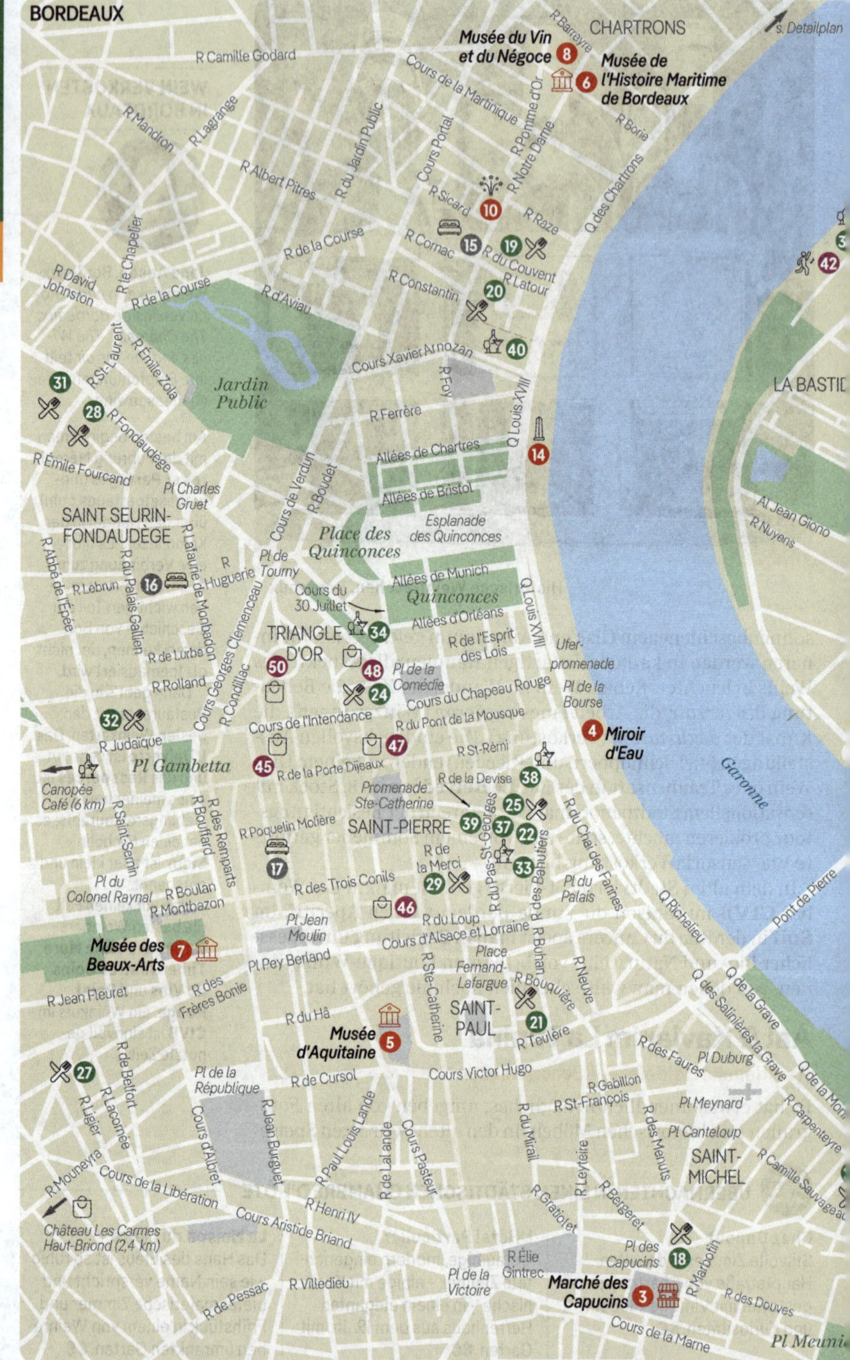
BORDEAUX
CHARTRONS
s. Detailplan
Musée du Vin et du Négoce 8
Musée de l'Histoire Maritime de Bordeaux 6
Jardin Public
Place des Quinconces
Esplanade des Quinconces
Quinconces
SAINT SEURIN-FONDAUDÈGE
TRIANGLE D'OR
Pl Gambetta
Canopée Café (6 km)
Miroir d'Eau 4
Garonne
SAINT-PIERRE
Promenade Ste-Catherine
Musée des Beaux-Arts 7
Musée d'Aquitaine 5
SAINT-PAUL
SAINT-MICHEL
Château Les Carmes Haut-Brion (2,4 km)
Marché des Capucins 3
LA BASTIDE
Pont de Pierre
Uferpromenade
Pl de la Bourse
Pl de la Comédie
Pl de Tourny
Pl Charles Gruet
Pl Jean Moulin
Pl Pey Berland
Pl du Colonel Raynal
Pl de la République
Pl de la Victoire
Pl des Capucins
Pl du Palais
Place Fernand-Lafargue
Pl Duburg
Pl Meynard
Pl Canteloup
Pl Meuni
Cours de la Martinique
Cours Portal
Cours Xavier Arnozan
Cours de Verdun
Cours du 30 Juillet
Cours Georges Clemenceau
Cours de l'Intendance
Cours du Chapeau Rouge
Cours d'Alsace et Lorraine
Cours Victor Hugo
Cours d'Albert
Cours de la Libération
Cours Aristide Briand
Cours Pasteur
Cours de la Marne
Allées de Chartres
Allées de Bristol
Allées de Munich
Allées d'Orléans
Q des Chartrons
Q Louis XVIII
Q Richelieu
Q des Salinières la Grave
Q de la Grave
Al Jean Giono
R Nuyens
R Camille Godard
R Mandron
R Lagrange
R Albert Pitres
R du Jardin Public
R Sicard
R Pomme d'Or
R Notre Dame
R Barreyre
R Borie
R Raze
R Cornac
R du Couvent
R Latour
R Constantin
R de la Course
R d'Aviau
R David Johnston
R le Chapelier
R St-Laurent
R Émile Zola
R Fondaudège
R Émile Fourcand
R Foy
R Ferrère
R Boudet
R Lafaurie de Monbadon
R Huguerie
R Abbé de l'Epée
R Lebrun
R du Palais Gallien
R de Lurbe
R Rolland
R Condillac
R de l'Esprit des Lois
R du Pont de la Mousque
R St-Rémi
R Judaïque
R de la Porte Dijeaux
R de la Devise
R Saint-Sernin
R Bouffard
R des Remparts
R Poquelin Molière
R de la Merci
R des Trois Conils
R du Pas-St-Georges
R des Bahutiers
R du Chai des Farines
R Boulan
R Montbazon
R du Loup
R Ste-Catherine
R Buhan
R Bouquière
R Neuve
R Jean Fleuret
R des Frères Bonie
R du Hâ
R Teulère
R des Faures
R Carpenteyre
R Camille Sauvageau
Q de la Mon
R de Belfort
R Lacornée
R Ligier
R Mouneyra
R de Cursol
R Jean Burguet
R Paul Louis Lande
R de Lalande
R du Mirail
R Gabillon
R St-François
R des Menuts
R Leyteire
R Bergeret
R Gratiolet
R Henri IV
R Élie Gintrac
R Marbotin
R des Douves
R Villedieu
R de Pessac
10 14 15 16 17 18 19 20 21 22 24 25 27 28 29 31 32 33 34 37 38 39 40 42 45 46 47 48 50

HIGHLIGHTS
1 La Cité du Vin
2 Les Bassins de Lumières
3 Marché des Capucins
4 Miroir d'Eau
5 Musée d'Aquitaine
6 Musée de l'Histoire Maritime de Bordeaux
7 Musée des Beaux-Arts
8 Musée du Vin et du Négoce

SEHENSWERTES
9 Darwin
10 Fête du Vin Nouveau et de la Brocante
11 Le Garage Moderne
12 Les Vivres de l'Art
13 Low Tech Bordeaux
14 Statue of Marthe Testas

SCHLAFEN
15 Chez Dupont
16 La Maison du Lierre
17 L'Hôtel Particulier

ESSEN
18 Au Bistrot
19 Au Couvent
20 Casa Gaia
21 Frida
22 La Maison du Glacier
23 La Tupina
24 Le Bordeaux
25 Le Petit Commerce
26 Les Halles de Bacalan
27 L'Univerre
28 Mets Mots
29 Palatino
30 Poulette
31 Ressources
32 Zéphirine

AUSGEHEN & FEIERN
33 Ayawashka Cocktail Club
34 CIVB
35 Gina
36 Les Chantiers de la Garonne
37 Madame Pang
38 Mazal
39 Soif
40 Symbiose
41 Wallace Bar
siehe 24 Yacht Club

UNTERHALTUNG
42 Chez Alriq
43 Effet Mer
44 iBoat & iBoat La Plage

SHOPPEN
45 Altermundi
46 Blue Madone
47 Galerie Bordealise
48 L'Intendant
49 Moon Harbour
50 Triangle d'Or

LAMPROIE À LA BORDELAISE

Ein lokaler Mythos besagt, dass die Römer die Sklaven in Burdigala (römisches Bordeaux), an die Neunaugen verfütterten, wenn sie in Ungnade fielen. Das Neunauge ist ein fast prähistorisch anmutender Saugfisch, der sich an die Bäuche anderer Fische hängt, um sich von deren Blut zu ernähren.

Diese aalähnlichen Kreaturen werden in der nahen Gironde-Mündung immer noch im Überfluss gefischt und sind die Hauptdarsteller in Bordeaux' berühmtestem, teuflisch einzigartigem Gericht: *lamproie à la bordelaise*. Die Köche zerlegen die glitschigen Neunaugen in kleine Stücke und kochen sie drei Tage lang mit Lauch und gewürztem Rotwein. Der daraus resultierende Eintopf wird traditionell in Gläsern konserviert, in der Speisekammer gelagert und erst Monate später verzehrt – natürlich in würdiger Begleitung eines mittelalten Rotweins aus St-Émilion oder Pomerol.

NBNSERGE/ISTOCK EDITORIAL/GETTY IMAGES ©

Musée des Beaux Arts

sälen des **La Tupina** einen Aaleintopf zu verzehren. Benannt nach dem *tupina* („Kessel" auf Baskisch) mit Suppe über einem offenen Feuer, der einen tatsächlich bei der Ankunft begrüßt, ist diese kultige *auberge* aus den 1960er-Jahren der Ort, an dem man die Küche des Südwestens erleben kann: Kalbsnieren mit Pommes frites in Gänseschmalz, Milchlamm, Kutteln, Gänseflügel und Bordeaux' berüchtigte *lamproie à la bordelaise*.

Wagemutige beginnen das Festmahl mit *sanguette* (Schweineblutpfannkuchen mit Entenhals und Petersilienknoblauchsauce). Oder man entscheidet sich für die klassische Variante mit einer 30-g-Portion Kaviar d'Aquitaine zum Teilen und dem lokalen Wodka Nadé, der aus Bordeaux-Trauben hergestellt wird und vier Monate lang in Eichenfässern gereift ist, die früher zur Lagerung von Rotwein verwendet wurden. Die kaviarreichen Störe, die einst in den Flüssen der Region beheimatet waren, werden heute in der nahe gelegenen Gironde-Mündung gezüchtet; der Fang wilder Störe wurde 1982 verboten.

Rosa Bonheur im Musée des Beaux Arts

Eine der ersten Künstlerinnen Frankreichs

Betritt man den Saal für Landschafts- und Tierbilder im Nordflügel des **Musée des Beaux Arts** (Museum der Schönen Künste) von Bordeaux, das sich im 1770 erbauten Hôtel de Ville befindet, sticht einem sofort das monumentale Gemälde mit den

LOKALE PRODUKTE SPEISEN

Casa Gaia
Im hübschen Innenhof dieses Bio-Cafés und -Bistros, in dem am Wochenende ein fantastischer Brunch serviert wird, werden lokale Produkte favorisiert. €

Les Halles de Bacalan
Lokale Erzeuger und Köche bieten an 22 Ständen kulinarische Leckerbissen an. €

Au Bistro
Eine zeitlose Ode an die traditionelle Marktküche und die saisonalen Produkte in der Nähe ihrer Quelle, dem Marché des Capucins. €€

weißen Camargue-Pferden ins Auge. Dieses Bild – *La foulaison du blé en Camargue* (Weizendreschen in der Camargue; 1899) – war das letzte (unvollendete) Gemälde der bordelaiser Malerin Rosa Bonheur (1822–1899), einer der ersten Künstlerinnen Frankreichs, die es wagte, bei der Arbeit Hosen zu tragen. Sieh dir unbedingt das Porträt der Rebellin von Bordeaux in ihrem Atelier aus dem Jahr 1893 an, das sie genau so zeigt.

Konfrontation mit der Geschichte im Musée d'Aquitaine

Sklavenhandel im Bordeaux des 18. Jhs.

Das **Musée d'Aquitaine** spannt einen Bogen von der galloromischen bis in die heutige Zeit und ist ein fesselnder Spaziergang durch die Stadtgeschichte. Aber es geht nicht nur um verwegene Heldentaten und Weinanbau. Im 2. Stock wird ein düsteres Kapitel der Geschichte Bordeauxs offen und mit unbequemen Details beleuchtet – die zentrale Rolle der Stadt im transatlantischen Handel und im Sklavenhandel des 18. Jh. Im Zuge der 480 „Dreieckssklavenexpeditionen", die von 1672 bis 1837 von Bordeaux aus organisiert wurden, wurden etwa 140 000 Afrikaner im Tausch gegen Waren gekauft und später als Sklaven in Amerika weiterverkauft.

Der Reichtum, den die Schiffseigner und Händler von Bordeaux durch diesen boomenden Handel anhäuften, wird in den gut kuratierten Ausstellungen (alle Exponate wurden von einheimischen Familien gespendet) des **Musée de l'Histoire Maritime de Bordeaux** deutlich, das in einem kleinen Stadthaus 30 Minuten zu Fuß am Flussufer entlang nach Chartrons untergebracht ist. Auf dem Weg dorthin lohnt sich ein Blick auf die gefühlvolle **Statue von Marthe Testas** (1765–1870), die gegenüber der Bourse Maritime (ehemalige Seebörse) am Quai Louis XVIII auf den Fluss blickt. Dieses junge ostafrikanische Mädchen wurde im Alter von 16 Jahren von den Bordelaiser Händlern Pierre und François Testas zwischen 1778 und 1781 gekauft. In der Folge wurde sie Sklavin und Konkubine von François Testas auf seiner Plantage in St-Dominique. Nach seinem Tod im Jahr 1795 wurde sie freigelassen und erbte sein Anwesen. Später heiratete sie einen anderen befreiten Sklaven und starb im Alter von 105 Jahren.

DREIECKSHANDEL

Der Handel im blühenden Hafen von Bordeaux verlief im 17. Jh. zunächst in beide Richtungen. Handelsschiffe mit Bordeaux-Wein, Öl, Seide und anderen lokalen Produkten fuhren zu den Westindischen Inseln und in die Karibik. Die Schiffe kehrten mit Kaffee, Kakao, Baumwolle, Gewürzen, Zucker und Tabak zurück.

Doch schon bald waren die wirtschaftlichen Verlockungen des Dreieckshandels zu lukrativ, als dass man ihnen widerstehen konnte. Waren aus ganz Europa wurden von Bordeaux aus zu Häfen an der ostafrikanischen Küste verschifft, wo sie gegen afrikanische Menschen eingetauscht wurden. Die Schiffe fuhren dann weiter in die Karibik, wo die Afrikaner als Sklaven verkauft wurden, oft zur Arbeit auf Zuckerplantagen. Anschließend kehrten die Schiffe mit Kolonialwaren beladen nach Bordeaux zurück. Die gesamte Überfahrt dauerte 18 Monate.

Tour durch Rooftop-Bars

Ausgehen, Tanzen und Pétanque

Die Dächer von Bordeaux haben weitaus mehr zu bieten als den altbekannten Klassiker **Yacht Club** (ehemals Beach Club), der

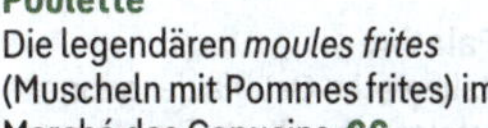

Poulette
Die legendären *moules frites* (Muscheln mit Pommes frites) im Marché des Capucins. €€

Zéphirine
Gehobene *épicerie* (Spezialitätengeschäft), die vor dem Haus lokale Produkte verkauft und zudem leckere Gerichte zubereitet. €€

Mets Mots
Der erfahrene Chefkoch Léo Forget umwirbt anspruchsvolle Feinschmecker in seinem kreativen Neobistro in St-Seurin, das keinen Kilometer entfernt liegt. €€€

DIE BESTEN FLUSSPARTYS

iBoat & iBoat La Plage
Tanzen bis zum Morgengrauen (Rap, Hip-Hop, Elektro, Synth-Pop, Jazz) – das ganze Jahr über auf drei Decks einer umgebauten Fähre. Der Garonne-Hotspot zum Trinken, Ausgehen und Gesehenwerden.

Chez Alriq
Die allseits beliebte *guingette* (Tanzsaal) unter freiem Himmel. Festliche Stimmung, Craft-Bier und Live-Musik (Jazz, Swing, Pop, Balkan usw.) an der *Rive Droite* (rechtes Flussufer).

Les Chantiers de la Garonne
Trinken und gemeinsam Meeresfrüchteplatten, Muscheln und Sardinen schlemmen. Die Tische stehen neben einer Bootshalle am Flussufer im Sand.

Effet Mer
DJs, Tanz und ein Ort zum Verweilen bei Mittag- und Abendessen oder Cocktails bei Sonnenuntergang auf der Base Sous-Marin.

an seinem grandiosen Platz im historischen Grand Hôtel an der Place de la Comédie ein wenig müde und behäbig wirkt.

Das trendige **Gina** im 9. Stock des Renaissance Bordeaux Hotel bietet einen mondhellen Blick auf die Docks im Hafenviertel Bacalan aus dem 19. Jh. Ob Cocktails, Wochenendbrunch oder Tanzen zu DJ-Sets unter dem Sternenhimmel – das Gina ist wie ein Rendezvous mit *la dolce vita*. Achte auf Partys rund um den Sky-Pool (der normalerweise nur für Hotelgäste zugänglich ist). Auf der anderen Seite des Wassers, einen kurzen Spaziergang entfernt, belebt gelegentlich Live-Musik die ansonsten ruhige **Wallace Bar** auf dem Dach des Radisson Blu Hotels (das Schild „Rooftop Dock G6“ weist den Weg).

Lust auf eine Runde *pétanque* auf dem Dach? Geselle dich zur festlichen Gesellschaft mit Boule, Cocktails, Tapas und DJ-Sets in der Bodega-Bar des **Canopée Café** auf dem Dach vom Merignac (30 Minuten mit der Straßenbahnlinie A vom Hôtel de Ville bis zur Haltestelle Merignac Soleil).

Frühstück im Marché des Capucins

Einkaufen auf dem Markt

Bei einem morgendlichen Bummel und einem *petit dej* (Frühstück) auf dem überdachten **Marché des Capucins** spürt man die bodenständige Seele der Stadt. Die Stände mit Obst, Gemüse, Käse, Wurstwaren, Wein, Kutteln, Fisch, Blumen ... füllen diese Galerie aus Eisen und Glas – die hier aus den Resten der Pariser Weltausstellung von 1878 errichtet wurde – bis zum Bersten.

Das Geschrei der Händler, die Begeisterung der Käufer über die frischen Produkte der Saison und die ausgelassene Stimmung der *Bons vivants* sind elektrisierend. Hol dir im Maison Seguin ein legendäres *Puits d'Amour* aus den 1950er-Jahren („Brunnen der Liebe“, Törtchen aus Brandteig, gefüllt mit karamellisierter Creme und Baiser). Im Chez Jean Mi gibt's Austern und Weißwein.

Made in Bordeaux

Öko-Shopping in der Stadt

Ob in der altehrwürdigen Rue St-James, in der **Galerie Bordealise** aus dem 19. Jh. oder im renommierten **Triangle d'Or** (Goldenes Dreieck) – Shoppen in Bordeaux ist stimmungsvoll. Weinliebhaber steigen in der Weinhandlung **L'Intendant** die Prominenten-Treppe hinauf oder kaufen im einzigen städtischen Château von Bordeaux, dem **Château Les Carmes Haut-Briond** aus dem 16. Jh. in Pessac (Straßenbahnlinie A ab Hôtel de

ESSEN & AUSGEHEN UNTER FREIEM HIMMEL

La Maison du Glacier
Die cremigsten, fruchtigsten und wildesten Geschmacksrichtungen von Bio-Eis und Sorbet. Bezaubernde Terrasse an der Place St-Pierre.. €

Au Couvent
Mediterran inspirierte Küche mit Vintage-Charme. Wer draußen einen Platz ergattern möchte, sollte früh kommen. €€

Palatino
Italienische Osteria der enorm erfolgreichen Kette Big Mamma nahe dem Platz Camille Jullian mit seinen zahlreichen Cafés. €€

GABRIEL12/SHUTTERSTOCK ©

Chez Jean Mi, Marché des Capucins

Ville) direkt von der Quelle. Den Verkostungsraum hat der Designer Philippe Starck einem Schiff nachempfunden. Für Whisky-Fans: Tour, Verkostung und Einkauf in der handwerklichen Destillerie **Moon Harbour**.

In der Rue du Loup in St-Pierre sticht das **Blue Madone** in der Nr. 59 mit Café und Designern bei der Arbeit aus der Vielzahl von Vintage-Modegeschäften und Kunsthandwerksbetrieben heraus. Wer es den Bordelaisern anpassen möchte, sollte ein besticktes Sweatshirt von French Disorder und ein Paar vegane Zèta-Turnschuhe, die in Bordeaux aus Trauben-Leder hergestellt werden (im Umwelt-Konzeptladen **Altermundi** oder in der Boutique La Cité du Vin), zu seiner Öko-Chic-Garderobe hinzufügen.

Ausgelassenes Treiben im Miroir d'Eau

Der größte spiegelnde Pool der Welt

Stelle Socken und Schuhe weg und kühle dich an heißen Tagen im kultigen Wasserbecken der Stadt ab. Am Kai gegenüber dem imposanten Palais de la Bourse und seinem Gefolge eleganter Paläste bietet der eindrucksvolle **Miroir d'Eau** (Wasserspiegel) an warmen Sonnentagen auf einer Fläche von 3450 m^2 aus schwarzem Granit stundenlange Unterhaltung, wenn die Reflexionen in der flachen Wasserschicht – die alle halbe Stunde abgelassen und wieder aufgefüllt wird – umwerfend aussehen. Um den Spaß noch zu steigern (und für endlose Fotomotive), wird alle 23 Minuten für drei Minuten ein dichter nebelartiger Dampf über dem Wasserbecken ausgestoßen. Nur keine Scheu.

GUTE COCKTAILS PLUS GUTES ESSEN

Symbiose
Moderne regionale Bistroküche und Cocktails mit hausgemachten Sirups und „vergessenen" Zutaten am Quai des Chartrons.

Madame Pang
Craft-Cocktails und asiatische Kleinigkeiten in einer eleganten Lounge mit Samtsesseln, quastengesäumten Hockern und vielen intimen Ecken.

Ayawasca Cocktail Club
Die Mixer in diesem Lokal in St-Pierre zaubern einige der verrücktesten, ausgefallensten und besten Cocktails der Stadt – dazu gibt es kreative Tapas-Gerichte.

Mazal
Trendige französisch-libanesische Küche und Cocktails mit einheimischen Spirituosen: Der Truffle Vesper kombiniert Wodka und Gin von Maison Mounicq, beide in Rotweinfässern gereift, mit Lillet mit Trüffelgeschmack.

Le Bordeaux
Trinke etwas auf der Terrasse bevor du in der Brasserie von Gordon Ramsay's Restaurant bezahlbar speist. €€

Le Petit Commerce
Klassische Küche in einer Fußgängerzone. Erstklassige Meeresfrüchte und sündige Nachspeisen. €€

Frida
Versteckter, farbenfroher, mediterraner Innenhofgarten im mittelalterlichen Herzen von St-Pierre. €€

WARUM ICH BORDEAUX LIEBE

Nicola Williams,
Autorin @tripalong

Es ist die unermüdliche künstlerische Energie von Bordeaux, die mein Herz höher schlagen lässt. Jedes Mal, wenn ich den Fluss in Richtung **Darwin** (darwin.camp) überquere – oft sonntags, wenn das Tempo auf Wochenend-Chill-Modus gedrosselt ist – gibt es ein neues Protestwandbild, eine verrückte Skulptur oder eine ausgefallene Kreation zu bestaunen. Wenn man weiß, dass dieser künstlerische Öko-Komplex einst eine Militärkaserne war, steigert das den Reiz noch. Sogar das traditionelle neoklassizistische Theater der Stadt stellt die ländliche französische Bauernhaustradition auf den Kopf, indem es ein *Table-d'Hôte-Menü* an einem Gemeinschaftstisch im Gewölbekeller anbietet. Die Speisenfolge ist eine Überraschung, und da der Küchenchef von der Küche aus über ein Walkie-Talkie mit den Gästen kommuniziert, könnte es theatralischer nicht zugehen.

SPIRITPROD33/ISTOCK/GETTY IMAGES ©

Les Bassins de Lumières, U-Boot-Basis aus dem Zweiten Weltkrieg

Experimentelle Kunst in Bacalan

Werkstätten, Gärten und Relikte aus dem Zweiten Weltkrieg

Tief in ihren Herzen sind die Kreativen von Bordeaux Öko-Krieger. In Bacalan kann man ihre Entschlossenheit spüren, zu recyceln, mit alternativen Perspektiven zu experimentieren und keinen Krümel zu verschwenden.

In **Les Bassins de Lumières** werden Kunstwerke moderner Künstler wie Klimt und Dalí projiziert. Die Ton- und Lichtshow ist aufregend, aber es ist das Zusammenspiel digitaler Farben mit der Architektur aus der Kriegszeit, das in den Bann zieht. Die gigantische U-Boot-Basis aus dem Zweiten Weltkrieg war eine von fünf, die die Deutschen an der Atlantikküste zum Schutz ihrer U-Boote vor Luftangriffen errichteten. Ein Museum erklärt die radikale Umwandlung des Geländes von einem Schandfleck zu einem angesagten kulturellen Treffpunkt.

Was vor 20 Jahren als Reparaturwerkstatt für Autos und Fahrräder begann, ist heute ein lebendiges Zentrum der Gemeinde: **Le Garage Moderne**, einen Häuserblock nördlich der mit Kränen und Silos geschmückten Bassins à Flot (Trockendocks) von Bacalan. In der Werkstatt werden Recycling-Workshops, Modenschauen und Musikkonzerte veranstaltet (alle Richtungen). An der Bar kann man einen Drink oder ein Mittagessen zu sich nehmen und sich zwischen den zu reparierenden Fahrzeugen im Innenraum oder an einem Gemeinschaftstisch im Hof niederlassen. Achte auf nachhaltige Veranstaltungen vom ökologischen Werkstattkollektiv **Low Tech Bordeaux**. Das SlowFest im April zelebriert energiesparende Methoden (Kunstführungen mit dem Fahrrad, solarbetriebene Soundsysteme), um Musik zu machen und zu verbreiten.

Grüne Energie wird auch für die schattigen Gärten des **Les Vivres de l'Art** genutzt, einer Künstlerresidenz, die aus dem Ökoatelier des Bildhauers Jean-François Buisson hervorging. Filmvorführungen, Live-Musik und Kunsthandwerkermärkte beleben den Biergarten, der mit einer fantastischen Sammlung von Kreaturen, Tischen und Stühlen aus Altmetall bestückt ist.

Rund um Bordeaux

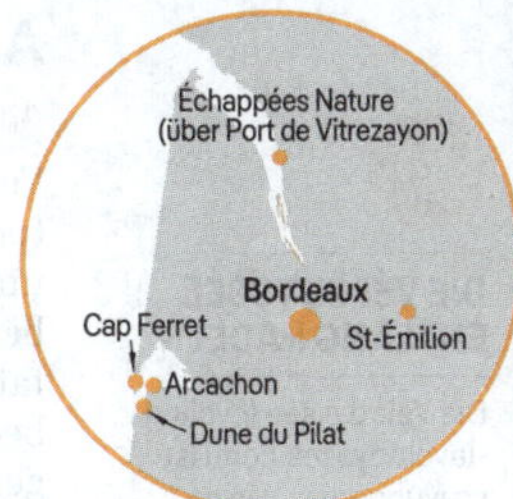

Die Tagesausflüge über Bordeaux hinaus sind ein einzigartiges Fest der Sinne und bieten Begegnungen mit der Natur, gemächliche Meeresabenteuer und Frankreichs beste Weine.

Bordeaux ist das Tor zur weinreichen Landschaft und zu den Sanddünen der Atlantikküste. Im Norden, wo die Flüsse Dordogne und Garonne zusammenfließen, erstreckt sich das Département de la Gironde mit den Weinbergen des Médoc.

Das Bassin d'Arcachon im Süden der Küste ist seit dem 19. Jh. ein beliebtes Wochenendausflugsziel der Bürger von Bordeaux. Die flache, 155 km² große Lagune ist ein idealer Nährboden für *huîtres* (Austern). Ihre Ufer, die von naturbelassenen Sandstränden und Kiefernwäldern mit Radwegen gesäumt sind, strahlen für naturverbundene Menschen eine große Attraktivität aus. Ganz oben auf der Tagesordnung steht für umweltbewusste Einheimische die Frage, wie man die steigenden Tourismuszahlen mit der Erhaltung dieser einzigartigen und fragilen Umwelt, die im Sommer zunehmend von Waldbränden bedroht ist, in Einklang bringen kann.

St-Émilion (S. 520)

UNTERWEGS VOR ORT

Folge dem Aufruf der hiesigen Umweltschützer: Wenn du nicht gerade im Médoc unterwegs bist, lass das Auto stehen! Kombiniere Zug, Bus, Boot und Fahrrad, um dich fortzubewegen.

Zur Dune du Pilat gelangt man von Bordeaux mit dem Zug nach Arcachon (12,20 €; 1 Std.) und dann vom Bahnhof aus mit der Baia-Buslinie 3 (1 €, 30 Min., bus-baia.fr). Oder man läuft zur Strandpromenade, mietet ein Fahrrad und lässt sich bei Dingo Vélos (dingovelos.bike) auf einer Karte den Radweg einzeichnen (hin und zurück 20 km).

Fahrräder kann man auf den zwischen Arcachon und Cap Ferret verkehrenden UBA-Shuttle-Booten (bateliers-arcachon.com) mitnehmen – im Juli und August sind die Leihfahrräder am Kap schnell vergriffen. Eine Fahrkarte kostet 6/11 € (einfach/hin & zurück) zusätzlich zum regulären Fahrpreis von 9/16 €.

DIE VÉLODYSSÉE ENTLANG RADELN

Die Vélodyssée (cycling-lavelodyssee.com) ist so wunderbar, wie es der Name vermuten lässt: eine Küstenroute mit dem Fahrrad entlang der französischen Atlantikküste, von Roscoff in der Bretagne bis ins 1250 km entfernte Hendaye im Baskenland.

Der landschaftlich reizvolle Gironde-Abschnitt ist 81 km lang (4 Std.) und führt von der Spitze des Médoc nach Süden bis Lacanau, nördlich des Bassin d'Arcachon. Die gut ausgeschilderte Radroute ist flach und einigermaßen harmlos. Sie beginnt mit einem himmlischen Blick auf das Meer und den Leuchtturm von Cordouan von der Pointe de Grave aus (108 Stufen hinauf zum 28 m hohen Leuchtturm Phare de Grave), bevor sie durch Pinienwälder und vorbei an Sanddünen, Stränden, einem See und einer Lagune auf ihrer atemberaubend schönen Route nach Süden bis **Soulac-sur-Mer** (7,3 km) und weiter verläuft.

Aale fangen

Abenteuer am rechten Flussufer

Versuche dich als Fischer im Naturzentrum **Échappées Nature** (portvitrezay.com), das eine Reihe von *étangs* (kleine Seen) rund um Port de Vitrezayon am rechten Ufer der Gironde-Mündung betreut, eine Autostunde nördlich (75 km) von Bordeaux. Auf familienfreundlichen Naturpfaden kann man die Vogelwelt beobachten und Mountainbikes oder E-Bikes mit Kinderanhängern mieten, um thematische Radwege zu erkunden. Der Clou ist jedoch ein traditioneller *Carrelet* (Fischerhütte auf Stelzen), den man für drei/sechs Stunden mieten kann (33/55 €) und in dem man die gesamte Angelausrüstung findet.

Seit dem 18. Jh. fangen die örtlichen Fischer aus den *Carrelets* Aale, Adlerfische, Krabben und andere Mündungstiere. Ein riesiges *Filet carré* (quadratisches Netz, daher der Name) aus Nylon, das an der Hütte aufgehängt ist, wird bei Flut mit einer Winde ins Wasser gelassen. Es macht Spaß, auf einem Holzsteg über das Wasser zu der bescheidenen Fischerhütte zu wippen.

Zwischen Reben in St-Émilion

In den Weinbergen ökologisch speisen

Es gibt keine schönere Adresse in St-Émilion für einen malerischen Spaziergang zwischen den Weinbergen, gefolgt von einem langen, gemütlichen Mittagessen, als das **Les Belles Perdrix** (troplong-mondot.com), das in einem Nebengebäude auf dem Anwesen des Château Troplong-Mondot untergebracht ist. Die hier hergestellten Premier Grand Cru Classé-Weine harmonieren hervorragend mit der überwältigend einfallsreichen Küche des Sternekochs David Charrier (Mittagsmenü werktags 50 €, Menüs 85-165 €). Die Zutaten stammen aus dem Gemüsegarten des Château, dem Obstgarten und von den umliegenden Bauernhöfen. Vom Dorf St-Èmilion aus sind es 30 Minuten (2 km) zu Fuß nach Troplong-Mondot. Von März bis November kann man hier Shire Horses bei der Arbeit beobachten, die majestätisch alte Pflüge durch 43 ha Weinberge ziehen.

Eine „Hood" für jede Jahreszeit

Traditioneller Küstencharme in Arcachon

Vom Karussell am Ufer bis zu den kirschroten Bänken mit Blick aufs Meer, den weißen Sandstränden und den Booten, die in der Bucht schaukeln – Arcachon versprüht den klassischen Old-school-Charme. Im 19. Jh. strömte die bordelaiser Bourgeoisie hierher, um in den eleganten Cafés und im Kasino zu verkehren, und die oft skurrilen Villen, die sie in Arcachons **Ville d'Hiver**

ÜBERNACHTEN IN ARCACHON

Le B d'Arcachon
Praktisch direkt am Meer gelegen, verführt das elegante Le B mit modernem Design und beruhigenden Farbtönen. **€€€**

Hôtel Villa d'Hiver
Herrlich unkonventionelle Villa mit 18 Zimmern, Gartenhäuschen und Pool in der Ville d'Hiver. **€€**

Hôtel de la Plage
Hervorragendes Drei-Sterne-Hotel mit Zimmern mit Balkon und Fünf-Sterne-Service, nur wenige Schritte von der Strandpromenade entfernt. **€**

AUTOTOUR DURCH DIE WEINBERGE DES MÉDOC

Man startet 50 km nördlich von Bordeaux (1½ Std. Fahrt) in dem Weiler **1 Bages**. Die Weine des hiesigen Weinguts Château Lynch-Bages gehörten zu den 18 renommierten Cinquièmes Crus, die 1855 erstmals klassifiziert wurden. Eine 90-minütige Führung (lynchbages.com; 25 € mit Verkostung, Voranmeldung!) durch die hochmodernen Weinbereitungsanlagen, die 2022 vom Architekten Chien Chung Pei entworfen wurden, ist unvergesslich. Bei einem Mittagessen im Café Lavinal mit idyllischer Terrasse hat man dann die Wahl zwischen rund 120 Weinen. Nun geht's 2 km weiter in Richtung Nordosten ins hübsche **2 Pauillac**. Im Maison du Tourisme et du Vin erhält man eine Broschüre für einen 1½-stündigen Spaziergang entlang der von Winzerhäusern aus dem 19. Jh. gesäumten Uferpromenade. In Juli und August trifft man in der Tourismusinformation einen *viticulteur* (Winzer:innen) aus dem Médoc. Weitere 9 km Richtung Norden führen nach **3 St-Estèphe**, wo auf 1250 ha die kraftvollsten Rotweine des Médoc erzeugt werden, die nach einem halben Jahrhundert gut zu trinken sind. Auf der Fahrt über die D2 ins Landesinnere kann man die weltberühmten Château-Weinkeller Château Mouton Rothschild, Château Lafite Rothschild und Château Cos d'Estournel bewundern. Auf der Rückfahrt nach Süden entlang des **4 linken Ufers der Gironde-Mündung** (D2E4) reihen sich die *carrelets* aneinander – bei Sonnenuntergang unheimlich romantisch. Letzter Anlaufpunkt: eine Sinfonie aus mehreren Überraschungsgerichten des jungen, aus Pauillac stammenden Küchenchefs Thibault Guiet im Nomade (restaurant-noma de.fr, Reservierung erforderlich) im ehemaligen Bahnhof von **5 Labarde**.

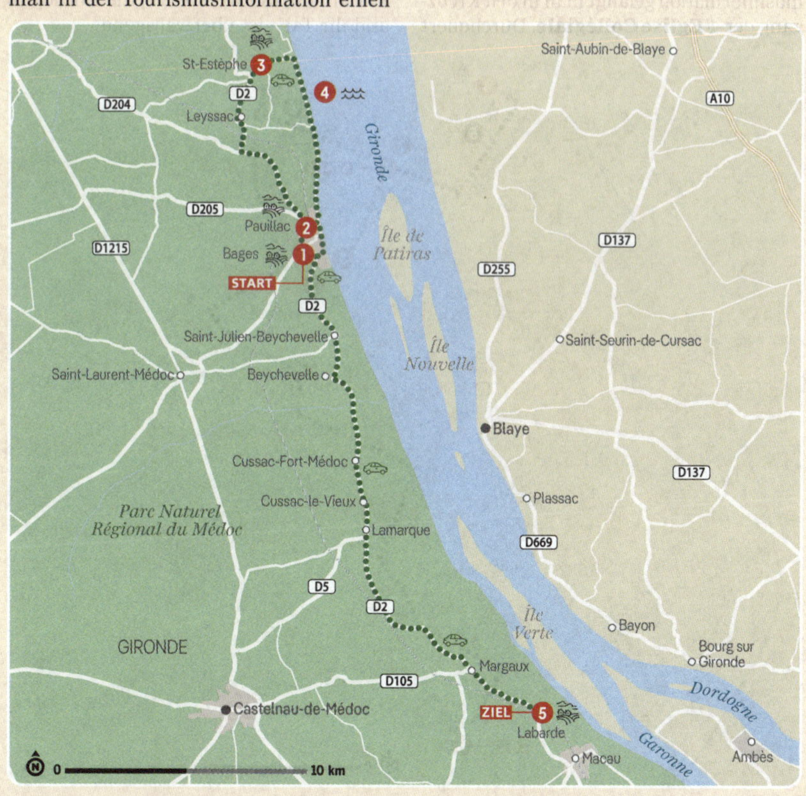

SPAZIERGANG DURCH DIE ALTSTADT VON ST-ÉMILION

Umrahmt von Weinbergen ist das mittelalterliche St-Émilion ein einfacher Tagesausflug mit dem Zug von Bordeaux aus (10 €, 35 Min.). In dem von der UNESCO ausgezeichneten Dorf kann man auf der Terrasse eines Cafés am Hauptplatz **1 Place du Clocher** ein kühles Getränk genießen – mit herrlichem Blick auf den Marktplatz. Im Refektorium eines Klosters aus dem 15. Jh. befindet sich dort die **2 Tourismusinformation**, wo man den Schlüssel zum **3 Clocher de l'Église Monolithe** erhält. Dieser freistehende gotische Glockenturm im Flamboyantstil wurde für die Église Monolithe (nur mit Führung zugänglich) gebaut, die im 12. Jh. in den Kalksteinfelsen gehauen wurde. Im Inneren des Glockenturms führen 196 Stufen nach oben, von wo aus man auf Bordeaux blicken kann.

Durch den Torbogen neben der Tourismusinformation gelangt man in den Kreuzgang der **4 Église Collégiale**. Durchquert man ihn, kann man die Kirche mit ihrem gewölbten romanischen Kirchenschiff aus dem 12. Jh. besuchen. Weiter geh's zum **5 Maison du Vin de St-Émilion**, wo man sich über die Bezeichnungen und Aromen von St-Émilion informieren und drei Grands Crus Classés verkosten kann (28 €). Bei *Lamproie à la bordelaise* und Wein aus einem Steinkeller aus dem 19. Jh. im berühmten Bistro **6 L'Envers du Décor** geht der önologische Genuss weiter.

Danach steigt man die charakteristischen *Tertres* (steile, enge gepflasterte Straßen) hinauf, hinunter und entlang bis zur **7 Place de l'Église Monolithe**. Von der Terrasse eines Cafés aus kann man den Kalksteinfelsen der Église Monolithe bewundern. Den Abschluss bildet der Turm **8 La Tour du Roy** aus dem 13. Jh. auf einer Anhöhe. Das Panorama – die Dächer von St-Émilion, die Weinberge, die Dordogne und ihr Tal – ist überwältigend.

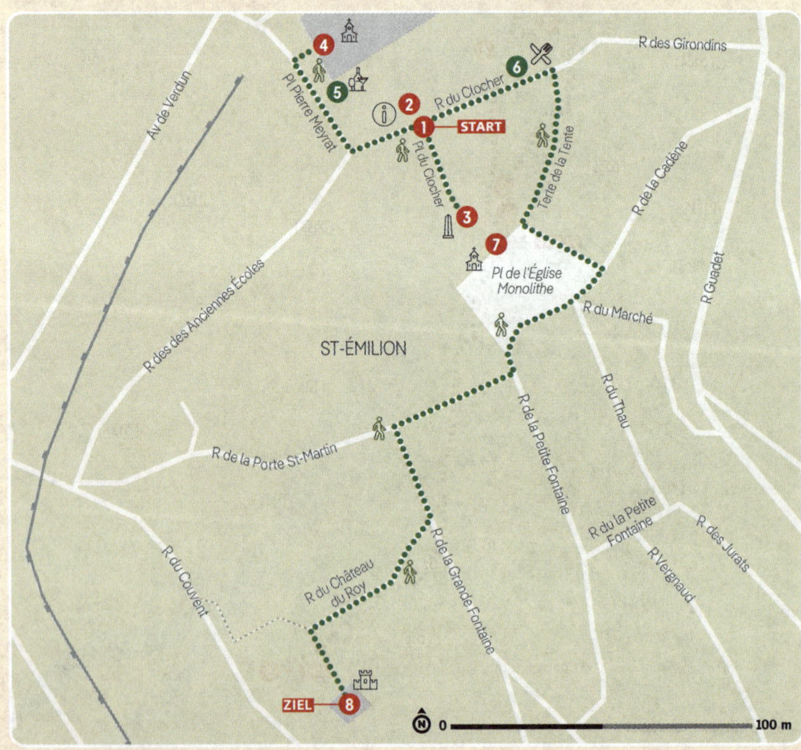

Hütten der Austernfarmer

(Winterviertel) – die Viertel sind nach den Jahreszeiten benannt – errichten ließen, bieten einen stimmungsvollen Spaziergang in die Vergangenheit. Die Architektur in der Ville d'Hiver (1860–90) landeinwärts von der **Ville d'Été** (Sommerviertel) am Strand ist neugotisch bis kolonial. Einige Villen sind filigran verziert, viele Häuser sind aus Kalkstein, rotem Backstein und haben Schieferdächer mit „Hexenhut". Hol dir einen Stadtplan oder nimm an einer Führung (14,50 €, arcachon.com) teil.

Paddeln zur Île aux Oiseaux

Kajakfahren in der Bucht von Arcachon

Bei einer geführten Kajaktour zur **Île aux Oiseaux** (Insel der Vögel) taucht man ein in die natürliche Ruhe und Schönheit des dreieckigen Bassin d'Arcachon – solo oder *en duo*. Auf der unbewohnten Insel angekommen bringt man sein Boot an Land und erklimmt die Holztreppe zu einem der Wahrzeichen der Insel, den **Cabanes Tchanquées** – zwei Austernhütten aus dem 19. Jh., die in den 1950er-Jahren aufgegeben wurden. Das unzugängliche Feuchtgebiet ist ein Paradies für Seidenreiher, Graureiher, Brandgänse, Kormorane und zahlreiche wandernde Wasservögel. Der September ist die beste Zeit, um die Zugvögel von der Terrasse aus zu beobachten. Gelegentliche Musikkonzerte unter freiem Himmel sind ein einmaliges Erlebnis.

Geführte Halbtagestouren mit Arcachon Kayak (35 €; arcachonkayak.com; Reservierung erforderlich) starten vom Centre Nautique Pierre Mallet am Port de Plaisance von Arcachon.

FLUCHT INS PARADIES

Bei Ebbe umfasst die chamäleonhafte „Vogelinsel" Île aux Oiseaux bis zu 1700 ha Sand, Schlick und Salzwiesen – die bei Flut schnell auf weniger als 100 ha schrumpfen. Von den 1840er- bis in die 1950er-Jahre übernachteten die örtlichen Austernzüchter hier in Holzhütten auf Stelzen, während sie ihre Austernbänke bearbeiteten.

Heute sind die etwa 40 verbliebenen Hütten – ohne fließendes Wasser oder Strom – die besten Immobilien für eine Flucht aus jeglichem Netz. Die vom Conservatoire du Littoral verwalteten Hütten werden jeweils für sieben Jahre vermietet. Die Bewohner müssen nachweisen, dass sie sich für den Erhalt des einzigartigen Erbes und der natürlichen Umgebung der geschützten Insel einsetzen.

ESSEN IN ARCACHON

La Maison du Glacier
Die ungewöhnlichen Geschmacksrichtungen in dieser Bio-Eisdiele in Le Moulleau sind die 5 km lange Fahrradtour wert. **€**

Chez Pierre & Café de la Plage
Das schicke Chez Pierre ist das beste von vielen Lokalen direkt am Meer. Hervorragende Meeresfrüchte und Ausblicke. **€€–€€€**

Club Plage Pereire
Hipster Pop-up an der Plage Pereire mit Austern, Meeresfrüchteplatten und Cocktails der Spitzenklasse. **€€**

WO MAN DEN SURFERGEIST VON CAP FERRET FINDET

Karine Tiphagne Hecquet lebt auf Cap Ferret und hat das älteste Hotel des Kaps (Hôtel des Dunes aus den 1960er-Jahren) in eine luxuriöse Surf-Lodge verwandelt. Hier sind einige ihrer Lieblingsorte, an denen man die Surfkultur der Region erleben kann.

Alice Cap Ferret
Buchhandlung und *Cave à vin* in der Rue de la Forestière mit sehr guten Büchern – darunter auch Surftitel – und interessanten, nicht unbedingt teuren Weinen.

Tutti Fruti-Surfshop
Cap Ferrets ältester Surfshop, seit 1986 geöffnet, mit einer Surfschule an der Plage de l'Horizon.

Lunch with surfers
Chez Nounours (cheznounours.com) ist das Lieblingsrestaurant meiner Söhne und serviert von echtem Surfergeist inspirierte Hot Dogs. Ich liebe die veganen Schüsseln bei Bali Bowls (@balibowls_capferret).

FLY_AND_DIVE/SHUTTERSTOCK ©

Austern, Cap Ferret

Je nach Wind und Strömung sollte man etwa eine Stunde für die 5 km vom Hafen zur Insel einplanen.

Am Leuchtturm von Cap Ferret

Radtour durch die Seefahrtsgeschichte

Die Fahrt zu dem rotweißen Leuchtturm ist ein köstlich altmodischer Höhepunkt eines jeden Besuchs von Cap Ferret, einer exklusiven Halbinsel mit wilden Sanddünen und Austernfarmen, die von duftenden Pinien umgeben sind.

Man kommt mit dem Shuttle-Boot von Arcachon an (9 €, 30 Min.; bateliers-arcachon.com), leiht bei Western Flyer (westernflyer.fr) in der Nähe des Hafens ein Rad aus und fährt durch die Stadt, entlang der von Boutiquen gesäumten Hauptstraße **Blvd de la Plage**, zum 53 m hohen **Phare du Cap Ferret** (pharedcapferret.com). Die Straßenschilder mit der Aufschrift *„Pieds à Terre"* bedeuten: „Runter vom Fahrrad und zu Fuß gehen." Im Leuchtturm, der 1947 als Ersatz für das von den Deutschen im Zweiten Weltkrieg gesprengte Original erbaut wurde, führen 258 Stufen hinauf zu einem atemberaubenden Panoramablick auf das Cap Ferret, das Bassin d'Arcachon und den weiß getünchten Buckel der Dune du Pilat. Ein Museum im Erdgeschoss erklärt die Schifffahrt und die Funktionsweise der Leuchttürme. Der Leuchtturm kann nur von 19 Personen gleichzeitig besichtigt werden; mit einer Warteschlange ist zu rechnen.

Nach 3,5 km erreicht man **La Pointe**, den südlichen Zipfel der Landzunge, von wo aus man einen herrlichen Blick auf das Meer und den Sand hat – das Spiel der Wolken, die Schatten auf die Dune du Pilat werfen, ist faszinierend. Dies ist ein idealer

ÜBERNACHTEN & ESSEN AM CAP FERRET

Mayzou
Gourmet-Teller zum Teilen – mit viel vegetarischer Auswahl und Produkten aus der Region, Aromen aus aller Welt und unbegrenzter Kreativität. **€–€€**

Frédélian
Patisserie, Eis und Speisen werden in diesem Kultlokal von 1939 unter einem bonbonfarbenen Vordach oder auf dem Dach serviert. **€**

Hôtel des Dunes
Restauriertes Strandhaus aus den 1960er-Jahren, jetzt eine Boutique-Surfbude mit Designerzimmern. Fahrräder und Bretter zum Ausleihen. **€€**

Ausgangspunkt für den **Sentier de l'Abécédaire**, einen 6 km langen Wanderweg durch Dünen und Kiefernwälder, der die empfindliche Flora und Fauna des Cap Ferret von A bis Z zeigt.

Selbstgezüchtete Austern an der Küste

Mittagessen im Austerndorf

Das einfache Mittagessen am Cap Ferret – frisch geschälte Austern in einem traditionellen *village ostréicole* (Austerndorf) – ist nicht von dieser Welt. Im **La Kabane** (lakabane-huitres.fr) im **Village Ostréicole du Cap-Ferret**, 2 km südlich der Anlegestelle, an der die Boote von Arcachon ankommen, sieht die Speisekarte aus wie in jeder Austernbude: *huîtres* aus dem Familienbetrieb, *bulots* (Wellhornschnecken), Madagaskar-Garnelen, schwarze Schweinepastete als Zugeständnis an die Nicht-Schalentieresser, Weiß- und Roséwein und Wasser. **Chez Boulan** und **Cabane d'Hortense** sind weitere erstklassige Adressen in diesem verfallenen Fischerdorf mit Fußwegen aus ausgedienten Austernschalen und Holzhütten auf Stelzen.

Im **Village Ostréicole de l'Herbe** lädt der Austernzüchter Guillaume (Tel. 06 17 08 11 20) zu einer Bootstour durch seinen Betrieb ein. Wunderhübsch ist die eklektische, rot-weiß gestreifte **Chapelle Sainte Marie du Cap** (1863) im Dorf. Zum Abschluss kann man sich in der coolen Bar im **Hôtel de la Plage** (hoteldelaplage-cap-ferret.fr) stärken. Es wurde in den 1860er-Jahren erbaut, um die ersten Austernzüchter zu beherbergen, die sich in Cap Ferret niederließen.

AUSTERNINFOS

Die hiesigen Austern, die in wenigen Sekunden verschlungen sind, sind das Ergebnis von vier Jahren harter Arbeit. Die Züchter rund um das Bassin d'Arcachon pflegen ihre Austernbänke bei jedem Wetter, täglich und das ganze Jahr über. Die vier Austernzuchtgebiete weisen auf subtil unterschiedliche Geschmacksrichtungen hin, die man abhängig von den persönlichen Geschmacksnerven wahrnehmen kann: Milch und Zucker in den Austern der **Banc d'Arguin**, Mineralien in den Austern der **Île aux Oiseaux**, Zitrusfrüchte in den spritzigen Austern des **Cap Ferret** und – ja, wirklich – geröstete Haselnüsse in den Austern der **Grand Banc**.

Barfuß über die Dune du Pilat

Europas größte Sanddüne

Atemberaubend kalt im Winter und glühend heiß im Hochsommer, trotzdem ist barfuß die beste Art, sich im goldenen Sand der größten Düne Europas zu bewegen. Von Ostern bis Oktober wird am Osthang der Düne eine Treppe mit etwa 150 Stufen gebaut, die den Tourist:innen den Weg nach oben erleichtert.

Die wandernde Dune du Pilat, 10 km südlich von Arcachon über einen gut ausgeschilderten Radweg oder mit der Buslinie 3 zu erreichen, soll schon Bäume, eine Straßenkreuzung und sogar ein Hotel verschluckt haben. Was definitiv zutrifft, ist das spektakuläre Panorama vom Gipfel aus. Im Westen sieht man die Sandbänke an der Mündung des Bassin d'Arcachon, das Cap Ferret und die vogelreiche Banc d'Arguin. In Richtung Osten sieht man inmitten des sattgrünen Waldes viele schwarze, abgestorbene Bäume, die den verheerenden Waldbränden von 2022 zum Opfer gefallen sind. Um die Empfindlichkeit und Vielfalt dieser Sandlandschaft zu verstehen, empfiehlt sich ein geführter Rundgang, der vom **Espace Accueil** (la dunedupilat.com) am Düneneingang organisiert wird. In den Imbissbuden und Öko-Boutiquen werden ausschließlich lokale Spezialitäten verkauft.

Wer elegant mit monumentaler Düne und Blick auf den Infinity-Pool speisen möchte, dem sei das superschicke **La Co(o)rniche** (lacoorniche-pyla.com) ans Herz gelegt.

AUF ZUM SURFEN

Die einheimischen Surfprofis von Cap Ferret bevorzugen die **Plage du Truc Vert** und die **Plage des Dunes**, aber für Familien und Reisende ist die **Plage de l'Horizon** – mit einigen Surfschulen und einem Restaurant – sicherer. Weitere Surfstrände entlang des Atlantiks s. S. 544.

La Rochelle

UNTERWEGS VOR ORT

Lade dir die App des öffentlichen Verkehrsunternehmens Yélo (yelo.agglo-larochelle.fr) herunter, um mit dem Elektrobus oder dem solarbetriebenen Cross-Port-Boot durch die Stadt zu fahren oder mit dem Fahrrad oder dem Gemeinschaftsauto weiterzukommen. Ein Einzelfahrschein/10 Fahrten kosten 1,30/11 €, eine Tageskarte für unbegrenzte Fahrten 4,50 €.

Greenbike (location-greenbike.com) am Vieux Port vermietet alle Arten von Fahrrädern, Anhängern und Rollern – klassisch und mit Elektroantrieb – und kann malerische Fahrradrouten entlang der Küste empfehlen.

Die historische Hafenstadt La Rochelle ist ein beliebtes Ziel für Familien an der Atlantikküste – sie verbindet den Charme der Seefahrertradition mit märchenhaften Abenteuern, städtischen Stränden und köstlichen Meeresfrüchten. In nur wenigen Städten ist der Ozean so nah – 70 km Küstenlinie gehören zu La Rochelle.

Vom 14. bis zum 17. Jh. war La Rochelle eine der bedeutendsten Hafenstädte Frankreichs. Von hier aus stachen die französischen Siedler Kanadas – darunter auch die Gründer Montreals – im 17. Jh. in See, um den *nouveau monde* (die neue Welt) zu entdecken. Später kamen Pariser, die auf der Suche nach neuen Horizonten waren, mit dem Zug in La Rochelle an, um an Bord der Dampfer nach Südamerika und Afrika zu gehen. Das Meer, seine Artenvielfalt und seine Gesundheit stehen heute im Mittelpunkt des Interesses: Die grün tickende Stadt, die aufgrund ihrer in der Sonne leuchtenden Kalksteinfassaden traditionell den Spitznamen „La Ville Blanche" (Die weiße Stadt) trägt, will bis 2040 die erste kohlenstofffreie Küstenstadt Frankreichs werden. Unter larochelle-zerocarbone.fr findet man den Kohlenstoffzähler der Stadt.

SGR WILDLIFE PHOTOGRAPHY/SHUTTERSTOCK ©

Vieux Port

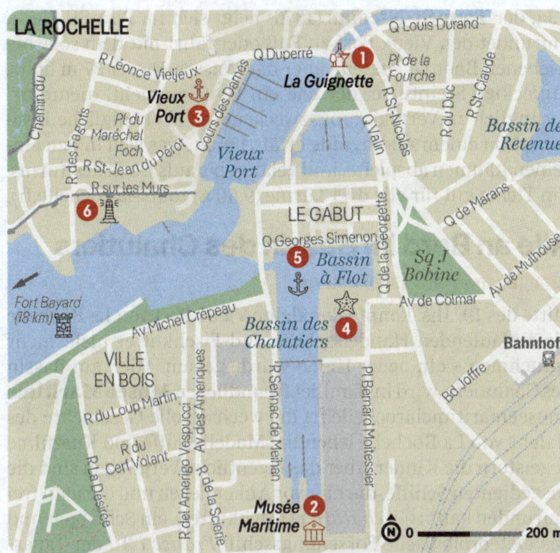

HIGHLIGHTS
1 La Guignette
2 Musée Maritime
3 Vieux Port

SEHENSWERTES
4 Aquarium La Rochelle
5 Bassin des Chalutiers
6 Tour de la Lanterne

Schifffahrtsgeschichte am Vieux Port

Laternen und Türme

Der Kranz aus robusten Wehrtürmen, die seit dem 15. Jh. den Alten Hafen umgeben, macht es leicht, sich in das mittelalterliche La Rochelle zu versetzen. Der elegante cremefarbene **Tour de la Lanterne** (1445–76), der oft mit einer Kirchturmspitze verwechselt wird, ist das Schmuckstück der Stadt. Er wurde als Leuchtturm gebaut, der in seiner kegelförmigen Laterne aus glasiertem Stein von einer riesigen Kerze beleuchtet wird. Vom 17. bis zum 19. Jh. diente der 70 m hohe Turm als Gefängnis. Steige die 158 Stufen hinauf und genieße oben den atemberaubenden Blick. Verschnaufe unterwegs auf fünf Etagen: Die Wände sind mit nautischen oder militaristischen Bildern und englischsprachigen Graffiti verziert, die von gefangenen englischen Freibeutern im 18. Jh. eingeritzt wurden. In Raum Nr. 4 befindet sich ein Backgammon-Brett, das von einem Gefangenen in die Holzdielen geschnitzt wurde.

Nach 200 m auf der Stadtmauer entlang der Rue Sur Les Murs erreicht man den **Tour de la Chaîne**, der im 14. Jh. zum Schutz der Hafeneinfahrt errichtet wurde. In Kriegszeiten wurde eine riesige Kette zwischen dem Kettenturm und seinem Gegenstück – dem Tour St-Nicolas auf der anderen Seite des Wassers – hochgezogen, wodurch der Turm seinen Namen erhielt.

LEUCHTTURM-TOUR

Von der sandigen Plage des Minimes, 3 km mit dem Fahrrad oder zu Fuß vom Vieux Port von La Rochelle entfernt, führt ein Fußweg zum Phare du Bout du Monde am Cap Horn – einer bezaubernden Nachbildung eines 16-seitigen hölzernen Leuchtturms, der von 1894 bis 1902 mit Öllampen beleuchtet wurde.

WO MAN VORZÜGLICHE MEERESFRÜCHTE VERZEHREN KANN

Le Panier de Crabes
Der Krabbenkorb ist ein bodenständiges Seefahrer-Bistro an einem Platz in der Altstadt. €€

À la Gerbe de Blé
Kaufe Austern auf dem Markt und verzehre sie in dieser lebhaften Café-Bar in der Außenmauer des Marktes. €

André
Saftige Meeresfrüchte in allen Variationen in der kultigsten Brasserie von La Rochelle, beliebt seit 1947. €€€

Ja, der **Tour St-Nicolas** (1376) neigt sich im Pisa-Stil. Man umrundet den Vieux Port zu Fuß oder fährt mit dem solarbetriebenen Boot *Le Passeur* über das Wasser. Dieser 37 m hohe, fünfeckige Steinturm, der wie ein Haus aussieht, diente ursprünglich zu Verteidigungszwecken und als königliche Residenz. Von einem Audioguide erfährt man, was sich in den einzelnen Räumen abspielte, und gelangt bis aufs Dach des Turms. Ein Ticket gilt für alle drei Türme (9,50 €; tours-la-rochelle.fr).

Alle an Bord im Bassin des Chalutiers

Familienspaß mit Fischkuttern

Mitte des 19. Jhs. konnte der kleine Vieux Port von La Rochelle die einlaufenden Handelsschiffe und Fischkutter nicht mehr aufnehmen – ein neuer Hafen wurde gebaut. Hier, am Bassin des Chalutiers, wird im familienfreundlichen **Musée Maritime** (museemaritimelarochelle.fr) die wechselvolle Geschichte des Hafens von La Rochelle lebendig. Modellschiffe und Kurzfilme begeistern die Kinder, aber das eigentliche Vergnügen sind die ausgedienten Schiffe, die hier vor Anker liegen und die man frei umrunden kann: ein *chalutier* (Fischkutter), ein Schlepper und das meteorologische Forschungsschiff *France 1*. In der Tapas-Bar und dem Restaurant an Bord kann man zu Mittag essen.

Dann taucht man in einem klobigen alten „U-Boot" auf den Meeresgrund hinab, um im hochmodernen **Aquarium** von La Rochelle (aquarium-larochelle.com) schmollende Fische und tanzende Seepferdchen aus dem Nordatlantik zu bestaunen. Angesichts der 12 000 Meerestiere und 600 verschiedenen Arten, die hier herumschwimmen, ist es unmöglich, nicht von den Wundern der Weltmeere überwältigt zu sein – und von den Bedrohungen, denen unsere Ozeane ausgesetzt sind.

Zum Fort Bayard paddeln

Kajak und SUP

Stell dich dem Abenteuer einer spektakulären See-Expedition zum Fort Bayard. Dieses 20 m hohe Bollwerk einer Festungsinsel südlich von La Rochelle könnte als Filmkulisse dienen. Es wurde um 1700 zur Verteidigung der Bucht von Rochefort gegen die Engländer erbaut. Der Bau des „steinernen Schiffes" begann erst ein Jahrhundert später, im Jahr 1802, und dauerte 62 Jahre. Seit 1990 dient das eindrucksvolle Bauwerk als Drehort für die französische TV-Gameshow *Fort Boyard*. Da es für Besucher:innen nicht zugänglich ist, kann man es am besten auf einer Bootsfahrt von La Rochelle aus oder aus nächster Nähe bei einer Kajaktour mit dem Kajak- und Stand-up-Paddle-Spezialisten **Antioche Kayak** (antioche-kayak.com) bewundern.

LA GUIGNETTE

Für etwas Süßes aus dem La Rochelle der 1930er-Jahre folgt man der Menge in die rustikale Weinbar **Cave de la Guignette** (guignette.fr), die sich seit ihrer Eröffnung 1933 in einer Schmiede in der malerischen Rue St-Nicolas kaum verändert hat. Alte Fotos und Plakate erinnern an die Zeit, als Fischer und Matrosen aus dem nahe gelegenen Hafen hierher pilgerten. An warmen Tagen strömen die Getränke und die ausgelassene Stimmung erfasst die Fußgängerzone vor dem Lokal. La Guignette – ein fruchtiges und sprudelndes Getränk auf Weinbasis, das es nur in dieser Institution in La Rochelle gibt – ist das Getränk, das man glasweise, im Krug oder in der Flasche bestellt. Zur Auswahl stehen Vanille, Apfel, rote Früchte und Zitrusfrüchte.

SHOPPEN IN ROCHELLE

Soöruz
Umweltfreundliche Neoprenanzüge aus recycelten Austernschalen von der lokalen Surfmarke Soöruz.

Espritvoiles
Schicke Strandtaschen, Liegestühle und Accessoires aus Acrylgewebe, das zur Herstellung von Schiffssegeln verwendet wird.

Marché Central
Auf der Place du Marché, der Markthalle aus dem frühen 19. Jh. in La Rochelle, kann man sich für ein Picknick eindecken.

Rund um La Rochelle

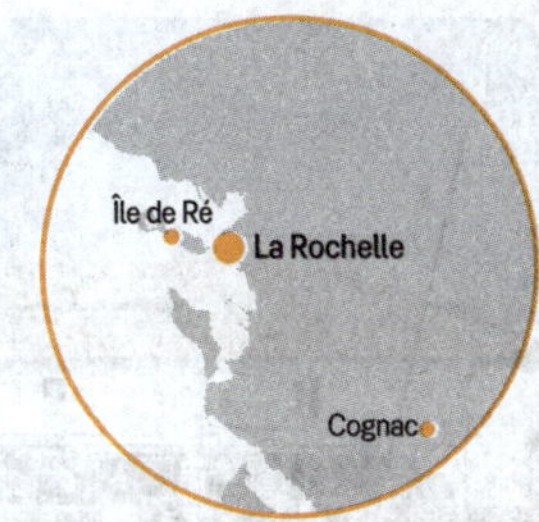

Verlässt man die Stadt, geht das Flair des Hafens in einen berauschenden Cocktail aus Inselstränden, malerischen Fahrradrouten und bodenständiger Gastronomie über.

Außerhalb Frankreichs sind nur wenige mit der Charente-Maritime vertraut. Westlich von La Rochelle führt eine mautpflichtige Brücke über das Wasser zur Île de Ré. In der Hauptsaison verwandelt sich die Insel von einem ruhigen Zufluchtsort, wo die Fischer ihren Fang direkt vom Boot verkaufen, in einen hektischen Mikrokosmos von Paris. Überlege dir gut, wann du kommst, um dir auf diesem begehrten Stückchen Land im Atlantik dein eigenes Fleckchen Frieden zu sichern.

Auf einer Fahrt entlang der Charente in Richtung Süden durch die weinbewachsene Landschaft stolpert man zwangsläufig über Cognac – sowohl über die doppelt destillierte Spirituose als auch über die bescheidene mittelalterliche Stadt, in der sie hergestellt wird. Auch für Nicht-Brandy-Fans sind Gourmet-Seele und Flusskultur von Cognac verlockend.

Der Schluck der Engel

Backstage in einer Cognac-Destillerie

Von Cognacs Altstadt mit ihren Fachwerkhäusern geht es bergab zum Fluss. Durch die befestigte Porte St-Jacques gelangt man zu dem imposanten **Château de Cognac,** in dem François I. (reg. 1515–1547) 1494 geboren wurde. Hier beginnt der Rundgang zu den weltberühmten Cognac-Häusern der Stadt.

Das Schloss beeindruckt weniger durch seine architektonische Schönheit, als durch sein schockierend schwarzes Inneres. Das teuflische Werk des *part des anges* („Engelsanteil" – der verdunstende Alkohol, der durch die Eichenfässer sickert): Ein schwarzer Pilz haftet an jeder Steinoberfläche, die nicht kürzlich gereinigt wurde. In den Cognac-Kellern des Barons Otard und seines jugendlichen Nachkommens D'Ussé kann man bei cineastischen Führungen das Innere des Schlosses erkunden. In den Reifekellern auf Flusshöhe verstärkt der berauschende Geruch des Engelsanteils die Spannung noch. Führungen mit Verkostungen kann man online buchen (chateaudecognac.com).

Ein Stück weiter enthüllen im Cognac-Haus **Hennessy** (hennessy.com) ganz anderee Führungen die Geheimnisse der Destillation: das Blumenbouquet, das auf die Eichenfässer gelegt wird, um den Kellermeister zu feiern, der die erste perfekt ge-

UNTERWEGS VOR ORT

Der Preis für Hin- und Rückfahrt über die Mautbrücke Pont de Ré (pont-ile-de-re.com) ist jahreszeitabhängig. Auf der Insel ist ein Auto überflüssig: Die Buslinie 3 verbindet den Bahnhof von La Rochelle mit den größeren Orten.

Mit dem Zug braucht man 1¾ bis zwei Stunden von La Rochelle zum Bahnhof von Cognac (18,70 €). Beide Städte sind zu Fuß erkundbar; die Tourismusinformationen haben Karten mit Routen. Modalis (modalis.fr) stellt Fahrpläne der öffentlichen Verkehrsmittel für die gesamte Region Nouvelle Aquitaine zusammen.

TOP TIPP

In der Charente-Maritime ist entschleunigtes Reisen angesagt. Unter atlantic-cognac.com gibt es Links zu Fahrradrouten, Flusskreuzfahrten und Eselwanderungen.

JEAN LUC ICHARD/SHUTTERSTOCK ©

PRAKTISCHES

Scanne diesen QR-Code für verfügbare Unterkünfte auf der ganzen Insel.

TOP-SEHENSWÜRDIGKEIT

Île de Ré

Auf dieser Insel mit ihren hübschen Dörfern ist der Ruf der Wildnis seit Jahrhunderten spürbar. Die Wurzeln der Tradition reichen weit zurück: In den alten Salinen wird Salz geerntet, auf den Kartoffelfeldern arbeiten Bauern und Bäuerinnen und aus dem an der Küste gesammelten Seetang werden Gin und Wodka hergestellt. Schnapp dir ein Fahrrad und genieße die Fahrt – am besten außerhalb der Saison!

NICHT VERPASSEN

- St-Martin de Ré
- Radtour nach Ars-en-Ré
- Austern im Ré Ostréa
- Ferme des Baleines
- Phare des Baleines
- Plage de la Conche des Baleines

St-Martin de Ré

Auf einer so idyllischen Insel muss der romantische Hauptort einen malerischen Fischerhafen haben. Anmutige sternförmige Festungsanlagen aus dem 17. Jh. und eine Zitadelle (heute ein Gefängnis), die der französische Militärarchitekt Vauban erbaute, umrahmen St-Martin de Ré. Im Vieux Port dümpeln Fischerboote; Modeboutiquen, Kunstgalerien und Reihenhäuser schmücken das gepflegte Netz der autofreien Straßen. Am Hafen kannst du den morgendlichen Fang direkt von den Fischern auf ihren Booten kaufen und im **La Martinière** ein Eis mit ungewöhnlichen Geschmacksrichtungen genießen – Kartoffel und Karamell, Auster und Kaviar, Pfirsich und Lavendel – tatsächlich ein nicht zu verachtender Genuss!

Clocher Observatoire

Steigt man die 117 hölzernen Stufen im Glockenturm der Wehrkirche **Église St-Martin** hinauf, wird man mit einem atemberaubenden Rundblick belohnt. Die stark beanspruchte Treppe schlängelt sich an drei Glocken vorbei, von denen die größte

– Achtung, sie wiegt 1140 kg – jede halbe Stunde drei ohrenbetäubende Minuten lang läutet.

Richtung Ars-en-Ré

Am besten lässt man die vielen touristischen Restaurants am Hafen von St-Martin links liegen und nimmt den Radweg nach Ars-en-Ré – zu Fuß oder mit dem Fahrrad. Nur wenige Sekunden, nachdem man die Küste erreicht hat, führt der Weg an zwei *cabanes* (Hütten) von Austernzüchtern vorbei. Nimm einen Strohhut und einen Tisch mit Blick auf die Austernbänke in der **Auberge Paysanne de la Mer** oder lasse dich im **Ré Ostréa** bei Wellhornschnecken, Venusmuscheln und Inselaustern auf einem Barhocker nieder – mit Blick aufs Meer.

Ein landschaftlich reizvoller 14 km langer Weg (eine Stunde mit dem Fahrrad) führt entlang der Küste nach Westen, vorbei an weiteren Austernfarmen, bevor er die Insel durch uralte Salinen bis zum hübschen Ars-en-Ré kreuzt. Bei der örtlichen Salzproduzenten-Kooperative am Dorfrand oder im Gourmet-Café-Bistro **La Tour du Sénéchal** bei der Kirche an der Place Carnot kann man Salz und *fleur de sel* aus lokaler Produktion kaufen.

Phare des Baleines

Von Ars-en-Ré sind es noch 7 km bis zum Leuchtturm mit der roten Spitze (pharedesbaleines.com) am nordwestlichen Zipfel der Insel. Wer die 257 Stufen der Wendeltreppe im Inneren des 57 m hohen Leuchtturms (1854) erklimmt, wird mit einem atemberaubenden Küstenpanorama belohnt. Im benachbarten Musée du Phare erfährt man mehr über die Geschichte des Leuchtturms und kann seinen seltsam gedrungenen Vorgänger aus dem Jahr 1672 besichtigen – einen 29 m hohen Turm, der heute passenderweise *La vieille tour* (der alte Turm) heißt.

Ferme des Baleines

Die Austernzucht prägt die Küstenlinie der Insel seit dem Mittelalter – 60 *ostréiculteurs* produzieren heute auf 550 ha Austernbänken im Meer rund 10 000 t Austern pro Jahr. In der Ferme des Baleines, 3,5 km östlich des Leuchtturms, geht der Austernzüchter Benjamin Courtadon noch einen Schritt weiter und züchtet Salzwiesenaustern in Tonpfannen, die früher zur Salzgewinnung genutzt wurden. An den Ufern wachsen wilder Meerfenchel und Portulak, die fetten Austern ernähren sich von einem reicheren Phytoplankton. Die Techniken, mit denen er die kiloschweren, mit Austern gefüllten Netze aus dem Wasser hebt oder die Netze umherwirft, um Wellen zu imitieren, simulieren das Leben der Austern im Meer. Besuche mit Verkostung im Voraus online buchen (la-ferme-des-baleines.com).

Maison du Fier

Eine kurze Fahrradtour von Les Portes-en-Ré führt zu diesem Holzhaus, das von Sümpfen und Salzpfannen im Réserve Naturelle Lilleau des Niges umgeben ist. Rund 300 verschiedene Vogelarten bevölkern dieses sumpfige Naturschutzgebiet. Turmfalken, Rotschenkel und Blaukehlchen werden häufig gesichtet. Im Maison du Fier (maisondufier.fr) kann man ein Fernglas ausleihen, bevor man sich auf den 2 km langen Naturpfad begibt.

STRAND-GESPRÄCHE

Die wildere Südküste der Île de Ré hat die schönsten Sandstrände der Insel, darunter die inoffiziellen FKK-Strände in Rivedoux Plage und La Couarde-sur-Mer. Auch an der Westspitze der Insel, rund um den Phare des Baleines, gibt es weite, goldene Sandstrände – die Plage de la Conche des Baleines ist besonders schön. Viele Strände sind von Dünen gesäumt, die zum Schutz der Vegetation eingezäunt sind.

TOP TIPPS

- Vermeide die Monate Juli und August, wenn die Insel überlaufen ist.
- Hotels und Selbstversorgerunterkünfte sind rar und teuer – die meisten Leute zelten oder machen einen Tagesausflug von La Rochelle aus.
- Im Juli und August kannst du dir in La Rochelle ein Fahrrad mieten und auf einem speziellen Radweg über den Pont de Ré radeln oder mit dem Greenbike-Shuttle (location-greenbike.com) mit deinem Fahrrad an Bord auf die Insel fahren.
- Die Tourismusinformation von St-Martin am Eingang zum Vieux Port bietet Informationen über die gesamte Insel.

BOUTIQUE-COGNACS, DIE MAN PROBIEREN SOLLTE

Téo Ferrini, Chef-Barkeeper in der Le Jazz Bar 1858 im Chais Monnet, verrät uns seine drei Lieblings-Cognac-Häuser. @teoferrini

Les Frères Moine
Zwei Brüder betreiben dieses sehr kleine Cognac-Haus in Chassors. Für Verkostungen bitte vorher anrufen. Es gibt auch eine Galerie mit Kunstwerken aus dem Holz alter Fässer. (moinefreres.fr)

Fanny Fougerat
Fanny stellt die Cognacs selbst her und benennt jeden nach der Blume, der Pflanze oder dem Baum, den sie schmeckt. (cognac-fannyfougerat.fr)

Château de Montifaud
Dieses kleine Familienunternehmen in Jarnac-Champagne stellt einige wunderschöne Produkte her, darunter 50 und 150 Jahre alte Cognacs in mundgeblasenen Glasflaschen. (chateau montifaud.com)

stapelte Reihe schafft; die Kalligraphen, die immer noch mit Kreide auf die Fässer schreiben; das Allerheiligste oder „Paradies", in dem die seltensten *Eaux de vie* in bauchigen Korbflaschen aufbewahrt werden, die weder Luft noch Licht ausgesetzt sind; das Verkostungsgremium und der Master Blender, die sich täglich um 11 Uhr treffen, wenn ihre Gaumen am empfindlichsten sind. Die Führungen enden mit Kostproben (Spucknapf vorhanden): pur im Tulpenglas, auf Eis und als Cocktail.

Cognac-Cocktails

Unterricht in Mixologie

Man sollte nicht meinen, dass Cognac nur ein *Digestif* ist, der von französischen Traditionalisten getrunken wird. Die Mixologen der neuen Generation mischen die Cognac-Szene auf.

Starte deine Cocktailtour mit einem Cocktail-Meisterkurs in der **Le Jazz Bar 1858**, die sich in der Küferei befindet, in der im 19. Jh. Fässer für das Haus Monnet gebaut wurden. Der „No waste"-Sirup des Mixologen Mickael, der aus aussortierten Früchten hergestellt wird, ist ebenso kreativ wie seine Cocktails, bei denen er Cognac z. B. mit Champagner, Calvados, Äpfeln und einer Apfelessigreduktion mischt. Neben den Cocktails hat die Bar 330 verschiedene Cognacs auf Lager – mehr als irgendwo sonst in Frankreich. Im Sommer findet die Cocktail-Action auch auf der Rooftop-Bar auf demselben historischen Anwesen des Chais Monnet statt (chaismonnethotel.com).

Reserviere einen Tisch zum Abendessen im **Origins** (origins.bar), einer trendigen Konzept-Bar, die vom Mixologen Germain Canto kreierte Cocktails mit Gerichten aus lokalen Produkten vom benachbarten Markt kombiniert. Lasse den Abend unter dem Sternenhimmel im schicken **Rooftop Indigo** ausklingen, der Sommer-Skybar des Cognac-Hauses Martell aus dem 18. Jh.

Gourmet-Shopping auf der Place d'Armes

Cognacs Feinschmeckermarkt

Mit seiner aus Eisen gefertigten Markthalle Les Halles (1867-71) und der traditionellen Boulangerie ist die Place d'Armes Cognacs erste Adresse für Feinschmecker. Hier gibt es frisch geschälte Austern aus der Charente, Balsamico- und Räucheressige vom Maison Bouteville, die aus Cognac-Weinbergen stammen und von französischen Köchen wegen ihrer fruchtigen Aromen von den Holzfässern, in denen einst Cognac reifte, geschätzt werden, sowie *Pain cacao* (Schokoladenbrot) und andere *Pains spéciaux* (spezielle Brote) von **Maison Lemétayer**.

LÄNDLICH-SCHICK ÜBERNACHTEN IN COGNAC

La Nauve
Boutique-Luxus in der Villa eines wohlhabenden Destillateurs am Flussufer, mit herrlichen Gärten und Ruderbooten. €€€

Hôtel Chais Monnet
Resort auf dem Gelände eines historischen *Chai* (Cognac-Keller) mit mehreren Restaurants, Spa, Pool und E-Bikes. €€–€€€

Quai des Pontis
Idyllisches Wohnen am Fluss in Hotelzimmern, Holzhütten auf Stelzen oder romantischen *Roulettes* (Wohnwagen). €

Cognac

Nach einem Bummel durch die Stände mit saisonalen Produkten kann man sich eine gemischte Platte mit geräuchertem Fisch (Aal, Thunfisch, Makrele und Lachs) und ein Dutzend Austern schmecken lassen, die Michel mit Baskenmütze auf dem Kopf im **Huîtres Cocollos** schält, während man wartet. Schön gedeckte Tische vor dem Marktstand – auf jedem steht eine Flasche Bouteville-Essig, den man über die Austern träufeln kann – und eine Getränkekarte mit dem Bio-Bier Palmyre aus der Brasserie de la Presqu'Île d'Arvert in der Charente sowie Champagner verleihen dem Ganzen eine elegante Note.

Lunch-Date in Jarnac

Grand-Marnier-Gastronomie

Abgesehen vom Musikfestival **Cognac Blues Passions** ist die Kleinstadt Jarnac vor allem für Grand Marnier bekannt. Der klassische französische Likör, eine Mischung aus Cognac und Bitterorangenextrakt, wird seit 1921 von der Familie Marnier-Lapostolle im **Château de Bourg-Charente** aus dem 17. Jh. hergestellt, das auf einem Felsvorsprung über dem Fluss liegt.

Am gegenüberliegenden Ufer kann man bei einem vorzüglichen Mittagessen (Menü 64 €) im **La Ribaudière** (ein Michelin-Stern, laribaudiere.com) das steile rote Dach des Schlosses zwischen den Bäumen entdecken. Cognac und Grand Marnier sind natürliche Zutaten für das Vater-Sohn-Kochduo Thierry und Julien Verrat – ihr Grand-Marnier-Soufflé und das typische Dessert „Le Cognac du terroir à la barrique", das einen Weinberg in essbarer Miniaturform nachbildet, sind einfach himmlisch. Jarnac liegt 15 km flussaufwärts von Cognac.

DIE BESTEN COGNAC-WEINBERG-TOUREN

Entdecke Frankreichs größtes Weißweinanbaugebiet, das in sechs verschiedene *Crus* oder Anbaugebiete unterteilt ist: Grande Champagne, Petite Champagne, Fin Bois, Bons Bois, Borderies und Bois à Terroirs.

XO Madame
Die Queen der Ausflugsplanung in Cognac bietet ganztägige Weinbergstouren mit dem E-Bike, auf dem Pferderücken, in einem alten Citroën 2CV oder mit einem Picknick an. Buche online unter xomadame.com.

Rémy Martin-Ökotour
In einem alten, auf Elektrik umgebauten Citroën Méhari geht's durch die Weinberge. Dabei lernt man etwas über nachhaltige Maßnahmen im historischen Cognac-Haus Rémy Martin. Buche über remymartin.com.

Martell Vitiscoot
Bei einer zweistündigen Tour (9 km) auf einem klobigen Elektroroller nimmt man die Weinberge in Borderies genau unter die Lupe. Buche über la-bulle-verte.com.

ESSEN AUF DER ÎLE DE RÉ

La Cible
Mit Fashionistas am Strand von St-Martin de Ré zu Abend speisen und dann ab ins La Pergola, den legendären Nachtclub der Insel. **€€**

Le Serghi
Raffinierte Bistro-Küche mit lokalen und saisonalen Produkten vom ehemaligen Pariser Küchenchef Philippe Tredgeu. **€€**

La Tour du Sénéchal
In diesem stilvollen Lebensmittelladen/Bistro in Ars-en-Ré mit einem himmlischen Boutique-Hotel ist jedes Gericht ein wahrer Gaumenschmaus. **€**

Bayonne

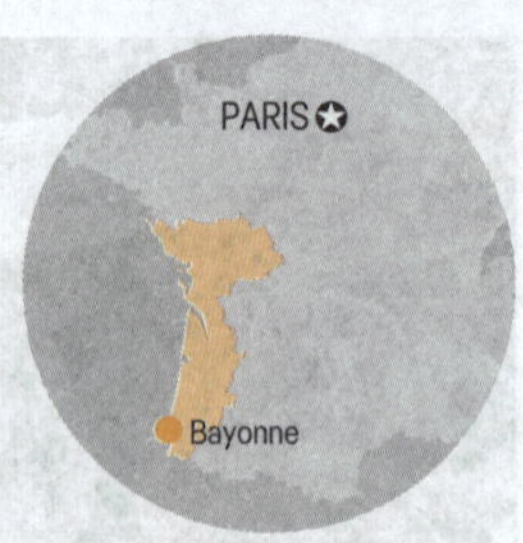

UNTERWEGS VOR ORT

Bayonne erkundet man am besten zu Fuß. Vom Bahnhof Bayonne sind es nur zwölf Gehminuten über den Pont St-Esprit, der den Fluss Adour überspannt, zur Kathedrale und zur Markthalle in Grand Bayonne. Busse von und nach Biarritz (txiktxak.fr) halten an der Haltestelle Mairie de Bayonne an der Place de la Liberté.

TOP TIPP

Tausende von Nachtschwärmern aus Frankreich und Spanien strömen für fünf Tage in die Stadt, um während der Fêtes de Bayonne im Juli zu trinken, zu tanzen und Paraden, Feuerwerk und Stiere zu bewundern. Je nach Geschmack kann man die wilde Straßenparty und die Live-Lektion in baskischer Kultur entweder meiden oder genießen (Unterkünfte sechs bis acht Monate im Voraus buchen).

Eingerahmt vom strahlend blauen Golf von Biskaya und den zerklüfteten Ausläufern der Pyrenäen wirkt das Pays Basque (französisches Baskenland) ein Stück weit entfernt vom Rest Frankreichs. In der kleinen Hauptstadt schlagen die stolze, unabhängige Seele und das feurige Herz des Landes.

Bayonne wird häufig zu einem der besten Orte zum Leben in Frankreich gewählt (zusammen mit Annecy in den französischen Alpen, S. 475) und offenbart seine gefeierte baskische Schönheit an den Ufern der Flüsse Adour und Nive. Die Stadt ist seit dem Mittelalter eine strategische Festung, die alten Stadtmauern stehen noch immer am Rand der Altstadt, auch bekannt als Grand Bayonne. Aber vor allem die bunten Fachwerkhäuser, die Terrassenrestaurants am Flussufer, die Bars und die von Boutiquen gesäumten Gassen im von Studenten geprägten Petit Bayonne machen den Reiz der Stadt aus. Schokoladenherstellung, anarchistische Straßenkunst und zahlreiche Festivals sorgen für einen modernen Touch.

BORIS STROUJKO/SHUTTERSTOCK ©

Bayonne

BAYONNE
Zitadelle (Für die Öffentlichkeit geschlossen)
Bahnhof
R Ste-Ursule
Pl Ste-Ursule
Pl de la Gare
ST-ESPRIT
Q de Lesseps
Adour
R Neuve Graouillats
R Hugues
Allées Marines
Av des Allées Marines
Pl de la République
Av du Maréchal Leclerc
Jardin Public
L'Atelier du Chocolat (1,2 km)
Av des Allées Paulmy
Av Léon Bonnat
Pont St-Esprit
Pl Charles de Gaulle
Q Amiral Lespès
Pl des Basques
R de Garmont
R Jules Labat
R du 49e Régiment d'Infanterie
Esplanade de Réduit
Adour
R Bernède
R Lormand
R Albert Ier
R Thiers
Pl de la Liberté
Pont Mayou
Pl du Réduit
Av du 11 Novembre
Jardin Botanique
R Jacques Laffitte
Pl Léo Pouzac
GRAND BAYONNE
R Port-Neuf
Q Amiral Dubourdieu
Q des Corsaires
Allées Boufflers
R Frédéric Bastiat
R Orbe
R Marsan
PETIT BAYONNE
Pl des Cinq Cantons
Q Commandant Roquebert
Musée Basque et de l'Histoire de Bayonne
R des Gouverneurs
Bd Rempart Lachepaillet
Pl Louis Pasteur
R du Pilori
R Bourgneuf
R Marengo
R de la Salie
R Galuperie
R du Trinquet
R Ravignan
R des Faures
R Douer
Cloister
Pl Lacarre
R des Tonneliers
Pl Paul Bert
R de Luc
Pl Montaut
R Poissonnerie
Pont Pannecau
R Pannecau
R du Jeu de Paume
R d'Espagne
R Gosse
R des Augustins
R des Basques
Q Amiral Jauréguiberry
Q Augustin Chaho
Pl de l'Arsenal
R des Cordeliers
R Vieille Boucherie
R Pelletier
R Passemillion
Nive
Av de Pampelune
Arsenal
R Tour de Sault
Allée des Platanes
Hôtel Le Bayonne (300 m)
0 200 m
HIGHLIGHTS
1 Musée Basque et de l'Histoire de Bayonne
SEHENSWERTES
2 Les Halles
SCHLAFEN
3 Hôtel et Restaurant des Basses Pyrénées
4 Péniche Diébelle
ESSEN
5 Chocolat Pascal
6 Coffee Muxu
7 Daranatz & Cazenave
8 Janine
9 Pottolo
10 Puyodebat
SHOPPEN
11 Monsieur Txokola

Baskische Bräuche im Musée Basque et l'Histoire de Bayonne

Traditionelle baskische Kultur

Bestattungsriten, Fischfang, Folklore, Hirtenleben und Pelota: Die Ausstellungen im **Musée Basque et de l'Histoire de Bayonne** (musee-basque.com) in Petit Bayonne erwecken die baskische Geschichte, Kultur und das Kunsthandwerk auf anschauliche Weise zum Leben. Für den Besuch des Museums solltest du dir ein paar Stunden Zeit nehmen: Die Eintrittskarten sind den ganzen Tag gültig, also mach eine Pause bei einer heißen Schokolade im **Chocolat Pascal** (S. 538) nebenan.

Das maßstabgerechte Modell des Hafens von Bayonne aus dem Jahr 1805 zeigt Grand Bayonne, das von den Römern auf einem Hügel zwischen den beiden Flüssen der Stadt gegründet wurde, und Petit Bayonne am gegenüberliegenden Ufer der Nive, das ab dem 12. Jh. als Handels- und Schiffbauzentrum florierte. Bestaune die gotischen Zwillingstürme der **Cathédrale Ste-Marie** aus dem 13. Jh. und die Festungsmauern aus dem 17. Jh., die die Stadt umgeben.

Die Räume 21 und 22 sind dem *pelote basque* (Pelota) gewidmet – dem Sammelbegriff für mehr als ein Dutzend traditioneller baskischer Ballspiele, darunter *main nue* (mit bloßen Händen gespielt) und *jaï alaï* (die rasante Variante). Kunst, Kurzfilme und die Ausrüstung der Spieler:innen erläutern die Regeln, das *fronton* (Pelota-Spielfeld), den Umgang mit dem schaufelartigen Korb, der *chistera* genannt wird, usw. Später geht's zum nahen **Trinquet St-André** (4 rue du Jeu de Paume), einem *jeu de paume*-Platz, der später für Pelota umgebaut wurde. Genieße ein Getränk in der Bar-Brasserie aus dem Jahr 1943 und verfolge ein echtes Spiel. Französische Ligaspiele und die Pelota-Weltmeisterschaften – sowie Einführungsveranstaltungen für Pelota-Interessierte – finden auf Bayonnes schickem Platz, dem **Trinquet Moderne** (ffpb.net), auf der anderen Seite des Flusses in 60 av Dubrocq in Grand Bayonne statt.

DAS BASKISCHE VOLKSFEST

Weiß mit einer roten Schärpe und einem Halstuch ist die obligatorische Kleiderordnung bei den **Fêtes de Bayonne** (fetes.bayonne.fr). Das fünftägige Straßenfest beginnt am letzten Mittwoch im Juli oder ersten im August mit dem traditionellen Werfen des Stadtschlüssels – im wahrsten Sinne des Wortes – vom Balkon des Rathauses von Bayonne. Es folgen ein Feuerwerk und ein *Bal* (Tanz). In der ganzen Stadt wird mit Blaskapellen, DJs, Chören und Live-Musik die baskische Kultur gefeiert; Volkstänze, Pelota, Omelette-Meisterschaften mit Espelette-Chili, Espadrille-Werfen, Tauziehen und Steinheben bei den *Festivals de la force basque* (Kraftwettbewerbe): Alles ist möglich.

Der *Journée des Enfants* am Donnerstag ist vollgepackt mit Aktivitäten für Kinder. Weniger geschmackvoll sind die baskischen *Courses des Vaches* („Stierlauf", aber mit Kühen mit Hörnern) und *Corridas* (Stierkämpfe).

Baskische Stimmen in der Kunst

Wandmalereien und anarchistische Kunst

Wenn man einen Basken Franzose oder Spanier nennt, bekommt man mit Sicherheit die knappe Antwort „Ich bin Baske!" Und das ist verständlich. Basken haben ihre eigene einzigartige Kultur, Geschichte, Flagge und Sprache (Euskara, die heute von etwa 1 Mio. Basken gesprochen wird). In der dynamischen Straßenkunstszene von Bayonne erkennt man den Stolz der Basken, ihre Gefühle und gelegentlich auch ihre Ablehnung. Die zahlreichen kantigen Gesichter mit Baskenmützen des einheimischen

ÜBERNACHTEN IN BAYONNE

Hôtel Le Bayonne
Die moderne Mainstream-Wahl mit schickem Design, üppigem Frühstücksbuffet, kostenlosen Parkplätzen und Außenpool. **€€€**

Hôtel et Restaurant des Basses Pyrénées
Das stimmungsvollste Lokal in Grand Bayonne, mit einer ruhigen Terrasse innerhalb der Stadtmauern. **€€**

Péniche Diébelle
Hausboot mit zwei Zimmern auf dem Fluss Adour, mit Blick auf die Kathedrale und Frühstück an Deck. **€€**

Jambon de Bayonne

Künstlers Exist, die die Altstadtstraßen von Petit Bayonne säumen, lassen keinen Zweifel daran, wo in Frankreich man sich befindet.

Während des einmonatigen Straßenkunstfestivals **Points de Vue** (pointsdevue.eus) im Oktober entstehen jedes Jahr mehr Wandgemälde. Lade dir die Karte mit bis jetzt 97 *Oeuvres* (Kunstwerken) herunter, darunter das monumentale Porträt von René Cassin (1887–1976), Bayonnes beliebtestem Widerstandskämpfer, des französischen Künstlers C215 (alias Christian Guémy) in der Rue Pelletier und die feministische *Garapeina* („Sieg" auf Baskisch) des spanischen Künstlers Den XL, die an der Fassade eines Fachwerkhauses in der Rue Lisses 7 die ethnische Vielfalt feiert. Nebenan, in der Nr. 9, solltest du das Werk *In Bullshit We Trust* von RNST nicht verpassen. Halte Ausschau nach Ausstellungen, Führungen, Soiréen und Pop-up-Events in der Street-Art-Galerie **Kaxu Galerie** (35 rue Ste-Catherine).

Shoppen am Markttag

Einzigartige handwerkliche Produkte

Auf dem Wochenmarkt in Bayonne (8–13 Uhr) kann man mit Einheimischen einkaufen, Bauern treffen und Kunsthandwerkern bei ihrer Arbeit zusehen. Auf dem Platz vor der Markthalle **Les Halles** in Grand Bayonne und entlang der Quais zwischen Pont du Génie und Pont Pannecau reihen sich die Stände mit frischen Produkten aneinander.

DIE BESTEN BASKISCHEN PINTXOS

Jambon de Bayonne
Hauchdünne Scheiben des berühmten Schinkens der Stadt. Bei einer 45-minütigen Führung durch das Atelier von Pierre Ibaïalde in der Rue des Cordeliers 41 kann man ihn direkt „an der Quelle" probieren.

Chipirons à la plancha
In der Pfanne gebratene Baby-Tintenfische, oft paniert oder im Backteig; *Rabas* sind frittierte Tintenfischringe oder -streifen.

Tortilla de patatas
Omelette mit Kartoffeln, manchmal mit feuerroten Padron- oder Espelette-Chilis gespickt.

Txistorra
Manchmal steht *Chistorra* auf der Speisekarte: knoblauchhaltige, gut gewürzte baskische Wurst, ähnlich wie Chorizo, getrocknet oder halbgetrocknet, in warmen, gebratenen Stücken serviert.

Tripotx à la piperade
Schafs-*Boudin* (Blutwurst) in einer Soße aus rotem Pfeffer, Zwiebeln und Tomaten.

ESSEN IN BAYONNE

Janine
Modisch dezent, mit lebhafter Straßenterrasse, lauter Musik und erstklassiger Hausmannskost. €

Coffee Muxu
Hervorragender Kaffee, Frühstück und Brunch mit Barista Henri am Ruder dieses biologischen baskischen Schiffes. €

Pottolo
In diesem außergewöhnlichen Bistro in der Rue des Tonneliers gibt es regelmäßig Gourmet-Soireen. €–€€

DIE BESTEN ORTE FÜR SCHOKOLADE

Chocolat Pascal
Schokoladenlutscher, Kekse und Scones. Dazu sündhaft dicke heiße Schokolade mit Sahne oder einen Schoko-Mokka (mit Espresso).

Puyodebat
Originelle, mit Ganache gefüllte Pralinen und heiße Schokolade, die in einer *tasse à moustache* serviert wird – einer typischen Teetasse aus Porzellan aus den 1800er-Jahren, mit einem Steg oben drüber, damit der Schnurrbart nicht von der Schokolade durchtränkt wird.

Daranatz & Cazenave
Duo aus dem 19. Jh., das aromatisierte Schokoladentafeln, Macarons und *tourons* (Marzipansüßigkeiten) in der Rue Pont Neuf verkauft; Cazenave rührt seine heiße Schokolade immer noch von Hand (bestell *le mousseaux).*

L'Atelier du Chocolat
Außerhalb der Stadt gelegene Schokoladenfabrik mit geführten Touren und einem Museum; Zeitfenster buchen unter atelierduchocolat.fr.

IROZ GAIZKA/AFP VIA GETTY IMAGES ©

Heiße Schokolade, Cazenave

Die Kunsthandwerkerstände am **Quai Augustin Chaho** werfen ein buntes Farbenspiel über das Wasser. Bei **Les Bâtons de Xab** (facebook.com/lesbatonsdexab) schnitzt Xavier in mühevoller Kleinarbeit kunstvolle Motive und Mottos in baskische Wanderstöcke aus Haselnuss- oder Mispelholz. Lass dir deinen persönlichen Stock anfertigen, um die baskischen Hügel mit Stil zu erklimmen. Éric Boussac von **Les Vieux du Stade** (lesvieuxdustade.com) prägt alte Rugbybälle aus Leder.

Genieße mittags ein Körbchen *chipirons à la plancha* (Tintenfisch) in Chorizo-Sauce von einem Essensstand oder andere baskische *pintxos* (Tapas) in einem Café in **Les Halles**.

Bei Monsieur Txokola

Bayonnes moderne Schokoladengeschichte

Das Pionierduo Ronan Lagadec und Cyril Pouil vermarktet Monsieur Txokola als *alchimiste du cacao,* und die beiden erfinderischen Meisterchocolatiers haben nicht ganz Unrecht. Seit sie ihre moderne Schokoladenküchen-Boutique Monsieur Txokola (monsieurtxokola.fr) in der Rue Jacques Laffitte 11 in Petite Bayonne eröffneten, sorgen sie mit ihren handwerklichen Methoden und ihrer ethischen Haltung für Aufsehen. Ungewöhnlich ist: Die Kakaobohnen werden von den Bauern angeliefert, fermentiert und teilweise getrocknet, damit Monsieur Txokola sie zu köstlichen maurischen Schokoladentafeln weiterverarbeiten kann. Durch Glaswände kann man den gesamten Prozess von der Boutique aus beobachten, in der die Regale randvoll sind mit 500 g-Schokoladentafeln, Glasflaschen mit *jus de cacao* (Kakaosaft), die zur Unterstützung der ecuadorianischen Kakaobauern verkauft werden, und Dosen mit *sour au cacao*-Bier, das in Zusammenarbeit mit der Mikrobrauerei Azimut in Bordeaux hergestellt wird.

Bayonnes Schokoladentradition geht auf die spanische Inquisition zurück, als jüdische Chocolatiers auf der Flucht vor der Verfolgung in Spanien nach Bayonne flohen. Um 1870 gab es in Bayonne 130 Chocolatiers, heute gibt es noch ein Dtzend.

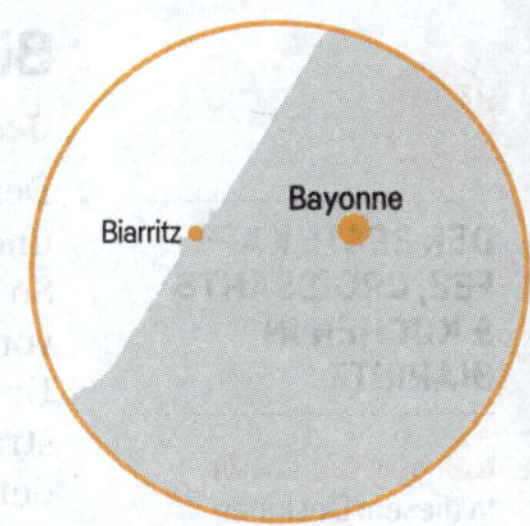

Rund um Bayonne

Bayonne ist ein frischer Cocktail aus baskischer Geschichte und moderner Coolness und verspricht jede Menge Strände, Lebensfreude und Outdoor-Action.

An der Küste südwestlich von Bayonne wirft sich das Pays Basque seinen Glitzerfummel über. Entweder schließt man sich den Horden von Surfenden und Sonnenanbetenden an der glamourösen Strandpromenade von Biarritz an, oder man erkundet die Geschichte des Walfangs, bestaunt Haie in Glasaquarien und trifft auf die Geister der Aristokratie des 19. Jh. Napoléon III. und seine Frau Eugénie verlegten 1855 den kaiserlichen Hof für die Sommersaison nach Biarritz, und die Elite der europäischen Gesellschaft folgte.

Hippe Surferdörfer und Fischereihäfen säumen die Küsten südlich von Biarritz. Ruinen mittelalterlicher Öfen, in denen einst Walfett geschmolzen wurde, reihen sich an trendige Strandbars, Bodegas und Öko-Boutiquen. Mach dich zu Fuß auf den Weg entlang des Sentier du Littoral oder mit dem Fahrrad auf dem baskischen Abschnitt von La Vélodyssée (S. 520).

Aquarium de Biarritz (S. 540)

VLADIMIR WRANGEL/SHUTTERSTOCK ©

UNTERWEGS VOR ORT

Von Bayonne verkehren Züge entlang der Küste nach St-Jean de Luz (25 Min.), Hendaye (40 Min.) und St-Jean Pied de Port (1 Std.). Nach Biarritz und zum Aéroport Biarritz Pays Basque kann man den Bus nehmen (txikt xak.fr); der Bahnhof von Biarritz liegt außerhalb der Stadt.

Normale und elektrisch unterstützte Fahrräder gibt es überall an der Küste zu mieten, auch in Biarritz: Sobilo (24 rue Peyroloubilh) und Takamaka (13 av de la Marne). Wanderer laufen Gefahr, sich hoffnungslos in den Sentier du Littoral zu verlieben, der sich verführerisch 25 km entlang der Küste zwischen Bidart und Hendaye schlängelt.

TOP TIPP

Die erste Anlaufstelle ist die Tourismusinformation in Biarritz. Touren, Besichtigungen und Unterkünfte kann man unter tourisme.biarritz.fr buchen.

DER BESTE KAFFEE, CROISSANTS & KUCHEN IN BIARRITZ

Noisette Pâtisserie
In diesem Designer-Konditorei-Café gibt es zum Frühstück Gebäck, das wie ein Kunstwerk aussieht. €

Hungry Belly
Den süßen Kreationen der Bordelaiser Konditorin Léa Villafafila – viele davon glutenfrei – kann man nur schwer widerstehen. Außerdem gibt es hausgemachten Kaffee und vegetarische Mittagsgerichte. €

Coffee Ekia
In diesem Brunch-Lokal wird zu Pfannkuchen, Avocado-Toast und Eiern ein Dirty Chai Latte oder Kombucha mit amerikanischer Duftblüte serviert. Ekia bedeutet „Sonnenschein" auf Baskisch. €

Lobita
Genieße einen Kaffee in der Markthalle bei Biarritz' beliebtestem Spezialitätenröster. €

Biarritz' Walfangvergangenheit

Geschichte und Meeresleben

Der Tran wurde zu Brennstoff eingekocht, das Fleisch gegessen und die Zunge – eine Delikatesse – für die Kirche aufgehoben. So steht es in den Geschichtsbüchern über den Walfang, der vom 11. bis 16. Jh. an der baskischen Küste praktiziert wurde. Ursprünglich ein praktisches Mittel, um die Strände von gestrandeten Walen zu befreien, entwickelte sich das Harpunieren der Wale schnell zu einem großen Geschäft. Der letzte Wal wurde 1686 auf die Plage de Vieux Port in Biarritz geschleppt.

Erfahre im **Musée d'Histoire** in Biarritz in einer Kirche gegenüber dem überdachten **Lebensmittelmarkt** (der voller frischer Meeresfrüchte und einen Besuch wert ist) mehr über die Geschichte des baskischen Walfangs, die darauffolgende Kabeljaufischerei und das Baden im Meer im 19. Jh. In den 1880er-Jahren gaben viele einheimische Fischer ihr Gewerbe auf und wurden stattdessen *guides baigneurs* (Badeführer), die die ersten Badegäste ins Wasser begleiteten.

Das **Aquarium de Biarritz**, ein Art-Déco-Gebäude aus dem Jahr 1933 an der Esplanade du Rocher de la Vierge mit Blick auf das Meer, präsentiert in seiner Galerie des Cétacés (Galerie der Wale) das Leben der Wale. Die rekonstruierten Modelle und Skelette von Delfinen, Schweinswalen, Schnabelwalen und Schwertwalen – Flossen, Kiefer und vieles mehr – sind echt beeindruckend. Wer an einer VR-Haiforschungsexpedition unter Wasser teilnehmen oder Wale in 4D sehen möchte, sollte den Themenpark **Cité de l'Ocean** besuchen.

Abends: Bar Crawl in Biarritz

Terrassen auf Dächern und am Meer

Die Sonnenuntergänge in Biarritz scheinen größer, kühner und schöner zu sein als anderswo. Beobachte die Magie, die sich am Meer entfaltet, zusammen mit ausgepowerten Surfer:innen und eingefleischten Groupies im **Carlos**. Ob auf den urban-coolen Stufen draußen oder im Designer-Interieur, das Carlos ist die unumstrittene Hipster-Adresse an der Promenade am Surfstrand Plage de la Côte des Basques. Oben auf der Hauptstraße ist das **Etxola Bibi** der Renner.

An der Plage de la Vieux Port färbt der Sonnenuntergang die umliegenden Felsen und die mystische Silhouette des Rocher de la Vierge rosa. Auf der Terrasse des **Eden Rock Café** (edenrockcafebiarritz.fr), das auf einer Felsplatte direkt über dem Sand liegt, kann man in diesem Licht baden. Alternativ bietet sich die Dachterrasse eines Hotels an – das schicke **Hôtel de la Plage** oder das entspannte **Les Baigneuses**. Um Möwen zu be-

TRENDY ÜBERNACHTEN & ESSEN IN BIARRITZ

Villa Magnan
Sechs Zimmer im Landhausstil auf einem Familienanwesen mit Pop-up-Dining im Sommer; Reservierungen über Instagram. €€€

Regina Experimental
Fashionista-Adresse am Leuchtturm in einer Belle-Époque-Villa, die von der Designerin Dorothée Meilichzon neu gestaltet wurde. €€€

Hôtel Palmito
Schlafsaal, Doppelzimmer oder Dachterrassen-Suite in einem Drei-Sterne-Hotel an der Plage de la Vieux Port; Weltküche und festliche Stimmung. €-€€

SPAZIERGANG: GLAMOUR ALTER ZEITEN IN BIARRITZ

Los geht's an der Esplanade vor dem **1 Le Bellevue**, einem Casino aus den 1930er-Jahren. Genieße bei einem Kaffee im **2 Maison Miremont** (1872) den schönen Blick auf das Meer von Biarritz. Die Mandel-Macarons, Karamellbonbons und Paris-Biarritz-Torten des Teehauses waren schon bei Königin Victoria beliebt. Nun geht's runter zum Bd de Général de Gaulle und weiter zur neugotischen **3 Église Ste-Eugénie** (1864) mit düsterer Krypta.

Dann schlängelt man sich durch die touristische Altstadt mit ihren vielen Bars und Boutiquen zur **4 Plage du Vieux Port** und folgt der Esplanade de la Vierge bis zum **5 Rocher del la Vierge**. Die Statue der Jungfrau mit Kind, die seit 1865 auf einem Felsen thront, ist über einen Steg zu erreichen. Genieße den Blick auf das Meer, das mit den Bergen des spanischen Baskenlandes verschmilzt. Erklimme die Treppe zu den **6 Jardins de l'Atalaye** – noch mehr Meerblick – und folge dem Fußweg zum **7 Port des Pêcheurs** (1870) mit verwitterten *crampottes* (Fischerhütten) und ein paar Fischrestaurants.

Nun läuft man, vorbei am **8 Art-déco-Kasino** von 1929, zur byzantinisch-maurischen **9 Chapelle Impériale** (1864). In den 1880er-Jahren tummelte sich in Biarritz Europas High Society, 1887 hatten russische Aristokraten ihre **10 Église Orthodoxe**. Nach weiteren 15 Minuten auf der Av. de l'Impératrice Richtung Norden erreicht man den **11 Phare de Biarritz**. 258 Stufen sind für das spektakuläre Küstenpanorama zu erklimmen. Zum Schluss landet man an der **12 Plage Miramar** oder der **13 Grand Plage**, die die **14 Villa Eugénie** (heute das Hôtel du Palais) einrahmen, in der Napoléon III. und seine Kaiserin den Sommer verbrachten.

RADTOUR

Mit dem E-Bike von Biarritz nach Guethary

Fährt man frei von Biarritz in Richtung Süden, erwartet einen ein funkelnder Mix aus ehemaligen Walfangstationen, unberührten Sandbuchten, Bergkapellen und hübschen Küstendörfern mit baskenrotem Fachwerk. Diese Tour ist nur 25 km lang, aber sie ist hügelig – also lieber elektrisch fahren – und unbedingt einen Helm ausleihen!

1 Plage d'Ilbarritz

Die Fahrt (2,5 km) vom Fahrradverleih Sobilo in Biarritz (24 rue Peyroloubilh) über einen gut ausgeschilderten Radweg führt zu diesem goldenen Sandstreifen. Der familienfreundliche Strand mit Surfschule und Restaurants ist sogar bei Flut zugänglich.

Die Fahrt Bewundere das Château d'Illbarritz auf dem Hügel. Halte auf dem Weg zum nächsten Stopp in 3,5 km Entfernung am *belvédère* (Aussichtspunkt) am südlichen Ende des Chemin Tutilenia an.

2 Espace Naturel Sensible d'Erretegia

Dieses Naturschutzgebiet erhält 65 ha graue Dünen, Küstenwiesen, Klippen und beinhaltet den Ausgangspunkt für den 54 km langen Sentier du Littoral (Küstenwanderweg) nach San Sebastián in Spanien. Seegras und Treibholz an der Plage d'Erretegia werden nicht geräumt, um das Ökosystem zu erhalten.

Die Fahrt Lass dich bergab rollen und schließe dein Rad 250 m vom Wasser entfernt an einem Ständer auf dem Parkplatz des Reservats an.

3 Kanttu

In dieser abgelegenen Hütte mit Blick auf die Plage d'Erretegia kann man mittags im Freien Schwertmuscheln, *cassolette de chipirons* (Tintenfischeintopf) und *rabas* (gebratenen Tintenfisch) essen. Das Kanttu bietet eine kleine Speisekarte mit Produkten aus der Region. Die Ruhe und der Meerblick hier sind der Himmel auf Erden.

Die Fahrt Strample bergauf, um wieder auf den Radweg zu gelangen, und genieße die Aussicht aufs Meer entlang des Cor de la Falaise.

Bidart

4 Chapelle Ste-Madeleine

Seit dem Mittelalter erweisen Pilger dieser kleinen Kapelle auf einem Hügel die Ehre. Von einer Bank auf der grasbewachsenen Esplanade mit Blick aufs Meer kann man entspannt das Küsten-und-Pyrenäen-Panorama genießen. Ein staubiger Fußweg auf der linken Seite führt zu La Rhune (910 m) und der spanischen Landzunge Mont Jaizkibel (543 m), die ins Meer abfällt.

Die Fahrt Radle zwei Minuten die Rue de la Madeleine entlang zur Place du Village in Bidart.

5 Bidart

Auf der Terrasse der Bar du Fronton vor Bidarts Pelota-Spielfeld kann man einen Kaffee genießen und Leute beobachten. Auf dem Dorfplatz gibt es ein wunderschönes Ensemble aus traditioneller baskenroter Fachwerkarchitektur zu bestaunen. Lust auf einen Öko-Einkaufsbummel (S. 516)?

Die Fahrt Fahre die Rue de l'Uhabia hinunter und ein kurzes Stück auf einer Radler-Spur an der D810 hinauf. Nach der Plage de l'Uhabia kann man die Villa Emak Bakea, in der Man Ray 1926 den gleichnamigen Film drehte, kaum verfehlen.

6 Plage de Parlementia

Auf den Klippen über dem herrlichen goldenen Sand und der tosenden Brandung des Strandes von Parlementia befindet sich der Tour de Koskenia, ein mittelalterlicher Treppenturm, der heute restauriert und weiß ist. Hier wurden früher Strohfackeln angezündet, um die Fischer auf Walsichtungen aufmerksam zu machen. Getränke und Snacks gibt es in der Hütte am Bahai Beach.

Die Fahrt Fahre den Hügel hinauf, über die Bahngleise im Dorfzentrum von Guéthary und den supersteilen Chemin du Port hinunter.

7 Port de Guéthary

Abgenutzte Fischerboote zieren den malerischen alten Hafen dieser ehemaligen Walfangstation, die heute ein gentrifiziertes Küstendorf ist. Ein Drink bei Sonnenuntergang und Gourmet-*Pintxos* in der trendigen Bodega Txamara sind immer eine gute Idee.

Rauf auf die Welle!

Dieser wellenumtoste, windgepeitschte Streifen goldenen Sandes an der Atlantikküste bietet mit die besten Wellen Europas. Vor allem die Vielfalt der Wellenarten ist fantastisch!

Es war ein amerikanisches Filmteam, das im Sommer 1956 an der baskischen Küste Ernest Hemingways Roman *Fiesta* (1926) verfilmte und ganz nebenbei die französische Surfszene ins Leben rief. Zu Beginn der 1960er-Jahre standen die einheimischen Surfpioniere, die sogenannten *tontons*, an der **Plage de la Côte des Basques** in Biarritz hoch im Kurs und fuhren in offenen Cadillacs zum Strand. 1963 gründete die einheimische Surferlegende Jo Moraïz hier den ersten Surfclub des Landes und bot drei Jahre später in seinem Wohnwagen am Strand Unterricht und den Verleih von Surfbrettern an; sein Sohn Christopher betreibt noch heute die **erste Surfschule Frankreichs** (jo moraiz.com). Damals waren es nicht mehr als 15 Bretter, die in der Schlange vor der schönsten Welle schwammen, heute sind es mindestens zehnmal so viele.

Biarritz's klassisch cooler Surf-Spirit pulsiert heute weit über den Strand hinaus. Das **La Maison du Surf** mit Blick auf die Plage de la Côte des Basques beherbergt Ausstellungen zum Thema Surfen und gelegentlich auch Arbeiten von Surfkünstler:innen.

Die Meeresmüllkünstlerin und Strandgängerin **Becca Kudela** (@seaandgather) fertigt Collagen aus Strandmüll an. Der Umweltkünstler **Sam Dougados** (@dougasam) zeichnet monumentale Zeichnungen in den Sand. **Sylvain Cazenave** (@galeriesylvaincazena ve) war in den 1960er-Jahren ein Pionier der Surffotografie und arbeitet noch immer in seiner Galerie in der Rue Gambetta in Biarritz. Überall an der Küste kooperieren umweltbewusste Surf-Herbergen und -Hotels mit lokalen Sektionen von **Surf Riding Europe**, um das Meer zu säubern und zu schützen.

TOP TIPPS

Der Herbst ist die beste Zeit zum Surfen, mit angenehmer Wassertemperatur, gleichbleibend guten Bedingungen und relativ wenig Publikum. Überprüfen die Bedingungen auf fr.surf-forecast.com.

ATLANTIK

CHRISTOPHE KLEBERT/SHUTTERSTOCK ©

3 Seignosse
Wenn dir die Brandung oder die Menschenmassen an der Plage des Estagnots zu viel wird, zieh dich in das hippe La Cabane des Estagnots zurück, um einen Cocktail am Strand genießen.

6 Anglet
Surfstrand für Fortgeschrittene und Profis. An der Strandpromenade, der Anglet Surf Avenue, auf den Spuren berühmter Surfer:innen wandeln.

9 Hendaye
Ein Paradies für Neulinge. Mische dich im Concept Store, Surfshop und Café Kooks Club oder auf dem Dach des Jimba unter die Surfer:innen.

PIXINOO/SHUTTERSTOCK ©

2 Cap Ferret
Schwieriges Surfen, mit viel Duckdiving, um hinter die Welle zu kommen. Familien und Tourist:innen gehen zur Plage de l'Horizon, Einheimische zur unbewachten Plage de Truc Vert.

E. COWEZ/SHUTTERSTOCK ©

1 Lacanau
Weitere erstklassige Surfmöglichkeiten an von Pinienwäldern umgebenen Sandstränden mit zahlreichen Surfschulen..

4 Hossegor
Erlebe, wie die Profis der World Surf League in Europas Surf-Hauptstadt auf smaragdgrünen Barrels (Röhrenwellen) um Weltmeisterschaftspunkte kämpfen.

GASTON PICCINETTI/SHUTTERSTOCK ©

5 Capbreton
Weltklasse-Wellen! Dazu verfallene Bunker am Strand und Pyrenäen-Blick. Im Sommer zahmere Wellen für Fortgeschrittene..

7 Biarritz
Der Geist der 1950er-Jahre lebt in der Skulptur Aux Tontons Surfeurs 957 von Joël Roux weiter, die über den Surf-Spot Lacanau wacht.

JEANLUCICHARD/SHUTTERSTOCK ©

8 Bidart
Wunderschöne Ausblicke auf den Golf von Biskaya und aufregende Tubes an der Plage du Centre; für Neulinge und Profis.

DIE BESTEN RESTAURANTS IN BIARRITZ

Carøe
Eines von mehreren trendigen World-Food-Lokalen in der Rue Gambetta, nach Einbruch der Dunkelheit ist auf der Straßenterrasse ordentlich was los. Tolle kleine Fischgerichte. €

Epoq
Gourmetteller zum Teilen mit Speisen aus dem Meer und von lokalen Bauernhöfen garantieren eine außergewöhnliche baskische Erfahrung. Ausgezeichnete Cocktails als Begleitung. €€–€€€

Chéri Bibi
Fernab der Tourismusströme verbindet dieses moderne Bistro lokale Produkte mit natürlichen Weinen. €€

Bar Jean
Die Adresse für traditionelle baskische Tapas im Freien, seit den 1930er-Jahren neben der Markthalle. €

NATHANIEL NOIR/ALAMY ©

Pintxos, Carøe

obachten, gehe um die Landzunge herum und die Treppe hinauf zum versteckten **Olatua** in den Jardins de l'Atalaye. Die Nacht kannst du im **Jack the Cockerel** ausklingen lassen, wo du von der Terrasse auf die Grande Plage blicken und bis 2 Uhr morgens tanzen kannst.

Souvenir-Shopping in Bidart

Nachhaltige Mode und Kunsthandwerk

Der **Marché des Créateurs** auf einem Platz mit Brunnen im überdachten Lebensmittelmarkt ist der interessanteste Ort in der touristischen Küstenstadt, um Kunst, Kunsthandwerk, Schmuck, Accessoires und Haushaltswaren „Made in Biarritz" zu kaufen.

Willst du deine Souvenir-Shoppingtour mit abendlichen Drinks und Tapas bei den Schickimickis im **Etika** oder **Mahaina** verbinden und dabei gemütlich Leute auf einem autofreien Dorfplatz beobachten, dann besuche das vornehme Bidart, 10 km südlich von Biarritz (30 Minuten mit dem Zug). Das **Atelier Ama Lurra**, gegenüber dem Hauptplatz Place du Village, präsentiert Mode und Accessoires von lokalen Designern. Pascal Exposito stellt bei **Les Couteliers Basques** traditionelle baskische Taschenmesser mit Griffen aus Mispelholz her, in die das baskische Kreuz geschnitzt ist. Donnerstags im Juli und August verkaufen lokale Kunsthandwerker ihre Kreationen – Schmuck, Espadrilles, Grußkarten, Kosmetika, gestreifte baskische Bettwäsche, Sonnenhüte und -schirme usw. – auf dem **Marché Nocturne** (Place du Village, 18–23 Uhr) in Bidart.

St-Jean Pied de Port

Es ist schwer, sich in dieser wunderschönen, charmanten Stadt nicht Spanien nahe zu fühlen – schon ihr Name, der Heiliger Johann am Fuß des Passes bedeutet, beschwört zauberhafte Bilder von Musketieren aus einer klassischen Abenteuergeschichte herauf. St-Jean Pied de Port liegt am Fuß der Pyrenäen und ist seit Jahrhunderten die letzte Station in Frankreich für Pilger auf dem Weg über die spanische Grenze, ins 8 km südlich gelegene Santiago de Compostela.

Auch heute noch ist die kleine alte Stadt ein beliebter Zwischenstopp für Wanderer auf dem Trail. Einige setzen die jahrhundertealte Tradition fort, aber viele sind einfach nur in der Stadt, um die baskische Atmosphäre aufzusaugen, mit Sahne gefüllte *gateaux basques* und mit Chili gewürzte *tripotx* (Blutwurst) zu essen und auf kürzeren Tageswanderungen in die Ausläufer der Pyrenäen einzutauchen. Von Bayonne aus ist St-Jean Pied de Port ein einfacher Tagesausflug, aber um richtig in die baskische Seele zu schlüpfen, sollte man ein paar Nächte bleiben.

UNTERWEGS VOR ORT

Vom kleinen Bahnhof von St-Jean, der von Nahverkehrszügen von/nach Bayonne angefahren wird (10,70 €, 1 Std.), sind es nur zehn Minuten zu Fuß bis zur ummauerten Stadt. Wer mit Baby oder Kleinkind unterwegs ist, sollte ein Tragetuch mitnehmen – das Kopfsteinpflaster von St-Jean wurde nicht für Kinderwagen verlegt.

Pilgerbüro, Rue de la Citadelle (S. 548)

LKONYA/SHUTTERSTOCK ©

TOP TIPP

St-Jean ist eine großartige Basis für Wanderungen. Zwei Fernwanderwege führen durch die Stadt: der trans-pyrenäische GR10 vom Atlantik zum Mittelmeer und der GR65, der den französischen Teil (Chemin de St-Jacques) der Pilgerroute abdeckt. Von St-Jean aus lassen sich schöne Tageswanderungen unternehmen – in der Tourismusinformation gibt es Karten.

HIGHLIGHTS
1 Place des Remparts
2 Pont d'Eyheraberry
3 Porte St-Jacques

SCHLAFEN
4 Arrambide – Hôtel Les Pyrenees
5 Hôtel Ramuntcho

ESSEN
6 Le Central

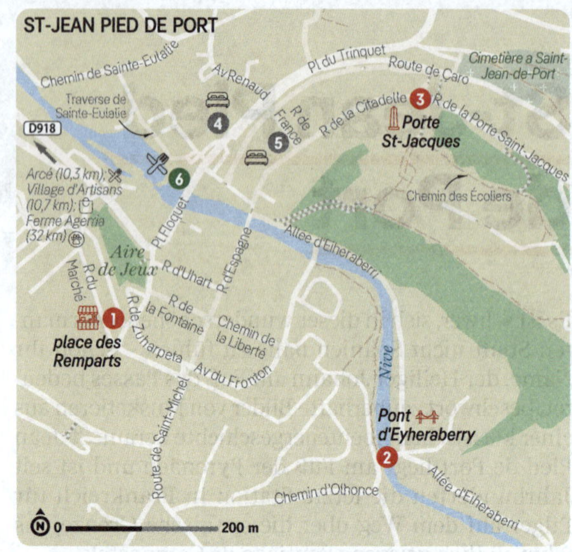

ANZEICHEN DAFÜR, DASS MAN IM PAYS BASQUE IST

Hemen Euskara emaiten dugu. („Hier wird Baskisch gesprochen.")
Sprachforschende glauben, dass Euskara, die baskische Sprache, mit keiner anderen der Welt verwandt ist und die einzige Sprache Südwesteuropas ist, die dem Vormarsch des Lateinischen und seiner Ableitungen widerstanden hat.

Lauburu
Das sichtbarste Symbol der baskischen Kultur, das *Lauburu* (ein geschwungenes baskisches Kreuz, das an ein vierblättriges Kleeblatt erinnert), symbolisiert Wohlstand.

Ikurriña
Die baskische Flagge flattert überall im Pays Basque. Sie besteht aus einem roten Feld, einem weißen vertikalen Kreuz und einem grünen diagonalen Kreuz.

Von Muschel zu Muschel: In den Fußstapfen der Pilger

Spaziergänge durch die Altstadt

Eine Zeitreise in St-Jean Pied de Port ist ganz einfach. Im Mittelalter war die gesamte Stadt von einer Festungsmauer umgeben, die den südwestlichen Zipfel Frankreichs vor Angriffen aus dem nahen Spanien schützte, und die vier originalen *portes* (Stadttore) stehen noch immer.

Tauche wie ein mittelalterlicher Pilger in die Altstadt ein – durch die **Porte St-Jacques**, den traditionellen Zugang für Pilger am oberen Ende der gepflasterten Hauptstraße **Rue de la Citadelle**. Am gegenüberliegenden Ende verbirgt die **Porte Notre-Dame** in ihren dicken Steinmauern die winzige Église Notre Dame du Bout du Pont – eine weitere wichtige Station für gläubige Wanderer. Neben dem Tor befindet sich der gewölbte **Pont d'Eyheraberry**, das Wahrzeichen von St-Jean, das seit 1720 anmutig über den Fluss Nive führt.

Wenn du durch die **Rue de la Citadelle** schlenderst, die von Häusern aus dem 16. Jh. gesäumt ist, kannst du die in die Türstürze über den Eingängen eingemeißelten Jahreszahlen lesen. Achte auch auf das Motiv der Jakobsmuschel – das traditionelle Symbol von Santiago de Compostela. In Nr. 41 finden saiso-

ÜBERNACHTEN & ESSEN IN ST-JEAN PIED DE PORT

Arrambide – Hôtel Les Pyrenees
Feines Essen und Vier-Sterne-Unterkunft in St-Jeans originalem *Relais* (Pension). **€€€**

Le Central
Traditionelle französische Küche, perfekt zubereitet. Sommerterrasse mit Blick auf den rauschenden Wasserfall des Flusses Nive. **€€**

Hôtel Ramuntcho
Historische Adresse innerhalb der Stadtmauern, die Charme versprüht und einen schönen Blick auf die Altstadt oder die Ausläufer der Pyrenäen bietet. **€**

nale Ausstellungen im **Prison des Évêques** (Bischofsgefängnis) statt, einem Gewölbekeller aus dem 14. Jh., der ab 1795 als Stadtgefängnis, im 19. Jh. als Militärgefängnis und während des Zweiten Weltkriegs als Internierungsort für Menschen diente, die beim Fluchtversuch ins vermeintlich neutrale Spanien erwischt wurden.

Zurück an der Porte St-Jacques folgst du dem groben Kopfsteinpflaster bergauf zur weitläufigen **Zitadelle** aus dem 17. Jh. (für die Öffentlichkeit geschlossen), von der aus sich ein herrlicher Blick auf die Stadt, ihre sanften Hügel und die steilen Hänge der Weinberge von Irouléguy bietet.

Baskische Spezialitäten

Märkte, Weinberge, Destillerien

Montagmorgens kommen die Bauern aus den Hügeln des Baskenlandes nach St-Jean Pied de Port, um ihre *produits du terroir* (lokale Produkte) auf dem **Wochenmarkt** auf der Place des Remparts vor den Stadtmauern zu verkaufen. Von Juni bis September findet auf demselben Platz am Donnerstagmorgen ein Markt für lokale Produzenten und Kunsthandwerker statt.

Hier gibt es nussigen Käse, der frisch vom Bauernhof kommt. Vor allem *ardi gasna* (Schafskäse) ist sehr beliebt. Die Premiumsorten mit dem Gütesiegel AOP Ossau-Iraty passen hervorragend zu den *confitures d'Itxassou* – handwerklich hergestellten Fruchtkonfitüren aus Itxassou (S. 551), das für seine üppigen schwarzen Kirschen berühmt ist. Weitere Gaumenfreuden sind luftgetrockneter Schinken, *gateaux basques* (Torten mit Schichten aus Sahne und Kirschmarmelade), gelber und grüner Izarra-Kräuterlikör, Senf und Chutneys, die mit Espelette-Chili gewürzt sind, Fruchtsäfte und ein Strauß blumiger Honige, die aus Linden, Akazien, Weißdorn und anderen Waldfrüchten aus Les Landes hergestellt werden. Auf dem Markt kann man auch eine Flasche *ketxup basque* (baskischer Ketchup) aus Aquitaine-Tomaten, baskischem Paprika und Espelette-Chili sowie Euskola (die baskische Version von Cola) erstehen.

In seiner Altstadtboutique in der Rue de l'Église verkauft der baskische Winzer und Destillateur **Brana** Irouléguy-Weine von den Ispoure-Weinbergen an den steilen Südhängen nördlich von St-Jean de Pied. Brana stellt in seiner Destillerie auch Boutique-Gin mit Espelette-Chili und einen wilden *liqueur cacao* her, der Bayonne-Schokolade mit *eau de vie* aus Birnen kombiniert. Man erhält sie im **Village d'Artisans**, einem Laden für lokales Kunsthandwerk (Töpferwaren, Espadrilles) und landwirtschaftliche Produkte, 11 km nördlich von St-Jean Pied de Port an der D918 Richtung Ossès und Bayonne.

WO MAN DEN BASKISCHEN PULS SPÜRT

Der Surffotograf und Galerist **Sylvain Cazenave** aus Biarritz verrät seine baskischen Lieblingsorte. @galeriesylvain cazenave

Ferme Agerria, St-Martin d'Arberoue
Bernadette und Jean-Claude züchten auf ihrem Hof (agerria.fr) Schafe, Ziegen und schwarze Schweine und teilen ihre Leidenschaft auf Touren das ganze Jahr über.

Arcé, St-Étienne de Baïgorry
Ich gehe gern sonntags hierher. Pascal, der Chefkoch, bereitet Forellen frisch aus dem Fluss unten zu. Nach dem Mittagessen wandere ich zum Col de l'Ispeguy und genieße die Aussicht auf die französischen und spanischen Pyrenäen.

Rue de la Madelaine, Bidart
Ich sitze gern auf einer Bank oben auf der Klippe und beobachte Parlementia, meine Lieblingswelle, auf der ich 1971 zum ersten Mal gesurft bin.

Rund um St-Jean Pied de Port

Die imposante Umgebung von St-Jean in den Pyrenäen verführt dazu, die Wanderschuhe anzuziehen, und macht Appetit auf einen der größten kulinarischen Schätze des Baskenlandes.

UNTERWEGS VOR ORT

Ein eigenes Fahrzeug ist unerlässlich, um das abgelegene baskische Hinterland zu erkunden.

Wie es sich für eine alte Durchgangsstadt gehört, in der sich die Pilger aus Paris, Vézelay und Le Puy-en-Velay versammelten, bevor sie den beschwerlichen Weg über den Col de Roncevaux nach Spanien antraten, ist die Erkundung der Natur Teil der DNA dieser Gegend. Am Fuß der Pyrenäen gelegen, ist St-Jean Pied de Port der Ausgangspunkt für Tagesausflüge zu abgelegenen Bergdörfern, Weinbergen in den Hügeln und Buchenwäldern, die im Herbst feuerorange leuchten. Zahlreiche Wanderwege laden zum entspannten Erkunden ein, umweltbewusste Köche halten die baskische Küche lokal und bodenständig – im wahrsten Sinne des Wortes, wie im Fall des Sternekochs Clément Guillemot in Espelette, dessen Menü ein kulinarischer Spaziergang von den baskischen Bergen zur Küste ist.

☑ TOP TIPP

Um den lokalen AOP Ossau-Iraty-Käse auf den Bauernhöfen zu probieren, auf denen er hergestellt wird, folge der Route du Fromage (Käse-Route; ossau-iraty.fr).

AMY_SHOT/SHUTTERSTOCK ©

St-Étienne de Baïgorry

CHRISTOPHE KLEBERT/SHUTTERSTOCK ©

Espelette-Chilis

Spüre die Hitze in Espelette

Art de vivre des Chilis

Die Basken sagen, man brauche eine kräftige Kehle, die von der heißen Sonne des Südens geformt wurde, um Espelette-Chilis zu essen. Sie haben Recht. Wenn du einen Tag im baskischen Dorf Espelette verbringst, erlebst du vielleicht den Chilisegen, die Ehrung des *chevalier du piment* (Chiliritter) im Oktober oder weiß getünchte Häuser voller dunkelroter Chilis, die zum Trocknen aufgehängt werden. Egal zu welcher Jahreszeit, ein Besuch in Espelette, 40 km nordwestlich von St-Jean Pied de Port, ist ein wahrer Hochgenuss.

Beginne auf dem Hauptplatz **Place du Marché**. Im **Centre d'Interprétation de l'AOP Piment d'Espelette** (pimentdespelette.com) erfährst du alles über das einzige französische Gewürz, das eine eigene Qualitätsbezeichnung (AOP) hat. Sieh dir einen 20-minütigen Film über die Geschichte des Gewürzes an, das seit den 1650er-Jahren von lokalen Bauern angebaut wird. Rund 200 Bauernhöfe bewirtschaften heute 275 ha rund um das Dorf und produzieren jährlich 227 t des getrockneten, feurig-roten Chilipulvers.

Plane voraus und buche einen geführten Bauernhofbesuch. Bei der **Fête de la St-Joseph** Mitte März kannst du sehen, wie die Samen gesät werden. Die Pflanzen werden im Mai oder Juni auf die offenen Felder gebracht. Nach den strengen AOP-Regeln werden sie in einem Abstand von 40 cm und in Reihen von 60 cm gepflanzt. Die ersten Schoten werden von Hand geerntet, sobald sie sich im August dunkelrot verfärben. Einige werden frisch verkauft – in einem handgenähten *corde* oder an einer Schnur mit 20 Schoten – der Rest wird getrocknet und zu Chilipulver gemahlen.

Wenn der Hunger sich meldet, überquere den Fluss und genieße *piment d'espelette* in der bodenständigen, modern-baskischen Küche des Sternekochs Clément im **Choko Ona**. Die Tische in dem traditionellen baskischen Haus aus dem 18. Jh. bieten einen Blick auf den Gemüsegarten.

DIE BESTEN ABGESCHIEDENEN DÖRFER IM BASKENLAND

St-Étienne de Baïgorry
Bilderbuchdorf an den Ufern des Flusses Nive, umgeben von Wanderwegen, Traillauf-Routen und Weinbergen im ruhigen Vallée de Baïgorry.

Itxassou
Das Dorf auf dem Hügel ist berühmt für seine Kirschen und seine malerische Umgebung.

La Bastide-Clairence
Mit seinen weiß getünchten, lippenstiftrot bemalten Häusern ist es wohl das schönste aller baskischen Bergdörfer.

Bidarray
Hübsches Dorf am Flussufer, bekannt für seine Wildwasser-Rafting-Action.

Larressore
Die *makhila*-Werkstatt (baskischer Spazierstock) der Familie Anciart Bergara neben dem *fronton* ist das Herz dieses traditionellen Dorfes, 6 km nördlich von Espelette.

Dordogne & Lot

WEINGÜTER, CHÂTEAUS UND PRÄHISTORISCHE HÖHLEN

Üppige Landschaften und träge Flüsse, reizvolle mittelalterliche Dörfer, faszinierende Höhlenmalereien, märchenhafte Schlösser sowie ausgezeichnete Speisen und Weine: Willkommen in einem der besten Reiseziele Frankreichs.

Der breite Fluss Dordogne schlängelt sich von Osten nach Westen durch die südliche Region des Départements und wurde einst von *gabarres*, Booten mit flachem Boden, befahren, die Fässer mit Wein nach Bordeaux transportierten. Heute bietet der Fluss zahlreiche Möglichkeiten für Aktivitäten wie Kanufahren, Paddelboarding, Schwimmen und Bootfahren. An seinen Ufern liegen wunderschöne Dörfer und turmbewehrte Schlösser. Die wichtigste Stadt ist das historische Bergerac mit seinen mittelalterlichen Fachwerkhäusern und exzellenten Restaurants, in denen die bekannten Gerichte dieser kulinarisch geprägten Region serviert werden.

In der Region Périgord liegt am Fluss Isle die alte Stadt Périgueux mit ihrer römischen und mittelalterlichen Vergangenheit und einer byzantinischen Kathedrale mit anmutigen Kuppeln. In Richtung Osten kann man entlang des Flusses Vézère entdecken, wo die ersten Menschen siedelten und Tausende von Tierdarstellungen an Höhlenwänden malten. Neben hübschen kleinen Städten gibt es fast 200 prähistorische Stätten, von denen die Höhle von Lascaux die berühmteste ist.

Auf dem Weg nach Norden passiert man weite Teile des grünen, hügeligen Parc Naturel Régional Perigord-Limousin, der nur dünn besiedelt ist. Gleich hinter der Grenze zu Haute-Vienne liegt die attraktive Stadt Limoges, die für ihr Porzellan und ihre auf Rindfleisch spezialisierte Küche bekannt ist.

In südlicher Richtung, im Lot, bietet sich ein Abstecher in den herrlichen Parc Naturel Régional und UNESCO Géoparc Causses de Quercy an, um die an den Felsen klebenden Dörfer Rocamadour und St-Cirq-Lapopie sowie die attraktiven mittelalterlichen Städte Cahors und Figeac zu besuchen.

DIE WICHTIGSTEN ZIELE

PÉRIGUEUX
Hauptstadt des Périgord und prähistorische Höhlen. S. 558

LIMOUSIN
Gourmetküche, Wandern und Radfahren. S. 568

BERGERAC
Weingüter, Châteaus und Aktivitäten rund um den Fluss. S. 571

LOT
Mittelalterliche Städte und Felsendörfer. S. 576

Links: Centre International de l'Art Pariétal (S. 565); Oben: Château de Monbazillac (S. 579)

Erste Orientierung

Die Dordogne liegt im Südwesten und ist mit 9000 km² das drittgrößte Département des französischen Festlandes. Dazu gehören Limoges und das Limousin im Norden, während das Lot im Süden bis nach Cahors reicht.

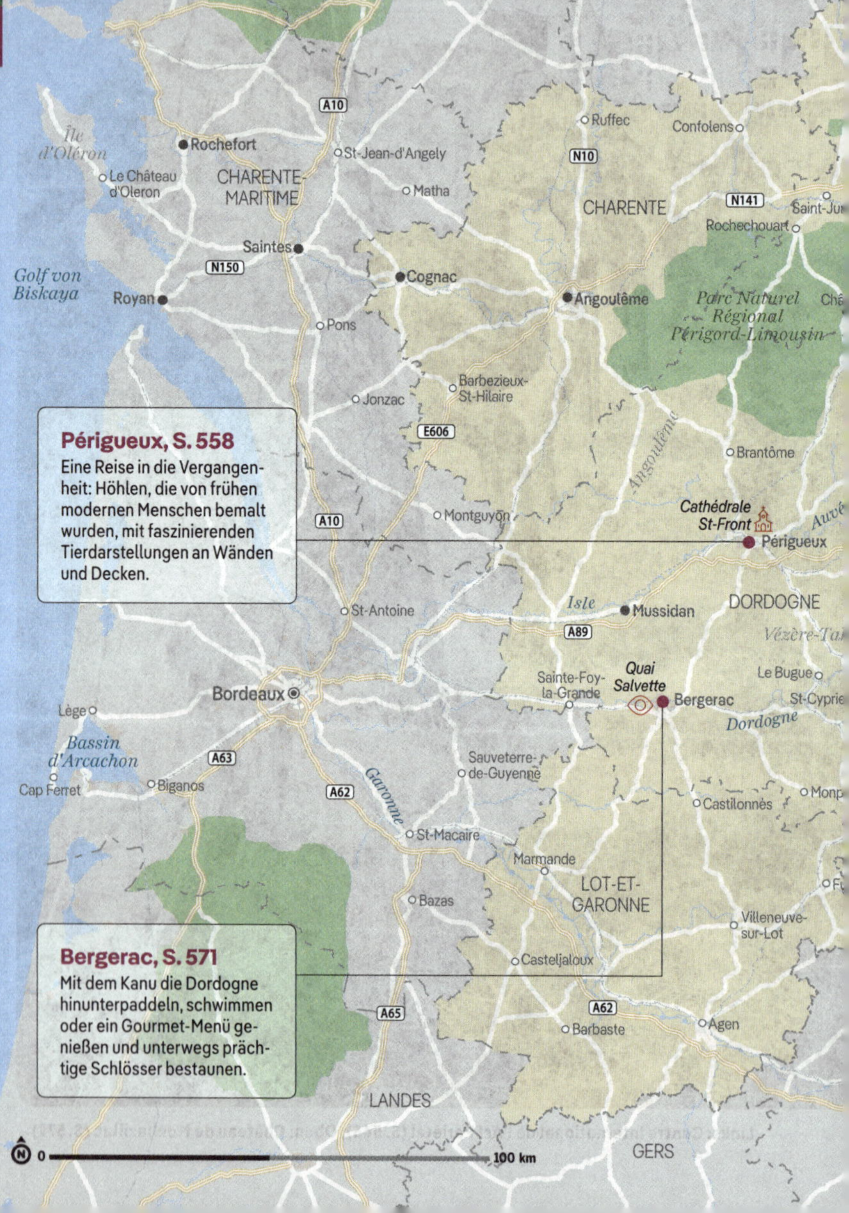

Périgueux, S. 558
Eine Reise in die Vergangenheit: Höhlen, die von frühen modernen Menschen bemalt wurden, mit faszinierenden Tierdarstellungen an Wänden und Decken.

Bergerac, S. 571
Mit dem Kanu die Dordogne hinunterpaddeln, schwimmen oder ein Gourmet-Menü genießen und unterwegs prächtige Schlösser bestaunen.

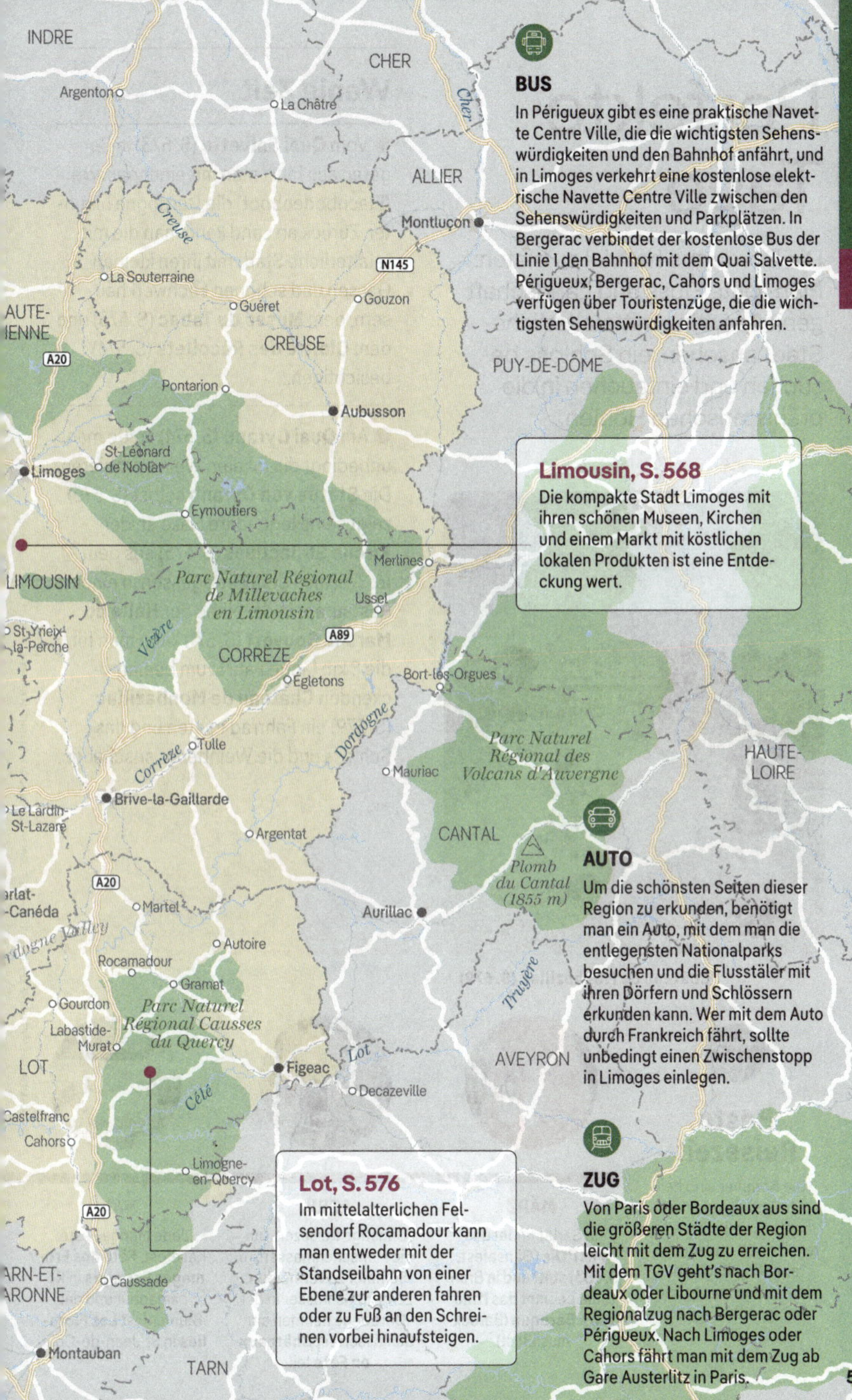

BUS

In Périgueux gibt es eine praktische Navette Centre Ville, die die wichtigsten Sehenswürdigkeiten und den Bahnhof anfährt, und in Limoges verkehrt eine kostenlose elektrische Navette Centre Ville zwischen den Sehenswürdigkeiten und Parkplätzen. In Bergerac verbindet der kostenlose Bus der Linie 1 den Bahnhof mit dem Quai Salvette. Périgueux, Bergerac, Cahors und Limoges verfügen über Touristenzüge, die die wichtigsten Sehenswürdigkeiten anfahren.

Limousin, S. 568

Die kompakte Stadt Limoges mit ihren schönen Museen, Kirchen und einem Markt mit köstlichen lokalen Produkten ist eine Entdeckung wert.

AUTO

Um die schönsten Seiten dieser Region zu erkunden, benötigt man ein Auto, mit dem man die entlegensten Nationalparks besuchen und die Flusstäler mit ihren Dörfern und Schlössern erkunden kann. Wer mit dem Auto durch Frankreich fährt, sollte unbedingt einen Zwischenstopp in Limoges einlegen.

Lot, S. 576

Im mittelalterlichen Felsendorf Rocamadour kann man entweder mit der Standseilbahn von einer Ebene zur anderen fahren oder zu Fuß an den Schreinen vorbei hinaufsteigen.

ZUG

Von Paris oder Bordeaux aus sind die größeren Städte der Region leicht mit dem Zug zu erreichen. Mit dem TGV geht's nach Bordeaux oder Libourne und mit dem Regionalzug nach Bergerac oder Périgueux. Nach Limoges oder Cahors fährt man mit dem Zug ab Gare Austerlitz in Paris.

Perfekte Tage

Die Dordogne hat viel zu bieten: Man sollte Fluss und Landschaft genießen, eine mittelalterliche Stadt ansehen, ein Schloss besuchen und eintauchen in die prähistorischen Höhlen.

Château de Monbazillac (S. 579)

Wenig Zeit

- Vom **Quai Salvette** (S. 573) in Bergerac aus fährt man mit einer *gabarre* (Flachbodenboot) die Dordogne hinunter. Zurück an Land kann man die mittelalterliche Stadt mit ihren kleinen Gassen und schönen Fachwerkhäusern, dem **Musée du Tabac** (S. 575) und dem **Cloître des Récollets** (S. 574) besichtigen.

- Am **Quai Cyrano** (S. 574) sollte man unbedingt die lokalen Weine probieren. Die **Statue von Cyrano** selbst (S. 575) zeigt seine legendäre Nase an der **Kirche St-Jacques** (S. 575) aus dem 16. Jh. Nach dem Mittagessen in einem Restaurant in der Nähe der **Halle du Marché Couvert** (S. 571) kann man für die 8 km lange Fahrt zum beeindruckenden **Château de Monbazillac** (S. 579) ein Fahrrad mieten und das Schloss und die Weinberge anschauen.

Beste Reisezeit

Die Sommer sind heiß und sonnig und die Hauptreisezeit. Die Winter sind kalt und feucht, aber Frühling und Herbst sind milder und weniger überlaufen.

MÄRZ

In Sarlat findet das **Fest'Oie** (Gänsefest; S. 583) statt und in Brantôme beginnt das **Itinéraire Baroque** (Barockmusikfest).

APRIL

Günstige Reisezeit, um die Menschenmassen im Sommer zu vermeiden. Etwa 70 Schlösser in der Dordogne nehmen am Schlösserfest **Châteaux en Fête** teil.

MAI

Jede Menge Feste: Käsefest, **Fête des Fromages Fermiers** in Rocamadour und das Blumenfest **Les Floralies** in St-Jean-de-Côle.

Drei Tage zum Herumstöbern

● Entlang des malerischen Dordogne-Tals geht's nach **Cadouin** (S. 581), wo man die beeindruckende Abtei aus dem 12. Jh. besichtigen kann. Weiter geht es durch mittelalterliche Dörfer zum mächtigen **Château de Castelnaud** (S. 579), um eine Portion Geschichte zu erleben.

● Am nächsten Tag schlendert man durch die verwinkelten Gassen von **Sarlat** (S. 581) mit schönen Fachwerkhäusern und deckt sich mit kulinarischen Köstlichkeiten aus der Region Périgord ein.

● Am letzten Tag fährt man nach Les Eyzies und besucht das Erlebniszentrum **Pôle d'Interprétation de la Préhistoire** (S. 565), gefolgt von einem Mittagessen im schönen **St-Léon-sur-Vézère** (S. 568). Den Abschluss bildet eine Führung in **Lascaux IV** (S. 565) in Montignac, wo Höhlen besichtigt werden können, die vor mehr als 17000 Jahren bemalt wurden.

Mehr als eine Woche Zeit

● Um das Lot zu erleben, sollte man sich einen oder zwei Tage Zeit nehmen. Sehenswert ist das senkrechte **Rocamadour** (S. 584), in dem man den senkrechten Weg hinaufklettert, vorbei an den katholischen Schreinen bis zum Château, das auf dem Gipfel thront. Für Kinder bieten sich die Parks **Forêt des Singes** (S. 586) und **Rocher des Aigles** (S. 586) an.

● Weiter südlich, in Cahors, befindet sich die beeindruckende mittelalterliche Brücke **Pont Valentré** (S. 584) über den Fluss Lot. Im **Parc Naturel Régional Périgord-Limousin** (S. 569) kann man durch die sanften grünen Hügel wandern oder Rad fahren.

● Südlich von Bergerac sollte man die Wochenmärkte in den *bastide*-Städten **Eymet** (S. 581), **Issigeac** (S. 581) und **Belvès** (S. 580) sowie die großen Schlösser von **Monbazillac** (S. 579) und **Bridoire** (S. 583) besuchen.

JUNI
Die **Fête de la Musique** wird in ganz Frankreich um den 21. herum in den Städten und Dörfern gefeiert.

JULI
Während der Tour de France gibt es oft Straßensperrungen. Abends finden Lebensmittelmärkte statt. Kulturelle Feste in Montignac, Figeac und Cahors.

AUGUST
Beim Musikfestival **L'été musical** in Bergerac gibt es mehrere Veranstaltungen im Juli und August, in Périgueux findet das Pantomimenfestival **Mimos** statt.

SEPTEMBER
Die **Vintage Days** in Périgueux sind eine dreitägige Veranstaltung. Das atemberaubende Heißluftballon-Festival steigt in Rocamadour (S. 583).

Périgueux

UNTERWEGS VOR ORT

Die engen, kopfsteingepflasterten Straßen sind leicht zu Fuß zu begehen und steigen sanft bis zum bd Michel Montaigne an, der den alten vom modernen Teil der Stadt trennt. Autofahren in der Altstadt ist nicht zu empfehlen; Parkmöglichkeiten gibt's in der Rue Mauvard (kostenlos), im mehrstöckigen Montaigne oder entlang dem bd Georges Saumande (kostenlos).

In einer Flussbiegung im Südwesten befindet sich das beeindruckende Musée Gallo-Romain Vesunna. Man kann es von der Altstadt aus mit dem Auto erreichen, den MyBus der Linie N nehmen oder im Fremdenverkehrsbüro ein Fahrrad mieten.

Der Petit Train ist zwar touristisch, aber eine gute Möglichkeit, um alle wichtigen Sehenswürdigkeiten mit Erläuterungen zu besichtigen: Sechs 40-minütige Fahrten pro Tag (Erw./Kind 10/6 €), die an der Kreuzung rue Équillerie und bd Michel Montaigne beginnen, stehen zur Auswahl.

Périgueux hat im Laufe seiner Geschichte mehrere Veränderungen erlebt: Es begann im 4. Jh. v. Chr. als befestigte Siedlung des Stammes der Petrocorii, stand unter römischer Herrschaft, durchlebte die Kämpfe zwischen Engländern und Franzosen im Hundertjährigen Krieg und genoss die Blütezeit der Renaissance, gefolgt von der Zerstörung durch die Religionskriege. Im 19. Jh. erwachte Périgueux durch den Bau der Eisenbahn zu neuem Leben und wurde zur Hauptstadt der Region Périgord. Heute ist Périgueux eine angenehme Stadt am Westufer des Flusses Isle mit einem reizvollen mittelalterlichen *quartier*, das von der Cathédrale St-Front dominiert wird und schönen Plätzen, die einen altmodischen französischen Charme ausstrahlen. Die ausgedehnten römischen Ruinen werden im Musée Gallo-Romain Vesunna ansprechend präsentiert.

Das Périgord – und damit auch Périgueux – hat eine enorme Bedeutung für die französische Küche. In der Region werden wertvolle Zutaten wie Gans, Ente und Gänsestopfleber, Walnüsse, Trüffel, *ceps* (Steinpilze) und Wein produziert und die Restaurants servieren die klassischen Gerichte der Region.

BEARFOTOS/SHUTTERSTOCK ©

Périgueux

PÉRIGUEUX

HIGHLIGHTS
1. Cathédrale St-Front

SEHENSWERTES
2. Eschif
3. Marché du Coderc
4. Musée d'Art et Archéologie
5. Musée Gallo-Romain Vesunna
6. Place du Coderc
7. Tour de Vesonne

ESSEM
8. Chez Fred
9. Hercule Poireau
10. La Péniche

Allée de Tourny
Cours Tourny
R Bergère
R des Drapeaux
Pl Émile-Goudeau
R des Augustins
R du Plantier
R Barbecane
R Voltaire
Pl St-Louis
Pl du Marché au Bois
R de la Sagesse
R Éguillerie
R Notre Dame
PUY ST-FRONT
R des Dépêches
Pl Daumesnil
R du Port de Graule
R de la Clarté
R des Barris
Pont des Barris
Pl du Coderc
Pl de l'ancien Hôtel de Ville
R Taillefer
Pl de la Clautre
Cathédrale St-Front
R de l'Harmonie
Bd Georges Saumande
Pl Mauvard
R des Places
R des Farges
R Condé
Cours Fénelon
R du Lys
Pl Hoche
Jardin des Anciennes Archives
Q de l'Isle
Isle
R des Tanneries
Pont St-Georges
R Lacombe
Bd Lakanal
R Charles Mangold
R Littré
Bd de Vésone
R E Combes
R de la Cité
Pl de la Cité
Pl Francheville
Pl Bugeaud
Pl du Général de Gaulle
Esplanade Badinter
Pl St-Silain
R de L'Oie
R Cimetière St-Silain
Bd Michel Montaigne
R Maleville
R Louis Mie
R Gambetta
Pl du Président Roosevelt
R du 4 Septembre
Pl André Maurois
R A Gadaud
R Thiers
R de Metz
Pl P Lanaxade
R de l'Alsace Lorraine
R Ste-Ursule
R du Président Wilson
R Lafayette
R Du Guesclin
R Ernest-Guiller
R de Strasbourg
Bd des Arènes
R des Gladiateurs
Jardins des Arènes
LA CITÉ
R Turenne
R Romaine
R Saint-Pierre Ès Liens
Bd Bertran de Born
R Claude Bernard
0 200 m

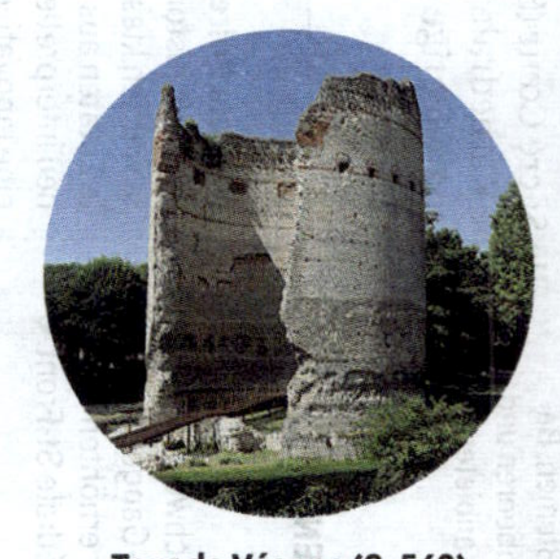

Tour de Vésone (S. 562)
ERIC BASCOL/ISTOCK/GETTY IMAGES ©

CAFÉ-KULTUR IN PÉRIGUEUX

Es gibt einige Plätze in Périgueux, auf denen man sich nicht wundern würde, wenn die Stars von The Parisian Agency um die Ecke kämen. Sonntagmorgens ist es am schönsten, aber an jedem Wochentag kann man zum Beispiel zum **Place du Coderc** gehen, sich ein Croissant aus der Patisserie holen, einen Platz in der Sonne an einem Cafétisch suchen und einen Kaffee bestellen. Auf der einen Seite befindet sich die **Halle du Coderc**, eine wunderbare Markthalle für frische Produkte, und auf der anderen Seite stehen Wohnhäuser in Fachwerkbauweise mit schmiedeeisernen Balkonen. Der Platz wird von zwei majestätischen Linden beherrscht, unter denen Verkaufsstände Brathähnchen, Blumen, Baguettes, Erdbeeren und vieles mehr anbieten.

DUCHY/SHUTTERSTOCK ©

Cathédrale St-Front

Die anmutige Cathédrale St-Front von Périgueux

Kuppeln, Türmchen und Glocken

Die große Cathédrale St-Front in Périgueux überrascht: ein großes, cremeweißes Gebäude mit fünf majestätischen Kuppeln, Türmchen und einem breiten, 60 m hohen Glockenturm. Schaut man nach oben und stellt sich anstelle des Glockenturms ein Minarett vor, so stimmt man dem Schriftsteller Victor Hugo zu, der sie die „große Moschee von Périgueux" nannte. Obwohl an dieser Stelle bereits seit dem 6. Jh. eine Kirche stand, erhielt sie erst 1047 ihren romanisch-byzantinischen Stil mit dem Grundriss eines griechischen Kreuzes. Sie diente sogar als Vorbild für die Sacré Cœur (S. 97) in Paris-Montmartre.

Die Kathedrale, die zum Weltkulturerbe der UNESCO gehört, ist eine wichtige Station auf dem Pilgerweg von Vézelay nach

ESSEN IN PÉRIGUEUX

Chez Fred
Qualitativ hochwertiges, marktfrisches Drei-Gänge-Menü mit Blick von der erhöhten Terrasse auf die Cathédrale St-Front. €

Hercule Poireau
In einem historischen Ambiente werden klassische, saisonale Zutaten aus dem Périgord neu interpretiert und ergeben eine innovative Küche. €€€

La Péniche
Dieses alte Boot liegt am Kai und bietet einen herrlichen Blick auf den Fluss und hat eine ansprechende Speisekarte. €€

STADTSPAZIERGANG: PÉRIGUEUX ZU FUSS ERKUNDEN

Dieser gemütliche Spaziergang durch das mittelalterliche Périgueux schlängelt sich durch kopfsteingepflasterte Gassen und über hübsche Plätze hinunter zum Fluss Isle. Ausgangspunkt ist der Park 1 **Esplanade du Souvenir** mit Blick auf den Fluss. In südwestlicher Richtung geht es über die Allée Tourny in die Rue du Plantier. Dann rechts in die Rue Barbecane einbiegen und an der Kreuzung mit der Rue St-Front ein paar Schritte nach links gehen, um den 2 **Temple Maçonnique** (Freimaurertempel) zu entdecken. Die schöne Fassade wurde in den 1940er-Jahren von der Vichy-Regierung abgerissen und 1987 wiederhergestellt. Nun wieder zurück zur Kreuzung und weiter in Richtung Westen. Rechts in die 3 **rue Limogeanne** einbiegen, eine schmale Straße mit alten Häusern, einige mit dekorativen Kragsteinen.

Weiter geht's durch die Rue St-Louis bis zum 4 **Place St-Louis**, wo im Winter mittwochs und samstags ein Gänselebermarkt stattfindet. Unbedingt sehenswert ist das imposante Renaissance-Gebäude Maison du Patissier aus dem 14. Jh. mit dem Bronzebrunnen La Source. In der 5 **Rue de la Sagesse** sind im Pflaster Gedichtzeilen eingraviert. Sie mündet in den charmanten 6 **Place du Coderc** mit schattigen Bäumen, zahlreichen Cafés und einer einladenden Markthalle, in der im Sommer Konzerte stattfinden. Verlässt man den Platz auf der Südseite des Marktes, gelangt man zum 7 **Place de l'Ancien Hotel de Ville** mit kleinen Geschäften und Betrieben. Weiter südlich führt links die Rue Taillefer zum 8 **Place de la Clautre**, wo mittwochs und samstags ein Wochenmarkt und im Sommer ein Nachtmarkt stattfinden. Hier steht die prächtige 9 **Cathédrale St-Front**, die einen Besuch wert ist. Tafeln inforieren über die Geschichte der Stadt (in französischer Sprache).

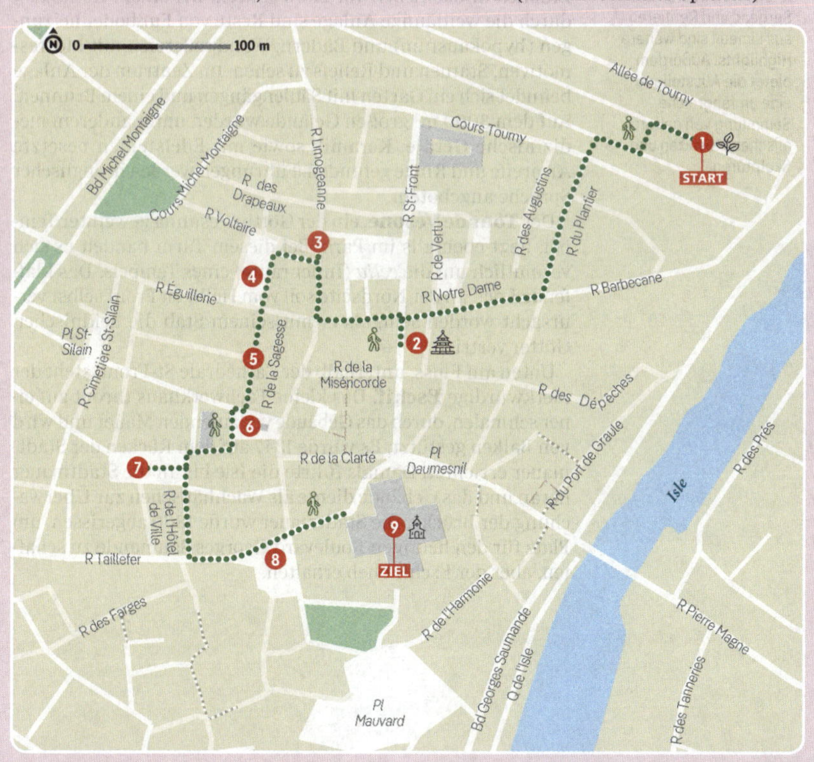

MUSÉE D'ART ET ARCHÉOLOGIE

Das Musée d'Art et Archéologie in den Allées Tourny in der Altstadt ist einen Besuch wert, vielleicht als Vorbereitung auf einen Ausflug in das Vézère-Tal und seine prähistorischen Höhlen. In diesem Museum, das 1835 als erstes in der Dordogne eröffnet wurde, sind Mammutstoßzähne und versteinerte menschliche Knochen aus der Zeit um 90000 v. Chr. zu sehen. Das sind die ältesten, die je in Europa gefunden wurden. Die Ritzzeichnung eines Bisonkopfes und die Malereien von Stieren aus Sergeac und Rentieren aus Limeuil sind weitere Highlights. Außerdem bietet die Ausstellung eine umfangreiche Sammlung von gallorömischen Mosaiken und Skulpturen.

Santiago de Compostela. Die beiden Haupteingänge befinden sich am Place Daumesnil und am Place de la Clautre. Im Inneren gibt es keine Kirchenbänke, sondern Stuhlreihen, riesige Kronleuchter und eine beeindruckende Kanzel, Orgel und Hochaltar. Besonders sehenswert ist der große barocke Altaraufsatz mit Schnitzereien aus Eichen- und Nussholz im östlichen Seitenschiff. An der Südseite befinden sich ein Kreuzgang und ein Garten. Wer auf die Dächer steigen möchte, um die Kuppeln aus der Nähe zu betrachten und einen herrlichen Blick über die Stadt und den Fluss zu genießen, sollte eine einstündige **Führung** im Tourismusbüro oder online unter https://tourisme-grandperigueux.fr.//tourisme-grandperigueux.fr buchen.

Jeden Samstagvormittag findet um 11.15 Uhr ein **Orgelkonzert** statt (Juli–Sept.). Weitere Konzerte unter https://amiscathedralesaintfront.fr.

Eintauchen in die antike Vergangenheit von Périgueux

Gallo-römische und mittelalterliche Zeugnisse

In den Gärten südwestlich der Altstadt, in einer Schleife des Flusses Isle, liegt das hervorragende **Musée Gallo-Romain Vesunna**. Der elegante Glasbau beherbergt ein römisches *domus* (Stadtvilla) aus dem 1. Jh. und bietet einen einzigartigen Einblick in das Leben vor 2000 Jahren. Bei einem Rundgang durch die weitläufige Anlage sind Reste von Fußbodenheizungen (hypokaustum) und Bädern, Wandmalereien mit Meeresmotiven, Statuen und Reliefs zu sehen. Im Zentrum der Anlage befindet sich ein Garten mit Säulengängen und einem Brunnen. Auf dem 3000 m² großen Gelände wurden unter anderem medizinische Geräte, Keramik sowie mit Edelsteinen besetzte Armreife und Ringe gefunden. Führungen werden in englischer Sprache angeboten.

Der **Tour de Vésone**, ein der Göttin Vesunna geweihter Tempel, liegt ebenfalls im Park. Bei diesem Turm handelt es sich vermutlich um die *cella* (Innenraum) eines Tempels. Das klaffende Loch an der Nordseite soll vom Heiligen Front selbst verursacht worden sein, als er mit seinem Stab die heidnischen Götter vertrieb.

Unten am Fluss, unterhalb der Cathédrale St-Front, steht der merkwürdige **Eschif**. Das kleine Fachwerkhaus thront auf einer schmalen, durch das Gebäude verlaufenden Mauer und wird von Balken gestützt. Es wurde 1347 auf dem Rücken der Stadtmauer errichtet. Damals führte die Isle bis an die Stadtmauer heran und das Gebäude diente als Wachhäuschen zur Überwachung der Brücke. Die Stadtmauer wurde 1860 abgerissen, um Platz für den heutigen Boulevard Georges Saumande zu schaffen, aber der Eschif blieb erhalten.

Rund um Périgueux

Périgueux ist idealer Ausgangspunkt für die Erkundung bemerkenswerter prähistorischer Höhlenkunst und der herrlichen Landschaften mit majestätischen Schlössern.

Östlich von Périgueux liegt das Vézère-Tal, in dem sich einige der aufregendsten Funde von Höhlenmalereien befinden, die zeigen, wie die frühen Menschen in dieser Region lebten. Unterwegs kann man in einigen faszinierenden Dörfern und Kleinstädten einen Stopp einlegen.

Im Norden erstreckt sich der Parc Naturel Régional Périgord-Limousin fast bis nach Limoges. Dieses dünn besiedelte Gebiet eignet sich hervorragend zum Radfahren und Wandern und bietet einige prächtige Châteaus sowie die Abtei von Brantôme, die man besichtigen kann. Die kleinen Städte sind berühmt für ihre Spezialitäten – Sorges für seine Trüffel und Thiviers für seine Gänsestopfleber. Viele kleinere Erzeuger:innen bieten hervorragende Produkte an, die man probieren kann.

SERGII RUDIUK/SHUTTERSTOCK ©

Abtei von Brantôme (S. 568), Brantôme-en-Périgord

UNTERWEGS VOR ORT

Da in einigen Dörfern in der Umgebung von Périgueux die Straßen sehr eng und viele davon Fußgängerzonen sind, sollte man am besten in den Außenbezirken parken und die Gegend zu Fuß erkunden.

In der Altstadt von Limoges ist Auto fahren innerhalb der Altstadt wegen der engen Straßen und vielen Fußgängerzonen nicht möglich. Im modernen Teil der Stadt gibt's jedoch zentrale Parkplätze, aber auch *parcs relais* (Parkplätze, die von einer Buslinie angefahren werden) in den Außenbezirken (Karte siehe unter www.carto.stcl.fr/parcs-relais). Die Route 1 (hellblau) ist ideal, um die Kathedrale und das alte Viertel zu erreichen. Eine kostenlose Navette Centrale mit einem praktischen Rundkurs verkehrt Mittwoch bis Samstag von 10 bis 18.30 Uhr. Auf der Karte unter www.stcl.fr/fr/navette-centre-ville-gratuite/1015 ist sie dargestellt.

THIPJANG/SHUTTERSTOCK ©

PRAKTISCHES

Für die Besichtigung von Lascaux II, IV und Parc du Thot den QR-Code scannen:

TOP-SEHENSWÜRDIGKEIT

Das Vézère-Tal

Dieses Tal ist seit 400000 Jahren von Menschen bewohnt. Hier findet man Höhlen voller Kunstwerke, die vor 15000 bis 17000 Jahren entstanden sind, die schönsten davon in Montignac-Lascaux. Im Tal gibt es kleinere, aber nicht minder beeindruckende Höhlen und Abris (Felsunterstände) zu entdecken, zwei Museen, die alles in einen Zusammenhang stellen, und zauberhafte Dörfer, die entdeckt werden wollen.

NICHT VERPASSEN

- Führung in Lascaux IV
- Musée de la Préhistoire
- Grotte Font de Gaume
- Parc du Thot
- Abris (Felsunterstände) in Castel Merle, Sergeac
- Château de Losse
- Dorf St-Léon-sur-Vézère

Montignac-Lascaux

Vor 15000 bis 17000 Jahren nutzten die frühen Menschen die Höhlen in dieser Region, um sich künstlerisch zu entfalten. Im Jahr 1940 wurde die Höhle von Lascaux auf einem Hügel oberhalb von Montignac von Jugendlichen aus der Region entdeckt. Allein in dieser Höhle wimmelt es von 600 gemalten Tieren und Symbolen und fast 1500 Gravuren an Wänden und Decken.

Zum Schutz der ursprünglichen Höhle ist es nicht mehr möglich, **Lascaux I** zu betreten. Zur Auswahl stehen Lascaux II, das 200 m weiter unten am Hang liegt, und Lascaux IV, ein niedriges weißes Gebäude, das sich in Montignac an den Hang schmiegt. Beide enthalten Nachbildungen der Originalmalereien und bieten Führungen in englischer Sprache an. **Lascaux III** wiederum ist eine Wanderausstellung.

In **Lascaux II** führt ein Guide bei Fackelschein die Stufen hinunter in die Höhle. In kleinen Gruppen hat man eine Stunde lang Zeit, Fragen zu stellen und sich die Werkzeuge und Materialien der Künstler:innen anzusehen. Bei einem Rundgang durch den nachgebauten Saal der Stiere und das axiale Diverticulum sieht man 90% der Originalmalereien und -ritzzeichnungen. Es ist kühl, schwach beleuchtet, uneben und etwas feucht, aber die dargestellten Tiere sind einfach faszinierend.

Lascaux IV, das 2016 eröffnete **Centre International de l'Art Pariétal**, ist ein großartiges, modernes Museum, in dem alle Originalzeichnungen aus der Höhle nachgebildet sind (mitsamt der entsprechenden Luftfeuchtigkeit, Temperatur und Akustik). Am Anfang der 45- bis 60-minütigen Führung wird man von einem Guide durch die Höhle geführt. Danach bekommt man ein Tablet und kann noch ein oder zwei Stunden mit den aufregenden, hochmodernen Installationen, 3D-Nachbildungen und interaktiven Bildschirmen verbringen.

Grotte Font de Gaume

Die Grotte Font de Gaume ist die einzige Höhle mit Wandmalereien in Frankreich, die noch öffentlich zugänglich ist, auch wenn die Zahl der Besucher:innen beschränkt ist. Der Zugang erfolgt über einen steilen, schmalen Pfad von etwa 400 m und die Höhle ist dunkel, verwinkelt und eng, aber dafür wird man reich belohnt: Es gibt mehrfarbige Darstellungen von Mammuts, aber auch von Bisons, Pferden und Rentieren.

Parc du Thot

Dieser Park mit Museum widmet sich der Beziehung zwischen den frühen Menschen und den Tieren, die sie jagten und malten. Er ist besonders für Kinder geeignet. Das Museum bietet Filme (auch in 3D), lebensgroße Exponate und Ausstellungen. Im Außenbereich befinden sich große Gehege für die Nachkommen einiger dieser Tiere: Wisente, Wölfe, Auerochsen, Tarpan- und Przewalski-Pferde und viele mehr. Täglich gibt es Fütterungen und Workshops für Kinder (zwischen fünf und 12 Jahren), darunter Höhlenmalerei, Herstellung eines Feuersteinwerkzeugs, Lederarbeiten, Archäologie und Schmuckherstellung.

Museen in Les Eyzies

In Les Eyzies, eine 30-minütige Autofahrt südwestlich von Montignac-Lascaux, ist das **Musée National de Préhistoire** ein guter Ausgangspunkt für die Erkundung dieses Tals. Das Museum selbst ist ein bemerkenswertes Gebäude – teilweise ein in den Felsen gebautes Schloss – und enthält Artefakte aus diesen UNESCO-Welterbestätten, darunter Holzschnitzereien und Skelette. Draußen steht die Statue eines Neandertalers. Führungen auf Englisch auf Anfrage. Online buchen unter www.musee-prehistoire-eyzies.de.

Nur 350 m entfernt befindet sich der moderne **Pôle d'Interprétation de la Préhistoire** (kostenlos) mit interaktiven Ausstellungen und Filmen, die das Wissen über die Höhlen noch weiter vertiefen.

WELCHES LASCAUX ANSCHAUEN?

In Lascaux II sind 90% der Originalmalereien nachgebildet. Die Führungen dauern eine Stunde und sind ohne technische Hilfsmittel. Es gibt einen kleinen Souvenirladen, Toiletten und einen Automaten für Getränke und Snacks. Die Höhle ist nur von April bis November geöffnet und nicht barrierefrei. Lascaux IV besteht aus einer vollständigen Nachbildung der ursprünglichen Höhle. Der Besuch hier dauert 2½ bis drei Stunden. Dieses Museum verfügt über einen großen Shop und ein Restaurant. Das Ganze ist barrierefrei und bei jedem Wetter gut zu besichtigen, im Sommer jedoch sehr voll.

TOP TIPPS

- Möglichst im Voraus online buchen: Kombitickets können für Lascaux II und IV und den Park du Thot gelten.
- Die beiden Höhlen Font de Gaume und Combarelles in Les Eyzies sind die letzten ursprünglichen Höhlen, die noch für die Öffentlichkeit zugänglich sind. Die Zahl der Besucher:innen ist begrenzt und die Führungen finden nur auf Französisch statt.
- Eine warme Jacke anziehen, denn die Temperatur in den Höhlen liegt bei 13°C.
- Am besten für Kinder geeignet ist die Tierwelt des Parc du Thot und das dazugehörige Museum.

DIE BESTEN KULINARISCHEN ERLEBNISSE IM PÉRIGORD

Périgourmet-Touren
Einen Tag mit Michel und Danu in einem flotten roten 2CV durch die Landschaft fahren und kleine Erzeugerbetriebe zur Verkostung besuchen: eine *boulangerie*, eine Enten- und Gänsefarm, eine Walnussfarm und vieles mehr. Man darf sich auf viele Geschichten und ein paar Rezepte freuen. Weitere Informationen unter www.perigourmet.com.

Kochschule La Chevrefeuille
In einem traditionellen französischen Bauernhaus im Herzen des Périgord kann man mit Küchenchef Ian in seiner Freiluftküche das Beste aus lokalen Zutaten herausholen. Informationen zu halb- und eintägigen Kursen unter www.cook dordogne.com.

Walnüsse, Périgord

Mit Verkostungen durch das Périgord

Lokale Produkte aus eigener Herstellung

Die Region Périgord produziert einige der begehrtesten Grundzutaten der französischen Küche: Enten- und Gänseprodukte, Walnüsse, Trüffel, Steinpilze und sogar Kaviar. Diese Produkte kann man zwar in Restaurants bestellen und in Fachgeschäften kaufen, aber man sollte auch die Gelegenheit nutzen, einen Blick hinter die Kulissen zu werfen und die Erzeuger:innen vor Ort zu besuchen, um zu sehen, wie die Produkte hergestellt werden, und sie frisch vom Hof zu kosten.

La Ferme Brusquand in Marquay, etwas mehr als eine Autostunde südöstlich von Périgueux, ist ein guter Ausgangspunkt dafür. In diesem Familienbetrieb wird gezeigt, wie Enten und Gänse für die Herstellung von *foie gras*, *magret de canard* (Brust), *confit de canard* (Keulen und Flügel), Rillettes und mehr gezüchtet werden. Auch ein Restaurant und eine Unterkunft sind hier vorhanden.

Walnussbäume sind überall in der Region zu finden. Auf der **Route de la Noix** (www.noixduperi gord.com) oder in der **Moulin de la Veyssière** (www .moulindelaveyssiere.fr) kann man bei einer Führung zusehen, wie in der Mühle Walnussöl hergestellt wird, das Museum besuchen und verschiedene Nussöle probieren. Es wird sogar ein Lunchpaket bereitet, das man an den Ufern des Kanals genießen kann.

FÜR GOURMETS & WEINLIEBHABER

Die vier Regionen des Périgord sind bekannt für ihre köstlichen kulinarischen Produkte – von Trüffeln über Walnüsse bis hin zu Erdbeeren – und für ihre hervorragenden Weine. Ausführliche Informationen siehe unter Périgord: das Herz der französischen Küche (S. 810).

GENÜSSE DES PÉRIGORD PROBIEREN

La Salamandre
Diese Brennerei bietet Verkostungen von Aperitifs auf Obstbasis, Likören und sogar einem Whisky an.

Neuvic Caviar
Hier kann man bei einer Führung einen Stör fangen und verschiedene Arten von Kaviar probieren.

Fromagerie La Trappe
In der beschaulichen Abbaye d'Échourgnac stellen Nonnen Kuh- und Ziegenkäse, Marmeladen und Honig her.

Wer tiefer in die Welt der Trüffel eintauchen möchte, sollte das **Ecomusée de la Truffe** in Sorges besuchen, 25 Autominuten nordöstlich von Périgueux. Hier erfährt man nicht nur alles Wissenswerte über diese „schwarzen Diamanten", sondern kann auch einen herrlichen Spaziergang durch die nahegelegene Trüffelplantage unternehmen. Im Museumsshop findet man zahlreiche Trüffelprodukte für ein Picknick unter den Bäumen. Im Juli und August werden geführte Wanderungen durch die Trüffelplantage angeboten, die online gebucht werden können. Jedes Jahr im Januar findet in Sorges ein Fest zur Feier der begehrten Wintertrüffelernte statt.

Beeindruckende Châteaus im Norden der Dordogne

Türme, Gärten und Kunst

Die nördliche Dordogne ist das Land der sanften, grünen Hügel mit imposanten Schlössern, die wie Trutzburgen wirken. Sie wurden als Verteidigungslinie gegen Westgoten, Franken, Sarazenen, Normannen und Engländer gebaut. Viele von ihnen können besichtigt werden und vermitteln einen Eindruck davon, wie es war, in einer so außergewöhnlichen Umgebung zu leben.

Das **Château de Jumilhac**, 52 km nordöstlich von Périgueux mit seinem vieltürmigen Dach, ist wirklich ein märchenhaftes Schloss. Es wurde im 13. Jh. erbaut; seine einzigartigen Kegel-, Spitz- und Pyramidentürme wurden später hinzugefügt. Im Inneren kann man die prächtigen Wohnräume des Marquis de Jumilhac besichtigen. Wie bei vielen Schlössern gibt es auch hier eine Geschichte über eine schöne Frau, die von einem eifersüchtigen Ehemann in einem Turm eingesperrt wurde. Von den höchsten Dächern aus hat man einen herrlichen Blick auf das Tal. Die Schlossgärten umfassen einen Rosengarten, ein Labyrinth und ein Mini-Planetarium. Es werden auch Führungen und im Sommer Musikabende angeboten.

Das honigfarbene **Château de Rochechouart** thront auf einem Felsvorsprung 45 km westlich von Limoges. Der Bau wurde um das Jahr 1000 begonnen, was man jedoch heute sieht, ist im spätgotischen Stil gehalten. Das Schloss beherbergt das **Musée d'Art Contemporain de la Haute-Vienne**. Im Inneren befinden sich bemerkenswerte Fresken und ein interaktives Museum, das die Architektur und die Geschichte erläutert. Eine große Sammlung zeitgenössischer Werke sowie Wechselausstellungen ist hier ebenfalls untergebracht. Die gesamte Sammlung kann unter www.navigart.fr/rochechouart/artworks eingesehen werden. Das Schloss ist von Mitte Dezember bis Ende Februar geschlossen.

AUF DEM VÉLO-RAIL DU PÉRIGORD

Ein Riesenspaß für die ganze Familie (Kinder ab drei Jahren): ein Metallkarren mit Sitzen, der, angetrieben durch Fahrradpedale, auf einer alten Eisenbahnstrecke durch schattige Wälder und über ein Viadukt fährt. Jeder Wagen fasst bis zu fünf Personen, von denen zwei in die Pedale treten. Die ersten 35 Minuten geht es von Corgnac-sur-l'Isle nach Thiviers bergauf, so dass die Pedaleure eine gewisse Kondition mitbringen sollten (elektrische Unterstützung ist jedoch möglich). Nach einer 30-minütigen Wartezeit im Garten, in der die Wagen gewendet werden, geht es 20 Minuten lang bergab. Für die Fahrt in den Garten sollte man Getränke mitnehmen und auf dem Rückweg ein Picknick am Flussufer einplanen. Reservierungen sind nur telefonisch möglich, und es muss in bar bezahlt werden. Im Dezember und Januar geschlossen.

CAMPINGPLÄTZE IM PARC NATUREL RÉGIONAL PERIGORD-LIMOUSIN

Le Repaire
Schattige Stellplätze und Holzchalets auf einem Drei-Sterne-Campingplatz in der Nähe von Thiviers. **€**

Brantôme-Peyrelevade
Parzellen sowie Zelte und Wohnmobile auf einem Vier-Sterne-Campingplatz mit einem Wasserpark, der für Kinder bestens geeignet ist. **€**

Camping La Chatonnière
Grüner Drei-Sterne-Platz zum Zelten oder Übernachten mit dem Wohnmobil am Fluss Isle. **€**

CHÂTEAU DE LOSSE

Dieses spektakuläre Château liegt am Fluss Vézère, 4 km von Montignac-Lascaux entfernt. Eine Führung (auf Englisch) leitet durch die Festung aus dem 14. Jh. und die möblierten Räume des Renaissanceschlosses innerhalb seiner Mauern. Im Außenbereich sind der überhängende Eckturm, die kleinen Türme (einer davon beherbergt ein Antiquitätengeschäft) und der breite, trockene Wassergraben besonders sehenswert.

Die Gärten sind ein Genuss: Man kann unter Rosenlauben spazierengehen und den Lavendelgarten, die gestutzten Hecken und den Knotengarten, den Springbrunnen und die Terrassen bewundern. Das Restaurant ist ideal für einen Drink oder ein Mittagessen. Kinder ab fünf Jahren werden sich über die Schatzsuche freuen: Es gilt, den Hinweisen zu folgen, um die versteckten Schatztruhen von Jean II de Losse zu finden. Eine Online-Reservierung ist unbedingt erforderlich unter www.chateaudelosse.com, wo auch Informationen zu den Sommerveranstaltungen zu finden sind.

Zwei der hübschesten Dörfer im Norden der Dordogne

Auf sanften Wegen am Fluss entlang

Im Vézère-Tal, das nicht weit südöstlich von Périgueux liegt, ist ein Besuch des malerischen **St-Léon-sur-Vézère** eine schöne Art, einen Vormittag zu verbringen. Das in einer Flussbiegung gelegene Dorf hat enge Gassen und hübsche Häuser, von denen einige noch mit Dächern aus *lauze* (flache Steine) bedeckt sind. Beim Spaziergang entlang des Uferwegs stößt man auf die reizvolle romanische Kirche St-Léonce aus dem 12. Jh. mit ihren drei Rundbögen und dem *lauze*-Dach. Im Inneren sind Reste von Fresken zu besichtigen. In der Nähe befindet sich das Café **Dejeuner sur l'Herbe**, wo man sein Picknick zusammenstellen und am Fluss verzehren kann. Es gibt mehrere Restaurants, darunter das hervorragende **Le Petit Léon** das die klassische französische Küche mit modernen Techniken kombiniert und dabei die lokalen Produkte optimal nutzt. Immer wieder taucht der Blick auf das elegante Château de Clérans auf, das sich allerdings in Privatbesitz befindet (aber auch Übernachtungsangebote hat). Außerdem kann man das mittelalterliche **Manoir de la Salle** mit seinem älteren Turm und den schönen Gärten besichtigen; hier finden manchmal Veranstaltungen und Konzerte statt.

Etwa 30 Autominuten nördlich von Périgueux liegt **Brantôme-en-Périgord**, das auch „Klein-Venedig" genannt wird, da es vollständig von einer Schleife des Flusses Dronne umgeben ist. Die Stadt besteht aus einer Mischung aus mittelalterlichen und Renaissance-Gebäuden und ist vor allem für ihre Benediktinerabtei bekannt, die im Jahr 769 von Karl dem Großen erbaut wurde. Hinter der Abtei befinden sich Höhlen in den hoch aufragenden Felsen, in denen einst Mönche lebten. Über die hübsche Steinbrücke hat man den besten Blick auf die Abtei. Der träge dahinfließende Fluss ist mit Seerosen bedeckt, und in den weitläufigen Gärten am Flussufer wachsen Kastanien und Trauerweiden, was dem Ganzen einen sehr ruhigen Charakter verleiht. Hier kann man ein Kanu mieten und ein wenig paddeln. Mehrere Restaurants am Flussufer verfügen über schattige Terrassen, wie z. B. das renommierte Côté Rivière, aber bitte unbedingt vorher reservieren.

Skurrile Dörfer im östlichen Limousin

Versteckte Festungen und Wallfahrtskirchen

Wer in das Département Corrèze – östlich der Dordogne und nördlich des Lot – eintaucht, kann diese charmanten Dörfer besuchen.

AKTIVITÄTEN FÜR KIDS

Castel Merle
In diesem prähistorischen Felsenunterstand kann man die Fertigkeiten der frühen Menschen kennenlernen.

Préhistobranche
Mit über 100 Aktivitäten wie Seilrutschen und Hängebrücken kann man sich durch die Bäume schwingen.

Canoë Vezere
Outdoor-Abenteuer mit dem Kanu ab St-Leon-sur-Vézère, vorbei an wunderschönen Schlössern und Dörfern.

RADRUNDTOUR BEI BRANTÔME

Diese 42,6 km lange Radtour führt vom ruhigen Brantôme im landschaftlich reizvollen Parc Naturel Régional Périgord-Limousin auf einer hügeligen Strecke zu einigen hübschen Dörfern und dem eleganten Château de Puyguilhem, dann talwärts und weiter entlang des Flusses Côle zurück nach Brantôme. Von **1 Brantôme** geht es auf der D82 6,5 km in Richtung Nordosten bis zum Dorf **2 Champagnac-de-Belair**, wo man die romanische Kirche St. Christophe aus dem 14. Jh. besichtigen und unter ihren Strebepfeilern spazierengehen kann. Im Dorf gibt es eine Fabrik, die Madeleines herstellt, bietet sich also daher für eine Kaffeepause an. Nach 8 km auf der D82 links auf die D3 in Richtung Villars abbiegen. Im Dorf geht es links in die Rue Mondot de la Marthonie, die 1 km lang auf einer Schotterstraße bis zum **3 Château de Puyguilhem** hinaufführt, das man besichtigen kann. Mit dem runden Turm und einigen Renaissanceelementen wurde es den Schlössern an der Loire nachempfunden.

Auf dem Rückweg nach Villars fährt man links auf die D82 und dann 9 km hinunter nach **4 St-Jean-de-Côle**, einem der schönsten Dörfer Frankreichs. In den reizvollen Straßen des Dorfes stehen malerische Fachwerkhäuser und rund um den Marktplatz das Schloss Marthonie (das von derselben Familie erbaut wurde, die später auch das berühmtere Schloss Puyguilhem errichtete), die Markthalle und die Kirche. Eine Brücke führt über den Fluss Côle und auch ein Priorat mit einem schönen Kreuzgang gibt es. Dem Fluss Côle folgend gelangt man auf der D78 nach 7,2 km nach **5 Saint-Pierre-de-Côle**. In diesem Dorf gibt es die imposante romanische Kirche St-Pierre und eine schöne Brücke über den Fluss. Weiter geht es auf der D78 durch landwirtschaftliche Flächen und Wälder und dann 12,5 km zurück in den Parc Naturel Régional Périgord-Limousin und Brantôme.

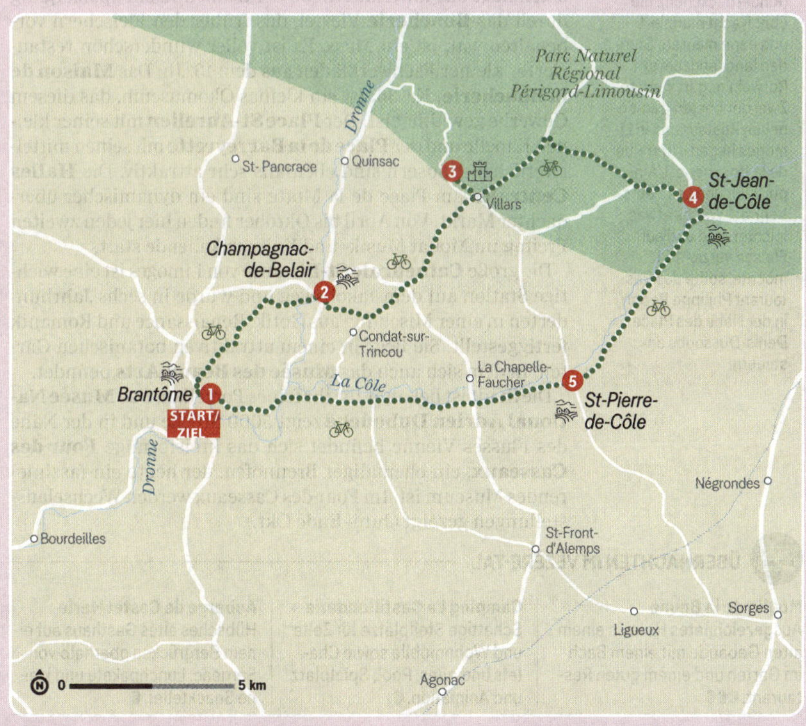

ESSEN NACH ART DES LIMOUSIN IN LIMOGES

Bei all den Limousin-Rindern und dem Boucherie- (Fleischer-) Bezirk in der Altstadt könnte man glatt vermuten, dass sich das Essen in Limoges um Rindfleisch dreht. Eines der berühmtesten Gerichte der Stadt ist das Steak Tartare. Rohes Rindfleisch, das mit dem Messer in kleine Würfel geschnitten (niemals gehackt) und mit einer Reihe von Soßen, Kapern, Gewürzgurken und einem rohen Eigelb serviert wird, das man selbst mischen kann. Ebenfalls sehr beliebt sind die *joues de boeuf* (Rinderbäckchen), die über Nacht mariniert und dann mehrere Stunden lang langsam in Rotwein gegart werden. Zwei der besten traditionellen Restaurants in Limoges liegen in der Rue de la Boucherie: L'Amphitryon und Les Petits Ventres. Wer es etwas leichter mag und auf Fleisch verzichten möchte, sollte das Restaurant Philippe Redon in der Nähe des Place Denis-Dussoubs ansteuern.

In **Collonges-la-Rouge** ist das ganze Dorf ist aus rotem Sandstein gebaut. Die Häuser sind mit *lauze*-Dächern bedeckt und es gibt ungefähr 25 Türmchen. Am besten parkt man am Stadtrand und erkundet die kleinen Gassen zu Fuß. Die Kirche St-Pierre aus dem 11. Jh. und die Chapelle des Pénitents sind seit langem ein wichtiger Zwischenhalt auf der Via Podiensis nach Santiago de Compostela. In den kleinen Straßen rund um die Kirche finden sich mehrere Cafés und Souvenirläden. Am Fuße des Hügels liegt das schöne **Château de Vassinhac** aus dem 16. Jh.

Wenn man sich **Curemonte** von Norden her nähert, findet man 700 m vor dem Dorf eine Aussichtsplattform, von der aus man einen herrlichen Blick auf die runden und viereckigen Türme der drei Schlösser hat. Sie sind allesamt in Privatbesitz, aber zwei - des Plas (runde Türme) und St-Hilaire (quadratische Türme) - sind im Sommer für Veranstaltungen geöffnet.

Turenne wird von den Überresten seines Schlosses auf dem Bergrücken dominiert, von dessen César-Turm man eine herrliche Aussicht hat.

Entspanntes Limoges

Kleine Stadt mit mittelalterlichem Zentrum

Auf dem zentralen **Place Denis-Dussoubs** mit seinen anmutigen, um den Platz herum angeordneten Gebäuden kann man einen Kaffee trinken oder einen *apéro* zu sich nehmen. Im Südosten liegt das mittelalterliche Zentrum, und ein Spaziergang durch das **Boucherie**-Viertel, das früher den Fleischern vorbehalten war, ist ein Muss. Es ist voller wunderschön restaurierter kleiner Fachwerkläden aus dem 13. Jh. Das **Maison de la Boucherie**, Nr. 36, ist ein kleines Ökomuseum, das diesem Gewerbe gewidmet ist. Der **Place St-Aurelien** mit seiner kleinen Kapelle und der **Place de la Barreyrette** mit seinen mittelalterlichen Häusern sind ebenfalls sehr attraktiv. Die **Halles Centrales** am Place de la Motte sind ein dynamischer überdachter Markt. Von April bis Oktober finden hier jeden zweiten Freitag im Monat Musik- und Kulinarikabende statt.

Die große **Cathédrale St-Étienne** von Limoges ist eine wichtige Station auf dem Jakobsweg und wurde in sechs Jahrhunderten in einer Mischung aus Gotik, Renaissance und Romanik fertiggestellt. Sie liegt in einem attraktiven botanischen Garten, in dem sich auch das **Musée des Beaux-Arts** befindet.

Die Stadt ist bekannt für ihr feines Porzellan. Das **Musée National Adrien Dubouché** zeigt 5000 Stücke und in der Nähe des Flusses Vienne befindet sich das kreisförmige **Four des Casseaux**, ein ehemaliger Brennofen, der heute ein faszinierendes Museum ist. Im Four des Casseaux werden Wechselausstellungen gezeigt (Juni–Ende Okt.).

ÜBERNACHTEN IM VÉZÈRE-TAL

Moulin de la Beune
Ausgezeichnetes Hotel in einem alten Gebäude mit einem Bach im Garten und einem guten Restaurant. €€€

Camping La Castillonderie
Schattige Stellplätze für Zelte und Wohnmobile sowie Chalets und *gîtes*. Pool, Spielplatz und Animation. €

Auberge de Castel Merle
Hübsches altes Gasthaus auf einem Bergrücken oberhalb von Sergeac. Lunchpakete und kleine Snackteller. €

Bergerac

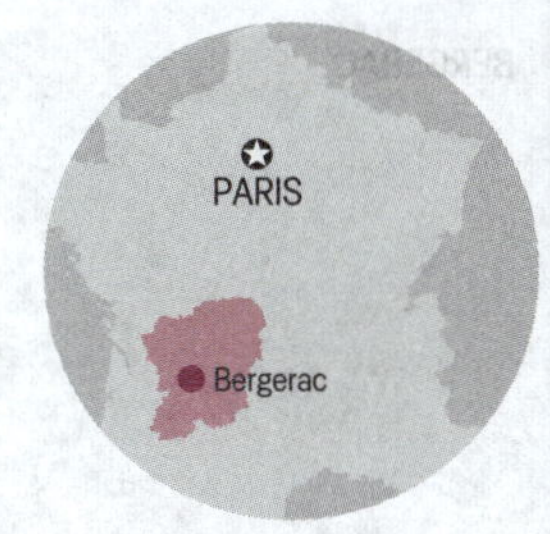

Vom Mittelalter bis zum Ende des 18. Jhs. war Bergerac der einzige Ort in der Region, der über eine Brücke zur Überquerung der Dordogne verfügte, was die Stadt zu einem ziemlich wichtigen Ort machte. Und aufgrund der umliegenden Weinberge gedeiht die Stadt bis heute.

Die Altstadt erhebt sich steil aus dem Fluss. Enge Gassen mit mittelalterlichen Fachwerkhäusern und kleine, blumengeschmückte Plätze machen sie zu einem magischen Ort zum Flanieren. Auf dem Fluss kann man in einer *gabarre* mit flachem Boden fahren, mit der früher die Weinfässer zum Export nach Bordeaux gebracht wurden. In der Halle du Marché Couvert, der zentralen Markthalle, werden die köstlichen Produkte der Region angeboten, die in den zahlreichen Restaurants serviert werden. Um die 13 verschiedenen Appellations der berühmten Weine von Bergerac kennenzulernen und zu verkosten, sollte man zunächst das Maison des Vins am Quai Cyrano besuchen, bevor man sich auf den Weg ins Umland macht, um die herrlichen Schlösser zu besichtigen.

UNTERWEGS VOR ORT

Es ist nicht zu empfehlen, mit dem Auto in die Altstadt von Bergerac zu fahren, da die Straßen sehr eng und einige davon als Fußgängerzonen ausgewiesen sind. An der Peripherie gibt es genügend Parkplätze. Die Straßen der Altstadt sind mit Kopfsteinen gepflastert und teilweise recht steil, da sie zum Fluss hinunterführen. Der kostenlose Bus der Ligne 1 Navette (Buslinie 1) Coeur de Ville verkehrt achtmal täglich zwischen dem Bahnhof und dem Quai Salvette. Am Quai Cyrano kann man sich Fahrräder (auch mit elektrischer Unterstützung) ausleihen, um die Stadt zu erkunden.

Maison des Vins Bergerac-Duras (S. 573)

TOP TIPP

Die Broschüre „Follow the Steps of Cyrano" des Tourismusbüro am Quai Cyrano enthält Rundgänge durch das historische Zentrum (1¾ Std., 1,8 km), über die Brücke zum Madeleine-Viertel (30 Min., 0,8 km) und durch den Stadtteil aus dem 19. Jh. (1 Std., 1,6 km).

HIGHLIGHTS
1 Quai Salvette

SEHENSWERTES
2 Cloître des Récollets
3 Dordonha
siehe 9 Maison des Vins Bergerac-Duras
4 Musée du Tabac
5 Notre-Dame de Bergerac
6 Place de la Mirpe
7 Place du Dr Cayla
8 Place Pelissière
9 Quai Cyrano

Notre-Dame de Bergerac (S. 574)

P. EOCHE/GETTY IMAGES ©

Bergerac

WER WAR CYRANO DE BERGERAC?

Im Jahr 1385 belohnte König Karl VI. von Frankreich den Adligen Ramond de la Rivière für die Rückeroberung der Stadt Bergerac von den Engländern mit Ländereien in der Nähe von Paris. De la Rivière nannte sein neues Anwesen Bergerac. Etwa 240 Jahre später verbrachte Hercule Savinien de Cyrano seine Kindheit auf diesem Landgut und fügte seinem Namen schließlich den Zusatz „de Bergerac" hinzu. Er wurde ein berühmter Duellant, Dichter und Dramatiker. Im Jahr 1897 schrieb Edmond Rostand das Stück *Cyrano de Bergerac*, in dem sich die Figur des Cyrano so sehr für seine riesige Nase schämt, dass er seine Liebe zu seiner Cousine Roxane nicht ausdrücken kann. Die neueste Verfilmung, *Cyrano* (2021), ist ein romantisches Musikdrama mit Peter Dinklage in der Hauptrolle. In Bergerac gibt es zwei Statuen von Cyrano, obwohl es keinen Beweis dafür gibt, dass er die Stadt jemals besucht hat.

Am Wasser: Der Quai Salvette von Bergerac

Ein erster Eindruck von Bergerac

Der Quai Salvette verläuft entlang des Flusses Dordogne. Das auffälligste Gebäude hier ist der **Quai Cyrano**, der zugleich Tourismusbüro, Kulturzentrum und Weinmuseum ist. Das attraktive Gebäude aus dem 17. Jh. hat moderne Anbauten und erhebt sich über drei Etagen am Flussufer. Auf der Ebene des Flusses befindet sich das **Tourismusbüro**, in dem man Fahrräder mieten und natürlich viele Informationen über Bergerac und die Region erhalten kann. Im Obergeschoss befindet sich das **Maison des Vins Bergerac-Duras**, ein ansprechend eingerichtetes Weinzentrum, in dem die 130 Weine der Region präsentiert werden. Jede Woche gibt es eine Auswahl von neun Weinen, die kostenlos verkostet werden können, oder man kann sie in der Weinbar (4–6 €/Glas) auf der Terrasse genießen, mit

ESSEN IN BERGERAC

Restaurant L'Ostal
Gemischte Platten zum Teilen und italienische Spezialitäten mit herrlichem Blick auf den Quai und den Fluss. **€€**

Villa Laetitia
Französische Klassiker und vom Markt inspirierte Gerichte, serviert auf dem hübschen Place du Feu. **€€**

L'Imparfait
Unter den gelben Sonnenschirmen dieses beliebten Restaurants kann man entspannt hervorragende französische Küche genießen. **€€€**

BERGERAC ZU FUSS & MIT DEM BOOT

Startpunkt ist vor der Hauptkirche von Bergerac, **1 Notre-Dame de Bergerac** (an der Mittwoch- und Samstagsvormittags ein Markt stattfindet). Den Schildern in Richtung Altstadt folgend und die Grand Rue Richtung Süden entlanggehend, gelangt man zu all den interessanten Geschäften und Boutiquen. Nach der Überquerung der Rue St-Georges liegt der Place Pelissière mit der alten **2 St-Jacques-Kirche**, die wegen ihrer restaurierten Orgel einen Besuch wert ist. Die Statue von **3 Cyrano de Bergerac** befindet sich ganz in der Nähe. Weiter auf der Rue St-Jacques bis zur Rue des Fontaines, wo die alte **4 Wasserturbine** steht, die einst die Stadt mit Strom versorgte. Dann geht's den Hügel hinunter und rechts auf den Place du Dr. Cayla. Zur Linken befinden sich die protestantische Kirche und der Eingang zum **5 Cloître des Récollets** (S. 575), das von Franziskanermönchen erbaut wurde. Vom Place du Dr. Cayla überquert man die Rue des Recollets und gelangt zum **6 Place de la Mirpe** mit noch einer Statue von Cyrano. Dann geht man den Place de la Mirpe entlang und biegt links in die Rue des Conferences ein, wo man zur Rechten **7 La Minoterie des Grands-Moulins** sieht, die Überreste einer alten, vom Kanalwasser angetriebenen Getreidemühle. Danach bewegt man sich zum Fluss hinunter und biegt links in den Quai Salvette ein. Im **8 Quai Cyrano** erhält man Informationen, kann Fahrräder ausleihen oder im angrenzenden Maison des Vins (S. 573) eine Weinprobe machen.

Am Place du Feu mit seinen zahlreichen Restaurants befindet sich das **9 Musée du Tabac**. Danach kehrt man zum **10 Quai** zurück und besteigst für eine geführte Fahrt auf dem Fluss eine *gabarre*.

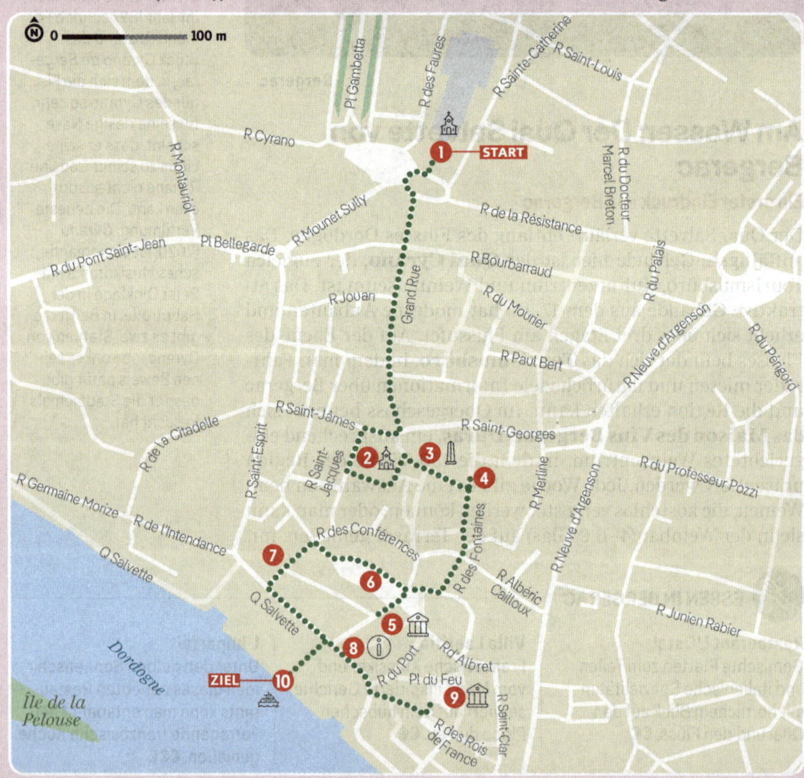

herrlichem Blick auf den Fluss und kleinen Gerichten zum Wein. Hinter dem Maison des Vins befindet sich das **Cloître des Récollets**, ein Kloster aus dem 17. Jh. mit einem schönen offenen Innenhof. Auch hier können Weine verkostet werden. Der Kreuzgang ist auch vom Place du Dr. Cayla aus zugänglich.

Der Quai ist von Restaurants gesäumt und für Veranstaltungen und Konzerte ist hier eine Bühne aufgebaut. Die kleinen Gassen, die vom Quai den Hügel hinaufführen, sind voller mittelalterlicher Architektur und interessanter Läden. Ein Highlight ist eine Bootsfahrt auf den flachen *gabarres*. Auf einer 50-minütigen geführten Fahrt erfährt man viel über die Geschichte von Bergerac, die sich um den Fluss, seine Fische und Vögel und das gefährliche Leben der *gabarriers* (Bootsführer) dreht. Von April bis Oktober gibt es täglich fünf Fahrten (Erw./Kind 11/8 €). Buchung an der Anlegestelle.

Die historische Altstadt von Bergerac

Museen und hübsche Plätze

Vom Fluss aus geht's den Hügel hinauf in die kleinen Gassen der mittelalterlichen Altstadt von Bergerac. Das einzigartige **Musée du Tabac** (Tabakmuseum) am Place du Feu bietet einen ausführlichen Einblick in den Tabakanbau, der in dieser Region von großer Bedeutung ist. Zu Beginn wird ein interessanter Film (mit englischen Untertiteln) über die Geschichte dieser südamerikanischen Pflanze gezeigt. Anschließend kann man die Räume besichtigen, in denen die Maschinen für die Tabakproduktion, ein Modell eines *séchoir* (Trockenraum) und Pfeifen aller Art ausgestellt sind. Die Beschilderung ist auf Französisch, aber es gibt ein Infoblatt auf Englisch. Das Museum ist im Maison Peyrarède untergebracht, einem wunderschön restaurierten Herrenhaus aus dem 17. Jh., das auch unter dem Namen Château Henri IV bekannt und schon allein einen Besuch wert ist.

Auf dem **Place de la Mirpe** wurde ursprünglich der Getreide- und Mehlmarkt der Stadt abgehalten. Heute ist dieser bezaubernde Platz von Fachwerkhäusern umgeben und mit einer Marmorstatue von Cyrano de Bergerac dekoriert. Hier kann man gemütlich etwas trinken oder ein Eis essen. Im Südosten auf der anderen Seite der Rue des Récollets liegt der **Place du Dr Cayla** mit einer neoklassizistischen protestantischen Kirche und dem Eingang zum Kloster Le Cloître des Récollets, das im 17. Jh. von Franziskanermönchen erbaut wurde. Nördlich des Place de la Mirpe befindet sich der **Place Pelissière**, der von der großen Cyrano-Statue und der alten Kirche St-Jacques-Le-Majeur dominiert wird. Rund um diesen blumengeschmückten Platz gibt es Restaurants und Spezialitätenläden.

Das 2023 eröffnete **Dordonha** in der Rue de la Mission ist ein Zentrum des Kulturerbes (Eintritt frei), das sich schwerpunktmäßig mit der Architektur und dem Fluss von Bergerac beschäftigt. Es beherbergt auch das **Musée Costi**, in dem die Werke des griechischen Bildhauers Constantin Papachristopoulos ausgestellt sind, der der Stadt sein Werk hinterlassen hat.

DIE WEINROUTE VON BERGERAC

Mit einer Rebfläche von über 12 000 ha und Dutzenden von wunderschönen Châteaus ist die Region Bergerac ein wunderbares Gebiet, um den Gaumen zu verwöhnen. Die 130 Teilnehmer:innen an der Weinroute von Bergerac und Duras laden die Gäste dazu ein, mehr über das Terroir, die angebauten Trauben und die hergestellten Weine zu erfahren und natürlich die Produkte zu verkosten. Es gibt sieben Terroirs: Bergerac, Côtes de Duras, Monbazillac, Saussignac, Pécharmant, Rosette und Montravel. Im Maison des Vins (S. 573) am Quai Cyrano gibt es Informationen zu den Veranstaltungen. Für die Besichtigung einiger Schlösser sollte man sich ein Fahrrad mieten.

Rund um Bergerac

Dramatische Täler mit schönen Dörfern und Schlössern auf den Hügeln; im Süden die faszinierenden Städte des Lot.

UNTERWEGS VOR ORT

Für die südliche Dordogne und das Lot braucht man ein Auto, aber auch Fahrrad fahren ist sehr beliebt. In kleinen mittelalterlichen Dörfern oder alten Stadtteilen größerer Städte ist es oft nicht möglich, mit dem Auto zu fahren: Die Straßen sind eng und oft Fußgängerzonen. Man sollte also am Rand parken und zu Fuß hineingehen. Die Park-App Flowbird funktioniert in Sarlat-la-Canéda gut. In Orten mit viel Tourismus, wie St-Cirq-Lapopie, Rocamadour und La Roque-Gageac, gibt es Parkplätze drumherum, einige davon für Motorräder oder Wohnmobile.

In den meisten Städten gibt's einen Petit Train (Touristenzug) mit Führung; Cahors hat auch ein Flussboot. Informationen dazu in den Tourismusbüros. Achtung: Viele touristische Betriebe, vor allem im Lot, sind von November bis März geschlossen.

Südlich von Bergerac liegen berühmte Dörfer wie Issigeac, Monpazier und Eymet sowie zahlreiche Schlösser inmitten von sanft gewellten Weinbergen. Im Osten, wo der Fluss Dordogne ein tiefes Tal gegraben hat, wird die Landschaft dramatischer. Hier gibt es bezaubernde Dörfer und weitläufige Gärten in einer üppigen Landschaft, die von wehrhaften Châteaus umgeben ist. Mit einem Kanu, Kajak oder Paddelboard kann man den Fluss erkunden oder sogar von einem Heißluftballon aus alles überblicken.

Weiter südlich liegt der spektakuläre Parc National Régional et Géoparc Causses de Quercy im Departement Lot. Dort befinden sich die weniger stark besuchten Städte Cahors und Figeac mit ihrer reichen Geschichte. Unbedingt die lokalen Malbec-Weine und den Ziegenkäse probieren und die fast senkrechten Dörfer Rocamadour und St-Cirq-Lapopie besichtigen.

Château de Castelnaud (S. 579)

RICHARD SEMIK/SHUTTERSTOCK ©

Saussignac

Verkostung der Bioweine von Saussignac

Eine Reihe von zukunftsorientierten Weingütern

Saussignac ist ein winziges *territoire bio engagé*. Auf den Randstreifen werden also keine Pestizide und Herbizide eingesetzt, die Schulspeisung stammt zu 22 % aus biologischem Anbau und mehr als 15 % der landwirtschaftlichen Nutzfläche, darunter auch mehrere Weinberge, sind als biologisch zertifiziert.

Château Feely ist sowohl biodynamisch als auch biologisch zertifiziert; hier stellen Sean und Caro Feely vier trockene Weißweine, zwei Rosés und vier Rotweine her. Caro bietet Verkostungen, Übernachtungen auf dem Weingut, Besichtigungen, Kurse, Yogakurse in den Weinbergen und ein sehr ansprechendes Menü eines Sternekochs mit Weinbegleitung an (50 €/Pers.).

Olivier Roches und seine Familie betreiben seit mehr als 20 Jahren Weinbau auf dem **Château Le Tap**, dem ersten Weingut der Region, das seit 2007 biologisch bewirtschaftet wird. Hier kann man eine Reihe hervorragender Weiß-, Rosé- und Rotweine verkosten, darunter einen sulfitfreien natürlichen Rotwein aus Merlot- und Cabernet-Sauvignon-Trauben.

Das **Château de Fayolle** ist ein prächtiges Schloss aus dem 15. Jh., in dem man über das Gelände schlendern, die Kapelle und den Antiquitätenladen besuchen und eine gemischte Platte zum Teilen mit Blick auf die Weinberge oder ein Picknick unten am See genießen kann. Die von der amerikanischen Win-

IM TREND: WEINBAU WIRD ÖKOLOGISCH

Ab 2023 betreiben rund 23 % aller französischen Winzer:innen ökologischen Weinbau und der Markt wächst. Winzer:innen, die sich umstellen wollen, müssen sich drei Jahre lang zertifizieren lassen und werden in dieser Zeit genau überwacht. Sie dürfen nicht nur keine Pestizide, Herbizide und chemischen Düngemittel verwenden, sondern es gibt auch Vorschriften für die Verwendung von ökologischen Reinigungsmitteln in den Weinkellern und im Haushalt. Nach dem zweiten Jahr der Einhaltung der Vorschriften dürfen die Erzeuger:innen auf ihren Etiketten angeben, dass sie sich in der Umstellung (*en conversion*) befinden, und nach drei Jahren können sie sich für das begehrte grüne Label *Vin Biologique* (Biowein) anmelden.

DIE BESTEN DORFRESTAURANTS

Restaurant Mélange, Saussignac
Küchenchef Charlie Ray verleiht seiner exzellenten Küche, die auch für Vegetarier:innen geeignet ist, einen britischen Touch. €€

Le Petit Léon, St-Léon-sur-Vézère
Küchenchef Nick Honeyman verbindet Klassik und Moderne mit hervorragenden lokalen Produkten. €€€

La Closerie de la Beyne, Naussannes
Küchenchef Vincent Bonnin lässt sich von selbst angebauten Zutaten und den frischesten Produkten der Saison inspirieren. €€

OKZITANISCHE KULTUR & ORTSNAMEN

Bei einer Fahrt durch die Dordogne und das Lot fällt auf, dass die Städte einen zweiten Namen haben, der ihrem französischen Namen irgendwie ähnelt, aber nicht ganz: Bergerac heißt zum Beispiel Brageirac. Dies ist der ursprüngliche Name der Stadt in der okzitanischen Sprache, die historisch in Südfrankreich, Spanien und Italien gesprochen wurde und heute gelegentlich als Zweitsprache verwendet wird. Jedes Jahr Ende Juni findet in Montignac-Lascaux das Festival La Félibrée statt, bei dem die okzitanische Kultur mit Musik, Tanz und Vorführungen von traditionellem Kunsthandwerk gefeiert wird.

RUI VALE SOUSA/GETTY IMAGES ©

Château de Castelnaud und die Dordogne

zerin Riki Campbell hergestellten Weine umfassen einen trockenen Schaumwein, zwei trockene Weißweine, einen Rosé, drei preisgekrönte Rotweine, einen süßen Weißwein und den Dessertwein Saussignac. Die Verkostung ist kostenlos, Führungen und Fassverkostungen kosten 20 €.

Action gefällig?

Flüsse, Parks und beeindruckende Landschaften

Die Dordogne ist ein spektakulärer Fluss, der als UNESCO-Biosphärenreservat eingestuft ist. Mit dem Kanu flussabwärts zu paddeln, kann man den Tag wunderschön verbringen. Startpunkte im Lot sind Tauriac oder Gluges, wo die **Compagnie Sports Nature** Touren auf der Dordogne veranstaltet. In der Region Carsac bietet **Canoës Butterfly** mehrere Möglichkeiten an, darunter eine 25 km lange, 4½-stündige Fahrt hinunter nach Beynac, vorbei an beeindruckenden Schlössern und bezaubernden Dörfern. Der Transport von der Kanubasis zum Start- oder Endpunkt ist immer im Preis inbegriffen.

Wer sich lieber an den Felswänden über dem Fluss entlanghangelt, kann in **Les Jardins de Marqueyssac** einen spannenden Klettersteig in Angriff nehmen. Der 200 m lange Parcours aus befestigten Sprossen, Leitern und Balken mit Sicherungsseilen verläuft an einer Felswand 100 m über der Dordogne. Die Teilnahme ist kostenlos, aber der Eintritt in die Gärten kostet für Erw./Kind 12/6 €; der Parcours ist von Mitte April bis Ende Oktober geöffnet.

MALBEC-WEINE VERKOSTEN

Domaine Le Passelys
Im Weinkeller kann man reinen Malbec und verschnittene Rot-, Weiß- und Roséweine probieren.

Domaine du Prince
Umweltfreundliches Weingut, das seit 300 Jahren im Besitz der Familie Jouves ist. Produziert 100 % Malbec-Weine.

Château Plat Faisant
In der Kellerei kann man die würzigen und fruchtigen Malbec-Weine von Serge Bessières probieren. Der Betrieb stellt auf Bio um.

Im **Monkey's Forest Accrobranche Parc en Ciel**, 15 km südlich von Monpazier, haben Kinder und Erwachsene Spaß auf Baumwipfelpfaden und Seilrutschen. Drei bis vier Stunden sollte man einplanen, im Sommer jedoch die Tagesmitte meiden. Sicherheit wird im Park durch eine durchgehende Absturzsicherungsanlage gewährleistet. Schwimmen und andere Aktivitäten werden ebenfalls angeboten. Weitere Informationen unter www.parc-en-ciel.com.

Beeindruckende Châteaus in der südlichen Dordogne

Geschichte, Architektur und Wein

Das **Château de Monbazillac** ist ein Märchenschloss mit spitzen Türmchen, das auf einem Bergrücken, nur 7,5 km von Bergerac entfernt, steht. Im **Aromapavillon** kann man die Weine von Monbazillac probieren, im Restaurant zu Mittag essen oder sich im neuen Museum über die lokalen Weine informieren. Für Abendveranstaltungen im Sommer siehe www.chateau-monbazillac.com/en.

Eine ganz andere Art von Schloss ist das **Château de Castelnaud**, eine mittelalterliche Festung aus dem 12. Jh., die auf einem Felsvorsprung über der Dordogne thront. Diese beeindruckende Burg beherbergt das faszinierende **Musée de la Guerre au Moyen Age** (mittelalterliche Kriegsführung). Hier kann man das Schießen mit einem *trebuchet* kennenlernen, einem Schmied bei der Arbeit zusehen, Waffen und Rüstungen bewundern und einen Blick auf die Haute Couture des Hundertjährigen Krieges werfen.

Die Familie Caumont verließ 1489 das Schloss Castelnaud und errichtete in der Nähe das viel edlere und komfortablere **Château des Milandes**, das zum Wohnsitz der in den USA geborenen Künstlerin Josephine Baker wurde. In den 14 Räumen, die ihrem bewegten Leben gewidmet sind, sind neben ihren Kostümen auch Informationen über ihre Kriegserlebnisse und ihren Kampf gegen Rassismus zu entdecken. Auf dem Gelände lassen sich die schönen Gärten erkunden, eine Falknervorführung oder eine Nachstellung eines Duells ansehen. Im Sommer gibt es einen Imbisswagen und ein gutes Restaurant.

Wanderung durch die schönsten Dörfer der Dordogne

Mittelalterliche Architektur und verwinkelte Gassen

Issigeac, das an der Stelle einer gallorömischen Villa liegt, ist ein mittelalterliches Dorf mit kopfsteingepflasterten Gassen, größtenteils renovierten Häusern (einige davon aus Fachwerk)

FRANZÖSISCHE KÜCHE IN BEWEGUNG

Vincent Bonnin ist ein in Frankreich ausgebildeter Koch, der in Großbritannien, Australien, der Karibik, Griechenland und Marokko gekocht hat. Heute ist er Küchenchef in La Closerie de la Beyne bei Beaumont-en-Périgord. @lacloseriedelabeyne, www.lacloseriedelabeyne.com.

Die französische Küche wird immer leichter, subtiler und einfallsreicher und hat weniger Fett. Sie ist auch weniger elitär geworden. Viele Küchenchefs legen heute Wert darauf, lokale und saisonale Produkte anzubieten, die keinen weiten Weg in die Küche und auf den Tisch zurückgelegt haben. Die zunehmende Verfügbarkeit von Bioprodukten und der Respekt vor Tieren aus kleinen Bauernhöfen und kleinen Erzeugerbetrieben begünstigen diesen Ansatz. Für mich besteht die Freude am Kochen darin, die Magie der Natur mit Enthusiasmus aufzugreifen, denn so können wir eine große Vielfalt an Möglichkeiten anbieten.

BERGERAC-WEINE VERKOSTEN

Château Thenac
Hier lernt man, welchen Einfluss das Terroir auf die Weine und den Pflaumenschnaps hat. Im Voraus buchen.

Château Lestevenie
Auf diesem Weingut gedeihen Flora und Fauna dank biologischer Methoden und minimaler Eingriffe.

Château Monestier La Tour
Besichtigung der Weinberge und Verkostung ausgezeichneter Bioweine mit lokalen Spezialitäten.

LÄNDLICHE ARCHITEKTUR IN DER DORDOGNE

Pigeonniers
Taubenhäuser oder Taubenschläge: freistehende oder an Häuser angebaute Türme mit Löchern unter dem Dachvorsprung, in die Tauben eindringen können. Tauben sind seit jeher wichtig für die Ernährung, den Sport und die Kommunikation.

Séchoirs
Große Holzscheunen mit Jalousiewänden, die zum Trocknen von Tabak genutzt wurden, als der Tabakanbau noch bedeutend war. Heute sind viele von ihnen baufällig, aber gelegentlich werden sie noch genutzt oder sogar zu Wohnhäusern umgebaut.

Lavoir
In jedem Dorf gab es ein *lavoir* zum gemeinsamen Waschen der Wäsche. Und daher gibt es in jedem Dorf eine rue du Lavoir, die zum *lavoir* führt, meist an einer Quelle oder einem Fluss.

und Spezialitätenläden. Die gotische Kirche St. Felician steht neben dem Palais des Eveques de Sarlat (Bischofspalast) aus dem 17. Jh., der kürzlich restauriert wurde. Auf dem kleinen Place de l'Eglise befinden sich eine alte Markthalle, ein Bioladen und ein Café. Sonntags ist die Stadt überfüllt mit Menschen, die den sehr beliebten Markt besuchen. Im Sommer kann man am Donnerstagabend an einem gemeinsamen Tisch unter freiem Himmel zu Abend essen.

Die Bischöfe von Sarlat kannten die besten Orte: Im Dorf **La Roque-Gageac** waren sie auch im Manoir de Tarde untergebracht (man beachte den Turm mit dem *lauze*-Dach). Dieser Ort war ein wichtiger Flusshafen, der in die hoch aufragenden Felsen eingebettet ist und eine bedeutende Troglodytenfestung aus dem 10. Jh. enthält. Auf einem Spaziergang hinauf zur Kirche St-Donat gelangt man zum angrenzenden Jardin Exotique (kostenlos), wo in einem sonnigen Mikroklima Palmen, Bananen und Kakteen wachsen. Auf dem Fluss werden Kanu- und Bootsfahrten mit einer *gabarre* angeboten. Am Freitagmorgen findet ein Bauernmarkt statt. Für einen Blick aus der Vogelperspektive kann man mit den Montgolfières du Périgord eine Fahrt im Heißluftballon unternehmen.

Ein nahezu perfektes Beispiel für eine *bastide* (mittelalterliche befestigte Stadt mit gitterförmigen Straßen) findet sich in **Monpazier**. Das 1284 von Edward I. von England, der auch Herzog von Aquitanien war, gegründete Dorf bietet Laubengänge um den zentralen Platz und eine Markthalle. In der Nähe der Kirche St-Dominique steht das imposante Maison du Chapitre, in dem das Getreide gelagert wurde. Das Bastideum aus dem 17. Jh. (ein ehemaliges Kloster) ist heute ein interaktives Museum zur Geschichte von Monpazier und der Region.

Eintauchen in die Geschichte

Abtei, Troglodyten und einzigartige Höhlen

Belvès gilt als eine der attraktivsten Städte Frankreichs und ist für seine mittelalterlichen Gebäude, sieben Glockentürme und die Höhlenwohnungen der Troglodyten bekannt. Die Stadt liegt hoch oben auf einem Felsvorsprung über dem Fluss Nauze. Der Rundgang beginnt auf dem arkadengesäumten Hauptplatz dieser typischen Bastidenstadt mit einer Markthalle aus dem 15. Jh. Unterhalb dieses Platzes befinden sich die *habitations troglodytiques* (Höhlenwohnungen): Der Eingang liegt neben dem befestigten Tor im Südosten des Platzes. Dieses Tor besaß im 11. Jh. eine Zugbrücke, die den einzigen Zugang zum Dorf darstellte. Markttag ist der Samstag, und im Juli und August findet mittwochabends ein Nachtmarkt statt, auf dem man gemütlich im Freien essen kann.

UNTERKÜNFTE IN STADT & LAND

Auberge de Jeunesse, Cadouin
Einzigartige Gelegenheit, in einer von der UNESCO ausgezeichneten Jugendherberge in einer Zisterzienserabtei aus dem 12. Jh. zu übernachten. €

Madelon IV, Belvès
Preiswertes, hübsches B&B im Zentrum des Dorfes mit kleinem Garten und Restaurant. €

Namasté Cottage, Issigeac
Fünf eigenwillig eingerichtete Zimmer in einem schön restaurierten Haus mit Pool, Bar und *pétanque*-Platz. €€

BOIVIN NICOLAS/SHUTTERSTOCK ©

Sarlat-la-Canéda

Cadouin ist heute ein kleines Dorf, das sich um eine herrliche Zisterzienserabtei aus dem Jahr 1119 und einen dekorativen gotischen Kreuzgang aus dem späten 15. Jh. gruppiert. Auf dem Pilgerweg nach Santiago de Compostela war die Abtei wichtig, weil sie im Besitz des Grabtuchs von Cadouin war, von dem man bis 1934 annahm, es sei das echte Grabtuch Christi. Cadouin verfügt außerdem über zahlreiche Kunstgeschäfte, Eiscafés und Restaurants.

In der Nähe des Dorfes Le-Buisson-de Cadouin befinden sich die **Grottes de Maxange** mit sensationellen Stalaktiten, Stalagmiten und seltsamen Konkretionen, die nur in diesen Höhlen vorkommen. Die Führungen (teilweise auf Englisch) dauern 40 Minuten. Eine Reservierung unter maxange.ats-sarlat.com ist im Juli und August ratsam. Bei 14° C Innentemperatur sollte man sich warm anziehen.

Überwältigt von Sarlat-la-Canéda

Epizentrum der gastronomischen Szene des Périgord

Die steilen, kopfsteingepflasterten Straßen von Sarlat-la-Canéda aus dem 14. Jh. führen hinunter zum zentralen **Place de la Liberté**, zur großen **Markthalle** in der entweihten Église Ste-Marie und zur **Cathédrale St-Sacerdos**. Es ist eine charmante Stadt mit warmen, honigfarbenen Häusern und Dutzenden von Restaurants und Feinkostläden. Hier kann man nach

DIE BESTEN WOCHENMÄRKTE

Sarlat-La-Canéda
Erstklassiger Samstagsmarkt auf dem Place de la Grande Rigaudie und dem Place Boissarie. Im Winter gibt's hier einen Enten- und Trüffelmarkt.

Ste-Foy-La-Grande
Einer der besten Märkte für frische lokale Produkte. Am Samstagmorgen dehnt er sich über die ganze Stadt aus.

Issigeac
Am Sonntag nimmt er die ganze Stadt ein. Alles von frischen Produkten bis hin zu Kleidung.

St-Cyprien
2019 wurde er zum besten Markt des Périgord gewählt. Hier werden sonntags frische Produkte, Kunst und Kleidung angeboten.

Eymet
Der seit 1270 bestehende Markt von Eymet findet donnerstags auf dem zentralen Platz statt.

La Salvetat de Cadouin, Le-Buisson-de-Cadouin
Eine gemütliche Pension mit Zimmern und *gîtes*, Pool und hausgemachten Speisen auf Anfrage. €€

Château des Vigiers, Monestier
Schlosshotel der Spitzenklasse mit Golfplätzen, Spa und Restaurants. €€€

La Lanterne, Sarlat
Ideal gelegene Pension mit schönen, gut ausgestatteten Zimmern, geräumigem Aufenthaltsraum und hervorragendem Frühstück. €€

DIE GASTRONOMIE DES PÉRIGORD

Michel Duneau beschreibt seine Liebe zur Region Périgord und ihrer Gourmetküche. @ perigourmet, www.perigourmet.com

Das Périgord Noir ist einzigartig! Dieses relativ kleine Gebiet ist ein wahres Kompendium der Geschichte, der Vorgeschichte, der harmonischen Architektur, der Gastronomie und des guten Lebens, das in einer ländlichen Umgebung bewahrt wird. Es ist ein Land des Überflusses, in dem Trüffel, Walnüsse, Steinpilze, Pfifferlinge und Kastanien in Hülle und Fülle wachsen, eine Region, in der die wahre Lebenskunst überlebt hat. Die Menschen hier sind von ihren Produkten und ihrem Know-how begeistert und möchten es mit dir teilen. Es gibt für mich nichts Schöneres, als zu meinen Wurzeln zurückzukehren und auf kleinen Straßen durch grüne, ursprüngliche Landschaften zu fahren.

DAVID FORSTER /ALAMY ©

Radfahrer:innen an der Dordogne

Herzenslust lokale Produkte einkaufen: zum Beispiel bei Maison Pélégris, La Boutique du Badaud und Le Cellier du Périgord. In den Restaurants werden traditionelle Gerichte wie *foie gras* und *magret* oder *confit de canard* mit *pommes sarladaises* (Kartoffeln auf Sarlat-Art) angeboten. Zu den besten gehören Le Bistrot und Le Grand Bleu. Einige Küchenchefs haben jedoch einen differenzierteren Ansatz – etwa das L'Adresse oder das Aux Trois Sens, beide in der Rue Fénelon.

Gut gestärkt, gibt es in Sarlat viel zu sehen. Der faszinierende, spitze Rundturm der **Lanterne des Morts** in der Rue Montaigne wurde 1180 als Gruft für Mönche errichtet. Das stattliche **Manoir de Gisson** am Place des Oies hat einen sechseckigen Treppenturm und ein *lauze*-Dach. Im Inneren kann man den Wohnsitz einer Adelsfamilie aus dem 17. Jh. besichtigen. In der Rue des Consuls befindet sich der **Ascenseur Panoramique** (Erw./Kind 5/1 €), eine Aussichtsplattform in 35 m Höhe, die über einen gläsernen Aufzug im Innern des Glockenturms der Église Ste-Marie erreichbar ist. Die Aussicht von dort oben ist atemberaubend.

Radfahren entlang der Dordogne

Ideale Landschaften für Touren auf zwei Rädern

Das Tolle am Radfahren an der Dordogne ist, dass die Straßen relativ flach sind, es außerhalb der größeren Städte wenig Verkehr gibt, schattige Wälder für Abkühlung sorgen und die französischen Autofahrer:innen in der Regel Rücksicht auf Radfah-

WUNDERSCHÖNE GÄRTEN

Les Jardins de L'Imaginaire
Hier kann man sich von seiner Fantasie durch die 13 Themenbereiche dieser ungewöhnlichen modernen Gärten führen lassen.

Les Jardins d'Eryignac
Herrenhaus aus dem 17. Jh. in der Nähe von Sarlat-la-Canéda mit Rosengärten, Wasserspielen und Formschnitthecken zum Lustwandeln.

Les Jardins de Marqueyssac
Bemerkenswerte Gärten in der Nähe von La Roque-Gageac mit 6 km-Wegen durch in Form geschnittenen Buchsbaum und spektakulären Aussichten.

rer:innen nehmen. Drei **Véloroutes Voies Vertes** (grüne Routen zum Wandern oder Radfahren) werden empfohlen.

Die erste ist eine familienfreundliche, 11 km lange, flache Strecke, ein Teilstück der **Vallée du Céou Voie Verte**, die entlang des Flusstals des Céou auf einer kaum befahrenen Straße von Castelnaud-La-Chapelle nach Daglan führt. Die Route geht über weitere 14 km bis Pont Carral, wobei dieser Abschnitt über sanfte Hügel führt und eher für erfahrene Radfahrer:innen geeignet ist. Die zweite Route, ein Teil der **Véloroute V91**, führt auf 37 km entlang der Dordogne von Prigonrieux über Bergerac nach Mauzac. Die dritte Route, die **Sarlat Voie Verte**, verlässt Sarlat-la-Canéda am Kreisverkehr von Madrazes und folgt größtenteils einer asphaltierten ehemaligen Bahnlinie über 29 km entlang der Dordogne bis Cazoules, mit einem Abstecher nach Groléjac. Kinder werden begeistert sein, durch den 400 m langen Eisenbahntunnel zu radeln. Der Weg ist ausgeschildert, schattig und unterwegs gibt es Bänke und Picknickplätze.

In den Tourismusbüros von Bergerac und Sarlat-la-Canéda gibt's Karten, auf denen die Picknickplätze, Toiletten und Parkplätze eingezeichnet sind. Fahrräder kann man bei verschiedenen Anbietern ausleihen, unter anderem beim Tourismusbüro am Quai Cyrano in Bergerac. Weitere Informationen auf der ausgezeichneten Website www.freewheelingfrance.com.

DIE BESTEN FESTIVALS DER DORDOGNE & IM LOT

Fest'Oie, Sarlat-la-Canéda
In Sarlat wird am ersten Wochenende im März alles gefeiert, was mit Gänsen zu tun hat.

Heißluftballon-Festival, Rocamadour
Am letzten Septemberwochenende schweben majestätische Ballons über spektakuläre Landschaften.

Été musical en Bergerac
Hochkarätiges Festival, das im Juli und August in der Stadt und in den umliegenden Schlössern und Kirchen stattfindet.

Châteaux en Fête
Von Mitte bis Ende April öffnen rund 70 Schlösser in der Dordogne ihre Türen für Musik-, Kunst- und Theaterveranstaltungen.

Dordogne-Châteaus für Kids

Spaß für die ganze Familie

Das neunhundert Jahre alte **Château de Bridoire** lieferte sich einst Schlachten mit seinem protestantischen Nachbarn Monbazillac. Heute kann man die Begeisterung mit Dutzenden von Spielen und Aktivitäten für alle Altersgruppen wiedererleben, wie z. B. Verkleiden mit Kostümen und Rüstungen, Schach in Menschengröße, Krocket, Bogenschießen, Tauziehen und vielem mehr. An den Sommerabenden werden Krimis aufgeführt (Reservierung erforderlich).

Das beeindruckende **Château de Lanquais** (April–Sept.) ist eine Mischung aus mittelalterlichen und Renaissance-Stilen und befindet sich seit 1732 im Besitz der Familie Gourgue. Hier finden zahlreiche Veranstaltungen statt: Mittelaltertage mit Ritterturnieren und Reitvorführungen, mittelalterliche Spiele und Musik, mittelalterliche Festessen an Sommerabenden, Schlossbesichtigungen im Fackelschein, Gourmetmärkte und Antiquitätenmärkte.

Das **Château de Beynac** ist eine mittelalterliche Festung, in der die Geschichte von Richard Löwenherz und Eleonore von Aquitanien lebendig ist. Führungen in englischer Sprache sind über eine App möglich. Der Burgfried, die Wachstube, die Ker-

NOCH MEHR CHÂTEAUS

Château de Montal
Schloss im Lot mit einer bemerkenswerten geschnitzten Holztreppe; ein gutes Beispiel für stilvolles Wohnen in der Frührenaissance.

Château de Beynac
Verteidigungsfestung aus dem 12. Jh. zur Überwachung des Flusses Dordogne. Audioguide auf Englisch.

Château de Biron
Großes Schloss mit atemberaubender Aussicht, Ausstellungen und Musikveranstaltungen. Audioguide auf Englisch.

DIE BESTEN STELLEN ZUM SCHWIMMEN IN FREIER NATUR

Lac de Pombonne, Bergerac
Sandstrand an einem See mit Café, Spazierwegen und schattigen Plätzen. Im Juli und August sind Rettungsschwimmer im Einsatz.

Plage Pont de Vicq, Le-Buisson-de-Cadouin
Sandstrand und Picknickplatz an der Dordogne; Kanufahren, Stand-up-Paddling und Angeln. Hier gibt es keine Badeaufsicht.

Gluges Plage, Lot
Dieser Sandstrand an der Dordogne ist von dramatischen Klippen umgeben. Im Juli und August sind nachmittags Rettungsschwimmer vor Ort.

Limeuil
Am Zusammenfluss von Dordogne und Vézère liegt ein breiter Kieselstrand mit seichtem Wasser und schöner Aussicht.

ker und der Wachturm vermitteln einen Eindruck davon, wie es war, von dieser Verteidigungsanlage aus zu kämpfen, während die Prunkräume und die Küche mit Möbeln aus dem 17. Jh. ausstaffiert sind. Vom Turm aus hat man einen fantastischen Blick auf den Fluss und die Burgen Fayrac, Castelnaud und Marqueyssac.

Nach Süden in Richtung Cahors

Mittelalterliches Flair im Lot

Cahors, die Hauptstadt des Départements Lot, ist eine bezaubernde Stadt, die fast vollständig von einer Schleife des Flusses Lot umgeben ist. Sie ist berühmt für ihre milden Malbec-Weine und die bemerkenswerte Pont Valentré, eine mittelalterliche Brücke, die den Fluss überspannt. Die Altstadt, die den östlichen Teil dieser Beinahe-Insel ausmacht, ist ein Gewirr von kleinen gepflasterten Gassen mit vielen Fachwerkhäusern. Über allem thront die zum UNESCO-Weltkulturerbe gehörende **Cathédrale St-Étienne**, deren Stil zwischen Romanik und Gotik schwankt, ergänzt durch einige byzantinische Kuppeln. Der Kreuzgang und der Klostergarten sind wunderschön ruhig und friedlich.

Pont Valentré, das andere UNESCO-Schätzchen von Cahors, erstreckt sich rittlings über den Fluss auf der westlichen Seite der Stadt. Sie wurde zwischen 1308 und 1380 erbaut und besteht aus acht Bögen und drei Wehrtürmen. Pilger:innen überqueren sie, um auf dem Weg nach Santiago de Compostela die Kathedrale zu besuchen. Bei einem Gang über die Brücke bieten sich gute Fotomotive und man kann die Schleuse auf der westlichen Seite des Flusses sehen. Ein Blick nach oben auf die obere Ecke des mittleren Turms zeigt die Skulptur eines Teufels, dessen Geschichte auf Informationstafeln erzählt wird. An besonderen Abenden beleuchtet die Stadt die Brücke farbig.

In fast jeder französischen Stadt gibt es einen Platz oder eine Rue Gambetta. Grund dafür ist Léon Gambetta, Anwalt und Staatsmann des 19. Jhs., der 1838 in Cahors geboren wurde.

Das senkrechte Dorf Rocamadour

Eine spirituelle Zitadelle

Am Rande des spektakulären **Parc national régional et Géoparc Causses de Quercy** klammert sich die heilige Stadt Rocamadour an einen steil aufragenden Felsen in 120 m Höhe. Rocamadour, eine wichtige Station auf dem Jakobsweg und eine der vier heiligsten Stätten der mittelalterlichen Christenheit, besteht aus drei Ebenen: Auf der untersten, im Alzou-Tal gelegenen Ebene befindet sich die **Cité** mit ihren goldfarbenen Häusern und der Fußgängerzone mit zahlreichen Restaurants und Boutiquen.

KNEIPEN UND BARS IN BERGERAC

Le Divin Bar à Vin
Diese Weinbar am blumengeschmückten Place de la Mirpe bleibt geöffnet, bis der letzte Gast gegangen ist. €

Le Plus Que Parfait
Gute Musik und ein freundlicher Service machen das Angebot von 12 Bieren in dieser urigen Kneipe komplett. €

Le Saint James Bistrot Lounge
Von den Sitzgelegenheiten, die sich um die Ecke erstrecken, kann man wunderbar die Leute beobachten. €

Pont Valentré

Von hier aus kann man die 216 Stufen der **Großen Treppe** bis zu den Sakralbauten auf der mittleren Ebene, den **Heiligtümern**, hinaufsteigen. Hier befindet sich die **Kapelle Notre Dame** mit der schwarzen Madonna aus Nussbaumholz aus dem 12. Jh. und der eisernen Glocke aus dem 9. Jh., die angeblich von selbst läutet, wenn ein Wunder geschieht. Auf der anderen Seite des Felsens liegen die romanisch-gotische **Basilika St-Sauveur** und die Krypta von St-Amadour. Auf der höchsten Ebene steht das **Château**, das die Stadt verteidigt: Von den Festungsmauern aus hat man eine spektakuläre Aussicht. Der Rundweg um die drei Ebenen kann in etwa 1½ Stunden zurückgelegt werden.

Wer nicht zu Fuß gehen möchte, kann den *ascenseur* (Aufzug) benutzen, der alle Ebenen erschließt, und eine Standseilbahn, die die Château-Ebene mit den Heiligtümern verbindet. Kinder unter acht Jahren fahren kostenlos. Parkmöglichkeiten gibt's im Tal, auf dem Gipfel neben dem Chateau und östlich des Château in L'Hospitalet. Achtung: Der Zugang zur mittleren Ebene ist nur für Hotelgäste möglich. Da es sich um eine wichtige religiöse Stätte handelt, ist entsprechende Kleidung erforderlich.

Faszinierendes Figeac

Architektur und Geschichte der Schrift

Das mittelalterliche Zentrum von Figeac ist ein Labyrinth aus Kopfsteinpflastergassen mit hohen Häusern aus gelbem Sand-

WEINE VON CAHORS

In dieser Appellation dominiert die Malbec-Traube, die 70% der auf Kalksteinterrassen angebauten Sorten ausmacht. Durch die Zugabe von Merlot und Tannat entsteht ein dunkler, rubinroter, tanninhaltiger Wein mit konfitürartigen Fruchtnoten, der von den Römern Schwarzwein genannt wurde. Eine gute Adresse für eine Verkostung ist das Château Lagrézette im nahegelegenen Caillac oder in dessen Laden am Fuße der Pont Valentré. Dort befindet sich auch das wirklich faszinierende Petit Musée de la Tonnellerie (Kleines Küfereimuseum).

ÜBERNACHTEN IM LOT

Hotel Le Lion d'Or, Rocamadour
Beliebtes Hotel auf der Ebene der Cité mit einfach eingerichteten Zimmern und Restaurant. Parkplatz in der Nähe. €€

Hotel Le Quatorze, Figeac
Stilvolles, gut renoviertes kleines Hotel in einem historischen Gebäude, mit kleinem Garten und Aufzug. Leckeres Frühstück. €€

Hôtel Jean XXII, Cahors
Das Hotel in einem ehemaligen Palast ist günstig gelegen, um die Altstadt zu erkunden, und bietet ein gutes Preis-Leistungs-Verhältnis. €

WARUM ICH FIGEAC LIEBE

Helen Ranger, Autorin
@helenranger

Das alte Zentrum von Figeac hat etwas, das mich einfach anspricht. Vielleicht ist es die Architektur – vor allem die offene Galerie im obersten Stockwerk eines hohen Hauses, der sogenannte *soleilho*. Hier wurden Kleider oder Felle getrocknet, Zwiebeln gelagert oder sogar Hühner gehalten. Ich stelle mir vor, wie ich an einem heißen Sommerabend dort oben sitze und eine leichte Brise genieße. Ich gehe gerne am Fluss Célé entlang, vorbei an den geschwungenen Linien der Abbatiale St-Sauveur, und dann durch die mittelalterlichen Gassen, um auf dem Place Champollion ein Glas Malbec zu trinken.

JON CHICA/GETTY IMAGES ©

St-Cirq-Lapopie

stein, viele davon mit Fachwerk und einer offenen Galerie an der Spitze, einige mit runden Türmen und schmiedeeisernen Balkonen. Auf dem **Place Carnot**, dem Hauptplatz, steht eine große, offene Markthalle. Ein Besuch des **Musée Champollion Les Ecritures du Monde** (Schriften der Welt), das in einem typischen Haus am Place Champollion untergebracht ist, lohnt sich auf jeden Fall; der Eintritt ist frei. Die zeitgenössische „Tausend-Buchstaben-Fassade" besteht aus einer Kupferplatte, in die Schriften von den Anfängen der Schrift bis hin zum Computercode eingraviert sind und ist im Abendlicht besonders eindrucksvoll. Das Museum erforscht die Anfänge der Schrift und ihre Entwicklung über mehr als 5000 Jahre hinweg. Es gibt auch einen Rundgang für Sehbehinderte.

Ein Sohn der Stadt, der Gelehrte Jean-François Champollion (1790–1832), begründete die wissenschaftliche Ägyptologie und spielte eine wichtige Rolle bei der Entzifferung der ägyptischen Hieroglyphen mit Hilfe des Steins von Rosetta. Auf dem angrenzenden **Place des Ecritures** ist eine riesige Nachbildung des Steins von Rosetta aus schwarzem Granit aus Simbabwe zu sehen. Am Flussufer steht ein Obelisk zum Gedenken an Champollion.

Der Weg von Le Puy nach Santiago de Compostela führt durch Figeac, wo es mehrere sakrale Gebäude gibt. Figeac ist um zwei bedeutende Kirchen herum entstanden: Die romanische Kirche

ABENTEUER FÜR KIDS IN ROCAMADOUR

Rocher des Aigles
Ökopark mit Greifvögeln und Papageien. Zucht- und Forschungszentrum mit pädagogischem Schwerpunkt.

Saute-Mouton
Riesige Trampoline hoch oben in den Bäumen, ein Spaß für Erwachsene und Kinder. Die Bäume werden durch die Netze nicht geschädigt.

Forêt des Singes
Spaziergang zwischen freilebenden Berberaffen in einem Park, der ihrer Erhaltung dient. Vorträge, Fütterung und Quiz.

Notre-Dame-de-Puy aus dem 12. Jh. mit ihren schön ausgearbeiteten Bögen und der Statue eines Pilgers beherrscht die Stadt. Am Flussufer befindet sich die Kirche **Abbatiale St-Sauveur**, die in den Religionskriegen schwer beschädigt wurde und heute eine reizvolle Mischung aus romanischem und gotischem Stil darstellt. Auch die Chapelle Notre-Dame-de-Pitié der Abtei mit ihrem bemerkenswerten Deckengewölbe ist auf jeden Fall einen Besuch wert.

Das Felsendorf St-Cirq-Lapopie

Das beliebteste Dorf Frankreichs

Östlich von Cahors, im Parc National Régional et Géoparc Causses du Quercy, schmiegt sich das kleine Dorf St-Cirq-Lapopie mit seinen engen, kopfsteingepflasterten Gassen 100 m über dem Fluss Lot an den Felsen. Als wichtige Verteidigungsstadt mit mehreren Festungen war sie Schauplatz der Albigenser-Kreuzzüge, des Hundertjährigen Krieges und der Religionskriege. Am besten lässt man die mittelalterliche Atmosphäre auf sich wirken und stöbert in den Spezialitätengeschäften, darunter auch Holzkunsthandwerk, die an die Zeiten des Transports auf dem Fluss erinnern. Das **Musée Rignault** ist ein kleines Museum für zeitgenössische Kunst, das in einem architektonisch interessanten Haus untergebracht ist. Von seinem Garten aus hat man einen herrlichen Blick auf das Dorf und das Tal (April bis Oktober). Die **Kirche**, die St. Cyr (dem Ursprung von Cirq) und seiner Mutter, der heiligen Juliette, gewidmet ist, besteht aus abgerundeten romanischen Formen und goldenem Sandstein; sie hat eine Seitenkapelle, die der heiligen Katharina, der Schutzpatronin der Drechsler, gewidmet ist. Den besten Blick hat man vom Aussichtspunkt auf dem höchsten Punkt des Felsens, dem **Rocher Lapopie**. Hier befand sich im 10. Jh. die erste Festung, von der heute nur noch Fundamente und Ruinen des Tors übrig sind. Um den großen Andrang zu vermeiden, sollte man so früh wie möglich auf einem der fünf großen Parkplätze parken, die das Dorf umgeben (P4 liegt am nächsten).

Unten im Tal führt der reizvolle **Chemin de Halage de Galin**, der alte Treidelpfad, 5 km flussaufwärts nach Bouziès. Er ist fast einen Kilometer lang in die Felswand gehauen und bildet einen halben Tunnel. In der Nähe von Bouziès wird der Fluss breiter und auf der linken Seite befinden sich eine Reihe von abstrakten Formen und Strukturen, die 1989 von einem Künstler in den Fels gehauen wurden.

PILGERROUTEN DURCH DIE DORDOGNE & DAS LOT

Pilger:innen auf dem Weg nach Santiago de Compostela in Spanien sind seit Jahrhunderten auf diesen Wegen unterwegs. Zwei Hauptrouten durchqueren die Dordogne und das Lot.

Vézelay Route
Die 900 km lange Vézelay-Route oder Via Lemovicensis, die zum UNESCO-Welterbe gehört, beginnt in Vézelay in Zentralfrankreich, wo die Pilger:innen die Abtei St. Maria Magdalena besuchen. Sie verläuft diagonal nach Südwesten und führt über Limoges, Périgueux (wo die Pilger:innen die Cathédrale St-Front besuchen) und Bergerac.

Le Puy Route
Die Route von Le Puy oder Via Podiensis beginnt in Le Puy (S. 440) im Osten Frankreichs und führt über 1511 km nach Santiago. Sie verläuft durch Figeac, St-Cirq-Lapopie und Cahors. Die Abteien, Klöster und Kirchen entlang dieser Routen, wie Cadouin, Brantôme und Figeac, wurden gebaut, um die körperlichen und geistigen Bedürfnisse der Pilger:innen zu befriedigen.

ESSEN IM LOT

Le Gourmet Quercynois, St-Cirq-Lapopie
Küchenchef Arnaud bringt das Terroir mit klassischen Gerichten und lokalen Weinen optimal zur Geltung. €€

Brasserie Le Seth, Figeac
Man sitzt drinnen oder auf dem Platz und hat die Wahl zwischen gemischten Platten zum Teilen, riesigen Salaten, Steaks, Ente und Fisch. €

Au Fil des Douceurs, Cahors
Das renommierte Restaurant mit Blick auf die Brücke bietet alle großen französischen Klassiker und lokale Weine. €€

ARTYART/SHUTTERSTOCK ©

Oben: Château et Remparts (S. 618), Carcassonne;
Rechts: Wandern im Département Pyrénées-Orientales (S. 622)

Languedoc-Roussillon

VIELSEITIGE GESCHICHTE, BERGABENTEUER UND KATALANISCHE KULTUR

Die Küstenstädte des Bas (unteren) Languedoc, die imposanten Gipfel des Haut (oberen) Languedoc und die katalanisch-französisch-spanische Melange in Roussillon sorgen für einen berauschenden Mix der Küchen, Kulturen und Wahrzeichen.

Languedoc-Roussillon ist eine eigenwillige und stolze Region Frankreichs, in der gut erhaltene Zeugnisse der Vergangenheit mit dem unbefangenen modernen Leben eine gute Verbindung eingehen.

Schmale Sandbänke ziehen sich entlang des größten Teils der Küste hin und trennen das Mittelmeer von einer Reihe von Salzebenen und *étangs* (Seen), wo es von Wildtieren wimmelt. Die historischen Städte in dieser Region sind vergleichsweise eben, leicht zugänglich und stecken voller fabelhafter Architektur und jugendlicher Energie.

PAUL STAFFORD ©

Abseits des Meeres knittert sich das Land wie Krepppapier zusammen, zuerst in sanfte, mit Weinbergen und Olivenhainen bedeckte Böschungen und dann zu zerklüfteten Gipfeln und tiefen Schluchten. Diese dünn besiedelte Region ist womöglich der Inbegriff der Magie des Reisens: Mächtige Katharerburgen zerbröckeln auf unwirtlichen Berggipfeln, faszinierende Straßen führen zu vielen wilden Schlupfwinkeln und, wo der Asphalt aufhört, finden Abenteuerlustige und Outdoorfans jede Menge Flüsse und Wege.

Legt man ein Vergrößerungsglas über Languedoc-Roussillon, scheint sich die Region noch weiter zu fragmentieren: Die Gebirgskette der Cevennen geht weiter südlich in die Pyrenäen über, und an der Grenze zwischen Frankreich, Spanien und Katalonien vermischen sich die Sprachen, Gebräuche und Küchen miteinander.

Ein durchgängiges Merkmal ist das erstklassige Essen und Trinken: spritziger Weißwein und Austern an der Küste, würzige Wurst, Oliven und Tomaten an der Grenze zu Spanien, reichhaltige Eintöpfe in der Gegend von Carcassonne und pikante Blauschimmelkäse wie Roquefort aus den Kalksteinhöhlen der Hochebenen der Causses.

DIE WICHTIGSTEN ZIELE

NÎMES
Römische und mittelalterliche Relikte. S. 594

MONTPELLIER
Kunstgalerien und Nachtleben. S. 601

CAUSSES UND CÉVENNEN
Schluchten und Berge. S. 610

CARCASSONNE
Märchenschlösser und Wein. S. 617

PERPIGNAN
Ein Vorgeschmack der katalanischen Kultur. S. 620

Erste Orientierung

Ob einen die weiten Strände oder das hügelige Hinterland interessieren – wahrscheinlich wird man sein Standquartier in einer der Städte des Tieflands beziehen. Jede davon hat ihren eigenen Charakter, der sich auf faszinierende Weise in ihrer Geschichte, Küche und Kultur ausprägt.

AUTO

Die Freude der Erkundung des Languedoc-Roussillon besteht im Entdecken. Praktisch jeder Ort und jedes Dorf besitzt seine eigene mittelalterliche Kirche, Burgruine oder Abtei. Um aus der Reise wirklich Profit zu ziehen, benötigt man ein Auto oder Motorrad. Große Bereiche des Haut Languedoc und der Pyrenäenregionen sind auf andere Weise nicht zu erreichen.

BUS

Es gibt ordentliche Busverbindungen aus den wichtigsten Städten zu den umliegenden Orten, vor allem weiter im Süden durch die roten Regionalbusse von liO. Flixbus und Blablacar Bus betreiben die meisten Verbindungen zwischen den Städten.

ZUG

Die Küstenstädte und Carcassonne sind gut mit regelmäßig fahrenden, effizienten Regional- (TER) und überregionalen Zügen (TGV) der SNCF erschlossen. Montpellier ist der wichtigste regionale Knotenpunkt; große Bahnhöfe gibt's auch in Nîmes und Perpignan. Es gibt regelmäßige Zugverbindungen nach Paris, Marseille und Barcelona.

Carcassonne, S. 617
Man erkundet die vielschichtige Geschichte der großen, märchenhaften Zitadelle, probiert bei einer geführten Tour die Weine des Languedoc und lernt den Canal du Midi kennen.

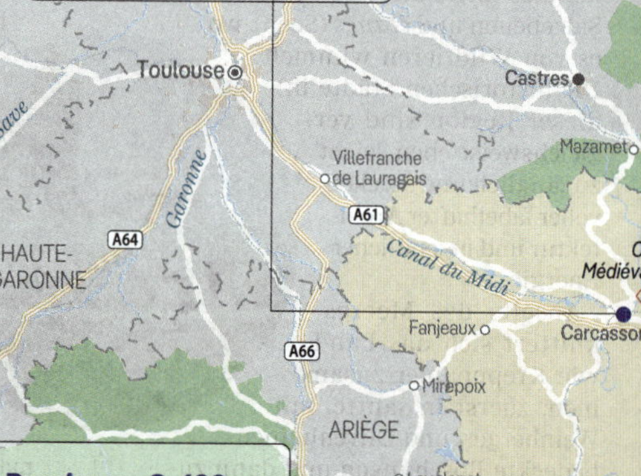

Perpignan, S. 620
Beim hiesigen Essen, den Weinen und Spirituosen erlebt man die Mischung der Kulturen Frankreichs, Kataloniens und Spaniens und lernt die Lieblingsorte der besten fauvistischen und kubistischen Kunstschaffenden kennen.

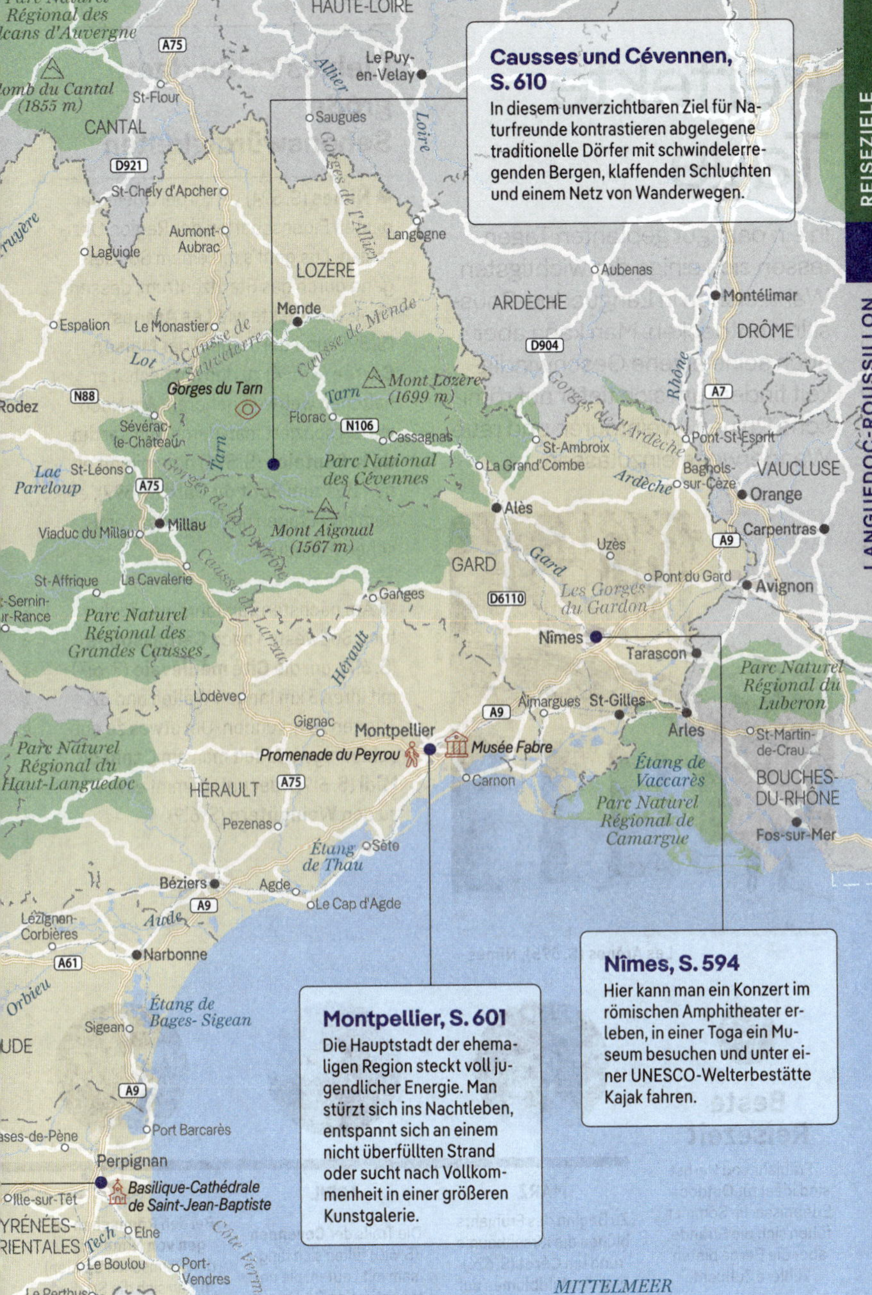
Causses und Cévennen, S. 610
In diesem unverzichtbaren Ziel für Naturfreunde kontrastieren abgelegene traditionelle Dörfer mit schwindelerregenden Bergen, klaffenden Schluchten und einem Netz von Wanderwegen.
Montpellier, S. 601
Die Hauptstadt der ehemaligen Region steckt voll jugendlicher Energie. Man stürzt sich ins Nachtleben, entspannt sich an einem nicht überfüllten Strand oder sucht nach Vollkommenheit in einer größeren Kunstgalerie.
Nîmes, S. 594
Hier kann man ein Konzert im römischen Amphitheater erleben, in einer Toga ein Museum besuchen und unter einer UNESCO-Welterbestätte Kajak fahren.
HAUTE-LOIRE
Le Puy-en-Velay
CANTAL
St-Flour
Saugues
Allier
Loire
Gorges de l'Allier
St-Chely d'Apcher
Aumont-Aubrac
Laguiole
Langogne
LOZÈRE
Aubenas
ARDÈCHE
Montélimar
DRÔME
Mende
Espalion
Le Monastier
Causse de Sauveterre
Causse de Mende
Lot
Gorges du Tarn
Mont Lozère (1699 m)
Tarn
Rodez
Sévérac-le-Château
Florac
Cassagnas
Parc National des Cévennes
Gorges de l'Ardèche
Rhône
Pont-St-Esprit
St-Ambroix
La Grand'Combe
Bagnols-sur-Cèze
Ardèche
VAUCLUSE
Orange
Lac Pareloup
St-Léons
Millau
Viaduc du Millau
Mont Aigoual (1567 m)
Alès
Carpentras
Uzès
GARD
Gard
Pont du Gard
Avignon
St-Affrique
La Cavalerie
Parc Naturel Régional des Grandes Causses
Ganges
Les Gorges du Gardon
Nîmes
Tarascon
Parc Naturel Régional du Luberon
Hérault
Lodève
Aimargues
St-Gilles
Arles
St-Martin-de-Crau
Gignac
Montpellier
Promenade du Peyrou
Musée Fabre
Parc Naturel Régional du Haut-Languedoc
HÉRAULT
Carnon
Étang de Vaccarès
Parc Naturel Régional de Camargue
BOUCHES-DU-RHÔNE
Pezenas
Fos-sur-Mer
Étang de Thau
Sète
Béziers
Agde
Le Cap d'Agde
Lézignan-Corbières
Aude
Narbonne
Étang de Bages-Sigean
Sigean
Port Barcarès
Perpignan
Basilique-Cathédrale de Saint-Jean-Baptiste
Ille-sur-Têt
Elne
Tech
Le Boulou
Port-Vendres
Côte Vermeille
Le Perthus
Figueres
MITTELMEER
0
100 km

Perfekte Tage

In ein paar gut geplanten Tagen lassen sich einige der wichtigsten Wahrzeichen in Languedoc-Roussillon entdecken. Man kann aber auch seine eigene Geschwindigkeit finden, um sich tiefer auf römische Ruinen, Weintouren und raue Wanderwege einzulassen.

EO NAYA/SHUTTERSTOCK ©

Les Arènes (S. 595), Nîmes

Kleines Zeitbudget, große Sehenswürdigkeiten

● **Nîmes** (S. 594) verkörpert viele der besten Eigenschaften der Region Okzitanien. Los geht's mit einem Spaziergang durch das Stadtzentrum, dessen römische Relikte wie **Les Arènes** (S. 595) und der Tempel der **Maison Carrée** (S. 596) zu den am besten erhaltenen weltweit gehören. Am Nachmittag spaziert man durch den **Jardin de la Fontaine** (S. 596) oder nimmt einen Bus zum **Pont du Gard** (S. 599), einem drei Etagen umfassenden römischen Aquädukt.

● Am nächsten Tag fährt man Richtung Südwesten nach **Carcassonne** (S. 617), um die **Cité médiévale** (S. 617) mit ihren 3 km langen Wällen und 52 Türmen zu erkunden. Um etwas zu entschleunigen, radelt man am **Canal du Midi** (S. 619) oder unternimmt eine Tour zu den **Weingütern** (S. 619).

Beste Reisezeit

Frühjahr und Herbst sind ideal für Outdoor-Erlebnisse. Im Sommer füllen sich die Strände, aber die Berge bieten kühlere Zuflucht.

MÄRZ

Zu Beginn des Frühjahrs blühen die Kirschbäume rund um **Céret** (S. 626) und die Wildblumen auf den Wiesen der Grands Causses.

APRIL

Die Trails der **Cevennen** (S. 610) füllen sich langsam mit Leuten, die unter optimalen Bedingungen Langstreckentreks wie den **GR70** (S. 612) in Angriff nehmen.

MAI

Bei den **Römischen Tagen von Nîmes** (oder den Römischen Spielen) füllen sich die Straßen drei Tage lang mit Gladiatorduellen und lärmenden Umzügen.

HIDALGO GAEL/SHUTTERSTOCK ©, MARGOUILLAT PHOTO/SHUTTERSTOCK ©, SCOTT CARRUTHERS/ALAMY ©

Eine Woche Zeit

- Eine ganze Woche gibt Zeit für eine Rundreise zwischen den Küstenstädten. Los geht's in **Montpellier** (S. 601) mit seinen weltberühmten Kunstgalerien wie dem **Musée Fabre** (S. 602), anschließend besucht man **Béziers** (S. 609), wo die **Cathédrale Saint-Nazaire** eindrucksvoll über dem Fluss Orb thront.

- In der Nähe der spanischen Grenze entdeckt man die nordkatalonische Region Roussillon und den früheren Hauptsitz des Königs Mallorcas, den **Palais des Rois de Majorque** (S. 621) in **Perpignan** (S. 620). Die Kunst erlebte eine nachhaltige Revolution in **Collioure** (S. 627) und **Céret** (S. 626). Die Galerien in beiden Orten erinnern an jene Tage, als Pablo Picasso und Henri Matisse bei ihrem Aufenthalt ihre einzigartige künstlerische Ausdrucksweise entwickelten.

Länger Zeit

- Man kann ins Binnenland eintauchen, um die vielen bezaubernden Dörfer und die Berglandschaft des Haut Languedoc zu erkunden. Los geht's in **Saint-Guilhem-le-Désert** (S. 608), dessen Mittelpunkt die **Abbaye de Gellone** (S. 608) bildet. Man sollte auf Muschelschalen und Rucksäcke achten, denn hier berührt man den Jakobsweg nach Santiago de Compostela. Das Wandern liegt dieser Region im Blut.

- Von hier aus erkundet man die **Cevennen** (S. 610) mit einem Stopp in **Roquefort** (S. 613) zur Käseverkostung. Man folgt der faszinierenden Straße längs den **Gorges du Tarn** (S. 610) und macht in **La Malène** (S. 611) Halt, um mit **Les Bateliers** (S. 611) eine Flussfahrt zu unternehmen. Anschließend kehrt man über **Uzès** (S. 599) mit seinem bezaubernden Renaissance-Ortskern nach Nîmes zurück.

JUNI

Wenn die Temperaturen steigen, füllen Flamingos die *étangs* an der Küste, und die Zeit ist gekommen, die Strände ohne Menschenmassen zu genießen.

JULI

Jedes Jahr veranstaltet Carcassonne am Abend des **Tags des Sturms auf die Bastille** (14. Juli) von den Wällen der Festung eines der größten Feuerwerke Frankreichs.

AUGUST

In der Küstenstadt Sète kann man sich bei der **Fête de la Saint-Louis** (S. 607) auf neuartige Weise beim Schifferstechen abkühlen.

SEPTEMBER

Ab der Mitte des Monats gibt's in Montpellier vier Wochen lang Livemusikdarbietungen anlässlich der **Internationales de la Guitare**.

Nîmes

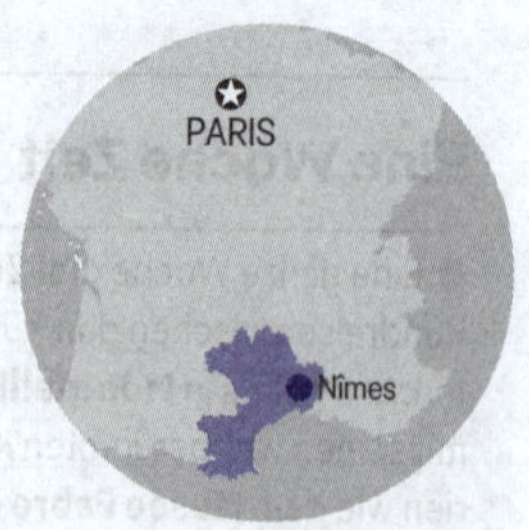

UNTERWEGS VOR ORT

Das Stadtzentrum von Nîmes ist eben, sodass man hier gut zu Fuß oder mit dem Rad herumkommt. Man braucht bei gemächlichem Tempo rund 15 Minuten für den Spaziergang von Les Arènes im Süden zum Jardin de la Fontaine im Norden. Nördlich des Zentrums wird die Straße sehr steil, und man sollte eine Flasche Wasser mitnehmen, wenn man an einem heißen Tag die Tour Magne besuchen will. Das Autofahren sollte man in der Stadt vermeiden, weil Verkehrsregelungen eine scheinbar gerade Strecke oft sehr kompliziert machen. Wenn man mit dem Auto kommt, ist es vielleicht die beste Option, das Auto beim Hotel abzustellen.

TOP TIPP

Wer viele oder alle der römischen Attraktionen in Nîmes besichtigen will, kann mit dem Pass Romanité Geld sparen. Er ist drei Tage gültig und gewährt Einlass zum Musée de la Romanité, zu Les Arènes, zur Maison Carré sowie zur Tour Magne.

Nîmes wirkt wie ein Freilichtmuseum, und die Größe und Qualität seines Amphitheaters und Tempels erwecken Vergleiche mit Rom. Viele Artefakte aus dieser Ära werden in dem modernen Musée de la Romanité ehrfürchtig bewahrt. Mit seiner Lage an einer Quelle an der Via Domitia (der Römerstraße, die die Mittelmeerküste mit Italien verband) wurde Nîmes zu einer wichtigen Siedlung im römischen Gallien. Einige der wundervoll erhaltenen römischen Ruinen sind auch heute noch – neben ihrer historischen und touristischen Funktion – öffentliche Versammlungsorte.

Nîmes ist heute zwar eine mittelgroße Stadt, aber das antike Erbe fügt sich nahtlos in das Zentrum ein, das ein schönes Gewirr aus mittelalterlichen Straßen und von Cafés gesäumten Plätzen mit schattenspendenden Palmen bildet. Zusätzlich machen am Rand des Stadtzentrums breite Boulevards und öffentliche Plätze das Zufußgehen zum Vergnügen.

Die Geschichte von Nîmes

Der Vergangenheit im Musée de la Romanité nachspüren

Das wie in eine schimmernde Toga eingehüllt wirkende **Musée de la Romanité** ist ein topmodernes Haus für die römischen Reichtümer von Nîmes. Das von der Architektin Elizabeth de Portzamparc entworfene Gebäude mag zwar 2000 Jahre jünger sein als sein Nachbar, Les Arènes, bildet aber eine würdige Ergänzung. Im Innern wird Nîmes' Geschichte mit Tausenden von Artefakten – Statuen, Fresken, Münzen und einigen exquisiten Mosaiken – von den Anfängen um rund 800 v. Chr. über die Römerzeit bis zum Mittelalter erzählt. Eine gut markierte Route führt durch das luftige Innere. Zu den Highlights zählen das Pentheus-Mosaik aus dem Anfang des 2. Jhs. mit Bildern von Dionysos und Tieren sowie ein Fund von Waffen und Schädeln, die auf die Sitte gallischer Krieger des 4. und 3. Jhs. v. Chr. hindeuten, die Köpfe besiegter Feinde abzuschlagen und zu Hause zur Schau zu stellen. Zur Abrundung gibt's faszinierende Exponate, interaktive Paneele und eine KI-Kamera, die die Besucher:innen in römische Togen kleidet.

NÎMES

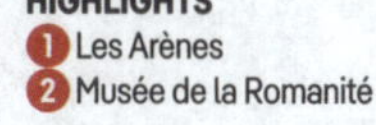

HIGHLIGHTS
1 Les Arènes
2 Musée de la Romanité

SEHENSWERTES
3 Carré d'Art
4 Jardin de la Fontaine
5 Maison Carrée
6 Musée du Vieux Nîmes
7 Tour Magne

ESSEN
8 l'Ancien Théatre
9 Restaurant Skab
10 The Bird

Gladiatoren in Les Arènes

Blutige Unterhaltung vor 2000 Jahren

Das größte römische Relikt in Nîmes sind **Les Arènes**, ein prächtiges, zweistöckiges Amphitheater, das so gut erhalten ist, dass hier immer noch Konzerte und historische Vorführungen stattfinden. Viele der Elemente im Innern gingen verloren, als es die Einheimischen im Mittelalter für Wohnzwecke nutzten.

ÜBERNACHTEN IN NÎMES

Vertigo
Das Hostel mit Schlafsälen und Privatzimmern liegt am Bahnhof und hat eine Dachterrasse, auf der man gut andere Traveller kennenlernen kann. **€**

Royal Hôtel
Das skurrile Hotel hat eine bunt zusammengewürfelte Einrichtung. Es liegt umgeben von Restaurants in Sichtweite der Maison Carrée. **€€**

Appart'City Collection Nîmes Arènes
Das zuvorkommende Hotel in der Nähe des Amphitheaters hat geräumige Zimmer, manche mit Französischen Balkonen. **€€**

DAS RÖMISCHE NÎMES ZU FUSS ERKUNDEN

Los geht's auf der verkehrsberuhigten **1 Place des Arènes**. Die schwachen Linien, die über den Platz verlaufen, umreißen die Lage der einstigen römischen Stadtmauer und ihrer Türme. Hier kann man gute Fotos von Les Arènes machen. Nun geht's gen Nordosten vorbei an der Fontaine Pradier zur **2 Porte d'Auguste**, einem der Haupttore zur Stadt. Dann folgt man der Rue nationale nach Westen zur **3 Place de la Maison Carrée**. Der hier stehende Tempel aus Kalkstein glänzt wie poliertes Elfenbein. Ein toller Ort für ein Foto, weil das von Norman Foster, Baron Foster of Thames Bank, entworfene Carré d'Art gleich hinter dem Tempel steht. Die **4 Maison Carrée** ist ein klassischer augustäischer Podiumstempel und wurde zu Beginn des 1. Jhs. errichtet. Er diente dem Kaiserkult des Augustus und ist eines der weltweit am besten erhaltenen Beispiele eines solchen Gebäudes. Das kleine Museum drinnen bietet Details zur Baugeschichte. Bei der Galerie **5 Carré d'Art** widmet man sich der 2. Etage; die Ausstellungen zeigen häufig avantgardistische und zeitgenössische Kunst. Man biegt danach links auf den Quai de la Fontaine ab und folgt der nördlichen Seite des Kanals. Schon bald sieht man die champagnerfarbenen Balustraden, Brücken und Skulpturen des im 17. Jh. angelegten **6 Jardin de la Fontaine**, der nach der Quelle benannt ist, die der Hauptgrund war, warum die Römer Nîmes hier erbauten. Neben der Quelle befindet sich ein **7 kleiner Tempel**, der angeblich Diana geweiht war, der Göttin der Jagd. Man folgt den Wegen durch de Park zur **8 Tour Magne**, einem Turm mit achteckigem Sockel, der im 3. Jh. v. Chr. von Galliern auf dem Mont Cavalier errichtet und gegen 15 v. Chr. von den Römern als Teil der Stadtbefestigung von Nîmes überbaut wurde. Nach 140 Stufen bietet sich ein malerischer Blick auf die Stadt.

Les Arènes (S. 595)

Die Konstruktion befindet sich aber in gutem Zustand, so dass man große Teile der gegen 100 n. Chr. erbauten Anlage besichtigen kann, darunter *vomitoria* (Korridore), Treppen und manche der 34 Terrassen, die bis zu 24 000 Zuschauer aufnehmen konnten (immer noch für Konzerte genutzt). Mit dem im Eintrittspreis enthaltenen Audioguide (Identitätsnachweis als Pfand hinterlegen!) erfährt man etwas über die Geschichte und Formen der Gladiatorenkämpfe, die einst hier stattfanden.

Blue Jeans

Die Heimat des ursprünglichen Double Denim

Als die Textil-Industrie in Nîmes während des 17. Jhs. aufblühte, wurde ein in Köperbindung gewebter Stoff, der sogenannte Serge de Nîmes (Denim), erfunden. Diesen Stoff griffen schließlich Levi Strauss & Company auf, die ihn für die Herstellung jener Hosen verwendeten, die als Blue Jeans weltberühmt wurden. Im **Musée du Vieux Nîmes** ist ein ganzer Raum dem Denim gewidmet, in dem erklärt wird, wie seine Verwendung Mode wurde. Das Museum knüpft ansonsten dort an, wo das Musée de la Romanité aufhört und beschreibt das örtliche Leben nach der Renaissance.

DAS KROKODIL VON NÎMES

Nîmes hat ein etwas bizarres Stadtsymbol, das immer wieder in der Stadt auftaucht: ein Krokodil, das an eine Palme gekettet ist. Zu der Zeit, als Nîmes gegründet wurde, hatte Octavius-Augustus gerade Antonius besiegt und Ägypten dem römischen Imperium hinzugefügt. Das angekettete Krokodil steht für die Bändigung eines Feindes. Das Krokodil ist sehr präsent, von Pollern bis hin zu den ausgestopften Krokodilen, die über einer Treppe im Rathaus hängen.

GUT UND REGIONAL ESSEN IN NÎMES

Restaurant Skab
Der Name sollte einen nicht abschrecken: Das feine Speiserestaurant verwendet für seine kreativen Verkostungsmenüs die besten frischen Zutaten. €€€

Restaurant l'Ancien Théâtre
La brandade de morue nîmoise (überbackener Kabeljau mit Olivenöl und Knoblauch) muss man in Nîmes unbedingt probieren – am beste hier. €€

The Bird
Verlässliche, hausgemachte Kost in einem intimen Bistro. Für die Gerichte werden regionale Produkte wie Kalbfleisch aus der Auvergne verwendet. €€

Rund um Nîmes

Hier sind mittelalterliche Siedlungen, eine UNESCO-Welterbestätte und eine Stadt neben Salzebenen zu entdecken, die von mächtigen Festungswällen umschlossen ist.

UNTERWEGS VOR ORT

Aigues-Mortes mag geografisch näher bei Montpellier liegen, hat aber nur nach Nîmes eine direkte Zugverbindung, die täglich mindestens dreimal bedient wird. Uzès kann man in 40 Minuten mit dem Bus 152 erreichen, der vor der Südseite des Bahnhofs von Nîmes abfährt. Dort fährt auch der Bus 121, der am Pont du Gard und in Collias hält. Die Fahrt dauert rund eine Stunde (einfache Strecke). Der römische Aquädukt ist ungefähr 1 km von der nächsten Bushaltestelle entfernt. Man steigt an der Haltestelle Vers Pont du Gard aus und folgt der Beschilderung.

TOP TIPP

Im Frühjahr oder Herbst kann man auf dem Gardon oder Gard kajakfahren; in den anderen Jahreszeiten ist der Wasserstand zu niedrig oder zu hoch.

Als die Quelle in Nîmes unzureichend wurde, um die wachsende Bevölkerung der Stadt zu speisen, wurde im 1. Jh. n. Chr. ein Aquädukt erbaut. Abschnitte dieser Anlage, darunter der außerordentliche Pont du Gard, sind noch erhalten. Dieser und die historische Stadt Uzès, wo der Aquädukt beginnt, bieten sich für tolle Tagesausflüge ab Nîmes an. Uzès ist besonders bemerkenswert für sein Stadtzentrum aus der Zeit der Renaissance; bei einem Spaziergang darin fühlt man sich um sechs Jahrhunderte zurückversetzt. In Richtung Mittelmeerküste fragmentiert sich das Land in einen Flickenteppich aus Seen und Salzebenen, deren Farbtöne zwischen Frühlingsgrün und einem Rosa liegen, das man auch an den Flamingos wahrnimmt, die diese Region besuchen. Hier erhebt sich die befestigte ländliche Stadt Aigues-Mortes wie ein stolzer Wachtturm.

Kajakfahrt unter dem Pont du Gard

Römische Ingenieurskunst am Pont du Gard

Wasser über dem Wasser bewegen

Römische Ingenieurskunst vom Allerfeinsten erblickt man über einem grünen Abschnitt des Flusses Gardon. Der Pont du Gard (25 km außerhalb von Nîmes) ist das Highlight des 50 km langen Aquädukts, der Wasser von Uzès nach Nîmes transportierte. Er wurde gegen 50 n. Chr. gebaut, um die Bevölkerung der schnell wachsenden Stadt Nîmes mit Wasser zu versorgen und die Thermen, Brunnen und anderen Einrichtungen eines luxuriösen Lebensstils zu speisen. Die Existenz und der Fortbestand der bemerkenswerten, dreistöckigen Brücke sind umso eindrucksvoller, wenn man bedenkt, dass jeder der rund 5 Tonnen schweren Steinblöcke von Hand gehauen und aus nahegelegenen Steinbrüchen an die Baustelle geschafft werden musste.

Im Rahmen einer **Führung** kann man über die Brücke gehen und hat Zugang zur obersten Etage. Für alle Zugangspunkte benötigt man ein Ticket, mit dem man auch in das interaktive **Museum** kommt, in dem man erfährt, wie die Römer ohne moderne Maschinen ihre Umwelt so effektiv verändern konnten.

DIE LANDSCHAFT ERLEBEN

Der 1,4 km lange Wanderweg **Mémoires de Garrigue** am Pont du Gard wurde angelegt und wird gepflegt, um die Auswirkungen des Menschen auf die Landschaft, insbesondere vor dem 19. Jh., zu erforschen. Man sieht hier Überreste des römischen Aquädukts inmitten traditioneller Felderterrassen und anderer Trockensteinbauten wie den *bories*, igluförmigen Hütten, die den Schafhirten Schutz gewährten.

Collias ist das Tor zu diversen Abenteuer- und Naturerlebnissen, zu denen auch eine *via ferrata* (ein Klettersteig mit am Fels befestigten Stahlseilen) und weitere Möglichkeiten zum Klettern zählen. Für Familien machen die Informationen über die Schlucht und die in der Nähe lebenden Biber die **Maison du Castor** zu einem lohnenden Stopp. Er hilft dabei, die am Gard lebenden Wildtiere zu identifizieren.

Kajakfahren auf dem Gardon

Paddeln unter dem Aquädukt

Das Dorf **Collias**, vom Pont du Gard 7 km stromaufwärts, ist voller Gelegenheiten zu Abenteuern. Doch der Hauptgrund für einen Besuch hier ist das Kajakfahren. Man sieht die bunten oder limettengrünen Boote überall auf diesem ruhigen Abschnitt des Flusses. Kaum eine Welle kräuselt die Oberfläche, sodass die Strecke ideal für Anfänger ist.

Man folgt dem 8 km langen Abschnitt des trägen Flusses durch das Tal und unterquert den Pont du Gard. Die Fahrt endet an einem Abholpunkt, von wo man zum Startpunkt zurückgefahren wird. Die Kajaktour dauert rund zwei Stunden – oder länger, falls man unterwegs an einer schattigen Uferstelle ein Picknick macht. Rettungswesten und Trockenbehälter für Wertsachen werden gestellt.

Architektur im mittelalterlichen Uzès

Türme und Gärten der Renaissance

Mit seinen champagnerfarbenen Backsteinbauten, die das Gewirr der Kopfsteinstraßen säumen, gehört das Stadtzentrum von Uzès zu den schönsten in der Region. Die Hauptsehenswürdigkeiten sind alle mittelalterlichen Ursprungs, so auch der

ABENTEUERTOUREN

Bureau des Moniteurs du Gard
Das beliebte Unternehmen in Collias bietet die üblichen Kajaktouren, außerdem Kletteroptionen und Begehung der *via ferrata.*

Canöe Collias
Das Unternehmen, das von März bis Oktober arbeitet, vermietet Einerkajaks und Kanus für mehrere Personen und hat einen guten Abholdienst.

Geo Rovers
Maßgeschneiderte und themenbezogene Radtouren auf hochwertigen E-Bikes ab Uzès.

PAUL STAFFORD ©

Aigues-Mortes

Jardin médiéval, eine botanische Sammlung mit diversen Nutz- und Heilpflanzen, der so angelegt ist, wie man das wahrscheinlich im Mittelalter tat, nur dass jede Pflanze hier ordentlich beschildert ist. In dem Zentrum der Anlage erhebt sich die 1493 erbaute, imposante **Tour du l'Evêque** (Bischofsturm). Die **Tour du Roi** (Königsturm) daneben beherbergt auf mehreren Etagen eine Kunstausstellung und bietet Panoramablicke von der Spitze. Die beiden Türme wurden von den örtlichen Bischöfen als Wohnungen, Gefängnis und Gerichtshof genutzt.

Gleich nebenan steht der massige **Duché** (Herzogspalast), der je nach Standort eher wie eine Burg oder wie ein Palast wirkt. Bei der Führung (nur auf Französisch) besichtigt man die 800 Jahre alten Kellergewölbe, den befestigten Bergfried und die reich ausgestatteten Zimmer. Das Gebäude ist allerdings auch von außen eindrucksvoll; die Fassade des 16. Jhs. verbindet verschiedene klassizistische mit anderen Stilelementen, darunter korinthischen Säulen.

Die Uferfestung Aigues-Mortes

Salzebenen und mittelalterliche Festungswälle

Aigues-Mortes ist ein ausgezeichnetes Beispiel für eine *bastide* (befestigte Stadt) aus dem 13. Jh., deren intakte, 1640 m lange, mit fünf Türmen und zehn Toren und Pforten versehene Stadtmauer das umliegende Feuchtgebiet dominiert. Obgleich der romanische Name von Aigues-Mortes „tote Gewässer" bedeutet, sind die umliegenden Salzebenen eine blühende Lebenswelt, an deren Spitze Scharen faszinierender Flamingos stehen. Holzstege und Pfade führen am Rand des magentafarbenen **Étang de la Ville** entlang. Die Stadt hinter den Mauern ist weitgehend verkehrsberuhigt und hat ihren mittelalterlichen Grundriss bewahrt. An der nordwestlichen Ecke gelangt man auf die Wälle; den eindrucksvollsten Blick hat man aber von dem Aufmarschgelände vor der südlichen Mauer.

DIE BESTEN ZIMMER MIT GESCHICHTE

Bize de la Tour
Das Gebäude des 14. Jhs. im Städtchen Remoulins verfügt über einen steinernen Turm. Die Inneneinrichtung will den historischen Eindruck verstärken. €€

La Maison D'Uzès
Die wunderschönen Zimmer mit alten und zeitgenössischen Möbeln verteilen sich auf drei Häuser des 17. Jhs. im Herzen von Uzès. Für zusätzliche Eleganz sorgt das mit einem Michelin-Stern ausgezeichnete Hotelrestaurant: Es öffnet sich zu einem herrlichen, von Linden beschatteten Hof, in dessen Mitte ein Springbrunnen steht. €€€

Le Vieux Castillon
Die alten Zimmer mit zeitgenössischem Komfort befinden sich in einem Renaissance-Gebäude im mittelalterlichen Dorf Castillon. €€€

Montpellier

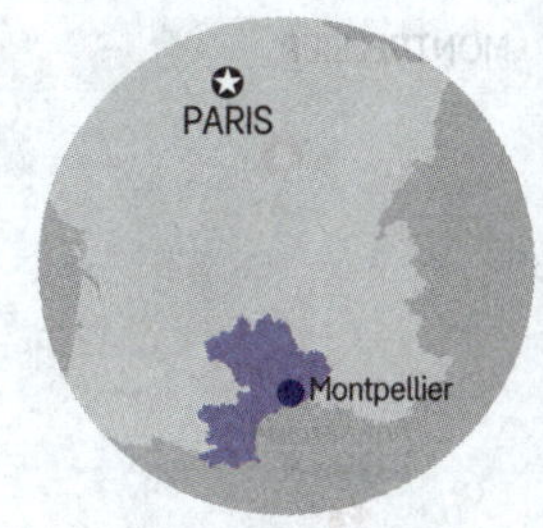

Das im 10. Jh. gegründete Montpellier ist, verglichen mit seinen mit römischen Ruinen gesegneten Nachbarn, eine junge Stadt. Trotzdem kann diese den Titel der Hauptstadt der ehemaligen Region Languedoc-Roussillon beanspruchen und steht in ganz Okzitanien wohl nur Toulouse nach. Montpellier ist zudem eine der rätselhaftesten Städte Frankreichs: energiegeladen und entspannt, kreativ und doch darauf bedacht, ihren Charakter und ihre Geschichte zu bewahren. Zwar sind die hochgelobten *hôtels particuliers* weitgehend für Besucher:innen geschlossen, aber das Musée Fabre zeigt die schönste Kunstsammlung Südfrankreichs. Andere alte Gebäude wurden in moderne Kunstmuseen umgewandelt, und im Jardin des Plantes, dem ältesten botanischen Garten des Landes, gedeihen die Pflanzen nach wie vor. Dieses Gleichgewicht zwischen Alt und Neu verdankt sich zu großen Teilen auch der hohen Zahl an Studierenden, die etwa ein Drittel der Bevölkerung ausmachen. Praktisch aus jeder Arkadenecke ertönt das Leben, wenn die Leute draußen essen oder Gruppen es sich bei einem *apéro* (Drink vor dem Abendessen) gemütlich machen.

Musée Fabre (S. 602)

UNTERWEGS VOR ORT

Vélomagg, das Fahrradverleihsystem von Montpellier, ist über die App M'Ticket leicht zu benutzen. Man kann dort auch Fahrkarten für die örtlichen Busse und Straßenbahnen kaufen. Letztere fährt auf vier separaten Strecken durch das Zentrum. Die Buslinie 620 ist die einzige öffentliche Verkehrsverbindung vom und zum Flughafen von Montpellier. Der Bus fährt zwischen 8 und 20 Uhr ungefähr alle halbe Stunde ab der Place de l'Europe, und ein paar Stunden davor und danach stündlich. Straßenparkplätze sind im Zentrum manchmal schwer zu finden, aber es gibt viele große mehrstöckige Parkhäuser rund um den Bahnhof.

TOP TIPP

Die Montpellier City Card bietet viele Vorteile, darunter Eintritt in die Museen Fabre und Mo.Co., eine Reihe von Führungen sowie Zugang zu den Straßenbahnen. Die Karten gibt's für einen, zwei oder drei Tage. Sie sind online erhältlich.

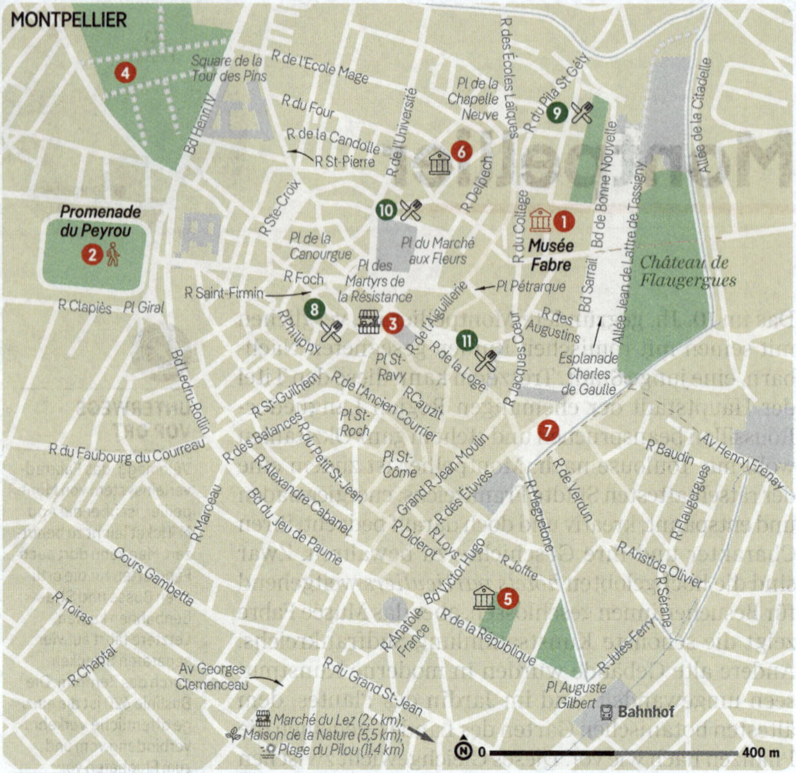

MONTPELLIER

HIGHLIGHTS
1 Musée Fabre
2 Promenade du Peyrou

SEHENSWERTES
3 Halles Castellane
4 Jardin des Plantes
5 MO.CO.
6 MO.CO. Panacée
7 Place de la Comédie

ESSEN
8 Anga
9 Ébullition
10 Green Lab
11 Ma Première Cantine

Die riesige Sammlung des Musée Fabre

Kunst von der Renaissance bis zur Gegenwart

Als der klassizistische Maler François-Xavier Fabre 1825 das **Musée Fabre** gründete, wollte er eine bescheidene Kunstsammlung öffentlich zugänglich machen. Heute ist daraus eine der schönsten Sammlungen Südfrankreichs geworden. Sie besteht aus vielen Werken der Renaissance, aber rund 600 Jahre Kunstgeschichte sind vertreten, insbesondere französische Maler des 17. bis 20. Jhs.

AUSGEHEN IN MONTPELLIER

Le Rockstore
An den meisten Abenden gibt's Clubnächte und Livebands in den Bars. Der Zugang ist unter einem halben roten Cadillac.

Le Rebuffy
Skurriles Vintage-Dekor, preisgünstige Drinks und eine große Außenterrasse machen den Laden zum jugendlichen Treff.

Pousse Pas Mémé Dans La Vigne
Der Abend beginnt mit einem *apéro* in dieser kultivierten Weinbar neben dem Opernhaus.

Zu den Highlights zählen Gemälde von Peter Paul Rubens und Pieter Brueghel d. J. (Saal 3); Jan Steens *Wie die Alten sungen, so zwitschern auch die Jungen* (Saal 5) und die hypnotisierend brutale *Wildschweinjagd* von Abraham Hondius (Saal 7), auf der eine Rotte wütender Hunde ein Wildschwein attackiert; in Saal 22 sind Fabres eigene Werke ausgestellt.

Gustave Courbets *Bonjour Monsieur Courbet* in Saal 37 ist ein schönes Beispiel des französischen Realismus; Saal 39 erkundet den entstehenden Impressionismus anhand von Edgar Degas und den Werken des aus Montpellier gebürtigen Frédéric Bazille, etwa seinem 1868 entstandenen Gemälde *Vue de Village*. Hier findet man auch Édouard Manets Porträt von Antonin Proust. Saal 41 und 42 sind dem Aufkommen des Fauvismus und anderer Stile im Übergang vom Impressionismus zur Moderne gewidmet. Unter anderem sieht man hier Sonia Delaunays *Philomene* sowie Werke von Henri Matisse.

Die Galerien des MO.CO.

Das Montpellier Contemporain

Das MO.CO. wächst zu Montpelliers Institution für zeitgenössische Kunst heran. Es umfasst die bedeutende École supérieure des beaux-arts de Montpellier sowie zwei Museen. Das **MO.CO.** (mit Garten und Gießkannen-Brunnen) an der Rue de la République residiert im ehemaligen Hôtel Montcalm und zeigt Ausstellungen aus öffentlichen und privaten Sammlungen. Das **MO.CO. Panacée** konzentriert sich auf örtliche Künstler:innen. Beide Galerien sind bisweilen ohne große Vorankündigung zur Vorbereitung neuer Ausstellungen geschlossen. Termine stehen auf der Website. Das Café im Panacée mit seinem großen Hofgarten bleibt in der Regel geöffnet und ist ein beliebter Treffpunkt.

Eine botanische Oase

Schattige Wege und seltene Bäume

Heinrich IV. von Frankreich ließ 1593 den **Jardin des Plantes** anlegen, den ältesten botanische Garten Frankreichs. Wenn die Quecksilbersäule in die Höhe steigt, ist der Garten ein heiteres, schattiges Refugium im Zentrum der Stadt. Wege führen vorbei an Bambus, Nadelbäumen und Blumenbeeten. Die aus dem 19. Jh. stammende **Orangerie** bietet gelegentlich Ausstellungen.

Regionales auf Montpelliers Märkten

Wein, Käse und regionale Delikatessen

Die **Halles Castellane** im Stadtzentrum sind Montpelliers großer, zentraler Markt, wo man eine Reihe regionaler Zutaten

SCHWELLENLOSES MONTPELLIER

James Turiel, ein Experte für schwellenlosen Tourismus in der Tourismusinformation Montpellier Méditerranée Métropole, gibt Empfehlungen für Menschen mit eingeschränkter Beweglichkeit.

Place de la Comédie
Montpelliers unbedingt sehenswerter Ort ist die place de la Comédie. Sie liegt im Herzen der Stadt, wo alles passiert.

Antigone
Mein Lieblingsviertel ist Antigone, ein ebenes Viertel, in dem man leicht herumkommt. Man bewundert die neoklassizistische Architektur mit großen Statuen und Springbrunnen, und an den Ufern des Flusses Lez sind interessante zeitgenössische Gebäude zu entdecken.

Odysseum
Im Straßenbahnnetz gibt's 174 Prioritätshaltestellen, die für Menschen mit eingeschränkter Beweglichkeit ausgebaut sind. Im Viertel Odysseum liegt das unverzichtbare Planet Ocean, ein Aquarium und Planetarium.

ÜBERNACHTEN IN MONTPELLIER

Hotel du Palais
Das Hotel, das seit 1870 Gäste empfängt, zeigt überall Spuren historischer Eleganz. **€€**.

JOST
In dem modernen Hotel sind überall alte Schallplatten aufgehängt. Die Dachterrassenbar hat eine tolle Aussicht. **€€**

Le Clos Chez Michel
Das B&B einige Blocks vom Bahnhof Saint-Roch residiert in einem Haus aus dem 19. Jh. Im Garten stehen Zitronenbäume. **€€**

DAS HISTORISCHE MONTPELLIER ZU FUSS ERKUNDEN

Einheimische bezeichnen die **1 Place de la Comedie** ihrer Form wegen als „Ei". Der 1790 von Étienne Dantoine geschaffene Brunnen in der Mitte zeigt drei Grazien, die Jugend, Humor und Eleganz symbolisieren, und die bis heute die Stadt repräsentieren. In Richtung Nordosten geht's auf der **2 Esplanade Charles de Gaulle** mit ihrer Platanenreihe zum **3 Musée Sabatier d'Espeyran**, einer Filiale des Musée Fabre. Das Gebäude, ein Beispiel für die Häuser des 19. Jhs. in diesem Stadtteil, zeigt Möbel, Antiquitäten und Skulpturen. Dann läuft man gen Westen zur Rue Montpellieret, wo die Straßen unübersichtlich werden.

Man bahnt sich seinen Weg zum **4 Musée du Vieux Montpellier**. Um zum Eingang zu gelangen, marschiert man durch die Eingangshalle mit ihrem Rippengewölbe und dann neben einem kleinen Hof die Steinstufen hinauf. Dies ist das Hôtel de Varennes. Es handelt sich um eines der wenigen öffentlich zugänglichen *hôtels particuliers* – schöne Patrizierhäuser, die seit dem 17. Jh. hier von wohlhabenden Kaufleuten errichtet wurden. Weiter geht's Richtung Westen über die **5 Place Martyrs de la Résistance**, die vom Hauptgebäude der Präfektur von Hérault dominiert wird, in die Avenue Foch. Dieser von Bäumen gesäumte Boulevard erinnert an Paris und führt zu Montpelliers **6 Arc de Triomphe**. Das Prunkstück des Absolutismus ist Ludwig XIV. gewidmet und wird von dem klassizistischen Appellationsgericht flankiert. Durch den Bogen blickt man auf eine Reiterstatue Ludwigs XIV. in der **7 Promenade du Peyrou**. Der Wasserturm am Westrand der Promenade markiert ein Ende des im 18. Jh. erbauten **8 Aqueduc Saint-Clément**. Ein ausgezeichneter Ort für ein Foto mit Blick auf den Pic Saint-Loup!

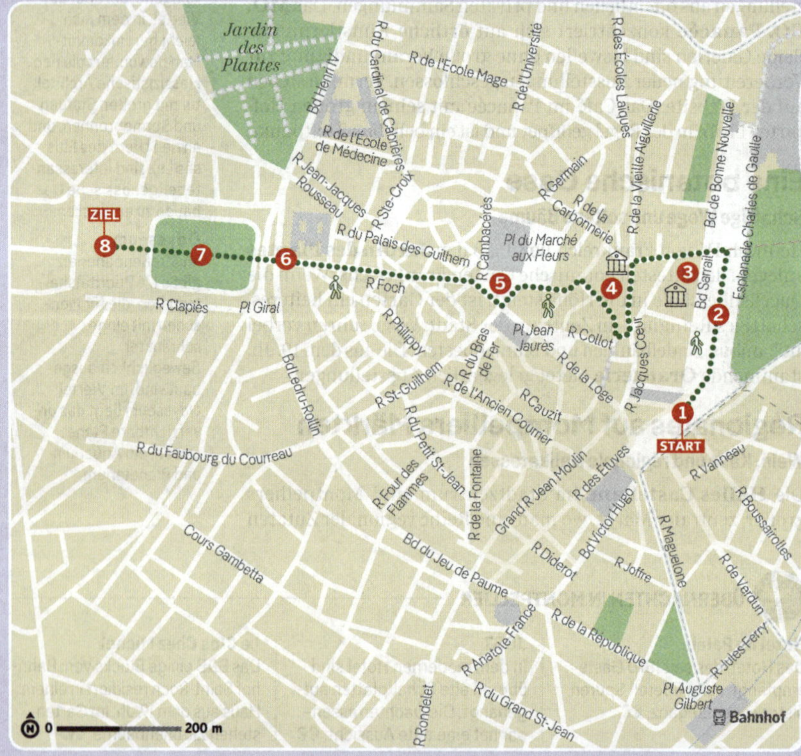

ERIC CHAN-FSEUNG/SHUTTERSTOCK ©

Marché du Lez

probieren kann, die die einzigartige Gastronomie der Region prägen. Man findet hier Mediterranes wie Oliven-Tapenade und Austern, Ziegenkäse aus den Cevennen wie den Pélardon und lokale Weine, etwa Rotweine aus Grés-de-Montpellier.

Voll geladen mit der jugendlichen Energie der Stadt präsentiert sich der 3 km südöstlich des Zentrums gelegene **Marché du Lez** als eine Hipster-Anlaufstelle, mit Assoziationen wie „umgenutzte alte Fabrik" oder „Vintage-Klamotten" . Man findet hier improvisierte Essensstände und innovative Restaurants wie das **Terminal #1**, das der regionalen Küche eine moderne Abwandlung verpasst.

Landgang

Sandstrände und wilde Feuchtgebiete

Die rund 12 km südlich des Stadtzentrums verlaufende Mittelmeerküste bei Montpellier zeichnet sich durch einen weitgehend ununterbrochenen Sandstreifen aus, von dem allerdings im Sommer angesichts der vielen Sonnenanbeter und Familien, die der Hitze der Stadt entfliehen, namentlich an den Stränden von Ferienorten wie Palavas-les-Flots nicht mehr viel zu sehen ist. Man kann dem Trubel an der weit ruhigeren und schöneren **Plage du Pilou** weiter südlich entgehen. Wenn man nach einem ruhigen Strand sucht, wo man trotzdem in der Nähe etwas zu trinken bekommt, bietet sich die **Plage du Grand Travers** weiter nördlich an.

Häufig sieht man die charakteristischen Silhouetten von Flamingos am Himmel über sich. Sie sind wahrscheinlich auf dem Weg zu jenen Feuchtgebieten und Teichen, die sich zwischen den Stränden und dem Binnenland befinden. Wer sie näher in Augenschein nehmen will, findet bei der **Maison de la Nature** nahe dem Städtchen **Lattes** eine Reihe ausgezeichneter Plankenwege und Pfade in der Nähe des Étang du Méjean. Häufig gesichtet werden Störche, Flamingos und Nutrias, biberähnliche Nagetiere, sowie natürlich diverse Pflanzenarten.

DIE BESTEN RESTAURANTS IN MONTPELLIER

Anga
Kreative moderne Abwandlung eines französischen Bistros: Die täglich wechselnde Karte spiegelt die gerade verfügbaren frischen Zutaten wider; bei jedem Teil des Drei-Gänge-Menüs hat man die Wahl zwischen zwei Optionen. **€€**

Ébullition
Haute Cuisine in einem minimalistischen Backsteinambiente mit schummriger Beleuchtung. Beim Verkostungsmenü kann die Küchencrew ihre Kreativität beweisen – Michelin schaut genau zu. **€€€**

Green Lab
Vegetarisch und Vegan gibt's in Montpellier. Das Green Lab serviert gesunde Falafel und Salate sowie tolles örtliches Alaryk-Bier aus Béziers. **€**

Ma Première Cantine
Das Restaurant wählt man mehr wegen des Ambientes als wegen des Sevices. Es residiert in einem alten Gebäude mit gewölbter Decke an der Jean Jaurès und ist auf *moules* (Muscheln) in verschiedenen Zubereitungen spezialisiert, z.B. mit Weißwein oder mit Sahne und Roquefort. **€€**

Rund um Montpellier

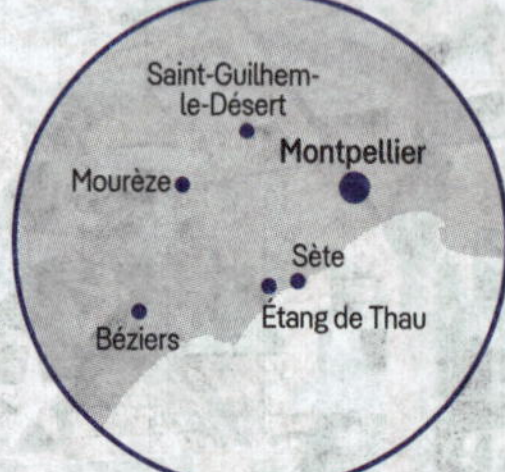

Lässt man die Stadt hinter sich, erforscht man idyllische Dörfer, wandert auf malerische Berge und entdeckt das Leben an der Mittelmeerküste des Languedoc.

UNTERWEGS VOR ORT

Béziers ist durch den Zug gut mit anderen Städten der Region verbunden, außerdem auch mit anderen französischen Großstädten wie Paris, Marseille, Bordeaux und Lyon. Parkplätze gibt's nahe dem Bahnhof sowie nahe dem Pont-Vieux und den neun Schleusen. Sète ist ebenfalls per Zug an Montpellier angebunden, während Bouzigues mit dem Bus 604 ab der Bushaltestelle Sabines zu erreichen ist, zu der vom Stadtzentrum aus die Straßenbahn fährt. Für alle anderen Ziele ist man auf ein eigenes Transportmittel angewiesen.

Westlich von Montpellier steigt das Land schrittweise vom Mittelmeer aus an. Weinberge und Olivenhaine weichen grünen Tälern mit Obstplantagen und aus Stein errichteten Dörfern an den Berghängen. Besonders spektakulär präsentiert sich die Natur im Land rund um Mourèze und Saint-Guilhem-le-Désert; der Eindruck wird noch durch die Kirchen und Dörfer verstärkt, die im Einklang mit ihrer Umgebung erbaut wurden. Weiter südlich bieten Sète und die Gegend um den Étang de Thau eine willkommene Prise Küsten-Glamour, der im Sommer derb und ausgelassen wirkt, wenn Teams von Ruderern gegeneinander bei den *joutes nautiques* (Schifferstechen) antreten. Im Binnenland setzt die hübsche Hügelsiedlung Béziers die Kette der Küstenstädte in dieser Region fort; sie ist eine wichtige Wegstation am Canal du Midi.

TOP TIPP

Mit der ausgezeichneten App Getaround lassen sich Autos für ein paar Stunden oder ein paar Tage mieten. Der gesamte Prozess erfolgt über die App.

Blick vom Pic Saint-Loup

Wasseraktivitäten in Sète

Kreuzfahrten und Kajaktouren

Sète ist eine Stadt im Einklang mit dem Wasser: Auf der einen Seite liegt der **Étang de Thau**, auf der anderen das Mittelmeer, und der Canal du Midi (S. 619) hat hier die letzte Station seines 240 km langen Laufs. **Sète Croisières** bietet hauptsächlich drei verschiedene Arten von Bootstouren an: Kreuzfahrten an der Mittelmeerküste, Kanalerkundungen sowie Ausflüge mit einem Glasbodenboot auf den Étang de Thau, um die Muscheln- und Austernfarmen zu sehen. Wer selbst aktiv werden will, kann an mehreren Stellen sowohl an der Lagune als auch am Meer Kajaks und Stehpaddelbretter von **KayakMed** mieten.

SCHIFFERSTECHEN IN SÈTE

Jedes Jahr, zwischen Mitte Juni und August, versuchen in traditionelle Schiffertracht gekleidete Wettkämpfer auf Holzbooten bei der **Fête de la Saint-Louis**, Sètes größtem Fest, sich gegenseitig mit Holzstangen ins Wasser zu stoßen. Die Wochen während dieser Turniere der *joutes nautiques* (Schifferstechen), mit denen man 1966 begann, sind eine tolle Zeit für einen Besuch, allerdings sind Hotelzimmer während dieses Events knapp.

Austern & Picpoul de Pinet

Verkostungen von Wein und Meeresfrüchten

Der spritzige, zitronige Weißwein Picpoul de Pinet stammt aus der kleinen Weinregion am Westufer des Étang de Thau, wo die Picpoul-Reben gedeihen. Die stattliche Reihe der Rebstöcke spiegelt sich auf der Oberfläche der Lagune mit ihren *huîtres*-Körben. Austern und Wein – diese lokalen Delikatessen passen wirklich gut zueinander. Und wer feines Essen und Wein direkt an der Quelle genießen will, findet ein paar Austernfarmen, die die Weichtiere direkt aus dem Wasser auf den Teller bringen. Beliebte Optionen nahe bei Bouzigues sind **Huîtres de Bouzigues** und **Le Cercle des Huîtres**. Bei **La Noisette d'Oc** weiter südlich spricht man auch Englisch. Wer eine Verkostung von Picpoul de Pinet auf Englisch erleben will, besucht die **Cave de l'Ormarine** am Rand der Ortschaft Pinet. **Montpellier Wine Tours** veranstaltet Touren in das Gebiet, bei denen man zwei Weingüter besucht.

Wanderung auf den Pic Saint-Loup

Eine Kapelle auf der Bergspitze und Blick auf Montpellier

Wegen seiner Nähe zur Stadt (23 km) ist der Pic Saint-Loup ein beliebtes Ziel der Einwohner von Montpellier. Auf dem Gipfel befinden sich eine Saint-Loup gewidmete Einsiedelei, ein metallenes Kreuz und eine im Wind ratternde, verwitterte Wetterstation. Der Gipfel hat eine Höhe von 658 m und verlangt einen Aufstieg von 370 m vom Ausgangspunkt des Wegs am Parkplatz außerhalb von Cazevieille. Der 6 km lange Weg (hin und zurück die gleiche Route) zum Gipfel ist mittelschwer, vor allem wegen der zerklüfteten Felsen, auf die man auf großen Teilen der Strecke trifft. Man braucht

KURZE WANDERUNG AUF DEM JAKOBSWEG

Wer keine Zeit hat, den gesamten Jakobsweg zu wandern, kann sich auch mit einem oder zwei Abschnitten begnügen. Ein beliebter Startpunkt liegt in der **Auvergne** (S. 413).

MEERESFRÜCHTE ESSEN IN SÈTE & BOUZIGUES

Chez Francine
Stapelweise Teller voller Austern und gekühlten Picpoul de Pinet serviert dieses Restaurant in Bouzigues. €€

Les Demoiselles Dupuy
Das nett verfallene Lokal mit Plätzen an der Lagune serviert Austern, Muscheln und Garnelen direkt von der Quelle. €€

L'Arrivage
Chefkoch Jordan Yuste bietet in seinem mit Michelin-Stern ausgezeichneten Restaurant kreative Gerichte aus mediterranen Zutaten. €€€

PAUL VALÉRY, DER BERÜHMTE SOHN VON SÈTE

Paul Valéry (1871–1945) gewann zwar niemals den Literaturnobelpreis, war aber zwölfmal nominiert, hauptsächlich für seine symbolistischen Gedichte, doch schrieb er auch Essays und Literaturkritiken. Er war ein Polyhistor mit breit gefächerten Interessen, die ihn viele Jahre vom Schreiben von Poesie abhielten, bis er, schon über 40 Jahre alt, Anerkennung für sein Gedicht *La Jeune Parque* fand, mit dem er seine Dichtung abschließen wollte. In Sète widmet sich das **Musée Paul Valéry** seinem literarischen Schaffen und zeigt eine kleine Sammlung seiner Gemälde. Auf der anderen Straßenseite liegt der **Cimetière Marin**, dem er ein berühmtes Gedicht widmete und auf dem er begraben liegt.

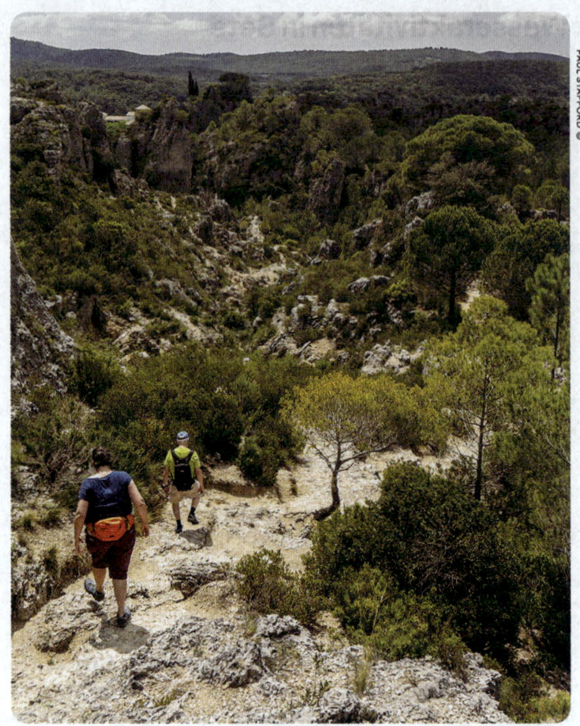

PAUL STAFFORD ©

Dolomitenfelsen, Cirque de Mourèze

für die Tour angemessenes Schuhwerk und muss ausreichend Wasser mitnehmen.

Pilgern nach Saint-Guilhem-le-Désert

Wanderer auf dem Jakobsweg und eine romanische Abtei

Die zerklüfteten Ränder der rauen Gorges de l'Hérault ziert das bilderbuchschöne Dorf Saint-Guilhem-le-Désert. Die schmalen Gassen mit historischen Bauernhäusern führen, begleitet vom Geräusch plätschernden Wassers aus örtlichen Quellen, hinauf zur alten **Abbaye de Gellone**, die sich hinter einem Garten mit Rosen, Olivenbäumen und Weinreben wie eine Festung erhebt. Die Abtei soll ein Stück des originalen Kreuzes verwahren, an dem Jesus gekreuzigt wurde. Die ausgestellte Reliquie ist zwar eine Replik, aber die Abtei wurde zu einer Schlüsselstation an

ÜBERNACHTEN IN DEN DÖRFERN

Auberge Val Mourèze Hôtel & Spa
Das kleine Resort mit Pool und Wellnesscenter ist nur wenige Minuten vom Cirque du Mourèze entfernt. **€€**

La Taverne de L'Escuelle
Der gut geführte Gasthof hat ein paar Zimmer mit Bad, nur einen Steinwurf von der Abbaye de Gellone in Saint-Guilhem-le-Désert entfernt. **€€**

Gite Marceline
Das alte Landhaus mit verzogenen Holzbalken und viel Charakter findet sich in Saint-Guilhem-le-Désert. **€**

einem Zweig des französischen Pilgerwegs nach Santiago de Compostela. Heute ist sie eine UNESCO-Welterbestätte, zusammen mit dem **Pont du Diable**, einer romanischen Brücke 3 km südlich von Saint-Guilhem-le-Désert.

Die Abtei ist romanisch und stammt überwiegend aus dem 12. Jh., obschon die Bautätigkeit schon gegen 804 begann, Als Karl der Große seinem Vetter Wilhelm von Aquitanien, nach dem der Ort benannt ist, das Stück des originalen Kreuzes überließ. Die Place de la Liberté vor der Abtei ist von Cafés gesäumt; eine einzelne, mächtige Maulbeerfeige, die 1855 gepflanzt wurde, spendet Schatten.

Die Monolithen von Mourèze

Dolomitenfelsformationen

Das hübsche Dorf **Mourèze** klettert eine steile Felssäule hinauf und blickt auf eine Reihe bemerkenswerter, bis zu 500 m hoher Dolomitenfelspfeiler. Eine herrliche, einfache Wanderung führt 2 km durch die Mitte dieses **Cirque de Mourèze** und die umliegenden Eichenwälder, und es gibt auch eine etwa 7 km lange Route. Gelbe Markierungen weisen einem den Weg. Ein Abzweig führt zum **Belvedere** nahe der Tourismusinformation. Bei dem kleinen Umweg durch eine enge Schlucht zum Aussichtspunkt genießt man einen fantastischen Blick auf Mourèze und die Naturlandschaft, die man gerade erkundet.

Flüsse & Kanäle in Béziers

Ausblick auf den Fluss und Wunder der Ingenieurskunst

In **Béziers** will man immer gleich zur Kamera greifen. Den klassischen Blick auf die Stadt hat man unten am Fluss Orb im **Jardin Emile Ain**. Von dort führt eine 241 m lange, im 12. Jh. erbaute Fußgängerbrücke, der **Pont Vieux**, zum Fuß eines Hügels, auf dem die Stadt ihre historischen Schätze wie an einem Markstand präsentiert, darunter die **Cathédrale Saint-Nazaire**.

Die Fußpfade längs des Orb biegen südwestlich ab, um dem Canal du Midi zur **Schleusentreppe von Fonseranes** zu folgen, einer Kette von neun Schleusen, mit der man der Herausforderung begegnete, einen Kanal durch ein 240 km langes hügeliges Gelände zu führen. Die neun Schleusen, die von Pierre-Paul Riquet zwischen 1666 und 1681 entworfen wurden, bringen die auf dem Kanal fahrenden Kähne schrittweise einen Hügel hinunter. Den größten Teil des Jahres sind die Schleusen in Betrieb. Man kann sie auf einem Kahn befahren; **Cap au Sud** bietet auch englischsprachige Touren an. **Les Bateaux du Soleil** veranstaltet lustige Touren mit Gesang, und **Les Bateaux du Midi** Kreuzfahrten mit Abendessen. Der Canal du Midi quert danach auf dem **Pont Canal** den Fluss Orb.

Um den Ausblick in der anderen Richtung auf den Pont Canal und den Pont Vieux zu genießen, klettert man auf den Glockenturm der **Kathedrale**, wenn das Gedränge vor den 165 engen Stufen nicht zu groß ist (was vorkommen kann).

UNTERKÜNFTE & RESTAURANTS IN BÉZIERS

Hôtel le XIX
Das Hotel residiert in einem Gebäude des 19. Jhs. an der zentralen Place Jean Jaurès und hat elegante, moderne Zimmer mit Parkettböden. €€

La Villa Guy
Das Luxushotel residiert in einer alten Villa mit Stufengiebel und Sonnenterrasse. Zum Anwesen gehören ein Pool und ein Spa. €€€

L'Orangerie
Hochwertige Speisen, darunter französische Gerichte, aber auch international beeinflusste wie Thunfisch-Tataki oder Rindertartar, werden hier großartig präsentiert. In dem kleinen Speisesaal sind Holzbretter und Weinflaschen kunstvoll an den Wänden drapiert. €€

La Maison de Petit Pierre
Das klassische französische Bistro bietet Drei-, Fünf- und Sechs-Gänge-Verkostungsmenüs sowie eine gute Weinkarte mit lokalen Weinen. Schwarzweißfotos der Familie, altmodische Lampenschirme und wiederverwertetes Holz sorgen für eine entspannte Wohnzimmeratmosphäre. €€€

Causses und Cévennen

UNTERWEGS VOR ORT

Abgesehen von dem Dampfzug zwischen Anduze und Saint-Jean-du-Gard (von wo man verschiedene mehrtägige Wanderungen antreten kann) sind öffentliche Verkehrsmittel praktisch kaum in die Landschaft der Causses und der Cevennen vorgedrungen. Viele meinen, dass dies ein Grund für ihre weitgehende Unberührtheit ist. Um diese Region schätzen zu lernen, benötigt man also ein Auto. Eine Alternative ist das Wandern à la Stevenson (vorzugweise, ohne einen armen Esel zur Begleitung zu zwingen).

Das französische Zentralmassiv spart sich seinen dramatischen Höhepunkt für sein südliches Ende auf. Die Causses und Cevennen sind eine Region wechselnder Berglandschaften mit großer Artenvielfalt. In der einen Minute fährt man über eine offene Ebene, taucht dann in dichte Eichen- und Kastanienwälder ein und kommt schließlich in einer Schlucht heraus, an deren steilen Wänden Geier nisten. Hie und da finden sich hübsche Weiler mit aus Stein erbauten Landhäusern mit hölzernen Fensterläden. Kein Wunder, dass die Region zur UNESCO-Welterbestätte erklärt wurde.

Langue d'Oc ist die Bezeichnung der romanischen Sprache Okzitaniens (nach dem Bejahungspartikel oc im Gegensatz zum Französischen oui). Davon ist auch der Name Languedoc abgeleitet, doch ist die Region nur ein kleiner Teil des okzitanischen Sprachgebiets. Das bergige Landesinnere war vom übrigen Frankreich abgeschnitten – ein Vorteil für die verfolgten Katharer und die protestantischen Hugenotten, die an ihrer Lebensweise festhalten wollten. Heute ist das Gebiet nicht so nonkonformistisch, aber die Kombination aus Geschichte und natürlicher Schönheit machen den Parc national des Cévennes und den in ihn übergehenden Parc naturel régional des Grands Causses sehr reizvoll.

☑ TOP TIPP

Die IGN Top25-Karten decken die Gegend gut ab. Karten und Toureninfos erhält man in den Tourismusinformationen (Hauptstelle in Florac). *Cévennes and Grands Causses* von Dirk Hilbers ist ein toller Naturführer. Gebraucht erhältlich sind *Walking in the Cévennes* von Cicerone Guides und *Walks in the Cévennes* der French Ramblers Association.

Abenteuer in den Gorges du Tarn

Aufregende Autofahrten und Kajaktouren

Eines der spannendsten Naturwunder Frankreichs – die **Gorges du Tarn** – liegt da, wo die Cevennen in die Causses übergehen. Wer mit dem Auto kommt, darf sich auf eine der spektakulärsten, aber auch nervenaufreibendsten Strecken des Landes freuen. Die Schlucht zieht sich über rund 50 km; ein guter Zugang ist das hübsche Dorf **Sainte-Enimie** (das zur Gemeinde Gorges du Tarn Causses gehört). Von hier führt die **Panoramastraße D907** vorbei an schwindelerregenden Klippen, die gelegentlich über die Straße vorkragen. Wo sie nicht an ihnen vorbeikommt, folgen enge, teils einspurige Tunnel. Bei

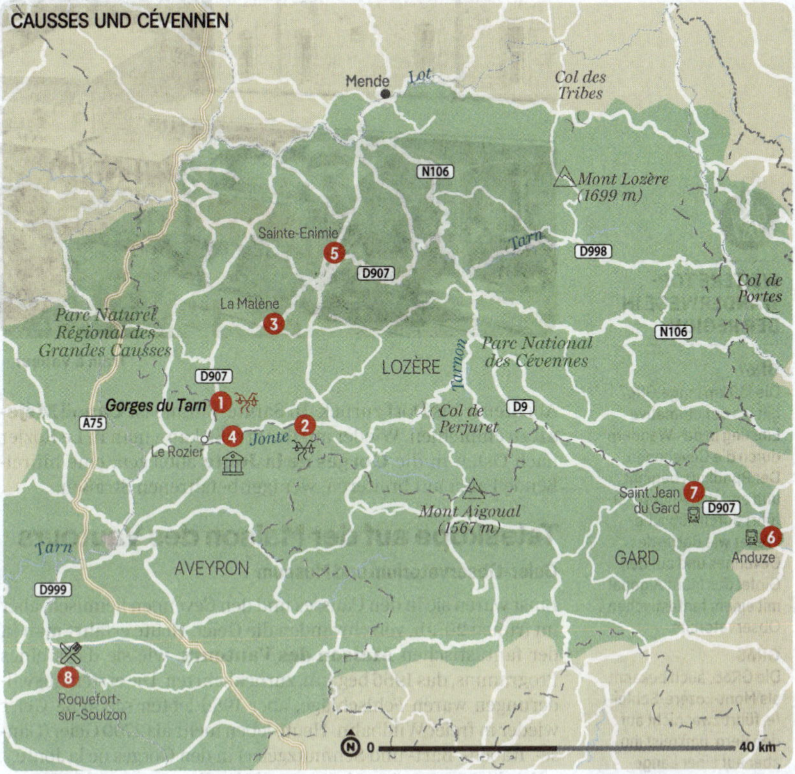

CAUSSES UND CÉVENNEN

HIGHLIGHTS
1 Gorges du Tarn

SEHENSWERTES
2 Gorges de la Jonte
3 La Malène
4 Maison des Vautours
5 Sainte-Enimie
6 Train à Vapeur
7 Train à Vapeur

AKTIVITÄTEN, KURSE & TOUREN
8 Roquefort Société

jeder Kurve hat man eine neue Sicht auf die Schlucht, an deren Grund der türkisblaue Fluss sich seinen Weg windet.

Auf halber Strecke liegt das hinreißende Dorf **La Malène**, die beste Stelle, um das Auto zu verlassen und in ein Boot zu steigen. **Les Bateliers des Gorges du Tarn** bringen einen mit grünen Holzbooten den Fluss hinunter. Alternativen sind Kajak- und Kanufahren, und der Fluss ist hier für Anfänger sicherer. **Canoë 2000** und **Canoe Au Moulin de la Malène** vermieten die erforderliche Ausrüstung und fahren ihre Kunden nach dem

ÜBERNACHTEN IN DER GORGES DU TARN

Hôtel de la Muse
Das Hotel hat eine tolle Uferlage in Rozier und einen Außenpool. Die Zimmer sind modern, einige haben einen Balkon. €€

Château de la Caze
Das wohl einmaligste Hotelerlebnis im Languedoc bietet diese aus dem 15. Jh. stammende Burg in der Schlucht. €€€

Hôtel Burlatis
Das Hotel hat Zimmer in Sainte-Enimie mit Blick auf die Schlucht in guter Nähe zu den Einrichtungen des Dorfs. €€

WEITERE TOP-WANDERWEGE IN DER REGION

GR67
Die 130 km lange GR67 gilt als der ultimative Einstieg in das Wandern durch die Cevennnen. Der Rundkurs beginnt und endet in Anduze. Er führt durch hübsche Weiler wie Barre-des-Cévennes und auf den Gipfel des Mont Aigoual mit einem fantastischen Observatorium.

GR68
Die GR68, auch bekannt als Mont-Lozère-Schleife, führt zwar nicht auf den Berg, umkreist ihn aber auf einer Länge von 115 km.

GR736
Die GR736 von Albi nach Villefort führt durch die gesamten Causses und Cevennen. Auch die GRs 4, 43, 44, 72 und 700 (eine längere Version der GR70) erkunden diese Regionen. Weitere Infos findet man unter www.gr-infos.com.

GILLES PAIRE/SHUTTERSTOCK ©

Train à Vapeur

Abenteuer ins Dorf zurück. In Sainte-Enimie ist **Canoë Méjean** zu empfehlen. Wieder auf der Straße kann man in Le Rozier nach Osten in die **Gorges de la Jonte** abbiegen, eine hinreißende Fahrt auf breiteren, weniger befahrenen Straßen.

Teleskope auf der Maison des Vautours

Geier-Observatorium und Museum

Einst waren sie in den Causses und den Cevennen heimisch, aber im frühen 20. Jh. verschwanden die Geier. Heute erfährt man in der fantastischen **Maison des Vautours**, wie sie dank eines Programms, das 1966 begann, zurückkehrten. Die ersten Auswilderungen waren Fehlschläge, aber 1986 lebten schon 58 Geier wieder in freier Wildbahn. Heute leben mehr als 2700 Geier (Gänse-, Raben-, Bart- und Schmutzgeier) in den Gorges de la Jonte.

Das Museum präsentiert interaktive Exponate und Informationstafeln über die einzigartige Entwicklung, die Lebens- und Ernährungsweise der Tiere, um verschiedene Altersgruppen anzusprechen. Das Highlight ist das Dach, wo ein Dutzend Teleskope auf die Nester hoch oben an den Wänden der Schlucht gerichtet sind. Die Aussicht ist herrlich, und es ist ein besonderes Erlebnis, die Geier in ihrem Lebensraum zu beobachten.

Der Stevenson-Trail

Alte Wege durch die Täler

Der durch *Die Schatzinsel* berühmt gewordene schottische Romancier Robert Louis Stevenson wird in diesen Landesteilen verehrt. Dies vor allem, weil er 1879 *Eine Reise mit dem Esel durch die Cevennen* veröffentlichte, ein Buch über seine Wanderung auf alten Hirtenpfaden. Die Route, die er einschlug, ist

GÎTES & RESTAURANTS AM STEVENSON-TRAIL

Gîte le Pré de Modestine
Bauernhaus aus Backstein mit Eseln und herzhafter Küche. Ideal, um die Wanderung auf der GR70 in Saint-Jean-du-Gard zu beginnen oder zu beenden. €

Les Copains à Bord
Die Unterkunft hat eine herrliche Lage in einem bewaldeten Tal nahe Florac. Es gibt Schlafsäle, Hütten und Glamping. €

Gîte Chez Le Poulitou
Die Unterkunft nördlich des Mont Lozère ist eine Zuflucht für Wanderer und bietet Gerichte der örtlichen Küche wie *aligot* mit Würstchen. €

heute als der **Stevenson-Trail** (Chemin de Stevenson; offiziell die GR70) bekannt und wird jedes Jahr von Tausenden Wanderlustigen bewältigt. Wie am Jakobsweg gibt's viele wunderbare *gîtes* zum Übernachten. Um die Route zu wandern, wie Stevenson es tat, startet man in Le-Puy-en-Velay (S. 439) und erreicht sein Ziel in Saint-Jean-du-Gard. Die Route führt auch auf den **Mont Lozère**, den mit 1699 m höchsten Gipfel der Cevennen.

Der Cevennen-Dampfzug

Mit alten Lokomotiven durch die Berge

Der **Train à Vapeur** ist seit 1909 im Einsatz und stößt mächtige Dampfschwaden auf seinem Weg zwischen **Anduze** und **Saint-Jean-de-Luz** unter den Ausläufern der Cevennen aus. Die glänzend schwarzen Lokomotiven, deren jüngste 1949 gebaut wurde, befinden sich in bestem Zustand. Viele der Wagen – die mit Bildern von Natur und Dörfern geschmückt sind, die man auf der 40-minütigen Fahrt passiert – haben offene Seiten. Die Züge fahren nicht täglich, aber wenn, dann meist dreimal pro Tag in beide Richtungen. Viele verbringen einige Stunden in Anduze oder Saint-Jean-du-Gard, ehe sie die Rückfahrt antreten.

Roquefort-Touren

Keller, Schimmelpilze und Schaffarmen

Umgeben von Klippen liegt in den Grand Causses das Städtchen **Roquefort**, wo mit der beste Blauschimmelkäse der Welt hergestellt wird. Mit dem Schutz einer besonderen AOC (Appellation d'Origine Protegée; geschützte Herkunftsbezeichnung), die die Produktion auf diese Region einschränkt, können nur eine Handvoll Unternehmen diesen sahnigen, salzigen Blauschimmelkäse herstellen und ihn Roquefort nennen. Die Milch muss von Lacaune-Schafen aus einem Umkreis von 100 km um die Stadt stammen, und der Käse muss in diesem Gebiet reifen.

Sieben Unternehmen stellen Roquefort her. Zu ihnen zählt die **Roquefort Société**, bei deren Führungen man sieht, wie der Käse gemacht wird und reift. Blauschimmelkäse wurde durch einen Zufall entdeckt. Die Schafhirten suchten oft Zuflucht in umliegenden Höhlen. Es ist am wahrscheinlichsten, dass einer etwas Milch zurückließ und viel später entdeckte, dass sich einige blaue Adern in ihm gebildet hatten. Biologie und Geologie arbeiten Hand in Hand: Felsstürze erzeugten Risse im Kalkstein, die sogenannten *fleurines,* die Luft und Feuchtigkeit in die Höhlen führten und für eine Art Klimakontrolle für den Pilz *Penicillium roqueforti* sorgten, der natürlich in den Höhlen vorkommt. Die geronnene Milch besorgte den Rest.

ANDERE NATURERLEBNISSE IM DÉPARTEMENT LOZÈRE

Das Programm für Geier ist Teil eines umfassenderen Auswilderungsprogramms, das entscheidende Strukturen in der natürlichen Ordnung wiederherstellen will. Doch während die Informierung der Leute über die Vorteile der Geier die Tür zu ihrer Rückkehr öffnete, gestalten sich solche Versuche bei großen Säugetieren schwieriger. **Les Loups du Gévaudan** ist ein geschlossenes Gehege, in dem sich Wölfe frei bewegen können. Weiter nördlich bewegen sich im **Reserve des Bisons d'Europe** Wisente auf einem weit größeren Gebiet. Man kann sie in einer Kutsche besuchen. In beiden Einrichtungen werden keine englischsprachigen Führungen angeboten.

ZU VIEL KÄSE?

Aber das ist doch gar nicht möglich! Weitere Käsetouren: In der Region Haute-Savoie im Osten Frankreichs kann man zusehen, wie der **Reblochon** (S. 483) gemacht wird, und in der Normandie das **Musée du Camembert** (S. 225) besuchen.

ÜBERNACHTEN IN DEN CAUSSES UND CEVENNEN

Couvent de la Salette
In den Zimmern eines ehemaligen Klosters aus dem 19. Jh. außerhalb von Millau punkten die originalen Backsteinwände und die üppige Einrichtung. €€€

Domaine le Vaxergues
Luxuriöse Öko-Hütten auf einem weitläufigen Gelände mit Pool und Spa-Center in Sainte-Affrique, 13 km außerhalb von Roquefort. €€

La Ferme des Cévennes
Eine Farm 6 km südöstlich von Florac mit rustikalen Zimmern. Man kann beim Ziegenmelken helfen und zuschauen, wie Käse hergestellt wird. €

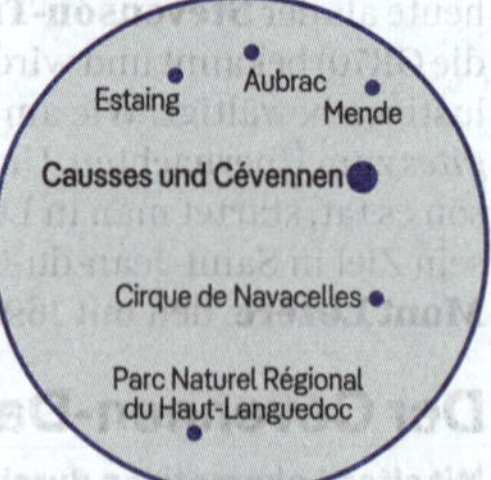

Rund um die Causses und die Cévennen

Schluchten, bilderbuchschöne Dörfer und einsame ländliche Gebiete verzücken und überraschen in diesen abgelegenen Nischen Südfrankreichs.

UNTERWEGS VOR ORT

Mende ist durch öffentliche Verkehrsmittel mit anderen Städten in der Region verbunden. Der Bus 280 fährt einmal täglich ab Montpellier und ab Nîmes fahren täglich zwei Züge. Von Mende führen viele gute Radwege in die Cevennen. Aber das Autofahren ist immer noch die effektivste Art, die Region zu erkunden; Städte wie Roquefort sind ohne eigenes Transportmittel schwer zu erreichen, wenn man nicht aus einer der größeren Städte eine Tour mit einem Taxi machen will.

☑ TOP TIPP

Im Sommer ist die kühle Bergluft in den Causses und den Cevennen das ideale Gegengift zu den brütend heißen Temperaturen am Mittelmeer.

Die Ausläufer der Causses und der Cevennen setzen die Themen fort, die in der UNESCO-Welterbezone dominieren. Man findet also noch mehr schöne Natur, idyllische Dörfer und zeitloses Hirtenerbe, zudem Leckeres wie den Blauschimmelkäse (Aubrac) und den zähen Käse-Kartoffelbrei *aligot*. Hinsichtlich natürlicher Felsformationen kommt nichts der Gorges du Tarn gleich, aber viele kleinere Schluchten, etwa Colombières, eignen sich für Sportarten wie Canyoning. In Mende, der Hauptstadt des Départements Lozère, widmet sich das Musée du Gévaudan der regionalen Geschichte. Die Stadt ist ein großartiger Ausgangspunkt zur Erkundung der Region und ein Zwischenstopp zwischen den Cevennen und dem Aubrac, dessen Hochweiden mit einigen der schönsten Dörfer Südfrankreichs über dem Tal des Lot liegen.

Gorges du Tarn

AUTOTOUR DURCH DAS AUBRAC

Viele Leute durchqueren die Region Aubrac zu Fuß; sie erwandern Abschnitte des Camino de Santiago, die über das Plateau und hinunter in das obere Tal des Lot führen, wo sich einige der schönsten Dörfer Frankreichs finden. Wer wenig Zeit hat, kann die Gegend per Auto mit einer Tagestour erkunden. Sie startet in **1 Saint-Geniez-d'Olt-et-d'Aubrac**, wo sich ein Augustinerkloster des 14. Jhs. im Ortszentrum erhebt. Nach 2 km auf der D988 Richtung Westen erreicht man **2 Sainte-Eulalie-d'Olt**, eine mittelalterliche, blumengeschmückte Gemeinde, die wie viele Dörfer der Gegend zu den Plus Beaux Villages de France gehört. Die Straßen des alten Bauerndorfs sind heute von Antiquitätenläden und Ateliers gesäumt. Nach weiteren 20 km auf der D6 ist man in **3 Saint-Côme-d'Olt**, dessen Kirche eine geflammte Turmspitze besitzt; hier kommen viele Jakbspilger auf einer Wegvariate vorbei.

Die 14 km lange Fahrt zum hinreißenden **4 Estaing**, dem schönsten der schönen Dörfer, folgt zunächst der D987 und dann der D920 am Nordufer des Flusses. Eine gotische Brücke aus dem 16. Jh. überspannt den Fluss, während das Château d'Estaing das gesamte Tal dominiert. Daneben steht die aus dem 15. Jh. stammende Église Saint-Fleuret, die seltsamerweise über einen Glocken- und einen Spitzturm verfügt. Man reißt sich los, um nach Saint-Côme-d'Olt zurückzufahren und folgt dann 21 km der D987 nach Norden. Dabei verlässt man das Tal und gelangt auf die Hochebene, die das Aubrac ausmacht. Die Siedlung **5 Aubrac** ist ein Dorf, das von der Rinderzucht lebt, und liegt auf den Hochebenen im Herzen der Region; von Mai bis Oktober sieht man hier aber genauso viele Wandersleute auf dem Jakobsweg wie Kühe. Grüne Felder, hellbraune Rindern und die Schieferdächer der kleinen *burons* (Hirtenhütten) prägen die Landschaft. In der Maison de l'Aubrac gibt's eine Tourismusinformation, ein Café und ein kleines, gut kuratiertes Museum. Zum Abschluss kehrt man von Aubrac nach Saint-Geniez zurück oder steuert sein nächstes Ziel an.

Navacelles

Schluchten im Naturpark Haut-Languedoc

Canyoning, Wandern und Klettern

An den südlichen Rand der Grands Causses schließt der **Parc naturel régional du Haut-Languedoc** an. Hier werden das Grau der Felsen und das Grün der Bäume gelegentlich von den Terrakotta-Dächern eines Bergdorfs unterbrochen. Im Zentrum erhebt sich der **Mont de Caroux**, wo das Wasser durch eine Reihe steiler Schluchten zum Fluss Orb hinunterstürzt. **Terre Liquide** gehört zu der Handvoll Anbieter, die Traveller bei Canyoning-Abenteuern in die Schluchten führen. Ein wunderbarer Ausflug für Anfänger sind die **Gorges de Colombières**, wo man Felsen hinaufklettert und in Tosbecken springt. Weiter westlich liegen die **Gorges d'Héric**, die als Klettergebiet bekannt sind. Weitere Veranstalter sind **Aventure 34** und **ACROROC**.

Cirque de Navacelles

Natürliches Amphitheater und historische Mühlen

Das Dorf **Navacelles** liegt in einem natürlichen Amphitheater (ein *cirque*), das von einer Schleife des Flusses Vis, der heute einen Altarm darstellt, in den Kalkstein gegraben wurde. An der Serpentinenstraße zum Talgrund liegen diverse Aussichtspunkte. Die 14 km lange Wanderung durch das Tal führt vorbei an eWasserfällen und den Wassermühlen der **Moulins de La Foux**.

Mendes Regionalmuseum

Felsen, Dinosaurier und eine mythische Bestie

Mende war bis ins 18. Jh. die Hauptstadt des Gévaudan und ist heute das administrative Zentrum des Départements Lozère. Das **Musée du Gévaudan** behandelt Aspekte der Geologie, Sozialgeschichte, Naturgeschichte (darunter Ichthyosaurier-Fossilien) und Archäologie der Region. Ein ganzer Saal ist der mythischen Bestie des Gévaudan gewidmet, die im späten 18. Jh. viele Menschen angegriffen und gefressen haben soll. Das Museum zeigt außerdem Werke örtlicher Künstler:innen wie Jeanne Bourrillon-Tournay und Victorin Galière.

BURONS

Bei einer Fahrt durch das Aubrac bemerkt man wahrscheinlich die als *burons* bekannten niedrigen Hütten aus Stein und Holz. Diese Bauwerke dienten im Sommer als Unterkunft für herumziehende Schafhirten, die ihre Herden auf die Hochweiden führten. Viele erhaltene *burons* wurden zu Restaurants umgewandelt, in denen man gemeinsam an langen Holztischen isst. Das **Buron de l'Aubrac**, **Le Buron de Born** und das **Buron du Ché** sind kulinarische Highlights der Region. *Aligot* mit Würstchen ist das beliebteste Gericht in der Region.

Carcassonne

Mit den an Eistüten erinnernden Türmchen bis hin zu den zinnenbewehrten Festungsmauern, die sich über die Konturen eines Hügels ziehen, erinnert Carcassonnes mittelalterliche Festung irgendwie an Disney. Carcassonne gehört zu den besterhaltenen befestigten Städten Europas, vor allem, weil sich große Teil der neueren Stadt, die als Ville Basse (oder Bastide Saint-Louis) bekannt ist, weg von der Altstadt statt um sie herum entwickelt haben. In einigen Richtungen liegen nur Weinberge vor den Wällen. Kein Wunder, dass die UNESCO die Festung 1997 auf die Welterbeliste setzte. Dieser Segen kann sich allerdings in den Sommermonaten in einen Fluch verwandeln, wenn sich die Disneyfizierung an den Preisen, Attraktionen und gewaltigen Besuchermassen zeigt, die den Zauber teilweise zunichte machen. Wer gut plant, kann den Ort aber auch mit mehr Ruhe genießen.

UNTERWEGS VOR ORT

Obwohl Carcassonne aus zwei Hälften besteht, ist es eine relativ kleine Stadt. Vom Bahnhof im Norden der Stadt sind es nur 2 km bis zum Eingang der Cité Médiévale im Südosten. Der Bahnhof verbindet Carcassonne mit größeren regionalen Städten wie Toulouse und Montpellier. Von einer Haltestelle vor dem Bahnhof fährt häufig die Navette Aéroport (Flughafen-Shuttle) zum Flughafen von Carcassonne.

Cité Médiévale: Stadt & Festung

Festungswälle und erhaltene Gebäude

Carcassonnes vorromanische Befestigungsanlagen wurden im 12. Jh. von den Katharern zu einer mächtigen Zitadelle ausgebaut. Die **Cité Médiévale** erlebte viele Stufen der Entwicklung und Zerstörung; die heutige Anlage ist das Ergebnis einer umfassenden Restaurierung des 19. Jhs., die von Eugène Viollet-le-Duc vorangetrieben wurde. Tatsächlich gibt es zwei Befestigungsanlagen, einen inneren und einen äußeren Ring, die sich über rund 3 km erstrecken, und zwischen denen sich 52 Türme befinden, von denen einige den originalen römischen U-Grundriss haben, während die meisten rund sind und die charakteristischen, konischen Dächer haben, die eine Eigenheit Viollet-le-Ducs darstellen.

Die **Porte Narbonnaise** mit ihren beiden mächtigen Türmen und der Zugbrücke ist der Haupteingang an der Ostseite, während an der Westseite ein Kopfsteinweg eine steile Böschung hinauf zur **Porte de l'Aude** führt. Beide Tore stammen aus dem 13. Jh. Im Innern entdeckt man ein Gewirr von Gassen, die von touristischen Läden und Attraktionen gesäumt sind, die allerdings eher von der Schönheit des Ortes ablenken.

TOP TIPP

Die beste Tageszeit zum Besuch der historischen Cité Médiévale ist abends rund um den Sonnenuntergang. Nachdem die Reisebusse abgefahren sind, ist der gewundene Kopfsteinpflasterpfad hinauf zur Porte de l'Aude im Zwielicht und der plötzlichen Einsamkeit besonders schön.

CARCASSONNE

Cité Médiévale

HIGHLIGHTS
1 Cité Médiévale

SEHENSWERTES
2 Basilique Saint Nazaire
3 Cathédrale Saint-Michel
4 Château et Remparts
5 Musée des Beaux-Arts de Carcassonne
6 Pont Neuf
7 Pont Vieux
8 Porte de l'Aude
9 Porte Narbonnaise
10 Ville Basse

AKTIVITÄTEN, KURSE & TOUREN
11 Alter-Ride
12 Carcassonne Croisières

ESSEN
13 Adélaïde
14 Au lard et au cochon
15 Brasserie a 4 Temps

SHOPPEN
16 Carcassonne Wine Shop

Man betritt das **Château et Remparts**, um auf Abschnitten der Mauer herum zu spazieren und die Burg aus dem 12. Jh. zu entdecken, die für die Grafen der Stadt errichtet wurde. Mit einem Ticket mit Zeitvorgabe, das man online vorab kauft, umgeht man die Besucherschlangen. Das Museum im Inneren zeigt Artefakte aus dem ursprünglichen Gebäude. Man verlässt das Château neben der gotischen Kathedrale der Stadt, der **Basi-**

ÜBERNACHTEN IN CARCASSONNE

Good Knight
Die moderne Unterkunft ist nur einen Katzensprung von der Porte Narbonnaise entfernt und hat einen Garten mit Burgblick. €€

Hôtel de la Cité Carcassonne
Die palastartige Fünf-Sterne-Residenz in der Cité Médiévale hat einen Pool, einen Hammam und ein Restaurant. €€€

Hôtel du Pont Vieux
Das Hotel zu Füßen der Altstadt hat einen Hofgarten, eine Terrasse und einige Zimmer mit Blick auf die Burg. €€

lique Saint-Nazaire-et-Saint-Celse, die exquisite Buntglasfenster besitzt und eine Schlüsselstation auf dem Jakobsweg ist.

Kultur der Ville basse

Kunst und Religion

Carcassonnes **Ville basse** (Bastide Saint-Louis) liegt von der mittelalterlichen Festung gesehen jenseits des Flusses Aude. Der schönste Weg hinüber führt über die Fußgängerbrücke **Pont Vieux**, obwohl man den besten Blick auf die Festung (gerade bei Sonnenuntergang) vom **Pont Neuf** gleich nördlich hat, von wo aus man auch die honigfarbenen Steinbögen der älteren Brücke bewundern kann. Die Ville basse geht auf das Jahr 1240 zurück und hat einen ganz anderen Charakter als die ehrwürdige Altstadt. Die Unterstadt besitzt ihre eigene, zur Kathedrale erhobene Kirche, die im 13. Jh. erbaute **Cathédrale Saint-Michel**, sowie das **Musée des Beaux-Arts de Carcassonne** mit einer Sammlung örtlicher und regionaler Kunst.

Weintour durch das Languedoc

Weinberge, Verkostungen und moussierende Weine

Das Languedoc ist, was die Produktionsmenge betrifft, die größte Weinregion des Landes. Die Weinberge sind so ausgedehnt, dass sie bis an die Wälle der Cité Médiévale reichen. Die Geschichte wird auch noch dadurch geadelt, dass der Schaumwein gleich südlich der Stadt durch Zufall von den Mönchen der **Abbaye de Saint-Hilaire** entdeckt wurde. Das nahegelegene **Limoux** ist heute das Epizentrum für den Schaumwein namens *blanquette de Limoux*. Zu den üblicherweise angebauten Rebsorten in dieser Region zählen Syrah und Carignan. Englischsprachige Führungen zu den Weingütern veranstaltet der **Carcassonne Wine Shop** (alias Vins & Vinos) in der Ville basse.

Touren auf dem und am Canal du Midi

Bootsfahrten und Radtouren

Mit einer Bootsfahrt auf dem Kanal kann man auf ein gemächliches Tempo entschleunigen. Die Bootstouren mit **Carcassonne Croisières** führen durch die Schleusen des **Canal du Midi**. Die Fahrt ist nicht besonders malerisch; die meisten Leute kommen, um durch die Erläuterungen während der Fahrt (Französisch oder Englisch) etwas über die Geschichte des Kanals zu erfahren. Um den Kanal in eigener Geschwindigkeit zu erleben, folgt man dem Treidelpfad zu Fuß oder mit dem Fahrrad. **Alter-Ride** in der Ville basse vermietet Fahrräder sowie als gute Alternativen E-Bikes und Motorroller.

DIE BESTEN CASSOULET-RESTAURANTS

Es herrscht in dieser Gegend eine große Rivalität, wenn es um das Prahlen mit der Erfindung des *cassoulet* geht, eines Eintopfs, der u.a. Gartenbohnen, Enten- oder Gänseconfit, Schweinefleisch und Toulouser Würstchen enthält. Die Restaurants innerhalb der Festungswälle haben generell hohe Preise bei niedriger Qualität, aber anderswo gibt's einige tolle Lokale, um diese örtliche Spezialität zu probieren.

Brasserie à 4 Temps
Die Brasserie in der Ville basse serviert *cassoulets* in Tongeschirr und hat eine umfangreiche Karte regionaler und landesweiter Flaschenweine. €€

Au Lard et au Cochon
Die Spezialität des Chefkochs ist das *cassoulet*, aber die Entenbrust mit Pilzsauce lohnt sich auch. €€€

Adélaïde
Ein Hoch auf ein *cassoulet* in der Cité Médiévale zu einem Preis, der mehr im Einklang zu den Preisen im Rest der Stadt steht. €€

FEIN ESSEN IN CARCASSONNE

La Table de Franck Putelat
Chefkoch Putelat wurde für seinen „klassisch-fiktionalen" kulinarischen Ansatz mit zwei Michelin-Sternen belohnt. €€€

Le Jardin en Ville
Die Gerichte werden mit Zutaten zubereitet, die im Garten hinter dem Restaurant wachsen. €€

Agapé Carcassonne
In diesem feinen Restaurant besteht das Verkostungsmenü aus acht Tapas, die aus saisonalen Zutaten zubereitet werden. €€

Perpignan

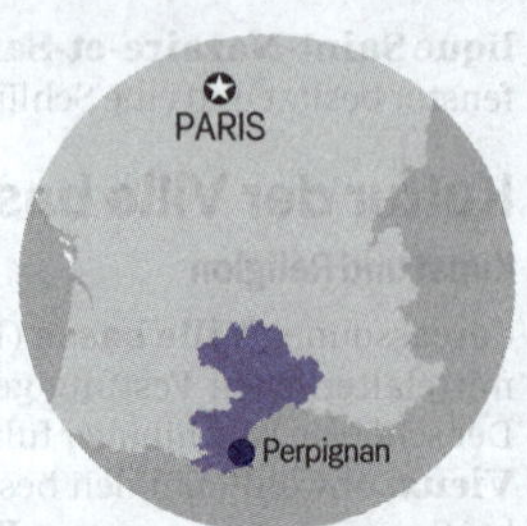

UNTERWEGS VOR ORT

Das Busnetz ist im Département Pyrénées-Orientales generell dichter als in anderen Teilen der Region. Die roten liO-Busse fahren auf vielen Routen rund um Perpignan und hinaus zu den Ortschaften im Umland. Perpignan ist der letzte große Bahnhof in Südfrankreich auf dem Weg nach Spanien; von ihm hat man Verbindungen in praktisch jede größere Stadt Okzitaniens und darüber hinaus. Das Stadtzentrum selber ist kompakt und leicht zu Fuß zu erkunden.

TOP TIPP

Am ersten Besichtigungsort sollte man sich nach dem Pass Découvertes erkundigen und sich das Büchlein auf der Rückseite abstempeln lassen. Vom zweiten Eintritt an erhält man in allen größeren Städten des Départements Pyrénées-Orientales ermäßigten Eintritt.

Das Roussillon von Languedoc-Roussillon, das sich weitgehend mit dem heutigen Département Pyrénées-Orientales deckt, ist ein Landstrich, wo zur französischen Trikolore häufig die rot-gelben Streifen Kataloniens hinzukommen. In den Straßen wird viel Katalanisch gesprochen, und die Schilder sind in beiden Sprachen gehalten. Es ist eine ungewohnte Seite Frankreichs, ausländischen Einfluss zu leben, obschon Rugby, das weit mehr eine französische als eine spanische Sportart ist, hier mit noch größerem Eifer betrieben wird als anderswo in Frankreich.

Wie in vielen Grenzregionen verwischen hier die Zugehörigkeiten; französische, spanische und katalonische Interessen buhlen um Herz und Verstand der Bevölkerung. Was noch komplizierter ist: Perpignan war einst die Hauptstadt des Königreichs Mallorca. Wer mit dem Zug in Perpignan ankommt, hat – nach Salvador Dalí – das Zentrum des Universums erreicht.

FINE ART IMAGES/HERITAGE IMAGES VIA GETTY IMAGES ©

Selbstbildnis mit Turban von Hyacinthe Rigaud, Musée d'art Hyacinthe Rigaud

BELIKOVA OKSANA/SHUTTERSTOCK ©

Palais des Rois de Majorque

Relikte des Königreichs Mallorca

Paläste, Türme und eine Kathedrale

Das Königreich Mallorca war eines jener kleinen Reiche, die im Vergleich zu größeren Nachbarn wie Frankreich und Aragonien verblassen. Doch für kurze Zeit, von rund 1276 bis 1349, blühte das kleine Reich auf, als bei einem Nachfolgestreit unter den Söhnen Jakobs I. von Aragon sein Sohn Jakob II. das Königreich Mallorca von Aragonien löste. Sein Reich umfasste die Balearen und das Gebiet um Perpignan, zeitweise hinauf bis nach Montpellier. Jakob II. begann mit der Erbauung des **Palais des Rois de Majorque** (Palasts der Könige von Mallorca) als eines würdigen Sitzes für einen erfolgreichen König. Der Palast ist auch heute noch das eindrucksvollste Bauwerk in der Stadt.

Ebenfalls zur Zeit der Herrschaft der mallorquinischen Könige begann der Bau der **Cathédrale Saint-Jean-Baptiste** anstelle einer Kirche aus dem 10. Jh. Der Zusammenbruch des Reichs brachte die Bauarbeiten zum Stillstand, die erst im 15. Jh. wiederaufgenommen und im 16. Jh. abgeschlossen wurden. Unterdessen wurde das Symbol Perpignans, das stämmige, **Le Castillet** genannte Haupttor der Stadt, 1368 erbaut – kurz nachdem die Stadt wieder unter die Kontrolle der Krone von Aragon geraten war. Von der Spitze des Tors hat man einen guten Blick über die Stadt.

Gemälde von Hyacinthe Rigaud

Barocke und moderne Kunst

Die Gemälde von Hyacinthe Rigaud, einem Sohn der Stadt, hängen in Galerien in ganz Frankreich, darunter sind auch viele kecke Selbstporträts. Die Dauerausstellung im **Musée d'Art Hyacinthe Rigaud** umfasst eine große Sammlung von Rigauds Portraits, die in seinem eigenwilligen, flämisch beeinflussten Stil ausgeführt sind. Hinzu kommen eindrucksvolle gotische Altarbilder aus dem 15. Jh., recht düstere Bilder aus der Zeit der Kriege zwischen den Königreichen Frankreich und Aragon sowie einige frühe präkubistische Werke Picassos.

WARUM ICH ROUSSILLON LIEBE

Paul Stafford, Autor @ paulrstafford

Wie Menschen sind auch Kulturen dann am angenehmsten, wenn sie anderen begegnen und eine Koexistenz gestalten. Und auch wenn die Rangeleien um den Vorrang dieser oder jener Kultur offenbar unvermeidlich sind, ist es doch am interessantesten, wenn alle oder keine zur gleichen Zeit den Vorrang behaupten. Außerdem herrscht eine alte Mystik in den zerklüfteten Tälern der Region vor, wo sich Festungen hartnäckig an ihre Existenz klammern und auf die Widerstandsfähigkeit und Entschlossenheit zu verweisen scheinen, die es brauchte, um sie zu bauen und hier zu leben. Das Nebeneinander der Konflikte, der Kompromisse und Koexistenzen kommt im Roussillon niemals aus der Mode.

Rund um Perpignan

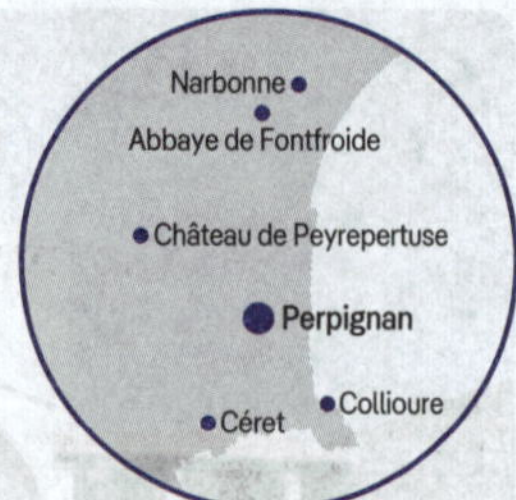

Einflussreiche Kunstgemeinden, die Berglandschaften der Pyrenäen und vom Wind umtoste Burgen erwarten jene, die diese vielfältige Region erkunden.

UNTERWEGS VOR ORT

Das Busnetz ist in dieser Region weit besser als im Languedoc. Céret, Thuir, Villefranche-de-Conflent und Collioure sind alle von Perpignan aus mit roten liO-Bussen erreichbar. Die meisten Strecken werden täglich bedient, einige zu kleineren Orten allerdings nicht unbedingt sonntags. Die Küstenstädte und Narbonne haben gute Zugverbindungen. Um die Burgen im Pays Cathare zu besuchen, braucht man aber fast immer ein eigenes Transportmittel.

TOP TIPP

Viele Museen im französischen Teil Kataloniens sind sonntags und montags (gelegentlich auch dienstags) geschlossen. Der Montag ist auch anderswo in Okzitanien der übliche Schließtag.

Schneebedeckte Pyrenäengipfel säumen fast überall im Département Pyrénées-Orientales den Horizont, zeigen sich aber am eindrucksvollsten im Westen der Region. Der eindrucksvolle, häufig mit einer Schneekappe bedeckte Gipfel, den man in Perpignan erblickt, ist der Pic du Canigou. Südwestlich von Perpignan lockt das Tal der Têt die Menschen aus der Stadt in die großartige Natur, während die Befestigungsanlagen von Villefranche-de-Conflent von einer kriegerischen Vergangenheit zeugen. Obwohl die Katharerburgen im Land an der Grenze von Languedoc-Roussillon mehr mit Carcassonne als mit Katalonien gemein haben, lassen sie sich am besten im Rahmen einer eintägigen Autotour ab Perpignan besuchen. Weiter im Norden finden sich römische Zeugnisse rund um Narbonne, während die Kunstgemeinden Céret und Collioure zu bedeutenden Fortschritten in Malerei und Skulptur inspirierten.

ANGELINA CECCHETTO/ISTOCK/GETTY IMAGES ©

Les Orgues (S. 626)

Der Weg von Narbonne

Römische Artefakte und ein unterirdischer Getreidespeicher

Das römische Narbonne liegt 65 km nördlich von Perpignan. Im **Musée Narbo Via** begeistert die Steingalerie (*Mur lapidaire*), ein Hochregallager bearbeiteter Steinblöcke, die aus verschiedenen Tempeln und Ruinen rund um Narbonne stammen und so vor den Elementen geschützt sind. Man kann die Gottheiten, Blumenmotive, rituellen Szenen und Begräbnisgebräuche, die auf ihnen dargestellt sind, mittels interaktiver Paneele erkunden, die einem erlauben, einzelne Blöcke herauszupicken, um mehr über ihre Geschichte und Provenienz zu erfahren und Informationen zu den Szenen zu erhalten.

Die am besten erhaltenen Artefakte finden sich in den Sälen des hinter der Steingalerie befindlichen Museums; die Stücke sind ausführlich auf Englisch, Französisch und Spanisch ausgeschildert. Narbonne ist verglichen mit seinen Nachbarn ruhig und provinziell, war aber einst Narbo Martius, ein betriebsamer römischer Hafen und eine Schlüsselstadt, die 118 v. Chr. an der Via Domitia gegründet und später zur Hauptstadt der römischen Provinz Gallia Narbonensis wurde. Basreliefs aus dem 1. Jh., die das Beladen von Schiffen darstellen, unterstreichen die Bedeutung Narbonnes, ehe die Aude versandete.

Das Kombiticket gewährt auch Einlass zum **Horreum**, einem ehemaligen römischen Getreidespeicher unter Narbonnes Stadtzentrum, sowie zum **Amphoralis** 15 km nördlich der Stadt, wo einst Tonamphoren zum Weintransport hergestellt wurden.

Narbonnes Kathedral- & Palastkomplex

Blick vom Donjon und unvollendetes Bauvorhaben

Narbonnes Zentrum wird domiert von dem im 13. Jh. erbauten **Palais des Archevêques**, dem früheren Palast des Erzbischofs. Im Inneren findet sich mehrere Ausstellungen. Eine Wendeltreppe führt auf den Donjon, mit Blick über die Stadt und die an den Palast angeschlossene ehemalige Cathédrale Saint-Just-et-Saint-Pasteur, die zwischen 1272 und 1340 erbaut wurde. Was wie ein aufwendiges Westportal wirkt, ist ein unvollendetes Querschiff. Eine Reihe von Katastrophen, darunter die Pest, führten im 14. Jh. zur Einstellung der Arbeiten an dem Bauwerk, das sonst zu einer der größten Kathedralen der Region geworden wäre.

Der Palast beherbergt auch die Galerie **Parcours d'Art**, die man über 88 Stufen erreicht. Hier überwiegt Renaissancekunst, darunter Werke von Pieter Breughel d. J. und von Tintoretto, sowie barocken Deckenfresken. Der Erzbischof, der die Galerie in Auftrag gab, wählte die neun Musen, ein altgriechisches Motiv, als Thema, statt sich auf die Bibel zu beziehen.

KATALONISCHE KÜCHE

In dieser Region essen zu gehen, konfrontiert einen mit einmaligen Aromen, die sich in ihrer Zusammensetzung deutlich vom übrigen Frankreich unterscheiden. Paprika und scharfe Würstchen kommen ins Spiel, sobald die Küche stärkere spanische und katalonische Einflüsse zeigt.

Die Berge und das Mittelmeer tragen ihre frischen Zutaten bei, darunter Ziegenkäse und Feigen, Sardinen und Zitrusfrüchte. Und dann gibt es einzigartige nordkatalonische Gerichte wie *cargolade*, zu dem oft Hunderte von Schnecken gehören, gefüllt mit Petersilie, Paprika und Knoblauchbutter, die anschließend über heißen Kohlen gegrillt werden.

Im Winter und zu Beginn des Frühjahrs werden ganze Scheffel gegrillter *calçots*, eine Art grüner Zwiebeln, verputzt. Unverzichtbare örtliche Nachspeisen sind *crema catalana* und *rousquille* genannte weiße runde Kekse, die wie Donuts aussehen und nach Weihnachten schmecken.

KATALONISCH ESSEN

Al Català
Das freundliche kleine Lokal in Céret serviert klassische katalonische Gerichte wie *escalivada* (gegrilltes Gemüse). €€

Casa Sansa
Das Restaurant im Zentrum von Perpignan bietet katalonische Meeresfrüchtegerichte wie *pollastre amb gambas*. €€

Vigatane
Feine katalonische Gerichte, darunter *cargolade*, mit allen regionalen Eigenheiten, die die Einheimischen lieben. €€

LAND DES WINDES

Die meisten Menschen, die die Region Roussillon das erste Mal besuchen, bemerken schnell den Wind, und glauben dann, es sei gerade ein ungewöhnlich windiger Tag. Doch insbesondere an der Küste zwischen Narbonne und der spanischen Grenze gehört der Wind einfach dazu, denn an den meisten Tagen herrscht ein starker, anhaltender Wind. Die Einheimischen sprechen vom *pays du vent* (Land des Windes), und die Winde, die aus verschiedenen Richtungen wehen, haben eigene Namen. Ganz besonders ausgeprägt ist der aus Nordwesten wehende Tramontane. Der Trost ist, dass die Region zwar die bei weitem windigste Region Frankreichs ist, zugleich aber auch zu den sonnigsten gehört. Daher findet man hier ideale Bedingungen zum Windsurfen und Segeln vor.

INU/SHUTTERSTOCK ©

Abbaye Sainte-Marie de Fontfroide

Flamingos & rosafarbene Seen

Salzebenen und Plankenwege im Feuchtgebiet

Die Küstenlinie rund um Narbonne ist für Naturfreunde besonders lohnend. An den **Salins de Gruissan** werden dreimal täglich Führungen zu den rechteckigen, rosafarbenen Salzebenen der Saline angeboten. In der übrigen Zeit kann man Salzprodukte im Laden kaufen und das kleine Museum besuchen. Eine erhabenere Perspektive hat man von der **Tour Barberousse** im Zentrum der Stadt **Gruissan**, einem Turm, der die Stadt vor Piratenangriffen schützen sollte, . Beim nahegelegenen **Peyriac-de-Mer** sind die Salzebenen zwar nicht so rosa, dafür werden sie das ganze Jahr über von Flamingos aufgesucht. Auf dem Plankenweg und diversen Uferpfaden, die um den *étang* führen, kommt man näher an diese eigenartigen Vögel heran.

Eine Abtei in den Hügeln

Architektur des Mittelalters

Die höhlenartigen romanischen Säle und Dormitorien der einst von Benediktiner- und später von Zisterziensermönchen bewohnten **Abbaye Sainte-Marie de Fontfroide** (mit dem Auto 77 km von Perpignan) wirken sonderbar leer. Das liegt an dem Fehlen dekorativer Elemente, worin sich das Verbot der Zisterzienser, Tier und Menschen darzustellen, widerspiegelt. Einige der schönsten architektonischen Details finden sich in den Kreuzgängen. Sie zeigen gotisches Mauerwerk, Marmorsäulen und große runde Oculi im Giebelfeld, die viel Licht hereinlassen.

ÜBERNACHTEN IN PERPIGNAN

Hôtel Paris-Barcelone
Dank der Nähe zum Bahnhof und Busbahnhof ist dieses Hotel in Perpignan praktisch, wenn man früh abreisen will oder spät ankommt. Die Zimmer sind schlicht, aber sauber. **€**

Nyx Boutique
Das skurrile, mit moderner Kunst geschmückte Hotel liegt auf halber Strecke zwischen dem Bahnhof und dem Stadtzentrum. Einige Zimmer verfügen über einen Balkon. **€€**

Dali Hôtel
Das moderne Hotel am Rand des Stadtzentrums von Perpignan hat elegante, mit Blumenmotiven gestaltete Zimmer und ein schickes Restaurant. **€€**

AUTOTOUR DURCH DAS LAND DER KATHARERBURGEN

Das abgelegene, heute Pays Cathare genannte Land war die letzte Hochburg der Katharer, die von der Römisch-Katholischen Kirche verfolgt wurden. Bei dieser Tour ab Perpignan ist die erste Etappe die längste; man folgt der D117 auf 60 km durch Weinberge und Obsthaine nach Westen.

In Lapradelle biegt man links ab, hinauf zum 1 **Château de Puilaurens**. Ein Serpentinenpfad führt vom Ticketkiosk zur kleinen Version der Zitadelle von Carcassonne. Für die runden Türme kann man sich konische Dächer vorstellen. Das Innere der Burg ist überwachsen und zerfallen.

Nun fährt man auf der D117 rund 16 km zurück nach Osten bis Saint-Paul-de-Fenouillet. Von dort führt ein kurzer Abstecher nach Norden in die 2 **Gorges de Galamus.** Die faszinierende Straße endet über einer Schlucht, in der sich die 3 **Ermitage Saint-Antoine de Galamus** befindet, eine in den Fels gehauene Kapelle. Nach 1,5 km vom Parkplatz aus erreichet man sie.

Zurück in Saint-Paul-de-Fenouillet geht's weiter nach Osten auf der D117 bis Maury, wo man Richtung Norden auf die D19 abbiegt. Nun fährt man 16 km weiter zur Ruine des 4 **Château de Peyrepertuse**, die wie ein am Berg gestrandetes Schiff wirkt. Der Raum innerhalb der Mauern umfasst eine Fläche von ähnlicher Größe wie in Carcassonne. An klaren Tagen sieht man vom Bergfried der Festung San Jordi die dunkle Hülle der Burg Quéribus.

Nun geht's auf der gleichen Straße zurück nach Süden; dann links zum 5 **Château de Quéribus**. Die jüngste und wildeste der Burgen stammt aus dem 14. Jh. Winde heulen durch die Fensterhöhlen. Beim Aufstieg muss man sich ans Geländer klammern.

Hinter dem Kloster findet sich ein liebevoll gepflegter Garten, in dem es nach Rosen und Lavendel duftet. Wege führen zu Terrassen mit Eichen, Zypressen und Lorbeerbäumen.

Zeit für einen Apéro in Thuir

Apéritif-Weingut mit riesigen Fässern

Byrrh (ausgesprochen „Bier") ist ein Aperitif aus Thuir, 16 km südwestlich von Perpignan. Der aromatische Likörwein wird aus Carignan-Trauben unter Zugabe von Chinin, Kaffee, Chinarinde, Zimt, Orangenschalen und Holunderbeeren hergestellt. In den **Caves Byrrh** spielt der Audioguide automatisch die relevanten Infos für den jeweiligen Standort ab. Das Highlight ist die Wanderung durch den gewaltigen Keller mit Unmengen riesiger Eichenfässer, die jedes bis zu 89 000 Liter fassen. Eine Verkostung bildet den krönenden Abschluss des Besuchs.

LES PETITS TRAINS

Am Bahnhof von Villefranche-de-Conflent fährt der beliebte **Petit Train Jaune** (kleiner gelber Zug; Ende Mai–Anfang Dezember) die 63 km lange Strecke durch die Pyrenäen zum Bahnhof Latour-de-Carol–Enveitg an der spanischen Grenze. Züge, die die ganze Strecke fahren, starten ungefähr sechs Mal pro Tag; die Strecke führt mitten durch den Parc naturel régional des Pyrénées Catalanes. Der oft übersehene **Petit Train Rouge** (kleiner roter Zug; Juni–August) folgt einer 60 km langen Route von Rivesaltes, gleich nördlich von Perpignan, ungefähr längs der D117 ostwärts nach Axat. Bei beiden Zügen kann man die Hin- und Rückfahrt am gleichen Tag machen, und sich zwischendurch einige Stunden am Zielort umschauen.

Fort von Villefranche-de-Conflent

Mächtiger Bergfried und befestigtes Dorf

Tief in der **Vallée de la Têt** (Têt-Tal) liegt, umgeben von steilen Abhängen, das Dorf **Villefranche-de-Conflent**, eines der Plus Beaux Villages de France. Das von einer schützenden Mauer umgebene winzige Dorf wird hauptsächlich von Travellern besucht, die das **Fort Libéria** besuchen wollen, eine viel mächtigere Festung über dem Dorf. Wen die 844 Stufen hinauf zum Fort (samt vieler weiterer innerhalb der Anlage) abschrecken, nimmt den Shuttlebus zur Spitze. Anders als die Katharerburgen ist diese Festung viel jünger; sie stammt aus dem 17. Jh. und wurde unter Napoleon III. massiv verstärkt.

Die Monolithen Les Orgues

Natürliche Felsformationen

Eine Reihe faszinierender, als **Les Orgues** bekannter Sandsteinformationen liegen 27 km westlich von Perpignan. Viele dieser Pfeiler ragen 10 bis 12 m hoch und erinnern aus bestimmten Blickwinkeln, wie der Name Les Orgues schon sagt, an Orgelpfeifen. Andere lassen je nach Vorstellungskraft an Pilze, mit einem Mantel bekleidete Figuren oder einzelne Teile des menschlichen Körpers denken.

Das Musée d'Art Moderne in Céret

Picasso, Miró und Dalí

Das angenehme Stadtzentrum mit schattenspendenden hohen Platanen und Cafés lockte berühmte Kunstschaffende des 20.

ÜBERNACHTEN RUND UM PERPIGNAN

Les Elmes
Ein Hotel und Spa am Rand von Banyuls-sur-Mer. Von dem eleganten Speiserestaurant vor Ort blickt man aufs Mittelmeer. €€

Hôtel Le Mas Trilles
Das Hotel residiert 3 km außerhalb von Céret in einem Bauernhaus des 14. Jhs. Die Zimmer haben Terrassen und Zugang zum Pool. €€

Les Roches Brunes
Charmantes, gehobenes Hotel am Meer in Collioure. Die meisten Zimmer bieten einen Blick auf die Burg und das Mittelmeer. €€€

Caves Byrrh

Jhs. ins 30 km südwestlich von Perpignan gelegene hübsche **Céret**. Heute ist das **Musée d'Art Moderne**, das von den Künstlerbesuchen profitiert, die Hauptattraktion des Ortes. Schon beim Eintreten steht man sofort vor Werken von Jean Marchand und Keramiken von Pablo Picasso. Es heißt, dass Georges Braque und Picasso, die gemeinsam den Kubismus begründeten, viele wichtige Werke während ihres Aufenthalts in Céret schufen, einem Ort, der auch für seine Kirsch- und Melonenplantagen bekannt ist. Viele der ausgestellten Werke wurden entweder in Céret oder im nahegelegenen Collioure gemalt – auch Marc Chagall und Joan Miró arbeiteten hier. Salvador Dalí spendete dem Museum einige faszinierende, auf Fotos basierende Kunstwerke.

SITE DE PAULILLES

Site de Paulilles war einst eine Dynamitfabrik. Heute beherbergen die Fabrikgebäude ein Museum, das die Sozialgeschichte der Stätte erkundet. Das umliegende, nach der Dekontaminierung in einen historischen Park umgewandelte Gelände erfreut sich einer wachsenden Artenvielfalt: Eulen, Wildschweine und Ginsterkatzen sind zurückgekehrt. Ein Aussichtsturm verschafft einen Überblick.

Von Perpignan, Collioure oder Banyuls-sur-Mer nimmt man den Bus 540 nach Paulilles und kehrt auf dem Côte-Vermeille-Küstenpfad zurück, indem man den gelben Markierungen folgt.

Wandern auf dem Chemin du Fauvisme

Fauvismus, Burgen und Sardinen

Blickt man auf die pastellfarbenen Strandhäuser und die bunt angemalten traditionellen Boote an den Stränden von **Collioure**, 30 km südlich von Perpignan, kann man sich vorstellen, wie der Einsatz starker Farben, für den der Fauvismus bekannt ist, zustande gekommen sein mag. Fauvismus war zunächst ein herabsetzender Begriff (*fauve* bedeutet „wild"). Geprägt hat ihn der Kunstkritiker Louis Vauxcelles (ebenso wie den Begriff des Kubismus), dem die extreme Farbigkeit, die Henri Matisse, der Schöpfer der Bewegung, in seinem Bild *La femme au chapeau* (Frau mit Hut) an den Tag legte, heftig missfiel. Aber die dem Fauvismus zugrundeliegende Idee, dass die reine Farbe die Emotionen des Malers wiedergeben sollte, wirkte verändernd auf das Medium. Man kann den **Fauvismus-Trail** begehen, indem man sich ein Büchlein in der **Vitrine sur le Fauvisme** nahe beim Ufer kauft. Der Weg windete sich durch die engen Straßen des netten Sardinenfischerdorfs, und man entdeckt dabei viele Orte, die zu Gemälden inspirierten.

NOCH MEHR FAUVISMUS

Viele berühmte Werke des Fauvismus und Postimpressionismus sind im **Musée d'Orsay** (S. 156) in Paris zu sehen.

Toulouse & Pyrenäen

PARIS
Toulouse

GRANDIOSE BERGE, HERRLICHE ABENTEUER, GROSSARTIGE HANDWERKSKUNST

Die atemberaubenden Pyrenäen vereinen Berge, Täler, Bauernhöfe und Dörfer. Toulouse bietet viele Kulturevents, Festivals und Restaurants.

Die geheimnisvollen und wunderschönen Pyrenäen liegen in Frankreichs tiefem Südwesten. Mit ihrem faszinierenden Kontrast aus grünen *randonnées* (Wanderrouten) und schroffen, verschneiten Gipfeln reichen sie bis nach Spanien hinein. Bei grandioser Aussicht warten hier viele spannende Möglichkeiten zum Wandern, Radfahren, Skilaufen, Seilrutschen und Spazierengehen.

Im artenreichen, farbenfrohen Parc National des Pyrénées erheben sich herrliche Gipfel wie der Pic du Midi d'Ossau. Kristallklare Seen wie der Lac d'Ayous bieten hier traumhafte Fotomotive. Große Bienen besuchen weite Wiesen mit Orchideen, blauen Enzianen, Sonnenröschen, Rosmarin und nach Vanille duftendem Ginster. Malerische Bauernhöfe und Weinberge wechseln sich mit echter Wildnis ab. Der Nationalpark (vor allem die Region Ariège) beherbergt auch Frankreichs größte Anzahl von Höhlen und unterirdischen Wasserfällen. Handwerkskurse und Verkostungen geben Einblicke in den regionalen Lebensstil. Unter den Highlights für Gourmets sind traditionelle *aligots,* Pyrenäen-Fondue und süße Jurançon-Weine.

Der Park erstreckt sich im Herz der französischen Pyrenäen. Zu diesem gehört auch ein Teil der Region Haute-Garonne, in der außerhalb des Schutzgebiets die viertgrößte Stadt Frankreichs liegt: Toulouse (Hauptstadt der Midi-Pyrénées) ist ein Zentrum der Kultur, Kunst, Wissenschaft und Musik. Hier finden belebte Events statt, wie das Urban Culture Festival mit Parkour- und Skate-Vorführungen oder das Orgelfestival Toulouse les Orgues in den historischen Kathedralen der Stadt. In der Nähe locken Gaillac (eine der ältesten Weinregionen des Landes) und viele schmucke Dörfer aus dem Mittelalter vor den grandiosen Gipfeln. Auf zu unvergesslichen Abenteuern!

DIE WICHTIGSTEN ZIELE

TOULOUSE
Duftveilchen und viel Kultur. S. 634

ALBI
Châteaus, Weinberge und tolle Architektur. S. 640

PARC NATIONAL DES PYRÉNÉES
Herrliche Berge, malerische Dörfer. S. 644

REGIONALER NATURPARK ARIÈGE-PYRENÄEN
Faszinierende Höhlen und Naturwunder. S. 656

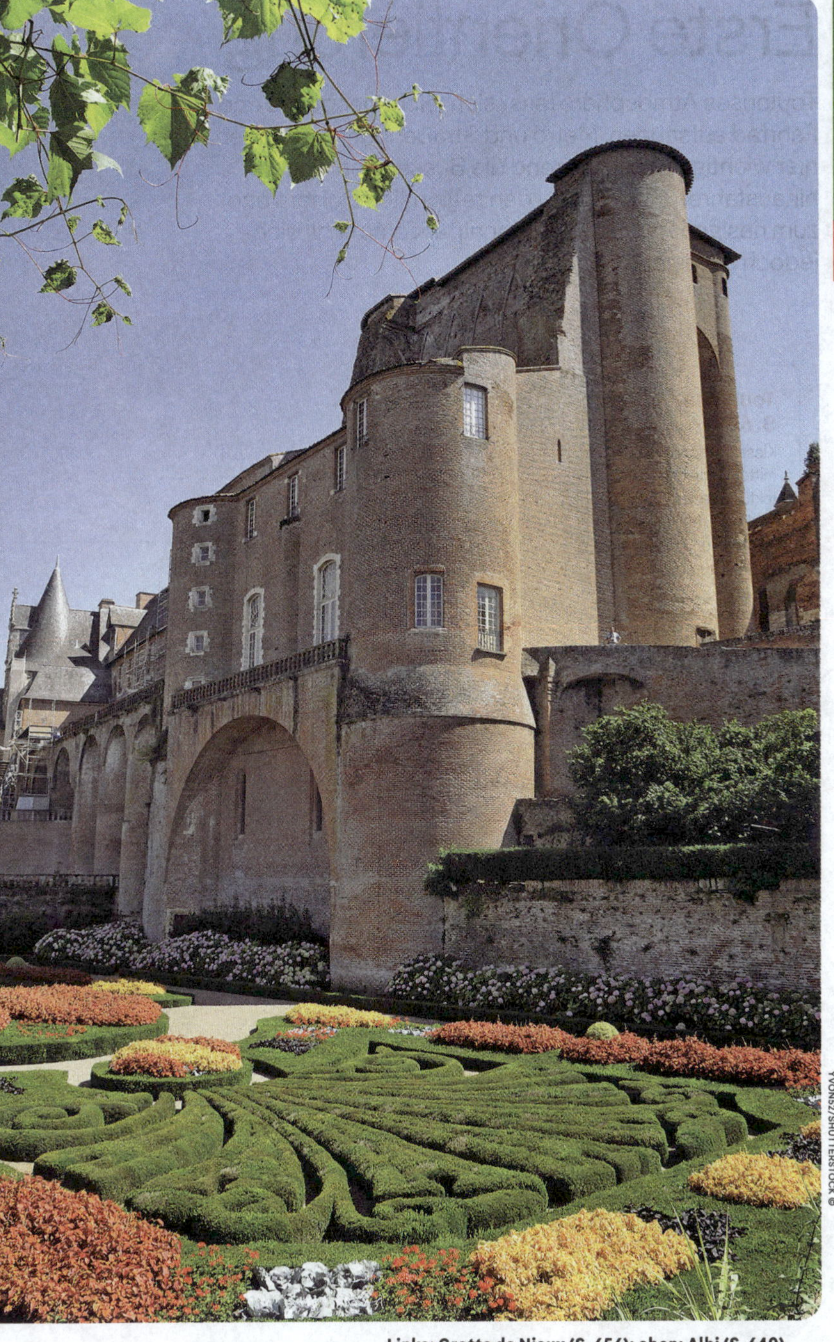

YVON52/SHUTTERSTOCK ©

Links: Grotte de Niaux (S. 656); oben: Albi (S. 640)

Erste Orientierung

Toulouses Atmosphäre lässt sich leicht per pedes und Fahrrad aufsaugen. Metro und Straßenbahn verbinden hier wichtige Ziele, während die Busse auch weiter hinausfahren. Für Trips zu den regionalen Dörfern und zum riesigen Pyrenäen-Nationalpark empfiehlt sich jedoch ein eigenes Auto.

Toulouse, S. 634

Klassizistische und mittelalterliche Architektur, Spaziergänge am Fluss, regelmäßige Festivals und eine vielfältige Küche.

Parc National des Pyrénées, S. 644

Über 400 Berge sowie viele Täler, Seen und Höhlen entlang der französisch-spanischen Grenze.

Regionaler Naturpark Ariège-Pyrenäen, S. 656

Mehr als 1 500 Berggruppen plus Täler und Höhlen an den Grenzen zu Spanien und Andorra.

0 — 50 km

Albi, S. 640
Hat eine farbenfrohe Kathedrale mit vielen Fresken (größter Backsteinbau der Welt) und ist ein guter Startpunkt für Rad- oder Autotouren.

AUTO & MOTORRAD

Außerhalb von Toulouse, Albi und den Touristenhochburgen der Pyrenäen bietet ein eigenes Auto maximale Flexibilität (u. a. für Dorfbesuche): Die öffentlichen Verkehrsmittel im ländlichen Raum verkehren vergleichsweise seltener und decken auch das Hochgebirge nicht ab.

METRO, STRASSENBAHN & STADTBUSSE

Toulouses verlässliche U- und Straßenbahnen bedienen neben vielen Attraktionen im Zentrum auch wichtige Ziele im näheren Umkreis. Die deutlich beschilderten Stationen sind auch auf Tourismuskarten vermerkt. Die Stadtbusse fahren vergleichsweise weiter hinaus.

BUS & ZUG

Busse steuern Albi, die beliebtesten Dörfer und diverse Nationalparkbereiche (z. B. Tourmalet, Pic du Midi) an. Züge bedienen u. a. Pau, Lourdes und Oloron-Ste.-Marie.

Perfekte Tage

Je nach Saison bieten Toulouse und die Pyrenäen verschiedene Erlebnisse: Im Frühling und Sommer finden viele Festivals statt. Der kühle Herbst bringt ruhige Wanderwege und der Winter verträumte Schneelandschaften hervor.

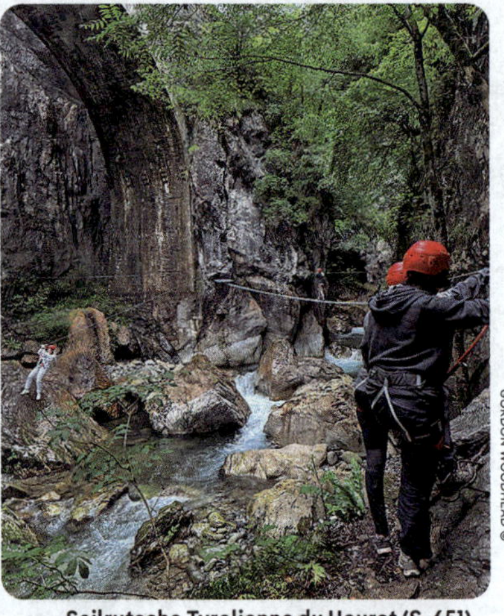

GORDON WOODHEAD ©

Seilrutsche Tyrolienne du Hourat (S. 651)

Eine Woche

● Sommerfestivals machen **Toulouse** (S. 634) sehr belebt: Populär sind z. B. das **Urban Culture Festival** (S. 637) und das **Rio Loco** (S. 637) im Mai. Auch im Juli und August gibt's einige Freiluftkonzerte und Kunstevents. Zwischendurch empfehlen sich die Aussicht vom **Pont Neuf** (S. 637) und die **Halle de Machines** (S. 637) mit ihren faszinierenden technischen Anlagen.

● Danach geht's zu den malerischen Bergen und Tälern der **Hautes Pyrénées** (S. 644): Hier wandert man zu den herrlichen Wasserfällen des **Cirque de Gavarnie** (S. 648) und genießt den Blick auf den **Pic du Midi** (S. 646). Beim Radeln am **Col du Tourmalet** (S. 647) erklingen Vogelstimmen und Kuhglocken.

Beste Reisezeit

Im Frühling wirken Toulouse und die Pyrenäen ruhig und relaxt. Von Mai bis August finden die meisten Festivals, Events und Radrennen statt.

JANUAR

Zu den Highlights gehört das **Laternenfest** in Montauban. Zudem locken ein paar von Europas besten Skipisten.

MAI

In Toulouse steigen das **Rio Loco** und das **Urban Culture Festival**. Auf den recht ruhigen Pyrenäen-Pfaden wird meist bis auf 1500 m gewandert.

JUNI

Die eigentliche Festivalzeit startet mit dem **Le Nouveau Printemps** in Toulouse. Nun sind auch Pyrenäen-Treks bis auf ca. 2 500 m möglich.

LABETAA ANDRE/SHUTTERSTOCK ©, REMY GABALDA/AFP VIA GETTY IMAGES ©, PHILIPIMAGE/SHUTTERSTOCK ©

Etwas länger

● Weitere Tage in Toulouse verbringen: In der **Altstadt** bewundert man historische Bauten, folgt dem Canal du Midi ab dem Jardin du Grande Ronde und schaut vom Pont Neuf auf den Sonnenuntergang. Zudem die Cafés und Kunstgalerien im Viertel Carmes abklappern und die **Luft- & Raumfahrtmuseen** (S. 637) besichtigen. Möglichst auch eins der vielen Musikfestivals besuchen und ein unvergessliches Mahl im **Restaurant Dans le Noir?** (S. 637) genießen.

● Im Umland warten die faszinierenden balancierenden Felsen von **Le Sidobre** (S. 641). Danach auf in die **Pyrenäen** (S. 644) zu den Bergorten **Artouste** und **Laruns**: Hier locken u. a. Seilrutschen, Europas höchster offener Zug (S. 650), Wanderwege, Handwerkskurse und Märkte.

Mehrere Wochen

● Nach einer Bootsfahrt auf dem **Canal du Midi** (S. 636 & 619) geht's nach **Toulouse** (S. 634), wo Museen, Cafékultur und relaxtes Spazieren am Fluss warten. Im Umland locken schmucke mittelalterliche Dörfer, die schwankende **Mazamet-Hängebrücke** (S. 641) und die **Kathedrale von Albi** (S. 640) mit vielen Fresken. Die Region **Ariège** (S. 656) punktet mit Bergidylle, Schmetterlingswiesen, faszinierenden Höhlen und mittelalterlichen Burgen.

● Zum Schluss wartet der **Parc National des Pyrénées** (S. 644) mit Traumaussicht. Zu seinen Highlights zählen der majestätische **Pic du Midi de Bigorre** (S. 646) und die Wasserfälle des **Cirque de Gavarnie** (S. 648).

JULI
In Toulouse gibt's das **Tangopostale** (S. 637), Freiluftkino und Feuerwerk am **Nationalfeiertag**. Albi veranstaltet das Festival Pause Guitar.

AUGUST
Unter den Events sind das **Melonenfest** (Lectoure) und das **Marionetten-Festival** (Mirepoix). In den Pyrenäen kann bis auf 3 000 m gewandert werden.

SEPTEMBER
Das Wetter in den Pyrenäen ist kühler, aber immer noch prima. Weniger Tourist:innen.

OKTOBER
Toulouse erlebt das internationale Festival **Toulouse les Orgues** (S. 637), während die Pyrenäenwälder rot, orange und gelb werden.

Toulouse

UNTERWEGS VOR ORT

Parkplätze im Zentrum sind teuer und teils schwer zu finden. Dank breiter Wege lässt sich Toulouse aber sehr leicht zu Fuß und mit dem Fahrrad erkunden. Das günstige, leicht nutzbare Bikesharing-Programm **VélôToulouse** hat viele lokale Verleihstationen. Die Metro bedient die verschiedenen Stadtviertel und weitere wichtige Ziele (z. B. die Wissenschafts- und Luftfahrtmuseen in Balma). Abseits der Hauptstrecken verkehren Stadtbusse (Fahrpläne unter www.tisseo.fr).

Das weitläufige Toulouse ist für seine schmucken Bauten in Rosa- und Weißtönen berühmt. Es zählt zu Frankreichs belebtesten Kulturstädten und lag ursprünglich mehrere Kilometer weiter nördlich. Die Römer verlegten die Stadt an ihren heutigen Standort, um die Garonne direkt für Warentransporte nutzen zu können. Am Fluss liegen mehrere interessante Museen und Theater. Bei den regelmäßigen Festivals im Frühjahr und Sommer feiern Einheimische und Tourist:innen gemeinsam.

Die Altstadt kombiniert die Architekturstile der Gotik, Romanik und Renaissance. Edelboutiquen und eigenständige Cafés säumen die breiten Boulevards. An den ruhigen Avenues verstecken sich Kunsthandwerker, Bars und *fruiteries*. Das tolle Gastro-Angebot mixt lokale Traditionsgerichte wie *saucisson* oder *cassoulet* mit Veilchen-Desserts, Veganem und Internationalem – teils experimentell.

Die „rosarote Stadt" ist ideal für Radfahrende und Fußgänger:innen. Die herrliche Wärme im Frühling und Sommer macht sie gleichsam relaxt und quirlig. Abseits vom belebten Zentrum locken grüne Parks und lange Uferspaziergänge.

TOP TIPP

Toulouse ist ideal für längere Aufenthalte: Am besten eine ganze Woche vor Ort weilen und zusätzlich noch das Umland samt dessen Dörfern erkunden (optional per Mietwagen).

Basilique Saint-Sernin (S. 638)

TOULOUSE

HIGHLIGHTS
1 Basilique Saint-Sernin

SEHENSWERTES
2 Couvent des Jacobins
3 Jardin du Grande Ronde
4 Les Abbatoirs
5 Place du Capitole
6 Place St-Pierre
7 Rue Gramat
8 Victor Hugo Market

SHOPPEN
9 Maison de la Violette

Entdecke die Stadt durch Skizzieren

Reisen in seiner künstlerischsten Form

In Toulouse sollte man sich Zeit nehmen. Eine Alternative zu hektischem Sightseeing sind Entdeckungen mittels Skizzenzeichnen: Bei schönem Wetter sind an den schönsten Straßen viele Profi- und Hobbykünstler:innen mit Skizzenblöcken unterwegs. Tourist:innen können es ihnen gleichtun.

ÜBERNACHTEN, UM KUNST & ARCHITEKTUR ZU ERLEBEN

Grand Hotel de l'Opera
Luxushotel voller klassischer Kunst. Zimmer teils mit Blick auf die Place du Capitole. €€€

Hotel des Beaux Artes
In nächster Nähe zum Pont Neuf im Viertel Carmes mit vielen Cafés und Belle-Époque-Villen. €€

La Petite Auberge de Saint Sernin
Günstiges Hostel mit schlichten Schlafsälen. Nahe der Basilique. €

KÜNSTLERISCHE INSPIRATION FINDEN

Olivia Marcus ist Künstlerin, Designerin und Mitglied der Urban Sketchers. Ihre Tipps zu inspirierenden Orten in Toulouse: @urbansketcherstoulouse

Am besten mit sehenswerten Orten wie der **Rue du Taur** beginnen: Spektakuläre Bauten aus dem lokaltypischen rosaroten Backstein bilden hier die perfekte Basis für Skizzen. Die malerischen Gassen, belebten Plätze und attraktiven Caféterrassen vermitteln die lebendige Atmosphäre der Stadt. Dies gilt z. B. für die **Place St.-Georges** und die **Place de la Trinité**.

Weitere Highlights sind das Villenviertel **Croix Baragnon**, das Garonne-Ufer, der Victor-Hugo-Markt (S. 639), der Markt im Viertel Carmes, die Flohmärkte an den Jules-Guesde-Alleen und der Hof des **Musée St.-Raymond**.

GORDON WOODHEAD ©

Skizzenzeichner:innen bei der Basilique Saint-Sernin (S. 638)

Die Zeichner:innen versammeln sich oft unterhalb der kreuzförmigen Basilique Saint-Sernin (S. 638). Deren bemerkenswerter Glockenturm im romanischen und gotischen Stil neigt sich leicht aber sichtbar gen Westen. Beliebt bei Zeichner:innen sind auch die weiten Grünflächen des **Jardin du Grande Ronde** mit ihren Skulpturen und einem eindrucksvollen Springbrunnen. Die Einheimischen üben sich in den ruhigen Pavillons in Tai-Chi, Aikido und Tanz, während Studierende zum Lernen hierher kommen. Elegante Glocken und Gänse vervollständigen die Szene. Schön sind auch die Place du Capitole und der Aussichtspunkt am Canal du Midi nahe dem Park.

Zwecks Inspiration und Stilfindung empfehlen sich z. B. die Fresken an der Place du Capitole. Super Ideen liefern auch die Werke im Kunstmuseum **Les Abbatoirs** (darunter *La dépouille du Minotaure en costume d'Arlequin* von Picasso) und die wilden urbanen Graffitis an der **Rue Gramat**.

Bei akuter Zeichenlust geben die bekannten Lokalkünstler:innen von **Urban Sketchers** eine Profi-Anleitung (20–50 €/Sitzung): Sie helfen einem beim Erfassen des typischen Toulouse-Mixes aus Romanik, Gotik, Renaissance, Gärten und Kanal-Perspektiven.

ESSEN IN TOULOUSE

El Almacén Empanada Bar (Rue du Taur)
Leckeres Essen rund um die Uhr. Oder entdecke alternativ die Rue Pargaminières (Street-Food über ca. 800 m). €

Toulouse Moustache
Eisdiele mit 50 hausgemachten Sorten (inkl. Veilchen und vegane Optionen). An der Place St.-Pierre. €

Curry Café
Indisches Curry-Lokal mit freundlicher Atmosphäre. Nahe dem Altstadtmuseum. €

Sommerfestivals & Straßenkunst

Tanzen am Fluss

Frühling und Sommer bescheren Toulouses Straßen und dem Garonne-Ufer sehr viel Leben: Vor allem an Wochenenden werden Festivals, Konzerte, Sportveranstaltungen, Märkte und Theatervorstellungen geboten. Im Zentrum steht dabei die Place du Capitole.

Mitte Mai kombiniert das **Urban Culture Festival** atemberaubende Vorstellungen – darunter Breakdance, BMX, Parkour oder Graffiti – mit Workshops von lokalen Profis. Ein Wochenende später messen sich Basketballer:innen bei den **FIBA 3x3 Qualifiers** am Fluss.

Das internationale Tangofestival **Tangopostale** paart meist in der ersten Juniwoche Vorführungen, Kurse und Events mit Freiluft-Tänzen auf den Places St.-Georges und St.-Pierre. Der Hof der **Cinematheque de Toulouse** wird im Juli und August zum Freiluftkino.

Ebenfalls im Freien findet im Juni das **Alban en fait** mit Vorführungen und Workshops statt (u. a. Tanz und Geigenbau), am Abend folgt ein Konzert.

Wenn an Sommertagen die Dämmerung einsetzt, wird die Menge auf der **Place St.-Pierre** mit etwas Glück recht lange mit Spontankonzerten von Hobby-Jazztrompetern unterhalten. Vor und nach Rugby-Matches erklingen hier darüber hinaus laute, aber stets friedliche, Jubel- bzw. Klagerufe der Toulouse-Fans. Ein Bescuh auf der **Pont Neuf** bietet eine der klassischen Stadtansichten, denn nachts spiegelt sich die beleuchtete Brücke auf dem Fluss.

Surreale Maschinen entdecken

Und einen Blick in eine internationale Raumstation werfen

Toulouse ist ein berühmtes Zentrum der Luft- und Raumfahrt: Hier startete u. a. die Concorde zu ihrem Jungfernflug. Ab dem Zentrum gelangt man per Metro schnell zum Viertel Montaudran mit diversen Luftfahrt-, Raumfahrt- und Wissenschaftsmuseen. Deren intensive Erkundung dauert mindestens einen Tag.

Im **Musée Aeroscopia** bewundert man die Schlankheit der Concorde, besichtigt ein echtes Cockpit und bedient einen Flugsimulator. Zudem wartet hier ein lebensgroßer, begehbarer Star-Wars-X-Flügler aus Legosteinen.

Die **Cité de l'Espace** gibt spannende Einblicke in die Raumfahrt: Interaktive Workshops (Sa, So & Feiertag) erklären Besucher:innen die Rekrutierung europäischer Astronaut:innen. Infos gibt's auch zum Leben und Arbeiten in der früheren Raumstation MIR. Unter den Ausstellungsstücken ist ein Mars-

DIE BESTEN MUSIKFESTIVALS

Musik ist wichtig in Toulouse: Vor allem im Sommer finden hier zahlreiche Feste und Events statt.

Rio Loco (Juni)
Faszinierendes Festival mit internationalen Künstler:innen und Besucher:innen aus ganz Europa. Der Musik-Mix aus verschiedenen Kulturen und Einflüssen versetzt das ganze Flussufer für vier Tage in Tanzwut.

Fabulous Festival (Aug.)
Das einzigartige Festival vereint Techno-Sounds und Gastronomie.

Toulouse les Orgues (meist Anfang Okt.)
Das Orgelfestival ist ein lebhaftes, erbauliches zweiwöchiges Ereignis, das in der Regel Anfang Oktober stattfindet und bei dem in den Kirchen, Kapellen und *basiliques* der Stadt eine Reihe eindrucksvoller Konzerte erklingt.

Halle des Machines (Aug.)
Konzerte und Vorstellungen im August in der gleichnamigen Halle. Hier wird Musik mit innovativen visuellen Effekten kombiniert.

Restaurant Dans le Noir?
Einzigartiges Speisen im Stockdunklen mit freundlicher Atmosphäre. €€€

Bloomy les Jardins
Veganes Lokal mit guter Auswahl von Gerichten aus dem mediterranen Raum. €€

Prosciutteria
Vor allem bekannt für seine Tartufato-Pizza mit Moliterno-Tartufo, einem Trüffelkäse. €

Rover. Das Museum bietet eine App, die einen Gebäude-Guide und Benachrichtigungen zu Vorführungen beinhaltet. Vor allem am Wochenende und in den Sommerferien gibt's hier viele tolle Optionen für Familien. Das Erlebnis ist so intensiv, dass die normale Welt danach recht merkwürdig wirkt.

Auch die **Halle de Machines** ist super für kleine und große Kinder: Hier werden faszinierende Einblicke in das kreative Ingenieurswesen geboten. Besucher:innen werden von einem 14 m großen und erklimmbaren Minotaurus mit blinkenden Augen begrüßt. Zu den Highlights gehört z. B. die Mechanische Symphonie: Eine der Installationen erzeugt Flammen im Rhythmus der jeweiligen Musik und hat auch schon das London Philharmonic Orchestra visuell unterstützt. Im Museum kann es allerdings recht warm werden – also genug trinken! Gegenüber vom Gebäude wartet draußen ein bizarres Karussell u. a. mit mechanischen Rieseninsekten und einem gewaltigen Metall-Büffel auf.

BASILIQUE SAINT-SERNIN

Die Kirche ist ein bedeutender Wallfahrtsort am Camino de Santiago de Compostela: Ihr Reliquienschrein beherbergt viele rare Stücke. Darunter sind z. B. ein Splitter vom Kreuz Jesu und ein Dorn der heiligen Dornenkrone.

Im Lauf der Geschichte steigerten und demonstrierten Städte ihre Macht bzw. Bedeutung auch über Reliquienschätze.

Im 12. Jh. wurde die Basilique mittels ihrer großen Sammlung so prestigeträchtig, dass sich ihr Bischof von der städtischen Rechtssprechung lossagte und ein eigenes Viertel namens Bourg proklamierte. Die bedeutendsten Reliquien werden meist an verschiedenen Orten ausgestellt. Dennoch sind viele davon in den Krypten und im Turm der Heiligen zu sehen.

Toulouses schiefer Turm

Faszinierende Sakralbauten

Großartige Kirchen und Klöster zeugen vom großen religiösen Einfluss auf die Stadtgeschichte und -kultur.
Zu den bedeutendsten Bauten zählt dabei der höchst eindrucksvolle **Couvent des Jacobins** (Jakobiner-Konvent; erb. 1230) mit komplexen Buntglasfenstern, Spitzbogen und palmenförmigen Dachelementen. In seinem Zentrum ruht der hl. Thomas von Aquin: Der damalige Papst hatte verfügt, den Philosophen in „schönster und prunkvollster Umgebung" zu begraben. Die Legende besagt, dass dem Leichnam der rechte Daumen fehlen soll: Dieser symbolisiert Aquins inspirierende Werke und wird angeblich in der Basilica di Sant'Eustorgio (Mailand) aufbewahrt.

Ein kurzer Hauptstraßenbummel führt dann zur komplett andersartigen **Basilique Saint-Sernin** aus dem 13. Jh. Deren gestufter Glockentrum im romanischen und gotischen Stil ist leicht nach Westen geneigt (genau hinschauen!). Das Innere steht viel stärker im Zeichen der Romanik: Vergleichsweise dunkler und schlichter betont es die religiöse Bedeutung der Kirche. Diese beherbergt (nach dem Vatikan) den zweitgrößten Reliquienschatz des Christentums. Jenseits des Gestühls verehren viele Gläubige eine Büste von St. Bertrand: In deren Brust sind Fingerknochen des Heiligen eingearbeitet.

Bei Orgelkonzerten wirken die lokalen Sakralbauten am schönsten. Dies gilt vor allem für das Festival **Toulouse les Orgues** (S. 637).

DIE BESTEN CAFÉS IN TOULOUSE

Le Café Cerise
Spezialitäten aus 100 % Arabica-Bohnen in ruhiger Atmosphäre. Etwas für echte Kaffee-Fans.

The Coffee Pot
Kleine, aber stilvolle Cafébar mit Außenbestuhlung.

Ras la Tasse
Diverse Kaffee-Optionen und Backwaren im entspannten, gemütlichen Ambiente.

Veilchenprodukte, Toulouse

HANS-GEORG ROTH/GETTY IMAGES ©

Violette Flut

Im Zeichen der Veilchen

Die **Fête de la Violette** verwandelt die „rosarote Stadt" am ersten Wochenende im Februar in ein violettes Meer: Das Fest feiert das Revival der lokaltypischen Veilchen, deren Bestand im Jahr 1956 fast ganz durch Frost vernichtet wurde. Die Blumen mit markantem Duft wurden im Lauf der Zeit zur begehrten Handelsware. Der Boom begann angeblich, nachdem ein napoleonischer Offizier nach Parma (Italien) gereist war und seiner Verlobten in Toulouse ein Veilchen mitgebracht hatte. Bei dem Fest versammeln sich Kunsthandwerker:innen, Florist:innen und Veilchen-Farmer:innen auf der Place du Capitole, um die Blumen umfassend mit bunten Installationen und handgemachten Produkten zu ehren. Dabei kann man Veilchen-Aromen verkosten, von Workshops in Pflanzenpflege profitieren und seine Kinder an Aktivitäten teilnehmen lassen.

Auch im übrigen Jahr sind Veilchen vor Ort sehr präsent: So wird damit z. B. Eiscréme, Krapfen, Parfums oder Potpourris verfeinert. Gezuckerte Veilchenblätter dienen oft auch als Kuchengarnierung und Basis für Getränke: Beim Toulouse Kir wird ein solches Blatt am Boden einer Champagnerflöte platziert und dann mit Schampus bedeckt. Süßer Veilchen-Likör ist als trockener, blumiger *apéro* beliebt und zusammen mit gezuckerten Blättern beim **Maison de la Violette** (ein stationärer Lastkahn auf dem Canal du Midi) erhältlich. Auf dem Victor-Hugo-Markt gibt's Veilchen aus regionaler Produktion.

MÄRKTE AM SONNTAGMORGEN

Echte Markterlebnisse à la Toulouse starten am frühen Sonntagmorgen: Dann pilgern viele Einheimische zum **Victor-Hugo-Markt**, dessen Händler:innen zu dieser Zeit ihre besten Angebote präsentieren (inkl. möglicher Verkostung). Darunter sind z. B. erlesene Fleisch- und Fischwaren (meist aus dem weiteren Umland), Backwaren, Kuchen, Blumen und Honig.

Sonntagsmärkte gibt es auch auf der Places du Capitole und St.-Pierre: Hier sind z. B. Handtaschen, Textilien und Seifen erhältlich.

Rund um Toulouse

Cordes-sur-Ciele
Gaillac
Kathedrale von Albi
Toulouse
Le Sidobre
Mazamet-Hängebrücke

Nette Dörfer, herrliche Aussicht und aufregende Klettersteige.

UNTERWEGS VOR ORT

Albis Hauptattraktionen lassen sich zu Fuß erkunden. Ein paar wenige andere Orte (z. B. Bruniquel) sind auch ab Toulouse recht leicht mit öffentlichen Verkehrsmitteln erreichbar. Für weiter entfernte Dörfer, Weinberge und Ortschaften empfiehlt sich aber – für eine bessere Flexibilität – ein eigenes Auto.

TOP TIPP

Sinnvoll planen: Zu manchen Dörfern (z. B. Cordes-sur-Ciele) führen nur holperige Pflasterstraßen. Mittagessen gibt es überall. Viele Restaurants schließen aber schon kurz danach (vor allem Sept.–Juni). Auberges in kleineren Orten erfordern stets Reservierung.

In der Region Tarn außerhalb von Toulouse liegt das historische Albi mit seiner bemerkenswerten Kathedrale voller Fresken. Zwischen sanft gewellten Hügeln und in versteckten Tälern findet man dort auch ein paar wunderbare Dörfer. Viele davon sind Plus Beaux Villages de France mit Châteaus, mittelalterlichen Mauern und grandiosem Pyrenäenblick. Drum herum verteilen sich zahlreiche Weingüter, Bauernhöfe und Kunsthandwerker:innen mit Besuchsmöglichkeiten, Führungen und Workshops. Im Weinbaugebiet Gaillac pflanzten die Römer einst die ersten regionalen Reben. Rund um Toulouse warten auch viele Wander- Rad- und Kanurouten. Hinzu kommen Klettersteige und die großartige Mazamet-Hängebrücke. Entsprechende Energie dafür liefern Dorfrestaurants mit *aligot, cassoulet* und *garbure* aus regionalen Zutaten.

Passerelle de Mazamet

Künstliche und natürliche Wunder

Eine Hängebrücke & balancierende Felsen

Die schwankende **Passerelle de Mazamet** (Mazamet-Hängebrücke) in der Region Tarn bietet eine atemberaubende Aussicht. Zwischen den mittelalterlichen Dörfern Mazamet und Hautpoul erstreckt sie sich wie ein Zirkus-Hochseil in 70 m Höhe über der breiten Arnette-Schlucht. Beim Anmarsch ab Mazamet (ca. 500 m) fällt der Blick durch schattige Wälder mitunter hinunter in die Tiefe. Dann erreicht man den Brückenanfang mit weiter Aussicht auf die Schlucht. Die Brücke selbst ist mit Geländern gesichert. Ihre Mitte liegt vergleichsweise etwas tiefer. Beim Überqueren scheint man daher den Canyon hinaufzuschweben. Unterwegs fällt der Blick auf Wälder, grüne Felsvorsprünge und das laut rauschende Wasser am Schluchtboden (genügend Mut vorausgesetzt). Auf der anderen Seite führen enge Serpentinen zum Obst- und Kräutergarten in Hautpoul. Das mittelalterliche Areal duftet im Sommer angenehm nach Rosen und anderen Blumen und bietet Möglichkeiten zum Pflücken vielzähligen Früchten wie Erdbeeren. Echte Adrenalinjunkies nehmen den separaten Klettersteig über die Schlucht.

Etwa 32 km weiter nördlich erheben sich am Rand des Zentralmassivs die verblüffenden Felsen von **Le Sidobre**. Die mächtigen Formationen (bis zu 7 m hoch) balancieren bizarr auf unglaublich kleinen Gesteinssockeln und haben in Europa nur sehr wenige Pendants. In manchen Fällen ist sogar Drunterstellen möglich. Hierher führen kürzere oder längere *randonnées* (Wanderrouten) entlang von idyllischen und nicht zu steilen Waldpfaden. Unterwegs passiert man Seen, Bäche und Lichtungen mit Traumaussicht auf die Region Haut-Languedoc. Jacke mitnehmen: Hier oben weht oft ein starker Wind.

KLETTERSTEIGE IN TARN-ET-GARONNE

Die spektakuläre Mazamet-Hängebrücke über der Arnette-Schlucht bietet eine grandiose Aussicht. Dies gilt auch für viele andere regionale Klettersteige – z. B. nördlich von Toulouse im *département* Tarn-et-Garonne.

Im Tal oberhalb von Sorèze liegt das Dorf Durfort. Ein super Steig für erfahrene Kletterer führt hier – quer über eine Klamm mit rauschenden Wasserfällen – hinauf zu einem grandiosen Aussichtspunkt. Durfort selbst ist für handgemachte Kochkessel und Skulpturen bekannt.

Populär ist auch die Route oberhalb von St.-Antonin-Noble-Val (ca. 5 km ab Penne) im äußersten Norden der Region: Entlang einer Steilwand schaut man hier weit auf das Dorf und das dahinter aufragende Zentralmassiv.

Terroirs und Pigeonniers

Die Weinregion Gaillac

Etwa 60 km nordwestlich von Toulouse liegt eine der schönsten Gegenden der Midi-Pyrénées: die Region **Gaillac** mit ihren typischen Weinbergen, Bauernhöfen und Kunsthandwerk.

Dies ist eins der ältesten Weinbaugebiete des Landes: Vermutlich kultivierten die Römer hier die ersten Reben auf französischem Boden. Vor Ort lassen sich diverse Weingüter besuchen. **LasTours**, oberhalb des Tarn-Ufers, ist seit über 400 Jahren in Familienbesitz. Besucher:innen erfahren etwas über unbekanntere Aspekte der Weinwelt und -produktion – z. B. warum Weine aus verschiedenen Regionen ganz verschieden schmecken. Infos gibt's auch zur historischen Rolle der skurrilen *pigeonniers* (Taubenschläge): Diese schmalen Pfahlbauten verteilen

REGIONALKÜCHE & AMBIENTE: BESTE RESTAURANTS

Restaurant Le Lautrec (Albi)
Freundliches Lokal mit gesunder und authentischer Hausmannskost. €€

La Taverne de d'Artagnan (Lupiac)
Regionale Fleischgerichte und Desserts in geselliger Atmosphäre. €

RADTOUR: BASTIDES-RUNDFAHRT

Ideal für idyllische Radtouren: Das Umland von Toulouse punktet mit *bastides* (befestigten Städten), mittelalterlichen Burgen, schmucken Plus Beaux Villages de France und vielen ruhigen Landstraßen.

Diese 89 km lange Rundfahrt kombiniert zwei mittelschwere, längere Bergauf-Passagen mit vielen recht sanften Anstiegen, langen Abfahrten und Abschnitten an Flüssen. Ein E-Bike ist potenziell sinnvoll: Einige Dörfer (z. B. Cordes-sur-Ciele) liegen auf steileren Hügeln mit Kopfsteinpflaster. Oben lockt aber jeweils ein weiter Traumblick (saisonal wechselnd) auf das Zentralmassiv. Unterwegs wird man von Mauerschwalben, Schmetterlingen und gelegentlichen Wiedehopf-Rufen begleitet. Auch per Auto ist die Route sehr schön. Alternativ lässt sie sich mehrtägig gestalten, um die Aussichtspunkte und Dorfbesuche intensiv zu genießen.

Etwa eine Fahrtstunde von Toulouse entfernt empfiehlt sich das mittelalterliche **1 Bruniquel** als praktisch gelegener Startpunkt mit guten Einrichtungen: Gegen den Uhrzeigersinn bietet die Route die beste Aussicht. Geeignete Ausgangsbasen wären auch andere sehenswerte Dörfer mit Übernachtungsmöglichkeiten. Die Mauern des ruhigen und weniger besuchten **2 Puycelci** ermöglichen Spaziergänge mit super Blick auf den Sonnenuntergang. **3 Cordes-sur-Cieles** ist für sein Kunsthandwerk und historischen Bauten bekannt. Das hübsche **4 St. Antonin-Noble-Val** hat ein gut erhaltenes Zentrum aus dem Mittelalter (800 Jahre alt). Aus derselben Periode stammt das ruhige **5 Penne** mit dem imposanten Château de Penne oberhalb des funkelnden Flusses Lot. Hier kann man gemächlich kurvigen Uferwegen folgen und zudem Kanutrips unternehmen.

ZUCCANTE LUIGI/SHUTTERSTOCK ©

Weinberge bei Gaillac (S. 641)

sich über die ganze Landschaft. Bei den Verkostungen reicht die Auswahl von traditionellen, fruchtigen Rotweinen bis hin zu einem äußerst spritzigen *Blanquette*. Im kühleren Frühling ist in der Region weniger los. Ein lokales Highlight ist die **Le Fête des Vins de Gaillac**, die im August stattfindet: Unter schattigen Bäumen wartet das große Weinfest mit vielerlei Verkostungen, Regionalküche und Musik auf.

Ansonsten kann man in Gaillac auch Imker:innen, Konditoren und allerlei Kunsthandwerker:innen, wie z. B. Tischler:innen, besuchen. Viele davon bieten Workshops oder Führungen an. Zu den ungewöhnlichsten und spaßigsten Regionalevents zählt die **Place aux Jeux et à La Fête** (meist 1. Junisonntag), die auf dem Gelände des historischen **Château Domaine de Rochemonte** stattfindet: Bei dem Kunsthandwerks- und Feinkostmarkt mit super Blick auf die Garonne sorgen Zirkusartist:innen (z. B. beim Jonglieren, Seiltanz, Einradfahren) für Unterhaltung. Parallel erklären Workshops verschiedene Kunstformen in entspannter und familienfreundlicher Atmosphäre.

IDYLLISCHE WEINREGION

Montaine Comby ist im Château Lastours Gaillac (www.chateau-lastours.com) für die Öffentlichkeitsarbeit zuständig.

Die Tarn-Region mit ihren Hügeln, Weinbergen und Taubenschlägen ist mein kleines Gelobtes Land: Sie repräsentiert die grandiose Geschichte der Gaillac-Weine. Ich verkoste am liebsten die Lesen von Weingütern mit starken und sympathischen Familientraditionen, die auf ihre Weise zur legendären provenzialischen Geselligkeit beitragen. Die guten Tropfen sind sehr oft charakteristisch für die jeweiligen Produzenten und deren ganzer Stolz: Hier regiert Selbstausdruck über seltene Traubensorten wie Loin-de-l'Œil, Mauzac oder Côtes de Duras. Auch beim **Gaillac-Weinfest** (1. Wochenende im Aug.) kann man prima Kontakte knüpfen.

Parc National des Pyrénées

UNTERWEGS VOR ORT

Der riesige Pyrenäen-Nationalpark ermöglicht vielerlei Wander-, Rad- und Autotouren. Die Attraktionen bestimmter Bereiche (z. B. Artouste, Tourmalet, Lourdes) sind per Drahtesel, Bus und Seilbahn (S. 647) erreichbar. Dies gilt auch für manche Berghütten, wobei dann mehr gewandert werden muss. Mit einem eigenen Auto erkundet man den Park und die übrigen Pyrenäen aber weitaus flexibler.

Zwei Bahnstrecken (Pau–Oloron–Bedous und Toulouse–Pamiers–Foix-Ax-les-Thermes) führen in die Berge hinein. Die lokalen Anschlussbusse sind meist auf die Züge abgestimmt.

Der Pyrenäen-Nationalpark bedeckt Teile der Pyrénées-Atlantiques und Hautes Pyrénées. Er fasziniert mit ein paar der buntesten und kontrastreichsten Landschaften Frankreichs: Vor herrlichen Sonnenaufgängen und -untergängen erheben sich geheimnisvolle Gipfel wie der wolkenverhangene Pic du Midi de Bigorre. Hinzu kommen spektakuläre Wasserfälle wie der mächtige Cirque du Gavarnie und idyllische Seen wie der Lac d'Ayous. Die vielfältige regionale Natur mit über 70 Säugetier- und 124 Pflanzenarten umfasst auch echte Wildnis.

Vor dieser Kulisse warten Winzer:innen, Bäuerinnen und Bauern sowie Kunsthandwerker:innen, die ab dem Frühjahr ihre Türen öffnen, auf Besucher:innen. Die scheinbar endlosen Pfade sind ideal zum Wandern, Kletten, Rad- und Skifahren. Das hügelige Artouste ermöglicht aufregende Abenteuer per Seilrutsche und MTB. Kurorte wie Balnea bieten natürliche Erholung.

GORDON WOODHEAD ©

Pic du Midi d'Ossau (S. 646)

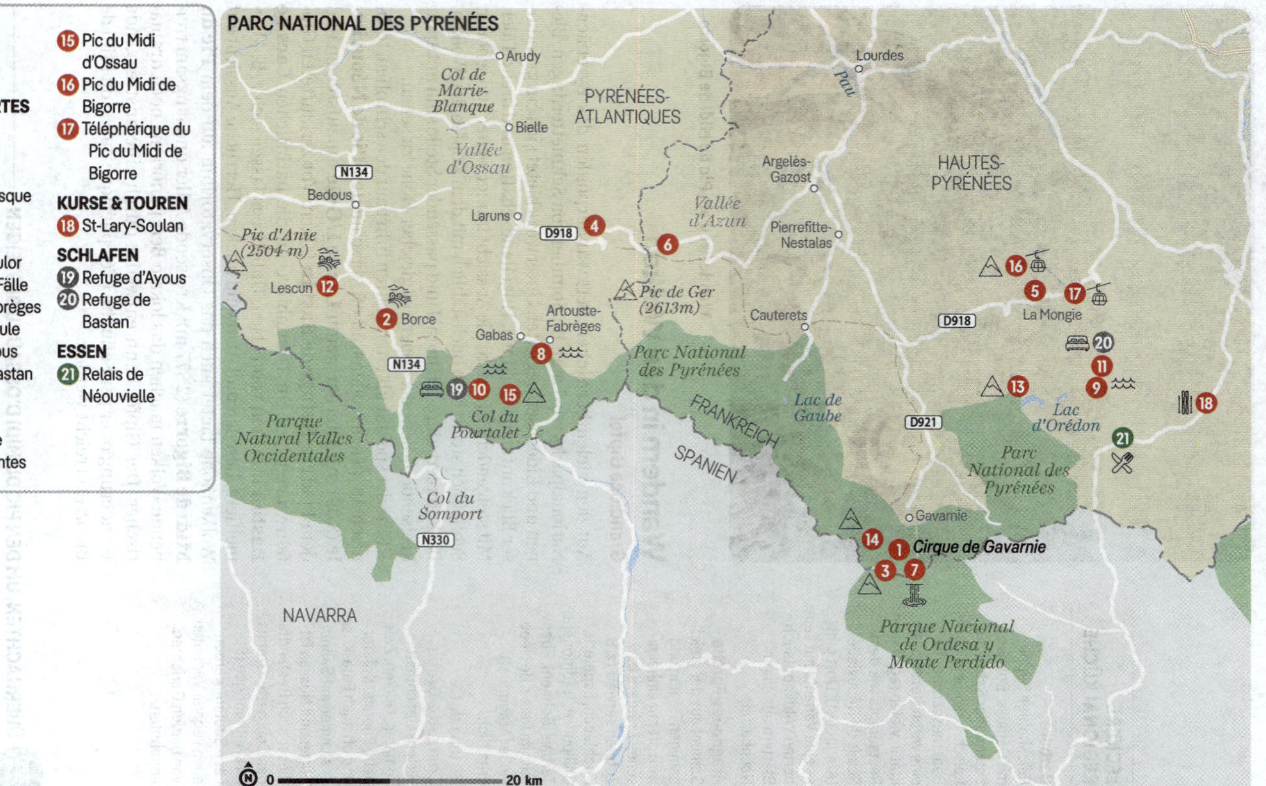

HIGHLIGHTS

1 Cirque de Gavarnie

SEHENSWERTES

2 Borce
3 Breche de Rolande
4 Col d'Aubisque
5 Col de Tourmalet
6 Col du Soulor
7 Gavarnie-Fälle
8 Lac de Fabrèges
9 Lac de L'Oule
10 Lacs d'Ayous
11 Lacs de Bastan
12 Lescun
13 Pic de Néouvielle
14 Pic des Tentes
15 Pic du Midi d'Ossau
16 Pic du Midi de Bigorre
17 Téléphérique du Pic du Midi de Bigorre

KURSE & TOUREN

18 St-Lary-Soulan

SCHLAFEN

19 Refuge d'Ayous
20 Refuge de Bastan

ESSEN

21 Relais de Néouvielle

PHILIPIMAGE/SHUTTERSTOCK ©

Wanderweg am Pic du Midi de Bigorre

LECKERE REGIONALKÜCHE

Garbure
Reichhaltige Suppe mit Gemüse, Bohnen, Enten- oder Schweinefleisch. Ursprünglich ein Bauernessen, heute eine verbreitete Spezialität in vielen regionalen Restaurants wie dem Relais de Néouvielle (Aragnouet): Dort gibt es eine Variante mit sautierten Wildknoblauch-Blättern aus einem Nachbartal.

Aragnouet-Forelle
Stammt aus der gleichnamigen Region und wird oft mit einheimischen Kräutern bzw. Zutaten serviert (z. B. Knoblauch, Espelette-Chilipulver, traditionelle Tarbais-Bohnen). Ebenfalls im Relais de Néouvielle (Aragnouet) erhältlich.

Hirtensalat & Courgette-Gratin
Hirtensalat enthält Tomaten, Gurken, Zwiebeln, Paprika, Kräuter und oft auch Feta-Käse. Zusammen mit Sahne, Butter und Nüssen ist dieser auch Bestandteil des Courgette-Gratins. Im L'Authentique (St.-Lary-Soulan) werden auch vegane Varianten von beiden Gerichten angeboten.

Wandern in den Wolken

Grandiose Gipfel

Auf den vielen herrlichen Bergwanderpfaden des Pyrenäen-Nationalparks wird man im Sommer von Schmetterlingen, Bienen und Eidechsen begleitet. Unterwegs bietet sich ein grandioser Blick auf schroffe Gipfel, Hügellandschaften und breite Täler. Mit steigender Höhe wird die Aussicht immer weiter und schöner. Schließlich steckt man buchstäblich mit dem Kopf in den Wolken. Bei komplett klarem Himmel und passender Stelle sind mitunter kreisende Adler oder Geier auf gleicher Höhe zu sehen.

Eine der spektakulärsten Touren führt auf den schroffen, technisch anspruchsvollen und oft verschneiten **Pic de Néouvielle** (3 091 m). Alternativ zum **Lac de L'Oule** hinaufsteigen und dem Pfad zur **Refuge de Bastan** folgen: Vor zerklüfteten Gipfeln wartet hier ein Traumblick auf die natürlichen **Lacs de Bastan** inmitten von Felsen. Unterwegs lassen sich z. B. Murmeltiere, Lerchen und Auerwild blicken. Herrliche Aussicht auf Wolkenhöhe bietet auch das Observatorium auf dem **Pic du Midi de Bigorre** (2 877 m): Kreisende Adler und langsam treibende Wolken machen das lokale Bergpanorama noch dramatischer. Der Gipfel kann entweder durch eine anstrengende Wanderung oder per Seilbahn (Téléphérique du Pic du Midi de Bigorre) erreicht werden.

ÜBERNACHTEN, UM DEN PIC DU MIDI D'OSSAU ZU BESTEIGEN

Refuge d'Ayous
Freundliche Hütte nahe dem Pic d'Ossau und dem malerischen Lac d'Ayous. €

Refuge de Pombie
Noch weiter oben und eine gute Zweitstation bei Touren am Pic du Midi d'Ossau. €

Refuge d'Arrémoulit
Recht weit oben und ein guter Anlaufpunkt bei Treks durch die Hautes Pyrénées. €

Im Winter bekommen die Pyrenäen einen neuen geheimnisvollen Nimbus: Der Pic du Midi de Bigorre ist zum Skifahren sehr beliebt. Gleiches gilt für **St.-Lary-Soulan**, wo auch Schneeschuhlaufen vor den verschneiten Bergriesen möglich ist.

Entlang eines GR10-Abschnitts führt ein weiterer toller Trail von **Borce** zum idyllischen **Lac d'Ayous**, der dank seiner stark spiegelnden Oberfläche ein super Fotomotiv ist. Bei großartigem Bergblick geht es dabei mitten durch die Natur. Schließlich erreicht man die **Refuge d'Ayous** in etwa 16 km mit ebenso herrlicher Aussicht. Dort warten ein freundlicher Empfang und gelegentlich auch akustische Musik zum Sonnenuntergang.

Am schmucken mittelalterlichen Dorf Lescun startet eine weitere großartige Wanderung (ca. 23 km) mit Traumlick auf den **Pic du Midi d'Ossau** (2 884 m). Auch diese Route führt über Borce zur Refuge d'Ayous, wo sich das Übernachten lohnt: Frühmorgens spiegelt sich hier der schroffe Pic du Midi d'Ossau wunderbar auf den ruhigen Lacs d'Ayous. Dann geht es hinunter zum Anfang des Artouste-Tals und zum **Lac de Fabrèg**. Gen Norden folgt der Weg nun dem GR10 bergaufwärts zum **Col d'Aubisque**.

Der Pass bietet eine grandiose Perspektive auf verwitterte, seidig schimmernde Nordwände. An den Hängen laufen Wildpferde und teils freche Schafe (auf die Vorräte aufpassen!) frei herum. Vom Col aus führt nun ein verschlungener Pfad nach Cautarets. Entlang der Berge passiert er dabei die schwefelhaltigen Flüsse und Wasserfälle, die vom Pont d'Espagne herabfließen. Eine Seilbahn fährt zum **Lac de Gaube** hinauf. Alternativ erklimmt man den **Pic des Tentes**, übernachtet in der **Refuge Bayssellance** und folgt dann talwärts der markierten, weniger frequentierten Route zum herrlichen **Gavarnie**.

Tolle Täler und Pässe per Rad

Kultige Anstiege & lange Abfahrten in herrlicher Landschaft

Diverse *cols* (Bergpässe) und Täler machen die Pyrenäen zum tollen (Tages-)Revier für Radanfänger und -experten.

Der **Col de Tourmalet** (alias *l'incontournable* bzw. „Der Unübersehbare") ist Teil jeder Tour de France. Diese Bergpassage ab Argelès-Gazost oder Bagniere de Bigorre zählt zu den berühmtesten und attraktivsten der Region. Richtungsunabhängig ist der lange Anstieg sehr anspruchsvoll, aber auch sehr schön. Vor allem nachts bietet der Pass eine großartige Aussicht: Hier bewundert man die Sterne ohne Lichtverschmutzung. Nach dem Start im topfebenen Tal geht es zunächst recht harmlos durch eine spektakuläre Schlucht bergauf. Dann beginnt bei Luz der eigentliche Tourmalet-Anstieg, der sich teilweise auch entlang eines reinen Radwegs mit großartigem Landschaftsblick befah-

SEILBAHNEN, ZÜGE & BERGHÜTTEN

Die Nutzung von regionalen *téléphériques* (Seilbahnen), Zügen und Berghütten führen zu mehr Wanderzeit. Dies gilt z. B. für den Artouste-Zug (S. 650), die **Standseilbahn zum Gipfel des Pic du Jer** (S. 655) und die malerische **Téléphérique du Pic du Midi de Bigorre**. Unter den vielen Berghütten des Nationalparks sind z. B. die Refuges d'Ayous (beim Pic de Néouvielle) und des Sarradets (am Fuß der Brèche de Roland). Vor allem diese Hütten stehen in der Nachsaison meist seltener zur Verfügung – darum immer vorab recherchieren.

ESSEN BEIM WANDERN

Restaurant du Col du Tourmalet
Beliebtes Gipfellokal für eine Stärkung am Ende des Aufstiegs. **€**

Maison Casadebaig (Col du Portelet)
Gîte mit diversen Snacks in bequemer Nähe zu dem beliebten Aussichtspunkt. **€€**

Chalet du lac d'Orédon (Lac d'Orédon)
Stärkt Wandernde mit einem Buffet und Wurstwaren. Nahe dem attraktiven See. **€**

TOUR DE FRANCE: DIE TOURMALET-ETAPPE

Etappen der Tour de France führen regelmäßig durch die Pyrenäen. Besonders strapaziös und legendär ist dabei der Col du Tourmalet, der 1913 noch eine unbefestigte Piste war: Damals bezwang Eugene Christophe den Pass in Rekordzeit, erlitt aber bei der folgenden Abfahrt einen doppelten Gabelbruch. So schulterte er sein Fahrrad und rannte talwärts zu einer Schmiede (bis heute erhalten) im malerischen Dorf Sainte-Marie de Campan. Aufgrund des Reglements musste Christophe sein Fahrrad eigenhändig reparieren. Ein kleiner Junge bediente aber für ihn den Blasebalg. Die daraus resultierende Zeitstrafe verhinderte seinen Toursieg.

Bei der Montee du Geant du Tourmalet (Anfang Juni) kann man selbst über den Col radeln – jedoch im eigenen Tempo und in fröhlicher Atmosphäre.

ren lässt. Oben warten eine grandiose Aussicht, ein fröhliches Café und viele potenzielle Fotomotive. Bei der Talfahrt nach La Mongie sind mitunter freilaufende Lamas zu sehen.

Eine weitere herrliche Route führt ab **Laruns** zum **Col de Pourtalet**. In diesem Fall ist der Anstieg generell recht sanft. Oben lockt ein toller Blick auf den Pic du Midi d'Ossau an der französisch-spanischen Grenze sieht man hier oft Hirten mit ihren Schafen. Rund um den Pass verteilen sich Cafés, Restaurants, kleine Supermärkte und Hotels. Die schöne Talfahrt zurück nach Laruns passiert Wasserfälle, Pferde und Kühe.

Ebenfalls reizvoll ist die Fahrt von St.-Lary-Soulan zum **Lac d'Orédon**: Nach ein paar sanften Passagen entlang eines kurvigen Tals beginnt der eigentliche Anstieg nach dem Dorf Fabian. Unterwegs wechseln sich steilere und flachere Abschnitte ab, während der Blick auf Steilwände und Wasserfälle fällt. Oben am See schaut man spektakulär auf den Pic du Néouvielle und die umliegenden Berge.

Frankreichs höchster Wasserfall

Herrliche Kaskaden & Seen

Ein regionales Highlight: Viele Wasserfälle fließen durch die Berge, Dörfer und sogar Höhlen der Pyrenäen. Hierbei formen und beleben sie deren Landschaft. Die faszinierenden sowie schönen Fälle von Gavarnie zählen zu den höchsten in Europa und zum Weltnaturerbe. Ab dem gleichnamigen Dorf führt ein Fußmarsch, der ca. eine Stunde dauert, durch grüne Idylle zum **Cirque de Gavarnie**. Die riesigen Kaskaden, die grandios zu Tal donnern, die tiefen Schluchten und spektakuläre Felswände machen diesen Ort zu einem der schönsten des Landes. Murmeltiere spähen gelegentlich, um zu sehen, wer vorbeikommt, während Adler in der Luft kreisen.

Einfach in der Natur sein

Duftende Wälder

Die Wanderwege, Wälder und Kletterrouten des Pyrenäen-Nationalparks ermöglichen vielerlei Zivilisationsfluchten. Mit ihrer wilden Schönheit ist die angrenzende **Réserve Naturelle Nationale du Néouvielle** der perfekte Startpunkt: Seilbahnen, Hunde (verboten!), Verkehr und Menschenmassen sucht man hier vergebens – sie fühlen sich an wie eine ferne Erinnerung. Weiter drinnen im Park speisen gluckernde Bäche diverse Seen und *laclets* (Teiche), während die Rufe von Fichtenkreuzschnäbeln und scheuem Auerwild erklingen. Dunkelblaue Akeleien und violette Fingerhüte bedecken die Wiesenlichtungen im Dickicht. Schmetterlinge flattern im Wind, der intensiv

ESSEN MIT AUSSICHTEN

Restaurant l'Arbizon (Arreau) Überraschend gute und günstige Kost in idyllischer Lage. Direkt am rauschenden Fluss. €€

L'Augustin (Arreau) Belebte Tapas-Bar mit prima Essen am anderen Flussufer. €

Restaurant du Pic du Midi de Bigorre Grandioses Speisen mit Regionalküche, Weinverkostung und super Aussicht. €€€

Cirque de Gavarnie

nach wildem Lavendel riecht. Die übrige Fauna umfasst z. B. Murmeltiere, Gämsen und so seltene wie scheue Pyrenäen-Desmane an den Gewässern. Über den Bäumen und Seen ragt der gigantische **Pic de Néouvielle** weit in den Himmel hinauf.

Im Osten erstrecken sich die ebenso attraktiven Parks des Skiorts St.-Lary-Soulan. Dessen offizielles Öko-Label steht für die Förderung des sanften Tourismus.

Adrenalinkicks

Seilrutschen, Klettersteige, Canyoning & Skifahren

In den Pyrenäen warten zahlreiche Skipisten, Seilrutschen, Klettersteige und Kanurouten.

Im Winter dominieren spektakulär verschneite Gipfel die Region. **La Mongie** am **Tourmalet** wird dann zu einem der beliebtesten Skiorte. Super zum Skifahren und Schneeschuhwandern ist auch die **Station de Ski du Pla d'Adet** in St.-Lary-Soulan mit Panoramablick in alle Himmelsrichtungen.

WARUM ICH DEN CIRQUE DE GAVARNIE LIEBE

Samantha McGarry, Autorin, Twitter @samanthawoodmcg, Instagram @samantha woodmcgarryauthor

Der Cirque du Gavarnie zählt zu den Orten, die ich immer wieder besuchen und nicht mehr verlassen will: Nach einem recht kurzen Trek wähnt man sich hier weit weg von der Welt. Das vernehmbare Wasserrauschen beim Anmarsch lässt das Naturspektakel am Ziel noch nicht richtig erahnen. Die kalte Gischt des weit gereisten Wassers, die kühle Bergluft und der grandiose Blick auf den Sonnenuntergang sind höchst erbaulich. Auch die begeisterten Reaktionen von anderen Menschen bringen mich da stets zum Lächeln.

LOKALE WEINE, DIE SICH LOHNEN

Liqueur Génépi
Aromatisierter Likör aus der Ährigen Edelraute.

Apéritif des Pyrénées Cerise
Aperitif aus Wein, Früchten und Armagnac.

Hypocras
Aromatisierter Dessertwein nach mittelalterlichem Rezept (inkl. Gewürze und Rosenblätter).

DER ARTOUSTE-ZUG

Eine weitere Option für relaxten Aussichts- und Naturgenuss: Der **Artouste-Zug** (Europas höchster offener Zug) dient als Zubringer zur GR10, ist aber auch eine Attraktion für sich. Zwischen dem Lac d'Artouste und dem Pic de la Sagette rollte er durch das Soussouéou-Tal. Unterwegs flattern Schmetterlinge durch die Waggons, während der Blick auf Gipfel, Seen und scheinbar furchtlose Murmeltiere in Streckennähe fällt.

Während der Betriebszeit (Mitte Mai – Ende Sept. tgl. 9.30 – 14 Uhr) sind Laruns und Col du Pourtalet praktische Stationen zum Antritt des Trips (3½ Std. od. ganztägig; Anwesenheit jeweils 30 Min. vor Abfahrt erforderlich).

Artouste-Zug

Für Anfänger:innen empfiehlt sich das deutlich kleinere und ruhigere Skigebiet **Goulier Neige**: Unerfahrene und Familien können hier in vergleichsweise ruhigerer Atmosphäre fahren. Eine Alternative ist das **Plateau du Beille**: Gemächliches Schneeschuhlaufen bringt hier gleichzeitig Freiheitsgefühl und Aussichtsgenuss.

Im Sommer warten vielerorts Klettersteige, Kanurouten, Seilrutschen und Canyoning-Möglichkeiten. Der **Seilrutschenpark Tyrolienne du Hourat** (Laruns) unterhalb des Col d'Aubisque bietet ganz neue Sinnesreize: Anfänger:innen empfinden die erste der 22 Abfahrten potenziell als furchterregenden Flug ins Unbekannte. Doch das weicht schon bald purer Freude über den spannenden Mix aus Adrenalinkick und Traumaussicht: Über funkelndem Wasser in Türkistönen flitzt man hier an Steilwänden, schroffen Felsen und rauschenden Wasserfällen vorbei. Danach wartet ein grandioser Blick am Fuß des Col d'Aubisque.

Die herrlich abenteuerlichen Klettersteige im Pyrenäen-Nationalpark erfordern zumeist gewisse Erfahrung. Vor Ort

WELLNESS & ÜBERNACHTEN IM PARC NATIONAL DES PYRÉNÉES

L'Aventure Nordic
Übernachten in überraschend warmen Iglus. €€€

Balnea Spa
Lindert Muskelschmerzen mit Themalbecken und Saunen. €

Les Bains du Rocher (Cauterets)
Warmstein-Anwendungen, Blubber- und Thermalbäder inmitten von Bergen. €

gibt's aber viele geführte Touren für Einsteiger:innen. Eine der aufregendsten Routen (Achtung: nur für Profis!) verläuft unterhalb der Brücke Pont Napoléon in **Luz-St.-Sauveur**: Die Steilwand über dem spektakulären Wildwasserfluss erfordert sehr große Kletter-Kompetenz, Seilsicherung und einen Schutzhelm. Unterwegs bietet sich ein grandioser Blick auf den oberen Schluchtrand.

Handwerkskurse

Naturseife & Pyrenäen-Käse

Natur, Kultur und Lebensart werden in den Pyrenäen gleichsam stark bewahrt. Malerische Bauernhöfe und Weinberge prägen die ganze Region. Vor allem im Sommer kann man hier alle möglichen (Kunst-)Handwerker:innen besuchen (z. B. in Brauereien, Käsereien, Konditoreien, Werkstätten). Dies vermittelt regionale Atmosphäre abseits der Tourismuspfade.

Viel Spaß machen z. B. Kurse in Seifenherstellung: Bei **Savons d'Aure** in Arreau wählt man ätherische Öle mit gewünschter Duftnote und verarbeitet diese dann unter Anleitung zu mehreren Riegeln (Hinweis: Kurssprache ist langsames Französisch). Die paar obligatorischen Lagertage bis zur Abholreife lassen sich am besten mit dem Erkunden des schönen Umlands verbringen.

Alternativ empfehlen sich Kurse in Käseherstellung. Im August bietet die **Ferme des Cascades** (Luz-St.-Sauveur) eine einzigartige Möglickeit hierfür: Beim Besuch der Cabane Soiree unter der Leitung einer Schäferin werden Wildpflanzen bzw. -blumen fürs Abendessen gesammelt. Zudem erlernt man das Melken der Schafe bzw. Ziegen und die Kunst des Käsens. Nach einer Übernachtung geht's dann morgens im eigenen Tempo wieder talwärts.

REGENTAGE

In den Pyrenäen können jederzeit plötzliche Unwetter auftreten. Vor allem bei Hochgebirgstreks sollte daher unbedingt eine Wetter-App (z. B. Meteo) mit entsprechenden Echtzeit-Warnungen verwendet werden.

In der Region regnet es oft nachmittags. Eine gute Option sind dann Höhlentouren, die meist nur bei Starkregen ausfallen. Alternativ empfehlen sich lokale Feinkost- und Kunsthandwerksläden: Dort warten z. B. Honig, aromatisierte Marmelade, Käse, Schals oder Körbe. Bei einem langen Restaurantbesuch lassen sich regionale Kräuter und Gemüsesorten probieren.

Bedeutende Städte (z. B. Lourdes, Pau) haben auch Museen, Kunstgalerien und Markthallen.

Rund um den Parc National des Pyrénées

Majestätische Berge mit grandioser Aussicht, Höhlen, Weinberge und ländliche Idylle schaffen hier eine tiefe Naturverbindung – verwoben mit komplexen Geschichten.

Auch rund um den Nationalpark warten herrliche Berge mit grandioser Aussicht. Der Mix aus Bauernhöfen, Weinbergen, Dörfern und besuchenswerten Orten ist hier ähnlich vielfältig. Highlights sind dabei Lourdes und Pau: Beide Städte sind wichtige Stationen des Jakobswegs und punkten ebenfalls mit super Pyrenäenblick. Zudem sind sie ideale Basen für Autotouren oder längere Aufenthalte. Neben vielen abenteuerlichen Adrenalinkicks locken im Umkreis des Parks auch tolle Höhlen. Außerhalb der regionalen Besuchermagnete (z. B. Weinbaugebiet Jurançon, Salle de L'Averna) sind die Straßen oft deutlich leerer. Dies macht das Eintauchen in die Lebensart der Pyrenäen (z. B. im schönen Oleron-Sainte-Marie) vergleichsweise entspannter.

UNTERWEGS VOR ORT

Pau und Lourdes sind leicht mit öffentlichen Verkehrsmitteln erreichbar (z. B. per TGV ab Paris oder Marseille). Zwischen Pau, Lourdes und Tarbes verkehren regelmäßig Züge. Am Ziel geht's dann jeweils problemlos zu Fuß voran. Außerhalb der genannten Städte empfiehlt sich aufgrund der teils begrenzten Verbindungsauswahl ein Auto.

TOP TIPP

Während der Wallfahrtszeit (Ostern–Ende Okt.) finden in Lourdes viele Sonderveranstaltungen und Prozessionen statt.

Sanctuaire Notre-Dame, Lourdes

Pilger & Musketiere

Tiefe Andacht & fröhliches Feiern

Ein regionales Highlight ist **Lourdes** mit seinem herrlichen Pyrenäenblick und dem riesigen, prachtvollen **Sanctuaire Notre-Dame**. Im Fels darunter befindet sich die berühmte Mariengrotte mit dem Bernadette-Heiligtum. Dort streifen ständig Pilgende und Tourist:innen rituell mit ihren Händen über das Gestein, das davon im Lauf der Zeit glatt und glänzend geworden ist. Die Stätte erhielt ihre religiöse Bedeutung in den 1850er-Jahren, als die hl. Bernadette hier mehrere Marienerscheinungen erlebte. Jeden Abend zieht eine Kerzenprozession, mit kranken Pilgern an der Spitze, vom Sanctuaire zum **Rosenkranz-Platz**.

Die vielen Kerzenträger bescheren dem Platz eine stimmungsvolle und feierliche Beleuchtung. Ein ungewöhnliches Gedenkfest ist der **Tribut der Drei Kühe** (Juli): Auf dem Col de la Pierre St. Martin übergeben die Bewohner von Barétous seit mindestens 1375 drei Kühe an ihr spanisches Nachbardorf Roncal. Diese einstige Friedenshandlung ist heute ein gemeinsames Dorffest.

Eine fröhliche Ehrung von Geschichte und Kultur ist das **Festival d'Artagnan** (Aug.): **Lupiac** gedenkt dabei der Taten des d'Artagnan (historische Person und fiktionale Figur von Alexander Dumas). Das einladende und quirlige Event erweckt das 17. Jh. teils leicht kitschig mit historischen Kostümen, Duellen, Kunsthandwerkern und Musikern zum Leben. Zum Programm gehören auch ein Markt und ein Festessen.

DER JAKOBSWEG

Viele Routen des Camino de Santiago de Compostela (Jakobsweg) führen durch die Pyrenäen. Eine Station ist dabei Lourdes: Etwa 3 bis 6 Mio. Pilger aus aller Welt besuchen jährlich die Mariengrotte am (nach Rom) zweitwichtigsten Ort des Katholizismus. Im 19. Jh. erhielt Lourdes seine religiöse Signifikanz durch die Marienerscheinungen der hl. Bernadette. Ebenfalls bedeutend: Die Basilique Saint-Sernin (Toulouse; S. 638) hat nach dem Vatikan den zweitgrößten Reliquienschatz der Welt. Die Kathedrale von Albi (S. 640) ist der weltgrößte Backsteinbau und prunkt mit herrlichen Innenfresken.

Wildpflanzen in Pau & Gan

Essbares aus der Natur

In Pau und Gan vermittelt **La Carrotte Sauvage** (April – Juni) Wissen über die natürlichen Köstlichkeiten der Pyrenäen. Die Workshops stellen zuerst viele essbare Wildkräuter bzw. -pflanzen vor (z. B. Mohn, Malve, Fenchel, Brennnessel). Dann sammelt man seine persönlichen Favoriten, kreiert daraus ein leichtes Essen und genießt dieses zusammen mit einem *apéro*. Rezepte und Anleitungen werden auf Wunsch per E-Mail zugestellt. Im Frühjahr gibt es auch diverse andere Workshops (u. a. normale Kochkurse). Die Varianten in Gan finden auf dem familiengeführten Weingut **Domaine Latapy** statt. Teilnehmer können dessen Gelände erkunden und dabei die Landschaftsidylle genießen.

ÜBERNACHTEN IN DER NÄHE DES PARC NATIONAL DES PYRÉNÉES

Chambres d'hotes l'Oustal (Oloron-Sainte-Marie)
Einladende *chambres d'hôte* mit Traditionsküche und Verkostung von regionalem Käse. **€**

Hotel et Spa Gasquet (Bagnères-de-Luchon)
Ruhiges Hotel mit super Blick auf Schneefelder. Reservierung erforderlich. **€€**

Zeniture Hotel (Lourdes)
Ökobewusstes Kettenhotel mit herrlichem Pyrenäenblick. Im Ortskern. **€€**

Jurancon-Wein

KÄSEROUTE

Die Route Ossau-Iraty AOP ist etwas für Käsefans aller Art: Der nussig-pikante **Ossau-Iraty-Schafskäse** reift acht Monate lang. Das geruchsintensive Traditionsprodukt hat seine eigene Route, die von Nouvelle-Aquitaine bis nach Pau und Laruns führt. Unterwegs locken mehrere Bauernhöfe, eine Fabrik und ein Themenmuseum. Lokale Märkte und Läden verkaufen Varianten des Käses, die jeweils prima zu Rotwein passen.

Gleichsam beliebt und regionaltypisch ist der **Tomme de Brebis**: Dieser kalt gepresste Schafskäse hat ein leicht salziges Aroma mit Karamellnote.

Weintouren in Jurançon

Berühmte edle Tropfen

Die Weine der Region Jurançon basieren auf Trauben aus steilen Hanglagen. Ihr süßes und leicht tropisches Aroma macht sie sehr begehrt. Für eine umfassende Einführung empfiehlt sich die **Cave de Gan**: Von Norden her passiert die Zufahrtsstraße endlose Weinberge mit Blick auf die umliegenden Gipfel. Darunter ist auch der herrliche Pic d'Anie (2 507 m; höchster Berg der französischen Pyrenäen). Auf die Begrüßung folgt eine lehrreiche Höhlenführung, die auch Originalmosaike aus gallo-römischer Zeit zeigt. Besucher:innen erfahren zudem etwas

ESSEN IN DER NÄHE DES PARC NATIONAL DES PYRÉNÉES

La Petite Fringale (Oloron-Sainte-Marie)
Dünnkrustige Pizzen mit leckeren Belägen. €

O Piment Rouge (Lourdes)
Baskische Traditionsküche (inkl. Desserts mit Espelette-Chilipulver). €

Maynats Pau (Pau)
Nobles Michelin-Sternerestaurant mit kunstvoll angerichtetem Essen. €€€

über die einzelnen Schritte der Weinproduktion und die Genossenschaftsarbeit der regionalen Winzer:innen. Beim abschließenden Verkosten der süßen und trockenen Lesen lassen sich die verschiedenen Blumen- und Honignoten gut vergleichen.

Die Verkostungen um 10, 17 und 18 Uhr sind am besten: Echter Weingenuss erfordert gewissen Hunger bzw. Durst. So lieben auch viele Franzosen die *apéro-Tradition*.

Herrliche Höhe & tolle Tiefe

Schlucht- & Höhlentouren

In den westlichen Pyrenäen warten zwei echte Highlights – eins in der Höhe, eins in der Tiefe: die Passarelle Holzarte und die Höhlen des Salle de L'Averna.

Nahe der spanischen Grenze überspannt die Hängebrücke **Passarelle d'Holzarte** in 150 m Höhe eine Schlucht. Vor allem nach Regenfällen ist der Anmarsch (ca. 1 Std.) ziemlich anspruchsvoll: Die schmalen und holperigen Bergpfade erfordern zwingend stabiles Schuhwerk. Dafür ist der Blick auf die Hügel und Steilwände einfach spektakulär.

Während der Annäherung zeigt sich die extreme Höhe der Brücke. Beim Überqueren schwankt die Konstruktion ganz leicht und vermittelt so ein Gefühl des freien Schwebens. Auf der anderen Seite führt die GR10 gen Süden zur grandiosen Cascade de Pista. Alternativ wandert man zum tollen Salle de L'Averna weiter.

Der **Salle de L'Averna** zählt zu den Hauptattraktionen der westlichen Pyrenäen und zu deren imposantesten Höhlensystemen. Diese unterirdische Welt hat gigantische Dimensionen: In die größte Kammer würde der Eiffelturm aufrecht und quer hineinpassen. Überall rauscht Wasser, welches das kalzitblaue Naturbecken und verschieden starke Wasserfälle (teils reißend, teils rieselnd; am eindrucksvollsten nach kürzlichem Regen) speist. Außerhalb der Hauptsaison im Sommer gibt es pro Tag nur zwei Führungen, die dann etwas länger sind und mehr Besichtigungszeit bieten. Warm anziehen: Hier unten herrschen teils nur 5 °C; der Eingangsbereich ist sehr zugig.

DIE STANDSEILBAHN AM PIC DU JER

Die grandiose Aussicht in den Pyrenäen lässt sich auch mit der **Funiculaire du Pic du Jer** genießen: Die Standseilbahn (1 km; knapp 500 Höhenmeter) beginnt an der Av Francis Lagardère in Lourdes. Bei der Bergfahrt im strammen Jogging-Tempo offenbart sich schnell ein herrlicher Blick auf die Stadt und die umliegenden Gipfel.

Oben läuft man dann das letzte Stück (ca. 1 km) durch Wiesen mit Ginster und Glockenblumen, um die saubere Luft und schöne Landschaft zu genießen. Die Bahn ermöglicht auch einfache Fahrten. Wer den Abstieg zu Fuß zurücklegen will, sollte wissen: Auf den Pfaden sind auch Mountainbiker unterwegs.

Regionaler Naturpark Ariège-Pyrenäen

PARIS
Regionaler Naturpark Ariège-Pyrenäen

UNTERWEGS VOR ORT

Der Regionale Naturpark Ariège-Pyrenäen ermöglicht Wander-, Rad- und Autotouren. Züge verbinden Toulouse und Paris mit Regionalzentren (z. B. Foix, Pamiers, Tarbes). Dorthin und zu wichtigen Attraktionen fahren auch Linienbusse. Diese bedienen zudem Ecken wie Tarascon, was lokale Sehenswürdigkeiten wie Höhlen für motivierte Fußgänger erreichbar macht. Vor allem die kleineren Dörfer abseits der Touristenhochburgen lassen sich aber per Auto viel leichter besuchen.

TOP-TIPP

Trotz herrlicher Berge, Täler und Höhlen verzeichnet Ariège weniger Besucher:innen als der Pyrenäen-Nationalpark. So ist auch auf den lokalen Wanderwegen oft weniger los. Eine gute Ausgangsbasis (z. B. Foix, Tarascon, Pamiers) bietet den besten Mix aus Natur und Zivilisation.

Östlich des Pyrenäen-Nationalparks liegt der unbekanntere und schwächer besuchte Parc Naturel Régional des Pyrénées Ariègeoises im département Ariège – bestehend aus der Region Couserans, den zwei Flusstälern im Norden Lèze, Arize und den Bergen zwischen Tarascon und Andorra. Hauptstadt ist das mittelalterliche Foix.

Rund um die Städte und Dörfer des Naturparks locken herrliche Gipfel, Schmetterlingswiesen, gut erhaltene Höhlen und gemütlichlh Châteaus. Die Grotte de Niaux fasziniert mit prähistorischen Höhlenmalereien. Auf Abenteuerlustige warten u. a. zahlreiche spannende Klettersteige und Skipisten für Anfänger und Profis im Winter. Ebenso warten Radwege: Viele Radler lieben die oft ruhigen Regionalstraßen in grandioser Landschaft. Parallel sorgen zahlreiche Wälder, Thermalquellen und Spas für angenehme Erholung. Hinzu sorgen interessante Festivals mit Themen wie Käse, Honig, Musik, Mittelalter, Riesenmarionetten oder Romantik der klassischen Art für gute Unterhaltung. Ein jährliches Highlight ist dabei die Transhumance im Couserans-Tal.

Höhlenbilder, Bogenschießen & Bankette

Ferne & nähere Vergangenheit

Die **Grotte de Niaux** beherbergt ein paar der besterhaltenen und verblüffendsten Höhlenmalereien aus dem prähistorischen Frankreich. Der grandiose Bergblick, der sich einem bei der Anfahrt eröffnet, vermittelt einen Eindruck von den Dimensionen der Umgebung. Die Höhlenführung entspricht einer langen Zeitreise zu den Anfängen der Menschheit: Die höchst kunstvollen Felsbilder aus der Altsteinzeit, die auf 12 000 – 10 000 v. Chr. datiert werden können, wirken im Lampenschein einfach unvergleichlich. In der Grotte gibt es auch eine riesige Kammer

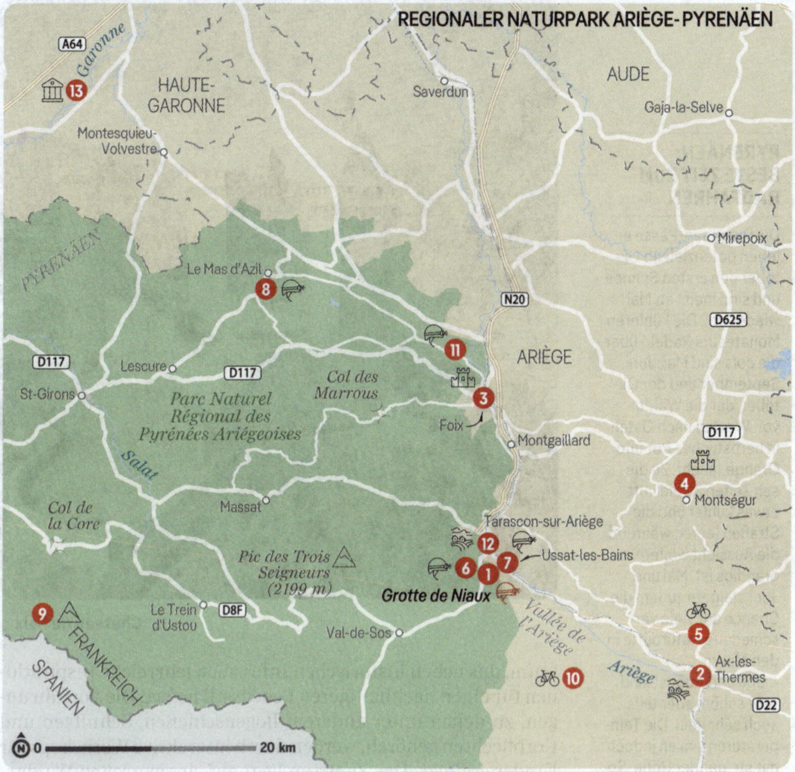

REGIONALER NATURPARK ARIÈGE-PYRENÄEN

HIGHLIGHTS
1 Grotte de Niaux

SEHENSWERTES
2 Ax-les-Thermes
3 Château de Foix
4 Château de Montsegur
5 Col du Chioula
6 Grotte de la Vache
7 Grotte de Lombrives
8 Grotte du Mas d'Azil
9 Mont Valier
10 Plateau du Beille
11 Rivière Soutéraine de Labouiche
12 Tarascon-sur-Ariège
13 Village Gaulois

mit tollem Echo, das gleichzeitig die Ohren beeindruckt. Der Höhlenpfad kann an einigen Stellen ziemlich schwierig werden – z. B. an einem wackeligen Plankensteg. Bei Starkregen fallen die Touren mitunter aus. Aus diesem Grund vorab rechtzeitig informieren.

Das **Village Gaulois** widmet sich einem etwas jüngeren Geschichtsabschnitt: Hier bekommt man Einblicke ins gallische Dorfleben bis zum 5. Jh. Das Ganze ist gleichzeitig ein Öko-Mu-

ÜBERNACHTEN IM REGIONALEN NATURPARK ARIÈGE-PYRENÄEN

L'Abbaye-Chateau de Camon
Umgebautes Benediktinerkloster mit super Aussicht. Nahe Mirepoix mit seinen Festivals. **€€**

Le Manoir d'Agnes (Tarascon sur Ariège)
Nahe der Grotte de Niaux und diversen Ski- bzw. Wandergebieten. **€€**

Hotel le Bellevue
Schlichtes Budgethotel mitten in den Bergen. In der Nähe beginnen Wanderwege. **€**

PYRENÄEN: BESTE ZEIT ZUM RADFAHREN

Die Pyrenäen-Pässe erleben potenziell ab Oktober den ersten Schnee und sind meist ab Mai wieder frei. Die kühleren Monate fürs Radeln über die *cols* sind Mai, Juni, September und der Oktober, der die Wälder von Westen nach Osten in herbstliches Rot und Orange taucht. Zu diesen Zeiten ist die Luft etwas kühler und die Straßen leerer, während die Aussicht weiterhin grandios ist. Mai und Juni steigern zudem die Chance auf viele verschiedene Naturdüfte in den Tälern.

Juli und August sind sehr schön, aber teils auch sehr heiß. Die Temperaturen sinken jedoch mit steigender Höhe. So lässt sich der tolle Blick bei den letzten Anstiegen in relativer Kühle genießen. Dennoch immer genug Wasser trinken! Die beste Radelzeit geht wohl von Mitte bzw. Ende August bis Ende September: Diese Wochen sind herrlich, aber kühler und mit geringerem Unwetterrisiko verbunden.

BEARFOTOS/SHUTTERSTOCK ©

Château de Foix

seum, das neben historischen Infos auch lehrreiche Inspirationen für einen nachhaltigeren Lebensstil liefert. Die Vorführungen, zu denen unter anderem Bogenschießen, Schnitzen und Korbflechten gehören, werden durch interaktive Workshops für Kinder ergänzt. Das Zentrum liegt auf einem großen Waldgelände, das ca. 9 ha umfasst. Der Kauf eines Familientickets bringt auch Rabatt bei fünf anderen Parks: Natura Game, Animaparc, La Ferme du Paradis, Labyrinthe de Merville, Tépacap. Das lohnt sich!

Das **Château de Foix** aus dem 10 Jh. liegt in einem bergigen Tal, in dem auch der Katharer-Pfad beginnt. Das imposante Bollwerk oberhalb der Stadt gehört zu den bekanntesten Burgen der Region. Seine lange Geschichte umfasst diverse militärische, politische und religiöse Aspekte. Ein „lebendiges" Geschichtsmuseum – mit interaktiven Vorführungen bzw. Workshops und authentisch nachgebildeten Möbelstücken und Dekorationen – versetzt einen hier ins Mittelalter zurück. Besucher:innen erfahren z. B. etwas über Steinbearbeitung und mittelalterliche Waffen (inkl. Bogenschießen). Eins der lokalen Highlights ist das

REGIONALKÜCHE: UNBEDINGT PROBIEREN!

Maronen-Veloute & Knoblauch-Croutons
Die vielen Ariège-Maronen werden u. a. oft für Saucen verwendet.

Azinat
Regionaltypische *garbure*-Variante. Bei festlichen Anlässen auch Basis für *rouzolas* (gefüllte Pfannkuchen).

Tartiflette mit Bethmale-Käse
Regionale Variante eines savoyischen Kartoffelgerichts mit Bauchspeck und Bethmale-Käse.

Bankett (inkl. *apéro*) im Stil des Febus von Foix, das im Sommer 1-mal monatlich stattfindet. Im 14. Jh. benannte sich dieser Graf selbst nach dem griechischen Sonnengott Phoibos Apollon. Das Bankett erinnert in den Sommermonaten also an diese Zeit und erweckt das Mittelalter wieder zum Leben.

Herrliches Radeln & Wandern

Über Berg & Tal

Die Berge und Täler des wundervollen Regionalen Naturparks Ariège-Pyrenäen laden zu vielen tollen Erkundungen per pedes und Fahrrad ein.

Am Fuß des **Col du Chioula** beginnen zwei beliebte Radrouten mit unterschiedlicher Schwierigkeit aber mit super Aussichtspunkten: Vergleichsweise heftiger ist der Anstieg ab dem Kurort **Ax-les-Thermes** mit heißen Thermalquellen. Bei Start in **Luzac** tun sich Radler etwas leichter. Oben auf dem *col* reicht der Traumblick bis hinüber nach Andorra und zu den tiefen Ax-Tälern. Die umliegenden Berge sind oft ganzjährig verschneit, was den Ausblick noch schöner macht.

Auf dem Gipfel befindet sich ein gutes Restaurant. Drum herum führen großartige Wanderwege durch offene Wiesen mit grasenden Bimmelkühen und Laubbäumen, die zu einer kurzen Pause im Schatten einladen. Im Winter verwandelt sich die Landschaft in ein Sportparadies für Schneehasen. Hier eröffnet ein Skipark mit Langlaufloipen, Abfahrtspisten und Schneeschuhrouten.

Beliebt bei Radlern ist auch das **Plateau du Beille** weiter hinten im Tal. Eine anstrengende Route startet hier unterhalb des steilen Pic Saint Barthelemy in Les Cabannes. Der berühmte Anstieg mit grandiosem Bergpanorama ist auch immer wieder Teil der Tour de France und kommt seinem Pendant an der Alpe d'Huez sehr nahe. Die Abfahrt auf der anderen Seite ist ebenfalls technisch anspruchsvoll. Wie auf dem Col du Chioula gibt's hier im Winter einen Skipark mit Loipen und Schneeschuhpfaden. Im Sommer locken lange Wanderwege und MTB-Trails.

Die öffentlichen Verkehrsmittel für die Rückfahrt beschränken sich auf ein paar Busse und Züge nach Ax-les-Thermes.

Schmetterlingsschwärme

Entdecke Natur pur

Tarascon-sur-Ariège ist eine gute Ausgangsbasis für Rad- und Wandertouren durch die regionale Natur. Der Ort mit offiziellem Öko-Zertifikat ist ein Tor zur Region Haute-Ariège im Südosten. Zudem ist seine Distanz zu Niaux, Foix und Ax-les-Thermes

HÖHLEN & SCHLUCHTEN

Paul Lagon ist Guide auf der Riviere Souterraine de Labouiche. Seine Tipps für Outdoor-Abenteuer:

Die Region Ariège im Herz der Pyrenäen besteht größtenteils aus Kalkstein-Massiven. Dies macht sie zur idealen Bergsport-Spielwiese: Klettern, Höhlenwandern oder Canyoning sind hier vielerorts möglich. Diese riskanten Aktivitäten sind aber definitiv nichts für unerfahrene Outdoor-Newbies. Für den Einstieg empfehlen sich daher Profi-Tourfirmen oder die vielen Bergsport-Clubs, die den ganzen Sommer über Gruppen begleiten. Vor allem im Val-de-Sos gibt's einige anfängerfreundliche Canyons.

REGIONALE TIERWELT

Izards
Flinke Steinböcke mit braunweißem Fell.

Merens-Pferde
Stammen aus Merens (Ariège) und leben (halb-)wild im Hochgebirge.

Geckos
Kleine und oft bunte Echsen. Klettern nachts an Wänden herum.

angenehm gering. Rund um Tarascons zauberhafte Pflasterstraßen mit schönen Springbrunnen erstrecken sich Hügel mit grandiosem Blick auf atemberaubende Steilwände und Hochgebirgsseen. Wanderer sehen hier an warmen Tagen auch Schwärme von farbenfrohen Schmetterlingen – teils groß, teils klein – an einer Vielzahl von eindrucksvollen Pflanzenarten. Am Himmel kreisen oft Steinadler, Falken und Geier über Pyrenäengemsen, Hirschen und Murmeltieren. Ein Blick nach oben lohnt sich also! An den Wegen tummeln sich dagegen Feuersalamander, während Eidechsen (darunter neongrüne und teils unterarmlange Perleidechsen) ins Gestrüpp flitzen.

Unter den tollen Wanderpfaden ist z. B. eine Rundroute mit Blick auf bewaldete Berge, die von **Auzat** nahe dem Val-de-Sos zu den regionalen *étangs* (Bergseen) führt.

CANYONING IM REGIONALEN NATURPARK ARIÈGE-PYRENÄEN

Stéphane Maiffret ist Gründer und Inhaber der Canyoning-Tourfirma Vertikarst (www.vertikarst.fr). Seine Tipps fürs Schluchteln:

Dichte grüne Wälder, eindrucksvolles Gestein und klares Wasser bescheren der Region Ariège ein paar von Frankreichs besten Canyoning-Revieren. Diese magischen Orte in den herrlichen Pyrenäen wurden über Jahrtausende vom Wasser geformt. Von Juni bis September schluchtelt es sich hier stets am schönsten. Aber auch im übrigen Jahr gibt's viele Touren.

Die typischen Kalkstein-Massive der Pyrenäen beherbergen auch Höhlen. Ob waagerechte Gangsysteme, tiefe Spalten oder Naturtunnel: Ein Einstieg in deren Erkundung macht einen Ariège-Trip einzigartig.

Unterirdische Felsen

Höhlentouren & Canyoning

Abenteuerlustige Landschaftsfans können in der vielseitigen Region auch einige Höhlen erkunden und dem Canyoning frönen. Neben den Grottes de Niaux (S. 656) und de Bédeilhac bei Foix gibt's hier noch vier weitere bekannte Grotten, von denen jede einzelne einzigartig ist.

Labouiche heißt Europas längster befahrbarer Fluss unter der Erde. Die gemächlichen Touren per Stocherkahn bieten einen faszinierenden Blick auf beleuchtete Felsformationen mit fast surrealem Erscheinungsbild. Die **Grotte du Mas d'Azil** ist Europas einzige Höhle, die ganz per pedes oder Auto durchquert werden kann. Wie die Grotte de Niaux gehört sie zu den großen Stätten Okzitaniens. Unterirdische Wasserfälle und bunt beleuchtete Schautafeln machen den Trip zu einem unvergesslichen Erlebnis.

Die **Grotte de Lombrives** ist für ihre eindrucksvollen Tropfsteine bekannt. In der **Grotte de la Vache** nahe der Grotte de Niaux wurden hingegen wichtige archäologische Entdeckungen gemacht.

Relaxen am Lac de Bethmale

Ein smaragdgrüner Spiegel

Das intensive Grün des **Lac de Bethmale** (Couserans) im Westen des *département* Ariège hat schon fast Smaragdfarbe: Der See reflektiert die intensive Farbe der Uferwälder mit herrlicher Leuchtkraft. Bei Spaziergängen und entspannten Picknicks wandern hier Vogelstimmen von Ast zu Ast. Bethmale ist darüber hinaus für den gleichnamigen Käse bekannt – ein milder

BESTE KONZERTE & FESTIVALS

Jazz à Foix le Festival (Juli)
Beliebtes einwöchiges Event mit diversen Jazz-Stilen und einer Jam-Session.

Resistance Festival (Juli)
Filmfestival in Foix mit Diskussionsrunden und kaum gezeigten Streifen über aktuelle Sozialthemen.

Festivale Ingenieuse Afrique (Aug.)
Afrikanische Kultur an verschiedenen Freiluft-Locations in Foix.

Grotte de Lombrives

Tomme. Im Winter spiegeln sich der blaue Himmel und die verschneiten Umgebungsberge lebhaft auf dem Wasser.

Entlang des Rundwegs zum malerischen Hügeldorf **Ayet** schaut man auf den See und die umliegenden Hänge. Weiter nördlich entstehen im Dorf **Arrian-in-Bethmale** spitze traditionelle Holzschuhe. Dort gibt's auch entsprechende Kurse und Führungen.

DREI LÄNDER AN EINEM TAG

Die Region Ariège grenzt an Spanien und den Zwergstaat Andorra. EU-Bürger und Schweizer können visumfrei in beide Länder einreisen. Dies ermöglicht spektakuläre Tagestrips durch drei Nationen. Wer Andorra La Vella (Andorras Hauptstadt) z. B. ab Tarascon besucht, genießt bei Hin- und Rückfahrt jeweils eine tolle Aussicht auf die grandiose Berglandschaft der Pyrenäen.

Alternativ durchquert man Andorra und fährt über das mediterran angehauchte Porté-Puymorens zur spanischen Exklave Llívia in den französischen Pyrénées Orientales. Unterwegs ist die Aussicht gleichsam großartig. Zurück in Tarascon wartet dann ein super Sonnenuntergang. Die Fahrt (bei Normalverkehr ca. 6 Std.) bietet genügend Zeit für beliebige Panorama-Pausen.

STIMMUNGSVOLLE RESTAURANTS

Pizza de Peppo (Tarascon)
Holzofenpizzen in freundlicher Atmosphäre. €

La Petite Auberge de Niaux
Abwechslungsreiche Gerichte und tolle Backwaren nahe der Grotte de Niaux. €€

La Ciboulette (Foix)
Vielfältige französische Küche, Seafood und Vegetarisches. €€

JEANLUCICHARD/SHUTTERSTOCK ©

Oben: Aix-en-Provence (S. 677); Rechts: Lavendelfeld, Plateau de Valensole (S. 707)

Provence

DER INBEGRIFF FRANZÖSISCHER LEBENSART

Von wildem Stadtleben bis hin zu beschaulicher Dorfidylle, von gutem Wein über Lavendelfelder bis hin zu einsamen Buchten… die Provence ist ein wahrgewordener Traum.

Taucht man ein in das berühmte Licht der Provence, versteht man sofort, weshalb Künstler:innen seit Jahrhunderten von dieser Gegend angezogen werden. Die Region, die man als Inbegriff des Frühlings bezeichnen könnte, setzt kreative Kräfte frei, von denen man nicht wusste, dass sie in einem stecken. Kein Wunder, dass einige der großen impressionistischen Maler wie Manet, Monet und Van Gogh und französische Dichter des 20. Jahrhunderts wie Rimbaud und Baudelaire hier bahnbrechende Werke schufen.

Wenn sich der Mistral von den Alpen zum Meer hinunterwälzt, die hölzernen Fensterläden der Häuser in der Nacht zuschlägt und am Tag den Himmel für endlosen, herrlichen Sonnenscheins freigibt, schafft er ein Klima, das nicht nur für Traveller einladend ist, sondern auch ideal für die Landwirtschaft. Alles, was hier wächst und gedeiht, wird Teil des Reiseerlebnisses sein, vor allem auf den traumhaften Märkten und in den wunderbaren Weinbergen.

Ob man sich von Sonnenauf- bis Sonnenuntergang in der Natur der Hügel und Berge verlieren will, ob man über sanft gewundene Landstraßen das Land erkunden oder am Mittelmeer liegen will, oder sich dem Rhythmus einer pulsierenden Weltstadt hingibt … die Regionen der Provence – die Bouches-du-Rhône, der Vaucluse, der Luberon und die Alpes-de-Haute Provence – die Sinnlichkeit dieses Stücks Frankreichs ist allgegenwärtig.

GREENS AND BLUES/SHUTTERSTOCK ©

DIE WICHTIGSTEN ZIELE

MARSEILLE
Kosmopolitisches Leben und unberührte Strände.
S. 668

ARLES
Römische Ruinen und moderne Kunst.
S. 681

AVIGNON
Eine mittelalterliche Stadt mit Theaterflair.
S. 688

LUBERON
Hügeldörfer, Weinberge und idyllische Landschaften.
S. 697

ALPES-DE-HAUT-PROVENCE
Die ländliche Provence mit herausragenden Sehenswürdigkeiten.
S. 703

Erste Orientierung

Marseille, Aix-en-Provence und Avignon sind die Hauptverkehrsknotenpunkte der Region. Für die Erkundung der Dörfer im Landesinneren, die Lavendelfelder und viele der tollen Outdoor-Abenteuer ist ein Mietwagen unerlässlich. Es gibt aber auch reichlich Möglichkeiten für Radtouren.

Avignon, S. 688

Das beste Theaterfestival der Welt füllt jeden Sommer die Stadt mit Leben – sowohl auf als auch hinter der Bühne. Die Geschichte der Päpste und die Rolle der Rhône harren in dieser mittelalterlichen Stadt der Erkundung.

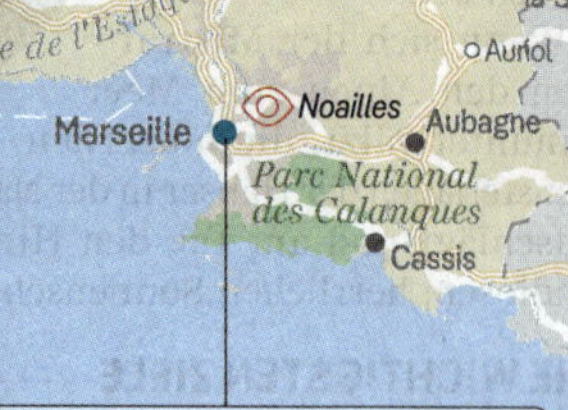

Arles, S. 681

Eine gemächliche, ursprünglich römische Stadt, die ihre Jahrhunderte alte Pracht bewahrt hat. Kulinarik und Nachtleben spiegeln die ungezähmte Seele der Lebensart der Camargue wider.

Marseille, S. 668

Diese Stadt hat sich auf die Zukunft eingelassen: Marseille bietet neben viel Historischem auch jede Menge Spaß – und einige der unberührtesten Küstenabschnitte Frankreichs.

Luberon, S. 697

Das Luberon-Massiv ist teils wild und geheimnisvoll, teils mondänes Urlaubsziel, das einen mit seinen Bergdörfern, ockerfarbenen Felsen und einer großartigen Wein- und Gastronomieszene in seinen Bann ziehen wird.

AUTO

Autofahren kann hier ein Vergnügen sein – wenn man vom Parken absieht. Das ist gelegentlich mühsam. Mit dem eigenen Wagen sind auch kleinste Dörfer und abgelegene Weinberge erreichbar. Von den vielen einsamen Stränden ganz zu schweigen.

FAHRRAD

Die Provence ist mit seinen unzähligen Radwegen eine der besten Radfahrregionen Frankreichs. Selbst viele Dörfer haben inzwischen einen eigenen Fahrradverleih mit einer Auswahl an Mountainbikes, Rennrädern und E-Bikes – für einen Tag oder länger.

Alpes-de-Haute-Provence, S. 703

Lavendelfarbene Ebenen, oft atemberaubende Sternenhimmel und jede Menge Outdoor-Action – von Klippenwanderungen bis hin zu Schluchtenkletterei, die jeden Traveller begeistern werden.

BUS

ZOU! unterhält Busverbindungen in der gesamten Region. Ideal, um Dörfer und abgelegene Sehenswürdigkeiten zu erkunden, weniger gut, wenn man in einem Restaurant außerhalb der Stadt essen möchte oder eine Unterkunft auf dem Land gebucht hat.

REISEZIELE

PROVENCE

Perfekte Tage

Es ist unmöglich, die ganze Provence auf einmal zu sehen. Also mindestens ein paar Tage für die Region einplanen. Es gibt so viel zu entdecken!

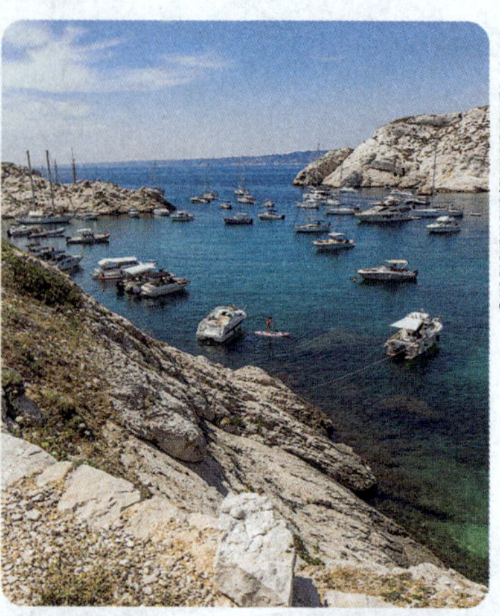

JEANLUCICHARD/SHUTTERSTOCK ©

Frioul-Inseln (S. 672)

Wenig Zeit

- **Marseille** (S. 668) ist perfekt für eine Stippvisite. Die Stadt vermittelt neben echtem mediterranem Lebensgefühl auch ein modernes urbanes Erlebnis – mit hippen Restaurants und Bars sowie Street Food fast an jeder Ecke.

- Tagsüber kann man mit einem **Boot mit Kapitän** ins Mittelmeer segeln (S. 672), oder einen Ausflug zum nur 20 Minuten entfernten **Archipel von Frioul** (S. 672) machen.

- Hat man einen Tag mehr Zeit, kann man in die Café-Kultur von **Aix-en-Provence** (S. 677) eintauchen oder sich in **Arles** (S. 681) umsehen, einer Kleinstadt, die sowohl mit einer Vielzahl historischer Wunder begeistert, als auch mit Erlebnissen, wie man sie eigentlich eher in einem kleinen Dorf erwartet.

Beste Reisezeit

Die Winter sind zumeist mild – was der Mistral aber binnen einer Sekunde ändern kann. Der Frühling ist herrlich, die Sommer sind heiß und der Herbst scheint ewig zu dauern.

FEBRUAR

Trüffelsaison. Zeit, den **Marché des Truffes** (S. 694) in Carpentras zu besuchen, wo sich alles um das „schwarze Gold" dreht.

APRIL

Der Frühling erhebt sein Haupt. Ideal für einen Frühjahrsputz des eigenen Körpers mit einem Besuch der therapeutischen Bäder in **Digne-les-Bains** (S. 705).

MAI

Für die Roma-Gemeinschaft in **Saintes-Maries-de-la-Mer** (S. 686) ist der 24. Mai, an dem ihre jährliche Pilgerreise spektakulär endet, ein heiliger Tag.

MARINA VN/SHUTTERSTOCK ©, NICOLAS JOSÉ/HEMIS.FR/ALAMY ©, ERREMMO.COM/SHUTTERSTOCK ©

Sechs Tage zum Entdecken

- Am Anfang stehen ein paar Tage in und um Marseille, inklusive eines Besuchs des Nationalpark **Calanques** (S. 680), bevor es weiter nach Norden, nach **Aix-en-Provence geht** (S. 677; siehe auch links „Wenn man nur wenig Zeit hat"). Weiterfahrt nach **Avignon** (S. 688) mit Besuch des Palais des Papes (Papstpalast). **L'Isle-sur-la-Sorgue** (S. 695) mit seinen Antiquitätenmärkten bietet sich für einen netten, unkomplizierten Ausflug an.

- Es lohnt sich früh aufzustehen und den Sonnenaufgang in **Gordes** (S. 699) mitzuerleben. Anschließend Besuch der in einer kleinen Schlucht versteckten Abbaye Notre-Dame de Sènanque. Am letzten Tag sollte man sich ein Fahrrad mieten und durch die Bergdörfer des **westlichen Luberon** (S. 700) radeln, bevor man die Reise mit einem üppigen Essen im schicken **Lourmarin** (S. 702) ausklingen lässt.

Länger Zeit

- Die Provence bietet jede Menge Abwechslung. Los geht's mit einem Spaziergang durch **Marseille** (S. 668), bei dem man die Atmosphäre der Stadt in sich aufnehmen kann, bevor es in die windgepeitschten Feuchtgebiete **der Camargue** (S. 686) geht. Für eine Reise durch die Landschaft, die Cézanne bei **Aix-en-Provence** inspirierte (S. 677) sollte man sich ein bisschen Zeit nehmen. Ein Tagesausflug ins römische **Orange** (S. 693) führt noch weiter in die Vergangenheit zurück.

- Am besten lässt man sich für ein paar Tage in einem hübschen **Dorf auf den Ausläufern des Luberon-Massivs nieder** (S. 699). Auf jeden Fall sollte man in die Alpes-de-Haute-Provence fahren und sich ein Abenteuer in den **Gorges du Verdon** (S. 706) gönnen – Frankreichs Grand Canyon.

JUNI

Überall blüht der Lavendel. Jetzt sollte man das duftende **Plateau de Valensole** (S. 707) besuchen – selbstverständlich ohne dabei die Natur zu schädigen.

AUGUST

Es geht heiß her – in der Luft und im Leben. In **Marseille** (S. 668) herrscht Feierlaune pur, die Massen genießen den Sommer in vollen Zügen.

SEPTEMBER

Ideale Zeit für eine Wanderung durch die **Gorges du Verdon** (S. 706), um Schluchten, Fluss und den Wechsel der Jahreszeiten zu bewundern.

NOVEMBER

Zeit, die Olivenernte einzubringen. Der Dezember lockt mit einer provenzalischen Weihnacht mit den berühmten 13 Desserts.

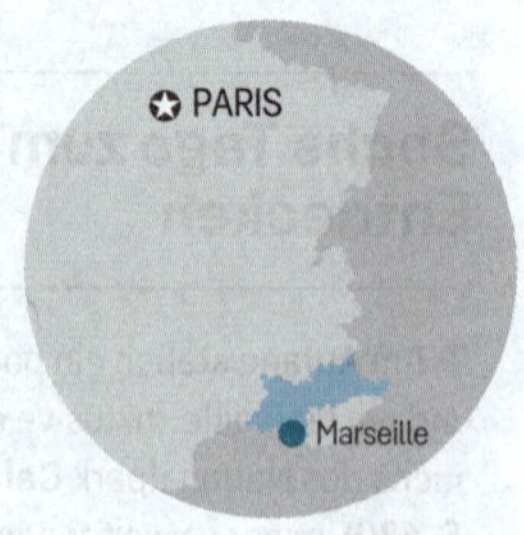

Marseille

UNTERWEGS VOR ORT

Marseille ist vor allem zu Fuß ein Vergnügen. So erlebt man die Unterschiedlichkeit der einzelnen Viertel einfach am besten. Ein Großteil der Stadt ist zwar so hügelig, dass die Wadenmuskulatur durchaus auf die Probe gestellt wird, aber man findet immer ein sonniges Plätzchen, um sich auszuruhen.

Bei EasyMove kann man sich ein Fahrrad leihen, E-Bikes gibt's bei E.Bike Tours Marseille. Man sollte aber wissen, dass die Straßen hier nicht immer so fahrradfreundlich sind, wie man es vielleicht erwarten würde. Das öffentliche Verkehrssystem ist solide, und die Metro von Marseille ist eine der benutzerfreundlichsten einer europäischen Großstadt: Es gibt nur zwei Linien, und am Bahnhof gekauften Fahrkarten können auch in Straßenbahnen und Bussen benutzt werden.

Marseille ist eine Stadt, die einen in die Arme nimmt wie ein angetrunkener Kumpel – leidenschaftlich und wie in Trance. Als Gegenpol (oder sogar Gegenmittel) zur Provence genießt sie ihren Status als Frankreichs Underdog. Lässt man sich darauf ein, offenbart Marseille eine Schönheit, die sich nicht fotografieren lässt: ein städtischer Ballungsraum mit vielen kleinen Fleckchen Natur – man muss das selbst erfahren. Gegründet wurde die Stadt im Jahr 600 v. Chr. von den Griechen. Seitdem hat der enorme Zustrom von Menschen aus aller Welt nie nachgelassen. Es ist ein Frankreich, in dem vor allem Nord-, West- und Sahara-Afrikaner Schulter an Schulter mit einer großen korsischen Gemeinschaft in einer rauen Hafenstadt im Wandel leben, die nur einen Katzensprung von Norditalien und Katalonien in Spanien entfernt ist. Hier befindet man sich im Zentrum des Meditteranen – und nicht etwa im Idyll der Lavendelfelder, über denen das sanfte Läuten der Kirchenglocken aus kleinen Dörfern weht.

Vieux Port (Alter Hafen)

Afrikanisches Lebensmittelgeschäft, Noailles

Noailles: Das „Quartier Populaire"

Ein klassisches Viertel der „kleinen Leute" – mit toller Küche

Ähnlich wie Neapel in Italien ist auch Marseille eine Anomalie in Europa, da die Ärmsten hier im Zentrum leben und nicht an den Stadträndern. Das mehrheitlich afrikanische Viertel **Noailles**, das hauptsächlich von Einwanderern und Flüchtlingen bewohnt wird, liegt nur wenige Minuten vom Vieux Port entfernt – dem unumstößlichen Mittelpunkt der Stadt.

Das Leben hier dreht sich um den Marktplatz **Marché des Capucins**. Im **Café Prinder** wird seit 1925 Kaffee serviert, bei einer Tasse desselben erlebt man hier die Energie des mit Obst- und Gemüseständen gefüllten Platzes perfekt. Dabei hört man Berbisch oder Arabisch ebenso wie Französisch, denn hier kaufen alle ein.

Die lange **Rue d'Aubagne** ist die Hauptverkehrsader des Viertels. Kommt man vom Cours Julien hierher, kommt man am Schauplatz einer schrecklichen Tragödie vorbei. 2019 stürzten hier zwei Gebäude ein und begruben die Menschen in ihren eigenen vier Wänden unter sich.

Wer die schmale **Rue Longue-des-Capucins** entlang geht könnte leicht glauben, sich in einem nordafrikanischen Souk zu befinden. Gewürzstapel allüberall, Metzger mit blutigen Schürzen, frischer Fisch auf Eis und der Rauch von gegrillten Hähnchen bringen die Sinne in Wallung. *Pastilla* (nordafrikanische Pastete) vegetarisch oder mit Huhn und *Kesra* (ein Grieß-

COURS JULIEN

Früher oder später landet man in Marseille für einen Drink (oder mehrere) auf dem Cours Julien im Viertel La Plaine östlich von Noailles – und das aus gutem Grund. Diese Fußgängerzone voller Straßenkunst von Hipster-Kommunen beherbergt einige großartige Bars und Restaurants und ist seit Langem das Ziel für eine Nacht, die sich gewaschen hat ...

Chez Gilda
Hier trifft sich ein lockeres Publikum zu Weißwein und typisch Marseiller Street Food, z. B. gebratene Meeresfrüchte. €€

Limmat
Mediterrane Küche mit toller Aussicht am oberen Ende einer Treppe. Perfekt zum Mittagessen. €€

Caterine
Bietet bodenständige französische Küche, die auch Gourmets anspricht. €€

ÜBERNACHTEN IN MARSEILLE

Hotel Belle-Vue Vieux Port
Tolle Aussicht auf den Hafen und Heimat des berühmten Restaurants La Caravelle. €€

Hotel Le Corbusier
Moderne Design-Meisterleistung mit Pool auf dem Dach. Großartig. €€

Mama Shelter
Nettes Boutique-Hotel mit Dachterrassenbar – unweit vieler Highlights der Stadt. €€

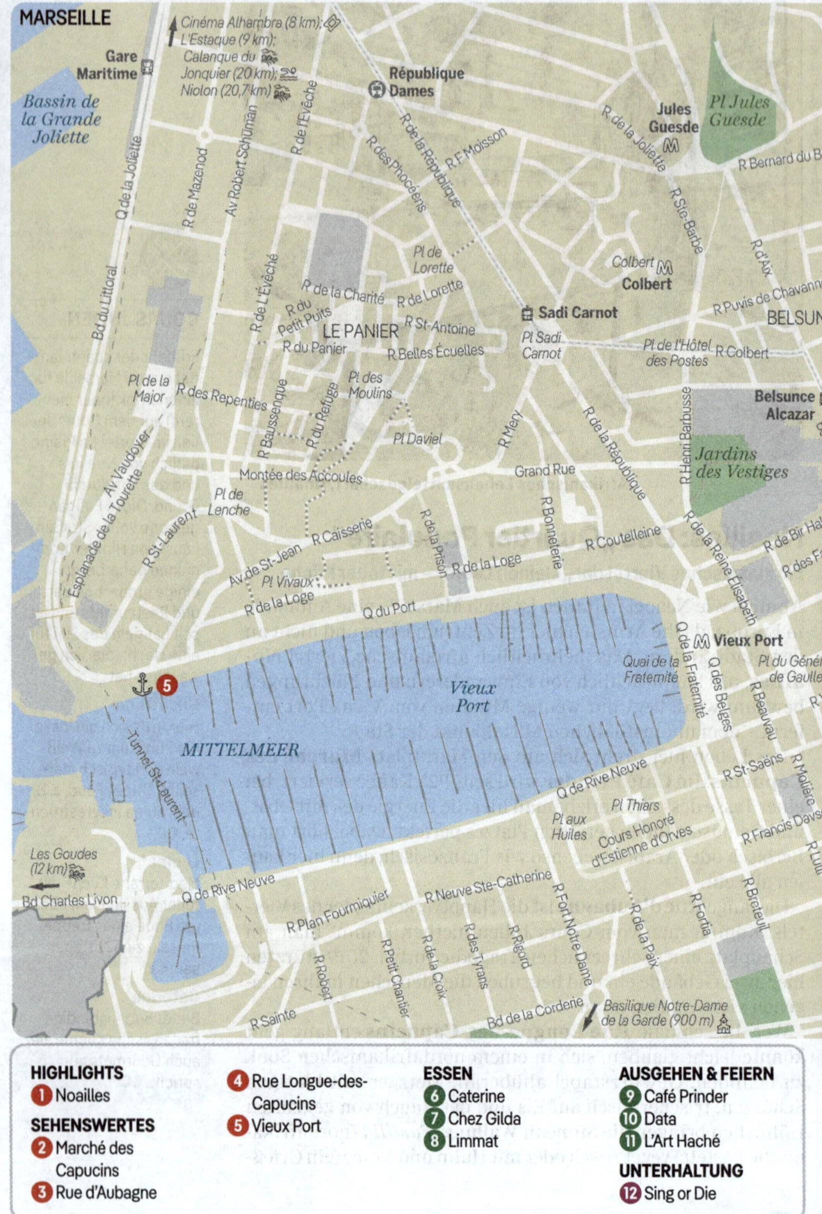

HIGHLIGHTS
1 Noailles

SEHENSWERTES
2 Marché des Capucins
3 Rue d'Aubagne
4 Rue Longue-des-Capucins
5 Vieux Port

ESSEN
6 Caterine
7 Chez Gilda
8 Limmat

AUSGEHEN & FEIERN
9 Café Prinder
10 Data
11 L'Art Haché

UNTERHALTUNG
12 Sing or Die

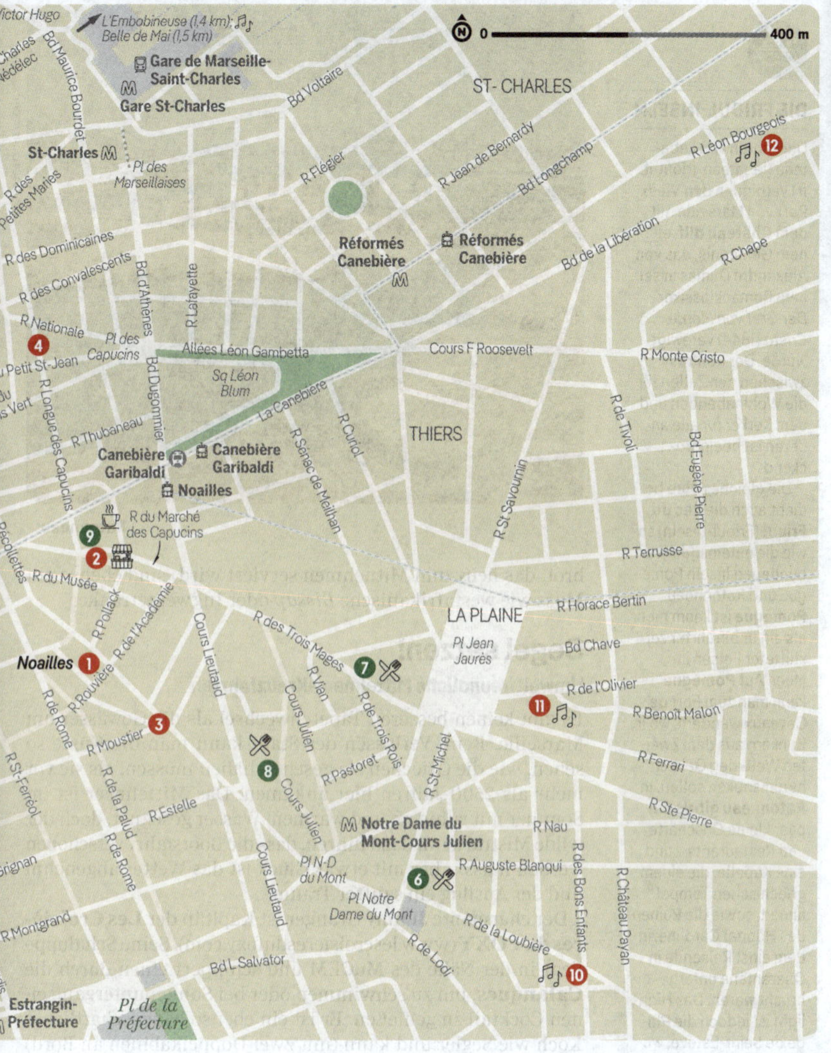
Victor Hugo
L'Embobineuse (1,4 km); Belle de Mai (1,5 km)
0
400 m
Charles Nédélec
Bd Maurice Bourdet
Gare de Marseille-Saint-Charles
Gare St-Charles
Bd Voltaire
ST- CHARLES
St-Charles
Pl des Marseillaises
R des Petites Maries
R Flégier
R Jean de Bernardy
Bd Longchamp
R Léon Bourgeois
12
R des Dominicaines
R des Convalescents
Bd d'Athènes
R Lafayette
Réformés Canebière
Réformés Canebière
Bd de la Libération
R Chape
R Nationale
4
Pl des Capucins
Allées Léon Gambetta
Cours F Roosevelt
R Monte Cristo
u Petit St-Jean
du ois Vert
R Longue des Capucins
Bd Dugommier
Sq Léon Blum
La Canebière
R Curiol
R Sénac de Meilhan
THIERS
R de Tivoli
Bd Eugène Pierre
R Thubaneau
Canebière Garibaldi
Canebière Garibaldi
Noailles
R St Savournin
R du Marché des Capucins
9
2
Récollettes
R du Musée
R Terrusse
R Pollack
R de l'Académie
LA PLAINE
R Horace Bertin
Cours Lieutaud
R des Trois Mages
Pl Jean Jaurès
Bd Chave
Noailles
1
R Rouvière
R Vian
7
R de l'Olivier
R de Rome
Cours Julien
R de Trois Rois
11
R Benoît Malon
3
R Moustier
R St-Michel
R Ferrari
R St-Ferréol
8
R Pastoret
R de la Palud
R Estelle
Cours Julien
R Ste Pierre
Notre Dame du Mont-Cours Julien
R Nau
Grignan
R de Rome
Cours Lieutaud
Pl N-D du Mont
R Auguste Blanqui
R des Bons Enfants
R Château Payan
6
Pl Notre Dame du Mont
R de la Loubière
R Montgrand
R de Lodi
Bd L Salvator
10
Estrangin-Préfecture
Pl de la Préfecture

DIE FRIOUL-INSELN

Die Fähren von Lebateau (lebateau-frioul-if.fr) verbinden den Vieux Port von Marseille mit dem **Château d'If**, einem Gefängnis, das von Alexandre Dumas in seinem Romanklassiker *Der Graf von Monte Cristo* (1844) verewigt wurde. Der Kontrast zwischen den Zellen für die Wohlhabenden und dem Kerker für alle anderen ist beeindruckend.

Die gleiche Fähre bedient auch die **Îles du Frioul** (Frioul-Inseln) sowie die miteinander verbundenen Inseln Pomègue und Ratonneau. **Pomègue** ist kaum mehr als ein unberührter zerklüfteter Felsen im Meer. Auf **Pomègue** kann man zum Fort de Caveaux wandern, wo in Bunkern aus dem Zweiten Weltkrieg Geister herumspuken sollen. In **Ratonneau gibt's ein** paar kleine Geschäfte und Restaurants – und eine Kapelle, die einem griechischen Tempel ähnelt, sowie die Ruinen des Hôpital Caroline, in dem einst Reisende in Quarantäne untergebracht waren. Das Highlight ist jedoch die Plage de Saint-Estève, wo man sicher und vor dem Mistralwind geschützt schwimmen kann.

JEANLUCICHARD/SHUTTERSTOCK ©

Ratonneau

brot, das heiß zum Mitnehmen serviert wird) sind ebenso ein Muss wie westafrikanische *Bissap* oder Ingwergetränke.

Segel setzen!

Umweltfreundliche Mittelmeer-Kreuzfahrten

Es gibt keinen besseren Tapetenwechsel als die Gewässer um Marseille. Beim Verlassen der Stadt kann man die Küste so sehen, wie die Griechen sie gesehen haben müssen, als sie vor mehr als 2500 Jahren hier ankamen. Das Mittelmeer ist im Sommer mit ruhigem und warmem Wasser gesegnet, doch der wilde Mistral kann dazu führen, dass die Bootsfahrt verschoben werden muss. Aber mit etwas Glück ist das Wetter angenehm und der Ausflug ein sanfter Traum.

Der charmante Jimmy Granger ist Kapitän der **Les Croisières du FOXY** (www.lescroisieresdufoxy.com). Seine Schaluppe liegt in der Nähe des MuCEM und schippert einen durch die **Calanques**, um zu schwimmen oder bei Sonnenuntergang einen Cocktail zu genießen. Er ist ein ebenso leidenschaftlicher Koch wie Segler und kann (mit zwei Doppelkabinen an Bord) für längere Törns bis nach Korsika oder Italien gebucht werden.

In **Vieux Port** bietet **COCO** (https://capitainecoco.fr) auf Fannys *Barquette* (einem traditionellen kleinen Boot der Region)

PRIMA PASTIS – MARSEILLES LEIBGETRÄNK

Le Chapitre
An einem begrünten Platz an der baumbestandenen La Canebière. Beliebt bei einem jungen Publikum. Toll im Herbst. €

Bar des Maraîchers
Der Besitzer Serge trieft beinahe von Gold und hört 80er-Jahre-Hits. Er ist auch auf einem (hervorragenden) Fresko zu sehen. €

Bar du Peuple
Politisch links orientierter Trinktreff am Rand von Noailles. Geführt von Sadia, der örtlichen Matriarchin. €

SPAZIERGANG DURCH LE PANIER

Der Vieux Port mit seinen Booten und Bars, und das Zentrum von Marseille sind die Orte, die man auf einer Postkarte wiederfindet (oder auf Instagram). Nördlich davon liegt Le Panier, das älteste Viertel der Stadt. Ein Spaziergang bringt einen an jenen Ort, an dem die Griechen 600 v. Chr. an Land gingen. Los geht's am Quai de la Port unter dem historischen 1 **Hôtel Belle-Vue** (wo man wunderbar auf dem Balkon einen Kaffee trinken kann).

Auf dem Weg aus dem Stadtzentrum an der Passage Pentecontore rechts abbiegen, dann die Treppe hinauf, vorbei an der 2 **Stier Skulptur** und unter dem gewölbten Durchgang des Gebäudes hindurch. Das 3 **Vanille Noir** ist für sein anthrazitfarbenes (leckeres!) Vanilleeis bekannt. Nahebei führen die steilen und schmalen Treppen der 4 **Rue Beauregard** und der Rue des Moulins, die mit Straßenkunst geschmückt sind, zur **Place des Moulins** 5, die im 17. Jh. Windmühlen beherbergte und zu jeder Jahreszeit einen Moment der Ruhe bietet.

Wer die 6 **Rue des Muettes** hinunter und dann in die 7 **Rue des Refuges** einbiegt, erreicht das Herz des Panier. Über die 8 **Place des Pistoles,** die 9 **Rue du Petit Puits** und die Rue Antoine Becker gelangt man zur 10 **Cathédrale La Major**. Plant man diesen Spaziergang für den Sonnenuntergang (etwa eine Stunde vom Startpunkt entfernt), ist hier der perfekte Ort für einen unvergesslichen Ausblick. Unten am 11 **Boulevard Jacques Saades** gibt's eine Reihe von Tapas-Bars, von denen aus der Sonnenuntergang gut zu sehen ist. Die Rue Four de Chapitre führt zur Rue de l'Evêché und so in ein Labyrinth aus kleinen Geschäften, Cafés und Restaurants und zur beliebten 12 **Place de L'Enche**.

LE VORTEX

Die Underground-Szene von Marseille ist ausgesprochen antifaschistisch und queerfreundlich; nirgendwo wird dies deutlicher als im kostenlosen Magazin *Le Vortex*, das auch online unter facebook.com/vortexfrommars zu finden ist. Jeden Monat werden dort Konzerte mit einem Eintrittspreis von weniger als 10 € aufgelistet. Egal, ob man auf der Suche nach Berliner Techno, Country-Music, Punk, Metal, New Wave, Shoegaze oder experimentellen arabischen Beats ist, hier gibt's alle Infos.

Radio Grenouille (online oder auf 88.8FM), ein vielseitiger Radiosender, vermittelt einen Eindruck von den vielen musikalischen Welten der Stadt.

MICHAEL FRANKEL ©

Le Vortex

die Weite des Meeres wie auf einem provenzalischen Ausflugsschiff aus den 1960er-Jahren. Man hilft beim Segelsetzen, lernt etwas über die Artenvielfalt und ein vegetarisches Mittagessen gibt's dazu.

Eco-Calanques ist ein kleiner einheimischer Anbieter. Dessen Öko-Schlepper ist teilweise solarbetrieben, und Skipper Thibault informiert über die Geschichte der Stadt, während er einen zu den ruhigsten Buchten bringt. Eine Alternative ist ein alter 27 m langer Schoner, der bis zu 30 Personen Platz bietet.

Hier spielt die Musik

Marseilles abgefahrener & wunderbarer „Underground"

Marseilles ausgefalleneres Nachtleben ist nicht nur auf Selfies bei Sonnenuntergang und in Nachtclubs mit globalen Hits ausgerichtet. Für alle, die mehr als „Mainstream" suchen, spiegelt eine aufregende Untergrundszene die Politik der Straße wider – studentisch, aufgeschlossen, alternativ, anders.

In Marseille verbringt man im Sommer das Leben im Freien. Es ist eigentlich unmöglich, sich dem Gemurmel der Menschen auf den Terrassen zu entziehen, die bis tief in die Nacht hinein trinken und rauchen. Wer Karaoke liebt, wird im **Sing Or Die** am Wochenende glücklich. Geleitet wird die Kultnummer von

AUSGEHEN & FEIERN IN MARSEILLE

Le Couvent
In dem umgebauten Nonnenkloster im Viertel Belle de Mai finden sowohl tagsüber als auch nachts Raves statt. Viel Spaß!

La Mer Veilleuse
Knalliger Techno, Elektro, Afrobeat und Punk – in einer gemütlichen Bar.

SOMA
Liveshows am Wochenende locken die kunstbegeisterte Bussi-Bussi-Gesellschaft auf den Cours Julien.

Jackie, einer Schottin, und ihrem französischen Freund Lionel. Hier geht's heiß und schweißtreibend zu und, im Gegensatz zu vielen französischen Veranstaltungen, extrem laut. Begleitet wird die eigene Bühnenperformance von einer tobenden und schreienden Menge.

Das **Data** fühlt sich eher an wie ein Zuhause als wie ein Club. Im vorderen Raum spielen Bands, und im Innenhof stehen die Leute und rauchen und essen das, was für *Prix libre* angeboten wird (man zahlt, was man für richtig hält). Es warten Avantgarde, Drumcomputer und Elektro – und das in einer wirklich bizarren Umgebung (die Facebook-Seite listet alle Veranstaltungen in all ihrer Vielfalt).

Das **L'Embobineuse**, in den Tiefen des Belle-de-Mai-Viertels ist eine Institution für Underground-Livemusik. Der Club im Stil der 1990er-Jahre, mit dunklen Wänden und klebrigen Böden, bringt Acts aus Texas, Kampala und Berlin, manchmal am selben Abend.

Und für alle, die die Nacht nicht enden lassen wollen, öffnet das **L'Art Haché** in der Nähe des Viertels La Plaine samstags und sonntags von 1 Uhr bis 6 Uhr morgens seine Türen zu Tanz unter extrem niedrigen Decken – und vernichtet dabei garantiert alle bis dahin noch verbliebenen Gehirnzellen.

Die Côte Bleue

Türkisfarbene Gewässer & traumhafte Weiten

Oben auf der Treppe, die zum Bahnhof **Gare St-Charles** führt, bietet sich den ankommenden Travellern seit 1848 ein spektakulärer Anblick: die Stadt, der Himmel und, auf einem Hügel in der Ferne, die berühmte Basilika Notre-Dame de la Garde.

Eine 15-minütige Zugfahrt in Richtung Westen entlang der Côte Bleue (Blaue Küste) nach **L'Estaque** kostet etwa 3 €; der Blick aus dem Zugfenster ist derselbe wie der, der einst die Impressionisten zu ihren Arbeiten inspirierte. Ein 10-minütiger Spaziergang vom Bahnhof von L'Estaque zum Hafen ermöglicht es, die regionalen Köstlichkeiten *Panisse* (Kichererbsen-Pommes) und *Chichi* (ähnlich den spanischen *Churros*) zu probieren. Gegessen werden sie aus Papiertüten an den *Barraques à Chichis* (historischen Essensständen). Man kann aber auch versuchen, einen Tisch im **L'Hippocampe** zu bekommen – einem der authentischsten Fischrestaurants der Region.

Das **Alhambra-Kino** ist nur eine kurze Taxifahrt von hier entfernt. Seit 1928 steht es an einem begrünten Platz, der auch die **Denis Bar** beherbergt, die gefühlt schon seit Ewigkeiten von Fischer:innen und Künstler:innenn frequentiert wird.

Das wahre Juwel liegt jedoch weiter oben an der Küste. Eine weitere 15-minütige Zugfahrt an L'Estaque vorbei bringt einen nach **Niolon**, wo man sich wie in ein provenzalisches Dorf versetzt fühlt. Einfach den Menschenmassen auf dem felsigen Weg zur **Calanque du Jonquier** folgen, dann im Schatten des spektakulären Bogenviadukts schwimmen und dabei über das ruhige Wasser zurück in Richtung Stadt blicken. Eine großartige Erfahrung.

LES GOUDES

Will man hier jemanden beleidigen, sagt man (sinngemäß) „Geh' und vergrab' dich in Goudes". Les Goudes ist ein winziges Fischerdorf, 30 Autominuten südöstlich des Zentrums von Marseille, und ganz bestimmt nicht das Ende allen Daseins. Vielmehr scheint hier die Zeit stehengeblieben zu sein, vor allem aber bietet es Zugang zu spektakulären Küstenabschnitten!

Tuba Club
So exklusiv, dass es fast unmöglich ist, eines der acht Zimmer zu reservieren oder einen Platz im Restaurant zu bekommen ... man sollte es aber unbedingt versuchen!

Le Grand Bar de Goudes
Gilt als Seele des Dorfes – und ist sein Herz. Der Besitzer Didier ist allen Gästen gegenüber aufgeschlossen. Unbedingt im Voraus reservieren!

Le Baie des Singes
Der Spaziergang zur Le Baie des Singes, einer alten Schmugglerbucht, gleicht einem durch eine sonnenbeschienene Mondlandschaft – und ist ein Muss!

Rund um Marseille

Wirklich schätzen lernt man Marseille, wenn man sich von der intensiven, lauten Energie löst und die Natur erlebt, die die Stadt umgibt.

UNTERWEGS VOR ORT

Eine Busfahrt, die über die Grenzen von Marseille hinausführt, kann einem schnell zu stickig werden. Eine Alternative ist die Bahn. Sie ist billig und man kann an Bord sogar zum Mittagessen Wein trinken. Wirklich ideal ist allerdings ein eigenes Auto. Die Freiheit, auch Orte zwischen A und B erkunden zu können, vergrößert das Vergnügen deutlich.

In Aix werden einem die Leute sagen, ihre Stadt sei so winzig, dass man überall zu Fuß hingehen kann. Und das stimmt auch. Wer mehr sehen will: Der lokale Busservice (www.aixenbus.com) bringt einen auch an den Stadtrand, Fahrkarten können ganz einfach an Bord gekauft werden. In dieser Gegend fährt man gern Fahrrad. Beim zentral gelegenen Aixprit Vélo (aixpritvelo.com) kann man sich eines ausleihen und damit die Umgebung erkunden.

Selbst diejenigen, die Marseille lieben, lieben es auch, die Stadt mal zu verlassen. Auch manche Traveller ziehen gelegentlich Vogelgezwitscher und Wasserrauschen dem Gehupe der Autos vor. Wer dem Trubel entfliehen will, auf den warten in beiden Richtungen kilometerlange wilde Küstenabschnitte. Oder man setzt sich ins Auto und fährt 30 Minuten ins Landesinnere nach Aix-en-Provence, einer Stadt, durch die man sich treiben lassen kann, in der man sich in eines der vielen Cafés setzen und das Leben um sich herum genießen (und beobachten) kann. Die Straßen der eleganten Universitätsstadt sind voller junger Menschen aus aller Welt, die hier ihrem Studium nachgehen (oder anderen Dingen). Egal, ob man zum Einkaufen kommt, um ziellos umher zu wandern, oder die Stadt als Ausgangspunkt für Ausflüge in die umliegende Landschaft nutzen will: Aix wird einem dabei sanft zur Seite stehen.

ROSSHELEN/SHUTTERSTOCK ©

Aix-en-Provence

Pavillon Vendôme

Wo man sich trifft in Aix-en-Provence

Treffpunkte aus der Vor-Internet-Zeit

Bevor Schnellzüge die Stadt mit Paris verbanden, hatte Aix einen fast mythischen Status. Als es hier noch keine Ladenketten gab, galt die Stadt als eine obskure und romantische Ecke voller Reichtum und Sonnenschein, als ein Ort, an dem nur die Schönen lebten und an dem man vielleicht einen berühmten Filmstar wie Alain Delon bei einem Espresso erwischen konnte. Nachdem Aix in weniger als drei Stunden erreichbar wurde, zogen Pariser Familien in die Stadt. Kurz darauf folgte der Massentourismus mit all seinen Vor- und Nachteilen. Einige Lokale sind schon seit Jahrhunderten in Betrieb, andere gibt es erst seit ein paar Jahrzehnten. Vielleicht weil es Letzteren gelingt, noch immer den Anschein des Aix aus der Zeit vor dem Internet aufrechtzuerhalten, sind sie auch bei Einheimischen beliebt.

Die **Brasserie de L'Archevêché** liegt um die Ecke des berühmten Institut d'Études Politiques (IEP) von Aix, einem Institut, an dem Diplomatie, Politik und Journalismus für die Führungskräfte von morgen gelehrt werden. Der jetzige Besitzer des Restaurants serviert seit 1995 auf seiner Terrasse an einem historischen Platz im Schatten der Bäume ein Mittagessen, das sich größter Beliebtheit erfreut. Ein weiterer Anziehungspunkt hier ist die internationale Buchhandlung **Book in Bar**.

In den engen Mauern des **Le PTT** finden sich Menschen aus allen Gesellschaftsschichten. Es ist nicht ungewöhnlich, in dieser Umgebung Vertreter verschiedenster Berufe nebeneinander anzutreffen – von der Justiz bis zur Landwirtschaft.

DIE BESTEN PICKNICKPLÄTZE VON AIX

Promenade de la Torse
Eine halbe Stunde Fußweg östlich des Cours Mirabeau liegt eine weite offene Fläche. Holzbrücken führen über einen Bach mit Enten und Reihern. Es gibt genügend Schatten, um sich auf einer Decke zu entspannen, während in der Näher Jogger ihre Runden drehen.

Pavillon Vendôme
Nur 10 Gehminuten von der Fontaine de la Rotonde im Stadtzentrum entfernt warten gepflegte Gärten im Schatten des historischen Opulenzbaus eines liebeskranken Herzogs. Ein wahrlich herrschaftlicher Rahmen für das Kunstmuseum, das hier inzwischen untergerbacht ist.

Parc Jourdan
Was diesem Stadtpark an Schönheit fehlt, macht er mit seiner Authentizität wett – hier spielen Einheimische mit einer Zigarette im Mund Boule, während Mitglieder der arbeitenden oder studierenden Bevölkerung in der Mittagspause ihre Sandwiches essen.

GLUTENFREI ESSEN IN AIX

Aux Petits Oignons
Hervorragende glutenfreie vegane Hotdogs mit karamellisierten Zwiebeln und Pommes frites. **€€**.

Ojus
Glutenfreie Crêpes, vegane Reis- und Linsengerichte zum Mitnehmen. Halleluja! **€€**

Atelier du Mochi
Die hypermoderne französische Variante des japanischen Desserts Mochi. Vegan, glutenfrei und absolut köstlich. **€€**

DIE BESTEN WEINGÜTER RUND UM AIX-EN-PROVENCE

Domaine des Masques
In bezaubernder Lage am Fuß des Mont Sainte-Victoire. Am Ende eines mit Schlaglöchern übersäten Weges wartet eine unbeschreibliche Aussicht auf die Umgebung. Hier kann man Weiß-, Rot- und Roséweine probieren – wobei die frischen und blumigen Weißweine das Highlight sind.

Château Crémade
An diesem malerischen Ort produzierten die Römer schon vor der Geburt Jesu Wein, später waren Cézanne und Émile Zola hier zu Gast. Die Besichtigung des Weinkellers fühlt sich an wie ein Gang durch die Geschichte.

Domaine des Diables
Keine Masse – dafür höchste Klasse. Bei einem Rundgang durch den Weinberg erhält man einen Einblick in den nachhaltig-biologischen Anbau. Wohl bekomm's! (Und das Spucken nicht vergessen)!

CHRIS HELLIER/GETTY IMAGES ©

Fondation Vasarely Museum

La Brocherie liegt, wie alle guten Dinge in Aix, ein wenig abseits. Hier werden gegrilltes Fleisch und Meeresfrüchte in rustikalem Ambiente serviert, das manche für altmodisch halten mögen, das aber von Integrität zeugt. Das T-Bone-Steak und die Crème brûlée mit Lavendel versetzen einen zurück in die 1970er-Jahre – und kosten weniger als 30 €.

Die Fondation Vasarely

Museum des Vaters der Op Art

Etwas außerhalb der Stadt liegt ein Gebäude aus den 1970er-Jahren, das schon von Weitem durch sein hypermodernes Design mit viel Glas und geometrischen Metallblöcken ins Auge fällt. Beim Näherkommen entdeckt man die **Fondation Vasarely** – eine Hommage an den ungarisch-französischen Künstler Victor Vasarely. Das Gebäude spiegelt sich in einem See und lässt schon von außen erahnen, was sich in seinem Innern verbirgt.

In Aix verdient es die moderne abstrakte Kunst des 20. Jahrhunderts, mit demselben Respekt behandelt zu werden wie Paul Cézanne, Georges Braque und die anderen Impressionisten. Als unbestrittener Vater der Op-Art ist Vasarely in einer Welt computergenerierter Bilder, die sich ins Nirgendwo verirren, aktueller denn je. Der von ihm gestaltete Raum überwältigt durch Farbe und Größe. Die riesigen psychedelischen Werke ziehen einen in sieben sechseckigen Galerien, die jeweils sechs Kunstwerke enthalten, in eine Welt anamorpher, verzerrter Muster. Es ist nicht nur ein Ort, an dem man dem Regen oder der prallen Sonne entfliehen kann, sondern ein „Labor der Ideen", an dem Kunst zu transzendentaler Meditation führen kann.

IN BOUCHES-DU-RHONE BIO-WEINE GENIESSEN

Château Revelette, Jouques
Biodynamisches Weingut, 35 Minuten von Aix-en-Provence. Die PUR-Weine sind ein Traum.

L'Abri, Marseille
Städtisches Gut, das Weine mit großer Ausgewogenheit und Finesse herstellt – und das zu erschwinglichen Preisen.

Villa Minna Vineyard, Saint-Cannat
Einzigartige und bezahlbare Bio-Weine – nur 30 Minuten von Aix-en-Provence entfernt.

Vasarelys Blick in die Zukunft, eine Welt aus Pixeln, die noch vor dem Computerbildschirm erfunden wurde, ist nach wie vor zeitlos. Er war das Aushängeschild für geometrische Kunst, arbeitete in der Werbebranche und entwarf Plattencover für David Bowie – unter anderen. Der Besuch versetzt einen in einen nicht-alltäglichen Bewusstseinszustand, den man ein-, weiter- und ausschalten kann.

Wandern durch Cézannes Landschaften

Von Thalonet nach Bibemus

Die Provence ist der Traum aller, die das Wandern lieben. Der Aufstieg auf den Gipfel des **Mont Sainte-Victoire** scheint die naheliegendste Route zu sein, aber sie kann sehr anstrengend werden – besonders bei Hitze. Eine tolle Alternative, vor allem für Kunst- und Naturfans, ist ein Trip durch das Land von Cézanne. Eine 3½-stündige Wanderung ab Tholonet mit Guide kann über das Fremdenverkehrsamt von Aix oder online unter www.aixenprovencetourism.com gebucht werden.

Tholonet ist mit seinen Wasserfällen, Windmühlen, Cafés und Restaurants der perfekte Ausgangspunkt für eine Wanderung, die schon die Impressionisten begeistert hat. Hier befindet man sich am Fuß des Berges, und die Route führt durch Pinienwälder in die Bibemus-Steinbrüche, aus denen Aix und seine Monumente herausgemeißelt wurden und wo sich Cézanne in einem selbst gebauten Steinhaus in seine künstlerischen Leidenschaften vertiefte. Während man sich durch das Gelände kämpft, fühlt man sich zuweilen in die Formen und Farben seiner Gemälde versetzt. Die Sommerwanderungen, die um 18 Uhr beginnen, bieten magisches Licht.

Auf dem Plateau bietet sich das Panorama, für das Cézanne hierherkam und das er durch seine Ölgemälde und Aquarelle berühmt machte. Die Aussicht ist bis heute weitgehend dieselbe geblieben. Der Rückweg von den Steinbrüchen über **Lac Zola** und Lovers Bench verlängert die Wanderung um eine Stunde, erlaubt es aber, mehr zu erkunden, z. B. die heimische Tierwelt. Unbedingt ausreichend Wasser mitführen – vor allem in den trockenen Sommermonaten (wenn übrigens der Zugang zu den Wäldern zum Schutz vor Bränden eingeschränkt sein kann; vor dem Aufbruch zuverlässige aktuelle Informationen einholen).

Erwähnenswert ist, dass das **Atelier de Cézanne**, das Atelier des Künstlers nördlich von Aix, für Besucher:innen geöffnet ist. Wenn das Licht durch die Fenster flutet, kann man sich von der gleichen Energie anstecken lassen, die der Künstler seinerzeit in diesem Ambiente empfunden haben muss. Seine Malutensilien sind so belassen, wie sie waren, und sein Hut hängt noch immer an einem Haken. Das Atelier ist zu Fuß bergauf in etwa 30 Minuten zu erreichen (oder mit der Buslinie 5 aus der Stadt).

DAS LAND DES MARCEL PAGNOL

Das 715 m hohe Garlaban-Massiv ist schon von Marseille aus zu sehen. Hier verbrachte der legendäre französische Schriftsteller und Filmemacher Marcel Pagnol seine Kindheit im La Bastide Neuve, dem Ferienhaus seiner Familie. Besonders gern spielte er in den Hügeln oberhalb von Allauch, einem Dorf im Hinterland von Marseille. Seine Schriften und frühen Filme verführten eine ganze Generation dazu, sich in seinen Geschichten über die Provence zu verlieren. Der berühmte Film *Manons Rache (Manon des Sources;* 1986) ist eine Verfilmung seines eigenen Werks.

Besonders beliebt im Garlaban-Massiv ist das Wandern; von Allauch bis zum Ferienhaus der Familie Pagnol ist es etwa eine Stunde – ein romantischer Spaziergang durch die Natur. 15 Autominuten östlich liegt das ebenfalls einen Besuch lohnende Château de La Buzine – ein Schloss aus dem 15. Jahrhundert, bekannt aus Pagnols Film *Das Schloss meiner Mutter* (*Le Château de Ma Mere*, 1990), das heute ein interaktives Museum und Kino ist.

ÜBERNACHTEN IN AIX-EN-PROVENCE

Hôtel Cardinal
So förmlich wie die goldgerahmten Spiegel und Gemälde in seinem Innern. **€€**

L'Hôtel des Arts
Einfaches und schnörkelloses Hotel im Stadtzentrum (beim Musée Granet). **€**

Hotel Escaletto
Angenehm, günstig und mit Blick auf den Mont Sainte-Victoire. **€€**

Calanque d'En-Vau

Die atemberaubende Schönheit der Calanque d'En-Vau

Abstieg ins Paradies

Der kleine Hafen von Cassis, der von Marseille aus leichter mit dem Auto als mit dem Zug zu erreichen ist, hat im Lauf der Jahre seinen Charme verloren, doch bei der Küste dahinter verhält sich das anders. Der Strand **Calanque d'En-Vau** wird jeder Übertreibung gerecht, die man ihm angedeihen lassen möchte. Von Cassis aus geht's zu Fuß (30 Min.) zur **Calanque de Port-Miou**. Kommt man mit dem Auto, kann man es auf dem Presqu'île-Parkplatz abstellen. Nun beginnt eine anstrengende Wanderung unter heißer Sonne, die jedoch jede einzelne Blase wert ist!

Nachdem man etwa 20 Minuten lang dem Wasser zur Linken gefolgt ist, ist der Strand **Calanque de Port Pin** erster Halt, wo man ein kurzes Bad nehmen kann. Es gibt zwei Wege von Port Pin zur Calanque d'En-Vau. Der blau markierte Küstenweg dauert länger (etwa eine Stunde), ist aber lohnender. An den Klippen angekommen versteht man augenblicklich, warum man sich die Mühe gemacht hat – die Aussicht ist so atemberaubend wie nirgendwo sonst in der Region.

Für Neulinge ist es schwieriger, zum Strand hinunterzuklettern (die Einheimischen erkennt man daran, dass sie wie Gämsen umherhuschen). Mit gutem Schuhwerk und bei gemächlichem Tempo wird man keine Probleme haben. Im Idealfall sollte man am späten Vormittag ankommen und genügend Wasser und Proviant für den Tag mitbringen. Die Bucht ist eher ein verschwommener Traum als ein Ort am Meer – hier will man so lange wie irgend möglich bleiben.

CARRY-LE-ROUET

Nur 30 km westlich von Marseille liegt Carry-le-Rouet, die Perle der Côte Bleue (Blaue Küste), das mit seinem charmanten Hafen, den duftenden Pinienbäumen und den perfekten Buchten die Herzen vieler Menschen höherschlagen lässt. Der Zug ab Gare Marseille-Saint-Charles kostet etwa 6 €. Die 35-minütige Fahrt bietet eine traumhafte Aussicht auf das Meer.

Mit einem Mietwagen hat man mehr Freiheit, um unterwegs anzuhalten, die Landschaft in Ruhe zu genießen und den langhörnigen Ziegen beim Grasen zuzusehen (Parkplätze sind allerdings leider selten).

Fans von Meeresfrüchten zieht es an den ersten drei Sonntagen im Februar zu den „Oursinades", einer Verkostungsparty mit Seeigeln, die als die besten des Mittelmeeres gelten. Für jene, denen die Speise zu ungewöhnlich ist, gibt es alles, was das Meer sonst noch zu bieten hat, einschließlich jeder Menge Schalentiere.

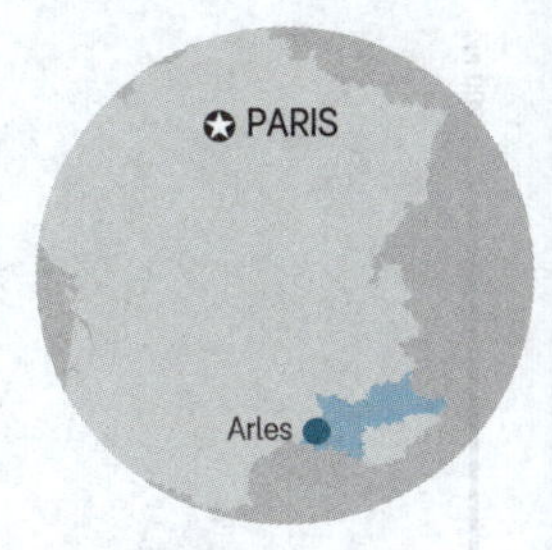

Arles

Schon bei der Ankunft in Arles wird einem das römischen Erbe der Stadt bewusst. Als antike Rivalin der Nachbarstadt an der Küste strahlt Arles einen Glanz aus, der alle dörfliche Bescheidenheit Lügen straft. (Arles unterstützte Julius Cäsar, als er um die Macht kämpfte und Pompejus' Marseille besiegte.) Und dann wäre da ja auch noch die Bedeutung der Stadt in der Kunstgeschichte – die Gemälde, die als die schönsten von van Gogh gelten, wurden hier erschaffen.

Fast anderthalb Jahrhunderte später gelingt der hiesigen zeitgenössischen Kunstwelt weiterhin kühn jener sehr französische Spagat zwischen schimmernder Futuristik und Antike – Kunst und Raffinesse gehen hier mühelos Hand in Hand. Das spürt man, wenn man durch die Stadt schlendert, während sich die Geschichte dieser Bastion inmitten der weiten, feuchten Ebenen der Camargue vor einem offenbart.

CSTK22/SHUTTERSTOCK ©

Les Arènes (S. 684)

UNTERWEGS VOR ORT

Arles lässt sich nur zu Fuß erkunden – durch die engen Straßen und Gassen und über die fußgängerfreundlichen Plätze zu schlendern ist hier Teil des Alltags. Außerhalb der Saison und am frühen Morgen ist die magischste Zeit zur Erkundung der UNESCO-geschützten römischen Sehenswürdigkeiten. Von April bis Oktober fährt ein Touristenzug durch die Stadt, mit einem Guide, der Highlights kommentiert (was die Einheimischen als eher lästig empfinden). Radfahren ist beliebt, es gibt einige ausgewiesene Wege, auch entlang der Ufer der Rhône; siehe https://velocarles.fr.

☑ TOP TIPP

Will man durch die Straßen schlendern, sollte man sich früh aufmachen – bevor die Stadt zum Leben erwacht. Ein Spaziergang am Ufer der Rhône und dann durch die ruhigen Gassen, die zu einem historischen Platz nach dem anderen führen, vermittelt durch allerlei entdeckenswerte Details den wahren Zauber dieses Orts.

HIGHLIGHTS
1 Fondation Vincent Van Gogh
2 Les Arènes

SEHENSWERT
3 Cryptoportiques
4 Museon Arlaten
5 Théâtre Antique
6 Thermes de Constantin

ESSEN
7 Café de la Roquette
8 Camargue Social Club
9 Le Gibolin
10 L'Épicerie du Cloître
11 Monstre

ARLES

0 — 200 m

Grand Rhône
Pont de Trinquetaille
Q de la Roquette
Q Marx Dormoy
R du Port
R du Pont
Pl. Paul Doumer
R des Porcelets
R de Chartrouse
R de la Monnaie
R Jean Granaud
R Gambetta
R Dulau
R Molière
R du Président Wilson
R des Carmes
R de la République
Pl de la République
R Jean Jaurès
R du Cloître
R de la Liberté
R du Forum
Pl du Forum
R des Pénitents Bleus
R Truchet
R du Sauvage
R du Docteur Fanton
R de l'Hôtel de Ville
R du Grand Prieuré
R Réattu
R des Suisses
R du 4 Septembre
R des Arènes
R du Palais
R Balze
Plan de la Cour
R de la Calade
R Balechou
R Diderot
Pl Balechou
R Chiavary
R l'Amphithéâtre
Pl Voltaire
R Voltaire
R Augustin Tardieu
R Condercet
R Portagnel
R du Refuge
Les Arènes
Pl de la Major
Rond Point des Arènes
R Porte de Laure
Pl Pomme
R Emile Barrère
Cimetière central Arles Ville
Jardin d'Été
Bd Emile Combes
Bd des Lices
Av Victor Hugo
Luma Arles (400 m)
Musée de l'Arles Antique (800 m)
Bd Georges Clemenceau
R Parmentier

Cryptoportiques (S. 684)
TRABANTOS/SHUTTERSTOCK ©

ALLA TSYGANOVA/SHUTTERSTOCK ©

Museon Arlaten (Heimatmuseum Arlaten; S. 684)

Arles – die Kunsthauptstadt

Stahl, Glas und Amphitheater

Der Turm von Frank Gehry erhebt sich über die Stadt und spiegelt das berühmte Licht hier wider– ein stählernes und gläsernes Zeugnis zeitgenössischer Kunst und ein von einer Milliardärin finanziertes Vergnügungszentrum. Im Inneren befindet sich das **Luma Arles**, eine hochmoderne Galerie und ein mitreißendes Kunstzentrum. Es fordert einen auf, Vincent Van Gogh und Paul Gauguin, die in dieser Stadt ihre eigenen Mythen schufen, der Vergangenheit zu überlassen und in den Ateliers, Ausstellungs- und Aufführungsräumen eine schillernde neue Zukunft zu erleben.

Arles ist seit Langem ein Synonym für Kunst: Die Fotoschule, die École Nationale Supérieure de la Photographie, gehört zu den besten der Welt, und jedes Jahr findet in der Stadt von Juli bis September **Les Rencontres d'Arles** statt, ein Fotofestival, das 1970 ins Leben gerufen wurde. Hier werden die großen Namen gefeiert, neue Talente entdeckt und die Kunstwelt

DIE BESTEN RESTAURANTS IN ARLES

Monstre
Angesagtes Lokal mit Kunst-Galerie. Besonders bei jungen Leuten beliebt. €€

L'Épicerie du Cloître
Bio-Weine und raffinierte Tapas; in einen Innenhof. €€

Café de la Roquette
Angenehm für ein Mittagessen – ideal, um dabei das Treiben um einen herum zu beobachten. €

Camargue Social Club
Wunderbare Camargue-Küche & Cocktails. €€

Le Gibolin
Kleines, feines Restaurant mit Michelin-Stern. €€

ÜBERNACHTEN IN ARLES

Le Nord-Pinus
Schickes Grand Hotel – eine Institution, zu deren Gästen (zumindest an der Bar) Hemingway, Picasso und Piaf zählten. €€€

Le Cloître
Wendeltreppen, ein schickes Restaurant im Innenhof und ein entspannendes Spa. €€

Mia Casa
Gemütliches, zentral gelegenes B&B. Besser als jede Kettenunterkunft. €

gibt sich bei der „Nacht des Jahres“ bis zum Morgengrauen ein Stelldichein.

In dieser Stadt finden unzählige Kunstfestivals statt, die, so behaupten einige Einheimische, ein trojanisches Pferd für die Gentrifizierung seien. Sie sind der Meinung, die Kunst habe die Aufgabe, die Welt zu verändern, anstatt die Reichsten zu beglücken, die sie sowieso schon kontrollieren. Nichtsdestotrotz nehmen die Veranstaltungen das ganze Jahr über zu – und das auf höchstem Niveau. Die **Fondation Vincent van Gogh** veranstaltet Wechselausstellungen und Seminare und wirft dabei auch einen zeitgenössischen Blick auf das Vorangegangene.

Das **Museon Arlaten**, ein Heimatmuseum in einem Herrenhaus aus dem 15. Jahrhundert, wurde mit Hilfe des Modedesigners Christian Lacroix renoviert. Es zeigt Kostüme, Gemälde, Kunst und Kunsthandwerk der Provence im Lauf der Zeit, und das auf stilvolle Weise.

FESTIVAL ARELATE

Das Festival Arelate ist eine vielfältige und meist kostenlose Verneigung vor der römischen Geschichte der Stadt. Die Feierlichkeiten bieten keine übertriebene Kostümparty, sondern sind ein liebevolles Bekenntnis zum Erbe von Arles und zur antiken Kultur, die die Stadt bis heute prägt.

Jedes Jahr im August erwacht die berühmte Kulisse der römischen Architektur zum Leben. Die Straßen verwandeln sich in ein Theater, in dem Gladiatoren mit Streitwagen um die Wette fahren und in der Arena kämpfen. Überall bieten Archäologen und Historiker Seminare, man kann antike Rezepte ausprobieren und Filme mit römischen Themen kommen unter freiem Himmel zur Aufführung (sehr beliebt bei Familien).

Das römische Erbe von Arles

Spaziergang durch Petit Rome

Arles gleicht einer Miniaturausgabe von Rom. Bei einem Spaziergang durch die Straßen wird die historische Bedeutung der Stadt als wirtschaftliches, politisches und kulturelles Zentrum des Römischen Reiches deutlich. Viele der antiken Bauten der Stadt sind nicht nur sehr gut erhalten, sondern auch nur wenige Gehminuten voneinander entfernt.

Los geht's am **Les Arènes**, einem gut erhaltenen Amphitheater, in dem einst Wagenrennen und Gladiatorenkämpfe auf Leben und Tod stattfanden und in dem heute große Konzerte und Stierkämpfe veranstaltet werden. Les Arènes liegt nur einen Katzensprung vom **Théâtre Antique** entfernt, das ebenfalls Teil des zeitgenössischen Kulturlebens der Stadt ist. Das Theater ist vor allem auch wegen des Konzert-Programms ein Muss für jeden Musikliebhaber

Vom antiken Zirkus führt ein 20-minütiger Spaziergang durch die Stadt zum **Musée de l'Arles Antique**, das beeindruckende archäologische Funde beherbergt, darunter eine Marmorstatue des römischen Kaisers Augustus, die 1750 zwischen den Säulen des Theaters gefunden wurde.

Weiter geht es entlang des Rhôneufers zu den **Thermes de Constantin**; diese alten römischen Bäder sind schnell erkundet. Auf dem Rückweg zur Place de la Forum stößt man auf die Fassade des Hotels Nord-Pinus, die in die fast unwirklichen Überreste des alten Eingangs zu den unterirdischen Kammern der **Cryptoportiques** übergeht. Sie bildeten einst das Fundament des Forums. Man kann sich in den unterirdischen Verstecken umsehen oder auf dem Platz darüber ein kühles Getränk genießen.

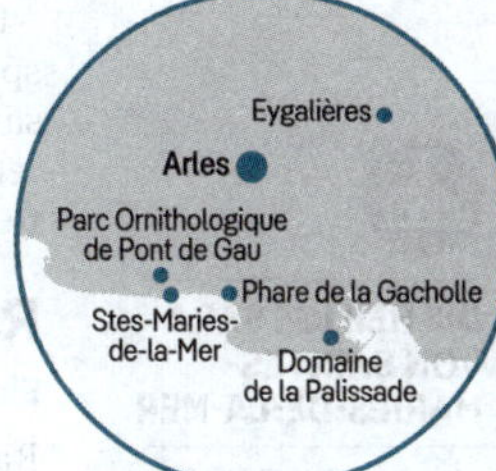

Rund um Arles

Als Besucher:in der Camargue kann man leicht daran zweifeln, noch in Frankreich zu sein.

Arles ist das Tor zur Camargue, einer Region von legendärer Schönheit. Es ist nicht nur die Landschaft, in der Wasser und Erde in atemberaubenden Naturschutzgebieten voller Vögel, Wildpferde und schwarzer Stiere zu einer Einheit verschmelzen – es sind auch die Menschen hier. Tritt man in ihre Welt ein, ist man von der eigenen völlig isoliert. Es ist ein Land mit uralten Bräuchen und einer langen Geschichte, die noch heute in den Roma-Wallfahrten von Saintes-Maries-de-la-Mer gelebt wird. Die Camargue ist ein Abenteuer, zu dem auch Musik und Speisen gehören, und Orte, die so einladend wie fremdartig sind.

Vogelbeobachtung im Parc Ornithologique de Pont de Gau

Vogelfrei

Ist man kein Vogelliebhaber, wird ein Ausflug zum **Parc Ornithologique de Pont de Gau** in Saintes-Maries-de-la-Mer einen wahrscheinlich dazu machen. Das etwa 40 Autominuten südwestlich von Arles gelegene, 60 Hektar große Naturschutzgebiet ist Heimat von über 200 Arten, die hier zu verschiedenen Jahreszeiten zu sehen sind. Auf den Pfaden und in den Verstecken, die es einem ermöglichen, den Flamingos, die von den Algen, die sie fressen, rosa gefärbt sind, ganz nahe zu kommen, taucht man in die Welt der Vogelbeobachtung ein, die man eigentlich nur aus Tierfilmen kennt. Die unwirkliche Schönheit der Flamingos, die über dem Wasser schweben oder sich im tiefen Gras versammeln, scheint nicht von dieser Welt. Doch sie sind nicht die einzige Spezies; eine Vielzahl von Reihern, Seidenreihern und Störchen ist hier ebenfalls zuhause. Ebenso wie Habichte und Falken erheben sie sich mit einer Majestät in die Lüfte, die mit dem Fernglas beobachtet erst so richtig zur Geltung kommt.

Der Park wurde zum Vergnügen der Menschen, aber auch als eine fast unwirkliche Utopie für die Tierwelt der Camargue angelegt. Einige ihrer Vertreter haben die Migration aufgegeben und leben hier inzwischen ganzjährig in Buchten, die die ideale Flora und Fauna für sie bieten. Der Park widmet sich auch der Bildung: Er bringt Interessierten das empfindliche Gleichgewicht dieses Ökosystems näher. Kinder, die diesen Ort besuchen, sind zumeist wirklich begeistert.

UNTERWEGS VOR ORT

Wer mit dem Fahrrad aus der Stadt in die Camargue fährt, sollte unbedingt langärmelige Oberbekleidung, lange Hosen und geschlossene Schuhe tragen – und Mückenspray dabeihaben. Klingt aufwändig, sicher, aber dafür gibt's hier keine Hügel, die bezwungen werden müssen. In diesem Teil der Welt ist ein eigenes Auto eigentlich unverzichtbar. Avis France befindet sich direkt am Bahnhof; Mietwagen lassen sich problemlos online buchen.

Die Fahrt von Arles nach Saintes-Maries-de-la-Mer kostet mit dem Bus nur 1 €, allerdings gibt's unterwegs kaum Haltestellen.

TOP TIPP

Unbedingt Mückenspray einpacken – und ein Fernglas (egal wie groß) für die Vogelbeobachtung!

Um die schönsten Fotos zu machen, sollte man unbedingt am späten Nachmittag herkommen – dann ist das Licht angenehm sanft. Mit etwas Glück erlebt man im Frühherbst einen tiefroten Sonnenuntergang, bei dem auch die Flamingos ihre schönste rosa Farbe zeigen – ein unvergesslicher Anblick.

DIE HEILIGE SARA VON SAINTES-MARIES-DE-LA-MER

Alles in Saintes-Maries-de-la-Mer dreht sich um die romanische Kirche **Église des Saintes-Maries** aus dem 12. Jahrhundert – teils heilige Stätte, teils Küstenfestung, von deren Dach aus man einen herrlichen Ausblick hat.

Hier wird die Statue der Schutzpatronin der Roma aufbewahrt: Die Heilige Sara. Nach einer lokalen Legende war sie die Dienerin von Maria Magdalena. Sara-la-Kâli (oder Schwarze Sara) wie sie genannt wird, wird von ihrer Gemeinschaft von Roma, Manouches, Tziganes und Gitans verehrt, die im Frühjahr aus der ganzen Welt zu dieser Wallfahrt kommen. Die Prozessionen, die sich über zwei Tage erstrecken, symbolisieren die Ankunft von Sara und ihrem Begleiter per Schiff. Besonders beeindruckend ist es, wenn die Wächter ihre Pferde ins Meer galoppieren lassen und dabei die Statuen der Heiligen tragen, während in der Kirche Musik erklingt und die Glocken läuten.

Radfahren entlang der Küste

Eins mit der Natur

Radfahren an der Küste ist einfach toll! Und befreiend, zum Beispiel wenn man von Saintes-Maries-de-la-Mer aus in die Pedale tritt und das Land an einem vorbeizieht. Die **Camargue** bietet großartiges Wetter und fantastische Landschaften – eine nahezu unwirkliche Kulisse mit rosa Flamingos, wilden Pferden und schwarzen Stieren, die man besser mit dem Wind im Haar als aus dem Mietwagen heraus beobachten sollte.

Bei Rückenwind ist es ein Leichtes, die Küste abseits der Touristenströme der Hochsaison zu entdecken. Wer gegen den Mistral ankämpfen muss, kann sich immerhin sicher sein, dass er einen auf dem Rückweg unterstützt. Der beliebte Küstenpfad außerhalb der Stadt zwischen Marschland und Meer endet am solarbetriebenen und unbesetzten Leuchtturm **Phare de la Gacholle**, ein idealer Ort, um zu picknicken.

In der Stadt bietet **Le Velociste** Schotterrennräder (Gravelbikes) zum Ausleihen an. Die Leute dort sind äußerst hilfsbereit und geben auch Tipps für Radtouren in den Nationalpark. Schon die Fahrt hinauf nach **Mejanes** vermittelt ein echtes Gefühl von Weite. Es ist nicht selten, unterwegs *Gardiens* (die Cowboys der Camargue) auf weißen Pferden galoppieren zu sehen, während man den Buchten ins Landesinnere folgt. Wer über die nötige Energie verfügt, kann sich an einer Kombi-Tour mit Fahrrad, Pferd und Kanu versuchen.

Vélo Saintois, im Osten der Stadt, ist sehr familienfreundlich. Hier kann man Fahrräder für bis zu einer Woche ausleihen und bekommt auf Nachfrage Tipps für eine Radtour, die zu einem passt. **TROT'NALEX** bietet eine große Auswahl an E-Bikes an, bei denen man weniger in die Pedale treten muss.

Eygalières – das Kalksteindorf

Auf dem Gipfel der Alpilles

Les Baux-de-Provence ist perfekt, wenn man von den Alpilles aus tagelang den Blick schweifen lassen möchte. Die Aussicht auf die Weinberge, Olivenbäume, Pinien und Eichen, die man von diesem Mittelgebirge aus hat, ist unvergesslich. Die zerklüftete Landschaft mit ihren glitzernden Pools und rustikalen Häusern ist so provenzalisch wie im Bilderbuch, aber Les Baux-de-Provence mit seinem Schloss und den Horden von Menschen,

ÜBERNACHTEN IN SAINTES-MARIES-DE-LA-MER

Hôtel Casa Marina
Helles, modernes und familienfreundliches Boutiquehotel direkt am Strand. €€

Hotel Mas Des Lys
Angenehmes Hotel mit Zimmern im Chalet-Stil, mit Swimmingpool €€

Hotel les Palmiers
Nur wenige Meter vom Strand entfernt und mitten in der Stadt. €

BLICKWINKEL/ALAMY ©

Phare de la Gacholle

die hier ihre Kamera zücken, lässt einen vielleicht glauben, sich in ein mediterranes Disneyland verirrt zu haben.

Nur eine halbe Autostunde nordöstlich befindet sich **Eygalières**, ein Kalksteindorf, das auf einem Hügel thront und in dem Ruhe an der Tagesordnung ist. Es ist ein Ort, an dem man zum Klang der Zikaden und der Wasserfontänen spazieren gehen und in den verwinkelten Straßen und engen Gassen den sanften Rhythmus des Dorflebens genießen kann. Freitagmorgens belebt der Markt Eygalières – auf ihm gibt es alles, was das Herz begehrt: Käse, Fleisch und Wein aus der Region sowie jeden letzten Samstag einen Antiquitätenmarkt. **La Banaste d'Eygalières** (zu finden auf Facebook) organisiert im Sommer Veranstaltungen, die das Dorf zum Stillstand bringen und zu denen Leute aus der ganzen Region anreisen.

Ein großartiger Panoramablick und sakrale Gefühle bieten sich bei einem 2 km langen Spaziergang zur **Kapelle Saint-Sixte**, die von Van Gogh gemalt wurde, als er im nahe gelegenen Saint-Rémy wohnte. Die Zypressen, die in der Römerzeit sehr beliebt waren, erinnern daran, dass sich hier einst einer ihrer antiken Tempel befand. Noch weiter weg von jeglichem Trubel führt eine Rundwanderung nach **Lamanon**, bei der Thymian und Rosmarin im Wind wehen und die Alpilles einen umarmen.

REITEN DURCH DIE DOMAINE DE LA PALISSADE

Die Tiere der Camargue stehen in dem Ruf, zumindest halbwild zu sein, doch ein Ausritt auf den Pferden der Domaine de la Palissade (einem abgelegenen Naturschutzgebiet, etwa 45 km südlich von Arles) ist eines der friedlichsten Erlebnisse, das man in der Region haben kann, vorausgesetzt, man denkt daran, Mückenspray mitzubringen, lange Hosen und geschlossene Schuhe zu tragen – und die Mittagshitze zu meiden.

Die gut informierten Guides widmen sich auch Neulingen mit Geduld. Auf den dreistündigen Ausritten hinunter zum Strand Plage de Piemanson können sich Erfahrenere austoben und über den heißen Sand galoppieren. Alle Ausritte müssen im Voraus telefonisch gebucht werden. Ab acht Jahren.

ESSEN IN SAINTES-MARIES-DE-LA-MER

La Siesta
Paella aus der Camargue und Garnelen in Knoblauch (von denen man nicht genug bekommen kann!). €€

Restaurant Chante Clair
Modern, mit gutem Service – und mit fantastischer Auswahl für Vegetarier. €€

La Casita
Klassisches Familienrestaurant mit traditioneller Küche; in Ufernähe. €€

Avignon

Avignon liegt an den Ufern der Rhône und ist das Tor zur Provence. Hier sollte man zu Beginn oder am Ende eines Provence-Besuchs Halt machen – für ein Stadterlebnis. In der Altstadt können Neugierige mehr über die Geschichte Avignons als Papststadt erfahren, die zahlreichen provenzalischen Gärten besuchen oder in einem der Cafés in der Fußgängerzone und auf den begrünten Plätzen die Menschen beobachten. Viele Restaurants verbinden den französischen Zeitvertreib des Speisens *en terrace* mit saisonalen Menüs, die die Aromen der reichen landwirtschaftlichen Ebenen entlang der Rhône und der Durance widerspiegeln. Nicht zu vergessen ist die Museumsszene von Avignon: Mit einem halben Dutzend Museen, die provenzalische und italienische Gemäldesammlungen von Weltrang beherbergen, ebenso wie Museen zeitgenössischer Kunst und Galerien, ist die Stadt ein Traum für Kunstinteressierte. Im Juli, wenn das Festival d'Avignon stattfindet, ist es hier zum Bersten voll. Die Theatergruppen, die in ihren Kostümen durch die engen Gassen ziehen, um für ihre Stücke zu werben, verwandeln ganz Avignon in eine Bühne.

UNTERWEGS VOR ORT

Teile des Stadtzentrums von Avignon sind als Fußgängerzonen ausgewiesen. Avignon ist leicht von anderen französischen Städten aus mit dem TGV zu erreichen – An- und Abreise per Zug sind also kein Problem. Für Autofahrer gibt's außerhalb der Stadtmauern zahlreiche Parkplätze sowie einen kostenlosen Shuttlebus, der täglich zwischen den Parkplätzen und dem Stadtzentrum pendelt. Avignon ist fast flach wie ein Pfannkuchen; Leihstationen für Fahrräder (unter dem Namen Velopop) sind über die ganze Stadt verstreut.

TOP TIPP

Schwierigkeiten, in der Hochsaison eine Unterkunft innerhalb der Stadtmauern von Avignon zu finden? Man kann auch sehr nett in Villeneuve-lès-Avignon, auf der anderen Seite der Rhône, übernachten. Es fahren regelmäßig Pendelbusse nach Avignon, auch der städtische Fahrradverleih Velopop hat in Villeneuve eine Station.

JOEL BLIT/SHUTTERSTOCK ©

Pont Saint-Bénézet (S. 690)

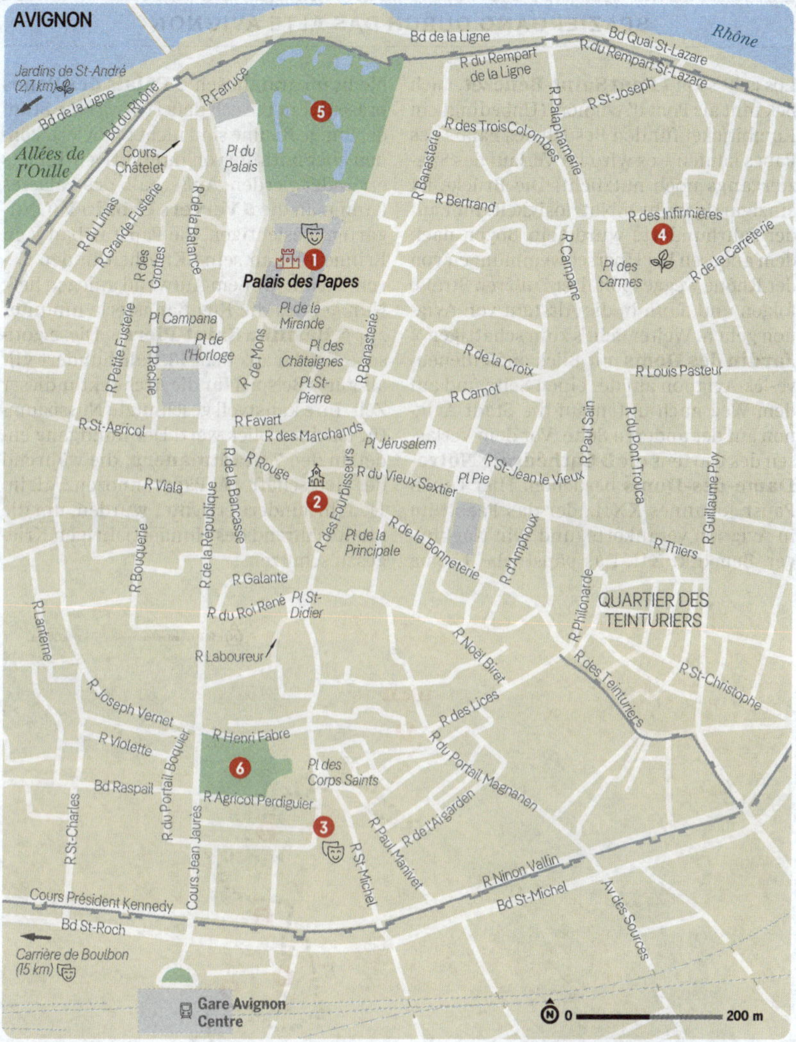

AVIGNON

HIGHLIGHTS

1 Palais des Papes

SEHENSWERTES

2 Chapelle des Pénitents Blancs

3 Cloître des Célestins

siehe 1 Cour d'Honneur du Palais des Papes

4 Jardin des Carmes

5 Jardin des Doms

6 Square Agricol Perdiguier

Palais des Papes (S. 690)

SPAZIERGANG DURCH DAS ALTE AVIGNON

Los geht's am **1 Pont Saint-Bénézet**, auch bekannt als Pont d'Avignon. (Unbedingt ein Kombiticket für den Besuch des Palais des Papes kaufen – es wird im Verlauf des Spaziergangs noch nützlich!) Die Brücke ist einzigartig in ihrer Nutzlosigkeit; im Lauf der Jahrhunderte wurde ein Bogen nach dem anderen bei Überschwemmungen von der Rhône weggespült. Der äußeren Straße folgen und dann in die Altstadt von Avignon gehen. Weiter geht's zum schattigen **2 Jardin des Doms** mit Blick auf Villeneuve-lès-Avignon auf der einen Seite und auf dem Weg nach unten auf die Stadt Avignon auf der anderen Seite. Vor dem Verlassen des Gartens die **3 Cathédrale Notre-Dame-des-Doms** besuchen. Hier ruhen Papst Johannes XXII., der das Papsttum in Avignon verankerte, und sein Nachfolger, Benedikt XII. Das päpstliche Thema bleibt im grandiosen **4 Palais des Papes** präsent. Ein Besuch dauert etwa eine Stunde. Einige Räume sind nicht renoviert, können aber mithilfe von interaktiven Tablets erkundet werden. Außerhalb des Palastes kann man die **5 Vergers Urbain V** (Obstgärten) besichtigen, die Papst Urban V. in Erinnerung an seine Kindheit in den Cevennen mit großem Aufwand anlegen ließ. Nun geht es die Rue Banasterie hinunter zur **6 Basilika Saint-Pierre**. Diese gotische Kirche aus dem 13. Jahrhundert gilt als gutes Beispiel für die Architektur dieser Zeit. Ihre kunstvoll geschnitzte Nussbaumtür ist einen Blick wert! Der Rundgang endet an den **7 Stadtmauern**, die während der Herrschaft von Papst Innozenz VI. im 14. Jahrhundert errichtet wurden, um die Stadt während des Hundertjährigen Krieges zu schützen.

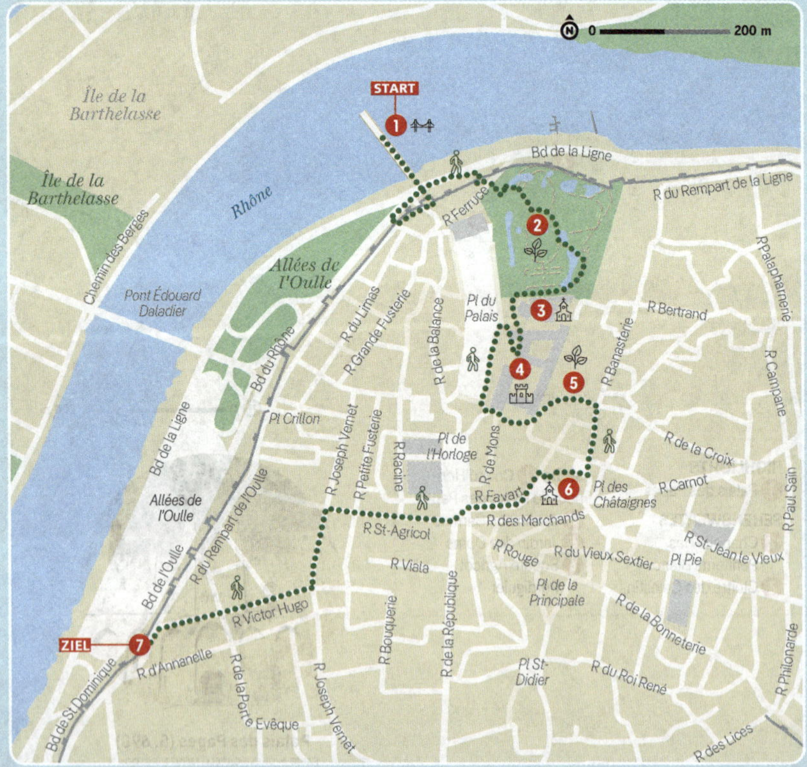

YKD/SHUTTERSTOCK ©

Festival d'Avignon, Künstler:innen

IN oder OFF – das Festival d'Avignon

Es gibt viel zu sehen!

Das **Festival d'Avignon** gehört zu den größten und renommiertesten Festivals für darstellende Künste der Welt. Im Juli verwandelt sich die sonst so ruhige Stadt Avignon für drei Wochen in einen Hort des Theaters. Geboten werden internationale Tanz- und Theaterstücke – meist in französischer Sprache, einige aber auch in anderen Sprachen oder nonverbal.

Das offizielle Festival, **Avignon IN** (www.festival-avignon.com), findet über die ganze Stadt verteilt statt, wobei das Zentrum in der UNESCO-geschützten Altstadt liegt. Der Kartenvorverkauf beginnt im April, die Tickets sind schnell ausverkauft (an der Abendkasse im Cloître Saint-Louis informiert ein Aushang über Restkarten). Das inoffizielle Rahmenprogramm – **Avignon OFF** – findet zur selben Zeit statt. Der Unterschied zwischen den beiden liegt in der Auswahl und Förderung der Aufführungen: Die Auswahl des IN-Festivals erfolgt durch eine Jury. Das OFF-Festival ist eher selbstorganisiert: Die Gruppen müssen ihr Stück für das Festival anmelden, einen Theaterraum mieten und für ihre Show werben. Interesse an einem klassischen Stück? Dann ist das IN das Ziel. Oder doch lieber Interesse an alternativer Kunst? Dann auf ins OFF.

In den provenzalischen Gärten

Ruhe & Besinnung

In und um Avignon gibt es üppige provenzalische Gärten, die nicht nur für Geschichts- und Botanikfans einen Besuch wert sind. Innerhalb der Stadtmauern warten der **Parc du Rocher des Doms**, mit Blick auf den Papstpalast und die Stadt, der **Jardin des Carmes**, ein kleiner, ruhiger Garten vor der gleichnamigen Kirche, sowie der **Square Agricol Perdiguier** – der ehemalige Innenhof einer Abtei.

Die **Jardins de Saint-André** in Villeneuve-lès-Avignon sind den Weg über die Rhône wert. Zusammen mit der Abtei bieten sie eine luftige Möglichkeit, einen Frühlings- oder Herbstnachmittag zu verbringen. Die mediterranen Gärten mit Blick auf Avignon, das Rhônetal und bis zum Mont Ventoux werden mit klimagerechten Methoden gepflegt.

FESTIVAL VON AVIGNON – VERANSTALTUNGSORTE

Das Bühnenbild ist das A und O einer Aufführung, und in Avignon mangelt es nicht an tollen Kulissen. **Carrière de Boulbon**, eine Arena in einem ehemaligen Kalksteinbruch außerhalb der Stadt, ist auf jeden Fall einen Besuch wert (wenn man Karten bekommt). Die bekanntesten Bühnen des Festivals befinden sich jedoch in ehemaligen päpstlichen und anderen kirchlichen Innenhöfen.

Wo auch immer die Päpste hinkamen, folgten umfangreiche Bauprojekte. Während ihrer 100-jährigen Herrschaft in Avignon gaben die Päpste die Höfe, Gärten und Kapellen in Auftrag, in denen heute einige der faszinierendsten Bühnen des Festival d'Avignon zu sehen sind. Sofern möglich, sollte man versuchen eine Aufführung im **Cour d'Honneur du Palais des Papes** (Hof des Papstpalastes), in der **Chapelle des Pénitents Blancs** oder im **Cloître des Célestins** zu sehen.

Rund um Avignon

Vaison-la-Romaine
Mont Ventoux
Orange
Carpentras
Avignon
L'Isle-sur-la-Sorgue

In Orange ist das Gallo-Romanische-Imperium allgegenwärtig, L'Isle-sur-la-Sorgue zieht Trödel-Fans an – und der Mont Ventoux ist der Heilige Gral des Radsports.

UNTERWEGS VOR ORT

Orange ist per Bahn mit Avignon, Valence und Marseille verbunden. Die Stadt selbst ist leicht zu Fuß zu erkunden. Wer mit dem Auto anreist, findet mehrere Parkplätze in der Stadt. Dank einer Busverbindung zwischen Orange und Vaison-la-Romaine ist ein Besuch beider Städte auch mit öffentlichen Verkehrsmitteln möglich. Auch L'Isle-sur-la-Sorgue ist fußgängerfreundlich und bietet Zugverbindungen nach Avignon und Marseille. Die Busse von ZOU! ermöglichen Fahrten zwischen den Dörfern. Mit dem Fahrrad (oder E-Bike) lässt sich hier zwar viel erkunden, aber für Besuche kleinerer Dörfer (und Weinberge) ist ein Auto besser. Chargemap (chargemap.com) bietet eine Liste für Ladestationen für Elektroautos.

Von Avignon aus dehnt sich das *Département* Vaucluse nach Osten in die Provence aus. Im Norden befindet sich Orange mit seinen großartigen römischen Überresten, darunter eines von drei erhaltenen römischen Theater der Welt. Im Nordosten reifen in den Weinbergen Châteauneuf-du-Pape, Gigondas und Vacqueyras. Unterhalb davon wärmt sich Carpentras im Winter mit dem Duft seines weltberühmten Trüffelmarktes auf. Im Osten sind die berühmten Kanäle von L'Isle-sur-la-Sorgue von Antiquitätengeschäften gesäumt. Der Mont Ventoux, der „Riese der Provence", überragt das Land und ist ein beliebtes Ziel zum Radfahren – ob mit E-Bikes oder Straßenrädern. Die Gegend um den Mont Ventoux ist mit einer beeindruckenden Landschaft aus sanften Hügeln, hoch aufragenden Bergen, Schluchten, felsigen Flussbetten und ruhigen Nebenstraßen ein Paradies für Naturfans.

ALEXEY FEDORENKO/SHUTTERSTOCK ©

Théâtre Antique, Orange

Oranges römisches Erbe

Ein Erkundungstag in der Stadt

Wer die alte Kunst und Kultur schätzt, sollte Orange unbedingt auf die Besuchsliste setzen. Das zum UNESCO-Weltkulturerbe gehörende **Théâtre Antique** ist eines von nur drei erhaltenen römischen Theatern der Welt (die beiden anderen befinden sich in Syrien und der Türkei). Schon wegen seiner Größe ist das Theater einen Besuch wert.

Aber auch Aufführungen werden hier geboten: In den ersten beiden Juliwochen findet im Amphitheater das Opernfestival **Chorégies d'Orange** statt. Den Rest des Jahres kann man hier abends an einer Odyssée Sonore teilnehmen, einer beeindruckenden Licht- und Ton-Show, bei der man in die Vergangenheit reist und den Göttern und Berühmtheiten der Mythologie begegnet. Geeignet für alle Altersgruppen.

Weniger als einen Kilometer vom Theater entfernt befindet sich der **Triumphbogen** von Orange. Einst war er der Eingang zur Stadt Arausio, wie Orange im 1. Jahrhundert genannt wurde. Das Monument ist so reich verziert, dass Gelehrte es für ein Musterbeispiel römischer Kunst halten. Und Filmfans kennen es womöglich aus *The Da Vinci Code – Sakrileg*.

Tagesausflügler können auch das Mosaik aux Amphorettes aus dem 3. Jahrhundert bewundern, das im **Musée d'Art et d'Histoire** zu sehen ist.

Früh am Tag schon bereit für Action? Der Markt in Orange (am Donnerstagmorgen, mehr als 300 Händler) ist einer der ältesten in der Provence. Er geht auf das 15. Jahrhundert zurück. Für ein außergewöhnliches Mittagessen empfiehlt sich die Reservierung eines Tischs in einem der Höhlenrestaurants in der Nähe des Amphitheaters.

VAISON-LA-ROMAINE

Das heutige **Vaison-la-Romaine**, 30 Minuten von Orange entfernt, liegt auf der alten gallo-römischen Stadt. Von ihr sind nur Teile ausgegraben worden. Der Besucherausweis für die **Sites Antiques de Vaison-la-Romaine** ist 24 Stunden lang gültig – genau richtig, um sich in jene Zeit zurückzuversetzen, als die Stadt eine kleine Siedlung war, und um ihre Geschichte bis ins Mittelalter zu verfolgen. Für jüngere Besucher:innen zwischen sechs und 12 Jahren sind zwei der wichtigsten Stätten – Puymin, ein ehemaliges Stadtviertel, und das Museum Théo Desplans – Teil einer großen Schatzsuche; das Spielheft ist kostenlos im Museum erhältlich.

Kleine Rotweinkunde

Côtes du Rhône ist nur der Anfang!

Man könnte ein ganzes, angenehmes Leben damit verbringen, um die Nuancen der weltberühmten Côtes du Rhône-Weine zu bestimmen. Aber es wäre eine Schande, dieses Leben zu verlassen, ohne auch nur einmal ein Glas Gigongdas, Châteauneuf-du-Pape, Vacqueryras oder Baumes-de-Venise probiert zu haben.

Alle vier Appellationen wachsen in der Nähe von **Carpentras**, das eine halbe Stunde nordöstlich von Avignon liegt und somit der ideale Ausgangspunkt für eine Weinreise ist. Wie die Côtes du Rhône sind auch diese vier Weine meist Rotweine. Sie wachsen auf den kalk- und ockerhaltigen Hügeln westlich von

☑ TOP TIPP

Für Shoppingtouren und Tagesausflüge in der Region sind E-Bikes perfekt. Viele Verleihfirmen bieten Rabatte für mehrtägige Fahrradmieten an.

ESSEN IN ORANGE

La Guingette de la Colline
In diesem Freiluftrestaurant oberhalb des Theaters kommt typisch französische Küche auf den Tisch. An Sommerwochenenden gibt's zudem Musik und Tanz. €

La Grotte d'Auguste
Höhlenrestaurant mit Drei-Gänge-Menüs auf der anderen Seite des Theaters. €€

La Cantina
Übersichtliche, wechselnde Speisekarte und Bio-Weine zu fairen Preisen in einer Höhle in der Nähe des römischen Theaters. €€

DIE HAUPTSTADT VON LA TRUFFE

Trüffelfan? Dann ist ein Besuch auf dem **Marché des Truffes** (Trüffelmarkt) in Carpentras ein Muss! In der Region Vaucluse werden schätzungsweise 70 % der schwarzen Trüffel Frankreichs angebaut.

Der von November bis März stattfindende Trüffelmarkt am Freitagmorgen auf der Place Aristide Briand ist ganz anders als die typisch geschäftigen Märkte der Provence. Hier herrschen Geheimhaltung und Mysterium, da Köche und Großhändler versuchen, den besten Preis für diesen seltenen unterirdischen Pilz auszuhandeln. Für das Mittagessen sollte man sich einen Tisch im **Chez Serge** reservieren – und dann ein Gericht mit dem aromatischen Geschmack des „schwarzen Diamanten" genießen.

Sommertrüffel sind zwar weniger begehrt, haben aber auch ihre Fans. Von Mai bis September werden sie über Salate gerieben, auf Omeletts oder einfach in Scheiben geschnitten, mit Olivenöl beträufelt und auf Toast genossen. Probieren lohnt sich.

BARMALINI/SHUTTERSTOCK ©

Rotwein (S. 693), Châteauneuf-du-Pape

Carpentras und dem Mont Ventoux und sind sonnenverwöhnte Weine, die ihr Wasser aus dem Rhônetal beziehen.

Auf dem Weingut **Clos de Caveau** kann man bei einem Spaziergang auf einem markierten Naturlehrpfad mehr über die Geologie und das Klima des Weinbaus sowie die Böden der Dentelles de Montmirail erfahren und dann im Weinkeller den aromatischen und kräftigen Vacqueyras-Wein verkosten. Oder man besucht in der **École de Dégustation Mouriesse** in **Châteauneuf-du-Pape** einen Workshop zur Weinherstellung.

Die meisten Weingüter bieten wunderbare Verkostungen, aber einige gehen noch einen Schritt weiter. So offeriert die **Domaine de Longue Toque** ausführliche und persönliche Weinverkostungen. Die **Domaine de Ferme Saint Martin** präsentiert auf den Terrassen oberhalb des Dorfes **Suzette** biologische Weine zur Verkostung, und das nicht nur unter Anleitung eines Sommeliers – hier ist auch ein Hypnotiseur anwesend: Bevor

ÜBERNACHTEN IN DEN WEINBERGEN

Château du Mourre du Tendre
Gästehaus im Garten eines Schlosses, umgeben von Châteauneuf-du-Pape-Reben. Poolzugang. €€

Mas l'Evajade
Ferienhaus mit der Möglichkeit, in einem großen Fass (oder einem Doppelzimmer) zu übernachten. In der Domaine du Rocher des Dames. €€

Domaine de Bellevue
Gîte (Ferienhaus) außerhalb des Dorfes Baumes-de-Venise mit preisgünstigen Zimmern. €€

man mit der Verkostung eines der besten Weine der Region beginnt – Baumes-de-Venise – wird man in einen Zustand der Selbsthypnose geführt.

Gipfelsturm auf zwei Rädern

Mit dem Fahrrad auf den Mont Ventoux

Bereit, sich der Herausforderung zu stellen, den Gipfel des **Mont Ventoux** zu erklimmen, ohne einen Fuß auf den Boden abzusetzen? Dieser legendäre Berg, der Teil der Tour de France ist, ist ein Muss für Radler. Es gibt drei Hauptrouten.

Die 25,7 km lange Strecke von **Sault** aus ist mit 1152 Höhenmetern die einfachste der drei klassischen Routen den Berg hinauf und führt vor Beginn an durch herrliche Lavendelfelder. Beim Chalet Reynard sind zwei Drittel des Anstiegs bereits überwunden. Kurz vor der Ankunft sollte man für die freischaffenden Fotografen ein Lächeln aufsetzen (und deren Karte schnappen, um später eine Kopie des Bildes zu erwerben). Oben angekommen: Beine ausstrecken, ein Bier aus der Region trinken und dann die Bremsen überprüfen – die Abfahrt ist rasant!

Die 21,3 km lange (1589 hm) Strecke ab **Bédoine** ist gleichmäßiger als die Malaucène-Route (siehe unten). Aber die Aussichten sind abwechslungsreicher: Sie beginnt in der Nähe von Feldern, steigt durch Wälder und windet sich dann durch die Mondlandschaft am Gipfel. Vor der Abfahrt unbedingt Information über das Wetter einholen – ist ein Mistral-Wind angekündigt, sollte man es sich besser noch einmal überlegen. Dieser starke Wind hat schon manche vom Rad geworfen!

Die 21,2 km lange (1535 hm) Strecke von **Malaucène** aus gilt als die anspruchsvollste Route zum Gipfel. Sie mag die kürzeste sein, aber es gibt nur wenige flache Abschnitte, sodass die Ausdauer auf die Probe gestellt wird. Die Landschaft auf dieser Route ist anders – die Nordseite liegt in der Region Drome. Diese Seite des Berges ist mit Nadelwäldern bewachsen und in der Regel weniger von Kraftfahrzeugen befahren.

Natürlich muss man sich nicht für eine der Routen entscheiden – man kann das tun, wovon viele Radbegeisterte träumen – nämlich den Ventoux nicht nur einmal, sondern dreimal zu befahren ... einmal aus jeder Richtung!

WARUM ICH DEN MONT VENTOUX LIEBE

Ashley Parsons, Autorin

Für mich ist eine Fahrt auf den Mont Ventoux eine Art „Wähle-deinen-Schwierigkeitsgrad"-Radtour. Es gibt eine Route von Sault aus, eine von Malaucène aus oder die von Bédoin aus. Jede ist anders und jede ist ihre eigene Herausforderung. Die unterschiedlichen Schwierigkeiten des Anstiegs und der immer wieder aufmunternde Applaus derjenigen, die es schon auf den Gipfel geschafft haben, lassen mich immer wieder zurückkommen. Was sollte man auf keinen Fall vergessen einzupacken? Eine Windjacke für den schnellen Abstieg – sogar im Sommer!

Markttag in L'Isle-sur-la-Sorgue

Frankreichs fruchtbarste Region ist ein Fest für die Sinne

In L'Isle-sur-la-Sorgue, 30 km östlich von Avignon, gibt es mehrere Antiquitätendörfer – mit Hunderten von Händlern. Der Sonntag ist der klassische Markttag, an dem aber auch Antiqui-

ÜBERNACHTEN RUND UM DEN MONT VENTOUX

Aurel Inattendu
Komfortable, schlichte *Roulotte* (Wohnwagen) aus Holz mit Blick auf Lavendelfelder **€**.

La Bastide de la Loge
Einige Kilometer außerhalb von Sault, in der Ebene unterhalb des Mont Ventoux. Ein Ferienhaus, das man wochenweise mieten kann. **€€**

Maison Léonard du Ventoux
Geräumige, sehr saubere Doppelzimmer mit hervorragender Aussicht; im Stadtzentrum von Sault. **€€**

TOLL ESSEN UND SCHLAFEN IN L'ISLE-SUR-LA-SORGUE

La Magnanerie de l'Isle
Kleines Boutique-B&B in einem ehemaligen Industriegebäude im Herzen des historischen Zentrums von L'Isle-sur-la-Sorgue. €€

La Maison sur la Sorgue
Historisches, luxuriöses Boutiquehotel mit prächtigen Suiten und einem Garten mit kleinem Pool. €€€

Mas la Vitalis
Sauberes, komfortables B&B von Magali's mit zwei Schlafzimmern in einem restaurierten Bauernhaus in der Nähe von L'Isle-sur-la-Sorgue. €-€€

Maison Moga
Platten mit Gänsestopfleber, Käse oder Aufschnitt gepaart mit Wein. Zum Mittagessen sowie am Freitag- und Samstagabend auch auf der Terrasse. €€

Vert Bouteille
Restaurant im Cantina-Stil mit vorrangig biologischen, regionalen, 100 % veganen und 80 % glutenfreien Gerichten. €

MISTERSTOCK/SHUTTERSTOCK ©

Antiquitätengeschäft, L'Isle-sur-la-Sorgue

tätenhändler teilnehmen, während unter der Woche ein kleinerer Straßenmarkt stattfindet.

Der zweimal wöchentlich stattfindende **Marché de L'Isle-sur-la-Sorgue** (ganzjährig donnerstags und sonntags vormittags) ist ein Fest für die Augen – und die Geschmacksnerven – mit farbenfrohen Ständen mit frischen Produkten, bunten Blumen, Kunsthandwerk und köstlichen Speisen. Zu den Straßen, in denen die Marktstände zu finden sind, gehören die Rue Carnot, die Rue Jean-Jacques Rousseau, die Rue de la République und die Place de la Liberté.

Wer Fan von Flohmärkten ist, sollte am Wochenende den Sonntagsmarkt in L'Isle-sur-la-Sorgue besuchen – er ist einer der größten und bekanntesten des Landes. Entlang der Kanäle des Flusses Sorgue findet man fünf große Gruppen von Händlern. Am **Quai de la Gare** befinden sich Galerien wie Frédéric Bousquet und Cabanon Design. **Le Village des Antiquaires de la Gare** ist ein weiterer guter Ort zum Stöbern. **Dongier Antiquités** ist ein Muss für Antiquitätenfans. **L'Ile aux Brocantes** beherbergt Geschäfte wie Stéphane Broutin und Françoise Aillaud. Und zu guter Letzt ist **Rives de Bechard** eine weitere großartige Gelegenheit, um zeitgenössische Stücke zu finden.

Es gibt auch viele unabhängige Antiquitätenhändler, die über die ganze Stadt verstreut sind. Jackie Occelli und Bernard Durand sind für ihre Möbel bekannt. Le Magasin Général, Objets de Hasard und La Petite Curieuse sind ebenfalls einen Besuch wert.

Zweimal im Jahr, zu Ostern und im August, finden in der Stadt große internationale **Kunst-, Antiquitäten- und Flohmärkte** statt, die Tausende von Menschen anziehen.

Das Luberon-Massiv

Niemand kommt in den Luberon, eine Gebirgskette, die sich in Ost-West-Richtung zwischen Cavaillon und Manosque erstreckt und die typischste aller französischen Landschaften bietet, um an seinem Rand in einer der großen Städte zu übernachten. Warum sollte man auch, wenn hier doch Gordes liegt, das schönste Dorf der Welt (ernsthaft! Es wurde so ausgezeichnet), das wie ein Juwel in der Krone der Provence leuchtet? Der nördliche Luberon ist wild und voller Wunder, von den Siedlungen auf den Hügeln, die die Bergkette flankieren, über die ockerfarbenen Felsen in der Ebene bis hin zu den prähistorischen Überresten bei Apt. Der südliche Luberon ist kulinarisch, mondän und sonnenverwöhnt, mit einer entspannten Urlaubsatmosphäre. Hier kommt her, wer die provenzalische Gourmetküche, Weinproben und eine lebhafte Sommerszene genießen möchte. Selbst die Menschen, die im Luberon leben, finden es schwierig, alles zu sehen. Im Folgenden: das Beste vom Besten …

UNTERWEGS VOR ORT

Es gibt eine Busverbindung zwischen Cavaillon, L'Isle-sur-la-Sorgue und Manosque und Apt, mit dem eigenen Fahrzeug kommt man hier aber besser zurecht. In der Region gibt's viele gute Radwege – und mit einem E-Bike kommt man fast überall hin.

Abbaye Notre-Dame de Sénanque (S. 699)

TOP TIPP

Hochsaison im Luberon ist im Sommer – aber dann kann es hier sehr heiß sein. Aktivitäten im Freien sollte man auf vormittags legen und während der größten Hitze ein Mittagsschläfchen halten.

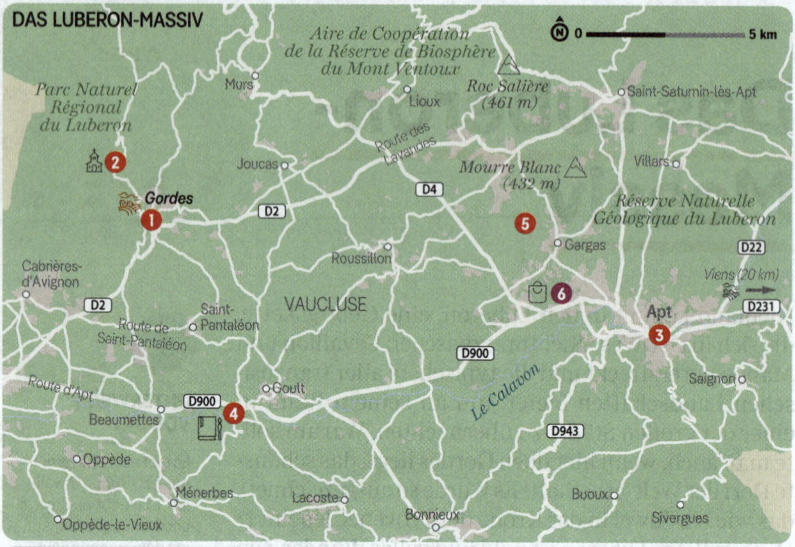

DAS LUBERON-MASSIV

HIGHLIGHTS
1 Gordes

SEHENSWERTES
2 Abbaye Notre-Dame de Sénanque
3 Apt
4 Dolmen de l'Ubac
5 Mines de Bruoux

SHOPPEN
6 La Maison du Fruit Confit

Apt & Umgebung

Vorgeschichte und köstlich konserviertes Obst

Wer sich für die Geschichte der Region Luberon interessiert, sollte in Apt beginnen. Das **Musée d'Apt**, das in einem Herrenhaus aus dem 18. Jahrhundert untergebracht ist, verfügt über einen Anbau, den Annex Apta Julia, in dem die wichtigsten Objekte der archäologischen Sammlungen des Pays d'Apt ausgestellt sind. Seit dem Mittelalter ist das an der Kreuzung mehrerer Handelswege gelegene Apt eine wichtige Marktstadt.

Die Ware, die heutzutage in aller Munde ist, ist *Fruits confits* (kandierte Früchte, manchmal auch als Glacé bezeichnet). Zu ihrer Herstellung werden die Früchte in Zuckersirup konserviert und anschließend getrocknet, wodurch ein köstlicher und langanhaltender Genuss entsteht. Apt gilt als Welthauptstadt des echtes Obstkonfits, auf dem Markt findet man eine große Vielfalt von Geschmacksrichtungen, von Aprikosen über Feigen bis hin zu Orangen. Ein Besuch im **La Maison du Fruit Con-**

ÜBERNACHTEN OBERHALB VON APT

Domaine du Castellas, Sivergues
Gepflegter Bauernhof, der in ein Hotel umgewandelt wurde. Gemeinschaftlicher Esstisch und diverse Aktivitäten. **€€€**

Auberge des Seguins, Buoux
Abgelegenes B&B mit Pool, Restaurant und Café mit Blick auf die Klippen von Buoux. **€€**

La Maison près de la Fontaine, Saignon
Kleines B&B mit stilvollen Zimmern und einem tollen Laden für Waren aus der Region im Erdgeschoss. **€€**

fit, 4,4 km außerhalb von Apt, gibt Aufschluss über den Herstellungsprozess (der Laden ist zudem der beste Ort, um *Fruits confits* zu kaufen). Wer noch tiefer in die Geschichte der Region eintauchen möchte, findet in der kleinen Stadt **Viens** Tafeln mit über 200 Tierspuren, die die Bewegungen der Tiere von vor etwa 30 Millionen Jahren rekonstruieren.

Wie muss es sich anfühlen, eine Grabkammer zu entdecken, die fast 5000 Jahre lang verschlossen war? In Goult, in der Nähe des Flusses Calavon, ist genau das passiert. 1994 wurde der **Dolmen de l'Ubac** entdeckt – mit den Überresten von bis zu 50 Leichen. Die Stätte in der Nähe des Flussbettes war stark gefährdet und wurde daher sorgfältig ausgegraben. Eine Nachbildung ist 500 m vom Originalort entfernt (auf höherem Gelände) in der Nähe des alten Bahnhofs von Lumières zu besichtigen.

Die Schlucht hinter Gordes

Top-Spots mal anders

Wer in der Region ein Kloster besuchen möchte, sollte in einer abgelegenen Schlucht die für ihre Lavendelgärten berühmt **Abbaye Notre-Dame de Sénanque** (12. Jh.) wählen. Die Mönche leben vom Verkauf von Honig, Lavendel, ätherischen Ölen und Süßigkeiten. Im Gegensatz zu anderen Abteien hier öffnen sie ihr Kloster zu bestimmten Zeiten für Interessierte. Für Nicht-Französischsprachige werden Führungen mit Tablets angeboten. Für 40 € pro Tag kann man hier ein Schweigeexerzitium buchen und in den kontemplativen Lebensstil eines Mönchs eintauchen.

Die Abtei ist mit dem Auto erreichbar, man kommt aber auch problemlos zu Fuß von **Gordes** aus her. Das berühmteste Bergdorf des Luberon kann überfüllt sein, aber wenn man ein paar Kilometer aus dem Ort hinausgeht, findet man Ruhe und unberührte Natur. Die Route führt über Rouguière, Côte de Sénancole, Abbaye Notre-Dame de Sénanque, Ferme de la Débroussède und Les Boujolles und dann weiter nach Croix des Baux, Les Grangiers und zu einem schönen Aussichtspunkt auf Gordes. Dann geht es zum Ausgangspunkt zurück. Einfach den blauen und grünen Wegweisern folgen.

Die Wanderung beginnt mit einem leichten Anstieg auf einer Anhöhe. Es gibt einen schmalen Pfad, der zur Abtei hinunterführt, sofern man sie von oben sehen oder besuchen will. Dann geht's wieder hinauf zu dem Weg, der um das Plateau oberhalb von Gordes herumführt. Man sollte sich früh am Tag auf den Weg machen, um vor der größten Hitze wieder in Gordes zu sein und dort auf einer luftigen Terrasse speisen.

DIE BESTEN WENIGER BEKANNTEN DÖRFER

Saignon
Mit Blick auf das Tal oberhalb von Apt. Ein ruhiges, entspanntes Dorf, das vom Château de Saignon, einer mittelalterliche Burg, überragt wird.

Reillane
Ein kleines Dorf, aber pulsierendes Zentrum des gesellschaftlichen Lebens hier – vor allem dank des Café du Cours. Der sonntägliche Markt Grand Marché de Reillanne bietet Olivenöl, Lavendelessenz, frische Eier und Kichererbsen.

Robion
Robion hat zwar nicht den intensiven „Wow-Faktor" einiger anderer Dörfer, doch das römische Theater ist ein Highlight für Geschichtsinteressierte. Im Sommer finden dort Konzerte statt.

Oppède-le-Vieux
Oppède-le-Vieux liegt an den Flanken des Petit Luberon mit Blick auf das Tal. Die Hauptattraktion des Dorfes ist ein Spaziergang über die alten, engen Treppen hinauf zu den Schlossruinen und der Église Notre-Dame Dalidon.

LIVEMUSIK IM NORD-LUBERON

La Gare
Das ganze Jahr über Konzerte – in einem ehemaligen Bahnhof, der in ein Kulturzentrum verwandelt wurde. In Coustellet.

Les Musicales du Luberon
Musikverein, der in den Dörfern der Region Veranstaltungen durchführt. Termine und mehr gibt's auf der Website.

Carrières du Château de Lacoste
Ehemaliger römischer Steinbruch, der zu einem Theater mit sehr guter Akustik umfunktioniert wurde. Veranstaltungsort des Festival de Lacoste.

AUF ZWEI RÄDERN DURCH DAS LUBERON-MASSIV

In **1 Coustellet**, dem Ausgangspunkt für diese Tour, gibt es mehrere Fahrradverleihe, darunter En Roue Libre. Sobald man für die Fahrt gerüstet ist, dem Grünstreifen von Calavon aus der Stadt heraus folgen. In Les Beaumettes rechts in die Rte des Écoles einbiegen, dann nach **2 Ménerbes** hinauffahren, einem einst verschlafenen Bauerndorf, das durch die Veröffentlichung von *Mein Jahr in der Provence* (Peter Mayle; 1989) berühmt wurde und heute immer noch verschlafen, aber auch *très chic ist.* Anschließend auf der Rte de Bonnieux ostwärts aus der Stadt hinausfahren. Kurz nach Kilometer 14 links in die Rte de la Valmasque einbiegen und den Hügel hinauffahren, dann hinunter nach **3 Lacoste**, einem Dorf, dessen Restaurierung das leidenschaftliche Projekt des Modeschöpfers Pierre Cardin war. Eine amerikanische Kunstschule hat hier eine Außenstelle, und manchmal schmücken Freiluftausstellungen die Stadt. Das Café de France bietet die beste Aussicht.

Auf der Rte de Bonnieux und einer kurzen Abfahrt durch Kirsch- und Olivenhaine den Kurs halten. Es folgt ein Anstieg bis zum Zentrum des Dorfes **4 Bonnieux**. Bei Les Glaces du Tinel unbedingt für ein Eis Halt machen – es ist verboten lecker. Den ort nordwärts verlassen und dem Chemin de Gargas bis zur D36 folgen. Links auf die D36 abbiegen, den Fluss und den Kreisverkehr der D900 überqueren und schon ist man in **5 Goult**, einem mittelalterlichen Steindorf. Es bietet Charme und eine sehr gute Küche. Es fällt schwer, sich für ein Restaurant zu entscheiden, aber wie wäre es mit dem kühlen Garten des Wochenmarktes im La Gaudina zum Mittagessen? Anschließend Goult in Richtung Lumières verlassen und zurück auf den Grünstreifen von Calavon. Es folgen weiter 6 km und, voilà, schon ist man wieder in Coustellet.

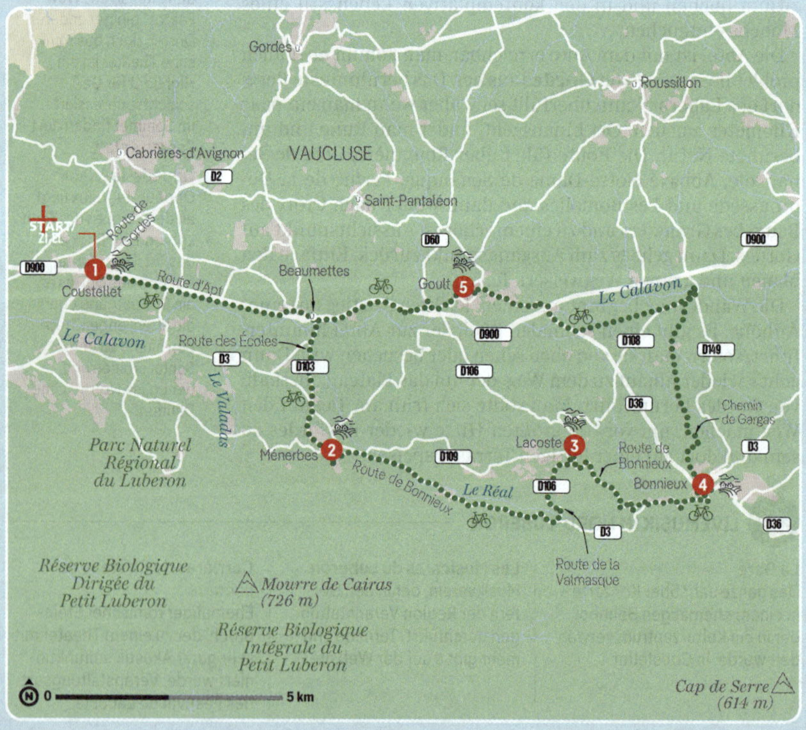

BORIS STROUJKO/SHUTTERSTOCK ©

Roussillon

Die Ockerhügel von Roussillon

Wo sich Kunst und Industrie treffen

Der Ockerabau bei Roussillon hat die Region weltberühmt gemacht. Seit Jahrhunderten ranken sich Mythen um das Dorf: Dass die Felsen rot sind, weil der Herrscher der Stadt durch einen Trick dazu gebracht wurde, seine Frau zu essen und sich anschließend in den Tod stürzte. Oder dass die Titanen in einer Höhle auf dem Mont Ventoux eine Feuerkanone gebaut haben, die die Hänge bis in alle Ewigkeit rot färbte.

Die leuchtenden Farben der Häuser des Dorfes sind erstaunlich. Man sollte die **Okra-Werkstatt** besuchen, die sich in der alten Fabrik des **Ökomusée de l'Ocre** befindet. Man kann an einer Führung teilnehmen, einen Malworkshop besuchen oder im Sommer die Kinder für einen Kurs anmelden, bei dem sie das Malen mit Ocker lernen. Die Pigmente können im Laden gekauft werden, damit man den Malspaß zuhause fortsetzen kann.

Die ehemalige Ocker- und Eisenmine **Colorado Provençal** außerhalb von **Rustrel** ist im Sommer überrannt. Die Gleise, Becken und Rohre aus der Industriezeit sind noch erhalten. Man sollte frühmorgens aufbrechen, um Hitze und Menschenmassen zu vermeiden.

LAVENDEL IM LUBERON

Das von zahlreichen kleinen Dörfern und Weilern umgebene Plateau von Sault ist mit Lavendelfeldern bedeckt, die weniger überlaufen sind als in anderen Teilen der Region. Die Wanderroute **Chemin des Lavandes,** gleich unterhalb des Dorfes in Richtung Mont Ventoux, bietet sich für einen Spaziergang (auch für die ganze Familie) an. Der 5,3 km lange Weg ist gut ausgeschildert, zudem informieren in regelmäßigen Abständen Tafeln über die botanischen Besonderheiten, den Anbau, die Ernte und die Destillationstechniken des „blauen Goldes". Unbedingt auch den Nougat von Sault probieren, eine regionale Spezialität aus Honig und Mandeln.

ESSEN RUND UM ROUSSILLON

Le Grappe de Raisin
Balkonterrasse im Zentrum von Roussillon mit Gerichten wie Steak und hausgemachten Pommes frites mit provenzalischer Aioli. €€

Bar des Amis
Klassische provenzalische Gerichte wie Risotto aus der Camargue, aber auch moderne Snacks mit lokalen Akzenten, z. B. Hot-Dog du Luberon. €

Ocria
Mikrobrauerei in Rustrel mit Verkostungsraum, in dem man ihr Bio-Bier genießen kann. Auch Aufschnitt-Platten werden angeboten. €

EINE NEUE SICHT AUF DIE LANDWIRTSCHAFT

Agrarökologie ist im Luberon auf dem Vormarsch, und die gesamte Lebensmittelbranche sucht nach Wegen, den Übergang zu bewältigen. Eines jener Restaurants, die sich mit diesem Thema befassen, ist die herausragende **L'Auberge de la Fenière**, die seit 1995 einen Michelin-Stern besitzt. Das Restaurant wird von Küchenchefin Nadia Sammut geleitet, die für ihren innovativen Ansatz bei der Zubereitung und ihr Engagement für frische, regionale Zutaten bekannt ist.

Die L'Auberge de la Fenière ist auf vegetarische und glutenfreie Gerichte ausgerichtet, viele der Zutaten findet Nadia Sammut im Garten des Restaurants. Das Ergebnis ist ein köstliches und gleichzeitig umweltfreundliches Esserlebnis. Die Speisekarte des Restaurants wechselt häufig, um die saisonale Verfügbarkeit der Zutaten widerzuspiegeln, und die Gerichte sind so konzipiert, dass sie die Aromen der Region hervorheben.

In den nahe gelegenen **Mines de Bruoux** ist weniger Betrieb. Hier kann man sich einen Helm aufsetzen und die Ockersteinbrüche besichtigen. Die Decke der unterirdischen Stollen ist bis zu 12 m hoch. Man kann auch eine kurze Wanderung auf dem **Sentier des Ochres** in Roussillon unternehmen, um die ockerfarbenen Felsen zu sehen, die mit hellgrünen Kiefern bestanden sind.

Roadtrip durch die Berge

Mit der richtigen Playlist besonders fantastisch

Hitze, Sonne, Weinberge und kleine Dörfer, die oft nur wenige Kilometer voneinander entfernt liegen, prägen den südlichen Luberon. Hat man nur einen Tag Zeit für die Region, könnte man sich einfach einen Oldtimer mieten und die Schlösser und Dörfer der Gegend erkunden. Los geht's im mondänen **Lourmarin**, wo man sich im Zentrum kein schlechtes Café aussuchen kann – weil es kein schlechtes gibt.

Dann Fahrt nach **Ansouis**. Die elegante Vergangenheit des Dorfes ist noch heute unübersehbar. Früher war Ansouis eine Sommerresidenz für den Adel von Aix-en-Provence. Das Château d'Ansouis ist eines der wenigen im Luberon, das besichtigt werden kann, allerdings ist eine Reservierung erforderlich.

Nächstes Ziel ist **La Tour d'Aigues** mit seinem Renaissance-Schloss, das heute ein Fayence-Museum (Töpferwaren) beherbergt. In der Nähe kann man bei **À l'ombre de l'olivier** lokales Olivenöl kaufen.

In **Mirabeau** fasziniert die Festung. Vor einigen Jahren diente das Dorf als Kulisse für den französischen Kultfilm *Manons Rache* (*Manon des Sources;* 1986). Wer plant, vor oder während der Reise in den Luberon einen französischen Kinofilm anzusehen, sollte diesen Film wählen. Im Zentrum des Ortes steht eine Statue der Manon bei einem Brunnens. Im **Chez Luni** nebenan kann man einen Happen essen.

Zuletzt geht's bergauf und landeinwärts nach **Vitrolles-en-Luberon**. Das Schloss ist weniger berühmt als andere Dörfer auf dieser Route (und wird gerade renoviert), aber es gibt eine nettes B&B für Wanderer namens **Le Vieux Presbytère**, das einfache Gerichte und kühle Getränke serviert.

Klettern in Buoux

Aufregende Abenteuer

Lust auf ein spannendes Abenteuer? Dann wartet in Buoux ein klasse Klettererlebnis, das man sich nicht entgehen lassen sollte! Die Kalksteinfelsen bieten Schwierigkeitsgrade von einfach bis schwer – es ist also für alle etwas dabei. Allerdings sind die richtige Ausrüstung und Erfahrung unverzichtbar (um die Sicherheit zu gewährleisten). **Mind Climbing** verleiht Ausrüstung und bietet geführte Klettertouren für alle Schwierigkeitsgrade an. Dennoch ist das Klettern in Buoux nichts für schwache Nerven – das Gebiet mit vielen vertikalen und auch längeren Routen ist bekannt für seine technischen Ansprüche. Die besten Kletterzeiten sind Frühling und Herbst, wenn die Temperaturen niedriger und weniger Menschen unterwegs sind.

PARIS

Alpes-de-Haute-Provence

Alpes-de-Haute-Provence

In den Alpes-de-Haute-Provence, einem der größten und doch am wenigsten bekannten *Départements* Frankreichs, warten an jeder Ecke rasante Abenteuer: sei es auf den Klettersteigen am Rand von Dignes-les-Bains oder in der majestätischen Verdonschlucht, die über Millionen von Jahren entstanden ist und die Frankreichs Grand Canyon darstellt. Wer unberührte Natur liebt, ist in der Provence genau richtig. Zu Fuß kann man die Wege am Flussufer entlang wandern, mit dem Fahrrad die steilen Anstiege auf malerischen Straßen bewältigen und Abenteuerlustige kommen beim Canyoning oder Rafting ganz sicher auf ihre Kosten. Neben den Schluchten und Bergen gibt es jedoch auch weites, offenes Land wie das Plateau de Valensole, wo Lavendelblüten den Tag erhellen. Der nächtliche Himmel bietet Frankreichs beste Möglichkeiten zur Sternbeobachtung. Doch wo auch immer man hinkommt: Man spürt die stolze Tradition der Bergbevölkerung. Willkommen im ländlichen, wilden Hinterland der Provence.

Gorges du Verdon (S. 706)

UNTERWEGS VOR ORT

In Digne-les-Bains bieten Busse von ZOU! häufige Verbindungen in nahe gelegene Städte, darunter Avignon, Marseille und Nizza. Die Stadt selbst kann man wunderbar entweder mit dem Fahrrad oder zu Fuß erkunden. In der Hochsaison ist im Verdon wahnsinnig viel los – am besten das Auto so früh wie möglich abstellen und dann per Rad, per pedes oder mit dem Floß weitermachen. Der Bus 450 fährt von Moustiers-Saint-Marie zum Ausgangspunkt vieler Wanderungen. Das Plateau de Valensole mit dem Fahrrad zu erkunden ist zwar eine schöne Sache, in der Sommerhitze aber nicht zu empfehlen. Ansonsten ist ein Auto erforderlich.

☑ TOP TIPP

Bei Sonnenauf- und -untergang ist auf dem Plateau de Valensole am wenigsten los. Außerdem ist es dann am kühlsten. Erntebeginn kann bereits der 1. Juli sein. Um auf Nummer sicher zu gehen, also besser Mitte bis Ende Juni herkommen.

HIGHLIGHTS
1 Gorges du Verdon
2 Plateau de Valensole

SEHENSWERT
3 Basses Gorges du Verdon
4 Digne-les-Bains
5 La Palaud-sur-Verdon
6 Moustiers-Sainte-Marie
7 Sentier de la Chaîne
8 St-Michel-l'Observatoire

ESSEN
9 Chalet de la Maline
10 Chez Steph
11 Ferme Sainte-Cécile

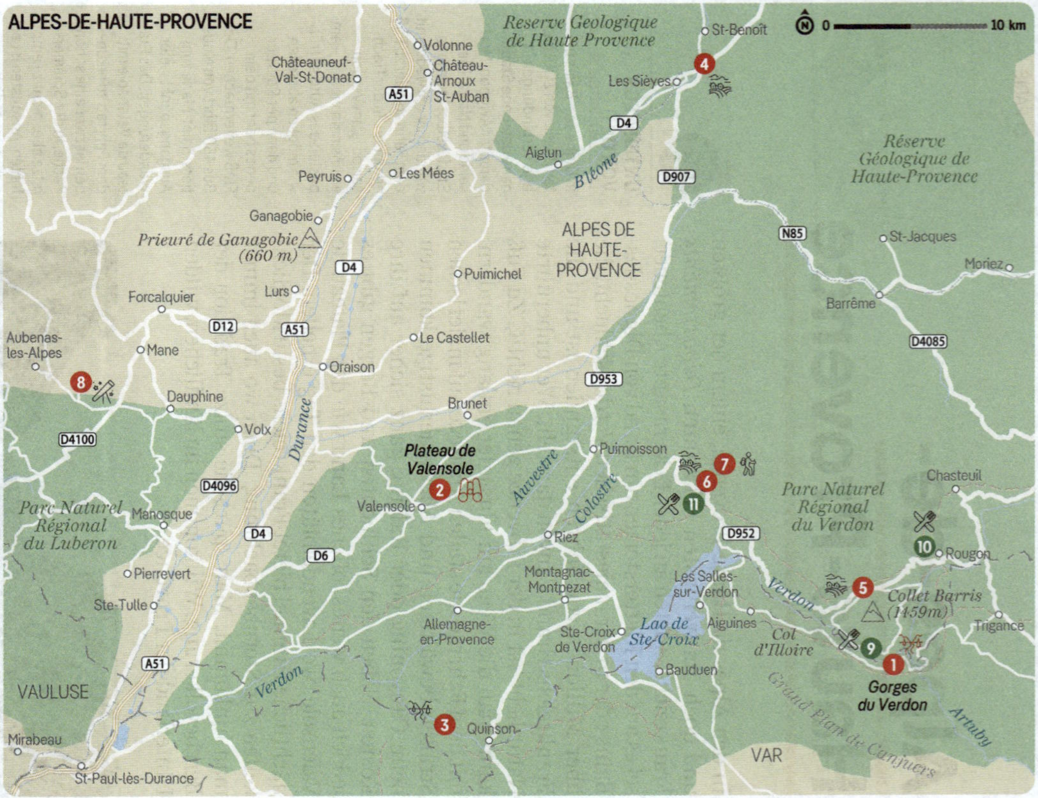

Saint-Michel l'Observatoire (S. 706)
DAVID EVISON/SHUTTERSTOCK ©

ALPES-DE-HAUTE-PROVENCE

0 — 10 km

Reserve Geologique de Haute Provence
St-Benoît
Volonne
Château-Arnoux St-Auban
Châteauneuf-Val-St-Donat
A51
Les Sièyes
D4
Aiglun
Bléone
D907
Réserve Géologique de Haute-Provence
Peyruis
Les Mées
Ganagobie
Prieuré de Ganagobie (660 m)
D4
ALPES DE HAUTE-PROVENCE
N85
St-Jacques
Moriez
Puimichel
Barrême
Lurs
Forcalquier
D12
A51
Le Castellet
D4085
Aubenas-les-Alpes
Mane
Oraison
D953
Dauphine
Brunet
D4100
Volx
Durance
Puimoisson
Plateau de Valensole
Auvestre
D4096
Parc Naturel Régional du Luberon
Manosque
Valensole
Colostre
Parc Naturel Régional du Verdon
Chasteuil
D4
D6
Riez
D952
Rougon
Pierrevert
Montagnac-Montpezat
Les Salles-sur-Verdon
Verdon
Collet Barris (1459m)
Ste-Tulle
Allemagne-en-Provence
Lac de Ste-Croix
Aiguines
Ste-Croix de Verdon
Col d'Illoire
Trigance
A51
Bauduen
VAULUSE
Verdon
Gorges du Verdon
Grand Plan de Canjuers
Artuby
Quinson
Mirabeau
VAR
St-Paul-lès-Durance

Klettern

Ab in die Seile

Höhenangst? Ungünstig.

Welche Stadt hat schon einen eigenen Klettersteig (eine Mischung aus Wandern und Klettern mit sicherem Zugang zu Top-Aussichtspunkten), der zu Fuß erreichbar ist? **Digne-les-Bains** ist so eine Stadt. Vom Stadtzentrum ist es nur ein halbstündiger Spaziergang zur **Via Ferrata du Rocher de Neuf Heures**. Der Parcours ist mit Metallseilen und Leitern ausgestattet, die einen sicheren Aufstieg über das felsige Gelände und die Erkundung der schönen Landschaft ermöglichen.

Für alle, die ihre eigene professionelle Ausrüstung mitbringen, ist der Klettersteig kostenlos. Keine Ausrüstung dabei? Dann kann man sich eine im Fremdenverkehrsbüro (17 €) oder im örtlichen Decathlon leihen. Im Fremdenverkehrsbüro kann man auch einen Ausflug mit einem Guide buchen – für Neulinge und Ortsunkundige zu empfehlen. Am besten macht man sich am Morgen oder am frühen Nachmittag auf den Weg – dann ist es noch nicht/nicht mehr heiß. Unverzichtbar sind Wanderschuhe, Handschuhe sowie Wasser und Snacks, damit man während des etwa zwei- bis dreistündigen Abenteuers bei Kräften bleibt. Oben angekommen, wird man mit einer atemberaubenden Aussicht belohnt – der Panoramablick auf das Durance-Tal ist nur möglich, wenn man die Klippe gemeistert hat.

THERMALKUREN IN DIGNE-LES-BAINS

Der Ruf von Digne-les-Bains als Naturheilort reicht bis in die Antike zurück. Es wird vermutet, dass die Römer als erste die heilende Wirkung der örtlichen Quellen (die *Bains* im Ortsnamen) entdeckten. Über die Jahrhunderte hat die Stadt immer wieder Menschen empfangen, die Linderung bei einer Vielzahl von Beschwerden suchten, darunter Atemwegserkrankungen, Rheuma und Hautkrankheiten.

Dank zahlreicher erschwinglicher Angebote ist die erholsame Kraft des Wassers auch jenen zugänglich, die auf ihr Budget achten müssen. Die Minikurprogramme, die vier Tage dauern, sind ein guter Anfang und gelten als medizinische Behandlung. Es werden auch Tagesausflüge in die Therme angeboten, deren Preise bei 18 € für einen halben Tag eginnen und die die Möglichkeit bieten, Massagen und andere Kuranwendungen hinzuzufügen.

ÜBERNACHTEN RUND UM DIGNES-LES-BAINS

Ce Nid d'Aigle
B&B oberhalb von Digne-les-Bains mit direktem Zugang zu Wanderwegen. €€

Hotel & Pension Villa Gaia
Ein kleines Hotel für bis zu 15 Personen in einem Herrenhaus aus dem 19. Jahrhundert; Halbpension möglich. €€

Hotel Le Richelme
Ruhiges Hotel direkt am Thermalbad; auch hier kann man Halbpension buchen. €€€

EIN BLICK AUF DIE STERNE IM SAINT-MICHEL L'OBSERVATOIRE

Der klare Himmel und die geringe Lichtverschmutzung machen die Alpes-de-Haute-Provence zu einem beliebten Ziel für Sternenbeobachtungen. Einer der besten Orte hierfür ist das Observatorium Saint-Michel (Saint-Michel l'Observatoire), ein auch der Öffentlichkeit zugängliches Forschungszentrum. Angeboten werden Führungen und ein Blick durch Teleskope mithilfe erfahrener Astronomen. Im Sommer gibt's auch englischsprachige Abende.

Für diejenigen, die lieber auf eigene Faust einen Blick auf die Sterne werfen möchten, bietet der klare Himmel in der gesamten Region Alpes-de-Haute-Provence zahlreiche Möglichkeiten, dies sogar mit bloßem Auge zu tun. Einige Planeten, z. B. Venus und Jupiter, sieht man oft auch ohne Teleskop.

BOIVIN NICOLAS/SHUTTERSTOCK ©

Verdonschlucht

Radfahren oberhalb der Verdonschlucht

Zwischen Himmel und Erde

Mit dem Rad über die für Frankreich typische „Balkonstraße" (eine schmale Passstraße) oberhalb der Verdonschlucht (franz.: Gorges du Verdon) zu fahren, gehört sicher zu den großartigsten Erlebnissen, die es gibt. Ursprünglich dafür gebaut, um eine Fahrt über die 24 km lange Schleife von **La Palaud-sur-Verdon** aus zu ermöglichen, beginnt der Parkdienst inzwischen damit, die Anzahl der Autos hier zu begrenzen. Umso mehr lohnt sich ein Versuch mit dem Fahrrad oder E-Bike. Letztere kann man bei **Verdon E-bike** mieten. Unterwegs wird man mit einem atemberaubenden Blick auf die Verdonschlucht und das türkisfarbene Wasser unter einem belohnt. Die besten Jahreszeiten für eine Radtour sind Frühling und Herbst, dann ist es tagsüber kühler und es sind weniger Leute unterwegs. Im Winter ist ein Teil der Straße gesperrt.

In der niedrigen Verdonschlucht

Die Schluchten hautnah

Die **Basses Gorges du Verdon** (Quinsonschlucht) bietet einen Wanderroutenklassiker, der es erlaubt, die Schlucht aus nächs-

ESSEN IN DEN GORGES DU VERDON

Chez Steph
Hipper Imbiss in Rougon mit lockerer Atmosphäre. Kleine Pizzen, Käseteller und lokales Bier. €

Chalet de la Maline
Kühles Bier aus der Region auf einer Terrasse mit Blick auf die Schluchten. Was könnte besser sein? €

Ferme Ste-Cécile
Auf die Tische auf der Terrasse kommen klassische Landesspezialitäten wie langsam gebratenes Huhn oder Ziegenkäse aus der Region. €€

ter Nähe zu erkunden. Der Parkplatz für die 12 km lange Strecke befindet sich gleich hinter dem Dorf Montmeyan. Man sollte für diese Wanderung mit einer Gehzeit von etwa drei bis vier Stunden rechnen. Ungeübte und Kinder können durchaus mitkommen, man sollte sich aber bewusst sein, dass es einige technische Passagen, eine Tunneldurchquerung und einige Stellen gibt, an denen man nicht umhinkommt, sich nasse Füße zu holen (aber bitte nicht in Badelatschen wandern!).

Bei Wanderungen im Sommer sollte man versuchen, vor 9 Uhr morgens aufzubrechen. Unterwegs gibt's mehrere schöne Picknickplätze, z. B. am Ufer des Flusses Verdon oder im Schatten der Bäume. Nicht vergessen, ausreichend Wasser zu trinken, zumal im Sommer!

Rafting auf dem Fluss Verdon

Abenteuer für Action-Fans jeden Niveaus

Von April bis Juni erlaubt der Wasserstand eine wahrlich aufregende Fahrt. In dieser Zeit reichen die Stromschnellen von Klasse I bis Klasse IV und sind sowohl für Neulinge als auch für erfahrene Rafting-Fans geeignet. Als Halbtagesaktivität gibt's nichts Besseres. Je nach Schwierigkeitsgrad der Strecke sind bei einigen Rafting-Angeboten Kinder ab sieben Jahren zugelassen. Für die schwierigste Strecke ist jedoch ein Mindestalter von 16 Jahren vorgeschrieben. Unabhängig vom Alter müssen alle schwimmen können. Die meisten Fahrten finden vom Dorf Castellane aus statt. Mindestens eine Woche im Voraus bei einem Rafting-Unternehmen wie Yeti Rafting buchen!

Moustiers-Sainte-Marie von oben

Ein Königreich aus Klippen, Lavendel und Schluchten

Über der Schlucht oberhalb von Moustiers-Saint-Marie hängt ein goldener Stern. Der Legende nach wurde das Original im Jahr 1210 von einem Ritter zu Ehren der Jungfrau Maria aufgehängt. Wer die Höhen über Moustiers-Saint-Marie erklimmt, wird mit einem besseren Blick auf den Stern, das Dorf von oben und die Verdonschlucht in der Ferne belohnt. Es gibt zwei Möglichkeiten, den **Sentier de la Chaîne** zu erreichen: zu Fuß oder mit einem E-Mountainbike.

Zu Fuß: Vom Stadtzentrum aus nach dem „Parking Haut" auf den Chemin de Courchon (die alte Römerstraße). Nach 1,5 km geht es weiter über den Sentier de la Chaîne bis La Chaîne. Die Strecke führt steil bergauf, für kleine Kinder ist sie nicht zu empfehlen.

Mit dem Mountainbike: Über die Hauptstraße aus der Stadt hinaus Richtung Puimoisson fahren. Dann rechts in Richtung En Naups und Le Castillon abbiegen. Die Route führt oberhalb an Le Castillon vorbei und schmiegt sich an den Hügel, bis sie fast im Kreis nach Moustiers-Saint-Marie auf der anderen Seite des Hügels zurückführt. Hinter dem Campingplatz sollte man die elektrische Unterstützung des Fahrrads einschalten – jetzt geht's über die alte Römerstraße auf den Gipfel des Hügels hinauf. Die Strecke ist mit gelben und weißen VTT-Schildern (Mountainbike) gekennzeichnet.

NACHHALTIGER ANBAU VON LAVENDEL AUF DEM PLATEAU DE VALENSOLE

Ein Besuch eines Biolavendelbetriebs auf dem Plateau de Valensole bietet faszinierende Einblicke in ökologisch verantwortungsvollen Anbau: Die Lavendelfelder, bei denen zwischen den violetten Reihen goldenes Gras wachsen darf, tragen ihren Teil dazu bei, die durch Krankheiten und den Klimawandel bedrohte Pflanze auch für zukünftige Generationen zu erhalten.

La Ferme du Riou
Biologischer Lavendel-, Obst- und Gemüsebetrieb auf der Hochebene von Valensole. Besuche sind das ganze Jahr über möglich, Besuche in der Destillerie nur während der Erntezeit.

La Marché du Plateau Producteur Valensole
Bio-Erzeuger mit Holzhütte am Feld, in der man während der Erntezeit einkaufen kann. Ansonsten im Laden im Zentrum von Valensole vorbeischauen. Vertreter der Farm sind auch fast das ganze Jahr über auf den nahe gelegenen Märkten zu finden.

Côte d'Azur & Monaco

WO AUFREGENDE BERGE AUF DAS SCHILLERNDE WASSER DES MITTELMEERS TREFFEN

Eine weltberühmte Küste, malerische Bergdörfer und ein faszinierendes Hinterland – die Côte d'Azur und Monaco mögen zwar noch immer so glamourös sein, wie eh und je, doch es gibt auch viel Neues zu entdecken.

1887 begab sich der französische Schriftsteller Stéphen Liégard auf eine Reise entlang der östlichen Mittelmeerküste Frankreichs. Seine Eindrücke hielt er in einem Buch fest, dem er den Titel *La Côte d'Azur* gab. Bis zu dessen Veröffentlichung galt diese Ecke des Landes bestenfalls als Zwischenstopp für Wagemutige auf ihrem Weg nach Italien. Das änderte sich, als eine neue Eisenbahnlinie eröffnet wurde und damit die „azurblaue Küste" vom Norden aus per Zug erreichbar wurde. Fortan machten sich Wohlhabende aus aller Welt auf den Weg, die ausgestattet mit ärztlichen Rezepten, hier auf eine gesunde Dosis Wintersonne hofften. Bald folgten Künstler:innen, Adelige und auch gekrönte Häupter, die auf den feinen Uferpromenaden und in den Kasinos ihre besten Kleider zur Schau stellten. Liégards Côte d'Azur reichte von Marseille bis zum italienischen Genua, doch haften blieb der von ihm geprägte Name für dieses kleine Stück Frankreich.

Noch immer ist unklar, wo genau die Côte d'Azur beginnt und wo sie endet. Für die einen ist es der Abschnitt von Menton bis Cannes, für andere erstreckt sie sich bis nach Saint-Tropez oder Hyères im Var (wie in diesem Buch). Unbestritten ist, dass es sich um Frankreichs glamourösesten Küstenabschnitt handelt – und dass das fürstliche Monaco ein Teil davon ist. Bis heute hat sich die Côte d'Azur ihre berauschende Anziehungskraft aus Sonne, Meer, Kultur, Essen und Wein bewahrt – und noch immer zieht sie, wie auch das grüne, bergige Innere, Menschen an, die hier ihre Sehnsucht nach Weite und Meer sowie nach Glanz und Abenteuer stillen.

LENA SERDITOVA/SHUTTERSTOCK ©

DIE WICHTIGSTEN ZIELE

NIZZA
Strände, Architektur und tolles Essen. S.714

CANNES
Festivals & angenehm ruhige Orte. S.728

MONACO
Wenig Fläche, viel Glamour. S.738

SAINT-TROPEZ
Der funkelnde Stern der Côte d'Azur. S.745

HYÈRES
Mittelalterliche Stadt mit Inseln. S.751

Links: Monaco (S. 738); oben: Altstadtzentrum, Hyères (S. 751)

Erste Orientierung

In dieser südöstlichen Ecke Frankreichs weichen die lebhaften Küsten-Ferienorte der Côte d'Azur schnell hübschen Dörfern im Landesinneren. Dahinter erstrecken sich ausgedehnte Nationalparks über traumhafte Berglandschaften.

Hyères, S. 751
Eine alte Stadt an der Côte d'Azur ohne Menschenmassen, mit einer mittelalterlichen Burg, Stränden und den Îles d'Or (goldenen Inseln), die nur eine kurze Fährfahrt entfernt sind.

ZUG

Züge von TER SUD Provence Alpes Côte d'Azur verbinden die wichtigsten Ziele der Region entlang der landschaftlich schönen Küste zwischen Hyères und Menton (inklusive Monaco) und machen Autofahrten überflüssig. Es gibt auch eine Zugverbindung zwischen der Küste und Grasse.

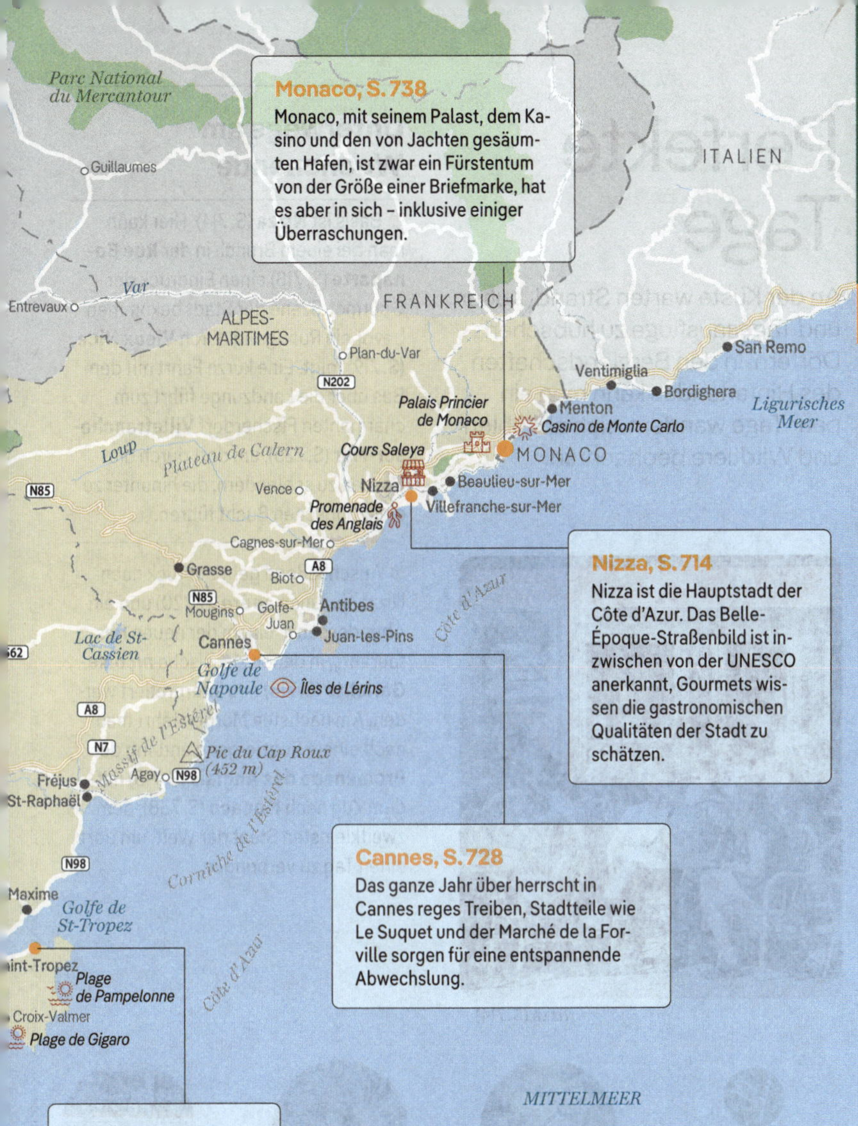

Monaco, S. 738

Monaco, mit seinem Palast, dem Kasino und den von Jachten gesäumten Hafen, ist zwar ein Fürstentum von der Größe einer Briefmarke, hat es aber in sich – inklusive einiger Überraschungen.

Nizza, S. 714

Nizza ist die Hauptstadt der Côte d'Azur. Das Belle-Époque-Straßenbild ist inzwischen von der UNESCO anerkannt, Gourmets wissen die gastronomischen Qualitäten der Stadt zu schätzen.

Cannes, S. 728

Das ganze Jahr über herrscht in Cannes reges Treiben, Stadtteile wie Le Suquet und der Marché de la Forville sorgen für eine entspannende Abwechslung.

Saint-Tropez, S. 745

Nirgendwo an der Küste ist es stilvoller! Hierher kommt man, um seine Träume von der Côte d'Azur zu verwirklichen – zumeist erfolgreich.

AUTO

In Nizza, Cannes und Monaco und auf allen Straßen, die nach Saint-Tropez führen, macht Autofahren zwar nur begrenzt Freude, aber ein eigenes Fahrzeug ist die beste Art, die Côte d'Azur jenseits belebter und berühmter Ziele zu erkunden.

BUS

Das preiswerte und gut ausgebaute Überlandbusnetz von ZOU! verbindet große und kleine Städte sowohl entlang der Küste als auch im Landesinneren, allerdings muss man mit längeren Fahrzeiten als mit dem Zug rechnen (falls man die Wahl zwischen beiden hat).

Perfekte Tage

An der Küste warten Strand, Kultur und Tagesausflüge zu hübschen Dörfern. In den Berglandschaften des Hinterlandes kann man ein paar Tage wandern, sich abkühlen und Wildtiere beobachten.

Unterwegs am Wochenende

Basis ist **Nizza** (S. 714). Hier kann man bei einem Brunch in der **Rue Bonaparte** (S. 718) einen Eindruck der Gourmet-Szene der Stadt bekommen, bevor ein Rundgang durch **Vieux Nice** (S. 719) folgt. Eine kurze Fahrt mit dem Bus über die Landzunge führt zum charmanten Fischerdorf **Villefranche-sur-Mer** (S. 725), um dort durch die Gassen zu schlendern, die hinunter zu einer hübschen Bucht führen.

Anschließend geht's zurück nach Nizza für einen ***apéro*** (S. 720) und ein Abendessen in einem der neuen Restaurants, in denen klassische ***niçoise*-Gerichte** (S. 718) neu interpretiert werden. Am nächsten Morgen fährt man nach einem Spaziergang entlang der **Promenade des Anglais** (S. 715) mit dem Zug nach **Monaco** (S. 738), dem zweitkleinsten Staat der Welt, um dort einen Tag zu verbringen.

PACK-SHOT/SHUTTERSTOCK ©

Nizza (S. 714)

Beste Reisezeit

Dank des Schutzes der Seealpen sind die Winter an der Côte d'Azur sonnig und mild, und die Hitze des Sommers wird dank der Meeresbrise oft angenehm erträglich.

SHIMON BAR/SHUTTERSTOCK ©, ENIGMA_PHOTO_VOYAGE/SHUTTERSTOCK ©, ALESSIODEMARCO/SHUTTERSTOCK ©

JANUAR

In der Umgebung von **Mandelieu-La Napoule** erblüht die Route du Mimosa. Und nur eine Stunde von Cannes entfernt ist die Skisaison in vollem Gange.

FEBRUAR

Zu den zahlreichen Winterfesten gehören der **Carnaval de Nice** und die **Fête du Citron** in Menton.

MAI

Der Mai bietet zahlreiche Feiertage, die **Internationalen Filmfestspiele von Cannes** und den **Großen Preis von Monaco**.

Fünf Tage zum Erkunden

In Nizza kann man mehr über den 2021 verliehenen **UNESCO-Welterbe-Status** erfahren (S. 715) und in den feinen **städtischen Weinbergen** von Bellet (S. 721) Wein probieren. Bleibt man etwas länger, könnte man auch noch **Menton** (S. 725) besuchen – die nach Zitrone duftenden Muse des berühmten Kochs Mauro Colagreco. Nach einer Übernachtung in Menton bietet sich eine Zugfahrt ins glamouröse **Cannes** (S. 728) und ins kunstverliebte **Antibes** an – dem Ausgangspunkt für ein Abenteuer auf den Spuren von **Picasso** (S. 734).

Es folgen ein, zwei zusätzliche Nächte im nach Parfüm duftenden **Grasse** (S. 735), vor dessen Toren die **Gorges du Loup** (S. 737) auf Abenteurer warten.

Wenn man mehr als eine Woche Zeit hat

Nach ein paar Tagen, in denen Nizza und Umgebung erkundet werden – inklusive einer morgendlichen Besichtigung von Monacos beeindruckendem **Belle-Époque-Kasino** (S. 742) –, folgt eine Fahrt Richtung Westen entlang der Küste nach **Cannes** (S. 728), wo es einige charmante, ruhige Ecken zu entdecken gibt. Die kurze Fährfahrt zur **Île Sainte-Marguerite** (S. 731), einer mit Pinien bedeckten Oase vor der Küste von Cannes, gehört unbedingt ins Programm.

Danach fährt man entlang der erhabenen **Corniche d'Or** (S. 736) nach **Saint-Tropez** (S. 745), wo einen der ganze Glanz der Côte d'Azur erwartet. Die Tour endet im beschaulichen **Hyères** (S. 751) mit seiner mittelalterlichen Altstadt und dem Schloss.

JUNI
Die Saison ist noch nicht ganz auf Touren – ideal für einen Besuch der **Île de Porquerolles** und einen Schnorchelausflug.

JULI
Jedes Wochenende gibt es in jeder Stadt und in jedem Dorf eine **Veranstaltung im Freien** – Feuerwerk, Musik, Kino. Jede Menge Menschen allüberall.

SEPTEMBER
Die letzten Sommertage sind perfekt für **Wanderungen und Radtouren** im Hinterland.

DEZEMBER
Erste Schneegestöber. Auf den **Weihnachtsmärkten** erwärmt Glühwein Geist und Körper – insbesondere in Nizza, Antibes und Monaco.

Nizza

UNTERWEGS VOR ORT

Da die Straßen aufgerissen werden, um sie durch begrünte Fahrradwege zu ersetzen, kommt man mit dem Auto im Zentrum von Nizza zunehmend schlechter voran. Viele der wichtigsten Sehenswürdigkeiten können jedoch zu Fuß erkundet werden – die Straßenbahnlinie Ligne d'Azur und das umfangreiche Busnetz sind ein Segen für müde Füße. Fahrkarten (Einzelpreis 1,70 €) gibt's jetzt papierlos; für die dafür notwendige wiederaufladbare Karte *La Carte*, die an Fahrkartenautomaten und -schaltern erhältlich ist, sind bei der ersten Fahrt 2 € zusätzlich fällig. Nizza Saint-Augustin (unweit des Flughafens) wird zum wichtigsten Verkehrsknotenpunkt ausgebaut. Bis zum Abschluss der Arbeiten lohnt es sich, die Abfahrtsorte der Überlandbusse zu überprüfen.

Nizza, die Hauptstadt der Côte d'Azur, hat sich in den vergangenen zehn Jahren mit einem Straßenbahnnetz, modernisierten Stadtvierteln und neuen Hotels beschenkt – und es sieht nicht so aus, als würde sich das Tempo der Veränderungen in nächster Zeit verlangsamen. Also nicht wundern, wenn einige Sehenswürdigkeiten wegen Renovierungsarbeiten geschlossen sind oder sogar abgerissen werden, um in Frankreichs fünftgrößter Stadt Platz für mehr Grün zu machen.

Mit der Verleihung des UNESCO-Welterbestatus als „Winterurlaubsstadt an der Riviera" im Jahr 2021 hat die Stadt zusätzlichen Schwung erhalten. Nizza lebt nicht mehr nur von seinem Ruf für schöne Strände, Palmen und Sonnenschein. Inzwischen hat sich eine aufregende kulinarische Szene entwickelt und in angesagten Vierteln wie Port und Libération begeistern coole Weinbars und ausgefallene Boutiquen die Leute. Wer heute die Stadt besucht, wird feststellen, dass Nizza endlich seinem Spitznamen „Nissa la Bella" gerecht wird.

IGOR PAVLUZHENKOV/SHUTTERSTOCK ©

Place Massena

PROSLGN/SHUTTERSTOCK ©

Le Negresco (S. 718) und Promenade des Anglais

UNESCO & Nizza

Nizzas geschützte Geschichte

Bevor die Côte d'Azur zum Sommerurlaubsziel wurde, war sie im Winter beliebt bei allen mit Macht, Geld und Einfluss, sei es aus dem Adel, der Politik oder der Kunst. Das Erbe jener Winter zwischen 1760 und 1940 hat dazu geführt, dass 522 ha und etwa 800 Gebäude ins UNESCO-Welterbe aufgenommen wurden und Nizza zur „Winterurlaubsstadt an der Riviera" wurde. Wer mehr darüber erfahren will, ist bei der **Mission Nice Patrimoine Mondial** in Vieux Nice richtig, die man (ebenso wie andere Sehenswürdigkeiten rund um die nahe Opéra de Nice) mit einem Guide des **Centre du Patrimoine** auf dem wöchentlichen 1½-stündigen Rundgang „Als Nizza die Riviera erfand" besucht.

Ein interaktiver Stadtplan (unter patrimoinemondial.nice.fr) hilft, die Sehenswürdigkeiten auch auf eigene Faust zu erkunden. In fast jeder Straße stößt man auf Art-déco-Elemente oder Belle-Époque-Beispiele – von denen die meisten aber Privatwohnungen und nur von außen zu bewundern sind. Die Villa Massena ist ein tolles Ziel für Architekturbegeisterte. Sie beherbergt das **Musée Massena**, das der Geschichte Nizzas gewidmet ist. Weitere UNESCO-geschützte Highlights sind die bewaldete Anhöhe **Colline du Château** zwischen Vieux Nice und Port Lympia, die ursprüngliche Siedlung der Stadt. Zu erreichen ist sie über eine Treppe (oder mit einem Aufzug). Von hier hat man zudem einen 360°-Blick auf die Stadt und das Meer.

KUNST AUF DER PROMENADE

Nizzas weitläufige **Promenade des Anglais** (auch *Prom* genannt) ist nicht nur das pulsierende Herz der Stadt, sondern inzwischen auch zu einer Art Open-Air-Kunstinstallation geworden. Los geht's am *#ILoveNice*-Schriftzug am östlichen Ende. Dann geht man nach Westen und hält nach einer 1,3 m hohen Nachbildung der *Freiheitsstatue* gegenüber der Opéra de Nice Ausschau. Es folgen eine Ansammlung von Metallstäben, die *Neuf Lignes Obliques*, dann *La Chaise Bleue de SAB*, eine Hommage an die blauen Stühle, die die Promenade säumen. Gegenüber dem Palais de la Méditerranée wurde 2022 *L'Ange de la Baie* zum Gedenken an jene 86 Menschen errichtet, die am 14. Juli 2016 bei den Terroranschlägen in Nizza ums Leben kamen.

ÜBERNACHTEN IN NIZZA

Hostel Villa Saint Exupéry Beach
Schlafsäle, Privatzimmer, eine riesige Bar und ein Gemeinschaftsraum mit lockerer Partyatmosphäre. **€**

Arome Hotel
Sicheres, zentral gelegenes Hotel unter der Führung von Fabio und Fabrice; vor allem bei alleinreisenden Frauen beliebt. **€€**

Hôtel St Paul
Gegenüber der Hafenmole, direkt am Meer und mit den preiswertesten Zimmern der Stadt. **€€**

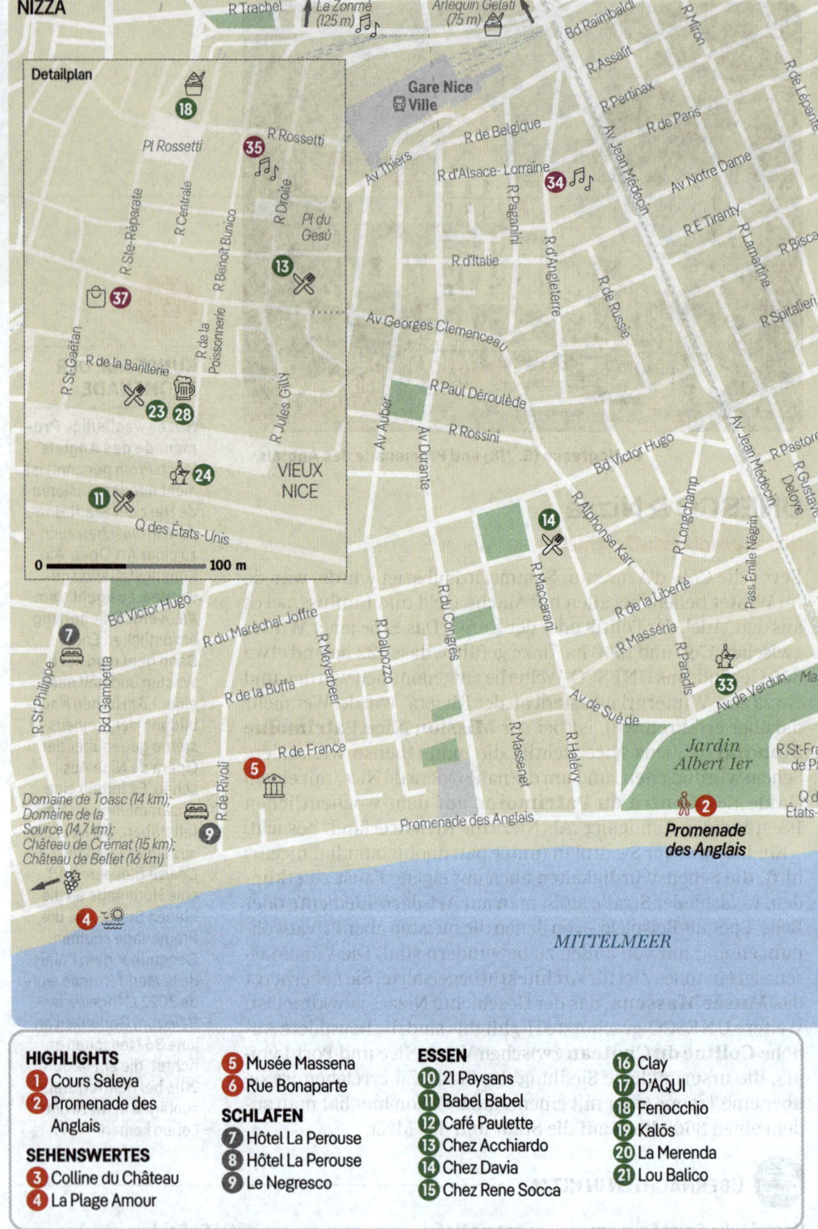
NIZZA
R Trachel
La Zonmé (125 m)
Arlequin Gelati (75 m)
Bd Raimbaldi
R Miron
R Assalit
R Pertinax
R de Lépante
Gare Nice Ville
R de Paris
R de Belgique
Av Thiers
R d'Alsace-Lorraine
Av Jean Médecin
Av Notre Dame
R E Tiranty
R Biscarra
R Lamartine
R Paganini
R d'Angleterre
R d'Italie
R de Russie
R Spitalieri
Av Georges Clemenceau
R Paul Déroulède
R Rossini
Av Auber
Av Durante
Bd Victor Hugo
R Pastorelli
R Gustave Deloye
R Alphonse Karr
R Longchamp
Pass Émile Négrin
R Maccarani
R de la Liberté
R Masséna
R Paradis
R du Congrès
R Dalpozzo
R Meyerbeer
R du Maréchal Joffre
R de la Buffa
R de France
R St Philippe
Bd Gambetta
R de Rivoli
Av de Suède
Av de Verdun
R Massenet
R Halévy
Jardin Albert 1er
R St-François de Paule
Q des États-Unis
Promenade des Anglais
Domaine de Toasc (14 km); Domaine de la Source (14,7 km); Château de Crémat (15 km); Château de Bellet (16 km)
MITTELMEER
Detailplan
Pl Rossetti
R Rossetti
R Centrale
R Ste-Réparate
R Benoît Bunico
R Droite
Pl du Gesù
R St Gaëtan
R de la Barillerie
R de la Poissonnerie
R Jules Gilly
VIEUX NICE
Q des États-Unis
0 100 m
HIGHLIGHTS
1 Cours Saleya
2 Promenade des Anglais
SEHENSWERTES
3 Colline du Château
4 La Plage Amour
5 Musée Massena
6 Rue Bonaparte
SCHLAFEN
7 Hôtel La Perouse
8 Hôtel La Perouse
9 Le Negresco
ESSEN
10 21 Paysans
11 Babel Babel
12 Café Paulette
13 Chez Acchiardo
14 Chez Davia
15 Chez Rene Socca
16 Clay
17 D'AQUI
18 Fenocchio
19 Kalōs
20 La Merenda
21 Lou Balico

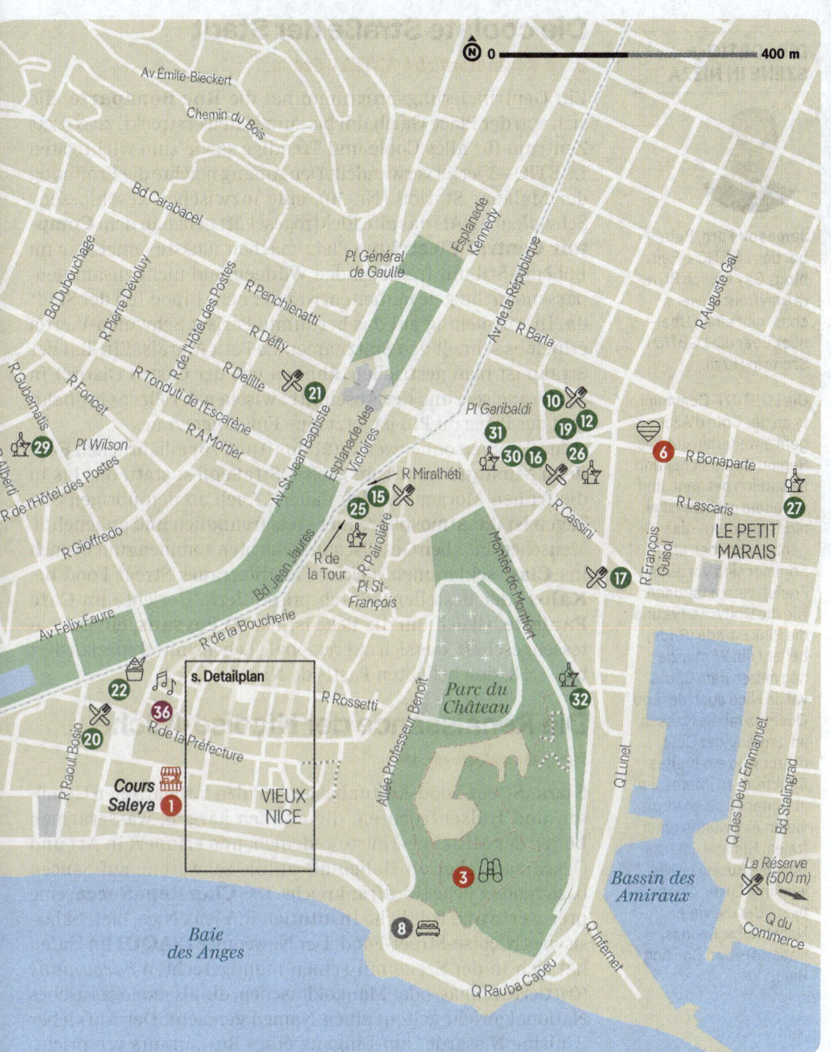

22 Oui, Jelato
23 Safari

AUSGEHEN & FEIERN

24 Blast
25 Cave de la Tour
26 Comptoir Central Electrique
27 Fanfan & Loulou
28 La Civette de Cours
29 La Part des Anges
30 Le Café de Chineurs
31 Le Garibaldi
32 Rouge
33 SEEN by Olivier

UNTERHALTUNG

34 La Cave Romagnan
35 Shapko
36 Wayne's Bar

SHOPPEN

37 Caves Capriogliо

DIE LGBTIQ+-SZENE IN NIZZA

Jameson Farn, Betreiber des LGBTIQ+-Reiseblogs Gay French Riviera (gayfrenchriviera.com), gibt einen Überblick über die LGBTIQ+-Szene in Nizza.

Die LGBTIQ+-Community an der Côte d'Azur geht's weiterhin gut, die Region ist als sicher und freundlich bekannt, und vor allem in Nizza ist einiges geboten – das ganze Jahr über. Im Sommer sind vor allem Freiluftveranstaltungen wie die Dolly-Partys und die Pink Parade (Pride) beliebt, im Winter ziehen neben dem Carnaval de Nice auch der Lou Queernaval die Massen an. Entlang der Côte d'Azur wird ein breites Spektrum an Interessen abgedeckt, seien es die vielen Aktivitäten unter freiem Himmel, internationales Business-Networking, Luxus-Shopping oder die vielen Nachtclubs, Saunas, Kabaretts und Cruising-Bars.

Die coolste Straße der Stadt

Bars, Restaurants & LGBTIQ+-Szene

Ein Gentrifizierungsprogramm hat die **Rue Bonaparte**, die sich von der Place Garibaldi bis zum Hafen erstreckt, zu Nizzas Zentrum für alles Coole und Trendige sowie zum wichtigsten LGBTIQ+-Viertel verwandelt. Den Anfang machte die Eröffnung der Malabar Station (Nr. 10), eine inzwischen geschlossene Schwulenbar. Als das alte Elektrogeschäft nebenan dem **Comptoir Central Electrique** Platz machen musste, einer Bar im Bohème-Stil mit freiliegenden Wänden und nicht zusammenpassenden Sitzgelegenheiten, war der neue hippe Teil der Stadt da. In Anspielung auf das berühmte Pariser Schwulen-Viertel erhielt es schnell den Spitznamen Le Petit Marais. Ein Teil der Straße ist blau gestrichen, ähnlich wie der Castro District in San Francisco, und der Abschnitt zwischen der Place Garibaldi und der Place du Pin ist jetzt eine Fußgängerzone.

Zur Sommersonnenwende (21. Juni) und zur alljährlichen **Fête de la Musique** findet ein großes Straßenfest statt, das bis in die frühen Morgenstunden dauert. Auch an den übrigen 364 Tagen ist die Atmosphäre hier stets freundlich und angenehm. Menschen aus allen Gesellschaftsschichten kommen zum Brunch ins **Clay**, schlemmen leckeres mediterranes Street Food bei **Kalōs** oder bestellen hübsch präsentierte Gerichte im **Café Paulette**. Gleich um die Ecke ist das **21 Paysans**, ein Delikatessengeschäft, das sich auf regionale Lebensmittel spezialisiert hat – z. B. den beliebten Pastis de Nice.

Die Renaissance der Niçoise-Küche

Mehr als *salade niçoise*

Nizzas Street-Food-Kultur basiert auf den farbenfrohen Gemüsen und Hülsenfrüchten, die auf den kargen, wasserarmen Böden der Mittelmeerküste gedeihen, und erinnert in Art und Geschmack eher an Italien als an die schwerere, auf Saucen basierende Küche Nordfrankreichs. Das **Chez Rene Socca**, eine preiswerte und fröhliche Institution in Vieux Nice, bietet klassisches Niçoise-Street-Food. Der Newcomer **D'AQUI** im Hafen hat sich in der Szene mit seinen mundgerechten *barbajuans* (frittierte Spinat- oder Mangoldtaschen, die als monegassisches Nationalgericht gelten) einen Namen gemacht. Der Aufkleber „Cuisine Nissarde" am Eingang eines Restaurants verspricht, dass die Gerichte hier lokalen kulinarischen Traditionen entsprechen – zu den Dauerbrennern in dieser Klasse gehören **Chez Acchiardo**, das **Safari** (Vieux Nice) sowie das **Lou Balico** in der Nähe.

ÜBERNACHTEN IN NIZZA

Hôtel La Perouse
Bezauberndes Hotel mit Pool auf dem Colline du Château – eines der schönsten Hotels in Nizza. **€€€**

Hôtel Amour
Superhipp mit eklektischem Boho-Chic-Stil und der trendigsten Hotelbar weit und breit **€€€€**.

Le Negresco
Jedes Zimmer ist ein Kunstwerk. Neu hinzugekommen sind ein Spa und ein Strandclub. **€€€**

VIEUX NICE ZU FUSS

Dieser Rundgang durch die charmante Altstadt beginnt vor der gelben Fassade von **1 Nicolas Alziari**, einem lokalen Olivenölhersteller, dessen unverwechselbare blaue Dosen die Tische der besten Restaurants der Region schmücken. In der Straße rund um die **2 Opéra de Nice** aus dem 19. Jh. gibt es einige Spezialitätengeschäfte, in denen es sich lohnt, nach Souvenirs zu stöbern, z. B. das **3 Maison Auer**, in dem eine Familie seit 200 Jahren Pralinen herstellt.

Es geht geradeaus weiter bis zur **4 Cours Saleya**, einer belebten Straße mit Restaurants, auf der von Dienstag bis Sonntag Märkte für Obst, Gemüse und Blumen sowie am Montag ein Antiquitätenmarkt stattfinden. Einst ließ sich hier der Künstler Henri Matisse inspirieren, der zwischen 1921 und 1938 sein Atelier im **5 Palais Caïs de Pierlas** am östlichen Ende der Straße hatte. Biegt man nach links ab, taucht man tief in die Gassen ein, vorbei am **6 Centre du Patrimoine** (S. 715), dessen Führungen einen Blick hinter die Kulissen der Stadt bieten. In der Rue Doite wird im Holzofen von **7 Chez Theresa** seit 1925 *socca* (Pfannkuchen aus Kichererbsenmehl) gebacken. Wenige Schritte weiter liegt das **8 Palais Lascaris**, ein mit Fresken geschmücktes Adelshaus aus dem 17. Jh., das heute als Museum dient und ein wunderbar erhaltenes Beispiel barocker Architektur ist.

An der nächsten Ecke wartet die nächste Geschichtsstunde: Die schwere **9 Kanonenkugel** in der Mauer wurde 1543 während der Belagerung von Nizza von türkischen Truppen abgefeuert. Die Truppen schlug man zurück – und die Wäscherin Catherine Ségurane wurde zur Heldin. Nach einem leichten Anstieg findet man an der **10 Place Saint-Augustin** eine Gedenktafel zu ihren Ehren.

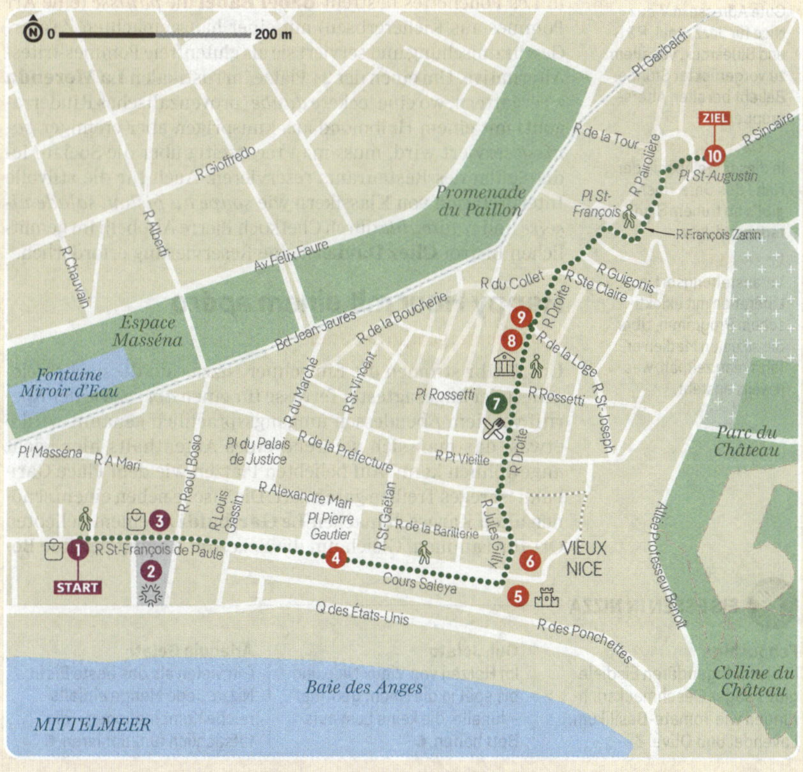

Château de Bellet

DIE BESTE LIVE-MUSIK IN NIZZA

Did Kwo ist ein Gitarrist und Songwriter aus Nizza, der schon überall in der Stadt aufgetreten ist. Hier verrät er seine Lieblingsorte für Livemusik in Nizza:

Wayne's Bar
Unterhaltsamer English Pub in Vieux Nice. Coverbands bringen mit beliebten Partysongs die Leute zum Tanzen.

Shapko
Gute Adresse in Vieux Nice für Jazz, Soul, R&B und Bluesrock, vor allem zu vorgerückter Stunde. Beliebt bei allen Altersgruppen.

La Cave Romagnan
In dieser Weinbar in der Nähe des Gare Thiers gibt's ab frühem Samstagabend Jazz.

La Zonmé
Veranstaltungsort in Libération mit eklektischem Programm. Über die sozialen Medien erfährt man zeitnah, was jeweils ansteht.

Jenseits altbekannter Adressen verpassen trendige Newcomer lokalen Gerichten einen Feinschmecker-Touch und heben sie in den Rang eines kulinarischen Ereignisses. Gegenüber dem Strand in Les Ponchettes bestreut **Babel Babel** die *panisse* (eine Art Pommes aus Kichererbsen) mit einer hausgemachten Za'atar-Gewürzmischung und serviert sie als glutenfreie Pommes-frites-Alternative. Um einen der 24 Plätze im rustikalen **La Merenda** zu ergattern, wo eine leckere *daube* (provenzalisches Rinderragout) mit einem Halbmond aus knuspriger, aber cremiger *panisse* serviert wird, muss man rechtzeitig über die Social-Media-Seiten des Restaurants reservieren. Auch für die stilvolle Interpretation von Klassikern wie *soupe au pistou, salade niçoise* und *ratatouille* durch Chefkoch Pierre Altobelli im gemütlichen Bistrot **Chez Davia** ist eine Reservierung erforderlich.

Happy Hour mit einem *apéro*

Sonnenuntergang in der Stadt

Um 17 Uhr strömen die Einwohner Nizzas auf die nächstgelegene (oder angesagteste) Terrasse für einen *apéro*, wie der Aperitif vor dem Abendessen umgangssprachlich genannt wird – etwas, das man sich während eines Aufenthalts hier leicht angewöhnen kann. Auf beliebten Plätzen wie dem Place Garibaldi ist reges Treiben garantiert. Die Tische neben einem schönen alten Karussell machen **Le Garibaldi** zu einem beliebten Ort für Familien. Gleich um die Ecke, am Anfang der Rue Bo-

EIS ESSEN IN NIZZA

Fenocchio
In dieser legendären Eisdiele gibt's sogar Geschmacksrichtungen wie Tomate-Basilikum, Lavendel und Olive. €

Oui, Jelato
Im Herzen von Vieux Nice und bis spät in die Nacht geöffnet – für alle, die keine Lust aufs Bett haben. €

Arlequin Gelati
Gilt vielen als das beste Eis in Nizza. Jede Menge einfallsreiche Kombinationen – die tatsächlich funktionieren. €

naparte, locken die Tapas-Teller des **Le Café de Chineurs** ein hippes After-Work-Publikum an. Auf dem Cours Saleya in Vieux Nice werden zum Leutebeobachten erfrischende Getränke serviert, vor allem in den Lokalen am östlichen Ende. Das **La Civette de Cours** bietet ein Bar-Erlebnis der traditionell-französischen Art, das **Blast** wiederum ist für sein lebhaftes amerikanisches Ambiente beliebt.

Für viele gibt es nichts Besseres als einen selbst gemachten *apéro* am Strand. Die Weinhandlung **Caves Caprioglio** ist der beste Ort, um eine gekühlte Flasche zu kaufen. Privatstrände wie **La Plage Amour** sind im Sommer ausgefallenere (und teurere) Optionen für einen Aperitif, ziehen aber auch Leute an, die die Nacht durchtanzen wollen. Rooftop-Bars wie **SEEN by Olivier** bieten (für viel Geld) einzigartige Cocktails mit Panoramablick auf die Berge und das Meer.

DIE BESTEN WEINBARS IN NIZZA

Rouge
Neueröffnung in Port Lympia mit stilvollen, modernen Tapas-Tellern, die mit Bio-Weinen direkt vom Erzeuger gepaart werden. €€

Cave de la Tour
Cooler 1940er-Jahre-Jazz, ein Interieur, das sich seither kaum verändert hat, und Wein aus Nizzas eigenen Weinbergen. €

La Part des Anges
Eine der ältesten Weinbars der Stadt und eine Fundgrube für Natur- und Bio-Weine. €

Fanfan & Loulou
Naturweine, serviert mit Käse und Charcuterie (Wurstwaren) aus der Auvergne im Retro-Ambiente der 1970er-Jahre. €

Stadtwein-Verkostung

Die Weinberge Nizzas

Zwischen den provenzalischen Villen an der Westseite Nizzas liegen neun kleine Weinberge, die die AOC Bellet bilden. Die winzige Appellation (mit nur 50 ha Rebfläche) ist nicht nur eine der kleinsten Frankreichs, sondern auch die einzige, die innerhalb von Stadtgrenzen liegt. Zwei der hier angebauten Rebsorten – Folle Noire und Braquet – werden nirgendwo sonst auf der Welt angebaut. Es handelt sich nicht um eines der weitläufigen Weingüter der großen Weinregionen – viele von ihnen haben immer noch den Charme eines klassischen „Vin de Garage". Das gilt vor allem für das Weingut **Domaine de la Source**, wo das Geschwisterpaar Eric und Carine Dalmasso ihre Weine im Hinterhof ihres Familienhauses produzieren und im Schatten von Olivenbäumen Verkostungen anbieten. Die beiden größten Winzereien hier bieten neben einem tollen Erlebnis auch einen reizvollen Einblick in die Stadtgeschichte. Das **Château de Bellet** ist das älteste der Bellet-Weingüter. Die Führungen beginnen in einer kleinen Privatkapelle, die 1873 von den Baronen von Bellet erbaut wurde. Die ineinandergreifenden Cs des **Château de Crémat**, einer hoch aufragenden Festung von 1906 im Mittelalterstil, sollen Coco Chanel zu ihrem Logo inspiriert haben (sie soll hier in den wilden Zwanzigern einige sehr glamouröse Abende verbracht haben). Bei einer 1½-stündigen Führung durch das Anwesen, das mit musealen Stücken aus Chanels Privatsuite im Ritz Paris eingerichtet wurde, kann man darüber nachdenken, ob die Logo-Geschichte Tatsache oder Märchen ist. Der Besuch schließt mit einer Verkostung ab, bei der auch die Weine der benachbarten **Domaine de Toasc** probiert werden können.

TOP-SPOTS IN NIZZA, UM LIVESPORT ZU SEHEN

Ma Nolan's
Irischer Pub mit Niederlassungen in Vieux Nice und Port Lympia. Bei wichtigen Spielen schnell voll. €

Van Diemen's
Lockere australische Bar am Cours Saleya mit zwei Terrassen, langer Bar und 11 Screens. €

Waka Bar
Unschlagbare Lage direkt gegenüber vom Strand. Ab Spielschluss ist hier Party. €

Menton
Sentier du Cap Martin
Èze
Nizza
Villefranche-sur-Mer

Rund um Nizza

Die Umgebung von Nizza ist voller pittoresker Ferienorte, Klippendörfer, faszinierender Wanderwege und toller alpinen Erlebnissen.

UNTERWEGS VOR ORT

Verkehrt der Zug nach Fahrplan, verkürzt der TER Sud die Fahrzeit zwischen Nizza und diversen Orten an der Küste – und das auf einer landschaftlich sehr reizvollen Strecke direkt an der Küste. Der Bus 607 von ZOU! folgt ähnlichen Kurven entlang der Küste und bedient Haltestellen zwischen Nizza und Monaco. Beide können während der morgendlichen und nachmittäglichen Pendlerströme überfüllt sein. Für Sainte-Agnès ist Menton der Ausgangspunkt. Wer die traumhaften Landschaften der Côte d'Azur wirklich erkunden will, braucht allerdings ein eigenes Verkehrsmittel, sei es ein Auto oder ein Fahrrad.

Nur wenige Kilometer außerhalb Nizzas ist von Großstadt nichts mehr zu spüren. Tatsächlich ist schon in Villefranche-sur-Mer, einem charmanten Fischerdorf, das mit Nizzas Osten verbunden ist, das Tempo gemächlicher. Zwischen Nizza und Monaco schlängelt sich ein Trio erhabener Küstenstraßen (Corniches) durch Belle-Époque-Küstenorte, vorbei an hoch gelegenen Dörfern und zu üppigen Wanderwegen. Im italienischen Menton, der letzten Stadt vor der Grenze, treffen sie aufeinander. Auch das Hinterland von Nizza ist im Kommen. Mehr und mehr Restaurants bieten, inspiriert von den dramatischen Voralpenlandschaften des Parc National du Mercantour, lokale Küche, die die Region feiert.

ARTUR BOGACKI/SHUTTERSTOCK ©

Nietzsche-Weg

Villefranche-sur-Mer (S. 725)

TOP TIPP

Außerhalb touristischer Gebiete gibt's in den meisten Restaurants Mittagessen ausschließlich zwischen 12 und 14.30 Uhr.

Wandern über die Corniches

Küstenstraßen mit herrlichen Aussichten

Die drei Corniches kann man mit dem Auto befahren – oder zu Fuß erobern. Es gibt zwar viele ausgeschilderte Naturpfade, die die Hügel hinter Villefranche-sur-Mer, **Beaulieu-sur-Mer** und Èze durchziehen (die Website **Randoxygène** und der gedruckte Führer, der in den Fremdenverkehrsbüros erhältlich ist, beschreiben sie auf Französisch), aber der **Nietzsche-Weg**, der Èze-bord-de-Mer und Èze Village verbindet, gilt als besonders schön. Der Pfad ist nach dem deutschen Philosophen Friedrich Nietzsche benannte, der sich bei einer Wanderung hier zum dritten Teil von *Also sprach Zarathustra* inspirieren ließ: Der 2,1 km lange Weg kann zwar auch von oben nach unten begangen werden, doch der klassische Ausgangspunkt ist die Basse Corniche. Der steile Aufstieg von der Küste aus schlängelt sich durch die mediterrane Macchia und bietet Ruhe und traumhafte Natur. Nach etwa einer Stunde erreicht man das mittelalterliche **Èze Village** an der Moyenne Corniche. Die meisten machen hier eine Pause, um dieses Juwel zu bewundern, bevor sie umkehren. Sportliche können noch hinauf zum **Fort de la Revère** wandern. Das Fort von 1870 oberhalb der Grande Corniche ist heute ein Naturschutzgebiet und hat einen herrlichen Picknickplatz. Der Weg ist als **Fuont Roussa** ausgeschildert und beginnt an der Av de la Marne, 200 m links hinter dem Eingang der Parfümerie Fragonard. Der Aufstieg bietet einige der schönsten Aussichten der Côte d'Azur. Bis zur Grand Corniche sind es etwa 30 Minuten, bis zum Fort weitere 15 Minuten. Man hat die Auswahl von Dutzenden von Wanderwegen, die über dieses Plateau führen, man kann aber auch dem markierten Weg zurück nach unten folgen.

DAS MEER SEHEN

Es gibt viele Bootsvermietungen und Anbieter von Ausflügen, die einen hinaus aufs Wasser bringen, aber es gibt nur einen, bei dem man bis zu 35 km vor der Küste Nizzas an Bord eines nachgebauten hölzernen Mittelmeer-Handelsschiffs aus dem 16. Jh. segeln kann – und dabei zugleich mithilft, die Ozeane zu schützen. Seit über drei Jahrzehnten setzt sich die lokale Organisation SOS Grand Bleu für den Schutz von Delfinen und Walen im Mittelmeer ein. 2005 übernahm sie die 23 m lange Segelyacht *Santo Sospir*. Für 65 € pro Person kann man an Bord des schönen Schiffes einen ganzen Tag lang auf die Suche nach diesen majestätischen Meerestieren gehen. Nur von April bis November.

STRANDSPASS RUND UM NIZZA

Baia Bella
Privatstrand in Beaulieu-sur-Mer mit Sonnenkollektoren, recyceltem Wasser, Holzmöbeln und Meeresbodenpflege.

Plage Paloma
Berühmter Privatstrand von Saint-Jean-Cap Ferrat, u.a. bekannt aus *Fifty Shades of Grey – Geheimes Verlangen* und *Emily in Paris*.

La Réserve de Mala
Der Besuch dieses versteckten Strandes, der sich fernab von Menschenmassen hinter Klippen verbirgt, ist kostenpflichtig.

AUTOTOUR: FAHRT ÜBER DIE DREI CORNICHES

Diese malerische Route entlang der drei *corniches* (Küstenstraßen), die sich an die Klippen zwischen Nizza und Monaco schmiegen, beginnt am östlichen Stadtrand von Nizza, beim **1 Parc Forestier de Mont Boron**, einem bei Wanderen beliebter Stadtwald. Parkt man nahe des Forts du Mont Alban (16. Jh.), hat man einen tollen Blick auf die Bucht.

Dann dem relativ flachen Abschnitt der Basse Corniche, der Straße, die dem Meer am nächsten ist, bis zu **2 Villefranche-sur-Mer** folgen, wo man den reizvollen Skulpturengarten in der Citadelle Saint-Elme besuchen kann. Nach einen weiteren Kilometer links in die Av Léopold II einbiegen, eine schmale Straße, die sich bis zur Moyenne Corniche, der mittleren Corniche, hinaufwindet. Die malerische Strecke führt über 5 km bis zum **3 Dorf Èze**, das einen Besuch wert ist (auch wenn es schwer sein kann, hier einen Parkplatz zu finden). Die engen, mittelalterlichen Gassen, die sich an einen Felsen fast 500 m über dem Meer schmiegen, führen alle zum Jardin Exotique d'Èze, einem ruhigen Garten auf mehreren Terrassen, in dem Kakteen zwischen den Ruinen eines alten Schlosses wachsen. Dann geht es zurück auf die Straße. Wer noch höher hinauf möchte, kann kurz nach dem Ortsausgang links in die Route de la Turbie einbiegen und ihr folgen.

Oben angekommen, rechts auf die Grande Corniche, die höchstgelegene der drei Küstenstraßen, abbiegen. Direkt hinter der Kurve erblickt man **4 La Turbie** sowie die Trophée d'Auguste, ein Siegesdenkmal für den römischen Kaiser Augustus. Die Straße schlängelt sich 5 km lang oberhalb von Monaco entlang, bevor das gläserne **5 Maybourne Riviera** in Sicht kommt. Im obersten Stock dieses Luxushotels (kurz vor der Abzweigung nach Roquebrune) kann man im Ceto, dem mediterran inspirierten Tempel des berühmten Küchenchefs Mauro Colagreco, ein Fischgericht genießen.

In Villefranche-sur-Mer flanieren

Straßen wie aus dem Bilderbuch

Das fotogene **Villefranche-sur-Mer** liegt zwar direkt am Ostrand von Nizza, hat aber mit Großstadttrubel nichts zu tun. Hier ist der Alltag wie der in einem kleinen Dorf, wo die Einheimischen auf den Märkten am Mittwoch- und Samstagmorgen den neuesten Klatsch und Tratsch austauschen oder im Schatten der **Zitadelle Saint-Elme** aus dem 16. Jh. *pétanque* spielen. Die Fußgängerzonen der Altstadt sind ideal, um den *flâneur* in sich zu wecken. Schnell fällt der grüne Daumen der Anwohner in der Rue Volti und der Rue Baron de Brès auf, die ihr Zuhause in bezaubernde Straßengärten verwandelt haben. Treppen, die zum Wasser hinunterführen, bieten einen Postkartenblick aufs Meer. Die **Rue de Poilu**, kurz vor der Uferpromenade, ist ein lebhafter Abschnitt mit Restaurants und kleinen Boutiquen, die luftige Kleider und breitkrempige Strohhüte verkaufen. Die **rue Obscure** gleich um die Ecke ist eine 130 m lange Gasse, die einen Eindruck der mittelalterlichen Vergangenheit des Dorfes vermittelt. Der Kai ist ideal für eine Mittagspause: Die weißen Tischdecken des **La Mère Germaine** signalisieren, dass es sich hier um ein klassisches, feines Restaurant handelt (mit entsprechenden Preisen). Die Einheimischen bevorzugen wegen der nizzaischen Küche das **Lou Bantry**. Die skurrilen Pinselstriche Jean Cocteaus bedecken die Wände und Decken der sehenswerten **Chapelle Saint-Pierre**, die die Geschichte der Fischereitraditionen von Villefranche erzählt. Die Dachbar **Achill's** direkt nebenan ist jede Nacht Ziel eines hippen Publikums.

Mentons kostbare Zitronen

Wo Zitrusfrüchte gefeiert werden

Das Mikroklima Mentons, wo Berge und Meer aufeinandertreffen, macht die hübsche Grenzstadt zum nördlichsten Ort der Welt, an dem Zitronen wachsen. Früher war der Zitronenanbau wichtig für die Wirtschaft der Stadt, doch eine Kombination diverser Faktoren führte zu einem Rückgang der Produktion. Heute werden die Früchte wegen ihres süßen Geschmacks und ihrer Größe wieder geschätzt. Während der jährlichen **Fête du Citron** im Februar leuchten die Straßen rund um das Hafenviertel in allen Schattierungen, die Zitrusfrüchte zu bieten haben. Für den Besuch der Straßenparaden mit aus Zitronen und Orangen gebauten Wagen und extravaganten Tanzdarbietungen sind Eintrittskarten erforderlich. Die gigantischen Zitruspflanzen, die jedes Jahr zu einem anderen Thema in den **Jardins Biovès** ausgestellt werden, kann man dagegen kostenlos bewundern.

WARUM ICH DIE CÔTE D'AZUR LIEBE

Chrissie McClatchie,
Autorin

Viele der Szenen der zweiten Staffel der Netflix-Hitserie *Emily in Paris,* die in Saint-Tropez spielten, wurden tatsächlich in Villefranche-sur-Mer gedreht. Für Menschen wie mich, die hier leben, bestätigte sich damit nur, was wir bereits wussten: dass unser farbenfrohes Dorf am Meer seine glamouröseren Küstennachbarn in den Schatten stellt. Die natürliche Schönheit der tief eingeschnittenen Bucht und die pastellfarbenen Gebäude, sind zwar Côte d'Azur in Reinkultur, zugleich geht es hier eher entspannt zu, Jetset-Flair sucht man vergebens; es gibt kein schillerndes Nachtleben oder Designer-Boutiquen, nur bekannte Gesichter in Bars und Geschäften, die zu Freunden geworden sind.

ESSEN & ÜBERNACHTEN IN VILLEFRANCHE-SUR-MER

Le Serre
Das unter gewölbten Torbögen versteckte, gemütliche Restaurant macht gute Pizzas. €

Hôtel de la Darse
Einfaches, aber elegantes Zwei-Sterne-Hotel in einem ruhigen Hafenviertel. Die Zimmer mit Meerblick haben Terrassen. €€

La Regence
Preisgünstiges Hotel mit charmanten Zimmern im provenzalischen Stil und familiärem Ambiente. Gemütliche Bar. €

ESSEN BEI MAURO IN MENTON

Nach der Eröffnung des **Mirazur**, seinem mit drei Michelin-Sternen ausgezeichneten Restaurant nur wenige Schritte von der italienischen Grenze entfernt, expandiert das Imperium des argentinischen Starkochs Mauro Colagreco in Menton stetig. Die gute Nachricht ist, dass ein Mauro-Erlebnis tatsächlich bezahlbar ist. Auf der anderen Straßenseite des Mirazur befindet sich das **Casa Fuego**, sein argentinisches Grillrestaurant – und mit die beste Adresse für ein Date an der Riviera.

An der neu gestalteten Strandpromenade **Les Sablettes** liegt **Pecora Negra**, Mauros zwanglose, familienfreundliche Pizzeria. Und in der Fußgängerzone, die parallel zur Uferpromenade verläuft, befindet sich seine Bio-Bäckerei **Mitron Bakery**, die Frankreichs seltene und vergessene Mehle wieder in die Backstube gebracht hat.

TRAVEL-FR/SHUTTERSTOCK ©

Fête du Citron (S. 725), Menton

Der Besuch bei einem Zitronenproduzenten in den terrassenförmigen Außenbezirken von Menton ist ganzjährig möglich. Bei der Führung durch die Gärtnerei von **Maison Gannac** (Beginn 9 Uhr) lernt man verschiedene Zitrussorten kennen und bekommt sogar Tipps, wie die Pflanzen auch daheim gut gedeihen. Der Besuch, der etwa eine Stunde dauert, endet mit einer Verkostung. Für **La Ferme des Citrons** ist eine Voranmeldung erforderlich (entweder auf Instagram oder im Geschäft von Au Pays du Citron, 22 Rue St-Michel). Der Ausflug beginnt im Stadtzentrum, von wo einen ein Geländewagen über eine kurze, aber steile Strecke zum Anwesen bringt. Nach einer einstündigen Führung bleibt vor der Rückkehr Zeit, sich auf der sonnigen Terrasse mit schattigem Kinderspielplatz und bester Aussicht auf die Natur zu entspannen. Ein schmackhaftes Picknick-Mittagessen ist im Preis inbegriffen. Bei der Buchung kann man um einen englischsprachigen Guide bitten.

Le Corbusiers Château

Ein bemerkenswertes Haus am Meer

Le Corbusier nannte seine kleine, 14 m² große Pinienhütte am Ufer des **Sentier du Cap Martin** sein „Château an der Côte d'Azur". Heute gehört sie zum Weltkulturerbe der UNESCO. **Le Cabanon**, wie die Hütte genannt wird, ist das einzige Bauwerk, das der in der Schweiz geborene Architekt für sich selbst entworfen hat. Es wurde 1952 als seine Sommerresidenz auf einem Streifen Land neben der **Villa E-1027** errichtet, die von seinen Freunden, der irischen Innenarchitektin Eileen Gray und dem in

ESSEN & AUSGEHEN IN MENTON

Ferdinand
Leckere Rum-Cocktails, Livemusik und eine tolle Atmosphäre; gegenüber von Les Sablettes. €

L'Endoit
Zwanglose Cocktails, gefolgt von ausgiebigem Abendessen. Am Wochenende Livemusik. €

Les Enfants Terribles
Familienfreundliches (trotz des Namens) Fischrestaurant in der Fußgängerzone von Menton. €€

Rumänien geborenen Architekten Jean Badovici entworfen wurde. Diese Villa, ein frühes Beispiel modernistischer Architektur, stammt von 1929. Mit Badovicis Tod 1956 begann ein turbulentes Kapitel in der Geschichte des Anwesens. In dieser Zeit wurden viele von Grays maßgefertigten Möbeln und Einrichtungsgegenständen abmontiert und versteigert und landeten in Museumssammlungen auf der ganzen Welt. Heute steht die Villa unter Denkmalschutz und wurde bis hin zur originalgetreuen Nachbildung der Türklinken sorgfältig nach Grays Vorstellungen restauriert. Das Ensemble der Anlage – inklusive der **Étoile de Mer**, der benachbarten Barhütte von Thomas Rebutat und der fünf von Le Corbusier entworfenen Ferienhäuser – heißt nun **Cap Moderne**. Eine zweistündige Führung durch vier Gebäude startet täglich um 10 und 14 Uhr zu Fuß vom Bahnhof Gare Cap-Martin-Roquebrune aus. Man sollte früh reservieren (es gibt Führungen auf Französisch und Englisch). Le Corbusier wurde auf dem Friedhof des mittelalterlichen **Roquebrune** bestattet – 300 m hoch über seinem geliebten „Schloss" an der Küste.

Vergessen geglaubte Rezepte

Neue Liebe für alte Traditionen

Vor Jahrhunderten trieben die Hirtengemeinschaften des **Vallée de Roya** ihre Brigasque-Schafherden (die lokale Rasse) im Herbst aus diesem Hochtal hinab an die Küste und im Frühjahr wieder zurück. Entlang dieser Route entstand einst eine ganz besondere Küche, die **Cucina Bianca** – benannt nach der Farblosigkeit der Hauptzutaten Mehl, Kartoffeln, Lauch und Milchprodukten. Die Gerichte selbst waren schlichte Mahlzeiten, die die Hirten und ihre Familien unterwegs ernähren sollten. Der Besitzer und Küchenchef Patrick Teisseire der **Auberge Saint Martin** in La Brigue, der Haltestelle des **Train des Merveilles** (5 Min. vor Tende), hat der Cucina Bianca neues Leben eingehaucht (die Wanderschäferei in der Region ist inzwischen ausgestorben). Man kann hier wunderbar zu Mittag essen (oder in einem der neun einfachen, aber preiswerten Zimmer übernachten) und Spezialitäten wie *sügeli,* eine muschelförmige Pasta, die seit 2009 auf der Liste des französischen *patrimoine culturel immatériel* (immaterielles Kulturerbe) steht, oder *brousse*, einen scharfen Frischkäse vom Brigasque-Schaf, probieren. Empfehlenswert ist auch ein Besuch der **Sanctuaire Notre Dames des Fontaines**, einer Kirche aus dem 15. Jh., die 4 km von La Brigue entfernt liegt und aufgrund der detaillierten Fresken, die jeden Zentimeter des Innenraums bedecken, als „Sixtinische Kapelle der Südalpen" bezeichnet wird.

HIMMLISCHES SAINTE-AGNÈS

Sainte-Agnès, das sich an eine Felswand 800 m über Menton klammert, erhebt den Anspruch, das höchstgelegene Küstendorf Europas zu sein. Von den hübschen gepflasterten Gassen des malerischen, als eines der Plus Beaux Villages de France klassifizierten Dorfes führt ein 10-minütiger Treppenaufstieg zur ursprünglichen Siedlung und damit in noch schwindelerregendere Höhe.

Das Schloss aus dem 10. Jh. ist nur noch eine Ruine, aber ein Verein von Freiwilligen pflegt das Gelände mit Hingabe und hat hinter den Wällen einen kleinen, farbenfrohen mittelalterlichen Garten angelegt. Handgeschriebene Schilder weisen den Weg durch Weinreben, Kräuter und Wildblumen. Das Panorama ist atemberaubend, ähnlich wie von Èze aus, aber ohne den Glamour oder die Menschenmassen – was seinen eigentlichen Charme ausmacht.

ESSEN RUND UM MENTON

Le Righi
Institution in Sainte-Agnès, die regionale Spezialitäten serviert. Der Blick von der Terrasse hier gehört zu den schönsten an der Côte d'Azur. **€**

L'HarTmonie
Bistro in Castillon, das die Beschäftigung von Menschen mit Behinderungen unterstützt. Wechselnde Karte, mit Schwerpunkt auf regionaler Küche. **€**

Le Beauséjour
Ein Speiseraum wie aus einem französischen Landhausmagazin, mit Blick auf Gorbios geliebte Ulme. **€€**

Cannes

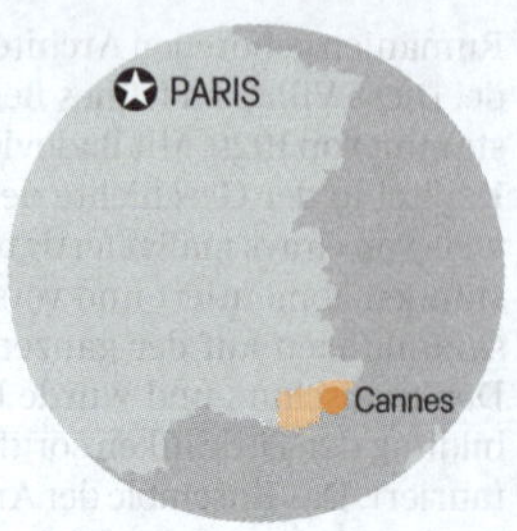

UNTERWEGS VOR ORT

Cannes' Zentrum, inklusive der Croisette, ist größtenteils flach und gut zu Fuß zu erkunden. Die Gegend um Le Suquet sowie entlegenere Stadtteile sind aber etwas hügeliger. Die meisten der Palm-Busse der Stadt halten an den Bahnhöfen Gare SNCF und Hôtel de Ville. Wer mit dem Auto unterwegs ist, sollte sich nicht darauf verlassen, einen Parkplatz entlang der Straßen zu finden, sondern den Hinweisschildern zu den zentralen Parkplätzen folgen (wie dem Parking Parc Palais des Festivals).

TOP TIPP

Dank über 140 jährlich stattfindender Festivals und Veranstaltungen in Cannes, darunter das Cannes Lions International Festival of Creativity im Juni und den MIPs (MIPCOM, MIPIM und MIPTV), sind die Hotels hier oft früh ausgebucht und die Zimmerpreise entsprechend hoch.

Kaum eine Stadt ist häufiger Gastgeber großer Events als Cannes. Hier begnügt man sich nicht damit, jedes Jahr nur ein einziges weltweit führendes Branchenevent zu veranstalten – ja, gemeint sind die Internationalen Filmfestspiele. Tatsächlich ist der Konferenz- und Veranstaltungskalender so voll, dass kaum ein Monat ohne ein wichtiges Ereignis vergeht. In Cannes ist immer etwas los – hier verschwindet festliche Kleidung nur kurzzeitig im Schrank, was zur Folge hat, dass manche lokale Traditionen nur wenig Aufmerksamkeit erfahren.

Doch trotz der Superjachten, die dicht an dicht in der Bucht liegen, und den Luxusautos, die vor den Designer-Boutiquen an der Croisette geparkt sind, ist Cannes eine alte provenzalische Seele. Die *pointus* (knallbunte hölzerne Fischerboote), die fotogen im Hafen dümpeln, und die Zucchiniblüten, die auf den Märkten des Marché de Forville täglich frisch zubereitet werden, zeugen davon und unterstreichen die Einzigartigkeit dieses Reiseziels.

Cannes

CANNES

SEHENSWERTES
1 Église Notre-Dame de l'Espérance
2 La Croisette
3 Le Suquet des Artistes
4 Marché de Forville
5 Musée des Explorations du Monde
6 Quai des Îles

SCHLAFEN
7 Hôtel de Provence
8 Hôtel la Mistral

ESSEN
9 L'Ardoise
10 Le Pompom
11 Pizza Cresci

R des Suisses
R St-Dizier
Av des Anciens Combattants d'Afrique du Nord
Bd Victor Tuby
R Louis Pastour
R du Suquet
R St-Antoine
R du Marché Forville
R Meynadier
R Émile Négrin
R Rouguière
R Maréchal Joffre
R Louis Blanc
R Félix Faure
Pl Bernard Cornut Gentille
Prm de la Pantiero
Pl Général de Gaulle
R Bivouac Napoléon
R Jean de Riouffe
R Buttura
Blvd Carnot
Av du Maréchal Galléni
Pl du 18 Juin
Bahnhof
Bd d'Alsace
R de Mimont
Blvd Montfleury
R Jean Jaurès
Pl Gambetta
R du 24 août
R Hoche
R H Vagliano
R Chabaud
R Teisseire
R Marceau
Bd de la République
R d'Antibes
R Notre Dame
R des Serbes
R des États-Unis
R Macé
R des Frères Pradignac
R du Dr Gérard Monod
R Molière
Sq Mérimée
Jetée Albert Edouard
Esplanade Georges Pompidou
Bd de la Croisette
R de la Castre
R Louis Perissol
R du Pré
LE SUQUET
R Georges Clemenceau
R du Port
Q St-Pierre
Bd Jean Hibert
Q Max Laubeuf
Vieux Port
Baie De Cannes
Îles de Lérins
Îles de Lérins (4 km);
Centre International de Séjour Îles de Lérins (4 km);
Écomusée Sous-Marin de Cannes (4,7 km)
0 — 200 m

Le Suquet (S. 730)
KIEV.VICTOR/SHUTTERSTOCK ©

BAUARBEITEN AN DER CROISETTE

La Croisette, die berühmte Uferpromenade von Cannes, erfährt derzeit eine der umfassendsten Renovierungen seit den 1960er-Jahren. Die Arbeiten sollen 2025 abgeschlossen sein. Bis dahin muss man damit rechnen, dass vor den Luxushotels und Designer-Boutiquen jede Menge schwerer Maschinen im Einsatz sind. Die trendigen (und teuren) Strandbars sind allerdings weiterhin geöffnet, ebenso die Kioske und das alte Karussell. Nach und nach kommen Verschönerungen hinzu, wie öffentliche Bänke in Form von Wellen, viel mehr Grün sowie das Théâtre de la Mer – ein neuer Veranstaltungsraum. Und die Pflastersteine der neuen Fußgängerpromenade werden das satte Rot des Esterel-Massivs widerspiegeln, das den westlichen Stadtrand von Cannes einrahmt.

Ein Dorf mitten in der Stadt

Kunst & Persönlichkeit

Le Suquet („Gipfel" auf Provenzalisch) ist das älteste Viertel von Cannes (wenn auch nicht mehr das höchstgelegene) – es besticht durch seinen verschlafenen Charme. Beim Bummel durch die ruhigen Straßen, die sich vom westlichen Rand des Vieux Port hinaufziehen, vergisst man schnell die Menschenmassen und den Glamour der La Croisette. Die bunten Dorfhäuser mit ihren blumengeschmückten Balkonen werden von einer Reihe historischer Sehenswürdigkeiten ergänzt, darunter die mittelalterliche Burg der Mönche der Îles de Lérins, die heute als **Musée des Explorations du Monde** Schätze aus allen Teilen der Welt beherbergt. Vor dem Eingang ist das Selfie-Schild von Cannes absichtlich so ausgerichtet, dass es eine atemberaubende Aussicht auf die Bucht bietet. Ein noch besseres Motiv ermöglichen die Reste der Burgmauern der **Église Notre-Dame de l'Espérance** aus dem 17. Jh. Am Fuß des Hügels, in einer niedrigen Halle, in der früher die städtische Leichenhalle untergebracht war, befindet sich **Le Suquet des Artistes**, ein kleiner, aber avantgardistischer Ausstellungsraum, der lokale Kunstschaffende und zeitgenössische Kunst in den Vordergrund rückt und in dessen Werkstätten vier der bekanntesten lokalen Künstler:innen arbeiten.

Inselfluchten

Geschichte, Natur & heiliger Wein

Steckt man in den Menschenmassen auf der Croisette, kann man sich kaum vorstellen, dass es Orte in Cannes gibt, wo die Hektik des Shoppens und Schauens durch den Duft von Pinien und das sanfte Rauschen der Wellen ersetzt wird. Blickt man aufs Meer hinaus, sieht man zwei Inseln – die **Îles de Lérins**. Die größere der beiden, Île Ste-Marguerite, ist der Küste am nächsten, die kleinere Insel Île St-Honorat liegt hinter der ersteren. Die Fähren zu beiden Inseln brauchen etwa 20 Minuten und legen am **Quai des Îles** im Hafen ab. Zwischen den Inseln selbst besteht keine Fährverbindung, man muss also zunächst nach Cannes zurückschippern, wenn man beide besuchen will.

Jede der Inseln hat ihren eigenen Charakter. Die ruhige **Île Saint-Honorat** ist im Privatbesitz einer Mönchsgemeinschaft. Obwohl ein Großteil der aus dem 19. Jh. stammenden **Abbaye Notre Dame de Lérins** für die Öffentlichkeit geschlossen ist, kann man an einer Messe teilnehmen. Für den schattigen, von Eukalyptusbäumen gesäumten Rundweg um die Insel benötigt man etwa eine Stunde. Im Gegensatz zu ihrer größeren Nach-

ÜBERNACHTEN IN CANNES

Hôtel de Provence
Grüne Oase im Zentrum von Cannes. Frühzeitige Buchung erhöht die Chance, eines der drei Zimmer mit zauberhafter Gartenterrasse zu ergattern. €€

Hôtel Le Mistral
Die Freundlichkeit des Besitzers Jean-Michel und der (für Cannes) günstige Preis machen die veraltete Einrichtung mehr als wett. €€

Centre International de Séjour Îles de Lérins
Schlichte Schlafsäle im fantastischen Fort Royal auf der Île Sainte-Marguerite. Von April bis Oktober nur an Wochenenden. €

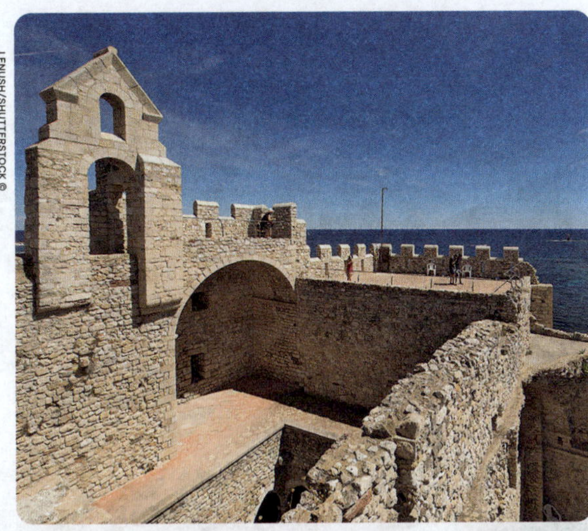
LENUSH/SHUTTERSTOCK ©

Abbaye Notre Dame de Lérins

barin gedeihen auf dem Boden von Saint-Honorat auch Weinreben. Einmal im Monat kann man bei einer kurzen Besichtigung der Weinberge und einer Verkostung von zwei Weinen erfahren, warum. Die Tickets für diese **Journée Vignes-Vins** müssen im Voraus gebucht werden (cannes-ilesdelerins.com); im Preis inbegriffen ist die Rückfahrt mit der Fähre. Diesen heiligen Wein kann man auch im **La Tonnelle**, dem einzigen Restaurant der Insel, verkosten (in diesem Restaurant direkt am Strand kann man allerdings nur auf Vorbestellung speisen).

Auf der **Île Sainte-Marguerite** ist mehr los, und das liegt nicht nur am **Fort Royal** aus dem 17. Jh., wo auf Befehl von König Ludwig XIV. einst jener geheimnisvolle Mann mit der eisernen Maske eingekerkert wurde. Bei einem Besuch des **Musée du Masque de Fer et du Fort Royal** kann man sich in dieser Zelle umschauen. Hier erfährt man auch mehr über die strategische Bedeutung der Insel. An den Wochenenden sind hier vor allem Familien und Gruppen zum Picknicken und Schwimmen im seichten Wasser. Die von Zedern gesäumten Wanderwege, die die 3,2 km lange Insel durchziehen, sind weit weniger überlaufen. Hier gibt's auch zwei überteuerte Restaurants, zwei Imbissbuden mit belegten Brötchen und kühlen Getränken sowie den Einstiegspunkt zum **Écomusée Sous-Marin de Cannes**.

UNTERWASSER-MUSEUM

Vor der Südküste der Île Sainte-Marguerite befindet sich in einer Tiefe von 3–5 m unter dem Meeresspiegel eine Unterwassergalerie mit Skulpturen von Jason deCaires Taylor. Die auf dem Meeresboden verankerten sechs Statuen des **Écomusée Sous-Marin de Cannes** sind jeweils 2 m hoch und stellen Gesichter der Einwohner der Stadt dar. Der renommierte britische Unterwasserbildhauer hat ihre Profile aus pH-neutralem Spezialzement gemeißelt, einem Material, in dem sich Meeresbewohner ansiedeln können. Die Skulpturen befinden sich zwischen 84 und 132 m vom Ufer entfernt und sind von der Insel aus frei zugänglich. Maske und Schnorchel muss man allerdings mitbringen.

ESSEN IN CANNES

Le Pompom
Täglich wechselndes Menü mit kleinen, kreativen, saisonalen Gerichten aus bunten Zutaten. **€€**

Pizza Cresci
Legendäres Lokal, das für seine Halbmondpizzas frisch aus dem Holzofen berühmt ist. **€**

L'Ardoise
Werktags strömen Werktätige in dieses unprätentiöse Restaurant, das regionale Küche zu günstigen Preisen serviert. **€**

Marché de Forville

FESTIVAL-FIEBER

Während der Internationalen Filmfestspiele von Cannes wird jeden Mai der **Palais des Festivals et des Congrès** am Hafen zum Epizentrum der Filmwelt. Wer bereit ist, stundenlang in schicker Kleidung vor dem Palais zu warten, findet vielleicht jemanden, der eine Eintrittskarte für eine Filmvorführung abzugeben hat. Ein behelfsmäßiges Schild, auf dem deutlich steht, welchen Film man sehen möchte, erhöht die Erfolgschancen. Zu Sonnenuntergang, sind alle zum **Cinéma de la Plage** eingeladen, dem kostenlosen Open-Air-Kino, das während des gesamten Festivals auf dem Plage Macé stattfindet. Hier werden vor allem Klassiker gezeigt (gelegentlich auch Weltpremieren) und oft trifft man auf ein Mitglied der Besetzung oder der Crew. Für einen der besten Plätze sollte man früh hier sein.

Einkaufen wie die Einheimischen

Verführerische Märkte

Anstatt einen Supermarkt sollte man unbedingt den **Marché de Forville** hinter Le Vieux Port besuchen. Die überdachten Obst- und Gemüsemärkte von Cannes, die von Dienstag bis Sonntag täglich von 7.30 bis 13.00 Uhr geöffnet sind, sind ein wahres Feuerwerk an saftigen Früchten, prallem Gemüse und kulinarischen Köstlichkeiten aus aller Welt. Je nach Jahreszeit kann man seinen Korb bis zum Rand mit rubinroten Erdbeeren aus dem nahen Carros oder scharfen schwarzen Trüffeln aus dem benachbarten Var füllen. Zwischen März und Ende Oktober werden in der **Rotisserie du Marché** vor den Augen der Hungrigen knusprige *beignets des fleurs de courgettes* (Zucchinipuffer) gebacken und frittiert. Davon sollte man gleich ein halbes Dutzend nehmen, denn warm und knusprig schmecken sie am besten. Bei **Soupe Poisson Forville** hat Alexandre Serre die Küchen der gehobenen Gastronomie (einschließlich des Fünf-Sterne-Hotels Hermitage in Monaco) gegen einen Stand in der Nähe des *carré des pêcheurs* eingetauscht und kocht bereits vor Sonnenaufgang große Mengen *soupe de poissons*, um für den morgendlichen Handel bereit zu sein (seine Bouillabaisse muss vorbestellt werden). Die *panisse* (außen knusprig, innen cremig) – entweder *au nature* oder mit Trüffel, *Kräutern der Provence* und grünen Oliven verfeinert – sind bei **Socca'nnes** besonders lecker. Montags ist Termin für die wöchentlichen **Marché de Brocante-Flohmärkte**, bei denen man allerlei Kuriositäten findet, darunter auch tolle Souvenirs.

Rund um Cannes

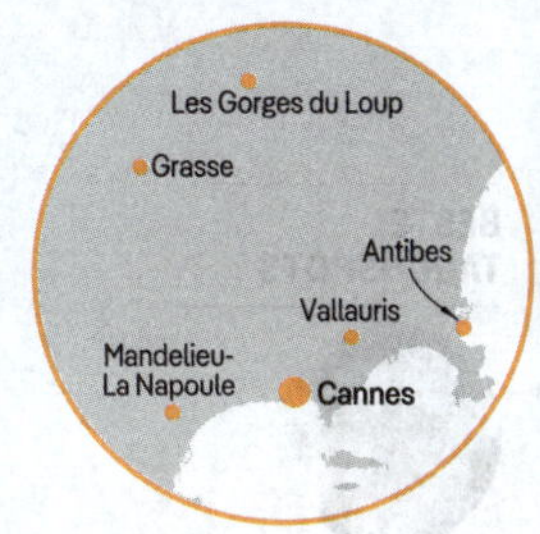

Cannes ist idealer Ausgangspunkt für die Erkundung zauberhafter Dörfern, die in ein Licht getaucht sind, das Generationen von Kreativen inspiriert hat.

Die Küstenstraßen von Cannes aus führen entweder in das nach Mimosen duftende Mandelieu-la-Napoule, das diese gelben Blumen einst bis in den letzten Winkel Europas exportierte, oder nach Antibes, einem Ferienort, der um große Festungsanlagen herum entstand. Die von Pinien beschatteten Landschaften dieses Teils der Côte d'Azur sind seit langem ein Anziehungspunkt für Künstler:innen, deren Erbe noch immer in den hübschen Dörfern im Landesinneren wie Mougins, wo Picasso seine letzten Lebensjahre verbrachte, zu spüren ist. Dahinter erheben sich die Parfümblüten von Grasse, deren Düfte weltweit verkauft werden, und die Gorges du Loup, die an die Stadt angrenzen, sind schlicht einzigartig.

Ein Fest der Winterblumen

Mimosen in voller Blüte

Zwischen Januar und März erstrahlt die Gegend um Bormes-les-Mimosas im Var bis Grasse im Gelb der Mimosen, einer Pflanze, von der man sagt, sie sei in den Koffern überwinternder Briten aus Australien an die Côte d'Azur gekommen. Die **Route du Mimosa** ist eine 130 km lange, duftende Tourismusroute, die die beiden Orte über Küstenstraßen und Wege im Landesinneren verbindet. **Mandelieu-La Napoule**, ein Ferienort am anderen Ende der Baie de Cannes, gilt als Hauptstadt der Mimosen. Zu den wichtigsten Veranstaltungen, die man sich für die Blütezeit vormerken sollte, gehören die im Februar stattfindende **Fête du Mimosa**, ein fünftägiges Fest mit Blumenparaden, Feuerwerk und jeder Menge Party. Man kann auch unter der Führung qualifizierter Guides wie **Maddy Poloméni** an täglichen Wanderungen ins Tanneron-Massiv teilnehmen, das als Europas größter Mimosenwald gilt. Im **Parc Emmanuelle de Marande**, wo zwischen informativen Schautafeln und einem Kinderspielplatz über 100 Sorten aus aller Welt gepflanzt sind, kann man in die Geschichte der Mimose als Kulturpflanze eintauchen. Die wenigen verbliebenen *mimosistes*, wie die Züchter genannt werden, sind heute an den Ausläufern des Tanneron-Massivs in **Pégomas**, direkt nördlich von Mandelieu-La Napoule, ansässig. In der **Colline des Mimosas** kann

UNTERWEGS VOR ORT

Palm Bus A verbindet mehrmals stündlich Cannes mit Mandelieu-La Napoule; Bus 9 fährt nach Vallauris. Die Überlandbuslinien 663 und 664 von ZOU! starten vom Square Stephan Vahanian in Cannes und fahren durch Mougins, man muss aber von der Haltestelle Qui Vend Bon bis zu dem auf einem Hügel gelegenen Dorf ca. 1 km laufen. Die Zugfahrt von Cannes nach Grasse dauert nur eine halbe Stunde. Auch Antibes ist gut per Zug erreichbar. Für die Gorges du Loup und das Hinterland empfiehlt sich ein Mietwagen.

TOP TIPP

Da sich das Angebot an Aktivitäten laufend vergrößert, lohnt sich ein Abstecher zu den örtlichen Fremdenverkehrsbüros.

BESTE TAUCHSPOTS

Alex Diamond, PADI-Kursleiter und freiberuflicher Tauchlehrer, der seit 2005 in Südfrankreich tätig ist, verrät die besten Tauchspots an der Côte d'Azur.

Neulinge
La Lauve vor Cap d'Antibes ist ein Traum für erste Taucherfahrungen. Direkt unter der Wasseroberfläche liegt ein flaches Plateau, das von Leben wimmelt.

Geübte
Dromadaire und L'Enfer de Dante vor La Fourmigue im Golfe Juan bieten spektakuläre Felsformationen und Unterwasser-Klippenwände mit Zackenbarschen, Barrakudas, Zahnbrassen und Gorgonien.

Fortgeschrittene
Die Wracks der *Le Grec* und der *Donator* vor der Île de Porquerolles sind dank reichem Meeresleben fantastische Tauchplätze.

PHOTOSMATIC/SHUTTERSTOCK ©

Musée Picasso

man große Sträuße mit frischen Schnittblumen kaufen und mehr darüber erfahren, wie die Blütenknospen in heißen, feuchten Räumen, den sogenannten *forceries,* zum Öffnen gezwungen werden.

Auf Picassos Spuren

Wo der Meister lebte und wirkte

Wer sich für Pablo Picasso interessiert, beginnt am besten in Antibes im **Musée Picasso**, das im Château Grimaldi (14. Jh.) untergebracht ist, wo der Künstler 1946 sein Atelier hatte. Von hier aus geht's weiter nach **Vallauris**, wo Picasso zwischen 1948 und 1955 lebte und unter Nutzung unterschiedlicher Techniken ca. 4000 Keramikstücke brannte – ein Werkstoff, dem sich das **Château-Musée** vorrangig widmet. Bei diesem Museum handelt es sich tatsächlich um drei Museen in einem: dem Musée National Picasso ‚la Guerre et la Paix', dem Musée Magnelli und dem Musée de la Céramique. Ein unbestrittenes Highlight ist die kleine Kapelle aus dem 12. Jh., die von Krieg und Frieden erzählt, umgeben von Picassos unverwechselbaren Pinselstrichen. Draußen auf dem Place Paul Isnad steht *L'Homme au Mouton,* eine Bronzestatue, die einen Mann mit einem Schaf zeigt, die Picasso der Stadt geschenkt hat. Es gibt schönere Orte an der Côte d'Azur, aber Vallauris lohnt sich zum Stöbern in den Keramikateliers, vor allem jenen entlang der Av Georges Clemenceau.

Nach einem kurzen Aufenthalt in Vauvenargues bei Aix-en-Provence (wo er begraben ist) kehrte Picasso an die Côte d'Azur

ÜBERNACHTEN & SNACKEN IN MANDELIEU-LA NAPOULE

Hôtel Casarose
Das flippige kalifornische Flair und die tolle Einrichtung dieses Hotels ist auch bei Instagrammern sehr beliebt. €€

La Boutique de l'Oasis
An der Patisserie-Theke lassen sich die Kreationen des Chefkochs besonders preiswert probieren. €

Louise Glaces Mandelieu-La Napoule
Während der Winterblütezeit gehört hier auch Mimosen-Eis zu den Spezialitäten. €

zurück und ließ sich 1961 in **Mougins** nieder. Am Eingang des Museums empfängt einen die imposante Skulptur **Tête de Picasso**. Picasso verbrachte hier die letzten 12 Jahre seines Lebens und verstarb 1973 in seinem Haus, einem weitläufigen Bauernhaus namens **Notre Dame de Vie**. Es ist heute in Privatbesitz, aber von der **Chapelle de Notre-Dame de Vie** nebenan kann man einen Blick auf das Anwesen werfen. Flankiert von hohen toskanischen Zypressen und einem Olivenhain beherbergt diese friedliche Kapelle aus dem 12. Jh. eine kleine Sammlung von Schwarz-Weiß-Fotografien, die Picasso in diesen Gärten zeigen. Im Juli ist der Ort eine stimmungsvolle Bühne für das jährliche **Mougins Festival de Musique**.

Grasse & Blumen

Parfümhäuser und Museen

Der Status von Grasse als Hauptstadt des Parfums wurde 2018 mit der Verleihung des Status des immateriellen Kulturerbes der UNESCO festgeschrieben. Ein Trio lokaler Parfümhäuser dominiert diese Stadt hoch in den Hügeln über Cannes. Dank seiner historischen Fabrik am Eingang zur Fußgängerzone der Altstadt ist **Fragonard** sicher am auffälligsten. Bei den kostenlosen, 20-minütigen Führungen lassen sich die originalen Extraktions- und Destillationsanlagen aus nächster Nähe betrachten. Das kirschrote *bastide* (Landhaus) **Molinard** mit dem von Gustave Eiffel konstruierten Glasdach liegt nur 10 Minuten zu Fuß entfernt (Bd Victor Hugo). Auf dem Weg aus der Stadt heraus Richtung Cannes kommt man an der Fabrik von **Gallimard** vorbei. Auch hier werden kostenlose Führungen angeboten.

Die praktischen Erfahrungen, bei denen man selbst in die Rolle des Parfümeurs schlüpfen kann, sind sicher das Highlight von Grasse. Workshops in allen drei Parfümhäusern lassen sich online buchen, aber Molinard, direkt im Stadtzentrum, ist am einfachsten zu Fuß zu erreichen. Auch hier kann man Dutzende von Kopf-, Herz- und Basisnoten zu einem individuellen Duft kombinieren, den man mit nach Hause nehmen kann.

Die wunderbaren Museen hier sind einen Besuch wert. Das **Musée International de la Parfumerie** ist ein Muss, auch wenn man sich nicht für Parfüm interessiert, da hier drei Jahrtausende Parfümgeschichte auf vielfältige Weise präsentiert werden. Auch die Museen von Fragonard lohnen einen Abstecher. Am Anfang der mit Regenschirmen geschmückten Rue Jean Ossola befindet sich das **Musée Provençal du Costume et du Bijou**, das traditionelle provenzalische Kleidung und Schmuck zeigt. Das nahegelegene **Musée Jean-Honoré Fragonard** würdigt den Maler Fragonard (1732–1806) aus dem Grassois, dessen Werk zu seinen Lebzeiten die französische Gesellschaft schockierte.

UNTERWEGS IN SAINT-PAUL-DE-VENCE

Saint-Paul-de-Vence, ein weiteres unfassbar hübsches Hügeldorf, liegt nur eine 40-minütige Fahrt von Cannes entfernt (und ist im Sommer Ziel vieler Touristenbusse). Der **Sentier des Fortifications Henri Layet**, ein Entdeckungspfad am Fuß der Festungsmauern, erzählt von der Geschichte des Dorfes als militärische Festung und landwirtschaftliches Zentrum. Lässt man den Blick an den Flanken der Festungsmauer entlang schweifen, sieht man Reihen von Weinstöcken, die von der **Domaine des Claus**, einem biodynamischen Weingut im nahen **Tourrettes-sur-Loup**, angebaut werden. Der Weg endet am südlichen Teil der dicken mittelalterlichen Mauern. Vor der Rückkehr ins Dorf kann man Marc Chagall, der auf dem hiesigen Friedhof begraben ist, die letzte Ehre erweisen.

AUSGEHEN IN ANTIBES

Absinthe Bar
Diese schummrige Kellerbar ist ein Institution in Antibes. €

Le Bar Éphémère
Sommer-Pop-up-Bar in Port Vauban mit Blick auf die Jachten der Superreichen. €

Drinker's Club
Hier treffen sich Yachties bei Cocktails und Bier. Nahe der Stadtmauern von Vieil Antibes. €

AUTOTOUR: FAHRT DURCH DEN ESTEREL

Diese Fahrt entlang der Corniche d'Or gehört zu den Klassikern der Côte d'Azur. Los geht's am **1 Château de la Napoule**, einer mittelalterlichen Festung am Wasser, die in eine Villa inmitten von 6 ha gepflegter Gärten verwandelt wurde. Das Anwesen, das heute als Kunststiftung dient, ist für Besucher:innen geöffnet. Hier sollte man etwa eine Stunde einplanen, bevor es weiter nach Westen geht. Ab hier leuchtet die Landschaft im Winter als Teil der Route du Mimosa (S. 733) in Gold. Je nach Verkehr dauert es nicht lange, bis man die hübsche Strandpromenade von Théole-sur-Mer erreicht. Der weiche Sand des öffentlichen **2 Plage du Suveret** lädt zu einem Bad ein.

Man kann auch zur **3 Pointe de l'Aguille** fahren, einer abgelegenen Bucht mit seichtem Wasser und Blick auf die Îles de Lérins (S. 730) und das Cap d'Antibes (S. 734). Dann geht es ins Esterel-Massiv. Je näher man der rot-ockerfarbene Bergkette kommt, die den östlichen Rand der Alpes-Maritimes einrahmt, desto dramatischer wird die Landschaft. Die Straße folgt neben der Bahnlinie 20 km lang den Windungen der zerklüfteten Küste, schneidet durch die Felsen, die sich kaskadenartig in das durchscheinende Meer stürzen, und bietet unvergessliche Ausblicke.

Viele glauben, dass **4 Le Trayas** mit seinen Häusern am Wasser und Blick auf glitzernde *calanques* (kleine Buchten) zu den schönsten Ansiedelungen der Côte d'Azur gehört. Viele der Buchten sind nur per Boot erreichbar, einige jedoch auch von Land aus, wie die **5 Calanque de Maubois**, zu der eine steile Treppe führt. Der Strand von **6 Agay** mit seinen Cafés und Wassersportmöglichkeiten bietet sich für einen Zwischenstopp an. Die Route führt weiter bis nach Saint-Raphaël.

Malerische Dörfer an der Loup

Craft-Bier & Gastronomieszene

Die Loup fließt von den Gebirgsebenen hoch über Cannes bis zum Mittelmeer. Am dramatischsten ist der Fluss nordöstlich von Grasse, wo er sich durch eine Landschaft mit steil abfallenden Klippen, kleinen Dörfern, erfrischenden Wasserfällen und dichten Wäldern schlängelt, ein Gebiet, das als **Gorges du Loup** bekannt ist. Die „Loup", was auf Deutsch „Wolf" bedeutet, hat einer Reihe von reizvollen Dörfern ihren Namen gegeben, angefangen mit dem sonnenverwöhnten **Le Bar-sur-Loup** mit seiner reichen Tradition des Bitterorangenanbaus (ein Erbe, das jeden Ostermontag mit der jährlichen **Fête de l'Oranger** gefeiert wird). Das Dorf ist auch Ausgangspunkt für den **Chemin du Paradis**, einen anspruchsvollen 1½-stündigen Wanderweg entlang eines alten Saumpfades, der sich bis nach Gourdon hinaufschlängelt. Der nächste Wolf, **Le Pont du Loup**, ist eher ein Weiler als ein Dorf, aber das hier gebraute Bier der **Bacho Brewery**, die inmitten einer von Lichterketten beleuchteten Terrasse aus Orangenbäumen liegt, zieht viele Begeisterte aus Nizza und Umgebung an. **Tourrettes-sur-Loup**, das Dorf der Veilchen, entwickelt sich zunehmend zu einem Feinschmeckerziel im Hinterland der Côte d'Azur. Die Küche von Chefkoch Raphaël Grima hat sich inzwischen herumgesprochen, sodass man im Voraus einen Tisch im **Spelt** reservieren sollte. Zu den typischen Gerichten hier gehört ein göttliches Dinkelrisotto mit Hummer. Bei **Tom's Glacier** sollte man unbedingt eine Kugel Veilcheneis probieren.

Duftende Gärten bei Grasse

Ein Erlebnis für die Sinne

Es lohnt sich, einen 20-minütigen Abstecher ins nahegelegene Mouans-Sartoux zu unternehmen, um die bezaubernden Gärten des **Musée International de la Parfumerie** von Grasse zu besuchen. Hier wachsen die fantastischsten Parfümblumen der Welt (besonders schön ist es im Frühling, dann steht die Rose de Mai in voller Blüte).

In ihrem Landgut **Domaine du Mas de l'Olivine** haben Audrey und Thierry Bortolini das terrassenförmig angelegte Gelände in eine wahre Pracht aus Rosen- und Lavendelsträuchern, Veilchenpflanzen, duftender Minze und anderen Parfümblumen verwandelt. Die kostbare Ernte wird in Süßigkeiten verwandelt, von Lutschern bis hin zu Konfitüren. Besichtigungen und Süßwaren-Workshops im Voraus buchen!

ACTION IN DEN GORGES DU LOUP

Lionel Richard ist Kletter- und Canyoning-Führer beim Bureau des Guides LesGeckos (les geckos.eu) in Courmes. Hier erklärt er, weshalb die Gorges du Loup ein Paradies für Outdoor-Fans sind.

Le Pont du Loup ist der Ausgangspunkt für unglaubliche Wander-, Schwimm-, Kletter- und Canyoning-Abenteuer. Die meisten Klettergebiete sind eher etwas für Erfahrene, aber Belvédère, in der Nähe von Gourdon, ist auch für Neulinge geeignet. Canyoning ist im Sommer die beliebteste Aktivität hier. Einer unserer Halbtagesausflüge beginnt am Fuße des malerischen Wasserfalls von Courmes und endet mit dem Abseilen in die Schlucht hinab. Auf dem Weg dorthin warten tolle Erlebnisse – so kann man zum Beispiel an einer Stelle 8 m tief ins Wasser springen!

ESSEN IN GRASSE

L'Arrosoir
Dieses familiengeführte Lokal in Grasse ist teils Restaurant, teils Raum für Kreative und bietet schmackhafte Hausmannskost. €

Café des Musées
Beliebtes Café zwischen den Museen und Parfümhäusern, das Quiches, Salate, Croque Monsieur und ein *plat du jour* (Tagesgericht) serviert. €

Les Delicatesses de Grasse
Degustationsplatten mit hausgemachtem Käse, Charcuterie (Wurstspezialitäten) und Tapenade zum Teilen; auf dem Place aux Aires. €

Monaco

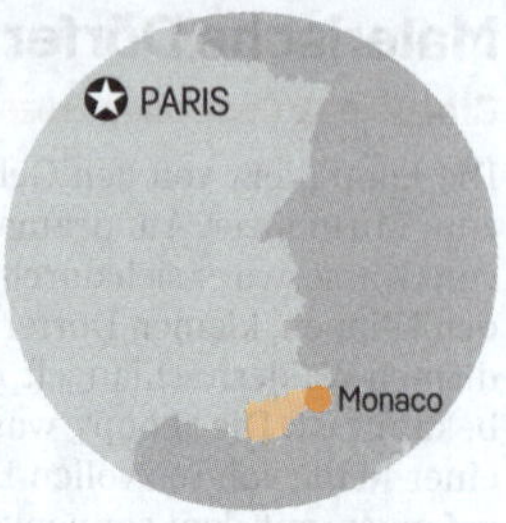

UNTERWEGS VOR ORT

Am besten erkundet man Monaco zu Fuß – die größten Entfernungen bewältigt man hier in kaum mehr als einer Stunde (das Gelände kann aber recht steil sein). Wem die Treppen zu viel werden (oder wer eine Pause braucht), dem bietet das Fürstentum 79 öffentlichen Aufzüge und 35 Rolltreppen. Compagnie Autobus de Monaco betreibt sechs Buslinien, die alle Ecken des Fürstentums bedienen; Fahrkarten können in den Bussen gekauft werden. MonaBike ist Monacos ausgezeichnetes System zur gemeinsamen Nutzung von Elektrofahrrädern (vorher muss man sich aber über die Monapass-App registrieren). Wer mit dem eigenen Auto unterwegs ist, sollte die Pendlerzeiten meiden. Öffentliche Parkplätze füllen sich schnell und können tagsüber teuer sein, abends sinkt der Stundensatz jedoch deutlich.

Monaco verändert sich ständig. Hoch aufragende Kräne sind hier ebenso allgegenwärtig wie Superjachten und Luxusautos – das Fürstentum zieht es in die Höhe und ins Meer hinaus; jeder Zentimeter des begrenzten Raums will optimal genutzt werden. Nirgendwo sonst an der Côte d'Azur fühlt man sich so zugebaut oder eingepfercht, aber tatsächlich bestehen über 20 % des monegassischen Territoriums aus Gärten. Das Fürstentum verfolgt unter der Führung von Fürst Albert II. große grüne Ambitionen und will bis 2050 CO_2-neutral sein.

„Green is glam", ist Monacos Slogan zu Nachhaltigkeit mit einem Hauch von Luxus, und das jüngste Kapitel in der Hollywood-Geschichte des zweitkleinsten Landes der Welt, dessen Ruf auf einem verschwenderischen Belle-Époque-Kasino beruht und durch die Heirat eines Grimaldi-Prinzen mit einer Leinwandprinzessin zementiert wurde. Glamour bestimmt den Alltag hier zwar wie eh und je, wird aber inzwischen mit regionalen kulturellen Angeboten (und durch die eigene Küche) ergänzt.

Formel-Eins-Wagen

Motorsport im Mai

Schnelle Autos, drei Strecken

Man kann Monaco im Mai entweder lieben oder hassen. Wie man sich entscheidet, hängt davon ab, was man von schnellen Autos hält, die im Kreis fahren. Die meisten Einheimischen verlassen die Stadt und suchen andere, ruhigere Orte. Die Erfahrung hat sie gelehrt, dass es besser ist, die Menschenmassen und die Frustration über Straßensperrungen zu meiden. Aber für Fans von Autorennen gibt es nichts Besseres, als hier mitten im Geschehen zu sein, wenn die **Formel-1**-Roadshow die Stadt vereinnahmt. Tickets für die vier Renntage werden etwa sechs Monate vor dem Rennen über das Online-Portal des Automobile Club de Monaco verkauft. Für 30 € kann man sich einen Sitzplatz für das Training am Donnerstag sichern, aber selbst für die billigsten Plätze am Renntag am Sonntag muss man mit einem dreistelligen Betrag rechnen. Auch wenn man kein Ticket hat, lohnt es sich, am Wochenende nach Monaco zu kommen. Das Echo der Motoren hallt von jedem Gebäude wider, die Spannung steigt mit jedem Auftritt eines Fahrers in der Fanzone auf der Place d'Armes und viele Restaurants übertragen das Rennen live, sodass man nichts von der Action verpasst. Leider ist es kaum noch möglich, die Rennstrecke kostenlos zu sehen, es sei denn, man begibt sich mit einem leistungsstarken Fernglas zur Moyenne Corniche in **Beausoleil**, einer französischen Stadt, die an Monaco grenzt. Eine verkürzte Version des berühmten Straßenkurses ist ebenfalls zu einem jährlichen Mai-Termin im ePrix-Kalender geworden. Die Tickets für den **Monaco E-Prix** kosten 30 €, egal auf welcher Tribüne man landet. Wer Oldtimer den modernen Versionen vorzieht, wird sicher beim **Grand Prix de Monaco Historique** glücklich werden. Er findet alle zwei Jahre zwei Wochen vor dem Formel-1-Rennen statt (die nächsten Termine sind 2026 und 2028). Bei dem Rennen kämpfen Champions von einst um Trophäen – und um die Ehre mit ihren Siegen vor ihren Fans zu glänzen. Tickets gibt's ab 50 € (ebenfalls über den Automobile Club de Monaco).

Ein Palast und seine Vergangenheit

Versteckte Fresken aus der Renaissance

Seit dem späten 13. Jh. regiert die Familie Grimaldi von ihrem Palast hoch oben in **Monaco Ville**, oder Le Rocher, wie die Einheimischen das älteste Viertel Monacos nennen. Treppen schlängeln sich durch die gepflegten Gärten auf der Westseite des Hafens; die prächtigste von ihnen ist die gepflasterte **Rampe Major**, die einen direkt vor die Tür des **Palais Princier de Monaco** bringt. Als offizielle Residenz der Herrscherfamilie

TOP TIPP

Vor Ankunft die Monapass-App aufs Handy laden. Damit kann man Busfahrscheine und Karten für viele Attraktionen buchen und bezahlen, einschließlich der Grands Appartements des Fürsten, sowie das MonaBike-Elektrofahrradprogramm freischalten. Auch Gebühren für öffentliche Parkplätze lassen sich damit bezahlen.

DIE VERBLEIBENDEN 11 MONATE ...

In Monaco außerhalb des Monats Mai? Der Startpunkt ist auf der Straße vor der 17 Bd Albert Ier am Port Hercules markiert. Das Gebäude Nummer 23 gehört dem Automobile Club de Monaco, dem Veranstalter des Rennens, was einen aber nicht davon abhalten sollte, die Erinnerungsstücke im Schaufenster zu bewundern. Die Fahrzeugsammlung von Fürst Rainier III., die **Collection de Voitures de S.A.S. le Prince de Monaco**, ist inzwischen in ihrem neuen Ausstellungsort an der Route de la Piscine in Port Hercules untergebracht, wo sie eine ganze Etage mit F1- und Rally-Fahrzeugen füllt. Vor dem Fairmont Monte-Carlo nahe des Pl du Casino markiert eine Tafel die berühmte Haarnadelkurve (die langsamste Kurve aller F1-Strecken).

ÜBERNACHTEN IN MONACO

Hôtel de France
Das günstigste Hotel direkt in Monaco mit 26 gut ausgestatteten Zimmern mit luftigen hohen Decken. Kein Aufzug. €€

Columbus Hotel
Stilvolles Drei-Sterne-Hotel in Fontvieille mit Pool. Alle Zimmer mit Blick aufs Meer oder den Rosengarten. €€€

Hotel Miramar
Boutiquehotel am Port Hercules mit schickem nautischen Thema und einer coolen Bar auf dem Dach. €€€

HIGHLIGHTS
1 Casino de Monte-Carlo
2 Palais Princier de Monaco

SEHENSWERTES
3 Brasserie de Monaco
4 Distillerie de Monaco
5 La Maison du Limoncello
6 Marché de la Condamine

SCHLAFEN
7 Columbus Hotel
8 Hôtel de France
9 Hotel Miramar

ESSEN
10 Beefbar
11 Cantinetta Antinori
12 Le Petit Bar de Monaco
13 Les Perles de Monte-Carlo
14 Sexy Tacos
15 Song Qi

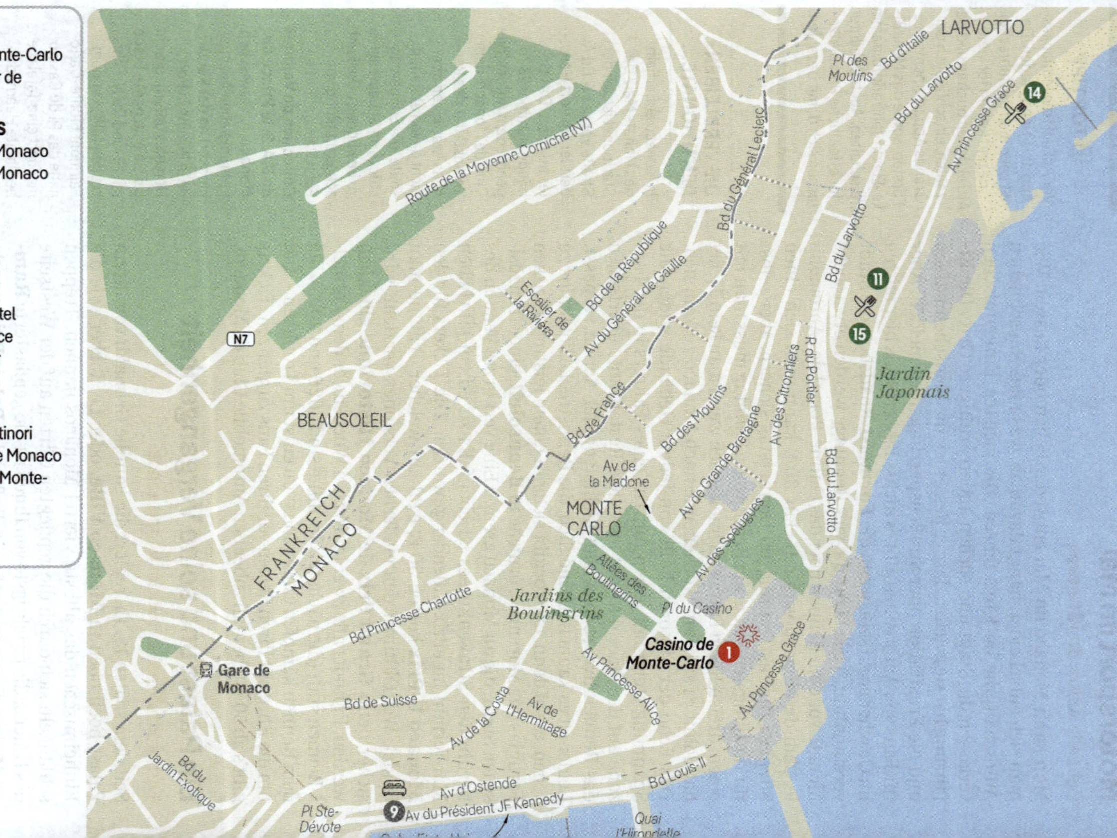

Palais Princier de Monaco (Fürstenpalast; S. 739)
TRABANTOS/SHUTTRSTOCK ©

Port Fontvieille in Monaco
FELIX LIPOV/SHUTTERSTOCK ©

ESSEN & TRINKEN AUF DEM MARCHÉ DE LA CONDAMINE

Le Comptoir
Perfekt für einen morgendlichen Koffeinschub. Die Focaccia ist sehr gut, besonders, wenn sie frisch aus dem Ofen kommt. €

La Maison des Pâtes
Mittagsgäste zieht es wegen der frische Tagliatelle oder der Ravioli hierher. Nicht von der Warteschlange abschrecken lassen – das Anstehen lohnt sich! €

Chez Roger
Regionales Streetfood wie *socca* (Pfannkuchen aus Kichererbsenmehl) und *pissaladière* (Pizzaähnliche Spezialität aus Nizza). €

A Roca
Unbedingt *barbajuans* probieren – leckere, frittierte Spinat- oder Mangoldtaschen, die als Nationalgericht des Fürstentums gelten. €

Bar Le Zinc
In dieser Bar wird der wohl preiswerteste Wein Monacos serviert – das Glas für nur 2 €!

sind nur die **Grands Appartements**, die Prunkräume, für die Öffentlichkeit zugänglich – und das auch nur zwischen April und Oktober, selbstgeführt per Audioguide (außer am Wochenende des Formel-1-Rennens Ende Mai). Diese formellen Räume, die auch heute noch eine zeremonielle Funktion haben, zeugen von einer fürstlichen Vorliebe für schwere Draperien und umfangreiche Blattgoldvertäfelungen sowie von einer Leidenschaft für schöne Kunst – so schmücken beispielsweise Gemälde von Barockmeistern wie Orazio de Ferrari hier die Wände.

Seit der Freilegung von über 600 m² (und es werden immer mehr) faszinierender Renaissance-Fresken, die drei Gestalten der Antike – Herkules, Odysseus und Europa – darstellen und jahrhundertelang unter Farbschichten verborgen waren, ist ein Besuch hier noch aufregender geworden. Die Arbeiten sind noch lange nicht abgeschlossen, wie die meterlangen Gerüste bezeugen. Dabei werden natürliche Lösungsmittel und umweltfreundliche Methoden verwendet, um die Wände und Decken nach und nach wieder mit ihrer ursprünglichen Dekoration zu präsentieren. Man geht davon aus, dass Fürst Albert II. ein Leben lang an diesem Projekt arbeiten wird. Am besten plant man einen Besuch zur Wachablösung (tgl. 11.55 Uhr).

Das Kronjuwel

Kasino & Kunststück

Kaum zu glauben: Staatsangehörige von Monaco dürfen nicht an die Spieltische des **Casinos von Monte-Carlo**, einem Wunderwerk der Belle Époque, das das Fürstentum bei seiner Eröffnung in den 1860er-Jahren weltberühmt machte. Für alle anderen beginnt der Spielbetrieb um 14 Uhr. Man muss mindestens 18 Jahre alt sein und einen Ausweis vorlegen. Es gibt eine strenge Kleiderordnung – also schicke Kleidung wählen und nicht in kurzen Hosen, Sportkleidung und Flip-Flops kommen. Vormittags (10–13 Uhr, letzter Einlass um 12.15 Uhr) kann man im Rahmen einer Führung durch die Spielräume die mit Marmor und Blattgold verzierten *salons privés* bewundern, und dies ohne einen Cent zu riskieren. Für die Betrachtung der komplizierten Details in jedem der 10 Räume, die man durchläuft, sollte man sich etwas Zeit nehmen. Sogar das Inventar ist ein Kunstwerk. Im Salle Europe, dem ältesten Spielsaal, drehen sich die Rouletteräder unter acht böhmischen Glasleuchtern, die jeweils 150 kg wiegen. Der Salle Blanche, ein privater Salon, glänzt mit Mosaiken und öffnet sich zu einer Spielterrasse mit Blick aufs Meer. Der im Empire-Stil gehaltene Salle Médecin, in dem die ersten High Roller des Casinos vor neugierigen Blicken geschützt spielten, ist auch ein Star der Leinwand, denn hier wurden u.a. zwei James-Bond-Filme gedreht: *Sag Niemals*

ESSEN IN MONACO

Les Perles de Monte-Carlo
In diesem Meeresforschungszentrum in Fontvieille gibt's Austern aus eigener Zucht. €€

Le Petit Bar de Monaco
Französisches Bistro unter Leitung eines australischen Chefkochs im ältesten Viertel Monacos. Mittags lohnen die *plats du jour* (Tagesgerichte). €

Sexy Tacos
Feurige mexikanische Küche und spritzige Margaritas machen dieses Lokal zur angesagtesten Adresse am Strand von Larvotto. €€

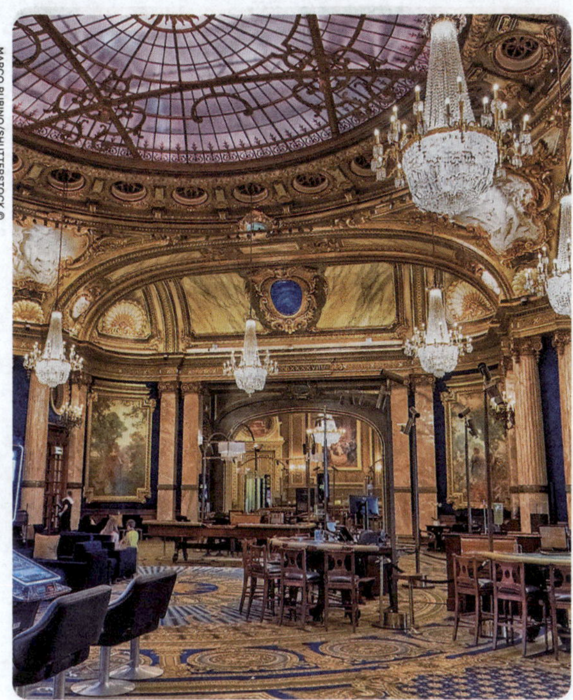
MARCO RUBINO/SHUTTERSTOCK ©

Casino de Monte-Carlo

Nie (1983) und James Bond 007 – *GoldenEye* (1995). Das Casino beherbergt auch eines der klassischen gastronomischen Erlebnisse Monacos: **Le Train Bleu** ist eine schmale Nische im Spielbereich, die wie ein Eisenbahnwaggon aus dem goldenen Zeitalter des Zugreisens gestaltet ist, mit strahlend weißen Tischtüchern und edler Holzvertäfelung. Das Restaurant ist von Donnerstag bis Sonntag nur zum Abendessen geöffnet, und man wird schnell die 40 € für die delikaten italienischen Spitzengerichte los, die man ausgeben muss, damit man die Casino-Eintrittsgebühr (18 €) zurückerstattet bekommt.

Monacos Spirituosen

Hochprozentiges der Region

Vor den Kasinos und Superjachten gab es hier vor allem Olivenbäume und Zitruspflanzen. Bis zur Mitte des 19. Jhs., als die

WENN ICH IN MONACO AUSGEHE…

Philip Culazzo gründete 2017 die erste Destillerie Monacos, La Distillerie de Monaco. Er teilt seine Lieblingsplätze für einen guten Drink. @distilleriedemonaco

Die Bar Américain im Hôtel de Paris mit ihrem Charme alter Schule, großartiger Livemusik und einem erstaunlich talentierten Barpersonal, das einem jeden erdenklichen Cocktail zaubert, ist die unumstrittene Grande Dame unter den monegassischen Bars. Ihr Aushängeschild ist La Condamine, benannt nach dem Standort unserer Destillerie in Monaco. Für Nachtschwärmer sind das Coya und das neu eröffnete Maona unbedingt empfehlenswert, ich sitze aber genauso gern am Place d'Armes unter einem Johannisbrotbaum und nippe an einem erfrischenden Sundowner.

WO MAN IN MONACO EIN KÜHLES BIER TRINKEN KANN

La Rascasse
Legendäre Hafenbar an der gleichnamigen F1-Kurve. Chillige Happy Hours, laute Partys bis spät in die Nacht. €

Slammers Monaco
Kleiner Pub mit Bildschirmen mit Sportübertragungen. Tolle Atmosphäre, vor allem am Grand-Prix-Wochenende. €

Gerhard's Café
Die freundliche Traditionskneipe in der Bar- und Restaurantmeile von Fontvieille sollte man sich nicht entgehen lassen. €

MITTAGSANGEBOTE

Die Preise für Menüs in Monacos Spitzenrestaurants sind abends exorbitant, für ein Mittagessen an Wochentagen kommt man hingegen oft einigermaßen günstig weg (auch wenn man im Vergleich zu anderen Reisezielen immer noch tief in die Tasche greifen muss). Hier ein paar Vorschläge, was man mit einem Budget von ca. 30 € bekommen kann:

Song Qi
Cooles Shanghai-Art-Deco-Design und ein Menü bestehend aus zwei Vorspeisen, einem Tagesgericht, Reis und einem Glas Wein. €€

Beefbar
Legendärer Fleischfantreffpunkt in Fontvieille. Fürs Budget gibt's hier eine Vorspeise, Rindertartar mit Pommes frites und ein Glas Wein. €€

Cantinetta Antinori
In diesem Larvotto-Ableger des klassischen florentinischen Restaurants erhält man für den genannten Betrag Antipasti, ein Hauptgericht und ein Glas toskanischen Wein. €€

SBYTOVA/MN/ISTOCK/GETTY IMAGES ©

Mandarinen und Zitronen

Familie Grimaldi 95% des Territoriums an Frankreich abtrat, war die Landwirtschaft das Lebenselixier der monegassischen Wirtschaft. Wenn man genau hinsieht, kann man auch heute noch Hinweise auf dieses Erbe finden: z. B. die 600 Bitterorangenbäume, die einige der wichtigsten Boulevards des Fürstentums säumen (vor allem die Rue Grimaldi hinter dem Port Hercules). Anstatt die Ernte zu verschwenden, verwandelt **La Distillerie de Monaco** diese Zitrusfrüchte in einen kräftigen Orangenlikör namens L'Orangerie. Seit der Eröffnung im Jahr 2020 wurden zwei weitere typisch monegassische Getränke in das Spirituosenkabinett der Destillerie de Monaco aufgenommen: Carruba, ein reichhaltiger, samtiger Schokoladenlikör, der aus Monacos Nationalbaum, dem Johannisbrotbaum, hergestellt wird, und ein Gin aux Agrumes mit sieben Zitrusfrüchten. Es lohnt sich, einen Termin für einen Besuch in den übersichtlichen Räumlichkeiten zu reservieren – es gibt auch eine Bar, an der Kostproben ausgeschenkt werden.

Oben auf Le Rocher kann man dabei zusehen, wie der leuchtende Limoncello im **La Maison du Limoncello** abgefüllt wird. Die Basiszutat stammt aus den Zitronenhainen rund um das Fürstentum. Als Alternativen gibt's auch Limetten-, Mandarinen-, Pampelmusen- und Bitterorangenversionen. Alle kann man probieren. Fans eines kühlen Bieres sollten sich die **Brasserie de Monaco** vormerken. Diese umtriebige Mikrobrauerei am Hafenufer mit Bar und Restaurant schenkt Bio-Pale-Ales und Weizenbiere aus, die in einem glänzenden Brauhaus vor Ort gebraut werden. Serviert werden dazu typische Kneipengerichte. Die Happy Hour findet von 18 bis 20 Uhr statt – dann ist das Lokal von zahlreichen Feierabendgästen bevölkert.

Saint-Tropez

PARIS
Saint-Tropez

Saint-Tropez ist sicher das beliebteste Reiseziel an der Côte d'Azur ... Sonnenbaden auf Liegestühlen am Strand, Essen in schillernden Restaurants, Tanzen bis zum Morgengrauen. Das ist aber noch lang nicht alles! Es warten Kunst, Shopping, Festivals und mehr. Und dann gibt's ja noch das hübsche Sainte-Maxime auf der anderen Seite des Golfs, ein Ferienort für Familien und für diejenigen, die ihr Budget nicht nur für Cocktails ausgeben wollen. Grimaud, mit seinen engen, beschaulichen Gassen, schöner Blumenpracht und vielfältiger Kunstszene, liegt genau zwischen diesen beiden Orten.

In Saint-Tropez geht's glamourös zu – selbst in den völlig überfüllten Sommermonaten – was für manche der Hauptgrund ist, herzukommen. Besucht man die Stadt außerhalb der Saison hat man das Gefühl, die bunten Straßen, die Strände und das türkisfarbene Wasser ganz für sich allein zu haben. Und das ist unbezahlbar. Auch und vor allem an einem Ort, in dem man mit Geld ansonsten scheinbar alles kaufen kann.

Saint-Tropez

UNTERWEGS VOR ORT

Die Küstenstraße, die Saint-Tropez mit Grimaud und Sainte-Maxime verbindet, ist schon früh am Tag voll und in der Hochsaison sogar extrem voll. Um von einem der Dörfer zum nächsten zu gelangen, braucht man mit dem Boot genauso lang wie mit einem Auto – es ist aber angenehmer. Außerdem hupt keiner.

TOP TIPP

Wer nicht vorhat, bis zum Morgengrauen zu feiern, sollte Ende Mai und im Juni vorbeikommen. Die meisten Strandclubs sind auch dann tagsüber geöffnet (aber weniger überlaufen). Die berühmten DJ-Partys beginnen im Juli. Wer nicht unbedingt ein Auto braucht, sollte keines mieten – das Parken hier kostet ein Vermögen.

SAINT-TROPEZ

HIGHLIGHTS
1 La Vieille Mer
2 Plage de Gigaro
3 Plage de Pampelonne

SEHENSWERTES
4 Bel-Air Fine Art
5 Fondation Linda et Guy Pieters
6 Le Phare du cap Camarat
7 Les Galeries Tropéziennes
8 Plage de la Bouillabaisse

AKTIVITÄTEN, KURSE & TOUREN
9 Club le Gaïo
10 L'Esquinade
11 Le Piaf Saint-Tropez

ESSEN
12 Cabane Bambou

AUSGEHEN & FEIERN
13 La Cabane Méditerranée
14 La Réserve à la Plage

Glamouröse Strandclubs

Barfuß im Sand...Cocktail in der Hand

Die ersten Strandclubs entstanden in den 1950er-Jahren, als die Reichen und Schönen das einst ruhige Fischerdorf Saint-Tropez für sich entdeckten. Der **Plage de Pampelonne**, ein wunderschöner Sandstrand, bietet die größte Auswahl und ist ein Muss

FEIERN IN SAINT-TROPEZ

Le Piaf Saint-Tropez
Luxuriöses Ambiente, Abendessen, Cocktails und Tanz.

L'Esquinade
Direkt am Hafen – und *der* Schwulenclub in Saint-Tropez. Letzte Anlaufstelle für all jene, die bis zum Morgengrauen durchfeiern wollen.

Club le Gaïo
Seit 1958 haben hier Stars wie Brigitte Bardot, Steve McQueen und Lionel Richie das Tanzbein geschwungen.

für alle, die zum ersten Mal kommen (oder wiederkommen). Die Reihen der Sonnenschirme und Stühle an der Küste, die Atmosphäre von Genuss, Glamour und Entspannung bilden den Rahmen für einen „europäischen Sommer" wie aus dem Bilderbuch.

Im **La Réserve à la Plage**, einem Strandclub im Bohemian-Stil auf der Halbinsel, kann man einen Liegestuhl und ein Mittagessen buchen, den Klassiker Provence-Rosé genießen, kunstvoll gestaltete Cocktails probieren und in einer Boutique stöbern.

Cabane Bambou ist der beste Strandclub für Frühaufsteher – Frühstück und Liegestühle gibt's hier ab 29 €.

Wer ein ruhigeres Stranderlebnis sucht, ohne auf Luxus verzichten zu müssen, sollte im Voraus im **La Cabane Méditerranée** (am Rande des Strandes **Plage d'Héraclée** in La Croix-Valmer) einen Platz reservieren. Der Strandclub liegt an einem etwas rauerem Strand als dem Pampelonne.

Sonnenuntergangsplätze an der Küste

Wenn der Tag zur Nacht wird

Der Sonnenuntergang ist der Moment, in dem man in Saint-Tropez von einem faulen Strandtag in wilde Strandnächte übergeht. Den Ort hierfür sollte man wohlüberlegt im Voraus auswählen und früh dort sein. Am schönsten erlebt man den Sonnenuntergang vom **Plage de Gigaro** in La Croix-Valmer aus.

Der **Plage de la Bouillabaisse** liegt näher an der Stadt und ist ideal, um bei Sonnenuntergang einen Drink und die Atmosphäre des Hafens zu genießen, bevor man sich zum Abendessen umzieht. Die Strandbars hier sind jedoch meist überfüllt. Ist man nicht schon den ganzen Tag hier, sollte man sich nicht darauf verlassen, abends einen Platz ergattern zu können.

Abenteuerlustigere Sonnenuntergangsfans sollten eigene Snacks und Getränke einpacken und sich zum **Le Phare du cap Camarat** aufmachen, einem Leuchtturm in Ramatuelle.

Galerie-Tag in Saint-Tropez

Kultur pur!

Nur am Strand zu faulenzen reicht nicht? Kein Problem. Hier findet man viele faszinierende Kunstwerke, die die eigene Kreativität anregen. Nach einem Samstagsrundgang über den **Markt** am Place des Lices sollte man der **Fondation Linda et Guy Pieters** einen Besuch abstatten (kostenloser Eintritt). Die Fondation befindet sich auf der gegenüberliegenden Straßenseite auf dem Bd Vasserot und beherbergt eine der renommiertesten Sammlungen zeitgenössischer Kunst an der Côte d'Azur.

Das **Bel-Air Fine Art** am Bd Louis Blanc ist am Puls der Zeit. Es gehört zu den größten Galerien für bildende Kunst in Europa. Die ausgestellten Werke heben aktuelle Trends der internationalen Kunstwelt hervor, wobei die sorgfältige Kuratierung auf den Geschmack des Publikums von Saint-Tropez abzielt.

Nach einem kurzen Bummel durch die kleinen Gassen erreicht man an der Place de l'Ormeau die Villa, in der **La Vieille Mer** untergebracht ist, eine Schatztruhe gefüllt mit allerlei aus dem Meer, darunter Schiffslaternen, Steuerräder, Teleskope, Uhren und alle Arten von maritimen Erinnerungsstücken.

DIE BESTEN ORTE ZUM SHOPPEN IN SAINT-TROPEZ

Rondini
Familiengeführtes Schuhgeschäft – perfekt für ein Paar jener typischen Tropézienne-Ledersandalen.

Les Galeries Tropéziennes
Dieser 120 Jahre alte Basar bietet eine Fülle von Alltagsgegenständen mit einem Hauch Saint-Tropez-Glamour.

Be-Store
Shorts für alle und jeden in allen Farben, Stilen und Größen sind die Spezialität dieser schicken Boutique.

Marinette Décoration
Hier gibt's leicht zu verpackende Haushaltswaren oder klassische Saint-Tropez-Geschenkideen.

La Cabane d'Anoe
Exquisites Kinderbekleidungsgeschäft mit großer Auswahl an Top-Marken wie Louis Louise.

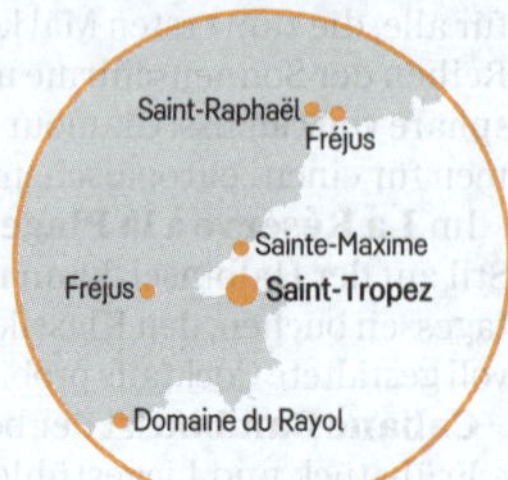

Rund um Saint-Tropez

Ab ins Grüne im Hinterland – oder in einen der Küstenorte für einen Strandtag.

UNTERWEGS VOR ORT

Zwischen Fréjus und Saint-Raphaël gibt es keine echte Grenze, und wenn man sich auf das Zentrum beschränkt lässt sich alles gut zu Fuß erkunden. Für Ausflüge in die nähere Umgebung und zum Besuch der Domaine du Rayol ist ein Auto empfehlenswert, man sollte aber damit rechnen, einige Zeit für die Suche nach Parkplätzen aufwenden zu müssen (die durchaus ins Geld gehen können).

TOP TIPP

Fréjus oder Saint-Raphaël sind ideal für einen Zwischenstopp mit Übernachtung auf der Fahrt von Nizza nach Saint-Tropez oder umgekehrt.

Östlich von Saint-Tropez erstrecken sich lange Küstenabschnitte, die nach Cannes führen. Saint-Raphaël und Fréjus eignen sich gut für Familien oder Traveller, die Ruhe suchen – und beide Orte schonen den Geldbeutel (ein wenig). Im Westen liegt ein Wunderland aus Gärten, die das milde Mittelmeerklima der Region widerspiegeln. Nördlich von Saint-Tropez wartet im Landesinneren das Réserve Naturelle Nationale de la Plaine des Maures. Das Reservat lädt zu endlosen Wanderungen ein und bietet einen Einblick ins ländliche Leben des inneren Var. So oder so … man sollte außer Saint-Tropez noch weitere Orte an der Côte d'Azur erkunden. Es lohnt sich.

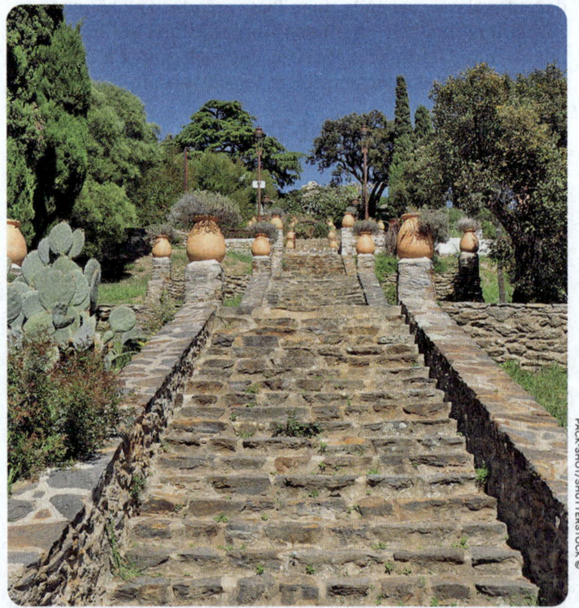

PACK-SHOT/SHUTTERSTOCK ©

Domaine du Rayol

Eine botanische Weltreise

Mediterrane und exotische Gärten

Die **Domaine du Rayol** ist ein Naturschutzgebiet, das auf 20 ha einen einzigartigen botanischen Garten beherbergt, in dem Landschaften mit einem ähnlichen Klima wie am Mittelmeer zu sehen sind. Wie auf einer Reise durch die Welt der Botanik geht es durch thematischen Gärten, in denen importierte Pflanzen wie chilenische Mimosen oder australische Eukalyptusbäume gedeihen. In den Sommermonaten ist zudem ein Meeresschnorchelgarten geöffnet (für Besucher:innen ab acht Jahren).

Hier werden nicht nur Pflanzen und Landschaften gepflegt, sondern auch pädagogische Führungen und Workshops, sowie zahlreiche Aktivitäten von Kinderspielen über Yogakurse bis hin zu Ausstellungen und Konzerten angeboten. Als besonderes Souvenir bietet der Geschenkeladen eine große Auswahl an wunderschön illustrierten Naturbüchern und regionalen Produkten. Der Garten eignet sich hervorragend für einen Tagesausflug, insbesondere für diejenigen, die sich für Natur und biologische Vielfalt interessieren.

Ebenfalls einen Abstecher wert ist der **Parc Gonzalez** in **Bormes-les-Mimosas**. In dem eleganten Beispiel für einen mediterranen Garten findet man eine Vielzahl von Pflanzen, darunter Mimosen, Olivenbäume und Lavendel. Der **Jardin Emmanuel Lopez** auf der Île de Porquerolles ist ein weiterer beeindruckender Garten, der die einzigartige Flora der Region präsentiert, darunter Zitrusbäume und Palmen sowie exotische Pflanzen aus aller Welt.

NATURSCHUTZGEBIET DES MAURES

Eine Wanderung entlang des 13 km langen Rundwegs in der **Réserve Naturelle Nationale de la Plaine des Maures** ist vor allen für Familien eine einfache Outdooraktivität. Die Landschaft bietet Schirmkiefern, Korkeichen und Macchia – und ist Heimat von Wildschweinen, Füchsen, Rehen und vielen Vogelarten, sowohl sesshaften als auch Zugvögel. Letztere nisten oft in der Nähe des schönen **Lac des Escarcets** – ein Höhepunkt der Wanderung. Der See ist von Schilf umgeben und bietet Lebensraum für verschiedene Wasservögel wie Enten und Blässhühner.

Hauptstadt des Massif des Maures

Esskastanien & ein mittelalterliches Kloster

Das kleine rote Dorf **Collobrières**, etwa eine Autostunde westlich von Saint-Tropez, bietet einen guten Eindruck des inneren Var und ist dennoch in Strandnähe. Hier findet donnerstags und sonntags vormittags einer der besten provenzalischen Märkte der Region statt – eine gute Gelegenheit eine der hiesigen Spezialitäten zu probieren: Kastanieneis (an den Wochenenden im Oktober steht die französische Spezialität *marron glacé*, kandierte Maronen, im Mittelpunkt des Interesses).

Man kann durch die Kastanienwälder, über Weiden und entlang der Pfade wandern, die Collobrières mit dem nahe gelegenen **Monastère Notre-Dame de Clémence de la Verne** verbinden. Das Kloster, das größtenteils aus dem 15. und 18. Jh. stammt, blickt auf eine lange und bewegte Geschichte zurück. Das von den Chartreuse-Mönchen unterhaltene Kloster wurde

ESSEN & TRINKEN RUND UM SAINT-TROPEZ

Le Café des Jardiniers
Café im Domaine du Rayol mit regionalen Köstlichkeiten wie hausgemachter Thymian-Limonade. **€€**

Le Touring
Hotel und Restaurant im Art-Déco-Stil in Saint-Raphaël. Der Cocktail *soupe de fraise* ist empfehlenswert. **€€–€€€**

Le Jardin
An der Spitze von Bormes-les-Mimosas, inmitten eines kühlen Gartens. Wechselndes Menü (u.a. mit essbaren Blüten). **€€–€€€**

DIE BESTEN ZWISCHENSTOPPS RUND UM SAINT-TROPEZ

Fréjus
Die 49 v. Chr. von Julius Cäsar gegründete Hafenstadt wartet mit zahlreichen antiken römischen Ruinen auf, darunter ein Amphitheater und ein Aquädukt, sowie ein mittelalterliches Viertel.

Grimaud
Charmantes Dorf im Landesinneren zwischen Saint-Tropez und Sainte-Maxime. Port Grimaud an der Küste ist ein Jachthafen, der im Stil von Venedig angelegt wurde. Ziemlich schrullig, aber es macht Spaß, hier ein Eis zu essen.

Saint-Raphaël
Lebhafter Badeort mit langem Sandstrand, der zum Schwimmen, Sonnenbaden und zu Wassersport einlädt. Am Jachthafen der Stadt gibt's einige gute Restaurants und Geschäfte.

JUERGEN WACKENHUT/SHUTTERSTOCK ©

Sainte-Maxime

im Mittelalter mehrfach zerstört. Die Ställe, die Keller, die Ölpresse und die Bäckerei können besichtigt werden, der Kreuzgang und die Seitenkapellen sind leider nicht zugänglich.

Strände, Promenaden & Häfen

Entspanntes Sainte-Maxime

Sainte-Maxime mit seinen langen weißen Sandstränden liegt auf der anderen Seite des Golfs von Saint-Tropez und ist perfekt für einen Tagesausflug. Im Gegensatz zu seinem berühmten Nachbarn herrscht in den Strandclubs von Sainte-Maxime eine eher egalitäre Atmosphäre, was sie zu einem Ziel für diejenigen macht, die nicht auf der Suche nach Glanz und Gloria sind.

Der **Barco Beach** hat einen speziellen Bereich für Kinder und bietet im Sommer Aktivitäten für die ganze Familie an. In den Buchten des **Plage de la Madrague** kann man Felsenfische bewundern, die sich im Wasser tummeln.

Vor oder nach dem Abendessen kann man unter den Pinien der **Promenade Aymeric Simon Lorière** in der Nähe des Hafens spazieren gehen. Mittwochs finden hier Antiquitätenmärkte statt, und an Sommerabenden gibt's gelegentlich (kostenlose) Livemusik.

Hyères

Die westlich von Saint-Tropez gelegene Küstenstadt Hyères bietet eine reiche Geschichte und eine glitzernde Strandszene. Unbedingt einen Besuch wert ist die mittelalterliche Burg – die einst strategischen Aussichtspunkte bieten heute die besten Panoramaansichten. Die historischen Häuser und zeitgenössische Galerien sorgen zudem für einen Schuss Kultur.

Die Île de Porquerolles ist nur eine kurze Fährfahrt von Hyères weg und ein Paradies für all jene, die Natur lieben. Man kann sich hier ein Fahrrad mieten und zu den vielen Stränden und Buchten der Insel radeln. Direkt südlich von Hyères, gegenüber von Porquerolles, liegt die Presqu'île de Giens mit ihren herrlichen Stränden und Salinen, in denen sich rosa Flamingos tummeln.

Für Familien bietet die Gegend eine Reihe von Campingmöglichkeiten, wobei viele altmodische Campingplätze nur wenige Schritte vom Meer entfernt liegen, wo alle jeden Alters den Strand genießen und im Meer schwimmen können.

Hyères

UNTERWEGS VOR ORT

Für Fahrten rund um Hyères und zwischen dem Zentrum und den Stränden bietet sich das Busnetz von Mistral an. Die Linie 67 verbindet das Zentrum mit der Presqu'île de Giens. Zwischen den Küstenstädten gibt's Busse von ZOU! und SNCF-Zugverbindungen.

TOP TIPP

Wer seinen Aufenthalt auf der Île de Porquerolles so richtig genießen will, sollte sein Fährticket im Voraus buchen (resa-tlv.com/resinternet) – mehr als 6000 Menschen pro Tag dürfen nicht auf die Insel. Das Gleiche gilt für Zimmerbuchungen in der Hochsaison.

HIGHLIGHTS
1 Île de Porquerolles

SEHENSWERTES
2 Calanque de l'Oustaou-de-Diou
3 Calanque du Brégançonnet
4 Château d'Hyères
5 Domaine de l'Île
6 Plage de la Bergerie
7 Plage de l'Almanarre
8 Plage du Pradeau
9 Villa Noailles

SCHLAFEN
10 Camping à la Ferme le Pradeau
11 Camping Bernard

ESSEN
12 L'Enoteca

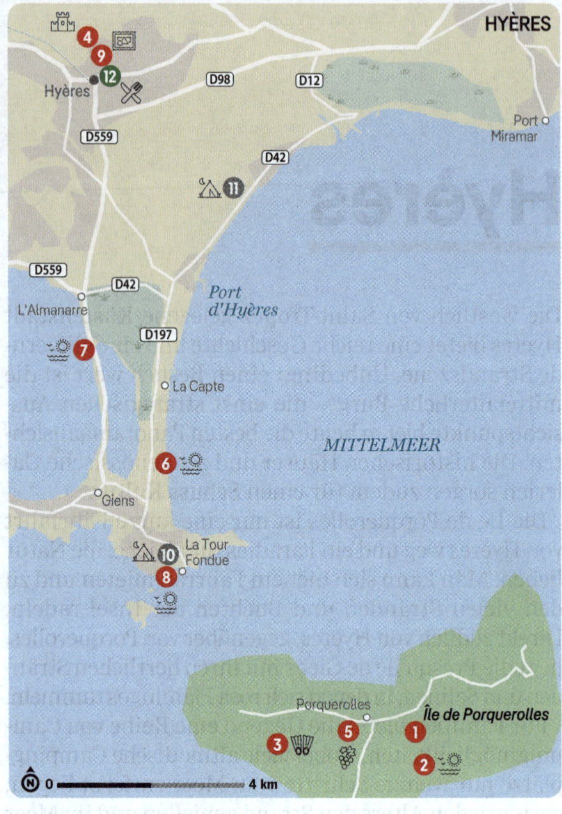

Hyères zu Fuß

Die ganze Stadt an einem Tag

Auch wenn man nur Zeit für einen Tagesausflug nach Hyères hat, lassen sich die Highlights der 2400 Jahre alten Stadt erkunden. Los geht's mit der **Altstadt**, die voller malerischer Gassen, farbenfroher Fassaden alter Häuser und Denkmäler und historischer Stätten ist. Man kann Stunden damit verbringen, die engen Straßen und Gassen zu erkunden und die Architektur zu bewundern. Nicht verpassen sollte man das **Château d'Hyères**, das auf der Colline du Castéou liegt und dessen ältesten Mauern aus dem 10. Jh. stammen.Dann geht's zurück zum **Castel Sainte-Claire**, einem neoromanischen Herrenhaus, das auf den Fundamenten eines ehemaligen Klosters errichtet wurde.

ESSEN & SHOPPEN IN HYÈRES

Maison Godillot
Elegantes, modernes Geschäft mit netten Einrichtungsideen aus Frankreich und aller Welt. €€

Vola Café
Seit Jahrzehnten eine feste Größe im Zentrum mit hübschen blauen Fensterläden und begrünter Terrasse. €

Vino Terre Happy
Weinbar mit guter Auswahl an Naturweinen aus der Region und leichten Tapas. €€

Der angrenzende gleichnamige Park ist ein bemerkenswerter Garten mit 6500 m² voller Blumen und tropischer Vegetation.

Feinschmecker sollten unbedingt im **L'Enoteca** zu Mittag essen, einem gehobenen Restaurant in der Altstadt, das von einem passionierten Paar geführt wird. Die Gerichte sind modern, authentisch und die Portionen großzügig.

Weiter geht es zur **Villa Noailles**, einem nationalen Kunstzentrum. Die moderne Architektur und der kubistische Garten wurden von Gabriel Guévrékian entworfen. An diesem ungewöhnlichen Ort finden das ganze Jahr über Wechselausstellungen moderner Kunst statt, auch eine ständige Sammlung kann besichtigt werden. Der Tag endet im **Vino Terre Happy**, einer Weinbar mit leichten Tapas, Naturwein und toller Atmosphäre.

Autofreies Inselparadies

Radfahren, Schwimmen & Schnorcheln

Die **Île de Porquerolles** liegt zwar nah am Festland, hat aber ihren eigenen Charme und ist zudem ein Paradies für Familien und Naturfans. Die Insel kann nur zu Fuß oder per Rad erkundet werden (ein Leihfahrrad lässt sich zusammen mit dem Fährticket buchen). Mit dem Drahtesel lassen sich auch die entlegensten Strände der Insel erreichen, ohne stundenlang laufen zu müssen.

Jetzt, da man sich schon ein Fahrrad gemietet hat, geht es quer über die Insel zur **Calanque de l'Oustaou-de-Diou**. Nach ein paar Stunden in der Bucht, geht's zurück – wobei man unbedingt einen Abstecher zu den schwarzen Stränden im äußersten Osten der Insel machen sollte.

Souvenir gefällig? Wie wärs mit einer Flasche Rosé von einem der drei Weingüter, z. B. dem Bio-Weingut **Domaine de l'Île**?

Vor der Küste der Insel kann man bei einer *randonnée palmée* (wörtlich: „Wanderung mit Flossen") – dem französischen Begriff für Schnorcheln – problemlos einige Stunden im Wasser verbringen. Die **Calanque du Brégançonnet** ist ein leicht zugänglicher Ort für diejenigen, die sich entscheiden, ohne einen Guide auf Erkundungstour zu gehen. Andernfalls kann man bei **Iléo Porquerolles** Boot und Guide buchen und dann mehrere Stunden damit verbringen, das artenreiche und empfindliche Unterwasser-Ökosystem vor der Küste zu erleben. Zu den am häufigsten gesichteten Fischen gehören winzige Schleimfische, glänzende Mendolen und große Schwarzkopf-Seebarsche.

Nachts, wenn die Tagesausflügler die Insel verlassen, ändert sich die Stimmung deutlich. Wer ein Bett in einem der Hotels auf der Insel gebucht hat, wie z. B. im **Le Mas Du Langoustier**, wird sich auf einer abgelegenen Insel wähnen – einer, zu der man sonst nur mit einem Privatflugzeug gelangt.

DIE STRÄNDE AUF DER HALBINSEL GIENS

Plage de l'Almanarre
Dank seinem weißen Sand und dem flachen Wasser ist dieser Strand toll zum Sonnenbaden, sicher zum Schwimmen, und perfekt für alle möglichen Wassersportarten. Besonders beliebt bei Wind- und Kitesurfern.

Plage du Pradeau
Ein weiterer schöner Strand, der einen Ausflug wert ist. Der windgeschützte Strand ist nur zu Fuß oder mit dem Boot erreichbar (im Sommer sind Motorboote in Ufernähe verboten). Manche fragen sich, ob dies der beste Strand der Welt ist.

Plage de la Bergerie
Ein *handiplage* (behindertengerechter Strand), der u. a. mit Wasserrollstühlen, Einstiegshilfen und angepassten Toiletten ausgestattet ist. Geschulte Freiwillige stehen zur Verfügung, um Menschen mit Behinderungen zu helfen.

CAMPEN IN DER NÄHE VON HYÈRES

Camping à la Ferme le Pradeau
Kleiner, angenehmer und preisgünstiger Campingplatz mit direktem Zugang zum Strand. €

Camping Bernard
Schattiger Platz nur 50 m vom Strand, beliebt bei französischen Urlaubern, die gern Boule spielen. Mit Restaurant. €

Camping les Moulières
Hübscher Vier-Sterne-Campingplatz in Küstennähe mit angenehm viel Platz zwischen den Stellplätzen. €€

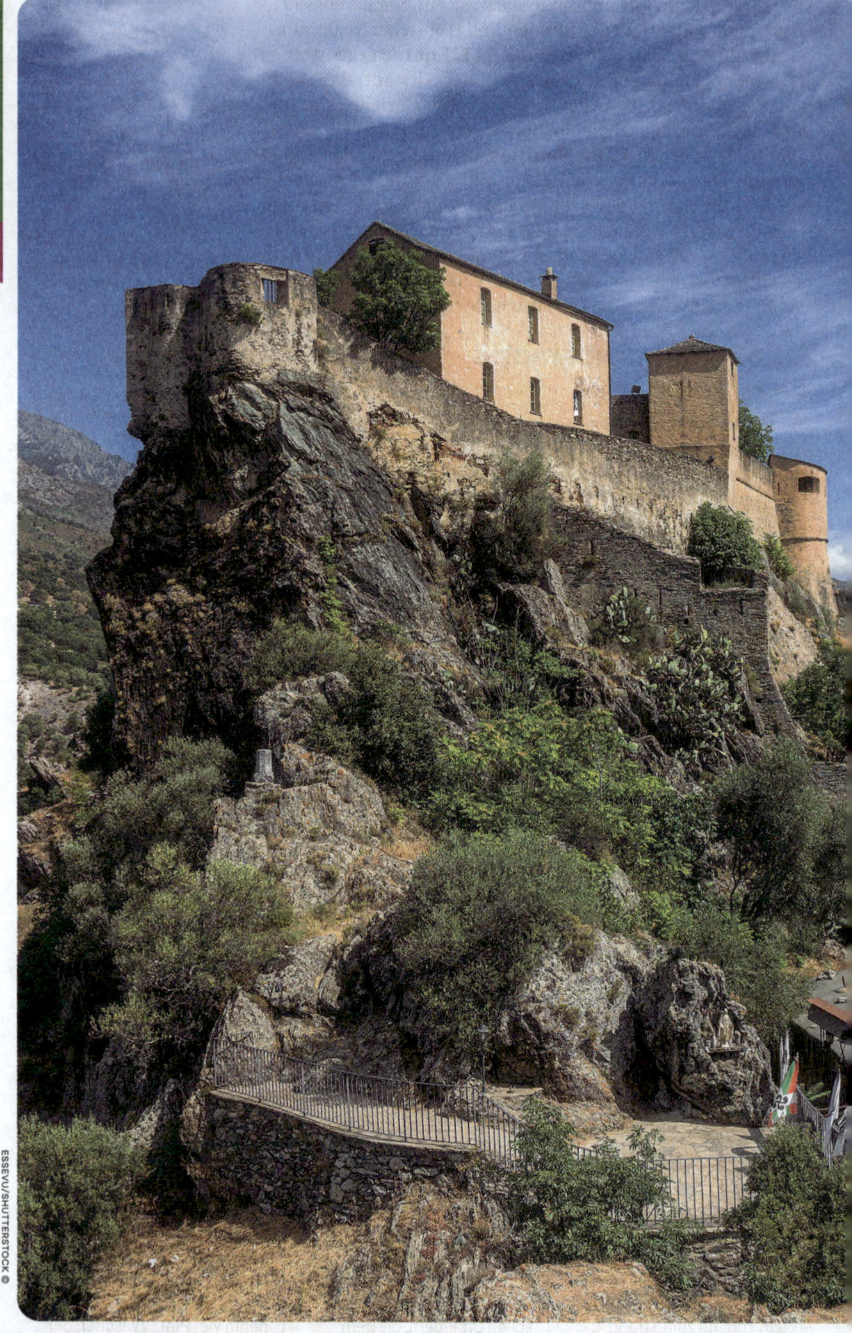

ESSEVU/SHUTTERSTOCK ©

Oben: Corte (S. 766); Rechts: Bonifacio (S. 779)

Korsika

INSEL DER SCHÖNHEIT

Das ganze Jahr über kann man auf der viertgrößten Insel im Mittelmeer die Kontraste zwischen mit Maquis bedeckten Bergen, kristallklarem türkisgrünem Meer mit Stränden von Weltklasse, Granitdörfern und eleganten, italienisch wirkenden Städten erkunden.

Hier lebt ein stolzes Volk; viele fühlen sich in erster Linie Korsika zugehörig und erst in zweiter Linie Frankreich, obschon Napoleon Bonaparte, der berühmteste Sohn der Insel, es zum Kaiser der Franzosen brachte. An den unerwartetsten Stellen stößt man auf Graffiti, die meist auf Korsisch (was dem Italienischen nähersteht) statt auf Französisch die Unabhängigkeit fordern. Überall sieht man auch die korsische Flagge (*A bandera testa mora*): ein schwarzes Maurenhaupt mit einem verknoteten weißen Stirnband. Da kann man sich schon manchmal fragen, ob man überhaupt noch in Frankreich ist!

Korsika – die Île de Beauté (Insel der Schönheit) – ist ein hinreißend schönes Outdoorziel in Sachen Abenteuer, Fotografie und Kunst sowie für Leute, die sich für Vorgeschichte begeistern, gerne Straßentouren unternehmen oder sich am Strand entspannen wollen. Von April bis Ende Oktober kann man wandern, laufen, radfahren (ja, sogar diese erschreckend langen, steilen Hänge hinauf), außerdem schwimmen, schnorcheln, tauchen, klettern, segeln, Kajak fahren und Canyoning betreiben. Im Winter kann man in den drei kleinen Skigebieten auch Ski fahren. Fotograf:innen und Künstler:innen begeistern sich an den Steindörfern, die sich verwegen an Felsvorsprünge klammern, an den steilen Schluchten, die schnell fließende Flüsse in den Granit gegraben haben, an den wilden schwarzen Schweinen (eine Kreuzung aus Haus- und Wildschweinen), die entlang der Straßen herumwühlen, und nicht zuletzt für die hinreißenden Strände, gegen die das indigo- und türkisblaues Wasser schwappt.

An Vorgeschichte Interessierte sind von den vielen archäologischen Ruinen im Süden entzückt, während Auto- und Motorradfahrer:innen sich den herausfordernden, kurvenreichen kleinen Straßen stellen, die sich an schwindelerregende Abhänge schmiegen. Allzu viele Museen und Kunstgalerien gibt es nicht; sodass kulturell Interessierte in aller Seelenruhe auch einfach mal ein Buch am Strand lesen können.

DIE WICHTIGSTEN ZIELE

BASTIA
Wirtschaftliches Zentrum mit urbanem Flair. S. 758

CORTE
Flotte, gebirgige Universitätsstadt im Zentrum der Insel. S. 766

AJACCIO
Entspannte offizielle Hauptstadt, die Napoleon dazu bestimmte. S. 772

BONIFACIO
Spektakuläre Stadt auf der Klippe und Strände. S. 779

Erste Orientierung

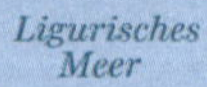

Corte, S. 766

Die Zitadelle aus dem 15. Jh. wacht in dieser angenehmen, flotten Stadt, die ein gutes Standquartier zur Erkundung der Westküste und der spektakulären Schluchten im Landesinneren ist, über Korsikas im 20. Jh. wiedererrichteter Universität.

Bastia, S. 758

Das uralte Korsika, das mittelalterliche Genua und das moderne Frankreich scheinen in diesem pastellfarbenen, geschäftigen wirtschaftlichen Zentrum zu verschwinden. Man kann Weine verkosten, an der Küste wandern und das Cap Corse erkunden.

Ajaccio, S. 772

Die rund um eine Bucht liegende Verwaltungshauptstadt hat zwar mehr Einwohner als Bastia, gibt sich aber gemächlich und entspannt. Ajaccio ist das Tor zu wundervollen Meeresschutzgebieten, Landschaften, die zum UNESCO-Welterbe zählen, und zu Sandstränden.

Bonifacio, S. 779

Die alten Häuser der unbedingt sehenswerten Stadt klammern sich an den Rand 100 m hoher Kalksteinklippen. Ganz in der Nähe liegen einige der schönsten Strände Korsikas sowie bedeutende prähistorische Stätten.

FÄHRE

Von den französischen Hafenstädten Nizza, Toulon und Marseille sowie von den italienischen Häfen Livorno, Piombino und Savona fahren große Fähren nach Bastia, Ajaccio, L'Île Rousse, Propriano oder Porto-Vecchio.

AUTO & MOTORRAD

Hier muss man nach Zeit und nicht nach Entfernung rechnen. Die Straßen sind häufig schmal, generell kurvenreich und manchmal auch voller Schlaglöcher. Auf Korsika wird man die meiste Zeit im zweiten Gang fahren! Für die 153 km zwischen Bastia und Ajaccio wird man beispielsweise fast drei Stunden brauchen. Es gibt keine Autobahnen, daher wird auch keine Maut fällig.

ZUG

Mit dem Pass Libertà kann man zwischen Ajaccio, Bastia, Calvi und Ponte Leccia reisen. Bei optionalen Haltepunkten drückt man auf den Knopf neben der Tür, um auszusteigen, und winkt dem Zugfahrer zu, wenn er weiterfahren soll.

SERGIY PALAMARCHUK/SHUTTERSTOCK ©

Sartène (S. 778)

Perfekte Tage

Korsika ist zwar eine Mittelmeerinsel, aber auch ein hohes Gebirge. Daher sollte man stets einen Plan für schlechtes Wetter haben und immer den Wetterbericht und Brandwarnungen beachten.

Eine Woche auf der Insel

● Ab Bastia fährt man nach **Nonza** (S. 763) und kauft in **Patrimonio** (S. 765) Wein. An den Stränden des **Désert des Agriates** (S. 765) lockt Abkühlung. Auf der D84 geht's nach Porto zur Bootstour in die **Réserve Naturelle de Scandola** (S. 776). Man wandert durch die **Calanques de Piana** (S. 776) und besucht **Cargèse** (S. 776) auf dem Weg nach **Ajaccio** (S. 772). Zurück geht's über die **Vallée de la Restonica** (S. 770).

Zwei Wochen Zeit

● Man verlängert die Route ab Ajaccio nach **Sartène** (S. 778) und macht einen Abstecher zur Stätte von **Filitosa** (S. 777). Man bewundert das auf Klippen thronende **Bonifacio** (S. 779) und unternimmt eine Bootsfahrt zu den Îles Lavezzi (S. 781) mit ihren Stränden. Danach führt die östliche Küstenstraße zurück nach Bastia, zu einem Ausflug auf die Halbinsel **Cap Corse** (S. 763). Oder man fährt durch die Inselmitte.

BESTE REISEZEIT

FRÜHLING
Der Maquis steht in voller Blüte, die Einheimischen sind entspannt, die Massen fern und die Preise vernünftig. Das Meer ist zu kalt zum Baden.

SOMMER
Zum Wandern ist es zu heiß, doch kann man gut baden. Die Zeit von Mitte Juli bis Mitte August meiden: dann ist die Insel heiß, überfüllt und teuer.

HERBST
Die Preise fallen, das Meer ist noch warm genug zum Baden, und die Berge zeigen sich in goldenen, rostroten und roten Farben.

WINTER
Viele Hotels und Restaurants sind von November bis Ende März geschlossen. Man kann nicht wandern, aber Schneeschuh laufen.

Bastia

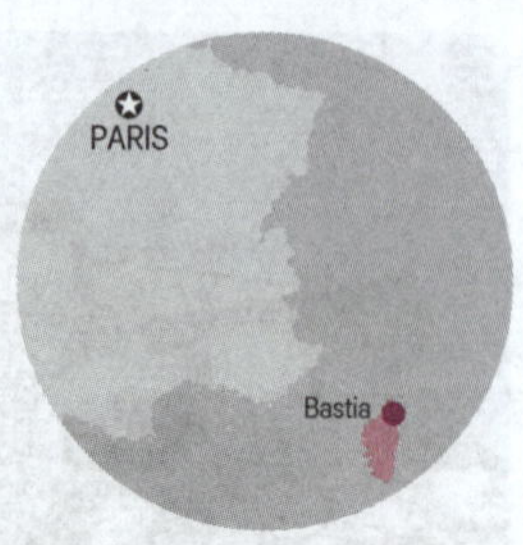

UNTERWEGS VOR ORT

Zu Fuß geht's am besten! Man sollte sein Auto parken, denn Bastia ist eine fußgängerfreundliche Stadt. Die Terra Vecchia und die Terra Nova sind beide so klein, dass man sie leicht und gründlich zu Fuß erkunden kann. Menschen mit eingeschränkter Mobilität können den kleinen Touristenzug nehmen, der von der Place Saint-Nicolas zur Terra Nova fährt.

Der Seehandel ist Bastias *raison d'être* seit der Gründung vor mehr als 600 Jahren rund um Porto Cardo. Der genuesische Gouverneur ordnete 1380 den Bau einer Zitadelle (*bastiglia*, daher der Name) auf dem steilen Hügel südlich des Hafens an. Elegante Wohnhäuser wurden in der Terra Nova an den Straßen rund um die Zitadelle erbaut, die einen Kontrast zum Gassengewirr in der Terra Vecchia, dem Hafenviertel, bildeten.

Zwischen 1380 und 1755 war Bastia das Zentrum der politischen, wirtschaftlichen, religiösen und richterlichen Macht. Heute ist die Stadt immer noch Korsikas wirtschaftliches Zugpferd. Morgens sieht man Geschäftsleute zu Besprechungen eilen, geschäftige Bauarbeiter:innen, Kellner:innen, die Tische eindecken, Eltern, die ihre Kinder zur Schule bringen, und Hilfsbereite, die älteren Damen mit ihren Einkäufen helfen.

Die Stadt mit gerade einmal etwas mehr als 52 000 Menschen liegt eingezwängt zwischen der 957 m hohen Serra di Pignu im Westen und dem Tyrrhenischen Meer im Osten, konnte sich also nur längs eines schmalen Nord-Süd-Streifens entwickeln.

TOP TIPP

Man kann sein Fahrzeug den ganzen Tag für den Preis eines Biers auf dem Parkplatz an der Place Saint-Nicolas, nur 500 m vom Ausgang des Fährhafens, abstellen. Von dort führt der angenehme Stadtspaziergang nach Süden durch die Terra Vecchia zur Terra Nova, entweder auf der verkehrsberuhigten Rue Napoléon oder dem eleganten Boulevard Paoli.

PAWEL KAZMIERCZAK/SHUTTERSTOCK ©

Bastia

BASTIA

SEHENSWERTES
1 Cathédrale Ste-Marie
2 Citadelle de Bastia
3 Église St-Jean-Baptiste
4 Falata à a Gabella
5 Musée de Bastia
6 Oratoire de l'Immaculée Conception
7 Oratoire St-Roch
8 Kirche Ste-Croix
9 Victor Hugos Haus

SCHLAFEN
10 Hôtel Les Voyageurs

ESSEN
11 A Biscutteria

SHOPPEN
12 Place du Marché
13 U Muntagnolu
14 U Paese

Église St-Jean-Baptiste (S. 760)

BESTE LÄDEN FÜR WURST, KÄSE & WEIN

Beide Läden sind ganzjährig geöffnet und versenden die Einkäufe auch.

U Paese
Verkauft *figatelli* (Würstchen), *coppa* (rosa/weiße Salami), *lonzi* (Räucherfilets) und *prisuttu* (Schinken), die vom selben Produzenten stammen; außerdem Brocciu (Frischkäse, den es nur im Winter an der Küste, aber in den Bergen ganzjährig gibt) und weitere Käsesorten, Kastanienmehl, Konfitüren, Liköre und rund 200 korsische Weine (viele davon organisch und biodynamisch).

U Muntagnolu
Verkauft Wurstwaren von 30 Produzenten, Olivenöl, Honig und eine große Auswahl an Weinen.

PETR KOVALENKOV/SHUTTERSTOCK ©

Citadelle de Bastia

Terra Vecchia – wo alles begann

Das historische Herz der Stadt erkunden

Die schmalen Straßen am alten Fischerhafen lohnen die Erkundung. Zur Orientierung nutzt man die fast identischen, rosa-beigen Glockentürme der **Église Saint-Jean-Baptiste**, die sich aus dem Meer der pastellfarbenen und grauen Gebäude zu ihren Füßen erheben. Offensichtlich waren einst alle Häuser so klein wie jenes vor dem Kirchenportal!

Das wundervolle Innere der Kirche ist angefüllt mit Kunstwerken aus dem 17., 18. und 19. Jh. Bemerkenswert ist der wunderschöne Marmoraltar. Man geht rechts um die Kirche herum zur **Place du Marché**, wo samstags und sonntags von 8 bis 13 Uhr ein wimmelnder Markt stattfindet, den die Einheimischen *u mercà* nennen. Die Bastiais (Bevölkerung von Bastia) lieben ihn; sie treffen sich nach dem Einkaufen zu einem Schwatz und einem Drink in einem der vielen Cafés am Platz. Pierre Pardons Statue *Naide* scheint ihnen eine Kusshand zuzuwerfen.

Während man herumschlendert, kann man sich die kleinen Nischen in den Fassaden mit ihren bemalten Statuen anschauen und sich fragen, warum einige der großen Häuser mit ihren

ÜBERNACHTEN IN BASTIA

Hôtel les Voyageurs
Das historische, familienfreundliche Hotel ganz nah beim Hafen hat geräumige Zimmer, eine Bar und einen kostenlosen Parkplatz. **€€**

Sud Hôtel-Restaurant
Das Hotel residiert rund 3 km südlich des Stadtzentrums in einem renovierten Gebäude mit einem hübschen Dachgarten und hat einen kostenlosen Parkplatz. **€**

Hotel-Restaurant La Corniche
Das Hotel hat geräumige Zimmer, ein außergewöhnlich gutes Restaurant und eine schöne Aussicht. **€€**

(meist) grünen Fensterläden wirken, als wollten sie bald einstürzen, während andere frisch in Korallenrosa oder Ocker getüncht sind.

Man bahnt sich seinen Weg durch die vielen Kinder, die vor dem **Oratoire Saint-Roch** an der Rue Napoléon Fußball spielen, und bewundert die italienisch wirkenden Kunstwerke. An der gleichen Straße spaziert man über das Sonnenmosaik in das **Oratoire de l'Immaculée Conception** (Kirche der Unbefleckten Empfängnis) und lächelt über den außerordentlichen roten Damast, die Kristallkandelaber und die vergoldeten Holzarbeiten, die eher den Eindruck eines üppigen Boudoirs als eines religiösen Bauwerks vermitteln.

Bei der Rückkehr zum Hafen sieht man wahrscheinlich, dass die älteren Männer, die man schon zuvor auf einer Bank sitzen sah, entweder noch dort sind und alles beobachten und kommentieren oder ein paar Meter weitergezogen sind, um im nächsten Café ein Glas des vor Ort gebrauten Pietra-Biers zu trinken.

Terra Nova – die italienische Neustadt

Das vornehme genuesische Viertel kennenlernen

Von der Südseite des alten Hafens führt die schöne, herrschaftliche, als **Falata à a Gabella** bekannte Treppe (oder der Lift rund 150 m dahinter) hinauf in den oberen Teil der Stadt. Die geraden Straßen und gepflegten bunten Fassaden ballen sich rund um die **Citadelle de Bastia**, zu der auch der 1530 ausgebaute Gouverneurspalast gehört. In diesem residiert heute das **Musée de Bastia**, welches sieben Jahrhunderte der Geschichte der Stadt und der Insel abdeckt. Die einführenden Texttafeln in jedem Saal sind auf Korsisch, Französisch, Italienisch und Englisch gehalten, die Erklärungen neben den Exponaten hingegen nur auf Französisch; wenn man diese nicht lesen kann, wird der Rundgang ungefähr 45 Minuten in Anspruch nehmen. Audioguides gibt es nicht. Von der hübschen Gartenterrasse oben hat man in der Regel einen Blick auf die 57 km entfernte italienische Insel Elba, wo Napoleon sein erstes Exil verbrachte, sowie auf den Hafen und die Stadt, die sich unter einem wie ein Stadtplan ausbreitet.

Von der Place du Donjon geht's die Rue Notre-Dame hinunter zur **Pro-Cathédrale Sainte-Marie** (die seit 1801 keine Kathedrale, sondern nur mehr eine Pfarrkirche ist). Gleich vor ihr bemerkt man die Tafel an dem Haus, in dem der Dichter **Victor Hugo** als Kind einige Zeit lang wohnte. Nimmt man die Rue de l'Évêché links von der Prokathedrale, erreicht man nach rund 30 m Zur Rechten die **Église Sainte-Croix**, die man sich anschauen sollte, wenn sie nach den umfangreichen Restaurierungsarbeiten wieder geöffnet ist. Sie ist eines der ganz wenigen Beispiele der Rokokoarchitektur in Frankreich.

KORSISCHES GEBÄCK

Spaziert man vor 9 Uhr über die Rue Napoléon, steigt einem der Geruch frischen Gebäcks in die Nase. Er stammt von **A Biscutteria**, einem Laden, der von Jean-Étienne Venturi geführt wird. Seine morgens gebackene *migliacciu*, ein salziger Teig (zwischen Pizza und Brot), der im Sommer mit Ziegen-, im Winter mit Schafs-Frischkäse gefüllt und traditionell auf einem sauberen, geplätteten Kastanienblatt ausgebacken wird, ist schon wenige Minuten, nachdem er aus dem Ofen gekommen ist, ausverkauft. Venturi verwendet für viele seiner Produkte Kastanienmehl. Zu empfehlen sind die traditionellen süßen *canistrelli* und *fiadone* (ein Dessert mit Eiern, Zitrone und Brocciu). Ganz besonders lecker sind die knusprigen, süßen *cuggiulelle*, die mit Olivenöl und Weißwein zubereitet werden.

MAQUIS

Der Maquis (S. 762; auf Korsisch und Italienisch *la macchia*) bedeckt 40 % der Landfläche Korsikas. In dem dichten Buschwald gedeihen 78 heimische Blumenarten, 42 Orchideenarten, aromatische Pflanzen, Olivenbäume, Kork- und Steineichen. Der Wald gerät leicht in Brand. Schon ein nicht gut gelöschter Zigarettenstummel oder ein weggeworfenes Glas können einen dramatischen Waldbrand auslösen.

Rund um Bastia

Nördlich von Bastia liegt die Halbinsel Cap Corse mit ihren Weinbergen und Zitronen, während man in Richtung Westen malerische Häfen und einsame Strände findet.

UNTERWEGS VOR ORT

Die inoffizielle Website www.corsicabus.org ist sehr nützlich, wenn man viel Zeit hat und öffentliche Verkehrsmittel nutzen will. Die meisten Besucher:innen nutzen aber ein Auto.

TOP TIPP

Die Strände sind nicht ungepflegt. Das Neptungras wird aber belassen, weil es für das Ökosystem lebenswichtig ist und das Meer gesund hält.

Die 112 km lange Küstenstraße D80 rund um Cap Corse ist generell gut: Gelegentlich kann man sogar vom dritten in den vierten Gang hochschalten! Das Cap ist ein Land der Kontraste – in zehn Minuten weichen Meer, Shorts und Badelatschen den Bergen, Pullovern und Wanderstiefeln. Zu einer Erkundung der Halbinsel sollte man sich zwei Tage Zeit nehmen, muss aber nicht allzu viel Zeit am Strand einplanen, denn Kiesel und *posidonia oceanica* (Neptungras) sind weit verbreitet. Man fährt über einen Pass, gelangt aus dem Maquis in Eichenhaine, passiert Windmühlen und genuesische Türme, fährt um eine Ecke und ist vom herrlichen Blick auf die Küste entzückt. Man hält wegen der Hummer in Centuri, am schwarzen Strand von Nonza, zu einer Weinverkostung in Patrimonio und zu einem Rundgang durch das elegante Saint-Florent.

RIEGER BERTRAND/HEMIS.FR/ALAMY ©

Palazzu Nicrosi, Rogliano

Rogliano & Sentier des Douaniers

Wo Abenteuer und Geschichte verschmelzen

Die 40 km lange Halbinsel **Cap Corse** steigt in einem Bereich, der an der breitesten Stelle nur 15 km breit ist, vom Meeresspiegel bis auf 1322 m Höhe an. Daher sind die Hänge hier steil, und die Klippen, vor allem an der Westküste, bis zu 70 m hoch.

Geplagt vom unfruchtbaren Land, das 300 Tage im Jahr von Winden gepeitscht wird, verließen die Einwohner:innen im 18. und 19. Jh. in Scharen die Halbinsel (90 % der von Korsika Ausgewanderten kamen von Cap Corse). Sie siedelten sich in Venezuela, Haiti, Santo-Domingo und Puerto Rico an; einige gingen in die USA. Diejenigen, die wirtschaftlich Glück hatten, kehrten zurück, um aufwendige Wohnhäuser, „Les Américaines“, zu errichten, die aus den kleinen, auf den Hügeln und an steilen Hängen erbauten Dörfern herausragen. Manche dieser rund 160 Wohnhäuser befinden sich in beklagenswertem Zustand; andere wie der **Palazzu Nicrosi** in Rogliano wurden liebevoll restauriert.

Die Gemeinde **Rogliano** und ihr Hafen Macinaggio bestehen aus neun Weilern, die sich auf eine Höhe von 250 m erstrecken. Der Strand ist, abgesehen von einem bei Pietracorbara, der erste breite Sandstrand an der Ostküste von Cap Corse.

Der 19 km lange **Sentier des Douaniers** beginnt (oder endet) an dem dem reizlosen Hafen abgewandten Ende des Strands und führt rund um das Kap nach Centuri. Die ganze Wanderung dauert rund acht Stunden. Man kann auch nur bis **Barcaggio** (rund 3 Std.) marschieren und dort ein Shuttleboot zurück nach Macinaggio nehmen. Das Boot bucht man vorab unter https://sanpaulu.fr/navette-maritime. Wer von Centuri startet (dieser Abschnitt ist weniger besucht, weil er etwas wilder ist), kann man das Shuttleboot zurück nach Centuri in Barcaggio oder Macinaggio nehmen.

Spektakuläres, steiniges Nonza

Kunstvolles Schwarz, Türkis und Weiß

Entlang der Westküste führt die schmale, kurvenreiche D35 (Achtung, Ziegen auf der Straße!) zum Hafenort **Centuri**, der berühmt ist für frischen Hummer. Aber angesichts der Mengen, die in den Restaurants aufgetischt werden, erschiebt fraglich, ob es sich immer um örtliche Fänge handelt. Man fährt auf der D35 zum Parkplatz an der Küste – im Dorf kann man nicht parken.

Wer die sommerlichen Massen in Centuri unerträglich findet, fährt auf der D80 weitere 30 Minuten (23 km) nach Süden zum kleinen Kieselstrand und niedlichen Hafen von **Giottani**. Unterwegs isst man im winzigen **Minerviu** zu Mittag, wo das Restaurant **O'Lamparo** eine Terrasse am Klippenrand mit hinrei-

DER „AMERIKANISCHE“ PALAZZU NICROSI

Diese „Américaine“ im neotoskanischen Stil wurde von Pierre-Marie Nicrosi erbaut, der in den USA mit einem revolutionären Selbstbedienungsladen ein Vermögen machte und wieder verlor. Er stieg auf kandierte Früchte um, ehe er 1874 wohlhabend nach Hause zurückkehrte und dieses große Wohnhaus errichtete.

Sein Ur-Ur-Großneffe, Paul Saladini, und dessen Frau Aline besitzen nun dieses B&B mit fünf Schlafzimmern. Jedes große Doppelzimmer verfügen über ein modernes Badezimmer im Stil des 19. Jhs. und einen Fernseher, der sich in einem antiken Kleiderschrank verbirgt. Es gibt kein warmes Abendessen, aber leckere Wurstwaren (produziert von Alines Tante), örtlichen Käse und Nicrosi-Wein, der von einem Onkel hergestellt wird. Das üppige Frühstück wird unter der original bemalten Decke im Speisesaal oder auf der Terrasse serviert, von der aus man einen schönen Blick über das Tal zum Mittelmeer hat.

ESSEN & ÜBERNACHTEN RUND UM ROGLIANO

U Lampione
Auf der schattigen Terrasse genießt man große Portionen von vor Ort frisch gefangenem Fisch oder eine gute Pizza. €

Le Bazar du Cap Corse – U Sbarazzu
Im Gemeindecafé trifft man sich, es gibt Lokales, Kunsthandwerk und Konzerte. €

A Casa di Babbò
Das Hotel hat charmante Zimmer, teils mit Meerblick, einen Pool und eine Terrasse, auf der man das Frühstück genießt. €

BEGEGNUNG MIT PAULE, EINER EINHEIMISCHEN AUS NONZA

Paule Patrizi Olmeta ist aus Nonza gebürtig. Die 73-jährige frühere Pflegerin in einer psychiatrischen Klinik ist Inhaberin der **Casa Lisa**, eines von ihrer Mutter gegründeten B&Bs, das man über 60 abwärts führende Stufen von der kopfsteingepflasterten Fußgängerstraße erreicht. Mit Rollkoffer ein Alptraum! Paules Eltern gehörte jahrelang das Dorfrestaurant, die Auberge Patrizi (heute **Boccafine**). Die Gäste beklagten sich, dass es im Dorf keine Übernachtungsmöglichkeit gab, so stimmte Paules Großmutter väterlicherseits schließlich zu, Gäste im obersten Geschoss ihres Hauses aufzunehmen. Damit war das B&B geboren! Wenn man Paule beim köstlichen Frühstück, das sie auf der Gartenterrasse aufträgt, nach ihrem Haus fragt, öffnet sie sich wie eine Blume im Frühling.

Steinstufen in Nonza

ßender Aussicht besitzt. Das Lokal ist nur von Mai bis Ende Oktober geöffnet.

Anschließend fährt man in Canari durch das, was früher Frankreichs größte Asbestmine war. Sie ist seit 1965 geschlossen, aber die abgebauten nutzlosen schwarzen Steine mit dem Asbest wurden ins Meer geworfen und nahe Nonza ans Ufer gespült, wo sie einen großen schwarzen Strand bildeten, der einen Kontrast zu dem schaumbekrönten türkisblauen Meer bildet. Wie sicher dieser Strand ist? Das scheint niemand zu wissen.

Nonza sitzt am Rand einer kahlen Klippe 150 m über dem Strand und ist einer der wenigen Orte auf Korsika, wo nie Gedränge herrscht, wahrscheinlich, weil mehr als 500 Stufen bewältigt werden müssen, um den Ort zu erreichen! Einige Unerschrockene wagen den Abstieg über die unebenen Steinstufen in den Hängen, um mit den hellgrauen Kieseln auf dem schwarzen Sand Muster zu legen, die man von oben bewundern kann. Nach etwa einem Viertel des Abstiegs erblickt man ein malerisches altes Lagerhaus, in dem einst Zitronen gelagert wurden, sowie zwei Quellen, die dort entsprungen sein sollen, wo die im 4. Jh. abgetrennten Brüste der Heiligen Julia hingeworfen wurden.

Ein winziges Stück der Reliquien der Heiligen sollen in der **Église Sainte-Julie** verwahrt werden, deren verblasste, rot getünchte Fassade den hübschen, wenn auch kleinen Dorfplatz

ESSEN RUND UM BASTIA

L'Odéon
Das kleine, entspannte Lokal in Bastia bietet eine begrenzte, aber hochwertige Auswahl von organischen vegetarischen und Fleischgerichten. €€

La Marinnucia
Ein 200 Jahre alter Keller mit Terrasse zu Füßen der Zitadelle von St-Florent. Nach der Vorspeise braucht man fast keinen Hauptgang mehr. €€

Boccafine
Das geräucherte Kartoffelpüree lohnt den Umweg zu diesem Freiluftrestaurant auf dem Platz von Nonza. €€

dominiert, wo man unter schattigen Platanen zum Plätschern eines Brunnens mit einem kühlen Getränk in der Hand und leckerer Wurst entspannen kann. Man kann aber auch den nicht von den Genuesern erbauten Turm (den Pasquale Paoli 1760 auf den Ruinen einer Burg errichten ließ) erklimmen und im Freiluftlokal **La Sassa** (das bei Regen oder starkem Wind geschlossen ist) einen Drink, Tapas oder ein Abendessen genießen und den Sonnenuntergang über dem Mittelmeer auskosten.

Schickes & modisches Saint-Florent

Tor zu den Stränden und zur „Wüste"

Am unteren Ende der Westküste von Cap Corse wird die Landschaft lieblicher; Weinberge zeigen sich. 550 Hektar von letzteren liegen um **Patrimonio**, wo zahllose Weingüter Verkostungen anbieten. Biologisch angebaute Weine hat das 1880 gegründete **Clos de Bernardi**, dessen Muskateller von U Muntagnolu Papst Benedikt XVI. zugesandt wurde.

Gleich hinter Patrimonio erreicht man **Saint-Florent**, wo die Schieferplatten auf den Dächern den Ziegeln weichen, die man im übrigen Korsika sieht. Saint-Florent ist Korsikas Antwort auf Saint-Tropez: Die engen, sonnenbeschienenen Straßen, schattigen Plätze, der kleine Hafen, die Zitadelle, die Nähe zu einigen der abgelegensten Strände Nordkorsikas und die Désert des Agriates locken im Sommer Tausende von Besucher:innen an.

Man beobachtet die Einheimischen beim Boules-Spielen auf der place des Portes und folgt dann der Ausschilderung zur Zitadelle über die place Doria, in deren Mitte ein Brunnen plätschert. Am Ortsrand macht man Halt an der winzigen, im 12. Jahrhundert erbauten romanischen **Cathédrale Sainte-Marie de Nebbio** (oder auch Église Santa Maria Assunta). Außer zum Besuch der Messe am Sonntagmorgen wird ein Eintrittsgeld erhoben.

Westlich von Saint-Florent erstreckt sich der **Désert des Agriates** mit dem pyramidenförmigen Monte Genova (420 m), der von überall sichtbar ist. Die Agriate-Wüste war früher das landwirtschaftliche Zentrum Nordkorsikas, bis das Land im Zuge des Zweiten Weltkriegs, als viele Arbeiter zu Tode gekommen waren, aufgegeben wurde. Das Gebiet ist alles andere als eine Wüste: Im Frühjahr blühen hier leuchtend rosa oder weiße Kretische Zistrosen, leuchtend gelber Ginster, lavendelblauer Rosmarin und purpurroter Thymian. Man riecht die würzigen Pflanzen. Napoleon soll behauptet haben, er könnte seine Herkunftsinsel schon am Geruch erkennen.

In dieser Gegend liegen einige der abgelegensten Strände Korsikas. Der überfüllte Strand von **Saleccia** ist von Saint-Florent mit dem Wassertaxi erreichbar, aber man kann auch zum ruhigen Strand von **Ghignu** in weniger als drei Stunden laufen. Alternativ unternimmt man eine Exkursion oder fährt, wenn man einen Geländewagen hat, 13 km auf extrem holpriger Piste.

Übernachten kann man in einer restaurierten *pailler* (die Hütten dienten Hirten einst als Strohlager), die Platz für vier bis sechs Personen bieten – ohne fließendes Wasser, Strom oder Matratzen. Im Winter taucht man einfach auf und kann kostenlos hier schlafen. Im Sommer bucht man online (www.agriate.org).

MEISTER-MESSERSCHMIED

Messer werden überall in Korsika zu Preisen zwischen 25 bis zu Tausenden Euro verkauft. Messerschmied **Jean-François Agostini** erklärt, warum:

„Ein Messer ist keine Waffe und auch kein Werkzeug: Es ist eine Verlängerung der Hand. Es wurden zu viele schlechte Messer verkauft, darum gründeten wir eine Vereinigung. Aber unter den rund 80 Mitgliedern entdeckten wir einige, die Messer aus anderswo gekauften Teilen zusammenbauten. Daher schufen wir ein Qualitätslabel mit einem Echtheitsstempel, damit die Kunden sicher sein konnten, ein echtes, vollständig hier hergestelltes korsisches Messer zu kaufen. Um den Echtheitsstempel anbringen zu dürfen, mussten die Messerschmiede einen von Juroren überwachten Test absolvieren, aber nur rund 10 % bestanden ihn. Heute gibt es 28 anerkannte Messerschmiede in Korsika. Ihre Messer kosten ab 170 €." Man sollte beim Kauf also auf die Punze, einen Widderkopf, achten.

Corte

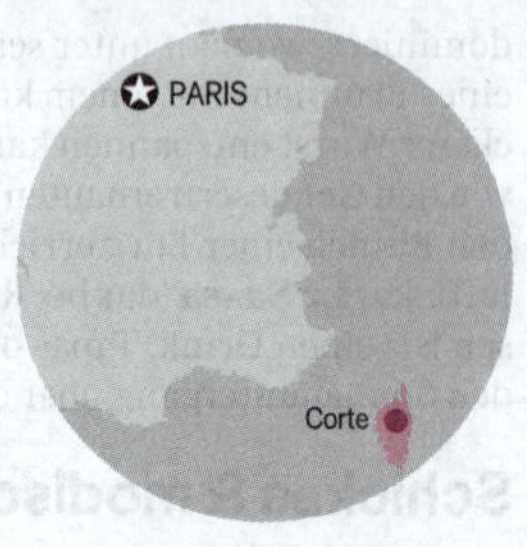

UNTERWEGS VOR ORT

Man kann auch ohne Auto auskommen. Der schnuckelige, zwei Wagen führende Zug von Bastia nach Ajaccio mit dem Spitznamen *u trinichellu* fährt auf einer eingleisigen, 157,4 km langen Strecke mit der Spurweite von 1 m mitten durch die Region. Zwischen Corte und Ajaccio gibt's fünf Bahnhöfe und zehn optionale Haltepunkte: Man drückt den Knopf, wenn man aussteigen, und winkt, wenn man einsteigen will.

TOP TIPP

Von der Broschüre „Sentier du Patrimoine de Corte", die man in der Tourismusinformation (oben an der Zitadelle) erhält, sollte man sich nicht verwirren lassen. Sie ist unübersichtlich, und die Ziffern auf der Karte stimmen nicht mit denen an den Gebäuden überein, die sich auf einen früheren historischen Stadtspaziergang beziehen und noch entfernt werden müssen.

Das von zerklüfteten Gipfeln umgebene Corte (Bev. 7000) ist die größte Stadt im Landesinneren Korsikas. Der strategisch günstig gelegene Ort wurde von Pasquale Paoli zur Hauptstadt des unabhängigen Korsikas (1755–69) erwählt. Heute ist die Stadt Sitz der einzigen Universität der Insel und daher während des akademischen Jahrs von rund 5500 Studierenden bevölkert. Für Leben sorgt auch die ungefähr gleiche Zahl von Tourist:innen, die Corte im Sommer als Ausgangspunkt für Wanderungen, Canyoning, Kajaktouren und andere sportliche Unternehmungen nutzen.

Die Neustadt, in der sich die Universität, das Krankenhaus, der Bahnhof, Supermärkte und das Sportstadion befinden, liegt zwischen dem Fluss Tavignano, der sie von der Altstadt im Norden trennt, und dem Fluss Restonica mit seinen schönen Schluchten im Westen. Ein dritter Fluss, die Orta, grenzt im Osten an die Altstadt. Das Geräusch fließenden Wassers ist daher fast überall in der Stadt eine Konstante (zumindest im Frühjahr, wenn die Flüsse wegen der Schneeschmelze anschwellen).

Hauptstadt des unabhängigen Korsikas

Auf Eschers Spuren

Die Hauptstraße der Altstadt von Cortes ist der Cours Paoli, der die Nord-Süd-Achse bildet und von pastellfarbenen Häusern gesäumt wird, in deren Erdgeschossen sich Läden und Restaurants befinden. Am südlichen Ende liegt die Place Paoli, die von Einheimischen und Tourist:innen belebt wird, die in Cafés, Restaurants und Snackbars den ganzen Tag für Betrieb sorgen.

Von der Place Paoli führen 92 Stufen hinauf zur Place d'Armes und dem **Museu di a Corsica** (Musée de la Corse), dem wichtigsten Museum der Insel zur korsischen Geschichte und Anthropologie, das wirklich einen Besuch lohnt. Auf dem Weg nach oben macht man einen Umweg über die winzige Place Gaffory, wo eine **Statue von General Jean-Pierre Gaffory** (1704–

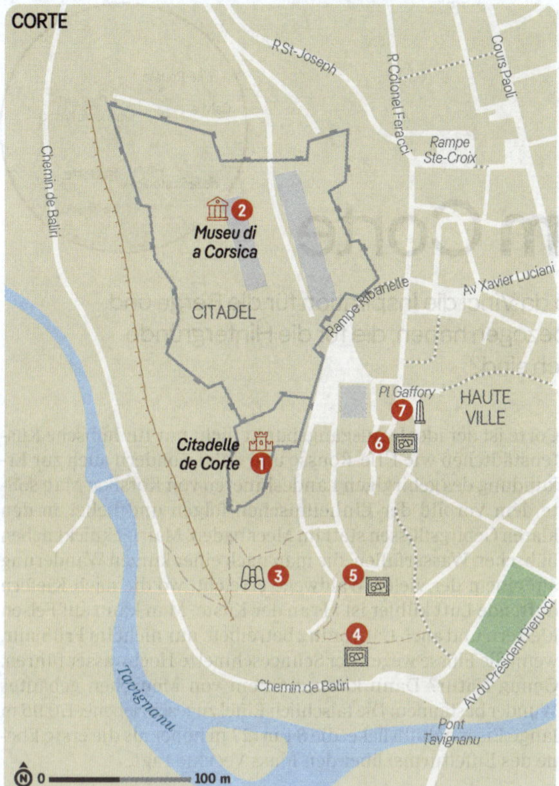

53), der vor Paoli die korsische Revolution anführte, vor seinem Haus steht, an dem immer noch die Einschüsse der Kanonenkugeln der Genueser zu sehen sind.

Weitere 97 Stufen bringen einen hinauf zu den Resten der **Citadelle de Corte**, die 1420 am südlichen Ende des Burghügels erbaut wurde. Man wird mit einem herrlichen Blick auf die Stadt, das Tal und die umliegenden Berge belohnt.

Wer sich nicht für Museen, aber für einen schönen Ausblick begeistert, folgt der Ausschilderung zum **Belvedere**, einem Wassertank aus dem 18. Jh., der die Garnison versorgte. Auf dem Weg zurück nach unten biegt man am Ende der Treppe nach rechts auf den von Steinen markierten Pfad ab, der sich zwischen den alten Häusern hinunter zum Fluss Tavignano windet. Hier sieht man Tafeln mit Grafiken des niederländischen Künstlers Maurits Cornelis Escher. Sie sind an den Stellen aufgestellt, von denen aus er seine Zeichnungen gemacht hat. In einigen Fällen verstellen heute Bäume teilweise den Blick, aber an anderen Stellen hat sich der Ausblick seit fast 100 Jahren kaum verändert.

HIGHLIGHTS
1 Citadelle de Corte
2 Museu di a Corsica

SEHENSWERTES
3 Belvedere
4 Escher-Grafik 1
5 Escher-Grafik 2
6 Escher-Grafik 3
7 Statue des General Jean-Pierre Gaffory

WER WAR PASQUALE PAOLI?

General Pasquale Paoli (1725–1807) ist der Vater Korsikas, U Babbu. In der Nähe Morosaglias (40 km nordöstlich von Corte) geboren und in Neapel aufgewachsen, führte er 1755 den korsischen Aufstand gegen Genua an. Unter seiner Führung erhielt das unabhängige Korsika eine der ersten demokratischen Verfassungen der Welt, klare Gesetze, eine Währung, eine Flagge und eine Universität in Corte. Die Unabhängigkeit währte nur 14 Jahre bis zur Niederlage in der Schlacht von Ponte-Novo am 8. Mai 1769 gegen die französischen Truppen. Als Verbannter ging er nach London, um Hilfe bei den Briten zu suchen, kehrte nach Ausbruch der Französischen Revolution nach Korsika zurück, entfremdete sich von radikalen Kräften und suchte Anschluss an Großbritannien.

Nach einem Flottenangriff im Januar 1794, angeführt von Kapitän Horatio Nelson, wurde ein anglo-korsisches Königreich ausgerufen. Es bestand zwei Jahre. Schon zuvor, am 14. Oktober 1795, verbannten ihn die Briten von der Insel. Er kehrte nach London zurück, wo er am 5. Februar 1807 starb.

Rund um Corte

Woher mag Leonardo da Vinci die Inspiration für die Berge und rauschenden Bäche bezogen haben, die für die Hintergründe seiner Gemälde typisch sind?

UNTERWEGS VOR ORT

Man kann den Zug von Bastia und Ajaccio nach L'Île-Rousse und Calvi und zu einer Reise nach Süden von Ponte-Leccia nach Vizzavona nehmen. Dort hat man Anschluss an den Wanderweg GR20. Für alle übrigen Ziele benötigt man aber ein Auto.

Corte ist der ideale Ausgangspunkt nicht nur für hübsche Küstenstädtchen wie L'Île-Rousse und Calvi, sondern auch zur Erkundung des gebirgigen Landesinneren von Korsika. Man sollte dem Vorbild der Einheimischen folgen und lieber in den klaren Gebirgsflüssen statt im Meer baden. Man picknickt neben hübschen Wasserfällen, die man nach einer kurzen Wanderung auf einem der vielen Waldwege erreicht, wo die nach Kiefern duftende Luft kühler ist als an der Küste. Man kann auf Felsen klettern und auch Canyoning betreiben, nur nicht im Frühjahr, wenn die Flüsse wegen der Schneeschmelze Hochwasser führen. Genug Natur? Dann kann man ein von Menschen gebautes Wunder bestaunen: Die fälschlich Eiffel zugeschriebene, 170,96 m lange Eisenbahnbrücke, die 84 m (27 m höher als die erste Ebene des Eiffelturms) über den Fluss Vecchio ragt.

☑ TOP TIPP

Besser nicht in Strandschuhen wandern! Man sollte außerdem seine Thermosflasche mit Wasser auffüllen und ein warmes Oberteil mitnehmen, da die Temperaturen schnell fallen können.

Zitadelle von Calvi

Städte in Pastell: L'Île-Rousse & Calvi

Elegantes Leben am Meer

L'Île-Rousse ist die drittgrößte Hafenstadt der Insel. Aber mit der Place Paoli, auf der Palmen und Platanen Schatten spenden, den erdfarbenen dreistöckigen Häusern, die die von Warenauslagen, Cafés und den Aufstellern verengten Gassen säumen, herrscht auch außerhalb der Saison Urlaubsstimmung. Man geht an den *pétanque*-Spielern auf dem Platz vorbei zu der offenen, als griechischer Tempel gestalteten Markthalle, wo man seinen Korb mit korsischen Zitrusfrüchten, Wurst und Käse füllt.

Auf dem Weg südwärts Richtung Calvi parkt man am Hotel A di Mà am Ortseingang von Lumio, zieht die Wanderstiefel an, nimmt Wasser mit und folgt der Ausschilderung zu den Ruinen des Dorfes **Occi**. Unterwegs bestaunt man die Aussicht auf den Golf von Calvi und das Spanu-Tal. Fitte Erwachsene brauchen etwa eine halbe Stunde, um die Geisterstadt zu erreichen, deren aus Trockenmauerwerk errichtete Häuser vor 100 Jahren verlassen wurden und langsam zerfallen. Im Hintergrund ragt der Monte Cinto auf – mit 2706 m der höchste Gipfel Korsikas.

Calvi liegt an einem langen Sandstrand am westlichen Ende des schönen, gleichnamigen Golfs und wird von einer auf einem Felsvorsprung thronenden Zitadelle geschützt. Der Ort ist für das Electro-Musikfestival **Calvi on the Rocks** Anfang Juni bekannt, bei dem von 15 bis 4 Uhr die Leute am Strand und in der flachen See mit einem Drink in der Hand tanzen.

Die **Zitadelle von Calvi** betritt man durch das einzige, früher durch Fallgitter und eine Zugbrücke geschützte Tor, über dem eine 1555 von Genua verliehene Marmortafel die Treue der Stadt feiert: „Civitas Calvi Semper Fidelis". Die abblätternde ockerfarbene nach Süden gerichtete Fassade der **Pro-cathédrale Saint-Jean-Baptiste** dominiert die Place d'Armes. Man betritt die Kirche von der schmalen Kopfsteinstraße; das helle, weiße Innere ist mit bemerkenswerten Statuen und Gemälden geschmückt.

Größere Wanderwege auf Korsika

Mit den Wanderstiefeln kreuz und quer durch Korsika

Es gibt spezielle Wanderführer, die man konsultieren sollte, ehe man sich auf eine der unten geschilderten Wanderungen begibt.

Der berühmteste Wanderweg ist die 200 km lange **GR20** (oder Fra li Monti), die von Calenzana im Nordwesten nach Conca im Südosten mitten durch Korsika führt, meist entlang von Bergkämmen. Sie gilt als Europas schwierigster Trek und ist in 16 Etappen unterteilt. Für diese brauchen erfahrene Trekker 4½ bis acht Stunden pro Tag; übernachtet wird in einer Schutzhütte – wenn ein Platz frei ist. Wie der Mount Everest ist dieser Weg

ECOPARC DE LA VALLÉE DE L'ASCO

Dieser Park in Moltifao, die Idee des Künstlers Gérard Dominici, ist eine Antwort darauf, wie man die heimische Fauna ohne lebende Tiere vorstellt. Dominici hat 150 lebensgroße Modelle von korsischen Säugetieren, Vögeln und Reptilien aus Polymerharz angefertigt. Jeden Tag entscheidet er, welches er auf dem rund 2 Hektar großen Waldgelände in den Zonen aufstellt, wo das jeweilige Tier in freier Wildbahn leben würde. Für jedes Modell gibt's einen Katalogeintrag auf Korsisch, Französisch und Englisch, sodass auch Besucher:innen, die kein Französisch können, etwas von der Tour haben. Dominici besitzt auch ein enzyklopädisches Wissen über die Pflanzen seines Waldes, in den, abgesehen davon, dass die Besucherwege freigehalten werden, keine Eingriffe stattfinden.

Der Park ist im Juli und August zugänglich, ausschließlich im Rahmen von Führungen, die man unter www.ecoparc-valle-asco.fr reserviert. Das übrige Jahr ist der Park auf Anfrage zugänglich.

ESSEN & ÜBERNACHTEN RUND UM CORTE

Hôtel Le Saint-Erasme
Das Hotel in Calvi ist ökologisch. Zum Frühstück gehören örtliche Zutaten; selbst der Whisky in der Bar stammt von Korsika! €€

U Caffe di a Mossa
Auf der Terrasse mit wundervoller Aussicht in Lumio genießen Gäste von fern und nah gute, großzügige Portionen. €

Le Carré d'As
Das Lokal in Ponte Leccia ist der zentrale Treffpunkt für ein leckeres, herzhaftes Mahl oder ab 6 Uhr für ein Frühstück. €

Wanderweg GR20 (S. 769)

überlaufen, sodass manchmal 150 Menschen um 45 Betten konkurrieren. Die Wanderung ist nur zwischen Juni und Ende Oktober möglich. Zu anderen Zeiten im Jahr können Bäche austrocknen oder Abschnitte durch Schnee unpassierbar sein, die Schutzhütten sind zwar offen, haben aber keine Betreuer.

Um einen Eindruck zu bekommen, kann man einen Abschnitt abwandern und sich am Ziel per Taxi abholen lassen. Oder man beendet seine Wanderung in Vizzavona, das einen Bahnanschluss hat. Der nördlichste Abschnitt der GR20 ist der schwierigste, da der Weg teils steil und steinig ist. Im Süden ist er einfacher und etwas flacher. Es ist gefährlich, sich unvorbereitet an die Tour zu wagen; für Kinder unter 12 Jahren ist sie ungeeignet!

Zu den Alternativen zählt der **Mare e Monti nord** (von Calenzana nach Cargèse) mit zehn Etappen (4–7 Std.). Doch auch hier sind viele Leute unterwegs, und man braucht eine gute Kondition. Übernachtet wird in Schutzhütten in den Dörfern. Die Wanderung ist ganzjährig möglich, am besten unternimmt man sie im Frühjahr oder Herbst. Der **Mare a Mare sud** (von Propriano nach Porto-Vecchio) hat fünf Etappen (4–6 Std.). Die Tour (ganzjährig möglich) ist die leichteste, aber auch überlaufenste.

BERGFÜHRER LOUIS MOULENC

Louis Moulenc, der im Schatten des Monte Cinto geboren wurde, ist ein mehrsprachiger Bergführer, der sein eigenes Trekking-Unternehmen Altezza Rando leitet. Er ist zudem ein qualifizierter Tourleiter mit einem Abschluss in Mittelmeerzivilisationen. Bei einer vom ihm geführten Wanderung lernt man also viel.

Für Louis sind die Mare-e-monti-Wege „intelligenter als die GR20, weil sie uralten Maultierpfaden folgen", während die GR20 erst 1970 an Berggipfeln entlang angelegt wurde. Sein Rat: Man sollte die Mare e Monti im Mai und Juni wandern, während der Juli die beste Zeit für die GR20 ist, weil „viele Leute besorgt wegen der Hitze sind, es in den Bergen aber kühl ist". Der größte Andrang herrscht hier im Juni und September.

Atemberaubend: Vallée de la Restonica

Korsikas beliebteste Wanderung

Das steile Gletschertal **Vallée de la Restonica**, das in eine Schlucht übergeht und südwestlich von Corte verläuft, ist äußerst sehenswert. Gebildet wurde das Tal von der Restonica, die aus dem Lac de Melo (korsisch Lavu di Melu) auf 1711 m Höhe entspringt. Im Sommer sollte man sehr früh aufbrechen, um dem Gedränge auf der 15 km langen Straße zu entgehen, die der einzige Weg ins und aus dem Tal ist und an manchen Stellen so schmal, dass zwei Autos nicht aneinander vorbeikommen. An

SCHÖNSTE WASSERFÄLLE RUND UM CORTE

Cascade de Piscia di Gallo
Eine leichte, einstündige Wanderung führt vom Parkplatz an der D368 2 km hinter dem Ospédale-Stausee in Richtung Zonza.

Cascade des Anglais
Ein 20-minütiger Marsch vom Parc Aventure Vizzavona führt zu den Cascade, die eher kleine Teiche als Wasserfälle sind.

Voile de la Mariée
Korsikas mit 70 m höchster Wasserfall ist von der D27 erreichbar. Ein 10-minütiger Marsch führt zur Aussichtsplattform.

einem Checkpoint 1 km vor dem Ende der Straße an den Bergeries de Grotelle zahlt man für seinen Parkplatz. Korsische Kiefern zieren rote Granithänge. Dort beginnt der Fußpfad zum Lac de Melo – den gelben Markierungen zu folgen! Es gibt zwei Optionen: Der eine Weg verläuft am rechten Ufer der Restonica und ist im Sommer nicht allzu schwierig (an der Gabelung links gehen), und der andere am linken Ufer. Dieser ist schneller, aber man nutzt Metallstufen (keine Leitern) und Ketten, um über den Felskamm zu kommen. Trotzdem ist dies eine der meistbesuchten Stellen Korsikas. Den besten Blick auf den Lac de Melo hat man von dem schwierigeren Pfad (ein Abschnitt der GR20) zum Lac de Capitello (Lavu di Capitellu), den man vom Lac de Melo in rund 45 Minuten erreicht. Korsikas mit 42 m tiefster See liegt auf einer Höhe von 1930 m und ist acht Monate im Jahr zugefroren. Rund herum erheben sich die Felskuppeln der Punta Capitello (2245 m) und des sechsgipfligen Lombarduccio (2261 m).

Vecchio-Viadukt & das wilde Inselinnere

Wo sich Mensch und Natur begegnen

Von Corte nach **Vivario** kommt man mit dem Auto oder dem Zug. Im Zug kann man aus 84 m Höhe vom Viadukt hinunterblicken, der zwischen 1890 und 1894 über den Vecchio für die Bahnstrecke zwischen Venaco und Vivario errichtet wurde. Dieser Viadukt wird oft Eiffel zugeschrieben, tatsächlich stammt er von dem Architekten Gullaume Tollinchi und dem Bauingenieur Maurice Koechlin. Mit dem Auto nimmt man die Straße N2193, die 2,65 km vor dem Bahnhof von Vivario nach links abzweigt. Von dieser Straße hat man einen tollen Blick auf die moderne Betonbrücke, danach aber auf die 140 m lange, von Backsteinsäulen getragene Eisenbahnbrücke. Es gibt sogar eine Stelle, wo man einen Fotostopp machen kann. Man fährt danach über die steinerne Straßenbrücke, die von 1825 bis 1827 in 30 m Höhe über den Fluss gebaut wurde. Es kommt noch eine Foto-Gelegenheit, ehe es auf die Hauptstraße T20 zurückgeht.

Wer es nicht eilig hat, wechselt in Vivario von der T20 auf die D69, die man fast ganz für sich hat. Sie hat Kurven und Kehren und führt über Pässe. Man teilt sich die Straße mit Wildschweinen und der einen oder anderen Kuh, die keine Anstalten macht, sich fortzubewegen. Bei Regen muss man mit Unterholz und Steinen auf der stellenweise mit Schlaglöchern bedeckten Fahrbahn rechnen. Wurst kauft man bei örtlichen Produzenten, die mit dem Zeichen „Charcuterie AOP“ für Qualität garantieren.

Während man nach Süden fährt und an Höhe verliert, ersetzen Kastanien die dichten Wälder aus hohen Kiefern. Zwei zerklüftete Berge mit den Namen Christe Eleison und Kyrie Eleison (1260 m) blicken auf das Bergdorf **Ghisoni** hinunter.

ALTIPIANI

An Cortes Place Paoli betreiben Agnes Donnet und ihr Schweizer Ehemann Pascal seit 1999 dieses sehr professionelle und freundliche Sportzentrum. Altipiani ist Mitglied der französischen NGOs Mountain Wilderness und U Levante, die sich beide dem Schutz der Umwelt in den Bergen verschrieben haben. Agnes, die oft selber Touren leitet, ist eine qualifizierte Kletter- und Canyoning-Lehrerin und hat einen Abschluss in Umweltwissenschaft der Mittelmeerländer; sie kann also alle Fragen zur Umwelt beantworten. Pascal ist Bergführer. Im Jahr 2010 eröffneten sie einen Laden für die technische und textile Ausrüstung, die man für die von ihnen angebotenen Sportarten braucht. Sie organisieren Touren aller Art, von Wandern bis Klettern, von Radfahren bis Canyoning und von Reiten bis hin zu Orientierungsläufen.

ENDEMISCHE PFLANZEN

Zistrosen
Die dicht blühenden, duftenden Sträucher findet man überall im Maquis; die weißen Blüten hellen die Frühlingsvegetation auf.

Immortellen
Diese sehr aromatische Pflanze wird auf Korsika zur Herstellung von Parfüms und für medizinische Zwecke verwendet.

Fettkräuter
Die klebrigen Blätter fangen und verdauen Insekten. Sie ergänzen die wenigen Nährstoffe, die sie aus ihrer Umwelt erhalten.

Ajaccio

TOP TIPP

Ein Boot bringt einen zu den Îles Sanguinaires, einer Kette von vier roten Porphyrfelsen, die bei Sonnenuntergang besonders malerisch und von Vögeln und Pflanzen besiedelt sind, darunter dem seltenen, übelriechenden Fliegenfangenden Drachenmaul. Man kann zu einem Rundgang über Grande Sanguinaire aussteigen, wo es einen Leuchtturm, einen Signalmast und die Ruine des Castellucciu-Turms aus dem 16. Jh. gibt.

In seiner Geburtsstadt kann man Napoleon Bonaparte nicht entkommen. Er ist überall präsent, in den Namen von Straßen und Museen, und er wacht traurig über die *pétanques*-Spieler von seinem Sockel auf der Place d'Austerlitz.

Heute ist diese italienischste aller Städte Korsikas, die am größten Golf der Insel liegt, die mit 71 000 Menschen bevölkerungsreichste und zugleich der zweitgrößte Hafen Korsikas. Trotzdem strahlt sie eine entspannte Atmosphäre aus, als ob sie gerade Ferien machen würde. Ajaccio wurde 1492 von Genua gegründet und war vom übrigen Korsika bis 1553 abgeschlossen, als sie an die Franzosen fiel, die auf den Fundamenten der alten Festung eine Zitadelle errichteten. Später fiel der Ort wieder an Genua und öffnete sich schließlich 1592 allen Korsen. Die ursprünglichen fünf Finger der Straßen breiten sich nordwärts von der auf Meeresniveau liegenden Zitadelle aus, die wie eine Handfläche auf der westlichen Landzunge des Golfs von Ajaccio sitzt. Breite, von Bäumen gesäumte Boulevards verlaufen parallel zur Küste, wo der Fischerhafen, der Fährhafen und die Marina liegen.

Musée Fesch

HIGHLIGHTS
1 Musée Fesch

SEHENSWERTES
2 Citadel
3 Maison Bonaparte

SCHLAFEN
4 Hôtel du Golfe
5 Hôtel San Carlu Citadelle

ESSEN
6 A Madonuccia
7 A Merendella Citadina
8 Le 20123
9 Le Roi de Rome

Auf Napoleons Spuren

Etwas Geschichte

Das **Musée Fesch**, Korsikas bedeutendste Kunstinstitution, zeigt Werke, die von Joseph Kardinal Fesch, Napoleons Onkel mütterlicherseits, gesammelt wurden. IEs handelt sich um die wichtigste Sammlung italienischer Malerei in Frankreich außerhalb des Pariser Louvres.

Fesch begann seine Sammlung, während er seinen Neffen 1796 auf seinem zweiwöchigen Italienfeldzug begleitete. Als er 1839 starb, hatte er mehr als 16 000 Kunstwerke in seinen Besitz gebracht. Nicht alle sind ausgestellt, aber zu sehen sind Werke bedeutender Meister wie Botticelli, Tizian, Giovanni Bellini, Pous-

ÜBERNACHTEN IN AJACCIO

Hôtel San Carlu Citadelle
Wenn man den Protz übersieht, kann man den Luxuskomfort der Zimmer und die sagenhafte, aber teure Bar auf dem Dach genießen. €€€

Hôtel Marengo
Die 15 Gehminuten vom Stadtzentrum entfernte Oase des Friedens nahe dem Strand bietet ein ausgezeichnetes Preis-Leistungs-Verhältnis. €

Hôtel du Golfe
Die meisten Zimmer in diesem Hotel im Stadtzentrum haben Meerblick, und alle sind mit neuen Betten ausgestattet. €€

BESTE RESTAURANTS IN AJACCIO

A Merendella Citadina
Das Lokal wurde 2022 von Yannick Lambert und seinem Halbbruder Bastien eröffnet. In dem steinernen Kellergewölbe ist es etwas laut, aber das Essen ist ausgezeichnet. Das Lokal ist dienstags bis samstags immer abends geöffnet. €€

Le Roi de Rome
Das geschäftige Lokal an der meistbesuchten Restaurantstraße der Altstadt ist halb Weinbar und halb geselliges Nachbarschaftsrestaurant. Die Vorspeisenportionen sind so großzügig, dass man eigentlich keinen Hauptgang braucht! Auf der Weinkarte stehen viele offene korsische Weine. €€

A Madonuccia
Das familienfreundliche italienische Restaurant mit Pizzeria hat auch Essen zum Mitnehmen, so dass man seine Pizza draußen am städtischen Strand von Ajaccio verputzen kann. €

Le 20123
Das einzigartige Restaurant verspricht einen charmanten Ausgehabend. Alle schmausen das saisonale Vier-Gänge-Menü, zu dem viele traditionelle Fleischgerichte zählen. €€

KEMAL TANER/SHUTTERSTOCK ©

Maison Bonaparte

sin und van Dyck. Wenn man nur wenig Zeit hat, sollte man gleich ins Untergeschoss gehen, wo eine kleine, aber schöne Sammlung von korsischen Landschaften und lebensvollen Porträts gezeigt wird. Sehenswert sind auch die napoleonischen Memorabilien im Erdgeschoss.

In fünf Gehminuten gelangt man vom Museum zur **Maison Bonaparte**. Napoleon wurde am 15. August 1769 hinter der nüchternen Fassade dieses Hauses geboren, das seine Familie seit 1682 bewohnte. Das tat sie auch weiter, bis sie es schließlich 1923 dem Staat schenkte. Das Haus hat vielfache Veränderungen erfahren und wurde 1967 zu einem Museum. Napoleon selber lebte hier nur bis zu seinem neunten Lebensjahr. Über den Kaiser erfährt man hier wenig; das Museum widmet sich mehr Korsika und dem Haus.

Erfrischen kann man sich in dem Freiluftcafé in der nahegelegenen **Zitadelle** (freier Eintritt), deren Grundstein am 30. April 1492 um 19 Uhr gelegt wurde. Es dauerte 527 Jahre, ehe sie der Öffentlichkeit zugänglich gemacht wurde. Im Augenblick gibt's wenig zu sehen, da die Restaurierungsarbeiten noch Jahre in Anspruch nehmen werden. Doch immerhin bietet sich von den Wehrgängen ein schöner Blick auf die Stadt und den Golf von Ajaccio.

Rund um Ajaccio

Der Süden Korsikas hat von allem etwas zu bieten: prähistorische und UNESCO-Welterbestätten, sagenhafte Strände und nüchterne Städte.

Die Straße zwischen Calvi und Porto ist spektakulär, aber beängstigend. Man braucht mehr als zwei Stunden für die 79 km nach Porto, dem Ausgangspunkt für Kreuzfahrten rund um den Golf von Girolata und die Réserve naturelle de Scandola sowie für Wanderungen durch die Calanques de Piana, eine UNESCO-Welterbestätte, von der man einen sensationellen Ausblick auf die Berge und das Mittelmeer genießt.

In Cargèse gibt es zwei Römisch-katholische Kirchen und Gemeinden, von denen eine aber überraschenderweise dem griechischen Ritus folgt. Übernachtet man in Sartène, verfällt man leicht dem Charme, der sich hinter der nüchternen, steinernen Fassade verbirgt. Im Hinterland entdeckt man Korsikas älteste Brücke und die bedeutende prähistorische Stätte von Filitosa.

UNTERWEGS VOR ORT

Für den Weg von einem Ort zum nächsten braucht man ein Auto, aber innerhalb der einzelnen Ortschaften kommt man gut zu Fuß herum.

TOP TIPP

Hier sollte man *Cantu in pahjella* lauschen. Der dreistimmige A-Capella-Gesang von Männern kombiniert stets einen *segonda* (Bariton), der die Hauptmelodie vorträgt, einen *u bassu* (Bass) und einen *terza* (Tenor) und klingt wie ein ganzer Chor.

A Spin'a Cavallu (S. 778)

SCHÖNSTER ORT FÜR WANDERUNGEN

Achtung: Im Sommer ist die Straße durch die *calanques* sehr ausgelastet. Weniger als 8 km außerhalb von Porto finden sich an einer Kurve kleine Parkplätze zu beiden Seiten der Straße (wenn alle voll sind, fährt man rund 100 m weiter, wo es rechts noch Platz für fünf oder sechs weitere Autos gibt). Dies ist die Tête de Chien, der Ausgangspunkt zu vier wundervollen Wanderungen, vor allem zu dem leichten, 1,2 km Pfad, der zu einer Felsplattform führt, von dem man einen überwältigenden Blick auf die *calanques* und den Golf von Porto hat.

Spektakuläre Calanques de Piana

Herrlich und sehenswert

In **Porto**, dem Hafen des 5 km im Hinterland gelegenen Dorfs Ota, gibt's wenig zu sehen. Der Ort besteht aus einer Doppelreihe von Hotels und Restaurants, die in die Flussmündung vorragen, und an der Küste von einem genuesischen Turm bewacht werden (Eintritt). Interessant ist Porto als Ausgangspunkt zur 1500 Hektar großen **Réserve Naturelle de Scandola** per Boot. Scandola ist der einzige Ort auf der Welt (abgesehen von Kálfshamarsvík auf Island), wo man Rhyolith-Formationen sieht, die wie horizontal ausgerichtet Orgelpfeifen oder Säulen wirken. Man braucht ein Fernglas, weil die Boote 250 m Abstand von den Felsen halten müssen, um nistende Fischadler nicht zu stören. Auf der Fahrt sieht man vielleicht Delfine.

Von Porto fährt man auf der D81 Richtung Piana durch die rot und rosa leuchtenden **Calanques de Piana**. Die *calanques* (schmale, steile Einbuchtungen) sind unbedingt sehenswert und Teil einer UNESCO-Welterbestätte. Während man vorsichtig auf der kurvenreichen Straße fährt, die sich ihren Weg durch Felsen und Gesträuch bahnt, werden die Felsen größer und nehmen fantastische Formen an, die jeder selbst interpretieren kann: Wo einer einen Löwen erkennen will, sehen andere eine menschliche Figur oder einen seltsamen Wasserspeier.

Zum Mittagessen hält man bei **Les Roches Bleues**, das sich an den Klippenrand klammert und eine herrliche Aussicht auf die *calanques* bietet. Das Lokal blickt nach Westen und ist beliebt zum Beobachten des Sonnenuntergangs. Wer hier zu Abend essen will, sollte vorab buchen. Wer wenig Zeit hat, kann das Dorf Piana auslassen. Es verdankt seine Einstufung als eines der schönsten Dörfer Frankreichs seiner Lage. Ansonsten ist das Dorf gewöhnlich, und viele in Korsika sind malerischer.

Authentisches Cargèse

Alte Kirchen erkunden

Dieses Dorf südlich von Orto besitzt eine der schönsten Kirchen auf Korsika, die zugleich die einzige Kirche auf der Insel ist, wo der Gottesdienst nach griechischem Ritus gefeiert wird. Die Église Saint-Spyridon wurde von den Nachfahren der 600 Griechen erbaut, die im 17. Jh. vor den Osmanen geflohen waren und sich in diesem Küstendorf ansiedelten.

Die Gemeinde baute ursprünglich eine kleine Kirche, die in der Mitte des 19. Jhs. nicht mehr ausreichte, weshalb man begann, Saint-Spyridon im neugotischen Stil zu errichten. Übereinstimmend mit dem griechischen Ritus ist der Altarraum durch eine Ikonostasis, eine mit Bildern geschmückte Trenn-

ÜBERNACHTEN RUND UM AJACCIO

Hôtel Bella Vista
Das schlichte, schnörkellose, komfortable Hotel am Mündungsgebiet von Porto bietet eine herrliche Aussicht auf das Capo d'Orto. **€€**

Rossi Hôtel
Das gut schallisolierte Hotel mit skandinavischem Touch liegt an der Hauptstraße nach Sartène. Das Frühstück ist köstlich. **€**

Hôtel Les Roches Rouges
Einen Schritt zurück in die Vergangenheit verspricht das historische Hotel in Piana mit seinem spektakulären, nur abends geöffneten Speisesaal. **€€**

ZOLTAN SZABO PHOTOGRAPHY/SHUTTERSTOCK ©

Calanques de Piana

wand, vom Kirchenschiff getrennt. Sie ist mit wunderschönen Ikonen geschmückt, von denen einige aus dem 13. Jh. stammen.

Gleich gegenüber von Saint-Spyridon sieht man jenseits einer kleinen Schlucht die blassgelbe Fassade der im 19. Jh. erbauten neobarocken Église de l'Assomption, die „lateinisch" genannt wird, weil sie dem üblichen lateinischen Ritus der Römisch-Katholischen Kirche folgt. Das reich dekorierte, farbenfrohe Innere wurde kürzlich restauriert.

Vom malerischen, schattigen kleinen Vorplatz dieser Kirche nimmt man den Pfad hinunter zum Hafen und isst in einem der liebenswerten Restaurants zu Mittag mit dem Wissen, dass man die Kalorien beim Aufstieg zurück ins Dorf verbrauchen wird.

Uraltes Filitosa

Die bedeutende prähistorische Stätte besichtigen

Ein 10-minütiger Abstecher ins Binnenland führt von Propriano (einem etwas heruntergekommenen Seebad zwischen Ajaccio und Sartène, das keinen Halt lohnt) nach **Filitosa**, der wichtigsten prähistorischen Stätte Korsikas.

Im Jahr 1946 arbeitete Charles-Antoine Cesari auf seinem Land, als er einige Statuenmenhire am Fuß eines Felsvorsprungs freilegte. Insgesamt wurden schließlich 70 Statuen, einige mit Gesichtern und die berühmteste sogar mit einem als Basrelief ausgeführtem Schwert, auf seinem Anwesen entdeckt. Die Stätte wurde 1954 vom Archäologen Roger Grosjean erforscht, der Spuren menschlicher Besiedlung von der Jungsteinzeit (6000

ÜBERRASCHENDE SALZIGE SORBETS

Auf dem Weg von Cargèse Richtung Süden nach Ajaccio längs der ziemlich uninteressanten Küste lohnt sich ein Halt in Sagone gleich hinter der Brücke und der Tankstelle zur Linken. In einer recht reizlosen Ladenzeile findet sich **Geronimi**, einer der führenden *glaciers* Korsikas, dessen Eiscremes und Sorbets von Chefköchen selbst noch im fernen Paris aufgetischt werden. Vielleicht ist man überrascht, salzige Sorbets auf der Karte zu sehen (z. B. Rote Beete/ Passionsfrucht), aber diese sind nur salzig, wenn sie zusammen mit einem Salat und mit Meersalz bestreut serviert werden. Das Sorbet mit Mango und Passionsfrucht schmeckt wie eine frische Mango.

ESSEN RUND UM AJACCIO

Le Palmier
In diesem am Meer liegenden Restaurant in Porto schaut man in den Sonnenuntergang und verspeist frisch gefangenen Fisch. **€€**

Agula Marina
In diesem angenehmen Restaurant unten am Hafen von Cargèse zahlt den vom Eigentümer frisch gefangenen Fisch nach Gewicht. **€€**

L'Arbousier
Das winzige Lokal hinter den Mauern der Altstadt von Sartène serviert herzhafte traditionelle korsische Kost. **€**

PROCESSION DU CATENACCIU

Wer über Ostern in Sartène ist, sollte sich die tief bewegende Procession du Catenacciu am Karfreitag nicht entgehen lassen. Sie wird von dem in rote Gewänder gehüllten Catenacciu (dem Kettenträger) angeführt. Sein Gesicht ist hinter einer Sturmhaube verborgen, er trägt 15 kg schwere Ketten an einem Fußgelenk und schleppt ein 33 kg schweres Kreuz aus Eichenholz. Nur der örtliche Priester kennt die Identität des Mannes, der mehrere Jahre darauf gewartet haben mag, um diese einmaligen Ehre zu erhalten.

Während der 2 km langen abendlichen Prozession fällt der Catenacciu, wie Christus, drei Mal. Ein weiß gewandeter Büßer, der die menschliche Solidarität verkörpert, hilft ihm. Ihnen folgen acht schwarz gewandete Büßer, die eine Statue des gestorbenen Heilands tragen. Danach folgen der Klerus, die Mitglieder der Bruderschaft A Compagnia del Santissimo Sacramento und schließlich die einfachen Gläubigen.

Sartène

v. Chr.) bis in die Zeit der Okkupation Korsikas durch die Römer (111 v. Chr.) fand.

Die Besichtigung dauert rund eine Stunde. An allen wichtigen Stellen gibt's Lautsprecherkommentare, die man sich auf Französisch, Englisch, Deutsch oder Italienisch anhören kann. Der Rundgang endet in dem kleinen, schön gestalteten Museum.

Auf dem Weg nach **Sartène** kann man einen kleinen Abstecher zur ältesten Brücke auf Korsika machen, dem **Pont de Spina-Cavallu (A Spin'a Cavallu)**, der seit dem 13. Jh. den Fluss Rizzanese überbrückt und 1992 zum historischen Denkmal erklärt wurde. Die von den Pisanern errichtete 64 m lange, 2,6 m breite und 8 m hohe Brücke wird dem Architekten Maestro Maternato zugeschrieben.

Sartène: Die korsischste aller Städte

Grau, nüchtern, liebenswert

Sartène ist ein Kontrast zu Ajaccio: Die Stadt ist grau und nüchtern, die fünf- bis sechsstöckigen Häuser aus Granit säumen enge Wege auf steilen Terrassen. Die Erdgeschosse vieler Häuser wirken verlassen, aber die oberen Stockwerke sind bewohnt, wie die vor den Fenstern zum Trocknen aufgehängte Wäsche verrät.

Man setzt sich in eins der Cafés an der kleinen Place de la Libération vor der Kirche, sieht den Kindern zu, die manchen unwillentlich mit ihrem Fußballspiel in die Quere kommen, während ihre jüngeren Geschwister auf Fahrrädern und Rollern herumflitzen. Oder man setzt sich auf eine der Bänke nahe der Büste Paolis und blickt über die Dächer aufs Mittelmeer.

Die Tourismusinformation bietet einen ausgezeichneten und munteren Audioguide mit passenden Geräuscheffekten (das Sausen der Guillotine und der Aufprall des Kopfs auf dem Boden sind allerdings nicht gerade schön), der einem ein Gefühl für den Ort vermittelt. Wenn man die Stadt vielleicht für ein wenig langweilig hielt, wird man nach dem 90minütigen Rundgang in Begleitung der charmant akzentuierten männlichen und weiblichen Stimmen bestimmt dem Zauber von Sartène verfallen sein.

Bonifacio

Die älteste Stadt Korsikas (gegründet um 830) ist zugleich die spektakulärste. Sie thront auf 100 m hohen geschichteten weißen Kalk- und Sandsteinklippen und bietet einen phänomenalen Blick hinüber auf das 13 km entfernte Sardinien.

Für jene, die das erste Mal kommen, gibt es gewaltige Überraschungen: Bei der Ankunft sieht man zunächst nur imposante Wälle und Befestigungsanlagen auf einem Hügel westlich eines 1,5 km langen Fjords. Den besten Blick auf die imposanten Klippen und die hohen Häuser der Stadt, die sich an den Rand des Steilhangs klammern, hat man von der See aus.

Man windet sich vorbei an den Restaurants, Cafés und Souvenirläden am Hafen und steigt die Rastello-Rampe hinauf zum Fuß der Zitadelle. Dort findet sich die vielfotografierte, weiße, dachlose Chapelle Saint-Roch mit ihrer Glocke, die sich gegen das Blau des Mittelmeers abhebt. Man wendet sich in die Altstadt mit ihrem Labyrinth aus gepflasterten Straßen, die von alten, engen Gebäuden gesäumt sind, die miteinander verbunden sind.

MAJONIT/SHUTTERSTOCK ©

Bonifacio

UNTERWEGS VOR ORT

Es gibt Busverbindungen von Bastia, Ajaccio und Porto-Vecchio nach Bonifacio. Die Fahrpläne findet man unter www.corsicabus.org. In Bonifacio selbst ist ein Auto nutzlos, weil die Stadt klein und überwiegend verkehrsberuhigt ist und zudem auf einer Klippe sitzt. Wer zu einem der Strände möchte, die ein wenig zu weit entfernt zum Laufen sind, muss ein Taxi nehmen.

TOP TIPP

Man sollte nicht im Juli und August kommen, wenn Bonifacio extrem überlaufen ist. Wenn man zu dieser Zeit anreisen muss, sollte man entweder eine Übernachtung einplanen oder vor 10 Uhr kommen, weil man sonst nirgendwo einen Parkplatz findet. In dieser fast vollständig verkehrsberuhigten Stadt braucht man das Auto aber ohnehin nicht. Eine kleine Bahn fährt alle halbe Stunde vom Hafen hinauf zur Altstadt.

Strände & Boote

Alles dreht sich um das Meer

Wenn man für einige Tage in Bonifacio Quartier bezieht, kann man Dutzende von Stränden in der Nachbarschaft erkunden.

Als wilderer Strand bietet sich der kleine, schattenlose Strand von **Fazziò** in einer geschützten Bucht eine Wegstunde (4 km) von Bonifacio an; am nach Westen gerichteten, 10 km entfernten FKK-Strand von **Stagnolu** (10 km) kann man den Sonnenuntergang bewundern; der sandfreie Strand von **Trois Pointes** (3 km) ist toll zum Schnorcheln; und den selten überlaufenen Strand von **SaintAntoine** (5 km) erreicht man über einen steilen Pfad vom Leuchtturm Pertusattu.

Zu den familienfreundlichen Stränden mit Einrichtungen zählen **SantAmanza** (7 km), **Tonnara** (6 km) und **Balistra** (8 km), von denen die letzten beiden auch für Rollstuhlfahrer geeignet

THOMAS PETER WIDMANN/IMAGE PROFESSIONALS GMBH/ALAMY ©

Windsurferin, Îles Lavezzi

sind. Über einen Trampelpfad gelangt man zum nach Osten gerichteten Strand **Cala Longa** (8 km), der prima zum Schnorcheln ist. Der schmale Strand von **Piantarella** (7 km) ist bei Kite- und Windsurfern beliebt, aber oft überfüllt, daher empfehlen wir **Petit Spérone** und **Grand Spérone**.

Extrem berühmt und daher im Sommer sehr voll sind die Strände von **Rondinara** (21 km), **Santa Giulia** (22 km) und **Palombaggia** (30 km), die alle drei näher bei Porto-Vecchio liegen. Dutzende Boote ankern vor diesen Stränden, stöbern den Meeresboden auf und trüben das Wasser.

Das ganze Jahr über veranstaltet die **Société de promenades en mer de Bonifacio** (SPMB) einstündige Kreuzfahrten und Shuttlefahrten zu den **Îles Lavezzi**. Im Sommer werden keine Reservierungen angenommen. Wer eine ähnliche Kreuzfahrt auf einem kleineren Boot machen will, wendet sich an **La Méditerranée** und reserviert unter soize2a@hotmail.fr. Wer eine ganztägige Kreuzfahrt mit einem Mittagessen mit Hummer und Spaghetti bevorzugt, ist bei **L'Autre Croisière** (laut recroisiere.com) an der richtigen Adresse. Man muss mindestens eine Woche vorher reservieren. Wer aktiv werden will, fährt mit **Croisière des Îles**, deren halbtägige Kreuzfahrt auf einem Segel-Katamaran erfordert, selbst Hand anzulegen. Schnorchelausrüstung wird gestellt. Man reserviert telefonisch (+33 6 83 17 37 17); Kreditkartenzahlungen werden nicht akzeptiert.

ZITRONAT-ZITRONEN

Im 19. Jh. war Korsika der weltgrößte Produzent und Exporteur von Zitronatzitronen oder *cédrat*, der nicht sauren Urform der Zitronen. Die Frucht besitzt eine stark duftende Schale (Exokarp), eine dicke, weiße und fleischige Gewebsschicht, die essbar ist, und nur sehr wenig Fruchtfleisch, das nicht essbar ist. Die Früchte werden kandiert, zu Konfitüre verarbeitet, in Likören, Bieren, Eiscreme und Kosmetika und in letzter Zeit auch zunehmend als Kochzutat verwendet.

Rund um Bonifacio

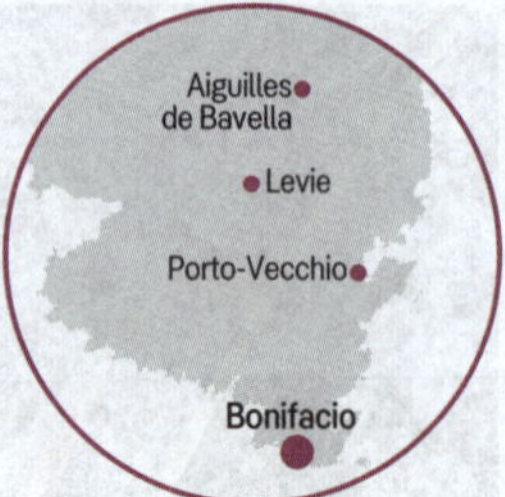

Porto-Vecchios hervorstechendstes Merkmal sind die horrenden Preise im Sommer, die Jetset und Influencerklientel offenbar gerne bezahlen. Man sollte sich für das Hinterland entscheiden.

UNTERWEGS VOR ORT

Um das meiste aus der Region herauszuholen, braucht man unbedingt ein eigenes Fahrzeug.

TOP TIPP

Im Juli und August sollte man erst gar nicht versuchen, nach Porto-Vecchio hineinzufahren: Man sitzt dann nur stundenlang im Stau fest.

Porto-Vecchio (11 000 Einwohner) ist Korsikas drittgrößte Stadt und viertgrößter Hafen. Die Anfahrt zur Stadt ab Bonifacio auf der T10, einem der geradesten Straßenabschnitte auf der ganzen Insel, führt durch Vororte und zwei Industriegebiete und wird von großen Werbetafeln verunstaltet.

Das winzige historische Zentrum liegt auf einem Felsen und wirkt wie ein Zwischending aus Teilen von Sartène (aber mit kleineren Gebäuden aus Granit) und aus Ajaccio (dank einiger weniger pastellfarbener Gebäude). Was es zu sehen gibt, ist in rund zehn Minuten abgearbeitet.

Die Nutzer der luxuriösen Villen, die sich im Maquis verstecken, kommen nicht wegen der Stadt, sondern wegen der wundervollen Strände, der kühlen Schönheit des Waldes von L'Ospédale und der spektakulären Aiguilles de Bavella im Hinterland.

Cucuruzzu

KRISZTIAN JUHASZ/SHUTTERSTOCK ©

Aiguilles de Bavella

Majestätische Aiguilles de Bavella

Sieben spektakuläre Granitgipfel

Die sieben Granitnadeln der **Aiguilles de Bavella** präsentieren sich je nach Lichtstimmung rosa, beige oder grau, während man sich ihnen auf der D268 von Sari-Solenzara aus nähert. Am besten fährt man morgens, denn dann hat man die Sonne im Rücken. Die Straße verläuft neben dem Fluss Solenzara und ist an einigen Stellen ziemlich durch die Autos verengt, die dicht an dicht auf einer oder sogar auf beiden Seiten der Straße parken. Diese Stellen deuten meist darauf hin, dass es hier einen Pfad hinunter zum Fluss gibt, in dem man baden kann.

Am Bavella-Pass (1218 m) steht eine weiße Marmorstatue der **Notre Dame des Neiges**. Von dort führt ein breiter Weg Richtung Süden zum **Trou de la Bombe**, einer ausgehöhlten Öffnung in einer Felsnadel. Um hinzugelangen, folgt man den roten Markierungen und Schildern nach U Cumpuleddu. Außerhalb der Saison kann man sogar das eine oder andere scheue Mufflon sichten. Das Gelände ist fantastisch zum Bergsteigen, Wandern, Wildwasser-Schwimmen und Fotografieren.

Die dörfliche Hauptstadt der Alta Rocca

Der Sitz des Musée départemental de l'Alta Rocca

Levie ist der Sitz des modernen, aus Beton errichteten **Musée départemental de l'Alta Rocca**, das 2007 eröffnet wurde und eine gute Einführung zum Besuch zweier nahegelegener archäologischer Stätten bildet: des **Castellu di Cucuruzzu** und des **Castellu di Capula**. Das Museum hat Ausstellungen zur Geologie, Vorgeschichte und den frühen Bewohnern Korsikas. Aber der eigentliche Star des Museums ist zweifellos die 8500 Jahre alte **Dame de Bonifacio**, deren Überreste die ältesten sind, die je von einem Menschen in Korsika entdeckt wurde. Die Forschenden haben ermittelt, dass die 1,54 m große Frau zum Zeitpunkt ihres Todes zwischen 30 und 35 Jahre alt war. Sie litt unter einer Lähmung ihres linken Ellbogens und Arms und hatte mehrere Knochenbrüche überstanden; die Todesursache war wahrscheinlich ein infizierter Backenzahn.

SICH ETWAS BESONDERES LEISTEN

Domaine de Casanghjulina
Längs einer unbefestigten Piste hinter Porto-Vecchio bietet die Domaine de Casanghjulina Hütten auf dicken Stelzen, in die man über Holzstufen eintritt. In allen Hütten gibt's eine vorhangfreie Fensterwand, sodass man zwischen Blättern und Zweigen erwacht. Die Doppelduschen, die kleine Flasche Champagner und weitere Extras machen die Anlage zum perfekten Ziel für Verliebte. **€€€**

Hôtel Cala di Greco
Das Hotel Cala di Greco am Rand von Bonifacio bietet einen hervorragenden Blick auf die Zitadelle. Jeder Bungalow verfügt über einen eigenen kleinen Vordergarten und eine Terrasse. Manche haben sogar einen eigenen kleinen Swimmingpool, wenn einem die beiden allgemeinen Hotelpools zu öffentlich sind. Es gibt kein Restaurant, aber für den Abend kann man korsische Wurst und Käse bestellen. **€€€**

Bouchon (S. 420), Lyon

PRAKTISCHES

Die wichtigsten Informationen für die perfekte Reise nach Frankreich im Überblick. Nützliche Tipps, Tricks und Hintergründe zur Orientierung und Vorbereitung.

Ankunft

Viele Reisende landen auf den Flughäfen in Paris (Charles de Gaulle und Orly) oder in Südfrankreich (Lyon-St.-Exupéry, Marseille-Provence und Nizza-Côte d'Azur). FlixBus verbindet Kontinentaleuropa mit Paris (Busbahnhof Bercy-Seine) und anderen französischen Großstädten. Dorthin fahren auch Hochgeschwindigkeitszüge.

Einreise

Im Rahmen des Schengener Abkommens können Reisende aus EU-Ländern und der Schweiz visumfrei nach Frankreich einreisen.

Grenzübergänge

Zwischen Frankreich und dessen Schengen-Nachbarländern gibt's keine Grenzkontrollen. Jedoch muss der Reisepass bzw. Personalausweis stets mitgeführt und auf Verlangen vorgezeigt werden.

SIM-Karten

Das EU-Roamingabkommen lässt Deutsche und Österreicher:innen ihre Handys zu ihren Heimattarifen nutzen. Schweizer:innen nehmen franz. Prepaid-SIM-Karten (*cartes prépayées*; online oder bei *tabacs* bzw. im Zeitungshandel und in lokalen Handyshops).

WLAN

Flughäfen, Hotels und viele Cafés bieten Gratis-WLAN. In einsamen Gebirgsregionen und Altbauten mit dicken Wänden (inkl. Châteaus) gibt's teils überhaupt kein Signal.

LINKS: FUSE/GETTY IMAGES ©; RECHTS: GOGLIK83/GETTY IMAGES ©

Vom Flughafen in die Stadt

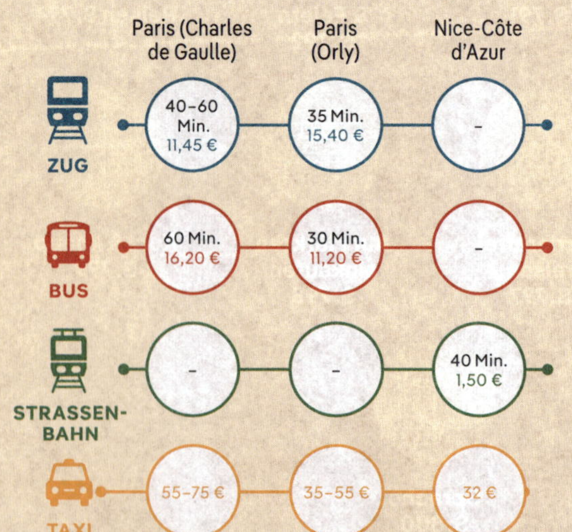

	Paris (Charles de Gaulle)	Paris (Orly)	Nice-Côte d'Azur
ZUG	40–60 Min. 11,45 €	35 Min. 15,40 €	–
BUS	60 Min. 16,20 €	30 Min. 11,20 €	–
STRASSENBAHN	–	–	40 Min. 1,50 €
TAXI	55–75 €	35–55 €	32 €

ETIAS

Für EU-Bürger:innen und Schweizer:innen entfällt die Registrierungspflicht beim neuen EU-Sicherheitssystem ETIAS (European Travel Information and Authorisation; ab 2024 in Betrieb) zur Vorab-Überprüfung vor der Einreise.

Unterwegs vor Ort

Frankreichs hervorragende öffentliche Verkehrsmittel decken den ländlichen Raum teils nicht voll ab. Je nach Reiseroute empfiehlt sich daher ein eigenes Vehikel für Erkundungen.

REISEKOSTEN

Mietwagen
Ab 45 €/Tag

Tanken
Ca. 1,98 €/l

Leihfahrrad
15–35 €/Tag

Zugticket Paris–Bordeaux
Ab 45 €

Zug & Bus

Das verlässliche und günstige SNCF-Bahnnetz punktet mit vielen Verbindungen. Die Hauptstrecken verlaufen wie Radspeichen mit Paris im Zentrum: Verbindungen zwischen Zielen auf verschiedenen „Speichen" sind daher langsam oder nicht vorhanden. Die Busse (beliebt für kürzere Strecken) verkehren am Wochenende und in den Ferien seltener.

Fahrrad & E-Bike

Frankreichs zahlreiche Radwege folgen oft alten Kanal-Treidelpfaden oder Bahntrassen (*voies verts* bzw. Grünzüge). Für lange Radwandertouren empfehlen sich verkehrsarme Landstraßen und Nebenstrecken. Drahtesel (Rennräder, Mountainbikes, Normalmodelle, E-Bikes) lassen sich überall ausleihen.

TIPP

Fähren nach Korsika & Bootstrips auf dem Canal du Midi (S. 619) oder zu Inseln im offenen Meer machen die Reise zum Ziel.

RECHTS VOR LINKS

Sofern nicht explizit durch Schilder aufgehoben, gilt auf französischen Straßen an allen Einmündungen die Regel *priorité à droite* (rechts vor links). Die Einheimischen gehen davon aus, dass alle Fahrer:innen dies wissen. So gewähren sie Vorfahrt, wenn man z. B. von einer Seitenstraße in eine Hauptstraße einbiegt. Und erwarten das anders herum von einem selbst auch.

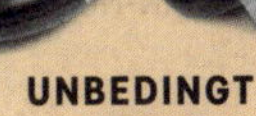

UNBEDINGT BEACHTEN!

In Frankreich herrscht Rechtsverkehr.

Höchstgeschwindigkeit
50 km/h innerhalb von Ortschaften, 90–110 km/h auf Landstraßen und 130 km/h auf Autobahnen. Bei Regen oft 10 km/h langsamer auf Schnellstraßen.

0,5 & 0,2
Zwei Promillegrenzen (0,5/0,2 ab/unter 21 Jahren).

Mietwagen

Ein eigenes Auto ist super zum Erkunden von ländlichen Ecken, in verstopften Stadtzentren mit wenigen freien Parkplätzen aber oft lästig. Autovermietungen (viele auch mit E-Autos) findet man z. B. an Flughäfen und Bahnhöfen. Einige Großstädte haben öffentliche Carsharing-Programme. Alternativen sind Websites wie ouicar.fr oder fr.getaround.com.

Autobahnen

Mautgebühren (*péages*) für die Autobahnen (*autoroutes*) sind per Ticket (Erhalt bei Einfahrt, Bezahlen bei Ausfahrt) zu entrichten. Für Barzahlugen Mauthäuschen mit grünen Leuchtpfeilen wählen; Häuschen mit weißem Kartensymbol akzeptieren nur Karten. Aktuelle Verkehrsinfos (inkl. Lage von Ladestationen für E-Autos) gibt's unter bison-fute.gouv.fr.

Mitfahrdienste

Covoiturage (Mitfahren) ist in Frankreich schon lange eine Art nationale Tradition. BlaBlaCar (blablacar.fr) ist hier die beliebteste Mitfahr-App. Vielerorts warten Tramper:innen an Schildern mit Aufschrift *Arrêt sur le pouce* auf sicherheitsüberprüfte Fahrer:innen mit Registrierung bei Rézo Pouce (rezopouce.fr).

Geld

LANDESWÄHRUNG: **EURO (€)**

Kreditkarten

Kartenzahlung ist weit verbreitet und bis 50 € teils auch kontaktlos möglich. Bei kleineren Läden gilt dabei oft ein Mindestbetrag (meist 10 €). Viele ländliche *chambres d'hôtes* und *fermes auberges* akzeptieren nur Barzahlung. Mietwagen erfordern stets eine Kreditkarte. Für Tankautomaten braucht man eine Chipkarte mit PIN-Nummer.

Geldautomaten

Geldautomaten (*points d'argent* oder *distributeurs automatiques de billets*) sind die bequemste Bargeldquelle und bieten meist auch die niedrigsten Gebühren bzw. besten Wechselkurse. Vernetzte Geräte (Visa/MasterCard/Cirrus/Maestro) gibt's in allen Groß- und Kleinstädten z. B. an zentralen Plätzen, im Außenbereich von Bankfilialen oder in großen Supermärkten.

WIEVIEL KOSTET ...

Ein Metro-Ticket
1,70–2,10 €

Ein Kinoticket
10–15 €

Eine Miet-Strandliege mit Sonnenschirm
11–25 €

Ein Museumsticket
2–17 €

WIE ... Ein paar Euros sparen

Tourismuskarten (Großstädte) Bringen Rabatte z. B. bei Museen oder Stadtführungen.

Öffentliche Verkehrsmittel Mehrfach- oder Tagestickets kaufen.

Staatliche Museen Am ersten Sonntag des Monats oft gratis.

Märkte Morgens prima für Picknick-Proviant.

Supermärkte Günstige Preise und Müllvermeidung über Website toogoodtogo.com.

Restaurants Mittagessen als Hauptmahlzeit: ein *formule* (zweigängiges Tagesgericht) plus *une carafe d'eau* (Gratiskrug mit Leitungswasser).

Steuern & Rückerstattungen

Bei den meisten Waren und Dienstleistungen beinhaltet der Preis eine Mehrwertsteuer (*taxe sur la valeur ajoutée*; TVA) von 20 %. Schweizer:innen ab 16 Jahren können die TVA bei der Ausreise auf Antrag zurückerhalten, wenn sie jeweils über 100 € auf einmal in Tax-Free-Läden ausgeben.

BUDGETREISENDE

Frankreich ist ein vergleichsweise teures Reiseland. Paris zählt zu den zehn teuersten Hauptstädten der Welt. Mit entsprechender Planung sind Budgettrips aber auch hier möglich: Tourismusmagnete umgehen, ländliche Ziele wählen, die Hauptsaison meiden und auf teure, technik-lastige Unterhaltung (Themenparks, Sehenswürdigkeiten, Aktivitäten) zugunsten von schlichteren (Outdoor-)Optionen verzichten. Sinnvoll sind auch Mitfahrdienste und Vorabbuchung von Zugtickets für Rabatte (Tipp: das stark vergünstigte Prem-Ticket der SNCF; Reservierung spätestens drei Monate vorher). Last-Minute-Angebote gibt's unter ouigo.com.

LOCAL-TIPP

Vor Ort empfiehlt sich stets ein Kleingeld- bzw. Münzvorrat (z. B. für öffentliche Toiletten, Parkautomaten, Trinkgelder, Einkaufswagen, Imbissstände).

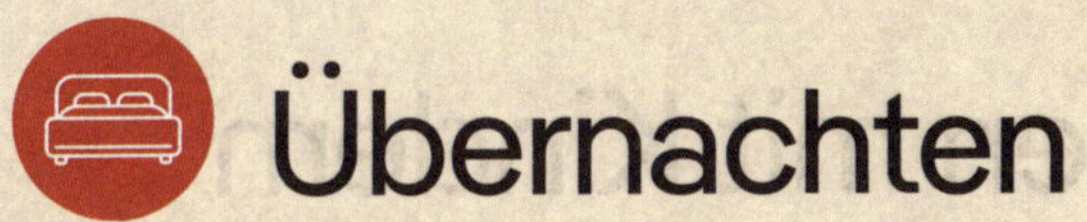

Übernachten

Chambres d'Hôte

Ob Ölmühle in der Provence, *mas* (Bauernhaus), Surf-Schuppen am Meer oder *nobles hôtel particulier* (Privatvilla): Private B&Bs punkten mit französischem Charme, freundlichem *bienvenue* (Empfang), Frühstück und guter Hausmannskost. Vor allem im ländlichen Raum gibt's viele dieser Optionen, die per Gesetz maximal fünf Zimmer haben dürfen. Besondere Ernährungswünsche stets rechtzeitig anmelden!

Château (Schloss, Herrenhaus, Landsitz)

La belle France erfüllt Träume: Hier kann man problemlos in turmbesetzten Märchenschlössern mit historischen Irrgärten nächtigen, ohne ein ganzes Vermögen auszugeben. Vor allem im Loire-Tal und in der Region Dordogne gibt's viele Mittelklasse-B&Bs (teils mit schlechtem WLAN) in Châteaus. Alte Schlösser aller Art beherbergen landesweit auch Luxushotels.

Bauernhöfe & Weingüter

Die Hauptgebäude vieler Bauernhöfe und *domaines* (Weingüter) beherbergen B&B-Zimmer. Oft gibt's auch Baumhäuser, Zeltstellplätze oder umgebaute Nebengebäude für Selbstversorgende. Die meisten dieser Optionen sind bei Bienvenue à la Ferme (bienvenue-a-la-ferme.com) registriert. Die energieautarken Öko-Hütten des Netzwerks Parcel Tiny House (parceltinyhouse.com) stehen ebenfalls stets auf Agrargelände: Sie fördern „Slow Living" und geben direkte Einblicke in den ländlichen Alltag.

Refuges & Gîtes d'Étape

An Wanderrouten in einsamen Gebirgsregionen (z. B. Alpen, Pyrenäen) gibt's schlichte *refuges* (Berghütten; Reservierung unter ffcam.fr erforderlich) mit Schlafsälen. Im Winter haben die meisten davon geschlossen. Teils ist dann aber auch eine stark reduzierte Nutzung ohne Hüttenwirt-Service möglich. Alternativ findet man in Dorfhäusern komfortable *gîtes d'étape* mit Duschen.

WIEVIEL KOSTET EINE NACHT …

Einer *chambre d'hôte*
75–200 €

Einer Berghütte
20–40 €

Einem Château-Hotel
90–500 €

Gîtes

Ob hübsche Hütten, Villen mit Pools, Privatpaläste oder Berghütten: In Frankreich können Selbstversorgende zahllose *gîtes* mieten (meist wochenweise; außerhalb der Hauptsaison auch kürzer). Gîtes de France (gites-de-france.com) gibt einen Gesamtüberblick. Optionen mit dem offiziellen Gîtes Panda des WWF liegen in Nationalparks und Naturschutzgebieten. Bettwäsche und Endreinigung kosten normalerweise extra.

AIRBNB

Frankreich ist das am stärksten besuchte Land der Welt (ca. 90 Mio. Tourist:innen/Jahr). So boomt Airbnb auch hier (landesweit ca. 800 000 Optionen, 22 000 davon in Paris). Kritische Stimmen befürchten eine weitere starke Zunahme durch die Olympischen Sommerspiele 2024: Vermietende in Paris und an anderen Austragungsorten (z. B. St.-Malo, Marseille) werden wohl kräftig vom Bedarf an kurzen Aufenthalten profitieren. Aktuell dürfen Französinnen und Franzosen ihren Hauptwohnsitz nur für maximal 120 Tage pro Kalenderjahr vermieten.

Reisen mit Kindern

Ob Paris, andere Großstädte, Küste oder ländlicher Raum: Frankreich bietet zahllose Kulturattraktionen, historische Sehenswürdigkeiten, Outdoor-Aktivitäten, Festivals und Unterhaltungsoptionen (teils gratis) für Familien mit Kindern jeden Alters. Mit etwas Vorausplanung und Kreativität lassen sich Kids hier praktisch überall für (berühmte) Museen und Bauwerke begeistern.

Hotels

Die meisten Hotels bieten Kinderbetten (gratis) und Extrabetten (15–30 €) an. Familienzimmer oder Quartiere mit Verbindungstüren gibt's vor allem in beliebten Küstenorten.

An den Rändern der meisten Großstädte findet man zweckmäßige Kettenhotels (z. B. von Formule 1) mit Familienzimmern. Diese sind vor allem für Selbstfahrende praktisch.

Ermäßigungen

Die meisten Attraktionen gewähren Kinderrabatte. Generell ist der Eintritt unter fünf Jahren und oft auch unter 18 Jahren frei. Einige Museen verkaufen Familientickets (2 Erw./2 Kinder).

Zu beliebigen Zielen fahren Kinder unter vier Jahren in französischen Zügen gratis mit (9 € bei Bedarf für einen eigenen Sitzplatz). Zwischen vier und elf Jahren gibt's 50 % Ermäßigung.

HITS FÜR KIDS

Cité des Sciences (Paris; S. 103)

Wissenschaftliches Kindermuseum mit Workshops (Altersgruppe 2–12 Jahre).

Dune du Pilat (S. 525)

Europas größte Sanddüne (geführte Touren inkl. Einbuddeln).

Bretagne (S. 247)

Viel traditioneller Outdoor-Spaß (z. B. Strände, Boote, Pirateninseln).

Korsika (S. 755)

Super für aktive Jugendliche (Segeln, Kajakfahren, Wandern, Radeln, Schnorcheln in türkisblauem Klarwasser).

Sehenswertes

Viele Pariser Museen veranstalten kreative *ateliers* (Workshops; Altersgruppe 7–14 Jahre, auch ohne Eltern). Museen und Sehenswürdigkeiten haben oft interessante Aufgabenblätter für Kinder (beim Ticketkauf nachfragen). **Familiscope** (familiscope.fr) hilft beim Planen von Familien-Ferien.

Unterwegs vor Ort

Tragehilfe mitbringen: Kopfsteinpflaster, Metro-Treppen und Bergdörfer erschweren das Nutzen von Kinderwagen. In Autos sind bis einem Alter von zehn Jahren und/oder Kinder mit 1,4 m Körpergröße Kindersitze vorgeschrieben. Diese gibt's bei Autovermietern gegen hohen Aufpreis.

ESSEN

Die meisten Restaurants servieren ein *menu enfant* (Kindermenü inkl. 1 Softdrink; meist bis 12 Jahre) zum Festpreis. Hierbei handelt es sich oft um Spaghetti Bolognese, *steak haché* (Hacksteak) mit *frites* (Pommes) und Eis – was potenziell schnell langweilig wird. Alternativ empfehlen sich halbe Portionen von normalen Gerichten. Für heikle oder sehr junge Gaumen sind *pâtes au beurre* (Nudeln mit Butter) eine gute Option.

Gratis-Brot gibt's in Frankreich zu jedem Essen. Zahnende Babys knabbern gern am *quignon* (Endstück) eines Baguettes. Eine *carafe d'eau* (Gratis-Krug mit Leitungswasser) oder *un sirop* (mit Wasser verdünnter Fruchtsirup; Tipp: Grenadine oder Minze) ersetzen teure Softdrinks.

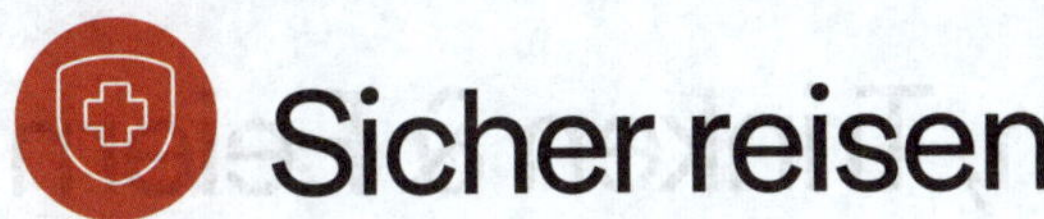

VERSICHERUNG

EU-Bürger:innen und Schweizer:innen mit Europäischer Krankenversicherungskarte (European Health Insurance Card; EHIC) erhalten in Frankreich kostenlose Notfallbehandlungen. Dennoch empfiehlt sich eine gute Reiseversicherung mit Abdeckung von Diebstahl, Verlust und medizinischen Behandlungskosten außerhalb von Notfällen. Bei geplanten „gefährlichen Aktivitäten" (z.B. Tauchen, Hochgebirgswandern oder Skifahren) das Kleingedruckte genau durchlesen!

Medizinische Versorgung

Ganz Frankreich bietet gute medizinische Versorgung. Die Apotheken mit sehr hilfsbereitem Personal verkaufen auch viele rezeptfreie Medikamente. Während ihrer Öffnungszeiten ist jeweils das grüne Kreuzschild beleuchtet. Im Schaufenster hängen stets Infos zur nächstgelegenen *pharmacie de garde* mit Nacht- und Sonntagsdienst aus. Der Rettungsdienst ist unter 118 oder 112 erreichbar.

Leitungswasser

Das Leitungswasser ist landesweit sicher trinkbar. So kann man in Restaurants bedenkenlos *une carafe d'eau* bestellen. Zudem empfiehlt sich eine auffüllbare Trinkflasche: Manche Dörfer und Kleinstädte haben Brunnen mit Trinkwasser (*eau potable*). In Paris sind dies u. a. die dunkelgrünen Wallace-Brunnen aus Gusseisen (Ende der 1800er-Jahre von dem Briten Richard Wallace finanziert). *Non potable* bedeutet dagegen „Kein Trinkwasser".

Diebstahl

Taschendiebstähle sind vor allem in belebten Tourismuszonen, Metrozügen (Paris, Marseille) und Flughafen-Shuttlebussen häufig. Niemals Wertgegenstände (z. B. Geldbörsen, Handys) offen auf Cafétische legen oder in der Gesäßtasche mitführen. Daher auch bei Strandbesuchen niemals etwas Wichtiges im Auto zurücklassen.

FAHREN IM WINTER

Viele *cols* (Bergpässe) sind im Winter gesperrt. In einigen *départements*, (z. B. Savoie, Haute-Savoie) gilt Winterreifenpflicht (1. Nov.–31. März).

SICHER SCHWIMMEN UND BADEN

Grüne Flagge
Sicherer Badestrand

Gelbe Flagge
Sicher am Ufer, aber kein Hinausschwimmen

Rote Flagge
Gefahr – Schwimmen und Baden verboten

Violette Flage
Vorsicht: Gefährliche Meerestiere (z.B. Quallen)

Rot-gelbe Streifen
Flaggenbereich: Rettungsschwimmer:innen anwesend

Schwarz-weiße Karos
Vorsicht beim Schwimmen; Wassersport erlaubt

Jagd & Waldbrände

Die Jagdsaison (Sept.–Feb.) macht Frankreichs ländliche Wälder gefährlich: Gebiete mit jeglicher Jagd-Aktivität immer meiden! Provence, Côte d'Azur, Atlantikküste und Korsika leiden im Sommer unter Waldbränden. Von Juli bis Mitte September sind daher sensible Wanderrouten gesperrt. Verboten sind dann offene Feuer im Freien (inkl. Grillbetrieb) und Rauchen in Wäldern und deren Nähe.

WETTEREXTREME

In den Alpen und Pyrenäen immer den aktuellen **Wetter- & Lawinenbericht** (meteofrance.com) verfolgen: Die Wetterverhältnisse werden immer unberechenbarer. An Ostern 2023 verursachte eine Lawine bei Chamonix sechs Todesopfer (darunter zwei Guides). 2022 war Frankreichs heißestes Jahr aller erfassten Zeiten. Und mit den steigenden Temperaturen werden auch die teils plötzlichen und heftigen Sommergewitter immer häufiger.

PRAKTISCHES

Essen, Trinken & Feiern

Wann?

Petit déjeuner (Frühstück; 7–10 Uhr) Traditionell Kaffee plus ein Croissant oder Tartine (Butter-Baguette mit Marmelade).

Déjeuner (Mittagessen; 12–14.30 Uhr) Zwischen einem Salat und drei Gängen mit Wein.

Goûter (Nachmittagsimbiss; 16 Uhr) Meist etwas Süßes.

Apéritif (5–20 Uhr) Drinks mit Freunden (am besten auf einer Terrasse).

Dîner (Abendessen; 19.30–22 Uhr) Mehrgängig und teils sehr lang.

KULINARISCHES

Carte Speisekarte.

Menu Zwei bis drei Gänge zum Festpreis.

À la carte Freie Auswahl von der Speisekarte.

Formule Hauptgericht plus Vorspeise oder Dessert. Mittags günstiger als ein *menu*.

Plat du jour Tagesgericht.

Menu enfant Kindermenü (2–3 Gänge inkl. ein Softdrink) zum Festpreis.

Menu dégustation Probiermenü (5–7 kleinere Gänge) zum Festpreis. Gibt's in vielen Spitzenrestaurants.

Entrée Vorspeise.

Plat Hauptgericht.

Fromage Käse mit frischem Brot (niemals Kräcker; nur in noblen Spitzenrestaurants mit Butter). Stets vor dem Dessert.

Wo?

Auberge Landgasthof mit Traditionsküche.

Ferme auberge Bauernhof-Restaurant.

Bistro (bistrot) Traditionelles Kleinlokal.

Neobistro Modernes, mitunter trendiges Bistro.

Brasserie Wie ein Café, aber durchgängig mit Gerichten, Alkohol und Kaffee.

Crêperie Restaurant mit Crêpes (süß und pikant).

Salon de thé Teestube mit leichten Mittagsgerichten.

Table d'hôte („Gastgebertisch") Hausmannskost am Gemeinschaftstisch (in B&Bs).

Winstub Gemütliche Weinstube im Elsass.

WIE ...

Restaurants besuchen

Brot Falls nach dem Bestellen kein Gratiskorb automatisch an den Tisch gebracht wird, sollte man darum bitten. Zusätzliche Butter gibt's nur in ganz wenigen Fällen: gesalzen (*demi-sel*) zu Seafood (inkl. Austern), ungesalzen (*doux*) in Spitzenrestaurants (dann oft händisch hergestellt und z. B. mit Seetang verfeinert). Das Brot einfach auf den Tisch legen: Nur in Nobellokalen bekommt man dafür einen Extrateller. Überschüssige Soße kann mit Brot vom Teller aufgewischt werden.

Kaffee Franzosen bestellen nach dem Essen *un café* (Espresso), aber niemals Cappuccino, *café au lait* (Milchkaffee) oder Schwarztee (in Frankreich stets ohne Milch). *Tisane* (Kräutertee) geht jedoch in Ordnung.

Bezahlen *L'addition* (die Rechnung) wird nur auf Nachfrage an den Tisch gebracht. In Cafés und Bistros bezahlt man teils einfach am Tresen. Zusätzlich zur gesetzlichen Servicegebühr (15 %) können bei Zufriedenheit ein paar Euros extra spendiert werden.

WIEVIEL KOSTET …

ein Espresso
2–4 €

ein Baguette
1–1,30 €

ein Steak mit Pommes
15–20 €

ein Dutzend Austern vom Markt
15–20 €

ein Mittagessen (Bistro)
15–30 €

ein Abendessen (Michelin-Sterne-restaurant)
ab 50 €

ein Glas Wein
5–10 €

WIE … Picknick-Proviant à la Frankreich wählen

Frankreich fasziniert mit zahllosen Köstlichkeiten. Ein *pique-nique* beim Bergwandern oder Radeln zwischen Reben ist aber ein Highlight für sich.
Ideen für den Proviant:

Brot Baguettes (wörtl. „Stäbe“) und dünnere *ficelles* gibt's bei *boulangeries* (Bäckereien). Als Belag empfehlen sich z. B. Camembert oder Fleischpastete und *cornichons* (Gürkchen). Französische Klassiker sind *jambon-beurre* (Butter/Schinken) und *jambon-fromage* (Schinken/Hartkäse).

Macarons runden das Picknick süß ab.

Kouign amann Bretonischer Butterkuchen (mit dem weltgrößten Butter- und Sirupanteil).

Obst Je weiter südlich, desto saftiger – z. B. Schwarzkirschen (Apt) oder Pfirsiche und Aprikosen (Rhône-Tal, Provence, Riviera).

Oliven & Paprika (provenzalisch) Mariniert und gefüllt. Marktverkauf aus Eimern.

Kougelhopf Ringförmiger Elsässer Rosinenkuchen mit Puderzucker.

Champagner Anstoßen mit Schampus und *biscuits roses* (rosa Mini-Biskuits) aus Reims.

Käse richtig schneiden

Französische Picknicker:innen säbeln ihren Käse stets vor Ort vom Stück herunter (z. B. per Taschenmesser; dreieckige Stücke oder Scheiben).

AUSGEHEN

Ausgehen in Frankreich beginnt stets am frühen Abend mit einem *apéritif* – am besten auf einer Terrasse mit Straßen-, Weinberg-, Strand- oder Großstadtblick (z. B. in einer trendigen Dachbar). Dabei geht's nicht ums Bechern: Ziel ist vielmehr Relaxen mit Familienangehörigen, Freund:innen oder Kolleg:innen in schöner Umgebung. Dabei werden alle Anwesenden traditionell mit *la bise* (Wangenkuss; 2–4 je nach Region) begrüßt.

Cafés und Bars servieren mitunter Gratisschälchen mit Erdnüssen zu den Drinks. Bei diesen reicht das Spektrum heute von *kir* (Weißwein mit Johannisbeer-Likör), Roséwein und Craft-Bier bis hin zu Cocktails (optional alkoholfrei). Eine gute Wahl sind der jeweilige *apéritif maison* (Apéritif des Hauses), andere lokale Varianten oder regionale Spirituosen (z. B. handgebrannter Gin).

Um ca. 20 Uhr (Nordfrankreich: 18.30–19 Uhr) geht's dann zum Abendessen in ein Café, Bistro oder Restaurant – im Sommer idealerweise mit Freilufttischen. Je nach Anlass und Anzahl der Gänge (1–10) kann das Ganze durchaus bis nach Mittnacht dauern.

Danach halten sich urbane Nachtschwärmer zum *la before* (Vorglühen) bis ca. 1 Uhr in trendigen DJ-Bars auf. Darauf folgt *la soirée* in einer Disko – mitunter erweitert um *l'after* (Afterhour) nach Sonnenaufgang. Schließlich geht's dann angeheitert nach Hause. Im Sommer feiern viele bei einem Nachtpicknick auch gern mit Drinks und Musik in Parks oder an Flussufern. Santé!

Nachhaltig reisen

Reisen & Klimawandel

Nicht zu ignorieren: Jede Reise verursacht klimaschädliche Emissionen. Lonely Planet fordert daher alle Traveller auf, nachhaltig zu reisen und ihren CO_2-Fußabdruck möglichst gering zu halten. Über zahlreiche Online-Kohlenstoffrechner (z. B. resurgence.org/resources/carbon-calculator.html) lässt sich die Emissionsmenge pro Trip einschätzen. Diese kann dann oft proportional in Spendenbeträge an internationale Klimaschutz-Initiativen umgerechnet werden. Auch viele Fluglinien und Buchungsportale bieten diese Möglichkeit, die Lonely Planet weiterhin für alle Angestelltenreisen nutzt. Dennoch ist uns bewusst, dass das mehr Schadensminderung als Lösung ist.

Öko-Unterkünfte wählen

Echte Öko-Unterkünfte sind an offiziellen Labels wie Clé Verte (Grüner Schlüssel), Euroblume, Green Globe oder Earth Check zu erkennen. Auf gites-de-france.com kann man zusätzlich nach *gîtes pandas* und *eco-gîtes* suchen.

Segeln statt Fähre

Umweltfreundlich nach Korsika: Sailcoop (sailcoop.fr) bietet saisonale Segeltörns (je nach Bedingungen 15–24 Std.) ab St.-Raphaël auf dem Festland an. An Bord gibt's Vegetarisches aus Bio-Zutaten.

Auf Regionalprodukte achten

Restaurants mit saisonalen Regionalprodukten servieren oft ein *menu du marché* aus frischen Zutaten vom Markt. Manche haben auch eigene Küchengärten. Ein Pariser Lieferant ist die Dachfarm Nature Urbaine (nu-paris.com).

Naturschutzprojekte besuchen

Der einzigartige Pflanzenpark Terra Botanica (Angers; S. 364) informiert über die Biodiversität des Loire-Tals. In den Schluchten der Ardèche (S. 429) lassen sich wieder angesiedelte Raubvögel in freier Natur beobachten.

Nicht nach Netflix richten: Statt überlaufener Bildschirm-Highlights (z. B. der Mont St.-Michel und die Etretat-Klippen in der Normandie) besser ruhigere, unbekanntere Klöster und Naturwunder besuchen (S. 20).

In Weinregionen (inkl. Champagne, Cognac) deren kleinere Winzer:innen unterstützen und die großen (Konzern-)Konkurrenten ignorieren.

DIREKTVERMARKTUNG NUTZEN

Am besten kauft man provençalisches Olivenöl bei lokalen *moulins à l'huile* (Ölmühlen) und Austern (z. B. Cap Ferret, Cancale) bei den jeweiligen Züchtern. Für Picknick-Proviant empfehlen sich *marchés des producteurs* (Bauernmärkte). Läden mit Regionalprodukten sind unter produits-locaux.bzh zu finden.

EINHEIMISCHE GUIDES

Die einheimischen Guides von Greeters (greeters.fr) führen Besucher:innen ehrenamtlich und gratis durch Großstädte. In der Hauptstadt empfiehlt sich das dreitägige Event Paris Local (Nov.; parislocal.parisjetaime.com).

Strandregeln beachten

In Strand- und Dünengebieten stehen Schilder mit lokalen Fischerei- und Sammelbestimmungen. Beispiele: Seetang ist landesweit auf 2 kg/Pers. beschränkt. Von der Promenade des Anglais (Nizza) dürfen keine Steine mitgenommen werden.

Nachhaltige Festivals besuchen

Musikfestivals wie das We Love Green (Bois de Vincennes/Paris) nutzen Strom aus nachhaltigen Quellen. Gleiches gilt für das Low Tech Bordeaux und das SlowFest (April) in Bordeaux.

Möglichst laufen, Bikesharing-Programme nutzen und Regionaltrips anhand von Zugverbindungen oder Radwanderkarten planen.

Bei Waldbrand-Gefahr (Juli–Mitte Sept.) die strikten Rauchverbote in Wäldern (31 % der Landesfläche) und deren Nähe beachten.

Etwas zurückgeben

Die Delfintouren der gemeinnützigen Organisation Al Lark (S. 264) finanzieren die Erforschung der bretonischen Meeressäuger. Käufe bei Monsieur Txokola (Bayonne; S. 538) unterstützen Kakaofarmer:innen in Ecuador.

Feuchtgebiete besuchen

Vielfältige Feuchtgebiete sind weltweit sehr wichtige Habitate für Vögel, Reptilien, Amphibien und Fische – und auch in Frankreich zunehmend bedroht. Mehr darüber erfährt man in Schutzgebieten der Conservatoire du Littoral (conservatoire-du-littoral.fr).

WEITERE INFOS

bienvenue-a-la-ferme.com
Campingplätze, B&Bs und Selbstversorgerhütten auf Bauernhöfen.

fairbnb.coop
Kommunale Vermittlung von Ferienwohnungen in Paris und Marseille.

bistrotdepays.com
Landrestaurants durch Essen in *bistrots du pays* unterstützen.

IM UHRZEIGERSINN VON OBEN LINKS: JONATHAN AMIRAN/SHUTTERSTOCK ©, STOCKPHOTO-GRAF/SHUTTERSTOCK ©

LGBTIQ+-Traveller

Die Regenbogenflagge flattert hoch über Frankreich: Im europäischen Vergleich genießt die LGBTIQ+-Gemeinde hier schon sehr lange umfassende Freiheit. Das liberale *Laissez-faire* in puncto Homosexualität und Privatsphäre resultiert teilweise aus einer traditionellen nationalen Toleranz gegenüber unkonventionellen Lebensstilen.

LGBTIQ+-Szene in Paris

Das „schwule Paris" macht seinem Spitznamen alle Ehre: Im Vergleich zu anderen französischen Städten ist die Szene hier extrem offen und weniger auf bestimmte Viertel beschränkt. Das Nachtleben konzentriert sich auf Le Marais. LGBTIQ+-Locations ziehen aber stadtweit ein gemischtes Publikum an.

Als erste Metropole Europas wählte Paris 2001 einen geouteten Bürgermeister (Bertrand Delanoë; Amtszeit bis 2014). Homosexuelle Zuneigungsbekundungen in der Öffentlichkeit und LGBTIQ+-Paare in Hotelzimmern erregen hier kaum Aufsehen.

FÉDÉRATION LGBTI+

Landesweit gehören 23 LGBTIQ+-Organisationen zur Fédération LGBTI+ (federation-lgbt.org). Deren Regional- und Lokalzentren (z. B. in Paris, Lyon, Nizza, Bordeaux) liefern Szeneinfos, leisten spontane Unterstützung und organisieren vielerlei Events.

Marche des Fiertés

Als größtes und buntestes Event des französischen LGBTIQ+-Veranstaltungskalenders lockt Gay Pride (Ende Juni) zahllose Besucher:innen an. Jedes Jahr zieht auch der fröhliche Marche des Fiertés (Gay-Pride-Marsch) mit Musik und Unterhaltung durch viele Städte (z. B. Paris, Lyon, Marseille, Rouen). Viele Partys prägen die sechstägige Semaine des Fiertés (Pride-Woche).

SCHILLERNDES NIZZA

Ob in puncto Lichtverhältnisse oder Attraktivität für Reisende: Nizza gilt traditionell als *irisée naturellement* (natürlich schillernd). Heute wirbt die Königin der französischen Riviera mit speziellen Schildern (Nice, Irisée Naturellement) für LGBTIQ+-freundliche Einrichtungen. Lokales Szene-Highlight ist die Straßenparty Hello Dolly!, bei der alle Teilnehmende weiße Klamotten tragen.

WEITERE INFOS

Gay Travel & Life in France (gay-france.net)
Der Name ist Programm.

Les Mots à la Bouche (motsbouche.com)
Einer von Frankreichs ältesten LGBTIQ+-Buchläden (gegr. 1980). Im Pariser 11e arrondissement.

Geführte LGBTIQ+-Touren

Thementouren des Paris Gay Village (parisgayvillage.com) beleuchten das lokale Szeneleben ab dem 17. Jh. Unter den Optionen sind z. B. Links Bank Lesbians, Secrets of Le Gay Marais und Besuche von LGBTIQ+-Promigräbern.

Barrierefrei reisen

Frankreich stellt *visiteurs handicapés* bzw. *à mobilité réduite* (Besucher:innen mit Handicap bzw. eingeschränkter Mobilität) weiterhin vor Herausforderungen. Langsam aber sicher verbessert sich die Barrierefreiheit aber auch hier.

Mobilitätshindernisse

Holperiges (Kopfstein-)Pflaster erschwert Rollstuhlfahrenden das Vorankommen in historischen Altstädten. Schwierig sind auch Bergdörfer mit steilen Straßen ohne Bürgersteige. Cafétische können Bürgersteige stark bevölkern oder verschmälern.

Flughäfen

Die Pariser Flughäfen verleihen Rollstühle, bringen Reisende zum Gate und helfen beim Ein- bzw. Aussteigen. Der entsprechende Service Assistance Mobilité (Tel. 3950; parisaeroport.fr) ist spätestens 48 Stunden vorher zu kontaktieren (alternativ über die App Paris Aéroport).

Übernachten

Per Gesetz müssen neuere Hotels mindestens ein barrierefreies Zimmer für *personnes à mobilité réduit* (PMR; Personen mit eingeschränkter Mobilität) haben. Im ländlichen Raum sind solche Bleiben vergleichsweise rarer.

BARRIEREFREIE STRÄNDE

Hierzu zählen z. B. die Plages du Centenaire und de Carras in Nizza. Dort gibt's Rampen bis zum Wasser, amphibische Rollstühle und spezielle Einrichtungen (inkl. Parkplätze, Toiletten) für Besucher:innen mit Handicap.

Museen & Sehenswürdigkeiten

Große Museen sind barrierefrei und haben oft (kürzere) Infotafeln mit Braille-Beschriftung. Teils gibt's auch spezielle Führungen für Besucher:innen mit sensorischen oder psychischen Einschränkungen. Die 1. und 2. Ebene des Eiffelturms sind per Aufzug erreichbar.

Pariser Metro

Ein echter Problemfall: Bislang verfügt nur die Linie 14 über Aufzüge (Rollstuhl-Nutzung trotzdem sehr schwierig). Alle Pariser Stadtbusse sind jedoch barrierefrei.

SKIFAHREN MIT HANDICAP

Barrierefreier Pistenspaß ist in Frankreich sehr beliebt: In den meisten Skigebieten gibt's geeignete Lifte mit vergünstigten Pässen und ESF-Schulen mit qualifizierten *moniteurs handiski*. Besonders gut ausgestattet ist Tignes (ein Austragungsort der Paralympischen Winterspiele 1992).

WEITERE INFOS

tourisme-handicaps.org Umfassende Infos auf Englisch.

accessibilite.sncf.com Hilfe für SNCF-Zugreisende per Accès Plus und Accès TER.

wheeliz.com Carsharing-Service mit barrierefreien Mietwagen.

accessible.net Barrierefreie Optionen (z. B. Hotels, Restaurants) für Reisende mit Handicap.

parisinfo.com Stellt den vorbildlichen Stadtführer Accessible Paris (engl.) zum Download bereit.

jaccede.com 100 000 barrierefreie Adressen plus anpassbare Suchfilter.

Naturerlebnisse

Landesweit führen barrierefreie Pfade durch die Natur. Das Verzeichnis von Cirkwi (cirkwi.com) ist nach Eignung für Rollstuhlmodelle (2/3 Räder, E-Antrieb, geländegängig) filterbar. Viele Strände und Naturschutzgebiete wie die Réserve Naturelle du Bout-du-Monde (Lac d'Annecy; S. 479) haben hölzerne Plankenstege.

FLEGERE/SHUTTERSTOCK ©

Melonen, Cavaillon (S. 697)

WIE ... Auf Märkten einkaufen

Heute zaubern Spitzenköche komplexe Köstlichkeiten aus dem Angebot des Tages, während junge Hoteliers coole Lifestyle-Oasen aus Recycling-Materialien erschaffen. Gleichzeitig ist Einkaufen auf dem guten alten Markt angesagter denn je. *Marchés* sind aber keine reinen Shopping-Orte, sondern vielmehr uralte Institutionen mit eigenen Regelmäßigkeiten und unveränderten Traditionen.

Frischwaren sind hier nicht günstiger als in Supermärkten, aber im Vergleich viel hochwertiger (inkl. Saisonalität und Regionalität). *Marchés* ermöglichen zudem direkte Kontakte zu Erzeugern und Köchen. Obendrein offerieren sie regionale Spezialitäten (S. 48), die anderswo kaum zu bekommen sind.

Markttage

In allen Dörfern, Kleinstädten und Großstadtvierteln gibt's Freiluftmärkte (mind. 1-mal wöchentl., ca. 7–13 Uhr) mit Lebensmittel-, Klamotten- und Haushaltswarenständen.

Hinzu kommen oft noch separate *marchés des producteurs* (Bauernmärkte; Verzeichnis unter marches-producteurs.com). Deren Direktvermarkter bieten teils auch Bio-Produkte an.

Frankreichs Markthallen (alias *les halles*; geöffnet 5- bis 6-mal wöchentl., morgens od. ganztägig) sind häufig historische Bauten aus dem 19. Jh. Umgeben von Backstein, Glas und Schmiedeeisen locken dort auch Imbissstände mit Mittagessen und Tischen.

Saisonale Spezialitäten

Ein Highlight sind Spezialmärkte für einzelne saisonale Köstlichkeiten. Darunter sind z. B. frischer Knoblauch in Marseille (Juni), sonnengereifte Melonen in Cavaillon (Mai–Sept.) oder Austern in Cancale (ganzjährig). Im Winter (Nov.–März) gibt's schwarze Trüffeln in der Provence – ebenso in der Dordogne, die zudem mit ihren *marchés au gras* alle erdenklichen Entenprodukte ehrt.

Etikette

Waren niemals unaufgefordert anfassen: Markthändler:innen bedienen ihre Kunden oder geben Plastikschalen für die Selbstwahl aus.

Transportmittel mitbringen: Ein Flechtkorb oder Einkaufstrolley unterscheidet Locals von Tourist:innen. Im Notfall eine wiederverwendbare Einkaufstasche verwenden.

Beim Kauf von Esswaren (inkl. Käse): Die Händler:innen bzw. Produzent:innen nach Rezeptideen und Zubereitungstipps fragen.

Bezahlen: Meist nur bar möglich; Feilschen ist tabu.

NACHTMÄRKTE IM SOMMER

Frankreichs *marchés de nuit* bzw. *nocturnes* (Nachtmärkte; Juli & Aug. ca. 17–23 Uhr) bieten jeweils Imbissstände im Freien. Das Highlight sind aber stets die regionalen *créateurs* (Künstler:innen und Kunsthandwerker:innen), die ihre Produkte vor Ort präsentieren und verkaufen. Straßenkünstler:innen, Livemusik und Foodtrucks machen das Ganze noch interessanter. Nachtmärkte gibt's vor allem in der Provence, der Dordogne (Tipp: Périgueux im Juli) und in Küstenorten (Tipp: Bidart im Baskenland).

Kurz & Knapp

ÖFFNUNGSZEITEN

Viele Kleinstadt- und Dorfläden haben montags geschlossen.

Banken Mo–Fr od. Di–Sa 9–12 & 14–17 Uhr

Bars 19–1 Uhr

Cafés 7–23 Uhr

Diskos Do–Sa 22–3, 4 od. 5 Uhr

Restaurants 12–14.30 & 19–21 Uhr od. länger (6-mal wöchentl.)

Einzelhandel Mo–Sa 10–12 6 14–19 Uhr

Drogen

Bei Schmuggel, Besitz, Kauf oder Verkauf drohen zehn Jahre Haft und 500 000 € Geldstrafe.

GUT ZU WISSEN

Zeitzone
MEZ

Ländervorwahl
33

Notruf
112

Bevölkerung
68 Mio.

FEIERTAGE & FERIEN

Die folgenden *jours féries* gelten landesweit. Im Elsass und in Lothringen (département Moselle) sind der Karfreitag und 2. Weihnachtsfeiertag (26. Dez.) ebenfalls öffentliche Feiertage.

Neujahr 1. Januar

Ostern Ende März/April

Tag der Arbeit 1. Mai

Tag der Befreiung 8. Mai

Christi Himmelfahrt Mai (40 Tage nach Ostern)

Pfingsten Mitte Mai–Mitte Juni (7. So nach Ostern)

Nationalfeiertag (Fête Nationale) 14. Juli

Mariä Himmelfahrt 15. August

Allerheiligen 1. November

Ende des Ersten Weltkriegs 11. November

Weihnachten 25. Dezember

Rauchen
In geschlossenen öffentlichen Räumen und Wäldern (Sommer) verboten.

Maße & Gewichte
In Frankreich gilt das metrische System.

Stockwerke
Die Zählung beginnt oberhalb des Erdgeschosses.

Strom 220 V/50 hz

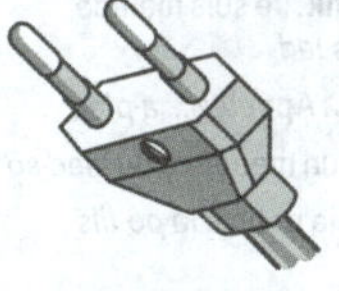

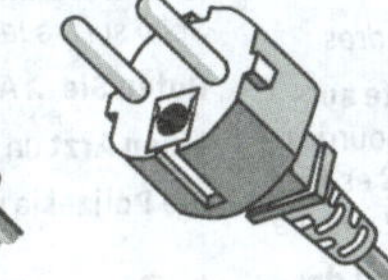

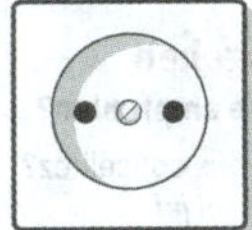

Typ C
220 V/50 Hz

Typ E
220 V/50 Hz

Sprache

Landesweit wird Standard-Französisch gelehrt und gesprochen. Gleichzeitig sind bestimmte Slangs bzw. Dialekte wichtige Identitätsmerkmale einiger Regionen. Standard-Französisch wird aber auch dort problemlos verstanden.

Nützliches

Hallo. Bonjour. *bon·schuur*

Auf Wiedersehen. Au revoir. *o·rer·wa*

Ja. Oui. *wii*

Nein. Non. *non*

Bitte. S'il vous plaît. *siil vuu plä*

Danke. Merci. *mär·sii*

Entschuldigung. Excusez-moi. *ek·skuu·se·mwa*

Tut mir leid. Pardon. *par·don*

Wie heißen Sie? Comment vous appelez-vous? *ko·mon vuu·sa·plä vuu*

Ich heiße ... Je m'appelle ... *Schö ma·pel...*

Sprechen Sie Englisch/Deutsch? Parlez-vous anglais/allemand? *par·lä·vuu ong·glä/alle moh*

Ich verstehe nicht. Je ne comprends pas. *Schö nö kom·pron pa*

Wo ist ...?

Où est ...? *uu eh ...*

Wie lautet die Adresse?

Quelle est l'adresse? *kel eh la·dres*

Könnten Sie die Adresse bitte aufschreiben? Est-ce que vous pourriez écrire l'adresse, s'il vous plaît? *es·kö vuu puu·rieh eh·krier la·dres sil vuu plä*

Können Sie mir das zeigen (auf der Karte)?

Pouvez-vous m'indiquer (sur la carte)? *puu·veh·vuu mun·dii·keh (sür la kart)*

Schilder

Entrée Eingang

Fermé Geschlossen

Ouvert Geöffnet

Sortie Ausgang

Toilettes/WC Toiletten

Uhrzeit & Datum

Wieviel Uhr ist es? Quelle heure est-il? *kel ör eh til*

Es ist (8) Uhr. Il est (huit) heures. *il eh (uit) ör*

30 Min. nach (10). Il est (dix) heures et demie. *il eh (dihs) ör eh deh·mii*

Morgen matin. *ma·täh*

Nachmittag après-midi. *a·prä·mii·dii*

Abend soir. *swar*

Gestern hier. *jär*

Heute aujourd'hui. *o·schur·dwii*

Morgen demain. *deh mäh*

Notfall

Hilfe! Au secours! *o skuur*

Lassen Sie mich in Ruhe! Fichez-moi la paix! *fii·schee·mwa la pä*

Ich bin krank. Je suis malade. *Schö sui ma·lad*

Rufen Sie ... Appelez ... *a·plee*

einen Arzt un médecin. *un med·sö*

die Polizei la police. *la po·liis*

Essen & Ausgehen

Was würden Sie empfehlen?

Qu'est-ce que vous conseillez? *kes·keh vuu kon·sei·jei*

Prost! Santé! *son·teh*

Das war lecker! C'était délicieux! *seh·tä deh·lih·siö*

NUMBERS

1 **un** *un*

2 **deux** *der*

3 **trois** *trwa*

4 **quatre** *ka·trer*

5 **cinq** *sungk*

6 **six** *sees*

7 **sept** *set*

8 **huit** *weet*

9 **neuf** *nerf*

10 **dix** *dees*

AUSSPRACHE

R: gerollt; H: lautlos; nasale Vokale: mit „Druck durch die Nase".

Slang

Was geht? Quoi de neuf?

Lass das/Schon gut! Laisse-tomber!

Keine Lust/Ich bin faul J'ai la flemme

Guten Appetit! Bon app!

Auf keinen Fall! C'est pas vrai!

Lass uns gehen/loslegen! C'est parti!

Sehr gut! Nickel

Oh Gott! La vache! (wörtl. „die Kuh")

Viel Glück/Hals- & Beinbruch Trois fois merde

Bitteschön/Da haben wir's Et voilà

Wer auf Französisch fluchen oder ein starkes Gefühl (z. B. Freude, Verwunderung, Unglauben) ausdrücken will, sagt einfach *Putain* (wird vielfältig verwendet).

BEITRÄGE ANS DEUTSCHE

Beispielsweise Café, Bohemien, Klischee ...

Sprachfamilie

Das Französische gehört zur romanischen Sprachfamilie, die auf dem Latein der römischen Eroberungsperiode (1. Jh. v. Chr.) basiert. Unter seinen nahen Verwandten sind Italienisch, Spanisch, Portugiesisch und Rumänisch.

Wichtige Grammatik

Das Französische unterscheidet zwischen „Sie" (*vous*) und „Du" (*tu*) sowie zwischen männlichen und weiblichen Wortendungen (z. B. beau/belle = schöner/schöne).

Achtung!

Viele französische Begriffe wirken wie englische Wörter, haben aber eine ganz andere Bedeutung (z. B. *menu* = Mittagsmenü zum Festpreis, nicht Speisekarte = *carte*).

Keine Sorge

Französinnen und Franzosen sind generell höflich und freundlich. So kann es z. B. auch vorkommen, dass sie freiwillig unbekannte, aber tolle Weingüter empfehlen.

WO WIRD FRANZÖSISCH GESPROCHEN?

Französisch ist Amtssprache in 29 Ländern (z. B. Frankreich, Belgien, Kanada, Vanuatu, Demokratische Republik Kongo).

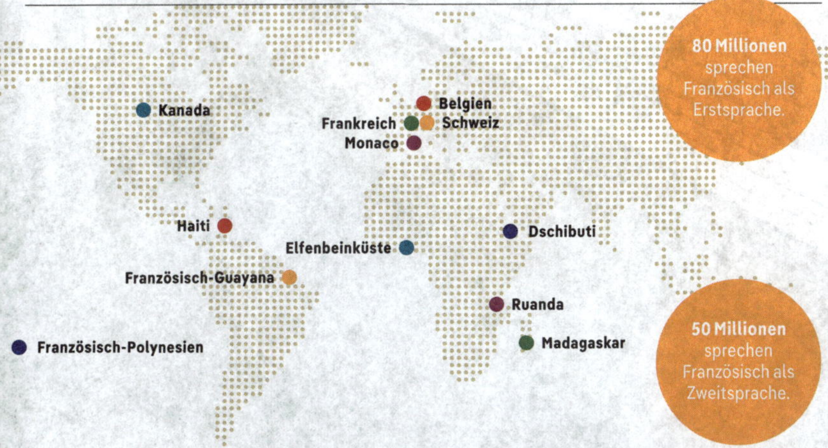

80 Millionen sprechen Französisch als Erstsprache.

50 Millionen sprechen Französisch als Zweitsprache.

STORYBOOK

Mit sechs interessanten Reportagen tief in den französischen Alltag eintauchen.

Château de Chambord (S. 349) an der Loire

DIE GESCHICHTE FRANKREICHS IN 15 ORTEN

Völkerwanderung, römische Unterwerfung und Zivilisation, Aufstieg des Adels: Die frühe französische Geschichte spiegelt die Geschichte eines Großteils Europas wider. Doch nirgendwo sonst würde eine so stark unabhängige Kirche unter einer mächtigen zentralen Autorität weiterbestehen. Dieser Säkularismus oder *laïcité* ist die Grundlage für Frankreichs aufregende Geschichte. Von Nicola Williams

DIE FRANZÖSISCHE GESCHICHTE strotzt nur so vor starken Charakteren: jungfräuliche Kriegerinnen und weinselige Päpste, bombastische Könige und blutrünstige Königinnen, die Gemahlin Ludwigs XVI., die die Gesellschaft schockierte, und der Kabarettstar der 1920er-Jahre, der zwölf Kinder aus aller Welt adoptierte als „Experiment der Brüderlichkeit" und Anspielung auf Frankreichs nationales Motto *Liberté, Egalité, Fraternité* („Freiheit, Gleichheit, Brüderlichkeit").

Keltische Gallier waren die ersten Siedler auf französischem Gebiet. Die Römer erbauten im Süden Amphitheater, Aquädukte und öffentliche Bäder, legten im Burgund und um Bordeaux Weinberge an und entwickelten Techniken zur Weinverarbeitung. Außerdem führten sie das Christentum ein. Mit dem Frankenkönig Chlodwig I. (reg. 481–511) erhielt Frankreich seinen ersten König, und die Krönung von Hugo Capet im Jahr 987 begründete eine Dynastie, die acht Jahrhunderte über Frankreich herrschte. Während der Herrschaft des Königs der Renaissance, Franz I. (reg. 1515–47), blühten Kunst und Kultur auf und legten den Grundstein für Frankreichs Ruf als Zentrum der Avantgarde.

In langen und blutigen Kriegen kämpften die Franzosen gegen die Engländer (Hundertjähriger Krieg; 1337–1453) und die Katholiken gegen die Protestanten (Religionskriege; 1562–98) und schufen so Rivalitäten, die nie ganz verschwanden. Der Code Napoléon (Zivilrecht) von Napoléon Bonaparte I. aus dem 19. Jh. gewährte Religionsfreiheit; ein Jahrhundert später führten die Dreyfus-Affäre und die Einmischung der katholischen Kirche zur Einführung des *laïcité* (Laizismus) – bis heute eine umstrittenes Thema.

1. Vézère-Tal

EUROPAS ERSTE KUNST

In einem Europa, das von riesigen Eisschilden bedeckt war, lebten die Menschen im heutigen Frankreich einst als Jäger und Sammler, die in Höhlen lebten und den Wanderrouten ihrer Beute folgten. Mit Feuersteinwerkzeugen (vor etwa 30 000 Jahren) und später (nach 17 000 v. Chr.) mit Holzkohle und Pigmenten aus Ocker verzierten die Menschen in prähistorischer Zeit in Lascaux und in mehr als 20 weiteren Höhlen im Vézère-Tal (Dordogne) die Wände mit komplexen Zeichnungen von Bisons, Rentieren, Pferden, Mammuts und heute ausgestorbenen Megaloceros aund schufen damit die erste Kunst Europas.

Infos zur Besichtigung der Nachbildungen der zum UNESCO-Weltkulturerbe zählenden Höhlen in der Dordogne oder dem Original in der spektakulären Höhle Font-de-Gaume in Les Eyzies auf S. 564.

2. Alignements von Carnac

ÄLTER ALS STONEHENGE

Die weltweit größte Ansammlung monumentaler Menhire und Dolmen in der Bretagne, die von Menschen der Jungsteinzeit ab 7000 v. Chr. errichtet wurden, gibt Historiker:innen bis heute Rätsel auf. In und um Carnac entstanden zwischen 5000 und 3500 v. Chr. etwa 3000 aufrecht stehende, bis zu 8 m hohe Steinmonumente. Man nimmt an, dass der 20 m hohe Er Grah 700 Jahre nach seiner Errichtung im Jahr 4700 v. Chr. in vier gigantische Teile zerbrochen wurde. Hügelgräber (lat. *tumuli*; Ganggräber mit Kammer und Abschlussplatte) aus derselben Zeit werfen ebenfalls viele Fragen auf.

Infos zur Besichtigungen der Alignements von Carnac zu Fuß oder per Rad auf S. 283.

3. Les Journées Romaines

RÖMISCHE OLYMPIADE

Die jahrhundertelangen Konflikte zwischen Galliern und Römern endeten 52 v. Chr., als die Legionen Julius Cäsars einen Aufstand gallischer Stämme unter dem keltischen Häuptling Vercingétorix bei Gergovia (nahe dem heutigen Clermont-Ferrand) niederschlugen. Die Dramatik dieses bedeutenden Ereignisses kann man bei Theatervorführungen, Gladiatorenkämpfen und einer Art Olympischer Spiele während des dreitägigen Fests Les Journées Romaines in Nîmes nachempfinden. Die römische Stadt ist für ihren Aquädukt Pont du Gard (1. Jh. n. Chr.) bekannt.

Infos zu Nîmes auf S. 594.

Höhlenmalerei in Lascaux (S. 564)

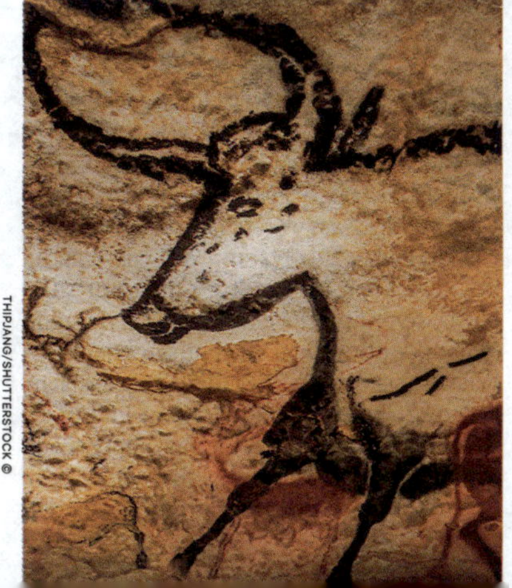

THIPJANG/SHUTTERSTOCK ©

4. Musée de la Tapisserie de Bayeux

KÄMPFE AUF EINEM WANDTEPPICH

Die Geschichte, wie William dem Eroberer und seinen Truppen 1066 die erfolgreiche Invasion von der Normandie aus gelang, wird auf dem Wandteppich von Bayeux erzählt, der im Musée de la Tapisserie de Bayeux ausgestellt ist. Als Eleanore von Aquitanien 1152 Heinrich von Anjou heiratete, fiel ein weiteres Drittel Frankreichs an die englische Krone. Der anschließende Machtkampf zwischen Frankreich und England um die Herrschaft über Aquitanien und die englischen Gebiete in Frankreich dauerte drei Jahrhunderte und führte zum Hundertjährigen Krieg.

Infos über Bayeux in der Normandie und seine Geschichte auf S. 227.

5. Die Geschichte von Jeanne d'Arc

DIE JUNGFRÄULICHE KRIEGERIN

Offenbarungen folgend, ging das 17-jährige Bauernmädchen Jeanne d'Arc (Johanna von Orléans) im Jahr 1428 von zu Hause fort. Sie vertrieb die Engländer aus Frankreich und unterstützte die Ernennung Karls VII. zum König von Frankreich. 1429 stürmte sie mit einer Armee Orléans und vertrieb die englischen Truppen, die die Stadt im Loire-Tal belagerten. Sie wurde schließlich gefangen genommen, an die Engländer verkauft, wegen Hexerei und Ketzerei 1431 zum Tode verurteilt und auf dem Scheiterhaufen verbrannt.

Mehr Infos über Jeanne d'Arc, die 1920 heilig gesprochen wurde, auf S. 216.

6. Château de Chambord

RENAISSANCE-PRUNK

Mit Aufkommen der italienischen Renaissance unter der Herrschaft von Franz I. gewannen weltliche Dinge gegenüber der Religion an Bedeutung. Als prunkvolles Symbol der Monarchie ließ Franz I. in Chambord ein Jagdschloss erbauen. Dieses Schloss im Loire-Tal ist eine Mischung aus klassischen Teilen und dekorativen Elementen, die im Stil der Flamboyantgotik verziert sind. Es stellte Reichtum und Abstammung zur Schau. Die 426 Räume, 282 Kamine und 77 Treppen wurden auf fünf Stockwerken um eine zentrale Achse angeordnet. Dies ermöglichte die leichte Orientierung in dem Gebäude, das in den Augen vieler das erste moderne Gebäude Frankreichs ist.

Infos zum Besuch des Château de Chambord und seiner Festungsanlage auf S. 349.

7. Palais du Parlement de Bretagne

BRETONISCH BIS ZUM LETZTEN ATEMZUG

Frankreich und England fochten harte Kämpfe mit der Bretagne aus, bis 1532 eine Reihe strategischer königlicher Hochzeiten schließlich *la guerre folle* – den „verrückten Krieg" – zwischen Frankreich und der Bretagne beendete. Die Bretagne wurde der französischen Krone zugesprochen, behielt aber ihren unabhängigen Geist, ihre eigene Identität und ihr eigenes rebellisches Parlament in einem Palast in Rennes.

Infos zu geführten Touren im Palais du Parlement de Bretagne und zur Geschichte der Bretagne auf S. 254.

8. Château de Versailles

DER GRÖSSENWAHN DES SONNENKÖNIGS

Ludwig XIV. (reg. 1643–1715), bekannt als *Le Roi Soleil* (Sonnenkönig), bestieg den Thron im Alter von fünf Jahren. Er verwickelte sein Reich in teure Kriege mit Holland, Österreich und England. Die Steuern, die das Staatssäckel auffüllen sollten, führten im ganzen Land zu Armut und Obdachlosigkeit. Ludwig XIV. ließ derweil in Versailles den extravagantesten Palast Frankreichs erbauen. Er zwang seine 6000 Höflinge, miteinander um die Gunst des Königs zu konkurrieren, entmachtete dadurch die zerstrittene Aristokratie und schuf den ersten zentralistischen französischen Staat.

Die französische Monarchie auf ihrem Höhepunkt auf S. 180.

9. MuCEM

SCHONENDERE HINRICHTUNGSMETHODEN

Hängen und Vierteilen, indem man die Gliedmaßen des Opfers an vier Ochsen oder Pferde band, die in vier verschiedene Richtungen zerrten, das war einst die bevorzugte Methode der öffentlichen Hinrichtung. Im Bemühen, öffentliche Hinrichtungen etwas humaner zu gestalten, erfand der französische Arzt Joseph Ignace Guillotin (1738–1814) die Guillotine. Während der Schreckensherrschaft (September 1793 bis Juli 1794) in Paris wurde mindestens 17 000 Menschen der Kopf mit einem Fallbeil aus 2 m Höhe abgetrennt. Als 1977 die letzte Hinrichtung per Guillotine erfolgte (hinter verschlossenen Türen), konnte die Apparatur den Kopf in zwei Hundertstelsekunden abtrennen.

Guillotine, in Marseilles MuCEM ausgestellt, auf S. 668.

10. Îles Sanguinaires

EIN KAISER AUS KORSIKA

Napoléon Bonaparte (1769–1821) soll schon als Kind an Kriegsführung interessiert gewesen sein, als er die Soldaten der Garnison von Ajaccio bei ihren Manövern auf der heutigen Place du Général de Gaulle beobachtete, die heute von einem Reiterstandbild des korsischen Generals beherrscht wird, der 1799 die erste Französische Republik stürzte und Kaiser von Frankreich wurde. Während seiner 16-jährigen Herrschaft setzte Napoléon I. wichtige Reformen durch, darunter den Code Napoléon, die Basis des französischen Rechts. In Ajaccio kümmerte er sich um die öffentliche Gesundheit und ließ auf der Îles Sanguinaires ein Lazarett errichten, um korsische Fischer, die von monatelangen Fangeinsätzen in Nordafrika zurückkehrten, unter Quarantäne zu stellen.

Infos zu Napoléon in Ajaccio auf S. 772.

11. Musée Massena

EINE SEHR SCHÖNE EPOCHE

Mondäne *hivernants* (Wintertourist:innen) entdeckten die Côte d'Azur einst als Reiseziel: Angezogen vom milden Klima und der Meeresluft, begaben sich die ersten Tourist:innen 1882 auf den Spuren der englischen Königin Victoria ins winterliche Nizza. Sie reisten mit dem ersten Nachtzug der Welt, dem luxuriösen Train Bleu (1886), der Calais mit Menton an der Küste verband, und verbrachten die Tage damit, auf der Promenade des Anglais zu flanieren, beim Nachmittagstee zu plaudern und sich im Casino von Monte Carlo zu vergnügen.

Mehr über die von der UNESCO ernannten „Winterurlaubsstadt an der Riviera" auf S. 714.

12. Route des Crêtes

GEBIRGSKÄMPFE IM ZWEITEN WELTKRIEG

Die nur wenige Kilometer von der deutschen Grenze im Osten Frankreichs entfernten Vogesen im Elsass waren im Ersten Weltkrieg von Dezember 1914 bis zum Waffenstillstand im November 1918 heftig umkämpft. Die blutigsten Kämpfe fanden bei Vieil Armand (956 m) statt, einem strategisch wichtigen Felsvorsprung mit Blick auf die elsässische Ebene und das Rheintal. Etwa 90 km an Gräben wurden im Gebirge ausgehoben, von denen noch viele erhalten sind. Die Route des Crêtes (Kammstraße) durch die Vogesen-

Palais du Parlement de Bretagne (S. 254), Rennes

Ballons (kahle, abgerundete Bergkuppen) wurde gebaut, um die Truppen zu versorgen.

Infos zur Route des Crêtes und der Gedenkstätte von Vieil Armand auf S. 321.

13. Le Grand Bunker – Musée du Mur de l'Atlantique

NIEMALS VERGESSEN

13 Mio. Kubikmeter Beton und das Leben 10 000 alliierter Soldaten forderte der Bau des Atlantikwalls (Mur de l'Atlantique) in Frankreich – eine Küstenbefestigung, die von den Deutschen zwischen 1942 und 1944 zur Verteidigung einer 4000 km langen Küstenlinie von Norwegen bis Südfrankreich errichtet wurde. Von einem Beobachtungsposten in einem Blockhaus (bekannt unter dem Namen Le Grand Bunker –Musée du Mur de l'Atlantique) in dem kleinen normannischen Fischerhafen Ouistreham überblickten die Deutschen die von goldenen Sandstränden gesäumte Küste der Normandie, wo die Alliierten am D-Day landen sollten.

Mehr Infos zu den D-Day-Landungsstränden des Zweiten Weltkriegs und zum Aussichtspunkt der Nazis auf S. 227.

14. Cité de l'Architecture et du Patrimoine

GROSSE PROJEKTE IN PARIS

So wie der „Sonnenkönig" seine Macht in Versailles zur Schau stellte, so versuchten die französischen Politiker in den 1970er- und 1980er-Jahren, sich durch *grands projets* (gigantische öffentliche Bauwerke) zu verewigen. Die Architekten des Pariser Centre Pompidou verlagerten das funktionale „Innere" des spektakulären Gebäudes nach außen, um Platz in den Ausstellungsräumen zu schaffen. Der Nachfolger von Georges Pompidou, Valéry Giscard d'Estaing, war maßgeblich daran beteiligt, den Bahnhof Gare d'Orsay in ein Kunstmuseum umzuwandeln – eine völlig radikale und verrückte Idee damals, im Jahr 1986. François Mitterrand kostete die Steuerzahler:innen durch seine architektonischen Wahrzeichen 4,6 Mrd. Euro.

Mehr Infos zur Pariser Architektur im Wandel der Zeit im Cité de l'Architecture et du Patrimoine auf S. 73.

15. Das Panthéon

FREIHEIT, GLEICHHEIT, BRÜDERLICHKEIT

Voltaire, Rousseau, Victor Hugo und Marie Curie liegen unter der großen neoklassizistischen Kuppel des Pariser Panthéon begraben. 2021 wurde Josephine Baker (1906–75) in die altehrwürdige Ruhestätte der „Größten" Frankreichs aufgenommen. Die in den USA geborene Music-Hall-Künstlerin, französische Widerstandskämpferin und Bürgerrechtlerin kam während *les Années folles* („die wilden Zwanziger") nach Paris, einem Anziehungspunkt für US-amerikanische Künstler:innen, die in ihrem Heimatland mit der Rassentrennung konfrontiert waren. Sie eroberte mit ihren gewagten Auftritten Paris im Sturm. Von den 80 Persönlichkeiten, die seit 1791 im Panthéon beigesetzt wurden, sind nur sechs Frauen. Baker ist die erste Künstlerin, Amerikanerin und schwarze Frau.

Mehr Infos zum Panthéon auf S. 144.

IM UHRZEIGERSINN VON OBEN LINKS: HUANG ZHENG/SHUTTERSTOCK ©, RRRAINBOW/SHUTTERSTOCK ©, FROLOVA_ELENA/SHUTTERSTOCK ©, ARNAUD FINISTRE/AFP VIA GETTY IMAGES ©

TRIFF DIE EINHEIMISCHEN

Natürlich trägt ihn Frankreich nicht jeder ein Barett, dafür liebt man es zu streiken, zu essen und zu trinken. Daphné Leprince-Ringuet über ihre Landsleute.

WER AUF EINER Onlinekarte nachliest, mit vielen *bises* (Küsse) man wo in Frankreich seine Liebsten grüßt, wird sehen, dass man dessen Bevölkerung nicht in ein paar Absätzen beschreiben kann. Gebräuche ändern sich von Ort zu Ort und die Menschen sind so vielfältig wie das Land.

Frankreich ist seine Identität wichtig, gleichzeitig ist es ein kurioser Schmelztiegel. Die bretonische Küste erinnert an die Klippen im südenglischen Cornwall, auf dem Straßburger Weihnachtsmarkt gibt es Delikatessen mit deutsch klingenden Namen und in den Straßen korsischer Dörfer hört man *bonghjornu* und *avvèdeci*, was das ungeübte Ohr an den melodischen Rhythmus des Italienischen erinnert. Dies ist nur ein Vorgeschmack auf die riesige Bandbreite an Akzenten und Dialekten, Landschaften und Küchen Frankreichs. Eine wichtige Regel vorab: Bei einer Reise durch den Südwesten fragt man in der Bäckerei nicht nach einem *pain au chocolat*, sondern nach einem *chocolatine* – diese Unterscheidung ist Einheimischen sehr wichtig!

Natürlich ist Frankreich mehr als ein Zusammenschluss verschiedener Bastionen mit eigenen Besonderheiten. Es gibt viele verbindende Elemente, am offensichtlichen ist dabei wohl die Neigung zu streiken und auf die Straßen zu gehen. Für oder gegen Politik zu protestieren, ist sicherlich kein Privileg Frankreichs, dennoch ist es das Klischee, das sich am hartnäckigsten hält. Das hat seine Gründe: Das Erbe der Französischen Revolution lebt beharrlich weiter und fast jedes Anliegen, ob Rentenreform, Benzinpreise, gleichgeschlechtliche Ehe oder MeToo-Debatten, ist ein Grund, auf die Straße zu gehen.

Politik ist jedoch nur ein Aspekt. Was Frankreich außerdem zusammenhält, ist ein weiteres berechtigtes Klischee: das Essen. Überall im Land ist das UNESCO-geschützte „gastronomische Mahl Frankreichs", das sich auf große Familienessen zu besonderen Anlässen wie Geburtstagen oder Hochzeiten bezieht, von großer Bedeutung. Dasselbe gilt für dessen kleine Schwester, den *apéro*, der sich vom Aperitif ableitet und die Stunde vor dem Essen beschreibt, bei der man zu einem Getränk und einem Snack zusammenkommt. Die Vielseitigkeit des *apéro* machen ihn zu einem wichtigen Bestandteil des französischen Alltags. Man kann ihn mit der Familie, dem Freundeskreis, der Kollegschaft oder Fremden, die man gerade im Café getroffen hat, praktizieren. Manchmal ist er der kultivierte Prolog zu einem opulenten Mahl, manchmal endet er in den frühen Morgenstunden. Er kann ebenso aus Chips, *saucisson* und Bier bestehen wie aus *Foie gras*, Räucherlachs und einem Glas Champagner. Fast alles ist erlaubt, so lange man Spaß hat. *Alors, on prend l'apéro?*

Frankreich in Zahlen

In Frankreich leben 68 Mio. Menschen und die Vielfalt wächst von Tag zu Tag. Über 10 % der Bevölkerung haben Migrationshintergrund, also mehr als doppelt so viele wie 1946. Die Mehrheit kommt aus Algerien und Marokko, gefolgt von Portugal, Tunesien und Italien.

Im Uhrzeigersinn von oben links: Pilgerfahrt-Teilnehmer:innen, Saintes-Maries-dela-Mer (S. 686); Kellner, Paris (S. 56); Gamay-Traubenernte, Beaujolais (S. 427); Trüffeljagd, Burgund (S. 378)

UNTYPISCH BILINGUAL

Von klein auf sprach ich mit meiner halbschottischen Mutter Englisch und hatte das Glück, eine internationale Ausbildung zu absolvieren. Das ist in Frankreich jedoch nicht die Norm. Das Englischniveau meiner Landsleute gilt als durchschnittlich und liegt in offiziellen Erhebungen hinter dem von europäischen Nachbarstaaten. Doch die Dinge ändern sich, das gilt vor allem für jüngere Generationen. Laut Umfragen verstehen 48 % der 18- bis 24-Jährigen Englisch, bei den über 65-Jährigen sind es nur 15 %. Frankreich hat eine der niedrigsten Emigrationsraten in der Organisation für wirtschaftliche Zusammenarbeit und Entwicklung, zu den beliebtesten Auswanderungszielen zählen jedoch englischsprachige Länder wie die USA, Irland und Großbritannien. Tatsächlich gibt es Debatten, ob London mit geschätzten 250 000 französischen Bewohner:innen Frankreichs sechstgrößte Stadt ist. Dennoch ist man mit ein paar Grundkenntnissen auf der sicheren Seite – honoriert werden diese allemal!

Gänse

ALEXANDER KOLIKOV/SHUTTERSTOCK ©

DAS PÉRIGORD: HERZ DER FRANZÖSISCHEN KÜCHE

Die Region Périgord lockt mit Zutaten der Superlative. Von Helen Ranger

DAS PÉRIGORD IST für Herz und Seele der französischen Küche verantwortlich. Die dichten Eichenwälder, verschlungenen Flüsse und leuchtend grünen Felder bringen die besten Zutaten für die berühmte vielfältige Küche hervor. In den Weinbergen wachsen die Trauben für einige der besten Tropfen Frankreichs. Ländliche Märkte halten hiesige Pasteten, Trüffel, Walnüsse, Käse, Erdbeeren, Pilze und Kastanien bereit.

Périgord ist ein älterer Name für Dordogne und wird oft nach Farben in vier Regionen geteilt. Das Périgord Vert (grün) liegt im Norden mit seinen Hügeln, grünen Tälern und dem kaum besiedelten Parc Naturel Régional Périgord-Limousin. Zu den lokalen Spezialitäten gehören Trüffel, Walnüsse, Erdbeeren und verschiedene Pilzsorten. Thiviers gilt als Stadt des Foie gras und anderer Entenprodukte.

Die Gegend rund um Périgueux und Richtung Westen wird wegen der weißen Kalksteinfelsen und dem kreidehaltigen Boden Périgord Blanc (weiß) genannt. Das Dorf Sorges kann als Zentrale der Trüffel bezeichnet werden. Zudem ist die Region für Käse und Kaviar bekannt.

Im Osten liegt das Périgord Noir (schwarz) mit dem Hauptort Sarlat, das seinen Namen den dichten Eichenwäldern verdankt. Wegen der prähistorischen Höhlen, den dramatischmalerischen Flussabschnitten der Dordogne und den hübschen mittelalterlichen Dörfern sind die Besucherzahlen am höchsten. Hier gibt es Trüffel, auch „schwarze Diamanten“ genannt, die jedoch nicht für den Namen der Region verantwortlich sind. Die Gegend ist außerdem für Enten und Gänse bekannt.

Das Périgord Pourpre (lila) erstreckt sich im Süden mit der Hauptstadt Bergerac. Der Name beruht auf der Farbe der Reben im Herbst und der Weine.

Trüffel

Das exzellente Ecomusée de la Truffe in Sorges erklärt alles zum Thema *Tuber melanosporum*, einer Pilzart, die in Symbiose mit den Wurzeln eines Wirtsbaums, meist einer Eiche, wächst. Laut der amerikanischen Essensautorin Barbara Kafka erzählt die Pilzart von den Geheimnissen der Erde und dem Reichtum des Waldes, wobei der Geschmack schwer zu beschreiben ist. Sie ist selten und wird meist mit Trüffelhunden aufgespürt. Von dem teuren Produkt sind auch Fälschungen im Umlauf. Vor kurzem wurde das Genom entschlüsselt, wodurch der geografische Ursprung bestimmt und die Zahl gefälschter Produkte reduziert werden konnte. Wem die ganzen Trüffel zu teuer sind, kann mit Trüffel verfeinertes Öl

oder Salz für Dressings oder Pasta kaufen. Trüffelmärkte gibt es zwischen Dezember und März in Sarlat, Perigueux, Thiviers und Sorges, wo jeden Januar das Trüffelfest gefeiert wird.

Walnüsse

Das einstige Währungsmittel, mit dessen Hilfe Öllampen brannten, ist bis heute ein wertvolles Gut. Auf den Walnussfarmen der Region lernt man, wie aus den kaltgepressten Nüssen ein leckeres, nussiges, für die Küche typisches Öl entsteht. Die Périgord-Walnuss hat ihre eigene Appellation d'Origine Contrôlée (AOC). Man findet sie in Salaten oder in süßem Walnusskuchen, vor allem in Sarlat. Rocamadour-Käse wird oft mit dunklem Walnussbrot serviert, lecker ist außerdem *vin de noix*, ein Walnuss-Aperitif.

Enten & Gänse

Viele kleine Farmen rund um Sarlat heißen Interessierte willkommen und erläutern die Aufzucht ihrer Enten und Gänse, die die Grundlage für die bekanntesten Spezialitäten der Region bilden: Foie gras, Pasteten, Terrinen, Rillettes, Entenbein-*Confit* sowie frisches und getrocknetes *magret de canard* (Entenbrust). Diese Produkte sind von der IGP (Indication Géographique Protégée) geschützt, die ihre Herkunft aus dem Périgord garantiert.

Es gibt mehrere Kategorien von Foie gras: Mousse ist am günstigsten, *pâté de foie* enthält Schwein und Stopfleber (die zerstückelte Leber wird in Dosen abgefüllt) und *foie gras entier*, eine ganze Leber *mi-cuit* (kurz gekocht), ist die höchste Qualitätsstufe. Traditionell wird sie kalt serviert mit einer Prise Meersalzflocken, etwas Schwarzem Pfeffer, Walnussbrot, Feigenmarmelade oder Zwiebel-Confit und einem Glas süßem Weißwein wie Monbazillac. Neben Kaumagen und getrocknetem *magret de canard* ist sie außerdem eine typische Zutat von *salade Perigourdine* und für Saucen. Beim alljährlichen Fest'Oie im März in Sarlat laufen Gänse über die Straßen, während in Thiviers von November bis März verschiedene Marchés au Gras (Enten- und Gänsemärkte) stattfinden.

Das Stopfen von Vögeln zur Herstellung von Fettleber oder Foie gras ist umstritten. Auf kleineren Farmen herrschen bessere Aufzuchtbedingungen als in Massenbetrieben.

Erdbeeren

Die besten Erdbeeren stammen aus Beaulieu-sur-Dordogne östlich von Sarlat an der Grenze zu den Départements Corrèze und Lot sowie aus Vergt zwischen Bergerac und Perigueux; auch sie sind IGP-zertifiziert. Duft und Geschmack sind bemerkenswert, wobei die Sorte Gariguette, die ab März geerntet wird, am beliebtesten ist. Ganz besonders aromatisch ist außerdem die *Mara des bois*. Beaulieu richtet im Mai ein Erdbeerfest aus, während Wochenmärkte und Straßenstände in der gesamten Dordogne die Früchte verkaufen.

Steinpilze & andere Pilzsorten

In Frankreich ist das Sammeln von Steinpilzen sehr beliebt. Auf jedem Markt gibt es sie ab der Pilzsaison vom Frühsommer bis zum November (je nach Wetter) in Hülle und Fülle. In Monpazier und Villefranche-du-Périgord gibt es eindrucksvolle Märkte, wobei letzteres jeden Oktober ein Pilz- und Kastanienfest ausrichtet.

Weine aus Bergerac

Direkt neben dem kieshaltigen *terroir* (Boden) von Bordeaux liegt Bergerac, in dessen Lehm- und Kalksteinboden rund 13 AOC-Sorten gedeihen. Der Atlantik hat hier weniger Einfluss, während die Winter kalt und die Sommer heiß sind. Der hiesige Weinbau geht bis auf die Römer zurück. Heute ist die Region für hervorragende fruchtige Rotweine wie Pécharmant aus Cabernet Sauvignon, Merlot, Cabernet Franc, Malbec, Fer Servadou und Mérille bekannt. Die Weißweine sind meist spritzig, trocken und aromatisch. Dafür sorgen Rebsorten wie Sauvignon Blanc, Muscadelle, Semillon, Ondenc, Chenin Blanc und Ugni Blanc. Süße weiße Dessertweine wie Saussignac und Monbazillac aus denselben Sorten, insbesondere Muscadelle, sind in der Dordogne bekannt. In der Region bieten Weingüter und *châteaux* lohnende Weinverkostungen an.

LES ANNÉES FOLLES & DIE PARISER COCKTAIL-BEGEISTERUNG

Von Nicola Leigh Stewart

KAUM EIN JAHRZEHNT hat das Image von Paris so geprägt wie *les Années folles* (die verrückten Jahre). Der Feind war bezwungen, der Krieg vorbei, und die Menschen wollten sich wieder den schönen Dingen des Lebens widmen. Paris war eine junge und zunehmend kosmopolitische Stadt, voller Optimismus und künstlerischer Innovation. Kein Wunder also, dass der Cocktail zum bevorzugten Getränk wurde: Er war neu, kreativ, gesellig und verkörperte perfekt die Stimmung, das Leben bei jeder Gelegenheit zu feiern.

Es überrascht nicht, dass in einem Jahrzehnt, das *les Années folles* genannt wird, auch Alkohol im Spiel war, doch die Geschichte des Cocktails reicht in Frankreich viel weiter zurück, wie Franck Audoux, Inhaber der Pariser Cocktailbar CRAVAN, in seinem Buch „French Moderne: Cocktails from the Twenties and Thirties" erzählt. Napoléon III. war es, der in den 1840er-Jahren während seines Exils in London das Wort „Bar" in Frankreich einführte: Er war ein großer Fan des *„coquetel"*, eines Bordeaux-Getränks aus Wein und *eau de vie* (Obstbrand). Es scheint offensichtlich, dass dieses Wort eine frühe Version des heutigen Begriffs „Cocktail" ist, doch laut Franck gibt es „viele Geschichten darüber, woher das Wort stammt, und niemand ist sich sicher, welche davon stimmt".

Es war ebenfalls Napoléon III., der die Idee hatte, 1867 die Exposition Universelle (Pariser Weltausstellung) zu veranstalten, die erheblichen Anteil an der Einführung des amerikanischen Cocktails in Frankreich hatte. Für die rund 15 Mio. Besucher:innen der sechs Monate dauernden Veranstaltung wurden Hunderte internationaler Restaurants und Bars eröffnet, darunter auch eine amerikanische Bar, in der „junge Frauen Getränke servierten, die mit Strohhalmen kalt geschlürft wurden", was zu jener Zeit, so Frank, eine ganz neue Art des Trinkens war. Auf der Pariser Weltausstellung 1878 standen in der American Bar Cocktails wie Sherry Cobblers und Mint Juleps auf der Karte. Zur Weltausstellung 1889 wurde das erste französische Cocktailbuch veröffentlicht, das den Café-Besitzern und *maîtres d'hôtels* helfen sollte, den Ansprüchen des ausländischen Publikums gerecht zu werden.

Nicht nur die internationalen Messen brachten Menschen aus aller Welt nach Paris, auch der Tourismus begann zu boomen. Dank modernerer Kreuzfahrtschiffe und der Gründung der Air France im Jahr 1933 wurde es einfacher denn je, die Stadt zu besuchen. Aus den USA kamen viele kreative Menschen nach Paris, von denen einige den puritanischen Regeln ihrer Heimat entfliehen wollten: 1920 begann dort die landesweite Prohibition, die bis 1933 andauerte und den Roaring Twenties einen Dämpfer versetzte. In Paris hingegen eröffneten zahlreiche anglo-amerikanische Bars, die amerikanische Getränke sowie britische und irische Gerichte servierten, um eine englischsprachige Kundschaft anzulocken.

Ein weiterer amerikanischer Einfluss auf die Pariser Barszene waren die Pferderennen. In den frühen 1900er-Jahren waren die meisten anglo-freundlichen Bars beliebt bei Rennsportfans und amerikanischen Jockeys, die die bis dahin führenden Engländer in diesem Sport übertrafen. Die heute weltberühmte Harry's Bar zählte zu jenen Lokalen, in denen sich die Jockey-Stars trafen. Eröffnet wurde sie 1911 als New York Bar, bevor sie 1923 von dem Schotten Harry MacElhone gekauft und umbenannt wurde. Unter seiner Führung wurde die Bar zum beliebten Treffpunkt berühmter amerikanischer Expats jener Zeit, darunter Ernest Hemingway sowie Scott und Zelda Fitzgerald. Hier entstanden Cocktail-Klassiker wie die Bloody Mary, Blue Lagoon, White Lady und Sidecar.

Cocktails wurden nicht nur in Bars gemixt, sondern überall in der Stadt, auch in Bistros und Brasserien. Die berühmtesten Lokale waren damals in Montparnasse zu finden. Viele Amerikaner:innen zog es in dieses Viertel. Sie machten es zu einem Zentrum für Kunst, Wissenschaft und Literatur und trafen sich in Bars wie La Closerie des Lilas, La Rotonde, Le Dôme und Le Select (die es bis heute gibt) bei Martinis, Alexanders, Sidecars, Manhattans anderen Getränken.

In St-Germain-des-Prés, wurde das 1910 eröffnete Hôtel Lutetia zum Treffpunkt der amerikanischen und internationalen Kreativszene von Paris. Hemingway und Picasso waren Stammgäste dieser Bar, die später zu Ehren des berühmtesten Gastes des Hotels, der in Amerika geborenen französischen Tänzerin und Sängerin Josephine Baker, umbenannt wurde. Im 8. Arrondissement machte Jean Lupoiu vom Hôtel Plaza Athénée, einer der wichtigsten Barkeeper seiner Zeit, nach der Eröffnung des Hotelrestaurants im Jahr 1936 die Bar des Relais Plazazu einem weiteren angesagten Treffpunkt – vor allem für die Couturiers, die in derselben Straße ihre *maisons* hatten. Zur Cocktailstunde standen zwei nach dem Hotel benannte Drinks auf der Karte: Plaza Athénée und Relais-Plaza. Der vielleicht berühmteste Barkeeper von Paris war jedoch Franck Meier, der die Bar Cambon des Ritz-Hotels leitete, besser bekannt als die Ritz-Bar, in der spätere Klassiker wie der Bee's Knees zu den Stars gehörten.

Obwohl der Cocktail ein amerikanisches Getränk war, wurden neue Kreationen oft mit französischen Spirituosen zubereitet. Schon bevor der Cocktail in Paris Einzug hielt, gab es bereits eine Kultur des *l'apéritif*, und so griffen die Barkeeper zu den französischen Spirituosen, die sie bereits kannten – z. B. Noilly-Prat, Dolin, Suze, Cointreau und Chartreuse – und mixten daraus neue Kreationen. Die Begeisterung für diese Drinks blieb auch großen Marken nicht verborgen, die in der Folge einige der Cocktailwettbewerbe sponserten, die Ende der 1920er-Jahre in Mode kamen und die Popularität von Cocktails zusätzlich befeuerten. An einigen Wettbewerben durften auch Amateure teilnehmen, doch die erste internationale Meisterschaft der professionellen Barkeeper von 1929 war den Pariser Profis vorbehalten. 40 Barkeeper aus Lokalen wie Harry's New York Bar nahmen daran teil. Das Publikum konnte sich Eintrittskarten kaufen und die Gewinnercocktails bewerten, musste dafür aber alle 40 Drinks probieren.

Heute sind Cocktails in Paris angesagter denn je. Die berühmtesten Barkeeper der Stadt geben mit ihren innovativen Kreationen – oft inspiriertvon den *Années folles* – dabei den Ton an. So greift man im Dirty Lemon, bekannt für seinen exzellenten Boulevardier (der 1927 in Paris erfunden wurde), gern auf Klassiker der 1920er-Jahre wie den Negroni und den Martini zurück. Das Le Syndicat verleiht dem French 75 eine eigene Note, indem man hier Gin gegen Armagnac austauscht. Für die neuesten Drinks ließ man sich im CopperBay von Meiers Bee's Knees inspirieren und kreierte den Silky mit Zitrone und Honig. Franck Audoux mag zwar das Buch über die Pariser Cocktailkultur der 1920er- und 30er-Jahre geschrieben haben, aber er betont, dass seine eigenen Drinks „zeitgenössischer Genuss für den Gaumen von heute" sind. Im Einklang mit diesem Konzept hat er einige Rezepte aus dieser Zeit überarbeitet, so etwa den charakteristischen Yellow Cocktail und den Tunnel. Wer auf der Suche nach einem Schluck Vergangenheit ist, wird sich für die Architektur des CRAVAN wahrscheinlich mehr begeistern als für die Drinks selbst ... befindet sich die Bar doch in einem wunderschönen, unter Denkmalschutz stehenden Art-Nouveau-Gebäude, das vom französischen Architekten Hector Guimard entworfen wurde.

Martini

NATURE'S CHARM/SHUTTERSTOCK ©

Édouard Manets *Le Déjeuner sur l'herbe*, Musée d'Orsay (S. 156)

GRAPHICAARTIS /GETTY IMAGES ©

MALEN GEGEN ALLE KONVENTIONEN

WIE FRANKREICH ZUM ZENTRUM DER KUNSTWELT WURDE

Fast 100 Jahre lang standen französische Künstler an der Spitze des tiefgreifendsten Wandels in der Kunstgeschichte. Paul Stafford erzählt, wie Frankreich die moderne Kunst hervorbrachte.

NICHTS VERANSCHAULICHT DEN Einfallsreichtum, die Kühnheit und die Innovation der Menschheit besser als das, was wir mit einer Leinwand erreicht haben. Und kein anderes Land hat sich in den letzten Jahrhunderten so sehr darin hervorgetan, die Grenzen der künstlerischen Möglichkeiten zu erweitern wie Frankreich.

Wie viele großen Entwicklungen in der Geschichte beginnt auch diese mit einer Rebellion. Im April 1874 veranstaltete eine Gruppe, die sich „Anonyme Gesellschaft der Kunstmaler, Bildhauer und Grafiker" nannte (auch bekannt als Batignolles-Gruppe), ihre erste Ausstellung in Paris. Einige Dinge waren dabei von Bedeutung. Erstens war sie keiner Kunstbewegung zugehörig. Noch umstrittener war, dass sie sich von Frankreichs wichtigstem Tastemaker, dem staatlich unterstützten Salon, abspaltete.

Die Académie des Beaux-Arts, die 1648 als Académie Royale de Peinture et de Sculpture gegründet wurde, bildete mit königlicher Finanzierung die Künstler des Landes aus, und machte Frankreich über Jahrhunderte zum Vorreiter der Schönen Künste. Der Salon war die offizielle Ausstellung der Académie des Beaux-Arts und Mitte des 19. Jhs. das bedeutendste Kunstereignis der Welt. Aber er hatte sich aufgeplustert, vertrat die Werte der herrschenden Elite und lehnte Gemälde ab, die den Meistern der Renaissance nicht genug huldigten. Das Ergebnis war eine Vorliebe für konservative Themen und akademische Traditionen. Alles, was darüber hinausging, wurde in der Regel abgelehnt.

So wurden etwa Aktbilder zur Ausstellung zugelassen, wenn sie als geschmackvoll ausgeführt galten. Als Édouard Manet 1863 aber *Le Déjeuner sur l'herbe* (*Das Mittagessen im Gras*) vorstellte, wurde es heftig verurteilt. Das Gemälde zeigt eine Szene nach dem Essen auf einer Lichtung, wo zwei Männer in Anzügen mit einer nackten Frau zusammensitzen. Eine zweite, wenig bekleidete Frau ist im Hintergrund zu sehen.

Es ging nicht darum, dass Manets Gemälde Nacktheit enthielt, sondern darum, dass die Nacktheit nicht klassisch dargestellt war. Aktdarstellungen in zeitgenössischem Rahmen galten als skandalös. Das Bild weist zudem einen suggestiven Charakter auf, bedingt durch die Zweideutigkeit der Gesichtsausdrücke, während im Vordergrund Früchte und Brot achtlos im Gras liegen, als ob das Essen nicht der Hauptgrund für diesen Ausflug in die Natur wäre. Die Tür des Salons war für Maler mit Hang zu kreativer Autonomie fest verschlossen. Es dauerte ein weiteres Jahrzehnt der Ablehnung, bis Manet und andere Pariser Rebellen beschlossen, dass eine Meuterei der beste Ausweg war.

Erste Impressionen

Nur wenige Gemälde in der Ausstellung der Anonymen Gesellschaft im Jahr 1874 – zu

der unter anderem Manet, Claude Monet, Berthe Morisot, Edgar Degas und Paul Cézanne gehörten – wären vom Salon akzeptiert worden. Sie ernteten Spott für ihre lockere Pinselführung und ihren interpretativen Umgang mit Licht und Farbe, der mit den Konventionen des Realismus brach.

Doch ein Gemälde stach in der Kritik hervor. *Impression, soleil levant* (*Impression, Sonnenaufgang*) von Monet zeigt das neblige Le Havre mit blutroter Sonne, die über dem Kanal aufgeht. Der Kritiker Louis Leroy prägte daraufhin den Begriff des „Impressionisten", als er über Monets Werk schrieb: „Die Tapete in ihrem Rohzustand ist fertiger als diese Meereslandschaft!"

Rebellion in Farbe

Die Kritik war hart, aber wirkungsvoller war die Erfindung eines Oberbegriffs für die neue Bewegung. Der Bruch mit den Konventionen wurde offenkundig. Die Neugier war geweckt. Der Modernismus war da. Es folgte eine glänzende Zeit des Experimentierens. Allgemein akzeptierte Aspekte der Formalität wurden in Frage gestellt und der Realismus in Stücke gerissen.

Die zarte Leuchtkraft des Impressionismus, die abstrakte Demontage des Kubismus, die Erforschung des Unterbewusstseins im Surrealismus und das allmähliche Abgleiten vom Realen zum Abstrakten entfalteten sich in den folgenden Jahrzehnten in Wohnungen, Cafés und ländlichen Idyllen. Außerhalb der Hauptstadt erwiesen sich Aix-en-Provence, Arles, Céret, Collioure und Saint-Tropez als einflussreiche kreative Satelliten.

Henri Matisse, Georges Braque, Pierre-Auguste Renoir, Georges Seurat und andere namhafte Künstler waren Schlüsselfiguren. Vincent Van Gogh, Pablo Picasso, Wassily Kandinsky, Joan Miró, Frida Kahlo, Diego Rivera und Salvador Dalí hielten sich in Frankreich auf oder lebten dort, um dieses einzigartige Momentum zu beeinflussen und sich von ihm beeinflussen zu lassen; große Geister forderten einander heraus.

Moderne Bewegungen

Monet malte weiter Naturszenen, etwa seine Serie *Nymphéas* (*Seerosen*); Seurat verwendete seine neu entwickelte Technik des Pointillismus in körniger Perfektion in *Un dimanche après-midi à l'Île de la Grande Jatte* (*Ein Sonntagnachmittag auf der Insel La Grande Jatte*); während Matisse Pionierarbeit mit der Verwendung leuchtender Farben leistete, um Emotionen auszudrücken, z. B. in *La femme au chapeau* (*Frau mit Hut*).

Während früher eine Bewegung in eine andere überging, bewegte sich die Kunst nun in mehrere Richtungen zugleich: Der Dadaismus von Marcel Duchamp wurde bald zum Surrealismus, während sich die lockere Haltung des Fauvismus gegenüber der Farbe zur Neubewertung der Form selbst ausweitete und den Kubismus hervorbrachte.

Doch kaum jemand hätte gedacht, dass all dies 1917 in Duchamps *Fountain* gipfeln würde. Das Werk besteht aus einem auf der Seite liegenden Pissoir, signiert mit dem Pseudonym R. Mutt. Es bedeutet die vollständige ideologische Abkehr der Kunst von der absoluten Bedeutung (es sollte Jahrzehnte dauern, bis die Konzeptkünstler sein Vorbild aufgriffen). Ein Gedankenexperiment in Porzellan, das nahelegt, dass alles Kunst und jeder ein Künstler sein kann. Die Beaux-Arts-Bewegung war praktisch vorbei.

Platz für malende Frauen?

Bei aller Progressivität wurden Frauen von jenen Institutionen, die Kreativität fördern sollten, aus der Kunstszene ausgeschlossen. Erst 1897 gewährte die École des Beaux-Arts Frauen eine kostenlose Ausbildung. Selbst jene, die Unterricht an privaten Einrichtungen nehmen konnten, durften keine Aktmodelle malen und sollten Blumen und Landschaften darstellen. Dennoch gelang es einigen Künstlerinnen wie den Impressionistinnen Morisot und Marie Bracquemond, sich über die absurden Beschränkungen hinwegzusetzen (obwohl Bracquemond ihre Karriere später auf Druck ihres eifersüchtigen Ehemanns und Kollegen Félix aufgab). Die Verlagerung der Kunst in der Mitte des 20. Jhs. weg von Paris war für die Frauen Kunst günstiger. Die in Paris geborene Louise Bourgeois orientierte sich stark am Surrealismus und wurde in den 1940er-Jahren ein wichtiges Mitglied der in New York ansässigen Bewegung des abstrakten Expressionismus.

Moderne Kunst sieht man z. B. hier: Musée d'Orsay, Musée d'Art Moderne und Centre Pompidou (Paris); Musée Fabre in Montpellier; Musée Matisse in Nizza; Fondation Maeght in St-Paul de Vence; Musée d'Art Moderne in Céret; Musée des Beaux-Arts in Rouen und Musée des Beaux-Arts in Lyon.

SKIORTE IM KLIMAWANDEL

Der Klimawandel zwingt Skiorte in den französischen Alpen, Pyrenäen, Vogesen und im Zentralmassiv zum Umdenken. Von Nicola Williams

IN DEN LETZTEN 20 Jahren war ich zwischen Weihnachten und Ostern fast jedes Wochenende beim Skifahren. In der Bergregion Haute-Savoie lebe ich am französischen Ufer des Genfer Sees. Ob Kleinkinder oder Siebzigjährige: Jeder mit einer Vorliebe für Sport steht hier auf den Brettern. Das gehört zur lokalen Lebensart und sorgt vor jeder Saison für spürbare Vorfreude. Mitte Dezember sind die Pisten noch herrlich unberührt. Zu Neujahr fallen dann Scharen von feierwütigen Tourist:innen ein. Im milden April starten Skitage unter blauem Himmel besonders früh, bevor der Schnee zu Matsch *(la soupe)* wird. Nach einem langen Mittagessen in der Sonne geht's dann talwärts, um ein belebendes Bad im See zu nehmen und auf dem Uferrasen zu relaxen.

Doch die Zeiten ändern sich: Seit ein paar Jahren ist Weihnachts-Skifahren in den französischen Alpen nicht mehr garantiert. Die Saison 2022–23 war besonders schlecht. Aufgrund sehr geringer und nur sporadischer Schneefälle konnten viele Skigebiete im ganzen Land erst ab Januar öffnen. Ein paar niedriger gelegene Resorts mussten schon drei Wochen später wieder schließen. Denn Regen durch saisonunübliche Wärme hatte den Pistenschnee in Matsch verwandelt. La Schuchlt (Elsässer Vogesen) öffnete daraufhin seine Lifte für Wanderer, Les Gets (Les Portes du Soleil) die schlammig-grünen Hänge am Mont Chéry für Mountainbiker.

Seit 2014 erlebt Frankreich die wärmste Periode seiner meteorologischen Geschichte. Es ist weiterhin mit Frühlingstemperaturen im Winter zu rechnen. Laut dem Weltklimarat (Intergovernmental Panel on Climate Change, IPCC) werden unregelmäßige und geringere Schneefälle die Schneedecke in niedriger gelegenen Skiorten erst um 40 % (2031–50) und dann um 90 % (2100) reduzieren.

Für den winzigen Familienskiort Le Sambuy nahe dem Lac d'Annecy bedeutete der katastrophale Winter das endgültige Aus. Schon vorher hatte der finanzielle Verlust etwa 500 000 €/Jahr betragen, während die betagte Infrastruktur starken Modernisierungsbedarf hatte. Daher beschloss der Gemeinderat im Juni 2023, das Skigebiet im Massif des Bauges für immer zu schließen und dessen Lifte abzubauen. Diese hatten Skifahrer:innen seit 1962 von 1150 auf 1890 m befördert und dabei mit herrlicher Aussicht auf den Mont Blanc und Lac d'Annecy verwöhnt. Wegen Schneemangels mussten seit 1951 ca. 50 % aller französischen Skigebiete aufgegeben werden. Die Umweltschutzorganisation Mountain Wilderness (Sitz: Grenoble; mountainwilderness.fr) hat seit 2001 rund 70 stillgelegte Lifte entfernt und spricht von ca. 3000 weiteren Anlagen, die noch demontiert werden müssen.

Sommer-Skifahren in Frankreich konzentriert sich traditionell auf Gletscher oberhalb von 3000 m in Les Deux Alpes, Val d'Isère und Tignes. Auch damit wird wohl künftig Schluss sein. Über die meisten Juli- und Augustwochen waren die Gletscher einst für alle Wintersportler:innen geöffnet. Im Sommer 2022 beschränkte sich dies auf ein paar wenige Wochen. Im Sommer 2023 war Les Deux Alpes als einziges Resort geöffnet – bereits im Mai und Juni, um die vorhersehbare Hitzewelle im August zu umgehen. Der Betrieb beschränkte sich dabei auf Profis und Skirennclubs. Das Totengeläut für das Sommer-Skifahren ist schon deutlich zu hören.

Der Mer de Glace (Chamonix) ist als letzter Abschnitt der weltlängsten Abfahrt abseits einer Piste (La Vallée Blanche) bekannt. Sein Fall ist ganz besonders alarmierend: Der 7 km lange Gletscher ist nun 2,5 km kürzer als im Jahr 1850. Durch das immer schnellere Schmelzen verliert er aktuell ganze 5 m Länge und 10 m Tiefe pro Jahr. Bei der Eröffnung der Montenvers-Seilbahn (1988) stiegen Alpinist:innen praktisch direkt aus den Gondeln auf das Eis hinaus. Von der Bergstation führt mittlerweile eine hässliche Metalltreppe zum Gletscher. Deren Stufenanzahl (aktuell 580) wird analog zum wachsenden Eisverlust erhöht. Im Dezember 2023 ging dann 700 m weiter oben am „Eismeer" die neue Seilbahn Montenvers-Mer de Glace in Betrieb. An deren Bergstation wird künftig das topmoderne Glacorium (geplante Eröffnung: 2025) den Klimawandel und dessen Auswirkungen auf die schnell schwindende Gletscherwelt beleuchten.

SKIORTE IM ÖKO-WANDEL WISSEN, DASS SIE DEN KLIMAWANDEL NICHT AUSTRICKSEN KÖNNEN. DAHER ERWEITERN SIE IHRE ANGEBOTE.

Schneemangel und Temperaturanstieg stellen zweifellos große Gefahren für traditionelle Skiorte dar. So flicken die meisten davon ihre malträtierten Pisten seit den 1970er-Jahren mit teuren Schneekanonen. Das funktioniert aber oft nicht mehr – sowohl in technischer als auch in ökologischer Hinsicht: Künstliche Schneeproduktion braucht Minusgrade und schröpft die regionalen Wasserressourcen. Betroffen sind vor allem große Hochgebirgs-Resorts, die einst gezielt im Rahmen des staatlichen *Plan Neige* (1964–77) entstanden und in vielen Fällen zu Frankreichs angesagtesten Wintersportzielen aufstiegen. Aus dieser „Skifabrik-Periode" stammen z. B. Tignes, Les Deux Alpes, La Plagne, Avoriaz, Les Arcs und Isola 2000. Auf Umweltschutz und Energieeffizienz wurde damals kaum bis gar nicht geachtet.

Französische Skiorte in den Alpen, Pyrenäen, Vogesen und im Zentralmassiv arbeiten aber nun hart an einem grünen Wandel: Schneekanonen erzeugen meist 80 % der CO_2-Emissionen eines Resorts. So hat die Compagnie des Alpes versprochen, ihre 130 Geräte bis 2030 von Diesel auf Biokraftstoff umzurüsten. In Tignes und Les Arcs werden bereits mehrere Pistenraupen elektrisch oder mit synthetischem HVO-Biokraftstoff (hydrogenisiertes Alt-Pflanzenöl) betrieben. Lifte in Val Thorens, La Plagne, Val d'Isère und vielen anderen Skiorten nutzen jetzt nur noch Strom aus nachhaltigen Quellen. Die meisten Resorts haben auch elektrische Shuttlebusse. Diverse Liftbetreiber und Hotels gewähren motivierende Rabatte für Gäste, die per Zug statt Flugzeug anreisen. Lokale Restaurants setzen zunehmend auf saisonale Regionalprodukte. Bislang wurden 20 französische Skiorte mit dem Label Flocon Vert (flocon-vert.org) für Nachhaltigkeit und Ökobewustsein ausgezeichnet. Darunter sind z. B. Morzine-Avoriaz, Châtel, Megève, St.-Gervais, Tignes, Val d'Isère und Vallée de Chamonix.

Skiorte im Öko-Wandel wissen, dass sie den Klimawandel nicht austricksen können. Daher erweitern sie ihre Angebote, um vom reinen Schneesport zu ganzjährigen Optionen überzugehen. Der Bergsommer war noch nie so adrenalintreibend. Und dank Seilrutschen, Snowbiken oder Wandern mit Seeadlern dreht sich auch im Winter nicht mehr nur alles um die Pisten. Vielerorts gibt es auch ein großes Natur- und Kulturerbe. Neugierige sind dazu eingeladen, tiefer in das Lokalleben einzutauchen. Ob Gleitschirmfliegen, Füttern riesiger Kondore oder Iglu-Safaris: Frankreichs Skiorte waren noch nie so wild und vielfältig.

Gondelbahn, Les Deux Alpes (S. 497)

REGISTER

Verweise auf Karten **000**

C

D

E

Verweise auf Karten **000**

Verweise auf Karten **000**

Verweise auf Karten **000**

T

Verweise auf Karten **000**